江宁年鉴 2018

JIANGNING ALMANAC

中共南京市江宁区委党史工作办公室
南京市江宁区地方志编纂委员会办公室 编

方志出版社

江宁年鉴编纂委员会

江宁年鉴编辑部

审稿人名单

（按姓氏笔画为序）

马龙祥	马兆永	马明星	王 宁	王 凯	王 露	王国庆
王胜华	王德生	贝淑芳	仇屹珏	方广和	卢维生	冯光平
邢祯雁	毕有宝	刘文迪	刘忠青	刘显贵	刘美丽	刘勖嘉
刘德明	江开明	许成明	阮晓昆	苏明海	李 宇	李 亮
李仕富	李红梅	李学兰	李爱琳	杨 亮	杨林富	宋祖勇
张 立	张 钧	张 斌	张 燕	张欢庆	张俊文	张庭民
陆晓峰	陈忠平	陈爱群	林喜妮	岳守东	金世哲	周 静
周 鑫	周心林	周婷婷	赵 伟	胡可可	段 俊	侯玉平
俞 平	施 磊	袁 媛	晁如足	倪冰峰	徐正清	奚静静
郭传华	唐孝庆	龚 元	盛文魏	蒋存涛	程杰恒	谢伟春
虞长来						

编辑说明

《江宁年鉴（2018）》是2001年创刊后出版的第17卷。本年鉴以马克思列宁主义、毛泽东思想、邓小平理论、“三个代表”重要思想、科学发展观、习近平新时代中国特色社会主义思想为指导，全面系统、准确翔实地记载2017年江宁区经济、政治、文化、社会、生态等方面的基本情况，反映建设“经济强、百姓富、环境美、社会文明程度高”新江宁的最新进程，致力于率先全面建成小康社会、率先开启基本实现现代化的最新成果，旨在为各级领导提供决策参考，为江宁高质量发展服务，为中外人士了解和研究江宁提供权威信息，也为编史修志积累资料。

《江宁年鉴（2018）》编辑坚持“优结构、调内容、树特色”，力求规范与创新相统一，确保“句句金石、字字珠玑”。撤销“资源环境”“资本经营”“人力资源”“统计资料”“文件选编”等类目，增设“专记”“民主党派　人民团体”“金融业”“生态　环保”等类目。

《江宁年鉴（2018）》主要采用类目、分目、条目三级层次结构，按平列式共设特载、专记、大事记、区情概览等25个类目，类目下按行业或事业设154个分目；少数分目下设52个副分目。收录条目1392条。全书刊发画页47页，随文插图181张，表格68幅。为便于检索，除卷首设详细目录外，卷尾还设主题分析索引1898条。

《江宁年鉴（2018）》所采用的稿件、资料和图片，由各供稿单位提供，署撰稿人名或供稿单位名，经供稿单位负责人审定。全鉴初稿编辑后，还专门进行内审，由各供稿单位按要求提出修改意见。年鉴正文所用统计数据，因统计来源、口径、方式、方法和时间不同而有一定差异。

江宁区地图

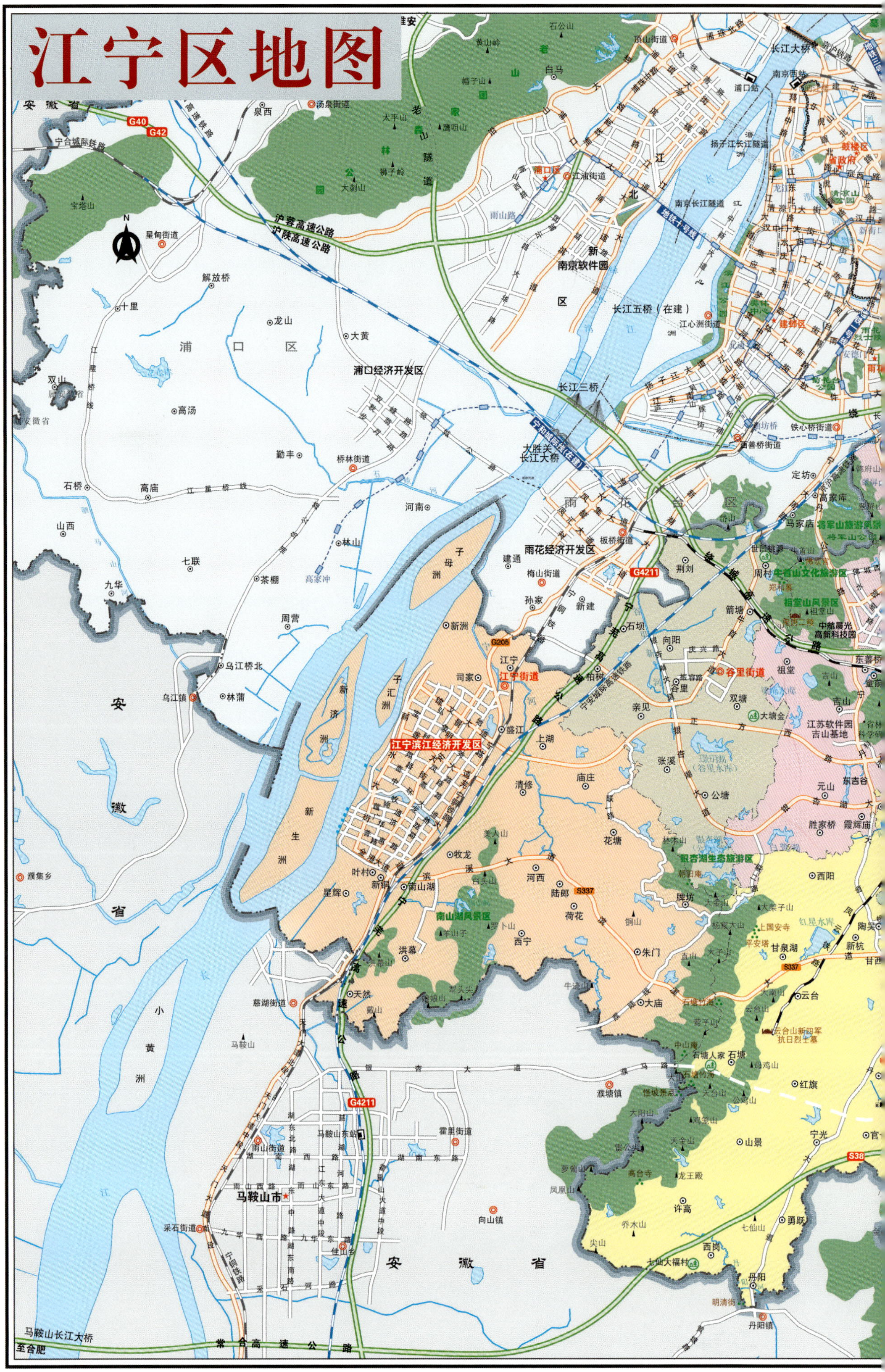

江宁区地名委员会　江宁区民政局监制　南京星光测绘科技有限公司编制

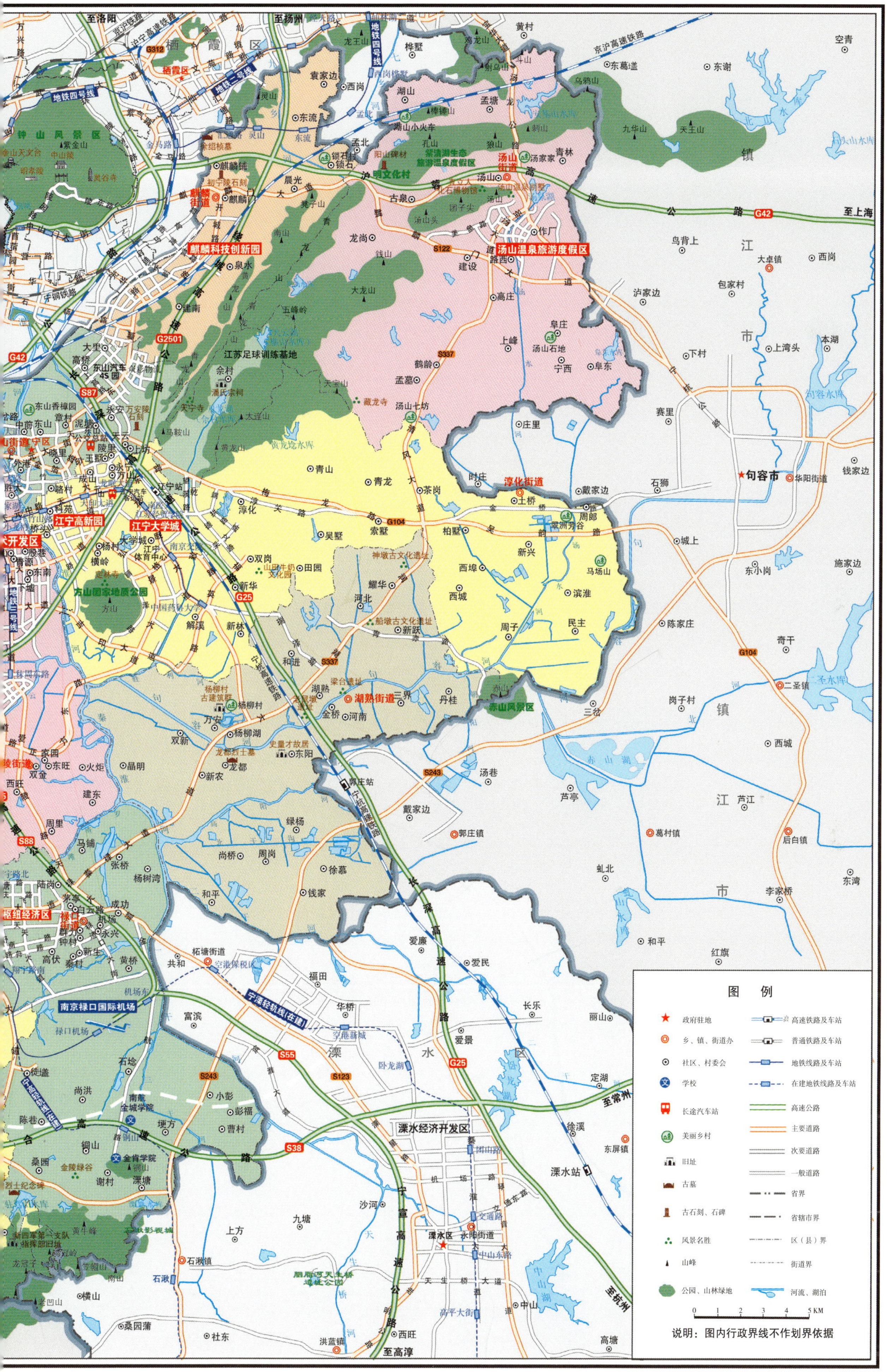

审图号：宁 S（2017）002 号　　版　次：2017 年 3 月第 1 版

2017·江宁数字

户籍人口 107.9 万人，常住人口 124.85 万人
地区生产总值（现价）1935.92 亿元
人均地区生产总值 15.51 万元
全社会固定资产投资 1101.2 亿元
一般公共预算收入 226.5 亿元
实际利用外资 8.6 亿美元
全体居民人均可支配收入 50420 元
城镇居民人均可支配收入 52923 元
农村居民人均可支配收入 23760 元
规模以上工业总产值 2749.26 亿元
工业企业主营业务收入 2490.22 亿元
工业企业利税总额 383.22 亿元
工业投资 418.2 亿元
建筑企业总产值 710 亿元
公路通车里程 2300 公里
客运量 4273 万人次，货运量 1882 万吨
社会消费品零售总额 521.06 亿元
国家等级旅游景区 17 处
省级乡村旅游点 24 处
旅游业接待游客 3306 万人次
旅游业总收入 350.35 亿元
农林牧渔业总产值（现价）110.58 亿元
粮食总产量 22.56 万吨，油料产量 1.84 万吨
农业机械总动力 51.41 万千瓦
新增高效设施农业面积 1360 公顷
休闲农业接待游客 920 万人次
银行业存款余额 2540.2 亿元
银行业贷款余额 1641.6 亿元
拥有上市企业 70 家
年绿化造林 359.1 公顷，村庄绿化 50 个
林木覆盖总面积 4.43 万公顷，覆盖率 28.76%
空气质量优良天数 279 天，比例达 76.4%
各类企业研发机构 520 家
实施市级以上科技项目 495 项
获市级以上科技进步奖 55 项
年新增高新技术企业 172 家，累计 463 家
万人发明专利拥有量 74 件
新引进国家“千人计划”“万人计划”和省“双创”计划人才 25 人
驻区高等院校 27 所，在校生 25 万人
江宁区考生被各类高校录取 3322 人
每万人拥有公共文化设施面积 1800 平方米
每万人拥有执业医师 31 人
“10 分钟体育健身圈”覆盖率 100%
新增城镇就业 31144 人，农村劳动力转移 8112 人次
累计参保企业 18104 家，累计参保职工 50.34 万人
新增养老床位 517 张，累计 8580 张
农村居民人均住房面积 56 平方米
城镇居民人均住房面积 44 平方米

（宁　鉴）

2017·江宁荣誉

江宁区	全国生态文明建设示范区
江宁区	苏南国家自主创新示范区核心区
江宁区	国家知识产权服务业集聚发展试验区
江宁区	全国农村幸福社区建设示范区
江宁区	全国街道服务管理创新实验区
江宁区	国家级农村职业教育和成人教育示范区
江宁区	全国残疾预防综合试验区试点单位
江宁区	全国法治县（市、区）创建活动先进单位
江宁区	全国妇幼健康优质服务示范区
江宁区	全国耕地质量提升和化肥减量增效示范区
江宁区	全国基层中医药服务先进单位
江宁开发区	中国侨联新侨创新创业基地
江宁开发区	中国信息安全产业示范基地
江宁开发区	中国智慧软件园区示范园区
汤山街道古泉社区	全国文明村
秣陵街道元山社区	中国最美村镇宜居奖
谷里街道张溪社区	中国最美村镇宜居奖
汤山街道孟墓社区	中国特色民俗村
江宁街道牌坊社区	全国美丽乡村示范村
江宁街道黄龙岘	全国改善农村人居环境示范村
横溪溪田农业	国家级田园综合体示范点
江宁台创园	全国农业创星天地
东山社区卫生服务中心	全国优质服务示范社区卫生中心
区工商联	全国“五好”工商联
民革江宁区总支	民革全国社会服务工作先进集体
民进江宁区总支	民进全国坚持和发展中国特色社会主义学习实践活动先进集体
区检察院	全国检察宣传先进单位
区司法局	全国司法行政系统先进集体
区司法局	全国调解宣传工作先进集体
区科技局	全国科技管理系统先进集体
江宁国土分局	全国永久基本农田划定先进单位
区安监局	全国安全生产监管监察先进单位
区体育局	全国群众体育先进单位
南京农副物流中心	全国商品交易市场系统先进单位
区博物馆	第一次全国可移动文物普查先进单位
区路灯所维修班组	全国工人先锋号
中国银行江宁支行	全国巾帼文明示范岗

（宁　鉴）

2017 年 1 月 20 日，福特汽车工程研发中心第三栋研发大楼在江宁开发区投入使用，市委常委、区委书记李世贵，区领导祁豫玮、李万平等参加活动。图为落成仪式现场　江宁开发区　供稿

2017 年 3 月 22 日，江宁开发区承办 2017 国际医药创新大会，25 家入围世界 500 强的药企 CEO、专家学者汇聚江宁，探讨全球医药创新升级途径，畅谈中国医药研发与国际接轨、提升核心竞争力之路　江宁开发区　供稿

2017年5月18日，总投资200亿元的长安新能源汽车项目落户江宁开发区，市委常委、区委书记李世贵，区长祁豫玮等出席签约仪式。图为签约仪式现场　　江宁开发区　供稿

2017年9月7日，2017智能交通国际论坛在滨江开发区开幕。图为开幕式现场　　单维亮　摄

2017年9月14日，滨江开发区在日本东京举行招商推介会。图为推介会现场　　滨江开发区 供稿

2017年11月29日，南京蓝诺创新技术研究院落户江宁高新区。图为签约仪式现场　　江宁高新区 供稿

2017 年 12 月 4 日，中国药科大学与南京医科大学开启战略合作。图为签约仪式现场　　江宁高新区 供稿

2017 年 3 月 8 日，南京迪安医学检验所有限公司落户东山国际企业研发园。图为公司乔迁庆典现场

区新闻中心 供稿

2017 年 9 月 7 日，第 13 届中国（南京）软博会举行，江苏软件园参展。区内南瑞继保、金智科技、科远自动化等企业在现场展示诸多高科技产品
区新闻中心 供稿

2017 年 10 月，江宁台创园肖家庄农业科技研发中心（农业双创孵化区）主体建设基本完成。该中心已与台湾大学农学院联合成立“宁台青年农业创业学院”，深化与南大、省农科院等科研院所合作，创建省级新型经营主体培训中心
区新闻中心 供稿

2017 年 9 月 11 日，2017 中国南京金秋经贸洽谈会——汤山温泉旅游度假区招商推介暨项目签约仪式在汤山举行。图为活动现场

李 宁 摄

2017 年 11 月 21 日，以“深化校地融合，创新文化发展”为主题的牛首山与高校产学研战略合作签约仪式举行。图为签约仪式现场

牛首山文化旅游区 供稿

东山城区一瞥　　区新闻中心 供稿

2017 年，在水环境综合治理中，江宁区对全长 1.6 公里的杨家圩河实施环境综合治理，打造了一条水清、岸绿、景美的观光河道。图为杨家圩河两岸景色　　区新闻中心 供稿

滨江开发区一角　　区新闻中心 供稿

未来科技城全景　　区新闻中心 供稿

夜幕下的市民中心　　区新闻中心 供稿

百家湖全景

江宁新市镇　　区新闻中心 供稿

张 明 摄

2017年，东山街道“金陵古风郊游村”——佘村村庄美丽面貌日渐凸显，在综合考虑古村保护、卫生环境提升等基础上，统一规划设计，保留佘村悠久的历史文化与优美的自然山水，并通过适度的旅游开发，改善当地生活环境，促进百姓增收

区新闻中心 供稿

2017年9月，东山街道中心河下游通湖路段完成整治并打造了亲水平台、景观小品，让周边居民充分享受河道整治带来的便利，有效提升群众满意度和幸福感。图为整治后的中心河沿岸风光秀美

区新闻中心 供稿

2017年，秣陵街道元山社区观音殿村打造出集人文底蕴、历史积淀和文化创意为一体的非遗民俗展示性乡村市集，成为市民休闲游玩的又一去处

区新闻中心 供稿

2017年，汤山街道阜庄社区的石地水乡景区，通过河道治理、住宅改造，形成长约2公里的优美水乡景观，吸引众多游客游览观光

区新闻中心 供稿

2017年，江宁街道狠抓城乡基础设施建设，加快推进富民惠民工程，实施江宁北河河道整治和景观提升工程。图为整治后环境优美的江宁北河

区新闻中心 供稿

2017年，江宁街道大庙社区将村庄建设现状与“孝道、勤劳、朴实、奉献”的“精耕牛落”文化相结合，打造出更加协调的美丽乡村。水润牧童、百牛图、耕牛轩、老君亭等景观节点相继呈现，村庄整体面貌焕然一新

区新闻中心 供稿

2017 年，禄口街道溧塘社区农村综合服务社集经营、服务、办公、健身、娱乐休闲于一体，新建的凉亭、功能齐全的健身场所、蜿蜒曲折的水塘观景长廊，成为市民休闲娱乐新去处，真正解决“村级服务最后一公里”问题，满足村民的精神文化需求

区新闻中心 供稿

2017 年，位于禄口街道小彭社区的彭塘八仙村以“水映田庄”为主题定位，通过水系、田地的梳理，岸坡景观的塑造，突出群塘环抱的特点，植入“水八仙”的植物元素，营造村庄公共邻里空间，描绘出一幅“彭塘水八仙”的美丽乡村画卷

区新闻中心 供稿

2017 年 10 月，淳化街道翠洲芳谷园举办“2017 南京淳化翠洲芳谷秋季向日葵风筝艺术周”，吸引众多游客到此观赏游玩，园内金黄色的向日葵、各色花卉及天空飞舞的多彩风筝让游客们大开眼界 区新闻中心 供稿

2017 年，江宁交通建设集团、江宁旅游产业集团共同打造的云水涧文化展示中心项目对外开放

2017 年，位于谷里街道金牛河湿地公园的金牛河雕塑公园对外开放，园内有雕塑作品 55 组，作品宣传社会主义核心价值观，展现了农耕文化的独特魅力

区新闻中心 供稿

区新闻中心 供稿

2017 年，湖熟街道绿杨社区围绕“悠游水乡、农渔天堂”的定位，打造具有水乡风情的绿色旅游村

区新闻中心 供稿

2017 年，湖熟街道耀华社区打造的生态农业园集旅游观光、农事体验、生态休闲于一体，成为市民休闲旅游的好去处

区新闻中心 供稿

2017年，横溪街道西岗社区的溪田农业园，项目一期规划设置田园观光区、农事体验区等，打造竞争力强的本土农业休闲品牌，丰富了江宁全域旅游休闲业态

区新闻中心 供稿

2017年，麒麟街道锁石社区结合区域内九乡河水利建设和河道改造工程，把河道两岸打造成岸绿、水清、景美的特色田园乡村绿色观光带

区新闻中心 供稿

2017 年 6 月 13 日，江宁中部片区农路建成。道路建成后，进一步完善了江宁美丽乡村生态循环线路网，不仅拓展了当地生态旅游发展空间，而且为周边居民出行提供便利 交建集团 供稿

2017 年 7 月 3 日，由江宁交建集团实施的宁杭高速东山互通景观改造提升工程全面完成。工程完成后，实现了城市宜居品质全面提升，城市质量内涵着力彰显，环境质量显著改善，群众满意度明显提高的目标 交建集团 供稿

2017 年 5 月 8 日，正方大道东延工程建成通车。通车后，沿线居民出行条件得到改善，并带动了田园乡村生态环线的经济发展

交建集团 供稿

2017 年 7 月 6 日，宁杭高速公路淳化互通建成。工程建成后，江宁大学城及周边市民经由宁杭高速进入南京主城更加高效快捷

交建集团 供稿

2017年7月7日，江宁城建集团完成玉堂花园、东平雅苑19万平方米、1035套安置房分配工作。图为东平雅苑安置房
高倩倩 摄

图为玉堂花园安置房 区新闻中心 供稿

2017年，东山街道与区爱卫办联合对秦淮河堤爱秦湾段风光带进行出新改造，近400米长的河堤新设置了居民健身步道、体育健身设施和文化休闲娱乐场地等，为小区居民休闲健身提供方便 区新闻中心 供稿

2017年7月，秦淮河风光带建设工程酒吧街标段绿化栽植基本完成，堤顶道路铺设粗沥青，景观初现雏形，为市民打造良好的休闲娱乐环境 区新闻中心 供稿

2017 年，汤山街道对作厂社区的仙涧河东边河段进行清理整治，不仅使这条古老河道焕然一新，两岸 500 多户居民的居住环境也得到改善。图为整治后的东边河
区新闻中心 供稿

2017 年，在黑臭河整治行动中，江宁开发区强监管、重实效、抓进度、重质量，使黑臭河绽放新姿。图为整治中的利源沟旧貌变新颜
区新闻中心 供稿

2017 年，汤山街道青林社区周棚村完善村民广场、村庄绿化、停车场等基础设施，尤其是柏油马路两边的文化墙颇具特色，路旁的行道树郁郁葱葱，清澈的池塘和绿色植被环绕下的健身广场令人眼前一亮　　区新闻中心 供稿

2017 年，淳化街道田园社区结合省级示范村建设，对社区内的苏庄村进行出新改造，先后实施村庄道路、健身休闲广场等环境整治工程，村庄面貌焕然一新　　区新闻中心 供稿

2017年以来，秣陵街道秦淮社区对石马新寓小区进行地下管网、公共厕所、楼体外墙、绿化等实施改造，改善居住环境，提升居民的幸福感和获得感。图为石马新寓小区新景 区新闻中心 供稿

2017年，禄口街道积极打造民生工程，建成令桥、百利、艳阳、法制广场，及大文塘湿地公园等供居民休闲、娱乐、健身，提升居民生活品质。图为新建成的令桥广场 区新闻中心 供稿

2017年，区教育部门通过集团化办学、名校办分校、名校牵手合作办学等多种形式，努力实现区域优质教育资源“全覆盖”。图为南京师范大学附属小学江宁分校清水亭学校

宁 鉴 供稿

2017年，江宁街道率先建成全区首家24小时自助书屋，并向公众开放，为广大居民提供温馨的阅读环境

区新闻中心 供稿

2017 年 5 月，由省文化馆、区文广局主办，区文化馆承办的江苏省优秀业余民乐团队展演开赛，为群众奉献了一场视听盛宴

区新闻中心 供稿

2017 年 5 月，江宁区第 17 届“江宁之春”群众文化节汤山专场文艺演出在汤山街道文体服务中心广场上演。此次共演出 13 个文艺节目，包含健身球操、拉丁舞、广场舞、京剧等，地方特色与人文特色兼备，受到群众欢迎

区新闻中心 供稿

2017 年 3 月，区老年人体育协会在区体育广场举办 2017 年老年人体育节开幕式，各街道健身辅导站的 19 支表演队参加老年人健身操表演。图为老年人健身操表演现场

区新闻中心　供稿

2017 年 10 月，区体育局举办首届“体彩杯”体育摄影大赛展。参展作品生动展示了江宁市民热爱运动、注重健康和拼搏向上的体育精神，激发广大市民热爱体育、关注体育和参与体育的热情。图为市民在参观展览

区新闻中心　供稿

2017年年初，江宁医院通过江苏省卫计委三级医院专家组现场评审，晋升为三级甲等医院。是年4月，江宁区胸痛中心建设正式启动并落户江宁医院，使全区的胸痛急救网络更加高效畅通　　区新闻中心 供稿

2017年7月，东山街道泥塘社区上善居居民小组联合南京医科大学“博爱青春”服务团，组织志愿者走进泥塘新苑小区，为居民们介绍心肺复苏、常见病和中暑相关知识，并现场进行急救演示　　区新闻中心 供稿

2017 年 4 月 24 日，江苏省 2017 年重大投资计划项目——汤山温泉康养特色小镇（苏豪健康养老产业园）开工建设。图为开工仪式现场

李 宁 摄

2017年11月3日，江宁区“互联网＋养老院”启动运营。该养老院是全市首家线上线下一体化互联网＋养老院，实行“触”手可及的 24 小时在线养老新模式，旨在为居家老年人提供便捷、物联、智能、专业的养老服务

区新闻中心 供稿

2017 年 6 月，东山街道泥塘社区为泥塘新苑小区居民露天放映——爱国主义教育影片《抗战》，居民们看得津津有味

区新闻中心 供稿

2017 年，秣陵街道秦淮社区石马新寓小区内，建起一块中华美德文化长廊，宣传中华传统美德

区新闻中心 供稿

2017年，湖熟街道徐慕社区市级“美丽乡村”示范村——杨家村，对村容村貌进行提升打造，使该村成为全区村容整洁、环境优美、文明和谐的边界一枝花。图为村内宣传孝道的文化背景墙　　　　区新闻中心　供稿

2017年，淳化街道周郎社区收集整理全国近20个省、市、自治区尊老行孝的先进事例，编制成当代“二十四孝”宣传挂图在村里流动展出，引导村民们尊老行孝、助人为乐　　　　区新闻中心　供稿

2017 年，湖熟街道杨柳村的红色文化艺术馆开馆后，馆内瓷板画和塑像、像章及各种宣传画 4000 多件展品，讲述了 1921—1976 年间的革命和新中国建设的红色故事，吸引各地游客到此参观瞻仰　　区新闻中心　供稿

2017 年，禄口街道上穆社区建立党建中心，内设组织建设、党员教育、党员风采、党员业绩和入党宣誓墙等展示专栏，不仅为党员提供一块学习园地，也为社区群众提供了一处开展民主监督、崇尚文明活动的阵地　　区新闻中心　供稿

2017 年 8 月，“文明交通绿色出行”漫画作品图片展在区市民中心 B 座举行。图为市民们聚精会神地参观图片展

区新闻中心 供稿

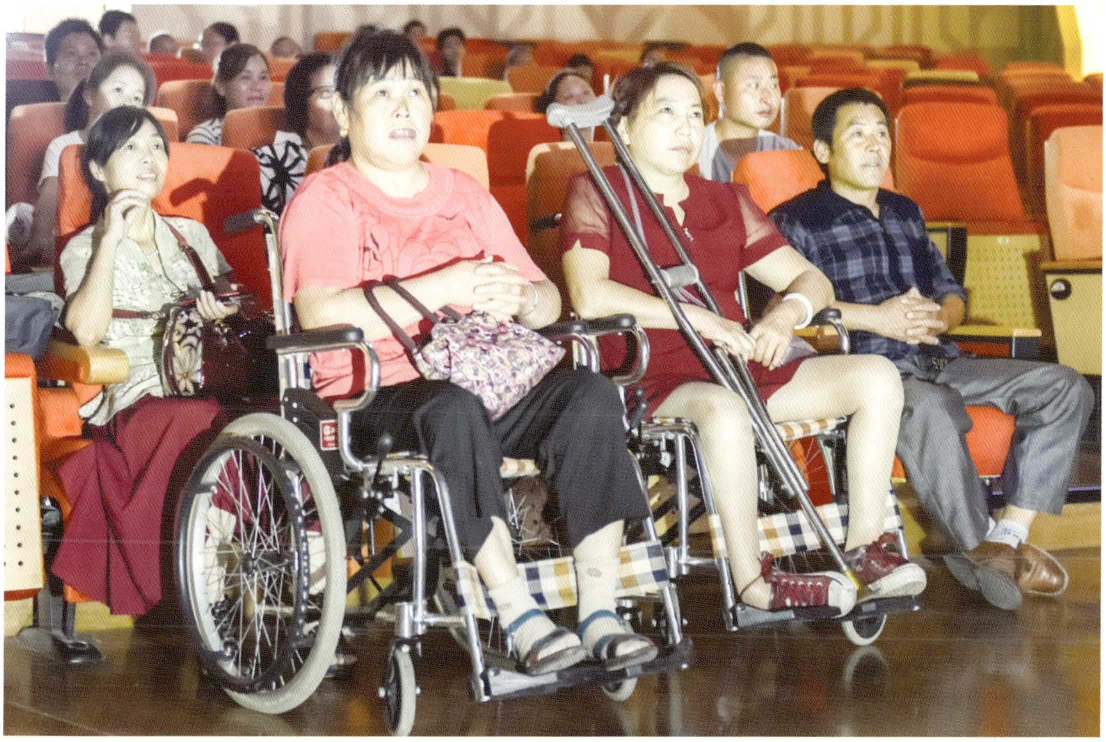

2017 年 9 月，南京市首家无障碍影院在江宁区市民中心剧场内开映。区文广局、区残联依托市民中心建设的残疾人无障碍影院，为残疾人圆了观影梦

区新闻中心 供稿

2017 年 1 月 19 日，“美丽江宁人”2016 年度人物暨第四届江宁区道德模范和第七届江宁好市民颁奖典礼举行。图为颁奖典礼现场的文艺演出

赵红雷 摄

2017 年 9 月，第八届“江苏廉洁文化周”江宁专场文艺演出在区市民中心小剧场上演。演出节目精彩纷呈，包括歌舞、情景剧、小品、京剧等，集中展示江宁区创作的一批以廉政建设、家风传承为主题的优秀文艺作品

区新闻中心 供稿

2017 年 6 月，为纪念建党 96 周年，南京同仁医院 40 余名医护志愿者骑行到雨花台烈士陵园祭奠革命先烈，重温入党誓词，开展“两学一做”专题学习教育，倡导环保、健康的生活方式，以实际行动纪念党的生日　区新闻中心 供稿

2017 年 11 月，一场特殊的升旗仪式在禄口街道彭福社区国旗广场举行。彭福社区 23 年如一日独自升旗的周久大老人，在南京航空航天大学金城学院国旗护卫队和铜山中心小学国旗班学生的陪伴下，共同升起了鲜艳的五星红旗

区新闻中心 供稿

2017 年 8 月，东山街道中前社区府后网格针对辖区内车位少、车辆多的情况，向小区车主开展倡导文明停车、争当文明市民的宣传活动。图为学生志愿者为车主们发放《文明停车倡议书》 区新闻中心 供稿

2017年9月，4名身着制服、臂戴“公共文明引导志愿者”红袖章的城管队员在大市口广场，现场进行了一场“快闪表演”，吸引市民驻足观看。活动现场，城管志愿者们搭建宣传展台，向市民们普及垃圾分类知识，免费发放环保垃圾袋，解答市民有关违章处理、垃圾收费、停车管理等方面的咨询，受理市民有关市容秩序和环境卫生的投诉和建议

区新闻中心 供稿

2017年3月12日植树节，江宁区各街道、园区、部门组织开展义务植树活动，倡导生态文明，共建绿色家园。图为区级机关单位100余名女干部与驻地部队官兵在秦淮河畔共植“巾帼林” 区新闻中心 供稿

2017年4月，东山研发园妇委会与团工委志愿者们走上街头，开展“当一天城市美容师”活动。图为志愿者们与环卫工人一起清扫路面、清理提岸、打捞河道漂浮物，以实际行动践行生态文明理念 区新闻中心 供稿

2017 年 3 月，东山街道中前社区联合街道社区卫生服务中心开展主题为“抵御雾霾 健康你我”的科普宣传活动。图为志愿者们向社区居民发放一次性防雾霾口罩和科普宣传资料，并现场讲解雾霾的形成原因及危害，引导居民做好自我保护　　区新闻中心　供稿

2017 年 7 月，江宁区中医院开展“创文明岗、做文明人”优质服务竞赛，倡导全体医护人员对每位病人更加耐心、细心和热心，把优质文明的医护服务献给每一位病员。图为患者蒋云华为中医院 12 楼全体医生和护士献上“医德高尚，医能高超”的锦旗　　区新闻中心　供稿

2017年2月，东山街道中前社区党工委组织社区党员志愿者，在山水方舟小区开展“真情服务进山水和谐社区共关怀”便民服务活动，华润燃气、东山卫生院、苏宁易购和街道教卫办等部门和单位的党员志愿者们，现场为小区群众提供各种义务服务，受到居民欢迎

区新闻中心　供稿

2017年，麒麟街道发挥青年志愿者的作用，组织开展各种义务公益服务和宣传活动，深受群众喜爱。图为青年志愿者给敬老院老人们拍照，记录他们幸福的笑容

区新闻中心　供稿

2017 年 5 月，东山街道中前社区和江苏银行携手在东山香樟园举办“浓情五月天 感恩母亲节”党员共建活动，感恩行动不仅体现孝道和美德的传承，也促进了社区和谐、家庭和睦社会新风尚的形成　区新闻中心 供稿

2017 年 10 月，重阳节前夕，河海大学“爱伴夕阳”志愿者团队走进东山街道中前社区公园路网格，与社区老人们一起制作茱萸香包，感受重阳节的节日氛围　区新闻中心 供稿

2017 年 5 月，淳化中心小学 40 名少先队员到区新四军研究会，开展“红领巾寻访强军梦”课外学习活动。图为抗日老兵和转业老军人向小学生赠送抗日故事丛书

区新闻中心 供稿

2017 年 5 月，区委宣传部、区文化广电局等单位，在天景山小学开展“扫黄打非”护苗·2017 行动，引导青少年远离和抵制有害出版物

区新闻中心 供稿

2017 年 12 月，“特色文化，魅力江宁”第五届特色文艺团队大赛在市民中心剧场拉开帷幕，全区 10 个街道的文艺特色队伍参赛
区新闻中心 供稿

2017 年 12 月，公益性文化活动“向上向善——戴珩‘新时代新作为’分享会”在市民中心剧场举行，文化学者戴珩与江宁的文化工作者、市民一起解读十九大报告对文化建设的新要求，分享其创作成果及对文化江宁的感悟
区新闻中心 供稿

特　载

专　记

大事记

区情概览

党政机关

法 治

军 事

开发园区

农　业

工　业

商贸业

旅游业

金融业

经济管理

生态 环保

科技 人才

教　育

文 化

卫生　体育

社会生活

街 道

人　物

附　录

索　引

全面贯彻落实党的十九大精神
谱写新时代“强富美高”新江宁辉煌篇章（摘要）

——在中国共产党南京市江宁区委十三届六次全体（扩大）会议上的报告

市委常委、区委书记　李世贵

（2017 年 12 月 29 日）

一、全区各项事业取得新的成绩

2017 年以来，区委坚持以习近平新时代中国特色社会主义思想为根本遵循，以迎接宣传和学习贯彻党的十九大为主线，认真贯彻新发展理念，紧扣“两聚一高”主题和“一个高水平建成、六个显著”目标，深入落实省市决策部署特别是市委对江宁工作提出的“发展五问”，统筹协调推进“五个工作主抓手”和“十项行动计划”，取得了“五位一体”建设和党的建设显著成绩。

经济运行呈现高质量增长。预计全年，地区生产总值增长 9%，增幅分别高于省、市 2 个和 1 个百分点；一般公共预算收入增长 9%、达 226 亿元，稳居全省区县第三；全社会固定资产投资、规上工业总产值分别增长 20% 和 5% 以上，高新技术产业产值占比提高到 65.2%，江宁位列全国工业百强区第六位。

大项目建设实现历史性突破。海航航空产业、长安新能源汽车、晶能新能源智能汽车、格力产业园、中兴通讯智能制造、上汽大通、卡耐新能源电池等一批重大龙头项目落户，总投资额超过 1500 亿元，实体经济根基坚实、质效提升。

深化改革形成引领性效应。改革创新的典型经验做法得到国务院办公厅通报表扬、被确定为 2017 年度“免督察”单位，土地集约利用鲜明成效得到国土资源部奖励。人才政策供给机制入选全国人才工作改革创新最佳案例。预审代办制改革和“不见面”审批得到了中编办和省市的充分肯定。成为全市集成改革唯一的试点区。

江宁影响力得到全方位彰显。创成全国首批生态文明建设示范区、全国首批街道服务管理创新实验区、全国首批农村幸福社区建设示范区，高质量通过国家全域旅游示范区、国家公共文化服务体系示范区的评估考核。成功举办全国“双创周”和中国创新创业大赛相关活动和赛事，全省特色田园乡村建设现场会在我区召开，新兴产业发展经验在中联部“中国共产党的故事”专场对外宣介。

（一）着力增强发展动能，加快壮大实体经济。继续深化供给侧结构性改革，扎实推进“两落地一融合”，完成科创载体整合并组建三大高新区，成功签约德国智能传感器研究院等 9 家新型研发机构，环东大知识创新圈、南大“双创”示范基地等平台加紧建设，金陵科技学院大学科技园建成运营，“梧桐林”创聚广场投入使用。全年新增高新技术企业45家、市级以上研发机构44家、上市挂牌企业15家、大学生创业项目1605个，发明专利授权量突破1800件，累计引进6名诺奖得主和36名院士，成为国家知识产权服务业集聚发展试验区，区域孵化能力跻身全国区县第11位。以高端产业为主要特征的现代经济加速发展，汽车和智能电网两大千亿产业加快向高端攀升，生命科学集聚企业超过500家，装备制造业产值突破500亿元，新一代信息技术产业产值增长了20%。建筑业完成产值700亿元、增长13%。服务业增加值占GDP比重提高1.4个百分点、达43.9%，华谊兄弟电影小镇、苏豪健康养老产业园等重点项目开工建设，软件、物流、旅游收入分别达1050亿元、1170亿元和350亿元，分别增长12.9%、11%和9.4%。江宁开发区综合实力跻身国家经开区第9位、全省第3位，江宁高新区打造苏南自主创新示范区核心区取得新进展，滨江开发区重大项目集聚势头迅猛，麒麟高新区与中科院启动共建科技城战略，重点园区“一特三提升”水平进一步提高。全区完成实际利用外资7.9亿美元、占到全市的1/4，地方外贸出口610亿元、增长了24%。

（二）着力加大建设投入，大力推进城乡融合。坚决下好新时期城乡协调发展“一盘棋”，城乡建设及精细化管理“10+1”年度任务全面完成。科学划定城镇开发边界，编制完成一批重点片区控详规和规划设计。完成城中村和棚户区征迁262万平方米，盘活低效闲置土地245.1公顷。强化地铁5号线等省市重点工程协调服务，高标准建成一批城乡道路，改造农路150公里，麒麟有轨电车正式运营。百家湖商圈功能品质明显提升，南站片区长效管理得到加强，空港新城建设框架全面拉开，13个特色小镇完成综合投入超过100亿元，5个PPP新市镇项目有序推进，城市绿化、美化和精细化管理水平不断提高。制定出台全域特色田园乡村建设“路线图”，观音殿、徐家院、王家、钱家渡等4个村庄入选省首批试点，溪田农业成为首批国家级田园综合体，黄龙岘成功创建省价格诚信区域，西部生态环线名列全省首批“旅游风景道”。土地确权颁证全面完成，新增高效农业1333.3公顷，家庭农场经营面积占比达到47.4%。阳光国际鲜花产业、华新生态文创基地等农业龙头项目签约落户，台创园入选全省首批现代农业产业示范园。以援疆、援陕为重点的对口帮扶工作成效明显。

（三）着力强化环境治理，全力建设生态文明。认真抓好中央和省环保督察反馈意见整改，扎实开展“263”专项行动，关闭化工、燃煤、铸造、砖瓦等企业137家，建成协鑫热电煤改气工程，煤炭消耗总量严格控制在60万吨以内，万元工业增加值能耗同比下降6%。80条黑臭河道整治、35公里污水管网建设和43平方公里雨污分流工程全面完成，秦淮河城市核心段生态景观带建成开放，子汇洲水源保护地相关码头按期关停，畜禽养殖规范整治全面到位，国家和省市考核断面水质稳定达标。PM2.5平均浓度同比下降21.8%，空气质量优良率达75.9%、比去年提高3.5个百分点。新增绿化造林316.7公顷，新增公共绿地30万平方米，城乡垃圾分类试点工作成效明显。

（四）着力保障改善民生，扎实办好惠民实事。积极拓展就业、创业、社保、扶贫等富民渠道，城镇登记失业率低于2.7%，城乡居民人均可支配收入分别达52900元和23740元，增长9%和9.4%。低保标准提至810元/月，新农合和被征地养老年龄段人员保障金标准均提高100元，低收入农户和经济薄弱村年度脱贫任务全面完成。10万多套、近1000万平方米的安置房不动产权证全部发放到群众手中，新建成安置住房260万平方米。实施教育资源布局优化提升三年行动计划，一批新建中小学校、幼儿园投入使用，优质教育资源覆盖面进一步扩大；江宁医院升格为三甲医院，区医疗服务中心将于春节前实现试运营，全面二孩政策配套措施加紧完善，人口服务管理不断深化；建成“互联网+养老院”，居家养老服务水平有力提升；春牛首马拉松等全民健身活动及文化惠民工程蓬勃开展，古泉社区获评全国文明村，江宁成为全省诗词之乡和首批文化金融合作试验区。完善“政社互动”“三社联动”机制，实施综合行政执法改革，开展全要素网格试点，基层社会治理“一张网”加快构筑。扎实推进社会矛盾和安全隐患大排查大整治，组织开展“扫雷”行动、“双百”行动和出租房屋安全隐患集中整治，有力保障了十九大及国家公祭日等重大活动期间社会和谐稳定，平安江宁、法治江宁建设水平进一步提高。国家食品安全示范城市创建扎实推进，广电、史志、档案等事业取得新成绩。

（五）全面加强党的建设，从严从实管党治党。党的十九大闭幕后，全区上下将学习宣传贯彻党的十九大精神作为首要政治任务，举办领导干部学习轮训班，成立区委宣讲团深入基层一线宣讲，迅速掀起了学习宣传贯彻热潮，“贯彻落实十九大精神，在新时代走在最前列、勇当排头兵”，已成为全区广大干部群众的共同意志、共同目标、共同行动。推进“两学一做”学习教育常态化制度化，抓实大走访暨“四走访四化解”活动，引导党员干部脚步为亲、深入基层，走好新形势下的群众路线，各级干部累计走访企业11829家、城乡居民36.7万户，解决了一大批群众和企业反映的诉求问题。严把选人用人关，认真做好干部调配工作，加强年轻干部培养选拔，领导班子和干部队伍结构进一步优化。加强基层党建创新，举办村书记“先锋学堂”，党建引领乡村振兴呈现新活力。组建国资主导的红色物业，推动党的组织和工作向小区及楼栋覆盖。严格落实“两个责任”，认真贯彻《准则》和《条例》，持之以恒抓好“四风”问题整治，完成区委三轮巡察工作和纪委派驻机构改革，严肃查处了一批违法违纪案件。加强民主政治建设，选举产生新一届区人大、政府、政协领导班子，积极支持人大和政协履行职能、开展工作。加强统一战线建设，新的社会阶层人士统战工作卓有成效。工会、工商联、红十字会完成换届，人武、双拥、民宗、共青团、妇联、残联等工作取得新进步。加强意识形态和宣传思想文化工作，建成互联网舆情监控中心，打造融媒体中心，拓展主流舆论宣传覆盖面，广泛开展各类精神文明创建活动，城乡文明程度进一步提高。

在充分肯定成绩的同时，我们也要清醒地看到问题和不足：实体经济发展仍面临一些困难与挑战，科技创新的支撑引领作用还不够强，产业转型升级还要加大力度；影响发展的体制机制障碍尚未根本消除，深化改革还要系统集成推进；城乡建设管理中仍存在一些短板，社会治理仍面临较大压力，在营造宜居宜业和谐稳定环境上还要再提升；教育、医疗、文化、生态等优质公共服务供给仍显不足，富民增收工作力度还需加强，满足群众美好生活需要还要下更大功夫；一些基层党组织抓党建责任意识不强，有的党员干部缺乏干事创业精气神，“四风”和腐败问题仍有发生，全面从严治党还需常抓不懈。对这些问题，我们必须高度重视、加快解决。

二、以习近平新时代中国特色社会主义思想统领江宁发展

党的十九大是在我国全面建成小康社会决胜阶段、中国特色社会主义进入新时代的关键时期召开的一次十分重要的大会，描绘了实现“两个一百年”目标的宏伟蓝图，指明了党和国家事业的前进方向，确立了习近平新时代中国特色社会主义思想为党的指导思想，具有划时代和里程碑意义。十九大后，习总书记首次地方视察就来到江苏，强调坚守实体经济、坚持创新发展、深化国企改革、推动乡村振兴、修复生态环境、加强基层党建等问题，系统地对江苏发展提出明确要求。我们学习贯彻党的十九大精神，就是要在学懂、弄通、做实上狠下功夫，把习总书记对江苏工作的一系列重要指示作为工作指南，贯彻到各个环节、各个方面，使全区干部群众切实把思想和行动统一到十九大精神上来，凝聚到十九大确定的各项目标任务上来，融汇到推进“强富美高”新江宁建设上来。

要把学习宣传贯彻党的十九大精神作为首要政治任务，推动习近平新时代中国特色社会主义思想在江宁落地生根。要进一步提高政治站位、强化政治担当，推动党的十九大精神学习宣传贯彻往深里走、向实里抓，做到学深悟透、指导实践、引领发展。要深刻领会和把握党的十九大的鲜明主题，沿着中国特色社会主义正确道路，不忘初心、牢记使命，为实现中华民族伟大复兴的中国梦不懈奋斗；深刻领会和把握习近平新时代中国特色社会主义思想的丰富内涵，把“八个明确”和“十四个坚持”自觉扎实地贯彻到江宁改革发展的各项实践中；深刻领会和把握十八大以来党和国家事业取得的历史性成就、发生的历史性变革，进一步增强“四个自信”、鼓足发展干劲；深刻领会和把握中国特色社会主义进入新时代的重大意义，谋划好新时代江宁发展大计，推动更高质量、更可持续发展；深刻领会和把握我国社会主要矛盾发生的历史性变化，进一步明确今后工作的着力点和主攻方向；深刻领会和把握实现“两个一百年”奋斗目标的战略部署，主动承担起时代赋予的历史使命，奋力在新的征程上阔步前进；深刻领会和把握新时代党的建设总要求，把政治建设摆在首位，以永远在路上的决心推动全面从严治党向纵深发展。

要抓住“两个一百年”奋斗目标的历史交汇期，以争先率先姿态奋力走在新时代发展前列。在党的十九大作出的重大战略安排指引下，我们必须把江宁放到新时代发展的大格局中去考量，始终坚定不移推进创新性发展、探索性发展、引领性发展，奋力争当高水平全面建成小康社会排头兵、高质量推进社会主义现代化建设先行军，以“强富美高”新江宁建设的崭新成效，打造全面彰显新时代中国特色社会主义“四个自信”的样板区。

从现在起到2020年，要抓重点、补短板、强弱项，扎实推进“两聚一高”的新实践，决战决胜高

水平全面建成小康社会。然后，在此基础上，积极开展基本现代化建设新探索，加速建设“强富美高”新江宁，努力在高质量发展上走在全市全省乃至全国前列。具体而言，就是要聚焦“富强”实现经济发展高质量，全面形成高度发达的现代化经济体系，成为具有更强竞争力、影响力的江苏高端产业集聚区、长三角自主创新引领区和现代化国际性南京主城南部中心；聚焦“民主”实现依法治区高质量，区域治理体系和治理能力现代化处于领先地位，一流法治成为江宁最鲜明的城市特质；聚焦“文明”实现文化建设高质量，精神文明建设和文化发展优势达到新高度，成为全国知名的文化强区；聚焦“和谐”实现人民生活高质量，共同富裕水平全国领先，每个居民都幸福地享有“八个更”的美好生活；聚焦“美丽”实现生态环境高质量，绿色发展水平名列前茅，成为“绿水青山就是金山银山”的生态标杆和美丽中国典范。

要切实担负起新时代江宁发展的新使命，在新的征程上彰显担当作为、舍我其谁的先锋本色。新时代“强富美高”新江宁，绝不是轻轻松松、敲锣打鼓就能实现的，我们必须把大写的拼搏精神铭刻在江宁实现“两个一百年”目标的奋斗史上。一定要对标找差、奋发进取。必须跟最好的学、向最强的赶，以深圳南山、苏州昆山、浙江萧山等先进地区为标杆，在创新驱动和城市建设方面对标南山，在产业发展和对外开放方面对标昆山，在生态环境和社会民生方面对标萧山，一步一个脚印往前追，推动江宁各项工作在对标对表、比学赶超中争先进位。一定要改革领航、大胆创新。必须弘扬敢为人先、敢闯敢试的改革锐气，勇于解放思想，坚持问题导向，坚定不移把深化改革进行到底，大力推进有利于增强经济发展动力、有利于促进社会公平正义、有利于增强人民群众获得感的改革，不断增创江宁新时代发展新优势。一定要真抓实干、坚韧不拔。必须站位长远、着眼当前，结合实际、抢抓机遇，坚持底线思维、注重系统提升，撸起袖子加油干，在砥砺奋进、攻坚克难中，把中央和省市各项决策部署抓在关键、落在实处，奋力创造江宁新时代发展不一般的业绩。一定要凝心聚力、久久为功。必须充分调动全社会方方面面的积极性、主动性和创造性，进一步汇聚新时代建设新江宁的磅礴力量，坚持一张蓝图绘到底，一任接着一任干，推动江宁改革发展向着宏伟目标阔步迈进。只要我们不懈努力、接续奋斗，就一定能够在“两个一百年”进程中谱写出精彩辉煌的“江宁篇章”！

三、夺取贯彻十九大精神的开局之胜

2018 年是贯彻党的十九大精神的开局之年，是改革开放 40 周年，是决胜高水平全面建成小康社会、实施“十三五”规划承上启下的关键一年。展望明年，全球经济形势在深度调整中逐渐复苏，国内经济已由高速增长阶段转向高质量发展阶段。我们必须审时度势、坚定信心、奋发作为，把明年各项工作做得更加扎实，推动江宁发展再上一个新台阶。

明年，全区各项工作的总体要求是：坚持以习近平新时代中国特色社会主义思想为指引，全面贯彻党的十九大精神和习总书记视察江苏重要讲话精神，深入落实中央经济工作会议和省市委全会部署要求，紧紧围绕“两聚一高”新实践和“一个高水平建成、六个显著”目标，聚焦“三区一中心”定位，坚持稳中求进工作总基调，坚持新发展理念，紧扣社会主要矛盾变化，按照高质量发展的要求，统筹推进“五位一体”总体布局，协调推进“四个全面”战略布局，重点要深入对标找差、提升发展标杆，突出全面贯彻十九大精神“这个主题”，深入实施党建引领、改革创新、作风提升“三大行动”，聚力打好科技人才、项目建设、社会治理、乡村振兴、环境整治、民生改善“六场硬仗”，把新时代“强富美高”新江宁建设不断推向前进。

明年，全区发展的主要目标是：地区生产总值和一般公共预算收入增长 9%、力争 10%，全社会固定资产投资和工业投资增长 10%、力争 12%，规模以上工业总产值增长 8%、力争 9%，全社会研发投入增长 10% 以上，服务业增加值占 GDP 比重增加 1 个百分点，全体居民人均可支配收入增速高于经济增长，农村居民人均可支配收入增速高于城镇居民。重点做好五个方面工作：

（一）加快质量效率动力变革，增创现代化经济体系建设新优势。聚焦实体经济、科技创新、现代金融、人力资源“四位协同”，不断壮大“3+3+3+1”现代产业体系。进一步做强实体经济。全力抓好长安新能源汽车、晶能新能源智能汽车、中兴通讯、格力产业园、富士康等重大项目，以及 5G 与未来网络产业创新基地、国华卫星产业基地、特色新药创制中心等平台建设，确保绿色智能汽车、高端智能装备、新一代信息技术、生命科学等先进制造业和新兴产业保持中高速增长。对接国家大数据战略加速发展数字经济，深入推进制造业数字化、智能化、互联网化，实施一批工业化信息化融合示范工程，建成一批高效率的智能车间和智能工厂。积极扶持和前瞻布局人工智能、量子通信等未来产业，培育经济增长新动力。全力做大文化休旅、软件、物流等现代服务业，加快世茂梦工厂、华谊兄弟电影小镇建设，提高环绕越文化休旅经济带辐射力，和江宁全域旅游影响力；加快海航仓储物流、苏宁物流中心等物流枢纽项目建设，推动现代物流专业、智慧、高效发展；加快东久互联技术创新园、中科曙光东部产业基地等软件项目建设，在南京打造国际软件服务业名城中增加“江宁分量”。大力发展高端商贸、健康养老、体育休闲、新型零售等新业态，更好地满足群众消费升级需求。大力深化“两落地一融合”。深入落实全市创新发展“121”战略，抓好“江宁方案”实施，打造南京建设创新名城和国家科学中心、科技产业创新中心的核心区。加快未来网络创新研究院、中德技术合作转化中心、南航大宇航工程研究院等一批新型研发机构建设，推进与区内各大学科技园及环东大知识创新圈的深度对接，促进人才、技术、资本、产业联动，明年要实施10个以上重大科技成果转化项目，完成发明专利授权2000件以上。加大以“瞪羚”企业、“独角兽”企业为代表的高新技术企业引育力度，抓实“小升高”“高升规”倍增计划，确保新增高新技术企业100家、科技孵化企业350家。优化创新创业“生态圈”，建设江宁科技创新中心，丰富中国高校知识产权运营交易平台内涵，支持社会资本兴建专业化的科创载体，利用闲置低效空间打造一批科技加速器、成果中试及熟化基地，努力成为国家科技成果转移转化示范先导区。着力强化金融资本支撑力。大力促进金融改革创新，引导、协调驻区银行等金融机构参与江宁重大产业和实体企业发展，强化金融对实体经济的输血功能，化解中小企业融资难问题，全年新增金融贷款不少于200亿元。支持“双自”企业上市发展，鼓励有条件的企业发行债券，提高企业直接融资比重，全年新增债券规模40亿元，上市挂牌企业总数突破80家。充分发挥产业基金、创投基金等政府性资金引导作用，撬动更多的天使投资、风创投、股权投资助推科技创新创业。启动基金小镇规划建设，发展知识产权质押融资，完善融资担保体系，切实打造一流的金融服务环境。加强地方金融监管，打击违法违规金融活动，守住不发生系统性金融风险的底线。全面提高人力资源供给质量。放大“创聚江宁”工程的磁场效应，以企业为主体，大力引育产业发展急需的“高精尖缺”人才，全年新增高层次创业创新人才170名以上。建设人才安居房30万平方米，解决好人才落户、子女教育、医疗等问题，保障高端人才安心创业创新。实施大学生创业引领计划，依托大学生创业园、众创空间等载体，构筑一支活力迸发的大学生创业方队，全年培育大学生创客450人。制定积极政策吸引知名高校大学生落户，提高驻区高校毕业生在江宁就业比重。大力弘扬“工匠精神”，加快高技能人才队伍建设，依托区高职校筹建南京新型工匠培训基地，完善应用型人才的供需对接和订单培养，为现代化经济发展提供更多高素质的劳动力资源。

（二）大力推进城乡融合发展，塑造南京主城南部中心新形象。加快建设高品质城区。紧密对接南京城市总体规划修编，编制完成江宁新一轮城乡总体规划和《江宁发展规划大纲2035》，推进“城市双修”“多规合一”。实施年度投资650亿元的城乡建设计划，全年完成260万平方米棚户区征迁改造、210万平方米安置房建设、100万平方米老旧小区整治任务。大力推进土山机场迁建，全力服务保障地铁5号线、126省道、002省道等重大工程，加快文靖路跨宁杭高速桥、诚信大道快速化改造等路桥建设，新改扩建一批干线公路。开展交通治堵三年行动，完善公共交通及城市慢行系统，打通一批城市断头路和交通堵点。统筹实施水电气、信息网络、排水防涝、综合管廊等市政设施建设，提高城市运营保障能力和智慧管理水平。加快龙湖天街、绿地之窗等商业综合体建设，高标准开发南站片区，进一步提升东山国际企业总部园功能，加快把上坊片区打造成为高品质的江宁新城区，着力彰显大气、时尚的现代城市风貌。继续推进“厕所革命”，新改建74座二类以上标准公厕、90座农村达标公厕；开展市容环境综合整治，推动环卫保洁市场化机械化，不断提高城市精细化管理水平。加快特色小镇和新市镇建设。未来科技城要加紧建设上秦淮国际文化交流中心，培育发展未来网络、智能制造以及会展经济等新产业，办好第二届全球未来网络发展峰会，加快打造具有核心竞争力的未来网络小镇；牛首山文化旅游区要启动金陵小镇一期建设，加强与周边的发展联动和资源整合，在“文化+”“旅游+”多业融合中放大景区品牌效应。其他特色小镇也要紧扣目标定位，加大建设投入，着力形成各具特色的发展格局。用好社会资本进一步推进5个新市镇PPP开发，明年力争再落实一批城乡PPP建设项目。加快推进乡村振兴。乡村振兴是新时代“三农”工作的总抓手，是解决城乡发展不平衡、农村发展不充分问题的必由之路。要按照“产业兴旺、生态宜居、乡风文明、治理有效、生活富裕”总要求，以4个省级试点村为先导，实施年度81个特色田园乡村点和5个组团建设，完成164公里乡村林荫大道建设和250公里农路改造，打造金谷田园综合体，进一步提升西部片区内涵和风貌，建成中部片区核心区，着力形成全域特色田园乡村“诗画江南”之美。推动乡村治理自治、法治、德治相结合，弘扬乡贤文化，切实发挥乡贤在创业带动、文化传承、乡村治理中的积极作用。深化农村综合改革，提高薄弱村财政转移支付标准，进一步做好农村集体资产权能改革，保障农民财产权益。启动台创园国家农业公园创建，积极培育农业龙头企业、农民合作社、家庭农场等新型农业经营主体，加快构建高质高效的农业生产和经营体系，推动一二三产融合发展。

（三）建设更高质量生态文明，彰显美丽江宁新魅力。提高绿色发展水平。继续大力推进“263”专项行动，倒逼产业向绿色低碳转型。加大节能减排工作力度，鼓励和支持企业加大环保投入、实施清洁生产，规上工业能源消费总量控制在130万吨标煤以内，万元工业增加值能耗下降1.5%。探索实施产业园区“三线一单”试点，扎实开展低效用地再开发行动，加快秦淮路以南、谭桥、滨江丽水大街等地块“腾笼换鸟”“优二进三”，推动街道工业集中区转型发展、做优存量，全年盘活低效用地200公顷。扩大装配式建筑运用，新增绿色建筑220万平方米。在机关事业单位、学校、新建小区等重点区域实施垃圾强制分类，农村生活垃圾分类覆盖率达60%以上。推广绿色出行、绿色消费等健康生活方式，促进绿色生活共建共享。深化环境综合治理。持续抓好中央和省环保督察反馈意见整改落实，全力打好水、大气、土壤污染防治攻坚战。以“河长制”促“河常治”，对黑臭河流整治工作进行“回头看、再补课”，实施89条河道劣五类水质消除工程，完成外港河生态环境综合整治，推进城东等一批污水处理厂新改扩建，加快污水管网和雨污分流全覆盖。多措并举抓好大气污染防治，进一步加强对挥发性有机物、工地扬尘、秸秆禁烧、机动车减排、工业排放等重点领域的治理和防控，努力让“江宁蓝”成为常态。实施好土壤污染防治行动计划，切实加强农业面源污染防治，提高农村人居环境水平。加强生态环境保护。以最严措施统筹山水林田湖草系统治理和保护，强化不开发区域管控，守住生态江宁边界。加强公园绿地、防护绿地、城市湿地等绿化建设，全年新增绿化造林666.7公顷、公共绿地30万平方米，进一步拓展江宁“绿色内存”。健全完善生态环境损害赔偿、资源使用有偿、生态区域补偿、环境绩效考评、环境保护党政同责等制度，全面提升环保监测能力和执法力度，严厉打击生态环境方面的违法行为。

（四）抓住改革开放40周年契机，不断释放江宁新时代发展新活力。一方面，扎实抓好集成改革试点。集成改革是市委赋予江宁的重要任务，是江宁新时代发展走在前列的重要动力。要全面增强改革的系统性、整体性、协同性，保持改革力度不减、韧劲不松，按照区集成改革试点总体方案明确的八大类30项改革任务，进一步制定可操作的细化方案，有计划有秩序地一项一项抓落实抓推进，全力跑出江宁改革攻坚的“加速度”，努力形成更多可复制可推广的改革经验。行政管理体制改革是集成改革的重中之重，要对市级赋权事项，加强上下联动、部门协作、各方协同，确保全面承接到位；实质运行区行政审批局，进一步丰富预审代办制“五办”内涵，制定范围更广的不见面审批服务清单，完善权证办理向街道下沉以及民生服务事项延时办理机制，率先实现“3550”全覆盖并向“2440”目标迈进；构建事中事后监管新模式，推进“互联网+政务创新”，适时启动街道行政管理体制改革试点。资源要素优化配置、国资国企以及科技、生态、开放、社会建设、党的建设等领域改革，也要扎实推进，最大程度释放改革红利。另一方面，做强开发园区主阵地。抓住全市高新区整合重组机遇，推动重点园区在新平台上实现更高质量的发展。江宁开发区要加大高端人才、高端项目、高标准设施“三高”汇聚力度，提高高新技术产业园创新能级，推动空港片区项目和新城建设提质提速，提升综保区口岸功能、加强区港联动，力争在国家级经开区十强方阵中实现新进位。江宁高新区要加快苏南自主创新示范区核心区建设，高效整合未来科技城及滨江片区创新孵化载体、功能和项目，促进新型研发成果加快落地，不断壮大科技产业集群实力，形成“一区多片、联动发展”新格局。麒麟高新区要更加突出生态品质和科技内涵，联手中科院全面打造麒麟科技城，加快布局大科学装置和科研创新平台，构筑江宁东南科技创新带的东部先导园区。滨江开发区要围绕主导产业继续抓好大项目建设，推动落户项目加快投入、快出形象和成效，进一步提高土地集约利用水平，全面增强园区发展综合效益。汤山温泉旅游度假区要加快苏豪健康养老产业园、圆核文化旅游等重点项目建设，完善基础设施配套，提升管理服务水平，打造更有品质的国际旅游目的地。要提高新时代“引进来、走出去”的质量和水平，继续强化招大引强，力争再落户一批百亿级旗舰项目，确保项目引进力度不减弱、成效更突出。继续保持外贸出口的强劲势头，支持区内优势企业在全球配置资源、开拓市场，进一步增强国际化经营能力。

（五）坚持以人民为中心的发展思想，推动群众获得感幸福感新提升。加快推进富民增收。完善更加积极的就业政策，实施职业技能培训、就业岗位对接、困难群体就业帮扶等行动，让群众在高质量充分就业中提高收入，全年新增城镇就业3.4万人、转移农村劳动力1800人，培育自主创业2000人，创建省劳动关系和谐区。抓好精准扶贫，为无能力劳动者和支出型贫困群众编织基本生活安全网，促进低收入农户稳定脱贫、长效脱贫。按照兜底线、织密网、建机制的要求，深化社会保障领域改革，推进“五险合一”征缴扩面，提高新农合、居民养老保险基础养老金等保障标准，做好对残疾人、困难家庭等特殊群体的保障和救助，不断增强江宁“弱有所扶”能力。加快建立购租并举的安居保障制度，促进房地产市场健康稳定发展。扩大优质公共服务供给。推动教育优质均衡发展，建成投用南外方山分校、将军山中学、月华路小学等一批中小学校，提高合作办学成效，努力让每个孩子都享有公平而有质量的教育。优化城乡医疗资源布局，推进省人民医院滨江分院、省中医院牛首山分院及一批基层医疗机构建设，提高医联体紧密度，扩大家庭医生制度覆盖面，推动血透等基层紧缺医疗资源向街道下沉。完善妇幼健康服务，提高“幼有所育”水平，争创全国儿童福利和保护示范区。做好养老机构建设和政府购买居家养老服务，启动社会福利中心二期建设，支持社会资本进入养老产业。建设综合档案馆、新党校、公检法技术用房等工程，更好地服务民生、服务社会。增强文化凝聚力引领力。全面落实意识形态工作责任制，加强正面宣传，健全舆情引导机制，巩固团结奋进的主流舆论强势，牢牢掌握意识形态领导权。大力培育和践行社会主义核心价值观，强化教育引导和实践养成，把全社会的价值追求凝结到为新时代江宁发展不懈奋斗上来。加强公民道德和社会诚信体系建设，创新开展志愿者服务，常态长效推进群众性精神文明创建，让时代精神、道德素养、文明新风浸润居民心灵。深入实施文化惠民工程，推进方山健康体育公园等建设，完善游园绿地、多功能运动场等全民健身设施布局；加快建设百家湖文化分中心、南唐博物馆，发挥好基层文化阵地作用，推出一批精品文艺创作，创成国家公共文化服务体系示范区。深化“文化+”战略，制定文化产业振兴三年规划，培育一批成长性强的文化企业和文化品牌，文化产业增加值占GDP比重提升0.6个百分点。进一步加强社会治理创新。在社会治理的社会化、法治化、智能化、专业化上持续用力，按照“五个统一”要求全面推开“全要素网格”，整合资源和职能，加快打造全域社会治理“一张网”。把创新社会治理与综合行政执法改革、转变街道职能结合起来，着力构建“权责清晰、功能集成、扁平一体、运行高效、执行有力”的基层治理体系。深化全国街道服务管理创新实验区建设，实施社区“微更新、微治理、微幸福”工程，加大政府向社会组织购买服务的力度，鼓励专业社会组织、专业社工进入社区参与治理、开展服务。加强预防和化解社会矛盾机制建设，做好“12345”政务热线工作，畅通群众信访诉求渠道，努力从源头上消除和钝化矛盾。牢固树立城市安全底线思维，严格落实安全生产责任制，实施公共安全视频监控联网应用“雪亮工程”，全力抓好生产安全、公共安全、食品药品安全、网络安全、金融安全，打造更高水平的平安江宁。

四、坚定不移推进全面从严治党向纵深发展

争当高水平全面建成小康社会排头兵、高质量推进社会主义现代化建设先行军，关键在党，关键在人。要深入贯彻党的十九大精神和新时代党的建设总要求，坚持和加强党的全面领导，压实管党治党责任，不断提高党的建设质量，把各级党组织建设得更加坚强有力，为新时代“强富美高”新江宁建设提供政治保证。

要强化政治建设、坚决维护核心。各级党组织和广大党员干部要把政治建设摆在首要位置，切实用习近平新时代中国特色社会主义思想武装头脑，树牢“四个意识”，坚定“四个自信”，严明政治纪律和政治规矩，坚决维护党中央权威和集中统一领导，以旗帜鲜明讲政治的高度自觉，始终在政治立场、政治方向、政治原则、政治道路上同以习总书记为核心的党中央保持高度一致。深入推进“两学一做”学习教育常态化制度化，按照中央和省市委统一部署，精心组织开展“不忘初心、牢记使命”主题教育，引导党员干部坚定理想信念、永葆政治本色，把学习贯彻十九大精神与谋划推动新时代“强富美高”新江宁建设紧密结合起来，在新征程新实践中锤炼党性、创造佳绩。

要坚持党管干部、锻造过硬队伍。坚持正确选人用人导向，突出政治标准，强化党组织领导和把关作用，严格执行干部选拔任用事前审核、请示报告制度，匡正选人用人风气。注重在改革发展稳定一线培养选拔干部，把那些作风优良、善打硬仗、群众公认的优秀干部发现出来、使用起来。深入实施年轻干部培养“5050”工程，统筹做好女干部和党外干部选拔工作。发挥党校等干部教育主渠道主阵地作用，围绕学习贯彻十九大精神开展好各类主题培训，提高各级干部的素养、能力和本领。执行好干部重大事项报告等制度，从严加强对干部的日常监督和管理。完善领导班子和领导干部考核评价体系，建立健全鼓励激励、容错纠错和能上能下三项机制，坚决摒弃形式主义和官僚主义，坚决杜绝庸懒散和不作为，切实做到干部为事业担当、组织为干部担当，激励广大党员干部大力弘扬“四种精神”，拿出“三不五干”状态扑下身子干事业。

要创新基层党建、夯实坚强堡垒。以提升组织力为重点，突出政治功能，大抓基层大抓支部，切实筑牢党的基层基础。发挥农村党组织在乡村振兴、基层治理、凝聚群众等方面的核心作用，抓实乡村振兴学习堂、党群微家、党建实境课堂等特色载体建设，塑造一批在省市有影响的党建品牌。持续整顿提升软弱后进党组织，深入实施“村书记八条”，对村（社区）干部既激励又严管，让基层党组织战斗力凝聚力更强、基层干部先锋模范作用发挥更好。推进“互联网＋党建”，加快建设党建大数据服务中心，提高党建工作信息化水平。贯彻《党务公开条例（试行）》，以公开促落实、促监督、促改进。统筹加强党员队伍建设，实施在职党员“先锋工程”、流动党员“风筝工程”、失联党员“归巢工程”，让每个基层党员成为全社会最具活力的“红色细胞”。

要强化正风反腐、净化政治生态。严格落实“两个责任”，抓住“关键少数”以身作则、领导干部“一岗双责”和违纪违法严肃问责三大关键环节，纵深推进党风廉政建设。认真贯彻习总书记纠正“四风”重要指示精神，制定出台区委贯彻落实中央八项规定实施细则的具体办法，驰而不息改作风正作风，绝不让“四风”问题反弹回潮。强化不敢腐的震慑、扎牢不能腐的笼子、增强不想腐的自觉，开展经常性的纪律教育警示教育，让党员干部知敬畏、存戒惧、守底线。用好监督执纪“四种形态”特别是第一种形态，做到抓早抓小、防微杜渐。成立区监察委员会，建立新的监察工作机制，增强全方位监督合力。推进政治巡察常态化、全覆盖，加大巡察成果运用，增强巡察工作威慑力。坚持惩治腐败力度决不减弱、零容忍态度决不改变，始终保持惩治腐败的高压态势。广大党员干部特别是领导干部，要不断增强政治定力、纪律定力、道德定力、抵腐定力，切实以优良作风和过硬形象，营造江宁政治生态的绿水青山。

要发展民主政治、凝聚强大合力。充分发挥党委总揽全局、协调各方的领导核心作用，支持区人大及其常委会依法行使职权，建立更完善的人大代表工作机制。支持区政协抓好专项调研和专题协商，推动协商民主制度化规范化程序化。将统战工作纳入党建总体布局，加强同各民主党派、工商联和无党派人士的团结合作，做好新的社会阶层人士统战工作，以及民族、宗教、港澳台侨等工作。用心用情做好老干部工作，积极发挥老干部作用。加强和改进党对工会、共青团、妇联等群团组织的领导，推动群团组织改革取得成效。坚持党管武装，推动双拥共建，深入推进军民融合发展。

相关名词注解

1.“两聚一高”：聚力创新、聚焦富民，高水平全面建成小康社会。

2.“一个高水平建成、六个显著”：高水平全面建成小康社会，产业结构显著提升、城乡面貌显著变化、生态环境显著改善、民生福祉显著增加、文化自信显著增强、党的建设显著加强。

3.“发展五问”：如何加快新旧动能转换、如何发挥政府和市场作用、如何壮大做强实体经济、如何增创平台特色、如何补齐短板不足。

4.“五个工作主抓手”：深化供给侧改革、主攻重大项目、优化作风建设、创新社会治理、强化从严治党。

5.“十项行动计划”：重点产业项目建设、富裕百姓改善民生、生态建设暨“两减六治三提升”、科技创新创业、城乡建设暨动迁拆违、重点水利工程建设、文化及休旅重点项目建设、美丽乡村建设、信访积案化解、禄口空港新城建设。

6.“两落地一融合”：在宁高校科技成果项目落地、新型研发机构落地，校地融合发展。

7.“一特三提升”：着力打造特色创新集群，着力提升土地产出率、资源循环利用率、智能制造普及率。

8.“263”专项行动：“两减”，减少煤炭消费总量和减少落后化工产能；“六治”，重点治理太湖水环境、生活垃圾、黑臭水体、畜禽养殖污染、挥发性有机物污染和环境隐患；“三提升”，提升生态保护水平、提升环境经济政策调控水平、提升环境监管执法水平。

9.“三社联动”：社区、社会组织、社会工作专业人才三个主体有机融合、相互促进。

10.“双百”行动：信访稳定“百日攻坚”和安全生产“百日执法”行动。

11.“四走访四化解”：走访困难农户、化解增收难题；走访诉求群众、化解信访积案；走访薄弱村居、化解发展困境；走访企业项目、化解瓶颈制约。

12.“八个更”：更好的教育、更稳定的工作、更满意的收入、更可靠的社会保障、更高水平的医疗卫生服务、更舒适的居住条件、更优美的环境、更丰富的精神文化生活。

13.“三区一中心”：江苏高端产业集聚区、长三角自主创新引领区、美丽中国典范区和现代化国际性南京主城南部中心。

14.“3+3+3+1”现代产业体系：汽车、新一代信息技术、智能电网三大支柱产业，高端装备制造、生命科学、节能环保三大新兴产业，文化休旅、现代物流、软件和信息服务三大现代服务业，一批未来产业。

15. 南京创新发展“121”战略：建设一个名城，即具有全球影响力的创新名城；打造两个中心，即综合性国家科学中心和科技产业创新中心；构建一流创新生态体系。

16. 城市“双修”：生态修复、城市修补。

17.“三线一单”：生态保护红线、环境质量底线、资源利用上线和环境准入负面清单。

18. 预审代办制“五办”内涵：一网通办、全程代办、预审联办、集中批办、不见就办。

19.“3550”：企业3个工作日内注册开业、5个工作日内获得不动产权证、50个工作日内取得工业生产建设项目施工许可证。

20.“2440”：企业2个工作日内注册开业、4个工作日内获得不动产权证、40个工作日内取得工业生产建设项目施工许可证。

21.“五个统一”：网格统一划分、资源统一整合、人员统一配备、信息统一采集、报酬统一筹措。

22.“四种精神”：肩膀要硬敢担当、撸起袖子比实干、用心用情做公仆、纪律严明当铁军。

23.“三不五干”：不言苦、不怕累、不畏难，亲力亲为干、扑下身子干、敢于担当干、创新办法干、凝聚合力干。

12月29日，中国共产党南京市江宁区第十三届委员会第六次全体（扩大）会议举行。图为会议现场

区新闻中心　供稿

南京市江宁区人民政府工作报告（摘要）

——在南京市江宁区第十七届人民代表大会第二次会议上

代区长　祁豫玮

（2018 年 1 月 7 日）

2017年工作回顾

2017 年，是新一届区政府履职的第一年。我们在省市和区委坚强领导下，紧紧围绕“两聚一高”主题和“一个高水平建成、六个显著”目标，坚持以供给侧结构性改革为主线，团结和带领全区人民扎实苦干、克难奋进，较好地完成了区第十七届人代会第一次会议确定的各项目标任务，实现了本届政府的良好开局。

一、综合实力持续增强

总量效益同步增长。各项主要经济指标圆满完成年度计划，预计地区生产总值可比价增长 9%，三次产业结构调整为 3.1∶53.0∶43.9。一般公共预算收入 226.5 亿元，继续位列全省区县前三，同口径增长 9%，其中税收占比 88.2%，高于全市 6.1 个百分点。全社会固定资产投资增长 20% 以上。社会消费品零售总额 520 亿元，增长 10.8%。新增高新技术企业 45 家，高新技术产业产值增长 10.2%。173 个重点产业项目竣工投产 70 个。新增民营企业 1.1 万户、注册资本金 545.5 亿元。两家企业获省质量奖。新增上市挂牌企业 15 家、累计达 70 家，居全省前列。

产业结构不断优化。大项目引进实现重大突破，中兴、格力、海航、卡耐、富士康以及晶能、长安新能源汽车、上汽大通等一批重特大项目签约落户。先进制造业集群效应增强，汽车、智能电网产业加快向价值链高端攀升，长安马自达运动型乘用车建成投产，南瑞等企业参与多项国际标准制定，新一代信息技术产业产值增长 20%；高端装备、节能环保产业实现产值 500 亿元和 480 亿元；生命科学产业产值增长 24%。现代服务业全面提速，完成投资 495.1 亿元，增长 34.6%。现代物流业、软件和信息服务业收入均超 1000 亿元，分别增长 11%、12.9%；国家全域旅游示范区创建高水平通过省级考评，实现旅游收入 350 亿元，增长 9.4%；电子商务进街道实现全覆盖。建筑业产值达 700 亿元，牛首山佛顶宫荣获詹天佑奖和鲁班奖，建筑特级资质企业实现零的突破。

创新创业活力迸发。“两落地一融合”展开布局、加速推进，整合全区科创平台，组建江宁经开区高新园、麒麟高新区、江宁高新区三大园区，形成高新技术产业“一区多园”发展格局。创新发展核心指标领跑全市，签约新型研发机构 9 家，新增市级以上研发机构 44 家，发明专利授权量 1800 件、PCT 国际专利 100 件，万人有效发明专利拥有量 65 件，获批苏南国家自主创新示范区核心区。科技成果转化步伐加快，启动建设环东大知识创新圈，金科院大学科技园建成运营，新增市级以上科创载体 9 家，在孵企业 2200 余家，创投基金规模达 290 亿元，区域孵化能力居全国前列，创成国家级知识产权服务业集聚发展试验区。高端人才加速集聚，培育国家“千人计划”专家 2 名，引进诺奖得主 6 名、“菲尔兹奖”得主 1 名、院士 4 名，入选科技部“创新人才推进计划”5 人、省“双创人才”15 人、省“三带”行动计划培育对象 50 名，建成全市首个人才服务综合体“梧桐林创聚广场”，江宁经开区成为中国侨联新侨创新创业基地。

开放开发再创佳绩。开放型经济全面提升，实际利用外资 7.9 亿美元、完成外贸出口 610 亿元、服务贸易进出口额 8.95 亿美元，占全市比重 24.1%、27.3% 和 22.8%；企业“走出去”步伐加快，16 家企业实现境外投资 1.1 亿美元。江宁经开区跻身国家级经开区全国十强；江宁高新区位列全省高新区第 8 位；滨江开发区重大项目引进取得突破；麒麟高新区基本形成生态科技园区格局；空港跨境电商产业园通关量位居全省前列；禄口空港新城建设框架全面展开；南京综保区江宁片（二期）顺利通过验收；特色小镇建设展现新格局，未来网络、汤山温泉、横溪甜美西瓜、大塘金香草等四个小镇入选省级创建名单。以援疆、援陕为重点的对口帮扶工作取得明显成效。

二、城乡面貌显著提升

城市功能日益完善。强化规划引领，城市功能布局更加优化，启动编制江宁发展规划大纲，完成禄口新城中心片区、上秦淮片区等板块专项规划修编和汤山度假区核心区城市设计。加快路网建设，交通枢纽功能更加凸显，地铁5号线、S246、S002等大交通工程顺利推进，地铁1号线百家湖站等过街通道加快建设，麒麟有轨电车投入运营，新增一批公交车、公交线路和公共停车位，提档升级农路150公里。城市商业功能更加提升，龙湖天街等现代商业设施加快建设，新业态不断涌现。市政配套功能更加完善，新改建供水管道5公里、燃气管道111公里，加快推进吉山信息枢纽二期工程，新建人防工程27.1万平方米。水利建设三年计划有序推进，完成泵站整治51座、河道清淤586.4万方。

城乡管理更加精细。全力实施城乡精细化建设管理“10+1”专项任务，完成24条道路沿线建筑立面、50条背街小巷综合整治，实施68个老旧小区、36家农贸市场、69座公厕和95座旅游厕所改造出新，开展竹新路、小龙湾路等8条杆线下地工程，高标准建成一批口袋公园、景观小品和精品绿雕。完成37条河道沿河环境提升，“两河”风光带示范段成为新亮点。南站片区、未来科技城、机场高速沿线等亮化工程全面完成，启动杨家圩片区“城市双修”试点。动迁拆违成效显著，实施征迁及棚户区改造项目40个，完成征收面积262万平方米，拆除违建14.2万平方米。谷里街道、淳化街道率先在全域推进农村垃圾分类工作。

乡村建设持续加快。启动全域特色田园乡村建设，着力构建“420316”整体推进格局，观音殿、徐家院、王家、钱家渡成为全省首批试点村。横溪溪田农业成为首批国家级田园综合体示范点，元山、张溪社区获评“中国最美村镇”，孟墓社区获评“中国特色民俗村”。完成全区民宿村规划布局，石塘等5个村创成市级民宿示范村，龙乡双范、云水涧等精品民宿建成运营。推进西部提档升级、启动中部核心区建设，全区美丽乡村覆盖率达70%。湖熟等5个新市镇PPP项目启动实施。现代农业发展迅速，新增农民专业合作社8家、农业龙头企业16家、家庭农场56家、高效农业1333.3公顷。台创园创成省首批现代农业产业示范园区。

三、生态建设卓有成效

“263”专项行动扎实推进。“两减”任务全面完成，全年关闭化工、燃煤、铸造、砖瓦小企业137家，协鑫电厂完成“煤改气”，单位工业增加值能耗、万元GDP二氧化碳排放均下降6%，化学需氧量等四项主要污染物指标达到省市考核要求。“六治”工作成效显著，实施雨污分流攻坚计划，建成43.3平方公里雨污分流片区，完成593个排水达标区建设任务。大力开展黑臭河道治理,80条河道整体消除黑臭。关停滨江岸线码头2家，关闭畜禽养殖场470家，累计建成投运18家污水处理厂，全区主要断面水质实现稳定达标。加强扬尘、渣土、油烟等管控，治理挥发性有机物企业343家，全区PM2.5平均浓度同比下降21.8%，空气质量优良率达75.9%。中央和省环保督查反馈问题得到全面整改，生态保护水平、环境经济政策调控水平、环境执法监管水平明显提升。

资源集约利用力度加大。推动绿色生产、绿色制造，完成15家企业清洁生产审核和20家企业循环化改造，再生资源循环利用率75%。推广利用新能源、清洁能源，新增新能源公交车150辆、充电桩500个，新能源公交车比例提高到60%以上，建成10家太阳能节能路灯示范社区。推进低效用地再开发，全年盘活存量闲置低效用地245.1公顷，完成绕越高速、京沪高铁沿线露采宕口复绿70万平方米。新增造林316.7公顷、公共绿地30万平方米，林木覆盖率、城镇绿化覆盖率达28.8%、47.3%。创建市级节水型单位16家，谷里高效节水灌溉控制中心获评省级节水教育基地。

生态制度体系有效建立。严守“三条红线”，完善考核办法，强化15块生态红线区域管控，确保生态红线规划、措施落地。建立环境准入负面清单，推行排污权有偿使用，生态补偿财政转移支付制度初步构建。严格落实“党政同责、一岗双责”主体责任，对领导干部开展自然资源资产离任审计。强化环境保护工作考核权重，对环境失职行为实行“一票否决”。实行计划管理与“双随机”抽查相结合的环保执法机制，严厉打击环境违法行为。

四、人民福祉有效增强

人民生活水平不断提高。全体居民收入增速高于GDP增速，农村居民收入增幅高于城镇居民，城乡居民人均可支配收入达52900元、23740元。完善区、街道和社区三级就业平台，新增就业3.2万人，开展各类培训4.8万人次，实现再就业1.5万人，培育自主创业2719人，创业带动就业4793人，农村劳动力转移8112人次，城镇登记失业率控制在2.7%以下，发放就业困难人群补助1.2亿元、企业稳岗补贴9600万元。脱贫攻坚成效显著，累计实现5733户低收入农户和69个经济薄弱村（欠发达村）脱贫，分别占总任务的53%、52%。

社会保障体系更加完善。20.6万名被征地、失地人员纳入城镇社保体系。新型合作医疗整合到城乡居民医疗保险体系，年人基金标准从880元提高到980元。建成区“互联网+”养老院，新建养老服务设施37个、新增养老床位417张。构建“一门受理、协同办理”社会救助新模式，被评为全国社会救助优秀创新实践成果。城乡低保由每人每月750元提高到810元，建立多层次住房保障体系，建成安置房260万平方米，落实公共租赁住房300套，完成10.6万套安置房不动产权证办理发放。

民生实事工程加快推进。推动基本公共服务标准化、均等化进程，全年民生支出占一般公共预算支出75%以上。启动教育资源布局优化提升三年行动，新改扩建中小学和幼儿园17所，成功引入南外等名校资源，实施城乡10所学校合作办学。建成南京江宁高等职业技术学校，创成首批国家级农村职业教育和成人教育示范区。医疗服务体系不断完善，区医疗服务中心试运营，省中医院牛首山分院成功签约，社区卫生服务中心省级标准化验收达标率90.4%，家庭医生重点人群签约率达71.9%，启动全国残疾预防综合试验区创建工作。推进文化事业、文化产业建设，举办群众文化活动1300场次，文化产业增加值占GDP比重提高到4%，创成全省首批文化金融合作试验区和“江苏省诗词之乡”。新建和更新200套健身路径，成功举办一批国际国内竞技体育和地方特色品牌赛事。民宗、双拥、侨台、史志、档案、慈善、工会、共青团、妇联等工作取得新进展。

社会治理水平稳步提高。创新网格化社会治理，成为全省网格化试点样板。“双百行动”有效开展，“雪亮工程”加快推进，有效保障了十九大和国家公祭日期间社会安全稳定。扎实开展“七五”普法教育，深化群众性精神文明创建活动，加快诚信体系建设，社会文明程度不断提高，古泉社区获评“全国文明村”。建立劳动人事争议“五位一体”调解机制，构建和谐劳动关系。加强市场秩序监管，切实保障食品、药品安全。全面落实粮食生产安全责任制，保障粮食安全。研究出台物业管理实施意见，完善机制、创新模式，为解决物业管理难题提供了新的路径。健全城乡社区三级服务平台，新建改建社区服务中心38个，创成全国首批农村幸福社区建设示范区、街道服务管理创新实验区。

五、自身建设全面加强

依法履职全面深化。自觉接受区人大的法律监督、工作监督和区政协的民主监督，按期办复人大代表建议196件、政协提案226件，办结率100%。健全重大决策合法性审查机制，重大事项严格履行法定程序。政务公开全面推进，“无线江宁”平台上线运行。公共资金、国有资产、国有资源和领导干部履行经济责任情况审计实现全覆盖，政府权力运行更加规范。强化政府性债务管理，有效防范和控制债务风险。

各项改革纵深推进。供给侧结构性改革推向深入，“去降补”成效不断扩大。加快落实“放管服”改革措施，行政审批制度改革取得突破，江宁区和开发区行政审批局挂牌成立，预审代办制等成为特色服务品牌，“3550”改革案例在全省营商环境评价中位次靠前。实施民生事项延时服务，得到社会广泛认可。综合行政执法体制改革深入开展，1528项行政检查权下放至街道园区，权责统一、权威高效的行政执法体系有效建立。承接的16项国家和省市改革试点均取得阶段性成效，全市集成改革试点区工作加快推进。在12个社区开展农村集体资产股份制改革试点，10个街道全部建成农村产权交易流转中心。

行政效能持续提升。深入学习贯彻党的十九大精神，认真落实区委各项决策部署，积极推进“两学一做”学习教育常态化制度化，不断巩固落实中央八项规定精神成果。跟踪开展效能督查，促进重点项目、重点工作顺利推进。“大走访”暨“四走访四化解”活动深入开展，累计走访群众36.7万户、企业11829家，解决各类诉求问题近万个。加大工单办理力度，“12345”政府服务热线累计接处群众各类诉求超16万件，办结率100%。

成绩令人振奋，启示更为珍贵。一年来的实践充分表明：压力就是动力。面对艰巨繁重的发展任务，面对复杂交织的社会矛盾，面对走在前列的工作要求，全区上下凝聚起敢于担当、勇往直前的精气神，化压力为动力，直面挑战、攻坚克难，取得了改革发展稳定的丰硕成果。善做方能善成。坚持“目标考核、容错纠错、督查督办”综合施策，坚持“创新驱动、园区带动、项目拉动”科学施策，坚持“民生为先、富民为本、生态为要”精准施策，鼓励引导全区上下先行先试、干就干成，在多个领域实现率先领先、第一唯一，为江宁进入新时代、踏上新征程打下坚实基础。作风决定作为。把作风建设作为主抓手，坚持求真务实的根本准则，崇尚实干、力戒空谈，以踏石留印的力度狠抓落实，以“钉钉子”的精神攻克难题，以敢为人先的锐气勇闯新路，不断提升执行力落实力，营造出肯干事、能干事、干成事的良好氛围。

同时，我们也清醒地认识到，工作中还存在一些不容忽视的不足和问题，发展中还面临不少必须面对的困难和挑战。主要表现为：一是经济发展仍有短板。发展质量效益有待提高，创业创新潜力释放不够，实体经济仍需加快壮大。二是城市建设仍有弱项。城市精细化建设管理水平需要进一步提高，城乡发展不平衡性还比较突出。三是民生改善仍有不足。教育、医疗、健身、养老等公共服务产品供给不够充分，富民增收长效机制不够健全，社会治理体系和治理能力现代化水平亟待提升。四是环境保护仍有压力。生态环境突出问题还比较多，水、大气、土壤污染治理任务依然艰巨。五是作风改进仍有空间。争先进位的意识、破解难题的能力、真抓实干的作风都还需进一步强化。对此，我们将采取更加有效的措施，切实加以解决和改进。

2018年工作安排

准确把握现代化建设的目标追求。党的十九大提出了决胜全面小康、建设现代化的宏伟目标。我们要紧扣区委全会提出的“奋力争当高水平全面建成小康社会排头兵、高质量推进社会主义现代化建设先行军、‘四个自信’样板区”以及“五个聚焦”的目标定位，一方面，对照高水平全面建成小康社会指标体系，倒排时间节点，实施挂图作战，今年要力争完成大部分指标，确保2020年高水平全面建成小康社会；另一方面，超前谋划江宁实现基本现代化的战略规划、目标体系和实现路径，树立标杆、对标找差、创新实干、争先进位，奋力在社会主义现代化建设新征程中走在前列、作出示范。

准确把握新发展理念的深刻内涵。党的十九大强调必须坚定不移贯彻五大新发展理念，推动经济社会持续健康发展。我们要坚持创新发展，加快增长方式转变、新旧动能转换，塑造更多依靠创新驱动、更多发挥先发优势的引领型发展。坚持协调发展，建立园街联动、城乡统筹、军民融合的发展机制，不断增强发展的整体性、协调性和可持续性。坚持绿色发展，促进人与自然和谐共生，走好生产发展、生活富裕、生态良好的文明发展道路。坚持开放发展，树立全球视野，对标世界一流，构筑开放型经济新格局，彰显城市国际化新形象。坚持共享发展，注重坚守底线、突出重点、完善制度、引导预期，让人民群众在共建共享中有更多获得感、幸福感、安全感。

准确把握社会主要矛盾的最新变化。党的十九大做出了我国社会主要矛盾发生变化的重大判断。我们要紧扣人民日益增长的美好生活需要和不平衡不充分发展之间的矛盾，坚持问题导向，找准补短板的着重点，抓住强保障的关键点，明确主攻方向，落实有效措施。突出解决好供给需求不平衡、公共产品保障不充分的问题，更加注重人民需要的内涵扩展和层次提升，大力发展民生事业；突出解决好区域发展不平衡、协调发展不充分的问题，促进城乡融合、共同发展、各显特色；突出解决好全面小康建设不平衡、薄弱地区发展不充分的问题，采取针对性措施，实施倾斜性政策，在精准扶贫上取得实实在在成果。

准确把握高质量发展的根本遵循。党的十九大明确我国经济已由高速增长阶段转向高质量发展阶段。我们要坚持质量第一、效益优先，加快形成推动高质量发展的工作体系和促进机制，推动发展提质增效、行稳致远。在经济发展上力求高质量，积极推动质量变革、效率变革、动力变革，着力打造特色化、高端化产业集群，建设现代化经济体系。在城乡建设上力求高质量，突出功能优化、品质提升，大力实施乡村振兴战略，努力建设“产业特、生态美、乡风好、百姓富”的新农村。在社会事业上力求高质量，千方百计促进居民增收，优化公共服务，完善社会保障，推动民生福祉显著增加。

准确把握以人民为中心的发展思想。党的十九大把坚持以人民为中心作为基本方略之一。我们必须始终把人民利益放在至高无上的地位，在依靠人民、服务人民、扎根人民过程中创造更多新业绩。强化发展为民的价值导向，把促进人的全面发展作为一切工作的出发点和落脚点，切实解决好人民群众最关心最直接最现实的利益问题，让改革发展成果惠及全区人民。强化民生优先的行动导向，不断加大民生投入，深入实施民生工程，着力攻坚民生难题，全力办好民生实事，一件接着一件办、一年接着一年干，带领人民创造美好生活。强化民意为重的评价导向，把群众满意作为衡量工作的最高标准，确保发展成果得到人民认可、经得起历史检验。

今年政府工作的总体要求是：全面贯彻党的十九大精神，以习近平新时代中国特色社会主义思想为指导，按照总书记视察江苏重要讲话要求和中央经济工作会议、省市区委全会部署安排，坚持稳中求进工作总基调，坚持新发展理念，紧扣社会主要矛盾变化，按照高质量发展的要求，统筹推进“五位一体”总体布局和协调推进“四个全面”战略布局，围绕“两聚一高”主题和“一个高水平建成、六个显著”目标，聚焦“三区一中心”定位，以供给侧结构性改革为主线，统筹做好稳增长、促改革、调结构、惠民生、防风险各项工作，全面对标找差、争先进位，实施党建引领、改革创新、作风提升“三大行动”，打好科技人才、项目建设、社会治理、乡村振兴、环境整治、民生改善“六场硬仗”，推动“强富美高”新江宁建设迈上新台阶。

综合考虑各种因素，建议今年全区经济社会发展的预期性目标是：地区生产总值增长9%，其中服务业增加值增长10%，占地区生产总值比重提高1个百分点；一般公共预算收入增长9%；全社会固定资产投资增长10%；社会消费品零售总额增长10%；实际利用外资8亿美元，地方外贸出口保持正增长；全体居民人均可支配收入增幅高于经济增速，农村居民人均可支配收入增速高于城镇居民。约束性指标是：单位工业增加值能耗下降1.5%，规上工业能源消费总量控制在130万吨标煤以内，空气质量达到二级标准以上天数比例达76%。

一、以“两落地一融合”为主攻点，激发创新创业新动能

坚持创新引领，在全市“121”战略中争当排头兵，加快建设江苏科技创新创业新高地。全社会研发投入增长10%以上，新增高新技术企业100家，高新技术产业产值增长15%以上。

聚焦重点大力培育创新主体。出台新一轮创新发展政策措施，加速创新要素向企业流动，激发企业创新动力，使企业成为技术创新和成果转化的主体。大力支持重点骨干企业，引导创新能力强的行业领军企业进一步做大做强。全力推进“小升高”、“高升规”计划，着力培育高新技术企业，力争用3年左右时间，高新技术企业总数实现翻番。积极扶持高成长性科技企业发展，大力培育“瞪羚”企业、“独角兽”企业，新增上市挂牌企业10家。鼓励企业加大研发投入，新增市级以上企业研发机构20家，授权发明专利2000件，万人有效发明专利拥有量70件。

面向全球集聚高端创新资源。主动跟进国家重大科技基础设施、大科学装置，加快江苏微机电系统智能传感器研究院、中科数据智能联合创新研究院等项目建设，全年新增新型研发机构、高端研发机构8家。高效推进科技成果落地转化，实施重大科技成果转化项目10项。加快环东大知识创新圈和5个大学科技园建设，推动大学城向科技城转型。深入实施“创聚江宁”人才工程，落实“人才强企10策”，完善“梧桐林创聚广场”功能，加快“高精尖缺”产业人才集聚，全年引进顶尖专家和高端团队4个，引进高层次创业创新人才170名。

对标一流打造最优创新生态。建立江宁经开区高新园、麒麟高新区、江宁高新区联动发展机制，统一组织管理体系、产业规划定位、载体空间配置、数据资源归集，力争用3年左右时间创成国家高新区。加快众创空间、孵化器、加速器改造升级，全年晋级认定科创载体10家，新增科创载体面积50万平方米，在孵科技企业超过2500家。大力发展科技金融，建立健全精准化、多元化、专业化科技服务体系，加快发展知识产权服务业，建成使用江宁科技创新中心，引进科技服务机构30家。

二、以壮大实体经济为着力点，增创经济发展新优势

瞄准建设现代化经济体系目标，加快产业优化升级，推动经济由高速增长向高质量发展转变。全年完成工业投资增长10%，规上工业产值增长8%。

推动产业发展提档升级。坚持先进制造业和现代服务业“双轮驱动”，着力构建“3+3+3+1”现代产业体系，加快产业价值链向中高端迈进。绿色智能汽车产业瞄准新能源、智能网联汽车方向，智能电网产业突出强化全产业链控制力，新一代信息技术产业聚焦前沿科技，三大产业产值增长6%；高端智能装备、生物医药、节能环保和新材料等战略性新兴产业，力争在核心技术研发上取得突破，实现产值增长15%以上；培育人工智能、量子通信等未来产业。大力发展现代服务业。旅游业突出汤山、牛首山等特色品牌，推进苏豪健康养老产业园、华谊影视小镇、金陵小镇等重点项目建设，创成国家全域旅游示范区；物流业发挥空港、南站和滨江优势，着力打造现代物流集聚区，全年交易额达1200亿元；推进东久互联、中科曙光等重点项目建设，新引进软件企业100家，软件和信息服务业收入1100亿元。培育千亿级建筑产业集群，推动建筑产业现代化迈入全国先进行列。

推动项目建设提质增效。全年实施重大产业项目175个，当年计划投资448亿元。全力加快中兴、海航、富士康、卡耐等一批重特大项目建设，格力智能制造、上汽大通、晶能新能源汽车、维宜通跨境电商等实现投产达效。围绕优势产业，引进布局一批产业链中高端关联项目，全年引进总投资亿元以上内资项目50个，其中10亿元以上项目5个；引进总投资千万美元以上外资项目40个，其中亿美元以上项目8个。大力支持传统产业优化升级，促进企业技术改造，实施“双百工程”项目82个、技改项目114个。推动两化融合，加大“专精特新”企业培育力度，智能工厂累计达15家。

推动园区载体提标创优。按照“一特三提升”要求，推动开发园区向现代产业园区转型。江宁经开区整合汇聚高端资源，推动产业集群向创新集群转变，打造全国一流的特色现代产业园区。麒麟高新区瞄准人工智能、信息技术和科技服务业方向，加速向生态科技新城转型。江宁高新区围绕争创国家级高新区目标，深化园区和高校融合发展，全力打造科技型产城融合品质新城。滨江开发区以重大项目为引领，统筹推进项目建设与铜井组团开发，打造高品质滨江新城。汤山温泉旅游度假区围绕“温泉 +”主题，推动温泉与度假、旅游等功能嫁接互融，打造“水韵江苏”特色名片。牛首山文化旅游区突出文化产业发展，建设南京文旅产业新板块。空港片区、南站片区围绕临空经济、总部经济、高端商贸等产业，加快建设兼具枢纽功能、产业功能、城市功能的枢纽经济示范区。各街道工业集中区有计划实施“腾笼换凤”，加快低效企业转型和空间效益提升。特色小镇聚焦特色产业，力争建成生产生活生态相得益彰的发展微平台。

三、以乡村振兴为突破口，丰富城乡融合新内涵

围绕南京主城南部中心定位，更加突出城乡发展的整体性、协调性，不断提升功能品质。全年实施城建项目 633 个，征迁 260 万平方米，总投资 650.5 亿元。

坚持高起点规划。完成《江宁区发展规划大纲 2035》和新一轮城乡总体规划编制，进一步优化土地、空间、环境、产业总体功能布局。根据《南京市主体功能区实施规划》，对不同开发区域实行差异化管理，合理把握开发时序。坚持以生态理念打造现代宜居环境，推进城市更新与设计，完成东善桥、陆郎等片区控制性详细规划。完善规划服务，健全涵盖轨道交通、高快速路、城市道路和绿道的全要素规划系统。积极推进“多规合一”，坚持一张蓝图、一个平台、一套机制，强化管控执行力度，进一步发挥规划对城乡建设的引领作用。

坚持高标准建设。强化综合交通，配合南沿江铁路、地铁 5 号线等重点工程建设，启动诚信大道快速化改造、天印大道北延、文靖路西延，续建东麒路北延、滨江公路等工程，建成 S246 新建段、S340、万泰路东延等道路，提档升级农路 250 公里。提升城市品质，完成“两河”风光带建设，建成环百家湖等一批城市绿道，完善城市慢行系统，打造青山绿水相连相通的绿色城市客厅。做好城区泵站扩容和积淹水点改造，实施句容河等消险工程，提高防汛抗旱能力。加快城市更新，推动征迁和棚户区改造，完成 100 万平方米老旧小区出新整治；建成杨家圩集成片区试点工程和汤山矿坑公园，打造“城市双修”示范区。完善市政配套，新增更新一批公交车，推进东部公交停保场、诚信大道换乘中心等重点工程，实施主城二次供水改造，建成人防工程 18 万平方米。

坚持高水平管理。推进智慧江宁建设，统筹全区信息化工作，建立数据共享平台，推广各类智慧应用，提升城市治理水平。落实精细化、常态化管理机制，开展背街小巷、高速沿线等环境整治，实施渣土运输、油烟扰民等专项治理，大力整治违法建设。有效推动垃圾分类，完善分类收运处理体系，机关事业单位率先实施强制分类，新增 40 个垃圾分类示范小区，分类村（社区）覆盖率达 60%。继续推进“厕所革命”，新改建 74 座二类以上标准公厕、90 座达标农村公厕，农村无害化卫生户厕普及率达 98% 以上。改造 12 家农贸市场，全面完成农贸市场提档升级任务。启动交通治堵三年行动，实施一批治堵项目，打通堵点 15 个，提升交通管理科学化、精准化水平，明显提高通行效率。

实施乡村振兴战略。按照产业兴旺、生态宜居、乡风文明、治理有效、生活富裕的总要求，大力推进农业农村现代化。加快全域特色田园乡村建设，全面完成“3636”建设计划，4 个省级试点村力争建成全省样板。探索美丽乡村可持续发展路径，着力打造精品民宿、文化创意、休闲体验等特色产业，不断增强“造血功能”。推进新型城镇化，加快建设江宁、横溪等 5 个新市镇，基本完成征迁任务，启动基础设施建设和功能布局。充分发挥台创园、谷里大生、湖熟等农业园区示范引领作用，加快发展特色农业、智慧农业。创新农业经营方式，全年新增农民专业合作社示范社 5 家、示范性家庭农场 10 家、龙头企业 6 家、职业农民 4000 人。积极发展农村电商，全年完成电商进社区 30 个。

四、以“263”专项行动为主抓手，打造生态文明新名片

秉持“绿水青山就是金山银山”的理念，在保护生态中提升发展质量，在转型发展中保护生态，努力提供更多优质生态产品。

解决突出环境问题。坚持点源与面源污染治理相结合，加大生态环境整治力度。巩固提升水环境治理成果，建成 28.2 平方公里雨污分流片区，提前一年全面完成 71.5 平方公里建设任务；在消除黑臭的基础上，实施 89 条河道消除劣Ⅴ类水体工程，完善常态化、长效化管理机制；全面提升污水处理能力，新建科学园污水处理厂三期等工程，开展全域污水处理厂准Ⅳ类提标扩容改造。打好蓝天保卫战，强化大气污染联防联治，重点开展挥发性有机物、工地扬尘等专项整治，确保空气质量持续向好。实施净土工程，有序开展污染场地土壤修复工作。结合特色田园乡村建设，落实农业部“减肥减药”行动计划，运用绿色技术，全面开展农村水体、土壤污染治理，加快农村生态修复。

加强生态环境建设。强化源头管控，加快淘汰落后产能，关停整治小化工小铸造小砖瓦企业12家。推广绿色生产，完成自愿性清洁生产技改审核企业20家，逐步形成低碳高效循环的现代产业体系。开展项目用地精准保障，盘活低效闲置土地200公顷。加大城乡绿化力度，新增绿化造林666.7公顷、公共绿地30万平方米，建设绿化新村50个，建成林荫大道164公里。实施重点区域地质灾害治理项目11项，加快青龙山沿线、宁安高铁沿线矿山环境修复，确保完成矿山复绿50万平方米。加强固体废弃物处置，严厉打击各类环境违法犯罪行为。

筑牢生态安全屏障。严格落实主体功能区规划，统筹实施山水林田湖草生态保护和修复工程。探索生态治河新模式，严格落实“河长制”、“断面长制”，推行水岸共治，确保考核断面水质稳定达标。实施重点产业园区“三线一单”约束机制。完善绿色交易制度，重点在健全绿色评估、排污许可、环保产权交易等制度改革上取得突破。创新生态环境补偿机制，建立生态环境损害鉴定评估和公益诉讼制度，推广党政领导干部生态环境损害终身追责制。加快推进环保设施建设和污染治理专业化、市场化进程，促进环保服务业发展。

五、以集成改革为主引擎，释放加快发展新活力

坚持系统思维和全局观念，统筹推进各项改革试点，努力破除体制机制障碍，增创更多改革“红利”。

积极争取，高效承接省市赋权。结合集成改革试点需要，进一步争取省市下放相关权限。对已经明确的33项赋权事项，逐项制定承接和运作方案，周密做好各项前期准备，确保下放权限准确无误、承接工作稳妥推进。加强与赋权部门的常态化沟通联系，主动接受业务培训和工作指导。成立专门机构，对承权用权情况跟踪督查，确保承接权限管住用好，以权限运转的规范高效促进集成改革的攻关突破。探索区级权限下放试点，赋予东山、汤山等经济发达街道部分区级经济社会管理权限。

突出重点，统筹推进各项改革。行政管理体制改革，突出优化营商环境，丰富预审代办制内涵，完善“不见面”审批，在全省率先实现“3550”全覆盖基础上，努力实现“2440”目标。经济体制改革，突出资源要素优化配置，在财政体制、投融资体制、国企改革，以及科技创新、金融创新、园街融合发展等方面加大改革推进力度。城乡建设、民生事业等领域改革，突出内涵提升、充分均衡发展，探索城市改造新模式，推进城市内涵集约式发展；深化医药卫生体制改革，推动优质医疗资源下沉；加快教育体制改革，推动资源向薄弱学校、农村地区均衡配置，促进教育优质均衡发展。

先行先试，探索积累改革经验。主动争取承接各类国家和省市级改革试点，重点推进要素市场化配置综合配套改革、农村集体资产权能改革、相对集中行政许可权改革等16项试点任务。集中推出一批改革试点方案，瞄准关键矛盾和突出问题，敢于突破，勇于担当，用改革创新的办法破题推进。加强对试点改革的指导和督办，确保各项试点任务高效实施，打造一批立得住、叫得响、推得开的典型案例和经验模式，形成试点改革的“江宁经验”，打造集成改革的“江宁样本”。

六、以“创造美好生活”为方向标，提升民生幸福新质感

紧扣人民群众对美好生活的向往，围绕“七有”目标，认真办好10大类255项民生实事，使群众获得感、幸福感、安全感更加充实、更有保障、更可持续。

多渠道增加居民收入。注重解决结构性就业矛盾，在充分就业基础上实现更高质量就业。实施企校联合的创新培训模式，在有效缓解大企业招工难的同时，不断提高就业质量，全年开展技能培训3500人次，新增就业3.4万人。加强对就业困难人群的援助，特困家庭高校毕业生首次就业率100%。完善创业政策，推动大众创业，鼓励农民自主经营，引导农民工、农村大学生返乡创业。全面推进农村集体产权股份制改革，保障农民财产性权益。全力打好脱贫攻坚仗，进一步加大区级财政对村（社区）的转移支付力度，对稳定性收入低于200万元的村（社区）由区财政补足，完成132个经济薄弱村（欠发达村）扶贫任务，低收入农户累计脱贫率超80%。

多层次健全社会保障。坚持兜底线、织密网、建机制，健全完善覆盖全民、城乡统筹、保障适度、可持续的多层次社会保障体系。推进扩面征缴，提高保障标准，新增参保单位800家，基本养老、医疗保险覆盖率保持在98%以上，城乡居民医疗保险年人基金标准从980元提高到1100元，适度提高基础养老金标准。完善养老服务体系，加快社会福利中心二期建设，新增床位300张。突出居家养老服务，将政府购买居家养老服务覆盖率提高至10%以上。深化医养结合，推动街道敬老院向区域医养机构转型。完善救助体系，提高最低生活保障标准，健全“支出型”贫困家庭救助制度，建设区残疾人综合服务中心。加快建立多主体供应、多渠道保障、租购并举的住房制度，强化住房保障，建成安置房210万平方米、人才安居房30万平方米，建设一批面向长租市场的公共租赁住房。

大力度提升公共服务。强力推进教育资源布局优化提升三年行动，新改扩建中小学校21所、幼儿园15所，新增幼儿公办学位5000个，月华路小学等6所学校秋季招生。强化与名校深层次合作办学，引入高层次人才10人，加快推进优质教育资源全覆盖，努力让每个孩子都能享有公平而有质量的教育。推动健康江宁建设，实施区域医联体试点，完善分级诊疗体系，扩大家庭医生覆盖面，推动"血透"等紧缺医疗资源下沉，为偏远地区患者提供方便服务；区医疗中心投入使用，同时有序推进基层卫生服务机构全面提档升级。深化计生服务，完善两孩政策配套。推进综合性全民健身设施建设，新改建一批体育公园、健身步道，更新健身路径220套，为更多群众提供家门口的健身服务配套。创成国家公共文化服务体系示范区，新建区职工文化中心，续建区档案馆，加快百家湖等三个文化分中心建设，举办文化惠民活动1000场以上，让群众近距离享受"文化大餐"。

实举措创新社会治理。推行全要素网格化社会治理，抓好要素拓展、平台建设等重点任务，打造共建共治共享的社会治理格局。深化全国街道服务管理创新实验区建设，提档升级20个社区公共服务中心和100个微服务场所，强化社会组织培育，建成运营区级社会组织发展服务中心，新增全科社工400名。加强未成年人关爱保护，争创全国儿童福利和保护示范区。以最严格的要求压紧压实安全生产责任制，完善责任体系、防控体系、法治体系和保障体系，实现安全生产形势稳定向好。推进国家食品安全示范城市和农产品安全示范县创建，加强从"农田到餐桌"全过程食品安全监管，着力营造群众满意的消费环境。推动社会治理重心向基层下移，加强社会治理体系建设。完善社会矛盾纠纷预防和多元化解机制，突出抓好信访历史积案化解，启动创建劳动关系和谐区。深入推进平安江宁建设，加快构建立体化、信息化社会治安防控体系，严厉打击各类违法犯罪，群众安全感保持在92%以上，确保社会安全稳定。

建设人民满意的服务型政府

增强贯彻执行能力，提高依法行政水平。牢固树立"四个意识"，旗帜鲜明讲政治，确保在思想上政治上行动上与以习近平同志为核心的党中央保持高度一致。坚决执行中央和省市的决策部署，坚持在区委的领导下开展工作。主动接受人大法律监督、工作监督和政协民主监督，自觉接受社会监督、舆论监督，不断提高建议提案的办理质量。严格执行"三重一大"等制度，落实公众参与、专家论证、风险评估、合法性审查等决策规范，严格按照法定权限和程序行权履职，充分发挥法律顾问作用，不断提升依法决策水平。

增强学习研究能力，提高科学施政水平。把学习作为政府班子和各级党员干部的必修课，争做学习型干部，善于运用党的最新理论武装头脑、指导实践，善于借助新媒体获取信息、更新知识，善于对照先进地区高点定位、取长补短，不断增强综合素质和履职能力。大兴调查研究之风，倡导研究型工作，注重强化开放视野、系统思维、问题导向，针对全局问题、长远问题、关键问题，研究创新性思路、抓手性事项、突破性举措，推动各领域工作水平全面提升。

增强服务发展能力，提高务实勤政水平。切实强化责任意识、使命意识，坚持求真务实、埋头苦干，倡导低调务实不张扬的工作作风，保持开拓进取、攻坚克难的精神状态，恪尽职守，勤勉从政，不断提高政府服务水平。要增强服务群众能力，巩固"大走访"成果，想群众之所想，急群众之所急，切实把群众的事情办好办实办到位。要增强服务企业能力，创新方式服务企业，加大力度服务企业，提高效率服务企业，构建"亲""清"新型政商关系。要增强服务高校院所能力，建立常态化交流合作机制，推动校地融合发展。要增强服务基层一线能力，理解基层的压力，关心基层的难处，支持基层的工作，激发基层的工作动力和活力。

增强自我净化能力，提高廉洁从政水平。扎实推进"两学一做"学习教育常态化制度化，认真开展"不忘初心、牢记使命"主题教育。严格落实党风廉政建设责任制，认真履行"一岗双责"，按照中央八项规定实施细则要求，持之以恒反对"四风"，严控"三公"经费和一般性行政支出。规范政府采购和招投标工作，加强政府投资项目建设管理，推进审计监督全覆盖。规范融资行为，合理控制债务规模，有效防范化解政府性债务风险。全面推进政务公开，让权力在阳光下运行。

相关名词注解

1."千人计划"：国家海外高层次人才引进计划。

2. 省"三带"行动计划：选拔在带领技艺传承、带强产业发展、带动群众致富等方面综合作用发挥突出的乡土人才。

3. 城乡精细化建设管理"10+1"专项任务："10"项任务即道路综合整治、建筑立面综合整治、沿河环境整治、管线下地改造、绿化景观提升、老旧小区整治、交通秩序整治、亮化提升、公厕改造、强化建设管理；“1”项任务即农贸市场整治提升。

4.“420316”：4个特色田园乡村片区、20个特色田园乡村组团、316个特色田园乡村点。

5.“三条红线”：城市开发的边界、永久基本农田保护的红线、生态保护的红线。

6.“瞪羚”企业：成长性好、具有跳跃式发展态势的高新技术企业。

7.“独角兽”企业：估值在10亿美元以上，并且创办时间相对较短的公司。

8.“3636”建设计划：到2018年底，实现东山、秣陵、谷里3个街道特色田园乡村建设全覆盖，基本完成佘村、白鹭、张溪等6个组团，以及36个点特色田园乡村建设。

9.“七有”：幼有所育、学有所教、劳有所得、病有所医、老有所养、住有所居、弱有所扶。

10.“三重一大”：重大决策、重要人事任免、重要政策或项目安排和大额度资金使用。

11.“两学一做”：学党章党规、学系列讲话，做合格党员。

12.“三公”经费：政府部门人员因公出国（境）经费、公务车购置及运行费、公务招待费。

1月7日，南京市江宁区第十七届人民代表大会第二次会议在区人民大会堂开幕。图为会议现场

区新闻中心　供稿

江宁入选首批国家生态文明建设示范区

2017年9月，江宁成为首批国家生态文明建设示范区，这是继2009年成功通过国家生态区验收后，获得的又一块生态环境金字招牌。建设生态文明示范区决不是单纯为了争一块牌子、争一项荣誉，根本目的是促进江宁全面、协调、可持续发展。江宁以改善生态环境质量为核心，实行最严格的环境保护制度，就是要用长效机制的"铁笼子"长久地关住环境污染问题。

让绿色成为江宁发展的鲜明底色

围绕践行"绿水青山就是金山银山"的绿色发展理念，全区始终坚持把生态文明建设作为可持续发展的核心价值追求，全面落实中共中央、国务院《关于加快推进生态文明建设的意见》《生态文明体制改革总体方案》等文件要求，瞄准环保短板，坚守责任担当，铁腕治污攻坚。生态文明建设、环境保护工作不是一蹴而就，也不是运动式整治，而是持久战、系统战，要打好、打赢"战役"，就需要建立健全机制。以2017年年初全区启动的"263"专项行动为例，该专项行动就专"啃"雾霾、黑臭河、生活垃圾处理等环保老大难问题。

到2017年年底，全区PM2.5年均浓度比上年下降4.25%，空气质量优良天数比例达70%；到2020年，全区煤炭消费总量将降至85万吨以下，完成市定目标，不再新增消费煤炭的电力行业……每一项数据都有责任主体，都有时序考核，都有奖惩制度。专项行动不是只管一时，要彻底打赢这场环保攻坚仗，还需强有力的长效机制予以支撑。全区每个街道、园区都已全面推行"河长制"，重要河道设河长，由街道、园区领导担任；各河道所在村（社区）分级分段设立河长，由村（社区）相关负责人担任。通过顶层设计实施长效管理，确保污水实现全收集、全处理。

"263"专项行动是全区深入推进生态文明建设工作中的一项，而生态文明建设各方面工作的深入实施和长效管理都离不开机制的建立健全……建立排污许可制度，推行排污权有偿使用和交易，全区770多家企业纳入初始排污权核定；建立绿色金融评价制度，对全区9家国控重点污染源企业和152家非国控一般污染源企业开展环境行为评价；建立严格的环境监管制度，建成三级监管网格216个，推动监管执法重心下移、力量下沉。

源头治理　提升美丽江宁"颜值"

紧扣生态文明建设这一主题，江宁直面环境突出问题，坚持源头治理，在加快水环境治理的同时，持续实施大气污染防治行动，坚决打赢蓝天保卫战，让美丽江宁"颜值"再提升。

从农家乐安装油烟净化设备到农田等待统一运输的秸秆，再到全区300余家关停整治的化工、铸造类企业；从原本的"龙须沟"变成如今的景观河……围绕大气、水环境质量提升工作，江宁坚持标本兼治，源头管控。全区根据《江宁区大气污染防治三年行动方案》及年度实施计划，大力推进扬尘防控、秸秆禁烧、清洁能源推广、挥发性有机物治理等工作，守护“江宁蓝”。2017年，全区空气质量优良天数达279天，比上年提高4%，是近5年来的最好成绩。

在水环境治理方面，制定了《江宁区水污染防治三年行动方案》，并根据年度实施计划全面推进51座雨水泵站截污改造、55项污水处理厂及配套管网建设、17个污水管网探测与贯通、714个居民小区雨污分流、270多家畜禽养殖场关闭等工作，从源头截污、治污。2017年，全区按照“一河一策”标准，采取控源截污、内源管理、河道清淤、引流补水、恢复生态等综合措施，系统推进“两河”治理及68条黑臭河道整治工作，不断改善辖区水环境质量。

以生态为基底，不断调优产业结构、城乡建设发展的“配色”，在江宁绿色发展的蓝图上挥毫泼墨：俯瞰江宁，林立的研发高楼上绿草茵茵，纵横交错的道路旁绿树成荫，曾经废弃的矿坑也已成为知名旅游胜地。

积极构建以绿化景观带、绿色廊道等为主的绿色空间体系和沿江、河、湖防护林体系，并大力开展生态修复，关闭270多家采石企业，完成2000多万平方米的废弃露采矿山植被修复工作，建成京沪高铁、宁沪高速、宁杭高速沿线绿色风光带。据统计，全区废弃矿山宕口生态修复率92%，林木覆盖率28.76%，医疗废弃物、放射性废物和工业危险废弃物安全处置率100%。

优化结构　绿色产业体系加快构建

南京中联水泥有限公司是一家老企业，经济效益一直不错，却因粉尘和废气处理问题，公司生产经营一度卡在排污许可证上。对此，该公司不仅淘汰了4台落后的机立窑，又关闭了两条2000吨以下的回转窑生产线。经过努力，如今不仅顺利拿到排污许可证，还成为名副其实的花园工厂。

中联水泥公司是全区铁腕攻坚治污、调整优化结构、构建生态产业体系的一个典型代表。面对经济发展新常态，如何再造新优势？全区坚持高端定位，大力调整优化经济结构、产业结构和能源结构，倒逼产业转型升级，构建低碳节约、结构优化、特色鲜明的现代产业体系，走出一条生态文明和经济文明高度融合的新型工业化道路。全区三次产业结构由2016年的5∶62.8∶32.2调整为3.2∶53.3∶43.5。全区汽车产业朝着轻量化、低碳化、信息化、智能化等方向转型，加快集聚新能源、智能网联整车项目；智能电网产业进一步强链补链扩链，提升产业集聚度、技术引领度和发展外向度；新一代信息技术从智能终端、平板显示向5G、未来网络、集成电路等上游产业链拓展……

坚持高端定位，构建绿色生态产业体系，全区产业发展也呈现出良好态势。2017年，新一代信息技术实现产值比2016年增长20%；汽车产业实现产值794.8亿元；高端装备、节能环保产业分别实现产值558.3亿元、503亿元；生命科学产值增幅23.3%。全区高新技术企业累计达463家，产值占规模以上工业总产值65.2%，高于全市近20个百分点。

同时，运用经济、法律、行政等综合手段，加速推进工业企业“退城进园”和产业布局“优二进三”，加快化解过剩产能，淘汰落后产能。全区累计规范整治污染企业1700多家，关停淘汰污染企业1100多家，取缔“十五小”“新五小”企业570多家。实施能源总量和强度双控行动，推进煤碳消耗减量工程，到2017年年底，全区煤炭消耗总量下降至60万吨以下。全区还把节约资源作为破解环境资源约束、保护生态环境的首要之策，加快转变资源利用方式，大力发展循环经济，推行清洁生产，通过引进、开发和推广先进技术、工艺和设备，实现节约资源能源、保护生态环境的目标。每天一大早，来自江宁和建邺、秦淮等区的垃圾运输车纷纷驶向位于滨江开发区的南京江南生活垃圾焚烧发电厂，经过发酵处理，这些废弃垃圾将用于焚烧发电。该发电厂年处理城市生活垃圾近90万吨，日均发电量达90多万千瓦时，可供4500户家庭使用1个月。全区每年完成20家企业清洁生产审核任务，350多家企业通过清洁生产审核，滨江开发区园区循环化改造还通过省发改委验收。

（原载《江宁新闻》，转载有删节）

率先创建国家全域旅游示范区

“十三五”以来，江宁区按照省、市部署，立足深厚的人文底蕴和卓越的生态本底，围绕创建国家全域旅游示范区，从规划布局、项目建设、管理运行、宣传推介等多方位发力，先行探索、创新实践，打出一套发展全域旅游的“组合拳”，先后建成国家级旅游度假区、地质公园和湿地公园3个，国家等级景区11个，省级工业旅游示范点2家、省星级乡村旅游区26个，数量居江苏前列。2017年全区接待游客、旅游收入分别突破3300万人次和350亿元，初步打造出“山水城林融为一体、江河湖泉相得益彰”的休闲旅游胜地，走出了一条具有范本意义的全域旅游发展新路径。

坚持“四个率先”，在全员兴旅中开创全域旅游发展新局面

以前瞻思维展开全域旅游发展的总体布局，做足政府有形之手推动的“绣花”功夫。

率先全域规划布局。围绕创建要求，立足全域实施大旅游战略，坚持“多规合一”抓统领，以《江宁区“十三五”旅游产业发展总体规划》为统揽，建立以全域旅游思维为规划指导的顶层设计体系，率先于2016年4月编制出台《创建“国家全域旅游示范区”规划纲要》。全域旅游相关所有规划均通过区规委会研究审议，将全域旅游发展与经济社会发展、土地利用、城乡统筹、生态保护、美丽乡村等规划有机融合，注重把概念性、总体性规划深化为可操作、可实施的详细规划，构建统一全域旅游蓝图。

率先全区全员发动。成立由区委、区政府主要领导任组长，全区62家相关园、街、部门为成员的高位协调的创建领导小组，建立党政联席会议制度，在全区重大决策、重要工作、重点项目等事宜决策时，特别是在特色田园乡村建设、特色小镇建设、城市精细化管理等方面，充分考虑旅游功能配套、环境提升、要素融合等全域旅游发展新要求，在全国先行构建起全区联动的“大旅游”体制机制。

率先整体协调推进。率先制定标准化的创建指标规范文本，出台涵盖36个部门和所有园街的创建协作指引，组织实施十大类63条工作责任清单，区分街道、园区、村（社区）、企业、院所5类基层组织，根据经济发展、景点建设、旅游设施、规划编制、市场管理、产业融合等方面情况，对照规范标准开出个性化创建任务清单。科学抓创建，以专题业务培训与观摩活动的方式将标准规范贯彻创建始终，确保基层示范创建工作有章可循、有序推进，在全国先行构建起全员兴旅的工作落实体系。

率先优化整合资源。率先以制度创新引导要素集聚，出台促进旅游产业和人才发展的专项政策，设立3年1亿元以上的奖励资金，面向全球汇聚项目和人才，与龙头旅行社开展战略合作，组建专家顾问团队，在全国先行构建起联通四方的协作推进体系，为全域旅游在江宁如火如荼发展，搭建了“四梁八柱”。

强化“六大板块联动”，在全域统筹中增创全域旅游发展新优势

按照全省旅游业发展大会要求，江宁区排定一批实打实的项目，统筹推进内涵升级。重点以南京绕越高速在江宁境内的半月形弧线为纽带，聚焦六大旅游功能区，掀起休旅项目建设热潮，打造出一条辐射全区的环绕越文化休旅经济带。

强化旅游项目建设联动。在汤山温泉度假板块，以江苏省级旅游风情小镇建设为核心，全面提档升级南京直立人遗址公园、欢乐水魔方等休旅业态，建成百联奥特莱斯、紫清湖温泉度假区等项目，启动苏豪康养产业园等新型平台；在东山主城板块，建成载体规模超100万平方米的百家湖文化休旅商圈，形成公共配套服务完善、主客共享的文化商贸休旅区域；在上秦淮板块，建成江苏省未来网络小镇科技旅游平台，启动建设华谊影视小镇，实施秦淮河沿线景观提升工程，并向南延伸启动中部水乡片区建设；在牛首山板块，持续推进二期工程建设，启动金陵小镇建设，推进佛城西路文化街区、南唐文化园等项目，加快建设世界顶级文化圣地；在西部特色田园乡村板块，先后打造形成大塘金、石塘人家、黄龙岘等一批“中国最美乡村”，新启动观音殿、徐家院等江苏省特色田园乡村试点建设，勾勒出山

清水秀的旅游环线；在滨江生态板块，加快工业旅游的培育发展和新型城市商贸配套建设，国家级新济洲湿地保护工程全面升级。全区累计完成休旅项目投资500多亿元、在建项目总投资1200多亿元，形成“处处都有美景、四季都有风光”的崭新格局。

强化旅游产品开发联动。聚力打造高品质旅游线路，推出温泉养身游、文化体验游、乡村休闲游、主题娱乐游、商务会奖游、红色教育游、研学科教游、四季赏花游、美食购物游等各类精品旅游线路16条，形成以汤山紫清湖温泉旅游区、汤家家民宿村、颐尚温泉等为特色的温泉养身游，以牛首山文化旅游区、方山旅游度假区等文化资源为主体的礼佛参禅游，以大塘金香草谷、石塘人家和黄龙岘茶文化村为核心的乡村休闲游，以及以南京直立人遗址公园、阳山碑材、南唐二陵、郑和墓为内容的文化体验游等多条深受游客欢迎的旅游产品。根据时节打造“春牛首、夏田园、秋菊花、冬温泉”“银杏湖之夜”“杨柳湖上元灯彩”“汤山夜温泉”等独具江宁特色的四季游线和夜游产品。此外，着力发展“江宁礼道”旅游纪念品，依托江宁深厚的文化底蕴，初步形成以横溪西瓜、陆郎茶干、黄龙岘茶叶、湖熟大米等农产品为主的旅游土特产系列，以金陵金箔、海龙红木、禄口皮草为特色的“非遗”传承手工纪念品系列，以及大塘金薰衣草、牛首山牛小禅创意产品系列等畅销旅游纪念品共同组成的“江宁礼道”旅游纪念品体系，在江宁金鹰、汤山百联、砂之船等高端商贸综合体设立“江宁礼道”地方特产专柜，“江宁礼道”产品品牌进一步打响擦亮。

强化旅游品牌创建联动。按照高质量打造“国家全域旅游示范区”的要求，原创编制《江宁区全域旅游示范街道（园区）、村（社区）、企业、院校创建标准》，坚持“一年推一批、三年全覆盖、五年上台阶”的原则，已先后开展两批次基层单位示范创建考评工作。2016年，区旅游局牵头各部门和专家团队对首批24家基层创建单位的考评验收，16家单位脱颖而出成为全区首批全域旅游示范单位。2017年持续开展第二批21家区级全域旅游示范单位创建考评。创建实施的特色小镇、景观提升、乡村旅游、文化设施等40个旅游相关项目总投资66.38亿元，全域旅游的示范引领作用不断凸显。

瞄准“三个先行突破”，在全民参与中打开全域旅游发展新天地

依托旅游产业项目的大建设、大投入，江宁区重点瞄准3个领域，强化先行先试，奋力推动旅游功能设施和管理能力的全面升级。

在旅游服务体系构建上先行突破。以“畅行江宁、

2017年，全市首家全域旅游服务中心对外试营业。该中心位于胜太路18号，作为全区整体旅游形象的展示窗口，江宁全域旅游服务中心为游客提供更直接、更专业、全方位的旅游信息咨询服务

区新闻中心　供稿

生态江宁、品质江宁、乐居江宁”为建设目标，把旅游公共服务体系项目纳入全区城市品质提升三年行动计划，当年投资不少于600亿元用于补强旅游设施等城乡基础设施短板；加快实现公共服务体系与美丽乡村、特色小镇、城乡公共服务设施有机结合、无缝对接，建成景观休闲旅游风景道116.8公里，设计运营江宁旅游公交专线4条、优化调整景区相关公交线路24条，全域旅游交通实现环线闭合，构筑信息咨询、安全保障、交通便捷、便民惠民、行政服务五大类旅游公共服务体系，旅游厕所、旅游停车场、旅游指引标识、导游导览等功能实现统一标配。

在旅游治理体系构建上先行突破。以区旅游市场综合监管领导小组为管理核心，成立区旅游警察办公室、旅游巡回法庭和旅游市场监管大队，并在区全域旅游服务中心、牛首山文化旅游区、汤山旅游度假区和大塘金、石塘人家、黄龙岘等重点乡村旅游区设立旅游市场综合监管办公室，形成“综合协调、联合执法、例会磋商、情况通报、信息共享”等共治共安的“1+3”综合执法模式，旅游市场综合监管机制实现全域覆盖。建成江宁全域旅游服务中心和智慧旅游大数据平台，并用好乡贤资源开展旅游“微管理”。

在旅游推介体系构建上先行突破。编制并实施《“来江宁织造幸福”品牌宣传三年行动方案》，以央视宣传片《来江宁织造幸福》和以省、市海上丝绸之路申遗为契机，通过在南京南站和禄口机场设立江宁旅游咨询点和投放旅游形象广告等方式，高标准策划、多渠道开展江宁城市旅游形象宣传，将“来江宁织造幸福”品牌推向全国。同时，依托“江宁旅游在线”智慧大数据平台，推动江宁旅游实现线上营销推广、线下消费体验的前台营销管理与数据分析应用、旅游预警提示的后台服务保障互动融合，以智能化服务推动旅游品质化提升。　（嵇书静）

特色田园乡村建设入选省首批试点

2017年6月，江苏省委下发《江苏省特色田园乡村行动计划》，提出“十三五”期间全省规划建设和培育100个试点。经评审，江宁区东山街道佘村、秣陵街道观音殿、谷里街道徐家院、湖熟街道钱家渡入选第一批特色田园乡村。以特色田园乡村建设为示范引领，江宁区在试点村庄陆续开展规划建设、产业发展、文化文明、乡村治理、党建引领、富民强村等项目。村庄的基础设施不断完善、风貌整体提升，田园风光得到有效还原。乡村正在成为安居乐业的美丽家园，江宁借助特色田园乡村建设，走出一条具有江宁特色的乡村振兴道路。

东山街道佘村：看青山绿水、赏明清建筑

经过一座碧清的水库，一片美丽的梨林，就进入了东山街道佘村。进入特色田园乡村试点以来，首先在硬件基础设施和环境整治方面下功夫，全村雨污水管网已铺设到位，实现雨污分流，设置了电力路灯和太阳能路灯；村民生活条件得到明显改善，全村饮用上长江水。村里厕所、猪圈已拆除，新建标准化公厕3座;为提升景观，给居民提供休憩场所，村里打造了九龙埂、村口公园和九龙广场，下一步还要对生铁塘和荷花塘进行整治。为方便游客，村里建成11处停车场，还铺设了游客步道。

2017年5月起，佘村开始全面进行田园乡村建设,生态环境得到了更好的改善。该村发挥山水优势，在原有基础上，新增梨园40公顷、茶园13.3公顷、养殖水面33.3公顷、樱花林4公顷。在梨花谷片区，种植了1.2万棵梨树，等果实成熟后，可以开发梨汁、梨膏、梨脯等系列产品;还计划推出“双龙茶”品牌，打造属于自己的特色产品。

佘村拥有明清建筑群和潘氏祠堂，村里正在对这些古建筑进行修缮，并着手布置村史馆。为挖掘、传承乡土文化，佘村安排专人深入百姓家中广泛查阅乡志、家谱等历史文献，整理出较为完整的家风、家训以及在此方面有突出表现的人和事，精心编纂《佘村志》，用乡贤的嘉言懿行垂范乡里，孕育新乡风。

谷里街道徐家院：打造现代农业，挖掘徐氏文化

张溪社区徐家院按照庭园、果园、菜园“三园共建”，三产联动的产业发展思路，以合作社、种植大户为主体，以互联网＋有机瓜果蔬菜为主要业态，建设绿色安全食品生产基地，搭建蔬菜加工配送平台，实现线上线下同步销售。

在发展现代农业的基础上，江宁区为徐家院的农业注入生态、科技、文化、旅游等内涵，将村庄33.3公顷农业与周边的大生现代农业园、蓝莓庄园、花猫农场和谷里花木园等总计466.7公顷的高效农业形成具有地域特色和竞争力的农业标志品牌，让“源自谷里”成为生态、优质农产品的代名词，让特色农业的竞争力和附加值更高。

在文化方面，徐家院注重传统文化肌理的保护，精心保护好村内的老房屋、大树、祠堂等有形的村庄文化，传承发扬谷里鱼圆制作技艺、打糍粑、舞旱船、谷里民歌、张溪锣鼓等发源自徐家院的非物质文化遗产；利用村集体资产，改建徐家文化大院，作为村史展示、文化活动、村民议事的公共场所。结合村里现有的“南京好人林”，保护和发扬传统文化内涵魅力，潜移默化地推动村民精神文明素质积极向上发展，实现乡村文化从“送”到“种”的转变。

徐家院曾是明朝大将军徐达后人聚集村落，根据这一历史渊源，村里深度整合历史人文资源，挖掘徐氏家训家规、本村乡贤，用乡贤的嘉言懿行垂范乡里，孕育乡风，发挥乡贤的引领、示范和激励作用。通过了解记录他们的家风家训、真人轶事，逐步形成具有徐家院特色、符合现代道德标准的乡贤文化，营造乡村新风尚。

湖熟街道钱家渡：江南水乡品特色文化

小桥、流水，构成了钱家渡的整体风格。钱家渡处于秦淮河、溧水河、句容河三河交汇处，村内水网密布，塘田交错，经过村庄房屋出新、基础设施建设和旅游配套设施提升后，原本破旧闭塞的村庄彻底实现旧貌换新颜。走进村庄，白墙黛瓦的民居、曲折迂回的河流、独具韵味的拱形小桥、透着泥土芬芳的农田，勾勒出一幅“桥畔一庭、渡边一院，一泓碧水穿百亩良田，乡间小路连十里人家”的江南水乡风景画，展现出“悠然水乡、农渔天堂”的现实模样。

湖熟的文化历史悠久，源远流长。作为长江中下游“湖熟文化”的发源地，与河姆渡文化同期，距今已有四五千年的历史。在建设过程中，村内秉持环保优先的理念，充分尊重村庄原有的生态肌理和环境；配建了3处生态停车场、3座标准化公厕，完善雨污水管网。如今，游客在钱家渡可赏花，可乘坐鲁迅笔下的乌篷船领略风吹两岸稻花香的江南水乡魅力。后期，水上游线还将串联起尚园、江南水利文化园、现代农业展示馆和菊花园等众多景点，打造成黄金水乡游线。

秣陵街道观音殿：大量文创项目给游客带来独特体验

观音殿位于江宁区西部旅游绿道和银杏湖大道的交汇点，可以承接周边景区大量的外溢游客，实现以农带旅、以旅兴农。

以前观音殿是个没落的小村庄，人口少，缺乏活力。江宁区利用观音殿良好的地理位置来带动村子的发展，将村内荒废的田地翻新，种上金鱼草、波斯菊、银莲花、风铃草、百合花，打造成花田；废弃的水域经整治打造成荷塘。

在景观提升的基础上，村内引入了大量文化产业。在观音殿，游客可以见识国家非物质文化遗产——花丝手工艺，胸针、发簪，一件件精致曼妙的花丝工艺品散发着巧夺天工的美丽，观音殿是曼物花丝团队的第一个创业基地；非遗传承人朱敬伟在观音殿成立了名为“泥旦旦”的泥塑主题民俗馆，激发大家对传统艺术和文化的兴趣。还有中医药养生、香草铺子、沙画、微山湖生态缸制作等游客可参与体验的项目。

走累了，游客可以在村内的茶馆歇脚，可以品尝槲叶特色小吃。最为独特的是，观音殿还与台湾合作，在大陆开创了第一家“轻奢野宿·泡泡窝”项目，游客可以体验回归自然、夜宿星空下的乐趣。

（原载《南京日报》，转载有删节）

1月

3日，全区经济工作会议召开，贯彻中央和省、市经济工作会议精神，落实区委十三届三次全会部署，总结2016年经济工作,对2017年经济工作作出安排。市委常委、区委书记李世贵，区委副书记、代区长祁豫玮出席并讲话。

5—7日，政协江宁区第十二届委员会第一次会议举行，市委常委、区委书记李世贵发表讲话，区政协主席孙桂明向大会作政协常委会工作报告，区政协副主席蔡正英作提案工作报告。大会选举刘玲为区第十二届政协主席，蔡正英、史兆祥、王仕国、姜立波为副主席。

5—8日，江宁区第十七届人民代表大会第一次会议召开。大会审议并通过代区长祁豫玮代表区政府向大会所作的工作报告、区人大常委会主任王国亮所作的人大常委会工作报告及其他各项报告。大会选举孔令才为区第十七届人大常委会主任，陈升、刘维新、王登华、汪洁为副主任；选举祁豫玮为区人民政府区长，李滨、张会祺、李雁、周育刚、焦龙、缪秀梅、董涵为副区长；选举严忠琴为区法院院长；选举金波为区检察院检察长。

10日，全区2017年文化、科技、卫生“三下乡”活动启动仪式暨首场集中活动在麒麟街道泉水社区举行。

13日，省长石泰峰率省发改委、财政厅等相关部门负责人，到江宁区调研空港枢纽经济区开发建设情况。省、市、区领导参加调研。

15日，江宁区与南京理工大学签订全面战略合作协议，加快推动科教资源优势向创新发展优势转化。

19日，上汽大通南京江宁商用车基地项目签约落户江宁高新园。

21日，江宁区工商业联合会（总商会）第十一次会员代表大会召开。

25日，十三届区纪委二次全会举行，市委常委、区委书记李世贵出席会议并讲话。全会传达学习习近平总书记在十八届中央

1月15日，江宁区政府与南京工程学院签订全面战略合作协议。图为签约仪式现场　　区新闻中心　供稿

纪委第七次全体会议上的讲话精神，审议通过区委常委、区纪委书记杨彬代表区纪委常委会所作的工作报告。

2月

1日，市委常委、区委书记李世贵，区长祁豫玮分别率队检查17条国考、市考黑臭河道整治工作。

4日，区委、区政府召开2017年全区党员干部“大走访”活动动员暨机关作风建设大会。

12日，2017年全省重大项目集中开工现场推进会江宁区分会场活动在江宁开发区举行，全区44个重大项目开工建设，总投资479亿元。

16日，区委首轮巡察工作启动。区委成立4个巡察组，用两个月时间开展十三届区委首轮巡察工作，对高新园、禄口街道、水务局等8家单位进行巡察。

24日，科技部党组书记、副部长王志刚率队到江宁区调研水专项治理工作。

26日，中共宁夏回族自治区党委书记、人大常委会主任李建华和自治区政府主席咸辉，率宁夏回族自治区党政代表团到江宁区考察智能电网产业发展情况。省、市、区领导李强、石泰峰、吴政隆、李世贵等陪同考察。

3月

2日，滨江开发区与东南大学附属中大医院签订意向协议，合作共建滨江开发区综合医院。

8日，中国银行江宁支行营业部获“全国巾帼文明示范岗”称号。

13日，区政府与江苏省苏豪控股集团有限公司签订协议，总投资120亿元的汤山温泉康养镇落户汤山旅游度假区。

15日，江宁区召开农村工作会议，分析农业农村形势，部署“三农”工作重点任务。

19日，江宁美丽乡村中部片区建设启动仪式在湖熟街道举行，南京江宁旅游产业集团同时成立。

22日，2017国际医药创新大会在江宁开发区召开，25家世界500强药企和科研院所负责人参加大会。

23日，诺贝尔医学和生理学奖得主弗里德·穆拉德与江宁开发区签约，由其领衔的人工智能医疗项目落户诺奖小镇。

3月19日，江宁美丽乡村中部片区建设启动仪式在湖熟街道举行，南京江宁旅游产业集团同时成立。图为活动现场

交建集团　供稿

4月

6日，江宁区召开人才科技创新大会，对全区人才和科技创新工作进行总结部署，表彰一批创新创业人才典型、科技创新工作先进单位及个人，并发布“人才强企10条”等一系列人才新政。

11日，中共中央统战部副部长，全国工商联党组书记、常务副主席金哲洙一行，到江宁区调研实体经济降本增效工作。

17日，2017全球未来网络发展峰会在江宁区南京未来网络小镇召开。峰会围绕“创新合作共赢、引领未来发展”主题，共话当前网络面临的挑战与机遇，共谋未来网络的发展与创新。

20日，全国人大常委会副委员长陈竺率全国人大常委会药品管理法执法检查组，到江宁区视察药品生产流通企业。

24日，江宁区首次在清华大学举办专项引才暨宣传推介活动，中科院院士、清华大学副校长施一公等参加活动。

26日，国内首个面向高校的知识产权运营交易平台——中高知识产权运营交易平台签约落户江宁开发区，并启动上线。

28日，全区“五一”庆祝表彰大会召开，一批先进集体和先进个人受到表彰。

5月

7日，第17届“江宁之春”群众文化艺术节暨东山街道专场文艺演出在南京南站南广场开幕。

9日，为期4天的全区精神文明建设工作专题培训班在上海交通大学开班。

17日，江宁区生态文明促进会成立，成为全省首个区级层面的生态文明促进会。

19日、21日，江苏发展大会海内外嘉宾以及参加江宁专场活动代表140多人，到江宁区参观。

21日，"中国杯"国际定向越野巡回赛南京牛首山站开幕式举行，巡回赛共设5站，牛首山站为第一站。

22日，全国人大常委会原副委员长许嘉璐到谷里街道，就现代农业发展情况进行调研。

23日，位于淳化街道青龙社区的南京（江宁）农业电商产业园开园。

26日，南京市江宁区社会科学界联合会成立。

27日，江宁区举办首届"全国科技工作者日"沙龙活动，表彰10名区第六届优秀科技工作者。

28日，第16届横溪西瓜节开幕。当天，有2万多人参加活动，销售西瓜6000吨，销售额3600万元。

6月

4日，第三届中国"走出去"协同网络国际论坛牛首山分论坛在牛首山文化旅游区举行，国内外50余名专家学者参加活动。

同日，全国妇联党组书记、副主席、书记处第一书记宋秀岩一行，到江宁区调研妇联改革工作。

5日，区委、区政府召开全区制造业大会，贯彻落实省、市制造业大会精神，谋划推进全区制造业发展。

6日，市第五批党外干部赴江宁实践基地挂职锻炼动员暨对接会召开，民革、民盟、民建等民主党派的10名党外干部到区相关部门、单位进行为期半年的挂职锻炼。

8日，江宁区文化产业联合会暨"创意南京"融合平台江宁分中心揭牌仪式在J6软件创意园举行。

13日，为期4天的2017全国沙滩排球大满贯赛（汤山站）在汤山沙滩体育公园开赛。

15日，江宁区与东南大学签订合作协议，共同建设环东南大学知识创新园。

16日，位于江宁区胜太路18号的江宁全域旅游服务中心试营业。

21日，江宁区行政审批局挂牌成立。全省"不见面审批（服务）"改革现场推进会同时在江宁区召开。

23—24日，省旅游局考评小组对江宁区"国家全域旅游示范区"创建工作进行调研考评。

25日，区委举办村党组织书记先锋学堂暨"富民强村带头人"颁奖仪式。

28日，华谊兄弟（南京）电影小镇在江宁区上秦淮湿地公园开工。该项目规划占地2平方公里，规划建设用地14.5公顷。

7月5日，南京台湾青年创业学院揭牌仪式在江宁开发区九龙湖国际企业总部园举行。省台办主任杨峰、副市长黄澜，区领导李万平、严应骏等参加揭牌仪式　　江宁开发区　供稿

7月

1日，江宁区召开特色田园乡村试点村庄部署会，传达全省特色田园乡村建设会议精神，部署特色田园乡村试点工作。

4日，由国务院侨办主办的第六期科创委员和海外博士走进侨梦苑活动走进江宁，美、英、德等国的110多名科创委员和海外华侨华人到江宁区考察调研。

5日，中国江苏·大院大所合作对接会暨第六届产学研合作成果展示洽谈会在江宁区举行。

同日，南京台湾青年创业学院在江宁开发区成立。

9—10日，南京第四届社区暨社会公益服务项目洽谈会在江宁市民中心举行，民政部副部长顾朝曦一行考察活动现场。

11日，浙江省委书记、省人大常委会主任车俊，省委副书记、省长袁家军率浙江省党政代表团到江宁区考察。省、市、区领导李强、吴政隆、蒋定之、李世贵等陪同考察。

17—19日，受文化部委托，由省文化厅副厅长裴旭率领的督查组到江宁区，对全区创建国家公共文化服务体系示范区工作开展中期督查。

22日，省委常委、市委书记到江宁区调研，市领导李世贵、杨学鹏参加调研。

26日，江宁区召开特色田园乡村建设动员部署会，拉开全域推进特色田园乡村建设序幕。

8月

4日，团中央书记处书记徐晓一行到江宁区，调研青年创业工作。

5日，区委十三届五次全会举行。会议听取和讨论了市委常委、区委书记李世贵受区委常委会委托所作的工作报告及区委副书记、区长祁豫玮关于全区重大产业项目推进情况的报告。

7日，江宁区召开“263”专项行动推进会，总结“263”专项行动推进情况，部署下一阶段重点工作。

9日，区委召开宣传思想文化工作会议，传达学习贯彻习近平总书记7月26日在省部级主要领导干部专题研讨班上的重要讲话精神。

15日，2017姚基金希望小学篮球季全国集训及联赛在江宁体育中心开幕。

19日，区长祁豫玮代表区政府与省中医院院长方祝元签署协议，省中医院牛首山分院落户谷里街道。

23日，全区综合行政执法体制改革动员大会召开，东山、湖熟两个试点街道综合行政检查执法大队同日揭牌。

31日，市、区两级政协联合组织委员，在江宁区开展“千名委员、百日推进”河道整治专项民生监督视察活动。

同日，中共中央对外联络部在京举行“中国共产党的故事：江苏省委的实践——创新驱动、转型发展”专题推介会。江宁区通过设立主题展板、播放宣传片，向海内外人士展示创新转型成果。市委常委、区委书记李世贵还出席“经济全球化与转型发展”研讨会，向外宾讲述江宁实施创新驱动、推动产业转型升级的故事。

9月

2日，国家体育总局副局长赵勇一行，到江宁区调研指导基层群众体育工作。

7日，由交通运输部公路科学研究院主办，滨江开发区等单位承办的首届智能交通国际论坛在江宁区举办。

同日，江宁区召开优秀教师先进事迹报告会，一批优秀教师和教育工作者受到表彰。

8日，区纪委派驻机构改革动员部署会召开，区纪委向61个区级党和国家机关派驻10个纪检监督组，实现对区级机关各部门日常监督的全覆盖。

同日，由中央网信办网络社会工作局和省委宣传部、省委网信办共同主办的“新智造·新江苏——全国网络名人看江苏”主题活动在江宁区启动。

8—10日，江宁区召开领导干部学习会，系统学习习近平总书记“7·26”重要讲话精神。

12日，在2017中国·南京金秋经贸洽谈会重大项目集中签约仪式上，江宁区有14个项目签约，总投资602亿元。此届“金洽会”期间，全区梳理了90个签约项目，总投资2103.1亿元。其中，53个项目确定纳入市“金洽会”成果统计，总投资1648.6亿元。签订正式协议项目35个，

9月16日，第六届中国创新创业大赛全国总决赛在江宁区举行。图为生物医药行业总决赛现场　　区新闻中心　供稿

总投资 841 亿元。

同日，民政部全国农村社区建设示范区验收专家组到江宁区，对江宁争创全国农村示范社区工作进行考核验收。

15 日，“2017 年全国大众创业万众创新活动周”江苏分会场暨“创响江苏”活动月启动仪式在江宁区举行。

同日，位于江宁区胜太路 58 号的“梧桐林创聚广场”开园启用，全区人才服务在全市率先实现“一站式”集成。

16 日，科技部火炬中心主任张志宏向各行业赛承办地授旗，第六届中国创新创业大赛全国总决赛在江宁区开赛，生物医药行业总决赛同时在江宁举行。

19 日，省、市联合验收组到江宁区，对农村土地承包经营权确权登记颁证工作进行检查验收。

21 日，在浙江省安吉县召开的全国生态文明建设现场推进会上，江宁区获得第一批国家“生态文明建设示范区”命名。

26 日，江宁区新的社会阶层人士联合会成立。

28 日，南京禄口国际机场江宁开发区九龙湖航空服务站启动运行。

29 日，市委常委、区委书记李世贵率江宁考察团，赴无锡江阴市学习考察集成改革试点工作。

10月

10 日，代表国内园区智能化顶尖水平的朗坤智慧园在江宁开发区落成启用。

12 日，以“田园乡村”为主题的 2017 紫金奖·建筑及环境设计大赛决赛在横溪石塘人家举行。

10 月 29 日，江宁区青年企业家联合会成立。图为区领导与区青年企业家代表合影　　高珏琼　摄

16 日，“迎庆十九大·情绘家乡景”第三届美丽江宁胜景写生作品展在江宁万达广场开幕。

18 日，中国共产党第十九次全国代表大会在北京开幕，区四套班子全体领导及区法院院长、区检察院检察长集中收听收看开幕盛况。

24 日，第六届全球（南京）研发峰会江宁开发区专场活动举行。

26 日，市委常委、区委书记李世贵主持召开区委常委会会议，传达学习中共十九大精神，安排部署全区宣传贯彻十九大精神工作。

同日，全区非公企业学习型党组织建设现场会暨第 10 届江宁学习节启动仪式在主会场长安福特发动机有限公司举行。

29 日，中国侨联主席万立骏一行到江宁区调研，并为江宁开发区“中国侨联新侨创新创业基地”授牌。

同日，江宁区召开“两落地、一融合”专题工作会议，贯彻落实市委、市政府相关会议精神，研究推进全区“两落地、一融合”工作。

同日，江宁区青年企业家联合会成立。

31 日，麒麟现代有轨电车 1 号线正式开通。

11月

3 日，江宁区“互联网＋养老院”启动运营。

6 日，作为 2017 两岸企业家紫金山峰会系列活动之一的两岸青年就业创业专题论坛，在江宁开发区南京青年台湾创业学院举行。

9 日，江宁区融媒体中心成立。

12 日，全区第二次见义勇为表彰大会举行，一批见义勇为先进分子和先进群体受到表彰。

13 日，市政府与珠海格力电器股份有限公司签署战略合作协议，格力电器中央空调智能制造基地及配套项目落户江宁高新园。

同日，国土资源部副部长曹卫星率参加全国耕地保护工作会议的代表到江宁区汤山街道阜庄社区，参观考察生态型高标准农田示范点建设项目。

15日，全省加快培育新动能现场推进会在江宁区召开，省委副书记、常务副省长黄莉新出席会议。

17日，省委宣讲团成员、十九大代表、区委书记李世贵到金陵科技学院，为师生宣讲中共十九大精神。

18日，江宁区与中国阳光基金投资管理有限公司签订合作框架协议，该公司投资10亿美元开发建设的南京阳光国际鲜花产业项目落户江宁。

22日，中共十九大代表、区委书记李世贵为全区区管领导干部第一期轮训班作专题辅导报告。根据中央和省、市委统一部署，区委决定，分期分批对全体区管领导干部开展学习贯彻中共十九大精神轮训。

23日，江宁区民宿发展促进会成立。同日，举行民宿营销推广季启动仪式。

同日，全省新的社会阶层人士统战工作实践创新现场会暨试点工作推进会在江宁区召开，与会代表观摩了江宁区新的社会阶层人士创新实践基地——同心圆广场。

26—27日，区总工会第十四次代表大会举行，大会审议通过了区总工会第十三届委员会工作报告等，选举产生区总工会新一届领导班子。

28日，江宁区创建“全国基层中医药工作先进单位”国家级评审汇报会在江宁会展中心召开。

12月

5日，2017中德智能制造产业化合作峰会在南京未来科技城举办。会上，总投资300亿元的12个重大产业项目签约落户江宁区。

同日，全省第二批“全要素网格”试点工作推进会在江宁区召开，与会代表调研了全区网格化社会治理工作。

11日，全区政协工作座谈会召开，总结2017年政协工作，谋划2018年工作思路。

12日，区人大常委会专题视察全区养老服务体系建设情况，听取区政府相关工作汇报。

14日，海关总署署长于广洲一行，到江宁区调研外贸企业运行情况。

16日，新组建的江宁开发区高新技术产业园揭牌。

20日，第九届汤山温泉文化旅游季在汤山金乌温泉公园开幕。该届温泉节持续至2018年3月5日。

23日，江宁高新技术产业开发区成立并授牌。该高新区由江宁高新园与滨江开发区、未来科技城整合组建。

同日，江宁区与南京交通职业技术学院签订合作协议，共同建设南京新能源汽车产业与应用技术研究院。

29日，区委十三届六次全体（扩大）会议召开。会议听取和讨论了市委常委、区委书记李世贵代表区委常委会所作的工作报告，区委副书记、区长祁豫玮关于全区重大产业项目推进情况的报告，区委副书记严应骏关于全区党建工作情况的报告。

同日，首期投资近100亿元的南京海航综合物流园和协鑫新能源动力电池储能系统项目在江宁开发区开工建设。（宁　鉴）

12月16日，新组建的江宁开发区高新技术产业园在全区率先揭牌。市委常委、区委书记李世贵和区领导李万平等参加活动。图为揭牌仪式现场

江宁开发区　供稿

自然环境

区位区域 南京市江宁区地处长江下游南岸、江苏省西南部苏皖交界地带，位于北纬31°37′~32°07′、东经118°28′~119°06′之间。东与栖霞区及句容市接壤，东南与溧水区毗邻，南、西南分别与安徽省马鞍山市当涂区和马鞍山市区相交，北、东北分别与雨花台区、秦淮区相邻。区域总面积1561平方公里，水域面积186平方公里。

地形地貌 江宁区地貌区域为宁镇扬丘陵山地的一部分，结构复杂，山水兼得，地貌多样。东北部是宁镇山脉西段，西南部为宁芜断陷盆地的北缘，中部为对东北和西南低山丘陵有明显倾斜的黄土岗地及一个由秦淮河穿连冲积而成的秦淮河平原，西部为滨江平原。地势南北高、中间低，形同“马鞍”。按地貌形态分类，大体可分为低山、丘陵、岗地和平原。低山丘陵和黄土岗地约占总面积的2/3，沿河沿江平原约占1/3。低山丘陵在区境东北部和西南部，总面积316平方公里，海拔高程300米左右。黄土岗地分布于南北低山丘陵之间，面积816.1平方公里。地势呈残丘缓岗，局部留于平原圩区之中。沿河沿江平原以秦淮河平原较为宽广，面积569.6平方公里，地面高仅6~8米。此外，还有沿江平原，位于区内西部的江宁街道。地势平坦，海拔高多在5米以下，最低处海拔2.2米。沿江平原成土和耕作较迟，一般在数百年和数十年不等。

自然资源 江宁区是江苏省自然资源比较丰富的区（县），境内有山有水，有丘有岗，平原与丘陵相间。全区土地总面积15.73万公顷，可开发利用的土地资源较丰富。区域雨量充沛，水资源丰富，地表水系发育良好，地下水多藏于平原、山丘地带，水质较好，年总水资源量10多亿立方米。宁镇山脉西段绵延至境内，矿藏资源丰富，已发现矿产41种，探明储量的20多种，矿产地100多处。拥有丰富的森林野生植物、木本植物和药用植物1000多种，有动物400多种。列入国家重点保护珍稀濒危植物8种，列入国家重点保护野生动物37种，其中珍稀野生动物9种。

（宁　鉴）

气候特点 江宁属北亚热带季风气候区，由于一年四季太阳高角度变动和昼夜长短变化适中，四季分明，气候温和，无霜期长，光照充足，气候条件较为优越。2017年，江宁区年平均气温17.0℃，比常年平均偏高0.9℃。除6月（24.7℃）、9月（23.1℃）和10月（17.1℃）比常年略偏低，其余月份均高于常年同期，其中1月（5.5℃）、4月（17.7℃）和7月（30.8℃）均比常年偏高2℃以上。年最高气温为40.0℃，出现在7月24日；年最低气温为-4.6℃，出现在1月21日和12月18日。年总降水量1255.1毫米，比常年平均偏多138.8毫米。年内除5月降水量与常年基本持平外，其余各月降水均有明显起伏。其中9月份降水量176.4毫米，比常年平均异常偏多133%，6月和8月也比常年平均偏多50%以上，7月、11月和12月较常年偏少50%以上。全年降水量≥0.1毫米降水日数113天；年最长连续无降水日数25天，出现在11月19日—12月13日；年最长连续降水日数7天，出现在9月

19—25日，过程雨量为130.9毫米；年一日最大降水量245.3毫米，出现在6月10日。6月22日进入梅雨期。7月11日出梅。入梅后未出现灾害性天气，梅雨量为134.8毫米。年总日照时数2037.4小时，比常年平均偏少124.8小时。初霜日为11月19日，年无霜期248天，比常年224天偏多。年平均气温比常年偏高，降水显著偏多，日照时数较常年偏多。6月10日江淮气旋影响，出现大暴雨，日降雨量245.3毫米，创日降水量历史新极值（原历史极值204.1毫米），因暴雨持续时间不长，只造成城市部分内涝，影响交通运输和人们出行；7月前期阴雨天气和出梅后的持续高温、少雨天气给交通运输及人民生产、生活造成不便；9月雨日17天，平均气温较常年偏低，月日照总时数仅为115.3小时。

（夏　斌）

历史文化

区名由来　“江宁”一名由来有二说：一是据清朝江宁人金鳌所著《金陵待征录》载，西晋太康二年（281），黄河以北，战乱已萌。晋武帝司马炎南巡，渡江后夜宿临江县（县治在今江宁街道）身感江野寂静而慨叹“江外（江南一带）无事，宁静若此”，于是将临江县改名为江宁县。查史书无晋武帝南巡记载，其“江外无事，宁静若此”一语也无从稽考。二是南朝梁、陈时训诂学家顾野王在其《舆地志》载有“江外无事，于南浦置江宁”之语。“江宁”乃濒临长江且秩序安宁之意。

建置沿革　江宁县始建于西晋太康二年（281），建县之前县域或属一邑，或分属数县。据《史记·吴太伯世家》记载，周朝以前，江宁属荆蛮之地。春秋战国时期，江宁属吴国。战国初期为越国管辖。周显王三十六年（前333），属楚国金陵邑管辖。秦始皇三十七年（前210），废金陵邑设秣陵县，又另设丹阳、江乘县，同属会稽郡。汉初，江宁地域为江都国，分置秣陵、胡孰、丹阳三侯国。汉末，孙权改秣陵县为建业县。晋太康元年（280），改建业县为秣陵县，又于秣陵西南置临江县。次年（281），改临江县为江宁县，县治在今江宁街道。隋开皇九年（589），建康、秣陵、同夏三县并入江宁县，属蒋州。至隋大业三年（607），废蒋州，复置丹阳郡，江宁县属丹阳郡。唐武德三年（620），江宁县更名归化县。与丹阳、安业等县属扬州郡。宋开宝八年（975），改江宁府为升州府，辖江宁、上元二县。明洪武元年（1368），江宁属应天府。清顺治二年（1645），改应天府为江宁府。咸丰三年（1853），太平天国定都江宁府，改名“天京”。同治三年（1864），复称江宁府，辖江宁、上元等县。中华民国元年（1912）1月1日，民国临时政府定都江宁府，改为南京府，次年废南京府设江宁县。民国22年（1933）2月10日，江宁自治实验县成立，直属江苏省政府。民国23年（1934）县治由南京迁至东山镇，与南京市分开。民国27年（1938），江宁地区先后建立江宁、横山、上元县抗日民主政权，其间，汪伪在东山镇建立伪“县政府”。

1949年4月24日，江宁县解放。4月28日，江宁县人民政府成立，隶属苏南行政区镇江专区。1949年12月，改属南京市。1950年1月，仍划回镇江专区。1958年7月，改属南京市。1962年5月，复归镇江专区。1971年3月，重新划归南京市。2000年12月，撤县设立南京市江宁区。

文化遗存　全区有历史文化遗产139余处，各级文物保护单位72处。远祖遗踪有汤山葫芦洞“南京猿人”遗址、“湖熟文化”及遗址，昝庙文化遗址等；陵寝墓葬有上坊东吴大墓，宋武帝刘裕陵，陈武帝陈霸先万安陵，南唐二陵，秦桧及家族墓，沐英及家族墓，郑和墓等；寺庙古塔有圣汤延祥寺，上坊祈泽寺，方山定林寺，牛首山佛窟寺，湖熟清真寺等和牛首山弘觉寺塔，牛首山铁板道人塔，方山定林寺塔等；祠宅旧居有杨柳村古建筑群，佘村潘氏宗祠，张栋梁故居，史量才故居，民国汤山炮校，蒋介石温泉别墅等；砖石木雕有南朝陵墓石刻，牛首山摩崖石刻，桦墅石佛庵摩崖石刻，杨柳村古建筑群雕刻，窦村石戏台雕刻等；古代器物有石器，陶器，铜器，瓷器，铁器，玉器，骨器等；桥梁水井有藏龙桥，湖熟桥，横溪桥，周郎桥，七翁桥等和陶吴响井，佘村万历井，耿岗井，东山戴家塘崇祯井等；非物质文化遗产有方山大鼓“麻雀蹦”，丹阳龙舞，铜山狮舞，横溪花鼓，马铺锣鼓，秦淮渔音，江宁白局，龙舟竞渡等。

历史名人与江宁　江宁悠久的历史、秀丽的山川和十朝的京畿重地，既孕育无数俊杰，又云集一代又一代名人刻留履痕。在江宁辈出的英才中，有南朝齐梁间著名道教思想家、被誉为“山中宰相”的陶弘景，南朝梁开国皇帝萧衍；南宋以身殉国、被封为义烈显节侯的抗金将领秦钜；明朝兵部尚书、成边功臣王以旂；清朝女科学家王侦仪，著名爱国英雄邓廷桢，云锦挑花工艺家张长荣；民国时期的“国医泰斗”张栋梁，报业巨子史量才，方志大家陈作霖等。与江宁结下不解之缘的，号称千古一帝的秦始皇嬴政于秦始皇三十七年（前210）东巡经丹阳为泄金陵“王气”而废金陵邑设秣陵县，秦始皇“赶山塞海”，一鞭子把方山一分为三的民间传说，被广为流传；东汉开国皇帝刘秀为报答插花村姑救命之恩而降旨修建插花庙，敕封头插野花的村姑为“插花娘娘”，赐名藏身的小桥为“藏龙桥”；晋武帝司马炎改临江县为江宁县；东晋补辅谢安曾在东山营造别墅，中国军事史上一场以少胜多、以弱胜强的“淝水之战”参谋指挥部就设于此，相传古代成语“东山再起”一词也源出于此；唐代李白、刘禹锡都曾涉足江宁的山山水水，并为之留下许多不朽的诗篇，如李白的《东山吟》、刘禹锡的《牛头山新塔记》等；宋代宰相王安石曾任江宁府判，其父王益曾做过江宁通判，死后就葬于牛首山麓；唐宋八大家之一的苏东坡也到过东山，并赋诗言志，写下《东山》一诗；民族英雄岳飞在江宁牛首山抗金的事迹家喻户晓，而杀害岳飞的元凶、奸相秦桧是江宁桦墅人，死后葬在江宁铜井牧龙亭，坟墓人称“秽冢”；南宋末年的民族英雄文天祥曾两度到金陵，最后一次是被元兵押解北上，路径金陵驿（今江宁麒麟南面），写下《金陵驿》一诗。江宁还是抗日战争时期的红色革命根据地，留下了粟裕、傅秋涛、钟期光、邓仲铭等共和国元勋们豪迈壮烈、彪炳史册的光辉业绩。

（宁　鉴）

区划人口

区划与调整　2017年，江宁区无行政区划调整事项。至2017年年末，全区有10个街道，129个社区居委会，72个社区村委会。

2017年江宁区社区居（村）委会一览表

表1

街道	数量（个）	社区居（村）委会名称															
东山	居16	东山	外港	中前	章村	晓里	岔路	邵圣	骆村	龙西	上坊	泥塘	天云	永安	高桥	大里	佘村
秣陵	村4	建东	凤凰	周里	火炬	—	—	—	—	—	—	—	—	—	—	—	—
	居21	秦淮	胜太	殷巷	湖滨	太平	长山	东南	青源	牛首	下墟	东旺	西旺	双金	家园	童前	东善桥
		祖堂	吉山	霞辉庙	元山	胜家桥	—	—	—	—	—	—	—	—	—	—	—
汤山	村8	孟塘	龙尚	路西	建设	湖山	宁西	阜庄	阜东	—	—	—	—	—	—	—	—
	居8	汤山	古泉	青林	作厂	孟墓	上峰	高庄	鹤龄	—	—	—	—	—	—	—	—
淳化	村9	民主	茶岗	西埠	周子	周郎	西城	滨淮	柏墅	新林	—	—	—	—	—	—	—
	居21	淳化	青山	青龙	吴墅	田园	索墅	双岗	土桥	新兴	科苑	方山	成山	桥头	杨村	横岭	王墅
		新华	永宁	解溪	陵里	大学城	—	—	—	—	—	—	—	—	—	—	—
禄口	村15	马铺	杨树湾	成功	张桥	黄桥	秦村	埂方	小彭	曹村	徒塂	陈巷	溧塘	石埝	桑园	尚洪	—
	居15	茅亭	机场	白云路	铜山	群力	陆纲	新生	山塘	谢村	永兴	高伏	彭福	上穆	钟村	陶东	—
江宁	村10	清修	上湖	新洲	大庙	西宁	牌坊	庙庄	花塘	洪幕	天然	—	—	—	—	—	—
	居12	荷花	星辉	南山湖	江宁	司家	陆郎	河西	朱门	叶村	盛江	新铜	牧龙	—	—	—	—
谷里	村5	荆刘	柏树	双塘	石坝	亲见	—	—	—	—	—	—	—	—	—	—	—
	居6	谷里	公塘	张溪	向阳	箭塘	周村	—	—	—	—	—	—	—	—	—	—

续表

街道	数量（个）	社区居（村）委会名称															
湖熟	村 8	三界	丹桂	晶明	万安	钱家	和平	徐慕	绿杨	—	—	—	—	—	—	—	—
	居 14	和进	全桥	湖熟	河南	双新	龙都	周岗	杨柳湖	新农	尚桥	河北	耀华	新跃	东阳	—	—
横溪	村 11	红旗	官长	安民	横山	许呈	云台	山景	宁光	勇跃	许高	石塘	—	—	—	—	—
	居 10	横溪	陶吴	丹阳	西岗	西阳	甘泉湖	新杨	新杭	西泉	甘西	—	—	—	—	—	—
麒麟	村 2	东流	袁家边	—	—	—	—	—	—	—	—	—	—	—	—	—	—
	居 6	泉水	建南	锁石	晨光	麒麟门	麒麟铺	—	—	—	—	—	—	—	—	—	—

（李　佳　张祖东）

人　口　2017年年末，全区户籍户数39.28万户，比2016年年末增长6.22%。户籍人口107.9万人，增长5.23%。户籍人口中，男性53.32万人，女性54.58万人，男女性比例为97.75：100。20周岁以下21.62万人，21～30周岁15.35万人，31～40周岁20.66万人，41～50周岁16.81万人，51～60周岁14.12万人，61周岁以上19.34万人；研究生学历1.29万人，本科学历5.78万人，大专学历2.14万人，高中学历9.69万人。人口出生率10.36‰，死亡率4.25‰，自然增长率6.11‰。年末全区常住人口124.85万人。

民　族　2017年年末，全区有46个民族，少数民族45个，比2016年年末增加4个；少数民族人口12066人，增加885人，占总人口数的1.12%。其中回族人数最多，共5670人。

2017年年末江宁区少数民族人口情况表

表 2

民　族	总人数（人）	民　族	总人数（人）
合计	12066	蒙古族	735
白族	101	苗族	531
布依族	310	民族	1
藏族	81	仫佬族	15
朝鲜族	386	纳西族	14
达斡尔族	23	怒族	1
傣族	42	普米族	1
东乡族	1	羌族	24
侗族	232	撒拉族	1
俄罗斯族	5	畲族	55
鄂伦春族	5	水族	20
鄂温克族	3	土家族	885
高山族	10	土族	21
哈尼族	16	佤族	5

续表

民　族	总人数（人）	民　族	总人数（人）
哈萨克族	28	维吾尔族	200
回族	5670	乌孜别克族	2
京族	1	锡伯族	44
景颇族	2	瑶族	107
柯尔克孜族	6	彝族	264
拉祜族	6	仡佬族	36
黎族	75	裕固族	3
傈僳族	5	壮族	509
满族	1553	其他	28
毛南族	3	—	—

（俞亮等）

经济社会发展

经济运行　2017年，江宁区实现地区生产总值1935.92亿元，按可比价计算，比2016年增长9%，高于全市0.9个百分点；一般公共预算收入226.5亿元，同口径增长9%，继续位列全省第三，其中税收占比88.2%，高于全市6.1个百分点。工业增加值880亿元，增长9.2%，位列中国工业百强区第六位。全社会固定资产投资1101.2亿元，增长20.3%。社会消费品零售额521.06亿元，增长11%。地方外贸出口、实际利用外资分别完成633亿元和8.6亿美元，分别增长27.5%和9.1%。签约新型研发机构9家，新增高新技术企业45家。组织实施产学研合作项目140项，成果转化等重点研发项目183项。发明专利申请7957件，发明专利授权2646件。培育国家“千人计划”专家2人，居全国区县首位。引进诺贝尔奖得主6人、“菲尔兹奖”得主1人、院士4人。入选省“双创人才”15人，连续5年居全省第一。入选首批省“三带”行动计划培育对象50人，居全市之首。新认定市级以上众创空间12家，其中省级3家。全社会研发经费支出增长10%。新增民营企业1.1万户，注册资本超500亿元。汽车、智能电网产业加快向价值链高端攀升，新一代信息技术产业产值增长16%。高端装备制造、节能环保产业规模日趋壮大，生命科学产业产值增长23.3%。新增特级资质建筑业企业1家。服务业增加值占地区生产总值比重较年初提升1个百分点，达到43.5%。接待游客3306万人次，实现旅游收入350.35亿元，分别增长10.1%和9.46%。物流交易额1170亿元，增长11%。软件和信息服务业收入1050亿元，增长13%。新增上市挂牌企业15家，累计70家，IPO企业数稳居全省第二。建成高标准农田666.7公顷，新增高效农业1333.3公顷、设施农业586.7公顷。

城乡建设　2017年，江宁区编制《江宁区2035年发展规划大纲》。省道002江宁段改扩建工程（上峰段）基本建成，省道246江宁段（S002至溧水交界）路基贯通，建成杨家圩一路等一批城市内部道路，服务地铁5号线等重点工程建设。农村公路提档升级150公里，危桥改造10座。新增供水管道5公里。铺设中低压燃气管道30公里，改造老旧燃气铸铁管40公里。24条主次干道、50条背街小巷治理相继竣工。完成城市道路公交专用道58个交叉路口公交车辆信号优先工程，优化公交线路19条。新改建69座二类及以上标准公厕和95座旅游公厕，新建村级卫生公厕89座。升级改造农贸市场36家。关停畜禽规模养殖场470家。完成秦淮河整治工程核心段建设。淳化、江宁、湖熟、横溪等PPP项目有序推进。南京未来网络小镇、汤山温泉风情小镇纳入省级特色小镇创建，13个省市区级特色小镇完成投资100多亿元。建成安置房260万平方米。棚户区征迁改造262.5万平方米。完成70个安置房小区、10.6万套安置房不动产权证办理。

社会建设 2017年，全区城乡居民收入分别增长9.1%和9.5%。新增城镇就业人员31144人，农村劳动力转移就业8112人次，培育自主创业3718人，带动就业4793人。出台聚焦富民等系列政策，累计实现5733户低收入农户和69个经济薄弱村（欠发达村）脱贫。基本社会保险基本实现全民覆盖，居民养老保险续保率96.7%，新增参保单位4031家。征地农转非人员养老生活补助标准增加100元/月。城乡居民养老保险基础养老金每人提高至390元/月。城乡低保应保尽保，最低生活保障标准提高至810元/月。城乡居民基本医疗保险年人基金标准提高至980元。全面推行幼儿学前一年基本免费教育。举办第17届“江宁之春”群众文化节等群众文化活动近1300场次。新建更新全民健身路径200套，建成最美夜跑路线22公里。成为全省“全要素网格”试点区，并取得成效。

生态建设 2017年，全区规模以上工业能源消费总量控制在130万吨标煤。煤炭消耗总量控制在60万吨标煤。万元GDP二氧化碳排放下降6%左右。单位工业增加值能耗下降5%。单位GDP化学需氧量、二氧化硫、氨氮、氮氧排放强度分别为1.2千克/万元、0.2千克/万元、0.16千克/万元、0.5千克/万元，均达上级考核要求。全面落实中央及省市环保督查要求，整改环境突出问题。市下达扬尘污染控制、秸秆禁烧等目标完成率100%。空气质量达到二级标准天数比例76.4%。完成鞭鞍河等80条黑臭河道整治。建成污水管网69公里，镇街污水处理率85%。超过10个断面水质基本达到国家及省市考核要求。处置盘活低效闲置用地245.1公顷。完成34个示范村、40个重点整治村和104个一般整治村整治，美丽乡村覆盖率70%。横溪溪田农业成为首批国家级田园综合体示范点。（区发改局）

2016-2017年江宁区地区生产总值统计表

表3　　单位：亿元

指标名称	2016年	2017年
地区生产总值（现价）	1680.52	1935.92
其中：第一产业	60.88	63.15
第二产业	892.56	1031.52
其中：工　业	765.18	880.49
建筑业	127.49	151.13
第三产业	727.08	841.26
人均地区生产总值（元）	139624.00	155060.00

2016-2017年江宁区固定资产投资情况统计表

表4　　单位：万元

项　目	2016年	2017年
全社会固定资产投资	9153731	11012175
其中：工业投资	3825738	4181633
房地产投资	2532150	2945006
按产业分	—	—
第一产业	108160	34700
第二产业	3870627	4230663
第三产业	5174944	6746812

组织机构及负责人名录

·领导机关·

中共南京市江宁区委员会

书　记　李世贵
副书记　祁豫玮
　　　　严应骏
常　委　李世贵
　　　　祁豫玮
　　　　严应骏
　　　　李　滨
　　　　梁爱国
　　　　杨　彬
　　　　陆　蓉（女）
　　　　张会祺
　　　　于茂高
　　　　张思明
　　　　张　荣

南京市江宁区人大常委会

主　任　孔令才（1月任）
　　　　王国亮（1月免，任正区级干部）
副主任　陈　升（1月任）
　　　　刘维新（1月任）
　　　　王登华
　　　　汪　洁（女，1月任）
　　　　蒋戈木（1月免，任正区级干部）
　　　　高吉祥（1月免，任正区级干部）

南京市江宁区人民政府

区　长　祁豫玮（1月任）
常务副区长
　　　　李　滨
副区长　张会祺
　　　　李　雁
　　　　周育刚
　　　　焦　龙
　　　　米永强（挂职）
　　　　缪秀梅（女，1月任）
　　　　董　涵（1月任）
　　　　言明林（1月免，任正区级干部）
副巡视员
　　　　薛天如
副区级干部
　　　　谢从军
　　　　赵立宏

政协南京市江宁区委员会

主　席　刘　玲（女，1月任）
　　　　孙桂明（1月免，任正区级干部）
副主席　蔡正英（女）
　　　　史兆祥（1月任）
　　　　王仕国
　　　　姜立波（1月任）
　　　　丁圣荣（1月免）
　　　　吴凤平（1月免）
　　　　潘龙泉（1月免）
副巡视员
　　　　程德玉

中共南京市江宁区纪律检查委员会

书　记　杨　彬
副书记　杨　蓉（女）
　　　　薛　松
常　委　杨　彬
　　　　杨　蓉（女）
　　　　薛　松
　　　　金新峰
　　　　杜春泉
　　　　易昌明
　　　　陈　敏（女）

区人民法院

院　长　严忠琴（女，1月任）
　　　　史兆祥（1月免）
副院长　杨双富
　　　　程　序
　　　　朱同福
　　　　孙　祥
　　　　冯晓华
　　　　孙　哲（5月任）
政治处主任
　　　　孙　哲（5月免）
纪检组长
　　　　方金保（8月免）

区人民检察院

检察长　金　波
副检察长
　　　　汤文国
　　　　马　虹（女）
　　　　钱启玉
　　　　张咏梅（女）
　　　　王宝国（12月任）
政治处主任
　　　　迟玉先
纪检组长
　　　　王宝国（8月免）

区人民武装部

部　长　张　荣
政　委　张金星（7月任）

·区属部门·

区委办公室

主　任　李国忠（3月任）
　　　　张思明（3月免）
副主任　陈　宾
　　　　夏巍巍（5月任）
　　　　王圣俊（5月任）
　　　　沈　哲（女，3月免）
　　　　俞　平（3月免）
　　　　王　飞（5月免）
　　　　庞　旸（11月免）

区委机要局

局　长　吴文虎（5月任）
　　　　张思明（3月免）
副局长　吴文虎（5月免）

区国家保密局

局　长　虞新龙（5月任）

区委研究室

主　任　吴孝江
副主任　夏巍巍
　　　　张雅丽（女）
　　　　张　钧（11月免）
　　　　王　飞（5月免）

区委社建工委

书　记　张　钧（11月免）

区委深改办

常务副主任
吴孝江

区委巡察办
主 任 朱晓进（9月任）
专职副主任
董立国（9月任）

区委巡察组
专职组长
陈正平（9月任）
吕井宏（9月任）
戴孝林（9月任）
陈 敏（女，9月任）
专职副组长
张其全（9月任）
何 凯（9月任）
程志军（9月任）
庞 明（9月任）

区委组织部
部 长 梁爱国
副部长 蒋时汉（5月任）
刘 伟（5月任）
王 飞（5月任）
戴 伟（5月免）
崔吉胜（5月免）
刘春明（5月免）

区委组织员办公室
主 任 钱云锋（5月任）
奚静静（5月免）
组织员 李 俊（5月任）
茆维荣
韩 荔（女，5月任）
王培元（3月免）

区人才办
主 任 刘 伟

区委两新工委
主 任 王 飞（11月任）
刘春明（3月免）
蒋时汉（3月任，11月免）

区党代表联络办公室
主 任 王 飞（5月任）
刘春明（3月免）

区级机关工委
书 记 詹 军（3月任）
刘 宏（3月免）
副书记 聂秀美（女）
方广和（12月任）
陈福明（12月免）

区委宣传部
部 长 张思明
常务副部长
吴仁成（3月免）
副部长 陈春晴（女）
朱长云（女，5月任）
李小静（5月任）
李大宏（兼）
郭传华（3月任，兼）
王兰英（女，3月免）
王瑞林（3月免）

区文明办
主 任 陈春晴（女，3月任）
王兰英（女，3月免）
副主任 赵 冬（12月任）
宋池涛（5月免）
方广和（12月免）

区文联
主 席 张思明（3月任）
高吉祥（3月免）
党组书记
丁梦然（女，11月任）
王晓丹（11月免）
副主席 丁梦然（女，11月任）
李 萍（女）
许宏亮（5月免）
王晓丹（11月免）

区委统战部
部 长 陆 蓉（女）
常务副部长
张 斌（3月任）
刘道成（3月免）
副部长 张 钧（11月任）
奚静静（女，5月任）
马兆永
王德武（11月免）
李爱琳（女，5月免）

区工商联
主 席 白元龙（兼，1月任）
潘龙泉（1月免）
党组书记
张 钧（11月任）
王德武（11月免）
副主席 张 钧（11月任）
房文钦（女，1月任）
王德武（11月免）

区委政法委员会
书 记 于茂高
副书记 徐正清
王 军
杨立根（3月免）

区综治办
主 任 徐正清（3月任）
杨立根（3月免）
副主任 张宝卿
卞骁峰
樊广伟（5月任）

区委防范和处理邪教问题办
主 任 侯为东（3月任）
王会功（3月免）

区国安办
主 任 王 军（11月任）
张思保（11月免）

区法学会
会 长 于茂高
副会长 吕长富（5月任）

区委农工委
书 记 周书全（11月任）
刘 群（11月免，援陕）

副书记　纪小飞（12月任）
　　　　刘　权（5月任）
　　　　傅顺龙（11月免）

区编办

主　任　刘道成（3月任）
　　　　戴　伟（3月免）
副主任　刘德明
　　　　魏红星（5月任）

区事业单位登记管理局

局　长　刘道成（3月任）
　　　　戴　伟（3月免）

区委老干部局

局　长　蒋时汉（11月任）
　　　　崔吉胜（5月免）
副局长　刘美莉（女）
　　　　胡少和
　　　　王　洪（5月免）

区信访局

局　长　朱茂胜（12月免）
副局长　朱玉红（女）
　　　　汪　晶（12月任）
信访督查专员
　　　　王贵斌
　　　　吕井宏（9月免）

区纪律检查委员会机关

办公室
主　任　朱振权
纪检监察干部管理监督室
主　任　张德莹（女）
宣传教育室
主　任　李　霞（女，5月任）
　　　　邹　芒（5月免）
党风廉政教育中心
主　任　邹　芒（5月免）
党风政风监督室
主　任　顾　明
信访室
主　任　朱笑还（女，12月任）
　　　　陈　敏（女，12月免）
案件监督管理室
主　任　柏寿宝（12月任）
纪检监察二室
主　任　吴玉虎
纪检监察四室
主　任　苏增贤（12月任）
派驻第四纪检组
组　长　顾爱妍（女，8月任）
派驻第五纪检组
组　长　刘建明（8月任）
派驻第六纪检组
组　长　秦金平（8月任，11月免）
派驻第七纪检组
组　长　张明洪（8月任）
派驻第八纪检组
组　长　徐　明（8月任）
派驻第九纪检组
组　长　夏家荣（8月任）
派驻第十纪检组
组　长　徐建丽（女，8月任）
案件审理室
主　任　俞冬升（12月免）
第一纪检监察工作室
副主任　张明洪（8月免）
第二纪检监察工作室
副主任　刘建明（8月免）
第三纪检监察工作室
副主任　秦金平（8月免）

区监察局

局　长　杨　蓉（女）
副局长　杜春泉

区委台湾工作办公室

主　任　张　燕（女）
副主任　何　勇（5月任）
　　　　廖书来
　　　　费广进（5月免）

区总工会

主　席　王登华（3月任）
常务副主席
　　　　谢桂明
副主席　孙继红（女）
　　　　徐　静（5月任）
　　　　李苏兵（3月免）

团区委

书　记　蓝　波（11月任）
　　　　夏　旸（女，3月免）
副书记　蓝　波（11月免）
　　　　尹颉鸣

区妇女联合会

主　席　宋　洋（女）
副主席　徐明芬（女，12月任）
　　　　刘　青（女）
　　　　言　磊（女，5月任）
　　　　徐建丽（女，8月免）

区科学技术协会

主　席　邢祯雁（女）
副主席　姚本祥
　　　　茅　昊（女）

区残疾人联合会

理事长　毛为桂（女）
副理事长
　　　　王忠梅（女）

区人大常委会机关

办公室
主　任　于小强（11月任）
　　　　高正峰（3月免）
副主任　郑胜华（女）
　　　　翟东林（12月任）
研究室
主　任　于小强（11月免）
副主任　王锴程（12月任）
内务司法工作委员会
主　任　经　伟（11月任）
　　　　陈筱青（女，11月免）
副主任　柳增林
预算工作委员会
主　任　朱建平
副主任　李晓琴（女）
农业和农村工作委员会
主　任　顾晓群
副主任　尚征明
教育科学文化卫生委员会
主　任　刘桂联
副主任　陈建平

人事代表联络委员会
主　任　张　洪
副主任　吴　坤
环境资源城乡建设委员会
主　任　沈　毅
副主任　陈　华
民族宗教侨务台湾事务委员会
主　任　姚小荣（女）
副主任　陈　波

区政协机关
秘书长　倪　平（11月免）
办公室
主　任　庞　旸（11月任）
倪　平（11月免）
副主任　窦淑华（女）
刘忠青
提案文史委员会
主　任　张卫宁
副主任　朱建忠
经济科技委员会
主　任　王　钢（女，3月任）
刘桂红（女，3月免）
委员工作委员会
主　任　刘忠青
副主任　周家虎（5月任）
教卫文体和文史委员会
主　任　赵洪军
社会法制（民族宗教）委员会
主　任　许芸（女）
人口资源环境（城市建设）委员会
主　任　陈玉明
副主任　朱安平

区委党校
校　长　严应骏
常务副校长
郭传华（3月任）
王瑞林（3月免）
副校长　俞　华
张洪新（5月任）
党总支书记
郭传华（3月任）
王瑞林（3月免）
副书记　胡　敏（女）

区行政学校
校　长　李　滨
常务副校长
郭传华（兼，3月任）
王瑞林（兼，3月免）
副校长　俞　华（兼）
张洪新（兼，5月任）

区委党史办（区志办）
主　任　施爱兵（3月任）
郭传华（3月免）
副主任　黄　东
苏子懿（11月免）

区红十字会
常务副会长
李学兰（女，11月任）
倪宝银（女，11月免）
副会长　焦秀君（女）
张　辉（3月免）

区政府办公室
主　任　吴德厚
副主任　张　敏
陈　宁
张旭忠
汤　磊
王宜荣
叶小祥（5月任）
高　勇（5月任）
袁才方（12月任）
施爱兵（3月免）
许守江（3月免）
经　伟（11月免）
吕　华（女，11月免）
朱茂胜（12月免）
工委书记
张　敏
副书记　吴德厚
陈　宁
纪工委书记　陈　宁（8月免）

区接待办
副主任　任启龙（5月任）
沈　哲（女，3月免）

区外事办
主　任　陈　宁
副主任　张　瑛（女）

区法制办
主　任　经　伟（11月免）
副主任　马林瑞（5月免）

区应急办
主　任　王宜荣

区行政审批局
局　长　伏进进（女）
副局长　张　皞（11月任）
谌翠红（女，12月任）
邹伍锁
张　勇（5月任）
党组书记
张　皞（11月任）
副书记　谌翠红（女，12月任）

区发展和改革局
局　长　庞志贵（3月任）
姜立波（3月免）
副局长　刘晓斌
李越峰
龚　轲
杨桂祥
韩利红（5月任）
张彩千（3月免）
工委书记
刘晓斌
副书记　庞志贵（3月任）
纪工委书记
朱宁凡（女，8月免）

区经协办
主　任　李越峰（11月免）
副主任　夏献国（11月免）

区经济和信息化局
局　长　詹明杰
副局长　庄　涛（3月任）
蒋继平
马明星（5月任）

詹　军（3月免）
鲁志全（3月免）
工委书记
庄　涛（3月任）
詹　军（3月免）
副书记　詹明杰
纪工委书记
顾爱妍（女，8月免）

区住房和城乡建设局

局　长　许文林（3月任）
副局长　李毓鑫（12月任）
陆　伟（5月任）
沈建贵
冯向东（5月任）
黄　繁
陈扶仁
王　富（5月免）
芮雪平（11月免）
徐明芬（女，12月免）
郑立英（女，12月免）
工委书记
许文林（3月任）
副书记　徐　静（女）
纪工委书记
徐　静（女，8月免）

区征收办

主　任　黄　繁
副主任　刘国美

区建筑工程局

局　长　潘有为
副局长　陈扶仁
朱茂胜（12月任）
程杰恒（11月任）
曹　扬
丁　硙（12月任）
郑立英（女，12月免）
工委书记
陈扶仁
副书记　潘有为
朱茂胜（12月任）
严　斌
纪工委书记
严　斌（8月免）

区人防办

主　任　俞玉和
副主任　费　超

区科学技术局

局　长　贝淑芳（女，3月任）
陈炳晖（3月免）
副局长　张学强
朱春明
董相超（5月任）
徐　丽（女，5月免）

区教育局

局　长　周　强
副局长　刘尹武
刘　勇
蒋开华
宋　翔（5月任）
宋　军（3月免）
工委书记
刘尹武
副书记　周　强
高红英（女）
纪工委书记
高红英（女，8月免）

区民政局

局　长　古德武
副局长　张明根
张和平
薛　奎
袁道法（12月免）
工委书记
张明根
副书记　古德武
邹　芒（5月任）
纪工委书记
邹　芒（5月任，8月免）

区双拥办

常务副主任
张明根
副主任　王津东

区老龄委办

副主任　张广文（5月免）

区司法局

局　长　刘春明（3月任）
周守忠（1月免）
副局长　苏克刚
刘玉财
王　钢（女，3月免）

区财政局

局　长　吴常宝（3月任）
张会祺（3月免）
副局长　范晓兰（女，12月任）
张远庆
郭孝谦
蔡雨清（5月任）
张春雨（5月免）

区人力资源和社会保障局

局　长　杨嘉清（女）
副局长　孙　军
陈国庆
王　兰（女）
栾修龙（3月免）
把国荣（11月免）
工委书记
孙　军
副书记　杨嘉清（女）
周　静（女，12月任）
纪小飞（12月免）
纪工委书记
纪小飞（8月免）

区公务员局

局　长　杨嘉清（女，11月任）
把国荣（11月免）

区军转办

主　任　杨嘉清（女）
副主任　史明华（12月免）

区医改办

副主任　马　凌（5月免）

区审计局

局　长　段　俊

副局长　范晓兰（女）
　　　　奚玉国
　　　　徐成标

区统计局

局　长　吴仁成（3月任）
　　　　汪　洁（女，3月免）
副局长　王金宽
　　　　许　峰
　　　　许成明（5月任）
　　　　王　垚（5月免）

区物价局

局　长　姜立波（3月任）
　　　　王耀林（3月免）
副局长　江　峰（11月任）
　　　　陈维发
　　　　姚应盛
　　　　徐步龙（12月任）
　　　　周金文（3月任，11月免）
　　　　王花生（3月免）
党组书记
　　　　江　峰（11月任）
　　　　周金文（3月任，11月免）

区市场监督管理局

局　长　江开明
副局长　高德军
　　　　刘　炜
　　　　王德喜
　　　　王　强
　　　　张　伟
　　　　魏宏伟（女）
　　　　万善春
　　　　李　宇（3月免）
　　　　庞　宁（11月免）
　　　　王纯勇（11月免）
工委书记
　　　　高德军
副书记　江开明
　　　　潘金龙
　　　　庞宁（11月免）
纪工委书记
　　　　潘金龙（8月免）

区食品药品监督管理局

局　长　高德军（11月任）
　　　　庞　宁（11月免）

区安全生产监督管理局

局　长　侯玉平
副局长　吴　健（12月任）
　　　　吴　腾（12月任）
　　　　张道平（3月免）
　　　　吴　起（3月免）

区安委办

主　任　侯玉平
副主任　戴　炜（5月任）

区环境保护局

局　长　杨林富
副局长　何明进
　　　　赵志凌
　　　　管永麟

区城市管理局

局　长　许守江（3月任）
　　　　许文林（3月免）
副局长　孙千福
　　　　徐文成
　　　　姜言海
　　　　张　皞（11月免）
工委书记
　　　　孙千福
副书记　许守江（3月任）
　　　　张祥华
　　　　许文林（3月免）
纪工委书记
　　　　张祥华（8月免）

行政执法大队

大队长　王　飞（5月免）
政　委　张付廷

区城市管理行政执法局

局　长　许守江（3月任）
　　　　许文林（3月免）

区交通运输局

局　长　姜　平（11月任）
　　　　易骏飞（11月免）
副局长　夏金华（女，11月任）
　　　　李士林（12月任）
　　　　曹志勇
　　　　姚惠明（5月任）
　　　　孙　治（12月任）
　　　　沈庆源（3月免）
　　　　李克林（5月免）
　　　　李小靖（11月免）
工委书记
　　　　夏金华（女，11月任）
　　　　李小靖（11月免）
副书记　姜　平（11月任）
　　　　易骏飞（11月免）
纪工委书记
　　　　夏金华（女，8月免）
总工程师
　　　　马明宏

区农业局

局　长　昝家乾（3月任）
　　　　吴常宝（3月免）
副局长　吕　华（女，11月任）
　　　　钱晓斌
　　　　陈子旺
　　　　高春林
　　　　秦文远
　　　　李　海
　　　　周敦银（3月免）
　　　　马培洪（3月免）
　　　　王正林（5月免）
　　　　杨文明（11月免）
　　　　于文熙（11月免）
工委书记
　　　　吕　华（女，11月任）
　　　　杨文明（11月免）
副书记　昝家乾（3月任）
　　　　吴常宝（3月免）
　　　　戴孝林（9月免）
　　　　于文熙（11月免）
纪工委书记
　　　　戴孝林（8月免）

区林业局
局　长　钱晓斌（11月任）
　　　　于文熙（11月免）
副局长　高春林
　　　　刘铁梅（女）
　　　　马培洪（3月免）

区农开局
局　长　钱晓斌（11月免）

区水务局
局　长　芮雪平（11月任）
　　　　姜　平（11月免）
副局长　戴　忠
　　　　杨　华
　　　　佘礼晔
　　　　梁　勇（12月任）
工委书记
　　　　戴　忠
副书记　芮雪平（11月任）
　　　　陈　凤（女）
　　　　姜　平（11月免）
纪工委书记
　　　　陈　凤(女,8月免)
总工程师
　　　　潘春平（女）

区商务局
局　长　杨大鸿（3月任）
　　　　周志勇（3月免）
副局长　朱晓星
　　　　纪华兵（3月任）
　　　　甘　颖（女）
　　　　谢　俊（5月任）
　　　　史卫江（5月任）
　　　　李小波（3月免）
　　　　刘先顺（11月免）
工委书记
　　　　纪华兵（3月任）
副书记　杨大鸿（3月任）
　　　　许宏亮（5月任）
　　　　周志勇（3月免）
　　　　严荣发（3月免）
纪工委书记
　　　　严荣发（3月免）
　　　　许宏亮(5月任,8月免)

区粮食局
局　长　朱晓星
副局长　余小海
　　　　言明海

区旅游局
局　长　贡　清（女）
副局长　王　珏
　　　　张丽丽(女,5月任)

区文化广电局
局　长　丁　雪(女,3月任)
　　　　张　斌（3月免）
副局长　王　虎
　　　　许长生（5月任）
　　　　张　桦（3月免）
　　　　骆晓鹏（11月免）
工委书记
　　　　丁　雪(女,3月任)
副书记　赵　忠
　　　　张　斌（3月免）
纪工委书记
　　　　赵　忠（8月免）

区卫生和计划生育局
局　长　姚燕玲（女）
副局长　刘太安
　　　　黄朝霞（女）
　　　　孙　海
　　　　荆开虎（11月免）
工委书记
　　　　姚燕玲(女,11月任)
　　　　荆开虎（11月免）
副书记　王　洪（5月任）
　　　　谢　俊（5月免）
纪工委书记
　　　　王　洪(5月任,8月免)
　　　　谢　俊（5月免）

区爱卫办
副主任　李民进（5月任）
　　　　赵　严（5月免）

区民族宗教事务局
局　长　马兆永
副局长　王　华
　　　　杨守文（12月任）

区国资办
主　任　姚　猛（11月任）
　　　　范晓明（11月免）
副主任　胡长顺
　　　　续兴林
　　　　马林瑞（5月任）
　　　　束永存（12月任）
　　　　陶家莹（3月免）
工委书记
　　　　胡长顺
副书记　姚猛（11月任）
　　　　范晓明（11月免）
纪工委书记
　　　　束永存（8月免）

南京市公安局江宁分局
局　长　赵立宏
副局长　陈永安
　　　　王　静（女）
　　　　高双奎（5月任）
　　　　侯为东（3月免）
　　　　夏家荣（8月免）
政　委　王汉福
工委书记
　　　　赵立宏
副书记　王汉福
　　　　蓝家喜（11月免）
纪工委书记
　　　　蓝家喜（8月免）

区维稳办
主　任　李成平
专职副主任
　　　　盛文巍

区规划分局
局　长　王德家（3月免）
副局长　胡传宏
　　　　王振友
　　　　梅笑冬(女,5月任)

方　倩（女，3月免）
党组书记
胡传宏（12月任）
王德家（3月免）
副书记　方　倩（女，3月免）
纪检组长
徐　明（8月免）

区体育局

局　长　张　蕾（女）
副局长　高　阳
易蓉蓉（女，5月任）
吴传春（5月免）

区档案局（馆）

局（馆）长
王幸梅（女）
副局（馆）长
谢伟春
李义明（3月免）

区供销合作总社

主　任　李越峰（11月任）
刘先顺（11月免）
副主任　李爱琳（女，5月任）
管荣贵（5月任）
毕大庆（5月任）
工委书记
李爱琳（女，5月任）
副书记　李越峰（11月任）
刘先顺（11月免）
芮大舜（11月免）
纪工委书记
芮大舜（8月免）

·开发园区·

江宁经济技术开发区

党工委
书　记　李世贵
副书记　李万平
管委会
主　任　李万平
副主任　祁明红（女）
王爱军
金业友（4月任）
崔吉胜（4月任）
张会祺（4月免）
人大工委
主　任　衡艾明
政协工委
主　任　李小靖（11月任）
金业友（5月免）
纪工委
书　记　杨　彬
副书记　徐晓明
管委会办公室
主　任　倪冰峰
副主任　张　立
王　静（女）
工会工委
主　任　马良君（11月任）
蒋根林（11月免）
科技人才局
局　长　张　洋（女，3月任）
张　宾（2月免）
副局长　李艳宁（女）
庞　军（12月任）
宣　昊（12月任）
国土规划建设局
局　长　顾小松（11月任）
金业友（5月免）
副局长　易　庆
倪立峰
雍本春（5月任）
赵祥素（12月任）
城市管理局
局　长　孙　俊
环境保护局
局　长　张　勇
副局长　吕汉江（12月任）
安全生产监督管理局
局　长　金远会（11月任）
张贵平（11月免）
副局长　刘　斌（5月任）
社会事业局
副局长　王立平
魏　明（5月任）
谈　琳（女，5月任）
财政局
局　长　戴迎春（女）
副局长　陶　敏（3月任）
赵　燕（女，5月任）
马良君（3月免）
姚　猛（11月免）
经济发展局
局　长　邵松林（11月任）
杨良虎（2月免）
副局长　李俊杰（5月任）
丁禄祥（11月免）
张　振（11月免）
党群工作部
部　长　王培元（3月任）
副部长　袁　媛（女）
赵志成（11月免）
行政审批局
局　长　张　振（11月任）
投资促进局
局　长　陈志海
副局长　孙　磊（5月任）
张　锐（女）
马鸿杰（5月任）
人武部
部　长　金远会（11月免）
江苏软件园管理处
副主任　陈开庆
陶　敏（3月任）
江诗新（3月免）
杨永清（5月免）
综合事务部部长
刘步强
经济社会事业部部长
薛洪波（女）
产业合作部部长
范双学
平台促进服务部部长
杨　军
南京综合保税区（江宁）管理局
副局长　王　中
俞　清（女）
经贸发展处处长
朱　勇
商务处处长
陈　浩
综合服务处处长
何　伟
江宁经济技术开发总公司
副总经理

言　宣（3月任）
苏　华
何学龙（5月任）
苏　健（5月任）
张　亮（5月任）

江宁高新区

党工委
书　记　缪秀梅（女，11月任）
周育刚（11月免）
副书记　端　俊
沈　哲（女，3月任）
陈国运（12月任）
周贵平（12月任）
俞有兵（兼，12月任）
庄　涛（3月免）

管委会
主　任　端　俊
副主任　王伟军（兼）
陶　亮（12月任）
常　楠（女，12月任）
吴传春（5月任）
王宁邦
方后青（5月任）
何　韬（5月任）
陈　波（5月任）
贝淑芳（女，3月免）
汤卫宁（3月免）
张　圣（11月免）

人大工委
主　任　周大鹏

政协工委
主　任　沈　哲（女，3月任）
庄　涛（3月免）

纪工委
书　记　叶　强（5月任）
庄　涛（3月免）

江宁科学园发展总公司
副总经理
宋　强（5月任）
彭启超（5月任）
白林格（12月任）

滨江经济开发区

党工委
书　记　周贵平（11月任）
李　滨（11月免）
副书记　易骏飞（11月任）
黄正勇
王　诚（兼，3月任）
段惠元（2月免）
李国忠（兼，3月免）
杨良虎（2月任，11月免）
周贵平（3月任，11月免）

管委会
主　任　易骏飞（11月任）
段惠元（2月免）
杨良虎（2月任，11月免）
副主任　张朋芳（女，兼）
张远洋（3月任）
吴　伟
蒋立佳
陶　亮
张鲁川（12月任）
梁越民（5月免）
马明星（5月免）
张圣（3月任，11月免）

人大工委
主　任　赵禄祥

政协工委
主　任　黄正勇

纪工委
书　记　张建平

江南环保产业园
主　任　张　圣（11月任）
祁　林（3月免）
梁越民（3月任，11月免）
副主任　许云军（5月任）
任启龙
李毓鑫（12月免）

汤山温泉旅游度假区

党工委
书　记　俞旭东（3月任）
缪秀梅（女，3月免）
副书记　王德家（3月任）
王　晋（5月任）

管委会
主　任　王德家（3月任）
王　诚（3月免）
副主任　王　晋（5月任）
倪晓林（女）
李　伟（12月任）
潘　静
程杰恒（11月免）

纪工委
书　记　王　萍（女）

台湾农民创业园

党组
书　记　王才权（3月任）
俞旭东（3月免）
副书记　俞　平（3月任）
昝家乾（3月免）
纪检组长
路中双

管委会
主　任　俞　平（3月任）
言明林（3月免）
常务副主任
昝家乾（3月免）
副主任　陈福明（12月任）
业红涛（12月任）
贝业海（兼）
俞旭东（3月免）
王才权（3月任，11月免）
徐　平（11月免）
李　伟（12月免）

未来科技城

党工委
书　记　陈国运（11月任）
周金文（3月免）
张彩千（3月任，11月免）
副书记　张彩千（11月任）

管委会
主　任　张彩千（11月任）
陈国运（11月免）
副主任　陈开庆
常　楠
杨宝清（5月任）
黄先锋（12月任）
周金文（3月免）
杨家成（兼，11月免）

纪工委
书　记　周　静（女，12月免）

未来科技城公司
副总经理

丁　砼（12月免）

东山国际企业总部园

党工委

书　记　倪忠生

常务副书记

梁越民（11月任）

副书记　宋池涛（5月任）

段惠元（2月任,11月免）

管委会

主　任　金　华（11月任）

段惠元（2月任,11月免）

副主任　姜孝亮（5月任）

郭家军

艾鹂娜（女）

纪工委

书　记　宋池涛（5月任）

东山国际企业总部园开发公司

副总经理

王　宁（5月任）

牛首山文化旅游区

工委

书　记　周贵平

副书记　张　宾（2月任）

管委会

主　任　张　宾（11月任）

李万平（11月免）

副主任　马兆永

屠　建

毕有宝（5月任）

王德家（3月免）

陶　敏（3月免）

王光荣（11月免）

丁禄祥（11月免）

纪工委

书　记　王　伟

牛首山文化旅游集团公司

董事长　苏　华（11月任）

总经理　徐　平（11月任）

上坊旧城改造片区

管委会

主　任　言明林（11月任）

常务副主任

程杰恒（11月任）

芮雪平（11月免）

副主任　施代成

王德家（3月免）

蒋根林（11月免）

开发公司

总经理　咸　敏（女,11月任）

副总经理

王　强

·直属单位、企业单位·

江宁高级职业教育中心

主　任　王小林

副主任　徐　丽（女,5月任）

李国平

陈为高（5月任）

党委书记

徐　丽（女,5月任）

梁光林（5月免）

副书记　王小林

纪委书记

张　斌（5月任）

李国平（5月免）

江宁高级中学

校　长　徐　斌（3月任）

副校长　徐　斌（3月免）

易笃宁

陈在平（女）

党委书记

徐　斌（3月任）

副书记　戎仁堂

纪委书记

戎仁堂

秦淮中学

校　长　刘光彬（3月任）

副校长　刘光彬（3月免）

李宏兴

曾春霞（女）

许　明

江宁医院

院　长　丁　政

副院长　朱　锋

王仕国

李军荣

居　蓉（女,5月任）

王　琪（3月免）

党委书记

朱　锋

副书记　赵　严（5月任）

纪委书记

赵　严（5月任）

江宁广播电视台

台　长　李大宏

副台长　张四新

卢　军

丁梦然（女,11月免）

党委书记

李大宏

副书记　王世鸿

纪委书记

王世鸿

区土地收储中心

主　任　冒炳华

区社保中心

主　任　栾修龙（3月任）

副主任　马　凌（5月任）

国有资产经营集团

董事长　施代成

总经理　王国庆（11月任）

黄垠中（11月免）

副总经理

笪永松

陈荣昊（5月任）

城市建设集团

董事长　许世新（3月任）

葛　玲（女,1月免）

党委书记

许世新（3月任）

葛　玲（女,1月免）

党委副书记

乔红杰（女,3月任）

纪委书记

李中科（5月任）

总经理　乔红杰（女,3月任）

副总经理
王露露（女，5月任）
吉万军
郭霖华
汪 骅（3月免）

交通建设集团

董事长 费盛忠
党委书记
费盛忠
副书记 李 蓉（女，11月任）
钱鹏辉（3月免）
纪委书记
吴永慧（5月任）
钱鹏辉（3月免）
总经理 李 蓉（女）
副总经理
赵嗣宝
戴 炜（5月任）
张 航（5月任）

科创投集团

董事长 车 鸣
总经理 汪 骅（3月任）
车 鸣（3月免）
副总经理
叶 桂
姜永罡（12月任）
何 敏（12月任）
王露露（女，5月免）
薛德余（12月免）

商务商贸集团

董事长 李 宇（3月任）
俞有兵（3月免）
党委书记
李 宇（3月任）
俞有兵（3月免）
副书记 赵大荃
纪委书记
丁谦林
总经理 赵大荃
副总经理
杨瑞坤
许 凇
庞 强

农副产品物流配送中心

董事长 汤卫宁（3月任）
言 宣（3月免）
党委书记
陶四清（女）
副书记 汤卫宁（3月任）
言 宣（3月免）
纪委书记
袁金城
总经理 汤卫宁（3月任）
言 宣（3月免）
副总经理
陶四清（女）
赵章武
焦 鹏

公交公司

董事长 王 鸽
党委书记
王 鸽
副书记 王峻峰（3月任）
总经理 王峻峰（3月任）
王 鸽（3月免）
副总经理
薛德余（12月任）
芮陆俊（5月任）
易剑秋（5月任）

旅游产业集团

董事长 费盛忠
总经理 钱鹏辉（3月任）
副总经理
马兆琴（女，5月任）
张 涛（5月任）

（吴从阳）

·垂直部门·

区国家税务局

局 长 庞宝林
副局长 喻 祥
尤胜宇
谭 军
纪检组长
杨冬梅（女）
党组书记
庞宝林

区地方税务局

局 长 罗 斌
副局长 陆晓民（6月免）
虞 华（6月任）
业德瑞（6月免）
陶向武
周 密（6月免）
佘风琴（女，6月任）
徐 伟（6月任）

国土资源江宁分局

局 长 范满荣
副局长 贝业海
王 晋
杨家成
黎一畅
吴明辉

江宁邮政管理局

局 长 杨亚哲
副局长 曹志勇

电信江宁分公司

总经理 沈振勇
副总经理
潘 勇
王小彬（9月免）
胡 牧（9月任）
吴仕兵
缪 镠

区烟草专卖局（烟草公司）

局 长 刘亚军
副局长 周建华
经 理 杨 亮

区气象局

副局长 梁金顺（主持工作，4月免）
华荣强（主持工作，7月任）
王怀宁

（宁 鉴）

党政机关

中共南京市江宁区委员会

·综 述·

概 况 中共南京市江宁区第十三届委员会由33名委员、7名候补委员组成；常委会由11人组成。区委下设8个工作部门，1个纪律检查机关（监察机关），3个部门管理机构，2个直属事业单位，2个合署办公机构。直属党组织47个（直属党委9个、直属党工委37个、直属党总支1个），基层党组织（党委、党总支、党支部）2910个，其中党委66个、党总支252个、党支部2592个。2017年，区委坚持以习近平新时代中国特色社会主义思想为根本遵循，以迎接宣传和学习贯彻中共十九大精神为主线，贯彻新发展理念，紧扣“两聚一高”主题和“一个高水平建成、六个显著”目标，深入落实省、市决策部署，统筹协调推进“五个工作主抓手”和“十项行动计划”，取得了“五位一体”建设和党的建设新成绩。

全区经济工作会议 1月3日，江宁区召开经济工作会议，总结2016年经济工作，部署2017年经济工作任务。市委常委、区委书记李世贵，区委副书记、代区长祁豫玮参加会议。会议指出，2016年，全区上下坚持稳中求进工作总基调，自觉践行新发展理念，以供给侧结构性改革为主线，突出狠抓“三大主题年”活动，扎实做好稳增长、调结构、促改革、惠民生、防风险各项工作，全区经济平稳运行、稳中有进、稳中向好，呈现出“三变两优一增强”的态势，实现“十三五”良好开局。2017年经济工作总体要求是，全面落实中共十九大和十八届三中、四中、五中、六中全会以及中央、省、市经济工作会议精神，深入贯彻习近平总书记系列重要讲话特别是视察江苏重要讲话精神，按照省、市、区党代会部署要求，统筹推进“五位一体”总体布局、协调推进“四个全面”战略布局，坚持稳中求进工作总基调，适应把握引领新常态，深入践行新发展理念，围绕“两聚一高”主题，紧扣“六个显著”目标，瞄准“六块短板”，更加突出深化供给侧改革、主攻重大项目、优化作风建设、创新社会治理、强化从严治党“五个工作主抓手”，大力实施重点产业项目建设、富裕百姓改善民生、生态建设暨“两减六治三提升”、科技创新创业、城乡建设暨动迁拆违、重点水利工程建设、文化及休旅重点项目建设、美丽乡村建设、信访积案化解、禄口空港新城建设“十项行动计划”，促进经济平稳健康发展和社会和谐稳定，以优异成绩迎接中共十九大胜利召开。

全区党员干部“大走访”活动动员暨机关作风建设大会 2月4日，区委、区政府召开2017年全区党员干部“大走访”活动动员暨机关作风建设大会。市委常委、区委书记李世贵讲话，祁豫玮、孔令才、刘玲、严应骏等区四套班子领导，江宁开发区、麒麟高新区全体市管领导等参加会议。会议强调，各地、各部门和广大党员干部要拿出“肩膀要硬”的担当精神、“撸起袖子”的实干精神、“用心用情”的公仆精神、“纪律严明”的铁军精神谋发展、创新业，切实把优良的作风贯穿于江宁改革发展的全过程各领域，为建成高水平全面小康社会和“强富美高”新江宁奠定基础。会议要求，在开展“走访困难农户、化解增收难题，走访诉求群众、化解信访积案，走访薄弱村居、化解发展困境，走访工业企业、化解瓶颈制约”过程中，广大党员干部要重点抓好政策宣传、调查研究、信访积案、企业发展4个方面工作，确保活动取得实效。

全区组织、宣传、统战工作会议 4月7日，区委召开组织、宣传、统战工作会议，动员各级党组织和广大党员干部为建设高水平全面小康社会和“强富美高”新江宁提供坚强的组织保证、强大的精神动力和广泛的力量支持。市委常委、区委书记李世贵，区领导严应骏、梁爱国、陆蓉、张思明等参加会议。会议强调，要扎实抓好组织工作创新，坚定政治立场，推动“两学一做”常态化开展；坚持正确导向，选好干部配强班子；突出夯实基础，推动基层党组织全面进步全面过硬；强化党管人才，打造具有国际竞争力的人才发展环境，全面提升组织工作科学化水平，夯实发展“压舱石”。要切实加强宣传思想工作，把学习贯彻习近平总书记系列讲话精神引向深入，强化意识形态领域引导和管理，巩固壮大主流思想舆论，深入推进核心价值观建设，推动文化事业文化产业繁荣发展，高扬时代主旋律，为江宁改革发展稳定营造良好的理论氛围、舆论氛围、文化氛围、社会氛围。要充分发挥统战工作优势，增进政治共识，服务创新发展，促进社会和谐，努力为建设新江宁寻求最大公约数、画出最大同心圆。

全区特色田园乡村建设动员部署会 7月26日，江宁区召开特色田园乡村建设动员部署会，拉开全域推进特色田园乡村建设的序幕。市委常委、区委书记李世贵，区领导祁豫玮、孔令才、刘玲、严应骏等参加会议。会议强调，要把握特色田园乡村建设规划与推进的关系，坚持高起点、高标准规划，加强与土地利用、城乡建设等规划的相互衔接，做到“一张蓝图绘到底”；把握试点与全域的关系，全力争取进入全省试点县，以点带面、统筹推进，力争用5年时间，建成全域特色田园乡村；把握建设与保护的关系，挖掘、保护、传承乡土文化，让农村成为充满文化内涵的精神家园；把握硬件与软件的关系，高标准建设一批农村道路、通信等设施，加快公共服务标准化建设和基层党组织建设，更好地加强乡村治理、促进乡风文明；把握政府和市场的关系，突出“党委抓总、政府主导、村民主体、市场参与”的原则，引导村民主动投身特色田园乡村建设的项目实施、维护和长效管理中，探索多元化的投资方式，切实抓出成效。

区委十三届五次全体（扩大）会议 8月5日，中共江宁区第十三届委员会第五次全体（扩大）会议召开。会议深入贯彻习近平总书记系列重要讲话精神和治国理政新理念新思想新战略，学习领会习近平总书记7月26日在省部级主要领导干部专题研讨班上的重要讲话精神，全面落实省委十三届二次全会、全省开发区改革创新大会、市委十四届四次全会精神，听取和审议市委常委、区委书记李世贵作的工作报告，区委副书记、区长祁豫玮关于全区重大产业项目推进情况的报告。会议指出，2016年以来，区委团结带领全区上下真抓实干、砥砺奋进，加快建设“强富美高”新江宁，全区实体经济提质增效、城乡功能明显提升、民生建设扎实推进、改革开放不断深化、从严治党全面加强，“五位一体”建设和党的建设各方面工作都取得新的成绩。会议强调，抓好下半年工作，要深入贯彻习近平总书记系列重要讲话精神和治国理政新理念、新思想、新战略，落实习近平总书记在省部级主要领导干部专题研讨班上的重要讲话精神，紧扣“两聚一高”主题、“一个高水平建成、六个显著”目标和市委对江宁发展的最新要求，坚持稳中求进总基调，践行新发展理念，突出“五个工作主抓手”，推进“十项行动计划”，着力聚焦重大产业项目布局、城乡基础设施建设、科技人才扶持政策“三个适度超前”，高质量交出创新驱动发展、激发动力活力、壮大实体经济、平台转型提升、补短板惠民生的“五张新答卷”，奋力争当南京“两高两强”先行军、江苏“两聚一高”排头兵。

全区新年工作会议 12月27日，区委召开新年工作会议，科学谋划江宁发展，共同把准、议深、说透江宁发展的成绩与不足、思路和重点，为推动各项工作迈上新台阶夯实思想基础。会议指出，过去一年，江宁综合实力实现新突破，收获项目引进、品牌创建等“两个大丰收”，取得生态环境、群众生活、社会治理等“三个新改善”，各项工作实现新进展。会议强调，江宁对标找差的安排是创新驱动、城市建设对标深圳南山，产业发展、对外开放对标苏州昆山，生态环境、社会民生对标杭州萧山。全区每个街道、

8月5日，中国共产党南京市江宁区第十三届委员会第五次全体（扩大）会议举行。图为会议现场　区新闻中心　供稿

每个部门都要拿出“咬定青山的定力、猛虎出山的士气、愚公移山的韧劲”，敢于向好的学、朝强的赶，在借助“他山之石”中努力创造江宁经验、江宁模式。会议要求，要突出全面深入贯彻十九大精神主题，开展党建引领、作风提升、改革创新等“三大行动”，打好科技人才、项目建设、乡村振兴、环境整治、民生改善、社会治理等“六场硬仗”，在新时代新江宁建设征程上迈出更加坚实有力的步伐。

区委十三届六次全体（扩大）会议　12月29日，中共江宁区第十三届委员会第六次全体（扩大）会议召开。会议高举习近平新时代中国特色社会主义思想伟大旗帜，全面贯彻中共十九大和习近平总书记视察江苏重要讲话精神，深入落实中央经济工作会议、省委十三届三次全会、市委十四届五次全会精神，听取和审议区委书记李世贵代表区委常委会所作的工作报告，区委副书记、区长祁豫玮关于全区重大产业项目推进情况的报告，区委副书记严应骏关于全区党建工作情况的报告。会议认为，2017年以来，区委坚持以习近平新时代中国特色社会主义思想为根本遵循，以迎接宣传和学习贯彻中共十九大为主线，贯彻新发展理念，紧扣“两聚一高”主题和“一个高水平建成、六个显著”目标，深入落实省、市决策部署特别是市委对江宁工作提出的“发展五问”，统筹协调推进“五个工作主抓手”和“十项行动计划”，着力增强发展动能、加快壮大实体经济，着力加大建设投入、大力推进城乡融合，着力强化环境治理、全力建设生态文明，着力保障改善民生、扎实办好惠民实事，全面加强党的建设、从严从实管党治党，取得“五位一体”建设和党的建设显著成绩，全区经济运行呈现高质量增长，大项目建设实现历史性突破，深化改革形成引领性效应，江宁影响力得到全方位彰显。会议指出，2018年要重点做好的5个方面工作。进一步做强实体经济、深化“两落地一融合”、强化金融资本支撑力、全面提高人力资源供给质量，加快质量效率动力变革，增创现代化经济体系建设新优势；加快建设高品质城区、加快特色小镇和新市镇建设、加快推进乡村振兴，推进城乡融合发展，塑造南京主城南部中心新形象；提高绿色发展水平、深化环境综合治理、加强生态环境保护，建设更高质量生态文明，彰显美丽江宁新魅力；抓住改革开放40周年契机，扎实抓好集成改革试点，做强开发园区主阵地，不断释放江宁新时代发展新活力；坚持以人民为中心的发展思想，加快推进富民增收、扩大优质公共服务供给、增强文化凝聚力引领力、进一步加强社会治理创新，推动群众获得感幸福感新提升。　（黄　川）

区委常委会议军会　7月28日，市委常委、区委书记、区人武部党委第一书记李世贵主持召开区委常委会议军会，研究部署全区国防和后备力量建设任务。会议强调，要深入学习习近平总书记系列重要讲话特别是关于新形势下加强国防和军队改革建设的讲话精神，全面贯彻落实党管武装根本原则，推进经济社会和国防建设协调发展、融合发展，为高水平全面建成小康社会和建设“强富美高”新江宁提供强大的力量保证。会议听取2016年以来全区武装工作情况汇报，充分肯定取得的成绩，并就进一步做好全区武装工作进行部署。把握形势要求，增强强军兴军政治责任。要把思想和行动自觉统一到习近平总书记对深化国防和军队改革的重要论述上来，进一步增强做好国防和军队建设的责任感和紧迫感，坚决落实好改革任务，不断开创全区国防建设的新局面。坚持党管武装，提升人民武装工作水平。要将江宁驻区部队的数量优势转化为开展好武装工作的资源优势和经济社会发展的人才优势，进一步抓出生产力、抓出战斗力；要贯彻落实新发展理念，科学把握新形势下党管武装工作的规律特点，提升武装工作科学化水平；要坚持抓基层打基础，加强对专武干部、民兵分队骨干的教育管理，推动基层武装工作实现新提升。强化共建共享，深度推进军民融合发展。要突出互动共享，做到战备设施共建、军地人才共用、军地文化资源共享；要突出问题导向，着力解决制约军民融合发展的结构性矛盾、政策性问题，努力构建统一领导、军地协调、顺畅高效的组织管理体系。创新举措机制，营造拥军爱军浓厚氛围。要充分运用“互联网+”和新媒体技术，广泛开展以爱国主义为核心的国防教育活动，增强全民国防意识和国防观念；要扭住备战打仗不放松，全面加强国防后备力量建设，在科学编组、军事训练等方面创新思路和措施；要积极做好拥军优属活动，积极主动为驻区部队排忧解难，大力支持国防和军事建设。

全区“双百”行动专题会 8月21日，江宁区召开信访稳定“百日攻坚”和安全生产“百日执法”行动专题会，传达省委书记李强和省长吴政隆在省委常委会听取全省大排查大整治行动督查情况汇报时的讲话精神，以及省委常委、市委书记在全市社会矛盾和安全隐患“大排查大整治行动”整改工作会上的讲话精神。市委常委、区委书记李世贵主持会议。会议要求，始终绷紧安全稳定这根弦，在落实责任、排查问题、整改化解、突出重点、督查保障上下功夫，扎实开展隐患排查和矛盾化解，为中共十九大胜利召开营造安全稳定的社会环境。区领导于茂高、崔吉胜参加会议。会议听取区委政法委等相关部门及“双百”行动督查组工作情况汇报。就做好下一步工作，会议强调，全面加大接访力度，建立全面接访制度，主动回应群众诉求，提升接访会办效果；要边排查边化解、边化解边排查，不断扩大排查的覆盖面，及时把新问题纳入视野；要强化职责，超前防范，确保预警信息及时处置；要全力稳控，依法处置，严格落实重点人员群体的日常监管，加大对违法行为的依法处置力度，全力保障十九大期间的信访稳定。

全区综合行政执法体制改革动员大会 8月23日，江宁区召开综合行政执法体制改革动员大会，市委常委、区委书记李世贵，区领导祁豫玮、李滨、缪秀梅、谢从军参加会议。会议指出，深化综合行政执法体制改革，是事关群众切身利益、推进法治政府建设、提升社会治理能力的大事，必须以新的理念抓好综合行政执法体制改革，把“管”的文章做好，才能真正形成系统性强、集成度高的“江宁方案”。就全面做好综合行政执法体制改革，会议强调，执法力量要“沉到位”。突出“人员下沉、思想下沉、岗位下沉”，妥善解决好人员下沉之后“管不住、管不好、用不了”等问题。同时，加强行政执法人员全科式系统培训，真正让每一名执法人员从“单项执法”向“全科执法”转变。职能事项要“接得稳”。坚持“分类分批分阶段”的工作方法，按照“分批下放、稳妥推进、有序承接”原则，重点将那些与群众生产生活息息相关、执法频率高、多头执法扰民问题突出等方面的行政执法权，相对集中地交给园街承接并开展综合执法。职能部门要加强工作指导和后续跟进，各园街也要积极主动与职能部门对接，做好工作的前后衔接。运转机制要“衔接顺”。加快建立检查、移交、执法、处罚、监督等全过程、系统化的一整套综合执法运转机制，打通部门之间、园街与部门之间的工作壁垒，特别要加快信息共享机制的建立，畅通现场检查与部门执法之间的信息通道，实现执法信息资源实时交互、互联互通、共用共享。综合执法要“高效率”。要强化综合行政执法机制改革的执行和落实，加快人员、职能、机制等各方面的适应磨合，要发挥行政执法的综合效应，强化多条口、多职能的联动，真正通过“一次巡查”，实现对执法对象的“全面体检”。此外，要注重对综合执法的日常监管，杜绝行政执法跑风漏气、走门路打招呼等现象，从严规范综合行政执法行为。组织保障要“跟得上”。各地各部门要以“三不五干”的精神状态，把综合行政执法体制改革摆在重要位置来抓，强化统筹协调，压紧压实责任，要强化与上级职能部门间的沟通衔接，统筹做好资金配备、政策支持、人员力量的保障，要加强改革督查，对推进改革过程中发生的不想改、不愿改、不作为等现象，严肃追究责任。当天，东山、湖熟两个试点街道综合行政检查执法大队正式揭牌，与会人员会前观摩了东山综合行政检查执法大队，了解相关制度建设、队伍建设、网格化管理和标准化管理工作。

江宁赴京参加“中国共产党的故事”专题宣介会 8月31日，中共中央对外联络部在京举行“中国共产党的故事：江苏省委的实践——创新驱动、转型发展”专题宣介会。江宁与常州市、南通市、昆山市、江阴市、苏州工业园区一道参会，通过设立主题展板、播放宣传片，向海内外嘉宾展示创新转型成果。市委常委、区委书记李世贵还出席“经济全球化与转型发展”研讨会，向外宾讲述江宁实施创新驱动、推动产业转型升级的故事。“中国共产党的故事”系列宣介会是为迎接中共十九大召开而举办的主题宣传活动，向访华的外国政党政要、驻华使馆高级外交官、外国商会、跨国公司驻华代表等展示中国共产党治国理政新理念、新思想、新战略。宣介会上，江苏省委精心设计的“创新驱动、转型发展”主题展吸引海内外嘉宾关注，其中“江宁区委的实践”展板是组成部分之一。江宁展板用精练的文字、翔实的数据、醒目的图片、精彩的短片，介绍江宁聚力创新强动能、转型升级赢未来，和江宁开发区创新转型、走在前列的生动实践，展示江宁集聚高端人才、提升区域创新能力、完善创新创业生态体系、创新营商环境等取得的丰硕成果。江宁前沿生物、南瑞集团、埃斯顿、奥赛康等企业还现场展示企业创新产品。在“经济全球化与转型发展”研讨会互动交流环节，李世贵回答了参会外宾提出的有关问题。

全区领导干部集中学习会 9月8—10日，江宁区召开领导干部学习会，系统学习习近平总书记“7·26”重要讲话精神等，推动学习收获运用到工作的各项实践中。市委常委、区委书记李世贵要求全区领导干部当好“学习型”“研究型”“落实型”“三型”干部，学以致用，用新思维、新思路、新本领、新措施，更好地推动江宁各项事业发展。祁豫玮、刘玲、严应骏等区领导参加学习。学习会专门邀请《群众》杂志副总编苗成斌、中国工程院院士王建国等国内相关领域的知名专家学者，紧密结合江宁实际，作了6个专题的辅导报告，内容涵盖政治理论、生态环保、现代金融、创新发展、全域旅游、城乡建设等方面。

宁夏党政代表团到区考察 2月26日，中共宁夏回族自治区党委书记、人大常委会主任李建华和自治区政府主席咸辉，率宁夏回族自治区党政代表团到江宁区考察智能电网产业发展情况。省、市、区领导李强、石泰峰、吴政隆、樊金龙、杨学鹏、李世贵、李万平、张思明陪同考察。在江宁开发区国家电网公司智能电网科研产业（南京）基地的展厅，考察团听取了南瑞集团公司在电力系统自动化、超特高压直流输电、柔性交流输电、水利水电自动化及轨道交通监控技术等方面的发展情况。李建华对南瑞集团的校企共建人才培养模式、产学研成果转化及电网源网荷紧急切负荷安全稳定控制等方面十分关注，他肯定南瑞在智能电网领域取得的优异成绩，并希望南瑞继续着力提升科技创新和产品研发能力，成为电力行业的技术引领者和市场引导者。他同时表示，宁夏电力产业发展势头强劲，希望南瑞和宁夏电力加强合作，共同建立更加先进、安全、高效的智能电网体系。

浙江省党政代表团到江宁考察 7月11日，浙江省委书记、省人大常委会主任车俊，省委副书记、省长袁家军率浙江省党政代表团到江宁区考察。省、市、区领导李强、吴政隆、蒋定之、樊金龙、李世贵、杨学鹏、祁豫玮、李万平陪同。代表团一行先后考察了位于江宁开发区的中国无线谷（未来网络谷）、5G实验室、国网电力科学研究院，听取江宁开发区未来网络、5G通信技术和智能电网发展情况介绍，详细了解产业发展规模、人才优势、产业集聚度等，对江宁区未来网络等产业发展取得的成绩表示钦佩。车俊表示，江苏和浙江发展禀赋各异，具有很强的互补性，希望两地进一步加强交流合作，共同为推进长三角一体化发展做出更大贡献。

西安市党政代表团到江宁区考察 8月10日，陕西省委常委、西安市委书记王永康，市委副书记、市长上官吉庆率西安市党政代表团，到江宁区考察科技创新工作。省委常委、市委书记及市、区领导李世贵、杨学鹏、李万平陪同考察。代表团一行首先到位于江宁开发区的南京无线谷（未来网络谷）。在无线谷展示厅内，西安客人听取了开发区在产业规划、载体建设、人才引进和成果转化等方面开展的工作情况介绍。在无线谷规划模型前，代表团详细了解开发区依托东南大学技术人才优势，建立未来网络研究、测试、应用、交流平台及孵化区和产业园区，搭建科教协同创新平台，推动技术成果产业化的相关做法。王永康表示，西安要学习江宁的经验，利用西安本地科教优势做好创新创业工作。随后，代表团又到南京埃斯顿自动化股份有限公司，实地考察工业机器人制造车间，观看工业机器人现场演示。企业负责人介绍了埃斯顿坚持创新引领、增强核心竞争力的相关做法、经验。代表团对企业“双核双轮驱动战略”的发展思路给予高度评价。考察中，王永康对江宁区未来网络、智能制造产业发展取得的成绩高度赞赏。他说，江宁和西安两地产业基础深厚、人才资源丰富、合作前景广阔，希望进一步加强交流合作，实现共赢发展。

拉萨市党政代表团到江宁考察 9月19日，西藏自治区党委常委、拉萨市委书记白玛旺堆率拉萨市党政代表团到江宁区学习考察，区委常委、统战部部长陆蓉陪同考察。考察团一行先后参观南京农副产品物流中心的会展中心和指挥调度中心，详细了解农副产品物流中心的经营模式、交易方式、检测机制、市场管理等情况。在蔬菜交易市场，白玛旺堆详细询问经营户蔬菜来源、进货渠道等，并向经营户推介拉萨当地种植的蔬菜，希望经营户到拉萨开拓新市场。同时，希望江宁与拉萨两地进一步加强交流合作，努力构建产销对接平台。（宁　鉴）

·组　织·

概　况 2017年，江宁区委组织部学习贯彻中共十九大精神，落实全国、全省、全市组织部长会议精神，围绕中心，服务大局，聚焦主责主业，为江宁“走在新南京建设前列”提供坚强组织保障。

持续推进“两学一做”学习教育。贯彻落实中央和省、市、区委部署要求，制定《关于推进“两学一做”学习教育常态化制度化的实施方案》，并召开全区推进“两学一做”学习教育常态化制度化工作座谈会。举办党支部书记推进“两学一做”示范培训班，开展“两学一做”知识测试，全区近200名党支部书记参加培训和考试。把“大走访”作为学习教育的重要实践，在深入调查摸底的基础上，科学合理制定全区“大走访”暨“四走访四化解”活动团组划分方案。主动协调对接，完成省、市督查组对全区“大走访”活动调研检查的服务保障，按要求分3次对街道、园区活动情况进行集中督查。以增强理想信念为引领，多举措组织党员学习党章党规和习近平总书记系列重要讲话，健全远程教育固定学习日制度，开展3期远程教育培训周，组织广大党员观看《党章知识选粹》《坚定不移推进全面从严治党——深刻领会习近平总书记关于全面从严治党的重要论述》等，组织集中学习7453场次，参加集中学习18.27万人次，参加自学11.21万人次。开发党员教育乡土教材，以“背后的荣光”和“我心目中的共产党员”为主题拍摄2部微视频，作品均入选全省“微党课”大赛。以开展党组织和党员基本信息采集录入工作为契机，为全区2404个党组织和61302名党员建立“电子户口簿”，有效解决党员基础信息缺失、组织关系重复、部分党员联系难等问题。

全力锻造高素质干部队伍。全年调配干部5批次，对区管正职岗位及部分急需配备的副职岗位进行调整补充。5月，统筹全区面上情况，对区管副职进行较大规模的交流轮岗。按照全市机构改革工作部署，完成区委巡察办、区纪委派驻纪检组、区委巡察组领导班子配备。落实省、市“789”年轻干部培养计划，草拟《关于加强和改进年轻干部培养选拔工作的实施意见》，通过9条具体措施，推进“5050”工程。做好年轻干部蹲苗育才工作，切实在基层一线和艰苦困难的地方培养锻炼干部。落实全市“四个一线”工作要求，完成2016年选派人员的考核，并做好2017年新一轮选派工作。落实市委《关于建立干事创业容错纠错机制的实施办法》，研究制定《关于支持改革创新、鼓励干事创业，建立容错纠错机制的办法（试行）》，突出“八个区别开来”，结合全区面上干部调配工作，坚持正确用人导向，营造积极、包容、宽

6月8日，区委组织部部长梁爱国调研“两新”党组织建设
区新闻中心　供稿

松的干事创业环境。加大干部教育培训力度，全年举办区管领导干部学习贯彻中共十八届六中全会精神专题轮训班、全区文化干部培训班等10个主体班次，培训干部1649人次。安排35名市管干部分3批参加市管干部六中全会轮训，安排省市管干部32人次、区管干部29人次、中层干部2人次参加省市其他各类班次专题培训。联合福建省龙岩市委党校举办江宁区组织系统党性教育专题培训班，联合北京市海淀区委党校举办江宁区深化供给侧结构性改革专题研修班。建设江宁区干部教育培训信息系统，推进干部教育培训工作信息化，为全区所有区管干部建立系统完整的个人培训档案。落实领导干部个人有关事项报告制度，组织40名省、市管领导干部和941名区管领导干部集中填报个人有关事项报告表，并对区管干部个人有关事项报告进行录入汇总和校验分析。按照上级有关要求，随机抽查91名干部个人有关事项报告，对126名干部个人有关事项报告进行重点核查。执行“一报告两评议”制度，对全区45家单位开展2016年度区管领导班子选人用人“一报告两评议”工作，测评干部843人次，对统计数据进行分析研判。加强领导干部的日常监督和管理，全年完成信访调查25件。

扎实开展基层党建工作。围绕调动村（社区）书记干事创业积极性，研究制定“村书记八条”政策，通过政治上激励、工作上支持、待遇上保障、心理上关怀，切实让村书记“干有劲头、离有保障”，抓实建强村（社区）党组织带头人队伍。创新举办“村书记先锋学堂”，分别以“突出党建引领,聚焦富民强村”和“创新社会治理”为主题，举办2期村书记“先锋学堂”。同时，通过严格的组织程序，评比表彰10名“富民强村带头人”，并在“村书记先锋学堂”进行现场颁奖，树立党建引领富民强村新标杆。组织开展党建引领特色田园乡村建设“五双行动”，即通过建好“双强”队伍、打造“双型”阵地、开展“双促”活动、搭建“双联”平台、选树“双特”典型，为江宁打造“生态优、村庄美、产业特、农民富、集体强、乡风好”的特色田园乡村提供组织保障。探索组建国资主导的“红色物业”，着力打造“国企引领主导、党员带头示范、社会责任优先、服务质量一流、群众接受认可”的红色物业管理新品牌。成立全市首家物业服务企业联合党委，将机关事业单位党组织和物业企业党组织融合纳入，全面推动党组织进小区进楼栋、优秀党员进业委会进物管开展工作，实现党建工作创新与社会治理创新深度融合。谋划建设江宁区党建大数据服务中心，对党建工作进行集中展示，并通过大屏互动的方式对基层的党组织学习、活动等实行实时掌控，加强对基层党组织的教育、管理考核。

提高引才育才质量效益。组织召开全区人才科技创新大会，对人才和科技创新工作进行总结部署，明确当前和今后一个时期的主要任务。组织开展第二届“江宁科技人才创业创新奖”评选颁奖、高层次人才联谊座谈会等活动，营造尊重、关心、支持人才的氛围。出台《江宁区鼓励支持企业自主引才用才若干意见（试行）》，建立同企业用人薪酬相挂钩的引才激励机制。依托诺奖小镇、未来网络小镇等一批“产业+人才”特色小镇建设，引进5名诺奖得主和36名院士（两院院士35名、外籍院士1名），居全省区县首位。印发《全区教育系统引进培养优秀人才实施办法》《全区卫生人才引进暂行办法》《江宁区加强社会工作专业人才队伍建设的实施意见》等文件，进一步扩大政策覆盖范围。依托南京留交会以及在江宁区召开的全球未来网络峰会、国际医药创新大会等国际性会议，组织园区对接产业核心技术的顶尖人才。组织开展清华大学“江宁日”、江苏发展大会江宁专场活动等各类专项活动，承办第六届中国创新创业大赛、全省人才工作领导小组会议，设立江宁驻美国人才交流合作中心和驻硅谷、华盛顿、波士顿3个引才工作站。围绕国家、省、市人才计划指标申报，组织10名创业人才、4名创新人才参加“千人计划”答辩评审，组织15人申报市科技顶尖专家集聚计划，29人申报市创新型企业家，112人申报市高层次创业人才引进计划，24人入围省“双创人才”答辩。实施“创聚江宁”人才工程，有7人申报顶尖专家特支计划，307人申报高层次创业人才引进计划，101人申报高层次创新人才引进计划，56人申报创新型企业家培育计划。建成江宁“梧桐林”创聚广场，打造全链条、全周期、全要素、全方位人才服务综合体。制定并下发《“创聚江宁”人才工程创业创新券实施细则》，运用财政后补助方式，支持企业在专利代理、新产品检测开发、市场推广等方面购买专业市场服务，提升人才创业创新整体效能。

（陆　雷）

区管干部专题学习中共十八届六中全会精神　2月24—25日，区管干部学习贯彻中共十八届六中全会精神专题轮训班在区委党校举办。市委常委、区委书记李世贵作开班动员讲话。培训班专门邀请中央部委和省、市有关方面专家为学员作专题辅导。《学习贯彻十八届六中全会精神深入推进全面从严治党》、解读《中国共产党党内监督条例》《深化供给侧结构性改革》等一系列课程，让学员们全面学习中共十八届六中全会和省、市党代会精神，正确把握“准则”和“条例”，从而进一步坚定政治立场和理想信念，推动全会精神落在实处。

全区国有企业党的建设工作会议 4月27日，区委召开全区国有企业党的建设工作会议，全面落实中央和省、市国有企业党的建设工作会议精神。会议要求，准确把握习近平总书记在全国国有企业党的建设工作会议上的重要讲话精神实质，切实把省、市委决策部署贯彻落实到全区国企党建中，着力构筑国有企业做强做优做大的“党建引擎”。区领导严应骏、梁爱国、杨彬、陆蓉、张会祺参加会议。会议传达了全国、全省、全市国有企业党的建设工作会议精神，区国资办党工委、区商务商贸集团党委、区交通建设集团党委、区水务集团党总支、南京中联水泥有限公司党委等5家单位作交流发言。

首期村书记先锋学堂 6月25日，区委举行村书记先锋学堂暨“富民强村带头人”颁奖仪式，市委常委、区委书记李世贵要求广大村（社区）党组织书记，拿出“肩膀要硬敢担当、撸起袖子比实干、用心用情做公仆、纪律严明当铁军”的精神，扎实做好新形势下社区建设与管理工作，当好政治坚定的“掌舵书记”、引领发展的“有为书记”、服务群众的“贴心书记”、干净干事的“廉洁书记”，推动社区党组织全面过硬、社区事业全面进步。区领导刘玲、严应骏等参加。举办村书记先锋学堂，是区委落实全面从严治党要求、狠抓基层党组织建设的创新之举，旨在以“擂台亮相、赛场比拼、互动交流”的形式，促进各村（社区）党组织带头人在“比学赶超”中，树起“时时处处绝对忠诚、苦干实干担当尽责、一心一意为民谋利、大事小事坚守规矩”的标准，抓好党建促发展、聚焦富民干事业。活动中，6名基层村（社区）书记走上讲台，结合工作实际，畅谈党建引领富民强村路上的所思所想、所作所为，现场接受省市社科院、党校专家的点评和观众提问。当天的活动还表彰了10名“富民强村带头人”。

新一届作风建设监督员上岗 7月21日，江宁区召开作风建设工作推进暨作风监督员聘任大会，新一届42名作风建设监督员上岗。区委副书记严应骏参加活动。2011年4月，全区聘请第一批作风建设监督员，聘任工作延续了7年。此次聘请的第三届监督员有人大代表、政协委员、媒体记者、高校教师等，类型更加多元化，整体素质更加优秀，人员总数由36人增加到42人，小组数量由6个增加到7个，并突出新老互补、类型互补、优势互补，在安排对口监督部门和单位上，与上一届进行交叉互换，最大限度防止因时间长、人头熟造成的监督缺失问题。严应骏就进一步做好全区作风建设监督工作提出要求。

第二期村书记先锋学堂 8月26日，区委举办第二期村书记先锋学堂，市委常委、区委书记李世贵，区领导祁豫玮、刘玲、李万平等参加。第二期村书记先锋学堂主题是“创新社会治理”，目的是按照中央和省、市部署要求，进一步动员全区上下始终绷紧公共安全这根弦，持续加强和创新社会治理，特别要把社区治理这一基础夯实打牢，做到守土有责、守土有力、守土有方、守土有效。活动邀请栖霞区仙林街道党工委书记孙金娣作专题报告介绍相关经验，8名基层村（社区）书记走上讲台，结合工作实际，畅谈创新社会治理的所思所想、所作所为。李世贵在讲话中强调，全区各村（社区）党组织书记要转变理念，清醒认识社会治理面临的艰巨挑战，增强工作的前瞻性、主动性和创造性，把社会治理工作摆在更加突出的位置，拿出硬招实举，不断开创全区社会治理新局面；要聚焦重点，探索社会治理新路子，以群众需求为导向，制定精准对接的服务菜单，增强群众获得感；要加强预防预警，把安全稳定风险隐患的排查整改和研判预警工作做早、做实、做细、做到位；要加强法治引领，把社会主义核心价值观与传统文化、村规民约和特色田园乡村建设结合起来，探索形成更多乡村善治的新模式、新路径；要创新网格管理，结合“地网整合”工程，加快网格化、信息化、社会化融合，构建互联互通互享的大数据平台，不断提高智慧治理水平；要夯实基层基础，突出强化党组织在社会治理中的核心作用，推动基层党建网络和社区治理网格深度融合，形成党建引领社会治理的新格局；要齐抓共管，拧紧思想发条、推动力量下沉、加强督查问效，确保社会治理各项任务落到实处，以优异的成绩迎接中共十九大胜利召开。

（宁　鉴）

·宣 传·

概 况 2017年，江宁区宣传思想文化部门坚持以习近平新时代中国特色社会主义思想为指导，以宣传贯彻中共十九大精神为主线，落实中央和省、市、区委最新部署，紧紧围绕“五个工作主抓手”和“十项行动计划”，着力把牢方向导向、服务发展大局、推进工作创新、狠抓任务落实、深化自身建设，文明城市创建综合考评列全市第三位，文化产业实现产值比2016年增长44.4%，南京森林音乐节永久会址、全市版本图书馆、宋代绝本藏书、省书协培训基地、中华数字美术馆江宁分馆等一批文化项目集聚江宁，各方面工作取得新成效。

意识形态工作战斗力提升。严格落实中心组理论学习制度，精心打造“百姓名嘴”基层理论宣讲品牌。创新开展党员冬训工作，“四个落地”冬训工作经验获评省级创新案例，承办全省基层党员干部冬训工作部署会。加强意识形态阵地建设，深化区属新闻媒体意识形态管理，完善“1+3”制度体系，意识形态引导力度提升。

主流舆论强势影响力彰显。统筹区属媒体平台和各方新闻信息资源，打造“中央厨房”暨融媒体中心，搭建“无线江宁”新闻客户端、“看江宁”多媒体新闻频道等网媒载体，创办《爱尚江宁》生活杂志，开设《南京日报》江宁旅游专版，初步构建全方位、多层次、多声部的主流舆论矩阵。全年在中央媒体推出重点报道20篇，在省、市级媒体推出重点报道近200篇（条）。

精神文明建设感染力增强。研究出台《文明城市创建工作常态化管理实施意见（试行）》，引导群众常态化参与文明城市创建。选树社会宣传“五个一”示范点，带动形成一批公益宣传新景观。创新培育新时代乡贤文化，组建乡贤文化促进会，建设乡贤名人馆，推动形成尊贤重贤、崇德向善的社会风尚。深化核心价值观主题实践活动，“茶之韵”广场舞队获全省广场舞大赛优秀表演一等奖，“农民心中的核心价值观”征集展示活动获评全市十佳创新案例，汤山街道古泉社区获评“全国文明村”。

文化文艺事业成长力激活。组建区级文化产业联合会，建成涵盖文化企业、风投、基金、园区一级运营商的文化产业重大项目资源库。修订完善文化产业发展、文化企业扶持等制度规定，推动促成音乐小镇、新华金鹰传媒、恒孚传媒等一批重点文化产业项目落户，引进注册资本过亿元，新落地文化产业功能区5个，全年文化企业营业收入275亿元。承办省第三届艺术品博览会、第四届紫金奖、建筑及环境设计大赛决赛等重点文创活动，获批成为全省首批文化金融合作试验区和“江苏省诗词之乡”。

宣传战线队伍执行力提高。落实“对标找差、服务基层”工作部署，提出“争第一创唯一、奋力走在前列”的目标定位。开展“学习型、服务型、创新型、高效型、廉洁型”宣传队伍建设，创新组织“单月看基层、双月看科室”交流活动。选优配强宣传干部队伍，区、街、村三级宣传文化工作体系进一步强化。

（易 扬）

10月15日，江宁区举行“满怀豪情迎盛会，争做文明好市民”——老年人健身特色项目展演。图为展演现场　　郭志军　摄

“四个落地”党员干部冬训 2017年，区委宣传部坚持问题导向，围绕“党员受教育、群众得实惠”目标，瞄准基层冬训“需要什么、供给什么、怎样供给”等热点、难点问题，组织实施2016—2017年度基层党员冬训。“四个落地”（上级精神落地、最新部署落地、百姓诉求落地、工作成效落地）冬训经验获评省级冬训工作创新案例，全省基层党员干部冬训工作部署会在江宁区召开。以“真学”确保上级精神落地，做实理论学习“供给侧”。收集理论学习突出问题八大类200多个，制定区级“规定菜单”、街道（园区）“自选菜单”和村（社区）党员“乐学菜单”，开展各类宣讲活动1000

多场次。以“规范”确保最新部署落地，会同区纪委、区委组织部等部门，组织开展训前提醒、训中检查、训后巡查活动。落实各级党（工）委（党组）冬训主体责任，抓牢抓实冬训培训“责任分工、计划审定、组织开展、推动落实”各环节。以“服务”确保百姓诉求落地，各街道建立“承诺账单”300多个，开展志愿服务120场次，化解群众问题600多个，涵盖便民维修、政策咨询、敬老助残、保健义诊、法律援助、帮扶助困、文化惠民等项目，受益群众20多万人次。以“评判”确保工作成效落地，把“党员参训率、覆盖率、受教育程度和群众满意度”作为冬训评判的重要标准，常态化开展党员群众冬训评判活动，让党员群众在主动参与中共享“冬训成果”。

12月12日，江宁区获批成为“江苏省诗词之乡”。图为参加“江苏省诗词之乡”授牌仪式相关人员合影　　叶乃俊　摄

“三下乡”集中服务活动　1月10日，全区文化、科技、卫生“三下乡”活动暨首场集中活动在麒麟街道泉水社区文化广场举行。区委宣传部、区委农工委、区科技局、区文明办等35家单位组成“三下乡”服务团，为居民提供政策咨询、法律咨询、文化宣传、安全知识普及等20余项服务。活动现场，区农业局、农学会为居民提供农业技术指导，区卫生计生局为居民提供健康义诊、急救演示，区书法家协会组织书法家现场书写春联，受到群众欢迎。现场还组织慈善物资和帮扶资金捐赠活动，区群众艺术馆演员为居民进行专题文艺会演。

新闻业务培训会　3月24日，区委宣传部针对融媒体建设需要，举办新闻业务培训会，邀请《南京晨报》原总编姜圣瑜和相关企业技术人员，围绕新闻业务素养、融媒体投稿平台操作流程等内容，开展业务培训。全区各街道宣传委员、宣传干事，各园区和国企集团分管领导、通讯员，各部委办局相关人员参加培训。会议还表彰了10名基层优秀通讯员，向20名特约通讯员颁发聘用证书，并面向社会发布新闻通讯员“招募令”，不断壮大新闻通讯员队伍。

文化与文明讲坛　4月21日，区委宣传部举办2017年首期“文化与文明讲坛”，邀请市委宣传部网管中心主任龚冬梅、江苏电视台城市频道总监助理骆萌分别就《新闻舆论处置案例分析》《网络舆情监控处置》等专题进行辅导。各街道、机关部门新闻发言人、新闻通讯员100余人参加。是年，“文化与文明讲坛”还围绕现代科技农业知识普及、习近平治国理政新理念新思想新战略、强军梦国防教育、团队建设、新型农业知识等主题，走进街道、园区、军营等地，为全区基层党员干部群众、企业职工、农技员、经营主体、驻区官兵等开展讲坛活动。

“阅读·悦读”系列读书活动　4月28日，江宁区第五届“阅读·悦读”系列读书活动在秣陵杏花村启动。该届系列读书活动以“快乐阅读，成就美好生活”为主题，推进学习型城区和“书香江宁”建设，进一步营造“爱读书、读好书、多读书、善读书”氛围。区级机关部门分管领导、各街道宣传委员、各园区分管领导、南京九龙旅游开发有限公司干部职工代表、“嘤鸣读书会”会员代表、区图书馆和新华书店干部员工代表以及部分群众参加启动仪式。第五届“阅读·悦读”系列读书活动持续2个月，结合迎接中共十九大召开、建设“书香江宁”、学习型党组织（学习型领导班子）建设、培育和践行社会主义核心价值观等，通过干部带头、全民参与，组织开展好书推荐、读书交流、读书讲坛、读书征文、演讲比赛等六大类60多项活动，在全区掀起新一轮读书热潮。

“旗帜鲜明讲政治”专题培训　6月29日，区委召开“旗帜鲜明讲政治”专题学习培训会，深入推进“两学一做”学习教育常态化、制度化。市委常委、区委书记李世贵以“旗帜鲜明讲政治、忠诚为民敢担当”为主题上党课，从共产党人为什么要讲政治、讲政治的具体要求、讲政治的方法路径等3个方面，要求全区广大党员干部加强理论学习、夯实思想根基，提升政治能力、强化政治担当，以旗帜鲜明讲政治的坚决态度、忠诚为民敢担当的务实作为，切实担负起江宁改革发展的使命和重任，奋力建设“强富美高”新江宁，用江宁改革发展的新业绩迎接中共十九大胜利召开。

第十届江宁学习节 10月26日，第十届江宁学习节在江宁开发区长安福特马自达研发动机有限公司启动，全区终身教育体系和学习型城区建设领导小组成员单位分管领导120多人参加启动仪式。此届学习节活动至11月底结束，历时两个月，围绕“学习宣传贯彻十九大·凝心聚力建设新家园”主题，突出中共十九大提出的“满足人民日益增长的美好生活需要”这一根本任务，突出“规范化推进学习型党组织建设”和“更好地满足人民文化需要”两个方面，创新开设主会场与分会场，即长安福特马自达公司非公企业学习型党组织建设现场会主场与天印广场惠民服务分会场，通过现场学习、百姓课堂和文化服务等80多项惠民活动，分层分众宣传习近平新时代中国特色社会主义思想和中共十九大精神，形成项目化、品牌化、长效化的学习节系列活动。

境外知名华文媒体赴江宁策划报道 12月6日，《欧洲侨报》等10家境外知名华文媒体的10余名记者集中赴江宁，策划报道特色田园乡村建设、智能制造产业及文化休旅产业发展情况。媒体记者们先后走访南瑞继保、石塘人家、牛首山风景区等企业和自然人文景观。围绕当天采访内容，《拉斯维加斯时报》《美中时报》等媒体撰写、刊发了《产业迈向中高端南京江宁亮出“智造”牌》《南京江宁开发区：产业聚焦智能化先进制造业占比超九成》等稿件。

江宁区与江苏城市频道签订战略合作协议 12月11日，“新时代、新气象、新作为”江苏城市频道与江宁区战略合作签约仪式举行，围绕进一步策划系列宣传报道，催生更多更好的“江宁故事”，奏响更加嘹亮的“江宁声音”，江苏广播电视（集团）总台城市频道总监殷敏利等代表江苏城市频道分别与江宁区、江宁区各街道、汤山旅游度假区签订战略合作协议。江宁区将提供更多鲜活生动的改革发展实例，更多权威精准的优质信息，让城市频道的媒体创作出更多“沾泥土”“带露珠”“冒热气”的新闻节目，让更多人“看见”江宁幸福、“感受”江宁幸福。活动现场，还组织观看《来江宁织造幸福》《风情汤山等你来》等短片以及江苏城市频道宣传片，城市频道面向全区各街道作栏目现场推介。（魏　琦）

冬训特色品牌建设 3月10日，省市冬训工作督查组到江宁区淳化街道杨村社区督查指导基层党员冬训工作，实地观摩杨村社区“以冬训工作助力幸福社区建设”现场会。区委常委、宣传部部长张思明参加。全区在开展冬训党建品牌建设中，连续推出“党群一体化”“交汇点”“融合法”“冬训示范课堂”等30多个特色冬训品牌，为基层党员冬训注入活力。是年，全区坚持把组织纪律和清正廉洁摆在首要位置，将从严冬训和规范冬训贯穿方针制定、动员部署、试点推动、巡查督查等各环节，开展“上级精神落地、最新部署落地、百姓诉求落地、工作成效落地”的“四个落地”冬训，实现冬训规范化、常态化和实效化。省市冬训工作督查组肯定江宁区冬训取得的成绩，认为江宁冬训工作组织程度高、覆盖面积广、内容丰富、形式创新，已经形成江宁特色品牌。

江宁区社科联成立 5月26日，江宁区社会科学界联合会挂牌成立。全区机关部门、驻区高校、企事业团体、驻区学会（协会）理事候选人出席会议，区委常委、宣传部部长张思明，市社科联主席叶南客参加活动。区社科联是以社会科学研究、传播与应用为主要任务的学术性群众团体，将团结和依靠全区社会科学工作者，结合江宁实际，开展课题研究、学术交流和咨询服务，做好社科普及宣传、理论成果转化和重大课题研究等职能工作，努力为区委、区政府科学决策服务，形成区委智囊团、建起“江宁新智库”、提升城市软实力。会议选举产生区社科联第一届理事会、主席、驻会副主席、非驻会副主席、秘书长、副秘书长等，推选张思明担任区社科联第一届理事会主席。

文明城市创建工作动员会 7月4日，江宁区召开文明城市创建工作动员会，对文明城市创建工作进行再部署、再加压、再推进。市委常委、区委书记李世贵出席会议并讲话，区长祁豫玮作动员部署，区委常委、宣传部部长张思明主持会议，区领导赵立宏参加。会议要求，聚焦问题，主攻突破，全力以赴完成文明创建目标任务。突出环境综合治理，深入开展环境综合整治和专项整治行动，构建长效常态管理机制；抓好交通秩序整治，集中整治不礼让斑马线、不自觉排队等不文明行为，让文明出行成为习惯；加强市场秩序整顿，全面提升集贸市场综合管理水平。以人为本，创建为民，推动人民生活水平和城市文明程度同步提升。进一步开展文明社会风尚活动、加强未成年人思想道德教育等，提升市民文明素质；始终把创建工作当成民心工程、惠民工程，真正为群众办实事、办好事；坚持开门创城、为民创城，开展舆论引导和社会宣传，充分调动群众支持创建、参与创建。会议强调，要强化组织领导，落实责任，进一步压实工作责任、强化督查问责，形成文明创建的强大合力。会上，江宁公安分局、城管局、市场监管局、秣陵街道、高新园作交流发言。

“全国网络名人看江苏”走进江宁　9月8日，由中央网信办网络社会工作局和省委宣传部、省委网信办共同主办的“新智造·新江苏——全国网络名人看江苏”主题活动在江宁区启动。中央网信办网络社会工作局局长章勋宏，省委宣传部副部长、省网信办主任徐缨出席启动仪式，区委副书记严应骏参加。此次活动旨在发挥网络名人网上影响力，为发展智能制造、推广智能制造营造良好的网上舆论氛围。活动邀请全国的20名网络名人参加，他们先后参观位于江宁区的江苏省未来网络创新研究院和南京埃斯顿机器人工程有限公司。在深入了解江宁区从“制造”迈向“智造”，引领经济转型发展的新成效后，网络名人们纷纷表示，将通过微博、微信等新媒体平台，把所见所感展示给广大网民，讲述江宁创新发展好故事。

11月18日，江宁区首届新媒体IP大会召开，业内专家学者、网络知名人士以及江宁百家新媒体齐聚一堂，研讨交流新媒体内容、运营、产业、社会责任等话题　　高珏琼　摄

2017年全民终身学习活动周　10月23日，以“推动全民终身学习，加快建设学习型江宁”为主题的“2017年江宁区暨汤山街道全民终身学习活动周”在汤山益家乐园拉开帷幕。区教育局、各街道社区教育中心以展板形式，展示全区社区教育发展成果，吸引众多市民驻足围观。开幕式上，各街道社区教育中心通过图片、宣传片等，与参会者分享全民终身学习多样化学习方式和课程创新成果，营造出浓厚的学习氛围。活动期间，还对2016年全区“学习之星”“学习型家庭”“学习型村（社区）”和“社区优秀志愿者”进行了表彰。此次全民终身学习活动周持续到10月28日，学习周期间各街道社区教育中心安排102场免费技能培训，通过知识讲座、文艺表演、图书漂流等，宣传全民终身学习理念，激发群众学习兴趣，形成乐于学习、善于学习、学以致用的社会风气。

江宁区首届新媒体IP大会　11月18日，江宁区首届新媒体IP大会召开，业内专家学者、网络“大咖小编”以及江宁百家新媒体齐聚一堂，共同研讨交流新媒体内容、运营、产业、社会责任等话题。省委统战部副部长、省社会主义学院党组书记练月琴，市委常委、区委书记李世贵，市委常委、统战部部长陈勇等为新媒体IP大会揭幕。区委常委、统战部部长陆蓉主持大会，区委常委、宣传部部长张思明致辞。大会主旨演讲环节，围绕新媒体发展等内容进行经验交流。大会期间，营造清朗网络空间论坛、推进新媒体产业发展论坛、做好网络统战工作论坛等3个分论坛也邀请到许多学界、业界知名人士进行现场交流分享。会上，江宁区新的社会阶层人士联合会新媒体分会还发起倡议，提倡“打造清朗的网络空间、建设诚信的网络文明、维护公共的网络安全、坚持时代和科技创新”，众多专家学者、新媒体人士联名签署。

（宁　鉴）

·统一战线·

概　况　2017年，江宁区统一战线部门聚焦新的社会阶层人士统战工作创新实践、自身能力建设“两个重点”，开拓进取，奋发有为，完成各项工作任务。是年，区委统战部获评中国统一战线宣传先进单位，被市委统战部表彰为2017年度统战理论政策研究创新成果一等奖、获评实践创新成果奖和宣传工作、信息工作先进单位。

发展多党合作事业。深入学习习近平总书记关于统战工作的系列讲话精神，深刻理解中央治国理政思想的“统战篇”。学习中共十九大和习近平“7·26”讲话精神，增强政治共识；开展“不忘合作初心、继续携手前进”系列教育活动，组织基层党派负责人和街道、园区统战干部赴无锡梁溪区学习民主党派工作先进做法，开展同心实践活动。制定党外代表人士培养计划，配合市委统战部开展第5批10名党外干部在江宁挂职锻炼；加强区党外知识分子联谊会建设，培养新一批代表人物。支持江宁台盟支部成立，八大民主党派组织齐全。支持新换届的各民主党派加强思想、组织、制度、领导班子建设，加大经费、阵地等资源的整合和支持力度。召开全区民主党派和无党派人士新春座谈会、重大项目协商会、情况通报会，鼓励并支持民主党派、无党派人士，更好地履行参政党职能，为发展多党合作事业献计出力。参与行风评议、民主监督等工作，推荐6名党外代表人士担任政风行风监督员。

加强新的社会阶层人士统战工作。成立区新的社会阶层人士统战工作领导小组，建立36个部门联席会议制度，区委、区政府出台《关于全区加强新的社会阶层人士统战工作的实施意见》及工作方案，形成“1+4”文件，细化工作举措，抓好推进落实。按照非民营企业机构注册成立江宁区新的社会阶层人士联合会，新的社会阶层人士四类群体分别成立分会。创建“同心圆广场”“金领之家”“同心会客厅”等一批新的社会阶层人士统战工作创新示范点。建立115名新社会阶层人士数据库，坚持线上线下结合，发挥党建工作平台作用，开展新的社会阶层人士周末“思享汇”、同心讲堂培训活动，举办江宁首届新媒体IP大会、同心艺术作品展、陇西公益行等活动。省、市新的社会阶层人士统战工作实践创新现场会暨试点工作推进会先后在江宁召开。江宁新的社会阶层人士统战工作实践创新基地“同心圆广场”被中央统战部列为全国重点项目。

服务经济社会发展大局。制定并实施《关于加强和改进新形势下工商联工作的实施意见》，完成区工商联换届工作，强化新一届领导班子和领导机构建设。开展以“四有”为主题的理想信念教育实践活动和“四好”“五有五好”基层商会创建活动。完成对198名非公经济代表人士的综合评价，有34人当选人大代表、70人担任政协委员。加强对“创二代”人士引导，开展民营企业代际传承课题调研。推进民营企业文化建设，举办全区企业文化建设现场观摩会，深度挖掘民营企业文化建设典型，与市级媒体合作进行系列专题报道，将江宁民企企业文化故事汇编成《文化力》一书出版发行。组织57家企业结对帮扶57个经济薄弱村，开展精准扶贫，实施“光彩助学圆梦行动”。

推进民族团结进步。制定《〈关于进一步加强和改进民族工作的实施意见〉责任分工方案》，加强督查检查，跟踪推进落实。加快石埝民族社区水荆墅建设，争取项目资金300万元。完成全区108名少数民族考生民族成分审核工作，协调区教育局办理23名少数民族流动人员子女入学（转学）手续，协助区公安部门办理4名少数民族子女民族成分恢复、更改工作。建立区民宗局、公安分局、城管局工作协调联动机制，做好涉及民族服务、执法、预防、掌控、应急、处置等工作。

坚持依法治理。发挥区委民宗工作领导小组作用，明确各成员单位职责，落实齐抓共管、多方配合责任，推进宗教工作机制完善和运行。召开全区宗教工作会议，抓好全国、省、市宗教工作会议精神和国务院《宗教事务条例》的传达学习与贯彻落实，开展“民族宗教政策法规学习月”活动。完善宗教工作属地管理机制，编制“不见面”审批和服务事项清单17条，安排3批次27名民族宗教工作人员参加省、市民族宗教部门组织的业务培训，指导区基督教“三自会”举办70名宗教场所负责人参加的政策法规培训班。开展“第七届金陵礼佛文化月”等3次宗教文化交流活动。依法管理宗教事务，稳妥处置民族宗教领域矛盾纠纷。

拓展港澳台工作。成立香港南京江宁同乡会，加强联谊交友、经贸交流、文化交融。7月，赴港开展联谊交友、项目推介、校际合作等系列活动，庆祝香港回归20周年，推动江宁与香港两地交流。促成4所大学与港澳4所大学结对共建，签订总投资390

亿元的项目合作协议。落地项目2个，其中圆核文旅项目落户汤山，总投资10亿美元；香港天津国际控股有限公司皮草研发设计中心项目落户禄口，首批注册资金5000万元，总投资1.5亿元。支持各类侨台载体创新创业，邀请香港投资考察团等9批次海内外宾客到区参观考察，对接国侨办第六期“科创委员和海外博士走进江苏南京侨梦苑”考察团到江宁参观考察，并举办合作交流推介会。在牛首山开展省级“中华文化海外交流基地”创建工作，江宁开发区被国侨办批准为国家级“新侨创新创业示范基地”。台湾青创学院创成为省级台湾青年创业基地，指导宁台青创学院举办10场主题活动，集聚在宁创业台湾青年20人。成立涉台纠纷调解委员会，全力为台企台商服务。

突出体系能力建设。区委统一战线工作领导小组发挥领导组织和相互支持作用，初步实现纵向构建由区、部门、街道、园区等层级组成的统战工作体系，横向推进各民主党派、工商联、商会、民族宗教、侨台各类团体建设，建立台商权益保障工作联席会议制度，成员单位由工商、税务、环保、商务等39个部门组成，开展联动服务，构建协调一致、高效运行的台商权益保障工作网络。开展“大走访”活动，集中开展大走访3次，23名党员干部走访家庭244户，其中困难家庭86户；走访企业106家，解决问题46个。组织教育培训活动，加强宣传调研工作，撰写调研文章21篇；开设“同心江宁”微信公众号，推送信息200余篇。全年在省级以上刊物、网站发表文章25篇，在市、区网站推送信息300余篇，江宁门户网站录用统战宣传稿件数量列区委各部门之首。

统一战线工作考察与交流 2月21日，省人大常委会副主任、省工商联主席许仲梓率队到江宁区调研实体经济企业，就制造业转型升级等问题听取意见和建议。市委常委、区委书记李世贵，市委统战部副部长、工商联党组书记毛卫华，区人大常委会主任孔令才，区委常委、统战部部长陆蓉，江宁开发区管委会副主任王爱军等参加。5月8日，中国侨联组织人事部部长、直属机关党委常务副书记兼干部培训中心主任李杰一行4人，在省侨联主席史宇、市侨联党组书记周雯等陪同下，到江宁区就“2017海外侨领中国国情研修班”在南京期间有关事宜进行协商和现场考察。5月26日，江西省上饶市委常委、统战部部长陈洪生率调研考察组一行到江宁开发区，实地考察中国欧美同学会留学报国江宁基地建设发展情况，市、区统战部负责人陪同考察。7月12日，中国侨联组织的“中国国情研修班”40名海外侨领到江宁参观考察，市侨联党组书记周雯，区委常委、统战部部长陆蓉等陪同参观。7月28日，吉林省长春市侨联常务副主席陈坚一行在市侨联副巡视员王金刚的陪同下，到江宁区考察交流。8月15日，中国侨联副主席乔卫一行到江宁参观调研省侨联华侨文化交流基地牛首山，省侨联主席史宇、市侨联党组书记周雯陪同调研。10月19日，省委统战部副部长、省社会主义学院党组书记、副院长练月琴，市委统战部副巡视员李永胜一行到江宁区调研新的社会阶层人士统战工作，区委常委、统战部部长陆蓉陪同调研。10月17日，辽宁省沈阳市委统战部和市委党校一行，到江宁区考察调研留学报国基地建设情况。10月28日，省委统战部副部长、省社会主义学院党组书记练月琴率省新的社会阶层代表人士到江宁区考察调研新的社会阶层工作，交流新的社会阶层人士主动发挥作用的经验做法。市委常委、区委书记李世贵，区委常委、统战部部长陆蓉陪同。10月29日，中国侨联党组书记、主席万立骏到江宁区调研，市委常委、统战部部长陈勇，区长祁豫玮，江宁开发区

8月28日，“同心江宁”微信公众号上线　　高珏琼 摄

管委会主任李万平，区委常委、统战部部长陆蓉参加调研。调研中，万立骏为江宁开发区授予“中国侨联新侨创业创新基地”牌匾。中国侨联秘书长兼办公厅主任陈迈，中国侨联权益保障部部长张岩，省委副秘书长杨根平，省侨联主席周建农、副主席陈锋陪同调研。12月1日，广西华侨企业协会一行到江宁区考察交流。12月21日，南通市侨联党组书记、主席吴亚军一行9人，到江宁区参观考察省侨联华侨文化交流基地牛首山。

香港江宁同乡联谊会成立　7月23日，香港南京江宁同乡联谊会在香港注册成立，市委常委、统战部部长陈勇，香港江苏社团总会会长唐英年，江苏旅港同乡联合会会长马忠礼，南京总商会会长王建陵，区长祁豫玮，区委常委、统战部部长陆蓉，香港南京江宁同乡联谊会发起人潘龙泉等共同为香港南京江宁同乡联谊会揭牌。在港期间，赴港团在市委统战部组织下，开展联谊交友、项目推介、校际合作等系列活动，纪念香港回归20周年。还举行“携手发展　共筑未来”南京招商推介会暨宁港澳高校校际合作签约仪式，签订总投资390亿元的项目合作协议，南京工程学院、南京医科大学、中国药科大学、中国传媒大学南广学院分别与香港理工大学、香港城市大学、香港岭南大学、澳门科技大学签订校际合作协议。

（李　强）

区新的社会阶层人士联合会成立　9月26日，江宁区新的社会阶层人士联合会成立大会召开，市委常委、区委书记李世贵，市委常委、统战部部长陈勇，区领导陆蓉、张思明、汪洁、米永强、程德玉参加会议。全区有新的社会阶层人士5万余人，区新的社会阶层人士联合会成立后，将不断加强自身建设，强化沟通与交流，着力服务政府、服务会员、服务社会，打造连接政府与会员的桥梁和纽带，充分体现统战性和联谊性。大会选举产生江宁区新的社会阶层人士联合会第一届理事会，推选产生1名会长、8名副会长及1名秘书长。4个联合分会同时成立。

全市新的社会阶层人士统战工作现场会　11月29日，南京市新的社会阶层人士统战工作现场会暨各区委统战部部长座谈会在江宁区召开。市委常委、统战部部长陈勇，区委常委、统战部部长陆蓉参加活动。与会人员参观了区新的社会阶层人士创新实践基地——同心圆广场、禄口街道同心综合服务中心、江宁开发区“金领”之家和江宁女子创智空间。当日，“向日葵同心综合服务中心”和“新的社会阶层人士统战工作示范点”揭牌。

（宁　鉴）

·巡察工作·

概　况　2017年，江宁区委巡察工作坚定政治巡察方向，落实中央及省、市巡视巡察工作要求，坚持以“四个意识”为政治标杆，以党章党规党纪为尺子，通过查找政治偏差，着力发现被巡察单位党的领导弱化、党的建设缺失、全面从严治党不力，党的观念淡漠、组织涣散、纪律松弛，管党治党宽松软等问题，督促被巡察单位自觉向以习近平为核心的党中央看齐，向党的理论和路线方针政策看齐，向党中央决策部署看齐，努力营造风清气正的政治生态，为建设“强富美高”新江宁提供坚强政治保障。

强化组织领导，健全工作机制。区委高度重视巡察工作，市委常委、区委书记李世贵主持召开区委常委会专题听取情况汇报，研究确定巡察组组长、副组长人选，并参加首轮巡察动员部署，主持召开第一、第二轮巡察工作书记专题汇报会，提出明确要求，为推进巡察工作作出示范。核定区委巡察办行政编制 21 人，科级以上领导职数 15 人，其中 4 名专职组长、4 名专职副组长全部配备到位；落实功能较为完备的独立办公场所，单独安排年度巡察工作经费预算，为巡察机构的高效运转提供支撑。领导小组加强顶层设计，提出总体要求，研究制定《南京市江宁区委巡察工作基本流程》等 11 项巡察工作制度，为巡察工作有序开展提供制度保障。

统筹协调有力，保障工作到位。在巡察组组成人员方面，区委第一、第二轮巡察中，从区管正职干部中挑选 6 名有纪检、组织工作经历干部为巡察组组长；从在职纪检、组工岗位或具备纪检、组织工作经历的区管副职干部中挑选 8 名为副组长；抽调一批能力强、政治素质过硬的工作人员担任巡察干部。在第三轮巡察中，区委为巡察组配备专职组长和副组长，进一步完善巡察机构建设。开展常态化业务能力培训，每一轮巡察工作启动前编印培训资料，举办具有江宁特色的专题业务培训，组织巡察业务骨干参加市委巡察办组织的培训班，并针对培训效果进行测试，检验培训成效。各巡察组结合实际，以会代训，互帮互学，坚持干中学、学中干，有效提高巡察实务能力。

突出问题导向，扭住关键环节。按照《中共江宁区委 2017

5月24日，全区67名巡察干部在雨花台宣誓入职。图为巡察干部在雨花台烈士纪念碑前集体宣誓　　区新闻中心　供稿

年巡察工作计划》，从2月开始，共对20家单位组织开展3轮巡察。紧盯领导班子及成员，重点巡察领导班子及成员特别是党组织“一把手”在全面从严治党、落实党风廉政建设“两个责任”、权力运行等方面的情况；紧盯机关及下属基层单位党员干部，重点巡察部门、站所主要负责人及重要岗位人员在履行岗位职责、执行党的纪律、落实党的政策、效能效率等方面的情况；紧盯村（社区）“两委”班子，重点巡察农村基层党建、执行惠农政策、扶贫领域等方面的情况，着力发现“四风”“苍蝇式”等微腐败问题。

创新工作方法，精准发现问题。通过召开动员会、专题汇报会、座谈会和列席被巡察单位党委会、班子民主生活会等相关会议，发现领导班子和班子成员个人问题。既注重与被巡察单位领导班子成员、中层干部、基层单位主要负责人等谈话，又与相关服务对象和“两代表一委员”进行谈话，全方位了解被巡察单位和领导干部存在的突出问题。通过查阅被巡察单位财务账目、文件资料、档案、会议记录等，注重发现被巡察单位在基层党建、党风廉政建设、资金管理、“三重一大”事项、民主决策等方面存在的问题。采取不定时、不定路线、不定人员的方式，对巡察单位部门和下属站所等单位党建工作、扶贫领域、执行“中央八项规定”等方面进行突击检查和明察暗访。通过不打招呼、不定地点、不定对象方式进行民主测评、问卷调查，确保评出群众心声、测出真实问题。区委第一、第二轮巡察共发现问题451个，整理出向纪委、组织部门移交问题线索168个。

严抓问题整改，力促巡察实效。对巡察中发现的一些党员干部苗头性问题，及时向被巡察单位提出处理建议，督促整改落实，注重抓早抓小、防微杜渐。两轮巡察工作中共反馈即知即改、立行立改问题57个，16家被巡察单位全部在规定时间内按要求整改到位。区委两轮巡察反馈的283个具体问题，被巡察单位分别制定“时间表”、绘好“路线图”、明确“责任状”，压紧压实责任，制定细化整改措施1024条，建章立制304项，努力从源头上堵塞漏洞、加强防范，有效发挥巡察的遏制治本功效。至年末，已整改到位264个。区纪检机关开设“绿色通道”，对首轮移交区纪委的56个和第二轮移交的85个线索，优先办理，快查快结。同时，将未印证的47件信访件及时移交到区纪委信访室，要求进一步核实查证，按规定期限给予信访回复。被巡察单位巡察反馈问题整改结束后，区委巡察办及时将整改情况通报在江宁区纪检监察网江宁巡察栏公示，并要求被巡察单位以党内文件形式在单位所管范围内印发，接受各方面监督。2次召开区委常委会专题会议，研究部署省委首轮巡视发现突出问题对照整改工作，印发对照整改方案，建立责任体系，推动区级层面整改工作的落深、落细、落实。各牵头责任单位针对28项突出问题，进一步梳理排查，制定整改和巩固措施110条。在此基础上，梳理出区委第一、第二轮巡察发现突出问题23条，要求各单位做好对照整改工作，进一步巩固巡察整改成效。

（巡察办）

·文明创建·

概　况　2017年，江宁区精神文明创建工作深入贯彻落实习近平新时代中国特色社会主义思想和中共十九大精神，培育和践行社会主义核心价值观，弘扬共筑美好生活的时代新风，推动群众性精神文明创建活动，为高质量建设“强富美高”新江宁提供强大精神动力和丰润道德滋养。

核心价值观宣传教育。开展“贯彻十九大，诗歌颂中华”江宁区首届中华经典诵读大赛，宣传党的光辉历程和伟大成就，传承中华经典，激发全区人民爱党爱国情怀。组织第六届全国省市道德模范、南京好市民、“美丽江宁人”2017年度人物等推选活动，宣传各类最美人物和身边好人。全年有1人被评为中国好人、2人被评为江苏好人、2人被评为南京市道德模范和提名奖、11人被评为南京好市民、14人参加“南京好人365”节目录制。在市委宣传部组织的南京市第一批社会主义核心价值观教育实践创新案例评选活动中，《“农民心中的核心价值观”征集展示活动》被评为十佳案例之一。

文明城市创建。成立文明城市创建常态长效工作指挥部，形成“属地管理、条块结合、以块为主、网格包干、社会支持、全民参与”的新格局。建立“日观察、周督导、季测评”制度，由280人组成的街道、园区“文明观察员”每日巡查，由10人组成的区“市民督导团”每周3次巡查督导。区和街道、园区相应设立文明创建微信平台，实时发现和处置问题。借助第三方力量，对各街道、园区进行季度测评，并将成绩纳入年度考核。联合区督查办等部门，分片逐点篩查。鼓励群众投诉，组织媒体不定期暗访曝光，推动相关责任单位加大问题整改力度。加大创意设计和软性植入，推进公益广告从“有没有”向“好不好”转变，打造“五个一”（一个公园、一个广场、一个人员密集场所、一个主干道、一个美丽乡村）景观小品式公益广告示范点。加大规划设计力度，把文化与文明内涵自然融入秦淮河、外港河改造，营造浓厚的文化氛围。

群众性精神文明创建。广泛开展文明单位（行业）、文明示范村（社区）、美丽乡村、美丽家庭、文明户和“城乡携手 文明共建”等系列创建活动，全区有1个村获评“全国文明村”、1个村获评“江苏省文明村标兵”、4个村获评“江苏最美乡村”；69个村（社区）获评江苏省、南京市“文明村（社区）”、117个村（社区）被评为区级“文明示范村（社区）”，“美丽家庭”创建活动获江苏省创新案例一等奖，“美丽乡村—幸福社区行”获南京市创新案例奖。同时，创设各类活动载体，吸引群众广泛参与，先后组织开展“小手拉大手，文明齐步走”“文明交通、绿色出行”系列漫画展等活动。在“喜迎十九大，幸福舞起来”全省广场舞大赛中，“茶之韵”广场舞队代表南京参赛获优秀表演一等奖。在南京市民文明规范“八个不”文艺作品大赛中，江宁区获一等奖1项、三等奖2项。

未成年人思想道德建设。深化未成年人文明礼仪养成，在全区各中小学广泛开展“八礼四仪”教育实践活动，引导广大未成年人践礼修德，取得较好效果。以“践行核心价值观、争做美德好少年”为主题，组织开展“美德少年”宣传评选活动，评选产生109名“江宁区美德少年”，其中12人当选为“南京市美德少年”、1人被评为“南京市美德少年标兵”。加强未成年人国学教育，组织开展“熟读国学经典 争做儒雅少年”活动，12人入围市百强选手。继续巩固学校、家庭、社会“三结合”的未成年人教育体系，广泛开展系列活动。在“弘扬核心价值观、演好成长小故事”青少年情景剧大赛中，有1项获省三等奖、3项获市二等奖；在省“童声里的中国·成长的歌谣”校园歌曲征集大赛中，2人获三等奖、1人获优秀奖。

志愿服务制度化建设。在“志愿江苏”平台完成40个志愿服务大队、300多个志愿服务分队的注册，注册志愿者24.2万人，占全区常住人口总数的20.51%。围绕关爱他人、关爱社会、关爱自然的“三关爱”主题，结合传统佳节和第二届“春牛首”马拉松赛等活动，深入社区广场、居民小区、家庭楼院等，发动社会各界开展志愿服务活动580余场。举办第三届江宁区志愿服务双选会，吸引68个优秀项目、80多支志愿者团队、近2000人参与活动，在推动志愿服务组织与各类社会资源有效对接上取得新突破。在第二届江苏省志愿服务交流大会上，“小丑医生”等3个志愿服务项目被评为优秀参展项目。另外，东山街道外港社区被评为省级优秀志愿服务社区，同时获评全国2017年学雷锋志愿服务“四个100”先进典型。

（赵红雷）

中华经典诵读系列活动 2017年，区文明办开展“与经典同行——江宁区‘我们的节日’中华经典诵读系列活动”，贯彻习近平总书记提出的“古代经典应成为民族文化基因”的重要讲话精神，响应中央宣传部、中央文明办开展的“全民阅读”活动，将社会主义核心价值观建设落实、落细、落小。系列活动围绕春节、中秋、重阳等7个传统节日，举行7场系列活动，通过读国学、诵经典，以读养德，提升社区居民、企业员工等的文化素质和品德修养，进一步营造“爱读好书、诵中华经典、做文明有德之人”的氛围。

学雷锋志愿服务集中行动 3月5日是第54个“学雷锋纪念日”，区文明办在全区组织开展主题为“志愿365美好你我他”的学雷

2月12日，“与经典同行——江宁区‘我们的节日’中华经典诵读系列活动”举行。图为活动现场 赵红雷 摄

锋志愿服务集中行动，引导人们自觉践行雷锋精神，参与学雷锋志愿服务，推动道德风尚高地建设。5日前后，5000余名志愿者在全区各社区中心、交通路口、广场、商场等100多个点位，开展形式多样、内容丰富的志愿服务活动。此次集中行动以“关爱他人”“关爱社会”“关爱自然”为重点，开展关爱空巢老人、留守儿童、文明秩序引导、社区便民利民等21个大类100多项活动，惠及群众3万余人。

“南京好人林”落户江宁 3月11日，市文明办、市绿委办、南京好人基金会邀请“江苏好人”“南京好市民”“感动南京年度人物”等一批好人代表、代表家庭等60余人，到江宁区谷里街道张溪社区和当地村民共同开展植树活动，种下全市第一片“南京好人林”。此次活动的主题是“绿色文明新起点，共筑南京好人林”，不仅为美丽乡村增添绿色，同时传播好人精神。栽树成林后，市文明办为全市首片“南京好人林”授牌。

志愿服务“双向选择”交流会 6月18日，第三届江宁区志愿服务双向交流会在河海大学文体中心举行。活动现场，举行第二届“双选会”优秀项目颁奖仪式，8个项目获评优秀项目，优秀志愿服务项目一等奖“小丑医生”和“麦田守望”项目作介绍。活动现场还集中展示、现场对接第三届“双选会”志愿服务项目，各街道、社会组织推荐的60个志愿服务项目，与驻区高校、社会公益组织的63个志愿服务团队进行对接，并签订合作意向。

乡贤文化建设 2017年，区委宣传部、区文明办组织开展一系列乡贤文化走访、调研、座谈活动，推进乡贤文化建设。7月14—15日，组成课题小组赴浙江上虞、诸暨、德清等地学习考察创新发展乡贤文化、推进浙商回归等先进经验与典型做法。7月16日，组织召开乡贤文化座谈会，邀请江苏战略与发展研究院院长范朝礼、江苏省委研究室城乡处处长储胜金、东南大学东方研究所所长陶思炎、省社科联《江苏社会科学》杂志主编李静等专家学者，围绕“创新发展时代乡贤文化，引导支持乡贤回归反哺家乡建设发展”主题，进行专题研讨。8月16日，成立乡贤文化工作研究会，明确职能分工，对乡贤文化研究工作进行部署安排。9月10日，制定出台《关于创新发展乡贤文化、助推“两聚一高”新实践的实施意见（试行）》，分为总体要求、引导路径、实施方式、保障措施等四大部分，对包含“颂扬乡贤精神风范‘育民风’”在内的四大块乡贤文化发展举措进行明确、细化，制定近期及下一阶段乡贤工作任务推进表。与此同时，配套成立江宁创新发展乡贤文化助推“两聚一高”新实践领导小组，市委常委、区委书记李世贵担任组长。

首届中华经典诵读大赛 12月8日，“贯彻十九大，诗歌颂中华”国资集团杯江宁区首届中华经典诵读大赛决赛在江宁广电台举行，此次比赛由区委宣传部、区文明办主办，江宁国资集团、区总工会、区教育局、区文广局协办。从9月开始，大赛通过组织朗诵反映中共十八大以来改革开放辉煌成就的诗歌，弘扬中华优秀文化，增强广大群众的文化自信。通过初赛、复赛，青少组和成人组22支队伍进入决赛，经过省、市、区朗诵协会专家打分，百家湖小学与麒麟街道分别获得诵读大赛青少组、成人组金奖。

“幸福社区行·文明看江宁”活动 11月11日，区委宣传部、区文明办举办“幸福社区行·文明看江宁”专场活动，走进东山街道骆村社区，深入宣传贯彻中共十九大精神，弘扬传统美德，传播时代新风。活动现场组织民间艺术家进行独唱、舞

蹈、小品等文艺表演，播放社区好人、志愿者助人等人物视频，围绕法治、健康、民生等主题进行互动竞答。还组织志愿者现场提供中医问诊、健康咨询义诊、盲人推拿、图书换绿植、理发等便民服务。（魏　琦）

“美丽江宁人”2016年度人物揭晓　1月19日，“美丽江宁人”2016年度人物暨第四届江宁区道德模范和第七届江宁好市民颁奖典礼举行，刘虹飞等10人（组）被评为“美丽江宁人”2016年度人物，杨峄等10人（组）获“美丽江宁人”提名奖，汪龙干等10人获评第四届江宁区道德模范，刘娟等112人获第七届江宁好市民称号。区领导严应骏、张思明、汪洁、董涵、姜立波出席并为获奖者颁奖。自2016年3月开始，区文明委在全区范围内开展“美丽江宁人”2016年度人物宣传推选活动，并将其与第四届江宁区道德模范和第七届江宁好市民评选活动有机结合，“三位一体”同步开展。活动期间，各单位先后推荐132名（组）候选人，并由区内主要媒体对其中53名（组）候选人事迹进行宣传报道，充分展示新时期江宁人爱国、敬业、诚信、友善的优秀品质和精神风貌。

2017年区“最美家庭”标兵户评选　5月，2017年江宁区“最美家庭”标兵户评选进入最终评审环节，经评审委员会评审、大众评审和现场投票，最终产生10户“最美家庭”标兵户。由区委组织部、区委宣传部、区妇联等8家单位共同主办的2017年江宁区“最美家庭”评选活动自3月开展以后，得到全区各界大力支持。截至5月3日，收到181户申报材料，经过层层筛选，选出50户“最美家庭”，其中20户作为“最美家庭”标兵户的候选家庭进入终审。此次“最美家庭”标兵户分为“孝老爱亲家庭”“党员示范家庭”“平安家庭”“书香家庭”“绿色家庭”5种类型，每个类别有4户家庭参与评选。评选投票实行100分制，按照网络投票评分占30%、组委会投票评分占40%、大众评审投票评分占30%进行综合评分。最终庞乐友、王金水、薛爱红、许长凤、王翠保、王玲、吴学祥、陈静、葛大伟及李媛家庭当选江宁区“最美家庭”标兵户。

精神文明建设专题培训　5月9日，全区精神文明建设工作专题培训班在上海交通大学开班，区委宣传部、文明办以及区文明城市创建工作联席会议成员单位相关负责人集中参加培训。此次培训为期4天，采取专题讲座、互动体验、讨论交流、实地考察等形式进行，上海市文明办、复旦大学、浦东潍坊街道、上海市质量协会用户中心等理论研究前沿和实践一线的专家学者，应邀介绍上海市精神文明创建工作经验，解读上海市城市文明指数测评方法，还就城市文明与可持续城市化、如何加强志愿者队伍建设等进行深度剖析。参加培训人员还到张家港，实地参观张家港文明城市创建示范点，学习考察文明城市创建工作经验。

（宁　鉴）

·农村工作·

概　况　2017年，江宁区委农工委落实《中共南京市委、南京市人民政府关于聚焦富民促进城乡居民增收的实施意见》，紧扣“两聚一高”主题和“一个高水平建成、六个显著”奋斗目标，突出在聚力创新中厚植聚焦富民基因，注重“农业增效、农村增绿、农民增收”这一“三农”工作检验标准，统筹推进美丽乡村建设和特色田园乡村建设，大力发展乡村民宿产业，持续实施精准扶贫和精准脱贫工程，着力破解制约农民增收的瓶颈和难点，促进全区经济社会发展与农民增收良性互动和同步提升。

市级美丽乡村建设　2017年，全区创建市级美丽乡村项目41个，其中示范村10个、特色村12个、宜居村19个，项目涉及7个街道，实际完成投资额3.46亿元。项目建设过程中，区委农工委会同区规划分局、住建局等相关部门和街道，加强督查指导，全力组织冲刺，确保市级创建工作按时完成。同时据实进行考核，对到年底不能按要求完成项目建设任务的，扣除区科学发展考核体系的相应分值外，并暂缓下达奖补资金。

特色田园乡村建设　2017年，全区按照省、市委部署，从建设、改革、发展入手，推进全域特色田园乡村建设。确立“4片区、20个组团、316个点”的总体布局“规划图”，明确首批开展“3636”建设计划，5—8年完成全域建设的“路线图”。谷里街道徐家院村等4个村成为全省首批试点村，横溪溪田农业成为首批国家级田园综合体。坚持规划先行，并使各个层级的规划相互融合。依据城乡总体规划和土地利用规划，对全域农村建设涉及农业、水利、交通、环境的规划进行整合重修，并对所有村庄进行综合评估，编制形成村庄布点规划以及片区建设规划，做到全区一张图、一盘棋。同时，为

2017年，位于横溪街道西阳社区的“龙乡·双范”特色村经过改造后，绿水青山、水上栈道、粉色蔷薇、窗台花园等美景一一呈现，提升了美丽乡村西部片区的旅游内涵　　区新闻中心　供稿

确保从图上到地上不走样，在各街道配备乡村规划助理员，并建立规划师驻村指导制度、规划下乡制度等，严格规划刚性管理，坚持不规划不设计，不设计不施工。加强4片区、20个组团、316个点3个层级的任务统筹安排，连点成线、以线带面。片区主要通过路网水网、驿站节点、门户景观等框架建设和功能布局的管控引导，形成整体风貌。组团重点沟通衔接组团内各点，形成功能较为完善、集聚效应明显的核心模块。点上重点实施产业、环境、文化、田园、生态联动塑造。围绕产业发展核心，推进农业供给侧结构性改革，形成农旅文结合、当地农民和村集体参与的生态休旅经济特色产业体系，探索大都市近郊农业转型之路。围绕生态环境基础，严守生态红线，杜绝大拆大建，因地制宜改造乡村建筑、田园景观，还原农村田园风光和风貌，让农村更像农村。围绕富民强村初衷，通过示范带动、合作联结、引导管控、机制创新等手段，让农民和集体在产业链重建中找准位置，实现就业创业富民。围绕乡村文化灵魂，有机植入文化、历史、社会主义核心价值观等乡村文明建设，推动优秀乡土文化传承创新，促进现代文明、乡土气息交织交融，打造独具魄力的个性名片、乡愁标志。围绕抓住治理转型要点，推进乡贤共襄、依法治理、政经分离，形成更加和谐稳定、活力高效的乡村治理体系。创新建设经营机制，构建政府引导下的市场化运作模式，引导国企集团、社会资本、返乡大学生和当地农民等多元主体投身农村建设。江宁交建集团打造的黄龙岘、江宁商贸集团打造的公塘头民宿，以及民营资本建设的大福村、香草小镇、苏家文创小镇等都取得了较好综合效益。

乡村民宿产业发展　2017年，区委农工委根据区委、区政府促进民宿发展工作部署，制订民宿布点实施简表，排定3年民宿发展计划，明确2017年指令性创建石塘等10个民宿村的目标。拟定下发《关于促进乡村民宿规范发展的实施及奖补办法》，细化民宿发展责任分工、政策措施等，促进产业规范发展。会同区住建、旅游、环保、规划等14个部门，做好乡村民宿发展的指导、服务和监管等工作。是年8月，有5个村获市级民宿村第一批命名。9月，又有5个村申报市级民宿村。

精准扶贫和精准脱贫工程实施
2017年年初，全区确定3049户、6392人低收入农户和8个市级、32个区级经济薄弱村（欠发达村）脱贫达标任务，按市统一规定，5945户农村低保户年内全部脱贫，脱贫总数超过6560户。7月，区委农工委针对建档立卡和精准退出程序不规范、资料不齐全、业务不熟练等情况，指导各街道、村（社区）整改完善。按照规范程序，将建档立卡涉及的公开信、申请书等9项资料以及精准退出的7项资料全部统一制定模板下发，并赴各街道进行现场指导，帮助规范整理建档立卡、精准退出、资金发放、扶持协议以及与扶贫工作等资料台账。制定区级扶贫开发专项资金管理补充规定，进一步明确扶贫项目奖补资金使用要求。核实2016年急重病灾救助资金发放工作，审核出转介制申报制重复发放、非建档立卡户发放等需退回的159人次85.72万元和应报漏报的11人5.76万元。11月，完成江宁开发区与兴村联社、江宁高新园与江高联社、江苏软件园与江开联社合作协议签订。开展2016年度区级扶贫开发项目绩效跟踪评价，对2017年扶贫项目进行实地察看，杜绝项目套取和虚报，并要求各项目实施主体完善相关手续。对无法实施购岗和创业的有劳动能力农户，采取由街道统一运作资金、帮助入股的方式进行帮扶。开展低收入农户信息核查比对工作，全区2016年脱贫2685户、6176人（含2017年前死亡451人），清退29户、182人，2017年建档8011户、16256人（含2016年未脱贫、2017年新增）。完成26个市级经济薄弱村（欠发达村）人口、面积、资源劳动力等信息采集和2017年低收入农户增收、经济薄弱村直补、市级片区关键性工程奖补资金所涉及项目的调研论证、立项、实施、资金申请拨付等录入工作。

推进富民增收 2017年，全区进一步深化农村集体产权股份合作制改革，推动富民增收取得实效。借鉴外地经验，在全市率先进行社区股份合作制改革。通过将集体资产存量折股、量化到人，改变传统的农村资产归集体所有的单一模式，使农民变成股东，资产变成股份，资源变成资金，集体经济组织成员获得对集体资产的所有权、决策权和收益权，切实维护农民群众利益。全区193个涉农社区全部完成农村集体产权股份合作改革，实现全覆盖。根据市委、市政府国家第二批农村改革试验区工作部署和《南京市深化农村产权制度改革实施方案》，推进农村集体产权股份合作改革试验试点工作，完成12家试点任务，并代表南京市通过省级第三方对国家级农村改革试验区评估验收。全年现金分红9777.56万元，人均分红161.54元，人均分红比2016年增长12.9%。建立健全区、街全覆盖的农村产权交易流转市场（中心），推动176个村（社区）、10类品种进场交易，成交标段296个，交易总额2.27亿元。制定《江宁区农村产权交易市场考核办法》，规范农村产权交易运行，维护农村集体经济组织和农民合法权益。开展农民创业基地认定和示范基地创建工作，发展“一镇一业”“一村一品”特色产业，搭建创业致富平台，引导村级经济可持续发展，建立农民增收长效机制。经市委农工委、市财政局组织申报，市专家组评审，市农民创业联席会议认定，确定汤山街道龙尚葡萄谷农民创业基地、麒麟锁石休闲观光农业创业示范基地、禄口街道石埝民宿创业基地、横溪街道新扬西甜瓜育苗农民创业基地4个市级农民创业基地。新增初始创业农户150户、带动创业834户。

（王义荣）

江宁区获全市郊区街镇分类考核4个一等奖 2017年2月17日，在全市农村工作会议上，市委、市政府公布2016年度郊区街镇分类考核获奖单位名单，21个郊区街镇获得分类大奖。其中，综合奖获奖街镇中，江宁区谷里街道、秣陵街道、东山街道分获现代农业主导型、先进制造业主导型、现代服务业主导型一等奖；发展奖获奖街镇中，禄口街道获先进制造业主导型一等奖。南京市街镇分类考核已进入第六年，与往年相比，2016年的分类考核更加突出各街镇的特色发展。6年中，秣陵街道着力发展通信电子、汽车及配套、智能电网和机械加工四大主导产业，产业特色鲜明，形成工业集中区、科技创新园、社区特色产业园三大孵化基地，综合实力位居全市郊县镇街二十强前三甲，因而连续6年蝉联先进制造业主导型街镇一等奖。作为南京南部旅游和休闲产业重点发展及绿色廊道建设带，谷里街道也再次获得现代农业主导型一等奖，实现五连冠，湖熟街道获得三等奖。东山街道一直致力于打造人人共享美好生活的“幸福东山”，已是第五次获现代服务业主导型街镇一等奖，汤山街道获二等奖。针对综合考核难以充分体现当年工作等问题，在设置综合奖基础上，首次增设发展奖，增加当年工作成效、争先进位成绩等指标权重，对自身纵向增速较快、成绩明显的街镇同样进行表彰。禄口街道获先进制造业主导型一等奖，江宁街道获二等奖；淳化街道获现代农业主导型三等奖。此外，谷里街道张溪社区徐家院等11个村被评为全市第四批美丽乡村示范村，横溪街道西阳社区兴范等12个村被评为2016年度美丽乡村特色村。

全区农村工作会议 2017年3月15日，江宁区召开农村工作会议，深刻分析农业农村形势，谋划部署2017年及今后一个时期“三农”工作重点任务。市委常委、区委书记李世贵强调，必须始终把“三农”工作放在重中之重的位置，坚持重农强农调子不变、惠农富农力度不减，更高质量地推进农业现代化和城乡一体化发展，推动农业农村发展迈上新台阶。区长祁豫玮主持会议，区委副书记严应骏作工作部署，区领导李滨、梁爱国、张会祺、于茂高、张思明、焦龙等参加会议。会议要求，围绕供给侧结构性改革，积极转变农业发展方式；构建农民增收长效机制，促进农民收入持续增长；持续深化“四变”工程，加快建设美丽乡村升级版；深入实施农村综合改革，不断增强农村发展活力；全面践行共享发展理念，切实保障改善农村民生，不断巩固提升全区“三农”发展好形势，为高水平全面建成小康社会、建设“强富美高”新江宁奠定坚实基础。会上宣读了2016年度村（社区）

分类评价结果、2016年度美丽乡村示范村名单。区农业局、谷里街道等4家单位作交流发言。

农村土地确权颁证工作基本完成 7月，全区农村土地承包经营权确权登记颁证工作基本完成，12万农户拿到土地确权登记证。2013年土地确权启动以后，全区坚持把群众同意、满意、受益作为改革的出发点和落脚点，以承包合同或原承包经营权证书为基础，对于法律政策依据不充分的，按照“一村一策”原则，充分尊重村民的主体地位，由村民民主协商解决。此轮应开展确权登记颁证的承包地涉及全区10个街道、143个村、3338个村民小组、120359个农户、32224.6公顷二轮承包地。入户调查、权属调查、测绘制图、公示审核前期已全部完成，至2017年6月底全面完成农户承包地确权登记颁证任务，经营权证书发放到户率98.35%。近4年通过连续有序推进承包地确权，有效解决了农户承包地面积不准、四至不清、登记簿不健全等问题，加强了对农户承包地的物权保护。确权颁证后，各级部门单位又组织“回头看”。先是区级在街道、村自检自查基础上逐村检查验收，9月19日通过省、市联合检查验收，最终农户承包地确权登记颁证档案经过信息化处理后，进入区级综合档案馆。同时，进一步完善“市区一体”的承包地管理信息系统，以区为单位建立土地承包经营权确权登记颁证数据库，实现省、市、区三级互联互通，并按时汇交至农业部，保证土地确权档案信息随时可查及成果运用。 （宁　鉴）

·信　访·

概　况 2017年，江宁区围绕“四下降一确保一好转”目标，规范有序开展日常信访工作，推进信访积案化解，消减信访积案存量，加大进京非访指定接待场所上访劝返力度，开展领导定点接访，维护群众合法权益，钝化社会矛盾，努力提升人民群众满意度。全年受理群众来访644批6448人次，其中集体访132批3796人次；办理省、市、区“领导信箱”网络来信4339件；受理复查复核、领导批文和督查督办件47件。

1月，江宁街道牌坊社区办事大厅内，吴茂才等农户拿到新版土地确权证书　　区新闻中心　供稿

领导接访 2017年，区信访部门牵头制定《江宁区领导干部定点接访工作实施意见》，把信访积案化解摆在突出位置，以民生改善为根本、以“事要解决”为核心，统筹资源力量、创新思路举措，定时定点“坐诊”、现场直接“开方”，零距离回应群众诉求、面对面解决突出问题。综合施策控总量。将大接访融入大走访，变上访为下访、约访，成立接访工作领导小组，明确包案区领导牵头负责、区信访局班子成员为联络员、各街道（园区）相关负责人为业务员、村（社区）书记为工作联系人的工作机制，三级联动的服务团队定期主动上门与信访人员沟通联络，直至案件化解。创新举措减存量。根据区委、区政府统一部署，从3月13日起，每个工作日安排1名区党政领导到区信访局定点接访，就地解决信访矛盾，防止矛盾上行。基层发力控增量。坚持源头治理，要求各街道党政主要领导、信访问题较多部门每周一上午在本单位信访接待场所定点接访，其他职能部门主要负责人定期安排接访约访，集中解决一批容易引发信访突出问题和群体性事件的矛盾纠纷及苗头隐患，大幅压降和防止新案变积案。19名区领导全年接访群众53批209人次，解决了一批突出问题和历史积案。

积案化解 2017年，区信访部门对上级交办的信访积案和区自排的信访积案，严格实行“五包责任制”，年初，“信访积案化解年”交办的67件信访积案全部落实区领导包案，化解信访稳定“百日攻坚”行动3轮排查交办的100件（第一轮38件、第二轮37件、第三轮25件）重点信访事项全部落实责任单位领导包案化解。根据区级领导职责分工以及挂钩联系工作安排，落实区级领导负责包案的信访事项，并明确相应责任单位信访积案化解所承担的联带责任，严防出现“空包”“虚包”现象。区委、区政府主要领导在推进全区信访积案化解的同时，承担重要信访积案化解任务，分管领导对职权范围内信访案件负主要领导责任，并把信访积化解放在突出位置，与分管工作同部署、同检查、同考核、同担责，突出强化区委、区政府主要领导和分管领导的“一岗双责”。在落实区领导包案过程中，将最复杂最难协调的积案交由区委、区政府主要领导包案推进。至年末，市交办的37件信访积案，已化解34件；区排查交办的重点信访积案19件，已化解16件。

日常接访 2017年，区信访部门受理来访644批6448人次。完善接访工作职责、接访人员工作守则和值班制度，实行周六、周日均开门接访，接访人员统一着装、挂牌上岗。新设立接待室、律师咨询室和心理干预室等，配置应急处置设施设备和人员，并为信访人提供笔墨、纸张、药物、饮水等便利服务。

（区信访局）

·机关党建·

概 况 2017年年末，江宁区委区级机关工委有基层党组织191个，其中，党委10个、党工委1个、党总支19个、党支部161个；有党员3600人，其中，新发展党员21人、女党员987人。是年，区级机关工委学习贯彻习近平新时代中国特色社会主义思想和中共十九大精神，突出“优化作风建设”主抓手，常态开展“两学一做”学习教育，着力打造“本色”党建，努力建设思想、组织、作风、服务过硬的机关党组织，为建设“强富美高”新江宁提供组织保证和作风保障。

6月27日，区级机关工委联合区广电台举办“喜迎十九大，机关当先锋”——区级机关纪念建党96周年主题党日活动　　姚秀荣　摄

机关思想建设 2017年，区级机关工委围绕“喜接十九大，机关当先锋”主题，通过征文、演讲、情景剧、主题党日等形式，宣传机关的先进典型，引导党员干部见贤思齐、对标践行。1家机关党组织被评为全市践行“两学一做”好典型，12名党员被表彰为市级以上先进个人。举办习近平“7·26”重要讲话和中共十九大精神宣讲辅导，组织开展“学报告·攀高峰·强素质”“不忘初心，乡村振兴”中共十九大精神知识竞赛等“学贯十九大·机关在行动”系列活动，在机关掀起学习、宣传、贯彻热潮。拓展“理论+现场+研讨”形式，举办机关入党积极分子、发展对象以及党务干部培训班，到雨花台、井冈山等地开展党史党性教育，组织区级机关各党组织书记上党课97场。融入中心组学习、“三会一课”等，运用“书香机关”平台，坚持党群联动，提升机关党员人文修养。全年开办“江宁机关讲坛”4场，举行“不忘初心大走访，牢记使命跟着党”大走访主题展演。区级机关各部门举办朗诵会52场，制作朗读视频43段，建设省级“机关书屋”2个、市级1个、区级7个。

机关组织建设 2017年，区级机关工委坚持年初会议部署、每月研制要点、“七一”活动引领、年底考核评查，开展机关党组织抓党建和全面从严治党主体责任“双述评”工作。印发《加强区级机关基层党支部建设的意见（试行）》，增强机关党组织书记“主业主导、主责主抓、主角主动”意识，促进基层支部职能与管理的“双规范”。制定《关于贯彻落实〈中国共产党党和国家机关基层组织工作条例〉和省委、市委〈实施办法〉几个具体问题的意见》，选优配齐机关党务干部，将区级机关党组织活动经费列入年度部门预算，并按每名党员600元标准从部门预算公用经费定额中统筹安排，加强机关党组织人员和经费的“双保障”。坚持问题导向，开展“查短板、促提升”专项检查，督查抓党建和党风廉政建设责任的落实，做好党建与作风的“双查改”。明确“队伍建设、特色党建、服务业绩”等“六个作示范”标准，组织开展“党员示范岗”与“党建示范点”创建活动，由个体到集体，以示范带全盘。区政务办在窗口开展“三亮一争”活动，区财政局的“双带双争双提升”，区征收办的争做“党员征迁标兵”活动等，引领机关党员创先争优，发挥“走在前作表率”作用。在“扫雷”“双百”等集中整治工作中，在十九大、国家公祭日等重大活动保障中，在防汛抗洪、扫雪除冰等急难险重任务面前，机关党员干部勇挑重担、冲锋在前，发挥先锋作用。坚持破解难题和凸显亮点并举，引导机关党组织自主实施“党建+”创新创优项目52项，打造融入中心服务大局与从严从实建设队伍的“两翼”工作品牌，促进机关党建工作与业务工作两融合、两促进。采取做好每一次调研走访、建立一个议事会、签订一份协议书、结对帮扶一批困难户、开展一系列共建活动等“五个一”方式，组织区财政局、建工局等6家机关党组织与江苏省首批特色田园乡村建设试点申报村庄结对共建，其他机关党组织结合“万名党员干部带万户”，开展“城乡党组织共建促发展，党员群众结对促联系”活动，组织党员干部结对帮困8000多户，建设施项目37项，送政策服务640余场。

机关作风建设 2017年，区级机关工委制定“六优化六着力”21条举措，逐条细化分解为115项重点工作和74项任务，序时跟进，强化作风建设。突出品牌效应，完善《窗口（科室）服务规范》，鼓励机关部门深化政务改革和创新服务方式，推进“四化”窗口和“五好”科室创建，评选表彰23个“优质服务窗口”、13个“标兵科室”，促进窗口服务优质高效、提档升级。创新举措，委托第三方机构开展作风建设满意度社会评议，研发“江宁作风建设”微信公众号，建立“不见面评议+书面评议”“要素评议+印象评议”的作风综合评价机制，机关作风和服务质效进一步提升。

大走访暨“四走访四化解”活动 2017年，区级机关工委率先构建“部门+街道（园区）+社区=团组”模式，坚持“团组牵头+网格走访+常态推进”，实行“联系群众—收集问题—跟踪办理—及时反馈”的大走访闭环机制。全区13个团组1.2万名党员干部，累计走访36.7万户城乡居民和1.2万家企业，解决各类诉求9100多个。走访了解低收入农户、低保困难户等弱势群体财产收入、日常生活、增收致富等情况，制定富民增收30条硬招实举。开发“江宁便民公共服务事项指南”微信平台，方便城乡群众“一站式”查询，让数据多跑路、群众少跑腿。将大走访与推动创新发展、富民惠民、社会治理等相结合，突出信访积案化解，由区领导带头包案，做到带案走访、带题走访，定期研究通报、合力攻坚克难，最大限度地促进信访问题案结事了、息诉停访。走访调研村（社区）经济欠发达的深层次原因，理清因地制宜强村措施，实施PPP新市镇开发、中部田园水乡建设、特色田园乡村打造等工程，加快强村富民步伐。深入企业生产、项目建设一线和各类众创空间及人才项目，着力破解投融资、手续办理、人才安居等难题。针对上汽大通投资方的需求，为企业量身定制代办服务，从签约到动工用时不到50个工作日，以高效服务赢得企业信任。针对项目建设“审批时间长、盖章多、收费多、中介多、材料多”等困扰，推进“互联网+政务服务”改革，持续深化预审代办制度，推动不动产权证办理下沉街道，率先实行民生事项延时服务，受到企业和群众欢迎。

机关廉政建设 2017年，区级机关工委建立舆情监督和群众诉求办理高效联动机制，健全市、区、部门三级联动监督，及时反馈和督促整改市、区群众评议的意见建议，组织区作风监督员的换聘与培训，每季度通报督查督办情况，先后开展作风督查10次和市、区联动督查2次，发现主要问题46个，下发作风督办单8件。

机关群团活动 2017年，区级机关工委发挥群团组织作用，组织开展“机关青春微讲堂”暨“一月一课一主题”团课，举办庆“三八”插花技能培训、“‘五一’文明健身走，美丽江宁随手拍”等活动。组织机关工作人员开展交通文明劝导、参与文明创建工作。开展区级机关工会联合会换届工作，建立困难党员职工信息库，关怀慰问机关生活困难职工。举办机关书法培训班，组建机关合唱队，参加“拥抱新时代，颂歌献给党”歌咏大赛，举行机关第七届登山活动，凝聚机关正能量。（姚秀荣）

·机构编制管理·

概　况　2017年，江宁区机构编制工作围绕区委、区政府工作大局，全力推进行政审批制度改革和行政管理体制改革，继续加强机构编制控制和配置优化，突出改革创新、从严管理和服务保障，助力全区集成改革试点任务落实，为争当“两高两强”先行军、“两聚一高”排头兵提供机构编制保障。

行政审批制度改革　2017年，区机构编制部门以“预审代办制”改革为重点，统筹推进“不再审批、有效监管”和“不见面”审批及“相对集中行政许可权”改革，按照“一网通办、全程代办、预审联办、集中批办、不见就办”的原则，在市场准入、建设投资、权证办理等重点环节，普遍落实“3550”改革目标，推动审改从机制创新走向体制突破，探索出行政审批集成服务的新路子，受到中央编办及省、市、区领导肯定。中央编办主任张纪南、副主任何建中，常务副省长黄莉新、省编办主任俞军分别到江宁区调研，全省“不见面”审批（服务）改革现场推进会在江宁区召开，《新华日报》、江苏新闻、江苏机构编制网等主流媒体网络也对江宁“预审代办”模式和“3550”工作进行宣传报道。《创新审批方式 释放市场活力》一文还被市编办评为全市机构编制工作创新成果一等奖。江宁的典型经验做法受到国务院督查表扬，在2017年国务院大督查实地督查中予以“免督查”，并奖励土地指标。

行政管理体制改革　2017年，区机构编制部门根据上级部署要求，加强纪委派驻机构建设，设置10个区纪委派驻纪检组；完成巡察工作机构设置，成立4个区委巡察组。组建区行政审批局和江宁开发区管委会行政审批局，设立未来科技城管理机构。组建全区综合行政执法机构，加强安监管理机构建设，调整街道水务管理机构。优化区农业局等涉改部门“三定”方案，整合科技园区管理机构、医疗保险管理机构、区域职业教育资源、妇保计生服务资源和市场监管执法队伍，加大机构和职责整合力度，加强重点领域机构编制配置。

区编委会议　2017年，区机构编制部门召开区编委会2次，审核通过机构编制调整议题52项，其中研究区委巡察办等机构设置2项，制定区行政审批局等4家单位“三定”规定，优化区委农工委等4家单位“三定”规定，调整区委党校等16家单位内设机构，核定调整区运输管理所等17家单位编制职数，设立区烈士陵园管理中心、开发区学校等13家事业单位，将区委老干部局、区文化综合执法大队等4家单位增挂牌子和更名，并明确39家单位安全生产工作职责清单。此外，还通报农村产权流转交易市场建设和公开招聘人员编制计划核拨事项。

规范机构编制资源配置　2017年，区机构编制部门根据中央编办《关于加强机构编制问题整改，推进审批联动的意见》和省编办《关于建立机构编制问题台账完善机制，推进整改工作的通知》，严格按照江宁区《关于进一步加强机构编制管理工作的意见》和《南京市江宁区机关事业单位工作人员流动管理办法》等有关规定，严控机构编制，严肃机构编制纪律，控制新增机构编制审批，建立机构编制问题台账完善机制，推进机构编制问题整改，确保编制总量不突破2012年度基数。此外，根据省、市控编减编工作要求，对比2012年底数，经过对机构、编制和实有人员汇总分析，全区机构按照上级要求规范设置，执行“只减不增”规定不打折扣。

机构编制实名制管理　2017年，区机构编制部门根据机构编制实名制管理“四清两对应”要求，按照实名制管理程序，对全区机关和事业单位1.8万多名实有人员情况进行动态管理。针对单位人员信息变化，严格核准手续，及时调整人员变动数据，确保现有机构与按规定审批机构相一致、实有人员与批准编制和领导职数相对应，确保系统数据准确和资料完整。

机关事业单位辅助人员管理　2017年，区机构编制部门按照《关于严格规范机关和事业单位辅助人员管理的实施意见》，核拨区环保局、水务局和人武部3家单位辅助人员员额使用计划37人；按照市编办、市统计局《关于做好统计工作编外辅助人员配备工作的通知》，配备区统计局专职统计工作辅助人员32人；按照市政府办公厅《南京市基层食品药品监管机构建设指导意见及考核目标》，对配备食品药品安全执法协管员事项进行专题研究，在街道综合执法改革时统筹解决。此外，根据市编办《关于开展各区机关事业单位辅助人员管理工作推进情况专项调研工作的通知》，从岗位类别、用工形式、工资来源、是否签订劳动合同、是否缴纳保险5个方面对全区机关事业单位14032名辅助人员进行摸底分析，并形成汇报材料上报市编办。

事业单位法人监督管理 2017年，区机构编制部门根据国家《事业单位登记管理暂行条例实施细则》规定，及时受理事业单位网上登记、变更、注销、补领和网下纸质材料的复核、审批及证书发放工作。全年办理事业单位设立登记33家，注销登记6家，变更登记109家，变更事项119项，收集整理入档材料139份，为新领取法人证书单位建档33家。完成全区414家事业单位法人年度报告公开和信用等级评价，501家机关事业单位中文域名缴费、挂标核查等日常管理，为机关部门办理颁发统一社会信用代码证书44本。

机构编制日常管理 2017年，区机构编制部门下达部门公开招聘、人员调动编制使用计划复函51件，下达区政府办等单位科级干部职数使用计划复函49件，为1316名军转、招聘、调动和组织任命人员办理列编手续。按照机构编制实名制管理和财政统发工资机构编制审核要求，每月按时对全区1.8万余名在编人员工资信息进行审核。办理2件建议提案和20余件领导批示件，报送工作信息40余篇，被上级编办网站等媒体录用10余篇。落实档案管理各项规定，并做好机构编制文件、列编通知单等资料归档建账工作。 （陶　金）

2017年，区委党校创新培训方式，开展情景模拟教学

胡　倩　供稿

·党校教研·

概　况 2017年，江宁区委党校坚持以习近平总书记系列重要讲话精神为指导，以服务区委、区政府中心工作为根本，以建设学习研究型党校为目标，立足职能谋发展，服务全局做贡献，转型升级求突破，较好完成干部培训、理论宣讲、咨政服务等工作。全年举办主体班15期、22个班次，培训3044人次；承接国家行政学院澳门MPA项目考察团、中央党校西藏干部培训班、省市委党校以及省内外各类干部培训班108期，培训1.59万人次。开展各类宣讲130余场次，受众1.2万余人次；选派2名教师参加区纪委组织的“百村巡讲”勤廉教育活动，到10个街道巡讲10场，受众2000余人次。承接全区部门、街道及村（社区）自用人员招聘考试14场，参加考试6300余人次，为各单位选拔315名工作人员。

中共十九大精神宣传 2017年，区委党校充分发挥阵地作用，深入学习宣传中共十九大精神。从习近平总书记发表“7·26”重要讲话开始，党校教师就投入十九大宣讲备课工作中。十九大召开之际，组织全体教师集中研读十九大报告，开展学习讨论，并选派8名骨干教师赴中国人民大学参加十九大精神专题培训。在较短的时间内，教师加班加点、集中智慧，准备了适合在全区宣讲的中共十九大精神专题课。根据区委要求，组织每周一次的专题学习活动，通过收看教学视频、教师轮流讲授、支部分组讨论等形式引导大家深入领会十九大精神。配合区委组织部，举办中共十九大精神轮训班3期，其中区管正职班1期、学员170人，区管副职班3期、学员600人；配合区委宣传部，组建以党校教师为主体的中共十九大精神宣讲团，选派13名教师深入机关部门、街道、园区、企业、村（社区）等，广泛开展宣讲。

青年教师培养 2017年，区委党校针对教师队伍出现的“断层”，多措并举，加大青年教师培养力度。继续实施师徒结对制度，9月10日，在教师节庆祝会上举行师徒结对仪式，为3名青年教师配备指导教师，要求青年教师和骨干教师互帮互学、共同提高。开展专题试讲评议工作，每个专题课都要通过试讲评议，评议之后进行修改，经认定合格后才能走上讲台，全年举行专题试讲11次。选派骨干教师赴中国人民大学继续教育学院、省委党校、市委党校进行学习、培训或交流，开拓视野、提升素质。11月，组织中共十九大精神宣讲赛课活动，7名青年教师参加赛课，邀请市委党校专家进行评课。

教学改革 2017年，区委党校努力适应干部教育培训的新形势、新任务、新变化，推动教学改革。尝试互动式教学，利用情景模拟室资源，开发出党性（信仰）和法律（案例）2个情景模拟课程，其中党性（信仰）专题首先在溧阳市村（社区）党组织书记培训班上授课，获得学员好评。打造现场教学品牌，在已有区内现场教学点的基础上，新增汤山街道古泉社区和东山街道中前社区2个现场教学点，开辟10条区外现场教学路线，先后组织全区58家单位、5564人次赴延安、井冈山、龙岩、韶山、西柏坡、枣庄、红安等地开展现场教学。自编有江宁本土特色的培训教材，先后组织教师编写《南京市江宁区党员干部教育培训现场教学点概览》《2017—2018年度江宁区党员冬训教材》《党性教育》3本教材。

课题研究 2017年，区委党校秉承“强研兴教，提质升档”的理念，以区情研究为抓手，深入开展科研工作，取得成果。全年有8项课题结项（省党校系统调研课题1项、市党校系统调研课题3项、区软科学课题2项、区政府重点调研课题2项），9项课题立项（市党校系统调研课题3项、区软科学课题1项、区政府重点调研课题2项、区委党史办课题3项）。其中，《提升效能、优化服务、打造江宁区“12345”热线服务品牌》课题获得南京市第五届社科决策咨询三等奖；《供需视角下城市社区居家养老服务发展现状研究——以江宁区为例》课题被评为市委党校优秀重点课题、江宁区首届哲学社会科学优秀成果一等奖；区委党校获南京市委党校第八次科研组织奖。此外，还配合区社会科学联合会开展各项工作，首次进行全区社会科学成果评选，并将获奖作品结集出版。

区委党校异地新建选址 12月2日，市委常委、区委书记李世贵，区委副书记严应骏率区委办、党校、发改局、国土分局、规划分局等单位主要负责人实地察看党校异地新建选址，对两个备选地块进行比较、分析，形成初步意向。12月28日，区委副书记严应骏召集党校异地新建选址建设工作协调会。根据项目功能定位和片区规划布局，综合前期区委领导调研项目选址意见，初步确定将江苏软件园创新大道南侧面积6.7公顷地块（北至创新大道、东至东吉湖、南至银杏湖大道、西至滨湖西路），作为科研项目建设用地。会议明确，按照“一次性规划、分步实施”的要求，做好项目前期工作：江宁开发区负责项目立项工作，江苏软件园负责项目规划设计，区发改局、国土分局、规划分局、党校配合做好项目立项、规划调整、功能设计等工作，推动项目有序实施。 （胡　倩）

·党史与地方志编研·

概　况 2017年，江宁区党史与地方志工作部门贯彻落实《中共中央关于加强和改进新形势下党史工作的意见》和国务院《地方志工作条例》，以及《国家“十三五”时期文化发展改革规划纲要》《关于实施中华优秀传统文化传承发展工程的意见》，坚持围绕中心、服务大局，不断拓展史志工作新领域，努力在“做特、做优、做活”上下功夫，发挥好史志资政育人作用。党史工作方面，启动邓仲铭、陶家齐等烈士连环画创作和纪念改革开放40周年征文活动，完成《江宁县革命斗争史》（一卷本）等纸质核心党史文献资料电子化工作，编撰《南京红色遗址遗迹通览》江宁部分。4月，与湖熟街道联合确定开发和打造湖熟红色旅游线路实施方案；8月，与横溪街道西岗社区签署合作协议，共同推进地方史志特色展陈馆——“知青老屋”项目建设。地方志工作方面，编辑出版《江宁年鉴（2017）》《江宁山水》，有序推进区志资料长编工作，完成《南京市江宁医院志》《古泉村史》等修改审定，启动《彭福村志》《清修村志》《石塘村志》编修工作。是年，《江宁年鉴（2016）》在中国版协年鉴工作委员会举行的全国年鉴编校质量检查评比中获一等奖。

省市志办调研江宁区地方志工作 8月22日，省地方志办公室主任漆冠山、市地方志办公室主任闫文献一行，对江宁区贯彻《地方志工作条例》《江苏省实施〈地方志工作条例〉办法》的相关情况进行调研，并举行省志办向江宁区赠送《江苏历代方志全书》仪式。省、市志办负责人听取了江宁区学习贯彻《地方志工作条例》《江苏省实施〈地方志工作条例〉办法》总体情况介绍和地方志办公室履行职责情况，并实地查看了解全国名镇（村）志编纂工作和方志地情馆建设等有关

8月22日，江苏省志办主任漆冠山、南京市志办主任闫文献等一行5人到江宁区调研指导地方志工作，并赠送《江苏历代方志全书》

宁 鉴 供稿

情况。漆冠山对江宁区的地方志工作给予肯定，并对下一步如何开展地方志工作提出要求。

《江宁年鉴（2017）》出版 9月，由区委、区政府主办，区委党史办公室、区地方志办公室承编的《江宁年鉴（2017）》，由方志出版社出版。该卷年鉴是《江宁年鉴》2001年创刊出版后的第16卷。《江宁年鉴（2017）》内容编辑坚持“大稳定、小调整”，力求规范与创新相统一。增设“资源环境”“旅游业”“资本经营”“人力资源”类目；撤销“开放型经济”类目，相关内容作为分目移至“商贸服务业”类目；拆分“法治 武装”类目，分别设置“法治”“武装”类目。采用类目、分目、条目三级层次结构，按平列式共设特载、大事记、区情概览等28个类目，类目下按行业或事业设157个分目和29个副分目，收录条目1401条，共112.4万字。全书刊发画页93页，随文插图145幅，表格68张。《江宁年鉴（2017）》为大16开本，全彩印刷。

区志资料长编工作 2017年，区史志工作部门有序推进江宁区志资料长编编纂工作，取得进展。3月15日，举办资料长编C类单位编纂人员培训会；5月31日，以以会代训方式，在禄口街道召开全区资料长编街道专题会；8月29日，在区民政局召开A类承编单位专题会。先后赴东山、秣陵、麒麟街道和江宁商务商贸集团等单位现场办公，解决编纂过程中的问题。同时，加强对承编单位的跟踪督导和业务指导。至年末，全区97家承编单位中有75家完成资料长编纲目的拟定，其中东山、禄口、汤山街道和区法院、建工局等47家单位已基本完成资料收集工作，江宁国土分局已形成《江宁区国土资源管理志》送审稿。此外，29家C类承编单位已基本完成区志资料长编工作任务。

《江宁山水》出版 9月，由区地方志办公室和江宁作者赵慕明合作编著的《江宁山水》一书，由北京团结出版社出版，并由全国新华书店经销。《江宁山水》以30万字篇幅、300幅图片，系统介绍堪称名山胜水的江宁“三十六山、二十四水”，其中不乏历史典故、名胜古迹、神话传说、诗词文翰，充分彰显出江宁山水的魅力。

《新四军在江苏》图片展 2017年是全民族抗战爆发80周年，也是新四军成立80周年。7月，由省、市、区委党史办联合举办的“华中抗战的长城——新四军在江苏”图片展在江宁市民中心开展，40多块展板再现了新四军在江苏抗日斗争的英雄事迹。此次展览通过展出一批珍贵的图片史料，展现了新四军在江苏大地上的峥嵘岁月。在血与火的岁月里，新四军在江宁境内也留下了深深的足迹，江宁在中国共产党的领导下，通过建立抗日政权，发动、组织群众开展抗日武装斗争，在抗战史上谱写了可歌可泣的光辉篇章。

（张新贵）

·老干部工作·

概 况 2017年，江宁区因病去世离休干部20人。至年末，全区有离休干部121人。其中，享受副省级医疗待遇2人，享受地市级医疗乘车待遇5人，享受副司局级医疗待遇12人，享受县（处）级待遇28人，其他待遇68人，外省市易地安置离休干部6人。市管退休干部36人。是年，全区老干部工作突出全面从严治党主题，加强离退休干部思想政治建设和党组织建设，围绕迎接中共十九大召开和学习贯彻十九大精神主线，牢牢把握为党和人民事业增添正能量的价值取向，充分发挥老干部独特优势和作用，完善老干部工作制度机制，推进老干部服务管理常态化、制度化、规范化。是年，区委老干部局获“2017年度全省老干部工作先进集体”等称号。

落实老干部政治待遇 2017年，区委老干部局坚持老干部学习制度。4月中旬，举办全区离退休干部学习班，邀请专家教授为离休干部、区（县）管以上退休干部作全国“两会”精神、国际热点问题和全区经济发展情况等专题辅导；10月，组织老干部收看中共十九大开幕式现场直播，学习领会十九大新思想、新论断、新要求；11月中旬，举办中共十九大精神专题学习会，邀请市委党校教授张华民为老干部阐述十九大报告的新精神。坚持通报情况制度，1月下旬、10月下旬，分别召开老干部情况通报会，市委常委、区委书记李世贵向老干部通报全区经济社会发展情况、中共十九大精神和江宁发展规划。坚持走访慰问老干部制度，春节前，对全区老干部进行上门走访，并重点慰问生病住院、子女不在身边老干部和2016年去世老干部遗孀；重阳节期间，对有特殊困难的老干部遗孀及子女不在身边老干部进行走访慰问，开展精神慰藉活动。加强离退休干部党组织建设，3月下旬，对全区离退休干部党支部书记和老干部工作人员进行集中培训，传达学习全国老干部工作“双先”表彰大会及全国、省、市老干部局长会议精神，交流东山街道、汤山街道、区法院、林业局等单位老干部工作先进经验；推进离退休干部党员“一方隶属，多重管理”社区党建试点工作，多次深入东山街道外港社区，帮助建立离退休干部党组织机构，完善各项制度，组织开展活动。10月下旬，完成省委老干部局对试点社区的检查验收工作。坚持为老干部征订学习资料，全年为老干部活动中心阅览室征订报纸、杂志40多种，为区四套班子离退休干部每人征订《南京日报》《新华日报》各1份，为130多名离休干部每人征订《江宁新闻》《江苏广播电视报》各1份，各单位为每名离退休干部征订《银潮》杂志、《中国老年报》各500多份。

改善老干部生活待遇 2017年，区委老干部局继续落实离休干部生活待遇和医疗保障政策，努力改善老干部生活待遇。2月，根据上级文件精神，做好企业离休干部提租补贴缴存比例和基数调整工作，协调区财政局、人社局做好经费发放工作；3月下旬、6月下旬，分别根据上级文件精神，测算企业离休干部一次性生活补贴金额，与区财政局协调，为全区50多名企业离休干部发放生活补贴近23万元；5月中旬，利用3天时间，组织全区100多名老干部在江宁医院进行健康体检。开展温暖夕阳活动，1月上旬，会同区财政局对15名离休干部和离休干部遗孀患大病、重病承担医疗费自付情况进行审核，并启用25万余元老干部及老干部遗孀专项解困基金进行精准帮扶，帮助他们减轻负担；坚持“六必访”制度，每季度上门走访老干部一次，及时了解老干部的政治、生活待遇落实情况，身体、生活状况及服务需求，做好跟踪服务工作，第一时间反映和解决老干部遇到的困难和问题。全年联系走访老干部600余人次，为老干部提供个性化服务40余次；继续开展为90岁老干部上门祝寿等活动，为21名90岁老干部进行上门祝寿，送上生日蛋糕和礼品；及时对生病住院、家庭困难老干部进行走访慰问，对去世老干部上门吊唁，帮助解决实际困难。

丰富老干部精神文化生活 2017年，区老干部活动中心在规范服务管理的基础上，经常组织开展各类主题活动，丰富老干部精神文化生活。3月8日，组织离退休女干部到汤山紫清湖踏春，共度第107个国际妇女节；4月中旬，举办老干部春季趣味运动会，90多名离休干部、区四套班子退休干部以及区（县）管退休干部参加投球、抛沙包、套圈、掷飞镖、定点投篮、托球走等6个项目的比赛；5月17日，邀请南医大附属逸夫医院临床营养中心主任李群为全区80多名离退休干部作“老年人的营养”健康知识讲座；9月下旬，组织开展老年人健康保健知识系列讲座，举办离退休干部喜迎十九大诗歌吟诵会；10月上旬，举办喜迎中共十九大老干部书画、摄影集、邮展。

发挥老干部作用 3月，区委老干部局制定下发《关于在全区离退休干部中开展“畅谈十八大以来变化、展望十九大胜利召开”主题活动和“建言十九大”专题调研的通知》，要求全区各单位聚焦主题，开展理论学习、参观考察、建言献策、主题征文、传统教育等活动，让老干部感受发展变化，讲好中国故事、弘扬中国精神、传播中国好声音，向社会传递正能量，为中共十九大胜利召开营造舆论氛围。组织老干部参观考察、建言献策，组织副区级以上离退休老领导到江宁开发区、南京奥联汽车电子电器股份公司、湖熟街道等地参观，听取情况汇报，详细了解相关企业和新农村建设状况；组织区（县）管以上离退休干部到南京智能电网博览馆、未来网络小镇、九龙湖国际总部研发园等地参观，了解江宁的发展变化；组织老干部围绕贯彻落实“五大发展理念”，进一步提高党的执政能力和领导水平，推进江宁建设发展等课题建言献策，收集各类建议80条。组织全区离退休干部参加“强富美高新南京·2017”新春网络寄语活动，400多名离退休干部和“五老”志愿者通过诗歌、楹联等形式宣传社会主义核心价值观，抒发对江宁城乡新变化、新发展和新风尚的感受。组织老专家、老学者进学校、进社区、进军营开展革命传统宣讲和为民服务活动。通过开展“党啊，我想对您说”征文活动，收到老干部各类征文20余篇，区媒体采用6篇，市采用2篇。邀请4名离退休干部参加“我看十八大以来新变化”访谈活动，引导老干部在新闻媒体、网络发声。

4月24日，区委老干部局组织区（县）管以上离退休干部到南京智能电网博览馆、未来无线谷小镇、九龙湖国际总部研发园等地参观，并听取老干部意见和建议　　赵定顺　摄

区老年教育协会　2017年年末，全区有各类老年学校233所，比2016年增加5所，教学延伸点116个；入学老年学员5.03万人，增加5748人，入学率29.9%，在线、网络学习1.56万人，在校在线参学总人数6.59万人，参学率39%。区、街道、村（社区）三级经费投入1612.5万元。区老年教育协会以老有所为、奉献社会为导向，以提高老年人入学率、参学率、社区办学巩固率为目标，进一步明确老年教育的教育属性，将老年教育工作列入街道社区教育中心的职责范围和考核内容。全区各级老年学校通过辅导讲座、书画摄影、演讲征文和文艺演出等形式进社区、入广场、走养老机构，掀起中共十九大精神宣传热潮。10月29日，全区老年教育系统“喜庆十九大，永远跟党走，共筑中国梦”文艺演出在区市民中心礼堂举行，11所老年大学400多名老年学员参加演出，区领导孔令才、刘玲、严应骏、梁爱国、缪秀梅等观看演出。11月，南京老年大学协会在东山召开座谈会，区老年教育协会、区老年大学、东山老年大学作交流发言。探索多元化老年教育新模式，形成具有江宁特色新亮点，最后一批社区老年学校全部通过规范化建设验收，牵头改编的《美丽江宁——老年教育读本》面世，与区老年大学合办网站上线，江宁区社区老年教育全覆盖和区老年大学特色办学经验双双入选中国老年大学协会“五个十”工程项目，并正式出版。区福利中心和东山、汤山、淳化、禄口、江宁、谷里、湖熟等7个街道敬老院分校办学点已开班办学，汤山古泉社区“教养医体文”结合，湖熟徐幕社区杨家村市级居家养老基地分校开办，提升了老年教育新内涵。召开区老年大学教学示范推进会、淳化美丽乡村社区校教学现场推进会、秣陵社区老年学校规范化建设和谷里“教养医体文”相融合现场观摩会等。坚持有为导向，加快志愿者队伍建设，全区现有学员志愿者队伍258支，老年志愿者8509人；有文艺团体284个，全年开展活动850场。汤山老年大学泉之韵文艺队在江苏省老人体育球操展示交流中获优胜奖，麒麟老年大学书法研修班宋军的书法作品获中国书画网举办的全国首届“一带一路国礼杯”书画大赛金奖等。

区老年大学　2017年年末，区老年大学有9个系，97个班级，45个专业，52名教师，1820名学员，参加学习2955人次，新增裱花、剪纸等专业。承办江宁区老年教育系统庆祝中共十九大胜利召开文艺演出，获区老年教育协会颁发的优胜奖。戏曲系与秣陵街道双金社区联合开展以“喜迎十九大，戏曲送下乡”为主题的系列活动，到国悦祖堂山养护院、桃园老年公寓等养老院进行慰问演出，还与江宁电视台“家住江宁”“老年生活”等栏目合作拍摄专题并播出，学员陈平获第三届全国黄梅戏戏迷大赛“十佳优秀”表演奖。校合唱队参加南京市纪念长征胜利80周年歌咏大赛获二等奖。国画系工笔班学员花胜利在玄武湖举办个人画展，花鸟画教师徐元英入选第二届“中国书画人才”。文学系利用中秋节、重阳节等传统节日组织诗会，诗词班《天印樵歌》专刊已连续出刊5期。诗词教师尹国庆入选全球汉诗总会会员、中国诗词协会会员并任江苏春华诗社副社长、《江海诗词》杂志编委。学校摄影协会入选市老年摄影协会25人、省老年摄影协会25人。学校体育部重组乒乓球队，并举办乒乓球大赛。

区老年书画联谊会 2017年年末，区老年书画研究会在册会员78人，其中新增5人。区老年书画研究会坚持以人为本、服务社会，努力提高办会质量，做到活动制度化、管理规范化。书法、美术组每月活动2次，会员出勤率85%以上。全年主办土山路书画廊画展15期，展出会员书画作品540幅，其中会员集体展5期，郑维友、夏才保、陈振肖、郭北银、何如春、骆祖芝等32名会员举办个展或联展；主办老干部局院内宣传栏12期，展出书画作品144幅。选送15幅书画作品参加由江苏省老年书画研究会主办的“第五届‘贝杉杯’全国书画作品大赛”，韦昌富获三等奖，姜耀忠、吴华新、侯雨修、陈建芳获优秀奖；选送韦昌富、刘凤台、吴华新、庞秀玲的书画作品参加南京市老干部喜迎十九大书画展。10月，选送39幅书画作品参加“江宁区老干部喜迎十九大书画、摄影、集邮作品展”，并全部入编区委老干部局编辑出版的《共筑中国梦——喜迎十九大江宁区老干部书画、摄影、集邮作品集》。9月，韦昌富个人书法作品展在江宁东晋博物馆举办，省老年书画研究会会长张秉铎应邀出席开幕式并讲话，开展当天参观者200多人，《富逸古稀笔墨真——韦昌富书法作品集》同期出版。1月，韦昌富、吴华新、张广立等参加由省老年书画研究会、省福利彩票发行中心、区民政局和区老年书画联谊会联合举办的迎新春送春联福到石塘活动；5月，组织韦昌富、姜耀忠等13人到临江高级中学开展老少笔会，现场创作书画作品200余幅。

东山诗社 2017年年末，东山诗社（区诗词楹联学会）有在册社员（会员）222人，其中新发展会员20人。东山诗社坚持服务全区中心工作，开展采风活动，繁荣诗词创作，在写江宁、唱江宁、宣传江宁中迈出新步伐，取得新成果。定期出版《东山诗苑》，每年4期，累计出版116期。《东山诗苑》全彩印刷，内有彩页、彩照和书画插图，容量80多版，全年刊登1200多人的2500多首诗词作品。12月，通过“江苏省诗词之乡”检查验收，江宁区在全市率先获得“江苏省诗词之乡”称号。组织会员开展采风活动8次，与《东山风》共同采风3次，创作一批歌唱江宁美丽乡村的诗词作品。与区作家协会、湖熟红枫诗社、杨柳湖文化发展公司联合举办江宁区第五届杨柳湖端午诗会，举办“喜迎党的十九大”征诗、诗歌吟诵活动。组织参加省、市开展的诗歌征集活动，参加“诚信南京·2017新春网络寄语”并获一等奖4个、三等奖3个、入围奖3个。参加市第十届鸡鸣寺端午诗会、市“纪念建军90周年”诗词征集、溧水九塘采风和纪念新四军成立80周年诗歌吟诵会，俞可森、张泰霖的诗作在会上朗诵，并编入专集出版。10月13日，参加在谷里小学召开的南京市老少齐颂十九大暨先进表彰会，6人的作品在会上朗诵并获市文联创新奖。（邓　平）

南京市江宁区人民代表大会

概　况 2017年年末，江宁区第十七届人民代表大会有代表323人，全区有省人大代表4人、市人大代表59人。区人大常委会组成人员36人，在区十七届人大一次会议上设立区十七届人大法制、财政经济2个专门委员会，常委会内设机构有办公室、研究室、内务司法工作委员会、预算工作委员会、教育科学文化卫生委员会、环境资源城乡建设委员会、人事代表联络委员会、民族宗教侨务台湾事务委员会、农业和农村委员会，派出机构有10个街道工作委员会和3个开发园区工作委员会。是年，区人大常委会以中共十九大精神为统领，学习贯彻习近平新时代中国特色社会主义思想，坚持党的领导、人民当家作主、依法治国有机统一，务实履行法定职责，完成区十七届人大一次会议确定的各项任务，为推动“强富美高”新江宁建设做出积极贡献。

区第十七届人民代表大会第一次会议 1月5—8日，江宁区第十七届人民代表大会第一次会议召开。市委常委、区委书记李世贵和区领导祁豫玮、王国亮、孙桂明、孔令才、李万平、严应骏、刘玲等出席会议，大会主席团常务主席王国亮主持会议。代区长祁豫玮代表区政府向大会作工作报告，区十六届人大常委会主任王国亮作区人大常委会工作报告，区人民法院代院长作区法院工作报告，区人民检察院检察长作区检察院工作报告，大会审议并通过上述报告及其他各项报告。大会以无记名投票方式选举孔令才为区十七届人大常委会主任，陈升、刘维新、王登华、汪洁为副主任；选举祁豫玮为区人民政府区长，李滨、张会祺、李雁、周育刚、焦龙、缪秀梅、董涵为副区长；选举严忠琴为区法院院长；选举金波为区检察院检察长。

区人大常委会会议 2017年，区十七届人大常委会共召开常委会会议8次，开展执法检查2次、专题询问1次，依法任免国家机关工作人员336人次，开展履职评议4人次，作出审议意见12项，对5项审议意见落实情况进行评议和测评。

3月8日，区十七届人大常委会第一次会议通过区人大常委会2017年工作要点、《关于设立南京市江宁区第十七届人大常委会代表资格审查委员会的决定》。

3月31日，区十七届人大常委会第二次会议听取和审议区检察院关于反贪污贿赂工作情况的报告；听取和审议区人大常委会执法检查组关于《南京市华侨权益保护条例》实施情况的执法检查报告；通过关于接受高正峰辞去江宁区第十七届人民代表大会常务委员会委员职务请求的决定。

5月31日，区十七届人大常委会第三次会议听取和审议区政府关于全区文化产业发展情况的报告；听取区政府落实《关于新型合作医疗（居民医疗保险）实施情况报告的审议意见》《关于〈南京市汤山旅游资源保护条例〉的审议意见》情况的报告，并进行测评；通过《南京市江宁区人民代表大会关于街道（园区）预算审查监督办法（试行）》。

6月29日，区十七届人大常委会第四次会议通过关于接受崔吉胜辞去江宁区第十七届人民代表大会常务委员会委员职务请求的决定、关于接受强艳丽辞去江宁区第十七届人民代表大会常务委员会委员职务请求的决定、关于接受邓旭辞去南京市第十五届人民代表大会代表职务请求的决定。

7月31日，区十七届人大常委会第五次会议听取区政府关于2017年上半年工作情况的报告，关于2017年上半年国民经济和社会发展计划执行情况、财政预算执行情况的书面报告；听取和审议区政府关于2016年度财政决算（草案）的报告、关于2017年市转贷新增地方政府债券安排及预算调整方案（草案）和地方政府债务限额的报告、关于2016年度区本级预算执行情况和其他财政收支的审计工作报告，审查批准2016年度财政决算、2017年市转贷新增地方政府债券安排及预算调整方案和地方政府债务限额；听取和审议区政府关于区十七届人大一次会议代表建议、批评和意见办理情况的报告。

9月28日，区十七届人大常委会第六次会议听取和审议区政府关于全区精准帮扶工程推进情况的报告；听取和审议区人大常委会执法检查组关于《南京市住宅物业管理条例》实施情况的执法检查报告；听取和审议区民政局、安监局、交通运输局、卫生计生局主要负责人履职情况的报告；通过关于对江宁区第十七届人民代表大会代表冯魏采取强制措施的决定。

11月28日，区十七届人大常委会第七次会议听取和审议区政府关于“263”专项行动计划推进情况的报告，开展专题询问；审查和批准区政府关于2017年预算调整方案；听取和审议区政府关于2016年度审计查出问题整改情况的报告；听取区检察院落实《关于区检察院反贪污贿赂工作情况报告的审议意见》、区政府落实《关于〈南京市华侨权益保护条例〉实施情况执法检查报告的审议意见》《关于全区文化产业发展情况报告的审议意见》情况的报告，并进行测评；通过关于召开区十七届人大二次会议的决定、有关接受辞职的决定。

12月26日，区十七届人大常委会第八次会议听取区政府关于2017年国民经济和社会发展计划执行情况与2018年计划草案的报告、关于2017年财政预算执行情况与2018年预算草案的报告；听取区十七届人大二次会议筹备工作情况汇报；讨论并原则通过区人大常委会工作报告；通过区十七届人大二次会议议程草案、日程草案和主席团、秘书长等人员建议名单；通过区十七届人大二次会议特邀人员和列席人员名单；通过关于接受段惠元辞去江宁区第十七届人民代表大会代表职务请求的决定；听取区十七届人大常委会代表资格审查委员会关于代表资格的审查报告。

专题视察 2017年，区十七届人大常委会开展专题视察5次，分别视察全区三年水利建设行动计划（2016—2018年）推进、宗教场所管理、创新创业载体建设、特色小镇建设、养老服务体系建设情况，提出专题视察意见5项。

职责履行 2017年，区人大常委会讨论决定重大事项，对市转贷新增地方政府债券安排、预算调整方案、地方政府债务限额以及上一年度区级财政决算等，及时审议并作出决议。落实重大事项请示报告制度，及时报送常委会的审议意见、专题视察意见、调研成果和重要文件。依法任免常委会工作机构组成人员150人次，区政府组成部门负责人34人次，区法院、检察院有关人员152人次，落实宪法宣誓制度。依法补选9名区人大代表，并做好连任市人大代表的提名推荐工作。主动融入推进大走访、信访维稳、精准扶贫、集成改革、房屋征收拆迁、黑臭河道整治等中心工作。

监督实施 2017年，区人大常委会密切关注经济运行，听取区政府上半年工作情况报告，全程跟踪国民经济和社会发展计划、财政预算的编制与执行，以全市街道预算审查监督工作现场会为契机，推广江宁做法和经验。听取审计工作报告、审计查出问题整改情况报告。关注推进创新创业载体建设发展、特色小镇建设、政府采购、台企发展、民宿产业等工作。专题审议反贪污贿赂工作开展、文化产业发展、精准帮扶工程推进情况，专题询问“263”专项行动计划推进情况，专题调研残疾人权益保障、区法院执行、职业教育事业发展情况。对《南京市华侨权益保护条例》《南京市住宅物业管理条例》开展执法检查。做好人大信访工作，全年受理来信12件，接待来访10批15人次。对区民政局、安监局、交通运输局、卫生计生局主要负责人履职情况进行评议，提出整改意见，进行满意度测评并作出审议意见。

代表工作 2017年，区人大常委会领导分赴5个街道、园区接待27名代表，将相关建议汇总整理后按规定进行处理。组建内务司法等6个代表专业组并纳入常委会工作体系，邀请36名代表列席常委会会议，组织68名代表向原选区选民述职，密切常委会、代表、群众之间的联系。强化代表履职保障与管理，区、街两级举办各类学习、培训62次，开展各类调研、视察77次。推动“人大代表之家”向群众身边延伸，56个代表之家中有43个设在片区、社区或行政服务中心。通过召开专题推进会、审议办理情况报告等形式，推进代表建议督办，所有建议的面办满意率100%，答复满意率93.88%（基本满意率为6.12%），办成率82.7%。

2月7日，区人大常委会主任孔令才到上坊片区开展专题调研
杨 彬 摄

市人大代表江宁组定向定点视察市公安局工作 7月6日，市人大代表江宁组围绕“平安南京建设”主题，对市公安局开展定向定点视察和检查活动。代表们实地视察江南公交公司驻企警务室、中央路公交总公司站台、长途客运南站以及南站地区路地公安联勤联动指挥部，观看平安南京建设汇报专题片，听取相关工作情况汇报。在肯定工作成效的基础上，代表们建言献策。9月7日，市人大代表江宁组围绕“反恐防范”主题，对市公安局开展定向定点视察和检查活动。代表们实地察看鼓楼地铁站、紫峰大厦，参观反恐处突器材展示，了解地铁站武装巡逻、警犬巡防工作以及大厦人防、物防、技防情况。在观看专题片，听取相关工作情况汇报的基础上，代表们对全市反恐工作提出意见和建议。

（王 敏）

南京市江宁区人民政府

·综 述·

概 况 南京市江宁区人民政府由22个工作部门、4个列入政府序列不计入政府机关工作部门、7个派出机构、1个事业局、4个直属事业单位、6个相对独立运行机构、1个集体经济组织组成；区政府有区长1人、副区长9人、副巡视员1人、副区级干部3人。2017年，是新一届区政府履职的第一年，区政府紧紧围绕“两聚一高”主题和“一个高水平建成、六个显著”目标，坚持以供给侧结构性改革为主线，团结和带领全区人民扎实苦干、克难奋进，完成区第十七届人代会第一次会议确定的各项目标任务，为率先高水平全面建成小康社会奠定了坚实基础。

区政府常务会议 2017年，区政府共召开常务会议22次。

1月11日，研究《南京市江宁区人民政府议事决策规则（修改稿）》、区政府领导班子工作分工、《政府工作报告任务分解落实方案（讨论稿）》、《2017年江宁区建成区黑臭河道整治攻坚方案（讨论稿）》、提高2017年度被征地养老年龄段人员保障待遇事宜。

1月24日，听取全区安全生产有关情况汇报，研究《江宁区卫生计生事业发展第十三个五年规划（讨论稿）》《农村宅基地和房屋统一登记试点工作相关问题的处理意见（讨论稿）》和滨江开发区综合医院PPP项目事宜。

2月16日，研究《江宁区开展主攻重大项目活动的实施方案（讨论稿）》、推进上汽大通项目建设事宜、《江宁区科技创新创业行动计划（讨论稿）》、江宁高等职业学校（筹）相关事宜。

2月27日，研究《关于推进农业供给侧结构性改革，促进农民持续增收的实施意见（讨论稿）》、《中部水乡田园型美丽乡村示范区建设三年行动计划（讨论稿）》、2016年度全区村（社区）分类评价、省市区中央环保督查反馈意见整改工作分工事宜、《2017年江宁区城乡精细化建设管理“10+1”专项任务方案（讨论稿）》和江宁区棚户区改造扶持政策事宜。

3月14日，研究城建重点工程前期工作联动机制事宜、人才工作系列文件、《贯彻落实〈市政府办公厅关于进一步加强社区专职工作者队伍建设的通知〉的实施意见》、《江宁区农贸市场提档升级、精细化管理工作专项行动方案》、《关于主攻重大项目的实施方案》、南京外国语学校方山分校项目事项、新建区中医院门诊及医教研中医康复综合大楼事宜、出资加入蔚来新能源产业发展基金等事宜。

4月5日，研究全区一季度经济运行情况和重大项目推进情况、《2017年江宁区房屋征收实施行动计划（讨论稿）》、关于江宁区2017年房屋征收工作提速十大措施及开展房屋征收提速年立功竞赛活动事宜、关于全区安全生产“扫雷”专项行动方案（讨论稿）、《关于江宁区2017年度“两减六治三提升”专项行动考核办法（讨论稿）》、关于江宁区第二届春牛首国际马拉松筹备情况、关于全区夜景灯光亮化工作有关事宜等议题。

5月4日，研究《南京市江宁区法治政府建设实施方案（2017—2020）》《江宁区关于进一步加大工业投资的实施办法》《关于深化供给侧结构性改革的实施意见》等文件以及拟纳入全区“三重一大”决策项目、2016年度首届江宁质量奖（含提名奖）推荐名单、苏豪汤山温泉康养特色小镇基础设施建设项目等议题。

5月10日，研究《江宁区建成区雨污分流专项任务攻坚方案》《江宁区安置房小区物业市场化管理办法》《江宁区城市夜景照明建设及管养实施方案》《江宁区“十三五”妇女发展规划》《江宁区“十三五”儿童发展规划》《江宁区“十三五”民政事业发展规划》《江宁区“十三五”养老服务业发展规划》《江宁区交通干线沿线环境综合整治“五项行动”方案》《江宁区关于实行审计全覆盖的实施意见》等议题。

6月3日，研究《江宁区大气污染防治行动计划2017年度实施方案（讨论稿）》《江宁区土壤污染防治行动计划（讨论稿）》《南京市江宁区人才安居办法》《关于聚焦富民进一步促进城乡居民持续增收的实施意见（讨论稿）》《江宁区关于加强街道水务管理服务站建设的意见（讨论稿）》《南京市江宁区“十三五”节水型社会建设规划（讨论稿）》《南京市江宁区0～3岁婴幼儿早期发展工作提升行动实施方案（2017—2020年）（讨论稿）》《汤山旅游度假区汤西片区综合开发PPP项目实施方案（讨论稿）》等议题。

6月14日，传达市政府常务会等会议精神，研究《江宁区工业、科研企业资源集约利用绩效评价暂行办法》《南京市江宁区地质灾害防治管理办法》《关于进一步加强城管队伍建设，提升城市治理水平的实施意见》《江宁区城市治理工作考核办法》《房屋征收工作领导包案制方案》以及汤山景观提升工程相关事宜等议题。

7月13日，研究全区国家全域旅游示范区创建工作、全区国家公共文化服务体系示范区创建工作、全国农村社区建设示范区创建工作、《江宁区鼓励开展博士后工作的实施办法（试行）》、2017年拟纳入“三重一大”决策事项项目（第二批）等议题。

8月9日，研究《“健康江宁2030”规划纲要》《健康江宁建设行动计划（2017—2020年）》《深入实施创新驱动发展战略，打造长三角自主创新引领区的若干政策措施（讨论稿）》《关于不动产登记“1+2”改革方案》等事项。

9月4日，研究省级环保督察迎查工作、对口帮扶陕西省洛南县工作方案、金洽会筹备工作情况、《江宁区子汇洲饮用水水源地保护区范围隐患码头关闭整治工作方案（讨论稿）》、滨江开发区卡耐新能源电池包核心生产基地一期项目纳入“三重一大”范围等事宜。

9月14日，研究《创新管理，优化服务，培育壮大经济发展新动能的实施意见》、《加大关键领域和薄弱环节补短板工作力度的实施方案》、《构建和谐劳动关系的实施意见》、《江宁区农路提档升级三年行动计划（2018—2020）》、征地失地人员转社保地块衔接政策、《江宁区人才安居办法》、《加快全区装配式建筑项目推进的实施意见》等相关事宜。

9月28日，研究全区国家公共文化服务体系示范区创建工作、江宁区全民健身计划、《江宁区特色田园乡村建设实施、奖补、评估、考核细则（试行）（讨论稿）》、《进一步加强重大项目用地精准保障的实施意见（讨论稿）》、《贯彻〈江苏省“十三五”时期基层基本公共服务功能配置标准〉的实施意见》、江宁区公共安全视频监控联网应用系统、利用金箔路原农行大楼改造建设区综治中心等相关事宜。

10月23日，研究土桥污水处理厂准四类提标改造工程、落实南京未来科技城资金扶持政策相关事宜。

11月4日，传达学习中共十九大精神，研究《2018年全区转型升级重大产业项目计划》《2018年全区城乡建设行动计划》《江宁区国有企业职工家属区“三供一业”分离移交工作实施方案》《全区地方债务化解方案》《全区2017年财政预算调整方案（草案）》等议题。

12月2日，研究《2018年江宁区民生实事》《江宁区消防能力提升三年行动方案》《江宁区单位生活垃圾强制分类实施方案（2017—2020）（讨论稿）》《江宁区农村生活垃圾分类实施方案（2017—2020年）（讨论稿）》《关于“十三五”期间全区新改扩建污水处理厂出水提标到准地表Ⅳ类的实施意见（讨论稿）》《江宁区应急广播体系实施方案（讨论稿）》《秦淮河洋桥、横溪河黄桥断面水质改善工作方案（讨论稿）》《整合涉农资金，连片推进农村耕地质量提升工作实施方案（讨论稿）》《关于2017年拟纳入“三重一大”决策事项项目（第四批）（讨论稿）》，以及南京殡仪馆二期道路工程等议题。

12月22日，研究《政府工作报告》、《江宁区2017年国民经济社会发展目标任务及2018年国民经济社会发展目标》、关于2017年预算执行情况、《2018年预算（草案）》、2018年区本级专项资金安排情况、《江宁区2018年生态文明建设工作目标（讨论稿）》、“263”工作年度完成情况、土山片区房屋征收政策、《江宁区农村道路绿化工作实施方案（讨论稿）》、《进一步加大区级财政对村（社区）转移支付力度的实施方案（讨论稿）》等议题。

12月23日，通报近期上级消防工作会议精神，学习《消防安全责任制实施办法》，研究《对标找差，创新实干，推动高质量发展工作方案》《全区主导产业优化升级的意见（讨论稿）》《全区成品油流动加油车非法经营专项整治方案（讨论稿）》《2017年拟纳入“三重一大”决策事项项目》等事宜。

调查研究 2017年，区政府办公室围绕全区中心工作，组织开展调研活动，取得成果。全年刊发《调查与研究》39期，分别为《全区知识产权工作的现状及对策建议》《全区城市精细化管理面临的问题及路径探索》《全区智能电网产业标准化发展调研报告》《全区洗车行业存在的问题及对策建议》《新产业新业态孕育江宁经济增长新动力》《关于全区工业集中区发展的几点思考》《2016年江宁区产业发展报告》《组织实施六大工程，争创全国优秀公安局》《从GDP核算及产业发展角度看江宁乡村旅游》《聚力创新，聚焦研究，全面推进党史地方志工作制度化》《关于利用PPP模式，加快推进新市镇建设的实践与思考》《强化矛盾调处机制建设，创新引领物业规范管理》《工业用地“先租后让”供地探索与思考》《“互联网+”背景下的农村电子商务发展研究》《聚力产权制度创新，聚焦转型发展富民》《江宁区“专精特新”产品企业调研》《环境整治加速度，城乡颜值跃提升》《关于全区公共交通可持续发展的思考》《构建地理信息公共平台实现数据资源集成共享》《政企合力共推建筑业做大做强》《全面开展排水达标区建设，助力全区生态文明体制改革再深化》《新形势下基层物业管理工作中存在的问题及对策研究》《江宁与江阴经济发展驱动因素比较分析》《探索地方园区培育新动能的路径》《农旅融合促发展，乡村振兴显生机》《关于全区街道服务管理创新工作的探索和思考》《打造高原美丽乡村新品牌，书写合作共建共赢新篇章》《关于打造宁台生态休旅示范区的思考》《积极探索实践，推动价格争议调解处理工作创新发展》《关于汤山园街一体发展的思考》《关于江宁区加强招商引资队伍建设的思考》《江宁区农村公路管养机制改革研究》《以人为本，因地制宜提升社会治理成效》《江宁区“多规合一”工作探讨》《城市型园区发展路径的对策与研究》《创新发展添动力，共筑国资改革梦》《关于加强全区森林防火工作的思考》《关于国有企业如何做好当前粮食工作的思考》。

（刘　畅）

江宁与南理工开展全面战略合作 1月15日，江宁区与南京理工大学签订全面战略合作协议，市委常委、区委书记李世贵和区领导梁爱国、张会祺、周育刚、米永强、缪秀梅、董涵，南京理工大学党委书记尹群、校长付梦印参加签约仪式。根据协议，江宁区与南京理工大学将在加强协同科技创新、推进科技成果转化、共建国家大学科技园和“双创”示范基地、支持人才培养和国际合作交流、加大人才引进力度等方面开展全面战略合作。当天，南京理工大学还与汤山街道签订共建南京理工大学科技创新研发园合作协议。

江宁区与南京工程学院合作共建科技创新平台 1月15日，江宁区与南京工程学院签订全面战略合作协议，市委常委、区委书记李世贵和区领导梁爱国、张会祺、周育刚、米永强、董涵，南京工程学院党委书记史国君、校长孙玉坤参加签约仪式。根据协议，江宁区将与南京工程学院在科技创新平台建设、科技成果转化、高层次人才引进和培养、科创人才交流服务等方面开展深度合作，双方共建南京工程学院大学科技园、政产学研合作平台和高端服务平台，促进区域经济社会发展，助推南京工程学院创建特色鲜明的高水平应用型工程大学和应用型本科质量名校。

全国“双创周”江苏分会场 9月15日，2017年全国大众创业万众创新活动周江苏分会场暨“创响江苏”活动月启动仪式在江宁区举行。省委副书记、常务副省长黄莉新，省委常委、市委书记及市委常委、区委书记李世贵，市委常委、秘书长杨学鹏及中国工程院院士沈国荣、程泰宁、张全兴等参加。“双创周”江苏分会场在江宁区设置全省创新创业成果展，还专门在场馆内布置江宁专区，通过文字、图片等，展现江宁大众创业万众创新的浓厚氛围。会场外布置了埃斯顿、亿嘉和科技等江宁本土创新型企业展台，展示前沿科技，机器人书法、VR拍摄等新科技产品。9月15—21日活动周期间，以“双创促升级，壮大新动能”为主题，在全省范围内组织开展成果展示、会议论坛等双创活动。9月22日至10月15日，以“双创在身边，富民在行动”为主题，由各设区市和省级部门举办“创响江苏”巡回接力系列活动，集中展示江苏近年创新创业富民成果。

第六届中国创新创业大赛总决赛 9月16日，随着科技部火炬中心主任张志宏向各行业赛承办地授旗，第六届中国创新创业大赛全国总决赛在江宁区拉开战幕，其中生物医药行业总决赛也在江宁进行。省科技厅厅长王秦，副市长黄澜，科技部火炬中心副主任盛延林和区领导祁豫玮、严应骏、梁爱国、张思明、周育刚、米永强、董涵、王爱军等参加开幕式。中国创新创业大赛是国内规格最高、规模最大、影响最广的“双创”赛事，分为各省地区赛和全国总决赛两个阶段，总决赛设电子信息、生物医药、先进制造等6个行业领域。此届大赛

9月16日，参加全国“双创”大赛生物医药行业总决赛的企业团队参观了江宁区有关园区和生物医药企业，江宁浓厚的创新创业氛围和科创企业的高科技产品给他们留下深刻印象　　区新闻中心　供稿

共有2.81万家企业参赛，在36个地方赛区竞赛数月，最终有50余家初创企业和170余家成长企业入围生物医药行业总决赛。结合江宁实际和生物医药行业特点，此次赛事策划了“1+3+5+7”共16场系列活动，集展览展示、创业竞赛、产业合作、人才交流、项目洽谈、金融投资于一体，向世界发出“才聚金陵、赢在江宁”的邀请。开幕式上，黄澜与盛延林共同为4名江苏创新创业大赛获奖选手发起成立的“创客江苏”先锋营启动开营，区长祁豫玮与江苏高投集团董事长张伟共同为首期规模10亿元的“江苏双创大赛医疗健康创投基金”揭牌，第一届至第五届中国创新创业大赛总决赛5名获奖企业负责人分享了获奖感受。开幕式后，作为赛事重要活动之一的国际生物医药领袖峰会举行，中国药科大学校长、德国科学院院士来茂德，正大天晴集团股份有限公司总裁王善春分别作题为“生物医药领域的创新和发展”“全球化背景下的中国生物医药发展趋势及投资机会”的演讲。

（宁　鉴）

·人　事·

概　况　2017年，江宁区人事工作紧扣区委、区政府中心工作，主动适应区域经济社会发展需求，牢固树立“人才是第一资源”工作理念，着力打造多方位人才就业、创业服务平台，加大人才引进和培养力度，力促高层次人才集聚，推进人才交流合作。加强公务员管理、事业单位招聘、军转干部管理等工作，人事工作取得新成效。

高层次人才交流引进　2017年，区人社部门打造人才服务平台

11月17日，区人社局在梧桐林创聚广场举办江宁区第二届青年大学生创业大赛。图为大赛现场　区人社局　供稿

“梧桐林创聚广场”，开展海外引智“海鸥计划”，组织区内园区、载体参加第10届南京留交会、2017年大连“海创周”、“百名博士江苏行”和第二届海交会暨第19届广交会等国内外高层次人才交流活动，对接国内外高层次人才491人，现场签约159人。组织申报“创业南京”高层次人才引进计划107个，入选32人。实施“创聚江宁”高层次人才引进计划，项目申请456个，入选101个；高端团队引进计划组织申报10家，入选8家；其他人才计划申报11项，推荐人才和企业23个。创建市级留学生创业园2家，入选落户企业82家，签订资助协议拨付资金79家。开展入选企业年度监测及中期评估178家，兑现政策47人，办理南京市人才居住证69人，协调人才子女入学4人。

人才服务　2017年，区人社部门办理人事代理5959人，其中应届毕业生2078人，接收档案5960份，转出档案1506份。申报初级职称2050人，继续教育公共课培训1699人，继续教育学时审验2126人。落实南京市人才安居政策，审核高校毕业生租房租赁补贴1.22万人次，累计发放补贴1954万元。发放自主创业贷款3080万元，比2016年增长7.55倍。申报职称2263人，其中事业单位申报通过1159人，包括教育类929人，卫生类179人，其他类51人；企业申报通过613人。推行不见面审批，全年网上审批职称初定人员2084人，其中初级职称1874人，中级职称210人。

公务员管理　2017年，区人社部门完成区财政局、国土分局、统计局、安监局、农业局、市场监管局6家单位19名工作人员的考察及录用工作，区政府机关及参公事业10家单位符合招录要求的编制计划18人。对20家单位、30名军转干部在部队任职情况进行审核，确定10名副主任科员、20名科员职级；为试用期满的1名副主任科员、10名科员确定相应职级。对东山、秣陵街道2名工作人员办理职务职级晋升套改。对符合任职条件的80名中层领导职务和5名非领导职务人员进行任职批复。完成军转干部41人、考录22人、选调生

4人、区外调入的16人的信息采集入库，对因职务调整、工作变动的30余人信息及时调整到人员所在单位，对区内调出的7人以及退休、开除、辞职辞退人员信息进行删减，实现信息数据及时更新。

公务员培训 2017年，区人社部门制定并完成年度公务员培训计划，包括2期科长培训班，每期6天，培训100人；4期骨干培训班，每期3天，培训400人；6期全员轮训班，每期2天，培训1800人。选派3家单位的8名科级干部分别参加南京大学、晓庄学院开展的“公务员心理健康与压力应对”等2门课程的学习。加强网上学习的检查督促和管理，全区80家单位、3513人累计完成2.4万个学时学分，2105人超额完成学时学分。

机关事业单位年度考核 2017年，区人社部门会同区委组织部对全区51家政府机关、10家参公管理事业单位的2339名工作人员考核等次比例、考核备案及考核登记表进行审核、审批。其中，优秀298人，优秀率12.7%；不定等次26人；1人考核不称职。全区事业单位实际参加考核14096人。其中，优秀2099人，占14.89%；合格11609人，占82.36%；基本合格5人，占0.035%；不合格11人，占0.078%；不定等次372人，占2.64%。对各主管部门申报的事业单位工作人员拟授嘉奖、记功情况进行审核，审核通过500人，其中记功86人，嘉奖414人。

事业单位招聘管理 2017年，区人社部门根据《江苏省事业单位公开招聘人员办法》，全程指导、督促和检查全区事业单位招聘活动，办理教育系统629名新教师、卫计系统17名校医、14名公开招聘高层次人才及其他事业单位68名新聘人员的聘用审批手续。审核办理区内调动手续26人，区外调入手续29人，调出手续8人。完成18个部门、110家事业单位的岗位设置调整工作，以及1125名事业单位工作人员岗位聘任审批手续。

机关事业单位工资福利 2017年，区人社部门为行政机关785名工作人员办理晋升级别工资审批手续；为391名工作人员办理晋升级别工资档次审批手续；为831名工作人员办理增加工作性津贴审批手续；为纳入试点范围的30多名员额内的法官、检察官办理晋升职务等级工资审批手续。为14245名事业单位工作人员办理晋升薪级工资审批手续；为2342名工作人员办理增加岗位津贴审批手续。办理晋升职务、职称（含小岗位）人员2185人，区外调入、区内调动242人，见习期满转正定级人员390人，新进招录人员808人，各类特岗（警衔）津贴580多人。为466名机关事业单位工作人员办理退休审批手续；为28000多名在职和离退休人员办理住房公积金和住房（提租）补贴审批手续。为18000多名机关事业单位职工调整上下班交通费标准，为4000多名公务员（含参公单位）办理绩效考核奖和年终一次性奖金审批手续；为1800多名机关离退休人员办理随机关人员综合绩效考核奖和分别发放的生活补贴审批手续；为840多名死亡人员家庭办理遗属生活困难补助审批手续，为167名死亡人员办理一次性抚恤金审批手续；完成近900名机关事业单位技术工人继续教育培训和考核。完成400多家机关事业单位信息采集及980多名工勤人员信息采集录入工作。完成75名军转干部、83名参照公务员管理人员套改工资审核工作。为400多家事业单位办理奖励性绩效工资总量和绩效工资调控总量审批手续。为区委研究室、区纪委、区农工委、区水务局、区气象局、区交通运输局等6个部门160多名在职人员及退休人员办理人员及工资划转审批手续。

企业退休人员审批 2017年，区人社部门做好全区参保人员退休审核工作，加强工龄认定和社保缴费年限审核，切实保障退休人员养老待遇。全年审批企业退休人员8914人。其中，区级审核5811人、街道审核3103人；提前退休282人（特殊工种189人、因病93人）；征（失）地转保人员退休5908人。办理超龄延长补缴236人。

企业军转干部解困 2017年年末，全区有军转干部311人，其中退休296人、在岗或下岗15人。区人社部门做好企业军转干部信访接待工作，召开各类座谈会10多次，答复企业军转干部信访5件。先后发放各类救助金以及生活补贴1000多万元，并及时调整在岗和下岗企业军转干部生活补贴标准，执行南京市70251元/年补贴标准，增长11%。全年为303名企业军转退休干部增发养老金和生活补贴900.86万元。

自主择业军转干部管理服务 2017年年末，全区有自主择业军转干部78人。区人社部门在全面梳理自主择业军转干部生活、工作和家庭情况的基础上，制定相关培训计划，利用江宁人才市场，帮助5名自主择业军转干部实现再就业。组织自主择业军转干部“八一”、春节慰问，开展“发一条短信、打一个问候电话”活动。

（谷　昊　彭　冬）

“一站式”人力资源服务平台投运　1月7日，位于小龙湾路18号的江宁区公共人力资源服务平台暨人力资源市场揭牌并投入运营。该人力资源市场集公共服务和市场化服务于一体，致力于搭建全区便企便民、高质高效的“一站式”人力资源综合服务平台，可以满足驻区企业对人力资源服务的需求，为企业提供公共就业、职业技能培训、劳动保障维权、社会保险管理、劳动政策法规咨询及人力资源服务外包等全方位服务。人力资源市场有3层，一楼是公共服务、市场招聘服务区，二楼为工作区，三楼是监察仲裁办案区，公共服务区设立16个柜台服务窗口，配备40个招聘摊位，可为企业和求职者提供人力资源公共服务与市场招聘服务；工作区可以为企业和员工提供各种类型技能培训和职业资格鉴定，提升企业职工综合素质和劳动技能。联合区相关部门在三楼设立劳动人事争议巡回庭、劳资纠纷人民调解室、法律援助工作站、劳动人事争议仲裁院和劳动监察大队，共同建成“五位一体”的劳动人事争议调处机制，解决企业与员工矛盾纠纷。全区有劳务派遣有限公司108家，人力资源职业介绍公司64家。公共人力资源服务平台暨人力资源市场的运营可以将全区人力资源进行融合提升，一方面大量公共服务在窗口办理，提供全流程“一站式”服务；另一方面还可以针对不同企业和社会的差异化需求，提供人力资源规划、企业管理费用预算、营销渠道选择等定制化服务。

（宁　鉴）

·政务服务·

概　况　2017年，江宁区行政审批部门不断优化窗口布局，增加政务服务事项，提高行政审批效率。进驻部门36家，其中新进驻建工局、国税局、地税局3家，受理政务服务事项1082项，事项进厅率85%。全年窗口总办件量57万件，综合满意度98.93%，政务考核全市第一。承办“12345”政务热线工单16.2万件，结果满意度全市第一，综合考核全市第二。公共资源进场交易总额257.54亿元，政府采购金额38.55亿元，实现政府采购全程电子化。按照国务院“放管服”改革要求，深化行政审批制度改革，在模拟审批和代办工作基础上，推出“预审代办制”改革新举措，形成具有江宁特色的审改工作综合体。围绕全省“3550”改革目标，发出全市首张电子施工许可证，不动产登记一体化平台平稳运行。实施预审代办项目103个，投资总额787亿元。以“网上办、快递送、代办制”形式推行不见面审批，真正为促进就业创业降门槛，为各类市场主体减负担，为激发有效投资拓空间，为公平营商创条件，为群众办事增便利。是年，江宁区因落实重大政策措施成效明显、创造典型经验做法受到国务院督查表扬，国办发〔2017〕34号文明确，在国务院2017年实地大督查中予以“免督查”，预审代办制获省政务服务改革“创新成果奖”。

区行政审批局挂牌　6月21日，江宁区行政审批局挂牌成立，形成“一局一办四中心”（行政审批局，政务服务管理办公室，政务服务中心、“12345”政府服务呼叫中心、公共资源交易中心、投资建设代办中心）的机构设置，标志全区行政审批制度改革工作迈入新纪元。区行政审批局的成立，是推进相对集中行政许可权改革的重点，对清理减少审批事项，创新审批方式，优化审批流程，规范审批行为，加强监督管理，促进投资创业快捷化、民生服务便利化、政府治理

6月21日，江宁区行政审批局挂牌成立。图为挂牌仪式现场

区政务办　供稿

简约化，加快建设法治政府和服务型政府具有重要作用。按照“一体规划、分步实施”要求，首批划转16个非垂直管理部门112项行政审批事项到行政审批局，涉及市场准入类、施工许可类、权证办理类等三大类，试点“一枚印章管审批”，实现一窗受理、一站服务、一网运行，通过政府权力的“减法”换取市场活力的“加法”，从而实现从“重审批、轻监管”向“审批、监管分离”的转变。

预审代办制度改革 2017年，江宁区出台《优化行政审批制度改革推进预审代办制的实施意见》《江宁区基本建设项目预审代办制实施办法（试行）》，聚焦审批服务、“互联网+”、体制机制、创业环境、科学监管五大领域，全面启动“预审代办制”改革。原先200天左右的办理周期，预审代办办结后，项目在取得土地后，一般50天、最快20天可完成全部正式审批流程，通过预审批再到正式审批，提速率75%以上。根据预审代办制实施办法，建立投资建设项目从申请准备到预审代办再到材料补正的全周期服务规范，确保大项目代办服务到家、部门对接到位。通过预审代办系统强化升级，实现企业一次提交，资料全程流转，结果自动推送的审批模式，整合原有141件材料，办事人只需提交37件材料，精简率73.8%。区代办中心与11家企业集中签署代办委托协议，为企业量身定制咨询报告，审批环节时限精确到天，实现代办服务精准投放，企业投资“一身轻松”。全区累计实施预审代办项目103个，投资总额787亿元，其中政府投资类28个，重大产业类72个，重大服务业类3个，为企业降本减负近4亿元。

“互联网＋政务服务”改革 2017年，区行政审批部门按照省、市“互联网+政务服务”改革顶层设计和统一部署，围绕全省营商环境评价“上网率”达标目标，打造“审批最少、流程最优”的网上大厅。确立以审批事项进厅办理为基础，市政务服务综合管理系统常态化管理为抓手的改革路径，落实六大类政务服务事项进厅办理，在“三集中、三到位”基础上，全面接入32个部门的业务办理系统，依托市共享平台，完成与省政务服务网互联互通。各窗口部门根据政务系统规范运行、线上办理，实现咨询、指南、预约、查询、缴费等所有办事流程，以及85%的审批事项“网上办”，月均通过市政务系统办件量5万余件。自主研发预审代办制系统，健全线上审批功能，创新开发共享材料库，各部门审批结果、企业信息等材料电子流转，实现企业一次提交、资料全程流转、结果自动推送的审批模式。

政务中心规范化建设 2017年，区政务中心围绕全区优化作风建设总体部署，不断提升服务温度、完善管理精度、强化考核力度。年初制定《优化作风建设实施方案》，要求窗口工作人员坚持来有迎声、问有答声、走有送声“三声”规范，倡导微笑服务；在服务台增设“效能投诉岗”，按照窗口工作人员服务规范、业务规范、工作纪律、岗位职责等方面内容，负责记录并受理办事群众投诉，确保群众线上咨询有路、线下投诉有门，实现政务公开、有诉必查。出台《江宁区政务服务中心窗口规范化管理办法》，将政务管理工作细化为窗口业务规范、窗口工作制度、窗口工作纪律、进驻人员管理、考核办法及应用5个方面，对“政务公开制”“首问负责制”“限时办结制”“服务承诺制”等10条工作制度予以明确。修订《窗口工作人员绩效考评实施细则》《窗口单位绩效考评实施细则》，按照考评细则实行月考核、季点评、年表彰，每月对进驻窗口大厅及工作人员进行考核排名，每季度召开“作风点评会”，评选“优质服务大厅”“红旗窗口”，并对评选出的2017年度“星级服务标兵”42人，延时服务先进个人6人，优秀代办员3人进行表彰。

“12345”热线工作 2017年，区“12345”政务热线办理工单16.27万件，按时办结率100%，办结提速率91.22%，综合满意率88.69%，其中结果满意率83.11%。融合“互联网+12345”，利用“江宁区12345”微信平台，实现电话工单、短信工单、网站工单、微信工单立体化办理。启动“民意110”推广工作，日均处理“民意100”工单112件。对疑难诉求坚持现场办、协调会上办、督查之前办，全年累计现场会办106次。

公共资源交易 2017年，市公共资源交易中心江宁分中心对标市政务办《市公共资源交易中心分中心整合工作的指导意见》，基本完成12项“整合业务”任务。6月1日，区政府采购项目进驻公共资源交易平台，政务采购业务实行统一受理审核、统一进场交易、全程监控留痕。建设工程项目网上招标、网上投标、网上开标、网上评标的全流程及政府采购业务受理、采购公告、采购结果公告发布和投标保证金受理等实现电子化运行。制定《南京市公共资源交易中心江宁分中心评标区管理规定》《江宁公共资源交易目录》等规章制度，逐步开展业务受理、专家评委抽取、开评标服务、中标成果打印、合同备案及项目负责人变更服务等事项。探索中标成果EMS快递上门服务，节省招投标单位往返时间和经济成本。

全省不见面审批改革现场会 6月21日，全省“不见面审批（服务）”改革现场推进会在江宁会展中心召开，省委常委、常务副省长黄莉新参加会议并调研江宁区政务服务中心。是年，江宁区推出审批结果免费“快递送”服务，率先开展“不见面审批（服务）”改革，不动产、市场监管、交通运输等17个部门窗口开通EMS快递送业务，日均寄件80余件。依据标准化行政权力清单，将核准立项项目、港澳台出入境签注等59件区级审批和服务事项，以及大病医疗救助申领等148项街道民生服务事项，划入首批“不见面审批（服务）”事项清单，在全省政务服务网上统一公开的“不见面”事项950项。

不动产一体化平台上线运行 2017年，区政务中心率先在全市上线运行不动产登记一体化平台。借助“互联网+政务”信息化手段，推进不动产登记“一窗受理、集成服务”改革，打通房产、不动产、契税、信息中心4个部门间数据的堵点，打造“前台综合进件、后台分类审批、流程提速优化、统一窗口出件”的审批流程，实现不动产交易登记由多窗受理向一窗受理、各部门独立收件向一部门综合收件转变，形成“一次取号、一窗受理、一键缴费、一网办结、一并快递”的集成服务模式。

（顾　馨）

·应急管理·

概　况 2017年，江宁区应急管理办公室贯彻国家和省、市关于突发事件应对工作的决策部署，履行应急值守、信息汇总、预案管理和综合协调职责，发挥运转枢纽作用，有效处置各类突发事件，最大限度地减轻和消除事件造成的社会危害及影响，为维护社会大局稳定、保障和促进经济社会发展奠定基础。

强化应急值守。落实省、市、区政府关于应急值守工作职责和规范要求，严格遵守值班备勤制度，每天2人轮转，24小时不间断、不脱节。省市“两会”、中共十九大、国家公祭日等期间，实行区领导带班，区委办、政府办主任轮班制度，应急办全体人员全天候值守，随时做好应对突发事件准备，确保各类突发事件能够及时有效处置。

规范信息报送。依托区级电子政务网络、相关部门信息网络等资源，快速高效办理省、市交办的事项和全区各街道、园区、单位、部门上报的重大应急信息，制作值班报告报区委、区政府领导阅示。对方面性应急信息，由专门人员整理汇总制作值班专报，报送区委、区政府领导和市政府总值班室，为领导决策提供依据。全年接收各类事件信息500余条，编报值班报告389件、值班专报19份。同时做好各类来电、函件、文件的登记和处理工作，做到条理清楚，分类明确，有据可查。全年接打各类电话1万余次，处理各种文件2000余件，没有出现遗漏和差错。

全面修订预案。按照市政府部署要求，牵头相关部门对全区四大类42个专项应急预案，以及各街道、园区相关应急预案进行系统修订和颁发，明确应对突发事件的组织体系、预防措施、运行机制、处置程序和善后处置，新制定《江宁区突发性群体上访事件应急处置预案》，进一步完善多层次、广覆盖、相互衔接的应急预案体系，为预防、应对和处置突发事件奠定基础。

开展应急演练。会同区应急委成员单位，以贴近工作、贴近实战、提高效率为原则，突出重点，注重实效，有针对性地选择相关部门和企业日常工作的重点环节，组织开展10多次专项应急演练活动，包括南京卫岗乳业危化品泄漏事故应急救援演练，江宁华润燃气、通润新能源公司燃气泄漏应急救援演练，江宁实验小学校园应急疏散演练等。通过演练，检验预案制定的科学性，增强主体责任部门应急工作人员实战技能，提高应急处置能力。

协调处突维稳。发挥综合协调职能，参与处置100多起突发事件，努力化解矛盾，平息事态，维护大局稳定。

（区应急办）

社会舆论引导体制建设 2017年，区委宣传部健全网络舆论引导统筹协调、网络舆情预警、网络舆情应急处置、网上新闻发布“四项机制”，构建区、街、村（社区）三级舆情引导体系。建立多部门参与的舆论监督和群众诉求联动处置机制，建成区级互联网舆情信息系统，形成舆情预防研判引导处置的闭环系统，实现社会舆情由单纯应对向源头预防、主动应对、解决问题的转变。（易　扬）

战备训练 2017年，区人武部紧盯战斗力标准，严格按纲施训，坚持把军事斗争准备工作抓紧抓实。按照“平时服务、急时应急、战时应战”目标，突出重点，优化结构，将民兵组织整顿工作落实到位。加大实战化训练力度，开展民兵军事训练新大纲试训工作，完成民兵骨干跨区联训，先后8次组织民兵骨干参加省、市组织的防化救援、抗洪抢险、森林防火、应急维稳、人防专业队等骨干培训。

（区人武部）

人防应急准备 2017年，区人防部门根据区情、民情变化，及时修订完善防空预案，建立健全人防组织指挥机构。按照应急处突、正规有序的要求，加强值班室软硬件建设，布设反恐防暴器材，建立音视频互联互通，出台《关于加强考勤和值班的相关规定》，不折不扣落实24小时战备值班。围绕联合精干、多能高效目标，整组编训抢险抢修、医疗救护等10支专业队，分两批组织脱产培训，开展岗位练兵，着力打造模块化编组、合成化使用的防护救援队伍。

（余银月）

应急保供 2017年，区商务部门运用市场监测平台，对重点商贸企业进行监测，并做好平时尤其是重要节假日的分析和预警工作，及时发现市场异常波动苗头，维护市场稳定。与众彩物流、商贸集团等10家具有一定保供能力企业签订保供协议，储备物资品类16个，其中蔬菜储备量7000吨，饮用水、粮油、猪肉等储备量800吨，确保应急状态下的市场供应。 （黄　斌）

加油站安全生产应急演练 8月，区商务局联合南京中石化（江宁）分公司，在肖家山加油站组织开展应急综合演练。当天，中石化南京（江宁）分公司所属的35个加油站，按照地域分布，划分成4个不同的片区，每片区选拔包含1名站长在内的4人小组参赛，集中开展加油车辆灭火、油品泄漏、防盗抢、防恐怖袭击为主要内容的应急突发事件演练。通过演练，进一步提高加油站工作人员隐患排查过程中的自查自纠能力及应急突发事件处置能力。

救援队伍建设及装备演练 2017年，区地震监测部门组织相关人员参加市地震局组织的地震应急救援业务培训；组织各街道科技助理及地震灾情速报员，参加市地震局在溧水大金山国防园举办的地震灾情速报培训；组织教育、科技等部门人员，参观南京地震科普馆和溧水大金山地震培训演练基地，并开展地震应急实训和疏散演练。响应市地震局地震应急装备演练号令，在规定时间内，携带流动监测仪、卫星通信、灾情收集无人机等装备赶赴模拟地震现场，开展相关地震应急工作。 （宁　鉴）

广播电视安全播出管理 2017年，江宁广播电视台把中共十九大精神宣传报道和安全播出工作作为首要政治任务，成立十九大安播保障工作领导小组、突发事件应急分队等，对广播电视节目三审和节目重播、重审制度进行重新修订。同时，完善《江宁区广播电视安全播出与突发事件应急处置预案》，做好网络传输安全保障，加大各片区、各光节点和各类机房维护。“微江宁”和APP“爱江宁”通过系统更新，增强管理后台安全性，所管理的5块户外LED社区大屏建立3层巡防机制，形成有效的安全保障网络，确保广播电视播出万无一失。是年，江宁广播电视台被评为“全市党的十九大广播电视安全保障工作先进集体”。

（沈奘恩）

卫生应急 2017年，区卫生计生部门进一步完善卫生应急体系建设，通过国家卫生应急示范区复审和省卫生应急规范化建设评估。区政府印发《关于调整江宁区人感染H7N9禽流感联防联控工作领导小组及职责分工的通知》，规范稳妥处置12起H7N9疫情和5起公共卫生事件。调整区级卫生应急队伍，修订3个区级卫生应急预案和41个卫生应急技术方案。建成同仁医院急救分站横溪急救点，江宁医院急救分站依托禄口、湖熟等社区卫生服务中心建设急救点，初步形成布局合理、覆盖城乡的院前急救网络。各医疗卫生单位接受应急救护培训人员4230人，居民培训3.98万人。完成春牛首国际马拉松比赛、全球未来网络发展峰会和江苏发展大会分会场等127项重大活动医疗保障，组织区内火灾、中毒等突发事件卫生应急救援21起，救治伤员64人次。

（区卫计局）

救护培训 2017年，区红十字会贯彻省委、省政府“到2020年，力争使全省接受应急救护培训人员占总人口比例15%”的目标要求，开展救护培训进校园、进企业、进社区、进机关、进高危行业活动。全年组织208批次救护师提供上门培训服务，培训持证救护员644人，开展普及性救护培训8473人。与区教育局合作，将救护培训纳入高一新生新训课程，在江宁高中、秦淮高中等7所高级中学和南京旅游学校新生中全面开展应急救护培训，实现高一新生救护培训全覆盖。推进救护培训场地建设，新建1个省级救护培训基地、2个街道救护培训室，方便群众学习救护知识、参加救护培训。（任忠喜）

·外 事·

概 况 2017年，江宁区外事工作落实党和国家对外方针政策、省和市外事工作领导小组部署要求，坚持围绕中心、服务大局，为促进全区经济社会持续健康发展做出新贡献。全年（不含江宁开发区）申报出访团组56批145人次，其中党政干部出访47人次，保持零增长；签证与护照办理有序高效，护照上缴率100%。

外事接待 2017年，区外事部门接待世界各国的外宾及重点外商8批次。包括俄罗斯政府代表团、美国尼尔·布什商务代表团、美国肯恩大学校长代表团、中葡论坛常设秘书长一行、厄瓜多尔主权祖国联盟运动干部考察团、泰国农业与合作部农民市场管理局代表团、亚美尼亚共和党代表团、越南共和党代表团以及韩国水产部商务代表团等。

友城建设与外事活动 2017年，区外事部门积极寻求与江宁相匹配的国外先进地区建立友好城市关系，进一步推进同德国舍弗勒、菲尼克斯所在城市建立友好关系，并取得进展。配合有关部门开展大型外事活动，重点服务江宁区未来网络峰会、2017年禄口皮草嘉年华、江宁国际马拉松比赛等大型活动，确保外事活动有序进行。

2017年到江宁区访问的重要外国客人一览表

表5

日 期	到访外国团队名称	参观访问地
3月28日	菲律宾参访团	牛首山文化旅游区
5月23日	中葡论坛常设秘书处考察团	区市民中心、国家智能电网
8月28日	厄瓜多尔主权祖国联盟运动干部考察团	国网电科院、无线谷、未来科技城
11月23日	俄罗斯青年联盟主席一行	牛首山文化旅游区
12月2日	英国伯明翰大学副校长一行	牛首山文化旅游区

（外事办）

·侨务·港澳事务·

概 况 2017年年末，江宁区有归侨侨眷近1万人，区内常住老归侨19人，其中本土老归侨4人，定居江宁15人，海外华侨华人及港澳同胞600多人；有侨资企业900家，归国留学创业人员331人。是年，全区侨务与港澳事务以全国、省、市侨务工作会议精神为指导，以维护海外侨胞和归侨侨眷根本利益为重点，以凝聚侨心、汇集侨智、发挥侨力、维护侨益为目标，扎实推进侨务工作。区侨办获“江苏省侨务工作先进集体”称号。

引资引智。全年组织区内企业参加第六届侨港资企业暨海归创业企业高级人才专场招聘会、中国留学人员南京国际交流与合作大会等5场人才项目对接活动。接待国侨办第六期“科创委员和海外博士走进江苏南京侨梦苑”、美国侨领考察团、德国华人专家企业家代表团，香港投资考察团等12批次团队和邀请14批次、675名海内外宾客到区参观考察，其中海外侨领160人，外籍专家115人，海外高层次人才400余人，为推荐江宁、引智引资工作牵线搭桥。经区侨办牵线，美国国际香料公司（IFF）在宁总投资1000万美元的香精研发中心项目落户江宁高新区。7月23日，香港南京江宁同乡联谊会在香港揭牌并召开招商推介会，江宁开发区、高新区等园区与投资商签订总投资390亿元的项目合作协议。7月25日，圆核资本投资有限公司主席陈泽盛带着投资意向到江宁进行实地考察，最终决定在汤山旅游度假区投资10亿美元，建设圆核汤山文化旅游项目。

为侨服务。每月与区内老归侨通1次电话，关心老人的生活和健康。传统节日走访慰问困难归侨、病重归侨，及时给予生活困难企业退休归侨生活补助。为区内13名老归侨购买人身意外伤害综合险，并为困难归侨购买居家养老服务。妥善解决各类涉侨投诉纠纷10余件，完成“三侨”考生（中考考生）身份审核。把为侨服务工作纳入区政府公共服务体系，建立综合服务平台，不断改进为侨服务方式。推动侨务由社区向园区拓展，并且在具备条件的社区设立“侨之家”、园区设立“新侨之家”。建立以区委统战部（区侨办、区侨联）、江宁开发区、专业社会组织为主体的三方团队，围绕产业孵化、政策法律、创新创业、经营管理、生活安居等5个服务板块，采取承办主题专场活动、举办专题辅导培训、开展政企对接交流、组织开展交流合作、推介展示项目成果、社会组织专业服务等6种服务模式，构建“1+3+5+6”综合服务机制，为海归新侨到江宁创新创业搭台搭桥。

联络联谊。发挥侨界联系广泛的优势，加强与海外社团、知名侨领、侨商企业家和学者的联系沟通。与美国、加拿大、法国、英国、意大利、澳大利亚、新加坡等30多个国家和地区的一批社团、侨领建立常态化的联系沟通渠道，不断扩大对外联谊。组建香港南京江宁同乡联谊会，进一步汇聚爱国、爱港、爱乡人士力量，为两地人文经贸合作交流搭建平台。挖掘江宁地域特色文化资源，借助牛首山文化旅游区“中华文化海外交流基地”“江苏省华侨文化交流基地”平台，加强与海外侨界文化交流，扩大江宁在全球的影响力。以香港南京江宁同乡联谊会揭牌为契机，驻区南京工程学院、南京医科大学、中国药科大学、中国传媒大学南广学院4所高校分别与香港理工大学、香港城市大学、香港岭南大学、澳门科技大学签订校际合作协议，就各校在人才、文化交流等方面合作达成协议。

侨务宣传。借助江宁统战网、“同心江宁”微信公众平台等，向归侨侨眷、华侨华人宣传侨务工作，开展涉侨政策法规在线宣传咨询服务。开展“法制宣传周”“法制宣传月”活动，广泛宣传《南京市华侨权益保护条例》。发挥省市媒体资源优势，开展侨务方针、投资环境、经贸合作、人才引进等宣传。全年上报各类侨务信息110多篇，被省、市、区新闻媒体采用30多篇，《全球第三大香精香料公司来南京选址》《江宁高新园又添国字头海归创新创业载体》等15篇被省级刊物《华人时刊》采用。

牛首山成为省华侨文化交流基地　8月3日，牛首山文化旅游区被省侨联确认为“江苏省华侨文化交流基地”。随着牛首山文化旅游区对外知名度的提升，参观访问的华侨不断增多。该旅游区成为省华侨文化交流基地后，将充分发挥平台作用和资源优势，架起和海内外侨胞的沟通桥梁，向世界弘扬中华传统文化，推介南京地域文化，讲好南京故事。

开发区入选中国侨联新侨创新创业基地　9月，中国侨联命名全国13家“中国侨联新侨创新创业基地”，江宁开发区榜上有名，成为江苏省2家入选基地之一。江宁开发区在新侨人才引进、新侨创新创业以及为新侨创新创业提供服务等方面都取得显著成绩。江宁开发区将发挥“中国侨联新侨创新创业基地”品牌优势，进一步整合侨界资源，优化新侨创业创新环境，加大海外引才引智力度，打造侨界发展新引擎，在团结凝聚新侨人才方面做出新贡献。

港澳南京青年联合会到区参观　10月28日，香港澳门南京青年联合会会长牟翔一行19人到江宁区

7月23日，南京海外联谊会、香港南京总会和香港澳门南京青年联合会举行“缘聚香江”庆祝香港回归20周年晚会。图为晚会现场

高珏琼　摄

参观考察，区委常委、统战部部长陆蓉等陪同考察。考察团一行先后参观黄龙岘茶文化旅游村、南京台湾青年创业学院以及江宁规划展览馆。交流座谈中，陆蓉介绍了江宁区基本情况和未来发展商机，希望考察团能成为两地青年人交流沟通的桥梁，共同为促进两地经济文化旅游交流、弘扬中华文化做出贡献。牟翔表示，联合会将团结更多旅居港澳的南京乡亲，以及南京赴港澳求学、就业及创业的新香港人、新澳门人，发挥青年联合会的桥梁纽带作用，汇聚宁、港、澳三地青年精英共同成长，成为推动港澳与南京和江宁长远发展的中坚力量。

海外华侨华人专业协会考察江宁 11月30日，海外华侨华人专业协会一行50多人，在国家、省、市侨办负责人的陪同下，到江宁区考察交流。考察团一行参观了牛首山佛顶寺、佛顶宫和佛顶塔，到江宁会展中心观看江宁宣传片，听取江宁投资环境说明和人才政策介绍。区委常委、统战部部长陆蓉希望双方继续加强沟通交流，搭建起华侨华人、侨商创业的桥梁，促进共同发展。

（郝春来）

·台湾事务·

概　况 2017年，江宁区对台工作完善走访调研机制，健全矛盾化解机制，开通公共微信平台，畅通与区内台商的面对面联系，让台商、台企有困难能在第一时间反映诉求，全年协调解决台商台属投诉25起。推动台资招引扩量提质，吸引台积电设计服务中心、富士康手机、南京晶能新能源汽车制造、华新丽华生态文创、台湾薰衣草森林大陆总部等一批项目签约入驻，新批台资项目21个，增资4个，投资总额46.56亿美元；累计批准台资项目800多个，投资总额超过100亿美元，形成包括电子信息、汽车制造、食品加工、文化休旅以及环保科技类企业等五大产业体系。推动台资项目建设，总投资7亿元的仁宝集团大尺寸平板电脑新项目进入量产。配合市台办为市委宣传部定制全市文化人才研修班课程，组织开展“文创旅学、两岸共研”赴台培训。与新北市中和区开展长期、稳定的交流合作，形成常态化交流机制。全年接待两岸企业家峰会理事长萧万长、台湾华新丽华董事长焦佑伦等15批次、320余人次交流考察。11月6日，举办两岸企业家紫金山峰会—两岸青年就业创业论坛。

（周　勇）

两岸社区建设交流分享会 6月26日，江宁区举办江宁·中和两岸社区建设交流分享会。中和区的里长、邻长们实地参观横溪街道石塘村和秣陵街道观音殿。在石塘村，客人们走访了互联网会议中心、田园e站等特色景点。此次交流分享会围绕“社区养老模式”“社区文化建设”展开交流。秣陵街道党工委副书记王胜华围绕加强社会组织建设、提升居民自我管理，畅谈社区未来发展；清源社区党总支副书记徐丽从社区网格化管理等方面向与会嘉宾介绍服务型、文化型社区建设成果；东南社区互助中心理事长郑毅飞向与会嘉宾推介社区志愿者建设思路；新北市中和区里长联谊会会长谢森儒从社区养老模式、文化建设、志愿者服务等方面对社区建设模式作交流。通过南京·新北智慧社区论坛这一平台，江宁区与新北市中和区8对社区签署交流合作备忘录，进一步密切双方项目纽带联络和融合。

南京台湾青年创业学院在江宁成立 2017年7月5日，南京台湾青年创业学院揭牌仪式在江宁开发区九龙湖国际企业总部园举行，江苏省政府参事、中国世界经济学会副会长、东南大学教授、博士生导师徐康宁受聘为学院首任院长。学院设立实训基地6个，安排台湾大学生短期实习300人次，孵化及在谈项目20个，开设政经、文创、互联网、农业等16门青创课程。南京台湾青年创业学院是依托东南大学和江宁九龙湖国际企业总部园及两岸名企联合成立的非营利性教育机构，将成为帮助台湾青年的窗口、人才培养的阵地、协同创新的平台和宁台交流的桥梁。该学院计划开展人才培养、产业研究，同时注重“政、产、学、研”全方位、深层次联合，形成政企合作、校企合作的多方协调发展格局，为两岸之间经贸文化领域交流与互动做出贡献。同时，以这一平台为引领，打造台湾青年创业的孵化器，打通台湾青年大学生在宁企业实习就业通道，为宁台合作发挥独特作用。青创学院成立后，有24名两岸企业家、7名高校教授、3名媒体精英分别作专题讲座，24名台湾青年、6名大陆青年分享交流人生故事、创业经验。9月18日该学院获批江苏省台湾青年就业创业基地。

台商在江宁座谈特色田园乡村设计 8月15日，台湾与大陆两岸的客商共聚江宁，参观西部乡村精品民宿，并举行“田园乡村营造——设计力引领·当代乡村的营造”座谈会。市委常委、统战部部长陈勇，区委副书记严应骏，区委常委、统战部部长陆蓉参加活动。当天，在位于九龙湖的南京台湾青年创业学院内，南京银杏湖农业观光休闲有限公司董事长林铭田、台湾熏衣草森林集团创办人林庭妃等5名创业导师分别结合各自研究领域发表主题演讲，讲述自己的创业创意故事。5名创业导师还就田园乡村建设展开讨论，共同为打造江宁特色田园乡村出谋划策。

省台湾青年就业创业基地在江宁授牌 9月22日，南京台湾青年创业学院基地授牌仪式在江宁开发区九龙湖国际企业总部园举行，该学院被授牌为江苏省台湾青年就业创业基地，市委常委、区委书记李世贵，省、市台办领导及区领导祁豫玮、李万平、陆蓉参加活动。当天，银杏湖农业观光休闲有限公司、薰衣草森林股份有限公司、南京南瑞继保电气有限公司、南京卫岗乳业有限公司、江宁旅游产业集团5家企业被授牌为南京台湾青年创业学院实训基地。

两岸青年就业创业专题论坛 11月6日，作为2017年两岸企业家紫金山峰会系列活动之一的两岸青年就业创业专题论坛，在江宁开发区南京台湾青年创业学院举行。此次论坛以“创意多彩生活、创造美好未来”为主题，设置主题演讲、专题活动、分享交流等环节。论坛上，台湾天使投资协会秘书长苏拾忠、卫岗乳业有限公司董事长白元龙、薰衣草森林创办人林庭妃等分别就青年台商未来出路、两岸企业创新发展等作交流。两岸青年企业家和创业青年们还围绕“创意新实践、两岸资源新融合”主题，进行深入探讨。论坛期间，由南京台湾青年创业学院联合开发区企业卫岗乳业主办的“两岸青年创新创意大赛”启动；总规模10亿元的“南京海峡两岸青年就业创业基金”成立，重点投向文化创意、集成电路、健康医疗、金融服务等两岸青年创业创新重点领域。南京台湾青年创业学院与台北创新实验室签署两岸创新交流合作协议，双方计划发挥优势，孵化青年创业人才，促进创新创业发展，帮助台湾青年与大陆企业对接、寻找在大陆发展的机会。同时还举办“恋恋奶香创意好young”乳品包装设计大赛启动仪式、青创基金成立仪式和两岸创新交流合作签约仪式等活动。

（周　勇）

政协南京市江宁区委员会

概　况 政协南京市江宁区第十二届委员会有299名政协委员，由中共界、农业和农村界、企业界、民族宗教界、社会科学界等16个界别组成，其中主席1人，副主席4人，副巡视员1人，秘书长1人、常务委员34人。下设办公室和提案委员会、经济科技委员会（财经组、农业组、工商企业组）、教卫文体（文史）委员会（教育组、医卫组、文体组）、人口资源环境（城市建设）委员会、社会法制（民族宗教）委员会（社会法制组、统战组）、委员工作委员会6个专门委员会，东山、秣陵、汤山、淳化、禄口、江宁、谷里、湖熟、横溪、麒麟10个街道政协工委和江宁开发区、高新区、滨江开发区3个园区政协工委。2017年，区政协学习贯彻中共十八届六中全会和十九大精神，以习近平新时代中国特色社会主义思想为引领，充分发挥人民政协作为协商民主重要渠道作用，围绕特色小镇建设、全域旅游示范区创建、公共文化服务体系示范区创建、空港枢纽经济区发展、卫生事业发展、民族宗教工作等方面，组织开展协商议政、调研视察，扎实做好提案工作，不断推进协商民主工作，服务大局、助推发展，为建设“强富美高”新江宁做出积极贡献。

全体委员会议 1月5—7日，区政协第十二届委员会召开第一次全体会议。会议听取和讨论市委常委、区委书记李世贵在开幕式上的讲话；听取和审议区政协十一届常务委员会工作报告和提案工作报告；列席区十七届人大一次会议，听取并讨论政府工作报告及其他报告；选举产生区政协第十二届委员会主席、副主席、秘书长和常务委员；通过区政协十二届一次会议决议。委员们围绕全区率先高水平全面建成小康社会以及事关创新、协调、绿色、开放、共享发展的重要方面议题，通过委员提案、联组讨论等形式，广泛协商议政，积极建言献策，提出许多具有建设性的意见、建议，努力在“迈上新台阶、建设新江宁”的新征程中发挥作用。

区政协常务委员会议 2017年，区政协共召开常务委员会议5次。

1月7日，区政协召开十二届常委会第一次会议，讨论通过区政协十二届委员会工作机构设置及相关负责人任命。

3月23日，区政协召开十二届常委会第二次会议，传达学习全国政协会议精神，讨论通过《政协南京市江宁区委员会2017年工作要点（草案）》，通报区政协十二届一次会议提案审查情况，讨论通过有关委员调整和人事任免事项。

7月26日，区政协召开十二

届常委会第三次会议，专题听取区政府关于2017年上半年经济社会发展情况通报，讨论通过有关人事任免和委员调整事项，明确2017年下半年政协工作要求。

9月28日，区政协召开十二届常委会第四次会议，视察梧桐林创聚广场、盛庄太平农贸市场两处提案办理现场，听取区政府关于2017年提案办理情况通报，讨论通过部分区政协委员调整和有关人事任免事项。

12月21日，区政协召开十二届常委会第五次会议，听取区政府2017年全区经济社会发展情况通报，讨论通过关于召开政协江宁区第十二届委员会第二次会议有关事项和有关人事任免及委员调整事项。

区政协主席会议 2013年，区政协共召开主席会议12次。

1月7日，区政协召开十二届一次主席会议，研究讨论区政协十二届委员会工作机构设置及相关负责人任命。

2月16日，区政协召开十二届二次主席会议，传达学习省政协十一届五次会议、市政协十三届五次会议精神，研究讨论《政协南京市江宁区委员会2017年工作要点（草案）》《关于区政协委员履职考核办法》《江宁区政协信息工作评比表彰办法》《关于加强区政协专委会与区级机关部门对口联系工作的意见》《关于区政协十二届一次会议协商讨论意见建议的报告》《关于开展区政协领导走访政协委员活动安排》和区政协十二届一次会议委员提案审立情况，研究通过区十二届政协领导工作分工。

3月2日，区政协召开十二届三次主席会议，听取关于区政协办公室情况汇报，传达学习《关于加强和改进人民政协民主监督工作的意见》，研究讨论区政协3月份重点工作安排、《关于区政协机关党员干部开展“走千企入万户、助发展促富民”大走访暨“四走访四化解”活动的实施方案》、《关于进一步加强政协办公室工作人员岗位目标责任的意见》、区政协2017年重点调研视察议题和区政协2017年第一次委员集体视察活动安排，研究确定区政协十二届常委会第二次会议方案。

4月11日，区政协主席刘玲率队专题调研上坊片区开发建设工作 杨彬摄

4月11日，区政协召开十二届四次主席会议，现场视察上坊旧城改造项目建设情况，听取上坊管委会关于推进上坊旧城改造工程建设情况通报，研究讨论区政协2017年提案办理协商工作安排、区人民政协理论研究会工作会议有关事宜。

5月8日，区政协召开十二届五次主席会议，传达学习关于违反中央“八项规定”精神问题典型案例通报，现场视察江宁市民中心南书房和湖熟街道文体服务中心，听取区文广局关于全区创建国家公共文化服务体系示范区工作情况的通报，研究讨论江宁政协网站改版、江宁政协史料陈列室筹备等工作。

6月8日，区政协召开十二届六次主席会议，开展区政协十二届一次会议199号提案“关于加强空港枢纽经济区发展的建议”专题督办协商，现场考察江苏航申航空科技有限公司、百世物流科技（中国）有限公司南京分公司，召集空港经济开发区、交通运输局和禄口街道对委员建议现场予以回应答复。

7月13日，区政协召开十二届七次主席会议，研究确定区政协十二届三次常委会议方案，研究讨论有关委员调整和人事任免事项，听取上半年各专委会工作情况汇报和下半年工作安排，协商确定区政协十二届三次常委会议方案，研究讨论有关委员调整和人事任免事项，听取各专委会2017年上半年工作情况汇报和下半年工作安排。

8月15日，区政协召开十二届八次主席会议，集体考察全区民族宗教工作现场宏觉寺，听取区民宗局全区民族宗教工作情况通报。

9月19日，区政协召开十二届九次主席会议，听取区卫生计生局关于全区医疗卫生工作情况通报，协商讨论江宁政协史料陈列事宜，研究通过区政协十二届第四次常委会议方案。

10月19日，区政协召开十二届十次主席会议，研究讨论《提案办理协商实施办法（试行）》和区政协十二届二次会议筹备方案。

11月13日，区政协召开十二届十一次主席会议，交流学习中共十九大精神心得体会，研究区政协理论研究会2017年年会相关事宜，布置区政协十二届二次会议筹备工作。

12月19日，区政协召开十二届十二次主席会议，传达学习江苏省委《关于贯彻落实中共中央政治局贯彻落实中央八项规定实施细则的具体办法》相关精神，研究讨论《关于召开政协南京市江宁区第十二届二次会议的决定（草案）》《区政协十二届二次会议议程（草案）》《区政协十二届二次会议日程（草案）》《区政协十二届常务委员会工作报告（征求意见稿）》《区政协十二届常务委员会提案工作情况的报告（征求意见稿）》《2017年度优秀提案建议名单》以及有关人事任免和政协委员调整事项，研究通过区政协十二届五次常委会议安排。

提案工作 2017年，区委办、区政府办、政协办联合出台《南京市江宁区政协提案办理协商实施办法（试行）》，全面推动提案办理协商广泛、多层、制度化发展。通过建立提案联系点，强化提案线索征集工作；通过提案办理协商全覆盖、重点提案四方协商推进等方式，优化提案办理机制；通过对承办部门办理进度依托网络系统进行全程监测评分，增强提案办理效果。全年提出提案307件，立案226件，201件得到解决采纳，8件列入计划逐步解决，提案面办率、办结率及委员满意和基本满意率均为100%。

政协委员考察 2017年，区政协组织开展3次考察活动。4月21日，组织委员考察全区特色小镇发展情况，先后考察石塘互联网小镇、南京未来网络小镇等地，了解特色小镇建设推进情况，围绕特色小镇建设进行座谈建言。5月19日，组织委员考察全域旅游示范区创建工作，先后考察汤家家温泉村、汤山紫清湖旅游区，了解项目建设和运营情况，围绕进一步做好全域旅游示范区创建工作建言献策。8月31日，市、区两级政协联合组织委员开展“千名委员、百日推进”河道整治专项民主监督考察活动，先后考察中心河、玉带圩等地，围绕黑臭河道整治进行座谈。

河道整治专项民主监督 6月下旬至9月底，根据市政协“千名委员、百日推进”河道整治专项民主监督活动统一部署，市、区政协170名委员组成17个民主监督小组，对全区市考17条黑臭河道整治工作开展专项民主监督。围绕河道排污口整治、控源截污、水系流通、水质监测评估、长效管护等方面提出40余条意见和建议，报送相关社情民意信息，为黑臭河道整治、改善发挥作用。

反映社情民意 2017年，区政协发挥政协委员来自社会各阶层、密切联系界别群众的优势和作用，围绕事关科学发展、改革创新、民生改善、和谐稳定等重点议题，开展社情民意信息的收集、整理、编报工作。全年编报社情民意信息144篇，其中《关于尽快完善黑臭河道整治长效管养机制的建议》《关于修改全省独生子女伤残死亡家庭求助制度实施意见的建议》等被上级领导阅批，一些意见、建议得到采纳。是年，区政协被市政协评为2017年度全市政协信息工作先进集体。

协商民主建设 2017年，区政协按照“充分发挥人民政协作为社会主义协商民主重要渠道和专门协商机构作用”的要求，不断探索推进协商民主实践，开展全体委员会议协商、常委会议协商，在促进经济提质增效、统筹城乡发展、生态文明建设、保障和改善民生等方面提出意见。围绕基层医疗卫生工作，组织医卫界委员开展界别协商，在解决部分医卫用房紧张问题、完善分级诊疗各项配套政策等方面，提出建议。围绕提高提案办理成效开展提案办理协商，构建领导督办重点提案、提案委面上督办、专委会督促对口承办单位办理、街道（园区）政协工委督促委员提案办理的推进机制和政府监督部门、政协专委会、承办单位、提案人四方协商机制，实现提案办理“委员提、共同议、合力办”的格局。在各街道、开发园区全面开展“协商民主在基层”工作，先后围绕农村实施垃圾分类、九龙湖国际企业总部园管理服务、行政执法改革、老旧社区工业园改造升级、全域旅游、新市镇棚户区改造复建房选址等重点议题开展民主协商，进一步增强基层民主协商的效果。

文史工作 2017年，区政协以政协书画院为载体，举办政协委员书画艺术展，搭建政协委员和文艺界人士书画才艺展示和交流平台。挖掘文化休旅资源，彰显地方历史文化，以汤山地区遗址遗迹的研究考证为主要内容，编辑出版

《江宁春秋》第16辑，为全区文史建设、全域旅游发展助力。

政协理论研究 2017年，区政协加强政协理论研究会建设，专题召开2次理论研究会工作会议，调整理论研究会成员，部署理论研究任务。发挥专委会（组）、街道（园区）政协工委作用，组织政协委员围绕提案办理全过程协商、基层政协民主监督、协商民主在基层、社情民意信息工作等重点课题开展理论研究，对5篇优秀理论研究文章进行表彰，增强委员政治把握能力、调查研究能力、联系群众能力、合作共事能力。（陆　强）

中共南京市江宁区纪律检查委员会

概　况 中共南京市江宁区纪律检查委员会有委员15人，常委7人；有书记1人、副书记2人。区监察局有局长1人、副局长1人（区纪委常委兼任）。区纪委机关、监察局设10个内设机构。2017年9月，实施区纪委派驻机构改革，设立10个综合派驻纪检组，实现对61家区一级党和国家机关派驻监督全覆盖。区委巡察机构设“一办四组”，即区委巡察工作办公室及4个区委巡察组；巡察办为区委工作部门，设在区纪委。是年，全区纪检监察部门围绕区委“五大工作主抓手”“十项行动计划”等重点任务，以严格的纪律约束维护良好的政治环境。深入开展纪律教育，举办“明党纪、守规矩、正‘四风’”专题宣讲活动，推动纪律规矩入脑入心。抓好干部任用廉洁关，全年核查回复各类党风廉政意见1307人次。

区纪委十三届二次全会 1月25日，区第十三届纪律检查委员会第二次全体会议举行，出席会议的区纪委委员15人，列席会议180人。区纪委常委会主持会议。全会学习习近平总书记在十八届中央纪委第七次全体会议上的重要讲话精神，落实中央纪委和省、市纪委全会工作部署，总结2016年全区纪律检查工作，研究安排2017年任务。市委常委、区委书记李世贵在全会上讲话，就深入学习贯彻习近平总书记重要讲话精神，做好党风廉政建设和反腐败工作，推动江宁全面从严治党向纵深发展提出明确要求。全会审议通过区委常委、区纪委书记杨彬代表区纪委常委会所作的《坚定维护纪律规矩，聚焦监督执纪问责，推动江宁全面从严治党向纵深发展》的工作报告。

压实“两个责任” 2017年，区纪委（监察局）协助区委召开落实全面从严治党主体责任述职会，组织责任制检查考核，提请区委、区政府主要领导对有关区管正职干部开展提醒谈话，在全区形成履行主体责任“头雁效应”。首次推行“两个责任”履责全程记实制度，做到留痕有据、履责“有形”。用好问责利器，强化“一案双查”，7名领导干部因落实“两个责任”不力被问责，其中问责主体责任5人、问责监督责任2人，持续释放失责必问、问责必严的强烈信号。

政治生态净化 2017年，区纪委（监察局）落实市委、区委部署，对全区肃清杨卫泽、季建业余毒8项具体工作组织专项检查，召开全区领导干部警示教育大会，摄制专题片《代价》《脱轨》，以案明纪。严把选人用人政治关、廉洁关，研究制定《领导干部提拔任用前党规党纪知识考试办法》，首次组织2批78名区管干部参加考试，被提拔任用干部全部接受廉政谈话，全年回复党风廉政意见87批1307人次。引领社风家风建设，“传家训、树家风”文物展入选中央纪委“网上展馆”，3家单位创成市级廉政教育示范点，“百村巡讲”常讲常新，廉洁主题专场文艺演出、“校地共廉”等活动影响广泛。

作风建设专项行动 2017年，区纪委（监察局）综合运用明察暗访、专项整治、执纪问责、通报曝光等手段，严查违规公款吃喝、公款旅游、违规发放津补贴等违纪违规问题。全年立案查处违反中央“八项规定”问题35件54人，其中违纪行为发生在2017年的3件，“四风”问题增量明显遏制。以钉钉子精神逐项破解享乐主义、奢靡之风顽疾，先后开展党员干部“酒驾”专题宣传教育和违规公款购买消费高档白酒、违规使用公务加油卡及“私车公养”等专项整治，做到抓一件成一件。全年通报曝光“四风”典型问题5批12件，彰显作风建设永远在路上的坚强定力。

惩治腐败 2017年，区纪委（监察局）始终保持惩治腐败高压态势，以“四个专项行动”为主抓手，严肃查处国土、工程建设等重点领域的腐败案件。各级纪检监察组织全年立案查处违纪违法案件315件，比2016年增长40.6%，给予党政纪处分245人，其中区管干部25人；实施“两规”措施8人，全部移送司法机关追究刑事责任。

扶贫领域监督执纪问责 2017年，区纪委（监察局）按照中央和省、市部署，组织4轮次扶贫领域监督检查，对群众身边不正之风和腐败问题开展专项治理，立案查处“微腐败”问题91人。推动职能部门完善扶贫资金、城乡低保等方面的监管制度，督促“阳光扶贫”监管系统在江宁按时落地、发挥作用，不断增强人民群众获得感。

纪委派驻机构改革与监察体制改革试点 2017年，在区委统一领导下，按时完成区纪委派驻机构改革，撤销23个纪检组织和3个派驻工作室，设立10个派驻纪检组，监督范围从23家单位拓展到61家，实现对区一级党政机关派驻监督全覆盖。区纪委派驻机构由区纪委直接领导、统一管理，对区纪委负责并请示报告工作。依据党章规定，围绕监督执纪问责，履行党的纪律检查职能，监督重点对象是驻在部门领导班子、区管干部和科级干部。落实中共十九大部署，启动江宁区监察体制改革试点，年内做好职能整合、人员转隶、班子配备、协调保障等工作。（张益波）

“明党纪、守规矩、正‘四风’”专题宣讲大会 3月8日，江宁区召开“明党纪、守规矩、正‘四风’”专题宣讲大会。会议以案释纪、以案明纪，警示教育全区广大党员干部绷紧纪律之弦、守住廉洁底线，进一步增强敬畏法纪的规矩意识，营造山清水秀的政治生态，为建成高水平全面小康和“强富美高”新江宁提供保证。市委常委、区委书记李世贵等区四套班子领导，江宁开发区、麒麟高新区全体市管领导等参加会议。会议强调，全区党员干部要以思想认识的真到位，增强改进作风的自觉性、坚定性，始终保持清醒头脑，增强政治定力，进一步树牢“四种意识”，自觉把守纪律、讲规矩作为不可逾越的底线、不能触碰的红线，坚持标准不降、要求不松、措施不软、锲而不舍、驰而不息地落实好中央“八项规定”和省、市相关规定，以作风建设的新成效，推动“强富美高”新江宁建设。要以行为规范的真到位，实现八项规定精神常态长效落实，在抓常、抓细、抓长上下功夫，做到坚决破除观望思想，牢固树立责任意识；坚决破除侥幸心理，牢固树立敬畏意识；坚决破除片面认识，牢固树立表率意识的“三破三立”，真正把作风严起来、实起来。要以责任落实的真到位，把作风建设和从严治党引向深入，坚定不移地做到把“两个责任”扛在肩上，把理想信念教育抓在手上，把纪律规矩挺在前面，把制度建设落到实处，把激情干事状态调到最佳，切实将“肩膀要硬敢担当、撸起袖子比实干、用心用情做公仆、纪律严明当铁军”的“四种精神”深入贯穿到推进改革发展稳定各项事业的全过程、各环节，交出令人民满意的新答卷。宣讲大会由区委常委、组织部部长梁爱国主持；区委常委、纪委书记杨彬作“明党纪、守规矩、正‘四风’，做忠诚干净担当的好干部”专题宣讲。杨彬结合近年查处的典型案例，对一些违反中央“八项规定”精神的隐身变异行为进行针对性分析，教育党员干部不踩“红线”、不打“擦边球”，争当“明党纪、守规矩、正‘四风’”的模范。

纪检监察干部业务培训 4月25—26日，全区纪检监察干部业务培训班开班，邀请省委党校、省纪委、市纪委等专家领导授课，内容涵盖党纪党规和纪检监察业务等。区委常委、纪委书记杨彬作开班动员。杨彬传达学习了全市纪检监察系统领导干部会议精神，并要求学习领会“六条禁令”内容，坚定政治立场，确保对党忠诚；坚决挺纪在前，确保铁腕执纪；坚持严管厚爱，确保干净纯洁，打造让党放心、人民信赖的纪检监察队伍。

校地共建廉政文化 9月22日，区纪委联合江宁高新园召开“校地共廉”工程部署会，与中国药科大学、南京医科大学等12所高校进行廉政文化共建，实现资源共享、优势互补，推进江宁廉政文化建设。区委常委、纪委书记杨彬作动员讲话。江宁大学城内高校众多，区纪委尝试与各高校进行廉政文化共建，深化校地双方党风廉政建设工作合作，探索建立廉政文化宣传和研究阵地。此次校地廉政文化共建活动分“江宁清风·廉动校园”主题活动、廉政宣传理论研究与运用工作、成果汇报展3个阶段，其中主题活动针对高校教职工展开廉政警示教育，面向高校学生开展“廉洁伴我启航”活动月，并在大学城核心区域建设“廉系未来”主题广场等。廉政宣传理论研究与运用工作突出廉洁宣传教育相关课题研究，成立“廉研社”，将研究成果在区内宣传教育实践中加以运用。成果汇报展则以廉政文创集市、共建汇报会等形式，集中展示共建成果。

（宁　鉴）

民主党派　人民团体

民主党派

概　况　2017年，江宁区有8个民主党派，分别是中国国民党革命委员会、中国民主同盟、中国民主建国会、中国民主促进会、中国农工民主党、中国致公党、九三学社、台湾民主自治同盟。是年，区委统战部围绕全区中心工作，支持各民主党派根据自身特点开展调查研究，组织基层党派负责人和街道、园区统战干部赴无锡梁溪区学习民主党派工作先进做法，开展同心实践活动。启动并推进特色田园乡村党派工作示范点建设。召开全区民主党派和无党派人士新春座谈会、重大项目协商会、情况通报会，鼓励并支持民主党派、无党派人士，更好地履行参政党职能，为发展多党合作事业献计出力。各民主党派积极参政议政，围绕全区经济社会发展开展调研，并形成一批有质量的提案议案；开展“不忘合作初心、继续携手前进”主题教育活动和“喜迎中共十九大、颂歌献给党”诗歌朗诵音乐会等活动。引导各党派开展社会服务活动，各党派捐款捐物100余万元。5月，台盟江宁区支部成立，全区八大民主党派组织齐全，共有5个总支和23个支部，党派成员637人，其中女成员254人，占比39.93%；全年新发展党派成员54人。民革江宁区总支部被民革中央授予“民革全国社会服务工作先进集体”称号，民进江宁区总支部被民进中央表彰为“民进全国坚持和发展中国特色社会主义学习实践活动先进集体”，致公党江宁区综合支部被致公党省委授予“2012—2017年度先进集体”称号。

2017 年江宁区各民主党派基本情况统计表

表 6

党派名称	成员数（人）	新发展数（人）	女成员		基层组织（个）	
			人数	比例（%）	总支	支部
民　革	90	10	26	29.00	1	4
民　盟	225	12	103	45.80	1	5
民　建	84	8	31	37.00	1	3
民　进	83	8	30	36.14	1	5
农工党	74	4	36	48.65	1	3
致公党	23	3	5	22.00	—	1
九三学社	42	7	14	33.33	—	1
台　盟	16	2	9	56.25	—	1
合　计	637	54	254	39.93	5	23

（汤其友）

民革江宁区总支部 2017年，民革江宁区总支部按照中共江宁区委要求，紧扣民革南京市委工作安排，围绕发展大局，发挥自身优势，整合资源，凝聚力量，认真履职，取得新业绩。是年，民革江宁总支被民革中央授予“民革全国社会服务工作先进集体”称号。民革江宁区总支部立足于建设“强富美高”新江宁，积极参政议政，为全区经济发展献计献策。与河海大学民革支部开展共建，到区水务部门了解防汛排洪工作，实地参观防汛排洪设施建设情况，形成《江宁区防洪排涝关键对策》调研报告。深入开展“不忘合作初心，继续携手前进”专题教育，组织参观周恩来纪念馆，还与民革淮安市清江浦区基层委员会进行交流学习，并结为友好基层组织。举办“喜迎十九大，歌颂献给党”诗歌朗诵会，召开民革江宁总支学习中共十九大座谈会，宣传共产党的光辉历程、伟大成就和优良传统，激励民革党员积极向上、乐观进取，唱响时代主旋律。防汛抗旱期间，民革江宁总支发动党员，帮助共建点张桥社区清理河道杂树，并与张桥社区签订帮扶结对协议，向张桥社区捐款4.5万元。

（张 伟）

民盟江宁区总支部 2017年，民盟江宁区总支部发挥人才集聚优势，引导盟员积极参政议政，切实履行参政党职能，提交各类建议14篇，包括《关于启动建设〈政府投资项目管理系统〉的建议》《关于建议街道中小学、幼儿园教职工子女实施儿童医疗费用补助政策的提案》《关注学生体质健康，保障学生“阳光锻炼”一小时》《关于进一步规范和建设全区公交站台的提案》《推进农业全程机械化，率先实现农业现代化》《关于加强高校实验室危险废弃物处置问题的建议》《进一步推进市属高校“两落地、一融合”落实的建议》等。建成江宁民盟之家，组织盟员参加盟市委举办的南京民盟庆祝中共十九大胜利召开“经典诵读”活动，获比赛二等奖。南京晓庄学院支部组织盟员到常州李公朴支部、江阴黄炎培纪念馆参观，了解民盟先贤的历史贡献；组织盟员到湖熟街道参观设施农业发展，到奥赛康药业了解高新技术企业研发情况；海事学院支部组织盟员到泰州新四军纪念馆参观学习。开展“温暖社区行”活动，看望和慰问敬老院90多名孤寡老人。金陵科技学院支部参与盟市委开展的南京监狱帮教活动，派出盟员为服刑人员授课，讲授计算机cad、办公自动化、java编程等课程。倡议向西藏日喀则市特殊教育学校残疾儿童公益治疗捐款，盟员捐款4万多元。多名盟员担任脊柱侧弯儿童的爱心妈妈，给孩子们捐送爱心午餐、学习用品和棉衣等。江宁综合支部、南京晓庄学院支部完成换届，发展新盟员12人。

（朱卫华）

民建江宁区总支部 2017年，民建江宁区总支部以“不忘合作初心，继续携手前进”为主题，团结带领全体会员会友开展调研、参政议政，各项工作取得新成绩，被民建南京市委评为优秀先进基层组织。向省、市、区“两会”提出政协提案14件，其中区10件、市3件、省1件。首次提出区政协党派提案《关于提升全区体育公共服务水平的建议》，党派提案和孙颖委员提交的《关于全区推进互联网+政务服务的建议》被评为优秀提案。江宁综合二支部会员李明霞省政协提案《关于建立南京大学生创业辅导、评估和融资体系支持体系》，接受市人社局回访并进行交流。江宁综合一支部周宏亮、孙颖、李荣平作为区政协委员参与“千名委员、百日推进”河道整治专项民主监督活动。加强阵地建设，区特色田园乡村党派统战联盟民建示范点落地“龙乡双

5月27日，端午节前夕，江宁民盟综合支部携南京新润集团走进东山敬老院开展“情粽端午节，爱满敬老院”端午慰问活动

区新闻中心 供稿

范”溪谷，“江宁民建之家”落户蔚蓝律师事务所，相继走访会员企业环亚凯瑟琳广场、奥林匹克学院、法宁格、三超新材料等单位，为企业家会员搭建交流创业、创新的桥梁。组织参加“不忘合作初心，继续携手前进”主题征文活动，提交征文4篇，其中民建江宁综合一支部会员李荣平、黄宁撰写的《携手共进 不忘初心——追忆民建会员魏正璋老先生》被评为优秀征文，江宁综合二支部会员马开良撰写的《正义，未必都要慷慨陈词》在民建市委刊物上发表。开展社会服务，承担社会责任，民建江宁综合一支部捐助白血病患者孙娇娇，综合二支部会员周士杰成立自己的专项爱心基金——南京市玄武区益生同心儿童发展基金会华红基金；会员王继强定点扶助江宁街道庙庄社区困难家庭学生马小美（化名）等。（王　清）

民进江宁区总支部　2017年，民进江宁区总支部牢记“为执政党助力、为国家尽责、为人民服务”使命，坚持“立会为公”优良传统，团结带领广大会员戮力同心、砥砺前行，进一步巩固共同团结奋斗的思想基础，发挥党派特色和组织优势，为高水平全面建成小康社会、建设“强富美高”新江宁做出贡献。是年，民进江宁总支被民进中央授予“民进全国坚持和发展中国特色社会主义学习实践活动先进集体”。在中共十九大召开之际，在江宁同心会客厅组织各支部会员集体收看十九大开幕盛况，与民进南京秦淮文化支部以书画笔会形式庆祝十九大胜利召开，主要负责人还参加区委统战部组织的收看活动和南京民进学习贯彻十九大精神座谈会。参加民进江苏省委组织的“虚拟机关”建设、民进南京市委组织的基层干部培训活动，以及区委统战部组织的赴无锡梁溪区的学习考察活动等。健全季度工作例会、学习生活会和支部年度总结会等制度，强化党派基层组织的规范化、制度化、常态化建设。组织会员开展形式多样的学习交流活动，经济二支部组织会员参观南京市明城垣史博物馆和玄武门城墙书吧——“创营书会”；总支组织各支部主委、部分会员赴高淳区与“张至真特级教师工作室”开展教育研讨，并就民进基层组织社会服务规范化、制度化、常态化进行互动交流；组织部分会员先后赴民进成立旧址（上海）、马叙伦纪念馆（北京）、冰心故居（福州）参观学习。发挥江宁“民进之家”党派工作功能，进一步提升参政议政能力和组织建设水平。年初，完成江宁“民进之家”搬迁扩建，中共南京市委常委、统战部部长陈勇，民进江苏省委专职副主委朱毅民、副主委李世收等到江宁“民进之家”调研，肯定江宁总支双岗建功所取得的成绩和“家文化”建设所发挥的作用。围绕“强富美高”新江宁建设，组织开展专题调研活动，报送社情民意信息。担任市、区人大代表和省、市、区政协委员的10多名会员在“两会”上做到人人有提案（建议），部分政协委员提交多篇提案。总支被民进南京市委评为“社情民意信息工作先进集体”，全年报送社情民意信息被民进南京市委采用21篇、南京市政协采用6篇、民进江苏省委采用1篇。南京民进青委会与江宁总支、开发园区支部等在江宁区就“加快全市智能制造集群发展，引领中国工业4.0建设”进行调研。组织会员走进江宁特殊教育学校，为学校捐赠“学生手工作坊”共建费用和玩具、学习用品、食品、生活用品等。民进南师附中江宁分校支部组织部分会员到江宁特殊教育学校，为孩子们进行文艺演出和赠送礼物。民进江宁经济二支部赴南京市银龙花园学校，给该校30名家庭困难学生赠送学生饮用奶。民进江宁综合支部与江宁区周岗学校启动结对共建。参加民进市委“同心·贻芳行”社会服务工作，为“穿越2000公里的爱——云南永胜暖冬行动”捐赠冬衣，并提供物流运输服务，支付物流费用20多万元。（龚颖潮）

农工党江宁区总支部　2017年，农工党江宁区总支部向各级人大、政协提交议案、建议和提案7件。黄朝霞提交的《关于新建南京南站江宁片区二级综合医院的建议》、冯艳蓉提出的《关于加强百姓医学知识科普的建议》，得到中共江宁区委、区政府及相关部门的重视和肯定，鞠俊美提交的《关于加强农产品质量安全监管队伍建设的建议》、徐庆芳提交的《尽快完善基层社区卫生服务中心人才构架建设的建议》、华小兵提交的《关于实施乡村振兴战略，推动特色田园乡村建设的提案》被区政府列为重点议案。“全国高血压日”和“世界卒中日”期间，开展义诊活动10余次，举办健康知识讲座20余次，发放各类健康宣传材料3000余份。开展的“寒冬送医，关爱老人”大型义诊活动，为社区敬老院100多名老人提供免费询诊及康复指导服务。组织“同在阳光下，献爱共成长”“爱心包裹温暖行动”等社会公益活动，为新疆特克斯乔拉可铁热克镇、阿克塔木村儿童和阿克塔木小学和西藏墨竹工卡县小学学生捐赠衣物30余箱、书本500余册。（张曼雪）

致公党江宁区综合支部 2017年，致公党江宁区综合支部在区政协第十二届一次会议上提交提案3件，全部被大会列为有效提案。其中施永钢提交的《关于江宁区古村落保护与特色小镇、美丽乡村建设融合发展的提案》，被区政协评为2017年度优秀政协提案。施永钢撰写的《改革人民陪审员选任工作，体现我国司法民主与公正》调研报告，被致公党江苏省委作为省政协提案上报省政协会议，被省政协十一届五次会议列为第202号提案，交省高级人民法院承办，并召开该提案专题座谈会；施永钢与市侨联原秘书长傅浩(致公党党员)通过公开招标获得《加强垃圾分类收集处理的建议》调研课题，所撰写的该调研报告被致公党南京市委评为2017年度优秀调研报告。参加中共江宁区委、区政府召开的党外人士座谈会、民主协商会、情况通报会，围绕政府工作报告、发展旅游经济以及重要人事安排等，提出古村落保护、发展全域旅游、完善道路交通设施建设等意见和建议。是年，致公党江宁综合支部被致公党江苏省委授予“2012—2017年度先进集体”称号。（施永钢）

九三学社江宁区支社 2017年，九三学社江宁区支社围绕全区工作重心和人民群众关心的热点难点开展调查研究，提交工作提案2件，分别是《关于治理共享单车不文明现象的几点建议》《关于进一步降低企业税负，促进中小企业健康发展的提案》。组织各类主题活动6次，包括参加社省委暨南京市委员会联合举办的社史专题报告会，参观考察南京六合巴布洛生态谷，参加第十届“江苏九三论坛”，前往荆州、重庆学习调研，参加南京大学科学报告会，参观江宁区第五届湖熟菊花展暨第七届全国精品菊花展等，在学习调研中提升社员参政议政能力。开展科技研究、技术推广、招商引资、服务社会等活动，树立“勇为人先、敢于创新”的形象。胡歙眉被推荐为南京市第十六届人民代表大会代表人选，连任江宁区第十二届政协常委，并获“江苏制造突出贡献奖”“融合创新发展优秀企业家”“江苏省优秀中国特色社会主义事业建设者”等荣誉称号；熊晔申报的实用新型专利《一种配电线路故障及负荷监测信息传输系统》及《一种基于电力线宽带载波通信的配电线路故障指示器》获国家知识产权局批准备案；孙菲菲参与的《主要叶菜类蔬菜种质创新及新品选育》课题项目获宁波市农业实用技术推广三等奖。（刘桂联）

台盟江宁区支部 台盟江宁区支部于2017年5月11日成立，支部16名盟员中，有人大代表、政协委员6人次。年内，盟员向各级人大、政协提交建议、提案29件，人均4.9件。支部盟员在市政协全会上作《撸起袖子打赢扶贫攻坚战》的大会发言，受到市领导重视，市委副书记龙翔领办相关提案。支部盟员撰写的《关于大力发展分时租赁电动汽车的建议》入选台盟中央向全国政协提交的党派提案。组织盟员就台资制造业企业发展情况开展系列调研，走访江宁区群创光电、华宝通讯等在宁台资制造业企业，了解企业生产、经营和销售情况，与企业负责人共商推进台资制造业发展之道。参与盟市委举办的“同心书屋”捐赠图书活动，捐赠书籍50余本，部分书籍已充实到设立于江宁科学园小学同心书屋。参加台盟中央赴贵州黔西南布依族、苗族自治州兴义市望谟县石屯镇坡毛小学和晴隆县第三中学，开展扶贫调研和“六一”慰问帮扶活动，盟员所在学校南京医药中等专业学校资助当地10名贫困生赴该校就读3年的学习费用。支部盟员林玮当选为台盟第十届中央委员会委员。（王 耿 艳 丽）

江宁区工商业联合会

概 况 2017年年末，江宁区工商联（总商会）有会员企业3050家，基层商会60家。是年，区工商联以促进“两个健康”（非公有制经济健康发展、非公有制经济人士健康成长）为主题，贯彻团结、服务、引导、教育的方针，全面加强工商联（总商会）思想、组织、作风、制度建设，不断增强凝聚力、影响力、执行力，努力把工商联打造成政治坚定、特色鲜明、机制健全、服务高效、作风优良的人民团体和商会组织，为建设“强富美高”新江宁贡献力量。是年，区工商联被全国工商联表彰为“五好”工商联。

教育引导活动 2017年，区工商联在全区非公人士中开展以“守法诚信、坚定信心”为重点，以争做“政治上有方向、发展上有本事、责任上有担当、文化上有内涵”新苏商为主要内容的理想信念教育实践活动。力促“两个健康”，使非公经济人士成为“政治上有方向”的明白人；提升“三种能力”，使非公经济人士成为“发展上有本事”的聪明人；义利兼顾，使非公经济人士成为“有担当”的责任人；体现“四化”，使非公经济人士成为“有内涵”的文化人。组织开展“四有”实践征文活动，进一步增强企业家的“四有”意识。组织非公经济代表人士学习中共十九大和中发25号文件精神，激发广大企业家坚定“四个意识”、增强“四个自信”，弘扬优秀企业家精神，强化历史担当和世界眼光。同时，加强非公有制经济人士学习培训，协助市工商联举办非公有制经济人士革命传统培训班、新任工商联领导班子成员培训班和宁商大讲堂活动，组织会员企业参加有关法律知识培训和法院开庭旁听活动等。利用区人大、区政协和市、区工商联换届等时机，对全区拟有政治安排的198名非公有制经济代表人士进行综合评价，加强对非公经济代表人士的动态管理，促进非公有制经济代表人士遵纪守法、诚信自律。

“四好”商会创建活动 2017年，区工商联贯彻中发16号文件和中央统战工作会议精神，进一步加强基层商会建设，更好地发挥基层商会作用，在全区工商联系统开展“四好”商会创建活动。是年，东山街道商会、禄口街道商会、湖熟街道商会创建成为“四好”示范商会，谷里街道商会、汤山街道商会、麒麟街道商会成为“四好”商会，“四好”商会占街道、园区商会的46.2%。

服务非公经济发展 2017年，区工商联协助有关部门和企业，通过推进供给侧结构性改革，降低企业用工、用能、融资等生产成本，切实为企业减负。组织银企对接，帮助企业解决融资困难。深化与江宁科创投集团合作，为会员企业创业提供贷款和资金担保。与广发银行南京分行合作，开办“宁商卡”业务。开展“春风行动”，帮助企业解决招工难题，组织各街道、园区商会配合劳保所，引导会员企业参加劳动力招聘活动。与《南京晨报》合作，推出12家企业文化建设典型分别在江苏“交汇点”和《南京晨报》上登载，并出版《文化力》一书。开展规模民营企业和履行社会责任情况调研，全面了解新常态下民营企业在吸纳就业、依法纳税、慈善捐赠等履行社会责任方面情况。

调查研究和参政议政 2017年，区工商联注重发挥会员企业中人大代表、政协委员建言献策作用，民营企业界撰写议案23件、提案62件。开展大走访大调研活动，区委统战部、区工商联联合制定《关于贯彻落实全省“万企大走访大调研”活动的实施方案》，走访调研会员企业400多家，发现并协助解决一批困难和问题。

社会责任履行 2017年，区工商联组织会员企业开展各类精准扶贫工作，落实2164家帮扶企业与1188户特困户结对，募集资金969万元，安排就业813人，资助学生482人。组织57家企业帮扶经济欠发达、经济薄弱村，投入帮扶资金1115.7万元。（韩　智）

区工商联第十一次会员代表大会 1月21日，区工商业联合会（总商会）第十一次会员代表大会召开。市委常委、区委书记李世贵要求区工商联发挥好桥梁助手作用，引导非公企业参与江宁全域旅游、特色小镇、美丽乡村、现代农业等建设，开创非公经济发展新局面，助力江宁建设发展，实现合作共赢。市委统战部副部长、市工商联党组书记毛卫华，区领导祁豫玮、孔令才、刘玲、梁爱国、陆蓉、张会祺等参加会议。会议审议通过区工商联第十届执行委员会工作报告，选举产生区工商联（总商会）第十一届领导班子和出席南京市工商联（总商会）第十五次会员代表大会代表。

全国工商联到江宁调研企业降本增效 4月11日，中央统战部副部长，全国工商联党组书记、常务副主席全哲洙一行到江宁区，考察南京高精传动设备制造（集团）有限公司、南京金陵金箔有限公司，围绕降低实体经济企业

1月21日，区工商业联合会（总商会）第十一次会员代表大会召开。图为大会现场　　高珏琼　摄

综合成本展开调研。省人大常委会副主任、省工商联主席许仲梓，市、区领导李世贵、陈勇、陆蓉等参加调研。在南京高精传动设备制造（集团）有限公司，调研组一边察看生产情况，一边询问企业对降低生产经营中的税费，特别是对制度性交易成本政策落实的感受。在随后召开的座谈会上，企业负责人就国家相关政策对企业税务、人力成本、资金运行、能源动力等方面的影响作专题汇报。在南京金陵金箔有限公司，调研组先后参观金箔制作的生产车间和中国金箔艺术馆，了解金箔艺术发展情况。座谈中，调研组还了解企业采取多种方式、多种途径降本增效的做法。针对企业反映的问题，调研组表示，将进行梳理总结，让降本增效政策发挥作用，助力实体经济企业发展。

区青年企业家联合会成立 10月29日，江宁区青年企业家联合会成立。市委统战部副部长、市工商联党组书记毛卫华，区委常委、统战部部长陆蓉出席成立大会。由南京绿野建设集团有限公司、南京金箔集团房地产有限公司等16家单位发起成立的江宁区青年企业家联合会，是由区内具有代表性的青年企业家自愿组成的地方性、联合性、非营利性社团，有青年企业家会员92人。

（宁 鉴）

江宁区总工会

概 况 2017年年末，江宁区有工会组织8744个，其中独立工会3016个；会员40.79万人。是年，区总工会以“中国梦·劳动美”为主题，开展“‘醉’美乡村、寻找女工之美”评选、“情满春天、爱在江宁”青年职工集体婚礼等活动。组织全区各级工会开展以“弘扬劳模精神，唱响劳动赞歌”为主题的庆“五一”系列活动，各直属工会举办知识讲座、职工培训、技能竞赛、主题演讲等活动103场次。开展“大众创业、万众创新”“江宁工匠”评选等劳动竞赛活动，联合区委组织部、人社局、广电台共同举办首届“江宁工匠”选树活动，10个专业（工种）参加决赛选手610人次。做好省、市五一劳动奖章评选推荐工作，全年获得省级五一劳动奖章1个，省五一劳动荣誉奖章1个，市级五一劳动奖章5人、五一劳动奖状2人，省级劳动保护示范工会1家。推荐市级劳模创新工作室2家、职工创新工作室6家。加大“工人先锋号”创建力度，获得全国“工人先锋号”先进班组1个、省级“工人先锋号”先进班组4个、市级“工人先锋号”先进班组5个，评选表彰区级“工人先锋号”先进班组40个。深入开展“安康杯”竞赛活动，获省“安康杯”竞赛优胜单位1家、获市优胜单位6家、市“安康杯”竞赛优胜班组5个，表彰区“安康杯”竞赛优胜企业20家。联合区安监局开展安全生产、劳动保护宣传教育三年规划“以案释法”活动，宣讲38场、6937人次。加强工会自身建设，夯实基层基础，全年新组建独立基层工会58个，新发展会员近2万人。指导11家相关直属工会完成换届工作。

和谐劳动关系创建 2017年，全区和谐劳动关系单位创建率92%。签订工资集体合同企业6750家，其中单独签订2276家，行业性区域性4474家，工资集体合同签订率97%。东山街道天云社区等30家单位通过区总工会验收，被授予区工资集体合同签订工作先进单位称号。召开3场不同类型企业工资协商现场会，女职工专项合同签订率98%以上。申报市厂务公开民主管理先进单位17家。推进“爱心母婴室”建设，创建基础母婴室18家、三星级母婴室5家、四星级母婴室5家。

职工维权服务 2017年，区总工会在区人社局劳动仲裁院开设法律服务窗口，接待到访职工8600余人次。所有街道、园区总工会均建立职工服务站，区总工会成立职工法律顾问团，做好职工维权和服务工作。联合相关单位举办招聘会13场，协调工作岗位1126个，帮助40名创业者办理小额贷款500万余元，为550余名困难、特困职工发放慰问金（慰问品）56万余元。开展金秋助学活动，资助特困、困难家庭332户、340人，发放助学款40.02万元。

全市开发园区工会建会观摩推进会 6月28日，由市总工会主办，区总工会承办的全市开发园区工会建会观摩推进会在东山研发园召开。各区总工会、区级以上开发园区工会负责人参加会议。当日，东山研发园总工会成立。至此，全区实现区级以上开发园区工会组织全覆盖。全区8个开发园区共建立独立工会组织549个，涵盖法人单位1892家，会员13.4万人。会前，与会人员现场观摩了东山研发园总工会成立暨第一次会员代表大会，市人大常委会副主任、市总工会主席臧正金和区委副书记严应骏为东山研发园总工会揭牌。相关单位作开发园区工会建会工作交流。

（区总工会）

区十佳文明职工评选 8月8日，第二届“江宁区十佳文明职工”和2017年度“江宁区文明职工”评选揭晓。经过基层推荐、报纸公示、专家评审和综合考核等程序，区委宣传部、区文明办、区总工会决定，授予林培川、张俊、洪超兰、曹丽萍、刘耘、丁健、余文娟、徐洋洋、孟兆琴、高浩10人第二届“江宁区十佳文明职工”荣誉称号，授予蒋艾华、吕荷云、朱宏云、孙婷、贾学才、李俊、汤成诏、彭慧、徐伟、陈庠10人2017年度“江宁区文明职工”荣誉称号。

区总工会第十四次代表大会 11月26—27日，江宁区总工会第十四次代表大会召开，会议正式代表249人（女代表105人），实到代表241人（女代表100人），特邀代表15人。市委常委、区委书记李世贵，市人大常委会副主任、市总工会主席藏正金，区领导孔令才、刘玲、严应骏、李滨出席大会开幕式。大会审议通过区总工会第十三届委员会工作报告、财务工作报告、经费审查报告和第六届女职工委员会工作报告，明确今后5年区总工会工作的目标和主要任务，选举区总工会第十四届委员会领导班子。（宁　鉴）

共青团江宁区委员会

概　况 2017年年末，江宁区共青团组织有基层团（工）委92个，团总支89个，团支部1126个，共青团员27383人。是年，团区委围绕中共江宁区委、区政府中心工作，以习近平新时代中国特色社会主义思想为指导，凝聚新工作力量，借力新媒体工作抓手，进一步增强吸引力、凝聚力、服务力、创新力，不断推动共青团工作取得新突破。团区委获全省团属报刊宣传工作先进单位称号，区少工委被团省委、省少工委授予2016年度江苏、新疆、西藏、青海少年儿童“手拉手”互助活动“优秀组织”称号，区青少年生命教育馆被评为全国示范性青年之家。

青少年思想引领 2017年，团区委在全区团组织和团员青年中开展“学习贯彻十九大 江宁青年加油干”主题系列活动。邀请区委副书记严应骏和团省委书记王伟作专题宣讲，全年开展集中学习、走访座谈、大讲坛等形式的学习活动30余场。举办“红领巾相约中国梦”系列活动40余场，培养少先队员爱党、爱社会主义祖国的朴素情感。制作《同唱一首歌，共圆中国梦》等十九大主题视频3个，《厉害了，我的国》街头快闪视频入选团中央第一期新闻联播，江苏共青团微信公众号专题刊发。在《江宁新闻》、江宁电视台开设新闻专栏，专题发布基层团组织学习中共十九大精神相关团讯18篇，报道优秀青年先进事迹20余次。

共青团改革 2017年，团区委紧贴党政中心工作，坚持以青年需求为工作导向，成立改革工作小组，并先后赴上海、重庆等地学习改革经验。分专题召开座谈会4场，征求机关、企业、学校、社区、社会组织等青年意见48条，发放调查问卷1500余份，形成涉及6个方面、25条改革措施的全区共青团改革方案。在重点难点问题上先行先试，配备专、挂、兼职相结合的团区委领导班子，新成立直属事业单位江宁区青年志愿者行动指导中心，设事业编制数4人，是全市唯一一家通过改革新设部门的团区委。通过挂兼结合、招募志愿者、购买青少年事务社工等方式，使团区委每个部门均配备1名志愿者或青少年事务社会工作者。建立重点工作项目组制度，推动扁平化的项目运行方式，形成“部门+项目+阵地”的工作模式，有效提升全区团组织的活力。

青年创业创新 2017年，团区委持续推动“江宁合伙人”青年创业者协会发展，累计有会员1200余人，创业团队164个，形成众创空间、“后大学时代”创客学院、“光子众筹”创投基金、爱心中国行四大子品牌，并获2017年度南京市社会建设创新优秀案例。组建青年创客创业服务团队，全年在驻区高校、众创空间开展创业路演和宣讲18场，覆盖驻区高校青年约5000人；众筹成立光子创投基金，为驻区高校初创青年提供项目融资480万元。

志愿服务 2017年，团区委承接全区各项大型赛事和重大活动志愿服务工作，提供志愿服务2500余人次，服务时间160小时。创新社区志愿服务模式，成立社区“青年网格志愿者”工作站，参与全区全要素网格化治理建设。深化志愿服务项目双向选择交流会、“志”美江宁等品牌工作，推动志愿服务项目化运作、社会化动员，提高青年志愿服务在全社会的参与度和影响力，让志愿服务文化深入人心，让“小金葵”品牌更加响亮。

“网上共青团”建设 2017年，团区委重点推进“智慧团建”，加强团属新媒体平台建设，升级“江宁青年”微信公众平台，形成“江宁青年”新媒体工作矩阵，探索青少年事务的集成化、信息化、个性化路径，打造“网上共青团”。“江宁青年”微信、微博粉丝超过10万，获评全省共青团宣传工作先进单位，“江宁青年”微博入选全省团委系统十大微博，“江宁青年”微信公众号列全省共青团微信公众号影响力排行榜十强。成立“光合家”共青团文化产品研发中心和江宁青年新媒体中心，全年发布原创青少年文化产品五大类20余件。

青春扶贫工作 2017年，团区委以“千名团干部大走访青春护航”项目为抓手，实现弱势青少年微心愿近1000个，募集帮扶物资价值280余万元。突出物质帮扶与发展帮扶、精神帮扶并重，面向贫困大学生招募寒暑假实践生18人，发放实践补贴4.8万元。联合市青少年宫和青年社会组织，为弱势青少年群体举办免费公开课、公益夏冬令营等活动30余场。与姚基金合作开展全国希望小学篮球联赛，吸引全国各地67支希望小学代表队伍的1300名贫困学生参加，中国篮协主席姚明，市人大常委会主任龙翔，市委常委、区委书记李世贵，副市长胡万进等出席活动。开展“爱心中国行”公益活动，累计为西部贫困地区募集爱心帮扶资金120万元。

从严治团 2017年，团区委深入推进“三联三帮”“走听转办”工作，开展“到基层去，到青年中去”千名团干部大走访活动，1386名基层团干部走访青年近2万人，撰写民情日记986篇，被区级媒体报道20余次，“南京大走访”微信公众号专题报道2次。持续推进团干部直接联系青年“1+100”工作，每名专、挂、职团干部常态化联系100名青年、每名兼职团干部常态化联系10名青年。组织开展“基层团干部大讲坛”活动5期，有40名基层团干部通过项目路演方式交流工作思路。强化团员先进性，严把团员入口关，执行入团程序“十步骤、三公示、六必须”，坚持发展全过程纪实，充分发挥团员在青年中的先锋模范作用。

8月15日，团区委与姚基金合作开展希望小学篮球联赛。图为联赛开幕式现场　　区新闻中心　供稿

助力社会治理创新 2017年，团区委发挥青年社会组织参与社会治理作用，定期召开青年社会组织领袖联席会，探索与枢纽型青年社会组织建立合作成长模式。继续推进安德社工培训学院建设，开发设计多级培训课程，向青年社会组织输送高质量的社工人才，重点扶持初创型社会组织，有60余名社工结业。着力打造青年之家总店“江宁青年茂”，作为共青团社会资源和工作力量的总部基地，吸引20余家青年社会组织实体入驻，链接全市近100家社会组织资源，为辖区内青少年提供各类文体活动和服务100余场。承办全省共青团社会联络“10100”项目交流会等市级以上现场会8场，青年公益领袖培养计划获全省共青团“10100”创新创优工程优秀项目二等奖。（团区委）

青春故事分享会 5月2日，纪念“五四”运动98周年暨“到基层去，到青年中去”青春故事分享会在区市民中心小剧场举行。市委常委、区委书记李世贵及区领导祁豫玮、孔令才、刘玲、严应骏、缪秀梅等参加。是年3月开始，全区共青团集中开展“到基层去，到青年中去”千名团干部大走访活动，围绕区委关于“大走访”活动的要求，学习革命年代密切联系青年的工作方法，深化“走基层、听心愿、转作风、办实事”的工作机制，通过“大走访”活动使基层团干部接受一次心灵洗礼。全区有1386名基层团干部走进企业、学校、社区、社会组织，走访青年1.5万人，帮助解决困难1743件，撰写民情日记近2000篇。

俄罗斯青年联盟代表团考察江宁共青团工作 11月23日，俄罗斯青年联盟主席巴维尔·克拉斯

诺鲁茨基一行到江宁区，专题考察江宁共青团服务青年创新创业工作。俄罗斯青年联盟前身为苏联列宁共产主义青年团俄联邦共青团，是俄罗斯最大的社会性青年组织。当天，代表团到江宁合伙人·众创空间，现场观看科技创新成果展示，听取全区共青团服务青年创新创业工作的情况介绍，并参观众创空间青年创业企业，了解“江宁合伙人”从民办非企业发展成实体化、项目化、企业化运营的综合性创业服务平台的历程。代表团还参观了牛首山文化旅游区。

5月，区妇联在谷里街道举行“不忘初心 母爱永恒”经典诵读暨家庭亲子阅读季启动仪式，推动和激发家庭阅读热情。图为活动现场

区新闻中心　供稿

区青少年生命教育馆成为全国示范 12月7日，江宁区青少年生命教育馆被命名为全国示范性“青年之家”综合服务平台。区青少年生命教育馆以青少年生命安全教育为主题，面向全市及周边城市的中小学生开放，提供专业的生命安全讲解和指导服务。展馆内设置生命起源、自然灾害形成与应对、日常生活中的安全教育与防范、卫生、环保等板块。生命教育馆还引进江宁青年公益组织培育中心，依托青年之家云平台，开展丰富多彩的志愿活动。通过自护知识讲座、操作体验，为区内30所学校的青少年讲解地震、火灾、洪水等自然灾害相关知识，增强自救与互救能力。

（宁　鉴）

江宁区妇女联合会

概　况 2017年年末，江宁区有各级妇联组织228个，其中街道妇联10个、园区及机关妇联17个、村（社区）妇联201个。是年，区妇联顺应改革大势，服务妇女，服务家庭，服务基层，着力提升妇联组织的引领力、凝聚力、服务力、创新力，为建设“强富美高”新江宁做出新贡献。年内，区妇联被评为全省2017年度《莫愁》杂志宣传工作先进单位。

妇联改革 2017年，区妇联结合实际，着力在机构设置、创新转型、服务保障等方面实施改革，并取得进展。在机构设置上，按照“减下补上”原则，进一步优化调整机构及职数，探索在妇联机关各部室实行上下兼、挂职，围绕“纵向到底、横向去白”目标，打通妇联组织的“神经末梢”。在创新转型上，努力提高妇联主体工作服务水平，改变传统工作方法，以项目化、社会化、专业化、精准化为目标，提供精准服务。在服务保障上，加强网上妇联工作，打造“互联网+”服务平台；加大党委、政府对妇联工作支持保障力度，落实党建带妇建制度，切实履行全面从严治党主体责任。

妇联组织建设 2017年，区妇联以群团组织改革为契机，推进街道妇联组织区域化建设试点工作。与区委组织部联合下发《关于试点开展街道妇联组织区域化建设的通知》，完善区、街道、村（社区）、网格四级组织体系。率先在东山街道泥塘社区成立物业型、市场型、单位型、兴趣型等不同层次、不同领域的“功能型”妇联组织，真正实现哪里有妇女，哪里就有妇联组织。至年末，全区有网格妇联组织2083个，功能型妇联40个。全面启动园区“会”改“联”工作，推进妇联组织向“两新”组织和非公企业延伸，指导成立“两新”组织妇联62个、机关妇联4个、高校妇联2个。实现与工会女工委的无缝对接，拥有团体会员59个，服务企业妇女15万人。

街道妇联换届 2017年，全区10个街道全部完成妇联换届工作。各街道妇联主席由区管女领导兼任，配备专职副主席1人，兼职副主席若干人，专职妇工1人。换届后，全区街道有妇联主席10人，专兼职副主席52人，执委364人。

“巾帼建功”活动 2017年，区妇联继续探索巾帼创业创新模式，打造以“原乡生活”为主题的小岘创意集市，开集7次，为农村创业女性提供交流、展示的平台。争创省、市级巾帼示范基地，创成市级示范基地4个、省级示范基地6个。进一步完善“巾帼文明岗”创建管理办法，评选表彰区级“巾帼文明岗”和“岗位明星”各40个。与南京晓庄学院合作启动农村妇女“乡村种子”项目，实现妇女自我提升、自我管理。开展“春风行动”，举办农村妇女骨干和劳动力转移培训、沃尔玛小微企业创业者培训等，不断拓展妇女就业渠道。全区各级妇联系统全年组织专场招聘会17场，开展专题培训103场，培训近1.1万人，发放宣传资料7310份。

妇女儿童权益保护 2017年，区妇联结合《中华人民共和国反家庭暴力法》实施1周年，建立健全区、街两级家事关护员制度，制定出台《江宁区平安家庭创建暨反家庭暴力工作联席会议制度》，联合相关部门开展“爱Ta护家，共建和谐社会”主题宣传暨家事法庭进社区活动，全区各级妇联组织开展活动15场，发放宣传手册3000余本。深入开展送法进社区活动，15名律师志愿者与妇女儿童之家结对共建，让基层妇女儿童在家门口就能享受精准的法律服务。继续运作“爱之桥”家庭纠纷调解项目，扎实做好信访维权工作，全年受理信访107件，受理率100%；调解离婚家庭163对，和解133对，成功率81.6%。

为妇女儿童办实事 2017年，江宁区制定出台“十三五”妇女儿童发展规划，确定2017—2018年妇女儿童10件实事，并召开全区妇女儿童工作会议，推进妇女儿童民生实事项目落地。组织开展“心手相牵，与爱同行”“贫困母亲‘两癌’救助”“音乐种子春蕾助学”等关爱行动，慰问贫困母亲60人、患“两癌”农村贫困妇女19人、困境儿童家庭142个，发放各类资金20.4万元。举办省妇联困境儿童夏令营启动仪式和省妇儿工委“儿童权利倡导和儿童保护”项目工作培训班，东山街道泥塘社区作交流发言。联合区人社局对全区待就业贫困妇女进行梳理摸底，收集汇总就业需求，并逐一进行面对面走访调研，110名贫困妇女在待就业贫困妇女专场招聘会上找到工作。

街道妇联组织区域化建设工作现场推进会 6月30日，区妇联组织全区10个街道妇联主席先后到汤山街道全鑫妇女微家、秀英妇女微家、东山街道泥塘社区妇女儿童之家、武夷水岸家庭工作室、东山街道家庭服务中心等工作现场，实地观摩社区妇联组织形态的设置方式、社区妇女儿童活动阵地的提档升级和作为省妇联组织街道区域化建设试点单位的东山街道妇联区域化建设工作的做法。推进会上，区妇联负责人传达了全国及省、市妇联关于妇联改革会议精神，并对全区街道妇联组织区域化建设工作作出部署，进一步明确区域化建设工作的目标任务、主要措施和实施步骤。

区妇女儿童工作会议 7月13日，江宁区召开全区妇女儿童工作会议，区妇儿工委各成员单位负责人及联络员、各街道负责人及妇联主席120人参加会议，区长祁豫玮，区妇儿工委主任、副区长缪秀梅出席会议。会议总结“十二五”期间全区妇女儿童工作，部署“十三五”期间妇女儿童工作任务，要求各级各部门按照省、市妇女儿童工作会议部署，不断优化“十三五”妇女儿童发展规划的实施环境，推进规划落地落实。健全家庭服务业标准和服务供需体系，实现家庭服务中心全覆盖，确保服务更加多元化和精准化。在贫困妇女儿童健康保障方面，继续组织开展各类困难家庭妇女免费健康检查，完善困难儿童分类保障制度，守护妇女儿童健康。

“十三五”妇女儿童发展规划培训会 8月10日，区妇儿工委办公室召开“十三五”妇女儿童发展规划培训会，区妇儿工委各成员单位分管领导和联络员，各街道分管领导、妇联主席，以及部分社区工作人员100人参加培训会。市政府妇儿工委办公室副主任张萍作“十三五”时期妇女儿童工作的专题辅导，站位国际、国内妇女儿童工作趋势，立足“十二五”终期监测评估数据情况，分析“十三五”时期妇女儿童发展趋势和重点，着重讲解妇女儿童公共服务体系、女性就业波动、二孩政策落实下注重出生缺陷预防、困境儿童资助体系等方面的新理念新问题。 （区妇联）

纪念“三八”国际妇女节主题活动 3月8日，江宁区举办“春之交响”纪念“三八”国际妇女节107周年主题活动，市委常委、区委书记李世贵，市妇联主席谈健，区领导严应骏、缪秀梅、蔡正英与全区各条战线的优秀妇女代表、女企业家代表、最美家庭代表及妇女群众代表欢聚一堂，共同庆祝节日。诗歌《绿叶红花映古泉》、小品《巧匠、辣妈、村官》等一个个生动的节目再现了谌翠红、束姗姗、雍本云、江开兰、陈琳、薛爱红等一批妇女代表的典型形象。活动现场，区妇联发起的“最美家庭”评选活动启动，市、区领导和评选出的24名模范妇女代表上台，共同为“最美家庭幸福树”浇灌爱心之水。

全国妇联调研江宁妇联改革 6月4日，全国妇联党组书记、副主席、书记处第一书记宋秀岩一行，到江宁区调研妇联改革工作。在东山街道家庭服务中心，宋秀岩听取了江宁区妇联工作情况汇报，并走进各功能室，面对面倾听基层妇女干部群众心声。近年，区妇联在改革组织设置、创新工作方法、完善制度建设等方面进行有益尝试，真正让基层组织力量得到增强，服务妇女能力得到提升，妇女儿童权益得到保障。宋秀岩对全区建设“物业型”妇女组织的做法给予肯定，认为这一做法有效在物业和业主之间架起沟通联系的桥梁，着力解决物业矛盾，提供了鲜活改革经验。宋秀岩要求进一步转变工作理念，以更加宽广的眼界、更加开放的思维推进妇联改革，通过妇联组织形态的重构、妇联干部形象的重塑，不断增强妇联组织的影响力和凝聚力，为党的事业凝聚强大巾帼正能量。

首个女性创智空间开园 5月，由区妇联和江宁开发区联合打造的“新起点·江宁女子创智空间”开园。位于江宁开发区千人创业大厦的“新起点·江宁女子创智空间”占地900多平方米，从最初筹备到正式开园仅用了半年时间。为给更多的女性创业者提供一站式创业服务，创智空间还专门设立创业门诊、创业服务中心，同时聘请创业导师。空间已吸引6名女性科技企业家及6名女性大学生（研究生）创业项目，空间入住率90%。下一步，还计划设立女性发展基金，引入天使投资人、投资机构、银行等融资渠道，加速创业项目成长，提高创业成功率，把“新起点·江宁女子创智空间”打造成为独具妇联特色且深受女性欢迎的女子众创空间，帮助更多有创业梦想的女创客降低创业成本、门槛和风险。

儿童权利倡导和保护项目试点 3月，东山街道泥塘社区成为国务院妇儿工委办公室开展“儿童权利倡导和儿童保护”项目的试点社区，也是全市唯一试点社区。“儿童权利倡导和儿童保护”项目由国务院妇女儿童工作委员会办公室和国际救助儿童会合作开展，以倡导和保护儿童权利为本，建立以社区为基础的儿童保护和服务体系。9月18日，全省各市妇儿工委代表齐聚江宁，参加“儿童权利倡导和儿童保护”项目培训，共同探讨儿童保护工作。与会代表观摩了泥塘社区儿童保护体系建设项目，并听取“儿童权利倡导和儿童保护”项目推进情况介绍。前期，泥塘社区对辖区3650名儿童进行摸底调查，将儿童的基本信息、被服务信息、儿童监护评估等动态信息全部登记造册，建立困境儿童档案，网格员每周至少走访困境儿童家庭2次。同时，建立儿童保护骨干队伍、专业队伍、志愿者队伍，及时了解帮助社区儿童。街道、社区还先后投入50余万元对社区妇女儿童阵地进行提档升级，完善妇女儿童之家、母婴室、儿童爱心小屋、儿童心理调适室、儿童图书阅览室等功能室的硬件配置，为儿童健康成长营造良好的社会氛围和生活环境。该项目推进半年中，累计开展儿童保护类宣传服务活动45次，服务5000人次。

区女企业家协会换届 12月18日，江宁区女企业家协会第三次会员大会召开。区女企业家协会有会员74人，涉及科技、制造、建筑、电气等10多个行业，协会理事每届任期5年。大会选举产生21名新一届女企协会理事会成员，推举南京华兴压力容器制造有限公司董事长俞晓华为新一届会长，还对10名“公益爱心女企业家”进行表彰。（宁　鉴）

江宁区科学技术协会

概　况 2017年年末，江宁区有区属科技学会、协会组织46个。2017年，区科协以深化改革为动力，以贯彻实施《全民科学素质行动计划纲要》为主线，以深入开展科技人才服务为抓手，以开展各类科普活动、提升全民科学素质为重点，着力提升为创新驱动服务的能力，拓展科协工作新领域。4月，区政府办公室印发《南京市江宁区全民科学素质行动规划（2016—2020）》，根据规划提出的总体目标和重点任务，与区委组织部、区教育局对接沟通，制定全区领导干部和公务员、青少年科学素质提升计划（审议稿），并提请区科协八届五次常委会审议。牵头对全区区属学（协）会、行政事业单位、企业科技工作者的人数、分布以及党员比重等情况进行全面摸底调查，上述单位科技工作者总人数3.95万人。其中，从事科技应用维护1.65万人，从事科技传播普及1.77万人，占总数的87%。会同区总工会，对全区科技工作者相关信息进行统计，着手建立科技工作者信息数据库。是年，区科协获江苏省海智基地工作先进单位称号。

科普宣传　2017年科普宣传周（日）期间，区科协系统组织科普宣传咨询、科普进社区、校园科普、实用技术培训讲座和科普场馆开放等各类活动103场，发放科普资料3万余份，开展科普培训3200多人次。拓展科普新领域，结合美丽乡村建设，联合江宁美丽乡村建设平台开展科普示范共建活动。与区教育局、公交集团合作，在校车上试点播放科普中国微视频，全年播放550小时、人均科普时间100小时以上。会同区科技局、广电台对区内75家各类科普基地场馆进行调研，完成方山地质公园、国门安全生物博物馆等科普场馆的视频拍摄。

科技服务　2017年，区科协推进与中国旅美科协总会战略合作，取得进展。中国旅美科协总会高层及多个分会长到江宁访问考察；参加旅美科协25周年年会，举办江宁专场活动，并组织优秀项目回国在园区推介；在纽约、硅谷、华盛顿和波士顿成立江宁区海外人才工作站及3个分站；有2个旅美专家项目落户江宁。全年申报金桥工程和厂会协作项目49个；组织专家与6家重点帮扶企业开展“一对一”服务，培训专利信息工程师113人，注册国外专利信息技术企业84家。在完善江宁科普网基础上，构建3个平台，即建设政务信息化平台（OA），优化办公流程，提高工作效率；整合省级学会、旅美科协、区内高校和科研院所资源并组成智库，搭建智库资源与企业需求对接的创新创业服务平台，建立线上资源交流、线下各级科协协调的服务机制；整合微信、PC和大屏等现有渠道，构建科普信息化服务平台，实现科普中国、江苏科普云资源共享，针对不同群体实行精准科普。

（张达文）

10名区优秀科技工作者获表彰

5月27日，江宁区举办首届“全国科技工作者日”沙龙活动，表彰10名区第六届优秀科技工作者，并邀请中科院院士刘怡昕及中国旅美科协代表参加座谈。市委常委、区委书记李世贵，区领导严应骏、米永强、董涵参加。李世贵会见了中科院院士、南京炮兵学院教授、全国优秀科技工作者刘怡昕及6名中国旅美科协代表。中国旅美科协是由在美华侨华人等专业人士组成的非营利性专业社团，拥有8000多名会员，分布在全美各大洲和主要城市，2016年年底，旅美科协南京联络处落户未来网络小镇。李世贵简要介绍江宁区经济社会发展情况，并希望旅美科协能与江宁在科技资源交流方面展开更多深层次、全方位合作，促进一批优质人才项目落户，双方携手并进，实现共赢。旅美科协总会会长陈志雄表示，江宁地理优势显著、文化底蕴深厚、发展潜力巨大，特别是未来网络、新一代无线通信等新兴产业发展迅猛，他们将发挥桥梁纽带作用，为江宁繁荣发展贡献更多力量。在随后的颁奖典礼上，冉千平、孙婷、吴绍钦等10名区第六届“优秀科技工作者”获得表彰。

南京未来科技城科协成立　11月，南京未来科技城科学技术协会第一次会员代表大会在悠谷召开。会上，市科协相关负责人宣读《关于同意成立南京未来科技城科学技术协会的批复》。会议审议通过《南京未来科技城科学技术协会章程》，选举产生园区科协委员23人。在随后举行的第一届委员会第一次会议上，又推选出主席、副主席、秘书长。南京未来科技城科协的成立有利于引入更多创新要素，鼓励驻区企业开展科研攻关、技术创新、产品创新，增强自主创新能力和核心竞争力。

（宁　鉴）

11月6日，区科协联合组织部、人社局、科技局等单位在未来科技城召开2017旅美科协优选创业项目江宁推介会。图为推介会现场

区科协　供稿

政法与社会治安综合治理

概　况　2017年，江宁区政法和社会治安综合治理战线围绕建设“强富美高”新江宁总目标，以防控风险、破解难题、补齐短板、服务发展为抓手，以维护国家安全和社会稳定为重点，不断创新社会治理、深化司法改革，进一步推进平安江宁、法治江宁和政法队伍建设，为全区经济社会发展创造安全稳定的社会环境、公平正义的法治环境、优质高效的服务环境。是年，江宁区被全国普法办推荐为“全国法治县（市、区）创建活动先进单位”。　　（宁　鉴）

安全稳定维护　2017年，全区组织开展社会矛盾和安全隐患大排查大整治、出租房屋安全隐患集中整治、社会治安重点地区和突出问题整治、信访积案百日攻坚等专项行动，抓好矛盾纠纷化解、重点人群排查管控、安全生产监管等工作，市交办的信访积案化解率97.3%。推进社会稳定风险评估规范化、专业化、社会化建设，确保重大项目应评尽评，全年完成稳评项目97个，完成全国“两会”、中共十九大和国家公祭日等重大活动和重要时期的安保维稳任务。

社会治理　2017年，区委政法委紧扣“一张网”和“五个统一”目标，推进全要素网格试点工作。以2485个网格为基础，实现“多网合一”，实现“64922”全要素网格工作任务清单和平台建设“互融互通”，形成全要素网格工作“江宁模式”，中央电视台、《法制日报》等主流媒体予以专题报道。推动群防群治新实践，健全区平安志愿者协会、分会和工作站三级架构，建成江宁区平安志愿组织孵化基地。

综治基础建设　2017年，区委政法委继续推进街村综治中心规范化、社区综治警务一体化建设，实现综治信息平台实战化。实施技防建设计划，加快“雪亮工程”建设。落实社区治安责任承包制，完善区、街道、村（社区）三级巡防架构，全区六类侵财性案件发案率比2016年下降17.3%。健全矛盾纠纷多元化解机制，各类调解成功率97.8%。

依法治区　2017年，区委政法委突出执法、司法、普法等关键环节，推进综合行政执法体制改革，深化公正廉洁司法，实施“七五”普法规划，完善“谁执法谁普法”“以案释法”机制。组织开展领导干部述法、法治惠民十件实事、基层执法评议活动，开展“百村（社区）法治巡讲”“平安法治社区行”等活动130余场。不断深化法治区创建活动，推动法治街道、法治园区建设，建成省级民主法治示范村（社区）95个，创建率47.5%。

司法改革　2017年，区委政法委深化司法责任制改革，组建专业化审判团队，完成区检察院内设机构整合。全年受理各类案件3.15万件、审执结3.03万件，批准逮捕508件670人。稳妥推进认罪认罚从宽处罚改革，探索公益诉讼试点工作。加快“基本解决执行难”，执结6768件，比2016年上升29.2%。深化公安执法机制改革，全年接处警78.5万起。创新法律服务方式，办理法律援助案件1267件、公证4610件。

政法队伍建设 2017年，区委政法委学习贯彻中共十九大精神，组织开展“政法干警永远忠于党”主题教育活动，加强正规化、专业化、职业化建设，政法队伍素质能力明显提高，涌现出陈敏等一批政法干警先进典型。是年，江宁区获“全省社会治安综合治理先进区”表彰，并被推荐为全国法治区创建先进单位；区法院被评为全省法院系统先进集体；江宁公安分局被评为全省优秀公安局；区检察院被评为全国检察宣传先进单位；区司法局被评为全国调解宣传先进集体。

（马成千）

全区政法工作会议 3月17日，江宁区召开政法工作会议，分析政法工作形势，部署2017年及今后一个时期政法工作重点任务。市委常委、区委书记李世贵和区领导于茂高、刘维新、史兆祥、赵立宏，区法院院长严忠琴、区检察院检察长金波参加会议。会议强调，要紧扣中共十九大安保维稳中心任务，以提高群众幸福感、安全感、满意感为目标，不断深化平安江宁、法治江宁建设，全力护航“两聚一高”实践，为建设“强富美高”新江宁提供政法保障。会议部署了2017年全区政法工作重点，要求政法工作聚焦社会稳定综合施策，着力提升风险管控力；抓好社会治理攻坚突破，着力提升创新驱动力；推进综治工作提档升级，着力提升群众安全感；做优法治品牌塑造特色，着力提升法治满意度；加强过硬政法队伍建设，着力提升队伍满意率。会议表彰了2016年度平安、法治建设先进集体、先进个人及十佳政法单位、十佳政法干警。

2016年度平安志愿服务工作总结表彰大会 3月22日，全区2016年度平安志愿服务工作总结表彰大会举行。大会总结全区平安志愿者协会2016年的工作成绩，表彰一批平安志愿服务先进集体、先进工作者和优秀平安志愿者，并部署2017年平安志愿服务工作。区领导于茂高、赵立宏出席会议。2016年，全区新组建成立平安志愿者工作站47个，常设平安志愿守望岗2585个，新招募平安志愿者会员3931人。在各重要节假日、重大活动安保中，江宁“红袖标”涌现大量感人事迹。各类平安志愿者走村入户、深入企业开展志愿服务工作，全年排查小隐患1.03万起，有效把矛盾纠纷处置在前端、化解在萌芽。

法治文化建设发展方案出台 3月，区委宣传部、法宣办、司法局等部门联合出台《江宁区社会主义法治文化建设发展方案》，明确全区在“七五”普法期间实施法治文化阵地拓展、法治文化理论创新、法治文化精品创作、法治文化活动惠民、法治文化品牌创建、法治文化公益传播六大工程，以法治文化引领法治实践，增强群众对法律的认同感。根据“方案”，至“七五”普法中期，全区基本形成社会主义法治文化建设体系，“一街一品”建成率达100%；至“七五”普法终期，区、街道、村（社区）三级法治文化阵地建成率达100%，形成具有江宁特色的法治文化，整体水平走在省市前列。在法治文化阵地拓展工程中，把法治文化作为发展公益文化事业的主要组成部分，依托美丽乡村、文化站、农家书屋、大中小学校等阵地，建立完善基层法治文化公共设施体系。在法治文化理论创新工程中，通过开展多层次、多形式的理论研究，改进传播方式，为全面提升社会主义法治文化建设水平提供先进的理论支撑。在法治文化精品创作工程中，广泛组织作品征集、笔会、朗诵会、展示会等主题活动，扶持和引导创作一批紧贴法

12月4日，江宁诞生全省首个公共法律服务卡通形象、标识。图为活动现场

杨梦莹 摄

治热点、体现法治精神、群众喜闻乐见的法治歌曲、小品、快板、相声、故事、漫画等作品，建立健全法治文化优秀作品库。同时，推进法治文化活动惠民工程，实施百场法治公益讲座下乡、百场法治文艺演出“双百”工程。开展法治文化品牌创建工程，深入挖掘江宁传统文化的法治元素，促进法治文化建设与传统文化、廉政文化、城乡文化等有机结合，打造叫得响的法治文化集群，形成“一街一品、一村一特色、部门有特点、行业有亮点”的法治文化格局。开展法治文化公益传播工程，开办一批有特色、有影响的法治专栏、专刊，培育一批法治品牌栏目。借助微博、微信等新媒体传播方式，形成“舆论全覆盖、媒体全联动”的社会主义法治文化传播态势。

区法学会第一届理事会增补理事 6月26日，区法学会第一届理事会二次会议召开。会议改选区法学会会长，增选副会长、秘书长、常务理事、理事等49人，区委常委、政法委书记于茂高当选区法学会会长。

全区第二次见义勇为表彰大会 11月12日，江宁区第二次见义勇为表彰大会召开，一批见义勇为先进分子和先进群体受到表彰。市委常委、区委书记李世贵和区领导祁豫玮、于茂高、赵立宏等参加大会。会上，朱有海等18人被授予“江宁区见义勇为先进分子”称号，韩超、贾化勇等9个群体被授予“江宁区见义勇为先进群体”称号。

全区加强和创新社会治理工作会议 12月6日，江宁区加强和创新社会治理工作会议召开，对全区社会治理创新工作、社会矛盾和安全隐患排查整治重点任务等进行部署。市委常委、区委书记李世贵，区领导祁豫玮、孔令才、刘玲、李万平、陆蓉、张会祺、于茂高、张荣等参加。会议要求，坚持系统思维，抓好加强和创新社会治理责任落实。突出以基层党建为引领，把群众利益放在至高无上的地位，着力解决好老旧小区管理、流动人口管理、出租房管理等问题，扎扎实实把问题解决在基层、矛盾消化在基层、感情融洽在基层；突出以全要素网格为抓手，重点在城市管理、平安稳定、公共服务等领域强化网格的整合和细化，全力打造高效治理“一张网”，推动基层治理实现流程再造、机制重塑；突出以政社互动为关键，不断完善“党组织领导、社会协同、公众参与”的社会治理体系，实现从一元管理向多元治理转变；突出以法治化治理为保障，引导群众依法表达利益诉求，推动形成办事依法、遇事找法、解决问题用法、化解矛盾靠法的社会氛围。会议对全区信访稳定、全要素网格化管理、群防群治、出租房管理等方面工作，以及安全生产工作进行部署。会上，区信访局、区安监局、江宁公安分局通报有关情况，东山街道、秣陵街道、江宁街道以及汤山街道古泉社区、禄口街道溧塘社区作交流发言。 （宁 鉴）

法治政府建设

概　况 2017年，江宁区政府法制办贯彻落实中共十九大精神，围绕省委“两聚一高”、市委“一个高水平建成、六个显著”主题和区委、区政府建设“江苏高端产业集聚区、长三角自主创新引领区、美丽中国典范区和现代化国际性南京主城南部中心”目标任务，完善执法监督机制，推进依法行政和法治政府建设，发挥参谋助手和法律顾问作用。

综合行政执法体制改革 2017年，区政府法制办落实《市政府关于在全市推广栖霞区综合行政执法体制改革试点的通知》，牵头推进全区综合行政执法改革工作。分别制定《江宁区综合行政执法体制改革实施意见》《南京市江宁区综合行政执法体制改革实施方案》，编印工作简报16期，指导各街道（园区）制定实施方案，协调各职能部门与街道对接承接事项清单1528项，全面做好顶层设计。8月23日，召开全区综合行政执法体制改革动员会，东山、湖熟街道综合执法大队同时挂牌。随后，全区各街道综合执法大队相继成立。

文件备案审查 2017年，区政府法制办继续加强政府规范性文件审查工作，严格落实备案审查的程序和要求，从严控制规范性文件的数量和质量。对照“简政放权、加强事中事后监管、强化服务”的“放管服”专项清理标准，对全区现行有效的规范性文件进行全面清理。经清理，现行有效文件与深化行政审批制度改革、职业资格改革、投资体制改革和规范行政审批中介服务事项等改革决定一致。完善政府信息公开制度，坚持以信息公开保证执法公正，维护民众的知情权，并接受媒体监督。

行政裁决和仲裁 2017年，区政府法制办围绕全区中心工作，切实为经济建设、民生工程、征地拆迁、城市管理等提供法律服务，发挥参谋助手和法律顾问作用，依法保障重点项目的有序推进。召开行政执法、拆迁协调、河道整治、重大决策制定等专题协调会和座谈会50余次，规范PPP项目合同、房产销售合同10万余份。协调解决一批征迁补偿和土地出让金等遗留问题，为政府依法科学决策把好法律关，确保重大决策的合法性。

复议应诉　2017年，区政府法制办按照省、市行政复议规范化建设标准和要求，建成区行政复议受理中心，基本实现“四室一庭”（办公室、档案室、阅卷室、接待室和听证庭）规范化，并做到制度上墙、人员在岗、服务在前。印发《2017年度行政复议工作要点》《政府信息公开文件汇编》《行政复议工作指南》，指导相关部门做好复议应诉工作。加强案件的档案管理和分析研判工作，及时总结应诉中的共性问题和矛盾焦点。加强与律师事务所合作，开展行政复议委员会的评议工作，引入人大代表、政协委员等社会力量参与案件审理，增强复议决定、应诉答辩的说理性、条理性和合理性，维护行政复议文书的权威性。

政府法制研究　2017年，区政府法制办结合工作实际，在综合行政执法体制改革领域和PPP项目建设领域开展调研工作，形成《关于建立江宁区街道综合行政执法体制的价值与策略研究——兼谈基层社会治理的供给侧改革》《关于保障江宁区新市镇建设PPP项目顺利推进的调研报告》调研成果，并参加省、市组织的优秀调研报告评选。申报的省级课题《关于建立互联网+行政执法监督机制的价值与策略研究》被立项。　（陶尚金）

公　安

概　况　2017年，南京市公安局江宁分局以为中共十九大胜利召开营造安全稳定的社会环境为主线，做好维护稳定、安全保障、隐患排查、队伍管理等各项重点工作，推进社会治理创新，应对各项风险挑战，为全区经济社会发展创造良好治安环境。全年“110”报警台受理报警呼入108.7万起，日均约3000起，比2016年上升11.28%；处警86.57万起，上升26.5%。刑事立案1.19万余起，其中侵财性案件立案1.07万余起，下降1.47%。“八类”案件立案141起，破案130起，破案率92.2%，年内8起命案全破。公诉1872人，上升19.2%。其中，侵财公诉520人，上升2.6%；黄娼赌公诉70人，上升4.5%；食药环公诉107人，上升67.2%。查处交通违法行为109.8万余起，查处酒后驾驶1172人。发生交通事故52.2万余起，下降1.13%，其中亡人交通事故169起，死亡170人，分别上升20%和18%。发生火灾事故126起，财产损失941万元，上升20%，无死亡人员；全区登记危险品单位236家，旅馆1070家，寄递业392家。有驻所调解员74人，街面调解员165人。是年，江宁公安分局被评为全省优秀公安局，区看守所被评为全国一级看守所，分局经侦大队被公安部评为2016“猎狐行动”成绩突出集体；网安大队副大队长王海丁被评为全国优秀人民警察，铜山派出所所长杨军、东山派出所社区民警李琳被评为全省优秀人民警察。

治安防控体系建设　2017年，江宁公安分局结合全区治安实际，构建分局、派出所、社区三级巡防架构，固化巡线、巡区和巡逻力量，巡防力量达到5747人，按照巡防等级勤务要求动态调整警力数量和投放区域，实现全域覆盖。全年巡逻盘查41.2万人次，巡逻盘查抓获犯罪嫌疑人1472人，全区六类侵财性案件发案下降17.3%。发挥3个警务工作服务站辐射控制作用，全面做好巡逻防控、接处警、服务群众等工作，提高重点地区治安掌控能力。3个警务站接警2.9万起，调解纠纷1.3万起，抓获各类违法犯罪嫌疑人153人，服务群众7036人次。加快“雪亮工程”建设，按主干网、支干网和毛细网3个层次，对全区视频监控现状和建设需求进行科学设计，规划8890个点位、21902路视频监控，已建成2715个点位、5578路视频监控。推动重点区域部位视频监控补盲补漏、改造升级，为每个一线实战单位配备至少1台移动图像传输设备，已配备4G移动图传车69台、4G移动图传单兵设备4台。更新警车43辆，新购置警摩263辆，全部配发到所队开展巡防。为基层所队配发执法执勤、安全防护、取证勘查装备，增配警务通452部，新建通信基站3个，更新执法记录仪296台，换发防弹头盔和防刺背心等125件。持续开展每月巡防标兵能手评选，对3个警务工作站每月进行评比考核，与区见义勇为基金会合作，对巡防抓获嫌疑人的特勤队员给予奖励。

社会秩序维护　2017年，江宁公安分局加强涉众型矛盾群体、涉军群体、宗教地下教会等教育管控，以创建新一轮“无邪教地区”为目标，侦破系列专案。做

9月3日，在全区“大排查、大走访”期间，东山派出所治安巡防民警深入辖区网吧等行业场所检查实名制登记落实工作

徐耀文　摄

好岔路龙西社区拆迁安置维稳、吉山铁矿棚户区改造、句容绿色动力再生资源有限公司点火运行等重点项目安保工作，维护社会大局稳定。完善合成作战机制，对大要案件和性质敏感、社会关注度高的案件快侦快破，对事关群众切身利益的民生小案多破多追（赃）。相继破获东山“6·21”杀人分尸抛尸案、禄口“6·7”江某故意杀人案等一批大要案件，抓获潜逃16年的故意杀人犯罪嫌疑人侍某等一批重大犯罪嫌疑人。通过各类专项行动，查处吸毒人员479人；破获东山“4·21”重大网络诈骗案，挽回经济损失172万元；打掉一特大虚拟平台投资诈骗集团，抓获犯罪嫌疑人37人；捣毁一以古玩鉴定实施诈骗的犯罪团伙，抓获犯罪嫌疑人53人，涉案价值150余万元；破获“盗抢骗”犯罪案件952起，抓获444人，打掉团伙11个；破获通信网络诈骗案件66起，抓获49人，止付冻结599.8万元；破获网络贩枪案件13起，抓获24人，缴获气枪15支、铅弹8623颗。组织开展以打击突出犯罪、深化基础管控、化解社会矛盾、整改安全隐患为重点的“冬季攻势”，维护岁末治安大局稳定。从强化基础工作、警情研判导侦、重点清理整顿等入手，加大传销违法打击力度。全年组织开展6次大规模集中清缴整治，对传销犯罪立案12起，破案11起，捣毁传销窝点96个，刑事拘留82人，取保候审24人，上网追逃26人，公诉19人，教育遣返涉传人员140人。破获非法吸收公众存款案14起，抓获犯罪嫌疑人22人，逮捕9人。查证公安部“善心汇”专案名单2239人，逮捕骨干1人。对全区互联网金融企业摸底排查，科学划分风险等级，密切关注经营动态，为后期防范处置提供支撑。

公共安全监管　2017年，江宁公安分局创新交通管理工作模式，探索实践“责任区警务”综合管理，每月交通堵点乱点整改率85.6%，整改时间由20天缩短至5天。严查交通违法行为，通过“两微”平台发布交通管制、绕行线路等路面信息120余条。针对易堵路段制定10套整改方案，在9个交通拥堵节点设置单行线，重新渠化路口18处，完成52个路口的多时段配时方案，新增绿波带11条。5个公安检查站严格进出车辆及驾乘人员查控，查获在逃人员58人、吸毒人员37人，破获盗抢车辆案件5起。保障中央及省、市领导视察调研等94批次活动的安全，完成春牛首国际马拉松赛、世界全项目轮滑锦标赛等大型活动安保220余场次。严格涉危物品管控，检查涉危单位2500余家次，整改安全隐患200余处，处罚170余家，刑事拘留3人，行政拘留5人，收缴易制爆危险化学品22.8吨。对全区1026家旅馆、143家桑拿浴室、381家寄递业单位等进行不间断明察暗访，发现整改安全隐患97处，处罚26家，抓获违法犯罪嫌疑人320余人。深入推进安全生产“扫雷”专项行动和安全生产百日执法行动，全区“平安企业”创建覆盖率70%以上。对6起安全生产责任事故立案侦查，依法追究刑事责任8人。开展高层建筑消防安全综合治理，对全区1278栋高层建筑逐一排查，发现火灾隐患531处，已整改512处。56栋高层公共建筑建立微型消防站，131栋高层建筑接入联网监测。加大对电工等专业技术人员持证上岗检查力度，培训专业人员200余人，发放消防知识手册2000余册，开展灭火和逃生自救演习11次，推广安装电气火灾监控系统43套。全年接报火灾警情922起，未发生亡人火灾事故。严打侵犯公民个人信息违法，紧贴群众反映热点问题，发挥网侦先导介入作用，破获侵犯公民个人信息案45起，抓获犯罪嫌疑人63人，检察院已公诉6人；抓获七类“黑客”案件犯罪嫌疑人70人，其中已批捕18人，公诉6人，3起案件被公安部确定为“部督办”案件。立足日常动态性热点问题和重要节点敏感内容，坚持“预防在先、发现在早、处置在小”原则，依托网络舆情监测平台进行24小时网络动态巡查，深入开展阵地控制和人员管控。对全区230家网吧落实管理措施，监控系统建设普及率100%。

服务管理 2017年，江宁公安分局推进户籍制度改革在江宁精准落地，已办理积分落户100人。落实中央专项督察意见，走访核查发现无户口人员37人，已解决32人；开展流动人口和出租房屋集中管控及出租房屋安全集中整治，新登记流动人口9.24万人，新签订治安责任书4.73万份，处罚违规出租户主219人。在出入境窗口打造拍照、填表、取证等功能一体化的自助服务区，兑现24小时服务承诺；设置残疾人办证窗口，推出自助填表、微信预约等新方法。全年受理公民因私出国境申请6.9万余人次，办理境外人员临时住宿登记3.4万余人次，全区常住境外人员3291人全部纳入平台管理。在车管所醒目位置设置业务公示栏，公布办事指南、收费标准、监督举报电话、窗口民警照片等警务信息，自觉接受社会监督评议；精简业务流程、缩短等候时间，推行网上业务受理，引导群众在网上办理新车选号、联系方式变更、证件号牌补换、6年免检标志申领、驾驶人模拟考试等业务。

见义勇为表彰 2017年，江宁区见义勇为基金会坚持“履行德政善举，福祉延平百姓”宗旨，恪守“一切围绕见义勇为，一切服务见义勇为，一切为了见义勇为”履职理念，继续把见义勇为工作落实到最基层，把党和政府的关怀温暖送到每个见义勇为人员和家庭，取得较好工作成效。11月12日，江宁区召开全区第二次见义勇为表彰大会，18名见义勇为先进分子、9个见义勇为先进群体、10个见义勇为先进工作站、11个见义勇为突出贡献单位、19名见义勇为先进工作者受到表彰。年末，区见义勇为基金净资产3542万元，其中基金增值228.6万元，奖励慰问支出97.7万元，宣传支出15.3万元；全年申报表彰见义勇为人员569人，其中见义勇为基金会表彰见义勇为市民63人、派出所巡防辅警表彰506人。

道路交通管理 2017年，江宁公安分局主动服务“四项建设”大局，扎实推进“双轮驱动”战略，以公安改革为动力，以民心民意为引领，创新实践、积极探索，全警动员、齐心戮力攻坚交通安全整治战，现代交通治理能力和水平全面提升，实现道路交通环境持续改善、道路安全形势持续平稳。全区现有信号灯路口873个，电子警察1612套，涉及459个路口，测速点7个，高清卡口设备564套，视频监控设备1097套，高空球机15套。全年投入550多万元用于主干路网监控系统建设，增设104国道64套电子警察，更新7个测速点电子警察。全区机动车保有量45.83万辆（其中汽车40.69万辆、摩托车5.14万辆），机动车驾驶人62.45万人。全年机动车上牌55119辆，其中汽车53471辆、摩托车1648辆。交警大队围绕“三个不发生”创建目标，聚焦风险、强化管控，深入推进隐患歼灭战、路面防控战、宣传攻势战、共治合成战等交通安全整治攻坚战，在分析研判交通安全形势的基础上，查漏补缺，全面筑牢安全防线。全年完成5类重点车辆检验率97.2%、报废率98%。记满12分汽车驾驶人清分率99.9%、大中型客货车驾驶人审验率98.9%。查处交通违法行为109.9万起，其中现场查处36.3万起，比2016年上升12.5%；非现场采集73.5万起，下降23.7%。查处严重交通违法行为1.71万起，其中酒后驾驶1172起（饮酒驾驶853起，上升29.64%；醉酒驾驶319起，下降20.05%），不规范车辆5.65万起，非机动车、行人违法7.69万起，不礼让斑马线2806起，闯红灯19.78万起，违停16.2万起，无证驾驶4389起，查处总数上升408.25%。各公安检查站累计实施一级勤务55天、二级勤务32天，查处吸毒人员12人，在逃人员17人，毒驾3人，被盗抢车辆2辆。排查各类交通隐患170处，已整改159处。新增信号灯6处，重新渠化路口18处，施划标线12.5万米，更换和增设标志标牌38块、指示牌451块，增设隔离护栏8500米、减速震荡线12处。全年立交通肇事案件128件，其中刑拘81人、取保候审（含刑拘转取保）109人，经检察院批准逮捕21人，立危险驾驶案件329件。交通类犯罪嫌疑人公诉494人，其中危险驾驶396人，交通肇事98人，还有40起交通肇事罪未移诉，93起危险驾驶罪未移诉。全年没有发生因管理不到位，引发较大交通事故（一次死亡3人以上10人以下）的事故。

户政管理 2017年，江宁公安分局以户籍制度改革、微警务建设为契机，不断优化户籍、证件服务举措，努力为群众解决难题，提升群众满意度。2月1日起，正式实行《南京市户籍准入管理办法》和《南京市积分落户实施办法》，多次召开户籍新政培训会议，做好新旧政策衔接及解释工作，确保新政有序实施。做好户口清理整顿工作，省级人口信息人像比对系统全库比对，发现疑似重复户口人员66对，部级人口信息人像比对38人，全部核查整改。同时落实中央改革办解决无户口人员登记户口问题专项督察意见，做好无户口人员登记户口工作。走访核查后发现无户口人员37人，已解决户口31人。落实公安改革和“四项建设”要求，将“互联网+”“物联网”理念融入公安基础工作，推动基础工作与信息化手段有机融合，全面推进二维码门牌建设工作，已完成全区地址清理和标准化地址采集，二维码电子门牌建设完成市公安局下达的年度任务。

治安管理及安保 2017年，江宁公安分局围绕“十九大安保”主线，全力做好维稳处突、大型群众性活动安保、案件查处、行业场所及危险品管理等工作，全面夯实治安管控基础，为维护全区治安稳定做出贡献。在治安复杂地区整治方面，组织集中清查活动19次，投入警力1.3万人次，对1个省级、2个市级、8个区级、13个街道级的治安复杂重点地区进行反复集中清查，消除各类治安隐患120余处。在行业场所阵地控制方面，对全区1070家旅馆、33家开锁点、8家典当铺、24家公章刻制单位、564家机动车维修单位、114家二手车租赁单位、142家桑拿浴室、71家舞厅（KTV）等2026家行业场所单位进行大排查、大整改行动，检查行业场所单位1.2万家次，采集涉维人员住宿信息39条，现场整改安全隐患116处，限期整改安全隐患32处，处罚24家、责令停业整顿4家。在危险品管控方面，对全区10家民爆物品储存、使用单位，15家剧毒化学品储存、使用单位，189家易制爆单位，12家涉枪单位，1家烟花爆竹仓库的各项制度、设施进行检查，新安装系统70余家，新登记从业人员616人，发现并整改安全隐患144处，处罚易制爆单位150余家，刑事拘留3人，行政拘留5人，收缴易制爆危险化学品27259.35公斤，确保危险品“不流失、不炸响”。在寄递业管控方面，结合公安部“易制爆危险化学品和寄递物流专项整治行动”、省公安厅“五项基础攻坚战”，对全区395家寄递中转公司、网点进行“兜底翻”，检查寄递业1600余家次，现场发现并整改各类安全隐患140处，编发《内部通报》12期，抄告给区邮电管理局各类案件线索28条，停业整顿13家。检查公共娱乐场所、印刷企业、集贸市场、典当铺、二手车交易场所、汽车租赁场所等1860家次，发现并整改各类隐患120余处，处罚31家。在养犬管理方面，定期组织开展大型犬、烈性犬专项整治行动，处置涉犬警情3940起，查处涉犬案件324起，新办犬证1950张，抓捕流浪犬860条，全年未发生涉犬重大恶性事件。在烟花爆竹禁放方面，制定《关于开展2018年春节期间禁放烟花爆竹专项整治行动的通知》，开展宣传引导、执法巡查、打击处理。全年发送禁放宣传短信120余万条、微信微博50余条，接受电视台采访7次、报纸发稿20余篇，打击处理6人次。在打击“黄娼赌”方面，全年查处各类线索80余条，抓获违法犯罪嫌疑人320余人，侦破“4·21”组织卖淫案、文某等人组织卖淫案、朱某容留卖淫案、吴某等人开设赌场案、谢某等人开设赌场案等案件。在打击食药环和制售假方面，成功侦破朱某等人非法猎捕杀害珍贵、濒危野生动物案，时某等人生产销售有毒有害食品案，南京科泰特种装备有限公司污染环境案，傅某等人非法采矿案等案件。

（俞亮等）

检 察

概 况 2017年，江宁区人民检察院围绕全区改革发展稳定大局，依法全面履行检察职能，稳妥推进司法体制改革，切实加强过硬检察队伍建设，为“强富美高”新江宁建设提供司法保障。全年立案查办职务犯罪案件14件18人，其中渎职犯罪2件5人，处级以上干部要案4人，挽回国家经济损失1100余万元。强化预防职务犯罪的源头治理，开展预防宣讲、警示教育、组织案件剖析活动84场，提出预防建议16条。在电子商务链中占据重要位置的航空物流领域，结合所办案件，推动航空公司转变物流合作模式，完善货运评审流程。介入区重大工程实施项目6个，涉及资金300亿元，接受行贿犯罪档案查询6099次。

刑事检察 2017年，区检察院受理提请批准逮捕的各类犯罪736件1004人，经审查批准逮捕782人，受理移送审查起诉1423件1923人，经审查提起公诉1295件1588人。从重处理“校园贷”案件2件5人，从严处理3起因“校园贷”诱发的强奸、抢劫等暴力犯罪，迅速查办傅某等人向多名未成年人灌输邪教教义等危害国家政权稳定犯罪，有效维护社会安定。坚持将民生关怀理念贯穿办案始终，畅通“信、访、网、电、远程视频”等群众诉求表达渠道，扩大远程视频接访系统运用，避免26名信访人员路途

9月20日，全市首家驻派出所未成年人检察保护站在区检察院成立
区检察院　供稿

奔波，全年接待群众信访185件次。完善司法救助体系，向8名特困刑事被害人发放司法救助金22.5万元，为新江宁建设营造和谐社会氛围。

诉讼监督　2017年，区检察院忠实履行法律监督职责，强化监督刚性，不断提升基层法治水平。全年提前介入重大刑事案件50件，对应当立案而未立案、不应当立案而立案情形依法监督7件，对侦查不规范行为发出纠正违法通知书14份，追捕、追诉9人次，对5名判决生效后长期未收押的犯罪嫌疑人监督收监执行，提出再审检察建议2件，提请抗诉2件，维护社会公平正义。

服务发展　2017年，区检察院围绕区域发展重点，制定出台《南京市江宁区人民检察院服务江宁区域发展工作意见》，找准检察服务大局的切入点，不断加大对阻碍经济发展、扰乱市场经济秩序犯罪的打击力度，严惩合同诈骗、集资诈骗、非法吸收公众存款等破坏市场经济秩序类犯罪和侵犯企业产权类犯罪81件145人。妥善办理被害人达2万人的天雄公司利用网络平台非法吸收公众存款案，依法批捕12名虚构投资平台骗取投资的尧融大宗交易诈骗案犯罪嫌疑人，成功办理公安部挂牌督办、涉案金额6亿元的金某等人特大虚开增值税专用发票案，为区域发展营造产权保障有力、公平竞争有序的法治化营商环境。在依法打击犯罪的同时，重视对企业正常生产经营的保护，开辟绿色通道，优先办理、办结各类涉企案件58件109人，实地走访、电话沟通听取企业意见建议18次，提出切实可行的防控措施26条，受到企业欢迎和好评。聚焦群众关心关注的环境保护、食品药品安全、国有资产保护等领域的突出问题，排查相关线索26件。对因怠于履职导致公共利益受损的有关单位，及时督促履行职责。就办案中发现的食用鱼添加非法保鲜物质现象向区市场监管局发出督促履职检察建议，促成开展水产品专项整治，并对全区48家农贸市场快检室实施精细化改造，从根本上转变水产市场检测薄弱的状况。办理的全市首例环境公益诉讼案，已促使涉案单位依法履行职责，完成环境修复治理，有效保护绿水青山，为生态文明建设注入法治正能量。

检察改革　2017年，区检察院推进检察内设机构改革，整合成立“六部一局一机构”。健全办案组织形式，设立4个专业化办案组，分别办理刑事速裁程序案件、重大疑难复杂案件、普通刑事案件和未成年人及在校学生犯罪案件，打击犯罪更精准、更快速、更有力。开启人员分类管理和检察官员额制改革，将91%的干警配置到办案一线，7名入额院领导直接办理案件297件。全面落实检察官职权清单，按照“谁办案谁负责、谁决定谁负责”原则，检察官在授权范围内独立办案，对案件质量终身负责。突出司法办案监督制约机制建设，设立员额检察官司法档案，出台员额检察官绩效考核办法，建立检察官联席会议制度，确保有权不放任、有权不任性。探索完善认罪认罚从宽试点制度，对犯罪嫌疑人自愿如实供述罪行的，依法从宽处理。在全国首创集约化案件办理模式，在检察环节进行集中告知、讯问、具结，集中提起公诉，沟通法院集中庭审，案件办理效率提高，案件办结数比2016年上升11%；829件案件适用认罪认罚从宽制度，占同期办结案件数的75.6%。与区司法局合作成立全市首家驻检察机关法律援助律师工作站，会签《律师参与检察机关办理认罪认罚刑事案件实施办法》，向所有认罪认罚的犯罪嫌疑人提供一站式法律帮助，集约化办案模式获得最高检肯定与推广。

检务公开 2017年，区检察院打造门户网站、微信、微博、新闻客户端、案件信息公开网“五位一体”的检察新媒体矩阵，设立集案件受理、信息公开、来访接待、行贿犯罪档案查询等职能为一体的检察为民服务中心，形成一个窗口对外、网上网下一站式服务的检务公开新格局。实时公开法律文书1362份，滚动推送案件信息1112次，发布重大案件信息120条。坚持党的领导，自觉接受人大监督，坚持重要工作、重大事项请示报告制度，落实人大常委会对反贪工作、司法责任制改革的专项审议意见，满意率测评100%。加强与人大代表的联络，邀请人大代表、政协委员、人民监督员参与执法检查、公开审查等活动31人次，主动向人大代表通报工作，听取代表、委员意见建议，促进检察工作健康发展。 （检察院）

法 院

概 况 2017年，江宁区人民法院围绕“努力让人民群众在每一个司法案件中感受到公平正义”目标，牢牢把握司法为民、公正司法工作主线，全力抓好执法办案，依法维护和谐稳定，深入推进司法改革，加强自身建设，各项工作取得新进展和新成效。全年新收各类案件31502件，比2016年上升16%；审执结30319件，上升23.7%；员额法官人均结案268.27件。新收案件数、审执结案件数、员额法官人均结案数均位居全市基层法院第一。

刑事审判 2017年，区法院新收一审刑事案件1366件，审结1372件。严厉打击严重危及人民群众生命财产安全的犯罪，审结多起故意杀人、故意伤害、强奸、抢劫、盗窃等案件。依法严惩“醉驾”和交通肇事犯罪，审结一批危险驾驶、交通肇事案件；审结钓鱼网站诈骗、拆迁安置房一房多卖诈骗、炒房型诈骗等犯罪案件。依法惩治扰乱社会秩序的犯罪，审结数起寻衅滋事、聚众斗殴、“黄赌毒”等案件。依法审结犯罪数额高达29.9亿元的周某非法吸收公众存款案。落实中央反腐败决策部署，审结贪污贿赂犯罪案件10件10人。

民商事审判 2017年，区法院妥善化解社会矛盾，依法保护当事人合法权益，着力提升人民群众的幸福感。全年新收民商事案件21141件，审结20391件。其中，审结婚姻家庭纠纷案件1706件，审结继承纠纷案件85件，审结买卖合同纠纷案件3354件，审结房地产开发纠纷案件436件，审结借款合同纠纷案件2628件，审结租赁合同纠纷案件、建筑合同纠纷案件、承揽合同纠纷案件、运输合同纠纷案件1690件；审结劳动争议纠纷案件、劳务合同纠纷案件、人身损害赔偿纠纷案件、股东权纠纷案件，以及破产案件5487件。区法院成立金融借贷审判庭，司法保障金融业和民间融资的良性健康发展。审结全省首例网约车案，弥补保险法立法和网约车规范的不足，被评为全省法院十大典型案例。针对48名车主因捷骋汽车销售公司无法上牌而上访的情况，运用快速审理机制依法判决，妥善化解矛盾纠纷。依托速裁调解中心加强物业纠纷诉调对接，妥善调解托乐嘉、金王府、天地新城等小区物业纠纷。

执行工作 2017年，区法院全力兑现在年内基本解决执行难的庄严承诺，着力提升人民群众的获得感。全年新收执行案件7806件，执结7346件。实行集中执行常态化，在节假日、凌晨、夜间组织集中执行会战35次，开展涉及民生、房屋搬迁、金融案件等专项执行6次，累计出动干警1526人次、警车380辆次。用好用足执行措施，累计拘传237人，拘留267人，罚款18次18.03万元，搜查42次，发布悬赏公告62件，纳入失信被执行人名单3563人次。网络司法拍卖132件拍品，成交103件，成交金额1.86亿元，拍卖溢价率38.74%。移送破产审查案件2件，申请人直接申请破产1件，涉及标的2.34亿元，其中1件已受理申请，1件已裁定破产清算。优化人力资源配置，建立执行指挥中心、财产保全中心和快速执行组、财产处置组的“两中心+两小组”执行工作组织架构。实行执行指挥中心快速反应的内外联动和24小时值班制度，根据举报和省、市法院调度快速出击156次，调度警力512人次。推动执行联动，区委常委会专题研究基本解决执行难工作，区委、区政府专门印发基本解决执行难工作意见，成立基本解决执行难工作领导小组，并召开第一次会议；与区公安、检察、司法部门联合建立打击拒执犯罪、被执行人网络信息查询、协助执行等工作机制。向公安机关移送涉嫌拒执罪案件14件，已立案侦查4件；移送128名失信被执行人通过公安查控平台查找下落；在街道司法所和村（社区）各设1名协助执行员。

服务城市建设 2017年，区法院司法保障重点民生工程，审结房屋拆迁安置补偿案件20件；参与谭园西路道路拓宽、上坊集镇棚户区改造等重点项目，依法强制搬迁7户住宅4000余平方米。

司法保障拆迁安置房集中办证工作，依法协助有关部门化解一批纠纷，对进入司法程序的案件，召开专业法官会议统一司法尺度，与区不动产、国土、地税等部门协调，确保及时保全、及时过户。司法保障“生态江宁”建设，依法支持矿山覆绿环境综合整治行政执法，执结南京燎垣建设工程管理有限公司罚款和违法所得1480万元；在全市首次采取停水、停电等措施强制关停一批涉环保处罚企业。

护航经济转型升级　2017年，区法院成立清算与破产审判庭，稳妥推进破产企业救治和清算工作，受理破产清算审查案件30件，裁定受理13件，审结3件。由院长、分管院长分别担任审判长，审理南京液压机械制造厂、南京起重机械总厂等重大破产清算案件，妥善办理财产变现处置，盘活闲置厂房、土地等资源，与政府各部门共同处理职工安置问题，化解群体性纠纷。作为省法院确定的南京地区唯一一家管理人选任机制改革试点单位，适用新机制在申宁化工公司、明霖木业公司等9件破产清算案件中选任管理人，相关经验被省法院推广。

源头治理　2017年，区法院打造劳动争议“五位一体”多元化纠纷解决机制品牌，在区劳动仲裁院设立劳动争议巡回法庭，在全市首家设置劳动争议专业化立案窗口，与区人社局共同牵头，建立由人社行政（监察）、仲裁、司法、工会、法院共同参与的劳动争议纠纷化解机制，被市法院评为全市法院优秀司法改革案例。妥善处理斯迈柯公司、世纪华联、紫竹物业等一批群体性矛盾纠纷。完善道路交通事故“四位一体”多元化解机制，以交通事故巡回法庭为依托，健全与交警、司法、保险公司的诉调对接工作机制。在家事案件中引入心理疏导，与市妇联下属的心理咨询工作室合作，由其为家事案件当事人提供心理疏导。开展与街道诉调对接，汤山法庭通过风险评估、诉调对接、巡回审判等形式，参与街道多元化解机制建设。淳化法庭以“制度对接、机构对接、人员对接”参与街道“庭所共建”平台，接处矛盾纠纷。区法院还对4件上级交办集中化解案件进行包案化解，扎实做好思想教育和法律释明工作，已经全部结案。坚持化访为诉，有效发挥审判监督职能，受理申诉案件56件、再审案件13件、执行异议案件145件。

4月26日，区法院联合区人社局召开劳动争议巡回审判暨“裁审对接”新闻发布会，拉开全区“五位一体”化解劳动争议纠纷的序幕。省、市、区12家新闻媒体现场进行采访　　张定生　摄

参与法治江宁建设　2017年，区法院撰写《2012—2016年度江宁区行政审判工作报告》，分析行政机关在征收拆迁、农村集体土地管理、工伤事故认定等方面存在的问题，提出对策建议。延伸审判职能，利用5个共建阵地开展法制教育，通过组织学生自导自演模拟庭审、安排法制副校长授课、制作宣传展板、开展法律知识竞赛等形式，增强未成年人的法制意识和防范意识。区法院与区妇联协作开展《中华人民共和国反家庭暴力法》宣传，编写剧本并举办模拟庭审，让群众直观了解家庭暴力的内容、应承担的法律后果及如何预防家庭暴力。

案件繁简分流　2017年，区法院优化整合资源配置，把有限司法资源放在疑难复杂案件审理上。稳妥推进认罪认罚从宽处罚试点改革，实行简案快办，累计适用小额诉讼程序、简易程序审结11787件，占民商事结案总数的75.56%；速调中心办结2593件，法官人均结案864.33件。实行难案精办，对未成年人及家事、房地产、公司股权、劳动争议、金融借贷、清算破产、道路交通事故案件实行专业化审判。

智慧法院建设　2017年，区法院加大软硬件投入，将信息化工作重点放在提升审判质效上。在审判法庭安装迅飞语音转写录入系统，实现语音自动转为笔录。在诉讼服务中心安装法律服务机器人，为当事人提供智能诉讼引导、案件及开庭信息查询、法律咨询等。建成诉讼材料中转云平台，实现对纸质文档的电子跟踪，全流程留痕管控。

法官队伍建设 2017年，区法院加强青年法官培养，将未入额法官编入院庭长审判团队，通过“传帮带”方式，进一步提升青年法官的审判业务能力。推进法警队伍建设，通过警务训练、突发处置、刑事押解、庭审保障、协助执行，树立良好形象，提高实战能力。开展案例编报工作，自2007年起连续11年在最高院公报刊发案例。“全省优秀法庭庭长”陈敏从事审判工作24年，用忘我工作诠释了当代法官的高尚品质，因积劳成疾身患重病，市法院、区委政法委号召学习他信念坚定、司法为民、忠诚履职、无私奉献的精神。“全省优秀法官”闫立海成为全院青年法官学习的典范，青年法官王云峰办理的“网约车”案例登载最高人民法院公报，青年法官洪超兰主持刑事速裁案件的庭审被最高院及省、市、区法院领导观摩，受到一致好评。

接受法律和社会监督 2017年，区法院主动向区人大汇报法院工作情况，配合开展专题调研和执法检查，听取人大意见建议。加强人大代表、政协委员的联络，通过走访征求意见和建议，邀请代表、委员考察座谈、调研、旁听庭审、见证执行133人次。配合检察机关履行监督职责，办理检察建议，维护司法公正。打造阳光司法工程，全面推进审判流程、裁判文书、执行信息和庭审四大公开平台建设，增进公众对司法的了解和信任。实行庭审“每庭必录”，及时向当事人发布审判、执行信息，上网公布裁判文书10948份。深入开展“邀请万名群众进法院”活动，累计邀请群众走进法院旁听庭审9460人次，让广大群众零距离感受法院工作。 （张定生）

司法行政

概　况 2017年，江宁区司法局紧扣全区中心工作，有效履行司法行政各项职能，继续推进人民调解、社区矫正、安置帮教、法治宣传教育、法律援助、法律服务等司法行政工作体系建设，努力构建“均等普惠”的公共法律服务体系，打造过硬的司法行政队伍，各项工作取得新成效。是年，区司法局被人社部、司法部表彰为“全国司法行政系统先进集体”，被市委评为南京市践行“两学一做”好典型，在全区政府部门机关作风建设“不见面”群众评议中获机关部门第一名。

人民调解 2017年，全区各类调解率100%，成功率97.8%。推进区、街道、村（社区）调委会规范化建设，规范化达标率提升到98%。完善医疗、交通、劳动、物业等重点领域专业性、行业性调解组织建设，在区劳动人事服务大厅设立劳动争议调解工作室，调处劳动争议纠纷316件；健全物业管理纠纷调委会工作机制，新建500人以上居民小区设立人民调解工作室105个，配合区大调解中心受理调处区法院委托前置调解物业管理纠纷1757件。开展矛盾纠纷排查调处“百日会战”专项活动，区、街道两级调委会排查4次，村（社区）调委会排查8次，累计参与调处矛盾纠纷6740件，成功化解6540件，成功率97.3%。在淳化街道牵头成立新的矛盾纠纷调处中心，整合基层“公检法司”调解力量，同时设立社会工作站，向社会购买律师、心理咨询等专业服务，合力化解重大矛盾纠纷。参与信访矛盾化解工作，发挥区、街道两级“访调对接”办公室作用，推进律师、社会组织等第三方力量以调解员身份参与信访接访以及矛盾调处工作。全年参与接待信访399批、4948人次，其中集体性上访147批、4370余人次，解答各类咨询250人次，参与信访案件会办38件，一批信访老案和信访老户得到有效稳控、化解。

社区矫正 2017年，全区累计接收社区服刑人员740人，比2016年增长46.8%；年末在册638人，未发生脱管漏管和重新违法犯罪事件。组织开展司法部全国社区矫正信息管理平台、社区矫正损害修复工程等试点工作，加强信息化技术在社区矫正监管工作中的运用，提高网络监管平台使用效率。增强预测预警能力。完成社会调查评估477件，采信率95%。制定出台《关于切实做好中共十九大期间社区矫正、安置帮教和后续照管安全稳定工作实施方案》《江宁区“三类”人员挂牌攻坚方案》，建立“三类”人员挂牌攻坚制度，突出对重点人员和重点管控环节实施严格管理。实施警告103人，撤销缓刑2人，撤销暂予监外执行1人。

安置帮教 2017年，全区接收刑满释放人员714人，在册2484人；接收后续照管对象177人，年末在册96人，衔接率、帮教率均为100%。根据省、市相关工作要求，开展重点刑满释放人员挂牌攻坚专项活动，联合民政、人社等部门赴监狱开展精准帮扶，为服刑人员社会救助、就业安置进行宣传和指导。落实“必接必送”制度，对省内68名被监狱评定为重点帮教对象的刑满释放人员，组织人员将其接回，减少和防范监管安全和隐患。加强解除强制隔离戒毒后续照管人员服务管理，强化衔接配合，做好宣传教育和思想转化工作，营造安全稳定的社会环境。

法治宣传教育　2017年，区司法局围绕“七五”普法工作重点，持续打造“益起普法”“法律拥军”等普法品牌，全区各执法机关开展普法活动1280余场，发放法治宣传资料20余万份，受教育人数近40万人次。研究制定《国家机关“谁执法谁普法”普法责任制实施细则（讨论稿）》，开列普法责任制清单，完善工作考核月度通报制，推动“谁执法谁普法”责任制和“以案释法”制度常态化。联合区依法治区办、区级机关工委等部门和驻区部队，开展领导干部、国家工作人员、青少年、农民工等重点对象的普法工作。以“法润江宁·2017春风行动”为主题，组织送法进社区、进企业、进机关、进学校等“法律六进”活动和“农民工学法活动周”“反家庭暴力法”“美好生活 法律相伴”“百村（社区）法治巡讲”等主题普法活动590多场，为基层派送“法治大礼包”12万余份，累计参与群众超过11万人次。加快基层法治文化阵地建设，禄口法治文化广场和淳化街道田园社区法治文化广场被评为第五批“省级法治文化建设示范点”，淳化街道柏墅村法治文化广场等6个法治文化宣传教育场所被命名为第二批“南京市法治文化宣传教育基地”。对民主法治示范村（社区）实施动态管理，全区省级示范村（社区）创建率47.5%，超过省定考核标准。

法律服务体系建设　2017年，区司法局发挥法律顾问作用，组建由12名资深骨干律师组成的第二届区政府法律顾问团，并筹备建立区委法律顾问团，顾问律师为区委、区政府依法决策、风险防范、突发事件处置等提出法律建议。全区政府部门法律顾问聘请率97%，街道（园区）法律顾问聘请率100%，国企集团法律顾问聘请率100%。深化村（社区）法律顾问工作，推动201个村（社区）聘请法律顾问，并全部建立“法律顾问之家”和“村（社区）法润民生”两个微信群，老百姓有法律问题直接通过微信群向法律顾问咨询、联系法律事务，畅通群众法律需求通道。

6月29日，区司法局举办人民调解员、普法联络员培训班。图为活动现场　　桑华玲　摄

律师队伍建设　2017年年末，全区有律师事务所25家，其中新增3家；注册律师256人，其中新增80人；基层法律服务工作者64人。建立健全律师管理各项制度，从源头上规范律师工作。出台《规范刑事案件辩护和代理工作办法》，制定律师负责人“一岗双职”制度、工作例会制度、职业培训制度、重大事项汇报制度和考核评价制度等，促进律师管理的规范化和标准化。加强日常巡查和培训，对全区律师事务所日常巡查率100%，重点查看律师事务所的机构管理、人员管理、场所管理、业务管理、财务管理、风险管理，提出整改意见12条，下达限期整改通知1份。联合律师协会做好律师行业管理工作，合理运用律师协会行业惩戒职能，有效破解律师管理工作“不会管、不敢管、不能管”难题。坚持日常巡查与年终考核相结合，日常评比与年终表彰相结合，对律师违规行为及被投诉情况实行一票否决。

法律援助　2017年，区司法局进一步降低法律援助门槛，将涉及劳动保障、婚姻家庭、食品药品、教育医疗等民生事项纳入法律援助补充事项范围。成立名优律师法律援助服务团，与区民政、工会、残联协调，建立困难人群法律援助服务信息库，为困难群众办理法律援助案件1267件，接待各类咨询1.44万人次。根据省、市统一部署，组织开展“冬日暖阳”系列法律援助服务活动，受理民工维权法律援助案件近1000件，开展农民工法律援助咨询活动55场次，“12348”专线接待解答人民群众法律咨询1.6万人次，减免法律服务费用150余万元，为民工挽回经济损失1000多万元。

公证服务 2017年，区司法局公证处办理各类公证4610件，开展拆迁安置房分房现场公证8954件。面向土地挂牌、重点工程项目建设招投标、商标转让、授权委托书等领域提供服务保障，办理招投标现场监督公证764件，土地挂牌公证52件。为全区安置房不动产权证办理工作制定专门的公证服务流程，接待涉及安置房不动产权证发放问题咨询5280件，办理公证1430余件。

基层司法所建设 2017年，区司法局全面开展“基层基础建设深化年”行动，推进司法所规范化建设，取得进展。秣陵、淳化司法所被评为南京市“五星级司法所”，东善桥司法所被评为市“四星级司法所”，江宁、禄口、陶吴等8个司法所被评为市“三星级司法所”。率先在全市试点开展大型司法所建设，制定《关于推进大型司法所建设的实施意见》和《江宁区大型司法所建设试点方案》，首批设立湖熟中心司法所，加快推进基层特别是偏远农村地区的法律服务提档升级。按照全省司法行政“三化”建设达标年要求，开展“学习十九大·岗位大练兵”全员集训等活动，实行日常监督、主题教育和警示教育“三结合”，司法行政系统正规化、专业化、职业化水平不断提升，全年有42人次获得省、市、区表彰。

司法特色服务 2017年，区司法局进一步完善社会组织运行机制，向社会组织开放更多的资源，发挥司法行政领域社会组织在提供法律服务、传播法律知识、教育转化罪犯、维护基层稳定等方面的作用。探索社会化矫正帮扶，与区内社会组织诚明书院、燕巢心理咨询机构等第三方合作，把传统国学教育、心理矫治引入教育矫正工作，累计教育人数1万余人次。制定出台《律师参与检察机关办理认罪认罚案件实施办法》，明确律师提供法律帮助的制度规则和执业规范，在区检察院建立法律援助工作站，实现在公、检、法司法部门法律援助工作站全覆盖，规范刑事法律援助工作。全年办理认罪认罚法律援助案件642件，完成刑事案件认罪认罚社会调查评估275件，保证了认罪认罚从宽制度的实施。根据省、市统一部署，开展法律援助、社区矫正标准化建设试点，专门成立标准化建设工作领导小组，出台法律援助、社区矫正标准化建设工作实施方案，明确试点目标任务、工作举措、时间步骤。对照法律援助标准化建设要求，制定法律援助作业指导书、案件受理和指派规范、案件质量评估规范、案件补贴发放标准、法律援助律师执业年度考核等工作规范，推进法律援助标准化、规范化建设。在社区矫正标准化建设中，立足标准严格、管理规范、典型示范，打造“标准化+管理”“标准化+业务”“标准化+效能”3个“标准化+”管理模式，提升社区矫正教育监管水平和矫正效果。

（司法局）

《江宁普法》创刊 5月，由区司法局与区法宣办联合主办的《江宁普法》创刊。《江宁普法》通过刊登区内普法工作、典型案例办理经验等，记录全区“七五”普法进程，为法治宣传教育工作提供专业的交流平台。《江宁普法》设立“普法大事记”“以案释法”等专栏。“普法大事记”刊登发生在区内的普法大事，记录法治建设进程中的精彩瞬间；“以案释法”选登发生在区内，社会关注度较高、与群众关系密切、具有普遍教育意义的典型案例，释法说理，从法律专业角度回应社会关切。

第四个国家宪法日活动 2017年12月4日是全国第四个国家宪法日，区法宣办联合市司法局和40多家“谁执法谁普法”责任单位到秣陵街道家园社区广场，共同举办大型法律服务活动，现场普及宪法知识，弘扬宪法精神，维护宪法权威，营造良好的法治环境。此次宪法日的主题是“学习贯彻十九大精神，尊崇宪法推进法治”。区委常委、政法委书记于茂高参加活动。活动现场，“江娃儿”“宁妹儿”2个公共法律服务卡通形象以及公共法律服务标识正式亮相。在法律咨询区，法律服务志愿者们向市民宣传包括宪法知识及食品安全、社会保障、医疗卫生和建设管理等法律知识，解答相关法律问题。

（宁　鉴）

人民武装

概　况　2017年，江宁区人民武装工作围绕“听党指挥、能打胜仗、作风优良”目标，着力举旗铸魂，聚力练兵备战，全力支持改革，努力夯实基础，强力正风肃纪，结合自身实际，依靠军地合力，谋求发展进步，全区国防动员和后备力量建设呈现良好势头。是年，区人武部被江苏省军区表彰为“军事训练先进单位”，被南京警备区表彰为“安全管理先进单位”。

党管武装　2017年，区委、区政府坚持武装工作与经济建设同等对待，推动武装工作与经济社会建设同步提升、互促共赢。7月28日，区委组织召开常委议军会，区委常委、人武部部长张荣汇报全区武装工作开展情况；市委常委、区委书记李世贵，区长祁豫玮分别就抓好党管武装工作、不断开创国防后备力量建设新局面讲话。会议审议通过《关于进一步加强村（社区）民兵营长队伍建设的意见》，该“意见”明确村（社区）民兵营长职责，规范任免程序及待遇，有利于民兵营长在村（社区）全面建设中发挥作用。组织各级领导干部到驻区部队开展“军事日”活动，邀请海军学院教授就中国周边海洋形势作辅导，增强各级领导干部“关心国防、建设国防”意识。

国防工事普查及管护　2017年，区人武部开展国防工事普查工作，组织以现役干部、街道专武干部、社区民兵营长为主的普查队伍，利用5个月时间，对东山、秣陵、汤山、淳化、湖熟5个街道和开发区、高新区辖区内国防工事进行普查。启动新民兵训练基地项目建设，配合相关部门办理各类手续，完善基地设计方案和功能布局。

征兵工作　2017年，全区超额完成兵员征集任务，其中大学生占总数的67%。征兵工作主要围绕军委国防动员部《征兵工作“五率”量化考评实施办法》，通过公安部门，摸清辖区适龄青年底数，上门入户宣传发动到每名适龄青年；与教育局联合组织高中阶段男性应届毕业生进行兵役登记；在3所驻区高校开展“征兵宣传校园行”活动，举办校园征兵工作现场咨询会，扩大宣传覆盖面和影响力，全区18周岁适龄男青年兵役登记率100%。区卫生计生局配合完成征兵体检；公安分局抽调公安干警开展政治考核；民政局推动“拥军卡”项目落地，保证优待安置金及时便捷足额发放。全年没有收到一封征兵举报信、没有发生一起征兵违法违纪行为、没有出现一起退兵事件。

拥政爱民　2017年，区人武部注重发挥服务部队、服务地方的桥梁纽带作用，把国防后备力量建设融入地方经济建设与社会发展，坚持在支持和参与地方建设中练兵、用兵、强兵，组织民兵广泛开展双拥共建活动。开展党员干部“走千企入万户、助发展促民富”大走访暨“四走访四化解”活动和信访稳定百日攻坚和安全生产百日执法行动，先后深入湖熟街道、禄口街道实地调研，走访企业6家、农户40余户，拨付帮扶资金30万元。全面开展部队停止有偿服务工作，组织军地相关单位召开会议，协调解决相关问题。做好驻宁部队随军家属就业培训和随军家属定向招聘协调工作；帮助旅协调铺设国防光缆。区常态化民兵应急分队先后为南京工程学院、江苏卫生健康职业技术学院、江宁高等职业教育学校、谷里中学1.2万余名学生开展军训。协调驻区部队和民兵预备役人员，开展环境整治、敬老爱幼等学雷锋活动，为争创江苏省双拥模范区“八连冠”贡献力量。

国防教育 2017年，区人武部着力增强广大市民的国防观念和依法履行国防义务的责任感，培育广大市民的爱国主义精神。充分利用电视、报刊、微信等新媒体，扩大宣传影响面。利用LED电子屏在全区10个街道、201个村（社区）及主要道路、广场播放国防教育宣传片和相关法律法规等。利用学生军训，组织学生观看革命题材影视片，利用校园网、校园广播、召开主题班会等形式，广泛开展国防教育、普及国防知识。组织全区中小学参加“小哥白尼”杯南京市小学生国防知识竞赛，组织全省新任专武部长到横溪街道武装部参观见学。9月16日，联合区委宣传部、区双拥办、人防办、东山街道在江宁万达广场举行第17个“全民国防教育日”主题宣传活动。全年出动宣传车50台次，散发宣传提纲、宣传画和国防书籍、国防知识问答5万余份，悬挂横幅160幅，张贴标语2万余条，受教育人员20万人次。

（区人武部）

人民防空

概　况 2017年，江宁区人民防空工作围绕既定目标任务，履行“战时防空、平时服务、应急支援”的使命任务。在地下空间数据普查的基础上，高标准、前瞻性编制江宁区地下空间规划。构建人防工程防护体系，优化人防工程布局，统筹推进人防工程、应急避难场所、重要经济目标防护建设，竹山路地铁换乘中心建设有序推进。

9月16日，区人武部联合区委宣传部在江宁万达广场举行“第17个全民国防教育日主题宣传活动”。图为活动现场

祝保华　摄

人防宣传教育 2017年，区人防部门结合文明城市创建，利用城乡全覆盖的多媒体警报器，广泛宣传人防政策法规和防空减灾知识。“5·12”全国防灾减灾日前后，深入3所学校、5个村（社区）开展主题宣讲，组织防空防灾救护演练；“9·18”防空警报试鸣日，在《江宁新闻》开辟专版，介绍人民防空工作，普及防空防灾基本知识。人民网、江苏网、新华网等新闻媒体分别推出《江宁人防“三个坚持”筑牢“地下长城”》专题报道，国家和省、市人防网先后46次报道江宁区人防特色工作。推动人防宣传教育进机关、进学校、进社区、进企业，为全区中小学免费发放人防知识教材，给市民免费发放1万个应急救援包和《防空减灾知识手册》，并在驻区高等院校和村（社区）组织防空防灾技能培训，让更多市民了解人防、熟悉人防、支持人防。

防空防灾演练 2017年，区人防部门结合“5·12”防震减灾日宣传和“9·18”防空警报试鸣，在江苏经贸职业技术学院、天印高级中学、江宁实验小学等6所大中小学和晶明、周子等10个村（社区），组织防空疏散演练，在演训中增强战备观念，提升实战能力。中央电视台、江苏卫视、《新华日报》等多家新闻媒体专题报道江苏经贸职业技术学院防空袭疏散演练活动。11月初，在省属江宁粮食储备库组织“江宁防—2017”重要经济目标防护演习，参演人民防空应急分队在近似实战的环境中，使用多种手段开展防护演练，全面检验全时域军警民联动防空防护能力。

人防综合防护体系建设 2017年，区人防部门利用人防机动指

9月18日，区人防办在江苏经贸职业技术学院组织防空疏散演练　余银月　摄

挥车和“动中通”信息采集车列装，配备专门人员，参加专业培训，结合任务锤炼，实现省、市、区三级机动指挥通信联网。在街道、村（社区）和中小学校安装具备人防战备、防灾救灾、公益宣传、社区服务等功能的新型多媒体防空防灾预警报知系统267台，并实现与国家应急广播系统兼容应用。全区城乡警报覆盖率和鸣响率均为100%。

（余银月）

武警消防

概　况　武警南京市公安消防支队江宁区大队成立于1986年2月，地处江宁区文靖东路5号，下辖东山、江宁开发区2个现役消防中队和滨江开发区、高新园、汤山、牛首山、谷里5个政府专职消防队，配备各类执勤消防车22辆。列管消防安全重点单位536家，其中市消防支队列管一级重点单位5家、区消防大队列管二级重点单位330家、公安派出所列管三级重点单位206家。2017年，区消防部队接警出动1322起，火灾救援1018起，参加抢险救援290起，社会救助14起，出动2825车次、出动警力1.76万人次，抢救财产价值2639万元；区消防大队及各派出所出动警力2.7万人次，开展消防监督检查1.85万家，发现隐患2.21万处，整改隐患3.35万处，行政处罚891家，临时查封87家，责令“三停”76家，罚款489.47万元，拘留19人；全年投入资金1300万元用于消防队站建设，改善消防装备实力。推广高层、地下、公众聚集等场所安装电气火灾监控系统43套，结合老旧小区改造，设置电动车集中充电设施59处。对全区1206栋高层建筑进行逐一排查，发现火灾隐患1242处，督促整改1131处，完成56栋高层公共建筑微型消防站建设和131栋设置消防控制室的高层建筑联网接入工作，5家重大火灾隐患经整改销案。开展燃气使用场所、群租房消防安全检查，检查单位2840家，督促整改火灾隐患5540处，编发消防安全告知书1.5万余份，指导派出所与燃气使用场所签订燃气消防安全使用承诺书。以政府补贴形式在全区推广燃气火灾报警系统，已安装近1000套；在东山街道试点社区综合治理网格化一体化工作。会同住建、旅游等部门对全区158家民宿经营户进行“体检”和审核，制定江宁区民宿消防建设实施方案，由各街道牵头督促民宿经营户安装简易喷淋等消防设施。全年完成7个民宿示范村创建，43家民宿安装简易消防设施，3个社区公共部位室外消火栓全部覆盖，2个社区配备微型消防车，建立4个微型消防站。

（俞亮等）

双拥共建

概　况　2017年，江宁区双拥共建工作深入贯彻落实习近平总书记系列重要讲话精神和强军思想，坚持把强区富民与兴武强军有机统一，以创建省双拥模范区“八连冠”为抓手，不断完善双拥机制、拓宽双拥领域，创新双拥模式、丰富双拥内容，推动和促进全区各项事业发展，巩固和发展军政军民团结的局面。

双拥宣传　2017年，区双拥办紧扣新形势新任务，广泛开展形式多样、内容丰富的双拥和国防宣传活动。在东山主城区龙园建成集国防教育、军情介绍、双拥活动与市民休闲于一体的双拥公园，还为天景山小学少年军校增设军事装备场所。在全区10个街道挂牌成立拥军优属服务站。组织开展纪念建军90周年“不朽的军魂·燃烧的记忆”文化拥军活动。在江宁万达广场开展以“赞颂辉煌成就，赓续红色基因，支持改革强军”为主题的第17个全民国防教育日宣传活动，进一步营造人人关注国防、支持双拥的氛围。

拥军工作 2017年，区双拥办进一步拓展驻区部队官兵传统文化、国际形势、现代武器等方面综合素养，策划并启动一系列知识讲座进军营活动。首场讲座邀请“百家讲坛”主讲人、南京师范大学教授郦波主讲，让广大官兵不出军营，就能聆听到知名专家、学者的讲座。组织以“传承中华美德，弘扬社会主义核心价值观”为主题创作的“‘红色之旅’书画巡展”进军营活动。为增强退役军人的荣誉感，在全市率先开展驻区部队退役老兵慰问活动。在汤山街道古泉社区和淳化街道科苑社区举行“光荣人家”牌匾发放启动仪式。

爱民活动 2017年，驻区部队发扬人民军队爱人民的优良传统，踊跃投身地方环境整治、扶贫帮困、便民服务等活动。73602部队出动数百名官兵联合江宁交建集团，完成对机场沟等黑臭河的整治工作。31605等部队贯彻精准扶贫要求，到驻地中小学开展助学帮扶活动。3月5日，多家驻区部队在江宁万达广场集中开展学雷锋志愿活动，为群众提供量血压、赠药、理发、修理小家电、气象预报、手机贴膜、热饮供应等服务。（许剑龙）

争创双拥“八连冠”工作会议 3月，江宁区召开省双拥模范区“八连冠”创建工作会议，计划重点打造1个双拥主题公园、2个校园双拥示范基地、3条双拥模范路、4条拥军公交线路、5个含有双拥元素的休闲广场。区领导严应骏、谢从军参加会议。会议要求，按照江苏省《创建双拥模范区考评标准》，扎实抓好双拥共建点建设，街道双拥工作站要达到100%，社区基层拥军优属服务平台建设率在35%以上。每个街道挂牌成立1个双拥工作站，成立不少于4个社区拥军优属工作站。同时，做好社会公共优待服务，在各类公共收费停车场所设置军车免费停放标志。江宁长途客运站开设军人优先窗口，残疾军人免费乘坐区内公共汽车，免费参观游览区内财政资金主导建设的公园、博物馆和景区。会上，6家成员单位向区双拥领导小组递交目标责任书，区司法局、汤山街道等4家单位作交流发言。

7月26日，江宁区举行纪念建军90周年拥军文艺演出。图为演出现场
区双拥办　供稿

书画名家文艺惠军活动 7月20日，江苏省文联会同江宁区委宣传部、区文联，邀请20名著名书画艺术家到武警江苏边防总队南京边防检查站，开展“喜迎十九大·丹青绘警营”文艺惠军活动。省文联主席、党组书记章剑华，区委常委、宣传部部长、区文联主席张思明及省边防总队相关领导出席活动。活动现场，书画家们与警营的书画爱好者“零距离”座谈交流，官兵们向书画家介绍边检部队的性质任务后，书画家们现场挥毫泼墨，创作了多幅书画作品。

纪念建军90周年文艺拥军活动 7月26日，江宁区举办纪念中国人民解放军建军90周年文艺拥军活动，市委常委、区委书记李世贵，区领导祁豫玮、孔令才、严应骏、蔡正英、谢从军等与驻区部队官兵代表及群众代表欢聚一堂，共同观看文艺演出。通过男声对唱、歌伴舞、器乐合奏、小品等节目，再现烽火硝烟的战争场景和感人场面，回顾人民军队90年的光辉历史和丰功伟绩，表达江宁人民对祖国的热爱和对人民子弟兵的崇高敬意，展现全区军政军民一家亲的鱼水深情。

（宁　鉴）

综　述

概　况　2017年，江宁开发园区围绕“两聚一高”主题和“一个高水平建成、六个显著”目标，坚持以供给侧结构性改革为主线，积极应对复杂多变的国内外经济形势，努力克服经济下行压力和环境、资源等因素影响，攻坚克难，开拓创新，开发建设取得新成就。江宁开发区跻身国家级经济技术开发区全国十强，江宁高新区位列全省高新技术产业开发区第八位，滨江开发区重大项目引进取得突破，麒麟高新区基本形成生态科技园区格局，空港跨境电商产业园通关量居全省前列，禄口空港新城建设框架全面展开，南京综合保税区江宁片（二期）通过验收。

智能输电基地建设项目签约　1月22日，江宁区举行电力通道优化暨智能输电基地建设合作签约仪式，与国网南京供电公司合作，建设一期工程建筑面积3.3万平方米的江宁智能输电基地，总投资1.84亿元。当天，区政府与市供电公司签订框架协议，区政府、江宁开发区、空港枢纽经济区、未来科技城与市供电公司签订五方实施协议。根据协议，江宁区对境内东峰、东廻、东武、东南4条500千伏的线路进行改造，同时整合部分资产，建设江宁智能输电基地，并在江宁开发区注册新能源服务公司。

44个重大项目集中开工　2月12日，2017年全省重大项目集中开工现场推进会江宁区分会场活动在江宁开发区举行，全区44个重大项目集中开工。全区计划实施省、市、区重大产业项目171个，此次集中开工新建项目44个（其中26个参加省市集中开工），包括中国兵器信息化及北斗应用产业基地项目、金宁天瑞MAX科技创新及生命科学研发中心项目、康泉现代化汽车供应链分拨中心项目、沣麟广场项目等，总投资479亿元，当年计划投资105亿元，集中开工项目涉及汽车、智能电网、高端装备制造、现代服务、节能环保等行业和领域。

江宁区与东南大学共建环东大知识创新圈　6月15日，江宁区与东南大学签订合作协议，共同建设环东南大学知识创新圈，深化创新资源对接，加强政产学研合作，深度推动校地创新发展。根据协议，环东南大学知识创新圈将着力打造核心圈层、紧密圈层和拓展圈层3个圈层，核心圈层和紧密圈层分别是以东大九龙湖校区为中心的半径1～2公里、10公里区域范围，拓展圈层为江宁全域。双方在核心圈层共建内容包括重大产学研合作平台、创新创业平台和民生配套项目等；在紧密圈层主要以东大与江宁地方企业之间的产业科技合作为主，江宁区为企业与东大的合作提供政策支持，东大以自身优势科研力量吸引符合江宁区产业发展战略的大型企业落户；在核心圈层和紧密圈层合作基础上，以人才输出、科技力量输出等多渠道方式，将双方合作覆盖至江宁全域，形成拓展圈层。签约仪式上，江宁开发区还与东南大学分别签订东南大学科技园和幼儿园江宁分园项目加快推进协议。

14个重大项目在市“金洽会”集中签约　9月12日，2017中国·南京金秋经贸洽谈会重大项目集中签约仪式在南京国际博览会议中心举行，江宁区有14个项目参加集中签约，总投资602亿元。其中，外资项目3个，总投资33亿美元；内资项目11个，总投资387.5亿元。集中签约项目突出实体经济，聚焦重点产业，涉及新能源、新材料研发生产，高端装备制造，总部研发，文化休旅等重点产业领域。14个签约项目投资额均达到10亿元人民币或1亿美元。其中，富士康集团与江宁开发区签订手机与面板后段模组生产制造基地建设项目合作协议，总投资21亿美元，拟在开发区布局建设手机生产基地及全球运营结算中心、面板后段模组制造总部；中船重工集团的智能制造、智慧海洋产业基地建设项目总投资50亿元，在江宁开发区建设国防电子信息系统装备核心研究院及智能制造、智慧海洋产业基地；外资企业淡马锡集团在滨江开发区投资建设丰树（南京）综合产业园项目，打造高端装备制造业生产基地和现代服务业平台。

“金洽会”签下超1600亿元大单

9月，南京“金洽会”期间，江宁区共举办9个专场活动，中船重工、五矿地产、香港圆核资本等企业高管2000余人参会。确定纳入全市成果统计的签约项目53个，总投资1648.6亿元，签约项目数和项目总投资量位居全市前列。此次“金洽会”各专场活动形式新颖、主题突出，“3+3+3”现代产业体系为导向贯穿始终。9场活动围绕新能源汽车、互联网+、生物医药、人工智能、智能交通等主题，互动性、专业性强，“招商引资”与“招才引智”相结合。其中，招商引资是“金洽会”的重头戏。签约项目与江宁“3+3+3”现代产业体系契合度高，占总数的90%，其中先进制造业项目占60%。签订正式协议35个，总投资841亿元，占比66%；项目投资规模大，一半以上的外资项目投资超过1亿美元，10亿元以上内资项目占70%，1/4的内资项目投资在5亿元以上。其中，富士康科技集团计划在江宁开发区投资21亿美元，布局建设智能手机生产基地及全球运营结算中心、面板后段模组制造总部；中青旅拟投资30亿元在汤山旅游度假区建设风情旅游客厅项目；艾克逊公司拟在空港枢纽经济区投资50亿元建设主题乐园项目。

9月13日，中国新能源汽车技术创新与产业融合研洽会作为2017年“金洽会”专场活动之一，在江宁开发区举行，相关产业联盟、行业协会、汽车企业的权威人士济济一堂，围绕整车相关技术、基础设施以及未来商业模式进行专题演讲。图为活动现场　　区新闻中心 供稿

江宁高新技术产业开发区揭（授）牌

2017年，区委、区政府经研究决定，有机整合江宁高新园与滨江开发区、未来科技城，组建江宁高新技术产业开发区。12月23日，江宁高新技术产业开发区揭（授）牌暨大学科技园共建签约仪式在南京生命科技小镇举行，市委常委、区委书记李世贵和区领导李滨、梁爱国、缪秀梅、董涵，以及江宁大学城12所高校负责人参加活动。揭（授）牌暨共建签约仪式上，李世贵为江宁高新技术产业开发区揭牌，区委常委、常务副区长李滨，区委常委、组织部部长梁爱国分别为江宁高新技术产业开发区滨江片区、未来科技城片区授牌。江宁高新技术产业开发区分别与南京工程学院、金陵科技学院、江苏海事学院、江苏经贸学院签订大学科技园共建协议。（宁　鉴）

国家级园区

·南京江宁经济技术开发区·

概　况　2017年，南京江宁经济技术开发区按照打造高端产业特色集聚区、科技创新开放引领区、产城融合绿色样板区的总体部署，推进实施产业强基、创新强效、城市强质、生态强本、效能强体五大工程，加快冲刺国家级经开区前列。全年实现地区生产总值、服务业增加值、公共财政预算收入分别为877.5亿元、231.8亿元、94.22亿元，比2016年分别增长9.7%、19.5%、11.8%，地方外贸出口500.43亿元。

全年引进光大环境等千万美

元以上外资项目33个，其中1亿美元以上外资项目12个，落户臻实汽车等知名总部型、功能性机构3个,实际利用外资4.9亿美元，增长15.74%；引进亿元以上内资项目28个，其中10亿元以上内资项目9个。海航、协鑫等重大项目当年引进当年开工，爱立信全球物流中心当年开工当年交付。汽车、智能电网产值分别为733.75亿元、898亿元，软件和信息业务收入855亿元。推进建设海兴智能、菲特压片等52个区级实施类项目（含省、市重大项目），当年投资104.42亿元，增长6.3%。其中，上汽大众、埃斯顿机器人等省、市重大项目20个，当年投资68.1亿元，增长59%。完成工业投资156.05亿元，增长7.1%。深化与万州经开区、云南临沧边境经济合作区合作共建，参与建设中阿产能合作示范园区。

新引进、培育各类人才220人，其中诺奖得主、菲尔兹奖得主等顶尖专家14人，培育市高端团队7家，34家企业获批高新技术企业，完成高新技术产业产值1607亿元。获批市级新型研发机构5家，新签约6家新型研发机构落户，38家企业获批各级“三站三中心”，实施产学研合作项目35项，完成重点科研项目152项，全社会研发经费支出45.7亿元，科技服务业收入223亿元。整合千人计划基地园、九龙湖国际企业总部园、智电谷、无线谷、江苏软件园、诺奖小镇、空港高端装备制造产业园、东山国际企业总部园等15个平台，成立江宁开发区高新技术产业园。

开工建设166项城建项目，当年投资96亿元。完成秦淮河滨水风光带（双龙大道—天元路段）景观提升工程，启动吉印大道跨秦淮河大桥工程建设，百家湖地铁站、双龙大道与天元路交叉口、小龙湾地铁站等一批地下通道建设加快推进；完成东大幼儿园江宁分园、开发区复建小区停车设施改造、开发区临时垃圾中转站建设等工程，胜利一小区、殷巷四期、秣陵四期、东善桥五期等复建房封顶。开展“263”专项行动，建成清水亭污水泵站至4号污水泵站等污水处理厂管网及20条黑臭河道清淤、截污、景观绿化提升等工程，完成怡湖华庭等96个小区雨污分流、兴家圩等雨水泵站改扩建、牛首河及云台山河等防汛工程，12公里污水压力管道投入使用。禄口空港新城建设全面启动，会展中心、如意湖景观及城建道路完成勘察设计，吴歌路涉及的高家山、毛家2个村庄签订拆迁协议。推进秦淮路以南区域低效用地再开发，盘活低效闲置用地73.3公顷，征地40.3公顷。

南京环保产业与技术创新联盟在开发区成立 1月6日，南京市环保产业与技术创新联盟在江宁开发区成立，成员包括中电环保、凉膜科技等重点环保企业和江苏环保产业技术研究院、中科院南京地理与湖泊研究所、江苏省环境科学研究院等科研院所共46家单位。联盟设立环境治理工程总包公司，注册资本1亿元，首期到位5000万元，通过PPP、总承包等模式参与环保项目。联盟将有效整合成员单位资源，以“全面改善生态环境”为使命，发挥集团优势，共同参与黑臭河整治、流域治理、固废处置、大气治理等生态工程建设，全力打造南京环保产业品牌。

开发区成为长江经济带国家级经开区协同发展联盟副理事长单位 1月10日，长江经济带国家级经济技术开发区协同发展联盟正式成立，江宁开发区成为江苏唯一的联盟副理事长单位。长江经济带覆盖上海、江苏、浙江、安徽、重庆等11个省市，涵盖108个国家级经济技术开发区。长江经济带国家级经济技术开发区协同发展联盟由商务部外资司、商务部投资促进事务局与长江经济带11个省市的商务主管部门、国家级经济技术开发区共同发起成立，是一项重要的国家战略，以创新、协调、绿色、开放和共享五大发展理念为指引，致力于促进长江经济带国家级经开区交流合作、协同发展，着力搭建信息共享、经验交流、政策研究、双向投资促进合作、产业转移跨区域合作、投融资服务等六大协同发展平台。

首届国际医药创新大会 3月22日，江宁开发区承办的首届国际医药创新大会举行。大会以“助推国际医药产业合作，加速中国融入全球创新体系”为主题，邀请国内外政要、中国外商投资企业协会药品研制和开发行业委员会（RDPAC）会员企业高层管理人员、国内著名医药及医疗设备企业、高校、科研机构代表等400名嘉宾，旨在充分利用RDPAC的优势资源，创造与国际知名企业的合作机会，争取国际医药创新合作项目落户。RDPAC是由38家具备研究开发能力的世界500强跨国制药企业组成的非营利性组织。

2017全球未来网络发展峰会 4月17—18日，主题为“创新合作共赢，引领未来发展”的2017全球未来网络发展峰会在江宁开发区举办。大会由中国工程院、南京市政府主办，江苏省未来网络创新研究院、江宁开发区管委会等单位承办，为全球第一个以未来网络技术和应用为主题的国际性会议。国内未来网络领域、国际顶尖大学、国内三大运营商、西班牙电信、德国电信等近3000名专家、学者及行业巨头负责人出席峰会，就未来网络的经济发展、应用创新、技术创新和网络安全空间等议题进行探讨。峰会包括主论坛和“未来网络学术与科研”“试验驱动未来网络创新”“网络重构与转型”“未来网络与共享经济”等10个分论坛。中国移动、中国电信、中国联通三大运营商，以及华为、腾讯、大唐电信、京东等行业巨头集中展示5G移动通信、物联网、智慧城市、网络安全等一系列最为前沿的未来网络基础及新应用。

开发区与南大共建国家双创示范基地 9月22日，江宁开发区与南京大学签约共建国家双创示范基地（江宁基地）。南京大学是国家首批28家双创示范基地之一，江宁基地结合江宁开发区的产业规划和发展方向，对接“科技成果转化平台”和“校园众创实训平台”建设，推进南京大学与江宁开发区在人才培养引进、科技研究开发、成果转化孵化、产业转型升级、项目培育成长、区域协同发展等方面深度合作，促进新一代信息技术、节能环保、生命科学、新材料等产业发展。

朗坤智慧园落成启用 10月10日，由朗坤智慧科技股份有限公司打造的“互联网+”模式的创新园区——朗坤智慧园在江宁开发区落成启用。该项目总投资3亿元，建筑面积5万多平方米，通过36个智慧应用构成的一体化智能系统进行管理，主要从事自动化程控系统、风粉风量检测系统、智能一体化电动执行机构、自动化仪表等研发和生产。朗坤智慧科技股份有限公司自2013年落户江宁开发区后，在智慧工厂、智慧园区、智慧城市等领域构建全流程全生命周期服务体系，为五大发电集团和中石化、中国航天、华为、阿里等国内外知名企业提供服务，涉及空间信息技术、大数据的采集与分析技术、虚拟现实技术等领域。

开发区成为中国侨联新侨创新创业基地 10月29日，江宁开发区被授予“中国侨联新侨创新创业基地”称号，是继国家“千人计划”基地、“万人计划”基地、欧美同学会留学人员报国基地后获得的又一创新创业国家级荣誉。至年底，开发区有新侨创业企业350余家、海归人才2200多人，在引进的400多名领军型科技创业涉侨人才中，软件、通信与网络领域人才占62%，能源与环保领域人才占18%，医疗器械与智能制造领域人才占15%。

开发区高新技术产业园揭牌 12月16日，江宁开发区高新技术产业园揭牌。开发区高新园总面积23.42平方公里，覆盖百家湖、九龙湖、空港、软件园、东山总部园五大板块，整合“千人计划”基地园、九龙湖国际企业总部园、智电谷、无线谷、江苏软件园、诺奖小镇、空港高端装备制造产业园、东山国际企业总部园等15个平台，重点发展新能源和智能网联汽车、高端智能装备（智能电网、智能制造、航空航天装备）、新一代信息技术以及软件和信息服务业、科技服务业等主导产业，鼓励培育探索未来网络、人工智能等未来产业。开发区高新园设立注册资本1亿元的江宁经开高新创投有限公司，保障“两落地、一融合”投融资建设。

开发区与海尔海创汇共建国家双创南京基地 12月27日，江宁开发区与海尔海创汇举行签约仪式，共建国家双创示范基地南京基地。海尔海创汇是海尔集团全

7月5日，在中国江苏·大院大所合作对接会暨第六届产学研合作成果展示洽谈会上，诺贝尔奖得主乔治·斯穆特，菲尔兹奖获得者丘成桐签约落户江宁开发区

江宁开发区 供稿

资子公司，依托江宁开发区在交通、人才、产业环境、产业政策、管理理念等方面的优势，结合海尔集团产业生态、双创经验等优势，共同深耕智能技术、互联网转型产业、大数据产业领域，引进并培育一批创新成果转化能力强、产业化程度高、成长性较好的人才创业企业，提供金融领域、产品研制、规模化制造及渠道支持，形成产业化、生态化服务支撑体系，帮助企业加速成长，进而辐射并带动更广泛的智能硬件创新产业发展。

总投资190亿元项目集中开工 2月12日，江苏省重大项目集中开工现场推进会江宁区分会场活动在江宁开发区举行，江宁开发区15个重大项目开工建设，总投资190.5亿元，涉及汽车制造、高端装备、信息科技、节能环保等产业领域。其中，中国兵器信息化及北斗应用产业基地项目总投资50亿元，主要从事新兴发展领域的装备信息总体设计、北斗产业及仿真与模拟训练系统的研发及生产，建设国家级北斗检测中心、北斗大数据中心，开展北斗位置服务等业务；香华信息枢纽工程项目总投资30亿元，建设内容包括改造2.7万平方米厂房、新建1.2万平方米数据中心及7500台机柜，可供32万台服务器24小时不间断运行；大桥电子科技气象探测设备项目总投资12亿元，主要生产高空气象探测设备；泉峰汽车精密公司汽车零部件项目总投资7.5亿元，主要生产自动变速箱阀体和新能源汽车类零部件。

爱立信全球“五大中心”落户 2月25日，世界500强企业爱立信集团综合物流中心项目落户江宁开发区并启动建设。该项目占地面积6.7公顷，总投资5亿元，建筑面积5万平方米，集国际物流、加工集成测试、核心网产品生产及全球采购于一体。至此，江宁开发区成为爱立信集团全球布局中唯一的全球制造中心、全球研发中心、全球维修中心、全球物流中心、全球采购中心等“五大中心”集聚地。

人工智能医疗项目签约 3月23日，诺贝尔奖得主弗里德·穆拉德人工智能医疗项目签约落户江宁开发区诺贝尔奖科学与艺术小镇，穆拉德成为诺奖小镇第三位荣誉市民。穆拉德为1998年诺贝尔医学和生理学奖得主，现任美国德克萨斯州立大学休斯顿医学院整合生物学和药理系、内科教授，其人工智能医疗项目利用人工智能技术，通过深度学习及知识图谱技术，基于大样本研究获得疾病分子机制的知识体系，依据医学数据和患者的个体特征，借助现代遗传学、分子影像学、生物信息学和临床医学等知识实现疾病的精准预防、精准诊断和精准治疗。项目由穆拉德及其团队负责医疗、药学等相关方面的专业研究，由国内知名高校提供医疗及计算机方面的专业帮助，由美国某知名DNA大数据公司提供专业的机器学习研发团队，建立智能医疗系统。

500亿元航空产业项目落户 3月30日，总投资500亿元的南京航空产业项目签约落户江宁开发区。南京航空产业项目由协鑫集团有限公司、海航现代物流集团有限公司共同投资建设，分为航空产业园、航空小镇和航空金融三大板块。其中，航空产业园主要建设飞机维修及改装、航空物流（含绿色云仓）等项目；航空小镇主要建设航空城总部及运营中心、航空学院等项目；航空金融主要包括航空金融服务和航空产业基金项目。

省冶金设计总院入驻 4月12日，江苏省冶金设计院总部项目签约落户江宁开发区。该项目位于江宁开发区九龙湖片区，总投资3.5亿元，占地约1.5公顷，建筑面积5万平方米。江苏省冶金设计院有限公司是神雾集团的控股子公司，是江苏省冶金行业唯一的综合性设计单位，具有甲级工程设计资质和咨询资质，一直从事钢铁、有色行业节能环保技术与资源综合利用技术的研发与推广，将直接还原清洁冶炼技术广泛应用于大宗工业固废、矿产等资源综合利用领域，并已于2016年登陆资本市场。

国内首家高校知识产权电商平台落户 4月26日，国内首家面向高校知识产权领域的电商平台——中国高校知识产权运营交易平台落户江宁开发区。该平台由南京理工大学联合国家知识产权局、江苏南大苏富特科技股份有限公司等5家单位共同打造，依托中国高校丰富的科教资源和科技成果，以“物联网+”思维，通过解决处置权、专业标定、价值评估、成果可视化展示、定向推送等手段，与基金、市场、运营、拍卖等有效融合，架起高校、企业、市场融合创新的桥梁，打通高校科技成果转化路径，实现技术与资本、研发与需求、科技与产业的有机结合。

20个重大项目集中签约或发照 6月14日，江宁开发区举行项目集中签约或发照仪式。10个总投资305亿元的重大项目签约落户，涉及新能源汽车、新一代信息技术、智能制造等领域。其中，臻实新能源智能化汽车研发生产项目总投资119亿元，主要从事智能化汽车及核心零部件研发、制造；塔菲尔新能源动力电池研发生产项目由兴银投资有限公司、深圳塔菲尔新能源有限公司投资建设，总投资58亿元，主要从事新能源汽车动力电池研发、生产；首都航空南京运营基地项目由北京首都航空有限公司投资建设，总投资30亿元，建设华东地区第二大航空运营基地。集中发照的10个项目，涉及汽车、智能电网、总部及现代服务业等行业领域，注册资本近40亿元，包括光大环境科技（中国）有限公司、泉峰（中国）投资有限公司、中石油昆仑燃气有限公司江苏总部、南京亿略卓电子商贸有限公司、杉杉环球能源管理（中国）有限公司、南京轩墨汽车零部件有限公司、法雷奥动力系统（南京）有限公司、五季文化旅游发展有限公司、江苏科陆售电有限公司、南京能网新能源科技发展有限公司。

12个总投资百亿元项目集中开工

6月18日，江宁开发区总投资102亿元的12个重大项目集中开工，涉及汽车装备、智能电网、生物医疗、现代服务、高端装备制造等行业和领域。先进制造业项目中，海兴智能微电网控制系统与成套设备产业化项目总投资10亿元，主要从事全套配用电自动化产品研发、制造和销售；菲尼克斯新能源制造基地项目总投资10亿元，主要从事以精密电子和自动化产业为主的现代制造业；敏创新能源汽车电池生产项目总投资5亿元，主要从事电池模组及正极材料的生产，为敏实集团新能源乘用车及大巴提供动力电池。现代服务业项目中，华威材料研发中心和区域总部项目总投资20亿元，主要从事新材料技术研发与服务；南大科技园项目总投资19亿元，重点吸引南京大学及国内知名院校科研机构、企业研发中心等入园。

诺奖得主携量子密码通信项目入驻

7月6日，诺贝尔奖得主乔治·斯穆特量子密码通信项目签约落户江宁开发区。斯穆特量子密码通信研究院致力于改变国内在量子密码通讯技术主要以学术研究为主，涉及细分领域不够广且偏硬件方向的局限性，实现量子密码通信系统各种模块的国产化及其相关技术的产业化与相关器件的商用化，在中国建立专门针对量子保密通信系统的安全测评机构，提供相关技术和产品性能的权威认证。研究院计划建立中大规模量子保密通信展示系统，与欧洲、美国、日本等国家和地区保持技术和产业化方面的同步发展。

11个新能源汽车产业项目签约

9月13日，中国新能源汽车技术创新与产业融合研洽会在江宁开发区举行。新能源汽车产业基金、敏实新能源动力系统、比克新能源物流车、意大利IET新能源汽车电驱动系统、南京亿泰精密模具及金属制品车架等5个项目落户江宁开发区，总投资50亿元，主要涉及新能源汽车核心零部件研发制造、新能源物流车运营、新能源汽车产业基金等。

翔名科技半导体特殊材料制造项目落户　9月13日，翔名科技半导体特殊材料制造项目签约江宁开发区。该项目由翔名科技股份有限公司投资建设，一期投资2000万美元，占地2.8公顷，布局扩散制程离子植入机设备模块生产线，从事半导体制程材料、设备及关键零组件制造、买卖、维修及设备代理等。翔名科技股份有限公司是台湾半导体产业领域知名企业、台积电重要配套厂商，产品远销美国、欧洲等国家和地区。

德尔森集团在开发区布局传感器物联网产业生态圈　9月15日，江宁开发区和德尔森集团签署合作协议，共同建设德尔森集团总部基地。德尔森是中国首家拥有自主产权与稳定量产工业级微机电系统（MEMS）单晶硅压力与差压传感器芯片的企业，中国首家将MEMS芯片设计与制造、智能MEMS传感器芯体封装、传感器应用系统、产业链结合在一起的企业，德尔森MEMS传感器芯片在结构、布局、量程、过压性能方面全球第一。德尔森集团总部基地项目聚焦智能工业、智能交通、智能环保、智能电网等八大方向，构建自主研发、全球合作、高端技术人才等九大平台，形成以研究院为核心的产业生态圈。

诺奖得主智能计算新材料项目加盟

10月11日，诺贝尔奖得主达尼埃尔·谢赫特曼及其智能计算新材料项目，签约落户江宁开发区诺贝尔奖科学与艺术小镇。达尼埃尔·谢赫特曼为2011年诺贝尔化学奖得主，也是2017年落户开发区诺奖小镇的第四位诺奖得主，现为以色列工学院工程材料系教授，20世纪80年代初发现具有准晶体结构的合金，改变世界对固体物质结构的认识，准晶体相关研究成果已被应用于材料学、生物学等领域。谢赫特曼智能计算新材料项目旨在通过对新材料研发过程中使用的计算机建模和机器学习等技术进行研究，研发更加通用的算法与模型，提高新材料研发效率，促进计算材料学发展。

6家新型研发机构入驻 11月28日，在南京市“两落地、一融合”第一批新型研发机构项目签约仪式上，6家新型研发机构签约落户江宁开发区。其中，中国科学院大学南京创新研究院由江宁开发区、中国科学院大学、北京赛伯乐绿科投资有限公司、中国科学院大学创新创业学院陈佳团队等共同组建，针对大数据、新能源、人工智能、智能汽车等领域开展先进性研究。江苏微机电系统（MEMS）智能传感器研究院由德国国家微电子传感器研究院、德国国家实验室微机电系统（MEMS）传感器领域资深科学家、德国国家实验室微机电系统（MEMS）压力传感器领域领军人物陈立新博士人才团队共同出资设立，主要围绕智能工业、智能交通、智能环保等八大方向，构建自主研发、全球合作等九大平台，加速一批传感器、物联网企业在南京形成以研究院为核心的产业生态圈。该研究院由中德政府、企业、高校等发挥各自优势，加速实现产业化，并通过陈立新博士组建的德尔森控股集团为入驻的孵化类项目拓展市场，政府给予政策指导，基金公司帮助筛选入驻项目，并对项目资本“输血”。此次落户的还有中科数据智能联合创新研究院、南京大学江宁环保技术创新研究院、武汉理工大学（南京）智能制造工程技术研究院、粤港干细胞及再生医学（江苏）研究中心，均采用新型研发机构的合作模式，即在项目引进来和产品走出去两端有企业、基金等市场化手段调控、推动，在研发阶段由政府、科研院所和高校在政策、技术等方面发挥所长。

特斯拉江苏首家服务中心在开发区启用 11月28日，江苏省首家特斯拉服务中心在江宁开发区九龙湖国际企业总部园启用。美国特斯拉是世界上第一家采用锂离子电池的电动车公司，致力于用最具创新力的技术加速全球可持续交通的发展。特斯拉南京服务中心服务范围覆盖江苏和安徽省，提供特斯拉新车交付、车辆维修、系统升级、远程诊断、车辆充电等一系列服务，实现快速响应车辆救援和24小时全天候服务。

3个智能制造项目签约 12月8日，在2017世界智能制造大会闭幕式上，迪伦人工智能及机器人研发和产业化、中电智能制造创新示范基地和新松智能机器人3个项目签约落户江宁开发区，涉及机器人、云平台等领域。迪伦人工智能及机器人研发和产业化项目建立应用于计算机视觉、无人驾驶、智能电网、智慧金融等领域的人工智能研发中心、智能终端及物联云端服务研发中心和智能机器人研发、生产及检验测试中心；中电智能制造创新示范基地项目总投资30亿元，建设以南京智能制造研究院、工业互联网云平台、智能制造产业基地、智造双创基金为主的“四位一体”智能制造和工业大数据技术研发与应用服务的产业化基地；新松智能机器人项目主要从事研发和生产新松七轴智能机器人及建设智能车间。

华新生态文创基地项目启动 12月19日，南京华新生态文创基地项目在江宁开发区启动，总投资9亿元。华新生态文创基地项目引入台湾、东南亚成熟的文创理念，以“田园生产、田园生活、田园生态”为核心组织要素，通过农业生产加工基地、观光工厂、文创孵化园、工匠村、精品酒店、特色民宿等项目建设，打造农业种植平台、农艺示范平台、生活文创平台、运动休闲平台，致力于建设为农业休闲和教育的观光地、特色产业市集、美学生活产品定制设计的特色园区。

中船重工国防电子信息系统装备核心研究院落户 12月27日，中船重工国防电子信息系统装备核心研究院及智能制造、智慧海洋产业基地签约落户江宁开发区，总投资27.5亿元。该项目由国家重点军工研究所中国船舶重工集团第七二四研究所投资建设，整合中船重工在电子对抗、智慧海洋、智能制造等领域优势，建设中船重工国防电子信息系统装备核心研究院及智能制造、智慧海洋产业基地。

海航、协鑫首期近百亿元项目开工 12月29日，首期投资近百亿的南京华瑞海航综合物流园和协鑫新能源动力电池储能系统项目在江宁开发区集中开工。南京华瑞海航综合物流园是海航南京航空产业一揽子投资计划中第一个落地子项目，项目首期投资30亿元，建筑面积22万平方米，分两期建设。其中，一期建设冷链仓库，优先满足市场供应不足的高端冷链物流需求；二期导入高附加值的高标准仓库、定制仓库、物流服务配套及中小企孵化等项目，吸引一批跨境电商、第三方物流、先进制造业等高端项目集聚发展，打造南京都市经济圈最为先进的空港智慧物流平台，成为全国规模最大的高端生鲜冷链物流中心。协鑫新能源动力电池储能系统项目首期投资50亿元，规划建筑面积31万平方米，主要建设年产数万套动力电池和储能系统生产基地，致力于打造成为涵盖动力电池和储能系统研发、生产及测试为一体的世界一流制造基地。

中国无线谷（未来网络谷） 2017年，中国无线谷（未来网络谷）以核心技术研发和创新成果产业化为抓手，推进高端创新资源集聚、创新创业生态系统建设、高科技产业项目培育。核心技术研发方面，完成全国首套5G实验样机系统，推进5G国际标准制定和6G预研，成为中国5G毫米波技术特别工作组组长单位；江苏省首个重大科技基础设施CENI项目可研方案获国家发改委批复。核心技术成果产业化方面，建成投运电磁兼容测试等5个专业公共技术服务平台，新建未来网络与华为等6个联合研究中心。有77G雷达传感器芯片、电磁兼容测试仪表等10个具有国际领先水平核心技术成果实现就地产业化。高端人才引培方面，新增高层次创新创业人才60人，获创投资金项目8个，产学研合作项目15个。申请专利100件，牵头及参与制定3项国际国内标准。新增高科技企业40家，26家企业产品毛利率超过80%。

九龙湖国际企业总部园 2017年，九龙湖国际企业总部园以载体招商和企业服务为中心，推进载体运营，全年实现经营性业务收入3600万元、公共财政预算收入6500万元。引进中广核节能产业发展有限公司华东总部、航天信息江苏总部、杉杉环球能源管理（中国）有限公司、特斯拉交付和售后服务中心等29个项目，实际利用外资1106.56万美元。培育规模以上企业7家、“双软”企业6家、高新技术企业8家，光大环境科技（中国）有限公司获批认定为江苏省跨国公司功能性机构。完成南京台湾青年创业学院、江宁开发区九龙湖服务中心项目建设。与禄口国际机场共同打造的南京市首家航空服务站——江宁开发区九龙湖航站投入运营，工商银行苏源大道支行、光大银行自助银行、与同仁医院合作打造的健康小屋、意大利俏咖啡、罗森便利店、快递超市等配套设施投入使用。

南京综合保税区（江宁） 2017年，南京综合保税区（江宁）实现进出口68.79亿美元，增长64.76%。其中，出口49.08亿美元，增长75.49%；进口19.71亿美元，增长42.98%。引进爱立信集团综合物流中心、DHL集团等2个世界500强企业项目，上海宝钢节能环保技术有限公司签约落户。综保区江宁片（二期）经由南京海关、江苏省发改委、省财政厅等10个部门组成的联合验收组评审，通过封关验收，面积为0.063平方公里。3栋约3.6万平方米现代仓库、7700平方米联亚会展项目主楼等载体投入使用，香港联亚国际会展项目、综保区外贸综合服务大楼等项目加快建设。定期召开海关、国检及综合保税区（江宁）管理局三方联席会议，实施海关分类监管新制度，做好企业通关服务工作。

宁淮工业园 2017年，宁淮工业园实现工业产品销售收入232亿元、工业增加值53亿元、入库税金7.3亿元，分别增长7.1%、6%、16.6%。新引进项目13个，总投资58亿元，其中亿元以上项目3个，项目注册外资12750万美元，实际利用外资5000万美元。基础设施建设投入9258万元，其中投入5180万元的宁淮电子产业园二期三栋高标准厂房开工建设，投入500余万元对园区现有数字化监控系统进行升级改造，投入700余万元对长江东路进行景观升级、雨污水管网改造、路灯更换。全年新增绿化面积9万平方米，新铺设电网1.8公里，安装路灯365盏。

（陈　晓）

中国南京·印度IT合作峰会 1月13日，中国南京·印度IT合作交流峰会在江宁开发区举行，双方参会企业就IT产业发展进行交流探讨。此次活动的主办方之一印度软件和服务业企业行业协会是印度该领域最具影响力组织，拥有1200家会员单位，其中200家是全球性公司。峰会上，印度印孚瑟斯中国区、苏宁集团IT总部等4家中印企业相关负责人发表主旨演讲。江宁开发区作为全市新兴产业培育发展的主要阵地，软件与信息服务业是优先发展的三大战略性新兴产业之一，重点进行孵化培育，高标准建设了江苏软件园、中国无线谷等一批软件产业发展平台。

百强纳税大户受表彰 1月16日，江宁开发区召开2016年度纳税大户表彰大会。全年纳税超过2000万元且地方财力贡献达300万元以上的前百强企业受到表彰奖励。2016年，江宁开发区紧扣“加快进入全国国家级经开区前列”的新目标，应对宏观经济的复杂严峻考验，扎实推进项目建设、产业转型、创新驱动、城市发展等各项工作，全面超额完成年度各项目标任务，主要经济指标继续保持稳中有进态势。为表彰各企业在园区经济发展中做出的贡献，根据企业纳税额和对地方财政的贡献度，园区对上汽大众汽车有限公司南京分公司等100家企业授予“江宁开发区2016年度纳税大户”奖。

福特南京研发中心新楼启用 1月20日，落户江宁开发区的福特汽车南京工程研发中心第三栋研发大楼落成启用。福特汽车工程研究（南京）有限公司自落户江宁开发区后，已由区域汽车工程中心提升为福特全球三大研发中心之一，是福特汽车全球研发及零部件采购业务网络的重要基地。新启用的第三栋研发大楼，总投资2.44亿元，建筑面积1.8万平方米，可容纳1000多名员工。福特南京工程研发中心规划建成福特汽车全球产品和技术开发六大发源地之一，真正实现福特从“中国制造”到“中国设计”的战略演进。

菲特压片新工厂奠基 2月22日，德国菲特压片公司在江宁开发区再建新工厂项目奠基。该项目总投资8亿元，当年底建成投入使用。位于江宁开发区菲尼克斯路的菲特（南京）压片机械有限公司是德国菲特压片公司的全资子公司，2016年更名为菲特（中国）制药科技有限公司，并正筹建菲特企业大学和中国区总部。此次新建项目是菲特历史上最大的单笔项目投资，主要用于建设压片机械及金属刀具的研发、生产及销售，集团旗下的蓝帜木工工具、蓝帜金属工具、菲特压片机计划在此地块建设各自独立的生产厂房和办公楼。此外，该项目还计划建设研发中心和实训中心，作为公司今后10年内发展的主要载体和技术升级的重要平台。

未来网络小镇入选省首批特色小镇 5月，省发展和改革委员会公布全省首批省级特色小镇，江宁开发区未来网络小镇入选首批省级特色小镇。此次公布的第一批特色小镇创建名单主要聚焦高端制造、新一代信息技术、创意创业等江苏最有基础、最具潜力、最能成长的特色优势产业。区委、区政府重点打造的未来网络特色产业小镇，着眼于创建全球领先的科技人才创业创新园区，建成悠谷、科技创业服务中心、科技交流中心等载体45万平方米，不断完善商贸、文化、旅游等功能配套，完成砂之船奥特莱斯、专家人才公寓、洲际假日酒店等建设，形成“全时间生活、全周期创业、全方位服务”创新生态体系。园区已基本形成优质项目集聚、高层人才荟萃的创新创业格局，建成南京中关村高端人才创新创业基地、国家火炬江宁未来网络特色产业基地、国家级科技企业孵化器、国家级高新技术创业服务中心、国家小微企业创新创业示范基地等一批国家级功能平台，获评2016年中国众创空间典范奖。

两院士领衔创新项目加盟 6月17日，在江宁开发区人才创业科技创新项目集中签约仪式上，中国科学院院士赵淳生、中国工程院院士李立浧和江苏省科技情报研究所江宁开发区创新服务基地等3个创业创新项目签约落户江宁开发区。此次签约的人才创业项目中，赵淳生院士领衔的超声电机产业化项目，其产品广泛应用在航空航天、精密仪器仪表、医疗器械及机器人等领域。李立浧院士领衔的能源互联网中架空输电线路智能运检系统研发与产业化项目，结合现有多旋翼无人机技术，解决高压输电线路带电作业电弧放电等关键技术问题，实现架空输电线路智能监测平台开发。继联合南京理工大学打造国内首家高校知识产权“电商”平台，并创建国家知识产权试点园区后，江宁开发区又与江苏省科技情报研究所合作，共建创新发展研究基地项目。该项目发挥省科技情报研究所省级新兴产业科技思想库作用，为开发区在政策制定、产业评价、项目评估等方面，提供科学决策的智力支撑。

未来网络小镇一批创新项目签约 6月28日，南京未来网络小镇一批涉及软件产业、公共技术平台、第三方合作的创新项目签约。当天，中软云上软件园、南京天安创新产业园、标点全媒体科技产业园及标点大厦、军民融合电子科技创新公共服务平台、江苏省新材料产业协会、机器人科技馆、北京均豪第三方科技孵化器运营管理和上海云部落产业园项目分批签约。其中，中软云上软件园项目计划通过“互联网+园区孵化器”整合江苏和南京软件与信息服务业相关资源，加快南京科技园发展，提高园区网络通信、智能制造、大数据产业集群聚集效益。5年建设期内，云上软件园项目通过线上资源实现向江宁及南京未来网络小镇园区发包额4亿元（以网络通信、智能制造、大数据产业为发包主要内容），带动相关产业实现年产值12亿元。

长安马自达第二代CX-5下线 8月21日，随着一辆水晶“魂动红”色的SUV缓缓驶下生产线，长安马自达第二代CX-5车型在江宁开发区下线。2013年，长安马自达第一代CX-5在国内上市，这是马自达旗下的第一款国产SUV，该车销量现已占马自达全球年销售量的1／4，成为马自达核心产品。第二代CX-5车型开发项目于2015年启动，与第一代车相比，新车型“颜值”更高，通过系统改进有效提升了车辆过弯行驶的操控性和稳定性。

开发区行政审批局和综合执法支队揭牌 8月17日，江宁开发区行政审批局、综合执法支队分别揭牌成立。市委常委、区委书记李世贵与市编办主任许宏共同为园区行政审批局揭牌，区长祁豫玮与江宁开发区管委会主任李万平共同为园区综合执法支队揭牌。根据相关文件要求，江宁开发区管委会增设行政审批局，挂政务服务中心牌子，撤销在经济发展局加挂的行政审批服务处牌子。新成立的江宁开发区行政审批局承担江宁开发区范围内的行政审批许可事项，并进行集中办理。江宁开发区综合执法支队计划逐步分期承接1528项行政检查事项，建立精简高效的综合执法体系。

程泰宁院士携文创项目入驻 9月18日，中国工程院院士程泰宁东南筑境项目签约落户江宁开发区。东南大学副校长吴刚，区领导李万平、米永强、王爱军等参加签约仪式。共建“环东南大学知识创新圈”，是江宁区与东南大学紧密合作，充分发挥科技创新优势，形成以知识创新为驱动力，全面带动产业快速发展的新型政产学研合作模式的成功探索。工程勘察设计大师程泰宁院士将工作室挂牌东南筑境，通过吸纳培养优秀设计人才，不断创作高品质的设计作品，践行中国建筑设计的创新发展之路。同时，持续打造更具创新力和学术性的交流平台，通过品牌、作品和资源全方位探索，努力成为园区产学研协同创新的一大亮点。

航信江苏运营和销售中心落户 9月27日，航天信息江苏运营和销售中心签约落户江宁开发区。此次签约落户的航天信息江苏运营和销售中心项目由航天信息股份有限公司投资建设，该公司是由中国航天科工集团公司控股、以信息安全为核心技术的IT行业高新技术国有上市公司，业务领域涉及政府和行业信息化，并拓展企业的信息化市场，承担“金税工程”“金盾工程”“金卡工程”等国家重点工程，是中国IT行业最具影响力的上市公司之一。该项目总投资2亿元，主要开展金税及企业市场产业、金融电子支付及服务产业、物联网技术及应用产业，同时开展企业信息化、产业化培训、财税托管、集成代理等延伸业务。（宁　鉴）

省级园区

·南京江宁滨江经济开发区·

概　况 南京江宁滨江经济开发区创办于2003年，2006年升格为省级开发区，常住人口15万人，位于南京市中心西南25公里处，是全省实施沿江开发战略的第一站。园区累计引进企业400多家，先后被评为江苏省先进装备特色产业基地和江苏省装备制造业新型工业化产业示范园区。2017年，滨江开发区实现地区生产总值182亿元，比2016年增长10.1%，其中服务业增加值88亿元，增长3%；规模以上工业总产值296亿元，增长11.2%；全社会固定资产投资127亿元，增长17.2%，其中工业固定资产投资86.9亿元，增长26.4%；财政收入31.9亿元，增长14%；地方外贸出口2.4亿美元，增长23.7%；实际利用外资1.01亿美元，增长30%。引进中兴通讯智能制造基地、晶能新能源智能汽车、卡耐新能源电池、苏州外国语学校滨江校区等16个重大项目，总投资500多亿元，涉及电子信息、新能源、智能制造、现代物流、现代服务等产业领域，其中投资千万美元以上外资项目3个，10亿元以上内资项目6个，百亿元以上内资项目2个。举办“智能交通国际论坛”，日本、韩国、泰国滨江招商推介活动，广州企业家座谈会，推出智能网联电动汽车产业新城规划，加大招商项目推进力度，至年底在手在谈项目12个。通过回收转让、变更转产、嫁接开发、招商利用等手段，实现转化再利用项目10个，有效再利用土地40.8公顷。中船海洋装备机电产业园、康泉现代化汽车供应链分拨中心等18个省市区重大产业项目开工建设，当年完成投入40.1亿元。推进科技创新，培育南京英斯瑞德高分子材料股份有限公司完成“新三板”挂牌，南京迪纳科光电材料有限公司、徐工凯宫重工南京有限公司计划在“新三板”上市；江苏一夫科技股份有限公司、江苏迈拓智能仪表有限公司进入创业板上市辅导期。引入孵化型科技企业5家，在手在谈3家；新增市级工程技术研究中心3家；培育高新技术企业5家，申请专利905件；培育省著名商标6件、市著名商标5件。

基础设施建设 2017年，滨江开发区加快建设与先进制造相匹配、与城市化进程相协调的现代服务体系，优化城市功能、提升环境品质。坚持规划引领，结合市、区城市总体规划修编，争取将滨江新城纳入新一轮规划调整范畴，并高起点、高标准推进园区提档升级及3个组团控详规修编工作。完善基础设施，推进338省道江宁段建设，完成土方10.1万立方米，清淤泥9.5万立方米，回填素土12.5万立方米，施工水泥搅拌桩280万延米，计划2018年底建成通车；天成路、绣玉路、宝象路、喜燕路、翔凤路等园区道路完成提档升级，实现机动车与非机动车及行人分离；正方大道滨江段入口景观带工程竣工。完善公交枢纽站点建设，公共自行车加密布点，切实解决园区“最后一公里”出行需求。提升功能品质，苏州外校滨江校区签约入驻；德基酒店及城市奥莱项目加快推进，政务代办中心、职业介绍所、不动产登记中心滨江服务大厅挂牌运行，天成商业街建成运营。

6月14日，滨江开发区举行重大项目集中签约活动，卡耐新能源电池、森鹰智慧家居等项目签约落户　　吴昊　摄

首届智能交通国际论坛　9月7—8日，由交通运输部公路科学研究院主办，滨江开发区等单位承办的首届智能交通国际论坛在滨江开发区开幕。论坛邀请400名美国、欧洲等国家和地区的智能交通协会代表、国内知名专家学者，以及领域内龙头企业代表，就国内外智能交通产业化政策研究，新能源智能汽车发展趋势，融通信、地理信息、能源输送为一体的新型智能基础设施，未来交通技术和发展规划等展开深入讨论，打通国际与国内、政府与企业、行业与垂直产业的合作交流渠道，推动智能交通产业转型升级，促进交通运输智能化、信息化的深入发展。滨江开发区与交通运输部公路科学研究院、省交通厅、市交通局等单位，共同签署创新驱动江苏省智能交通产业化发展战略框架合作备忘录，国家智能交通系统工程技术研究中心江苏分中心落户滨江开发区。

苏州外校滨江校区项目签约　10月20日，苏州外国语学校滨江校区项目签约落户滨江开发区，该项目投资13.5亿元，用地13.3公顷。学校设有幼儿园（含早教中心）1个（6轨）、小学部（8轨）、初中部（8轨）、高中部（8轨）。各学部均设国内、国际课程两条线。全校114个班级，学生数为幼儿园450人、中小学生2880人，其中住校生2000人。

晶能新能源汽车制造项目开工　11月2日，由晶能科工（北京）科技集团有限公司、中国中投开元资产管理集团有限公司、旺德福新能源汽车产业有限公司等共同投资的晶能新能源智能汽车制造项目在滨江开发区开工建设。该项目总投资136亿元，在原燃油汽车专业厂的基础上，按照新能源汽车制造全新标准和“智慧工厂”理念改造升级，建设智能化、自动化、技术先进的柔性汽车制造生产线，涵盖整车、“三电”及零部件的研发、制造、销售。项目达产后，计划年产纯电动专用车20万辆、电动乘用车15万辆。

中兴通讯智能制造基地项目落户　11月21日，中兴通讯智能制造基地项目签约落户滨江开发区，省委常委、市委书记参加签约仪式。该项目总投资200亿元，主要从事供应全球无线系统设备的研发、制造，为中兴通讯在国内最重要的制造基地板块。计划2018年4月开工建设，当年底主体竣工，2019年6月底前完成设备调试，2020年建成投产。

（邵　进）

滨江与东大附属中大医院共建综合医院　2月24日，滨江开发区与东南大学附属中大医院签订意向协议，合作共建滨江开发区综合医院。东南大学党委书记易红，市、区领导李世贵、李滨、米永强、缪秀梅出席签约仪式。滨江开发区综合医院按照江苏省三级甲等医院标准建设，总建筑面积17万平方米，投资11亿元。医院建成后，由东南大学附属中大医院统一运营管理，重点发展消化科、心脑血管科、创伤科等学科。

国内首台套核电站用中压空气压缩机投用　5月，位于滨江开发区的南京尚爱机械制造有限公司生产的国内首台套核电站用中压空气压缩机通过新技术鉴定，并在福建宁德核电站投用。核电站用中压空气压缩机系统，是核电站运行的最后一道安全保障，24小时“在岗”。该台套核电站用空气压缩机采用多项企业自主知识产权的新技术和创新性研究成果，其中独家设计的直流式气阀提高了气阀的效率和工作寿命，并实现节能、降噪。该公司生产的各类空气压缩机已运用于载人深潜器下潜实验、飞机风洞实验等领域。

总投资101亿元项目集中签约 6月14日，滨江开发区举办重大项目集中签约活动，卡耐新能源电池、森鹰智慧家居、瑞洁特环保水处理模块、爱创空间等4个项目签约落户，总投资101.1亿元。此次签约的4个项目涉及新能源、环保材料、智能家居、众创空间等领域。其中，总投资86亿元的卡耐新能源电池项目计划在滨江开展新能源电池包核心生产基地及卡耐研发中心建设，主要从事电池模块、电池模组等产品生产及新产品研发等；瑞洁特滨江项目主要从事环保水处理膜的研发、生产，该项目计划当年年底开工建设，2018年投产。

（宁　鉴）

功能区

·南京麒麟高新技术产业开发区·

概　况 南京麒麟高新技术产业开发区规划总面积48.1平方公里，东至青龙山山脊线以东的麒麟街道行政范围，北至沪宁高速公路，西至马高路—122省道—马群科技园百水分园西侧规划路—土城头路—天麒路—运粮河—土花四路—土城头路—钟学北路—绕城公路—撇洪沟—运粮河，南至纬七路—绕越公路—麒麟街道行政范围。2017年，园区深入落实创新驱动发展“121战略”，以中科院南京分院搬迁为契机，启动南京麒麟科技城规划和建设。全年完成全社会固定资产投资60亿元，实现一般公共预算收入7.9亿元；新引进创新型企业550家，重点扶持高层次创业人才项目20个，新增专利申请1300件，其中发明专利申请660件；新开工载体面积40万平方米，竣工载体面积28万平方米；麒麟有轨电车一号线于10月31日正式通车运营。至年末，园区累计建成道路40.9公里，打造了720万平方米绿化、滨水景观；建成3公里长、500米宽的麒麟生态公园，开工建设各类科研载体95万平方米，投入使用50万平方米；建成国家和省市级五大类众创空间10个、各类公共技术服务平台20余个；建成国家级两岸中小企业创新园以及全国第八个、江苏唯一一个侨梦苑。

南京麒麟科技城启动建设 2017年，麒麟高新区启动南京麒麟科技城建设，按照“一心、三区”规划布局，重点打造东片区30平方公里核心区。“一心”为综合科学研究中心，面向基础研究、关键共性技术攻关部署重大科技基础设施、国家重点实验室、前沿交叉平台和国家级技术创新平台、新型研发机构等。“三区”分别为产业转化发展区，具体承载人工智能、信息技术、科技服务等领域相对成熟企业、高水平企业研发机构，尤其是培育和集聚一批高新技术企业；科技配套区，主要围绕科技城科技服务需求，依托山水特色资源，建设具有南京特色的科创服务集聚区；生活服务区，围绕科技城人才结构和特殊需求，打造高品质居住社区以及社区商业、社区公共设施等。聚焦人工智能、信息技术等重点新兴产业领域，建成一批科学装置、科技前沿科学研究平台和成果转化平台，落地一批重大科技项目，引进一批中科系重点企业，打造扬子江城市群中极具影响力的特色创新集群，为南京建设综合性科学中心打下基础。集聚中科院优势资源，建设中科院南京科学研究中心、先进技术研发和成果转化基地、中科系企业地区总部基地、重大科技设施、中科院科技服务网络江苏中心等科技创新平台与项目。同时，依托南京高校资源，建设一批高校成果转移转化、应用中心。利用江苏大院大所合作对接会，举办南京麒麟科技城创新发展恳谈会，近40家中科院研究所负责人参加会议，一批研究所明确表达合作意向。与中科院自动化所共建的南京人工智能芯片创新研究院于“金洽会”期间揭牌成立，与中科院上海巴斯德所共建的麒麟创新研究院于11月28日签约，与中科院计算所共建的移动通信与计算创新研究院于12月24日签约。中科院南京分院及4个所搬迁列入市级重大项目，完成规划选址、规划要点申领、征地报批手续以及勘察招标，已落实用地指标，取得环评、立项批复，现场拆迁工作已基本完成，12月启动桩基工程，实现开工建设。

招商引资 2017年，麒麟高新区分别在北京、上海、深圳举办多场投资环境推介会，赴美国、加拿大、以色列、德国等地开展招商活动，并依托江苏南京侨梦苑、两岸中小企业创新园开展招才引智活动。年内，园区在人工智能领域新引进企业84家，欧米麦克项目、富能宝—电动汽车移动充电桩项目、工信部信息中心云制造研发中心、绿色增材再制造项目、多目标仿真雷达项目运营；汇川工业视觉项目落户；海尔工业智能研究院小微项目、远程定向强声项目签约；奇蛙工业无人机研发中心与东南大学联合设立无人机自主导航与协同控制联合实验室已建成。在信息技术领域新引进企业127家，上市公司银江股份江苏总部项目落户；中民投旗下中民新能源互（物）联网项目运营；五星控股总部项目、中石化南京服务基地、华能集团大宗商品供应链集成服务平台项目、河南中光学集团光学研究院、格林兰德火电节能项目等一批重点龙头项目有序推进。在科技服务领域新引进企业108家，具有全国性牌照的联创集团慧众保险经纪公司入驻，欧洲领先的德国基尔PLANTON实验室在园区设立中国实验室，百度在华东地区唯一授权的云检测平台项目签约。

重大项目建设 2017年，麒麟高新区围绕排定的33个重点项目，建立分工推进责任制，协调解决项目实施过程中的问题与困难。推动列入省集中开工项目的沣麟广场、新市镇社区中心开工建设，麒麟·荔枝广场、启迪低碳智能产业园、市政务数据中心等重点项目加快建设，市级重大项目均达到年度目标序时进度。探索创新服务企业和项目的有效模式与途径，成立企业服务中心和侨梦苑发展公司，通过行政管理和公司化服务模式，提升企业服务水平。为企业提供立体化金融服务，建立和参与多支产业发展基金，总规模20亿元。成立南京麒麟产业投资有限公司（注册资本1亿元）作为“两落地、一融合”投融资平台，负责园区科技创新、科技成果转化、产学研合作载体和项目的投融资、建设及运营等。

城市配套建设 2017年，麒麟高新区经住建部与德国能源署遴选，入选全国第三批“中德低碳生态示范城市”发展项目实施地区，与德国能源署、中国城市科学研究会签订《中德低碳生态示范城市中德双边合作谅解备忘录》，参照德国生态标准合作开展中德生态城规划设计及建设工作。结合科技城规划方案启动东部片区及生态研发片区城市设计，完成海绵城市、综合管廊专项规划阶段性工作，启动核心区地下空间综合开发、园区景观绿化品质提升专项规划和园区智慧城市顶层设计工作。开展百日整治专项行动，围绕水环境治理、生活垃圾清理、城市绿化完善、扬尘污染控制、环境隐患治理等方面，新建绿化景观26万平方米，整治青龙山宕口186万平方米、河道20公里。对重点项目、高铁、道路沿线环境进行集中整治，清理垃圾5万余吨，拆除违建5000多平方米。二期保障房建设达到二类住宅标准，29万平方米保障房工程封顶；总建筑面积5.8万平方米的麒麟实验小学及附属幼儿园和麒麟街道文体、便民、社区教育中心建成并交付使用；10万平方米新市镇社区中心项目启动建设。（*麒麟高新区*）

·南京江宁高新技术产业开发区·

概　况 2017年，经区委、区政府研究决定，有机整合江宁高新园与滨江开发区、未来科技城，组建江宁高新技术产业开发区。2017年12月23日，江宁高新区正式挂牌。江宁高新区围绕省委“两聚一高”主题、市委“121”战略部署和区委“三区一中心”奋斗目标，以“项目、人才、资本”为抓手，以苏南国家自主创新示范区核心区建设为契机，以江宁大学城丰富的科教资源为依托，助推产业转型升级，建设科技型产城融合品质新城。全年列入重大实施类产业项目24个，实际投入48.1亿元，开工率100%。康宝莱、舍弗勒二期建成投产，正大天晴、联东U谷、金宁天瑞项目竣工，以前沿生物、贝迪电子为代表的一批高成长型企业发展势头迅猛。新引进千万美元以上项目13个，其中1亿美元以上项目3个；新引进亿元以上内资项目11个，其中10亿元以上项目4个。园区（本级）实现地区生产总值198.6亿元，比2016年增长10.8%，其中第三产业增加值95.2亿元，增长14.5%；全社会固定资产投资151.8亿元；规模以上工业总产值300.2亿元，营业利润23.9亿元；社会消费品零售额9.8亿元，外贸出口39.7亿元，实际利用外资2.1亿美元。

主导产业培育。生命科学产业资源加速汇聚，全年新签约入驻生命科学项目25个，累计528个；实现产值42.2亿元，增长24.2%；利润9.1亿元，利润率21.6%。承办第六届中国创新创业大赛生物医药总决赛、2017年国际医疗健康创新创业大会等大型活动，助推南京生命科技小镇内涵不断深化、创新创业人才项目加速集聚。先进制造业产品、设备、生产等领域智能化水平持续提升，全年实现产值212.7亿元。新引进总投资100亿元的格力产业园项目，打造格力电器国内最大的中央空调智能制造基地；总投资60亿元的上汽大通商用车生产基地，建成后年产能40万辆，成为全市“十三五”期间汽车产业发展新引擎。

科技人才引育。以“专业化、特色化、集约化”为导向，强化“载体、人才、项目、资本”联动，以企业为主阵地全面提升源头创新能力。全年完成全社会研发经费支出12.1亿元，增长10%，率先在全市科技园区中设立“科技创新奖励基金”，支持企业开展源头创新。在苏南自创区核心区建设方面，按照“互联互通、线上线下、统筹集成”的原则，打造“1+6”一体化创新服务平台，实现与省平台互联互通。在人才引育方面，累计集聚“两院”院士10人、国家“千人计划”和“万人计划”专家37人，省、市高端创新团队7支。在创新载体建设方面，建成国家级孵化器5家、高端研发机构6家、大学科技园8家、省级众创空间9家、博士后工作站21家、工程技术研究中心84家。在创新主体培育方面，累计引育高新技术企业68家、民营科技企业181家、知识产权示范企业35家。专利申报、发明专利申报量连续5年保持30%以上增幅。在校地融合发展方面，南京工程学院大学科技园启动建设，金陵科技学院大学科技园建成运营，江苏经贸学院大学科技园加快设计。全年新增产学研合作项目30个，与南京交通职业技术学院共建万宇学院，与金陵科技学院共建知识产权服务平台，“政产学研”合作优势逐步凸显。

园区设施建设。推进园区基础设施建设，全面提升城市管理精细化水平。全年投入35亿元，新建道路11条，实施电力综合管网、绿化提升、立面改造以及避难场所等建设工程。实施环境整治，完成区域内玉带圩、前进河、胜利河等7条河道沟渠清淤，累计清淤8.8公里，彻底扭转玉带圩黑臭现象，公众民调满意率99%，排名全市第一。实行园区网格化管理，建立“1+4+30”三级网格，城市管理实现“横到边、纵到底、无缝隙、全覆盖”。加快安置房建设，横岭三期34栋25.9万平方米安置房竣工，高家边42.7万平方米安置房中14栋主体封顶、25栋进行桩基施工；完成19个安置房小区不动产证制发工作。启动解溪片区协议搬迁工作,完成天景山L2组团分房。完善教育文化设施配套，玉树路中学、力小分校、南外方山分校开工建设。促进园街联动发展，成立低效工业用地再开发工作领导小组，全年完成7个项目40.6公顷再开发任务。土桥重点产业园通过盘活闲置资源加速转型升级，老工业区实现产值5亿多元、税收1500万元。

康宝莱南京工厂项目开业 1月18日，康宝莱南京工厂举行开业典礼，市重大产业项目康宝莱保健品生产项目建成投产。康宝莱2014年落户园区，工厂占地8万平方米，总建筑面积34557平方米，此次投入运营的是1条粉剂和1条片剂生产线。项目全部建成达产后，计划形成年产粉剂保健食品2500万瓶、片剂保健食品1600万瓶的生产规模。

上汽大通江宁商用车生产基地落户 1月19日，江宁高新区与上汽大通汽车有限公司、南京汽车集团有限公司签订协议，总投资60亿元的上汽大通南京江宁商用车生产基地项目落户园区。该基地充分利用原南汽集团江宁基地现有厂区，并新增用地20公顷，主要生产上汽大通SV31、SV51平台多功能车型。该项目一期计划2018年年底建成投产，5年内完成二期建设，全部达产后将形成年产能30万辆以上规模。

南工科教创新园开建 3月16日，南京工程学院科教创新园项目开工建设。该项目总占地面积13.3公顷，其中一期工程占地3.3公顷，建筑面积3.15万平方米，由科教创新楼、学术报告厅、青年教师公共租赁住房综合楼组成，主要用于开展研究生教学、科学研究和创新创业工作，同时布局科技成果展览中心、智能电网研发中心、创业工作坊、教职工生活配套等。项目预算总投资3.5亿元。

上汽大通商用车项目开工 4月15日，签约不到3个月的上汽大通南京商用车生产基地项目完成各项筹备，正式开工建设。该项目总投资60亿元，规划总建筑面

4月15日，位于江宁高新区的上汽大通南京商用车生产基地项目完成各项筹备，正式开工建设。图为开工仪式现场　　江宁高新区　供稿

积22万平方米。其中一期总投资31.87亿元，规划总建筑面积12万平方米，计划2018年年底产品批量上市，形成年产15万辆SV5等新产品的生产能力。

力学小学分校月华路小学启动建设
4月19日，南京市力学小学分校月华路小学（力小江宁分校）开工建设。该校位于江宁大学城内，占地2.3公顷，建筑面积24692平方米，按5轨30个班级设计。项目总投资1.5亿元，计划于2018年9月建成并投入使用。

经贸学院大学城社区服务中心成立
5月，江宁大学城社区与江苏经贸职业技术学院签订教育资源合作共享协议，挂牌成立江苏经贸职业技术学院大学城社区服务中心和大学生社会实践活动基地。社会实践活动基地将定期安排社会服务相关专业大学生到社区进行专题实践，而社区服务中心引入大学师生等专业资源，将社会服务力量延伸至基层社区。该社区已与2所高校达成双向合作协议，计划引入数千名在校大学生开展各类社区公益服务项目。

南医大3个医学转化创新平台设立
5月17日，南京医科大学转化医学研究院肝病转化研究中心、COC转化医学平台、肿瘤活组织样本库签约仪式在南京医科大学举行，南京医科大学领导沈洪兵、徐珊，中国工程院院士王学浩、挪威皇家科学院院士陈端参加签约仪式。南京医科大学转化医学研究院旨在整合全省校内外科研资源，培育国家级临床医学研究中心研究与转化双栖人才。3个医学转化创新平台的成立，将打破基础医学与临床医学之间的屏障，构建基础研究成果向临床治疗转化的研究应用体系。

传奇生物癌症免疫治疗取得突破
7月，江宁高新区企业南京传奇生物科技有限公司在2017年美国临床肿瘤学会年会上，正式公布多发性骨髓瘤细胞疗法。该疗法通过自主研发的CAR-T技术，可使该病的客观缓解率达到100%。此次公布的科研成果引起世界医学界关注，被美联社、路透社、华盛顿邮报等国外知名媒体广泛报道。该公司计划在参与临床研究的4家中国医院中招募100例病人，并在美国开展类似临床试验，尽快把成果推向商业应用，早日造福患者。

金斯瑞公司三期工程开工建设
7月18日，位于江宁高新区的南京金斯瑞生物科技有限公司生命科学研发服务产业升级及扩建项目开工建设。该项目占地6.24公顷，总投资4635万美元，总建筑面积3万平方米，计划2019年3月全部建成，投产后年产值可增加5亿元。该扩建项目主要用于蛋白、抗体试剂、分子生物学试剂等生物试剂的研发和生产。

南高齿成为制造业单项冠军示范企业 9月4日，南京高精传动设备制造集团有限公司（简称“南高齿”）被工信部、中国工业经济联合会认定为2017年全国第一批54家制造业单项冠军示范企业。南高齿是从事高速、重载、精密齿轮传动装置生产的高新技术企业，成立于1969年，2007年在香港上市（“中国高速传动”00658.HK），是中国生产风力发电传动设备的龙头企业，风电传动设备市场占有率全球第一。

南京交院万宇学院揭牌 9月20日，江宁高新区、南京交通职业技术学院、南京万宇投资置业有限公司政校企三方共同签署合作协议，南京交通职业技术学院万宇学院揭牌成立。南京交院万宇学院探索混合所有制办学，实行理事会领导下的院长负责制，制定混合所有制办学发展规划。另外，还计划共建汽车服务研究院，打造研发与数据分析中心、教育资源开发中心和科研成果孵化转化中心等产学研平台。

2所学院获批筹建省级大学科技园
11月，省科技厅、省教育厅批准南京工程学院、江苏经贸职业技术学院筹建省级大学科技园。南京工程学院大学科技园占地面积11.3公顷，总建筑面积22.2万平方米，重点开展高端装备制造、智能电网、信息技术等领域的科研创新和高层次人才培训。江苏经贸职业技术学院在原180创业园基础上新建5万平方米大学生实训基地，打造在校生创业、创新、创意活动的实践操作平台，为跨境电商、智慧物流、动漫设计等专业方向的学生提供创业和实训机会。

高新区人力资源与社会保障所成立
11月10日，江宁高新区人力资源与社会保障所成立，挂江宁高新园劳动保障监察中队、江宁高新园劳动人事争议调解中心、江宁区劳动人事争议仲裁院高新园巡回仲裁庭3个牌子，实行合署办公。该机构成立后，将结合园区人力资源和社会保障工作实际，进一步维护和保障园区企业和劳动者合法权益。

南京蓝诺创新技术研究院落户
11月29日，市委、市政府举行“两落地、一融合”首批成果集中签约仪式，31个新型研发机构项目签约落地。其中，由俄罗斯工程院外籍院士、江苏省“双

12月23日，区人民政府与省交通运输厅、南京交通职业技术学院签约，合作共建南京新能源汽车产业与应用技术研究院。图为签约仪式现场
大学城管委会　供稿

创”人才、美籍华人专家鲁红兵为团队核心的南京蓝诺创新技术研究院落户江宁高新区。该研究院主要围绕新材料和新型显示技术，开展前瞻技术研究、技术成果转化、创新项目孵化等。由美国德州大学达拉斯分校和美国纳米技术研究院的学术资源和重点实验室提供技术支持，未来5年计划孵化相关技术企业5家。

高新区知识产权导航平台上线运营

12月，由江宁高新区与金陵科技学院合作开发的江宁高新区知识产权导航平台上线运营（域名：http://www.jngxyipr.com）。该平台主要依托江苏省知识产权局专利数据库，致力于为园区企业、高校、科研院所提供集知识产权、技术服务、研发供需对接的展示平台。园区计划立足该平台，健全知识产权交易体系，集聚专利创新要素，打造“南京市专利导航产业发展实验区”。　（江宁高新区）

华平互联技术创新园项目开建

1月，由美国华平投资集团投资建设的华平互联技术创新园项目在江宁高新区开工建设。华平互联技术创新园项目选址位于高新区鹏山路以北，注册资本1亿美元，总投资2.5亿美元。该项目计划打造以大数据中心、移动互联网、软件研发等行业相关企业为目标客户的企业发展平台及众创空间，集聚华为、软通动力、58同城、金蝶软件等行业龙头企业，快速实现“总部+孵化+创投+商业空间”为一体的互联科技创新创业生态链，打造成为网络化、智能化、智慧化的新型创新互联网园区。

科创中心获评国家级孵化器

1月，科技部公布的2016年度国家级科技企业孵化器名单，江宁高新区科技创业服务中心名列其中。该科创中心是高新园重点打造的综合性科技企业孵化器和“双创”载体，主要围绕软件及电子信息、新能源、新材料、智能制造等产业，为在园区创新创业的高层次人才、大学生创客提供全面综合专业化服务。中心总面积4.5万平方米，在孵企业86家，使用面积4.1万平方米，累计毕业企业28家，获得投融资企业近10家，已上市及备案企业3家，提供就业岗位近2000个。

方山计划建全国最大房车营地

9月2日，金宁文化旅游股份有限公司举行A轮融资发布会，计划在投资建设的方山汽摩基地进行扩容，开设新的运动体验项目，并且建设国内最大的房车营地，助推江宁创建国家全域旅游示范区。该房车营地占地14万平方米，可容纳房车800辆。位于高新区方山南麓的方山汽摩基地占地33.3公顷，设置有卡丁车、全地形自行车、射箭、真人CS、儿童拓展等运动体验项目，年接待游客10万人次。

格力电器中央空调智能制造基地签约　11月13日，南京市政府与珠海格力电器股份有限公司签署战略合作协议，格力电器中央空调智能制造基地及配套项目落户南京。签约仪式前，省委书记娄勤俭会见格力电器董事长兼总裁董明珠一行。省长吴政隆出席签约仪式，省委常委、市委书记及副省长马秋林分别致辞。格力电器中央空调智能制造基地及配套项目落户在江宁高新区，一期项目主要生产中央空调及配套产品，计划总投资100亿元。同时，格力将统筹资源设立江苏销售公司总部，负责家电、中央空调及新能源汽车等产品在江苏区域的营销。此外，格力江宁产业园计划建设家电、新能源汽车零部件、模具等产品研发生产基地。整个项目建成后，将成为格力电器国内最大的中央空调智能制造基地。

（宁　鉴）

·南京空港经济开发区·

概　况　2017年是省级空港经济开发区获批筹建的开局之年。面对经济下行压力不断加大的复杂形势，南京空港经济开发区主动把握和适应经济发展新常态，抢抓枢纽型经济发展机遇，落实市、区战略部署，突出实体经济发展工作，全力推进园区开发建设。全年实现地区生产总值60.2亿元，比2016年增长10%；全社会固定资产投资78亿元，增长10.1%，其中工业投资53亿元，增长21.4%；服务业增加值15.7亿元，增长12.1%；规模以上工业总产值95亿元，增长7.7%；社会消费品零售总额1.1亿元；一般公共财政预算收入6.29亿元，增长25%；地方外贸出口额15亿元。

产业体系日趋完善。围绕产业定位，加大航空核心、航空关联、航空引致产业的招引力度，全年实现到位外资1.8亿美元，有总投资462亿元的25个项目签约落户。其中，千万美元以上项目7个，亿元以上项目13个，10亿元以上项目5个，百亿元项目3个（协鑫、海航、富士康）。新注册项目34个，注册资本288亿元。

项目建设加速推进。包括中航机电系统、中邮速递、大桥电子等15个重大项目在内的22个项目开工建设，完成固定资产投资31.7亿元，累计开工面积65.8万平方米。海航、协鑫2个超百亿级项目当年签约、当年落地、当年建设，塔菲尔超50亿元项目当年签约、当年投产、当年收益。已投产（运营）项目保持较快发展势头，航空制造业实现总产值6.2亿元，增长24%；航空运输业营业收入13.8亿元，增长37%；航空物流营业收入14.3亿元，增长16%；空港跨境电商产业园通关量34万件，货值3161万元。

科技创新活力凸显。南航大航空宇航工程研究院项目落户，园区航空产业创新研发平台高质量重启。培育区创新型企业家3人，入选市高层次创业人才2人，入选省“双创”人才1人，区高层次创业人才5人、区高层次创新人才19人，实施产学研项目5项。新增高新技术企业5家，实现高新技术产业产值20亿元。申报专利81件，其中发明专利25件；授权专利87件，其中发明专利16件。新增知识产权贯标企业6家，通过贯标第三方认证或绩效评价企业1家。新增民营科技企业6家，实施重点科技项目1项，完成资金申报67批次，为企业争取扶持资金800多万元。

城市建设进程加快。推进22个城建项目建设，年投资14亿元，凌霄路、羲和路、国华路、坤宁路、启航路机场连接线（二期）等5条道路开工建设，全面拉开路网框架，完成将军大道提档升级等工程；胜利河整治、丽湖雅致酒店、空港环卫所项目有序推进；空港消防站、招商幼儿园建成交付，空港小学投入运营，空港菜场完成提档升级；新城保利、中骏、恒大、中海、中南商业项目加快建设，艾克逊主题乐园、赫贤国际学校签约落户。

环境治理取得成效。实施西京沟、胜利河、望舒路明渠、钟萃路明渠、万象路明渠等5条河道整治和4个小区、26家企事业单位雨污分流工程，改造铺设1.5公里污水主次干管，实施20公里污水管网清疏修复，完成1家涉化企业升级改造、6家挥发性有机物质企业整治。全面推行河长制，省考断面、区考断面、“263”各项工作、省环保督查通过考核，并建立长效管理机制。同时，做好渣土运输管理、秸秆禁烧、违建管控、扬尘管控等工作，全面推行网格化管理、城管数字化。

社会事业统筹发展。开展社会矛盾排查、安全生产大检查、出租房屋整治等，妥善处理劳资纠纷23件。启动航空制造业区域棚户区改造工程，累计办理拆迁安置房不动产权证7850套。举办各类招聘会36场，其中大型专场招聘会3场，安置劳动力就业2000余人，培训1000余人。办理领导信箱、网络问政、“12345”工单400多件。　（王永剑）

石泰峰调研空港枢纽经济区　1月13日，省长石泰峰率省发改、财政等相关部门负责人到江宁区调研空港枢纽经济区开发建设情况。省委副书记、市委书记吴政隆，副省长及市委常委、区委书记李世贵参加调研。调研中，石泰峰一行听取空港枢纽经济区总体规划和开发建设情况汇报，先后考察位于江宁片区的南京锐瀚航空部件有限公司和南京航鹏航空系统装备有限公司。石泰峰详细了解空港枢纽经济区重点产业项目建设推进情况后强调，南京市及江宁区要紧扣空港枢纽经济区这一特色定位，保持定力、科学规划，专注于引进和发展与航空运输紧密相关的产业，加快形成航空研发制造、航空运输、航空维修、航空培训、航空物流等相对完善的产业链条，不断提升空港枢纽经济区开发建设水平，争创国家级航空产业基地，打造全市经济发展新增长极，为全省发展大局做出积极贡献。

艾克逊主题乐园落户空港　9月15日，南京“金洽会”系列活动“空港枢纽经济区重大项目集中签约仪式”在江宁区举行，14个总投资105.9亿元的项目集中签约，其中江宁开发区空港片区签下12个总投资104.5亿元的项目大单。此次签约项目单体投资量大、航空产业关联度高、聚焦产业高端化。14个签约项目中，亿元以上项目12个，10亿元以上项目3个。其中，艾克逊主题乐园项目单体投资额50亿元。投资方艾克逊公司是欧洲一流的水上公园与水上休闲主题乐园开发运营公司，在全球已建项目超过300个。该项目主要建设室内水上乐园、高科技博物馆、室内“花园型”商业、电影数字特效馆、水上特效演出等。项目选址位于飞天大道以西、汉韵路以南、越秀路以北，占地20公顷。此外，苏世博智能制造、嘉铭电力自动化等8个高端制造业项目和绿地会展中心、华久商用车汽配电商供应链总部、赫贤国际学校等6个现代服务业项目成功签约，为产城一体化发展打下扎实基础。

（杨渼涵）

43个城建项目集中开工 2月9日，禄口空港新城总投资68亿元的43个城建项目集中开工。该批城建项目当年计划完成投资55.2亿元，竣工项目39个，涉及市政道路、民生工程、城市功能、综合整治、拆迁项目五大类。集中开工的五大类城建项目中，6个城市功能类项目总投资8.5亿元，包括汉韵路至越秀路景观示范区建设工程，建筑面积3万平方米的会展中心以及总投资3亿元的赫德国际学校；民生类项目6个，总投资11.2亿元，包括总投资9.1亿元、建筑面积14万平方米的空港安置房，总投资3500万元的禄口污水处理厂二期扩建工程，总长7公里的污水主次干管和出户支管建设工程等。此外，市政道路建设项目21个，总投资35.8亿元；综合整治工程项目5个，总投资6.7亿元；拆迁项目5个，总投资5.8亿元。（宁 鉴）

·南京未来科技城·

概 况 南京未来科技城位于高铁南京南站至禄口机场发展“金轴”与绕越高速交汇点，规划面积40平方公里，核心区面积6.22平方公里，科教人才、区位交通、生态环境优势突出。“十三五”期间，未来科技城围绕省委“两聚一高”、市委“一个高水平建成、六个显著”目标，以全面推进苏南示范区建设为核心，按照“创新、协调、绿色、开放、共享”发展理念和“走在最前列、建设新南京”总体要求，着力打造国内一流科技创新创业基地和产业集聚高地，明确“一城、两镇、三产业、四系列”新一轮发展思路，把重点建设南京未来网络小镇和华谊兄弟（南京）电影小镇作为战略提升行动的核心内容，构建无线通信、智能制造、文化休旅三大产业链，形成未来网络、未来制造、未来影视、未来旅游四大未来系列特色产业，建成集科技、文化、旅游、商业、休闲为一体的未来科技生态新城。2017年，园区总体经济运行情况良好，重点工程建设有序推进，招商引资好中选优，各项指标推进进度基本达到时序要求。全年完成固定资产投资38.22亿元，实际利用外资1200万美元，地方外贸出口3000万美元，社会消费品零售总额5.21亿元。新引进亿元以上内资项目6个，引进科技型企业71家，实施国际合作项目2个；储备“创聚江宁”创业人才35人、创新人才3人，新引进青年创客团队39个；引进科技服务机构46家、知识产权服务机构11家；新增省科技型中小企业4家、民营科技企业14家，专利申请398件、授权147件，新增知识产权贯标企业4家。实施产学研合作项目5个。

载体建设 2017年，南京未来科技城公共配套服务中心（洲际酒店）提前投入使用，并承办首届未来网络发展峰会。科研加速器（7号楼）项目主楼幕墙玻璃已进入施工收尾阶段。未来科技城已经形成悠谷科技创业孵化器、科技创业服务中心、科技交流中心、专家公寓、砂之船、假日酒店等一批载体，建设孵化器、加速器等载体98.4万平方米。

城市建设 2017年，南京未来科技城基础设施建设加速进行，22个城建项目中21个开复工，开复工率95.45%，完成投资28.25亿元，完成率97.28%。公共配套服务中心（假日酒店）项目2017年上半年建成并投入使用；游府西街小学上秦淮分校项目竣工；停车楼项目完成施工；秣陵新市镇安置房一期项目36栋房屋竣工，安置房二期项目进入外装施工；华谊兄弟（南京）电影小镇、未来网络峰会永久会址PPP项目加快建设。上秦淮片区完成征迁11户，拆除面积4000平方米，投资总额3200万元；云台山河以南片区、秣陵码头征迁工作有序推进。市政工程投入4.2亿元，建成山景变电站、阳山河泵站、双基泵站、秣陵新市镇一期基础设施和双龙大道污水主管，实施一横沟、二横沟等5条黑臭河道整治。

重大项目建设 2017年，南京未来科技城省、市重大项目完成投资24.68亿元。其中，未来网络产业创新综合体正在进行地下室建

位于南京未来科技城的科技服务大厦区　　区新闻中心　供稿

设，完成投资7.4亿元；上秦淮文化旅游项目和华谊影视小镇项目开工建设，上秦淮国际文化交流中心完成建筑结构设计和“三通一平”工程；华谊电影小镇第一街区（星影广场）建筑方案通过江宁规划分局组织的专家评审，施工图及专项设计配合单位已展开工作。6个区重大项目加速推进，完成投资15.86亿元，其中华润项目竣工，东方雨虹项目开工建设。

招商引资　2017年，南京未来科技城围绕未来网络、智能制造主导产业，加大招商力度，促进产业集聚。全年引入科技创新型项目1103个。其中，未来网络类企业545家，占49.41%；智能制造类企业326家，占29.56%；科技服务类企业232家，占21.03%。引进500万元以上总部型、成熟型项目42个。其中，1000万元以上项目20个，1亿元以上项目19个。

科技创新　2017年，南京未来科技城多举措促进企业自主创造，创新创业成果显著。拟定《关于鼓励企业创新科技人才工作的奖励办法》，完善科技创新激励机制，组织企业参加银企对接会，新增创业投资2360万元。组织企业与高校院所签订产学研合作6项，编制、申报各类科技项目33批次，获立项122项，资助企业1732.45万元。申请补助13批次、获补助1154万元。实施重点科技项目5项，有123家企业获市、区补助或奖励。新增市级以上工程技术研究中心2家，与南京邮电大学、南京物联传感技术有限公司合作成立南京云家物联网研究院；新增省级众创空间1家，晋级省级1家，认定毕业企业8家。新培育国家高新技术企业8家、省级民营科技企业14家，实现高新技术产业产值4.42亿元，科技服务业收入12.5亿元。培育入选江苏省“双创”人才1人，入选创新型企业家3人、高层次创业人才12人，引进大学生创业团队51个。为人才提供公寓或补贴25套，累计为企业提供近150套人才公寓。完成15家人才企业落户及政策兑现，拨付资金600万元，其中上级拨付375万元。为新申报人才提供创业辅导、项目计划书审核、答辩模拟等服务近百场次。　（王文文）

中德智能制造产业化合作峰会
12月5日，2017年中德智能制造产业化合作峰会在南京未来科技城举办，此次峰会也是2017年世界智能制造大会智领全球嘉年华专项活动。会上，涉及智能制造、未来网络、科技产业类等领域的12个重大产业项目集中签约，总投资300亿元。市、区领导李世贵及中国科学院院士雒建斌、中国工程院院士张锡祥等参加。12个项目分4批签约，包括中德智能制造合作项目类、未来网络项目类、智能制造实体项目类和科技产业类重大项目。每个签约项目单体投资额都在10亿元以上。其中，洛奇智慧医疗城项目总投资80亿元，聚集智慧医疗、医疗大数据中心、医疗信息交互云平台、可穿戴设备研发、医疗机器人研发等产业。中航智具备国家多项军工资质，该项目总投资60亿元，计划同时引入产业链上下游配套企业。南京中德技术合作转化中心与德国弗劳恩激光技术研究所开展多项金属3D打印及智能制造设备研发项目，项目占地2公顷，总投资10亿元。会上，军民融合芯片模块研发产业中心、军民融合智能超材料尖端技术产业研发基地、国华卫星应用产业基地揭牌，未来科学网络研究中心项目启动建设。

智慧江苏论坛　12月6日，2017年世界智能制造大会嘉年华系列活动暨智慧江苏发展论坛在南京未来科技城举行。此次论坛以“智慧+未来制造”为主题，众多行业专家学者齐聚一堂，围绕新时代下如何以“互联网+”、智慧服务、大数据等手段推动智慧城市建设进行深入交流。中国工程院院士谭建荣作主题“创新设计与智能制造：走向未来企业的必由之路”的开场演讲，通过大量数据和翔实案例，介绍其科研团队在智能制造业领域的创新研究。各相关行业专家学者，围绕大数据在现实生活中的应用及创新、智慧城市的可持续发展、数字经济、智能时代的新认知和智慧江苏产业实践等方面进行交流探讨。（宁 鉴）

·南京东山国际企业总部园·

概 况 2017年11月，南京东山国际企业研发园根据市委市政府、区委区政府关于“两落地、一融合”决策部署，更名成立南京东山国际企业总部园。园区位于南京市东南部，与市政府规划的南京南部新城连为一体，北临秦淮区，东接麒麟高新区，南与江宁高新区无缝对接。宁杭高速、东麒路、纬七路等高速路网穿境而过，与南京市行政中心、高端商贸商务中心、主要交通枢纽站点形成半小时交通圈。园区总面积5.88平方公里，其中江宁开发区东山片区规划面积2.21平方公里。2017年，东山总部园完成地区生产总值104.2亿元，比2016年增长5%；公共财政收入5亿元，增长25%；全社会固定资产投资29.07亿元；外贸出口总额13.6亿元；规模以上工业总产值109亿元，增长8.34%，其中高新技术产业产值占54%。新引进亿元以上内资项目5个（其中5亿元以上内资项目3个）、千万美元项目1个，引进500强企业1家；新签约项目18个，租赁载体面积1.5万平方米；自主培育华脉科技、景古园林、印加新能源3家上市公司；实际利用外资1200万美元。申报省“双创”人才1人，“创业南京”人才7人，申报“创聚江宁”创业人才19人、创新人才4人。成功创建为省级科技产业园，并获南京市留学生创业园命名。签订产学研合作项目10个，引进入驻孵化企业28家，新增高新技术企业4家、省民营科技企业7家。专利申请216件，其中发明专利申请68件；专利授权234件，其中发明专利授权23件。

“无水”洗车服务入驻 3月，南京联创数据科技有限公司入驻东山研发园，推出“无水”洗车业务，用户只需通过手机APP下单，告知停车位置、车牌号码，就可以预约享受上门洗车，不用水、不用电，只需要400毫升环保清洗剂和一块抹布，就可以把一辆家用小轿车清洗干净。洗车用的清洗液是一种中性可生物降解材料，通过纳米技术，这种材料能够分解为可快速渗透的带电荷微粒，吸附包裹在污物微粒周围，不仅可以采用擦拭的方法清洗汽车，还可以在污物颗粒和车漆之间形成保护膜，并对车漆起到保护作用。同时，这款汽车清洗液不含有重金属，无毒无害，洗车工可以直接用手操作，洗车使用过的抹布通过集中清洗也可以多次使用。

多家企业获2016年度省市名牌 4月，省政府办公厅公布2016年“江苏名牌产品”名单，东山研发园3家企业名列其中，分别是南京华脉科技股份有限公司、江苏宏源电气有限责任公司、光一科技股份有限公司。3家企业获2016年“江苏省著名商标企业”，分别是南京金埔园林股份有限公司、南京华脉科技股份有限公司、南京九蜂堂蜂产品有限公司。2家企业获2016年“南京名牌产品企业”，分别是江苏宏源电气有限责任公司、南京金埔园林股份有限公司。3家企业获2016年“南京著名商标企业”，分别是南京日升昌生物技术有限公司、南京中联水泥有限公司、光一科技股份有限公司。南京金埔园林股份有限公司董事长王宜森获“2016年南京市市长质量奖提名奖个人”称号。

水体大肠杆菌“快测仪”面世 4月，东山研发园内江苏德林环保技术有限公司联合加拿大麦克马斯特大学研究团队，研制的一款水质大肠杆菌在线分析仪，在国内首次实现水体中快速实时分析大肠杆菌菌群浓度。这种分析仪不需要培养菌群，可以直接在线检测，将原先至少需要24小时的检测时间缩短到现在的2小时。该产品可以广泛应用于高层住宅屋顶水箱、游泳馆等，实时监测大肠杆菌浓度。此外，该仪器还能方便监管部门获取数据，有效进行微生物监测，在污染事故发生前及时预警。这一技术已在中国和加拿大分别申请发明专利。

国内最大医学独立实验室落户 4月，国内最大医学独立实验室——迪安医学检验中心华东区总部落户东山研发园。南京迪安医学检验中心包含血液病诊断、自身免疫性疾病诊断、过敏性疾病诊断、婴幼儿疾病诊断等多个平台，为医院提供高端、先进的检测诊断项目，为医生提供全面的综合诊断意见。中心可提供的2500多项医学检测项目，平均每个检测只需要几分钟，而出具报告则不超过24小时，迪安出具的医学检验报告可被世界上47个国家认可，位于南京的华东总部已签约华东片区2000多所医院。该总部还针对精准诊断进行研发，包括基因测序、生物质谱等，根据精准检测结果，同样的疾病，医生给出的治疗方案就会因人而异，让患者更快病愈。

东山研发园晋升省级科技产业园 10月，东山研发园打造的江苏省东山智能电气装备科技产业园升级为第五批江苏省科技产业园。东山研发园围绕智能电气装备产业，实施各项扶持举措，延长完善产业链，构建创新服务平台，培育优势骨干企业，智能电气装备产业集聚效应凸显，创新能力、产业规模和企业质量快速提升，被工信部授予国家新型工业化产业示范基地称号。园区自主培育江苏宏源电气、华脉科技、安澳智能、印加新能源等4家上市企业，集聚中港电力、三泰电力、大唐南京等24家高新技术企业以及33家工程技术研究中心、54家民营科技企业，形成以智能配电网系统、智能变电站系统、智能一次设备、智能电网通信等为特色，与园区物联网、新能源接入系统等产业相结合的智能电气装备产业链。2017年，智能电网产业实现产值200多亿元。

3D打印企业江苏威宝仕入驻 11月，江苏威宝仕科技有限公司入驻东山总部园，并在园区进行研发生产。江苏威宝仕科技有限公司依托南大、东大的优势科研力量，已推出WEEDO和 Wiiboox两大品牌10余款3D打印机，申请3D打印机方面的核心技术专利20余项。

知名相机镜头制造企业加盟 11月，卡尔蔡司（Carl Zeiss Jena）南京应用服务中心入驻东山总部园。卡尔蔡司是一家制造光学系统、工业测量仪器和医疗设备的世界级制造相机镜头企业。南京应用服务中心直属于德国蔡司中国中部（上海），中心的技术和装备与德国蔡司同步，专研并应用最新和最先进的高精度工业测量技术，支持和解决南京及华中区域的汽车、航空、新能源、精密光电等高精尖工业客户的高难度测量应用问题。

生物医药研发中心签约 12月，东山总部园与江苏扬润生物科技有限公司签约，江苏扬润生物科技有限公司计划在东山总部园建设生物医药研发中心，项目总投资5亿元。该项目主要设有基因治疗研发、大数据新药靶点分析、异种移植研发3个平台。项目团队领军人才均具有科技项目从零开始的建设经历、跨学科联合的经验、集聚团队成员的能力、科技成果产业化的运作水平。（俞菁菁）

研发园企业承接国家重点医疗研发项目 6月，东山研发园企业迪安诊断申报的“肿瘤药物耐药的遗传学与表观遗传学标志物的发现与临床解决方案研究”项目获得“十三五”国家重点研发计划重点专项。抗肿瘤药物的临床应用过程中，往往会产生耐药而致使患者对治疗不再敏感，最终导致治疗失败，甚至癌症复发。所以，抗肿瘤药物耐药已经成为临床癌症治疗亟须解决的重大课题。此次申报的项目旨在通过药物基因组学方法研究药物代谢酶、药物转运体和药物作用靶点遗传学和表观遗传学变异在抗肿瘤药物耐药机制中所发挥的作用，建立耐药变异体外基因检测方法，发现耐药后治疗新靶点并建立耐药逆转方案。

东山研发园妇女联合会成立 6月，东山研发园组织召开第一次妇女代表大会，园区妇女联合会成立。会上，园区负责人作妇联工作筹备报告，与会代表一致表决通过《南京东山国际企业研发园妇女第一次代表大会选举办法（草案）》和第一届执委候选人建议名单，并选举产生第一届妇联执委会主席1人、副主席3人、委员11人。

研发园“两微一端”上线 8月25日，东山研发园微信公众号、

2017年，东山汽车文化小镇在东麒路东山汽车4S园的基础上，按照产业、文化、旅游、社区“四位一体”的功能定位，升级打造的产业提升类特色小镇，未来将逐步凸显文化主题突出、产业特色鲜明、社区功能完备、生态环境优美、综合效益上佳的特点　　区新闻中心 供稿

东山汽车文化小镇微信公众号及东山汽车文化小镇客户端同时上线。新上线的东山研发园新媒体平台主要提供宣传推介、园区资讯发布、旅游咨询、汽车小镇试驾预约等服务功能。其中，“东山国际企业研发园”公众号包含“园区头条”“招商在线”等6个栏目；“东山汽车文化小镇”公众号包括“小镇有约”“小镇观察”“汽车内参”等栏目，在“小镇有约”栏目发布品牌汽车巡展、试驾等活动；“东山汽车文化小镇”APP，设置“汽车服务”“智慧旅游”等栏目，“汽车服务”栏目主要是园区54个汽车品牌4S店简介，市民可根据APP中嵌入的导航准确寻找到4S店位置。（宁　鉴）

·南京江宁台湾农民创业园·

概　况　2017年，南京江宁台湾农民创业园按照中央及省、市、区关于“三农”工作的最新要求，发挥自身平台优势，搭建宁台两地农业合作桥梁，引入现代农业技术及生产经营模式，拓展农业功能，服务当地及周边地区农民，以产业兴旺促进乡村振兴，取得新成果。7月，被省农委评为省级主题创意农园，被省科技厅评为第一批省级星创天地；10月，被省农委评为第一批省级现代农业产业示范园；11月，被科技部评为全国农业星创天地；12月，南京台湾青年创业学院实训基地落户台创园，台创园在省农委举行的全省对台农业合作园区综合评测中获优秀等次。

产业项目建设　2017年，江宁台创园4个区级重大产业项目有序推进。其中，台创都市农业小镇征迁项目启动签约；肖家庄农业科技研发基地项目一期4.6万平方米基本建成；台创园生物农业产业园项目种业环形大道完工，8000平方米蝴蝶兰组培温室大棚投产，投资1000万元的南京星点木水培花卉项目开工建设，琅芽中药研发中心、两岸生物研究所江苏中心等10余个农业科技研发和区域总部基地项目达成入驻意向；台创花博园二期项目、8000平方米温室大棚建成，项目区南部空间拓展征收工作基本完成。新增5000平方米精品花卉超市，并完成规划设计方案。此外，园区还投入1亿元实施市政道路改造、河道整治、环境提升等基础设施续建工程，完成农艺馆、精品花卉馆、宝岛风情馆维修和直供水改造等。

招商引智　2017年，意向投资10亿美元的南京阳光国际鲜花产业项目落户江宁，台创园计划承接其电子交易、电商互动平台、花卉研究及培训中心等项目。此外，还引进亿元以上项目——南京爱小番农业科技发展有限公司，千万元以上企业——南京星点木园林生态科技有限公司、南京伴耕伴读文化旅游有限公司，并推进江苏省种业创新基地、华新丽华与普朗克有机蔬菜培育基地、鲁能集团高端农业种植及休闲农业旅游等在手在谈项目10个。发挥驻地高校资源优势，与东大、南农大进行产学研合作，引进农业科技孵化器企业1家，实施产学研合作项目1项，虫草标准化生产及其产业化开发、瓜菜工厂化育苗及推广已申报2017年“创聚江宁”人才工程。

产业创新　2017年，江宁台创园对花博园内经营业态进行梳理，通过线上O2O模式及线下订单批发等交易平台，蝴蝶兰出口量突破50万株，实现销售额9亿多元，成为南京市周边最大的花卉苗木市场，研、产、供、销花卉产业链日趋完善。对园区农艺馆等3个馆进行提档升级，引入北京专业策划营销团队，成立南京伴耕伴读文化旅游有限公司负责运营管理，打造农创科普体验区。推进味洲食品冷链物流体系建设，味洲食品打造的乌叶产业园规划建设面积66.7公顷，计划建成集乌叶、乌米及衍生产品培育、加工、制作、体验为一体的农业综合基地。味洲二期改造全面开工，新增投资3000万元，新建米汉堡自动生产线2条。

首届江宁台创兰花展　12月28日，首届江宁台创兰花展在江宁台创园开幕。展会期间，园区搭建花卉文化交流平台，展示10个品类150余种精品兰花，并通过新科技、新创意，普及花卉种植知识、宣传花卉搭配技巧，以缤纷花卉装点群众幸福生活，扮靓美丽中国。借助此次展会，园区集中展示、推广兰花培育新技术、新品种，拓展花卉销售新渠道，并带动旅游产业发展，逐步形成集研发、种植、销售和现代农业观光旅游一体化发展体系。兰花展吸引近10万市民参观，销售农产品3000万元。

（台创园）

南京台湾青年创业学院实训基地落户　12月，南京台湾青年创业学院实训基地在江宁台创园揭牌。台湾青年创业学院成立后，计划组织举办首届青创论坛、宁台两地青年就业创业分享会、两岸企业家紫金山峰会等活动，打通台湾青年学生在宁实习就业的新通道，打造台湾青年创业孵化器。实训基地建立后，将以台创园为平台，借鉴台湾先进的农业技术、加工物流模式和管理理念服务创业青年，推动宁台两岸农业的深度交流合作。

台创园获批创建省级现代农业示范园 11月，经过创建方案评审、现场答辩、实地考核等公开竞争选拔程序，江宁台创园（江宁区现代农业产业示范园）获批创建首批省级现代农业产业示范园。台创园按照“打造更高标准、更高水平现代化农业发展平台”的要求，以提高农业质量效益和竞争力为中心，以培育壮大新型经营主体、推动一二三产融合为重点，力争做大做强主导产业，促进生产要素集聚，推进适度规模经营，创新农民利益共享机制。 （宁 鉴）

·江苏软件园·

概 况 2017年，江苏软件园以项目建设和产业培育为中心，全面拓展创业创新空间，推进园区开发建设。软博会、金洽会签约项目26个，总投资120亿元；德贤科技项目开工建设，享佳云健康中心主体竣工，协鑫总部及中国电信云计算中心二期建设加快推进。培育“新三板”上市企业1家。引进入驻孵化企业80家，毕业企业10家，新增研究生工作站2家，申请和授权各类专利56件，集聚诺奖得主5人、菲尔兹奖得主1人，入选“省双创”计划人才2人。举办2017年第二届虚拟现实可视计算国际论坛、江苏省第三届“i创杯”创新创业大赛、江苏省信息安全竞技大赛以及拓攻无人机产业峰会等重大活动，获得“中国信息安全产业示范基地”“中国智慧软件园区示范园区”等国家级荣誉。

（王韦琳）

新增2个省级研究生工作站 6月19日，省教育厅公示2017年度江苏省研究生工作站名单，江苏软件园企业南京科沃信息技术有限公司、江苏浙商文化产业有限公司榜上有名。此次上榜的两家企业分别与江苏师范大学、江苏大学合作，新建以高校研究生导师、研究生和企业技术人员为研发团队的企业研发机构，主要从事企业创新项目研发，解决企业技术难题。其中，南京科沃信息技术有限公司研究生科研工作站，以“基于物联网及云服务的全息质量溯源统一平台开发”为研究课题，主要应用于农户企业。江苏浙商文化产业有限公司研究生科研工作站，主要致力于牛首山佛教文化艺术影视产业发展现状及对策研究，旨在提高区域文化软实力，推动地方文化创意产业发展。

总投资40亿元项目落户 9月7日，由江宁开发区江苏软件园承办的2017年南京“互联网大数据终端安全”主题论坛暨创新类项目签约活动在南京国际博览中心举行，一批优质项目签约落户园区，涉及互联网大数据、网络安全应用、新能源、互联网农业、智能应用、工业自动化等领域。签约仪式上，重大产业类项目总投资超过40亿元，其中总投资12亿元的享佳智慧健康大数据研发基地项目及总投资11亿元的浙商工业互联网大数据产业基地项目作为代表，在重大项目签约仪式上集中签约，涉及智慧养老、智能健康、大数据服务等领域。同时，园区培育的上市企业君立华域，此次投资10亿元设立君立华域网络安全创新产业基地。麦琪徕互联网大数据应用中心、互联网+生态农业平台、华太工业自动化控制中心和六朝光电科技研发中心4个创新类项目总投资1.5亿元。此外，高端创业创新人才姚庆强、李明柱、左云、杨云高4名博士的人才项目也在现场签约。在主题论坛上，中科院院士林群、郑建华分别就计算数学在大数据的应用和移动互联领域的密码思考发表演讲。信息安全及大数据应用领域的多名专家，还就无代码信息化系统设计、信息安全、企业互联网+解决方案等内容与现场嘉宾进行探讨和交流。

总投资80亿元的13个项目签约 9月14日，2017年南京“互联网+智慧信息终端”主题论坛暨江苏软件园创新类项目签约仪式举行，总投资80亿元的13个优质项目签约落户江苏软件园，涉及动漫创意、智慧建筑管理平台、智能车载、教育大数据运营等领域。签约仪式上，江宁区与中国产学研合作促进会签署战略合作协议，双方计划深度整合资源，共同设立科技创新合作基金，建立科技人才引进和培养机制，推进新技术、新产品的产业化应用。当天落户的中国（南京）动漫创意谷、太安堂信江电子商务数据中心、苏中天线智能汽车系统研发中心等5个重大项目总投资77.5亿元；科大讯飞教育大数据运营服务中心、中科创达智能车载研发中心、运满满大数据研究院、南京爱德创新孵化基地等8个创新类项目总投资2.6亿元，涉及互联网教育、智能汽车、智慧物流、创新孵化基地等。主题论坛上，中科院院士郑建华围绕网络安全与密码技术进行讲解，信息安全及大数据应用领域的多名专家，就世界网络空间安全态势、大数据集成实现智慧应用等作报告。

（宁 鉴）

农业

综述

概　况　2017年，江宁区继续推进农业现代化和创建苏南现代化示范区农业样板区进程，各项农业综合指标完成情况走在全市前列。全年实现农林牧渔业总产值110.58亿元，比2016年增长3.87%。阳光国际鲜花产业项目签约落户江宁，组织特色农产品参加江苏农业科技大会展览，制定“产业兴旺”指标体系，承办省、市、区各类现场会9次，实施各类项目资金2.5亿元。是年，区农业局获“全省农经农业系统工作效能成效显著单位”“全省农作物病虫害专业化统防统治工作先进集体”等称号。

生态农业　2017年，全区组织开展“两减六治三提升”专项行动，建设部级耕地质量提升综合示范区面积533.3公顷，完成测土配方施肥应用面积6.13万公顷次，推广轮作休耕试点面积1333.3公顷，绿肥种植2333.3公顷。秸秆综合利用率91%，稻、麦、油等施用高效农药面积1.33万公顷次，亩均降低农药用量5%以上。组织申报2个市级生态循环农业技术集成示范区项目。

农产品质量安全监管　2017年，区农业部门组织开展春秋种子、肥料、农药市场等专项整治行动8次，出动执法人员2200人次，检查农资店607家次，创建农资示范店4家。全年立案查处违法违规经营行为8起，罚款8205元。通过建立农资经营单位“经济户口”档案和“红、黄、绿”信誉等级等，开展农产品生产企业“创牌立信”活动，创建放心农资消费市场。全区有无公害农产品产地76个，面积3.29万公顷，新认定无公害农产品24个、绿色食品3个、有机农产品21个，“三品”产量占种植业农产品总产量比重50%以上，新增良好农业规范（GAP认证）10家。全年定性检测地产蔬菜5万多个，合格率99%以上；完成蔬菜定量检测样品1109个，合格率99.28%。

农民培训和农业科技入户工作　2017年，全区培训培育农业科技示范户1500个，培育新型职业农民6300人，培育程度为60%。实施部省级农业科技入户工程，遴选出90名中高级农业技术指导员，通过上门入户、远程指导、专题培训等方式，为示范户传送农业技术、信息、项目，帮助解决生产实际难题，提高农业科技到位率。

（汤　雯）

农业安全生产拉网式排查　7月，区农业局联合各街道开展农业安全生产拉网式排查，防范和遏制农业生产安全事故。此次农业安全检查分为街道自查和区农业局抽查两个阶段，重点排查农业生产安全隐患，以及沼气和秸秆集中供气工程、农机使用、设施农业、农资市场、农产品质量安全监管站及田头检测室等，实现重点区域、重点对象检查全覆盖。对排查出的安全隐患列出清单，建立台账资料，限定时间节点落实整改措施。检查中，检查人员共检查清洁能源工程144个，农资经营单位10家，农机合作社10家，农产品质量安全监管站和田头检测室20家，设施大棚10处，排查出安全隐患14处，并落实具体整改措施。

（宁　鉴）

2016—2017 年江宁区农林牧渔业总产值统计表

表 7　　　　单位：万元

项 目	2016 年	2017 年
农林牧渔业总产值	1064583	1105776
其中：农业	638224	653592
林业	35387	38118
牧业	106776	104934
渔业	242291	268952
农林牧渔服务业	37064	40180

2016—2017 年江宁区农村经济收益分配情况统计表

表 8　　　　单位：万元

项 目	2016 年	2017 年
一、农村经济总收入	9681465	11415144
出售产品收入	5226544	6824215
1. 农业收入	387636	397962
（1）种植业收入	269214	277494
（2）其他农业收入	118422	120468
2. 林业收入	64257	66420
3. 牧业收入	115388	116261
4. 渔业收入	117884	130125
5. 工业收入	4404813	4315945
6. 建筑业收入	1256064	2549968
7. 运输业收入	470756	441588
8. 商业饮食业收入	1947888	2268253
9. 服务业收入	553360	629374
10. 其他收入	363419	499247

续表

项 目	2016 年	2017 年
二、总费用	7481494	8990000
1. 生产费用	5129877	5690777
2. 管理费用	1636611	2500501
三、可分配净收入	2673391	2949855
1. 国家税金	659034	625058
2. 上交有关部门	22364	22969
3. 外来投资分利	50205	49809
4. 外来人员带走劳务收入	134804	141160
5. 企业各项留利	116186	100413
6. 乡村集体所得	118843	147941
7. 农民经营所得	1571955	1862505
四、农民所得	1707272	2009324
每人平均（元）	28593	31980

2016—2017 年江宁区主要农副产品产量统计表

表 9

项 目	2016 年	2017 年
粮食（吨）	230416.00	225540.00
棉花（吨）	1293.00	1292.00
油料（吨）	18775.00	18410.00
蔬菜（万吨）	60.66	62.86
茶叶（吨）	500.00	500.00
水产品（万吨）	5.17	4.43

种植业

概　况　2017年，江宁区围绕藏粮于地、藏粮于技，促进农业增效、农民增收、大宗农产品提升竞争力的目标，推进高产、优质、多抗新品种及配套栽培技术普及应用，促进粮棉油平衡增产，发展以“高产、绿色、外向”为标志的都市农业，取得成效。全年实现种植业产值65.36亿元，比2016年增长2.41%。全区粮食播种面积2.95万公顷，减少920公顷；总产量22.56万吨，下降2.1%。油料种植面积8040公顷，减少193.3公顷，总产量1.84万吨，下降1.9%。蔬菜种植面积1.76万公顷，增加560公顷；总产量62.87万吨，下降36%；完成蔬菜产值14.63亿元，增加4.85亿元。

惠农政策落实　2017年，全区发放各类农业补贴总额5118万元，支持保护补贴面积2.73万公顷。水稻、小麦、油菜政策性保险应保尽保，覆盖率100%。高效农业保险保费占总保费比值60%以上。

高标准农田建设与高产创建　2017年，全区新增湖熟、淳化、横溪等5个总面积666.7公顷的高标准农田。通过高标准农田建设，实现项目区内沟渠路硬质化，育秧中心和农机库房配套，田间主干道林网化，农业生产条件改善，农业综合生产能力提高，抗御自然灾害能力增强。全年实施高产创建示范片区23个，总面积1666.7公顷；完成4个小麦、油菜万亩示范片建设，辐射面积2666.7公顷。

高效设施农业　2017年，全区新增高效农业面积1360公顷，其中设施农业586.7公顷；新增3个标准化菜地。建设绿色防控示范推广基地3个，建成省级蔬菜品种展示中心和1个蔬菜全产业链示范园区，举办首届中国南京蔬菜种业博览会。（汤　雯）

7月，谷里街道大生世界农业科技园生态大棚内的丝瓜正值收获时节，采用吊蔓长周期栽培技术的大棚内，干净整洁，一人高的丝瓜藤蔓整齐划一，工人可站着采摘。该大棚内一季度丝瓜产量能达到7.5吨

区新闻中心　供稿

林　业

概　况　2017年，江宁区林业部门围绕“发展现代林业，建设绿美江宁”目标，贯彻落实市“绿色南京”和“三化”工作部署，破解宜造林地紧张困难，严格目标管理、严格作业设计、严格督促检查，完成年度绿化造林、“三化”示范、森林资源、湿地资源保护等各项目标任务，全区林木覆盖率28.76%。做好新济洲国家湿地公园、上秦淮省级湿地公园等重要湿地保护与修复工作，完成湿地修复33.4公顷，区林业局被省林业局评为“江苏省湿地保护先进集体”。9月，生物多样性司法保护国际研讨会中外专家代表参观了新济洲湿地公园，对全区湿地保护工作给予肯定。全年实现林业产值3.81亿元，比2016年增长3.87%。

“绿色江宁”建设　2017年，南京市下达江宁区造林任务333.3公顷，其中新增造林200公顷。经省、市验收，全区实际完成造林387.9公顷，其中新增造林255.5公顷。主要建设项目包括绿色通道59.4公顷、生态景观林14公顷、高效产业林281.7公顷、其他一般造林33.4公顷。市下达省级村庄绿化建设任务15个，区下达村庄绿化任务50个。经验收，全区完成村庄绿化50个，其中省级村庄绿化示范村5个、“三化”示范村10个，建设公共绿地3.3万平方米，栽植各类景观苗木和经济林果36.2万株。结合森林防火和林业有害生物防治，对防火通道两侧割灌除草、清除葛藤等林业有害植物，完成区级示范抚育1333.3公顷。是年，江宁区被评为2017年南京市

"三化"示范创建先进区，2017年江苏省"十百千万"示范创建工作先进区。

园艺生产 2017年，全区以茶、果、花为龙头的园艺生产保持平稳态势，区域性特色亮点初步形成。通过提高产品市场竞争力，以精品带动茶叶质量的全面提升。全区规模（2公顷）以上茶叶生产企业（合作社）、大户有106家，其中茶园面积百亩以上的39家；茶园面积2600公顷，其中经营茶园面积1006.7公顷，主要集中在横溪、淳化、江宁3个街道。4月22日，全区组织开展第四届"交建杯"名特优茶质量评比活动，共评出雨花茶金奖6个、银奖6个；名特优茶金奖6个、银奖6个。地产名茶品牌主要有"城雾牌"雨花、七仙银芽、方山紫雾、"龙针"等，全年实现产值1.5亿元。全区现有果树面积1200公顷，涉农街道均有分布；以果树为主的专业合作社、大户73家，年产果品1万多吨，年产值超亿元。花卉生产品牌建设取得成果，已形成一批有影响力的观赏花卉景点，景点种植花卉总规模400多公顷，年交易额数亿元。

森林防火体系建设 2017年，全区护林防火工作围绕生态建设大局，深入贯彻"预防为主、积极消灭"的方针，加强防火基础设施建设，提升综合防控水平，森林防火体系建设日益完善。全年新建区级防火通道20公里，防火蓄水池19个，护林卡点4个，生物防火阻隔林带6公顷。省、市投入2000万元的横溪街道甘泉湖圆木山引水上山工程主体完工，成为南京市首个以水灭火的试点工程和示范工程。投入18万元的横山四进山瞭望台无线通信基站建成，并与全区串联。投入近2000万元的江宁区森林防火指挥中心森林防火监测指挥系统投入使用，40个监控探头基本覆盖全区60%的面积、2.67万公顷的山林区域，全区森林防火工作开启现代化、智能化模式。

森林资源保护 2017年，区森林警察大队结合"扫雷"等行动，通过集中时间、集中力量、联合打击的方式，相继开展"2017利剑行动"、夏季安全生产百日执法等专项行动。全年出动车辆200余台次、警力460余人次，接处警80起，立案26起，补种树木5700余株，放生野生动物1200余头（只）。区森林警察大队被江苏省森林公安局授予集体三等功。（于存勇）

畜牧业

概　况 2017年，江宁区林业部门围绕省委、省政府"两减六治三提升"专项行动部署，贯彻落实创新、协调、绿色、开放、共享的发展理念，统筹推动生态保护和畜牧业持续健康发展，加大畜禽养殖污染整治力度，健全工作制度，完善工作措施，整治成果明显。至年末，全区生猪出栏12.16万头、家禽出栏181.11万羽、山羊出栏1.84万头。全年实现畜牧业产值10.49亿元，比2016年下降5.99%。

畜禽养殖场清理整治 2017年，区林业部门坚持一手抓污染整治，一手抓产业升级，转型发展取得新进展。根据区政府"263"专项行动要求，下发《江宁区畜禽养殖污染综合治理实施方案》。全区畜禽养殖场（户）483家，需关停470家，保留规范整治13家。至年末，关停任务全部完成，13家整治单位全部认定合格，提前两年完成省定任务。启动畜禽养殖产业布局规划，由南京农业大学着手进行。全区生猪大中型规模养殖比重为79%，畜禽规模养殖场备案比重为63%；规模畜禽养殖场粪便无害化处理和资源利用率96%，治理率100%，完成省考核指标。

动物防疫 2017年，区林业部门落实属地管理责任，加强集中免疫工作，组织村级防疫员成立免疫小分队，逐场逐户实施免疫，确保不漏一畜一禽。全年免疫家畜25.8万头次、免疫家禽324.79万羽次，使用各类疫苗270万毫升，未发生区域性重大动物疫情。

动物卫生监督 2017年，区林业部门以保畜产品质量安全、行业生产安全为目标，以动物卫生监督标准化建设、畜禽屠宰行业清理整顿为重点，加强动物卫生监督管理。在"清风百日"集中整治行动中，检查企业98家次，出动执法人员292人次，出具检查意见书47份，立案14起，结案14起。全年开展"瘦肉精"抽检2.3万头，均为阴性；无害化处理病害生猪235头。5家不合格生猪屠宰场全部关闭，并于12月28日通过省农委验收。病死动物无害化处理中心改扩建项目于6月22日通过专家组验收，并投入运营，为全市第一家。（于存勇）

水产业

概　况 2017年，江宁区林业部门围绕现代渔业建设，加强渔业生产监管，调整渔业结构，推进百亩以上连片养殖池塘标准化改造，推广池塘工业化生态养殖模式，推动健康养殖基地

9月29日，第13届中国·南京农业嘉年华江宁分会场暨首届南京“醉”美龙鱼水乡和特色农业电商游乐节活动，在淳化街道南京（江宁）农业电商产业园开幕。图为活动现场　　区新闻中心　供稿

建设，促进高效、设施、休闲渔业发展；强化水产品质量管理，控制养殖隐患，确保渔业生产安全；注重新品种与新技术的推广服务，做好渔业科技入户工作，树立养殖典型，巩固技术推广队伍，渔业生产保持持续、健康发展态势。全年实现水产品总产量4.43万吨，比2016年下降14.4%；完成渔业产值26.9亿元，增长11%。

现代渔业建设　2017年，区林业部门以项目为抓手，引导推动健康养殖示范场建设和百亩连片鱼池改造。全年申报健康养殖示范场12家425.7公顷；全区申报高效设施渔业面积219.3公顷；完成百亩连片池塘改造219.1公顷。以休闲渔业发展为重点，引导现代渔业产业融合，休闲渔业已成为全区渔业经济效益的支柱产业，以鑫森龙锦园、横溪亚崎锦鲤、禄口大晋象为龙头的观赏鱼养殖，成为现代都市渔业的新亮点。是年，鑫森农业科技有限公司（鑫森龙锦园）、江宁区宇俊水产养殖家庭农场（舟渔寨基地）创建为“全国精品休闲渔业示范基地（休闲渔业主题公园）”。

水域生态保护　2017年，全区渔业生产一手抓“减法”，贯彻落实“263”专项行动要求，压缩网围养殖；一手抓“加法”，继续开展增殖放流活动，加强长江禁渔巡航专项执法和水生资源保护区建设，水生态环境明显改善。全区围网养殖清理整治涉及6个街道、78户渔民，126公顷的围网、187个网箱及各类网具设施、渔船等，全部清理完毕。同时，连续14年开展长江增殖放流活动，累计放流长江土著品种夏花苗种2亿尾，大规格鱼种89万公斤。

渔政监管　2017年，区林业部门加强长江禁渔工作，实行24小时值班制度，依托长江基地不定时开展巡江检查，对巡查发现的各类违规网具和违规捕捞案件及时清理和查处。禁渔期间，立案查处违反禁渔期捕捞作业案件2起，查获电力捕鱼行为3起，移送公安机关立案处罚1起，清理各类违规网具89道。渔政监督大队开展打击渔业违法捕捞行动97次，出动人员400余人次，船艇200航次，立案查处各类渔业违法案件8起，行政处罚10人。

水产品质量安全　2017年，区林业部门制定水产品质量安全执法检查年度工作计划，有序开展水产品质量、苗种生产和“三鱼两药”等专项执法检查。全年出动执法人员150余人次，检查养殖单位50家，覆盖苗种生产企业、规模养殖企业、合作社和个体养殖户，检查养殖品种包括“四大家鱼”及鳊鱼、鲫鱼、青虾等。通过执法检查，进一步规范水产苗种、养殖单位生产秩序，确保水产品质量安全。

（于存勇）

农业资源开发

概　况　2017年，江宁区农业资源开发强化农业基础设施建设，推进农业结构调整，改善农业生态环境，加快农业产业化发展，促进农业增效和农民增收。全年完成国家级土地治理项目2个、666.7公顷，国家级产业化发展项目1个，省级丘陵山区基地项目10个、404公顷，累计完成项目总投资3611.01万元。

国家级土地治理项目　2017年，全区投资1515万元，完成国家级土地治理项目2个、666.7公顷。其中，淳化街道高标准农田建设333.35公顷，谷里街道高标准农田建设333.35公顷。新建泵站1座、衬砌渠道23.8公里、农桥27座、滚水坝1座、出水池1座、箱涵1座、涵洞314座、梁桥90座、节制闸1座，铺设水泥路15.9公里，新增灌溉面积46.7公顷，改善灌溉面积160公顷，新增除涝面积86.7公顷，改善除涝面积200公顷，新增节水灌溉面积100公顷。扩大良种种植面积266.7公顷，优质农产品种植面积1133公顷，新增优质粮食生产能力89.4万公斤、油料生产能力3.8万公斤，新增种植业总产值1205万元。

国家级产业化发展项目 2017年，全区投资324.5万元，完成国家级农业综合开发产业化发展项目1个，为南京味洲航空食品有限公司1000吨米面加工扩建项目。购置米饭生产设备1套、面品生产设备1套、自动包装设备1套、抽冷设备1套、洗盘机1台、风淋房1台。年新增销售收入403万元、利润59万元，直接受益农户150户，新增劳动力就业50人。

省级丘陵山区基地项目 2017年，全区投资1771.51万元，完成省级农业综合开发丘陵山区基地项目10个、404公顷。其中，淳化街道生态观光农业基地项目40公顷，横溪街道甘泉湖苗木基地项目23.3公顷，横溪街道西泉苗木基地项目73.3公顷，横溪街道新杨苗木基地项目25.3公顷，横溪街道许呈苗木基地项目66.7公顷，谷里街道经济林果基地项目66.7公顷，淳化街道青龙特色蔬菜基地项目24.7公顷，汤山街道孟墓苗木基地项目40公顷，汤山街道竹博园基地项目23.3公顷，淳化街道秦家边苗木基地20.7公顷。新建生态护坡2.5公里、联锁块护坡3.5公里、过路涵40座、拱桥4座、箱涵桥2座、桥带滚水坝3座、桥带滚水坝溢洪道1座、矩形截流沟0.7公里、梯形截流沟6公里、矩形渠0.6公里、梯形渠1.7公里、喷滴灌6.7公顷，铺设水泥路9公里、沥青路2.8公里。

（谈永志）

农业机械

概　况 2017年，江宁区新增各类农机具163台（套），农业机械化水平91.56%。农机总动力51.41万千瓦，比2016年增加0.32万千瓦。新建1个工厂化育秧中心，水稻机械化种植面积1.83万公顷，水稻机械化种植水平85%以上。小麦实现秸秆全量还田，水稻秸秆还田率超过60%（以补贴面积为准）、综合利用率94%以上。

农机补贴工作 2017年，中央及省级财政安排江宁区农机购置补贴资金282万元。区农业局、财政局联合印发《关于做好2017年中央和省级财政农机购置补贴政策实施工作的通知》《2017年江宁区农业机械化推进工作实施方案》，重点围绕稻麦机械化种植、高效植保、粮食烘干、农机技术培训、农机公共服务能力等方面，实行以奖代补，调动农机手、农机合作社购机用机积极性，提高农机化水平。

农机跨区作业 2017年，全区加大农业机械跨区作业力度，努力提高农业劳动生产率。全年发放跨区作业证40张，参与跨区作业的农业机具65台，跨区机收作业面积2066.7公顷。其中，机收小麦面积1000公顷，机收水稻面积1066.7公顷。

农机安全监理 2017年，全区农机监理工作坚持“以人为本、预防为主、保障安全”原则，加强农机登记检验、安全生产监督检查、安全生产宣传教育、支农惠农服务等工作。全年新注册登记拖拉机29台、联合收割机18台，备案登记高速插秧机91台。通过“送检下乡”等形式，年检拖拉机和收割机1200台，拖拉机和收割机平均“三率”水平为92.3%。在做好农业机械注册登记、安全技术检验和考试发证工作的同时，组织开展农机安全检查160余次，纠正违章行为43起，排查整改安全隐患点41个，安全隐患按期整改率100%，全年未发生重特大农机安全生产事故。加强农机安全生产宣传教育，通过开设电视专栏、网站信息发布、送农机技术下乡、“安全生产月”活动等方式，开展专题宣传，发放宣传资料2500多份。

（汤　雯）

农业产业化

概　况 2017年，江宁区按照“打造更高标准、更高水平现代农业发展平台”的要求，以提高农业质量效益和竞争力为中心，以培育壮大新型农业经营主体、推动一、二、三产业融合为重点，明确功能定位，多元化发展农业产业园区以及特色田园乡村，推进农业产业化发展。江宁台创园成功创建为省级现代农业示范重点园区，湖熟农业园启动创建市级现代农业示范重点园区。总投资近40亿元的南京首家混合所有制谷里大生农业园区加快打造农业科技展示园、油用牡丹产业园区、供港蔬菜产业基地的现代农业园区，溪田农业园创建为国家级田园综合体。区农业局牵头制定《江宁区特色田园乡村建设试点产业发展工作方案》《江宁区特色田园乡村建设试点村集体经济发展行动方案》《江宁区特色田园乡村农业产业考核标准》。

智慧与“互联网+”农业 2017年，区农业部门组织湖熟农业园、大生农业、花溪农业等5家单位申报省智能农业示范园区和示范单位，新增2个省级、4个市级、6个区级农业物联网项目。全区智能化设施种植养殖面积964.5公顷，增长40.53%，农业物联网技术应用程度达55.62%。举办2期农产品电子商务培训班，协办市农业电商高级研修班，实现农业电子商务销售额5.2亿元，增长126.1%。

2017年，位于谷里街道的大生世界农业科技园注重发展生态农业，园区内大棚全部采用槽式有机栽培基质种植和椰糠栽培技术，通过水肥一体化控制系统实现水肥自动灌溉，确保农产品品质。图为采用椰糠栽培技术的西红柿大棚内工人正在采摘果实　　区新闻中心　供稿

农业信息化 2017年，区农业部门在全市率先建设智慧农业中心，整合农业资源管理、监管监测、生产指导等功能，建立数据采集、处理、应用、服务体系，整合物联网技术应用示范基地（点）数据端口，接入应用软件数据，全面提升农业生产经营服务水平。提升改造江宁、汤山、谷里3个街道农技推广服务大厅，建成展示大厅；新建44个市级规范化农业综合服务示范站。推广使用农业科技服务云平台，江宁电视台播出“希望的田野”栏目12期，为各类新型农业生产经营主体提供“精准、及时、全程顾问式”信息服务。

生物农业 2017年，区农业部门以生物种业、生物制品、生物食品、生物能源等产业为重点，扶持现代农业园区生物农业公共服务平台建设。全年扶持建设生物农业公共服务平台7个、生物农业科技示范基地15个，实现生物农业产值103.7亿元。

现代农业经营体系建设 2017年，全区新增省级龙头企业2家、区级农业龙头企业16家；累计有农业龙头企业93家，其中国家级3家、省级12家、市级34家、区级44家。农业龙头企业年销售额750多亿元，带动农户38万户，增长8.6%；农产品加工值340亿元，增长73%。新增各类家庭农场256家，其中省级示范家庭农场5家、市级示范家庭农场6家、区级示范家庭农场27家，家庭农场经营面积16180公顷，经营比重为47.4%；累计培育家庭农场1009家，其中省级示范家庭农场25家、市级示范家庭农场15家、区级示范家庭农场51家。各家庭农场通过建设田间基础设施（硬质沟渠），生产附属设施配套（机库、管理用房、晒场等），配套社会服务体系（植保专业合作社、农机专业合作社），完善生产管理等制度，促进家庭农场规范、有序发展。新增农民专业合作社8家，累计有农民专业合作社651家，其中国家级示范社2家、省级示范社7家、市级示范社23家。包括土地股份合作社158家，入股农户41415户，经营面积9193.3公顷，农民参加专业合作社比例占85%以上。

（汤　雯）

南京阳光国际鲜花产业项目落户 11月18日，江宁区与中国阳光基金投资管理有限公司签订合作框架协议，该公司投资10亿美元开发建设的南京阳光国际鲜花产业项目落户江宁。南京阳光国际鲜花产业项目计划用5年时间，建设冷链仓储物流、电子交易、电商互动平台、花卉研究及培训、鲜花衍生产品深加工等5个中心，打造鲜花种植示范基地、鲜花小镇和国际级鲜花交易市场。

（宁　鉴）

工业

制造业

·综 述·

概 况 2017年，江宁区工业战线围绕“两聚一高”主题和“一个高水平建成、六个显著”目标，主动适应经济发展新常态，贯彻新发展理念，坚持以供给侧结构性改革为主线，以转型升级为重点，深入落实省市区决策部署，全区工业经济稳中有升、企业效益稳中向好，完成年度各项指标任务。全年规模以上企业实现工业产值2749.26亿元（核减后），比2016年增长3.4%，总量全市第一，位列全国工业百强县区第六。先进制造业集群效应进一步增强，汽车、智能电网产业加快向价值链高端攀升，电子信息产业实现爆发式增长，三大主导产业实现产值2000多亿元；高端装备、节能环保、生命科学产业产值快速增长，实现产值近800亿元。完成工业投资418.2亿元，增长9.3%。软件和信息服务业收入1050亿元，增长12.9%。新增民营企业1.1万户，注册资本金545.5亿元。关闭化工、燃煤、铸造、砖瓦企业137家，规模以上企业综合能耗100.7万吨标煤，万元工业增加值能耗下降1.5%，全年减煤6.8万吨。

工业经济运行 2017年，区经信部门围绕保增长目标，建立定期通报和督导协调工作机制，落实月度跟踪通报和季度分析报告制度，定期召开政府专题会议研究工业经济指标完成情况，加大调研走访力度，及时掌握经济运行情况和项目建设存在的问题，提出解决措施和建议。围绕提升企业规模和质量，增强工业经济发展弹性，挖掘工业经济增长潜力，鼓励园区和街道做好重大项目招商。年初，建立规模企业培育库，加强月度监测，落实“小升规”资金补助激励措施，力争应统尽统。协调迎峰度夏企业用电和迎峰度冬企业用气有关事宜，煤电气等基本要素供给总体平稳，确保工业经济实现平稳较快增长。全年工业用电量44亿千瓦时，增长5.5%，占全社会用电量的51.5%；规模以上工业完成增加值880.6亿元，增长9.2%；新增规模企业67家，占全市总数的40%。

智能制造与两化融合 2017年，区经信部门贯彻落实省、市制造业大会精神，召开江宁区制造业大会，制作制造业发展宣传片，出台《关于加快发展先进制造业，振兴实体经济若干政策措施的意见》，推动江宁制造业加快迈向中高端。实施智能制造行动计划，组织企业参加省智能制造论坛和世界智能制造大会，推进智能工厂建设，建立智能制造项目库。10家企业获江苏省“示范智能车间”称号，13家企业入选南京市智能工厂建设计划名单。进一步提升企业互联网化水平，承办“i创杯”互联网创新创业大赛和南京软博会等重大活动，加快通信基础设施建设，争创省级信息消费示范区。引导企业完成两化（信息化带动工业化、工业化促进信息化）融合管理体系贯标，全年获批省级两化深度融合创新试点企业7家、示范企业4家，获批省两化融合贯标试点企业8家。

工业投资 2017年，区经信部门围绕工业经济转型升级、提速增效，建立完善全区重点技改、“双百”项目库。围绕提高“开工率、投入率”，做好投资数据采集分析，推进项目竣工投产。

开展相对集中行政许可权力改革试点，对区内企业投资“零用地”、技术改造和非独立选址等项目试行“不再审批、有效监管”，制定江宁区技改项目“不再审批、有效监管”试点备案制度、技改项目试点准入标准。出台《江宁区关于进一步加大工业投资的实施办法》，通过鼓励引进产业龙头项目、产业链核心项目、先进制造业和高新技术项目，实现产业项目结构优化；通过鼓励支持企业实施技术改造，提升传统制造业发展水平。全年完成工业投资418.2亿元，增长9.3%，技改投资占比提高2个百分点；84个南京市“双百”工程重点项目完成投资145亿元。中材科技年产1000吨特种玻纤高效湿法膜材料制品生产线及下游产品开发项目中标2017年国家工业强基工程项目。

企业转型升级 2017年，区经信部门以推动企业创新发展和提高产品质量效益为中心，通过增强技术创新能力、创新生产经营模式、提高制造质量、塑造制造品牌，提升制造业核心竞争力。指导企业建强研发平台，鼓励企业加大研发投入，规模以上工业企业全年完成研发经费支出36亿元，通过省级新技术新产品鉴定5个，入选省新技术新产品推广应用目录9家、市级64家，市研究开发项目计划920个。新增市级以上企业技术中心10个，市级工业设计中心11个，省级服务型制造示范企业2家。协助企业争创各类品牌认定，新增市级以上中小企业创业基地2家（秣陵9车间、博特新材料创业园），完成中小企业创新创业基地5家和公共服务（技术）平台升级培育。新增“专精特新”产品企业48家，其中省级“专精特新”产品企业2家；10家企业申报省级首台套认定，17家企业申报市级首台套认定；南高齿入围国家级单项冠军企业。

推动绿色发展 2017年，区经信部门按照省市区“263”专项行动部署，发挥牵头部门作用，构建“两减”工作体系，先后出台砖瓦、化工、铸造、减煤等5个工作方案，运用法律法规、政策激励、行政推动等手段，推进关停整治工作，申请追加2017年度化工、铸造、砖瓦等专项整治工作性经费4350万元。全年关闭化工企业22家，整治提升3家；关停铸造企业42家，淘汰落后设备4家，整治提升6家；关闭砖瓦企业71家，整治提升50家，完成省、市现场考核。深入开展去产能和淘汰低端低效产能工作，淘汰18个低端低效产能项目，水泥去产能230万吨。实施协鑫煤改气、光大二期等绿色发展类重点项目25个，完成清洁生产审核企业26家。开展节能量交易试点，协鑫燃气发电项目基本建成。全年规模以上企业煤炭消耗下降12%，单位工业增加值能耗下降5%，江宁区获市2016年度节能工作先进单位（一等奖）。

安全生产 2017年，区经信部门坚持长效管理与动态管理结合、定期检查与日常检查结合，突出重点、狠抓落实，消除安全隐患，确保高危行业安全生产形势稳定。制定《江宁区民爆、船舶行业安全生产“扫雷”专项行动方案》，指导企业抓好安全生产，针对重大节假日、重要活动、重点时段，专门印发通知督促企业开展隐患排查整治，狠抓安全工作落实。对民爆船舶企业进行安全检查，及时消除安全隐患。

企业服务工作 2017年，区经信部门坚定“服务企业就是服务发展”理念，优化企业发展的软硬环境，完善企业服务体系，编制年度计划和方案，将服务企业工作纳入机关目标管理考核。开展企业大走访活动，累计帮助企业解决产业发展难题49个。组织企业培训、法律援助、管理咨询、对外交流等活动，惠及1000人次。加强各项惠企政策宣传，全年为企业争取区外资金2.17亿元，下达区级项目补助资金1.27亿元。继续贯彻落实供给侧结构性改革、降低企业成本实施意见，降低企业用工、用能、用电及融资成本，落实税收优惠政策，全年为企业降低成本40多亿元。（董高娟）

多家企业上榜江苏制造突出贡献奖 3月，省政府对在江苏制造行业做出突出贡献的优秀企业、先进单位和先进个人进行表彰，江宁区南京高精传动设备制造集团有限公司等5家企业获评江苏制造突出贡献奖优秀企业，南京科远自动化集团股份有限公司总裁胡歙眉等5名企业家获评江苏制造突出贡献奖先进个人。全区以构建现代产业体系、转变发展方式、调优产业结构为主线，着力在政策引导、自主创新、转型升级、两化融合、信息化推进等方面下功夫，强化主导产业优势，壮大新兴产业规模，提升传统产业层次，提高制造业发展水平。全区按照“3+3+3”现代产业体系，围绕产业发展方向，统筹制造业布局。江宁开发区重点发展智能电网、新一代信息技术、高端装备制造（机器人）产业，高新园重点发展高端装备（风电）、生命科学产业，滨江开发区重点发展高端装备制造（核电装备、海工装备等重特大装备）

产业，各街道工业集中区根据园街联动战略做好相关产业配套，通过优化产业布局，推动制造业集聚发展，提升产业竞争力和地区综合实力。

全区制造业大会 6月5日，区委、区政府召开全区制造业大会，贯彻落实省、市制造业大会精神，谋划推进全区制造业发展。市委常委、区委书记李世贵和区领导祁豫玮、孔令才、刘玲、李万平、李滨、梁爱国、杨彬、张思明、张荣等参加会议。会议要求凝聚共识，坚定做大做强制造业的信心决心，以深化供给侧结构性改革为主线，推动制造业转型升级，加快形成增长新亮点、发展新动能，把江宁打造成全省工业强区；塑造“精细服务”的政务环境，打造“精准滴灌”的政策环境，营造“精诚包容”的社会环境，优化制造业发展支撑体系，构筑制造业振兴发展好生态。会上，区经信局负责人对区政府出台的《关于加快发展先进制造业振兴实体经济若干政策措施的意见》进行解读，南京南瑞继保工程技术有限公司等7家企业作交流发言，大会表彰了20家“江宁制造突出贡献奖”企业和10家“智能制造示范企业”，与会人员还观看了全区制造业发展宣传片。

3家企业入选市第三批“智能工厂” 9月，南京市经信委公布全市第三批10家“智能工厂”名单，江宁区南京卫岗乳业有限公司、南京高速齿轮制造有限公司、南京德朔实业有限公司3家企业名列其中。至此，全区累计有13家企业获南京市“智能工厂”称号，10家企业入选智能车间建设计划名单。新入围的南京德朔实业有限公司，主要从事电动工具的生产。该公司新建成的5.43万平方米的智能工厂，包含电子车间、园林车间、直流车间和23.8米自动仓储中心，配备国际先进的全自动生产线，实现协同采购、物流管理、计划管理、综合生产、质量管理和追溯监控，帮助公司优化供应链、缩短产品量产和面市所需时间，同时降低资本投入和生产成本。

3D打印医疗新材料高峰论坛 9月13日，2017年南京“金洽会”专场活动暨3D打印医疗新材料高峰论坛在南京未来科技城举办。作为新兴的先进制造业，3D打印技术被纳入《中国制造2025》重点发展的新兴产业目录。江宁区自2013年起对3D打印产业进行前瞻布局，在未来科技城成立南京增材制造（3D打印）研究院，吸引卢秉恒院士团队入驻。至2017年年底，已集聚3D打印创业团队45个、企业与机构41家，年产值3亿元，占据国内市场近8%的份额。随着3D打印技术从观看体验向实践应用演变，更多的3D打印材料应用于人工器官、医疗器械等医疗产品中，给医疗行业的发展带来巨大变革。论坛期间，西北工业大学博士生导师、国家杰出青年科学基金获得者、教育部“长江学者”黄卫东教授等专家围绕“新时代下的3D打印医疗产业发展与产业转型升级”主题，进行深入交流研讨。当日，由20家企业、科研院所、高校、园区发起的江苏省3D打印医疗新材料产业联盟成立。

全国“双创”大赛生物医药行业总决赛 9月19日，2017第六届中国创新创业大赛生物医药行业总决赛在江宁区落幕，科技部火炬中心主任张志宏，市委常委、区委书记李世贵及区领导梁爱国、周育刚、米永强等出席颁奖仪式。此次“双创”大赛生物医药行业总决赛有50余家初创企业和170余家成长企业入围，经过现场比拼与同台竞技，6家初创企业、12家成长企业晋级决赛。决赛中，各企业代表在8分钟演讲和7分钟评委提问环节，充分展示项目前景、优势、创新成果等。最终，上海岸迈生物科技有限公司和歌礼生物科技（杭州）有限公司脱颖而出，分获初创组和成长组一等奖。

江宁与南京交院共建新能源汽车研究院 12月23日，江宁区与南京交通职业技术学院签订合作协议，共同建设南京新能源汽车产业与应用技术研究院。省交通运输厅厅长陆永泉，市委常委、区委书记李世贵，省交通运输厅副厅长金凌，区领导李滨、缪秀梅、董涵及南京交通职业技术学院负责人参加签约仪式。南京新能源汽车产业与应用技术研究院计划围绕江宁新能源汽车及智能交通产业的发展，依托南京交院新能源汽车和智能交通专业、交通信息技术研究所，以新能源汽车产品试验、新能源汽车相关标准制定和推广、智能交通基础建设、智能化养护和管理等为主要研究方向，汇聚国内外优势资源，组建创新创业团队，建设相应工程研究中心、省级科技园。南京新能源汽车产业与应用技术研究院建成后，为全区新能源汽车新城、全省智能交通基础建设、交通基础设施的智能化养护和管理提供服务。

9家企业入选省“最具成长性高科技企业”百强榜 12月，由江苏省生产力促进中心、江苏银行、南京银行等单位共同举办的2017

年度“最具成长性高科技企业”百强评选活动落幕，江宁区江苏博睿光电有限公司、南京贝迪电子有限公司、南京中港电力股份有限公司等9家企业被授予江苏省2017年度“最具成长性高科技企业”百强称号。从8月起，全区组织推荐48家创新能力强、具有较高成长性的科技型中小微企业参选，涉及新能源与节能环保、生物医药、先进制造与自动化、新材料等领域。经过技术评审、现场答辩、实地考察等环节的综合评分，9家企业入围。

（宁 鉴）

2016—2017年江宁区规模以上工业总产值与工业企业数量统计表

表10　　单位：万元

项 目	2016年	2017年
按年定报范围分	—	—
2000万元以上企业	29969038	27568074
2000万元以上工业按经济类型分	—	—
独资企业	5415381	7649249
合作合伙企业	211577	420073
股份有限公司	1838732	3147229
有限责任公司	22503348	16351523
2000万元以上工业按登记注册类型分	—	—
内资企业	9838553	11458505
国有企业	82966	556770
集体企业	15788	3631
股份合作企业	25815	16546
有限责任公司	5070689	5125496
股份有限公司	1293882	2506859
私营企业	3258766	3246171
其他企业	90647	3031
港澳台商投资企业	1357718	1507188
外商投资企业	18772767	14602381
2000万元以上工业企业（家）	658	661

·支柱产业·

汽车制造产业 2017年，江宁区72家汽车产业规模企业实现总产值794.8亿元，比2016年下降8.4%，低于全区规模以上企业产值增幅11.8个百分点，占规模以上企业产值的28.9%。整车产量48万辆，下降14.2%。上海大众和长安马自达公司2家龙头整车企业产值占整个汽车产业比重为66.9%。其中，上海大众南京公司实现产值320亿元，下降24%；长安马自达公司实现产值212亿元，增长12%。上海大众南京分公司B级车新帕萨特车型生产15.9万辆，新速派车型生产4万辆，新车型占上海大众南京分公司全部产量的81%。长安马自达有限公司新车型CX-5全年产量4.9万辆，新马三昂克赛拉14.1万辆，新车型占长安马自达全部产量的100%。围绕整车企业的配套汽车零部件制造业规模不断扩大，全年实现产值244亿元，形成以江宁开发区为中心的汽车制造产业集中区，汇聚上海大众、长安马自达两大整车企业以及近百家汽车零部件生产企业，正在建设成为全省乃至国家重要的汽车产业制造基地。列入市级“双百工程”重点项目的汽车产业项目15个，总投资131.4亿元，当年计划投资28.6亿元，完成投资37.85亿元。

新一代信息技术产业 2017年，全区130家新一代信息技术类规模企业实现产值914亿元，增长15.8%，占规模以上工业总产值的33%，增速高出规模以上工业平均增速12个百分点。20个新一代信息技术类重点产业项目，当年计划投资30.75亿元，完成投资30.78亿元。中国兵器信息化及北斗应用产业基地、南京香华信息枢纽工程等项目有序推进。全区电子信息产业涉及行业较多，其中通信终端设备制造（含平板电脑）、光电器件制造、工业自动控制系统装置制造、电子元件及组件制造、电工仪器仪表制造等行业实现平稳增长。以吉宝、英华达为代表的终端设备制造4家企业实现产值359亿元，增长71.8%，占电子信息产业的比重为39.3%；以南瑞、西门子为代表的16家工业自动控制系统装置制造企业实现产值214亿元，占电子信息产业的比重为23.4%；以群志光电为代表的光电器件制造企业实现产值51.6亿元，增长20%，占电子信息产业的比重为6%；以代傲电子、菲尼克斯为代表的电子元件制造12家企业实现产值46.9亿元，增长5.2%。开发园区和重点街道聚集作用明显，三大开发园区新一代信息技术产业完成产值843亿元，占新一代信息技术产业的比重为92.2%。其中，江宁开发区802亿元，占87.7%。东山、秣陵2个街道新一代信息技术产业实现产值53.6亿元，占10个街道的比重为75%。全区电子信息制造企业不断加快产品转型升级，紧扣国家4G网络建设、“互联网+”和智能终端设备更新换代步伐，移动通信基站、智能通信设备、电力自动化和手机软件、电子元件等产品产出和市场不断壮大，电子信息产业保持平稳增长。群志光电生产线调整到位，并一举扭转连续3年下降趋势，年产值增长27.6%。新一代信息技术产业实现新产品产值73.6亿元；完成出口交货值420亿元，增长64%。全区新一代信息技术产业产值过亿元企业63家，完成产值885亿元，在产业中的比重为96.8%；产值过10亿元企业12家，完成产值740亿元，在产业中的比重为95%。其中，吉宝通信前三季度产值200多亿元，同比增长81%；国电南瑞科技产值120多亿元，增长12.5%。

4月12日，长安福特马自达发动机公司第50万台SKY发动机下线。图为下线仪式现场 江宁开发区 供稿

智能电网产业 2017年，全区智能电网产业完成产值1205亿元，增长9.2%。其中，智能电网规模企业672亿元，占规模以上工业总产值的18.4%。21个智能电网产业重点投资项目加快实施，当年完成投资25亿元。其中，投产、部分投产及试生产项目9个，主体封顶、竣工及部分竣工项目9个，还有3个项目如期推进。智能电网企业主持或参与诸多技术攻关项目研究或开发，取得成果。南瑞集团斩获国家电网公司科学技术奖半壁江山，有67项成果获各类科学技术奖，其中29项为其牵头承担项目。南瑞继保电气参与的“特高压±800千伏直流输电工程”成果获国家科技进步特等奖；新联电子参与研究的“全系列国家工频高电压标准装置研制与应用”“电力计量终端可靠性保障关键技术、体系及应用”两项科技成果分获江苏省科技进步一等奖和二等奖；国电南自自动化公司的网络报文记录分析装置和全系列同步相量测量装置（PMU），均以优异成绩通过国家电网公司“四统一、四规范”自动化类装置集中检测合格产品检测。南瑞继保高压大容量柔性直流输电系统成套关键设备获评“中国能源装备十大卓越性能产品”，取得“电力工程施工总承包三级”“电子与智能化工程专业承包二级”2项施工资质证书；国电南自自动化获得“电子与智能化工程专业承包一级资质”证书。与此同时，区内企业借助“一带一路”建设，在古巴成功投运第一套SVC系统，在巴西建造首套500千伏 SVC系统，中标土耳其凡城600MW背靠背换流站工程控制保护、电子式互感器和故障录波等设备。

（董高娟）

·新兴产业·

高端装备制造业 2017年，全区高端装备制造业规模以上企业实现产值558.3亿元，增长0.2%。有南京市“双百工程”重点项目84个，总投资600亿元，当年计划投资142.6亿元，其中高端装备制造业项目19个，总投资234.3亿元，当年计划投资35.3亿元，完成投资35.6亿元。高端装备制造业已形成以高速轴承、小型航空发动机、机器人、核电站成套设备、轨道交通装备等关键装备为特色的较高端技术与制造的产业格局。高端装备制造业三大产业园区建设初见成效，即以空港工业园为核心打造的航空航天装备制造基地，以江宁开发区（含高新区）为核心打造智能电网及风电装备制造基地，以滨江开发区为核心打造的城市轨道交通装备制造及核电装备制造为主体的智能制造装备产业园。

生命科学产业 2017年，全区生命科学产业规模以上企业完成产值45亿元，增长23.3%，占规模以上工业总产值的比重为1.6%。行业发展态势总体向好、稳中有升，已形成以基因工程产业为特色，小分子药物创制和制剂为主导，生物外包服务为支撑的现代生命产业体系。以江宁高新区为主阵地的“南京生命科技小镇”已累计引进和培育企业528家，汇聚上市企业23家，其中自主培养上市5家（金斯瑞、凯基生物、生兴有害生物、海融医药、济群医药），进入上市辅导期企业21家（其中自主培育企业有奥赛康药业、普爱医疗、前沿生物3家），培育高新技术企业16家，累计孵化毕业企业23家，累计引进总投资亿元以上项目16个、总投资超10亿元项目2个，引进总投资超1000万美元项目12个、1亿美元以上项目1个（康宝莱）。南京生命科技小镇全年新注册企业100家，其中35家入驻园区载体，基本形成基因工程、新药研发、服务外包（CRO）等产业集群。

节能环保产业 2017年，全区节能环保产业完成产值503亿元，销售产值468亿元，新产品产值120亿元，与2016年基本持平。受市场大环境影响，有38家节能环保规模以上企业产值出现不同程度的下降。重点环保企业产值稳步上升，大唐南京环保科技有限责任公司、南京中电环保股份有限公司、光大环保能源（南京）有限公司、美埃（中国）环境净化有限公司等重点环保企业实现产值均增加亿元以上。大型节能企业产值下降明显，南京南瑞集团公司、江苏宏源电气有限责任公司、南京德邦金属装备工程股份有限公司等大型节能企业产值均下降数千万元以上。部分能源企业产值严重下滑，中电电气（南京）半导体材料有限公司、中电电气（南京）光伏有限公司、中电电气（南京）特种变压器有限公司等产值下降均在数千万元以上。南京中船绿洲机器有限公司滨江公司产值下降3亿元以上。

（董高娟）

建筑业

·综 述·

概 况 2017年，江宁区建筑业围绕“打造千亿级建筑产业集群”

目标，坚持走以建筑产业现代化为核心的转型升级和创新发展之路，全区建筑业加快发展。8月通过“省级建筑产业现代化示范城市”的中期评估，综合实力进入江苏省第一方阵，建筑业已成为推动城乡统筹发展、富民强区、建设美丽新农村的支柱产业。全年建筑企业完成总产值710亿元，施工面积2300万平方米，竣工面积800万平方米，实现建筑业税收22亿元。全区建筑企业总产值超10亿元的12家，其中超100亿元的1家、超50亿元的2家、超20亿元的6家、超10亿元的3家。拥有资质等级建筑企业557家、资质1279项。其中，拥有建筑工程施工总承包特级企业1家、一级企业17家。有注册一级建造师1074人、二级建造师3423人。

建设市场监管 2017年，区建工部门继续推进建筑行业有序发展，进一步规范市场行为。公开公示办理建设工程施工许可审批信息，全年核发“施工许可证”279项，办理合同备案566项，分包合同备案460项。严格执行企业资质管理规定，规范建筑行业市场秩序，根据资质管理要求，对照资质标准，对区内企业进行信用手册核验换证，完成2016年度建筑业企业信用等级考评工作。加大对未办理“施工许可证”擅自开工建设各方责任主体处罚力度，全年对未办理“施工许可证”擅自开工项目处罚36件。落实“放管服”改革、简政放权、创业创新环境评价和“不见面审批”试点工作等改革要求，“施工许可证”申领审核资料由17项缩减为13项，进一步提高各环节的审批效率。

工程质量监管 2017年，区建工部门累计受监房屋建筑工程1828项，面积3176.8万平方米；开展住宅工程分户验收监督315项，建筑面积461.7万平方米，涉及30718户。以结构材料检查为源头，加强主体结构施工过程的专项巡查和对建设程序、建设质量、工程监理和检测机构等方面的检查，对辖区内主体结构工程重要施工节点实施动态监管，对社会反映问题较多的原材料进行抽检，采用随机封样送检和监督抽检方式，促使主体结构施工质量在宏观上处于有序状态。持续开展建筑工程创优活动，全年申报优质结构工程226项，面积366.2万平方米，获优质结构工程139项，面积242.89万平方米；获“金陵杯”工程42项，面积76.3万平方米。

安全生产监管 2017年，区建工部门按照“安全第一，预防为主，综合治理”的方针，坚持关口前移、提前防范、落实责任、强化监管，杜绝较大以上等级事故、减少一般事故，推进安全生产和文明施工水平再上台阶。全区有在建工地358个，受监督建筑面积2282万平方米，经检测投入使用的起重机械设备2207台、吊篮2747台。全年开展季节性安全生产专项检查8次、综合执法检查2次，下发建设工程安全监督记录622份、建筑施工隐患整改通知书151份、建筑工程施工暂停通知书31份，申报省级文明工地72个。在季节变化和安全事故集中高发季节，组织开展“元旦”“春节”安全专项检查、春节后复工检查、第一季度安全生产专项检查、建设工程领域“扫雷”专项检查、建设工程安全生产“百日执法”行动专项检查等10次，检查建筑工地642个。

招投标工作 2017年，全区建设工程承发包交易1145个标段，交易额412.97亿元，建筑面积1.07亿平方米。区建工部门以日常监管工作为抓手，维护招投标市场秩序，全年完成招标公告备案755项、招标文件备案812项、书面报告备案626项。严格审查招标前置要件材料，招标前依法审查立项批复、合法土地手续、建设工程规划许可证、施工图审查合格证等要件材料，严禁不符合招标条件项目进入招标程序。依托“e路阳光”网上备案监管平台，通过网上监督、开评标现场巡查手段，实现招标过程全覆盖式监督，让违法违规行为无处遁形。加强对装配式建筑招投标的监管，严把准入关，发包前必须取得装配式建筑通知书。严格备案监管，在招标人办理发包招标文件备案时对投标人资格条件进行审查。

“双清”工作 2017年，区建工部门开展元旦、春节清欠维稳专项行动，对8家责任单位进行处理，其中4家建设单位通报批评，2家建筑企业区内停标，2家建筑企业通报批评、约谈法人代表。全年受理民工工资投诉288起、工程款投诉12起，拖欠民工工资8083.26万元、工程款1.2亿元，涉及民工3732人，未发生因拖欠民工工资而影响社会稳定事件。加强实名制管理，切实保障民工基本权益，全年征缴建设工程社会保险费5.98亿元，划缴工伤保险费2482万元，参保人员23023人。办理实名制市民卡15338张，组织民工体检20624人次，兑付工伤赔付269人。

建筑产业现代化建设 2017年，全区以创建省级建筑产业现代化示范城市为目标，推进建筑产业现代化向纵深发展，8月通过“省级建筑产业现代化示范城市”中期评估。坚持以项目为主攻方向，以点带面，通过抓政府投资类项目推进装配式建筑建设，有20个政府投资的装配式建设项目通过专家预制率评审，15个政府投资项目开工建设，面积68.5万平方米。以房地产项目规范装配式建筑市场，将装配式建筑相关指标在土地出让公告中予以明确，规定装配式建筑覆盖率100%，建筑单体预制率不低于30%，有34个地块明确装配式建筑相关指标，18个房地产和商业项目开工建设，面积196万平方米。加强装配式项目申报、基地建设考评考核、引导资金拨付等工作，加快示范项目和示范基地建设，全年创建省级示范基地5个、市级示范基地4个，创建省级示范项目1个、市级示范项目2个。在全省率先成立由在宁院校和知名设计、施工、监理及部件生产企业组成的江宁区建筑产业现代化联盟，形成以东南大学、南京工业大学为主，产、学、研、用相结合的平台，为全区建筑产业现代化持续发展发挥作用。

建筑业协会工作 2017年，区建筑业协会发挥在政府与企业间以及企业与企业间的桥梁和纽带作用，深入基层会员企业，了解建筑企业发展状况，倾听企业诉求，为企业转型发展出谋划策。开展年度评比活动，评选出2016年度江宁区建筑业十强企业10家、优秀企业10家、科技创新先进企业14家、质量创优先进企业10家、安全生产先进企业11家和优秀建造师20人、质量管理先进个人20人、安全管理先进个人20人。在重点骨干企业开展申报中国建筑业“双200强”工作，区内宏亚集团、海通集团获中国建筑业2016年度最具竞争力200强企业，润盛集团、明麓建筑公司、南京四建公司、华致建设公司获中国建筑业2016年度最具成长性200强企业。

（陈今波）

宏亚集团成为江宁首家特级资质建筑企业 2月，南京宏亚建设集团晋升国家特级资质，成为江宁首家特级资质建筑企业。建筑业特级资质是建筑企业的最高等级，也是企业综合实力的全面体现。围绕这一目标，从2014年开始，宏亚建设集团就对照特级资质标准，努力完成各项规定和要求。集团创精品工程，抓安全生产，以科技人才推动创新发展，以多元发展提升企业综合竞争力，企业业绩达到特级企业标准。2016年，集团公司实现施工产值81亿元，比2015年增长19%，其中建筑业产值74亿元；上交税收超亿元，各项经济指标大幅增长。同时，获省优质工程1项，市优质工程8项，市优质结构工程18项，“宏亚建设”的品牌在全市建筑市场已得到普遍认可。

3月16日，江宁区召开全区建筑产业现代化推进大会。图为会议现场 陈今波 供稿

德贤科技取得全市首张施工许可电子证书 9月21日，江宁区发出全市首张施工许可电子证书，南京德贤科技有限公司取得该证书。当天该公司负责人通过公司电脑成功打印出该公司科研实验楼、配电房、停车场工程的建筑工程施工许可证书。自9月20日起，全省建筑工程施工许可开始实施并联审批和电子证书发放制度，区建工局通过集中授课、提供线上线下咨询等方式，在办理流程、系统操作、资料提交等方面进行指导，确保新老系统过渡衔接平稳有序。此前，通过区、街道两级代办员，全区工程建设领域招投标、合同备案等环节已全部实现全程代办。随着首张施工许可电子证书的发出，原安监、质监、施工许可等线下办理的环节改为线上申报，实现“网上办、代办制、快递送”。至此，全区建工领域环节全流程率先实现“不见面”审批。

（宁 鉴）

·重点建筑企业选介·

南京宏亚建设集团有限公司 南京宏亚建设集团有限公司的前身是江宁县周岗建筑工程公司。2007年10月，公司晋升为国家房屋建筑工程施工总承包一级资质，公司改名为南京宏亚建设有限公司；2011年1月，公司迁至东山街道万安东路87号，同年6月更名为南京宏亚建设集团有限公司。公司先后被评为“中国建筑业竞争力百强企业”“全国优秀施工企业”“江苏省优秀企业”等。2017年，该公司中标工程82个，中标面积360万平方米，总造价98亿元；完成建筑业产值109亿元，累计施工面积380万平方米，其中新开工面积268万平方米，竣工面积250万平方米。全年获“扬子杯”奖工程2项，“泰山杯”（山东省优质工程）奖1项，“金陵杯”奖工程10项，江苏省文明工地11个，南京市文明工地14个。是年，公司晋升为国家特级资质建筑企业，为江宁区首家。

海通建设集团有限公司 海通建设集团有限公司的前身，是南京山海市政工程公司。2000年年初，成为南京市第七建筑安装公司的下属分公司，当年成立江宁县小海机械化有限公司，注册资金300万元。2001年，更名为南京山海市政工程有限公司。2002年1月，从南京第七建筑安装工程公司分离，成立海通建筑安装工程有限公司，注册资金2100万元。2004年，公司更名为海通建设（集团）有限公司，注册资金3600万元。下设7个子公司、6个分公司。2006年7月，更名为海通建设集团有限公司，注册资金5200万元。2007年12月，公司下设8个子公司和2个分公司，注册资本1.08亿元，固定资产净值3亿元。2011年12月，公司注册资本2.13亿元，总资产8.6亿元。2017年，公司在全区承接项目14个，合同价款17.56亿元，实际完成施工产值9.5亿元。

南京弘正建设发展有限公司 南京弘正建设发展有限公司成立于2005年5月，现拥有建筑工程施工总承包一级资质、市政公用工程施工总承包资质、地基基础工程专业承包资质、建筑装修装饰工程专业承包资质、钢结构工程专业承包资质。公司注册资本9858万元，净资产1.28亿元。现有职工1793人，包括大中专以上学历156人，工程技术和经济管理职称人员313人，其中高级职称22人、中级职称126人、初级职称423人，一级建造师33人、二级建造师32人、小型项目管理师35人。该公司坚持科技创新，努力开拓市场，严格企业管理，施工产值连年翻番，工程质量稳定，市场信誉好，安全生产考核成绩优秀，经济与社会效益显著。承建的工程项目获得多项市优秀结构、省市文明工地和“金陵杯”工程奖项。2017年，公司承建了南京生物医药谷加速器四期工程、南京市南化第四小学校舍扩建工程、南京市公安局江宁分局交警大队业务技术用房工程、溧水实验学校宿舍项目等一批工程。

南京天茂建设有限公司 南京天茂建设有限公司2015年成立研发团队，已为南京平安、江苏招商、天盛集团的项目提供BIM顾问服务。拥有天茂建设每年数亿元的工程项目管理基础，通过深入施工过程的配合，贯穿投标、组织、采购、施工、决算等环节，建立的BIM模型具有更好的可施工性。还利用信息共享平台，协助业主管理多个专业的设计及施工。2017年，公司完成营业总收入9.35亿元，创成市优工程7个、省优工程2个、国优工程2个、金石奖工程4个；6个工程获评市文明工地；5项施工技术获科技创新成果奖；3个工程获科技示范工程奖。申报并取得总承包三级资质；获中国展览馆协会展览馆工程企业、展览陈列设计与施工一体化一级资质2个。经过省工商局审查，获得省“重合同、守信用”企业称号。

南京华致建设集团有限公司 南京华致建设集团有限公司坚持“管理规范化、运行程序化”的经营理念以及“确保每道工序受控，建造业主满意工程”管理理念，保证铸造一个产品、树立一座丰碑，为社会提供优良工程和优质服务。2017年，公司完成营业总收入17.29亿元。获得市优质结构工程2个、“金陵杯”优质工程1个，获市文明工地2个、省文明工地1个，并获“安康杯”安全知识竞赛优胜奖；完成省级工法2项，获科技创新成果奖1项。经省工商局审查，获省“重合同、守信用”企业称号。同时，获中国建筑业成长性200强企业，AAA信用等级企业，江苏省建筑业最具成长性百强企业，南京市建筑业优秀企业等荣誉称号。

（陈今波）

综　述

概　况　2017年，江宁区商务系统创新工作举措，加大招商引资力度，加强市场主体培育，全力开拓国内、国外两个市场，商务运行呈现稳中有进、稳中向好的良好态势。全年实现社会消费品零售总额521.06亿元，比2016年增长11%。其中，批发业实现零售额209.9亿元，增长14.1%；零售业实现零售额294.27亿元，增长8.9%；住宿业实现零售额2.32亿元，增长1.3%；餐饮业实现零售额14.58亿元，增长13%。

优化商业布局。稳步实施《江宁区商业网点规划（2013—2030）》，优化东山副城等10个商贸中心、商贸市场等8类主要商业设施规划，初步形成南京南部新城岔路口商圈、河定桥商圈、东山大市口商圈、百家湖商圈、九龙湖商圈、三山商圈及大学城商圈等七大商圈，推动各商业载体在同一或相邻商圈内错位发展。

推动改革创新。承接市商贸流通体制综合改革任务，重点推进百家湖商圈融合发展。该商圈初步形成营业面积超80万平方米的城市商贸集中区，服务半径覆盖包括江宁城区在内的200个社区，消费人口150万，年商业购买力80亿元，稳居南京新兴商圈之首、市内仅次于新街口。

发展物流产业。推进阿里巴巴菜鸟、顺丰快递等物流项目建设，促进航空、港口、农副、园区、快递等“五大物流集聚区”快速健康发展。全区物流企业130多家，从业人员近2万人，规模物流企业（营业额千万以上）99家，营业额5000万元以上36家，省级重点物流基地3家（南京农副物流、空港物流园、滨江物流园），省级重点物流企业14家（江苏安吉、润恒物流等）。

扩大电子商务。全年完成电子商务交易额174亿元，电子商务零售额48.7亿元，建成1个区级电子商务园区及服务综合体，新建2个街道电子商务服务中心，新增20个社区电子商务服务中心，全区农村居委会电子商务服务中心组建率30%，新增网上直报电商企业30家。推进电子商务示范创建工作，创建市级电子商务企业4家，新增省级电子商务示范企业2家，创建国家级电子商务示范企业1家。强化商贸服务领域的电子商务应用，中小商贸流通企业电子商务应用普及率55%，规模以上企业电子商务应用普及率35%。

百家湖商圈初具规模　百家湖片区面积约3.6平方公里，位于“南京南站—禄口空港”黄金轴线，是江宁城市核心区重要组成部分。2017年，江宁区抓住南京城市建设发展重心南移的机遇，以打造成为“南京第二个新街口（中华第一商圈）”为目标，高起点规划、高标准招商、高规格配套、高效率服务，着力提升商圈潜力、品质和功能，实现商圈的快速健康持续发展。至年末，百家湖商圈累计完成投资近200亿元，引进包括金鹰城市综合体、1912商业街区、同曦商业集群、21世纪太阳城、景枫购物中心等20多家知名商业企业，以及湖滨金陵、银城皇冠和水秀苑、世纪缘等高等级酒店，形成营业面积超过80万平方米的城市商贸集中片区，服务半径覆盖包括江宁主城和开发区在内的200个社区，消费人口150万人，年商业购买力80多亿元。

电子商务统计工作机制建立 2017年，区商务部门建立电子商务统计监测体系，对统计平台进行重新布局。开通10个街道和4个园区管理账号，对全区电子商务企业统计实施分级区域管理，实现统计工作从“企业—街道、园区—区商务局”的监管统计路径，一级对一级负责、一级监督一级的责任机制。举办电子商务统计培训班，学习统计平台使用及数据报送知识，指导企业开展电商统计工作，确保申报数据质量。全年新增网上直报电商企业42家，中小商贸流通企业电子商务应用普及率55%，规模以上企业电子商务应用普及率35%。

（黄　斌）

11月8日，第10届中国南京美食文化节暨江宁区第四届农家乐美食节在江宁区开幕。图为开幕式现场　　区新闻中心　供稿

第10届南京美食文化节在江宁开幕 11月8日，第10届中国南京美食文化节暨江宁区第四届农家乐美食节在江宁区开幕，区委常委、副区长张会祺出席开幕式。开幕式现场，《厨师舞》、星级酒店精品名菜品评等活动轮番上演，还有江宁农家乐乡土风味烹饪大赛和江宁餐饮名菜展。经过层层筛选，从全区众多餐饮企业中挑选出70多家农家乐和40家餐饮名企参与该次活动。除展示美味菜品，围绕“健康美食，美好生活”主题，为期1个月的美食节期间还开展“四名”评选、美食展览展示、线上线下互动、南京菜系品鉴推广、企业与消费者互动等形式多样的活动。此外，支付宝口碑、“在南京”APP、南京头条等平台以及广大餐饮商户也参加美食节活动。

（宁　鉴）

2016—2017年江宁区社会消费品零售总额统计表

表11　　单位：亿元

项　目	2016年	2017年
社会消费品零售总额	469.40	521.10
限额以上单位社会消费品零售额	323.00	359.60
按行业分	—	—
批发业	194.40	210.00
零售业	260.40	294.20
住宿业	2.20	2.30
餐饮业	12.40	14.60

（区统计局）

软件和信息技术服务业

概　况　2017年，江宁区软件和信息技术服务业收入1050亿元，增长12.9%。南瑞集团、国电南自2家企业获2017年中国软件和信息技术服务综合竞争力百强企业称号；南瑞集团、国电南自、金智集团3家企业进入2017年中国软件业务收入百强名单；合荣欣业、普爱医疗2家企业获第15届江苏省优秀软件产品奖（金慧奖）。中国电信云计算中心二期总投资2.3亿元，2号楼已完成封顶，3号楼进行主体建设；竣博机器人项目总投资3亿元，正办理土地证相关手续；昆龙智能电网产业研发基地项目总投资2.5亿元，正办理用地招拍挂初审手续；享佳云健康中心平台项目总投资6亿元，已进入主体幕墙安装及内部装修阶段。（董高娟）

物流业

概　况　2017年，江宁区完成物流业交易额1172亿元，比2016年增长10.31%。推进城市共同配送项目建设和物流标准化试点工作，促进航空、港口、园区、农副和快递等五大物流集聚区健康快速发展。全区物流企业累计132家，其中规模物流企业101家，专业化物流企业占比达到68%。江苏安吉零部件、江苏安吉汽车物流、中邮航、中储、天环食品（集团）、顺丰速递等一批重点物流企业交易额保持2位数增幅。

康泉（南京）汽车供应链分拨中心项目开工　2月，总投资16亿元的康泉（南京）仓储服务有限公司现代化汽车供应链分拨中心项目开工建设。康泉现代化汽车供应链分拨中心项目是南京首个双层坡道建筑项目，可为附近的晶能新能源汽车整车厂、马自达等汽车制造企业等及其上游供应商提供零部件生产厂房、零部件仓储等功能性配套，同时引入优质的现代汽配物流服务商和供应链金融服务商，为入园的汽车供应链企业提供上游零部件采购、生产管理、库内管理、后期配送、仓单质押等汽配金融服务，帮助入园企业快速回收现金流，激发企业生产经营活力。项目建成后，预计年产值10亿元以上，年纳税3000万元以上，可带动就业2000人。

阿里巴巴菜鸟电商运营项目注册

5月，阿里巴巴菜鸟电商运营项目完成注册。该项目总投资40亿元，是南京市重点项目，由阿里巴巴集团旗下菜鸟公司投资建设，一期注册资本6亿元，预计建成投产后年营业收入30亿元。项目主要分为五大功能区，即现代物流中心、电子商务办公中心、大数据处理中心、金融服务区以及生活社区。后期计划打造成拥有网上销售体系、网上支付体系和物流配送体系的一体式区域电商物流综合平台。

（黄　斌）

农副物流成全省唯一国家级农产品示范市场　1月，商务部公布首批全国公益性农产品示范市场名单，南京农副物流中心成为全省唯一一家国家级公益性农产品示范市场。南京农副物流中心是政府主导、民生为先、市场运作的特大型“菜篮子”项目，国有股比重占70%，地处南京江宁宁杭交通节点，市场一期占地86.7公顷。中心日均车流量近3万辆次，人流量超过6万人次，辐射苏北、皖南等区域，辐射半径超过300公里，外销比例稳定在40%左右，辐射范围位居华东地区第一。

农副物流果蔬登录检测室投入使用

5月，改建后的南京农副物流中心果蔬登录检测室投入使用。新的检测室宽敞明亮，商品登录、IC卡充值、农药残留检测等区域划分合理，检测环境得到改善和提升。改建后的果蔬登录检测室将成为采样、速检、登录、收费、充值、办公及档案存档为一体的综合型办公用房，为商户提供一站式服务。

顺丰“南京—深圳”全货机航线开通　6月6日，顺丰“南京—深圳”全货机运输航线开通。“南京—深圳”全货机航线是南京开通的首条全货运航线，顺丰速运也成为南京第一家专机落地的民营快递企业。该专机每日往返可载重28吨，将极大缩短华东—华南快件流向时效，华南流向次日时效整体由38.92%提升至80%以上。顺丰集团是全国现代物流行业的领军型龙头企业，现拥有遍布中国大陆、海外的12260个营业网点。位于江宁开发区的江苏顺丰速运有限公司是顺丰最早在江苏设立的全资子公司，2016年公司业务收入11.46亿元，连续多年位居江宁开发区税收贡献百强企业。

农副物流引入电子支付结算系统

10月26日，南京农副物流中心与中国银行江苏省分行签订物流场站电子支付系统框架合作协议。通过引入电子支付结算系统，推动农副产品交易由传统线下对手交易向现代化电子交易转变，提高农产品流通及结算效率，提升农副物流服务水平，降低商户经营成本；形成资金沉淀，推动以农副物流为节点的金融供应链发展，促进业态更新，形成新的经济增长点。双方计划联合开发建设南京上坊农副产品（货运枢纽）综合物流场站与电子支付结算系统，打造线上线下一体化结算渠道，开展全方位合作。该项目是农副物流中心“十三五”期间规划建设的核心项目，占地13.59万平方米，总投资5.35亿元，设计年货物吞吐能力300万吨。

12月28日，升级改造后的岔路农贸市场环境整洁，市民购物体验良好　　邢　然　摄

新增两家省级重点物流企业　12月，江苏省公布第12批省重点物流企业名单，江宁区两家企业上榜，分别是南京汇吉通物流有限公司、南京天环食品（集团）有限公司。至此，全区累计创建省级物流企业16家、省级物流基地3家。　（宁　鉴）

商贸管理与服务

概　况　2017年，江宁区商务部门主动适应经济新常态，继续深化改革，加快转型发展。启动48家农贸市场提档升级工程，当年完成36家农贸市场改造。继续实施《江宁区加油站网点规划（2016—2025）》，不断提高加油站（点）区域覆盖率。加强生活必需品保障供应、“农家乐”经营技能培训、打击侵权假冒和安全生产工作，促进商贸流通业良性发展。

（宁　鉴）

“放心工程”实施　2017年，区商务部门按计划对全区48家农贸市场的硬件进行升级改造，年内完成36家市场改造。联合市场监管、卫生等部门开展专项检查80余次，督促全区各批发市场、生鲜超市、农贸市场检测进场蔬菜60余万批次；加强肉菜流通体系建设，举办业务培训班1期，培训业务骨干23人，主城区16家农贸市场肉菜流通追溯系统平稳运行。

成品油行业管理　2017年，区商务部门继续实施《江宁区加油站网点规划（2016—2025）》，申报审批加油站建设项目2个，不断提高加油站（点）城市区域覆盖率。开展成品油经营企业年检及换证工作，办理成品油零售企业电子年检58家，按规定对宁马高速东站、西站销售非国五标准柴油问题进行督促整改，办理成品油零售经营批准证书变更登记4家。

“农家乐”经营管理　2017年，区商务部门牵头举办江宁区第四届农家乐美食节，以节造市、以会搭台，展示江宁农家乐餐饮文化，提升美誉度和影响力。推广“互联网+餐饮”模式，促进大众餐饮转型升级。组织开展全区13个“金花村”农家乐厨艺轮训，培训经营户200多家、400余人次。

“双打”行动　2017年，区商务部门联合市场监管、文广、检察等部门，开展打击侵犯知识产权和制售假冒伪劣商品行动。全年查处侵权假冒案件62件，涉案总金额716万元，没收各类侵权假冒商品4200件、处罚款340万元，为消费者挽回经济损失150余万元。捣毁侵犯知识产权和制售假冒伪劣商品窝点15处。

安全生产与专项整治　2017年，区商务部门切实加强商贸领域安全生产工作，坚持每月例行检查和节假日突击检查相结合，联合各街道（园区）和安监、消防等部门开展安全检查56次，检查商贸企业370家次，排除各类安全隐患700余处，商贸系统全年未发生重特大安全事故。紧盯重点领域，组织开展商贸领域餐饮场所、成品油市场非法经营专项整治行动，排查餐饮企业4122家、加油站（点）75个，整改餐饮场所隐患8635处，现场查处成品油非法经营行为3起。

肉菜追溯工作 2017年，区商务部门加强肉菜追溯工作，通过建机制、强监管、抓激励、促应用，推进肉菜追溯工作落地落实。结合全区农贸市场精细化管理要求，指导农贸市场设立肉菜流通追溯操作室和操作台，有针对性地培训肉菜追溯操作人员。采取量化积分方式，以节点为单位考核追溯体系运行、维护、管理情况以及辖区内节点单位数据报送、设备管理等指标，每季度形成追溯体系运行情况分析，发挥正面导向作用。全区纳入追溯系统农贸市场16家，主城区肉菜追溯体系建设覆盖率90%，建立从生产加工、批发到零售、消费终端的全区肉菜流通追溯信息查询网络，与市商务局初步形成单个节点信息互联互通、上下环节环环相扣的肉菜流通追溯信息链，为食品安全监管提供技术保障。

（黄 斌）

全区首家“农改超”店营业 7月，位于上坊片区的全区首家“农改超”店——巨诚农副产品生活超市升级改造后，正式对外营业。该超市共有两层，一楼主要经营生鲜蔬菜、水果、肉类、调味品等食品，二楼则为副食品等。超市主打生鲜特色，引入大量生鲜产品，其经营面积超过60%。4月，江宁商贸集团响应“农改超”号召，对原有巨诚百货生活超市进行改造，扩大面积，营造干净整洁的购物环境，服务于上坊新城，未来辐射人口6万人。升级改造后的超市，菜价低于农贸市场。建立“超市+基地”的合作模式，通过南京农副物流选购生鲜蔬菜，降低蔬菜上市成本，价格平均比农贸市场低10%左右，比其他超市低20%左右。超市设有江宁土特产专营区，将陆郎茶干、横溪年糕等搬进超市，致富江宁农民，打响江宁土特产品牌。

（宁 鉴）

供销合作商业

概 况 2017年，江宁区供销合作社系统完成商品销售总额63.27亿元，比2016年增长7.24%；社会消费品零售额42.77亿元，增长5.6%；农业生产资料销售1.79亿元，下降1.34%；实现综合经济效益2893.64万元，占年计划的106.97%。新建村级为农服务社20个，改造农家店30个；通过“赶超网”电子商务平台新建电子商务进街道8个，电子商务进村（社区）20个，电子商务进为农服务社16个，电子商务进专业合作社25个。

供销总社“三会”改革试点 7月，省供销总社根据《中共中央国务院关于深化供销合作社综合改革的决定》和全国供销总社要求，决定在全省供销社系统试点开展健全供销合作社“三会”（省、市、县三级联合社恢复建立社员代表大会、理事会、监事会）制度专项试点工作，江宁区供销社被列入江苏省承担全国总社健全联合社“三会”制度专项试点单位，要求2018年6月底前完成试点改革任务。2017年8月21日，区供销社向区委呈报《关于推进健全江宁区供销合作联合社“三会”制度专项试点工作的请示》，得到区委主要领导批示，区政府成立推进全区供销合作社“三会”改革领导小组，区长任组长。12月8日，区供销社制定的“三会”试点改革方案由区政府批转印发，各项工作计划在2018年6月底前推进到位。

基层社及农综社试点建设 2017年，区供销总社根据省供销总社创建“三体两强”（自主经营实体、农民社员主体、合作经济组织联合体和综合实力强、为农服务能力强）基层社要求，确定湖熟、横溪2个中心社为省“三体两强”示范基层社创建单位。至2017年年底，2个单位完成创建工作并通过验收。指导淳化中心社与淳化街道周子社区合作，推进以农民为主体的综合性合作社（农综社）试点建设。试点内容主要包括加强生产、加工、销售指导，提供耕种、农资、农机、田间管理、收储、包装、品牌创建、物流配送等一条龙服务；引导电子商务发展，开展农副产品网上销售；酝酿开展消费合作，为农民生产生活提供综合服务；大力发展认养农业，推进农村对城市、土地对餐桌的直接对接。

供销科技大厦项目建设 2017年，区供销总社相继出台《江宁区供销合作总社系统工程建设项目招投标管理办法》《江宁区供销社系统资产租赁管理办法》等一系列规章制度，规范完善社有资产监督管理机制，加强全系统资产管理。推进供销科技大厦项目建设，该项目是区供销社整合系统资源，自筹资金、自主建设的集商贸经营、农村金融服务、电子商务为一体的大型综合性建筑，总建筑面积4.77万平方米，项目总投资2亿元，5月底大楼主体已封顶，计划2018年底前建成并投入使用。

惠农服务 2017年，区供销总社围绕全区城乡统筹发展、乡村振兴战略实施以及社区功能服务需要，完成20个为农服务社建设和提档升级。发挥“岗山超市”品牌作用，完成30个农家店改造。做好农资供应、防汛物资储备等传统为农服务工作，投资1500万元，建设8000平方米防汛物资储备库，有效解决全区防汛抢险物资储存过于集中问题。扶持发展农村专业合作社9家，其中联合社2家。与江苏双创小贷公司进行战略合作，在10个街道的部分社区、供销社电商门店开设“供销双创小微贷金融服务点”，累计发放贷款1371万元。

农村电商发展 2017年，区供销总社调整电商平台——赶超网功能和模块；与“供销e家”江宁运营中心签订合作协议。全力打造区、街道、村（社区）三级电商服务体系，累计建成街道电商服务中心10家，完成电子商务进村（社区）45个、电子商务进为农服务社42个，帮助农民专业合作社建网店45个。组织开展农村电商培训650人次。（杨禄秀）

粮油业

概　况 2017年，江宁区粮食系统维护粮食安全，提高仓储能力，推进依法管粮，加快粮食流通现代化建设。全年国有粮食系统收购粮食13.75万吨，完成国家、省、市、区四级粮食储备计划，各级储备粮总量居全市各区第一。

仓储设施建设 2017年，区粮食系统贯彻区政府《关于加快推进农业供给侧结构性改革、大力发展粮食产业经济的意见》，推进粮食仓储设施建设项目上水平、上台阶。完成3个粮库智慧粮库工程建设，启动粮食储备库和成品粮低温库项目建设，推进龙都二道站危仓老库的维修改造，启动江宁铜山粮食储备库前期规划、立项和设计工作。

放心粮油工程实施 2017年，区粮食系统根据南京市放心粮油店申报管理办法，按照“成熟一家、发展一家”要求，新增南京六郎粮食购销公司门市部、佳友盟商贸中心2家粮油经营店为市级放心粮油店，放心粮油店总数28家，并全部纳入区级应急保供网点，基本实现城乡全覆盖。加强日常监管，建立全区放心粮油经营店粮油经营台账、明码标价、诚信经营等16项检查清单，集中开展粮油产品质量安全检查，确保市民吃得放心、吃得健康。

安全生产责任制落实 2017年年初，区粮食局与粮食行业内企业签订《安全生产食品安全目标管理考核责任书》，明确食品生产销售安全责任。组织开展“扫雷行动”“大快严”“大排查大整治”等专项行动，常态开展春节、“五一”等节日和“安全生产月”隐患排查活动。全年开展安全生产检查70余次，发现安全隐患131处，当场整改125处，限时整改6处，整改率100%。8月18日，举办粮食行业“一规定两守则”培训班，邀请南京财经大学教授进行系统讲解。

军粮供应 2017年，按照军粮市级统筹“六统一”（统一粮源、统一加工、统一检测、统一包装、统一配送、统一结算）的要求，区军粮供应站与军粮定点加工企业分别签订采购加工合同和质量承诺书，让军粮质量安全从源头上得到保障。开展4次军供粮油质量专项检查，主要查看军供粮油的储存、加工以及质量检测情况。对军供加工企业江宁米厂进行现场检查，抽取军供大米样品进行检验，该厂生产的军供大米符合质量标准。（邵禹豪）

烟草专卖

概　况 2017年，江宁区烟草专卖局（分公司）组织开展卷烟市场状态监测和信息采集工作，洞悉辖区消费变化趋势、客户经营状况与新品培育情况，新增监测点81个，样本零售客户占比提升至3%，并通过“1+2”模式保障信息采集质量。全年累计销售卷烟57004箱，比2016年增长8.39%，平均单价159.84元/条，增长1.31%；累计销售重点品牌53124箱，增长9.83%，高于全市重点品牌销量增幅6.08个百分点。

卷烟外流治理 2017年，区烟草专卖局（分公司）加大违法大户和真烟外流整治力度，成立工作领导小组，分析辖区市场状况，制定大户整治方案，促进规范经营。建立区局每半月、部门每周工作例会机制，及时掌握市场动态和苗头性问题，落实整治措施，取得成效。至年末，5倍大户集中度由一季度末的1.43%下降至0.09%；5倍大户销量占比由一季度末21.36%下降到1.99%。动员93户不具备网上订货条件的零售户转为电话订货，“同一IP地址”代订货户数预警数据由958户降至6户。责令停业整顿25户，取消经营资格2户，查处渠道类案件7起。

行政执法 2017年，区烟草专卖局（分公司）开展“冬季会战”“春季清无”等专项行动，查获涉烟违法案件534起，查获涉案卷烟17390.9条，总案值

335.19万元；罚没假烟、走私烟1377.6条，罚没款上交国库21.6万元。查获案件中，案值5万元以上案件15起。刑事拘留19人，判刑7人，破获2起假烟网络案件。推进规范性文件后评估工作，修订完善《江宁区烟草专卖局烟草制品合理布局管理办法》。全年办理新证354户、延续387户，全区有正常经营户4298户。深入推进行政指导工作，下发行政指导文书50余份。依法依规开展案审工作，召开29次案审委员会议，集中讨论部分涉烟案件处理，对违法商户进行行政执法约谈。全年无错误案件、行政复议或诉讼案件发生。

企业管理 2017年，区烟草专卖局（分公司）组织开展年度危险源辨识、风险评价和控制措施评审及更新工作，推进安全“三化”建设。加强车辆管理，全年出车3900台次，安全行驶17.8万公里，车队获2016年度南京市“安康杯”竞赛优胜班组荣誉称号。完成一线员工劳动合同续签工作和全省人力资源管理信息系统员工基础数据采集。严格费用报销审核，按照规范要求把控报销流程。修订办事公开民主管理事项，公开事项116条。全年受理“12313”投诉220件、“12345”投诉10件，处理率、回访满意率均为100%。

（王时庆）

对外及对港澳台贸易

概　况 2017年，江宁区按照“3+3+3+1”现代产业发展方向，编制《江宁区“四百招商”行动工作方案》和《2017年江宁区境内外招商活动计划》，组织各园区、街道，根据产业定位，重点围绕“百家龙头企业定向招商、百家驻区企业二次招商、百家中介机构合作招商、百场高位对接专项招商”，开展多种形式招商引资活动，加快推进重点项目落地。努力开拓国际市场，扩大出口创汇和境外投资，“走出去”步伐明显加快。全年新批注册外商及港澳台商投资企业97家，其中1亿美元以上外资项目12个；注册协议外资26.02亿美元，比2016年增长30.2%；实际利用外资8.6亿美元，增长9.1%。完成进出口总额140.4亿美元，按人民币计算950.3亿元，增长25.1%。其中，进口317.3亿元，增长20.6%；出口633.01亿元，增长27.5%。对外承包工程完成营业额7.7亿美元，增长14.9%。服务外包离岸执行额15.79亿美元，增长10.4%。

重大招商活动 2017年，全区聚焦江苏发展大会、南京“金洽会”、未来网络峰会、全球服务贸易大会、世界智能制造大会等大型招商活动，开展招商引资活动。组织20多个团队赴境内外招商，举办各类专业招商活动15场，捕获新项目信息60余个，推进在手在谈项目79个。举办2017中国·南京金秋经贸洽谈会江宁专项活动9场，纳入全市成果统计项目53个，总投资1648.6亿元，项目数量和体量均位居全市前列。组织参加香港、深圳招商推介会，签订合作协议12个，总投资324亿元。期间，还与香港中华总商会、香港经贸商会签署战略合作协议，促成南京工程学院、南京医科大学、中国药科大学等4所院校，与香港理工、澳门科技等院校签订校际合作协议，迈出宁港澳校际合作重要一步。

重大项目引进 2017年，区委、区政府主要领导带队先后赴德国、中国香港、中国台湾和北京、深圳、重庆等国家和地区，采取“上门敲砖”和“小分队”定点定向招商方式，促成一批重特大项目落户。全年领取营业执照、新批（增资）内外资重大项目123个，计划总投资1447.5亿元；签订正式协议项目31个，计划总投资733.3亿元；签订意向协议项目23个，计划总投资536.3亿元。其中，总投资21亿美元的富士康手机面板后段生产基地、58亿元的塔菲尔汽车新能源、60亿元的上汽大通江宁基地、100亿元的格力（江宁）产业园项目、136亿元的晶能新能源智能汽车制造和200亿元的中兴通讯智能制造项目先后落户。

投资促进 2017年，区投资促进中心按照“周有客商、月有活动、季有成果”的要求，对在手在谈和签约落户项目实行定期跟踪，提供项目后续服务，推动项目加速投产增效。加强客商服务和信息传递，先后接待客商考察50多批次，向园区、街道和功能平台推介投资项目40多个，促成香港圆核资本文化旅游、中城慧谷工业4.0大数据华东运营中心以及深圳国创新材料研究院和eBay华东区运营总部等重大项目签约落户，总投资规模超过100亿元。

经营规模扩大 2017年，全区通过宣传引导，努力提高区内企业开拓国际市场的积极性，经营主体规模不断扩大。全年办理对外贸易经营者备案登记544家，其中新办备案290家。拥有进出口实绩企业900家，比2016年增加48家；有服务外包实绩企业27家，增加6家。外贸出口总额633.01亿元，增长27.48%，高于全市8.18个百分点，总量排名第一。

外贸综合服务 2017年，江宁区筹建进出口商会，搭建外贸综合服务企业与中小外贸企业对接合作平台，组织外贸综合服务试点企业、中信保和南京银行等组成工作组，先后赴10个街道3个园区，组织13场外贸综合服务对接交流专场活动，与企业面对面交流，倾听企业诉求，现场解困帮扶，并为外贸企业报关、结汇、退税、融资、提高抗风险能力等提供服务。

外资质量提升 2017年，全区紧扣“3+3+3+1”现代产业体系，实施先进制造业和现代服务业“双轮驱动”引资战略，引进外资结构不断优化，质量不断提升。全年引进泉曜投资和臻实汽车技术等外商投资总部及功能性机构4家；中圣清洁能源和光大环境科技分别被省商务厅认定为第七批跨国公司地区总部和功能性机构。巩固服务业项目优势地位，新增服务业项目90个，其中南京云科商业管理、安博（南京）仓储、中圣清洁能源投资（江苏）有限公司为代表的商贸、物流、投资性公司等29个服务业项目，单体投资超过千万美元。第三产业全年实际使用外资5.71亿美元，占实际使用外资总额的66.3%。

（黄　斌）

南京综保区江宁片（二期）通过验收 10月31日，位于江宁开发区的南京综合保税区江宁片（二期）通过联合验收组的验收。南京综合保税区江宁片规划面积1.2平方公里，其中一期0.855平方公里于2013年通过国家10部委联合验收。为满足总投资规模超1亿美元的吉宝新项目、世界500强爱立信全球综合项目入驻需求，综保区江宁片（二期）启动建设。由南京海关、省发改委、省财政厅等10个部门组成的联合验收组一致认为，南京综保区江宁片（二期）0.063平方公里范围的基础和监管设施符合《海关特殊监管区域基础和监管设施验收标准》和国家有关法律规定要求，同意通过验收，并签署《南京综合保税区江宁片（二期）基础和监管设施验收纪要》。

海关总署署长于广洲调研江宁外贸企业 12月14日，海关总署署长于广洲一行，在江宁区调研外贸企业运行情况，市、区领导黄澜、祁豫玮、李万平参加调研。位于江宁开发区的吉宝通讯（南京）有限公司由世界500强企业仁宝集团投资建设，主要生产7.9英寸、9.7英寸苹果平板、触控笔等产品，维修全球苹果平板产品。于广洲一行听取该公司基本情况介绍，察看公司产品，并深入装配车间和组装车间，实地考察企业生产经营情况。表示海关总署将努力为企业创造良好通关环境，加大对外贸发展和地方经济建设的支持力度。于广洲鼓励企业更新发展理念，转变发展方式，推动转型升级，抢抓市场机遇，不断提高竞争力。

（宁　鉴）

2016—2017 年江宁区外商及港澳台商投资情况统计表

表 12　　　　单位：万美元

项 目	2016 年	2017 年
新签外商投资企业（家）	73	97
合同利用外资及港澳台资	199854	260203
实际利用外资及港澳台资	78755	86022
出口创汇	745000	934854

旅游业

综　述

概　况　2017年年末，江宁区有国家级旅游度假区1个、市级旅游度假区1个，国家等级景区11个，在江宁备案的旅行社30家、营业网点131个，星级旅游饭店12家；有省星级乡村旅游示范村26个，省级工业旅游示范点2个，省级自驾游基地2个，省级房车露营地1个。是年，区旅游部门围绕创建首批“国家全域旅游示范区”目标，全面提升江宁旅游的综合承载力、品牌影响力和游客满意度。全年接待游客3306万人次，旅游收入350.35亿元，分别比2016年增长10.1%和9.46%。区旅游局先后获“江苏省旅游安全生产工作先进单位”“江苏省智慧旅游平台建设优秀单位”“江苏省旅游厕所建设工作先进单位”“江苏省旅游统计工作先进单位”和江苏省智慧旅游示范项目、南京市2017年度全市全域旅游综合贡献先进单位等荣誉称号。

全域旅游。6月23—24日，省旅游局“国家全域旅游示范区”创建调研考评组对江宁区“国家全域旅游示范区”创建情况开展调研考评认为，江宁全域旅游创建氛围浓，党政统筹推进力度强，多规合一探索早，公共服务体系建设亮点多，机制体制创新探索成效明显，重大项目政策保障落地实。省考核组要求总结江宁实践、江宁经验，形成可借鉴、可复制、可推广的江宁模式，使其成为“国家全域旅游示范区”创建的全国样本。

智慧旅游。完成江宁全域旅游1个数据中心、3个支撑平台、4类运用平台和17个子系统建设，实现对7个景区、31个乡村旅游点客情监控，与区内10个部门的数据互通共享。扩大景区（点）监控设施建设，新建16个景区（点）监控点，监控设施建设已基本覆盖A级景区和3星级以上乡村旅游点。

旅游服务。在旅游治理体系构建上先行突破，建立旅游警察、旅游法庭、旅游市场综合监管办公室共治共安的“1+3”综合执法模式，开展旅游市场以及安全隐患检查。在重大节日期间，落实各项防范措施和24小时值班制度，快速处理游客投诉，确保安全无事故。依托“旅游互动空间”，制订年度培训计划，与旅游学院、旅游专业培训机构合作，开展导游、民宿、旅行社管理人员培训，努力提升旅游从业人员的素养和能力。在市旅游委组织的乡村讲解员培训暨讲解员大赛中，获得团体赛一等奖和个人赛二等奖2名、三等奖2名。

旅游宣传。编制2017—2019年三年行动实施方案和品牌宣传目标，通过多形式、广角度宣传，扩大品牌形象和影响力。在高铁南京南站送站坪投放80平方米的户外形象展示牌，在区内4条公交线路的21辆公交车身展示“来江宁织造幸福”品牌形象，两次在江苏新闻广播电台早晚高峰时段宣传。在南京南站和禄口机场设立旅游咨询点和投放旅游形象广告，将“来江宁织造幸福”品牌推向全国。《新华日报》两次对全域旅游的江宁范本进行专题宣传。（嵇书静）

全域旅游发展专家顾问团成立　5月，江宁全域旅游发展专家顾问团成立，首批聘请20名专家为顾问团成员。首批受聘请的专家有江苏尔目文旅集团杨淇深、南京林业大学费文君等20人，聘期1年，专家研究方向主要涉及旅游规划策划、旅游大数据、旅游营销推广、旅游交通标识、旅游饭店管理等类别。未来，专家顾问团将在制定全区重大旅游发展目标及战略、策划及规划，为旅游人才引进和旅游行业培训、旅游品牌塑造和市场营销推广等方面提供咨询，提升全域旅游规划建设和管理服务水平，为“国家全域旅游示范区”创建发挥智囊团作用。

全域旅游服务中心试营业 6月16日，由江宁区打造的全市首家全域旅游服务中心对外试营业。江宁全域旅游服务中心位于江宁区胜太路18号。服务中心主体功能区域为1～2层，一楼以江宁城市形象、人文历史和智慧旅游功能展示为主，设置总咨询台、智慧旅游服务展示大屏、图说江宁、江宁礼道、游客之家、旅游运营商服务平台、公共卫生服务等7个主要功能区域。二楼主要为后台运营管理区域，设置旅游指挥中心、旅游培训多功能厅2个功能区。作为江宁整体旅游形象的展示窗口，江宁全域旅游服务中心投入运营后，为游客提供更直接、更专业、全方位的旅游信息咨询服务；为全区乃至各地旅游从业者、经营者提供文化讲座、旅游产品宣传推介、新闻信息发布，以及茶艺、摄影、导游讲解等培训服务。

“国家全域旅游示范区”创建接受省考评 6月23—24日，省旅游局考评小组对江宁区“国家全域旅游示范区”创建工作进行调研考评。市委常委、区委书记李世贵，区领导严应骏、张会祺、董涵参加。省旅游局考评小组一行通过问卷调查、听取汇报等形式，了解江宁区在创建国家全域旅游示范区过程中采取的做法及取得的阶段性成效。在现场察看环节，考评小组分两路前往江宁全域旅游服务中心、牛首山文化旅游区、江宁金鹰购物中心、苏家文创小镇等地，现场了解江宁智慧旅游数据中心、旅游厕所等设备设施建设，“旅游+商贸”，旅游新业态，以及全域旅游氛围营造等情况。考评小组对江宁推进全域旅游工作的实践、成效给予较高评价，并针对在旅游营销推广、旅游交通路线优化等方面存在的不足提出建议。

（宁 鉴）

2017年江宁区旅游景区（点）及旅游资源一览表

表13

景区类型	等级	景区名称
国家级等级景区（11个）	AAAA	汤山：阳山碑材景区、紫清湖旅游区 牛首山文化旅游区
	AAA	高新区：方山景区 谷里：银杏湖风景区、大塘金薰衣草园 江宁：南山湖度假区 横溪：江宁台湾农民创业园
	AA	麒麟：锁石村 牛首山：唐明文化园 江宁：雁南飞景区
旅游度假区	国家级	汤山温泉旅游度假区
	市级	方山景区
地质公园	国家级	汤山国家地质公园、方山国家地质公园
湿地公园	国家级	滨江开发区：新济洲湿地公园
	省级	未来科技城：上秦淮湿地公园

续表 13-1

景区类型	等级	景区名称
森林公园	省级	方山景区
全国工业旅游示范点（2个）	国家级	东山：金箔艺术馆 开发区：海尔曼斯工业旅游点
工业旅游示范点（2个）	省级	秣陵：海欣丽宁工业旅游点 湖熟：海龙红木工业旅游点
房车露营地（1个）	省级	汤山华宁温泉房车露营地
自驾游基地（2个）	省级	汤山华宁温泉房车露营地 黄龙岘云水涧露营地
省级乡村旅游示范村（26个）	5星级（2个）	谷里：大塘金 横溪：石塘人家（石塘竹海）
	4星级（17个）	麒麟：锁石生态旅游村 汤山：汤山七坊、汤山翠谷现代农业园、汤家家温泉村、湖山小火车、石地水乡 横溪：江宁台湾农民创业园、七仙大福村 东山：东山香樟园 江宁：黄龙岘 谷里：世凹桃源、公塘头 秣陵：秣陵杏花村 淳化：马场山、翠洲芳谷、景业百果园 湖熟：杨柳村古民居群
	3星级（7个）	禄口：豪翔农庄 江宁：朱门农家、金和园旅游盆景基地 湖熟：三界稻花村、陡门口村（湖熟菊花园） 汤山：佰菜园 秣陵：白鹭田园
特色田园乡村	省级（5个）	秣陵：元山社区观音殿 谷里：张溪社区徐家院 湖熟：和平社区钱家渡 东山：佘村社区王家村 淳化：青龙社区东龙村
田园综合体	国家级	溪田生态农业园
民宿示范村	市级（9个）	后石塘村、马场山、七仙大幅村、汤家家村、黄龙岘、龙乡蚬、双范村、云水涧、苏家、下浣溪村
星级酒店	5星级	汤山：绿地御豪温泉酒店
	参照5星级	汤山：御庭精品酒店 开发区：银城皇冠假日酒店、湖滨金陵饭店、丽湖雅致、会展中心
	4星级	开发区：水秀苑大酒店、翠屏山宾馆 谷里：中琅假日酒店

续表 13-2

景区类型	等级	景区名称
	3 星级	东山：东山宾馆、纳尔达斯大酒店 禄口：空港宾馆 开发区：国海大酒店
特色小镇	—	禄口皮草小镇 苏家文创小镇 南京未来网络小镇·U 谷、水栖秦淮（华谊兄弟影视小镇） 吉山软件小镇、空港枢纽小镇、生命科技小镇 汤山温泉养生小镇、牛首山文化小镇、大塘金香草小镇 石塘互联网小镇 方山梦想小镇
全域旅游示范企业	—	汤山：百联奥特莱斯购物广场 高新区：南京旅游职业学院 开发区：江宁金鹰购物中心
全域旅游示范社区	—	横溪：孚而岗村 / 爱情隧道 / 云台山铁矿旧址 东山：中前社区
全域旅游示范园区	—	众彩物流、未来科技城
旅游新业态	农业旅游	淳化：鑫森龙锦园、睿汐蓝莓园、舟渔寨观光园 横溪：阿拉丁新疆伊犁风情园、天地源农场、甘泉湖度假区 秣陵：白鹭田园
—	商贸旅游	未来科技城：砂之船艺术商业广场、上秦淮假日酒店、悠居精品酒店 汤山：香樟华苹酒店、巴厘原墅·沃阁精品酒店 东山：万达广场、万达嘉华酒店、小厨娘酒店、新东新酒店 开发区：金鹰尚美酒店、景枫 KINGMO、景枫万豪酒店、21 世纪太阳城、瑞都购物中心、1912 街区、胜太路商业街、水晶蓝湾酒店、金色世纪缘大酒店、神旺大酒店、克莉丝汀甜蜜城堡酒店、ALILA 酒店、南京保税区进口商品交易中心 高新区：御冠酒店、新东新酒店
—	体育旅游	横溪：南京市学生阳光体育营地 高新区：方山汽摩运动基地 汤山：金陵马汇马术俱乐部
—	文化旅游	高新区：方山艺术营 汤山：猿人洞景区、南京直立人化石遗址博物馆、蒋介石温泉别墅、汤山文化中心、汤山游客中心 东山：东晋博物馆 牛首山：南唐博物馆 高新区：东吴博物馆 开发区：爱涛艺术中心
—	红色旅游	横溪：横山县抗日民主政府旧址、云台山新四军抗日烈士墓、新四军第一支队指挥部旧址

续表 13-3

景区类型	等级	景区名称
—	科技研学旅游	秣陵：秣陵九车间、J6 软件创意园
—	康体养生旅游	横溪：蟠龙湖山水度假（酒店）中心 汤山：颐尚温泉酒店、江苏省工人汤山疗养院、百倍圣泉、汤山一号温泉、柏华丽致汽车温泉酒店
—	宗教朝觐旅游	横溪：上国安寺 高新区：定林寺、洞玄观 湖熟：清真寺 牛首山：宏觉寺
—	主题娱乐旅游	汤山：欢乐水魔方

江宁区全域旅游特色商品一览表

表 14

序号	街道	景区（点）	商品名称	商品售卖地点
1	江宁	黄龙岘茶文化旅游村	陶器	黄龙岘茶文化风情街洵器铺
2	秣陵	乡伴苏家	手机壳	秣陵街道元山社区乡伴苏家内
3			笔记本	
4			杯 子	
5			帆布包	
6			小蚂蚁公仔	
7			杯垫	
8			帽子	
9	汤山	直立人化石遗址博物馆	e 温泉电子产品	直立人化石遗址博物馆纪念品商店
10			e 温泉香产品	
11			印象汤山帆布包	
12			印象汤山明信片	
13			印象汤山马克杯	
14			汤山物语书签	
15			汤山丝巾	
16			印花陶瓷盘	
17			汤山卡套	

续表

序号	街道	景区（点）	商品名称	商品售卖地点
18			博物馆钥匙扣	
19			汤家家玩偶	
20			汤家家家纺礼盒	
21			远古的遗迹（书）	
22			汤山方山（书）	
23	湖熟	湖熟菊花园	菊花园吉祥物	湖熟陡门口游客服务中心
24			书签＋笔套装	
25			明信片	
26	横溪	—	西瓜摆盘模型	横溪街道
27			西瓜抱枕	
28			西瓜坐垫	
29			西瓜马克杯	
30			西瓜勺工具	
31			鼠标垫	
32			文化衫	
33			西瓜 U 盘	
34			扑克牌	
35			西瓜图案帆布包	
36			便签本	
37	秣陵	—	S1 儿童超能牙刷	秣陵街道旅游办
38			K1 儿童声波牙刷	
39			WIFI 信号放大器	
40			贴片式心电记录仪	
41			《不可思议的海洋》立体书	
42			太阳能可充电手电筒	
43		秣陵礼遇观音殿	套盒	—
44			银杯子	

江宁区特色旅游商品一览表（工业）

表 15

序号	街道	景区（点）	商品名称	商品售卖地点
1	禄口	禄口皮草小镇	肖恩羊皮草挂饰	禄口诚信大道 47 号（皮草文化交流中心）
2			萌萌兔皮草挂饰	
3			爱心皮草挂饰	
4			皮草圆球挂饰	
5			咯咯鸡皮草挂饰	
6			玉兔皮草挂饰	
7			小萌猴皮草挂饰	
8			睡美羊皮草挂饰	
9			企鹅皮草挂饰	
10			萌兔皮草包包	
11			菠萝球皮草挂饰	
12			小狐狸皮草挂饰	

江宁区特色旅游商品一览表（香薰）

表 16

序号	街道	景区（点）	商品名称	商品售卖地点
1	谷里	大塘金旅游特色村	格桑·寐香囊礼盒	大塘金香草谷主题馆
2			薰衣草精油（进口）	
3			养生枕	
4			薰衣草祛皱保湿面膜	
5			薰衣草眼罩	
6			薰衣草手工皂	
7			薰衣草花茶	
8			纯露	
9			精油棒	
10			薰衣草香包	
11			薰衣草洗护套装	
12			薰衣草蚕丝美肌面膜	

续表

序号	街道	景区（点）	商品名称	商品售卖地点
13			薰衣草小熊（有插孔）	
14			薰衣草小熊（最小）	
15	谷里	大塘金旅游特色村	薰衣草小熊（30厘米）	大塘金香草谷主题馆
16			薰衣草小熊（50厘米）	
17			薰衣草抱枕	
18			薰衣草趴趴狗	
19	东山	东山香樟园	天然线香礼盒	—
20			车载沉香礼盒	
21			香樟精品衣架	

江宁区特色旅游商品一览表（农产品）

表17

序号	街道	景区（点）	商品名称	商品售卖地点
1	淳化	马场山	珍珠贡米	马场山
2		不详	有机贡米	土桥
3	谷里	公塘头	五谷杂粮	—
4			洋槐蜂蜜	
5			洋槐蜂蜜	
6			五谷杂粮（1+1）	
7			丝路农情	
8	湖熟	湖熟	湖熟大米	—
9			西洋湖蜂蜜礼盒	
10			洋槐蜂蜜 150g	
11			洋槐蜂蜜 250g	
12			五月槐花 500g	
13		湖熟菊花园	湖熟菊花茶	湖熟街道九龙路9号

续表

序号	街道	景区（点）	商品名称	商品售卖地点
14	江宁	黄龙岘茶文化旅游村	菜籽油	—
15			芝麻油	—
16	横溪	七仙大福村	纯正手工米酒	—
17		溪田国家田园综合体	木老爷木榨菜籽油	—
18			木老爷芝麻油	—
19			木老爷亚麻籽油	—
20	秣陵	秣陵杏花村	乳酪酥（原味）	秣陵杏花村游客服务中心
21			乳酪酥（蔓越莓味）	
22			拿酥	
23			鲜花饼	
24			菜籽油	
25			小磨麻油	
26			大米	
27			瓜子	
28		白鹭田园	白鹭田园大米	秣陵街道胜家桥社区白鹭田园

（旅游局）

旅游资源开发

特色小镇建设 2017年，江宁区出台《关于加快全区特色小镇规划建设的实施意见》《南京市江宁区特色小镇规划建设导则》等，推进未来网络小镇、汤山温泉养生小镇、大塘金香草小镇等13个特色小镇建设。坚持全域景区化、服务人性化的建设标准与要求，着力特色小镇基础设施建设与功能配套完善，有机嵌入文化、创意、体育、休闲等旅游元素，完善公共服务体系，强化特色小镇“乡村会客厅”功能。发展优势主导特色产业，增强特色小镇产业集聚功能。未来网络小镇紧扣未来网络主导产业，打造科技旅游小镇；汤山温泉养生小镇以“温泉+”为主题，建设国际知名温泉养生小镇。在特色小镇项目带动下，全区皮草工艺、康疗养生、礼佛参禅、乡村民宿等新兴旅游业态加快发展。

民宿客栈发展 2017年，全区创新民宿建设经营模式，整合旅游和文化资源，延伸产业链条，开发多样化的体验活动，如房车营地、骑行、采摘、农耕体验、垂钓、传统工艺DIY、民俗活动等，打造一站式旅游民宿。培育汤山汤家家等一批民宿特色村和民宿精品项目，如云水涧文化展示中心等。举办民宿从业人员专业培训指导4次，组织实地考察学习，提高乡村民宿专业化管理服务水平，增强安全意识和应急处置能力。规范民宿的行业指导标准，根据《促进乡村民宿规范发展的实施办法》，开展星级评定，规范等级标志使用，实行动态管理，星级评定结果向社会公示。国庆黄金周，全区乡村旅游点民宿预定及使用量达75%，“美丽乡村游”接待游客60.56万人次，旅游收入1.25亿元，创历史新高。

旅游“厕所革命” 2017年，全区完善旅游厕所建设管理协调小组职能，制定《城市公厕革命实施方案》，配套出台《旅游厕所质量等级划分与评定办法》，强化街道、园区等属地责任，建立健全督察考评机制，形成齐抓共管、全域创建的局面。对照《国家A级旅游厕所建设标准》，投入1437万元用于旅游厕所建设，新建旅游厕所19座，其中AAA级以上12座；改扩建旅游厕所4座，总建筑面积2421平方米。针对节假日热门景点厕所紧缺状况，增加移动生态环保厕所投放数量，有效缓解高峰如厕压力。结合文明城市创建，倡导文明旅游，制作并发放“文明如厕倡议书”5000余份。优化服务供给，确保AAAA及以上景区第三卫生间配置率100%。

（嵇书静）

美丽乡村中部片区建设全面启动 3月19日，江宁美丽乡村中部片区建设启动仪式在湖熟街道举行，省旅游局局长、党组书记秦景安，市、区领导李世贵、胡万进、祁豫玮等出席。江宁美丽乡村中部片区主要涉及淳化、湖熟街道，还包括禄口、秣陵、东山和麒麟等街道的部分区域，总面积346.76平方公里。同时挂牌成立的江宁旅游产业集团，主要从事旅游基础设施投资、旅游服务、旅游产品和商品的开发及销售、旅游商业地产开发等业务。重点启动并推进美丽乡村中部片区道路交通、水上交通、乡村旅游等十大工程，全力打造一批文化休旅、生态观光、休闲度假、乡村旅游等具有浓郁“江宁味道”的近郊田园水乡旅游项目，最终形成“企业投入有回报、农民增收有渠道、产业整合有增效、近郊出游有乐道”的局面。

云水涧文化展示中心建成 7月，由江宁交建集团、江宁旅游集团共同打造的云水涧文化展示中心建成。云水涧乡村文化展示中心位于谷里街道亲见社区、张溪社区境内，占地面积67公顷，有12个不同主题的文化展示馆及相关配套服务设施。该项目于2016年10月开始建设，打造山水、田园与民宿体验多元融合的休闲旅游精品，丰富西部美丽乡村旅游业态。经过半年多的整理建设，建成12个文化展示馆，活动广场、休息亭阁、休憩连廊等配套基础设施基本建成，初步具备对外开放条件。走进木质民宿建筑群，每栋建筑都有前、后庭院，青砖小路、原木平台和白色鹅卵石道路、古朴石灯布局巧妙。29套大中小民宿客房都呈现出轻奢、极简风格，配有智能控制系统，可为团队出游、亲子家庭提供住宿。该项目对外开放后，可与周边的大塘金薰衣草、谷里花卉谷、红楼稻香村、南京银杏湖乐园等诸多景点形成优势互补，满足周边游客的住宿、餐饮、田园风光休闲等需求。

（宁　鉴）

西部片区提档升级 2017年，由江宁旅游集团实施的龙乡·双范精品民宿村项目完成投资2.35亿元，辖区内上范、兴范村77户村民协议搬迁，建成兴范龙园、清泉居、乡村牧场、牧场饭庄、临水三居等项目，旷济堂、大缘文化、陶笛馆、芯园、茑舍、心宿、康疗中心等项目建设有序推进，有6处民宿对外开放。云水涧文化展示中心完成投资8500万元，一期12栋住宿区于10月1日对外试运营，周边环境整治、景观提升工程竣工；加快红庙集装箱酒店、房车营地、童趣园、水乡古宅、会议中心方案、水库管理用房翻建等项目建设，其中云水涧老宅、集装箱民宿、房车营地计划于2018年春节前后对外试营业。逢缘驿站二期完成投资2800万元，相继进行驿站周边围栏施工、区域内道路建设、景观打造，以及集装箱民宿的采购加工。黄龙岘茶文化小镇完成投资

云水涧精品民宿　　　　区新闻中心　供稿

25020万元，实施龟山十二景提档升级，先后完成最美夜跑、五福廊道道路施工、亮化、绿化工程。开展朱门游客服务中心项目选址及方案设计，茶乡星谷木屋主体施工结束，同步进行内部装修、外部配套设施施工，启动岘下村协议搬迁工作。大岘风景区完成投资1.3亿元，主要进行大岘水库酒店装修方案设计、大岘村片区策划方案编制和大岘村31户村民协议搬迁工作。

中部片区项目建设　2017年，江宁美丽乡村中部片区项目建设完成投资43080万元。签订钱家渡、孙家桥2个村庄85户村民搬迁协议，做好区域范围内153.3公顷土地流转青苗补偿工作。完成滨水游线北干沟河道清淤、边坡修整以及孙家桥、钱家渡2个村庄停车场新建、坯棚拆除、污水管网和强电管网铺设、房屋出新、景观节点打造等工程。按照规划设计方案，开展现代农业展示馆房屋改造、业态引入、运营和管理等，建成中部片区水系梳理、水上游线串联、游船体验等项目。（旅游集团）

12月20日，第九届汤山温泉文化旅游季在汤山金乌温泉公园开幕。图为开幕式现场　李　宁　摄

旅游节庆

春节黄金周旅游收入11亿元
2017年春节黄金周期间，全区各旅游景区（点）接待游客180.66万人次，实现旅游收入11亿元，分别比2016年增长17.5 %和15.7%。节日期间，各景区（点）开展系列宣传活动，杨柳湖上元灯彩嘉年华、银杏湖全家迎幸福、杏花村亲子手工DIY等美丽乡村特色活动吸引大批儿童参与；横溪年货节、方山撞钟祈福迎新年、牛首山新春祈福系列活动让市民体会浓浓年味；第八届汤山温泉文化旅游季系列活动，吸引众多游客参加温泉季活动。以青山绿水、自然生态、返璞归真为特色的“五朵金花”美丽乡村品牌受到游客追捧。截至正月初五，乡村休闲游吸引游客23.81万人次，旅游收入5172.09万元，农家餐饮预订率均达到90%，住宿客房平均出租率超过85%。汤山温泉度假、牛首山祈福礼佛、银杏湖主题娱乐等产品深受市场欢迎，牛首山文化旅游区有6.66万名游客祈福礼佛，汤山旅游度假区吸引近46万名游客温泉度假，银杏湖有0.8万名游客参加娱乐休闲欢度跨年活动。

“五一”小长假137万人游江宁
2017年“五一”小长假，全区各景区（点）接待游客137.57万人次，实现旅游收入33610.08万元，分别增长13%和24%，均创历史新高。大塘金薰衣草，马场山月季花，翠洲芳谷郁金香、杏花村虞美人……覆盖江宁全域的美丽乡村有48.66万人踏青赏花、亲近自然；国家级汤山旅游度假区吸引8.3万人温泉度假；牛首山景区接待3.35万名游客参禅观光；银杏湖主题乐园有4.1万名游客娱乐休闲。省五星级乡村旅游区的石塘人家和大塘金景区分别接待游客4.53万人次和8.32万人次，实现旅游收入1009万元和1225万元。马场山乡村音乐轰趴派对暨觅乡音乡歌挑战赛、香樟园露天电影节、苏家文创小镇开园仪式、汤山石地水乡船游体验、杨柳湖“唱响杨柳—礼赞劳动者”、银杏湖“遇见茉莉，浪漫告白”、湖山小火车“家庭课堂”、锁石村“庆五一草莓采摘亲子活动”等特色活动，吸引大批游客参与其中、流连忘返。（嵇书静）

“十一”黄金周接待游客255.8万人　2017年国庆8天长假期间，全区各景区（点）接待游客255.8万人次，实现旅游收入6.9亿元，分别增长10.8%和9.8%。长假期间，淳化街道的南京（江宁）农业电商产业园举办的第13届中国·南京农业嘉年华江宁会场暨首届“醉”美龙鱼水乡和特色农业电商游乐节活动，吸引大量游客。在秣陵杏花村，火车来斯对外营业，看变形金刚、在卡丁车赛道上体验速度与激情等。石塘人家和黄龙岘景区驿站住宿、农家乐餐饮人气爆棚，DIY月饼、手工折纸等各种亲子活动吸引众多游客。汤山温泉房车营地国庆三大趴、黄龙岘云水涧精品民宿节日暨优惠大促销、淳化第二届秋季翠洲芳谷风筝艺术周、杏花村采摘节，释放“旅游+”的联动叠加新动能，吸引八方游客到此体验。据统计，以生态观光、农事体验、休旅一体等为主的“美丽乡村游”接待游客60.56万人次，旅游收入1.25亿元；汤山旅游度假区有30万人泡汤度假；牛首山景区有6.86万名游客参禅观光；银杏湖主题乐园有4.7万名游客娱乐休闲。

茶文化旅游月接待游客20万人次 5月，由江宁旅游集团在黄龙岘景区开展的茶文化旅游月活动举行，接待游客超过20万人次。活动期间，黄龙岘景区开展了茶乡采春茶、茶餐美食节、炒春茶表演、江宁名特优茶叶评比、春茶低价众筹、茶艺表演、茶道插花体验等一系列活动。其中，春茶低价众筹是旅游集团首次创新开展的茶叶众筹活动。茶餐美食节首次在美丽乡村西部片区驿站全面推出，10多道特色茶餐有众多游客预订就餐。亲子采茶节、亲子国学课堂活动是黄龙岘景区首次开展的融合茶文化与传统文化的亲子互动体验活动，让游客直观感受茶乡魅力。

牛首山佛顶文化艺术周 10月26日晚，2017年牛首山佛顶文化艺术周开幕，牛首山文化旅游区核心景观——摩崖石刻同时揭幕。开幕式后，牛首山音乐晚会在现场露天舞台上演，整场音乐会分为佛顶心韵、丝路神韵、牛首禅韵三大篇章。舞台融合大自然的空灵和佛禅意境，结合现代舞美科技，与“当代建筑艺术新景观”佛顶宫、佛顶塔交相辉映。当天揭幕的摩崖石刻分为两层，高16米，气势宏伟，内容丰富，整体形象如同一只巨型佛手握着一串宝珠。此外，艺术周期间，“佛顶艺海”海峡两岸佛教书画艺术展、纪念赵朴初诞辰110周年艺术展对游客开放。

10月26日，牛首山佛顶文化艺术周开幕，牛首山文化旅游区核心景观——摩崖石刻同时揭幕。图为开幕式现场

牛首山文化旅游区　供稿

第九届汤山温泉文化旅游季 12月20日，第九届汤山温泉文化旅游季在汤山金乌温泉公园开幕，温泉季持续至2018年3月5日。温泉季预热期举办的中法房车华夏行、马术嘉年华、汤山七坊民俗活动等已为温泉季奏响序曲。后期，Cavalia·舞马、“飞跃金陵”球幕影院首映、百联奥莱圣诞购物狂欢节、紫清湖新春欢乐节、阜庄村博馆历史之旅等活动将陆续举办。活动现场，汤山温泉度假区被授予“金汤奖”，汤山温泉小镇、汤山辖区企业紫清湖度假区、汤山温泉文化旅游季分别被授予“十佳温泉小镇”“最佳生态温泉”“优秀温泉节庆”等荣誉。第三届中国温泉“金汤奖”活动由中国旅游协会温泉旅游分会、中国旅游报社联合主办。评选依据温泉单位的软硬件情况，由业内权威人士组成的专业评审和各领域组成的大众评审，从行业和消费者角度进行公开公正评选。温泉季开幕式举办地——金乌温泉公园同日开园，公园分为汤山意境、温泉乐园、云涧溪谷、户外帐篷营地、南入口、环湖景观带等6个功能区，设计主题和灵魂是“金乌栖处温泉生”，同时通过景观场景打造，充分展示汤山千年温泉文化盛况，并串联成孕泉、寻泉、问泉、开泉、养泉等温泉文化脉络。汤山南麓的废弃矿坑，计划引入温泉水建成露天泡池和儿童戏水区，嶙峋岩壁垂下40多米高的瀑布，池边配置餐厅、水坝、剧场，别具风味。

（宁　鉴）

旅游景区

·南京汤山温泉旅游度假区·

概　况　南京汤山温泉旅游度假区位于南京东郊，规划面积29.74平方公里，因“帝王温泉”“史前溶洞”“绝世碑材”而闻名，区内山、水、泉、林、洞、碑、寺、塔相依相融，远古文化、六朝文化、明文化以及民国文化传承有序，自然人文景观交相辉映，是一处集观光、休闲、度假、娱乐为一体的旅游度假胜地。2017年，汤山旅游度假区接待游客1210万人次，比2016年增长12%；实现旅游综合收入136亿元，增长16%。

旅游资源开发　2017年，汤山旅游度假区继续实施旅游项目建设，其中苏豪健康养老产业园项目（总投资12亿元）完成市政基础配套建设，紫清湖二期加快动物创意展示项目建设，桃花源餐厅建成试运营。聚焦央企国企，推进项目招商，南京“金洽会”上，圆核文化旅游、小镇客厅、五矿—法国PVCP汤山石头季度假村、南京汤山匠人村、北大培文南京汤山书院等9个项目集中签约入驻，总投资162亿元。

景区景点规划建设　2017年，汤山旅游度假区围绕“国家级旅游度假区”“世界著名温泉小镇”双重定位，完成度假区核心区城市设计。以完善服务功能为重点，实施旅游环线景观提升工程，新建环镇北路和泉华路5.2公里示范段，建成风筝广场、临水平台、骑行道、荧光慢跑道、湿地等特色景观。建成面积18万平方米的温泉康养主题公园，植入祭泉、开泉、悦泉等温泉文化体验活动，并免费向市民开放。推进集生态、景观、活动、科教于一体的体验式矿坑景观公园建设，完成园路基础施工、草甸区场地平整以及崖壁修复，并申报住建部“城市双修”试点工程。

旅游市场推广与管理　2017年，汤山旅游度假区举办第九届汤山温泉文化旅游季开幕式，独家冠名第三届中国温泉金汤奖，并获得“金汤奖”三大奖项，其中汤山温泉小镇获评“十佳温泉小镇”，南京汤山温泉文化旅游季获评“优秀温泉节庆”，紫清湖获评“最佳生态温泉”。举办第三届中法房车华夏行——汤山站和马术公开赛等系列活动，全省旅游风情小镇创建工作现场会在汤山召开。成立江苏汤山国际旅行社，市场化招聘职业经理人，全面负责旅行社经营运作。建成沙排体育公园，举办沙排U21世锦赛、大满贯赛和巡回赛等三大赛事，“旅游+体育”成为汤山新亮点。“汤山温泉”被认证为南京市和江苏省著名商标，汤山温泉知名度进一步提升。南京直立人化石遗址博物馆成为全国第四批国土资源部科普教育基地，“洞天福地”“文明之基”两个新展厅建成并对外开放。

“金洽会”上162亿元项目签约　9月11日，南京“金洽会”——汤山旅游度假区招商推介暨项目签约仪式举行，9个涉及文化旅游、精品酒店、特色书院等领域项目集中签约，总投资162亿元。此次签约项目单体规模大、整体品质高、综合效益强，其中文旅类项目包括中青旅汤山风情旅游小镇客厅、五矿—法国PVCP汤山石头季度假村、南京汤山匠人村、汤山圆核文化旅游和汤山国际水上运动中心。投资约30亿元的中青旅汤山风情旅游小镇客厅项目，规划建设高端度假酒店、古镇景区、水乡商业街区、民国风情街区、文创交流中心、演艺文化中心，形成集城市旅游中心地、城郊游览目的地和城市日常消费核心片区为一体的新兴旅游体系区域。投资10亿美元的汤山圆核文化旅游项目

12月，汤山金乌温泉公园对外开放，内设温泉乐园、温泉地景线、云涧溪谷、环湖慢跑道、精品酒店5个体验区，以及雾泉广场、湖心堤、金乌飞羽等20个景点
区新闻中心　供稿

计划建设舞马、灯光秀、酒店、文化商业街区等相关配套项目，其中全球闻名的最美舞台演出秀《Cavalia・舞马》于春节前先行对外开演。

国内首个温泉康养公园免费开放 12月20日，国内首个温泉康养公园汤山金乌温泉公园建成并免费开放。该公园地处汤山美泉路和延祥路交叉口，占地面积18万平方米。公园通过对现状温泉眼进行综合改造利用，植入祭泉、开泉、悦泉等温泉文化体验活动，并将泉眼打造成“金乌泉”温泉节点，重现汤山悠久的历史传说，继承和发扬温泉文化，形成“以汤为形”的特色温泉体验公园。公园划分为汤山意境、温泉乐园、云涧溪谷、户外帐篷营地、南入口、环湖景观带6个功能分区。其中，祭泉、开泉和悦泉区是温泉公园的核心部分。祭泉区主要功能为祭拜汤山金乌，人们同时对温泉这一自然的馈赠心怀敬畏；开泉区由泉眼展示和温泉地质展示组合而成，用现代科学原理诠释温泉资源热源的来源；悦泉区聚集温泉休闲、温泉游乐、温泉康复等功能，包括温泉足汤、温泉手汤和面汤、温泉文化游戏、温泉茶艺、温泉棋牌等“轻温泉”产品。（李　宁）

汤山获批首批省高层次人才休养活动基地 1月，汤山旅游度假区被确定为首批江苏省高层次创新创业人才休养活动基地，全省此次共入选18家，其中南京2家。近年，汤山先后成为世界著名温泉小镇、全市唯一国家级旅游度假区、省首批体育健康特色小镇。在汤山，不仅有紫清湖、御豪、颐尚等多种类型的温泉疗养酒店，还有工人疗养院、军区总院汤山分院等综合型医疗机构。此外，总投资120亿元的苏豪健康养老产业园项目也在建设中。坐拥1万公顷山林的汤山，先后引进温泉房车露营公园、欢乐水魔方主题乐园、金陵马汇马术俱乐部等一批旅游体验项目，建有汤家家温泉村、汤山七坊等4个省四星级乡村旅游点。完备的疗养配套设施是汤山一大特色，汤山百联奥莱购物广场、总面积约8万平方米的人才公寓、中央公园、数十公里的自行车慢道等为游客提供良好的休闲场所。

苏豪温泉康养特色小镇落户 3月13日，区政府与江苏省苏豪控股集团有限公司签订汤山温泉康养小镇落户协议。该项目总投资120亿元，其中2017年计划投资10亿元，一期项目示范体验区将于2018年上半年开园试运行。苏豪控股集团董事长王正喜、副总裁周谦及区长祁豫玮、副区长缪秀梅等参加。汤山温泉康养小镇由江苏苏豪健康产业有限公司投资，项目位于汤山旅游度假区核心区内，该小镇以“康养”为特色，遵循“产、城、人、文”四位一体发展理念，采用“康养+”的发展模式，推动产业集群的有机融合，全面打造江苏省第一批医养结合示范小镇。该项目于是年4月24日开工建设。

与南财大开展产学研合作 4月14日，南京财经大学党委书记陈章龙率队到江宁区，就培养适应区域发展的应用型人才等，与汤山旅游度假区签订一系列合作协议。当天，汤山旅游度假区分别与南财大旅游产业发展研究院、工商管理学院、研究生处、继续教育学院等，签订旅游产业发展研究基地合作协议、旅游管理专业教学实习就业基地合作协议、研究生研修基地与工作站合作协议和继续教育培训合作协议等，推进双方产学研全方位合作。

入围全省首批旅游风情小镇创建单位 5月，江苏省首批旅游风情小镇13家创建单位名单公布，江宁区汤山温泉风情小镇榜上有名。汤山温泉风情小镇规划面积3.3平方公里，着力打造以温泉旅游度假为核心，集旅游、休闲、养生、宜居、度假为一体的温泉旅游度假目的地。未来，汤山旅游度假区规划围绕小镇特色发展方向，形成“一核引领、双心辉映、四区联动、多点联系”的发展布局。“双心”即“小镇客厅”公共中心、“民国记忆”风情街区；“四区”即旅游度假区、健康养生片区、文化创意片区、运动游乐片区；“多点”即外围功能节点、片区功能节点、入口节点。此外，小镇慢行步道、标识系统、新能源电动汽车、充电桩、旅游生态绿色停车场、共享单车，以及标准化公厕等基础设施齐备，WiFi统一账号全域覆盖，基础设施配套从景区服务向小镇全域服务转变，进一步提升游客旅游度假美好感受。（宁　鉴）

・南京牛首山文化旅游区・

概　况 2017年，南京牛首山文化旅游区围绕“编制一张科学的规划蓝图、打造一个文化旅游小镇、创成一个国家AAAAA级旅游景区、运作一家文化旅游上市企业、培养一支优秀干部队伍”的“五个一”发展目标，不断优化空间规划，丰富产业形态，加快基础建设，加速项目引入，扩大对外影响。4月27日，牛首山文化旅游区被区政府认定为首批江宁区全域旅游示范园区；8月

1日，被省归国华侨联合会确认为江苏省华侨文化交流基地。（许昌陵）

第三届协同网络国际论坛在牛首山举行 6月4日，第三届中国“走出去”协同网络国际论坛牛首山分论坛在牛首山文化旅游区举行，国内外的50余名专家学者和嘉宾参加活动。中国“走出去”协同网络国际论坛是由河海大学发起的年度性国际论坛，主要围绕“一带一路、海外中国、协同江苏、澜湄合作”主题，力求搭建“企业主体、政府导向、高校支撑、金融助力、文化互通、国际友谊”的复合型协同平台，为中国“走出去”的各方提供互动交流、观点研讨、经验分享、资源对接的协同网络。牛首山文化旅游区自开园后，先后接待包括尼泊尔佛教法王、斯里兰卡驻华大使在内的36批次、717名海外嘉宾。成功举办“‘一带一路’沿线国家《心经》文化论坛”，吸引“一带一路”沿线30多个国家的高僧大德、高层政要、文化学者、企业精英参加，提升牛首山在海内外的知名度和影响力。众多专家学者围绕牛首山如何发扬自身文化特色、体现牛首山的世界性和时代性等议题，建言献策。

金陵小镇和文创街区规划出炉 8月1日，牛首山文化旅游区召开重点项目策划规划方案汇报会，金陵小镇和佛城西路文创街区规划方案出炉。金陵小镇位于牛首山西侧，规划面积5平方公里，总投资80亿～100亿元，由无锡灵山集团联合五季文旅公司打造。金陵小镇计划在片区原有空间、文化肌理的基础上，统筹历史文化资源、山水自然资源，打造具有旺盛生命力和富含商业价值的文旅创意特色集聚区。佛城西路文化创意街区自河海大学地铁站至牛首山景区东入口，全长3.4公里，由牛首山集团联合上海复星集团打造。作为牛首山景区的迎宾大道，建成后将成为全区首条集文化、休闲、旅游、度假于一体的文化创意街区。

牛首山和江苏女篮达成战略合作 10月21日，牛首山文化旅游区与江苏女篮签订战略合作协议。合作包括形象宣传、广告开拓、文化体育资源开发、品牌深度嫁接。牛首山文化旅游区根据省、市体育产业发展“十三五”规划，布局体育特色小镇、体育旅游、体育影视等新业态，探索“旅游+体育”发展模式，打造体育赛事、体育休闲等吸引点，推动旅游、文化与体育产业的融合发展。江苏女子篮球队成立于1953年11月，作为中国球坛的一支传统劲旅，向国家队输送多名优秀运动员。签约仪式上，女篮队员陈晓佳等现场与游客、球迷开展迷你篮球等趣味互动活动。

10月21日，牛首山文化旅游区与江苏女篮签订战略合作协议。图为区领导与省女篮运动员合影　　牛首山文化旅游区　供稿

中日文化界高峰交流会 10月30日，“普和至美·艺结善缘”2017年中日文化界高峰交流会在牛首山文化旅游区举行。交流会旨在进一步加强中国与日本文化艺术互动交流，推动牛首山文化旅游区与日本各界深度合作。牛首山依托自身独特资源禀赋，坚持以文化为纽带，致力于推动与日本文化、宗教、艺术界的友好互动交流，先后接待则竹秀南、法音法师等高僧大德，以及中日友好交流代表团。是年9月，牛首山集团组织赴日参访，并在东京举办文化交流会，得到全日本华侨华人联合会以及日方各界支持。

牛首山与南京4所高校建立战略合作 11月21日，以“深化校地融合·创新文化发展”为主题的牛首山与高校产学研战略合作签约仪式举行。牛首山文化旅游区与南京大学、河海大学、南京艺术学院、南京财经大学等高校签订战略合作协议，就合作共建南京大学—牛首山中华文化研究院、世界水谷总部科技创新创意园、艺术创作基地、创新创业及人才培养基地等达成合作。牛首山、南京大学合作共建南京大学中华文化研究院，以南京大学及南京地区高校、院所雄厚的佛教文化研究力量为依托，汇集海内外著名学者，力争在3—5年内，打造成海内外具有重大影响力的研究、传承和弘扬佛教文化的重镇。世界水谷总部科技创新创意园由牛首山和河海大学共建，规划打造世界水谷总部基地、世界水谷学院、世界水谷论坛永久会址等，推动佛城西路文化创意街区、老子水文化学院全球总部、国家重点实验室和国家工程研究中心协同创新创业平台等项目建设。牛首山与南京艺术学院合作共建艺术创作基地，计划在高雅艺术进园区、产学研合作、艺术成果展览展示、创新创业基地和文化产业集聚等领域展开全面合作。在高层人才培养、文化产业、现代服务业集聚等领域与南京财经大学合作共建创新创业及人才培养基地。

牛首山获中国森林认证 12月，在北京举行的首届中国绿色时报年度峰会暨2017年中国森林氧吧论坛上，牛首山文化旅游区通过相关评审，正式成为全国首批“中国森林认证——森林公园生态环境服务认证”景区，同时获“2017年度森林生态环境服务认证单位”。森林公园生态环境服务认证是由独立的第三方权威认证机构按照认证标准逐条审核，判断环境服务组织是否具备保护生态系统良性循环和可持续发展，同时，也是一种集科学性、公正性、权威性、市场化于一体的先进管理手段，使景区游客享受到更高质量的服务。

（宁 鉴）

乡村旅游

概 况 2017年，江宁区主动融入供给侧结构性改革，充分发挥乡村各类物质与非物质资源富集的独特优势，利用“旅游+”“生态+”等模式，推进农业、林业与旅游、教育、文化、康养等产业深度融合。围绕促进农民就业增收、满足居民休闲消费目标，着力丰富乡村旅游业态和产品，打造各类主题乡村旅游目的地和精品线路，发展富有乡村特色的民宿；鼓励农村集体经济组织创办乡村旅游合作社，与社会资本联办乡村旅游企业；多渠道筹集建设资金，改善休闲农业公共服务设施条件。全年乡村旅游接待游客920万人次，实现综合收入17.4亿元。

项目建设 2017年，全区注重发展创意农业，突出经营创新，开展特色休闲农业体验游线路整合推介、部省级品牌创建等重点工作，乡村旅游呈现良好发展态势。溪田农业、禄口太田家庭农场、麒麟泉水农庄、秣陵白鹭田园等4家单位入选2017年市级创意主题农园专项资金项目，获市财政项目补助资金280万元。湖熟三界大诚达新建休闲农业示范村和麒麟锁石、汤山七坊、谷里公塘头、秣陵杏花村等4个提档升级休闲农业示范村已竣工。

品牌创建 2017年，全区大力推进乡村旅游品牌建设，休闲农业各示范村和重点园区获各级荣誉20项。其中，汤山孟墓社区荣膺农业部“2017中国美丽休闲乡村—特色民俗村”；横溪石塘社区和谷里世凹桃源获省农委“2017年江苏省休闲观光农业示范村”称号；湖熟多肉植物园和江宁台创园获省农委“2017年江苏省主题创意农园”称号。在南京市农委主办的2017年度休闲农业宣传推广活动中，江宁台创园获二等奖，湖熟多肉植物园和汤山七坊获三等奖；在市农委、市规划局、市委农工委、市委外宣办、市政府台办、团市委等6部委联合举办的中国·南京休闲农业创意大赛上，石塘人家《田园e站》、台创园《花市休闲综合体》等9部参赛作品，获大赛农园创意、景观创意、产品创意、营销创意、包装创意等全部五大类别共30枚奖牌中的9枚，其中金牌1枚，银牌2枚，铜牌6枚；区林业局获大赛“最佳组织奖”。（于存勇）

7个示范村规划通过专家评审 3月，江宁规划分局组织召开2017年“千百工程”首批美丽乡村示范村规划方案专家评审会，现场通过7个示范村的规划评审。首批7个示范村包括东山街道佘村社区王家、孙家村，江宁街道西宁社区杨库、双板、七里岘村，湖熟街道和平社区钱家渡、孙家桥村。规划充分考虑村庄规划与群众生产生活结合，依据每个示范村的发展现状、自然环境等进行功能定位，实施差别发展。如在规划东山街道佘村社区时，设计人员围绕其独特的物质空间，挖掘潘家祠堂、九十九间半、明清建筑等特色资源，打造古代乡村的旅游民俗；规划江宁街道西宁社区，则利用其丰富的农业、山林等资源，打造以自然山水兼顾健康休闲为特色的乡村乐游圣地。

两乡村旅游景点获评“省五星” 4月22日，以“水韵江苏、秀美乡村”为主题的“2017江苏省乡村旅游节暨‘江苏人游江苏’活动启动仪式”在张家港永联村举行。活动宣布江苏省首批17家五星级乡村旅游区名单，江宁区石塘人家、大塘金香草谷榜上有名。江宁区地处南京市中南部，山青水秀，人杰地灵，区内自然人文环境资源众多。各街道利用资源优势，改造乡村面貌，发展乡村旅游。2016年，江宁区入选首批“国家全域旅游示范区”争创单位，石塘人家和大塘金香草谷成为代表景点。

省领导调研江宁美丽乡村建设 5月9日，副省长蓝绍敏一行到江宁区调研美丽乡村建设，副市长华静、区长祁豫玮及市委农工委、市农委、市旅游委相关负责人参加。在江宁街道牌坊社区的黄龙岘茶文化旅游村，蓝绍敏一行考察了全区首个“美丽乡村”大学生众创空间——“梦想茶社”和岘里人家民宿，并走进街区与当地村干部、创业者交流。蓝绍敏对该村由街道和交建集团共同开发，利用资源优势，高起点、高标准规划建设的模式表示赞赏，称其为全省“美丽乡村”建设提供了样本。

7个民宿示范村创建启动 7月5日，江宁区召开民宿建设发展暨南京智慧民宿上线工作推进会，要求贯彻落实全市乡村民宿工作专题会议精神，压实责任，加快推进全区民宿建设和发展。全区明确了7个民宿示范村创建任务，计划组织11个村开展竞争性创建工作，规范民宿经营户发展和提升民宿创建村整体品质外，要求向“南京智慧民宿平台”推送上线，各街道全面梳理并引导组织推送上线的民宿经营户安装治安登记系统，做好相关服务工作。为加快和促进乡村民宿上线“南京智慧民宿”服务平台，市旅游委和市财政局专门出台《南京市乡村民宿经营管理奖励扶持资金试行办法》，2017—2019年期间，市财政计划安排专项资金用于奖励上线运行的乡村民宿经营户，每户一次性奖励5000元，每年对全市入住率前10名的民宿经营户还给予6万元的一次性奖励。在落实市级奖补政策的基础上，2017—2020年，江宁区设立民宿发展专项资金，鼓励有条件发展民宿的村（社区）采取多种方式开发建设民宿示范村，对达到民宿示范村建设标准的，给予200万元奖补。

区民宿发展促进会成立 11月23日，江宁区民宿发展促进会成立暨江宁区民宿营销推广季启动仪式举行，这是全市首家民宿发展促进会。区民宿发展促进会由江宁旅游集团有限公司、南京江宁美丽乡村建设开发集团等9家单位共同发起，会员单位62家。促进会将充分发挥纽带、帮手和市场引导作用，及时向政府部门传递民宿业主的诉求和呼声，与民宿业主共同抵御市场风险，促进民宿行业健康发展；督促民宿业主在经营活动中自省自律、遵章守法，加强民宿行业诚信制度建设，全面规范民宿行业行为；做好江宁民宿文化创意，探索民宿发展多元化路径，打造民宿文化品牌、旅游品牌和产业品牌，全力促进乡村振兴。同时启动的江宁民宿营销推广季活动，从12月一直持续到2018年5月，期间开展“美丽灵魂温暖好客”江宁民宿主网络评选、“美好时光私房味道”江宁乡村美食大赛、“乡间时光好礼相伴”乡村民宿特色伴手好礼、“轻游野趣一宿一品”田园水韵民宿创客设计大赛等4项主题活动，挖掘江宁民宿特色、发现民宿故事，打造江宁民宿品牌。

江宁西部生态环线入选全省首批旅游风景道 12月，在首届“水韵江苏”旅游产品交易博览会开幕式上，全省命名13条“首批江苏省旅游风景道”，其中，江宁西部生态环线榜上有名，成为全市4条入选的旅游风景道之一。风景道源起于欧美，是指路旁或视域之内拥有审美风景、自然、文化、历史、旅游价值、考古学上值得保存和修复的景观道路。江宁西部生态环线主要以2013年建成的西部生态联一线、联二线等线路为主，加上之后建成的西部生态环线北延、南延线，形成了一条长约60公里的江宁西部特色田园乡村快速通道。该道路从牛首山脚下，一直延伸至横溪街道七仙大福村，不仅“打开”了江宁西部430平方公里田园山水，而且依次衔接串联起牛首山、云水涧文化展示中心、龙乡双范精品民宿村、黄龙岘茶文化村、石塘竹海、溪田田园综合体等景区，夯实江宁西部特色田园乡村示范区空间结构，促进沿线乡村旅游发展、综合交通能力提升和乡村振兴。

（宁　鉴）

溪田田园综合体建设 2017年，溪田田园综合体项目建设完成投资1.42亿元。溪田生态农业园新建东门和西门游客服务中心、20公里园区循环道路、50公顷高标准农田、溪田渔港、7座公共厕所、5处停车场、9216平方米钢化玻璃温室大棚等基础设施和配套设施，11处景观国庆期间对外开放，并于11月28日通过国务院田园综合体督导组初步验收。溪田生态农业园全年收获油菜籽2万多公斤、小麦19.5万公斤、糯稻7万公斤、大米6万公斤。

（旅游集团）

综　述

概　况　2017年，江宁区金融业贯彻落实中央经济工作会议和金融工作会议精神，发挥金融在服务实体经济、有效防范金融风险的作用，为全区经济建设和社会发展提供支撑。金融业全年实现增加值168.65亿元，比2016年增长6%，占地区生产总值比重为8.71%，占服务业增加值比重为20%，分别增加0.71个百分点和1.1个百分点。年末，全区有银行一级支行39家，经营网点169个；保险一级支公司17家；注册在江宁的证券公司10家。

金融合作　2017年，江宁区分别与国开行江苏银行、江苏银行、南京银行等省市级分行和江苏证券局等机构开展一系列合作洽谈，区政府与人民银行南京营管部签订战略合作备忘录，将人行营管部国库管理、支付结算、信贷统计分析、金融稳定等职能与江宁区对接，进一步发挥全区金融管理和协调服务职能。组织驻宁银行金融机构对江宁实体经济给予融资支持，国开行、农发行和26家商业银行与区重大产业项目、企业签订信贷协议总额433.6亿元。

地方金融发展　3月，区金融办聘请中介机构，组织开展对全区15家小额贷款公司、3家融资性担保公司进行年度监管检查，对检查发现的问题，分别进行监管约谈、发放整改通知，督促整改。同时，组织小额贷款公司、融资性担保公司为科技、涉农企业提供服务。15家小额贷款公司12月末累计发放贷款12586笔，放贷金额235.72亿元；3家融资性担保机构担保余额2.94亿元，在保户68户，其中新增担保业务2.26万元。是年，银瑞农村小额贷款公司在省金融办监管评级工作中获AAA级，滨江投资发展有限公司获AA级。

创业投资和债券发行　2017年，全区新增“双创”企业4395家，当年获得天使轮以上创新创业融资企业65家，获天使轮以上创新创业融资总额45.9亿元。组织全区备案创业投资企业年检工作，南京宁昇创业投资有限公司等6家创业投资企业完成年检。科创投集团被省金融办等9个部门认定为2017年度科技金融特色创业投资企业。全区在存续期管理发行债券4只，累计发行总规模39亿元。全年企业债券还本总额、付息总额分别为5亿元、2.17亿元，风险可控。年内，南京滨江投资发展有限公司拟申请发行保障房建设公司债券9.5亿元，已报国家发改委审批，主承销商为天风证券；11月29日国家发改委核准批复南京江宁（大学）科教创新园有限公司双创孵化专项债券8亿元，主承销商为浙商证券；南京上秦淮建设发展有限公司拟申报10年项目收益债22亿元，主承销商为平安证券。

非法集资和互联网金融专项整治　2017年，区金融办坚持以宣传为引导，以机制建设为重点，切实落实属地责任，实施集中专项整治，推动风险预警和舆情处置，取得成效。协助查处拨云见日、宏强粮油等9家企业，协调处置江苏天雄投资管理有限公司非法吸收公众存款案。持续开展互联网金融专项整治工作，梳理出互联网金融主要领域非重点企业1898家，重点企业7家。非重点企业中，民间投融资企业1395家，资产管理企业488家，各类交易场所企业13家，股权众筹企业2家，第三方支付企业14家。组织协调区市场监督局、公安分局和有关园区、街道对魔窗众筹、开通投资、金禾财富等互联网金融公司开展现场检查。全区互联网金融整治取得阶段性成果，投资类、理财类、股权类不规范企业得到有效控制。（区金融办）

中国银行滨江开发区支行开业 4月27日，中国银行南京江宁滨江开发区支行开业。该支行将立足园区、面向企业和个人就近提供全面的金融服务。2016年“金洽会”期间，中国银行江宁支行与滨江开发区签订战略合作协议，计划未来3年内，在滨江开发区建立滨江开发区支行，并在基础设施、重点项目、优质中小企业等领域提供不低于50亿元的新增融资和授信支持。

推进产融结合支持实体经济发展大会 6月20日，江宁区举办推进产融结合支持实体经济发展大会暨人民银行南京分行营业管理部与江宁区政府战略合作签约仪式。市委常委、区委书记李世贵，市金融办、中国人民银行南京营管部相关负责人出席签约仪式。全区强化政银企三方深度合作，共同推动实体经济发展。其中，驻区金融机构融入和服务江宁改革发展大局，发挥金融助力作用，为企业输送“源头活水”，支持江宁实体经济发展壮大。会议印发《江宁区创建南京市金融生态区实施方案》《江宁区创建金融生态区评价考核指标责任分工表》等。中国人民银行南京营管部与区政府签订战略合作备忘录，26家银行与驻区企业签订124亿元的信贷融资协议。中国银行江苏省分行、南京泉峰汽车精密技术股份有限公司等银行、实体企业代表作交流发言。

江宁与中行省分行开展合作 12月21日，江宁区与中国银行江苏省分行签订协议，开启全面战略合作。市委常委、区委书记李世贵，区领导李滨、张会祺和中国银行江苏省分行负责人参加签约仪式。根据协议，江宁区统筹安排使用中国银行提供的产品和服务，推荐中国银行成为政府招商引资项目、城乡建设重大项目及区内实体经济发展的业务合作伙伴；中国银行江苏省分行根据国家宏观经济政策和信贷原则，在基础设施和重大项目建设、支柱产业和特色经济发展、经济结构调整和升级、招商引资和国际贸易等方面支持江宁实体经济发展，全面提升服务效率与水平，把更多金融资源配置到全区经济社会发展的重点领域和薄弱环节。签约仪式上，区市场监管局与中国银行江宁支行签订支持“放管服”改革、优化营商环境合作协议；江宁高新区、江宁科创投集团、江宁旅游集团等政府平台和上汽大众南京公司、泉峰集团、卡耐新能源公司等区内企业也与中国银行江宁支行签订合作协议。（宁　鉴）

2017年年末江宁区驻区银行机构存贷情况表

表18

序号	单位名称	各项贷款		各项存款		存贷比（%）
		余额（亿元）	新增	余额（亿元）	新增	
总计		1641.58	236.80	2540.23	249.18	64.62
1	农业发展银行	30.88	6.05	9.12	1.06	338.60
2	工商银行	170.06	15.86	177.22	10.78	95.96
3	农业银行	150.43	16.60	235.33	20.75	63.92
4	中国银行	172.56	28.89	185.94	16.69	92.80
5	建设银行	123.91	19.05	194.59	28.85	63.68
6	交通银行	116.83	10.01	188.31	42.46	62.04
7	中信银行	37.79	−1.87	112.73	8.49	33.52

续表

序号	单位名称	各项贷款		各项存款		存贷比（%）
		余额（亿元）	新增	余额（亿元）	新增	
8	光大银行	45.86	2.04	103.56	11.71	44.28
9	华夏银行	31.19	30.99	65.77	5.32	47.42
10	广东发展银行	23.48	2.62	11.33	−1.50	207.24
11	平安银行	17.62	−10.92	37.99	−13.04	46.38
12	招商银行	65.28	4.97	94.16	9.05	69.33
13	上海浦东发展银行	58.14	7.26	105.75	4.25	54.98
14	兴业银行	12.27	2.48	41.30	7.44	29.71
15	民生银行	70.65	12.64	104.46	9.38	67.63
16	恒丰银行	8.98	−2.32	27.58	6.18	32.56
17	浙商银行	29.51	10.48	62.94	9.25	46.89
18	渤海银行	17.47	16.52	5.56	−1.36	314.21
19	北京银行	20.36	9.11	32.19	1.45	63.25
20	南京银行	95.26	−2.49	85.65	−14.85	111.22
21	江苏银行	44.25	5.07	82.76	2.34	53.47
22	宁波银行	21.49	5.68	41.20	3.13	52.16
23	杭州银行	12.14	−0.04	32.30	9.67	37.59
24	浙江稠州银行	7.37	2.50	39.95	1.54	18.45
25	徽商银行	6.00	−0.70	16.17	−6.57	37.11
26	广州银行	6.77	2.64	25.09	22.19	26.98
27	邮政储蓄银行	82.97	18.41	157.66	13.61	52.63
28	紫金农商行	158.98	25.72	261.77	41.23	60.73
29	上银村镇银行	3.10	−0.41	4.49	0.29	69.04

数据来源：人民银行南京分行营业管理部

2017年江宁区驻区银行一级支行一览表

表19

序号	单位名称	地址
1	农业发展银行	江宁区金箔路589-1号
2	工商银行江宁支行	江宁区上元大街458号
3	工商银行开发区支行	江宁区将军大道99号
4	农业银行	江宁开发区胜利路102号
5	中国银行	江宁区金箔路698号
6	建设银行	江宁区上元大街578号
7	交通银行	江宁开发区双龙大道1202号
8	中信银行江宁支行	江宁区上元大街280号
9	中信银行百家湖支行	江宁区天元西路38号
10	光大银行	江宁开发区胜太路55号
11	华夏银行江宁支行	江宁开发区胜太东路8号
12	华夏银行将军路支行	江宁区胜太西路169号
13	广东发展银行	江宁区新亭东路81号
14	平安银行江宁支行	江宁开发区将军大道55号
15	平安银行天元支行	江宁区天元东路188号
16	招商银行江宁支行	江宁区胜太路18号
17	招商银行万达支行	江宁区竹山路53号
18	招商银行科学园支行	江宁区天元东路58号致远大厦
19	浦发银行	江宁区上元大街32号
20	兴业银行	江宁区胜太路8号
21	民生银行	江宁区双龙大道1355号
22	恒丰银行	江宁开发区胜太东路36号
23	南京银行	江宁区金盛路1号
24	江苏银行	江宁区上元大街395号
25	北京银行	江宁区上元大街238号
26	宁波银行江宁支行	江宁开发区胜太路109号

续表

序号	单位名称	地址
27	宁波银行科学园支行	江宁区天元东路 391 号
28	徽商银行	江宁开发区双龙大道 1355 号
29	邮政储蓄银行	江宁开发区胜太东路 36 号
30	紫金农商行江宁支行	江宁开发区胜太东路
31	紫金农商行开发区支行	江宁开发区将军大道 20 号
32	浙江稠州银行	江宁开发区胜太西路 16 号
33	浙商银行	江宁高新区天元东路 188 号
34	杭州银行	江宁区天元东路 555 号
35	上银村镇银行	江宁区将军大道 109 号
36	渤海银行	江宁高新区菜茵达路 288 号
37	广州银行	江宁开发区将军大道 20 号
38	苏州银行	江宁区东新南路 1 号
39	渣打银行（外资）	江宁区将军大道 109 号

（区金融办）

银　行

概　况　据人行南京营管部统计，2017 年全区驻区银行金融机构人民币存款余额 2540.23 亿元，比 2016 年增长 10.8%，高于全市增速 2.54 个百分点，比年初增加 249.18 亿元；各项贷款余额 1641.58 亿元，比年初增加 236.8 亿元，增长 16.86%，高于全市增速 3.5 个百分点。年末，全区银行一级支行 39 家（含 1 家外资银行），银行经营网点 169 个。

（区金融办）

农发行江宁支行　中国农业发展银行南京市江宁区支行是国家政策性银行，主要承担新农村建设中长期基础设施及粮棉油收购储备的信贷支农任务。2017 年，农发行江宁支行积极应对地方债务清理和外部监管环境从紧的影响，坚持“稳、变、进、优”的工作总基调，突出发展棚改和创新类业务，经营呈现稳中有进的健康发展态势。年末，各项存款余额 9.2 亿元，存款日均余额 9.15 亿元，比 2016 年分别增加 1.05 亿元和 1.01 亿元。各项贷款余额 30.88 亿元，增加 6.05 亿元。其中，粮食购销储贷款余额 3.43 亿元，增加 0.3 亿元；各类中长期贷款余额 27.45 亿元，增加 5.75 亿元。完成账面利润 5072 万元，增加 482 万元。全年累计发放贷款 15.6 亿元，其中粮食购销储贷款 2.9 亿元，中长期贷款 12.7 亿元；累计收回贷款 9.55 亿元，其中粮食购销储贷款 2.6 亿元，中长期贷款 6.95 亿元，全部到期收回。对欠息达 12 年之久的江宁区棉麻公司表外欠息 7.36 万元给予减免，首次真正实现无不良贷款、无欠息。（黄志平）

工商银行江宁支行　2017 年，中国工商银行股份有限公司南京江宁支行坚持以服务地方经济社会发展为己任，主动适应经济新常态，通过持续优化金融资源配置和加快金融创新落地，努力在支持“强富美高”新江宁建设中发挥作用。着眼于客户日益增长、日趋多元的金融服务需求，推进国际化、综合化、信息化的现代服务体系实践运用，加快“客户满意银行”建设，取得良好经济和社会效益。经营绩效和业务发展考评保持南京工行领先位次，获南京工行“先进基层党组织”、省分行“2017年度精品城区支行”以及第十届“中国工商银行文明单位”等荣誉称号。优化资源配置，创新融资方式，累计投放60多亿元，支持区内S337省道、地铁宁溧线等重点项目建设，完成高家边复建房、江宁市民中心以及南京外国语学校方山分校等项目资金投放，为杨柳湖风景区、牛首山宗教文化旅游集聚区、农副物流经营性物业和宁东智能电网等项目进行融资投放，支持文化体旅、现代物流及智能电网产业发展。支持实体经济发展，多措并举服务小微企业，全年对小微企业累计提供融资20多亿元，500万元以下普惠金融口径贷款余额7480万元。推进创新业务落地，服务“大众创业、万众创新”，依托“工商企业通”平台，为企业提供工商注册代办和银行金融服务于一体的综合服务，累计帮助1000多家小微企业完成工商注册登记并开立账户。围绕居民购房、购车等需求，全年投放个人住房贷款15亿元，累计办理信用卡分期交易2亿元。优化物理网点布局，新开设的高新园支行，填补江宁大学城核心区域无银行服务网点的空白。加大智能设备投入，实现辖内所有网点智能设备全覆盖，90%以上的非现金业务可自助完成。大力推广“融e购”“融e联”“融e行”三大平台和工银e支付、工银逸贷和工银e投资三大产品线，支行互联网金融发展考评列南京工行第一。

2017年工商银行江宁支行营业网点一览表

表20

网点名称	地址	网点名称	地址
支行营业部	江宁区上元大街458号	上元支行	江宁区天印大道1218号
天井支行	江宁区上元大街645号	胜太路支行	江宁区胜太路胜泰华府
岗山支行	江宁区金箔路2号	宏运大道支行	江宁区宏运大道1779号
竹山路支行	江宁区竹山路384号	天元支行	江宁区莱茵达路288号
东麒路分理处	江宁区宏运大道4666号	高新园支行	江宁大学城格致路99号

（江宁工商行）

农业银行江宁支行　中国农业银行股份有限公司南京江宁支行于2017年5月迁入江宁开发区胜利路102号新办公大楼办公。支行本部设8个部门，下辖17个营业网点。2017年年末，各项存款余额240.44亿元，比年初增加22.92亿元；各项贷款余额153.94亿元，增加17.76亿元；实现营业收入、拨备前利润分别为6.57亿元和5.15亿元。制定《重点业务和客户市场营销推进工作考核办法》，组建开发区空港、高新园科创园等公司业务营销团队，加大园区客户拓展力度；组建零售业务综合团队，开展“六走进”活动，外拓营销，通过上下联动、银政企互动，推进扩户工程，营销重点机构客户和总核房地产企业，个人贵宾客户、信用卡有效客户、个人掌银活跃客户比年初增加近4万户。介入地方棚户区改造、新市镇建设和基础设施建设，投放贷款6.6亿元为滨江新城景明地块棚户区改造项目提供资金支持，主动对接淳化PPP项目和湖熟PPP项目，投放贷款2.18亿元。支持小微企业创新发展，通过“苏科贷”“苏微贷”等产品，着力解决小微企业资金需求，有效化解融资难和融资贵，全年累计投放小微企业贷款5亿元。11月14日，为淳化街道青山社区一农户发放南京农行系统首笔“苏担通”贷款200万元，支持花卉苗木专业户扩大生产。围绕客户汽车、家装等消费需求，与专业大市场合作，开展“820”汽车节活动宣传营销活动，实现信用卡分期交易额1.72亿元，其中汽车分期业务交易额近1亿元。做好不良清收和呆账核销工作，不良贷款率0.37%，比年初下降0.03个百分点，信贷管理被评为“三化二无”支行。贯彻“预防为主、关口前移、突出重点、全员防范”的防范诈骗方针，筑牢大堂经理“首问”、保安“巡查”、柜面工作人员“核对”的三道防线，不断提高柜面诈骗风险防控能力。全年累计堵截各类诈骗24起，避免客户资金损失705万元。

2017 年农业银行江宁支行营业网点一览表

表 21

序号	网点名称	地 址
1	九龙湖支行	江宁开发区诚信大道 699 号
2	支行营业部	江宁开发区胜利路 102 号
3	竹山路支行	江宁区东山街道金箔路 776 号
4	商城支行	江宁区东山街道金箔路 1037 号
5	上元路支行	江宁区东山街道上元大街 739 号
6	科学园支行	江宁区天印路 388 号
7	百家湖支行	江宁开发区胜太西路 19 号
8	双龙路支行	江宁区双龙大道 570 号
9	梅山支行	雨花台区板桥街道雄风路 488 号
10	江宁分理处	江宁区江宁街道府前街 10 号
11	禄口支行	江宁区禄口街道蓝天路 1 号
12	秣陵支行	江宁区秣陵街道桥北大街 8 号
13	淳化支行	江宁区淳化街道淳关路 52 号
14	汤山支行	江宁区汤山街道汤泉东路 38 号
15	麒麟支行	江宁区麒麟街道麒西路 9 号
16	新亭东路支行	江宁区湖山路 388 号
17	东麒路支行	江宁区宏运大道 4601 号
18	东新南路自助银行	江宁区东新南路 399 号
19	竹山南路自助银行	江宁区竹山南路 31 号
20	宝山路自助银行	江宁区麒麟街道宝山路 1 号
21	金盛路自助银行	江宁区金盛路金盛商住楼 1-101
22	众彩自助银行	江宁区农副产品物流配送中心有限公司内
23	东峰路自助银行	江宁区汤山街道东峰路 2 号
24	晓庄学院自助银行	南京晓庄学院内
25	大市口自助银行	江宁区竹山路 5 号

（唐家锦　戴家忠）

中国银行江宁支行 中国银行股份有限公司南京江宁支行设综合管理部、营销中心、个人金融部、营业部4个部门，12个经营性支行，有员工280人。2017年，中国银行江宁支行围绕省行“系统有担当，同业有口碑”的目标定位和南京地区“率先发展3.0”的战略要求，以争做“系统首位行”“客户首选行”为目标，聚力加速，永争第一，不断提升“政府认可度、客户美誉度、系统贡献度、员工满意度”。年末，本外币存款余额204.72亿元，比年初增加18.5亿元；人民币贷款余额172.62亿元，比年初增加27.22亿元。全年实现中间业务收入1.51亿元，拨备前利润6.07亿元，净利润4.11亿元。中国银行江宁支行在江宁区金融机构的人民币存款市场份额排名第五，人民币贷款的市场份额排名第一。（江宁中行）

建设银行江宁支行 2017年，中国建设银行股份有限公司南京江宁支行围绕市场份额和系统贡献度“双提升”，以“抓转型、调结构、提份额、增效益”为主线，加快市场拓展，强化基础管理，各项业务持续发展，实现同业、系统内双进位。2017年12月末，一般性存款余额195.5亿元，比年初增加26.49亿元；各项贷款余额121.5亿元，增加15.02亿元；实现拨备前利润4.37亿元。负债业务方面，对公存款通过加强客户服务、参与财政资金投标等方式，保持财政资金稳定增长；扩大重点客户存款份额，以单户份额带动整体份额提升；通过基金、权益性理财等创新型融资产品投放，实现部分资金的阶段性沉淀。对私存款抓好到期存款转存，扩大高端客户群体，抢占结算资金和消费资金；营销专业市场客户，做好二手房贷款资金承接等。资产业务方面，推动对公综合融资业务发展，抓住政策窗口期，实现表内外投放历年最多；推动资产业务转型，债务融资工具营销取得突破，实现省分行系统内首笔授信项下黄金租借资金投放、首笔流动性支持理财资金发放。营销新楼盘，提高一手房贷款市场份额，与担保中介公司合作，利用“公转商”赎回额度释放优势，把握投放节奏，加快转型步伐，拓展个人消费经营贷款，发展快贷、普惠金融。

2017年建设银行江宁支行营业网点一览表

表22

网点名称	地址	网点名称	地址
支行营业部	江宁区上元大街578号	竹山路支行	江宁区新亭西路79号
开发区支行	江宁区胜太路39号	翠屏国际支行	江宁区将军大道20号
禄口支行	江宁区禄口茅亭路63号	岔路口分理处	江宁区双龙大道瑞阳居
汤山支行	江宁区汤山街道汤泉东路11号	天元东路支行	江宁区天元东路388号
科学园支行	江宁区天印大道1218号	麒麟科创园分理处	江宁区东麒路277号
九龙湖支行	江宁区诚信大道999号华庭广场	—	—

（孙拥君　王伯泉）

交通银行江宁支行 2017年年末，交通银行股份有限公司南京江宁支行各项存款余额188亿元，比年初增加12亿元；贷款余额117亿元，增加10亿元；综合经营绩效位列省分行前列。优化开户流程，提高开户效率，改善营商环境，入驻江宁市民中心滨江分中心，扩大一站式市民金融服务的地域范围。努力提升金融服务水平，下辖经营网点全部上线智能设备，提高服务效率，改善服务环境。紧扣地方改革发展方向，争取信贷资源向江宁地区倾斜，不断加大对全区基础设施建设、产业结构转型升级、民生保障事业、中小微企业的支持力度。全年累计向区内平台实体投放实质性贷款60亿元，其中小微企业贷款5亿元，居民个人贷款17亿元。履行社会责任，组织参与捐资助学、健康环保行、义务献血等社会公益事业。同时，定期开展金融消费者权益保护活动，深入学校、工厂、社区普及金融知识，传授防诈骗技巧，提高消费者的自我保护和风险防范意识，营造和谐诚信金融环境。是年，交通银行江宁支行获“全国文明单位”称号，被评为交通银行省行级先进集体，并创建为中国银行业协会五星网点。

2017年交通银行江宁支行营业网点一览表

表23

网点名称	地址	网点名称	地址
江宁支行	江宁开发区双龙大道1202号	将军大道支行	江宁开发区胜太西路189号
东山支行	江宁区金箔路700号	利源路支行	江宁开发区利源中路88号
上元支行	江宁区上元大街712号	杨家圩支行	江宁区杨家圩路2号
竹山路支行	江宁区天元中路1号	—	—

（梁攀科）

光大银行江宁支行 2017年，光大银行南京分行江宁支行扩大营销、调整结构、严格管理、加强内控，推进各项业务均衡发展。年末，支行各项存款余额103.56亿元，其中对公存款93.21亿元，对私存款10.31亿元，人均存款3.13亿元，在分行营业网点中均排第一；各项贷款余额45.86亿元，创历史新高。牢记服务社会宗旨，先后为秣陵自来水厂、殷巷自来水厂和东善自来水厂开发网络代缴水费项目，取得良好社会效益。是年，光大银行江宁支行获南京分行先进集体荣誉称号。（李智国）

紫金农商银行江宁区支行 2017年年末，紫金农商银行在江宁区下辖36个网点，覆盖区内所有街道，是全区网点最多的金融机构。是年，紫金农商银行江宁区支行围绕支持地方建设、推进支农支小、践行普惠金融开展工作，各项业务取得长足发展。年末，各项存款余额262亿元，比年初增加39亿元；各项贷款余额161亿元，增加24亿元。在支持地方建设方面，以金融综合服务转型为重点，与辖区政府及街道、园区、大中型企业集团合作，为全区经济建设添砖加瓦。已累计投放平台贷款47笔，余额57亿元，其中年内新增平台贷款8笔，金额12亿元。在推进支农支小方面，深入企业、农户进行走访，把辖区内农业龙头企业、农民专业合作社、家庭农场、特色农业作为金融支持重点，加大信贷投放力度。小微企业贷款余额23亿元，增加3.6亿元；涉农贷款余额15亿元，增加3亿元；“金陵惠农贷”投放135户、1.46亿元。在践行普惠金融方面，将服务融入新农村、新农业、新农民，以“让农村居民能够享受到和城市居民同等便利的现代金融服务”为目标，全年新增代缴费签约客户2.9万户，新增电子银行客户3.7万户。

2017年紫金农商银行江宁区支行营业网点一览表

表24

网点名称	地址	网点名称	地址
江宁支行营业部	江宁开发区胜太东路9号	淳化支行	淳化街道中市北街1号
秣陵支行	秣陵街道正方路78号	七里岗支行	淳化街道七里岗34号
方山支行	江宁区天元中路1号	土桥支行	淳化街道土桥桂园南路18号
成山支行	江宁区莱茵达路27号	汤山支行	汤山街道汤泉东路61号
百家湖支行	秣陵街道诚信大道699号	阳山支行	汤山街道汤水雅居北苑
滨江支行	江宁街道宁芜大道1202号	上峰支行	汤山街道宁峰路6号
陆郎支行	江宁街道神山路136号	其林支行	麒麟街道悦民路128号
铜井支行	江宁街道铜井大街19号	金箔路支行	东山街道金箔路636号
东善支行	谷里街道东善东虹路84号	东新北路支行	东山街道东新北路10号
谷里支行	谷里街道金谷东街17号	上元支行	江宁区天元东路865号
横溪支行	横溪街道横云南路38号	上坊支行	东山街道上元大街1088号
陶吴支行	横溪街道陶吴狮山路1号	东城支行	东山街道上元大街879号
丹阳支行	横溪街道丹阳秦城街5号	高桥支行	江宁区东麒路33号
禄口支行	禄口街道大街1号	城镇支行	东山街道上元大街518号
铜山支行	禄口街道铜山横峰街1号	岔路支行	宏运大道1813号武夷商城
湖熟支行	湖熟街道梁台街11号	东山支行	东山街道竹山路330号
周岗支行	湖熟街道周岗长干路83号	江宁开发区支行营业部	秣陵街道将军大道20号
龙都支行	湖熟街道龙都陵园路23号	太平支行	江宁开发区湖滨世纪花园

（紫金农商银行江宁区支行）

保 险

阳光人寿保险江宁支公司 阳光人寿保险股份有限公司南京市江宁支公司位于江宁区胜利西路9号京妆产业园3栋，经营面积350平方米，隶属阳光人寿保险股份有限公司江苏分公司南京中支的下辖四级机构。阳光人寿成立于2007年12月，总部设在北京，是中国500强企业、中国服务业100强企业。阳光保险集团旗下拥有财产保险、人寿保险、信用保证保险、资产管理、医疗健康、互联网金融等多家专业子公司。江宁支公司是全国性专业寿险公司，主要经营人寿保险、健康保险和意外伤害保险等一切人身险业务，同时可以办理集团旗下子公司所有服务。2017年，江宁支公司有保险销售人员52人，内勤人员3人，新保费总收入310万元。

（李博文）

利安人寿保险江宁支公司 利安人寿保险股份有限公司江宁支公司位于江宁区东山街道潭园西路128号骆村大厦16楼，经营面积800平方米，隶属利安人寿保险股份有限公司四级机构。利安人寿保险股份有限公司成立于2011年7月，是经中国保险监督管理委员会批准设立的全国性人身保险公司。公司注册资本47.2亿元，股东实际投入资本84.47亿元，是唯一一家总部位于南京的寿险公司。至2017年，利安人寿江宁支公司保险代理人450人，内勤8人，全年保费收入2430万元，理赔案件164件。

（刘仁萍）

长安责任保险江宁支公司 长安责任保险股份有限公司南京市江宁支公司成立于2008年8月8日，设有长安保险公司和长安销售公司，系隶属长安责任保险股份有限公司江苏省分公司南京中支的下辖四级机构。公司是根据国务院“大力发展责任保险”的要求，由住房和城乡建设部牵头、10部委共同支持组建成立。2007年9月29日，经中国保险监督管理委员会批准开业，总部设在北京。长安责任保险作为中国唯一一家专业责任保险公司，以责任保险为主要经营项目，经营范围涵盖机动车辆、信用、保证、财产损失、短期健康和意外伤害保险等。近年，公司通过加强对与经济社会发展和人民生产生活息息相关的责任保险产品的研发，在食品安全责任保险、房屋建筑工程质量责任保险、环境污染责任保险、安全生产责任保险等方面，形成自己的拳头产品和市场优势。公司充分发挥专业险种优势，在细分险种领域持续研发满足客户需求的产品，如建筑工程履约保证保险、抵押（反担保）合同变更协议履约保证保险、汽车延长保修责任保险、药品综合责任保险等，业务结构不断优化，内涵价值不断提升。2017年，长安责任保险江宁支公司有从业人员30人，其中销售人员20人、内勤管理人员10人。全年实现保费收入3500多万元、非车险2400万元。

（顾家银）

中国人保财险江宁支公司 中国人民财产保险股份有限公司南京市江宁支公司位于江宁区文靖西路108号，经营面积1800平方米。内设车商业务一部、车商业务二部、代理业务部、电子商务业务部、农村保险事业部/农村普惠金融事业部、团险业务部、运营支持部、直销业务部、综合部/财务会计部9个部门，网点11个，有从业人员93人。2017年，中国人保财险江宁支公司实现保费收入13.66亿元，比2016年增长6.1%，成为全国系统中首家保费规模突破13亿元的县区支公司。其中，车险保费收入128062万元，非车非农险保费收入6546万元，农险保费收入1945万元。实现报表利润14505万元。年末，全险种累计市场份额70.73%，其中车险市场份额71.83%；非车险累计市场份额57.57%，全险种综合成本率89.27%。商业非车险发展立足于服务地方经济发展，为美丽乡村建设提供保险保障，努力开拓新险种，为企业发展保驾护航。年内，全区食品安全责任保险签约落地，首台（套）重大技术装备综合保险破冰，办理全市机动车置换费用补偿保险（GAP保险）第一单。响应南京市委、市政府精准扶贫、精准脱贫基本方略，将保险扶危济困与扶贫开发深度融合，与江宁区扶贫办达成扶贫救助保险合作，签单保费630万元。签单首笔风景名胜区责任保险，为上范村、兴范村景区的自然景观、民宿群、马场、景观鱼塘等提供保险保障，其中马场责任的保障属南京市分公司首次尝试。增强“三农”服务能力，服务社会主义新农村建设，做到农民、政府、社会三方满意。全年种植险承保33235.2公顷，其中大棚4545.1公顷，小麦7814.7公顷，水稻17716.4公顷，油菜3135.7公顷，茶叶23.3公顷；养殖险承保能繁母猪102头，蛋鸡 12.15 万只，内塘螃蟹 93.3 公顷，池塘淡水鱼 19.3 公顷。总赔款金额 796 万元。

（胡胜男）

中国太平洋财保江宁支公司 中国太平洋财产保险股份有限公司南京市江宁支公司位于江宁区胜太西路 28 号，经营面积 540 平方米，于 2002 年成立。公司经营范围包括企业财产损失保险、家庭财产损失保险、建筑工程保险、安装工程保险、货物运输保险、机动车辆保险、船舶保险等种类。江宁支公司以转型创新发展为指导思想，以“太平洋保险，在你身边”为经营理念。公司内设总经理办公室、车商渠道一部、车商渠道二部、业务部、行政办公室、柜面等部门，下设 20 多家 4S 店及代理公司驻店网点，有 30 多名从业人员。2016—2017 年，连续 2 年实现保费“破亿元”，为江宁人民提供 450 亿元的风险保障。

（李恺悦）

中国太平洋人保江宁支公司 中国太平洋人寿保险股份有限公司南京市江宁支公司位于江宁区天元东路 52 号因泰莱大厦 4 楼，经营面积 1500 平方米，隶属于中国太平洋人寿保险股份有限公司的下辖四级机构。太平洋人保成立于 2001 年 11 月，总部设在上海。太平洋保险以“诚信天下、稳健一生、追求卓越”为企业核心价值观，致力于提供基于客户全生命周期的风险保障解决方案，覆盖人寿保险、年金保险、健康保险、意外伤害保险等多个领域。2017 年，太平洋人保江宁支公司有保险销售员 123 人，内勤人员 18 人，新保总收入 975.92 万元，理赔总案件 1668 件。

（太平洋人保江宁支公司）

紫金财保江宁支公司 紫金财产保险股份有限公司南京市江宁支公司位于江宁区东山街道天印大道 1299 号康桥公寓门面房 101 室，经营面积 400 平方米。紫金财保是 2009 年正式成立的全国性财产保险公司，也是江苏省道路交通事故社会救助基金唯一指定管理人，截至 2018 年 7 月，该基金累计垫付总额 12 亿元，挽救了 4.2 万个生命。公司经营范围包括财产损失保险、责任险、信用保险和保证保险、短期健康保险和意外伤害保险、经保监会批准的其他业务。特色服务有全国通赔、现场快处、线上理赔、车损直赔、人生无忧、非事故道路救援、实时支付等。2017 年，公司内设经理办公室、财务办公室、直销一部、车行一部、车行二部、专代业务部、柜台组 7 个部门，下设 20 多家 4S 店及代理公司驻店网点，有 30 名从业人员，营业收入超过 100 万元。

（紫金财保江宁支公司）

12 月 26 日，中国人保财险南京支公司将首笔扶贫保险赔款交至横溪街道许高社区农民刘恩祥手中 胡胜男 供稿

中国人寿保险江宁支公司 2017 年，中国人寿保险股份有限公司南京市江宁支公司实现总保费 6.6 亿元，比 2016 年增长 4.8%。全年累计办理各类保全服务 12 万多件，受理新单业务 1.6 万件，陪同客户体检 305 人次，办理各类理赔 6200 多件，受理批次赔案 2 万余件，接待客户咨询 4500 多人次。组织 1500 多名客户进行万人公益健走活动，创造更好的客户临柜及服务体验，大力推广自助服务。公司连续 5 年被评为全省系统先进单位，被省分公司评定为全省经营效益 AAAAA 级综合经营单位。（张绪德）

2017 年江宁区驻区保险公司一级支公司一览表

表 25

序号	企业名称	地 址	联系电话	经营面积（平方米）	内设机构（个）	从业人员（人）	保费收入（万元）
1	中华联合财产保险股份有限公司南京市江宁支公司	江宁开发区挹淮街 27 号	52101566	250	3	13	1800
2	阳光人寿保险股份有限公司南京市江宁支公司	东山街道胜利西路 9 号	52110302	350	3	13	—
3	利安人寿保险股份有限公司江苏分公司江宁支公司	东山街道潭元西路 128 号	18651675559	800	3	450	6000
4	永安财产保险股份有限公司江宁支公司	东山街道上元大街 808 号	51191370	85	3	5	800
5	长安责任保险股份有限公司南京市江宁支公司	东山街道天印大街 696 号	57913900	350	3	25	800
6	中国人民财产保险股份有限公司南京市江宁支公司	东山街道文靖西路 108 号	68185783	1800	9	93	136600
7	中国平安财产保险股份有限公司南京市江宁支公司	江宁区天元东路 521 号	52105047	620	3	45	20000
8	新华人寿保险股份有限公司江苏分公司江宁支公司	东山街道上元大街 298 号	52277502	950	3	250	2000
9	中国太平洋财产保险股份有限公司南京市江宁支公司	江宁开发区胜太西路 28 号	52122025	540	—	30	—
10	中国平安人寿保险股份有限公司江苏分公司南京江宁支公司	江宁区天印大道 700 号	52191378	—	—	—	—
11	中国太平洋人寿保险股份有限公司南京新区中心支公司	江宁区天元东路 52 号	52181279	1500	6	141	976
12	长安保险销售有限公司江苏分公司	江宁区天印大道 696 号	57913900	300	5	18	2500
13	紫金财产保险股份有限公司南京市江宁支公司	江宁区天印大道 1299 号	87135200	400	7	30	600
14	安诚财产保险股份有限公司南京市江宁支公司	东山街道金箔路 624 号	66779227	70	1	6	400
15	都邦财产保险股份有限公司江宁支公司	江宁区天印大道 1369 号	52760451	45	1	5	410
16	天安财产保险股份有限公司南京市江宁支公司	江宁区湖山路 360-2 号	52171356	—	—	—	—
17	中国人寿保险股份有限公司南京市江宁支公司	东山街道金箔路 665 号	52281060	2600	6	2100	66000

（区金融办）

证　券

中信建投证券金箔路营业部　中信建投证券股份有限公司南京江宁金箔路证券营业部成立于2005年11月2日，是第一家进驻江宁区的大型券商，营业部位于江宁区金箔路1039号黄金海岸广场，有员工27人，营业面积870平方米，2017年营业收入2148万元。公司总部位于北京，是经中国证监会批准设立的全牌照全国性大型综合证券公司，下辖300余家营业部，形成覆盖全国的经营网络体系，公司核心业务指标全部进入行业前10名，连续9年被中国证监会评为行业最高级别A类AA级的3家证券公司之一。公司业务涵盖证券经纪、投行、证券自营、证券资产管理、融资融券、期货、直投、国际业务等。公司依托总部专业而强大的品牌及产品服务体系，坚持以财富管理为发展方向，搭建全产品线、全过程化服务的投融资平台，精诚为客户提供多元化、专业化和个性化的理财服务。

（张　梅）

招商证券天元东路营业部　招商证券是招商局集团旗下的证券公司，传承招商局集团长期积淀的创新精神、市场化管理理念、国际化运营模式及稳健的经营风格，经过20多年的发展，已成为国内拥有证券市场业务全牌照的一流券商，在全国有243家营业部。招商证券股份有限公司江宁天元东路证券营业部位于江宁区天元东路56号，营业面积380平方米，2014年9月1日开业。至2017年年底，营业部有从业人员14人，内设经理办公室、财富管理中心、市场部、柜台及综合部，总资产2003万元，年营业收入206万元。经营范围包括证券经纪、证券投资咨询、与证券交易及投资活动有关的财务顾问、证券承销与保荐、融资融券、证券投资基金代销、为期货公司提供中间介绍业务、代销金融产品等。

（姚蒙蒙）

上海证券胜太路营业部　上海证券有限责任公司成立于2001年5月，是由国泰君安证券股份有限公司、上海国际集团有限公司和上海上国投资产管理有限公司投资控股的综合类证券公司。公司注册资本26.1亿元，拥有期货子公司1家、分公司3家、营业网点74家，形成以上海为中心，以长三角、珠三角和京津冀经济圈为主体的经营网络。业务范围涵盖场内、场外市场，为广大投资者提供证券经纪、财富管理、投资咨询等全方位的综合金融服务。上海证券有限责任公司胜太路营业部成立于2008年10月，位于江宁区胜太路6号。2017年，营业部有在职员工10人，学历均为本科及以上，且都持有证券从业人员资格证书。营业部全年营业收入1000万元。

（冯　乐）

中信证券双龙大道营业部　中信证券股份有限公司于1995年10月25日在北京成立。2002年12月13日，经中国证券监督管理委员会核准，中信证券向社会公开发行4亿股普通A股股票，2003年1月6日在上海证券交易所挂牌上市交易，股票简称“中信证券”，股票代码“600030”。2011年10月6日在香港联合交易所上市交易，股票代码为“6030”。2017年，公司实现营业收入433亿元，净利润114亿元，净资产收益率7.82%，收入和净利润继续位居国内证券公司首位。南京双龙大道证券营业部成立于2016年11月，位于江宁区双龙大道1351号，经营面积300平方米。依托中信集团一流的金融平台，承继中信证券先进的战略理念，营业部广泛吸纳国家985高校毕业生及海外留学生，打造了一支专业性、资源型的高素质团队。营业部经营范围包括证券经纪（限山东省、河南省、浙江省天台县、浙江省苍南县以外区域）；证券投资咨询；与证券交易、证券投资活动有关的财务顾问；证券承销与保荐；证券资产管理；融资融券；证券投资基金代销；代销金融产品。2017年营业部从业人员18人，营业收入113.49万元。

（陈　婷）

国信证券天印大道营业部　国信证券南京天印大道证券营业部位于江宁区东山街道天印大道700号东山总部商务园A3栋1楼，经营面积333平方米。经营范围包括证券经纪、证券投资咨询；与证券交易、证券投资活动相关的财务顾问；证券承销与保荐；证券自营；证券资产管理；融资融券；证券投资基金代销；为期货公司提供中间业务等。2017年，该营业部内设总经理办公室、行政办公室、财务办公室、营销组、柜台组5个部门，下设1个网点，有13名从业人员，营业收入295.7万元。

（国信天印大道证券营业部）

2017 年江宁区驻区证券公司一览表

表 26

序号	企业名称	地 址
1	中信建投证券股份有限公司南京江宁金箔路证券营业部	江宁区金箔路 1039 号
2	中国银河证券股份有限公司南京江宁竹山路证券营业部	江宁区竹山路 136 号
3	招商证券股份有限公司江宁天元东路证券营业部	江宁区天元东路 56 号
4	国泰君安证券股份有限公司南京天元东路证券营业部	江宁区天元东路 391 号
5	华泰证券股份有限公司南京江宁金箔路证券营业部	江宁区金箔路 700 号
6	南京证券股份有限公司南京新亭路证券营业部	江宁区新亭路 9 号
7	上海证券有限责任公司南京胜太路证券营业部	江宁开发区胜太路 6 号
8	中信证券股份有限公司南京双龙大道证券营业部	江宁区双龙大道 1351 号
9	华安证券股份有限公司南京胜太西路证券营业部	江宁开发区利源中路 20 号
10	国信证券股份有限公司南京天印大道证券营业部	江宁区天印大道 700 号

（区金融办）

上市公司

概 况 2017 年，江宁区新增境内上市企业 7 家（4 家上海主板、3 家深圳创业板），全区累计境内外 IPO 企业 29 家，上市企业首募再募资金 210 亿元。IPO 数量居全省区（县、市）第二，仅次于江阴市。新增“新三板”挂牌企业 8 家，全区累计“新三板”挂牌 41 家。年末，全区挂牌上市企业 70 家。

企业上市引导与培育 2017 年，区发展和改革部门建立上市储备企业动态管理制度，对重点拟上市企业进行走访，每季度对上市储备企业推进情况进行更新，及时掌握企业上市进展情况，重点了解企业上市进程中存在问题。全区拟上市动态储备库企业 110 家，IPO 进入股改、上市辅导期以上和拟挂牌“新三板”纳入市培育企业 90 家。主动深入企业，宣传上市政策，帮助企业理清思路，会同专家帮助企业制定上市方案，协调解决难题，为企业争取省市各项补贴经费，增强企业上市融资动力。

2017 年年末江宁区挂牌上市企业一览表

表 27

序号	公司名称	证券类别
1	江苏金智科技股份有限公司	深交所中小板
2	南京科远自动化集团股份有限公司	深交所中小板
3	南京普天通信股份有限公司	深交所 B 股
4	国电南京自动化股份有限公司	上交所主板

续表 27-1

序号	公司名称	证券类别
5	航天晨光股份有限公司	上交所主板
6	中国中材国际工程股份有限公司	上交所主板
7	中材科技股份有限公司	深交所中小板
8	南京中电环保股份有限公司	深交所创业板
9	南京新联电子股份有限公司	深圳中小板
10	中圣集团	新加坡
11	中电电气（南京）光伏有限公司	美国纳斯达克
12	鸿国国际控股有限公司（千百度国际控股有限公司）	港交所
13	中国高速传动设备集团有限公司	港交所
14	金露服装	纽约国交所
15	协众国际控股有限公司	港交所
16	光一科技股份有限公司	深交所创业板
17	南京宝色股份公司	深交所创业板
18	南京埃斯顿自动化股份有限公司	深交所中小板
19	南京音飞储存设备股份有限公司	上交所主板
20	金斯瑞生物科技股份有限公司	港交所
21	南京多伦科技股份有限公司	上交所主板
22	南京奥联汽车电子电器股份公司	深交所创业板
23	南京寒锐钴业股份有限公司	深圳创业板
24	南京三超新材料股份有限公司	深圳创业板
25	南京华脉科技股份有限公司	上海 A 股
26	南京我乐家居股份有限公司	上海 A 股
27	江苏大烨智能电气股份有限公司	深圳创业板
28	南京佳力图机房环境技术股份有限公司	上海 A 股
29	江苏苏博特新材料股份有限公司	上海 A 股
30	南京大树智能科技股份有限公司	新三板

续表 27-2

序号	公司名称	证券类别
31	南京上元堂医药股份有限公司	新三板
32	南京德邦金属装备工程股份有限公司	新三板
33	南京宝泰特种材料股份有限公司	新三板
34	南京波长光电科技股份有限公司	新三板
35	南京光辉互动网络科技股份有限公司	新三板
36	南京斯迈柯特种金属装备股份有限公司	新三板
37	江苏金智教育信息股份有限公司	新三板
38	南京天梯自动化设备股份有限公司	新三板
39	南京新康达磁业股份有限公司	新三板
40	江苏宝美户外用品股份有限公司	新三板
41	南京茂莱光学科技股份有限公司	新三板
42	南京市滨江科技小额贷款股份有限公司	新三板
43	安澳智能系统（南京）股份有限公司	新三板
44	南京市江宁区恒沣农村小额贷款股份有限公司	新三板
45	江苏凯基生物技术股份有限公司	新三板
46	江苏谷峰电力科技股份有限公司	新三板
47	南京法宁格节能科技股份有限公司	新三板
48	江苏美特林科特殊合金股份有限公司	新三板
49	南京科润工业介质股份有限公司	新三板
50	南京生兴有害生物防治技术股份有限公司	新三板
51	金广恒环保技术（南京）股份有限公司	新三板
52	江苏汇特传媒股份有限公司	新三板
53	江苏南自通华电力自动化股份有限公司	新三板
54	江苏南资环保股份有限公司	新三板

续表 27-3

序号	公司名称	证券类别
55	南京科思工贸有限公司	新三板
56	南京国电南思科技发展股份有限公司	新三板
57	南京灿能电力自动化有限公司	新三板
58	南京东富智能科技股份有限公司	新三板
59	南京味洲航空食品股份有限公司	新三板
60	南京海融医药科技有限公司	新三板
61	南京沪江复合材料有限公司	新三板
62	江苏龙腾工程设计股份有限公司	新三板
63	南京济群医药科技股份有限公司	新三板
64	南京邦禾肥业股份有限公司	新三板
65	江苏君立华域信息安全技术股份有限公司	新三板
66	南京印加新能源股份有限公司	新三板
67	江苏景古环境建设有限公司	新三板
68	南京英斯瑞德高分子材料股份有限公司	新三板
69	江苏同曦篮球俱乐部股份有限公司	新三板
70	中苏科技股份有限公司	新三板

（区上市办）

君立华域登陆“新三板” 5月10日，江宁开发区企业江苏君立华域信息安全技术股份有限公司登陆“新三板”。该公司成立于2006年，是一家以信息安全服务和安全产品开发为主导的现代化高科技企业，主要为政府、运营商、金融、医疗及大中型企业提供全方位信息安全技术服务。

我乐家居登陆A股主板市场 6月16日，江宁开发区内南京我乐家居股份有限公司在上海证券交易所举行上市敲钟仪式，登陆A股主板市场。该公司成立于2006年，是一家集产品研发、设计、生产和销售为一体的家居企业。截至2017年年底，拥有800家经销商，近1000家“我乐”专卖店。（陈　晓）

苏博特登陆资本市场 11月10日，国内混凝土外加剂行业龙头企业江苏苏博特新材料股份有限公司（简称苏博特，股票代码：603916）登陆上证交易所主板，发行价9.02元/股。苏博特拥有国家授权专利300余项，其中4项获中国专利优秀奖，1项获国家科技进步二等奖。其产品广泛运用于全国核电、水利、高铁、能源等建筑领域，包括江苏田湾核电站、兰新高铁、港珠澳大桥、南京地铁等一批国家和地方重特大工程。

（江宁高新区）

经济管理

宏观经济管理

概　况　2017年，江宁区编排江宁区2017年经济社会发展目标，分解下达经济社会发展目标。全区2017年经济社会发展目标经一级分解为34个大类260项子目标，分别由40多个单位予以组织实施。同时，对地区生产总值、服务业增加值、社会消费品零售额、全社会固定资产投资等主要目标进行二级分解。每季度按序时对区目标执行情况进行全面梳理，确保各责任单位目标推进。市下达江宁区经济社会发展考核目标37项，及时对目标进行一级分解，落实到相关责任部门。按月度对区政府领导挂图作战重点工作完成情况进行汇总跟踪，每月在区政府大楼电子屏幕上公示。年末，年度目标任务完成情况总体良好，基本完成任务。建立经济运行监测分析报告制度，年初区委下文，明确监测内容和各部门职责。密切关注国家宏观经济走势，省、市经济发展趋势及周边地区经济发展态势，发改、经信、统计、财政、科技等部门相互交流，了解全区经济运行情况，及时发现经济运行中存在的问题，提出有针对性的建议，区委常委会议、区政府常务会议听取经济运行情况10次。通过经济预测、预警，为区委、区政府重大决策提供参考和依据，确保经济平稳健康运行。

社会信用体系建设　2017年，全区围绕“创建国家信用示范城市”目标，落实《2017年南京市社会信用体系建设工作要点》，社会信用体系建设工作取得新突破。加快推进区级信用信息交换与管理服务平台一体化二期项目建设，以信用信息的深化应用和信用产品的广泛使用促进信用体系建设与完善，持续推进“七日双公示”常态化，组织全区41家行政执法部门15类双公示数据归集上报，信息入库率98.41%，信息覆盖率100%，法人行政许可2.04万条，法人行政处罚5771条，个人行政许可994条，个人行政处罚6105条。区政府印发《江宁区区级财政专项资金管理应用信用信息暂行规定》和《江宁区工程建设领域信用信息联动监管实施方案》，工程建设领域政府投资项目和使用国有资金项目信用应用率100%，逐步建立信用管理、信用评级、信用标准等比较完备的社会信用体系。按照《江苏省工商行政管理系统黑名单管理制度》，“信用江宁”网站先行实施法定代表人及相关负责人黑名单、无照经营黑名单、严重失信违法黑名单及农资经营黑名单的监管公示。在招投标和财政专项引导资金安排等方面，应用第三方信用报告43份；在申请财政资金、招投标、企业评级、信用管理贯标等工作时对市场主体进行批量信用审查企业200余家，企业自主申请信用查询报告100多份；在建设工程项目施工，粮食收购、储存和销售，防雷装置设计审核和竣工验收，科技创业企业申请贷款，资本市场融资补贴，经营性市场主体住所等方面使用信用承诺书200份。在政务大厅嵌入信用监管环节，利用市、区两级信用信息服务平台为行政部门开展跨部门联合奖惩工作提供信息化、规范化、系统化支撑。在《江宁新闻》刊登宣传稿，在江宁电视台播放诚信宣传片，以“3·15”消费者权益日、“6·14”信用记录关爱日、文明一条街创建、各行业诚信创建为契机，联合区委宣传部、市场监管局、旅游局等部门开展诚信教育主题活动；各园区、街道利用微信群、QQ群和诚信社区、诚信家庭评议活动开展诚信教育主题活动。全年完成省级贯标企业42家，新增市信用示范企业5家，江苏苏博特新材料股份有限公司获评2016年省级信用管理示范企业。

2017 年度江宁区信用贯标企业和信用示范企业一览表

表 28

序号	信用贯标企业和信用示范企业名称	备 注
1	江苏苏博特新材料股份有限公司	省级示范企业
2	南京北路自动化系统有限责任公司	市级示范企业
3	南京世都科技有限公司	市级示范企业
4	江苏景古环境建设股份有限公司	市级示范企业
5	江苏曙光信息技术有限公司	市级示范企业
6	南京迈瑞生物医疗电子有限公司	市级示范企业
7	江苏顺力冷弯型钢实业有限公司	贯标企业
8	南京马波斯自动化设备有限公司	贯标企业
9	南京特艺科技有限公司	贯标企业
10	南京帝鼎数控科技有限公司	贯标企业
11	江苏龙冠新型材料科技有限公司	贯标企业
12	南京美奇科技发展有限公司	贯标企业
13	江苏南自通华电力自动化股份有限公司	贯标企业
14	南京多伦科技股份有限公司	贯标企业
15	南京苏弘科技有限公司	贯标企业
16	南京奥联特体育用品有限公司	贯标企业
17	南京科利泰医药科技有限公司	贯标企业
18	江苏一物一码信息技术有限公司	贯标企业
19	南京苏曼等离子科技有限公司	贯标企业
20	南京琅池农业科技发展有限公司	贯标企业
21	南京宏华物流有限公司	贯标企业
22	南京斯坦福机械有限公司	贯标企业
23	南京禄口禽业发展有限公司	贯标企业
24	南京六和普什机械有限公司	贯标企业
25	德尔特微波电子（南京）有限公司	贯标企业
26	南京东阳交通器材零部件有限公司	贯标企业

续表 28-1

序号	信用贯标企业和信用示范企业名称	备 注
27	江苏瀚氏模具成型有限公司	贯标企业
28	南京南条全兴汽车内饰系统有限公司	贯标企业
29	南京濠暻通讯科技有限公司	贯标企业
30	南京展芯通讯科技有限公司	贯标企业
31	南京鹏讯信息技术有限公司	贯标企业
32	南京协辰电子科技有限公司	贯标企业
33	南京柯基数据科技有限公司	贯标企业
34	南京科沃信息技术有限公司	贯标企业
35	南京邻动网络科技有限公司	贯标企业
36	南京机器岛智能科技有限公司	贯标企业
37	延锋伟世通电子科技（南京）有限公司	贯标企业
38	南京民兴信用担保有限责任公司	贯标企业
39	南京国电南思科技发展股份有限公司	贯标企业
40	南京江宁联商股权投资有限公司	贯标企业
41	南京泉峰国际贸易有限公司	贯标企业
42	溢泰（南京）环保科技有限公司	贯标企业
43	南京英尼格玛工业自动化技术有限公司	贯标企业

（区发改局）

特色小镇规划建设 2017年，全区首批规划建设的13个特色小镇全面加快建设，全年投资150亿元，实现收益300多亿元。13个特色小镇分为产业提升、文化创意、生态休旅3种类型。是年1月，区发改部门在落地项目和在手在谈项目基础上，编制未来3年特色小镇建设投资计划，全区特色小镇拟实施项目150个，总投资700亿元。以南京未来网络小镇为例，华润燃气研发中心、新能源汽车空调研发中心等项目有序推进，未来3年计划实施重点项目15个，总投资43.2亿元，5年内预计集聚中高层次人才3000人，引进企业1000家，悠谷孵化器入驻率98%。首批特色小镇建设主要是整合美丽乡村、科创特区、重点产业园区等存量资源，聚焦支撑未来发展的“3+3+3”现代产业，兼顾茶叶、皮草等历史经典产业，构建一批低成本、便利化、全要素、开放式的众创空间，为培育新产业、新业态、新经济增长点注入驱动力。

8个产业项目纳入省重大项目 2017年，江宁区有8个重大产业项目被纳入省重大项目名单，比2016年增加2个，创历史新高。8个重大产业项目总投资484亿元，当年投资61亿元。同时，有60个重大产业项目被纳入市重大项目，比2016年增加18个。全区被纳入省重大项目的8个项目分别为南京顺欣正大天晴创新药物研发生产基地、中船海洋装备机电产业园、南京世茂梦工厂动漫文化基地、南京大生世界农业科技文化园、南京协鑫蓝天燃机热电联产、未来网络产业创新综合体、苏豪汤山健康养老产业园、大众汽车南京分公司车型改造项目，均为实施类项目，其中前5个为续建项目，后3个为新建项目，涉及汽车、海洋装备、生命科学、文化体旅、软件和信息服务、养老、现代农业等产业类型。纳入“省重大”后，项目推进工作能够得到上级政府和部门高度重视和大力支持，项目推进过程中遇到的问题矛盾，可以进行高位协调，土地、资金、电力等资源要素将更多向省重大项目倾斜，加速项目建设推进步伐。

重点产业项目建设行动计划 2月，江宁区排定2017年全区转型升级重大产业项目，确定“重点产业项目建设行动计划”内容与目标。全区共编排重大产业项目245个，总投资2607亿元，其中实施类项目171个，储备类项目74个。171个实施类项目投资总额1705亿元，当年投资360亿元，包括109个新型工业化和先进制造业项目、58个现代服务业项目和4个现代农业项目；74个储备类项目总投资902亿元，包括45个先进制造业项目和29个现代服务业项目。转型升级重大产业项目呈现产业覆盖范围更加全面、投资规模进一步扩大、引领性项目不断增加等特点。重大产业项目在重点安排全区“3+3+3”现代产业体系项目的基础上，适当安排节能环保、新能源、新材料等战略性新兴产业及高端商贸、养老等现代服务业项目，以加快推动全区产业向高端化、精细化、集群化发展。

2017年深化改革工作要点 3月，全区2017年全面深化改革工作要点确定。区别于往年，2017年深化改革工作要点中还包括前期向社会征集评选出的2017年优秀改革建议项目，力求精准对接发展所需、基层所盼、民心所向。全区深化改革要点由“1+2”框架构成，“1”即深改组整体面上改革任务，“2”即承担的国家和省市级改革试点任务、群众优秀改革建议项目。全区改革工作主体包括深化供给侧改革、抓实政治体制改革、推动文化改革创新、深化社会领域改革、推进党的建设制度改革、深化纪律检查体制改革等6个方面、29项改革任务、144个具体改革事项。江宁区共承担15项国家和省、市级改革试点任务，包括全国发展改革试点城镇、国家知识产权试点园区、管理人选任和管理机制改革试点等，其中国家级2项、省级6项、市级7项。

国家发改委走访江宁企业 4月6日，国家发改委副主任连维良一行到江宁区，走访考察南京埃斯顿自动化股份有限公司。区领导祁豫玮、李万平、李滨陪同。位于江宁开发区的南京埃斯顿自动化股份有限公司于2015年3月20日在深交所中小企业板挂牌上市，主要从事智能装备核心部件及工业机器人产品的研发、制造、销售和服务，2016年企业实现产值7.55亿元。连维良详细了解埃斯顿在企业融资、产品研发和生产等方面的情况，对埃斯顿在智能装备领域专注于自主研发取得的成绩表示肯定，希望企业持续加大创新投入，不断增强核心竞争力。

省委督察组督察江宁区重大项目建设 6月，中共江苏省委督察组到江宁区实地督察26个纳入全省集中开工活动的重大项目进展情况。督察组先后到江宁开发区、高新区、滨江开发区、东山街道等项目责任单位，实地查看苏豪健康养老产业园、中国兵器信息化及北斗应用产业基地等26个全省集中开工重大项目，对施工现场“三通”(水、电、路)和“一平”(土地平整)情况进行检查，对项目已形成实际投资工作量作详细了解，并听取相关负责人的情况介绍。督察组对江宁区重大项目建设成绩给予肯定，并要求明确工作目标，抢抓时间节点，加快推进重大项目建设进度。同时，主动做好沟通协调，强化日常管理，完善相关手续，提高办事效率，为项目建设有序推进提供保障，继续保持良好发展势头。

全区集成改革试点启动 9月22日，市委副书记龙翔代表市委到江宁区召开集成改革试点部署会，全区集成改革试点正式启动。龙翔要求全区及市各有关单位，高度重视集成改革试点工作，坚持系统思维、集成思路、科学统筹，谋划确定改革路径，努力打造南京改革的新样板、新品牌。市委常委、区委书记李世贵，区领导祁豫玮、刘玲、严应骏、李滨等参加会议。会议传达市委深改组会议精神，听取江宁区集成改革试点准备情况和下一步工作打算汇报。根据市委工作部署要求和区委常委会会议讨论意见，江宁初步确定集成改革试点工作安排，在改革内容上突出靶向聚焦，计划从行政管理体制、经济体制、生态文明体制、城乡融合发展体制、开放发展体制、社会事业体制、基层党建创新7个领域实施改革试点，构筑集成改革的“四梁八柱”，既着力主推行政管理体制改革，又全面增强其他领域制度创新的协调性。会上，市委农工委、市编办、市发改委等部门作表态发言。

全省加快培育新动能现场推进会 11月15日，全省加快培育新动能现场推进会在江宁区召开。会议强调，要贯彻落实中共十九大精神，坚持以习近平新时代中国特色社会主义思想为指导，把创新作为引领发展的第一动力，深入实施创新驱动发展战略，加快培育新动能、增创发展新优势，为推进“两聚一高”新实践、建设“强富美高”新江苏提供有力支撑。省委副书记、常务副省长黄莉新出席会议，市、区领导刘以安、李世贵、张会祺参加。会前，与会人员到位于未来科技城的南京物联传感技术有限公司和未来网络创新研究院，参观考察企业科技创新和未来网络产业发展情况。（宁　鉴）

国有资产经营管理

概　况　根据江宁城建集团、交建集团、商务商贸集团、国资集团、科创投集团、农副物流、公交集团和旅游产业集团专项审计数据，截至2017年12月末，八大国企集团资产总额989.9亿元，比2016年增长5.87%；负债总额616.48亿元，增长5.54%；净资产总额373.42亿元，增长6.42%。全年营业收入45.21亿元，净利润18.35亿元。国企集团融资性债务余额320.56亿元，比年初减少10.2亿元，下降3.08%。投入重点项目142个（结转2016年续建项目110个），项目预算总额603.02亿元，项目累计投入资金220.53亿元，完成项目预算总金额的36.57%，其中2017年投入资金51.33亿元。

新市镇PPP项目实施　2017年，区政府出台《江宁区新市镇建设项目PPP合作模式指导意见》，成立江宁区新市镇建设项目PPP合作模式开发建设领导小组，负责新市镇建设工作的协调、推进、管理、服务等。下设办公室，由区国资办代章。领导小组下设指挥部，与项目所在街道办事处合署，由街道办事处代章。指挥部负责新市镇建设规划详规的执行、拆迁安置的组织、与项目公司的资金结算、开发建设过程中社会稳定的维护、项目合作期内开发建设和运营管理事务的协调、服务、监督以及项目合作终了的项目移交等工作。“指导意见”提出授权区国资办和指挥部为新市镇建设PPP项目实施机构，授权区政府指定的区属国有企业与社会资本组建项目公司。成立的项目公司作为具体实施主体，负责在合作边界范围内的新市镇建设的深化设计、投融资、项目建设、产业发展、公共设施维护等，项目公司在特许经营期内完成项目开发实现自我发展，自负盈亏。新市镇建设PPP项目采用的DBOT模式（设计—建设—运营—移交），2016年起，淳化、江宁、湖熟、横溪4个街道新市镇PPP项目均已完成物有所值评价、财政承受能力论证、项目实施方案编制和社会投资人招采工作，签订PPP主合同。项目占地14.6平方公里，总投资300亿元。淳化、江宁、湖熟、横溪街道项目公司进行注册登记，公司注册资本金已按约定到位。4个新市镇项目均为片区综合开发项目，建设内容包括征地拆迁、土地整理、安置房建设、市政基础设施建设、公共配套设施建设、环境综合治理等。4个街道新市镇PPP项目均通过2017年10月南京市财政局组织的检查验收，并列入江苏省PPP项目库和国家财政部PPP项目信息系统。截至2017年年底，4个街道新市镇PPP项目均完成项目立项核准，具备拆迁和开工建设条件，并已启动拆迁、安置房规划和部分道路、污水处理等基础设施建设。（许　芳）

江宁国有资产经营集团　江宁国资集团于2011年12月经江宁区人民政府授权成立，是专门从事国有资产经营运作的国有独资集团公司，是集投融资功能、资本运作、资产经营和实业为一体的综合性平台。2017年年末，江宁国资集团资产总额230亿元，实现主营业务收入8630万元，融资成本率控制在5.42%。集团参

1月18日，江宁街道、湖熟街道新市镇建设PPP项目签约仪式举行。图为签约仪式现场　　区新闻中心　供稿

与投资形成的全资、控股、参股子公司及子公司对外投资34家，对外投资总额60亿元。依托集团AA+信用等级及发行非公开定向债券（PPN）的经验，成功注册发行中期票据，为降低融资成本、调整融资结构提供支持。同时，结合集团项目进度及资金需求，与各银行、券商针对银行间交易商协会及发改委的多种直接产品开展多样化合作，包括短期融资券、企业债券、永续债券等融资产品。为区内19家平台、园区等提供融资担保服务，担保总额289亿元（含产业基金22.4亿元）。推进土山片区配套工程建设，站前路跨秦淮河桥（主桥部分）项目修改施工方案，变换桥梁形式，宏运大道（滨河北路—东园路）道路工程开展项目招投标，天印大道北延工程（秦淮东河—宏运大道）向国土部门申报建设用地指标。土山路两侧棚户区改造及营南巷双塘村片区棚户区改造项目，分别完成丈量总量的92%和90%，并开展项目规划选址红线、土地勘测定界、资金测算等前期工作；高桥片区棚户区改造项目完成95%的拆迁户签约；12月24日完成城东大三角项目阳光新城住宅安置房分房。11月，集团与南京慧享福养老服务有限公司合资成立南京宁慧幸福养老服务有限公司，该公司将秣陵街道金域蓝湾社区用房位置作为首个社区嵌入式养老服务项目发展点，计划2018年上半年投入使用。

（倪洪波　曹　立）

江宁城市建设集团　2017年年末，江宁城建集团国有资产总额381.9亿元，比年初增长4.6%；全年实现主营业务收入12.22亿元，其他业务收入4500万元，净利润3.24亿元；发行公司债、PPN、短融、ABN等直接融资产品13笔，累计融资56.43亿元。围绕产业上下游，实现多元发展新格局。大禹水利、汤城艺佳园林公司市场化运作，园林公司实现产值近3000万元，新市区公司取得市政、土建三级资质。抢抓“租购并举”政策机遇，成立江宁首家公租房公司，启动特色服务式酒店公寓、公租房项目。围绕打造“红色物业”先锋，组建党建引领物业公司，第一年接管8个小区121万平方米，服务住户近1.2万户。加快构建供排水一体化平台，推进丹阳等街镇污水厂整合。天然气进农村项目有序进行，横溪丹阳完成协议签订。城建大厦、景祥大厦等经营性项目商户签约率100%，经营性收入逐步增加。联合中铁建、华夏幸福，江宁、湖熟2个新市镇综合开发项目快速实施。探索混合所有制发展，与中电环保、南京地铁、嘉能电力等公司进行多领域项目合作开发。扎实开展“263”专项行动，完成东山城区、岔路及杨家圩三大片区污水主次干管建设11公里，上元大街以北片区2平方公里86个小区雨污分流全面完成，改造和新建污水支管120公里。着力消减煤炭总量，协鑫电厂煤改气已通气调试。实施污水达标提升工程，全年处理污水7455万吨，10月，开发区污水处理厂通水试运行，成为全市首座准四类排放标准的污水处理厂，启动科学园污水厂三期建设。打造“两河”生态整治工程，秦淮河风光带按照“净化、绿化、美化、亮化、文化”的“五化”要求，完成3.6公里核心段建设并全面对外开放，外港河综合整治完成工程总量的60%。建成公园北路街心公园，新天地公园提档升级。文靖路沿线按照东晋建筑风格，完成沿街立面整治、路面整修、设施完善及功能优化。实施住宅小区整治23万平方米，新医路、宁中巷等7条背街小巷完成综合整治。完善路网体系，竹山桥改扩建工程历时8个月，年底通车；莱茵达路、湖山中路及医疗服务中心周边“两横两纵”等9条城区道路新改建工程竣工通车，文靖路跨宁杭高速桥作为连接东山城区与上坊片区重要通道启动建设。全年新建、改建供水管道16公里、供气管道75.4公里，横溪、丹阳等边远地区即将通上天然气。加大住房保障力度，玉堂花园、东平雅苑19万平方米1035套安置房完成分房，骆村新寓、天琪福苑二期2772套安置房不动产权证发放到位。建成晓里村、新河村、岗山一期40万平方米、3234套安置房，岗山二期、谷里铜矿危旧房改造项目加快实施。公共服务项目提速，建成医疗服务中心、交警大队业务楼，综合档案馆、法院审判庭、检察院业务楼、政法综治中心、公安局指挥大楼等按序时推进。水气保供水平提升，全年供气1.7亿立方米，比2016年增长17.24%；安全供水2.11亿吨，增长1.7%。受理“12345”工单5835件，作风满意率93.28%，结果满意率92.79%。

（城建集团）

江宁交通建设集团　江宁交建集团成立于2011年12月，主要从事道路、桥梁、市政等基础设施建设与投资、美丽乡村建设与开发、汽车检测、物业管理、交通配套产业的经营、投资与开发等业务。集团拥有南京西部路桥集团有限公司、南京惠宁市政建设服务集团有限公司、南京和惠物业管理有限公司等7家全资子公司，南京江宁宁高城际二期项目建设有限公司、南京三四零建设投资有限公司、南京江宁旅游产业集团有限公司3家控股子公司，下辖江宁交通发展集团、江宁汽车综合性能检测站2家成员企业及南京宁高轨道交通有限公司等5家参股企业。2017年，完成社会固定资产投资25.72亿元，主营业务收入14.16亿元，总资产249.17亿元。完成滨淮大道江宁段、S002湖熟段、旅游道路中部环线、丹向线等道路建设；S002上峰段和陆郎集镇段、S246江宁段、龙石线、大西线、苏豪片区道路和汤山旅游环线等项目有序推进；启动164公里农村林荫道、南京殡仪馆二期道路工程建设。注册非公开定向债务融资工具、债权融资计划34亿元，已发行10亿元。在S246江宁段项目中采用公共私营合作制进行投资、建设，成为江宁区首次采用PPP模式建设的国省干线公路项目。组建西部路桥汤山分公司、惠宁市政集团等新公司，参与道路、桥梁、市政等城乡基础设施建设。与南京七建、宏亚建设等企业进行战略合作，进一步增强承担自投自建项目的承载能力。开辟汽车检测“一站三点”新格局，检测站东善、淳化分站于年内实现运营。成立南京和惠物业公司，着力打造由国企引领主导、党员带头示范的“红色物业”新品牌。牵头完成旅游产业集团挂牌成立及美丽乡村中部片区启动等相关工作。（夏溢涵）

9月26日，江宁科创投集团走进江宁高新区开展中小微企业“面对面”服务，并与高新区签订企业服务合作协议。图为签约仪式现场

江宁科创投集团　供稿

江宁科技创业投资集团　2017年，江宁科创投集团投资方式从过去的以“引”为主向“投引”联动转变，“直投＋跟投”资金规模13亿多元，创历年新高，并引进3家企业落户江宁。投资成效提高，海融医药、乐韵瑞、天湫软件、中港、冉思、泉峰等项目出现爆发性发展势头，部分项目增值25倍左右。对标市场，创新风控，量身打造适应市场需求的业务产品，全年服务企业800多家次，服务企业资金量30亿元。租赁公司推出“金屋顶计划”，帮助海锚电器、谷峰电力等9家企业建立分布式光伏电站；担保公司推出“纯信用担保”，打破传统金融“当铺式”风控思维，助力企业转型升级；科贷公司推出“小额快贷”，有效解决中小微企业融资难、融资贵问题。立足为企业当“保姆”，为资本当“向导”，深入园区、街道、高校，开展企业融资对接会、企业家培训会等项目路演活动11场。同时，依托众创空间、科技金融超市、星空咖啡等线上线下平台，为科技人才项目和中小微企业提供创业咨询、融资方案设计、技术交流、设备调剂、人员招聘、法务、税务、财务、生活等一站式、全方位、全天候服务。是年，江宁科创投集团获全国“政府投资基金管理团队20强”“江苏省科技金融特色创投企业”等称号。（科创投集团）

江宁商务商贸发展集团　2017年，江宁商贸集团完成主营业务收入12亿元，限额以上社会消费品零售总额4.6亿元，分别比2016年增长8.1%和10.4%。打造并上线运营“巨诚云优家”电子商务平台，完成巨诚农副产品生鲜超市改建工程，建成公塘头民宿“乡村田园”二期工程。各级储备粮轮换20万吨，粮油经营总量70万吨。实现生猪屠宰42万头，肉品出厂合格率及无害化处理率均为100%。新增“民信药房”营业网点1家，完成东部片区4家农贸市场改造建设。（邢　然）

南京农副产品物流配送中心　南京农副物流中心是立足南京、辐射周边，按照“华东一流、全国有影响”的发展定位，高起点、高标准规划建设的现代化农副产品物流基地。项目规划占地200公顷，总建筑面积150万平方米，内设蔬菜、果品、水产、肉类、副食品、百货、粮油、酒店用品等8个专业市场，入场经商户4000多户，交易品种超过40万种，辐射半径300多公里，是全国经营规模最大的农副产品交易平台之一。2017年，实现市场交

易量850万吨，交易额505亿元，经营收入3.85亿元，社会销售品零售总额86.81亿元，比2016年分别增长6.25%、9.5%、13.5%和12.13%，连续5年居全国同类市场第二位。是年，南京农副物流中心获全省唯一的国家级公益性示范市场、国家级农产品供应链之星、江苏最具影响力品牌、江苏省对口支援青海省有功单位等多项荣誉。针对元旦、春节、国庆等重大节日居民消费特点，结合不同层次消费需求，积极组织货源，开展产销对接，丰富商品种类，保障商品供应不断档、不脱销。完善实物储备、在田储备、委托应急调运“三位一体”的常态化蔬菜保供机制，连续9年完成南京市冬季蔬菜的保供任务。根据辐射圈内实际情况，科学制定灾害性天气市场保供措施和预案，完成冬季暴雪期间市场供应保障及物价稳定工作。健全食品安全责任体系、溯源体系、联防联控体系、应急处置体系、教育培训体系。加大食品安全基础投入，先后完成果品、蔬菜、水产市场速检室升级改造工程，食品安全监管能力进一步增强。严把进口关、检测关、溯源关，实行农产品市场准入与实验室检测两级管理。全年检测农副产品110万批次，开展专项检查30余次，下架不合格产品35批次，未发生重大食品安全事故。落实“两个不高于、二免一减”等优惠政策，完善平价菜体系，努力降低商户经营成本，累计降低和减免市场摊位费、水电费等1000余万元。引进海南、新疆、山东寿光等全国蔬果主要产区进场，开设大宗蔬果销售专区3万多平方米，推进规模经营，形成价格“洼地”，保障市场供应。加强市场日常管理，不断提升服务水平、完善管理制度，为进场商户和入驻企业提供增值延伸服务。经常性开展市场整顿工作，利用政府主导优势，集中行政力量，坚决打击扰乱市场秩序的违法行为，杜绝欺行霸市、哄抬物价、强买强卖等现象，构建“和谐、平安、公平、有序”的市场交易环境。按照全区东、西部农产品产销对接扶贫工作要求，与拉萨、西宁、洛南等西部地区签订农产品产销对接战略合作协议，市场高原菜销量每天约400吨。（农副物流）

江宁公共交通集团 江宁公交集团成立于2014年，是国有大型综合运输企业，主要承担全区公交运营管理，公交场站、站台站牌建设管理，公共自行车运营管理，专用校车运营管理等公共服务，经营出租汽车、客运包车、信息科技、新能源等产业，拥有全资公司7家，控股公司2家，参股经营公司3家，总资产10亿元。2017年年末，集团职工总数4200人；拥有公交车辆1317辆，其中新能源公交车765辆；公交驾驶员1875人；公交线路155条，营运线网1387.8公里，营运线路2438.3公里；公交场站57座，公交站点1995个，其中公交站台1003座、简易站牌992个；出租汽车290辆，旅游客车71辆，专用校车271辆；有桩自行车9000辆，无桩自行车1000辆，公共自行车网点348个，办理公共自行车租赁卡3.64万张。全年总客运量1.02亿人次。优化运力资源配置，全年新增（更新）公交车180辆，其中柴油公交车30辆、新能源公交车150辆。新辟公交线路2条，优化调整公交线路9条，延长服务时间9条。提高镇村公交通达深度和覆盖广度，实行定时定点运行，提升镇村公交运营效率，节约运力资源，并将节约的运力开辟新的镇村公交线路，进一步向偏远自然村延伸。推进公交基础设施建设，按照“六统一”标准，出新老旧公交场站10座，改善公交场站站容站貌。设置镇村公交站牌600个，维护出新公交站台192座、智能升级109座。推进1座公交首末站新建和3座公交停保场续建，陈家桥公交场站协调重新选址事宜，江宁东部停保场完成设计要点申报，将军路停保场进入选址意见书申报及方案深化设计，宁丹路停保场办理征地及农转用指标相关手续。发展公共自行车项目，完成100个公共自行车网点建设，加强自行车设施、设备例行巡检和维护保养，采购有桩自行车3000辆，完成1000辆无桩公共自行车研发和生产。加快新建园区和街道集镇网点布局，提高公共自行车调度周转率，日最高使用8000余人车次。做好专用校车服务，利用暑假间隙，对所有校车进行一次拉网式维护保养、卫生消毒、更换座椅套。优化调整校车线路11条，新增专用校车15辆，为全区10个街道、24所学校量身制定校车运行方案，配置专用校车271辆，开辟校车线路250条，服务学生1.3万余人。扩展经营服务范围，以创建国家全域旅游示范区为契机，引入旅游要素实施“运、景”联动，开辟空港、滨江、麒麟园区特色班线和定制班线。转变290辆出租汽车经营方式，提供定制型、个性化出租汽车服务，为区内企事业单位提供16辆出租汽车定制服务。提升公交服务水平，推进办公场所标准化、标志标识标准化、服务规范标准化，统一企业员工识别服，树立集团良好形象。深入开展文明城区创建，突出公交行业特点，持续开展公交礼让斑马线、静音行动等文明活动，引导全社会养成“斑马线前礼让行人”习惯，公交车辆礼让率97.9%、静音率98.03%。坚持公交服务公益性定位，实施票价优惠政策，全年优惠4079.27万人次，免费出行893.74万人次。倡导关键核心技术自主创新，结合公共交通运营管理特点，自主研发公交管理、专用校车、智能站台、无桩自行车等20多个应用系统和模块，取得5项软件著作权、3项发明专利、4项实用新型专利、3项外观专利、2项美术作品专利，打造互联网时代的江宁智能化公共交通平台，满足群众多样化出行需求。（白念维）

3月28日，公塘头民宿“乡村田园”二期建成开业。图为公塘头民宿周年庆暨恬原味乡村田园落成活动现场　邢　然　摄

江宁旅游产业集团　江宁旅游集团是区委、区政府根据江宁全域旅游发展需要成立的统筹推动全域旅游资源开发运作一体化发展的综合性国企集团，于2017年3月19日正式揭牌成立。该集团主要从事旅游基础设施建设开发、旅游服务、旅游产品和商品的开发及销售等，全面参与江宁特色田园乡村、美丽乡村、全域旅游、田园综合体建设，已初步形成民宿餐饮、休闲旅游、文化创意、汽车租赁、生态农业等产业板块。集团内设行政管理部、人力资源部等10个部门，有干部职工282人。下辖南京江宁美丽乡村建设开发集团有限公司、南京溪田生态农业科技有限公司、南京一八八六汽车综合服务有限公司、南京耕浓文化传媒有限公司、南京水韵田园建设开发有限公司、南京江宁盛世旅游服务有限公司6家全资子公司，代管南京美丽乡村规划研究院有限公司（交通发展集团控股公司）。由集团作为会长单位，牵头成立江宁区文化产业联合会、江宁区民宿发展促进会。2017年，集团实现各项业务收入6462万元，融资总额7.29亿元，固定资产5590.36万元，总资产19.37亿元。围绕重点工程项目建设，明确任务目标，倒排时间节点，层层落实责任，推进美丽乡村西部片区提档升级，中部片区开发、建设及溪田田园综合体建设。建成西部片区龙乡双范精品民宿村、云水涧文化展示中心，并对外运营；完成中部片区钱家渡、孙家桥2个村庄的初步建设以及现代农业展示馆提升工程。年内，溪田田园综合体对外运营并获批国家级试点。围绕全区旅游产业发展的主营业务，构建旅游全产业链。一方面，借鉴美丽乡村西部片区管理经营管理模式，成立南京田园水韵建设开发公司，全面负责中部片区特色田园乡村建设、开发、管理和后期运营。另一方面，整合现有旅游资源，成立南京江宁盛世旅游服务有限公司，借助区旅游局管理的江宁全域旅游服务中心这一载体，开展各类政务考察、学习研讨、旅游线路策划、旅游商品开发等工作。美丽乡村中西部片区开发建设中，集团通过协议搬迁方式，已收储14个驿站、216户房屋资产，累计收储资产建筑面积6.1万平方米，完成土地、水面流转面积295.9公顷。同时，完成湖熟街道2处资产、横溪街道红日农产品公司相关资产收储，并推进奇水园、现代农业展示馆等收储工作。（旅游集团）

财　政

概　况　2017年，江宁区财政部门坚持稳中求进的总基调，全力推进供给侧结构性改革，着力保障和改善民生，不断开创财政改革和持续发展新局面。全年完成一般公共预算收入226.46亿元，比2016年同口径增长9%，税收占比达到88.2%，完成全年收入目标，在全省区县保持前三位次。政府性基金收入291.5亿元，增长80.2%；入库国有资本经营收入6.8亿元，同口径增长7.6%；实现社会保险基金当年收入17.3亿元，增长1.5%。按征收部门分，国税部门112.7亿元，地税部门97.6亿元，财政部门16.2亿元。从区域结构看，开发园区含东山总部园、麒麟高新区实现一般财政预算收入134.1亿元，占全区

的59.2%，同口径增长3.3%。街道实现一般财政预算收入52.6亿元，占全区的23.2%。全区实现一般财政预算支出213.4亿元，同口径增长18.1%，支出进度96.7%，提高0.9个百分点；政府性基金支出282.6亿元；国有资本经营支出6.7亿元；社会保险基金支出总额16.2亿元。全区民生支出161亿元，占一般公共预算支出比重75%以上。

稳定财政收入 2017年，区财政部门强化征管责任，落实减负政策，优化税源环境，有序组织财政收入入库。落实普遍性降费政策，取消或调整18项行政事业性收费及政府性基金，全年减轻企业及个人负担1.2亿元，办理省专员办退税4030万元。

促进经济发展 2017年，区财政部门注重发挥财政资金杠杆作用，促进科技创业企业发展。继续支持特色小镇培育建设，南京未来网络小镇进入省第一批特色小镇建设名单，禄口皮草小镇等4个小镇被列入第一批市级特色小镇建设、培育名单。规范运作区“科技成果转化风险补偿资金”“天使投资风险补偿资金”等，细化“苏科贷”管理，44家企业获得1.29亿元“苏科贷”。加大创业投资引导基金投入，预算安排1.5亿元，累计投资股权机构25家，促进英波尔、海融医药等一批高成长性科技企业发展。引导金融机构、天使投资机构增加对科技企业金融服务的投入。安排科技型中小企业创新、科技产业服务集聚区建设、众创空间建设专项资金4415万元，全区备案经认定科技型企业孵化器和众创空间82家。其中，省级科技孵化器、众创空间28家，国家级科技孵化器、众创空间17家。

民生保障 2017年，全区城乡低保标准由750元/月提高至810元/月，新农合筹资标准从人均880元/年提高到980元/年。向1.7万名城乡低保人员发放保障金5131.69万元，向2.6万名残疾人、农村五保对象等发放生活补贴4913.83万元。安排基层医疗机构人员经费3.4亿元，大学生创业租金补贴、再就业资金2893万元。扶贫专项资金、村级转移支付1.18亿元，全年义务教育段免收学杂费2196万元。补助资金8505.6万元，执行具有普惠性的幼儿助学券政策，1.3万名幼儿受益。安排经费5.7亿元，用于中小学校安工程、学校新建续建工程和幼儿园提优工程。重点扶持政产学研合作行动等6个专项计划，加速建成创业企业和研发机构高地，支持承办全国创新创业大赛。安排资金1.1亿元，落实老旧小区综合整治，出新改造小区107.5万平方米。加大交通基础设施承载能力，安排17亿元实施省道、农村公路、公共交通等建设。加快全域美丽乡村建设，加大“千百工程”建设补助，安排1.1亿元推进整治村建设。安排7.96亿元，支持重点水利建设、农村公路维护和农业综合开发，溪田生态农业园申报为国家级田园综合体试点项目。安排资金2亿元，做好城市保洁绿化、落实“智慧交通”及公共交通线网规划研究等。继续安排安全生产、“智慧江宁”建设、“数字警务”维保、电子警察建设等经费，实现城市治安、交通管理无缝联动。继续安排4亿元，加快秦淮河、外港河整治工程进度，安排1.8亿元对全区83条黑臭河道进行整治提升。支持开展生态文明示范区创建和环境综合治理，江宁区被环保部命名为“国家生态文明建设示范区”。安排7122万元，推进高污染车辆淘汰，推广新能源汽车运用。大力提升水环境质量，安排雨污分流及排水达标区建设专项资金2.9亿元，实施区域43.3平方公里，铺设污水主次干管93.4公里，实现小区排水达标。

财政改革与规范管理 2017年，区财政部门继续深化财政管理方式改革，通过开展财政体制调研，研究新一轮完善财政管理体制的措施，以收支为基础，构建体制模型。推进预算管理体制改革，规范编审流程，强化审查机制，在全市街道预算管理交流会议上作相关经验交流。全面推行固定资产条形码管理，为行政事业单位国有资产管理跟踪提供可靠、系统、全面的动态数据。实行国库集中支付及拨款无纸化改革，7月起在全区街道（园区）全面实行国库集中支付及拨款无纸化改革。加强国库集中支付，增加公务卡结算比例。利用“互联网+”模式开发软件系统，结合网上支付需求，推行非税系统改革升级。坚持预决算信息公开，将财政总预算和区级部门预算全部迁移至省统一平台公开。开展短期国库定期存款业务，及时办理财政各类定期存款到期转存工作，保证财政资金保值增值。做好财政资金项目绩效评价工作，聘请社会第三方中介机构，完成财政资金10个重点项目绩效评价。组织各项财政检查，先后开展精准扶贫专项资金、预决算信息公开、账表一致性及政府采购执行情况等检查活动，提出相关整改意见和建议近200条。

服务职能履行 2017年，区财政部门牵头落实全区供给侧改革方案4项、深化改革方案3项。支持区政务中心深化行政审批制度改革，保障民生事项延时服务，为政务结果提供免费快递服务，安排政务中心信息化建设、社区为民服务专项资金5600.5万元。开展全国会计专业技术资格报名审核和考试组织工作，报考9195人，增长46.35%。市民中心财政窗口处理会计人员信息变更等5381件。在机关作风建设评选活动中，财政窗口分别获得“星级服务窗口”“优质服务窗口”称号。完成会计继续教育学习8955人次，推动少儿珠心算工作上台阶。牵头办理人大代表建议、政协委员提案承办件9件、协办件21件，督办重要办文单490件，办理“12345”工单11件。（许建萍）

税 务

·国家税务·

概　况　南京市江宁区国家税务局有在职干部职工147人，辖区面积1333平方公里，负责全区8个街道、2个园区、41831户纳税户的国税征收管理工作。2017年，区国税局累计组织税收收入95.65亿元，比2016年增长32.04%，完成公共财政预算收入44.02亿元，增长43.72%。办理出口退税6.74亿元，征前减免12.23亿元。

江宁开发区国税局成立于2012年12月26日，位于江宁区双龙大道608号，有干部职工61人。管辖包括江宁开发区、秣陵街道和禄口街道，辖区范围超过240平方公里，辖户30820户（含个体）。2017年，江宁开发区国税局累计组织收入169.35亿元，比2016年增长4.8%；完成公共财政预算收入68.69亿元，增长20.05%；办理出口退税22.53亿元，落实各类政策性退税9.9亿元。（张泽昆）

金融业分配税款扣款上解　7月，根据《省政府关于调整完善省以下财政管理体制的通知》，全省金融业地方级改征增值税由省级收入调整为市县（区）收入，遵循属地原则在实际经营地就地入库。区国税局在首个申报期，金融业纳入汇总纳税户33户，入库6234.65万元。金融业汇总纳税户全年入库1.6亿元。

与邮政江宁分公司签署合作协议
9月20日，区国税局与南京邮政公司江宁区分公司签订合作协议，建立合作伙伴关系。在诚信合作、因地制宜、优势互补的基础上，围绕便民服务主题，国税部门借助邮政网点优势，共建“税邮共建便民服务窗口”，发挥邮政“三流合一”的资源优势和遍布城乡的网络优势，让更多的纳税人享受改革红利。

横溪个体代征点新场所投用
11月1日，位于横溪街道行政服务中心的个体代征点新址投入使用，并增配2名工作人员，正式对外办理涉税事项。新场所投入使用后，个体管理服务相关人员集中于一处，有助于提高个体税收征收管理和服务水平，方便横溪街道个体工商户办理涉税事项。（区国税局）

禄口街道税户划转　根据上级统一部署，自2017年1月1日起，江宁区禄口街道纳税人的主管税务机关由江宁区国税局整体变更为江宁开发区国税局。江宁区国税局与江宁开发区国税局通力合作、精心组织、平稳衔接，完成5818户纳税人主管税务机关划转。

税收管理改革和纳税服务　2017年，江宁开发区国税局调整部分科室职能，明确前台、后台岗位职责，理顺工作流程，完善税源基础管理，打好税收管理改革“第五战役”。开展欠税清理和风险应对工作，对所有企业立户建档、记录过程，实现清陈控新、提质增效。落实《纳税服务规范3.0版》和“便民办税春风行动”要求，宣传线上办税和非接触式办税模式，推广应用电子税务局，单位纳税人税种申报业务线上办理率100%，通过电子税务局申报外经证、跨区域涉税事项1.25万次。加强办税服务厅现场管理，合并部分办税窗口职能，实现人员、流程、环境等核心要素全部规范到位。（张泽昆）

·地方税务·

概　况　2017年，江宁地税局围绕税制改革和税收征管体制改革主线，以组织收入为中心，推进依法治税、信息管税、服务兴税、人才强税，各项工作取得新成绩，被市地税局评为2017年度先进单位。

履行税收职能。全年组织各项收入225.5亿元，比2016年增长16.71%，其中完成区政府口径税收收入134.41亿元，增收20.93亿元，增长18.44%。实现区政府一般预算公共收入97.54亿元，增收13.09亿元，增长15.5%。落实各项税收优惠政策，为1183户次纳税人减免税收6.35亿元。

拓展征管效能。按照“调整、理顺、提档、优化”征管体制优化调整要求，调整中等风险应对体系，设置专司中等风险核查机构分局，调整后有4个分局专司基础税源管理职能，2个重点风险应对分局，1个一般风险应对分局，1个风险核查分局，从事基础税源管理人员增至41人。企业所得税汇算清缴入库税款

6月30日，江宁开发区国税局组织开展网络安全“双清单”宣传教育活动。图为活动现场　　张泽昆　供稿

8.23亿元，增加3.35亿元，增长68.47%；年所得12万元以上纳税人个人所得税自行申报41166人，申报面98.03%，补征税款971万元，网上申报面98.51%；对1770名自然人转让股权征收个人所得税8749万元、印花税126万元；土地增值税清算申报项目13个，清算入库税款6.58亿元。与国土、水利等部门交换信息，获取土地使用权出让信息599条、土地使用权转让信息24条、耕地占用信息55条。应用征管质量监控平台，对欠税等征管薄弱环节重点管理，综合征管指标位居全市第二。推送中等风险应对计划1158户次，完成1150户次，风险应对推进率99.31%，应对收入6.19亿元，其中千元以上税款率74.61%。

坚持依法治税。实行行政首长负责制，执行税务行政处罚实施办法，规范自由裁量权。落实重大税务案件审理办法，规范案件审理。落实行政审批改革要求，规范涉税行政审批。落实全国税务稽查规范，执行“双随机”抽查制度，检查税户40户，其中大要案3户，查补入库税款1.06亿元。注重内控机制建设，开展年度执法督察和交叉执法督察。推进法治基地创建工作，被评为江宁区依法行政先进单位和全省地税系统法治基地。

开展纳税服务。以“简政放权、放管结合、优化服务”改革为契机，实行房产登记“一窗受理集成服务”模式，在江宁市民中心契税服务厅实行“两班倒”工作制（周一至周六，将契税征收窗口正常工作时间由朝九晚五调整为上午8时至下午7时），延时服务1463小时，办理涉税业务7148笔。全年受理不动产涉税业务5.32万笔，征收税款20.24亿元，服务评价满意率99.5%。在滨江开发区增设服务延伸点。与国税局联合对4户企业开展税务稽查，解决国、地税“两头查”问题。与国税局联合举办纳税人学堂12期，培训纳税人1132人次。成立税政服务团队，对重大投资项目和重点工程跟踪服务，为“一带一路”和“走出去”企业等重点企业提供专题服务。

个体纳税人定额核定　2017年，江宁地税局与区国税局联合各街道，开展个体纳税户定额重新核定工作。以街道为单位进行定额调整政策规定及个体税收征管规定和政策宣传，重点对个体纳税人定额核定工作文书、核定流程、核定规范、定额信息采集要求作解释。根据区域特点，分路段、分片区做好个体涉税信息调查采集工作，并落实定额公示制度，做到核定定额符合实际，资料采集准确无误，对外公示全面到位，文书下达按时规范。全年个体新办户定额1.04万条，开展定额调整4127户次，其中认定为起征点以上435户次。

非房地产开发企业土地增值税清算　2017年，江宁地税局对非房地产企业转让房地产项目实施土地增值税清算，清算补缴土地增值税1.35亿元。该局把清算环节放在权属变更登记环节之前，与区房产、国土部门共同建立对非房地产企业转让房地产行为实行“先税后证”的源头控管模式，在申请人办理权属变更登记时，需提交地税部门出具的《土地增值税清算结论》及完税凭证。在此基础上，依据科室职能和职责分工，明确各部门职责和要求，即中等风险应对机构负责非房地产企业转让房地产的土地增值税清算工作，税政法规科负责初审，清算合议小组集体合议决定。审核重点为转让房地产收入及收入确定的依据、旧房及建筑物的评估价格、评估方法和评估机构的资质等。

税收风险应对合议机制建设　2017年，江宁地税局在中等风险应对过程中，按照“约谈求精、核查求深”的原则，推行税收风险应对合议机制。该机制注重对风险疑点的合议，重点对推送疑点分析和核实，以及评估约谈的疑点确认或消除，确认约谈记录和相关书面证据是否支撑有效、理由是否充分，证据是否完整等。注重对税源差异的合议，重点对疑点中有具体税源数据和明显指向具体税种的，比对核实实际税源数据与入库税款之间的差异。注重对重要事项的合议，根据纳税人类别、风险管理事项特点，组建专业化团队实施专项应对合议。

个性化精准服务 5月17日，江宁地税局会同南京市国税局直属税务分局，对菲特（中国）制药科技有限公司开展个性化精准服务。针对该公司因江宁开发区城市规划调整搬迁过程中遇到的税收问题，在第一时间与企业对接，在梳理政策性搬迁等相关税收法律法规和政策规定的基础上，组建税收服务小分队，以上门服务方式，开展“订单式”精准化纳税服务。税企双方重点围绕政策性搬迁过程中搬迁收入、搬迁支出和应税所得计算等涉及企业所得税的税务处理进行沟通交流，明确搬迁完成年度的确认方式、购置资产支出处理以及土地的计税成本等具体问题。

银税协议网上办理 11月1日起，江宁地税局推行银税协议网上办理事项，新办企业纳税人只要登录国税、地税电子税务局，按规定填报《纳税人存款账户账号报告表》，并确认一个账户作为国税、地税缴税账户及社保费等基金、费缴纳账户，即可线上生成协议书。再登录开户商业银行的网银系统或手机银行，按照系统的提示，将银税协议的信息录入相关栏次保存提交。而银税协议的验证则由商业银行和税务机关对接办理。纳税人不再需要先到税务机关打印银税协议，再将与商业银行签订协议的结果反馈税务机关，实现银税协议签订的“不见面”。（李洪进）

审　计

概　况 2017年，江宁区审计部门落实国家和省、市审计工作要求，开展审计机关人财物管理改革试点工作，并取得成效。围绕区委、区政府“十项行动计划”，依法履行审计监督职责，推进对公共资金、国有资产、国有资源和领导干部履行经济责任情况的审计全覆盖，着力提高履职能力和工作水平，努力做好新形势下审计工作，为加快建设“强富美高”新江宁发挥审计监督和服务保障作用。全年完成各类审计项目504项，出具审计报告168份。其中，工程结算审计项目454项，审计总金额19.98亿元，核减1.82亿元，核减率9.11%；土地收储成本审计19项，低效用地审计5项，送审金额92.03亿元，核减27.72亿元，核减率30.12%；财政同级审1项、经济责任审计8项，省市同步项目3项、社区审计8项、上级交办任务6项。查出管理不规范资金29.09亿元。

财政审计 2017年，区审计部门加大财政同级审力度，推进公共财政预算审计全覆盖。深化区本级预算执行和其他财政收支情况审计，以全口径预算编制和分配、批复及下达、执行和调整、决算为主线，利用数字平台展开审计分析，对四本预算做到应审尽审，促进建立完善全面规范、公开透明的政府预算体系。重点关注部门预算执行情况延伸审计，以重点部门、重点科目为切入点，对区教育局等15个部门的2016年度部门预算执行情况进行延伸审计，占全区所有一级预算单位的22.73%，促进规范部门预算执行，推进政府预算公开。加大专项资金延伸审计力度，以提高资金使用绩效为首要目标，加强对重点专项资金和项目审查，把“两河”治理等3个专项作为审计重点，进行延伸审计调查，审计金额14亿元，占区本级专项资金预算安排的25.42%。5月4日，南京市审计系统2017年度区级财政同级审现场交流会在江宁区召开，同级审报告得到区人大肯定，区人大出台《中共南京市江宁区人大常委会党组关于改进审计查出突出问题整改情况向区人大常委会报告机制的意见》。

固定资产投资审计 2017年，区审计部门严格落实国家规定和《南京市政府投资建设项目审计监督条例》，推进政府投资项目审计全覆盖。建立和完善全区政府投资建设项目审计信息库，实施“统一管理、分类审计、分工负责、分级实施”，逐步建立政府审计主导、内部审计和社会审计参与的审计监督体系。多措并举，深化工程竣工结算审计，坚持工程造价审计与前期审批程序审计、内部控制制度执行审计、财务审计并重，促进建设单位建立、健全内部控制管理体系。加强对重点建设项目的跟踪审计，探索PPP项目跟踪审计新模式。进一步延伸对工程的质量进度、监理、物资、财务管理审计，督促建设单位规范内部管理，保障项目建设的合法合规。面对PPP项目新的领域，组织审计人员参加市审计局举办的PPP项目跟踪审计培训班，提高从业人员的专业水平，更好地服务于全区项目建设。紧贴“十项行动计划”中建设项目工作重点，做好旧城改造拆迁项目跟踪审计和土地收储（经营性土地出让）成本审计，争取工作的前瞻性、主动性，确保重点建设项目全过程跟踪审计。

经济责任审计 2017年，区审计部门全面开展经济责任审计，推进对领导干部履行经济责任情况的审计全覆盖。落实中纪委《党政主要领导干部和国有企业领导人员经济责任审计规定实施细则》和省、市要求，进一步加大对街道、机关部门经济责任审计力度。开展自然资源资产离任审计，在谷里街道任期经济责任审计中逐步推进自然资源资产离任审计，促进自然资源资产节约集约利用和保护生态环境安全。强化内审工作的管理与指导，以社区审计为重点，加强内审工作指导的针对性，提升内审工作质量，全年完成10个村（社区）审计。

（王　斌）

统　计

概　况 2017年，江宁区统计部门加强对经济形势的跟踪分析和超前研判，建立健全月度经济运行监测预警制度，重点园区、重点产业和重点企业跟踪调查制度，做到月有监测分析，季有形势研判，年有分析报告，为区委、区政府科学决策提供量化依据和参考。撰写的《关于对全区市重大项目未列统工作的情况汇报》《上半年全区经济运行存在问题和工作建议》《关于其他营利性服务业的预测及建议》被区委、区政府主要领导批示。开展江宁区党员干部大走访活动满意度调查测评工作，获取老百姓对活动评价的第一手信息。建立水环境整治成效监测机制，完成全区39条黑臭河道整治群众满意度专项调查工作。加大统计分析产品供给，完成统计分析62篇。组织编写中共十八大以后江宁经济社会发展成就汇编，并在10月17日的《南京日报》上整版刊登，为全区组织开展中共十九大宣传工作提供素材。

统计调查 2017年，区统计部门开展并完成第三次全国农业普查工作，全区组织动员普查员、普查指导员和各级普查机构工作人员3759人，登记11.42万个农户、152个村级单位、11个镇街级单位（含青龙山林场）、953个农业经营单位；组织108名工作人员对农作物播种面积进行卫星遥感测量，完成23景卫星遥感数据处理，掌握全区主要农作物种植空间分布，取得主要农作物种植面积数据。开展农业、工业、建筑业、房地产业、投资、能源、批零住餐业、服务业、人口、劳动工资等专业常规性统计调查，确保数据质量，客观反映江宁社会经济发展实际。

统计规范化建设 2017年，区统计部门扎实推进村（社区）统计规范化达标创建工作，指导各街道对村（社区）统计人员全面掌握统计规范化建设的基本要求和标准，完善统计管理制度，建好基础统计台账，规范统计档案管理。落实市编办、市统计局《关于做好统计工作编外辅助人员配备工作的通知》，各街道、园区配备统计工作编外人员24人，区统计局配备辅助人员7人。是年，区统计局在全省统计基层基础规范化建设考核中，连续第6年获“县级统计规范化建设示范单位”称号。

统计法制建设 2017年，区统计部门持续开展统计法制宣传，加强统计执法监督，确保统计数据质量。4—8月，组织工业、能源、商贸、劳资等7个专业对35家企事业单位进行统计检查。5月，开展“四条红线”专项整治，重点对“四条红线”的执行情况、非法代填代报、干预企业独立上报以及编造统计数据等弄虚作假行为进行查处。6月，配合市统计局对江宁街道开展督查，同时组织专业人员对滨江开发区开展统计督查。宣传贯彻新颁布实施的《中华人民共和国统计法实施条例》，参加市统计局组织的知识竞赛活动，并获三等奖；10月，邀请市统计局法规处负责人，对《中华人民共和国统计法实施条例》进行专题辅导；12月8日，省统计局、市统计局和区政府在江宁万达广场联合举办统计法颁布纪念日广场活动，多形式全方位宣传统计法律知识。

（戴　毅）

全省村（社区）统计规范化培训会 6月29日，全省村（社区）统计规范化建设交流培训会在江宁区召开。区长祁豫玮出席会议。江宁区在推进村（社区）统计规范化建设中，培育一批特色鲜明的示范典型，并建立一套高效运行的工作体系。全区已有7个街道20个村（社区）通过统计规范化创建验收，实现高标准推进、高起点开局。与会人员考察了东山街道中前社区、江宁智能电网博览馆、谷里街道大塘金等地，实地了解全区基层统计工作、新兴产业发展和美丽乡村建设等情况。

区统计学会成立 12月，江宁区统计学会成立暨第一次会员代表大会召开，审议通过《南京市江宁区统计学会章程》及各项制度，并选举产生第一届学会会长。区统计学会有会员158人，涵盖街道、部门、园区统计工作人员以及高校专家学者。学会成立后，计划通过举办各种统计学术报告会、座谈会，开展统计课题研究等，打造成为统计科研实践与成果应用推广的主阵地。同时定期组织会员参加学术活动，提高统计人员业务水平，为社会各界提供优质的统计服务。

（宁　鉴）

国土资源管理

概　况　2017年，江宁区国土资源管理部门履行“保护资源、节约集约、维护权益”职责，进一步推进国土资源保护、低效用地再开发、重点项目用地保障、土地使用制度改革和干部队伍建设，完成各项年度工作目标。全年保障重大项目173个，用地总面积1266.7公顷，保障率比2016年增长8%；组织上报征地批次（项目）25件，项目143个，面积933.3公顷。办理各类供地800公顷，出让金391亿元，其中商品住宅用地出让23宗，面积125.9公顷。加快实施各类农村土地综合整治项目，形成建新指标198.3公顷，耕地占补平衡指标140.1公顷。是年，江宁国土分局获得部、省、市表彰16项。

土地资源保护　2017年，区国土资源管理部门强化土地执法监察，基层国土所全部配齐执法车辆，其中东山、汤山、淳化3个国土所被市国土资源局表彰为执法巡查模范所。2016年度卫片违法用地整改实现“双零”目标，2017年土地例行督察反馈问题整改取得阶段性成果。探索推进矿地融合，启动宁安高铁沿线矿山地质环境治理工程，矿山环境治理工程获省科技创新二等奖。是年，江宁区永久基本农田划定工作被国土部、农业部评为全国永久基本农田划定工作表现突出单位。

民生保障　2017年，区国土资源管理部门推进不动产登记“3550”改革、增设布点、延时服务和“一窗受理”等工作，其中滨江开发区办证点已启用，全年办理不动产权证17.5万本、不动产登记证明6.3万份，列全省第二、全市第一位，并启动创建全省和全国百佳窗口。完成农村建设用地调查工作，颁发全区省级试点地区农房和宅基地不动产权证。出台江宁区地质灾害防治管理办法，推进方山祖龙路等14个地质灾害项目治理，其中翠屏国际等5个项目通过竣工验收。拟定失地人员进保衔接政策，开展征地补偿安置项目204个，面积893.3公顷，安置被征地农业人员7060人，完成率97.22%。办理“12345”群众诉求工单2045件，比2016年增长111.7%，在全区200件以上部门组17家单位中位列第四；办理涉土信访275件，增长1倍，按期办结率100%。是年，江宁国土分局被省国土资源厅评为“信访工作先进集体”。

低效用地再开发　2017年，区国土资源管理部门结合产业用地数据调查，开发江宁区产业用地绩效评价管理系统，实现再开发工作信息化管理。出台低效用地绩效评价暂行办法和再开发工作激励实施细则，完善政策体系。全年盘活低效闲置用地79宗，面积245.1公顷。　（吴　涛）

土地集约利用获国务院通报表扬　5月，国务院发布通报，对2016年落实有关重大政策措施真抓实干成效明显的地区，予以表扬激励。其中，江宁区因土地集约节约利用成效较好、闲置土地较少，给予新增建设用地计划指标66.7公顷的奖励。同时，国务院还表扬江宁区落实重大政策措施成效明显、创造典型经验做法，在2017年国务院大督查实地督查中予以“免督查”。

不动产登记再提速　6月5日起，全区不动产登记服务再次提速，除需要权籍调查的个人自建房、单位自建房、别墅等类案件外，不动产登记案件全面提速至5个工作日办结；二手房买卖转移登记、抵押权登记逐步实行一并受理、同步审核、同时发证，5个工作日办结。以前，二手房买卖转移登记、抵押权登记两个登记类别分别是10个工作日办结。新模式运行后，该项服务缩短至5个工作日办结，由买方、卖方和银行三方同时、一并申请转移登记和抵押权登记，转移登记登簿后，抵押权登记随之登簿，同时制发不动产权证书和不动产登记证明，银行随即完成放款。江宁市民中心每天有9个窗口办理产权收件，日均办理量400件（不包括发证、开具证明等）。窗口工作时间为9:00～12:00，13:00～17:00。此外，不动产登记中心还开通爱心窗口，为残障人士、老年人、重症患者提供绿色通道，同时为需要邮寄不动产权证书的群众提供EMS邮政速递送证上门的便民服务，方便办事群众。

区不动产登记中心滨江开发区服务大厅揭牌　10月19日，区不动产登记中心滨江开发区服务大厅揭牌，这是全区首个正式投入运行的基层不动产登记服务点。区不动产登记中心滨江服务大厅主要从事不动产转移登记、抵押登记，不动产权证收费发证、档案查询、开具新购住房证明等，服务江宁西部地区。

省国土资源厅调研江宁耕地保护工作 12月19日，省国土资源厅厅长、党组书记李侃桢率省国土厅办公室、省国土资源研究中心等部门主要负责人，以及各设区市国土资源局局长等，实地调研谷里街道大生农业科技文化园及柏树社区村庄复垦整理项目，详细了解江宁区耕地保护和土地综合整治工作。市委常委、区委书记李世贵参加活动。谷里街道柏树社区通过土地综合整治，将旧村庄、工矿废弃地改造成高产农田，引入大生农业科技文化园项目，推动现代农业发展。这里的农民既拿着每亩700元的土地流转租金，又有在园区务工的工资收入，实现“双收入”。

（宁　鉴）

安全生产监督管理

概　况 2017年，江宁区安全生产工作围绕全区中心工作，按照“党政同责、一岗双责、齐抓共管、失职追责”的要求，不断强化“管行业必须管安全、管业务必须管安全、管生产经营必须管安全”的工作理念，立足讲政治和全局高度，着力提升全社会安全工作水平。全年生产安全事故起数和死亡人数比2016年分别下降15.4%和14.8%，未发生较大及以上生产安全事故，完成保障中共十九大会议期间安全稳定等任务。是年，区安监局被国家安监总局评为“全国安全生产监管监察先进单位”；非煤矿山及冶金工贸行业监管、职业健康监管、危险化学品监管、安全生产行政执法等工作被省安监局表彰为先进集体。

安全生产制度建设 2017年，区委、区政府先后多次召开区委常委会、区政府常务会，分析研究全区安全生产工作，解决一批安全生产领域长期存在的问题。部署开展安全生产“扫雷”和“百日执法”等专项行动，推动各类专项行动深入开展。严格安全生产目标管理考核，将安全生产工作纳入“综合绩效千分考核”，明确重点考核项和刚性约束考核项。区安委办分别针对安委会成员单位和街道、园区制定年度考核细则，明确监管职责和具体要求，及时开展安委会成员单位和街道、园区安全生产考核，推动行业监管和属地监管责任落实。强化安全生产“党政同责、一岗双责”，健全安全生产责任体系，及时调整安全生产委员会组成人员，不断充实成员单位和领导力量。层层签订责任状，做好压力传导和责任体系延伸落实工作。修订下发《南京市江宁区有关单位安全生产职责清单》，明确39家部门和单位的安全生产职责，促进各司其职、各负其责。

安全生产行政执法 7月，全区部署开展安全生产“百日执法”专项行动，突出抓好夏季安全生产工作，集中打击曝光一批安全生产领域违法违规行为。“百日执法”专项行动期间，全区开展执法检查3907家次，立案409起，罚款819万元，约谈生产经营单位281家，停产整顿5家，关闭取缔4家，追究刑事责任3人，行政处分6人，并对江宁区九维食品厂进行曝光。推行“全员执法”“分区域执法”，有计划地开展执法检查。全年检查生产经营单位1013家，立案132起，其中事前立案处罚110起，5万元以上罚款35起，罚款274.8万元。严格行政审批准入，将简政放权、放管结合、优化服务落到实处，坚持“合法、合理、效能、责任、监督”原则，对承担的行政审批事项，逐项开展核查，确保“一个不错、一个不漏”。及时调整审批方式和申请材料告知等相关程序，全年实施危化经营许可审批、应急预案及易制毒化学品经营备案79家。加大对事故单位处罚力度，除亡人事故外，对5起工伤事故中暴露出的企业未履行安全生产主体责任、违章操作等行为立案处罚，办理生产安全事故行政处罚案件24起（含2016年7起跨年度事故），收缴罚款629.2万元。定期对事故发生企业类型、生产工段、部位特点和事故原因进行分析，通过“以案释法”、事故单位“回头看”、同类型企业专项检查等活动，取得查处一起、震慑一片、教育一批效果，防止类似事故再次发生。

安全生产专项整治 2017年，江宁区在全市范围内率先开展安全生产“扫雷”专项行动，与安全生产隐患大排查大整治行动“二合一”，制定方案、明确任务、细化分工，建立有奖举报制度，全面清除各领域的安全隐患“雷区”。通过“扫雷”专项行动，扫除对象不清的雷区，摸清底数，建立安全生产重点监管对象清单，梳理街道、园区、国企集团重点监管对象1.93万家，相关部门重点监管对象2052家。扫除隐患不清和措施不清的雷区，全区上下开展“拉网式”安全生产隐患排查整治，组织检查组1.98万个，出动检查人员5.27万人次，检查企业4.17万家次，排查一般隐患3.11万处，整改到位2.99万处，整改率96%。扫除责任体系、监管机制和应急处置等方面的雷区，厘清各类权利和责任界限，将“扫雷”工作责任落实到人，建立责任清单。按照谁排查、谁整改、谁监管、谁处置等要求，将责任落实到单位、落实到个人。

安全生产基层基础建设 2017年，区安监部门结合区综合行政执法体制改革，制定基层安监机构建设实施方案，建立并形成编制人员基本到位，办公、执法装备保障齐全，专职安全员有序招聘的格局。全年开展“谁执法、谁普法”、“以案释法”、“撸袖子”宣讲、“三项岗位人员”持证上岗等各类培训讲座507期，受众约4万人，做到应培尽培。及时调整区应急管理委员会组成人员，修订完善危险化学品、非煤矿山、职业危害（中毒）等专项预案。加强应急物资、装备设施等各类应急保障，定期开展应急救援培训和演练活动，提高应急队伍实战能力和应对突发事件救援能力。推进安全生产标准化建设，制定工贸行业企业标准化建设工作方案，指导危化、冶金等工贸企业创建标准化和标准化工作提档升级，创建一批二级、三级标准化企业。加强职业危害防治工作，不间断开展职业健康专项检查和职业卫生“三同时”检查，申报创建尘毒示范企业8家，摸底排查汽车制造维修企业114家。

（戎　健）

市场监督管理

概　况 2017年，江宁区市场监管部门围绕“两聚一高”主题，立足“一个高水平建成、六个显著”目标，以服务地方经济发展为主线，严守食品、药品、特种设备三大安全底线，培育名牌产品企业，深化商事制度改革和综合执法体制改革，加强市场监管，坚持依法行政，取得新成绩。是年，区市场监管局被省人社局、省食药局评为“食品安全工作先进单位”，行政审批窗口被省工商局评为的“商事制度改革先进单位”。

商事制度改革 2017年，区市场监管部门深入实施“3550”放管服改革，企业开办时间缩短到2.5个工作日，最快1.5个工作日即完成。全面实施全程电子化登记模式，代办银行网点拓展到23个，推动企业“跑腿”向数据“跑路”转变，共完成登记700家。重大项目服务特事特办，坚持标准不降、服务提质，先后为南京华谊上秦淮文化产业发展有限公司等200多个省、市、区重大项目提供指导和服务。拓宽企业融资渠道，通过动产抵押、股权质押为企业融资206.68亿元。实行企业简易注销登记，放宽企业退出机制，办理简易注销登记181件。全年新增私营企业15019家，注册资金726.64亿元，分别比2016年增长26.88%和43.04%；新增内资企业1590家，注册资本356.4亿元，分别增长49.44%和45.79%；新增个体工商户36591户，资金总额39.54亿元，分别增长110.9%和107.45%。

助推企业转型升级 2017年，区市场监管部门继续坚持实施品牌兴区战略，区内企业奥赛康参选第三届中国质量奖，成为全市唯一获奖企业；新获南京市长质量奖提名奖企业1家、个人1人。组织开展2016—2017年“江宁质量奖”评选，区政府对获奖企业发文表彰并予以奖励。江宁开发区智能电网产业，获批南京首个“全国知名品牌示范区”，有11家企业获江苏名牌、5家企业创成“江苏双百品牌”、48家企业获南京名牌，新培育驰名商标2件、省著名商标12件、市著名商标24件；新增江苏省质量信用AA企业2家。

消费者权益保护 2017年，区市场监管部门广泛开展旅游、校园等不同主题的系列宣传活动，不断提升放心消费创建水平。开展行政约谈，先后对大型商圈、商超等重点对象负责人进行约谈。加大消费投诉调处，全年受理各类投诉2万余件，为消费者挽回经济损失200余万元。增加商品抽检频次，对50个品种的商品进行抽样检测205个批次，立案查处15起。

标准计量服务 2017年，区市场监管部门推进江宁区智能电网国家高端装备制造标准化试点工作，智能电网领域制定标准400多项。企业标准研制工作持续深入，新增国际标准4项、国家行业标准24项，获评省级标准化示范区项目2个，其中南京大生农业标准化示范区获省质监局、省农委共同立项；南瑞继保获国家标准创新贡献奖。对全区13个街道（园区）、192个村卫生室和10个计生服务站的600台件计量器具进行免费检定，完成全区集贸市场1020台件计量器具免费检定。申报省级诚信计量示范餐饮店1家、诚信计量眼镜店1家、诚信计量超市2家、诚信计量医疗机构3家。强制计量器具注册审核2.5万件，全区大型超市计量器具受检率、眼镜配制场所计量器具受检率和加油机检定率均为100%。

特种设备安全保障 2017年，区市场监管部门加强特种设备安

2月，江宁区市场监督管理局开发区分局工作人员走进辖区人才市场，宣传创业就业政策，提供维权咨询服务　　区新闻中心　供稿

全监管，先后开展特种设备“扫雷”“双百行动”等16项专项检查或整治行动，检查特种设备使用单位800余家，发现各类安全隐患223处，并及时督促整改，确保设备运行安全。不断创新特种设备监察方式，在全市率先制定住宅电梯安全监管责任清单，形成电梯安全政府牵头、部门联动“多元共治”的格局。出台气瓶托管和联营“两协议”制度、气体充装“三规范”制度和“十不准”充装规定，全区未发生特种设备安全事故。

监管执法　2017年，区市场监管部门完善“以网管网”新机制，以网络交易平台、网上商城等交易类网站为重点检查对象，将食品、保健品等列为重点监管商品，开展网络交易商品质量监测、“红盾网剑”等一系列专项行动，共查办各类网络案件10件，构建线上线下一体化监管新格局，震慑违法网络经营者，保护消费者和经营者的合法权益，净化网络市场环境。创新开展课题式办案，成立汽车配件课题攻关小组，在汽车配件“潜规则”案件办理上取得突破。注重大要案的查办，先后办理南京阿尔麦特生物科技有限公司涉嫌无证生产保健食品案等大案要案。始终保持打假治劣的“高压态势”，全年检查批发零售市场、集贸市场等各类市场9家、经营主体820户，整治重点区域4个，查获各类假冒伪劣产品货值38.03万元。

（范　炜）

江宁首设区长质量奖　2月，区政府印发《江宁区区长质量奖评定管理办法》，决定2017年起设立“区长质量奖”和“区长质量奖提名奖”，通过区长办奖、企业创奖的形式，进一步引导辖区企业和组织运用卓越绩效管理模式，培育更多管理先进、效益卓越的优秀企业，推进经济增长方式由“速度型”向“质量效益型”转变。“区长质量奖”作为区政府设立的质量荣誉，主要授予在江宁区内具有独立法人资格，实施先进质量管理模式，有广泛社会知名度与突出影响力，质量领先、技术创新、品牌优秀、效益突出的企业或组织。同时，设立“区长质量奖提名奖”，鼓励追求卓越的企业或组织。根据该办法，企业或组织申报“区长质量奖”，必须同时具备9项基本条件，包括在江宁区行政区域内登记注册，从事合法生产经营（服务）3年以上；质量管理体系有效运行；具有杰出的经营业绩；技术创新、质量创新意识强等。此外，参评企业还需拥有突出的品牌优势，在实施标准化和品牌创建、促进科技成果转化为生产力等方面处于全市领先地位。获省、市名牌产品，中国、省、市驰（著）名商标，高新技术企业等可优先列入评审范围。参评者必须具有良好的诚信记录和社会声誉，连续3年无重大质量、设备、伤亡、火灾和爆炸安全事故（按行业规定）及重大用户投诉，无被行政执法部门查处的不良记录。区政府将向获得“区长质量奖”称号的企业或组织，每家奖励20万元，获得“区长质量奖提名奖”称号的企业或组织也将获得5万元的奖励。

48家农贸市场肉类和水产品快检启动　2月，江宁区重点对全区48家农贸市场农药残留、肉类和水产品非法食品添加剂快检进行培训，各农贸市场陆续启动肉类和水产品快检工作，市民在购买肉类和水产品更加安全放心。培训后，各农贸市场将对市场内肉类和水产产品每周至少进行2次快检，对于抽检不合格的产品将严格控制，防止流入市场，涉及添加非法食品添加剂的经营户或企业，及时移送公安机关处理。区市场监管局还加快农贸市场标准化快检室建设，同时，加大对农贸市场食品销售监管力度，依法做好索证索票工作，从源头上确保市民“菜篮子”安全。

两企业获评江苏省质量奖 4月，2016年度江苏省质量奖获奖名单公布，全市3家企业入围该奖项，其中江宁企业占据两席，分别是南京国电南自电网自动化有限公司、江苏奥赛康药业股份有限公司。

首届江宁质量奖“出炉” 6月，2016年度首届江宁质量奖获奖名单公布：南京金斯瑞生物科技有限公司、南京迈瑞生物医疗电子有限公司、江苏顺丰速运有限公司3家企业获得2016年度首届江宁质量奖，江苏九州通医药有限公司、南京科远自动化集团股份有限公司、南京三超新材料股份有限公司、南京多伦科技股份有限公司、南京华脉科技股份有限公司等5家企业获得2016年度江宁质量奖提名奖。获得首届江宁质量奖的企业涉及生命科学、现代物流、智能制造等重点产业，在企业规模、分布上也比较多元。 （宁　鉴）

2017年江宁区获江苏名牌产品企业一览表

表29

序号	企业名称	序号	企业名称
1	江苏中圣高科技产业有限公司	7	南京普天天纪楼宇智能有限公司
2	南京新一棉纺织印染有限公司	8	江苏中圣压力容器装备制造有限公司
3	南京多伦科技股份有限公司	9	南京樱桃鸭业有限公司
4	江苏苏博特新材料股份有限公司	10	江苏亨佳健康科技股份有限公司
5	南京金埔园林股份有限公司	11	中国中材国际工程股份有限公司
6	南京高精船用设备有限公司	—	—

2017年江宁区获南京名牌产品企业一览表

表30

序号	企业名称	序号	企业名称
1	江苏华瑞国际实业集团有限公司	25	南京时恒电子科技有限公司
2	南京大全变压器有限公司	26	南京鹏迪幕墙工程有限公司
3	光一科技股份有限公司	27	南京波长光电科技股份有限公司
4	航天晨光股份有限公司	28	南京青龙线缆材料有限公司
5	南京佳力图机房环境技术股份有限公司	29	江苏龙冠新型材料科技有限公司
6	南京音飞储存设备（集团）股份有限公司	30	南京佑天金属科技有限公司
7	南京肯特复合材料股份有限公司	31	桑德斯微电子器件（南京）有限公司
8	江苏苏博特新材料股份有限公司	32	南京平欧空调设备有限公司
9	南京迈瑞生物医疗电子有限公司	33	南京威乃达家具有限公司
10	江苏金陵特种电缆有限公司	34	南京奥联特体育用品有限公司
11	南京科远自动化集团股份有限公司	35	南京格林地板有限公司
12	南京佳盛机电器材制造有限公司	36	南京上元堂医药股份有限公司

续表

序号	企业名称	序号	企业名称
13	南京能瑞电力科技有限公司	37	南京中宁投资集团有限公司
14	南京乐惠轻工装备制造有限公司	38	南京永腾建设有限公司
15	南京普爱医疗设备股份有限公司	39	南京普天天纪楼宇智能有限公司
16	南京大全电气有限公司	40	中电环保股份有限公司
17	南京消防器材股份有限公司	41	江苏景古环境建设股份有限公司
18	南京飞腾电子科技有限公司	42	南京金斯瑞生物科技有限公司
19	南京起重电机总厂	43	南京孚嘉印刷有限公司
20	江苏中圣压力容器装备制造有限公司	44	南京桥新建设有限公司
21	环宇集团（南京）有限公司	45	南京西丽食品有限公司
22	南京睿实消防安全设备有限公司	46	南京青泉茶厂
23	江苏宝美户外用品股份有限公司	47	南京聚客维食品有限公司
24	南京斯迈柯特种金属装备股份有限公司	48	南京睿汐蓝莓种植专业合作社

（范　炜）

食品药品监督管理

概　况　2017年，江宁区食品药品监督管理部门结合江宁实际，精心组织、细化落实、创新举措，围绕“打造放心消费环境、保障公众饮食安全”目标，落实“四有两责”要求，构建食品安全社会共治格局，进一步提升食品药品安全保障水平，确保广大群众饮食用药安全，促进辖区内餐饮医药经济健康发展。

食品安全示范城市创建　2017年，全区继续推进国家食品安全示范城市创建工作，先后组织召开区委常委会1次、区政府常务会3次、全区创建工作联席推进会议4次，专题研究部署食品安全示范城市创建工作。年初，召开全区食品安全示范城市创建和食品安全工作会议，区领导与创建各有关责任单位现场签订责任书。5月，按照全市食品安全工作座谈会精神，区政府召开专题会议，梳理出创建工作存在的问题并迅速给予解决。全区上下形成协调联动、全面参与、整体推进的食品安全工作局面。36家企业开展电子追溯系统建设，21家规模企业获HACCP或ISO 22000证书，45家企业获“南京市食品生产环节创建国家食品安全城市示范单位”称号。引导特色小镇和美丽乡村建设向“健康乡村”迈进，在大塘金、石塘竹海等13个“特色小镇”开设农家乐餐饮298家，新设立餐饮服务食品安全工作站20个。全区特大型、大型社会餐饮和学校食堂的明厨亮灶率85%，学校食堂A级率87%。抓住美丽乡村建设提档升级契机，七仙大福村、汤山七坊、江宁黄龙岘、禄口桑园年糕等47家小作坊完成升级改造。在全省率先引入专业的第三方机构开展食品生产企业风险隐患排查和行业汇总分析，全市首批28家食品生产企业和20家餐饮单位与保险公司集体签订食品安全责任保险。全年设立食品摊贩集中管理区11个，发放食品摊贩备案登记卡285户；在全市率先实施农贸市场精细化管理提升工程，农贸市场全面推进快检室的重建。

食品药品专项整治　2017年，区食药监部门采取日常监管与专项整治相结合办法，突出重点时段、重点区域、重点品种的食品药品监管，严厉打击制售假劣食品药品违法行为。按照分类分级监管、信用管理和量化分级等要求，对食品生产、流通、餐饮环节实施“全流程”监管。开展各类专项整治，加大重点品种、重点区域和重点对象专项治理力度，对农村集体聚餐实行逐级申报、现场监督，做到食药领域违法行为“零

7月，江宁区2017年“全国食品安全宣传周”启动仪式在东山街道举行。活动主题为“尚德守法，共治共享食品安全”，区食安办、区农业局等部门现场接受居民咨询，并发放宣传资料

区新闻中心 供稿

容忍”。举办食品安全专管员培训班48期，培训人员3921人次。强化药械、保健品、化妆品领域专项整治，开展角膜塑形用硬性透气接触镜专项检查等药械专项整治9次、保健食品会议营销专项检查等专项整治4次，先后检查药品零售企业300家、医疗机构116家、医疗器械生产企业45家、医疗器械经营企业325家，完成不良反应评价598例、不良事件评价473例。检查保健食品会议营销企业20家、化妆品经营单位31家、美容美发企业51家、保健食品经营企业385家。

食品药品安全宣传 2017年，区食药监局与团区委联合，组织青年志愿者，到群众饮食用药安全一线进行宣传和指导。与区妇联联合，组织女干部走进企业、校园和家庭，和企业女工、校园女生、家庭主妇共话食品安全，宣传药械使用、鉴别的方法。在江宁电视台、广播电台和新媒体微江宁等定期播出食品安全知识及创建食品安全工作情况，在江宁新闻开设“创建国家食品安全城市”专栏。在100个公交站台布置创建广告，区内大型广场电子显示屏滚动播放创建宣传标语，开设创建专栏发布信息60条，悬挂宣传横幅600多条，张贴宣传户外广告1万份，发送宣传海报1万张，全区201个村（社区）食品药品科普宣传站全覆盖。编发食品药品安全科普知识等宣传手册3万册。

（范 炜）

食品安全责任保险 6月27日，全区28家食品生产企业和20家餐饮单位与保险公司集体签订食品安全责任保险，成为全市首批投保食品安全责任险的食品生产经营单位。此次签订的食品安全责任保险主要分餐饮类企业，生产、销售类企业两大类。其中，餐饮类企业按照经营面积分档收取保费，生产销售类则按照年度营业收入分档收费。食品安全责任险的保险期为1年，投保内容涵盖投保食品存在农药污染，超量、超范围使用的食品添加剂等情况。

（宁 鉴）

民营经济管理

概 况 2017年，江宁区新增私营企业15019家，注册资本726.64亿元，分别比2016年增长26.88%和43.04%；注销企业1553家，增长79.54%。新设立私营企业中注册资本超亿元企业77家，增长50.98%。新登记私营企业中从事第一产业86家，注册资本4.21亿元，分别下降14.85%、19.66%；从事第二产业2976家，注册资本157.03亿元，分别增长56.47%、71.26%；从事第三产业1.2万家，注册资本565.4亿元，分别增长21.59%、37.51%。年末，全区累计有私营企业6.15万家，注册资本3164.69亿元，分别增长29.35%和39.65%。全年新登记个体工商户3.66万户、资金总额39.54亿元，户数增长110.9%，资金数额增长107.45%。新登记个体工商户中，从事第一产业556户，资金总额1.63亿元，分别增长18.8%、18.98%；从事第二产业1891户，资金总额3.27亿元，分别增长83.95%、153.49%；从事第三产业3.41万户、资金总额34.64亿元，分别增长115.37%、111.35%。年末，全区累计有个体工商户11.55万户，增长39.35%。民营经济全年实现增加值603.2亿元，可比价增长9.2%，增速快于地区生产总值增速0.2个百分点；占地区生产总值比重为31.16%，提高0.76个百分点。 （民营经济协会）

价格管理

概 况 2017年，江宁区价格管理部门贯彻落实国家和省、市、区价格工作部署，坚持政策创新，打破传统思维定式，科学谋划，真抓实干。不断寻求工作上的新突破、新发展，推动价格工作上台阶、上水平，完成价格改革、调控、监管、服务等各项工作任务。是年，区物价局获“全省价格系统平价商店管理奖”“全市稳定价格和治乱减负目标责任制考核优秀单位”“全市价格系统工作考评先进单位”等称号。

价格诚信创建 2017年，区价格管理部门从营造公平、诚信、和谐的旅游消费环境入手，联合16个部门和单位，在全区旅游行业开展“全省价格诚信示范区域”创建宣传活动。组织召开320多家企业负责人和物价员会议，建立酒店、商场、餐饮、景区、停车场等400多家企业价格诚信档案，发放价格宣传资料3.5万余份。景区商户统一使用规范化的标价签、点菜单，签订《价格诚信承诺书》，市场明码标价率100%。是年，江宁区黄龙岘金陵茶文化村获“全省价格诚信示范区域”称号，成为全市唯一获此荣誉的美丽乡村旅游景区。

住房价格调控 2017年，区价格管理部门根据国家和省、市对商品住房“精准施策、强化调控”的要求，严格落实房价申报指导措施。对毛坯改精装修、单元楼层价差过大等变相涨价行为严格把关，全面推行价格承诺制度，对新建商品住房配套产权车位、储藏室销售价格实行备案管理。全年初审商品住宅价格申报54家次，总建筑面积121.64万平方米，综合平均申报价2.32万元/平方米。通过与开发企业沟通约谈，申报核减金额13.26亿元，全区申报商品住房价格呈稳中略降态势。

价格监督检查 2017年，区价格管理部门围绕政府关心、群众关切、社会关注的价格热点和消费重点，先后开展涉企、涉农、医疗、教育、商品房、农资、旅游等价格专项检查，检查企业720多家，全力维护市场价格稳定。制定和完善“12345”“12358”价格投诉举报工作制度，对投诉举报的受理、登记、呈批、移送、办理、督办、反馈、存档等各环节提出具体要求，努力把价格矛盾和问题解决在萌芽状态。全年受理各类价格投诉举报1436件，立案查处2件，退还消费者多收价款40余万元，价格投诉举报答复率、办结率均为100%。

涉企收费管理 2017年，区价格管理部门坚持用清单清权、亮权、控权，锁定收费“底线”。联合区相关部门，开展涉企收费文件清理规范，对全区350多家收费单位收费情况实行监督管理，完成收费年报工作，报告率100%。更新修订《江宁区行政事业性收费项目目录》《江宁区涉企行政事业性收费目录》等5个清单。以垄断型、评估型、中介型收费清理为重点，开展一系列清费、治乱、减负工作，全年取消、停征和降低涉企收费31项，减轻企业负担9300多万元。

民生价格监管 2017年，区价格管理部门会同相关部门，推进分级诊疗制度建设，全区重点人群签约12.7万人。完善医疗服务项目价格政策，对非公立医疗机构推行医药价格监测及价格信用等级管理，规范基层基本药物零差率管理。在全区开展教育收费专项检查，对天印高级中学教育收费进行成本监审，对19家民办幼儿园收费成本进行价格认定。组织召开出租车运价调整听证会，研究出台《江宁区农业用水价格核定管理试行办法》等4个文件。加强农副产品平价店规范化管理，提高平价店“稳价惠民”成效。是年，全区42家平价店销售平价农产品390万公斤，为居民“菜篮子”减负472万元。

降低企业成本 2017年，区价格管理部门运用价格政策，鼓励和指导企业参与全省电力直接交易试点工作，新增18家直接交易电力大用户企业，为32家工业企业减少用电成本8000万元。引导供气企业对燃气大用户企业实施价格优惠，每年减少企业燃气成本500余万元。取消企业城市公用事业附加费，调整各类自来水到户价格，每立方米降低0.06～0.10元，年减轻企业和社会负担1000万元。对建设项目涉及的环境、节能、安全、建筑工程等可由市场提供的各类中介服务，要求推荐不少于3家具有相应资质的中介服务机构供业主选择，否则，收费标准有收费区间的按最低标准收取，无明确收费区间的一律减半征收。

价格认证服务 2017年，区价格管理部门坚持价格认定机构公益性定位，开展涉案涉纪财产、存量房涉税、国有资产处置和政府重大工程等领域价格认定服务。全年开展各类价格认证450件，标的额16.2亿元，其中存量房个案认定128件、涉及金额8.1亿元，被誉为存量房涉税价格认定的“江宁模式”，在全省价格系统推广。研究制定《江宁区价格争议调解处理实施办法》，在南京农副产品物流中心设立全市首个驻场价格争议调解处理工作站，为市场和群众开展价格争议纠纷调解。全年调解各类价格争议792件，调解金额3160万元。（薛正江）

城乡建设与管理

城乡规划

概　况　2017年，江宁区规划部门继续优化城市布局，推进城乡规划编制管理工作。开展全区“2040战略规划”研究和南京主城南部中心规划战略研究，启动《江宁区发展战略》《江宁区2035年发展规划大纲》编制。注重规划指导和调控，推进《禄口新城中心区（NJNBh020单元）控详及城市设计》《上秦淮NJN—Bg060NJN单元控详规划》《汤山新城温泉片区控详规划修编》等一批规划编制。以完善城市功能为着力点，组织东山副城交通综合改善规划、南京市江宁区轨道交通线网优化专题研究、江宁区慢行交通系统规划、百家湖商圈4个过街通道规划、江宁区地下空间开发利用总体规划等一批市政专项规划，完成龙湖天街商业综合体、金长城大厦等一批重点项目规划审批工作，推进上秦淮文化交流中心、华谊兄弟电影小镇星影广场街区等规划设计，为重大项目提供规划服务。深化全域美丽乡村建设，编制完成2017年度34个示范村和大生农业园、黄龙岘茶文化小镇、苏家文创小镇、石塘互联网小镇等规划。率先在全省实现审批不出窗口，优化行政审批流程，保障重大产业项目和安置房“两证”等民生项目规划手续的及时办理。开发地理空间框架，发挥基础测绘数据效用，为政府、企事业单位和个人免费提供电子地图服务，为城乡规划建设提供保障。

上秦淮地区城市设计通过评审
3月2日，江宁规划分局围绕上秦淮湿地编制的《上秦淮地区概念性城市设计》通过专家评审。上秦淮地区位于南京南部、江宁方山以南片区，是距南京主城最近的大型河流生态湿地。该项规划提出“链接山水、耦合城市”的空间结构，即以湿地保护和主题开发相结合，由生态保育、湿地管控、文化创意及度假休闲等功能片区组成。片区综合联动梦工厂、方山，扩充城市休闲旅游产业，通过“游+憩”的组织模式提升旅游品质。依据规划，华谊电影小镇是上秦淮地区的龙头项目之一，是文化创意与生态湿地较好结合的典范，也是南京特有的电影文化休闲及旅游的城市街区。此外，依托于南京未来科技城、Hi-Park、无线谷等，南京未来网络小镇计划建设为全国一流的未来网络产业研究中心和产业集聚区。作为现代旅游胜地和历史文化载体，上秦淮湿地凭借湿地度假小镇、湿地公园以及水陆结合的游览特色，满足游客在充满诗意的田园风光中领略秦淮文化。

（龚　晨）

东山副城中心区轴线改造启动
3月29日，《百家湖文化分中心（美术馆）规划设计方案》通过专家评审，标志着东山副城凤凰港—杨家圩一线的中心区轴线建设启动。该项目位于东山副城中心区轴线西入口节点，双龙大道以东、西门子路以南，由台湾大元联合建筑师事务所主持人、加州伯克莱大学建筑系硕士姚仁喜及其团队设计。规划设计以“城市客厅”广场节点营造为主，结合中央绿带共同构成中心轴线的门户区域；注重建筑场域的开放性、市民活动的参与性、架构空间的展示性，在一虚一实方盒相互紧扣的建筑形态上，形成简洁规整而不失趣味的空间。项目地

上建筑面积1.3万平方米，地下建筑面积1.7万平方米，融合美术馆、图书阅览及公共服务等文化功能。（万轶洁）

百家湖中心区规划新增4处过街通道 4月，根据《江宁区慢行交通系统规划》，百家湖中心区规划新增4处人行过街通道，分别为双龙大道—天元西路节点地下通道、地铁百家湖站节点地下通道、地铁天元西路站节点地下通道和凤凰广场中轴线节点人行天桥。其中，3座地下通道已列入江宁区2017年城建计划，工程设计方案通过专家咨询。地下通道建成后，将大幅提高居民换乘地铁的安全性和便捷性，同时串联起中心区各商业综合体，提高客流量，提升东山副城城市品质。

（丁玲玲 贺瑞梅）

禄口中心区规划通过专家评审 5月3日，《南京禄口新城中心区（NJNBh020）控制性详细规划》通过专家评审。该规划提出“一核一轴、一带一环、五区”的总体布局：1个新城商务办公核心，1条翔宇路城市拓展轴，1条越秀路公共服务集聚带，1个如意湖滨水休闲环，以及1个先进制造产业区和4个宜居社区。在规划功能上，禄口中心区将成为空港枢纽经济核心区的重要支撑板块和南京现代服务业的主要集聚平台，着力打造禄口新城宜居宜游典范品质区。在空间布局上，围绕如意湖延伸出5条绿廊，滨湖布局高品质的商业服务设施。翔宇路北站周边形成新城商务办公核心区，沿翔宇路布局少量高端医疗研发，沿越秀路即湖面景观区位聚集大型公共服务设施，沿信诚大道设置商业办公职能，有利于维护道路界面及形象。在市政设施上，沿次要道路形成绿色生活休闲环，串联学校、社区中心、口袋公园等配套设施。机场高速沿线集中布局交通市政设施，同时预留少量研发空间以应对未来发展的可能性。（龚 晨）

禄口新城完成海绵城市专项规划 6月8日，江宁规划分局召开《南京禄口新城中心区海绵城市专项规划》专家咨询会，禄口新城中心区在全区率先完成海绵城市专项规划研究。“海绵城市”是新一代城市雨洪管理概念，能够有效提高城市排水系统标准，缓减城市内涝压力。该规划以“慢排缓释”“源头分散”控制为主要规划设计理念，以“水安全、水资源、水环境、水生态”为总体格局。将海绵设施建设纳入城市规划建设系统；规划滨河缓冲带、公园绿地、人工湿地和集中式下凹绿地4类公共海绵设施对雨水进行调蓄和净化，选定16处公共绿地承担周边地块调蓄需求；对现状道路和已设计道路，通过生态树池、透水铺装、下凹式绿化带、人行道雨水花园等措施，提高年径流总量。根据《南京市海绵城市专项规划》管控目标，确定禄口新城中心区内总体年径流总量控制率不低于80%。计划到2020年，城市建成区20%以上面积达到目标要求；到2030年，城市建成区80%以上的面积达到目标要求。

（鲁 蕾）

首例“田园综合体”项目获批 7月3日，江宁区溪田农业园项目申报省级“田园综合体”建设试点，以全省第一名获批。溪田农业园项目位于南京城郊，北接牛首山—云台山生态廊道，南与安徽接壤，坐拥原生态自然环境，涉及横溪街道西岗、许高2个社区。该项目以农业生产现代化与生态化为基础，“农业+”理念为支撑，依托特色自然山水和人文资源，突出生态农业与休闲旅游、地域文化融合发展的南京南郊现代都市农业园。主要包括六大功能主题区：农业生产区、田园观光区、田园体验区、嬉田主题区、山林维育

5月3日，《南京禄口新城中心区（NJNBh020）控制性详细规划》通过专家评审。图为禄口新城中心区控详鸟瞰图

江宁规划分局 供稿

区、田园乡居区，是集传统农业生产、原生态旅游观光、农业博览示范、家庭农场体验等于一体的田园综合区。（刘　凯）

排水规划修编通过评审　8月30日，由江宁规划分局组织编制的《江宁区排水规划修编—污水设施规模校核和再生水规划》通过专家评审。该规划围绕全区68条黑臭河道整治，通过测算晴天及雨天截污水量变化，以及近期地块开发建设总量，估算截污总体增加的污水量，明确黑臭河整治任务和目标。对全区6个城镇和13个乡镇污水处理厂收集系统进行重新校核，对截污量超出现状污水处理规模的，提出污水处理厂扩容、污水调度、设置调蓄池等解决方案，以提升污水处理效能。开展再生水利用规划，在现状5座污水处理厂再生水系统基础上，新增2座污水处理厂再生水系统，合理配置再生水供水循环，优化布置再生水管网，利用再生水优先进行黑臭河道补水、道路绿化浇洒和工业生产用水，远期再生水利用率35%以上。

（鲁　蕾　丁玲玲）

4个特色田园乡村入围省级试点　8月，省特色田园乡村建设工作联席会议办公室公布全省首批特色田园乡村试点名单，江宁区谷里街道张溪社区徐家院、秣陵街道元山社区观音殿、湖熟街道和平社区钱家渡、东山街道佘村社区王家等4个村庄入选首批试点名单，相关规划方案获省相关部门领导及专家认可。江宁规划分局迅速完成区总体层面规划介绍及4个试点创建村规划方案。邀请齐康院士、王建国院士和张京祥大师，以及南大城市规划设计研究院、南大建筑与城市规划学院、南京城理人城市规划设计有限公司、东大建筑设计研究院、东大建筑学院、华城博远工程技术集团组建3个设计团队，从产业发展、村庄规划、村庄设计、实施计划等方面展开研究，重点在田园风光、田园建筑、村庄公共配套设施、村庄环境整治等方面进行专项设计。还先后组织成果讨论、技术评审、规划下乡、规划汇报演练等会议10多次，多角度论证规划的科学性，提高规划的落地性，确保此次特色田园乡村试点工作有序进行。

（李荣平　张震旻）

移动通信基站布点专项规划通过评审　9月28日，江宁规划分局与区经信局共同召开《江宁区移动通信基站布点专项规划》专家评审会，信号处理、无线通信规划及城市总体规划等方面专家参加评审。此次规划旨在对4000多个现状基站进行整合，通过梳理全区城市功能划分、土地使用性质、区域人口分布等基本情况，参照移动通信业务分布密度等核心要素，规范移动通信基站的合理布局。近期规划以基站站点补盲为主，新增基站近1000个，主要分布在人口密集区域、交通廊道沿线以及旅游景点；远期规划以全面推进“三网融合”、实现网络全覆盖为目标，再增加基站近5000个，基站总规模超过1万个。此次规划完成，将满足不断增长的网络容量和覆盖需求，降低基站设施对城市建设和景观的影响，进一步推进通信基础设施共建共享。

（贺瑞梅　詹文俊）

土山景观测量标志项目通过验收　11月14日，区规划分局组织实施的江宁区土山景观测量标志项目通过验收，江苏省测绘地理信息局、南京市规划局等有关领导参加此次验收。该景观型测量标志位于东山公园山顶东北角，名为“四方”，高4米，钢制拉丝纹理结构，采用中国最古老的指南针——司南和经纬仪为主体设计元素，底座铸造铜制的罗盘图案

11月14日，江宁规划分局组织实施的江宁区土山景观测量标志项目通过验收。图为区土山景观测量标志实景图

江宁规划分局　供稿

与中间镶嵌的指北针相对应，具有“定位四方”之意；酷似“圆规”的整体造型，体现新时代测绘工作测量精准的要求。土山景观型测量标志是以东山风景区自然山景、历史古迹为依托，主题突出，实用性及观赏性强。新建“四方”造型与山体融为一体，既增加旅游亮点，又起到普及测绘知识、宣传测绘工作、弘扬测绘文化、保护测量标志作用。

（杭　涛）

江宁地理信息空间框架项目通过验收　11月27日，由江宁规划分局实施完成的“江宁地理信息空间框架项目”通过验收。该项目以大比例地形图、影像图以及地名地址为基础，通过开发的“服务发布”“资源采集”“综合门户”等系统，提供实时、在线、多尺度、多类型、全方位的地理信息服务。至年末，项目平台共整合发布包括区教育局、统计局、体育局等在内的27个部门的69类、6.5万多条信息数据，通过在线服务、数据管托和API开发等方式，服务于江宁区全要素网格化社会治理、科技、统计和燃气安全等行业应用。计划扩大地理信息在区级政府的应用，形成全区空间信息资源一张图，成为“智慧江宁”大数据中心的重要组成部分。（王东阳）

东山副城交通综合改善规划方案通过专家评审　3月，《东山副城交通综合改善规划方案》通过专家评审。在规划设计阶段，江宁规划分局对东山副城现状需求进行分析、现状供给进行详细评估，对东山副城的发展趋势进行预判，从快速路优化、区域路网、公共交通、停车优化等方面提出切实可行的交通改善规划方案。在快速路优化方面，研究构建东山副城高效畅达的城市快速路系统，形成“五纵五横”的高快速路布局，解决东山副城内部以及与主城的快速联系。重点研究近期机场高速、诚信大道、天印大道、宏运大道快速路内环的快速化方案。在区域路网优化方面，通过区域外联、片区内部、典型区块、重要节点4个层面的分析研究，提出交通优化建议30余项，旨在贯通外联主次干道，打破瓶颈阻隔，强化各片区联系，疏通堵段堵点，提升通行效率。在公共交通优化方面，重点加强常规公交与轨道交通融合，通过增设或调整部分线路、站点，强化与地铁重要站点的联系；通过整合公交线路、增加公交场站，改善上坊、九龙湖、高新园等片区常规公交覆盖薄弱现状。在停车优化方面，以停车需求和发展目标为导向，优化停车设施布局，落实停车场地、泊位规模和设置形式。

34个示范村规划方案通过评审　5月，江宁规划分局组织召开2017年“千百工程”示范村专家评审会，34个美丽乡村示范村“一村一品”规划编制全部完成并通过专家评审。自“千百工程”启动后，江宁规划分局先后完成汤山街道孟塘社区柏家庄，淳化街道青龙社区东龙、西龙，横溪街道横山社区上庄等34个示范村规划编制工作，涉及全区8个街道25个村（社区）3481户住户。规划编制专家深入群众，收集污水整治、景观亮化、停车场所、公共配套等方面建议和意见。为避免千村一面，设计团队重点打造“一村一品”特色村落。此次示范村规划将当地环境面貌与文化内涵相结合，为34个示范村赋予不同的功能定位和独特内涵。（宁　鉴）

城乡建设

概　况　2017年，江宁区住建部门以建设苏南现代化样板区为目标，以建成南京主城南部中心为定位，全面推进落实，取得城乡一体化发展新突破。编制并印发《江宁区2017年城乡建设暨动迁拆违行动计划》，列入“千分考核”范畴。加快项目前期手续办理，着重补齐城乡建设短板。加大生态环境、安居保障、美丽乡村等重点工程建设，促进全区交通设施、公用设施、安居工程、生态环境等各领域功能和建设品质全面提升，全年牵头实施城建项目358个，完成投资617亿元。完成区内80条黑臭河道整治和“省931”环境综合整治任务19个、“市9322”环境综合整治任务156个、城乡精细化建设管理“10+1”专项任务445个。建成秦淮河风光带，实施老城区园林提档改造1万平方米，指导并督促实施全区40个重点村和104个一般村环境整治工作。实施38个安置房建设，新建安置房建筑面积260万平方米。创新物业管理，成立物业服务企业联合党委，制定出台《江宁区关于贯彻落实〈南京市住宅物业管理条例〉的实施意见》，调处物业矛盾纠纷1056件，召开现场会、协调会96场，完成10.5万本不动产权证办理及发放工作。加大燃气安全生产检查力度，检查燃气经营企业80余家，现场整改安全隐患及不规范管理20余次，实现安全生产零事故。是年，区住建局先后被评为“全省建设科技、建筑节能与绿色建筑先进集体”“省建设系统优质服务窗口”等荣誉称号。

“千百工程”实施 2017年，全区完成40个重点整治村和104个一般整治村环境建设，覆盖10个街道。指导相关街道突出以提升农民居住舒适度为方向，强化农村基础设施、垃圾及污水处理、村庄绿化、景观塑造、文化元素注入等建设，编制《重点整治村整治规划》《重点整治村和一般整治村建设实施方案》，并公示征求村民意见。及时拨付“千百工程”重点整治村、一般整治村补助资金。采集分析村庄影像范围、现场照片等信息，不断优化规划设计方案，做好项目立项、招投标等前期手续办理工作。坚持从细节入手，按照“精致、精细、精品”的要求，在材料使用、景观塑造、风貌建设等方面下功夫，及时将“微园区”“微田园”“微景观”“特色田园乡村”等新理念用于实践，从细节中体现美丽乡村的生态内涵和留住“乡愁”。科学保护利用各地独有的山水资源和历史文化资源，注重体现“一村一品”，推动美丽乡村与新市镇、现代农业互动发展，推进村庄生态化有机更新，放大生态富民效益，努力使每一个美丽乡村都成为发展生态经济的“微园区”。

农村特困户危房改造 2017年，根据省、市农村特困户危房改造计划，全区完成农村特困户危房改造86户，其中C级危房（修缮加固）21户、D级危房（拆除重建）65户，涉及横溪、江宁、淳化、禄口、湖熟、汤山、谷里等7个街道。坚持改造对象必须同时满足住房危险且经济贫困两个基本条件，规范审核程序，控制建设标准，强化质量安全管理。街道加强现场检查，发现问题及时督促农户整改，确保房屋质量和安全。对农村特困户危房改造农户档案实行一户一档，批准一户、建档一户，建立危房改造农户纸质档案，规范有关信息管理。

2017 年，汤山街道鹤龄社区白合村河塘经过整治后，水质更加清澈、干净
住建局　供稿

园林绿化 2017年，区住建部门按照《江宁区城市绿化养护管理考核标准》《绿地养护考核细则》，加强绿化巡查和整改，严禁占绿毁绿行为。成立区绿化工程安全质量监督管理站，开展对全区园林绿化工程的安全质量监督和竣工验收备案管理。严格绿化审批，实行“绿色图章”管理。实施城市绿化工程建设，新建绿雕、绿化小品和微景观10处，新增公共绿地30万平方米，城镇绿化覆盖率提升到47.3%。

雨污分流及排水达标区创建 江宁区创建排水达标区规划以黑臭河道为主线，沿线排污口为端点，向岸上逐级梳理，结合排水走向，计划实施面积71.46平方公里。其中，2017年43.27平方公里，2018年28.19平方公里。是年，全区完成730个片区雨污分流工程建设，新建管网93.37公里，整治排污口295个。开展市政主次干管CCTV检测，建立管网数据库，先行实施开发区、高新区、东山老城区、岔路片区等重点片区建设。至年末，高新区已完成玉带圩河道沿岸明珠花园、双赢花园、市政天元城、天印花园等29个小区雨污分流和阳台落水管改造及16家企事业单位雨污分流改造；东山街道岔路片区以及老城区完成57个小区雨污分流改造；开发区殷巷片区、百家湖片区完成58个小区雨污分流改造。

污水处理设施建设 2017年，全区完成开发区污水处理厂一级A提标工程主体施工，并正式投入运行；科学园污水处理厂完成三期施工图纸设计和招投标。横溪污水处理厂（新建0.5万吨/日）工程建成，禄口污水处理厂二期扩建工程（1万吨/日）主体工程已完成总工程量的95%。汤山作厂污水处理厂根据实际需要改造为提升泵站，将污水提升输送至汤山新城污水处理厂处理；上峰污水处理厂改造有序推进。

（王德生）

江宁和湖熟新市镇建设PPP项目签约 1月18日，中国铁建投资集团和华夏幸福基业股份有限公司与江宁区国资办分别签订江宁街道和湖熟街道新市镇建设PPP项目合作协议。中国铁建投资集团充分发挥中国铁建在资金、建设、管理、技术、资源等方面的综合优势，计划把江宁街道老镇区打造成集商业、休闲、娱乐于一体的江南生态宜居滨江新市镇。华夏幸福基业股份有限公司把先进的规划理念和湖熟街道实际情况相结合，挖掘湖熟文化灵魂，通过资本干预、创新孵化，促进现有产业的转型升级，加速区域经济发展。

百家湖商圈3条地下通道启动建设 6月，江宁开发区启动3条地下通道建设，缓解商圈交通压力，进一步提升城市品质。此次启动建设的3条地下通道，分别为地铁1号线百家湖地铁站过街通道、双龙大道—天元路节点地下过街通道和地铁3号线天元西路站过街通道。地铁1号线百家湖地铁站过街通道、双龙大道—天元路节点地下过街通道和金鹰与景枫地下空间联通后，百家湖商圈将基本实现地下空间一体化，丰富市民购物体验。其中，百家湖地铁站过街通道、3号线天元西路站过街通道建成后将按照地铁运营时间统一管理。

上元大街以北86个老旧小区整治启动 8月，江宁区启动上元大街以北片区综合整治工程。整治工程实施单位——江宁城建集团在前期摸排中，发现部分老旧小区存在墙面涂料脱落、基础设施缺失、停车混乱、雨污水系统不完善等问题。经过梳理，城建集团重点对上元大街以北的康馨花园、文靖新村等86个小区实施雨污分流改造，并因地制宜，对条件较差的小区实施外墙改造、景观绿化，并对内部基础设施进行整治提升，从而改善小区居住环境，提升居民居住品质。

杨家圩河综合整治 8月，东山城区杨家圩河沿线经过综合整治，展露新面貌。杨家圩河位于东山城区骆村杨家圩片区，历史上是秦淮河古河道，南北两端与秦淮河相接，河道全长1.6公里，流域面积2平方公里。杨家圩河整治工程遵循“水清、岸绿、景美、路畅、百姓满意”要求，通过设置亲水平台、沿河步道、水上观演舞台、休闲广场等提升河道景观形象，打造河道与人、城市、生态的和谐。为根治杨家圩河河水黑臭问题，施工方通过控源截污工程，将杨家圩片区污水通过管网输送至科学园污水处理厂，雨水则通过杨家圩泵站外排秦淮河。整治过程中，综合实施系列生态治理工程，并通过种植水生植物、养殖水生生物、投放生态浮床等措施全面提升河道水质。至年末，整治工程已完成河道底泥清淤、污水截流等施工，4、5、7号排污口截流井、人工湿地、一体化水处理设备均已完成并进行调试运行。在治水的同时，施工方还注重河道沿线景观提升，杨家圩河两岸已栽种香樟、紫薇、银杏、美人蕉、柏树等数十种景观植物，绿化面积8.5万平方米，8个重点打造的景观节点为周边市民提供更加丰富的观赏感受。

17条市考河道完成整治 9月，全区启动68条黑臭河道整治工作，包括17条市考河道（含一条国考河道）。通过实施河道清淤、生态修复等一系列整治工程，秣陵联圩一横沟摘掉黑臭河“帽子”，河道水质基本达到五类水以上标准；作为国考河道，玉带圩在完成基础整治的同时增设雨水泵站，引水补源，并通过实施生态修复、景观提升工程，打造市民休闲新空间；殷巷一纵沟因地制宜，打造以文化绿雕为特色的沿岸绿色长廊，生机盎然的河道风景线赢得周边群众“点赞”。在17条市考黑臭河道整治中，全区累计完成河道清淤71.9万立方米，沿河绿化面积23.7万平方米，整治沿岸排污口397个（占排污口总量的97%），累计投资1.84亿元。

竹山桥改建工程完工 12月31日，经过8个月封闭施工，竹山桥提前完工并通车。原竹山桥为一座五跨简支梁桥，桥面标高11.54米，设双向4车道。4月，竹山桥改造工程启动，拆除旧桥，并就地新建一座三跨简支梁桥。新桥全长39米，桥宽增至45米。由于往年外港河行洪压力较大，新桥按照“百年一遇”的标准设计、建设，桥面标高比老桥抬高2米。结合新竹山桥两端接路需要，新桥向南平移14米，并同步对竹山路、金箔路两条顺接道路进行改造，根据新拓宽的桥梁对金箔路交叉口进行渠化设计，提高道路交叉口的通行能力。扩宽后的竹山桥设南向北5车道、北向南2车道，两边侧分带分隔出非机动车道和人行道。围绕竹山桥文化，人行道两侧护栏采用芝麻灰色的花岗岩，栏杆表面还雕刻了竹子图案。（宁 鉴）

房屋征收

概 况 2017年，江宁区房屋征收管理部门结合房屋征收工作提

2月25日，区征收办举办全区房屋征收专题培训班

区新闻中心　供稿

速年要求，根据区委、区政府确定的房屋征收240万平方米的目标任务，建立组织，落实队伍，有序推进各项征收工作。全年完成房屋征收面积262.48万平方米，为2016年完成量的3.5倍。

房屋征迁管理　2017年，江宁区成立以市委常委、区委书记李世贵为政委，区长祁豫玮为总指挥，区相关领导和有关单位参加的区房屋征收“提速年”工作指挥部，区房屋征收管理办公室强化监管，严格规范征收实施行为。项目监管方面，推行联合确认、信息公开、跟踪审计三大机制，将全区细分为三大片区，分组分片驻点开展服务指导、跟踪监管及实时督查，确保政策执行不走样，房屋征收在阳光下运行。档案管理方面，完善房屋征收档案信息管理系统，一户一档、专人保管，完成征收档案电子化2000余份。

征迁资金监管　2017年，全区省、市、区重点项目征迁资金由区征收办设立专户监管，街道（园区）项目征迁分别自设专户，由征收办进行监管，确保征迁资金监管全覆盖，做到专户存储、足额到位、专款专用。全年有34个项目新纳入资金监管，兑付资金20.38亿元，比2016年增长55.1%。

征迁矛盾化解　2017年，区征收办充分发挥征收职能，协同各街道努力化解征收矛盾纠纷。同时，加强部门联动，做好历史遗留问题化解工作。全年受理“12345”、信访复核复查、人民来信、省市区领导信箱、“民意110”等209件，一批历史遗留问题得到有效化解。

（征收办）

上坊旧城改造

概　况　上坊片区旧城改造管委会、上坊建设开发有限公司于2012年12月11日挂牌成立，公司注册资本金18亿元，位于江宁区万安南路6号。2017年，上坊建设开发公司围绕打造南京主城南部中心示范区目标，继续推进新城区范围内棚户区改造、建设开发和城市“双修”，着力建设集行政商务、商贸物流、教育科技、景观生态和幸福宜居等功能载体为一体的城市现代化形象样板区、标志区，成为“两聚一高”新江宁建设的现代生态山城、智慧品质之城、产业融合新城。

规划编制　2017年，上坊建设开发公司高起点规划上坊片区建设与发展，完成安置房、社区服务中心土地、规划手续办理和上坊片区公交场站、消防站方案及施工图设计，以及润麒路项目用地预审、立项、选址意见书办理工作。根据区委、区政府要求，结合区政研室意见与规划设计专家团提议，确定以“江宁新城区”形成规划定位初步方向。启动江宁新城区战略方案研究，推进上坊新城规划修编、上堰特色乡村规划设计和区第二医院、上坊中学选址工作，办理万安东路等道路前期手续。全面开展青龙山生态片区规划、拆迁、招商工作，为上坊新一轮发展奠定基础。

项目运作　2017年，上坊建设开发公司按照城建计划及片区发展规划，重点实施涵盖核心区1.9万平方米拆迁扫尾、46万平方米安置房建设。建成万安西路、上高路、润麒路（S246上坊段）等总长7公里的6条道路，启动金茂小学、区殡仪馆迁建前期工作，累计完成投资近20亿元（不含地产项目）。区域内地块开发、地块出让同步推进，融侨悦城、金茂悦项目已清盘，有8个地块33.3公顷土地先后出让。落实安置房商业配套招商方案，苏果、小秦淮等主力商家拟入住。

工程建设 2017年，上坊建设开发公司加快核心区内基础设施建设，初步形成基础设施体系。安置房项目A区、B区及社区服务中心基本完成施工，A区年底建成交付，642户住户入迁新居。万安西路竣工通车，天赐路、天环路完成施工，上高路综合管廊完工，润麒路开工建设。金茂小学（琅小江宁分校）工程主体封顶，计划2018年年底建成。

（王泽宁）

房产开发与管理

概　况 2017年，江宁区住建部门贯彻落实国家房地产调控政策，综合运用财税、行政等多种手段，进一步规范市场秩序。严格按照商品房预售条件，开展预售资金专项检查，实施商品房预售资金网上动态监管，防范市场风险。围绕在建并进入预售环节的房地产项目开展专项检查，规范开发企业推盘销售行为，加强销售现场信息公示管理，完善市场监管体系。加大对房地产违法违规行为的查处力度，严格规范开发资质办理程序及标准，建立开发项目和开发资质的动态监管制度。针对部分板块商品房供应略有不平衡问题，鼓励企业加快上市，增加有效供给。全年实现商品房上市面积240万平方米，比2016年下降35%；商品房合同销售面积210万平方米，下降52.3%；商品房合同销售总金额394.88亿元，下降39.4%；成交均价22135元/平方米，增长28%。存量房成交面积170.14万平方米，下降44%；存量房成交金额245.17亿元，下降33.7%；存量房成交均价14694元/平方米，增长18.5%。

住房保障 2017年，全区上报保障性安居工程棚改项目3个，分别为土山路片区征迁、横溪新市镇改造、湖熟新市镇改造项目。启动汤山集镇路西万安村、江宁新市镇、解溪集镇改造等42个项目，改造面积262万平方米。根据省、市安置房建设考核任务和区年度城乡建设计划，统筹推进晓里安置房、岗山村经济适用房等38个安置房项目建设，安置房在建及新开工总建筑面积745万平方米，建成建筑面积260万平方米。其中，省考项目秣陵新市镇安置房二期总建筑面积43万平方米、5095套。以公共租赁住房和人才房保障方式，解决1668户困难家庭、新就业人员和各类人才的住房难题。拓宽公租房房源筹集方式，通过在低价商品房中配建的方式，在南京未来科技城筹集公租房房源300套；以廉租补贴方式继续对低保住房困难家庭提供保障，发放住房租赁补贴96万元；全面开展在保人员年审，清退不符合条件人员997人。按照全区安置房办证“70日攻坚”专项工作方案，牵头开展全区2016年12月30日前历史遗留安置房不动产证办理工作，10月底全面完成10.5万本安置房不动产权证的办理及发放工作。

物业管理 2017年，区住建部门贯彻《南京市住宅物业管理条例》，结合江宁区实际，制定出台《江宁区关于贯彻落实〈南京市住宅物业管理条例〉的实施意见》，建成区物业管理中心、街道物管办、社区物业管理工作站三级物业管理体系。组织相关人员赴武汉、上海、南通等地学习“红色物业”管理经验，制定《关于党建引领住宅小区物业管理工作的指导意见》，初步建成涵盖社区党组织、居民委员会、业主委员会、物业服务企业四方联动管理机制。发挥基层党组织战斗堡垒作用，在全市率先成立物业服务企业联合党委，下设20个物业服务企业党支部，实现对全区物业公司从业党员的有效组织和管理。加强住宅小区和物业服务企业党建工作，建立小区党组织6个、住宅小区业委会（管委会）党组织2个、

禄口街道安置房　　区新闻中心　供稿

物业服务企业党组织20个。以城建集团、交建集团2家国资单位为平台，组建2家“红色物业”，签订物业服务项目5个，在秣陵街道、东山街道开展“红色物业”试点工作。受理各类投诉2700余件，召开协调会121场、现场处置177次，有效化解马斯兰德、莱茵东郡、天地新城等小区物业交接等矛盾纠纷。组织开展物业管理专项检查近200次，下发整改通知书40份，约谈物业服务企业20余次。开展危旧房排查436万平方米、消除房屋安全隐患85处。完成拆迁安置房维修资金归集5100万元，累计归集各类维修资金1.25 亿元，受理维修资金使用项目78个，维修改造总建筑面积506万平方米，受益业主3.9万户。老旧小区出新工程全年投资4.87亿元，完成10个街道、66个老旧小区、115.5万平方米的综合整治出新工程。

房屋租赁市场管理 2017年，区住建部门落实区出租房屋安全隐患集中整治工作会议精神，发放房屋租赁相关宣传册1万份。对辖区内300家经纪机构进行拉网式检查，加强行业监管。联合公安、街道开展联合执法，消除房屋租赁安全隐患41处。建立信息化租赁市场管理系统，完成房屋租赁登记备案20643件，备案面积229.67万平方米；办理代征房屋租赁税收件29101件，代征房屋租赁税4601.64万元。

房屋交易管理 2017年，区住建部门推行“一窗受理、集成服务”改革，对接国土和地税部门，将房屋交易、税收、登记部门分设的办事窗口整合为综合窗口，实现“一站式”服务。深化“放管服”改革，推动“服务下沉”，科学布局窗口，推进房产交易与不动产登记布点向街道下沉，统一服务模式和服务标准，率先在滨江开发区增设不动产交易登记服务点。完成房产实测550万平方米，房产交易备案25776份，预售商品房合同备案30943份，自行交易的存量房网签6029份。（王德生）

城市管理

概　况 2017年，江宁区城市管理部门结合全区城市管理实际，以“263”专项行动、城乡精细化建设管理“10+1”专项行动、综合执法体制改革、规范化队伍建设、城市管理公共服务市场化等为契机，改革创新，狠抓落实，全区综合执法体制改革实现新突破，完成城市治理标准化建设。全年办理“12345”、“12319”、群众来访、电话投诉以及领导信箱等信访投诉事项近5600件，办结率100%；办理人大代表建议、政协委员提案35件，其中市人大建议1件，市政协提案2件，人大建议、政协提案办理率和满意率均为100%。

市容市貌管理 2017年，区城管部门广泛发动沿街店铺参与，打造“门前三包”自治联盟，签订“门前三包”责任书2.4万余份，签订率100%。持续开展占道经营整治行动，坚持疏堵结合，推进占道经营长效管控，确保道路秩序井然。累计发放宣传资料1.2万余份，查处违章流动经营、占道经营2万余起，处罚1600余起，其中清理早餐摊点1.2万余起、午夜市排档7500余起。完成17个自助洗车示范点建设，对南京未来科技城、机场高速沿线、南京南站南广场等34个项目实施夜景亮化提升，提高群众满意度。

户外广告管理 2017年，区城管部门对全区存量户外广告进行分类、梳理，按照统筹考虑、分类推进原则，对不符合规定广告设施逐步进行拆除。深入推进户外广告市场化工作，在资料审核、公告、摇号抽取拍卖机构等流程后，完成对二十一世纪太阳城2块LED屏招拍挂，在全市率先尝试户外广告市场化运作。

环境卫生管理 2017年，区城管部门增加端午、“十一”等节假日期间道路清扫及垃圾清运频次，确保城市环境整洁有序；重点做好江苏发展大会、“国家公祭日”等重大活动的环境卫生保障工作，展现美丽江宁形象。对全区主次干道实行机械清扫为主、人工保洁为辅的作业模式，落实“一冲、二扫、三洒水”作业标准。依托“组保洁、村收集、街转运、区处理”的垃圾收运处置体系，实现农村生活垃圾密闭化运输、无害化处理。提升保洁水平，加快保洁市场化进程。推行“街巷长”制，以创建文明城市为契机，对商业区、广场等重点区域卫生死角开展集中整治，累计清理卫生死角1万余处，清运暴露垃圾6000吨。加强公共厕所、转运站的维护管理，增设醒目引导标识，采用专业队伍实施日常运行和管养，落实专人管理、随用随保洁。

垃圾处理 2017年，区城管部门继续推进垃圾分类，完善垃圾分类模式，提高垃圾分类效果。淳化、谷里街道率先探索符合地方实际的垃圾分类处理模式，全区城乡生活垃圾分类收集运输体系初步建立。全年新增20个垃圾分类示范小区、1条垃圾分类示范街、2个垃圾分类示范单位和1个农村垃圾分类示范街镇。新增垃

2017年，区城管局对城区主次干道实行机械清扫为主、人工保洁为辅的作业模式，落实“一冲、二扫、三洒水”作业标准。图为洗扫车清扫路面　　区新闻中心　供稿

圾分类设施，完成江宁居民生活垃圾分类贮存区改造，规范大件垃圾处置。因地制宜建设10座易腐垃圾就地就近处置设施，提高生活垃圾资源化利用率。落实生活垃圾日产日清制度，全年累计清运生活垃圾57万吨。

环卫设施建设　2017年，区城管部门出台《江宁区城市“公厕革命”实施方案》，落实公厕新标准，实施环卫公厕升级改造工程，新建、改建、出新二类以上标准城镇公厕69座。完善生活垃圾转运体系，新建开发区隐龙路转运站，取缔所有吊斗式中转站，完成22座转运站的出新改造。新购置洗扫车19辆、冲洗车7辆、压缩车15辆、收集车20辆、多功能抑尘车1辆，累计拥有专业车辆62辆。新增分类垃圾桶13336个，更换果皮箱263个，全面取缔垃圾池（房）。

停车管理　2017年，区城管局会同区住建、公安等部门，在全区290多条主次干道和背街支巷开展道路停车收费工作，审批56条路段、7282个泊位；收费49条路段、6391个泊位。设置道路收费公示牌113块，上岗收费人员142人，完成20个非机动车标准化停放管理示范点和10个机动车标准化停放管理示范点创建工作。规范各类商业体、办公区等停车场的备案与使用，新备案经营性公共停车场42家，新增停车泊位13228个。在上元大街沿线、欧尚超市、双龙大道地铁口等220个地点划设2.3万平方米的非机动车停放区域，新增和出新非机动车停放设施，协调沿街单位共同管理非机动车停放秩序。

专项整治行动　2017年，区城管部门组织开展停车秩序、非法小广告、密闭化运输、背街小巷等专项整治行动，对机动车辆执法贴单10983起，清拖违停机动车辆172辆，清理“僵尸车”32辆，规范各类非机动车7.7万余辆。配备高压冲洗车、防粘贴涂料等新型除癣设备，开展非法小广告集中整治行动，在金港花园、中前小区等10个老旧小区开展除癣试点，实行72小时清理机制，投诉举报4小时内处理完毕。加大密闭化运输专项整治，下（转）发整改督办单45份，整改抛洒滴漏垃圾运输车50辆，取缔不规范垃圾收集车5辆。按照南京市街巷整治导则，结合江宁街巷特点，完成50条背街小巷整治，打造石羊路、鞭鞍街、宝塔街、静安街等一批特色街巷。

城管制度建设　2017年，区城管局编制公共服务事项清单，推进不见面审批、事前事中事后监管等制度建设。编撰《江宁区城市管理局“十二五”工作成果》。完成《南京市东山副城环境卫生专项规划（2012—2030）》（说明书）编制。制定出台《江宁区城管局舆论监督整改处置暂行办法》，修订《江宁区城管市管理局制度汇编》。（陈智鑫）

重要节点景观亮化　5月20日，区城管局牵头实施并完成南京南站江宁片区南广场、机场高速沿线、双龙大道、未来网络小镇等节点景观亮化项目，采用LED光源灯具，配置智能化照明控制系统和远程控制器，实现智能亮化。确定34个夜景亮化提升项目，对东山公园、竹山公园夜景亮化进行出新改造，重点对外港河竹山桥至秦淮河段，以及秦淮河天元路桥至东山桥北侧段的河堤、岸道、桥梁等实施夜景亮化，通过新建、改建，勾勒出山河影像，休现自然生态之美。推进天印广场、大市口广场等“城市客厅”亮化改造，因地制宜设置灯光雕塑作品，塑造美丽城市夜景。

主城实行24小时无缝隙保洁 9月，东山主城区开始实行24小时无缝隙保洁新模式，确保全时段、全区域营造干净、整洁的城市环境。此次调整，区城管局将原先20小时作业时间调整为24小时，实施45条道路、桥面及高速匝道225万平方米全区域全时段无缝隙保洁。同时，将辖区内环卫保洁分为重点区域、一般区域和薄弱区域进行分类精细化管理：针对万达商圈、女人街等人流量大的重点区域，采取人工保洁与电动捡拾车有效配合，增加巡回保洁次数，提高快速捡拾保洁能力，缩短垃圾落地时间。在主城区各主次干道等一般区域内，推行机械清扫、洒水降尘、冲洗除尘、快速捡拾、立体保洁。针对人流量集中、垃圾量较大、卫生保洁较为薄弱的土山路、芙阁路等区域，增加保洁人员和垃圾清运频次。同时，将辖区道路划为4个督查区域，每个区域明确一名片长，采取步行、车巡督查等方式，动态监督各片区清扫作业情况，及时督促、协助保洁人员清扫。

（宁　鉴）

交通运输

概　况 2017年年末，江宁区境内公路总里程2300公里，公路密度147.44/百平方公里。其中，国道里程216公里（国道高速公路109公里），省道里程159公里（省道高速公路36公里），县道里程430公里，乡村道里程1495公里。辖区通航里程136.39公里。其中，四级航道17.17公里，六级航道46.22公里，等外级航道73公里。拥有港口6个，码头泊位18个，码头总延长1350米。2017年，全区加快推进S338江宁段、S002江宁段、S246江宁段以及东麒路北延等一批重点道路工程建设，完成农村公路提档升级工程150公里，改造危桥10座。全年境内公路客运量4273万人次，比2016年增长2%；旅客运输周转量16.06亿人公里，增长0.6%。境内公路货运量1882万吨，增长9.5%；货物运输周转量27.67亿吨公里，增长9.9%。春运期间，全区发送旅客2123.28万人次、发班34.3万班次，其中发送长途旅客32812人次、2009班次，区内公共交通运送乘客2120万人次。

运输行业管理 2017年，全区新增、更新新能源（含清洁能源）汽车2600辆，其中纯电动公交车270辆、街道园区企业公共领域2111辆、私人领域159辆。全年完成车辆技术等级评定13823辆，检查监督准入车辆3706辆，纠正不合格车辆18辆；审验道路运输业户7773户、道路运输车辆14979辆；从业人员考核10037人、新增1056人。全区有道路运输业户11669户，道路运输车辆21341辆，从业人员19461人。优化调整公交线路33条，其中新辟公交线路3条、调整线路走向18条、延长服务时间12条。至年末，区内东山公交拥有公交车辆1223辆，公交线路155条，镇村公交线路覆盖率100%，公交站点平均500米覆盖率96.5%，镇村公交开通率100%，副城机动化出行分担率60.03%。区交通运输部门推进出租汽车行业改革和巡游出租汽车经营市场与主城一体化经营，完成《南京市区域（以江宁区为主）巡游出租汽车区域经营市场与主城一体化进程条件研究》《南京市江宁区巡游出租汽车区域经营市场与主城一体化重大行政决策事项社会稳定风险评估》；配合区物价部门推进江宁区巡游出租汽车政府指导价制订。

汽车维修行业管理 2017年年末，全区有机动车维修企业351家（一类48家、二类156家、三类147家）。全年审批一类许可新办4家、延续5家、名称变更1家、地址变更2家、注销1家；二类许可新办25家、延续9家、名称变更3家、法人变更2家、地址变更2家、注销4家；三类许可新办23家、延续17家、经营范围变更2家、注销1家；摩托车许可新办2家。区交通运输部门加强对维修企业的日常管理，全年检查企业920家次，发现隐患并整改到位17起，发出整改通知书12份，均已整改完毕并递交整改报告。出动执法人员1320人次、执法车辆360台次，查处违法经营行为24起，其中处罚无证维修6起，关停、取缔无证经营18家，处罚金5.8万元。完成一、二类180家上报维修企业的挥发性有机物整治工作，300家维修企业固废防治达标。

驾校监督管理 2017年，区交通运输部门审核各驾校上报计划70460人次；上报增班计划7841人次，调班计划440人次。开展科目一审核26619人次。查处使用非法教学车辆从事培训10起，罚款2.3万元。新增教练车5辆、更新8辆。

路政管理 2017年，区交通运输部门协调各街道及相关单位，对辖区内公路沿线路域环境按照“263”“10+1”和五项整治要求，进行集中整治。成立区超限运输整治工作领导小组，开展公路治超专项行动。以位于横溪的江宁超限检测站为中心，联合交警部门，实行24小时轮流值班制度，对过往车辆进行过磅检测，确定为超限运输车辆后，一律依法进行卸驳载。交警部门处罚后抄送运管部门，运管部门建立“黑名单”，严格执行“一超四罚”机制。联合治超共检测车辆137辆，查处超限车辆99辆，卸载货物3884.01吨，有效保障公路通行安全。

航道管理 2017年，江宁辖区未发生水上交通事故，继续保持水上交通安全“四项指标”为零，没有发生24小时以上阻航和船舶污染水域重大责任事件。区交通运输部门通过开展内河交通安全专项整治、“打非治违”专项整治以及“安全生产月”等活动，辖区通航秩序进一步改善，船舶违章率明显下降。全年巡航402次，巡航时间705小时，上船检查1215人次、里程5700公里，实施安全维护28次，水工现场检查30次，开展风景游览水域检查26次，发布天气水文预报412次。检查航标288座，航标正常率、发光率100%。收取航道赔（补）偿费35.15万元。

交通运输安全监管 2017年，区交通运输部门组织召开安全生产专题会议12次，安全生产“扫雷”和“成品油非法经营”专项整治会议2次，及时传达贯彻省、市和区政府安全生产会议精神，制定转发省、市、区安全生产文件26份。组织全系统生产经营单位负责人、分管领导、安全生产管理员、部分安全执法人员230人进行学习培训，均通过考核，安全管理干部持证率100%。组织开展元旦、春节、“两会”、五一、夏季高温、国庆以及国家公祭日期间安全生产大检查，共查出安全隐患409处，下发整改通知书91份，事故隐患均及时整改到位。联合相关部门，对道路客运、危险化学品运输、水上旅游企业开展专项检查，督促各单位将事故隐患及时进行整改。

交通运输法制建设 2017年，区交通运输部门办理各类交通运输行政许可1168件，办结率100%；查处违法违章处罚案件3447件，接收行政复议案件88件（维持8件、撤销80件）。成立综合行政执法体制改革工作领导小组，制定《江宁区交通运输综合行政执法改革实施方案》，明确领导班子成员分工，做好基层交管所事权下放相关人员调整等。调整权力事项清单下放序列，全面推进“双随机、一公开”监管工作，编制事中事后监管责任清单，落实随机抽查事项清单。根据法律法规赋予的监督检查职责，建立“两库一单”，明确抽查事项内容、抽查依据、抽查主体等，已建立119人的执法人员名录库。随机检查对象库171个，明确道路运输、机动车维修、港口经营、水路运输等15项随机抽查事项，“双随机”抽查检查820批次，推送市场监管信息平台113起。

成品油流动加油车非法经营专项整治 4月初至6月底，区交通运输局联合相关部门，开展全区成品油流动加油车非法经营专项整治。制定《成品油流动加油车非法经营专项整治行动方案》，成立专项整治工作办公室，向社会公布举报电话。通过调查摸底，将流动加油车车牌号、业主姓名、活动地点、电话号码等基本情况登记造册。专项整治行动期间，受理群众举报10起，出动执法人员4440人次，检查车辆284辆，查处流动加油车非法经营行为146起，处罚61辆。

秦淮河航道江宁段整治 2017年，秦淮河航道整治江宁段平地开河工程征迁工作取得进展，完成房屋拆除5350平方米、坟墓迁移250穴、土地丈量36.3公顷。秦淮河航道整治工程按四级标准航道进行，经高淳、溧水、江宁、雨花台、建邺5个区，至秦淮河船闸，其中江宁段为平地新开航道，自禄口街道方家村至彭福村南侧接入干河段，全程2.88公里。该项目建成后，将提高沿线运力、降低运输成本、减少碳排放，促进河道自然环境改善。

“智慧交通运输”管理模式开启 12月，江宁区“智慧交通运输”系统工程建设项目通过验收并投入使用。“智慧交通运输”系统工程硬件部分完成60个视频监控点位、指挥中心及机房建设；软件部分建成1个平台、2个数据中心和4个应用系统建设。该系统以“无线+有线”方式组网建成视频监控网络，实时调阅交通节点、重点路段视频，整合交通运输各行业业务系统数据，实时查询公路、道路运输、海事、运政稽查等数据，对业务数据汇总梳理、科学分析，通过直观形象的图表反映交通运输全行业宏观动态的实时现状，实现动态监管智慧化。基于“智慧交通运输”系统，还推出“江宁通”手机APP，集成实时公交、公共自行车、召车服务、出行规划以及道路拥堵情况等信息和数据，实现“指尖上”交通信息全掌握，并附加快递查询、综合查询等综合服务，为公众提供便捷、舒适、高效的出行服务。

（行俊文　卢　婷）

江宁区获评省首批“四好农村路”示范县（区） 1月，江宁区获评首批省“四好农村路”示范县（区），为全省10个获此荣誉的县（区）之一。2014年、2015年江宁区城乡道路客运一体化发展水平评价均达AAAAA级标准。2016年，区交通运输部门从建好、管好、护好、运营好4个方面创新举措，加快完善农村公路“建管养运”协调可持续发展。至2017年年末，全区农路总里程1930公里，农村公路三级及以上等级公路比例38%，村（社区）双车道公路覆盖率98%，列养率、经常性养护率和镇村公交开通率100%，公交线网基本实现与地铁、高铁站点的无缝对接。

南京绕越南庄枢纽将军路连接线开通 1月，南京绕越南庄枢纽将军路连接线工程竣工并开通。绕越高速南庄枢纽—将军路连接线包括绕越高速进线和出线，分部连接将军大道（进线）和秣周东路（出线）。连接线工程全长2.12公里，宽8.5米，全线设计时速30公里，沿线种植银杏、香樟、水杉、红叶石楠等苗木1800株，绿化面积6万平方米。

新增716公交线 3月3日，江宁公交集团新辟716路公交，具体线路自安德门始发，经安德门大街、雨花西路、共青团路、花神大道、将军大道、诚信大道、清水亭西路、双龙大道、诚信大道至诚信大道客运站。停靠站点：安德门、能仁里、雨花西路、雨花西路北、共青团路·普德村、雨花新村、望江矶、花神大道、南北中村、尹家巷北、尹家巷、万博花卉、景明佳园、石马、秦淮新河大桥、将军大道秦淮路、麻田路、托乐嘉、翠屏山、翠屏国际城、南佑路、将军大道迎翠路、江南文枢苑、国检路、将军大道康厚街、河海大学·佛城西路、翠屏湾花园城（往诚信大道客运站方向单边停靠）、诚信大道北（往安德门方向单边停靠）、诚信大道清水亭西路、清水亭西路芳园路、清水亭西路苏源大道、九龙湖、清水亭西路（双龙大道）、殷巷、诚信大道客运站。该线路服务时间：安德门5:30～20:30、诚信大道客运站5:30～20:30。无人售票，投币2元，IC卡通用。

56座智能公交站投用 5月10日，江宁公交集团新建的56座智能公交站台投用，主要集中在天印大道、天元路、双龙大道，包括701、737、801、805、D8等40多条公交线路。公交智能站台电子屏实时显示公交线路、到站、车辆距离等信息，车辆到站信息每15秒更新一次。新型智能公交站台还安装全景监控设备，可实时360度对公交站台进行视频监控，确保候车乘客安全，也可以对客流情况作出分析，方便后台调度人员合理安排运力。根据市、区精细化管理要求，江宁公交集团对全区192座老旧公交站台实施改造出新，新建智能站台25座，改造智能站台31座。年内还将站台服务延伸至禄口等片区。

开发区引入福特“动态巴士” 5月，福特汽车公司与江宁开发区管委会、江宁公交集团签订合作协议，计划推出“动态巴士”试点项目，通过智能移动技术推进江宁乃至南京市的智慧城市交通建设，为企业和市民提供更加便捷、环保和舒适的出行方式。福特汽车公司创新设计理念，制定“未来城市”发展计划，专注于动态巴士出行、城市交通管理大数据系统、无人驾驶出行共享等产品服务与研发，为日益严峻的尾气排放、交通出行等现实问题提供有效解决方案。当天签约项目是全区智能出行领域的首个政企合作项目，将继续使用现有班车，对企业员工上下班路线进行优化，其中江宁开发区负责引进和推广园区内定制企业班车服务，江宁公交集团作为承运人负责车辆、人员和经营资质，而福特公司提供优化线路的算法、技术平台等，保证车辆和乘客时间的最高使用效率，同时为用户和驾驶员提供互动平台。

共享电单车进入江宁 6月，继OFO、摩拜、哈罗、町町等品牌共享单车相继进入江宁后，共享电单车也亮相江宁街头。共享电单车使用方法与共享单车类似，注册、交付押金，然后扫码开锁后即可使用。电单车本身与传统电动车相似，右手车把向前拧即可加速。缴纳299元的诚信押金后，通过实名认证，扫码后即可骑行。享骑电单车的收费标准为骑行1小时，收费3元；每超出1小时，收费5元。

东山城区一批道路通车 6月，东山城区玉堂巷、湖山路上元大街至外港河段等一批道路陆续通车。6月上旬通车的玉堂巷位于玉堂花园东侧，连接金箔路和桃园路，该段道路为单向3车道，实施机动车由北向南单向通行。作为江宁医疗中心的配套工程，位于医疗中心西侧的湖山路上元大街至外港河段3月底前通车，将分担天印大道交通压力。湖山路上元大街至外港河段分南北两段，全长650米。其中，北段道路还对道路中分带间的中心河岸堤进行加固处理，并埋设箱涵，直通外港河。位于医疗中心东侧的外港河西路也于6月底通车。

龙石线道路改扩建工程启动 9月，江宁交建集团启动建设田园乡村西部片区生态循环线——龙石线道路改扩建工程。龙石线属江宁区旅游路东线，项目位于云台山生态廊道，北起联二线，自北向南，与S337平交，终点至在建S340，与石泗线相接。沿线串联上国安寺、甘泉湖度假区、云台山烈士墓等节点，路线全长11.7公里。道路采用四级公路标准，路面宽6米，路基宽8米，采用沥青混凝土路面。该道路建成后，不仅使西阳、甘泉湖、云台、红旗4个社区沿线居民出行条件得到改善，还将带动田园乡村生态环线的经济发展，进一步完善田园乡村西部片区生态环线格局，辐射更多田园乡村的发展。

首条“城市微循环”公交线开通 9月1日，江宁公交集团开通区内首条纯环形常日制“城市微循环”公交848路，起点、终点均设在江宁医院附近的玉堂巷。848路途经鼓山路、东新南路、新亭路、小龙湾路、双龙大道、天元西路、通淮街、利源路、胜太路、金箔路，服务时间为6:00～21:00，线路配车10辆，日发班次170个，平峰发车间隔12分钟，高峰发车间隔10分钟。

禄口机场九龙湖航站启动运行 9月28日，南京禄口国际机场江宁开发区九龙湖航空服务站启动运行。九龙湖企业总部园企业服务中心大厅增设航站独立窗口，并配备同步航班信息显示屏和自助登机牌打印机，为园区商务人士及周边人群提供实时航显、登机牌打印、VIP休息和现场问询等服务，实现机场服务前移，使乘客能够提前办理值机相关手续，方便出行。

（宁　鉴）

东麒路北延工程启动建设 1月，由江宁交建集团承建的东麒路北延工程启动建设。该工程起于S122与东麒路交叉口，沿老东麒路向北，穿过麒麟街道麒麟铺村后上跨沪宁高速公路，经陈家、东林村西侧，终于江宁、仙林交界处规划交叉道口，接仙林大学城汇通路南延，路线全长2.3公里，按一级公路兼顾城市主干路标准设计，双向6车道，设计时速60公里，路基宽45米。该道路建成后，将串联起江宁与仙林，进一步完善江宁路网布局，缩短江宁同仙林的距离，拉动区域经济快速发展。

2017年，江宁公交集团新开辟879路园区“微循环”公交车

区新闻中心　供稿

宁杭高速淳化互通开建 2月，江宁交建集团启动宁杭高速公路淳化互通道路建设工程。宁杭高速公路淳化互通与学十四路交叉处建设互通立交匝道，主线长1.3公里，双向6车道，道路全线采用一级公路标准，路基宽34.5米，单向单车道匝道采用8.5米的标准宽度，双车道匝道采用15.5米的标准宽度，设置桥梁4座，总长551米。该工程建成后，江宁大学城及淳化周边市民经由宁杭高速进入南京主城将更加高效快捷，包括中山东路、双桥门立交的车流也因此得到分流。

S246江宁段开工建设 6月，由江宁交建集团承建的S246江宁段开工建设。S246江宁段起自绕城公路石杨路互通，经东麒路、润麒路、万安东路、新104国道、乾德路、学十四路接龙眠大道，向南与S002（原S337）平面交叉，沿湖熟控规预留的路线走廊，上跨S243并设置互通连接线，跨过二干河，与溧水段相接，路线全长34.4公里。道路主线采用一级公路、时速100公里标准，连接线采用二级公路、时速60公里标准。S246是南京放射性主通道之一，是南京与溧水、高淳快速联系的又一条快速通道，是区域综合运输走廊的重要组成部分，同时也是宁杭城镇发展轴的重要支撑。该工程建成后，周边市民可从S246直达南京市区，缩短半小时车程。

汤山苏豪片区道路工程动工 6月，由江宁交建集团代建的汤山苏豪片区道路工程启动建设。汤山苏豪片区道路建设工程包括11条道路，全长9公里，建设项目包括道路工程、桥梁工程、排水工程及管廊工程。该项目建成后，将完善汤山苏豪产业园片区的交通路网，并与周边的宁杭公路等主要道路连接，促进园区与周边的联动发展。

双龙大道岔路口高架隔音屏工程建成 6月，由江宁交建集团承建的双龙大道岔路口高架隔音屏工程全面完工。双龙大街高架为连接城区道路和外环公路的主干道，交通流量较大，交通噪声污染问题日益突出。为此，区政府明确由江宁交建集团对高架部分桥段实施声屏障建设工程。该工程包括双龙别墅段、武夷商城段、南方花园段、铂金水岸段4个段落，全长1.77公里，采用直立弧形百叶窗式吸声屏体，高度3.1米，概算造价1000万元。工程建成后，噪音污染得到改善和控制，周边居民的生活环境质量得以提高。

宁杭高速东山互通景观提升工程完工 7月，由江宁交建集团实施的宁杭高速东山互通景观改造提升工程全面完成。宁杭高速东山互通内绿地总面积12万平方米，其中绿化面积7.5万平方米，水面面积4.5万平方米。通过水体清理、岸线修整等方式，营造出春花烂漫、秋叶斑驳的景观效果，充分展现现代城市风貌，实现城市宜居品质全面提升，城市质量内涵着力彰显，环境质量显著改善，群众满意度明显提高目标。

2017年，由江宁交建集团建设的汤山街道旅游环线串起“九段十八景”
区新闻中心　供稿

汤山旅游环线景观提升工程竣工 12月，由江宁交建集团代建的汤山旅游环线景观改造提升工程竣工交付。工程项目主要包括温泉公园项目、泉华路项目以及环镇北路项目。其中，温泉公园位于汤山旅游度假区中心，施工面积16万平方米；泉华路全长1.5公里，施工面积7.5万平方米；环镇北路全长3.7公里，施工面积34万平方米。该工程新建绿化面积26万平方米，建成停车场、慢行系统和以“轻温泉体验”为主题的开放式公园。

S002江宁段改扩建工程建成通车 2017年，由江宁交建集团承建的S002江宁段改扩建工程建成通车。其中，陆郎集镇段于10月启动建设，该工程起于龙坊路与S002交叉口，向西北方向进入陆郎镇，与陆谷路交叉后终于蒲塘桥，路线长1.45公里，全线采用一级公路标准，双向6车道，设计时速80公里，路基标准断面宽39米，公路段路基排水采用边沟排水，城镇路段采用管道排水。湖熟段于11月建成通车，该路段起于湖熟街道向家边村附近，顺接先导段终点，终点位于秦淮河东岸，路线长11.6公里，全线采用一级公路兼顾城市道路标准，双向6车道，路面宽33米，设计时速80公里。上峰段于12月基本建成，该路段起于S122，顺接圣汤大道，向南沿老路扩建，沿上峰集镇西侧改线新建，于古禄庙处接回老路，与宁峰路相交，经谭山农场后终于汤山新城规划边界线，顺接先导段，路线长5.3公里，全线采用一级公路兼顾城市道路标准，双向6车道，设计时速80公里，公路段路基宽度拓宽至33米，城镇路段宽度拓宽至40米。S002江宁段改扩建工程全部建成后，不仅完善了区域干线公路网络，构筑南京城市环线，拓展城市发展空间，而且对加强沿线乡镇间的交通联系，推进新型城镇化建设，促进沿线区域经济社会发展具有积极意义。

滨淮大道江宁段（S243连接线）建成投用 12月，由江宁交建集团承建的滨淮大道江宁段（S243连接线）建成并投入使用。滨淮大道江宁段工程起于溧水开发区，终于禄铜线，道路全长194米，道路等级为城市主干路，设计时速50公里。该工程建成后，为南京禄口机场至溧水开发区打通一条快速通道，对完善区域交通路网、拓展南京禄口机场周边的发展空间、促进江宁社会经济发展将发挥重要作用。

西部美丽乡村生态循环线工程建成 2017年，江宁交建集团陆续完成31公里西部美丽乡村生态循环线建设。其中，正东线采用四级公路标准，设计时速20公里，路基全宽8.5米，路面宽7米，采用沥青砼路面；朱石线采用三级公路标准建设，一般路段设计时速30公里，局部路段设计时速20公里。路基全宽8.5米，路面宽7米，采用沥青砼路面；大西线、大西线延伸段和龙石线长20公里，按四级公路标准建设，设计时速20公里，路基全宽8米，路面宽6米，采用沥青砼路面。道路建成后，进一步完善江宁美丽乡村生态循环线路网，不仅拓展当地生态旅游发展空间，而且对周边居民出行提供便利。

中部特色田园乡村滨水旅游线建设完工 12月，江宁交建集团完成中部特色田园乡村湖熟街道S002至钱家村段的农路提档升级工程。该项目位于江宁区中南部地区，地属湖熟街道，位于湖熟街道规划区内。路线北起S337，途径长干河大桥后，向东至北干沟后，采用分离式路基继续向东至X101；支线北起主线，南至小焦家的现状老桥处。路线全长6.65公里，其中北干沟段利用两侧河堤做分离式路基，整体式路基段长2.4公里，分离式路基段长3.77公里，支线段长0.48公里。该路段的提档升级不仅解决沿路居民出行难题，还为中部特色田园乡村建设事业发挥作用。

（夏溢涵）

邮　电

中国邮政江宁分公司 2017年，中国邮政股份有限公司南京江宁分公司实现业务收入26958万元，比2016年增长8.28%；完成收支差7150万元，增长12.2%。代理金融收入2亿余元，增长6.91%；余额规模115.8亿元，增长9.1%。快递包裹累计走件872.91万件，增长118.45%。完成百家湖网点综合整治工程，实施邮政生产综合楼、东山投递部、滨江投递部大平面和谷里投递部升级改造。持续进行实物投递网改造，更新投递工具，提升投递服务质量和效率。是年，公司金融团队于婵婵在全国理财经理大赛中获“全国十佳”称号，2人获“省级十佳”称号；投递团队代表南京市在江苏省第五届邮政特有职业技能大赛中获团体第一名。 （李庆达）

中国电信江宁分公司 中国电信股份有限公司南京江宁分公司是江宁区最具实力的电信运营商之一，有员工234人。2017年，完成业务收入9.31亿元，比2016年增长9.1%，增量全市各区第一，再次被评为全省市场经营十大先进县。全年开展各类市场营销活动412场，活动日均新增天翼27部、宽带18条，宽带到达额66.2%，净增份额54.3%；天翼新增份额32.4%。自创“嗨购节”活动，实现翼支付超市进驻门店81家，带动412家店铺加盟，开展翼支付主题活动326场次，参与用户21363户，发展天翼6513户、宽带1378条，翼支付交易额293万元。以店包片网格94个，片区承包率96%，装维人员168人与75个门店结对。新建渠道95家，其中TOP攻坚牵手3家合作商，陆续合作19家门店，增加7590部天翼和2032条宽带。聚焦大单拓展及版图攻坚，全年V网入网7800户，累计完成天翼大单66个，新增20门以上规模V网52个；部委办局渗透率提升至75%，10个街道渗透率提升至80%，201个村（社区）渗透率提升至50%。强化商客承包，创新翼企行，全年开展翼企行213场，累计发展天翼1619个；针对全市113个商客网格，建立网格视图，开展80余场活动，发展天翼团单63个，拉动天翼发展2600余门。新建并开通基站101个，站点总规模1749个，人口覆盖率99%以上，基本实现江宁区域全覆盖。接入无源化退网完成率100%，农村13个分局已基本全光化，全市FTTH用户占比96%。累计完成智慧家庭组网4907单，收入410万元。

（陶金生）

中国移动江宁分公司 中国移动通信集团江苏有限公司江宁分公司是江宁地区用户规模最大的运营商，公司专注于通信领域发展和社会信息化进程推动，秉承“正德厚生，臻于至善”的核心价值观，企业综合实力持续增强。2017年，中国移动江宁分公司聚焦用户基本面与大颗粒业务发展，全年完成运营收入11.8亿元，净增4G用户15.4万户，用户总规模110.4万户。加大4G网络和有线宽带建设力度，拥有室外宏站物理点1701个，其中新建基站物理点150个；室分站点1177个，其中新建室分站点112个；新增加有线宽带信息点7.5万个，净增宽带用户3.6万户，总规模21.7万户。为广大企业、家庭和个人用户提供价廉质优的网络服务，使用户能够提前感受4G时代的信息

化生活的便捷，为建设数字化江宁做出新贡献。（谭慧玲）

中国联通江宁分公司 中国联合网络通信有限公司南京市江宁分公司有员工150余人，承担中国联通在江宁地区的通信设施建设和通信业务发展任务。2017年，公司加快移动业务、宽带业务发展，大力拓展集团客户、创新型业务，发展结构不断优化，经营效益快速提升，网络能力持续增强，中国联通4G网络实现全区乡镇全面覆盖。以智慧城市、云平台为基石，通过发挥4G技术优势，聚合并推动FDD-LTE产业链发展，塑造联通城市信息化建设主导者形象。建有3G宏站810个，室内分布394个；4G宏站1049个，室内分布579个；有管道850孔公里，传输光缆总皮长6000多公里，网络覆盖率近100%。与辖区内多所高校开展校企合作，合作院校累计23所，通过TID模式的线上营销，新生新增市场占有率达到50%。不仅为大学生提供优质通信服务，还提供实习和创业机会。通过在高校建立学生团队、沃创社等形式，为大学生提供多内容、多服务的通信体验。与区政府信息中心、发改局、经信局、交通运输局、农业局、旅游局等部门建立定期沟通交流机制，了解政府信息化发展方向及进度，及时掌握商机，与多家企业签订战略合作协议，开展物联网、云平台、服务器托管等业务合作，既增加公司业务收入，也赢得良好行业口碑。（杨　琳）

水　利

概　况 2017年，江宁区水务部门突出保障水安全、治理水环境、保护水资源等重点工作，立足防汛防旱，继续实施三年水利建设计划，加快推进农田水利建设，为“强富美高”新江宁建设提供水利保障。

防汛工作 2017年，江宁区及时部署防汛工作各项任务，1月初下发防汛防旱工作意见；2月，开展汛前检查，发现险工隐患及时进行整改；3月27日，召开全区防汛工作准备暨消险工程推进会；5月19日，召开全区防汛工作动员大会。全面排查险工隐患，区防指分成5个督查组，对全区河湖堤防、水库、重点塘坝等相关工程、设施进行全面筛查，查清重点险工隐患17处、防汛薄弱环节39处，并按轻重缓急实施消险，明确行政技术责任人。推进消险工程建设，新完成消险工程84个，在汛期发挥效益。做好防汛物资储备，其中新增麻袋储备20万只、块石储备8610吨、排涝设备92台套，各园区新购排涝车7辆，确保安全度汛。

体制改革 2017年，区水务部门全面深化农业水价改革，1月，区政府印发实施方案，建立江宁区农业水价综合改革联席会议制度，确定谷里街道为试点街道。制定出台《江宁区村级水管员选聘和管理考核办法（试行）》《关于鼓励和支持农民用水合作组织规范建设和创新发展的奖补办法（试行）》等。农业水价改革试点区5个政策性文件征求意见稿经过相关部门审查，已出台4个政策文件。下达年度试点区用水计划和农业初始水权，颁发水权证和用水户水量分配卡，全年预收水费36.23万元，预收率100%。推进水利站管理体制改革，按照省、市统一部署，重新开展改革方案修改完善工作。经过与市、区编办沟通协调，明确全额拨款事业编制性质，编制77名。区委、区政府分别召开区委常委会和区政府常务会议专题研究水务站改革方案，并原则同意。6月21日，区政府印发《江宁区加强街道水务管理服务站建设的意见》；6月22日，区编办作出《关于调整基层水务站管理体制有关机构编制事项的批复》，明确管理体制、机构设置、编制性质、编制数量，全区水务站改革工作正式落地。按照汛期稳定、汛后推进的要求，9月基本完成水利站人员划转工作。有序进行行政审批制度改革，上报审批内容14项，审批时间缩短30%～50%。其中，水土保持方案审批材料由6件减少到4件，办理时间由20个工作日减少到10个；取水审批材料由10件减少到6件，办理时限由13个工作日减少到7个。

河湖保护 3月，江宁区通过市水务局组织的水资源管理制度专家评定，完成溧水河、溧水二干河、板桥河基准线及地形图测绘工作61公里，3条河道埋设界桩702根、告示牌64个。秦淮河、云台山河、高阳河（句容南河）、汤水河、三干河、江宁河、牛首山河及横溪河水利工程确权划界218公里，完成基准线及地形图测绘203公里；赵村水库界桩、界牌均已埋设完毕。5月26日，区委办、区政府办印发《江宁区关于全面推行“河长制”的实施意见》，全区10个街道于6月底前相应出台“河长制”实施意见。成立由21家成员单位组成的江宁区“河长制”领导小组，明确21名区级河长、390名街道级河长、505名村级河长，印发6项河长制管理工作制度，埋设河长公示牌838块，完成各街道辖区内河道、36条区级河道的“一河一策”编制工作。确定重点断面水质改善重点整治项目清单10大项559个项目，基本完成68条黑臭河道整治，全区河道水质明显改善。江宁河、铜井河、牧龙河、板桥河、七乡河及九乡河等6条主要入江河道共排出综合整治工程项目40项，秦淮河、外港河整治工作进展顺利。

农田水利　2017年，全区农村河道清淤任务全部完成，清淤土方586.4万立方米。推进水美乡村创建工作，创建东山街道王家村等省、市级水美村庄6个。完成谷里街道荆刘抗旱站等10座村级小泵站更新改造，启动横溪街道徐府街二道站等3座村级小泵站建设。完成中央财政农田水利工程维修养护项目，编制高效节水灌溉“十三五”实施方案等各项规划、计划。全年新增旱涝保收农田1486.7公顷，改善灌溉面积533.3公顷，新增高效节水灌溉面积346.7公顷，水土流失综合治理面积6.5平方公里。

水利建设　2017年，全区确定水利建设项目236项，其中消险工程33项，重点工程148项，一般工程42项，园区工程13项。至年末，已完工96项，在施工或准备施工的115项，处于招投标阶段的21项，待批复的1项，进入初步设计阶段的3项。总体启动率100%，累计完成投资1.01亿元。（田　飞）

10月，江宁开发区污水厂通水试运行，成为全市首座四类排放标准的污水处理厂　高倩倩　摄

农田水利改革通过省级验收　6月，市水务局、市财政局、市发改委在江宁区联合召开农田水利设施产权制度改革和创新运行管护机制试点工作验收会议，同意江宁区农田水利改革通过验收。验收组查看了太平泵站、秣陵街道二横沟等工程现场，对照现场的展板和宣传册，详细询问农田水利设施的产权及管护情况，查阅各类工程台账。验收组认为，江宁区通过改革试点，建立产权明晰、责任明确的工程管理体制，社会化、专业化的多种工程管护模式，制度健全、管护规范的工程运行机制，稳定可靠、使用高效的工程管护经费保障机制，奖惩分明、科学考核的工程管理监督机制，以及新的项目管理方式，使农田水利工程运行正常，效益得到发挥，各项指标任务符合验收要求，各类档案资料齐全，同意通过验收。

全国农田水利改革推进会　10月，水利部农水司在江宁区召开农田水利改革推进会。江宁区率先在全市开展农田水利工程产权制度改革工作，对全区改革范围内涉及的34653处农田水利设施发放工程所有权证，为156个涉农社区配备村级水管员，9个中型灌溉区注册成立用水户协会，发展节水灌溉面积3.6万公顷，占耕地面积的66%。全区在开展农田水利工程产权制度改革工作中，将改革任务同各街道农田水利工程建设与管理现状相结合，在农田水利设施产权制度改革、创新运行管护机制、高效节水灌溉工程、水美乡村建设以及农业水价综合改革上取得初步成效，在培育和发展专业化服务组织等方面积累先进经验。选择谷里街道高效节水灌溉示范区为试点，开展农业水价综合改革工作，完善灌排设施和供水计量设施，培育和发展农民用水合作组织、农水工程管护公司等专业化服务组织，完善农业水价形成机制，在试点区域内公布不同农作物的定额标准，2017年预收水费36万多元，预收率100%。

（宁　鉴）

综　述

概　况　2017年，江宁区围绕国家、省、市生态文明建设和环保工作的统一部署，贯彻落实中央和江苏环保督察要求，以创建国家生态文明建设示范区为抓手，以改善大气、水和生态环境质量为核心，凝全区之智，举全区之力，实施生态工程，推进污染防治，强化环境执法监管，完成年度环境保护和生态文明建设各项目标任务。

生态文明建设成果丰硕。按照江宁区“十大行动计划”，实施生态文明建设工程，创建工作走在全国前列。9月21日，江宁获得国家首批（南京唯一）“生态文明建设示范区”命名。12月2日，主题为“来生态江宁织造幸福”的生态文明建设成果展览在广东惠州开展。12月14日，10个街道全部通过省级“生态文明建设示范街道”考核验收，2个村建成省级“生态文明建设示范村”。强化生态红线的责任意识，在全市率先绘制标牌和界桩电子图，完成汤山国家地质公园、牛首—祖堂风景区、江宁方山省级森林公园等15个生态红线区域36个问题整治。实施城市休闲绿地建设与改造，建成金箔路龙园公园、栖凤湖南侧街心公园。完成秦淮河综合整治等36项绿化工程,新增公共绿地30万平方米。露采矿山宕口治理70万平方米，全区重点宕口治理率94.6%。完成14个地质环境治理项目，苗木成活率95%以上。

污染总量减排成效明显。加快推进煤碳消耗减量工程，建成协鑫电厂“煤改气”项目，规模以上企业控煤60万吨。建成城北二期污水处理工程，加快横溪污水处理厂建设；完成开发区污水处理厂一级A提标升级工程和湖熟污水处理厂提标改造工程，开发区南区污水处理厂投入正常运营；推进汤山上峰、作厂污水处理厂升级改造。加快污水管网建设，铺设南区污水处理厂配套收集管网8.5公里，铺设排水达标区管网77.9公里、农村环境综合整治管网92公里，岔路片区接入城东污水处理厂管网和秣陵、开发区连接南区污水处理厂管网、淳化集镇至高新区污水管网、上坊建设管网全面贯通，东山老城区接入城北污水厂管网全面施工。主城区实现收集管网全覆盖，街镇建成区生活污水处理率75%以上。开展自愿性清洁生产20家，完成强制性清洁生产29家。全区单位GDP化学需氧量、二氧化硫、氨氮、氮氧化物排放强度分别为0.67、0.15、0.09、0.22千克/万元，均达到上级考核要求。

大气十条目标圆满收官。结合“263”专项行动，关闭淘汰化工企业21家（另升级3家）、整治铸造企业44家（关停34家、淘汰落后设备4家、整治提升6家）、关停砖瓦企业59家（另整治规范50家、升级7家），全面完成“263”行动考核113家（58家工业重点企业、43家汽修企业和12家印刷企业）和市政府“大气年度实施方案”考核343家（85家包装印刷企业、258家汽修企业）挥发性有机物整治。创建13个餐饮业污染控制示范街区，237家餐饮单位安装油烟净化设备和隔油池等设施。强化全区380多个工地扬尘管理，房屋建筑、市政工程等规模以上工地文明施工达标率99%以上。落实秸秆禁烧各项措施，实现夏秋两季“零火点”。全年空气质量优良天数279天，优良率76.4%，比2016年提高4个百分点。PM10平均值78微克/立方米，下降1.3%；PM2.5平均值45微克/立方米，下降18.2%。全区降尘浓度均值为4.06吨/平方公里·月，达到省市考核要求（月均值每平方公里降尘量5.0吨以下）。

断面水质达标取得突破。围绕国考、省考、市考断面达标，编制11条河流水质提升强化方案，并按照“一河一策、一河一队伍、一河一责任人、一河一景、一步到位”标准，全面整治68条黑臭河道。至年末，已完成80条河道整治，累计投资8.6亿元，整治排污口1114个。实施农村河道（河塘）整治，清淤疏浚496.6万立方米。实施1条国考、17条市考河道整治，清淤72.6万立方米，整治排污口408个，并全部转入引水补流阶段。完成6条主要入江河道综合整治25项工程，其余13项工程正加紧推进。清理网围（箱）养殖78户，清理整治162条渔船、126公顷围网、187个网箱。按照“三年任务两年完成”的要求，完成594个居民小区和企事业单位排水达标区建设。根据市水环境质量通报，全区2个国考断面、4个省考断面水质均值达到考核目标要求；2017年需达标的7个市考断面6个达标。关闭子汇洲集中式饮用水源地二级保护区内大件码头、永辉码头，集中式饮用水水源地水质达标率100%。

城乡环境整治强势推进。推进“10+1”城市精细化管理，新建、改造23座垃圾转运站，建成占地2000平方米的大件垃圾分拣中心、20个垃圾分类示范小区和4个易腐（有机）垃圾沤肥池项目及餐厨垃圾生化处理设施项目。建成江南生活垃圾焚烧厂二期工程，于2017年4月投入运营。新改建城镇公厕69座，全部达到二类标准以上。严格管控渣土运输，对全区准入渣土运输的24家企业509辆车全部进行密闭化改造，全年查处各类渣土违法违章案件346起，处罚金额57.1万元。开展一系列生态环境专项执法整治行动，集中清理暴露垃圾、脏乱死角、影响市容的乱搭乱建和乱堆乱放等问题，精细整治背街小巷50条，查处新增违法建设497起，面积53718平方米。利用视频监控、GPS定位系统等现代信息技术，加强对道路清扫、冲洗作业的日常监管考核，切实提升机械化清扫保洁质量，主次干道机扫率85%以上。强化秸秆综合利用，全年秸秆产生量24.2万吨，机械化还田15.1万吨，多种形式利用量9.1万吨，秸秆综合利用率91%以上。深化农村环境综合整治，关闭畜禽养殖场470户，规范整治并验收通过畜禽养殖场13户，规模化畜禽养殖场（小区）畜禽粪便无害化与资源化利用率96%以上。严格农业面源污染控制，全年减少化肥用量3000吨、农药用量1.2吨、除草剂用量6吨。建成50个村级污水处理设施，铺设污水收集管网92公里。有序推进34个示范村、40个重点整治村、104个一般整治村建设，全区美丽乡村覆盖率70%。

2017年，位于东山大桥南北秦淮河两岸的环境整治工程接近尾声。施工人员正在对两岸景观带进行栏杆装饰和栈道铺设。工程竣工后，江宁的母亲河（秦淮河）新以新的姿态展现在市民面前　区新闻中心　供稿

环境执法监管力度加大。全年出动2.38万人次，排查黑臭河、小作坊、油烟扰民等问题1348件次，取缔“三无”小作坊、小加工等236家。对300余家环保措施不到位企业实施立案查处，对逾期不整改或整改不合格企业，依法予以查封。强化日常执法监管，全年出动环境监察人员1.16万余人次，检查企业3200余家次，立案查处各类环境违法行为650件，启动按日计罚2件、查封扣押96件、停产限产6件，移送公安机关4件，处罚金额1600余万元。在省级环保督察期间，全区对省督察组交办的29批197件投诉问题进行分门别类，列出清单，拉条挂账、督办落实、快速整改、办结销号。全年受理各类环境信访投诉9547件，办结率100%，满意率90%。

环保体制改革不断深化。推进环保领域综合改革，制定出台

《江宁区建设项目环境准入负面清单》《江宁区建设项目环境影响评价审批豁免目录（试行）》，进一步规范建设项目环境影响评价管理。落实水质断面补偿制度，因断面水质超标，各街道、园区全年需向区财政专户缴纳赔偿金15183.7万元，区财政专户应支付受偿资金4244.3万元，结余10939.4万元。全面推行排污权有偿使用和交易，612家企业完成报告编制。开展9家国控重点污染源和152家非国控一般污染源企业环境行为评价，其中绿色企业3家，蓝色企业155家，黄色企业2家，红色企业1家。

环境科研 2017年，区环保部门深入研究环保热点问题，完成《江宁区环境保护现状分析与对策》《江宁区环境突出问题相关情况报告》《环保税法施行影响分析》《江宁区环境执法工作现状的思考及建议》等课题与专题研究，为全区环境治理工作提供技术支撑。编制《江宁区水环境提升规划》《江宁区水环境整治提升三年行动方案》《泵站前池水质应急处理方案》《江宁区长江岸线江宁段、秦淮河沿线生态环境整治专项行动实施方案》《横溪河黄桥断面水质改善工作方案》《秦淮河洋桥断面水质改善工作方案》《赵村水库断面水质改善工作方案》《江宁区消除劣五类水体工作方案》等工作方案，探索治水、治气、治土等工作新举措。

环境宣传教育 2017年，区环保部门利用各类新闻媒体，开展环境保护和生态建设宣传，先后在《中国环境报》《环境经济》《环境保护》《江苏环境》《新华日报》《南京日报》《扬子晚报》等中央、省、市级媒体推出环保专题报道20多篇，在各级电台、电视台、政务网站发布环保动态信息318篇。利用地球日、“六五”环境日等时机，举办生态文明建设讲座，普及环保知识，倡导低碳生活。举办生态文明专题培训班，参加培训400多人。在城市入口、主干道路、市民广场、公交站台等地，设置环保公益广告、电子显示屏和宣传标牌300余处，在村（社区）设置宣传环保公约栏230个，在施工工地设置环保公告栏480个，发放环保袋3万多个，发放各类环保市民手册5000多本，做到环保宣传全方位、全覆盖、无死角。

（欧 迪）

环评改革

概 况 2017年，江宁区环保部门根据《江苏省“区域环评+环境标准”改革试点工作方案》，在市级以上产业园区试行开展区域性环境现状评价工作。按照《加快推进全市“不见面审批（服务）”改革实施方案》的要求和部署，全区环保相关业务全部实现“不见面审批”。按照《关于全省推行“3550”改革的意见》，优化环评审批流程，改造环评审批业务平台，实现工业建设项目施工许可“3550”目标。

区域规划环评编制 2017年，区环保部门根据国家产业政策和区委、区政府对各街道、园区的产业定位，利用2—3年时间，编制完成市级以上工业园区的规划环评，进一步优化空间开发布局，推动区域产业转型升级。滨江开发区和麒麟高新区已编制区域规划环评，并通过专家评审和上报市环保局、省环保厅审批。

“不再审批、有效监管”试点 2017年，区环保部门按照“放管服”改革相关要求，对使用自有土地扩大建设规模的“零用地”技术改造等国家鼓励类企业投资项目，先行试点企业投资项目承诺制，探索创新以政策性条件引导、企业信用承诺、监管有效约束为核心的管理模式。对江苏阳泉阀门有限公司、苏世博（南京）减震系统有限公司、南京驰力汽车传动装置有限公司、南京仪机股份有限公司等项目进行“不再审批、有效监管”试点，即由审批制改备案制，由项目业主向环保部门出具承诺并向环保部门备案。

环评审批效率提升 2017年，区环保部门取消项目环评前置条件，将企业投资项目备案、用地预审、水资源论证和水土保持方案等审查或审批意见，不再作为环评文件受理的前置条件。简化环评文件编制内容和要求，对符合园区产业定位及规划环评审查意见要求的建设项目，利用规划环评资料和结论，进一步简化环评文件编制有关内容，环境质量现状评价直接引用符合时效的规划环评中的监测数据及有关结论。开辟“绿色通道”，及时做好项目环境影响评价、技术审查和审批管理的衔接工作，尽可能减少审批环节，简化审批程序，压缩审批时间，将符合条件的环境影响报告书、环境影响报告表和环境影响登记表审批时间分别由国家法定的60个、30个和15个工作日缩短为15个、5个、1个工作日，进一步提高即办、快办和特办比例，做到进门办好、盖章办成、出门办结。推行告知性备案管理，对编制环境影响登记表的建设项目，一律不再进行环评审批。对可实施环评备案管理的建设项目，环保部门原则上不需再作审查，即建设单位提交的材料齐全的，即申报即受理，现场办结，并告知企业在建设项目环境影响登记表备案管理平台上，实现网上备案。扩大“以表代书”范围，已经完成规划环境影响评价的区域，在其规划环评有效期内，规划中已包含的具体建设项目（除表面处理项目以及其他排放重金属和持久性污染物的项目外）需编制环境影响报告书的，简化为编制环境影响报告表；已经完成规划环境影响评价的大型居住区、商务区、旅游度假区以及大学城等区域，或已经包含在规划内容中开发的具体建设项目，需编制环境影响报告书的，简化为编制环境影响报告表。

环评豁免管理试行 2017年，区环保部门在各区域规划环评完备的基础上，有针对性的提出可豁免、备案或者可简化手续的具体项目清单，主要是针对环境污染轻、生态影响不明显的项目。8月14日，区政府印发并实施《江宁区建设项目环境影响评价豁免管理名录（试行）》，对列入豁免名录的非敏感建设项目，不再办理环评审批手续；对不涉及饮用水源保护区等敏感目标的中小型停车场、除实验楼外的新改扩建学校项目、公交车站、市政道路、河道整治、园林绿化等政府投资基础设施项目免于环保审批手续。（欧 迪）

环境质量

概 况 2017年，江宁区环境保护工作以改善生态环境质量为核心，以“263”行动为抓手，以大气、水、土壤污染防治为重点，全力推进污染攻坚，大力实施污染减排，严格环境执法监管，强力解决突出环境问题，生态环境保护工作取得明显成效。全区环境质量持续改善，空气质量优良率改善幅度和PM2.5降幅均创历史新高；2个国考、4个省考水质断面Ⅲ类及以上占比实现较大幅度提升，子汇洲集中式饮用水源地水质100%达标。“263”行动开局良好、首战告捷，大气、水污染防治重点任务全部完成，启动土壤污染状况调查工作，持续修复污染地块。坚决打击各类环境违法行为，有效解决一批突出环境问题，为中共十九大召开、国家公祭日、江苏发展大会等重大活动提供环境保障。

大气环境质量 2017年，全区空气质量优良天数279天，优良率76.4%，比2016年提高4个百分点。PM10平均值78微克/立方米，下降1.3%；PM2.5平均值45微克/立方米，下降18.2%。全区降尘浓度均值为4.06吨/平方公里·月，达到省市考核要求（月均值每平方公里降尘量5.0吨以下）。

水环境质量 2017年，根据市水环境质量通报，全区2个国考断面、4个省考断面水质均值达到考核目标要求；2017年需达标的7个市考断面6个达标。关闭子汇洲集中式饮用水源地二级保护区内大件码头、永辉码头，集中式饮用水水源地水质达标率100%。

声环境质量 2017年，区环保部门加大交通噪声污染防治力度，开展快速路、高架路等交通噪声影响专项排查。强化施工噪声管理，严格核准夜间施工并在网上公示，从严查处违法施工，妥善处置噪声投诉，及时调处扰民矛盾。有效开展中高考期间“绿色护考”行动，及时发布禁噪通告，加强巡查督查。全区域环境噪声为53.7分贝，下降0.1分贝；交通噪声均值为67.3分贝，下降0.7分贝；功能区昼夜间噪声噪声达标率100%。

辐射环境质量 2017年，区环保部门落实辐射及噪声污染防治措施，严格核与辐射安全许可，强化声环境管理，取得成效。开

9月，玉带圩河道整治工程稳步推进。该工程排水达标区建设共涉及沿线小区37个、企业16家，于10月底完成改造 区新闻中心 供稿

展放射源安全检查专项行动、核与辐射安全生产大检查活动，全年涉源单位检查率100%，防范核与辐射领域环境风险，持续改进核与辐射安全工作。全区瞬时电离辐射空气吸收剂量率平均值保持在江苏省辐射环境本底值范围内，综合场强平均值低于《电磁环境控制限值》（GB8702-2014）规定的限值标准。

（欧　迪）

资源保护

概　况　2017年，江宁区全面实施主体功能区战略，划定生态保护红线，划定城市发展边界，划定永久基本农田，加大生态系统保护力度，严守生态功能保障基线、环境质量安全底线、自然资源利用上线，推动区域经济社会生态的协调发展。

耕地保护　2017年，区国土部门开展基本农田划定工作，完成全区高标准基本农田上图入库和耕地后备资源调查，划定永久基本农田4.79万公顷。建立分级保护体系，完善保护耕地红线各项举措，将基本农田落实到具体地块，设立基本农田保护标志牌和界桩，与各街道签订保护目标责任书，将保护责任层层落实到各街道、村（社区）。强化闲置土地清理处置，调整盘活存量闲置土地，累计调整盘活闲置土地266.7公顷。健全耕地补偿财政转移支付制度，组织开展2017年耕地保护补贴发放工作，发放补贴总面积3.43万公顷，发放补贴资金1.54亿元，发放率99.9%。

饮用水源地保护　2017年，区环保部门深入开展集中式饮用水源专项整治行动，摸排、解决子汇洲集中式饮用水源地一、二级保护区内存在的影响饮用水源安全的突出环境问题。清理网围（箱）养殖78户，整治渔船162条，拆除围网126公顷、网箱187个。关闭子汇洲集中式饮用水源地二级保护区内大件码头、永辉码头，集中式饮用水水源地水质达标率100%，子汇洲集中式饮用水源地环境达标整治通过省级验收，赵村水库备用水源地达标建设工程和赵村水库水生态系统保护与修复工程（一期）启动。

长江渔业资源增殖放流　2017年，区林业部门坚持一手抓保护，严格长江江宁段22公里禁渔期管理，坚持24小时值守巡航，组织“清江”整治等专项执法，清理违规渔具，严厉打击非法捕捞，稳步推进保护区渔民退捕上岸工作；一手抓恢复，开展水生生物增殖放流活动，加强大胜关长吻鮠铜鱼国家级水产种质资源保护区、南京长江江豚省级自然保护区建设管理，养护长江水生生物资源，修复长江水域生态环境。自2004年以后，全区已连续15年实施人工增殖放流，累计向长江放流各类鱼苗2亿尾。

湿地保护　2017年，全区按照“保护优先、科学恢复、合理利用、持续发展”的原则，加强长江新济洲国家湿地公园、“上秦淮”湿地公园保护。在严格保护现有生态系统基础上，进行适度恢复和修复，打造良好生态结构，提高生态功能，营造野生动物良好栖息地，更好地保护长江、秦淮河湿地的生态完整性。发挥湿地保护、湿地科普宣教和弘扬生态文化的多种效益，实现生态保护与经济建设、社会发展相互促进、共同发展的目标。

林地绿地资源保护　2017年，全区全面实施“绿色江宁”工程，扎实开展绿化造林、森林抚育、江河防护、生态景观林建设。全年完成造林359.1公顷，中幼林抚育2333.3公顷，建成“三化”示范村9个、省级村庄绿化示范村5个，全区林木覆盖率28.76%。实施老城区园林提档改造面积1万平方米，增设重要广场、节点绿雕10处，新增公共绿地30万平方米，城镇绿化覆盖率47.3%。

生物多样性保护　2017年，区环保部门开展生物多样性调查，对中华虎凤蝶、江豚等列入国家、省级重点保护名录中的野生动植物实施严格保护。外来物种入侵不明显，加拿大一枝黄花得到有效控制。（欧　迪）

生态建设

概　况　2017年，江宁区坚持生态为先、发展为重理念，不断深化生态建设，推进生态红线区域保护，着力优化生产空间、生活空间、生态空间，整体谋划和优化国土空间开发，持续不断地为这座南京新城区注入生态元素。

生态红线区域保护　2017年，江宁区出台《江宁区生态保护补偿实施意见》，确立生态补偿的指导思想、基本原则，明确主管部门工作职责，生态补偿的对象、类型与范围及生态补偿标准，提出生态补偿资金分配与拨付、方式拓展和监督管理的具体办法要求。印发《江宁区地表水断面水质考核生态补偿工作方案（试行）》，明确考核断面、考核因子、补偿方式、补偿标准等。强化生态红线的责任意识，在全市

2017年，禄口街道陆纲社区着力美化社区环境，打造环境优美、生活条件舒适的现代化新型社区。图为景色优美的社区小公园

区新闻中心 供稿

率先绘制标牌和界桩电子图，设立生态红线保护标牌71块、界桩2910个，明确范围和面积、明确生态功能、责任单位和监督电话，完成率100%。完成汤山国家地质公园、牛首—祖堂风景区、江宁方山省级森林公园等15个生态红线区域36个问题整治。实施城市休闲绿地建设与改造，建成金箔路龙园公园、栖凤湖南侧街心公园。完成秦淮河综合整治等36项绿化工程，新增公共绿地30万平方米。治理露采矿山宕口70万平方米，全区重点宕口治理率94.6%。完成14个地质环境治理项目，苗木成活率均达95%以上。落实水质断面生态补偿，全年因断面水质超标，各街道、园区向区财政专户缴纳赔偿金15183.7万元，区财政专户支付受偿资金4244.3万元，结余10939.4万元。

生态文明建设工程三年行动计划出台 2月3日，江宁区印发并启动实施《江宁区生态文明建设工程三年行动计划（2017—2019）》，建立2017—2019年生态文明工程项目库,并以此作为未来3年指导全区生态文明建设的纲领和蓝本，以及承接中央、省、市资金补助的项目储备库。“行动计划”围绕生态保护、环境综合整治、水环境整治、大气环境治理、土壤污染防治和农业生活污染防治等6个方面，列出工程项目1531个，预算总投入77.14亿元。

全省首个区级生态文明促进会成立 5月12日，江宁区生态文明促进会在江宁会展中心成立。这是全省第一个区级层面的生态文明促进会，也是全区成立的首个以推进生态文明建设为目的的专业性、公益性、非营利性的社会团体。促进会由谷里街道等5家单位发起成立，以“搭建桥梁平台，凝聚社会力量；传播生态理念，引领生态时尚；创造生态财富、共享生态红利；服务科学决策，助推生态江宁”为宗旨，在生态文明建设领域，搭建企业、市民与政府间沟通桥梁和联系纽带，倡导会员企业相互交流生态文明建设技术、信息，推进生态文明建设技术创新、科技成果转化以及产品应用，为江宁生态文明建设建言献策。

（欧 迪）

江宁成为首批国家生态文明建设示范区 2017年9月21日，在浙江省安吉县召开的全国生态文明建设现场推进会上，江宁区获得第一批国家“生态文明建设示范区”命名，区长祁豫玮代表区政府出席会议并上台领取奖牌。江宁成为全国省会城市中7个获此殊荣的区县之一，也是南京市唯一的区。全区坚持把生态文明作为核心价值追求，科学编制建设规划，建立健全各项制度和创建机制，形成创建合力，持之以恒开展生态文明建设，实现了生态美、百姓富、环境好、经济兴的目标。在提升大气环境质量、水环境质量和生态环境质量方面，坚持重点突破、铁腕铁规治污，使全区的空气优良天数、地表水和各项环境指标全面达到或超过国家标准。在优化空间格局上，编制生态红线区域保护规划，将全域1561平方公里划分为功能片区、新市镇和美丽乡村示范区3个功能板块，为绿色发展舒展空间。坚持打造干净产业，大力发展汽车、新一代信息技术、智能电网三大支柱产业，以及高端装备制造、生命科学、节能环保三大战略性新兴产业和文化休旅、现代物流、软件与信息服务三大现代服务业，构建生态产业体系。围绕生态惠民，加强城乡环境基础设施建设，建成城镇污水处理厂21家，污水日处理能力达46.5万吨，城镇污水处理率100%。全区有26座垃圾中转站和30多个垃圾分类示范小区，城镇生活垃圾无害化处理率100%。建成20个街心公园、41个市级星级园林小区和20个星级市民广场，在全市率先实现“森林街镇”全覆盖。城镇建成区绿化覆盖率47.3%，城镇人均公共绿地面积17平方米。

（宁　鉴）

污染减排

概　况　2017年，江宁区环保部门推进减排工程，提高减排能力，加强督查落实，全面完成市政府下达的主要污染物减排任务。全区单位GDP化学需氧量、二氧化硫、氨氮、氮氧化物排放强度分别为0.67千克/万元、0.15千克/万元、0.09千克/万元、0.22千克/万元，均达到考核要求。

环境准入管理　2017年，区环保部门落实环境准入制度，严格设置禁止准入、限制准入、重点准入、优化准入的环境准入门槛，推进东山国际企业总部园、滨江开发区、麒麟高新区等一批规划环境影响评价，防范生态破坏。实行项目污染物排放“等量替代”“减二增一”等，从源头控制新生污染。加强事中事后监管，组织开展违法违规项目清理，努力提升环保“三同时”执行率。

排污许可证管理　2017年，区环保部门按照省政府排污许可管理办法，结合排污权交易，开展排污许可证换证年审工作，火电、造纸、农药、印染等行业按照国家平台完成发证。完成700家企业年度报告、150家企业新办排污证、300家企业环境统计，600余家企业初始排污权核定，进一步规范发放流程，为排污初始权有偿使用同步开展初始权核定工作。

火电燃煤机组超低排放改造　2017年，区环保部门加快实施南京协鑫生活污泥发电公司“煤改气”转型工程，关停南京协鑫生活污泥发电公司，建设南京协鑫燃机热电有限公司。该项目为2台200兆瓦级燃气——蒸汽联合循环机组，供热半径20公里。投产后，将替代关停的协鑫污泥发电公司继续提供高品质、高效率的能源服务，能源利用效率提高20%，二氧化硫排放减少90%，烟尘排放减少100%。每年可供电20亿千瓦时，供热240万吨，不仅可解决供热范围内一批自有燃煤小锅炉取缔后企业的供热问题，还可为南京南站CBD区域以及江苏软件园、未来科技城等地提供冷、热、电多联供的清洁能源。

清洁生产审核　2017年，区环保部门建立符合区域实际的清洁生产工作模式，引导和推进企业实施清洁生产审核工作，促进企业节能、降耗、减污、增效，提升区域核心竞争力，优化产业结构，转变经济发展方式。全年开展自愿性清洁生产20家，完成强制性清洁生产27家。

工业烟（粉）尘治理　2017年，区环保部门加强大气环境治理，切实改善环境质量，推进工业烟(粉)尘综合治理专项行动。建成中联水泥窑头废气治理除尘设施提标改造工程和烟气脱硝设施二次提标改造工程，完成协鑫热电“煤改气”工程项目建设和重点企业减煤工作，实施23家化工企业、42家铸造企业和116家砖瓦企业整治。

“十小”企业取缔　2017年，区环保部门集中开展“十小”“散乱污”企业专项整治行动，全面取缔不符合产业政策、手续不全和不符合规划布局、违法违规用地及建设、违法排污、存在环境隐患等问题的企业。全年取缔“三无”小作坊、小加工等236家。

危险废物污染防治　2017年，区环保部门推进危险废物处置能力建设，大唐环保废催化剂处置项目建成并投入运行；建成中联水泥窑协同处置项目，已进入申报许可阶段。提高危险废物规范化管理水平，组织开展危险废物规范化管理培训。加强危险废物环境执法，高效推行“双随机”执法方式，强化危险废物环境监管，全区纳入危险废物动态管理系统进行正常管理的企业400多家，规范化管理合格率95%。推进行政执法与刑事司法衔接，会同检察、公安机关等部门严厉打击非法处置固废危废行为。开展全区危险废物减存量、控风险工作，防范危险废物环境隐患。全年产生工业危废1.4万吨，转移处置1.3万吨，库存0.4万吨。转移处置医疗废物1100吨，医疗废物转移处置率100%。组织和参与危险废物应急处置事件7起，出具初步认定意见书3份。

核与辐射环境管理　2017年，区环保部门建立管理库，全区纳入辐射单位系统管理133家、放射源39枚。开展辐射单位日常现场监督检查，全年检查辐射单位54家，出具辐射安全许可证预审意见书34份，制作上传辐射安全评估报告和场所监测报告290多份，处理投诉13起。日常检查发现并完成一枚弃用放射源的安全收贮，确保辖区内涉源单位、Ⅱ类射线装置单位监督检查率100%，核技术利用单位年度评估率100%。

（欧　迪）

环境治理

概　况　2017年，江宁区坚持源头防治、全民共治，构建政府为主导、企业为主体、社会组织和公众共同参与的环境治理体系。瞄准短板，聚焦发力，攻坚克难，铁腕治污，扎实推进“两减六治三提升”专项行动，切实解决生态环境突出问题，坚决打好污染防治攻坚战，着力提升区域环境质量，推进生态文明建设。

“两减六治三提升”专项行动　1月3日，区委、区政府召开“两减六治三提升”专项行动工作部署会议。会议强调，要认真落实中央环保督察整改要求，全面贯彻省、市党代会精神，把补齐生态短板摆在更加突出位置，以更大的决心、更高的标准、更实的举措，全力推进“263”专项行动，着力解决突出环境问题，加快改善生态环境质量。印发《江宁区“两减六治三提升”专项行动实施意见》，提出用2～3年时间，着力解决突出环境问题，实现大气、水、生态环境质量的根本性好转。计划到2020年，全区PM2.5年均浓度比2015年下降20%以上，空气质量优良天数比例达到80%，地表水省考、市考断面水质优Ⅲ比例达到考核要求，基本消除劣Ⅴ类水体。

省级环保督察交办事项完成　8月28日—9月30日，江苏环保督察组进驻南京，就南京贯彻落实中央环境保护决策部署、解决突出环境问题、落实环境保护主体责任、强化环境保护“党政同责”和“一岗双责”等情况进行督察。其间，江宁区对省督察组交办的29批197件投诉问题进行分门别类，列出清单，拉条挂账、督办落实、快速整改、办结销号。其中，责令立即整改166件次，查封扣押16件次，限产停产102件次，立案查处50件次，拟处罚金额354万元。12月27日，江苏环保督察组向南京反馈督察情况，其中涉及江宁的有2个具体问题和12条建议意见。根据问题清单，全区落实省级环保督察要求，制定《江宁区贯彻落实省级环境保护督察组督察反馈意见的整改方案》，并采取有力措施，迅速启动反馈意见的整改落实。

水环境综合治理　2017年，全区全面实施“水十条”，用“河长制”堵住排污口，用“片长制”建设污水管网，用“断面长制”确保断面达标。围绕国考、省考、市考断面达标，编制11条河流水质提升强化方案。清理网围（箱）养殖78户，清理整治162条渔船、126公顷围网、187个网箱。按照“三年任务两年完成”的要求，完成594个居民小区和企事业单位排水达标区建设。

黑臭河道环境治理　2017年，全区按照“一河一策、一河一队伍、一河一责任人、一河一景、一步到位”标准，累计完成投资8.6亿元，全面整治68条黑臭河道，整治排污口1114个。完成年度农村河道（河塘）整治，清淤疏浚496.6万立方米。实施1条国考、17条市考河道整治，清淤72.6万立方米，整治排污口408个，并全部转入引水补流阶段。完成6条主要入江河道综合整治25项工程，其余13项工程正加紧推进。

冬春季大气污染防控　2017年，全区落实国家、省、市大气污染防治行动计划，健全大气污染防治长效机制，努力改善冬春季节空气环境质量。依据《中华人民共和国大气污染污染防治法》《江苏省大气污染防治条例》《南京市重污染天气应急预案》《南京市扬尘污染防治管理办

2017年，整治后的东山中心河变成了水清岸美的景观带
区新闻中心　供稿

法》《市政府办公厅关于印发南京市冬春季节大气环境质量保障管控方案的通知》等相关规定，区政府印发《江宁区冬春季节空气环境质量保障管控方案》，明确在11月1日—2018年2月28日期间，强化日常监管，实施一级防控措施：提升污染治理设施效率；使用更为优质的燃煤；减少发电量；实施重点废气排放企业限产停产；对不能稳定达标等企业实施停产；严格控制工地污染；加强对工程运输车辆的监管；增加道路保洁频次；严格高污染车辆查处；严控油气污染；加强秸秆禁烧巡查；实施人工增雨。同时，在一级防控措施实施期间，若预测未来48小时AQI指数超过200，且有持续趋势，实施进一步强化企业停限产力度、实施部分行业及涉气企业停产、严控长江码头污染、强化工地停工措施、停止易扬尘物料运输等二级防控措施。

土壤污染治理 2017年，江宁区制定《江宁区土壤污染防治行动计划》《江宁区水污染防治行动计划2017年度实施方案》及《区土壤污染治理与修复规划2018—2020》，明确土壤污染防治的目标任务。开展工业污染地块详查、农用地详查和土壤及水稻样品采集，列出全区土壤环境重点监管名单，重点监管单位与区政府签订责任书；编制产粮大区土壤环境保护规划，建成首个农业废弃物试点收集中心。完成2017年度市区长土壤污染防治责任书中的各项任务。

机动车污染防治 1月1日起，江宁区新注册重型柴油客车执行国五排放标准；7月1日起，重型柴油货车执行国五排放标准。区环保、公安部门联合开展车辆达标路查专项行动，全年路检车辆1700余辆。加大油气污染监管力度，检查加油站62座。开展380个工地、720台工程机械及工程车辆燃油质量抽查，启动非道路移动机械污染防治工作。采取上门约谈、通知督促黄标车业主单位或个人，开展黄标车淘汰补贴工作。加大高污染车辆限行力度，强制注销报废车辆，完成市政府下达的年度黄标车淘汰任务。

扬尘污染防治 2017年，区环保部门按照《南京市扬尘污染防治管理办法》《南京市建设工程施工现场管理办法》和市政府《加强扬尘污染防控“十条措施”》，加强390个建设工地管理，严格开工验收，督促各类工地落实“围挡、硬化、覆盖、冲洗、保洁”等控尘措施，并实施全过程、全方位动态管理，对违规工地严格落实“一律停工整顿、一律上限处罚、一律挂牌警示、一律暂停审批”要求。全区降尘浓度均值为4.06吨/平方公里·月，达到省市考核要求（月均值每平方公里降尘量5.0吨以下）。

挥发性有机物污染治理 2017年，区环保部门以改善环境空气质量为核心，以重点行业和重点污染物为主要控制对象，因地制宜，突出重点，源头防控，分业施策，推进挥发性有机物（VOCs）与氮氧化合物（NOx）协同减排，强化新增污染物排放控制，实施固定污染源排污许可，加快推进挥发性有机物整治，促进区域环境空气质量持续改善和产业绿色发展。全年完成“263”行动考核113家（58家工业重点企业、43家汽修和12家印刷企业）和市政府“大气年度实施方案”考核343家（85家包装印刷企业、275家汽修企业）挥发性有机物整治。同时，完成134家印刷企业区级整治。

秸秆禁烧 2017年，江宁区印发《江宁区秸秆禁烧和综合利用工作方案》，召开全区秸秆禁烧动员会，建立“区、街道、村、组”四级禁烧工作网络，健全街道领导干部包村、村干部包组、组骨干包农户、农户包田块的联动责任制和逐级分包责任制，层层分解任务、压实责任，确保秸

2017年，整治后淳化街道民主社区任盖头村面貌焕然一新
区新闻中心 供稿

秆禁烧和综合利用责任落实到具体单位、具体人员，落实到田间地头。年内，全区未发生一起国家、省级卫星火点，未出现一起上级巡查通报火点和焚烧痕迹，未出现一起媒体曝光火点。（欧　迪）

农村环境综合整治通过省级考核验收　10月，由省环科院专家、省环保厅相关人员组成的检查组，对江宁区2015年度覆盖拉网式农村环境综合整治进行考核验收。省检查组在查阅2016年已通过市级复核验收的淳化和禄口两个试点街道台账后，现场检查淳化街道彭家庄、马场山、窑头，禄口街道沈庄、彭福、水荆墅等村庄的环境整治情况。检查显示，淳化街道整治片区面积59.1平方公里，直接受益2897户、1.1余万人；禄口街道整治片区面积75平方公里，直接受益1033户、5034人。整治后，两街道涉及村落的生活污水得到有效处理、生活垃圾做到日产日清、村庄面貌有了较大改善，生态制度建立健全，示范效益初步显现。省检查组对全区农村环境综合整治试点工作给予肯定，并确认淳化、禄口两街道完成农村环境整治各项目标任务。（宁　鉴）

环境监管

概　况　2017年，江宁区科学应对环境执法管理新挑战，推动环境执法力度、执法水平、执法能力同步提升。探索环保网格监管模式，建立健全多部门联合执法机制，坚持问题导向，严格执法监管，铁拳重典治乱，严厉而精准地打击各类环境违法行为，保持严厉打击环境违法的高压态势，促进环境守法成为常态，倒逼企业转型升级和绿色发展。

建设项目环保检查　2017年，区环保部门按照全面排查、从严执法、注重实效、部门联动、企业自纠的要求，全面开展环境保护大检查“回头看”。对全区排查发现的3453个“未批先建”、违反环保“三同时”规定擅自投产等违法违规建设项目，实施行政处罚，并会同相关街道、园区督促企业完善相关手续，落实污染防治措施。

企业环保信用评价　2017年，区环保部门根据省、市环保部门有关重点企业环境行为信息评价工作的要求，按照告知、填报、初评、反馈、告示、复核等程序，开展企业环境行为信息评价工作。完成9家国控重点污染源和152家非国控一般污染源企业环境行为评价，其中绿色企业3家，蓝色企业155家，黄色企业2家，红色企业1家。

环境执法监管　2017年，区环保部门加强日常执法监管，出动2.38万余人次，检查企业3200余家次，排查黑臭河、小作坊、油烟扰民等问题1348件次，取缔“三无”小作坊、小加工等236家，对300余家环保措施不到位企业实施立案查处，对逾期不整改或整改不合格企业，依法予以立案查处。全年下达行政处罚决定书551件，启动按日计罚2件、查封扣押96件、停产限产6件，向公安机关移送涉刑案件4起，申请法院强制执行27起。

环境监管网格化体系建立　2017年，江宁区组建环保联合执法中心，多部门联合执法机制基本建立，防范和打击环境污染违法犯罪活动的合力基本形成。按照“条块结合、属地管理”原则，建立“定区域、定人员、定任务、定责任”的三级环境监管网格化管理模式，全区构建区级监管网格1个、街道（园区）级网格15个、村（社区）级网格200个，明确网格长、网格责任人，三级环境监管网格运行成效明显。

环境信访　2017年，区环保部门坚持把“12369”“12345”热线工单办理作为了解民意、汇聚民智、惠及民生的一项政治任务，作为推动科学决策、民主决策的重要手段，进一步增强政治责任感和工作使命感，加强领导，精心实施，千方百计做好调查处理工作，解决一批群众反映的热点难点问题，为维护群众的环境权益、改善环境质量做出贡献。全年受理各类环境信访投诉9547件，办结率100%，满意率90%。

环境监测　2017年，区环保部门紧扣省、市环境监测要点部署，围绕大气污染防治、水污染防治、土壤污染防治等重点任务，依托辖区3个空气自动监测站，开展空气日报预报和预警监测，通过区级电子政务平台发布空气质量信息。重点开展地表水、饮用水源地、功能区噪声、交通噪声、区域噪声环境质量监测；秦淮河重点断面调查监测、重点断面达标监测、区域补偿监测、跨界水体联合监测；污染源企业废水废气、企业噪声、污水处理厂、规模化畜禽养殖场、危险废弃物企业、涉重金属企业监督监测；污染源在线设备比对监测；企业督查联动、污染源专项监测、应急投诉监测及信息公开工作。（欧　迪）

科技 人才

科学技术

·综　述·

概　况　2017年，江宁区出台《关于深入实施创新驱动发展战略的若干政策措施》，推出“28条”科技创新政策，重点围绕科技创新创业行动计划，从推进江宁苏南自创区建设、打造产业科技人才高地、培育壮大创新产业集群、加速科技成果转移转化等10个领域，集中发力，聚力创新，打造创新资源集聚的政策高地，放大各级科技创新政策的“叠加效应”。在苏南自创区建设领域，设立专项资金，集聚以江宁开发区、江宁高新区为核心区，辐射带动包括滨江开发区、南京未来科技城、东山研发园等25平方公里的优质创新创业载体，推动区域创新一体化发展。在重大创新平台建设领域，对建设国家创新平台、新型和高端研发机构、海外研发机构和创新联盟给予支持。其中，驻区企业承担国家重点实验室、国家技术创新中心、国家工程（技术）研究中心、国家企业技术中心、国家工程实验室、国家制造业创新中心、国家企业重点实验室等平台建设任务的，可获最高1000万元支持。是年，江宁区成功创建为国家知识产权服务业集聚发展试验区、苏南国家自主创新示范区核心区，承办第六届中国创新创业大赛生物医药行业总决赛。区科技局获“全省科技工作先进集体”“全国科技管理系统先进集体”等荣誉称号。　（苏旭东）

科技金融服务体系建设　2017年，区科技部门引导金融机构支持科技型企业，开展银企金融推介、政策培训及对接活动，组织企业参加创新创业评选、融资路演活动，为科技型中小企业搭建融资服务平台。全年受理南京市科技贷款508笔，审核推荐上报444笔，支持区内中小型科技企业融资20亿元。受理“苏科贷”48笔，“苏科贷”入库企业95家，备案总额1.3亿元。其中，首贷企业21家，占43.75%；经认定的高新技术企业、民营科技企业等科技型企业占47.92%；国家“千人计划”、省“双创计划”及“地方人才计划”认定的高层次人才创办或参与企业占18.75%。行业主要集中于高端装备制造业、新一代信息技术和软件、节能环保、新材料等领域。组织区内48家企业参加由江苏省生产力促进中心、江苏省生产力促进协会、江苏银行等共同举办的2017年度“最具成长性高科技企业”百强评选活动，有38家企业通过初审入围答辩，9家企业入选全省首届“最具成长性高科技企业”百强。

软科学研究　2017年，区科技部门面向全区发布软科学研究计划项目征集通知，赴驻区高校调研，交流软科学研究工作，征集研究课题。立足实践、面向决策，开展软科学研究计划项目征集工作，鼓励区属单位与高校、科研机构合作，为区域经济创新转型发展提供决策参考。共征集项目45项，通过组织专家评审和实地考察并提出立项建议，立项实施16项。同时，对2016年软科学研究计划项目进行总结验收并颁发验收证书，各项目均按时间进度结题。　（朱光远）

科技创新创业人才队伍建设　2017年，区科技部门按照《关于“创业南京”人才计划的实施意见》《创新型企业家培育计划实施细则》《科技顶尖专家集聚计划实施细则》，深入街道、园区宣传创新型企业家、科技顶尖专家申报条件及扶持政策，对符合条件且有申报意向企业逐一进行走访调研，指导企业开展申报工作。全年推荐并入选南京创新型企业家13人、科技顶尖专家6人、省“双创博士”6人、“双创”团队4个、科技创新创业人才4人、中青年科技创新领军人才3人，帮助4名南京市科技顶尖专家办理南京市医疗单位“优诊证”，帮助30家创业家企业落实贷款贴息、兑现创新券240.14万元。实施“创聚江宁”人才工程，入选“顶尖专家特支计划”5项、“创新型企业家培育计划”25项、“高层次创新人才引进计划（企业创新类）”184人。（吴宁扬）

“两落地、一融合” 2017年，全区产学研合作围绕“两落地、一融合”工作，加速推进科技成果项目落地、新型研发机构落地，加快校地间的融合发展。成立以区政府分管领导为主任，区政府办、区委组织部、区科技局主要领导为副主任，区发改局、经信局等17个部门分管领导为成员的江宁区“两落地、一融合”推进办公室。办公室主要负责研究制定全区“两落地、一融合”实施计划和推进方案，及时研究解决工作中的相关问题，加强对各街道、园区与高校院所对接工作的指导，加快推动科技成果和新型研发机构在江宁落地，实现校地融合发展。区推进办围绕产业发展定位，依托知名高校重点学科、重点应用技术领域及核心团队，对照建立新型研发机构必须具备的“六个核心要素”，发挥政府和市场力量，通过多元所有、混合所有形式，引入社会资本，按照“签约一批、洽谈一批、储备一批”的梯队跟进模式，组建“老母鸡”式孵化器，加快形成新型研发机构集聚优势，加速科技成果落地转化。研究制定全区“两落地、一融合”工作推进方案，通过开展问卷调查、走访调研、交流座谈等形式，摸排梳理驻区高校重点学科、合作项目、共建载体及企业需求，建立供需信息数据库，搭建科技成果转化信息平台。突出精准对接，重点推进环东大知识创新圈、加拿大西安大略大学技术转移中心、省未来网络研究院等3个省产业研究院预备研究所、金科院大学科技园等5个大学科技园、南京通信与网络等8家战略性新兴产业创新中心建设，梳理“两落地、一融合”建设项目10项。研究制定创新载体整合推进工作方案，召集各创新园区、相关部门，分类别、分层次召开专题会议，研究创新载体整合工作，在摸清园区现行运管机制、边界范围划定、产业发展现状、数据统计口径设置底数基础上，提出整合方案，提交区长办公会研究讨论。（潘慧莉）

5月27日，区科技局举行江宁首届“全国科技工作者日”暨江宁区第六届优秀科技工作者颁奖典礼。图为颁奖典礼现场

区新闻中心 供稿

·科技创新·

概 况 2017年，江宁区加快对东大生物材料与医疗器械研究所等8家新型研发机构、南京未来网络产业创新中心等8家战略性新兴产业创新中心及中科院南京宽带无线移动通信研发中心等3家省产业技术研究院后备研究所建设，加快高端研发机构及海外研发机构建设，新增高端研发机构、海外研发机构3家。开展创新服务平台绩效评价，从平台创新能力、开放服务等方面进行考核。在市“两落地、一融合”两批新型研发机构签约仪式上，全区签约18个项目，其中第一批签约江苏智能传感器研究院等9个项目，第二批签约东南大学网络空间安全研究院等9个项目。

（潘慧莉）

现代农业科技示范园区建设 2017年，全区4个省、市级农业科技园区累计投入建设资金13.3亿元，引进各类新品种、新技术、新装备153项。园区有涉农企业47家，农业科技人员600多人，实现总产值12.51亿元。12月12日，市科委及省农科院、南京林业大学专家等一行，到江宁区对4个农业

2017年，位于谷里街道的省重大项目大生世界农业科技园一期项目，建成5万平方米的玻璃温室 区新闻中心 供稿

现代科技示范园进行现场考察评估，一致认为各园区在科技创新转化能力、科技服务体系建设、辐射带动作用等方面取得明显成效，并对下一步园区建设提出意见和建议。 （吴宁扬）

高新技术产业发展 2017年，区科技部门贯彻落实《市委市政府关于建设具有全球影响力创新名城的若干政策举措》，坚持以创新型企业为主体，推进以科技创新为核心的全面创新，进一步确立高新技术企业作为创新驱动发展的主力军地位，大力培育具有自主知识产权和产业特色的高新技术企业及特色产业集群。全年新增省民营科技企业172家，认定高新技术企业172家，有效期高新技术企业累计463家，培育“瞪羚”企业8家。高新技术产业产值占规模以上工业总产值的65.2%，居全省前列。高新技术产业创新发展，加快全区经济转型升级和产业结构调整，进一步构建了“3+3+3+1”现代产业体系。

科技创业创新载体建设 2017年，区科技部门加快推动科技创业创新载体由综合型向特色化、专业型、开放式转型。全年新认定市级众创空间、科技企业孵化器11家；升级认定省级以上科创载体16家，其中国家级7家。市级以上科技企业孵化器和众创空间累计82家，其中国家级23家。发挥科创载体专项资金的绩效引导作用，全年新引进入驻创业孵化企业341家，孵化毕业45家，在孵企业累计2365家，产业覆盖无线通信、软件与未来网络、生命科学等领域，创新载体建设内涵品质不断提升。开发完成全区科创载体导图，组建成立全区科技双创服务协会。驻区高校院所共建科技创业载体取得进展，金科院大学科技园项目封顶，南京工程学院大学科技园、江苏海事学院大学科技园、南京大学大学科技园等校地共建载体启动规划建设。 （陈 涛）

·科技管理·

概 况 2017年，江宁区科技部门深入实施创新驱动发展战略，围绕区域产业发展导向，鼓励支持自主研发及产业化，加速推动科技成果转化，构建区域创新体系和服务平台，编制并发布年度科技发展计划项目申报指南。全年实施科技计划项目221项，涉及科技初创型企业培育、自主知识产权开发、农业与农村科技发展、软科学研究等领域。邀请科技、经济等领域专家，组织召开全区科技发展计划项目评审会，分别对项目进行评审和实地考察，规范科技项目立项管理，逐步推行政策制定、项目评审、资金分配、财政决算和绩效评价公开，提升资金使用绩效和透明度。 （朱光远）

科技成果管理 2017年，区科技部门组织申报省重大科技成果转化专项资金项目，对基本符合申报条件的企业进行有针对性辅导，组织相关企业参加市科委组织的培训会。组织区内26家企业申报省科技成果转化资金项目，有11个项目进入现场考察程序，7个项目获批立项。 （吴宁扬）

首届江苏虚拟现实发展大会在江宁召开 2017年9月8日，由江苏省工程师学会主办的2017年江苏科技论坛虚拟现实分论坛和首届虚拟现实发展大会在南京未来科技城召开，由中国工程院院士谭建荣领衔的众多虚拟现实领域的省内外知名专家和企业高管参会并讨论该技术的发展趋势。虚拟现实技术（简称“VR”）作为前沿技术中信息技术部分三大技术之一，被列入《国家中长期科学和技术发展规划纲要（2006—2020）》。重点研究电子学、心理学、控制学、计算机图形学、数据库设计、实时分布系统和多媒体技术等多学科融合的技术，研究医学、娱乐、艺术与教育、军事及工业制造管理等多个相关领域的虚拟现实技术和系统。

（宁 鉴）

2017 年度江宁区列入国家、省、市科技发展计划项目一览表

表 31

序号	项目编号	项目名称	承担单位	资助经费（万元）	项目类别
1	2017YFC0110200	双光子－受损发射损耗（STED）复合显微镜	南京东利来光电实业有限公司	1612	国家重点研发计划数字诊疗装备研发重点专项
2	—	苏南国家自主创新示范区建设专项资金高新区奖励补助资金	江宁国家高新技术产业园	2100	2017 年度科技发展计划和科技经费（第九批）
3	2017 省 505	江苏省科技服务业特色产业基地（南京江宁东南创业孵化群）科技服务骨干机构能力提升	南京市江宁区人民政府	500	2017 年科技发展经费省创新能力建设专项资金（第五批）
4	2017 省 503	南京大学（江宁）环保产业研究院建设	南京环保产业创新中心有限公司	400	2017 年科技发展经费省创新能力建设专项资金（第五批）
5	2017 省 504	中医药产业公共技术服务平台	南京海融医药科技有限公司	20	2017 年科技发展经费省创新能力建设专项资金（第五批）
6	2017 省 708	地铁通风空调智慧节能控制系统研发	南京东创系统工程有限公司	40	2017 年科技发展经费省产业前瞻与共性关键技术（第七批）
7	2017 省 724	宽色域液晶背光源 LED 用 β－Sialon 绿色荧光粉制备关键技术研发	江苏博睿光电有限公司	90	2017 年科技发展经费省产业前瞻与共性关键技术（第七批）
8	2017 省 725	火电机组锅炉受热面灰污染实时监测及吹灰系统开发	江苏方天电力技术有限公司	90	2017 年科技发展经费省产业前瞻与共性关键技术（第七批）
9	2017 省 727	新一代自能量平衡的非钢装配式绿色建筑集成技术研发	南京绿新能源研究院有限公司	90	2017 年科技发展经费省产业前瞻与共性关键技术（第七批）
10	2017 省 1001	江宁设施蔬菜产业分店	南京绿桥农副产品有限公司	20	2017 年科技发展经费省政策引导类农业科技社会化服务奖补（第十批）
11	2017 省 479（面上项目）	基于微反应器技术的高性能氢氧化钯碳催化剂制备及其机理研究	南京东焱氢能源科技有限公司	10	2017 年第四批省自然科学基金（青年科技人才专项资金）
12	2017 省 405（青年基金）	仿生改性环氧湿基面界面黏附机理与性能调控研究	江苏苏博特新材料股份有限公司	20	2017 年第四批省自然科学基金（青年科技人才专项资金）

续表 31-1

序号	项目编号	项目名称	承担单位	资助经费（万元）	项目类别
13	2017 省 433（青年基金）	长链非编码 RNA-KLHL 通过调节 EGFR 介导 Treg 分化影响乳腺癌发生发展的作用机制研究	南京市江宁医院	20	2017 年第四批省自然科学基金（青年科技人才专项资金）
14	2017 省 456（面上项目）	疏水功能化有机阻锈分子构筑及控释机制研究	江苏苏博特新材料股份有限公司	10	2017 年第四批省自然科学基金（青年科技人才专项资金）
15	2017 省 457（面上项目）	灌浆式半柔性路面材料的收缩开裂特性与时温效应研究	江苏苏博特新材料股份有限公司	10	2017 年第四批省自然科学基金（青年科技人才专项资金）
16	2017 省 1406	基于微流控芯片技术智能床旁快速诊断系统的合作研发	南京肯辛顿诊断科技有限公司	100	2017 年省政策引导类计划 国际科技合作
17	—	省知识产权计划	江宁区科技局	66.8	2017 年省知识产权
18	—	低风速风电机组及关键零部件设计制造专利技术产业化	南京高传机电自动控制设备有限公司	50	市科技发展计划（第二批专利技术产业化）
19	—	机器人核心控制系统专利技术产业化	江苏若博机器人科技有限公司	50	市科技发展计划（第二批专利技术产业化）
20	—	印刷电路板专用超高速飞针测试机	南京协辰电子科技有限公司	50	市科技发展计划（第二批专利技术产业化）
21	—	高效、节能的燃气动力紧固专利技术产品产业化	南京腾亚精工科技有限公司	50	市科技发展计划（第二批专利技术产业化）
22	—	工业粉尘综合集尘系统专利技术产业化	南京海威机械有限公司	50	市科技发展计划（第二批专利技术产业化）
23	—	发电系统用频率电压紧急控制装置	南京大全自动化科技有限公司	50	市科技发展计划（第二批专利技术产业化）
24	—	夹心保温墙体用非金属连接件的产业化	南京斯贝尔复合材料有限责任公司	50	市科技发展计划（第二批专利技术产业化）
25	—	复杂造型绿色多功能纤维混凝土外墙装饰构件专利技术产业化	南京倍立达新材料系统工程股份有限公司	20	市科技发展计划（第二批专利技术产业化）
26	—	垂直起降固定翼无人机系统的研发与设计	南京奇蛙智能科技有限公司	20	市科技发展计划（第二批专利技术产业化）
27	—	远程脉冲混合动力水炮	江苏恒达动力科技发展股份有限公司	20	市科技发展计划（第二批专利技术产业化）
28	—	基于 LORA 无线通信的三网融合主动式寻呼救系统	南京微传物联网科技有限公司	20	市科技发展计划（第二批专利技术产业化）

续表 31-2

序号	项目编号	项目名称	承担单位	资助经费（万元）	项目类别
29	—	南京亚博联知识产权战略推进计划	南京亚博联新材料科技股份有限公司	20	市科技发展计划（第二批专利技术产业化）
30	2016CX020623	—	江苏齐正电力技术有限公司	5	市科技创新券（第二批）
31	2016CX020624	—	南京欧格节能科技有限公司	5	市科技创新券（第二批）
32	2016CX020625	—	江苏南自通华电力自动化股份有限公司	5	市科技创新券（第二批）
33	2016CX020635	—	南京佳力图机房环境技术股份有限公司	5	市科技创新券（第二批）
34	2016CX020640	—	南京法宁格节能科技股份有限公司	5	市科技创新券（第二批）
35	2016CX020641	—	南京友西科技股份有限公司	5	市科技创新券（第二批）
36	2016CX020642	—	南京肯特复合材料有限公司	5	市科技创新券（第二批）
37	2016CX020647	—	南京天运塑业有限公司	5	市科技创新券（第二批）
38	2016CX020650	—	南京青龙线缆材料有限公司	5	市科技创新券（第二批）
39	2016CX020652	—	南京三博建筑科技有限公司	5	市科技创新券（第二批）
40	2016CX020657	—	南京特麦奥包装材料有限责任公司	5	市科技创新券（第二批）
41	2016CX020658	—	南京宁庆数控机床制造有限公司	5	市科技创新券（第二批）
42	2016CX020660	—	江苏飞图智能控制技术有限公司	5	市科技创新券（第二批）
43	2016CX020662	—	南京国际船舶设备配件有限公司	5	市科技创新券（第二批）
44	2016CX020663	—	南京奥特电气股份有限公司	5	市科技创新券（第二批）
45	2016CX020665	—	南京中材水泥备件有限公司	5	市科技创新券（第二批）
46	2016CX020675	—	南京富特莱数码科技实业有限公司	5	市科技创新券（第二批）

续表 31-3

序号	项目编号	项目名称	承担单位	资助经费（万元）	项目类别
47	2016CX020676	—	南京斯尔默电气有限公司	5	市科技创新券（第二批）
48	2016CX020687	—	南京弘谷信息科技有限公司	5	市科技创新券（第二批）
49	2016CX020689	—	南京国铁电气有限责任公司	5	市科技创新券（第二批）
50	2016CX020691	—	江苏德湾数控机床科技有限公司	5	市科技创新券（第二批）
51	2016CX020694	—	米度（南京）生物技术有限公司	5	市科技创新券（第二批）
52	2016CX020696	—	南京金斯瑞生物科技有限公司	5	市科技创新券（第二批）
53	2016CX020698	—	南京广慈医疗科技有限公司	5	市科技创新券（第二批）
54	2016CX020703	—	南京比瑞生物科技有限公司	5	市科技创新券（第二批）
55	2016CX020704	—	江苏艾立康药业股份有限公司	5	市科技创新券（第二批）
56	2016CX020705	—	南京瑞捷医药科技有限公司	5	市科技创新券（第二批）
57	2016CX020707	—	南京顺昌医药科技有限公司	5	市科技创新券（第二批）
58	2016CX020708	—	南京倍特医药科技有限公司	5	市科技创新券（第二批）
59	2016CX020709	—	南京康川济医药科技有限公司	5	市科技创新券（第二批）
60	2016CX020711	—	南京科利泰医药科技有限公司	5	市科技创新券（第二批）
61	2016CX020712	—	南京宁翰科技生物科技有限公司	5	市科技创新券（第二批）
62	2016CX020716	—	南京天印健华医药科技有限公司	5	市科技创新券（第二批）
63	2016CX020720	—	南京谷睿生物科技有限公司	5	市科技创新券（第二批）
64	2016CX020723	—	南京生兴有害生物防治技术股份有限公司	5	市科技创新券（第二批）
65	2016CX020731	—	南京苏环环境互联科技有限公司	5	市科技创新券（第二批）
66	2016CX020734	—	江苏一夫科技股份有限公司	5	市科技创新券（第二批）

续表 31-4

序号	项目编号	项目名称	承担单位	资助经费（万元）	项目类别
67	2016CX020741	—	南京普杰物联网技术有限公司	5	市科技创新券（第二批）
68	2016CX020747	—	南京盛业达电子有限公司	5	市科技创新券（第二批）
69	2016CX020752	—	南京特艺科技有限公司	5	市科技创新券（第二批）
70	2016CX020766	—	南京远达信息技术有限公司	5	市科技创新券（第二批）
71	2016CX020769	—	南京合荣欣业信息技术有限公司	5	市科技创新券（第二批）
72	2016CX020779	—	南京牙小白智能科技有限公司	5	市科技创新券（第二批）
73	2016CX020781	—	南京图科自动化设备有限公司	5	市科技创新券（第二批）
74	2016CX020787	—	南京霖梵自动化科技有限公司	5	市科技创新券（第二批）
75	2016CX020789	—	南京因泰莱软件技术有限公司	5	市科技创新券（第二批）
76	2016CX020797	—	南京软赫波誉电子科技有限公司	5	市科技创新券（第二批）
77	2016CX020798	—	南京韵奇盈信息技术有限公司	5	市科技创新券（第二批）
78	2016CX020799	—	南京俊禄科技有限公司	5	市科技创新券（第二批）
79	2016CX020813	—	南京大爻网络科技有限公司	5	市科技创新券（第二批）
80	2016CX021219	—	江苏谷峰电力科技股份有限公司	5	市科技创新券（第二批）
81	2016CX021224	—	南京北洋电力咨询有限公司	5	市科技创新券（第二批）
82	2016CX021228	—	江苏美特林科特殊合金股份有限公司	5	市科技创新券（第二批）
83	2016CX021231	—	南京英尼格玛工业自动化技术有限公司	5	市科技创新券（第二批）
84	2016CX021235	—	南京龙渊众创空间股份有限公司	5	市科技创新券（第二批）
85	2016CX021237	—	南京晨光汉森柔性管有限公司	5	市科技创新券（第二批）
86	2016CX021238	—	南京海威机械有限公司	5	市科技创新券（第二批）

续表 31–5

序号	项目编号	项目名称	承担单位	资助经费（万元）	项目类别
87	2016CX021240	—	南京国电南自城乡电网自动化工程有限公司	5	市科技创新券（第二批）
88	2016CX021246	—	南京高传机电自动控制设备有限公司	5	市科技创新券（第二批）
89	2016CX021249	—	南京天邦生物科技有限公司	5	市科技创新券（第二批）
90	2016CX021253	—	南京环保产业创新中心有限公司	5	市科技创新券（第二批）
91	2016CX021259	—	南京坤农信息技术有限公司	5	市科技创新券（第二批）
92	2016CX021260	—	南京骞翮物联网科技有限公司	5	市科技创新券（第二批）
93	2016CX021261	—	南京云天致信信息科技有限公司	5	市科技创新券（第二批）
94	2016CX021273	—	南京美天信安网络科技有限公司	5	市科技创新券（第二批）
95	2016CX021274	—	南京燚霆物联网科技有限公司	5	市科技创新券（第二批）
96	2016CX021275	—	南京勤茂智能技术有限公司	5	市科技创新券（第二批）
97	2016CX021277	—	联方云天信息科技（南京）有限公司	5	市科技创新券（第二批）
98	2016CX021281	—	南京瑞洁特膜分离科技有限公司	5	市科技创新券（第二批）
99	2016CX021283	—	南京仓颉信息科技有限公司	20	市科技创新券（第二批）
100	2016CX021284	—	江苏矽望电子科技有限公司	20	市科技创新券（第二批）
101	2016CX021308	—	基元电气有限公司	5	市科技创新券（第二批）
102	2016CX021310	—	南京东焱氢能源科技有限公司	5	市科技创新券（第二批）
103	2016CX021317	—	南京丰顿科技股份有限公司	5	市科技创新券（第二批）
104	2016CX021318	—	南京赛罗信息科技有限公司	5	市科技创新券（第二批）

续表 31–6

序号	项目编号	项目名称	承担单位	资助经费（万元）	项目类别
105	201704001	泥水自循环高效除磷脱氮工艺在污水处理厂的应用	中电环保股份有限公司	50	市科技发展计划（第四批）社会发展与农业科技
106	201705003	江苏省大气探测装备工程技术研究中心	南京大桥机器有限公司	20	2017 年度苏南自主创新示范区建设（省级工程技术研究中心绩效考评优秀后补助）（第五批）
107	201705004	江苏省制冷设备工程技术研究中心	南京五洲制冷集团有限公司	20	2017 年度苏南自主创新示范区建设（省级工程技术研究中心绩效考评优秀后补助）（第五批）
108	201705005	江苏省有色金属压力容器及管道工程技术研究中心	南京宝色股份公司	20	2017 年度苏南自主创新示范区建设（省级工程技术研究中心绩效考评优秀后补助）（第五批）
109	201705006	江苏省柴油机排放控制系统关键零部件工程技术研究中心	南京奥联汽车电子电器有限公司	20	2017 年度苏南自主创新示范区建设（省级工程技术研究中心绩效考评优秀后补助）（第五批）
110	201705007	江苏省数控机床精密滚动元件（南京工装）工程技术研究中心	南京工艺装备制造有限公司	20	2017 年度苏南自主创新示范区建设（省级工程技术研究中心绩效考评优秀后补助）（第五批）
111	201705017	江苏省乳品工程技术研究中心	南京卫岗乳业有限公司	20	2017 年度苏南自主创新示范区建设（省级工程技术研究中心绩效考评优秀后补助）（第五批）
112	201705018	江苏省锻压机械数控系统工程技术研究中心	南京埃斯顿自动化股份有限公司	20	2017 年度苏南自主创新示范区建设（省级工程技术研究中心绩效考评优秀后补助）（第五批）
113	201705033	南京市智能配用电工程技术研究中心	南京四方亿能电力自动化有限公司	20	市 2017 年度苏南自主创新示范区建设（新认定市级工程技术研究中心优秀补助）（第五批）
114	201705034	南京市智能家居系统工程技术研究中心	南京物联传感技术有限公司	20	市 2017 年度苏南自主创新示范区建设（新认定市级工程技术研究中心优秀补助）（第五批）
115	201705035	南京市基于燃料系统的动力驱动装置的工程技术研究中心	南京腾亚精工科技有限公司	20	市 2017 年度苏南自主创新示范区建设（新认定市级工程技术研究中心优秀补助）（第五批）
116	201705036	南京市动力储能电池工程技术研究中心	天臣新能源研究南京有限公司	20	市 2017 年度苏南自主创新示范区建设（新认定市级工程技术研究中心优秀补助）（第五批）

续表 31-7

序号	项目编号	项目名称	承担单位	资助经费（万元）	项目类别
117	201705037	南京市新能源汽车充电技术工程技术研究中心	南京能瑞电力科技有限公司	20	市2017年度苏南自主创新示范区建设（新认定市级工程技术研究中心优秀补助）（第五批）
118	201705038	南京市酶及生物反应工程技术研究中心	南京百斯杰生物工程有限公司	20	市2017年度苏南自主创新示范区建设（新认定市级工程技术研究中心优秀补助）（第五批）
119	201705039	南京市新型环保包装材料工程技术研究中心	南京金陵金箔股份有限公司	20	市2017年度苏南自主创新示范区建设（新认定市级工程技术研究中心优秀补助）（第五批）
120	201705040	南京市智能红外光学镜头系统工程技术研究中心	南京波长光电科技股份有限公司	20	市2017年度苏南自主创新示范区建设（新认定市级工程技术研究中心优秀补助）（第五批）
121	201705060	南京市智能低压配电系统工程技术研究中心	南京大全电气有限公司	20	市2017年度苏南自主创新示范区建设（新认定市级工程技术研究中心优秀补助）（第五批）
122	201705061	南京市磁悬浮流体机械工程技术研究中心	南京磁谷科技有限公司	20	市2017年度苏南自主创新示范区建设（新认定市级工程技术研究中心优秀补助）（第五批）
123	201705062	南京市烟气脱硝催化剂工程技术研究中心	大唐南京环保科技有限责任公司	20	市2017年度苏南自主创新示范区建设（新认定市级工程技术研究中心优秀补助）（第五批）
124	201705063	南京市固废处置及综合利用工程技术研究中心	中电环保股份有限公司	20	市2017年度苏南自主创新示范区建设（新认定市级工程技术研究中心优秀补助）（第五批）
125	201705064	南京市稀有金属合金材料工程技术研究中心	江苏美特林科特殊合金股份有限公司	20	市2017年度苏南自主创新示范区建设（新认定市级工程技术研究中心优秀补助）（第五批）
126	201705065	南京市PCB喷印检测工程技术研究中心	南京协辰电子科技有限公司	15	市2017年度苏南自主创新示范区建设（新认定市级工程技术研究中心优秀补助）（第五批）
127	201705070	生命科技小镇生物诊断和转化医学公共技术服务平台	南京江宁（大学）科教创新园有限公司	100	市2017年度苏南自主创新示范区建设（重大公共技术服务平台绩效评估）专项计划项目表（第五批）
128	201705073	科技服务业特色基地－南京江宁东南创业孵化群建设	江宁区科技局	300	市2017年度苏南自主创新示范区建设（科技服务业计划）（第五批）

续表 31-8

序号	项目编号	项目名称	承担单位	资助经费（万元）	项目类别
129	201705080	金斯瑞（南京）基因治疗研发中心	南京传奇生物科技有限公司	50	市 2017 年度苏南自主创新示范区专项（高端研发机构补助）（第五批）
130	201705089	上美塑胶（南京）汽车空调出风口工程研发中心	上美塑胶（南京）有限公司	50	—
131	2016CX020805	—	南京智浩软件科技有限公司	2	市科技创新券（第三批）
132	2016CX020808	—	南京翠京元生物科技有限公司	5	市科技创新券（第三批）
133	2016CX020742	—	南京萌虎智能科技有限公司	5	市科技创新券（第三批）
134	2016CX020774	—	南京博纳威电子科技有限公司	5	市科技创新券（第三批）
135	2016CX020633	—	南京世都科技有限公司	5	市科技创新券（第三批）
136	2016CX020639	—	南京中舜能源科技有限公司	5	市科技创新券（第三批）
137	2016CX020644	—	南京特种气体厂股份有限公司	5	市科技创新券（第三批）
138	2016CX020648	—	南京斯贝尔复合材料有限责任公司	5	市科技创新券（第三批）
139	2016CX020653	—	江苏有爱科技有限责任公司	5	市科技创新券（第三批）
140	2016CX020655	—	南京莱塞康激光技术有限公司	5	市科技创新券（第三批）
141	2016CX020677	—	南京中钞长城金融设备有限公司	5	市科技创新券（第三批）
142	2016CX020678	—	江苏尚宽智能科技发展有限公司	5	市科技创新券（第三批）
143	2016CX020690	—	南京申瑞电力电子有限公司	5	市科技创新券（第三批）
144	2016CX020695	—	南京爱谱希龙医学技术有限公司	5	市科技创新券（第三批）
145	2016CX020702	—	南京东纳生物科技有限公司	5	市科技创新券（第三批）
146	2016CX020706	—	南京帝昌医药科技有限公司	5	市科技创新券（第三批）

续表 31-9

序号	项目编号	项目名称	承担单位	资助经费（万元）	项目类别
147	2016CX020730	—	南京能云电力科技有限公司	5	市科技创新券（第三批）
148	2016CX020732	—	南京苏比尔信息技术有限公司	5	市科技创新券（第三批）
149	2016CX020733	—	南京神克隆科技有限公司	5	市科技创新券（第三批）
150	2016CX020736	—	南京全城轨道交通设备有限公司	5	市科技创新券（第三批）
151	2016CX020743	—	南京智中信息技术有限公司	5	市科技创新券（第三批）
152	2016CX020744	—	南京冉思电子科技有限公司	5	市科技创新券（第三批）
153	2016CX020749	—	南京科桥电气有限公司	5	市科技创新券（第三批）
154	2016CX020750	—	江苏买卖网电子商务有限公司	5	市科技创新券（第三批）
155	2016CX020753	—	南京苏弘科技有限公司	5	市科技创新券（第三批）
156	2016CX020756	—	江苏修渔网络科技有限公司	5	市科技创新券（第三批）
157	2016CX020757	—	南京睿实消防安全设备有限公司	5	市科技创新券（第三批）
158	2016CX020758	—	南京新芯电子科技有限公司	5	市科技创新券（第三批）
159	2016CX020760	—	南京网兜信息科技有限公司	5	市科技创新券（第三批）
160	2016CX020761	—	南京千度软件科技有限公司	5	市科技创新券（第三批）
161	2016CX020765	—	南京物联传感技术有限公司	5	市科技创新券（第三批）
162	2016CX020767	—	南京飞腾电子科技有限公司	5	市科技创新券（第三批）
163	2016CX020768	—	南京多伦软件技术有限公司	5	市科技创新券（第三批）
164	2016CX020775	—	南京德志达电子科技有限公司	5	市科技创新券（第三批）
165	2016CX020790	—	南京势至信息服务有限公司	5	市科技创新券（第三批）
166	2016CX020661	—	南京金腾齿轮系统有限公司	5	市科技创新券（第三批）

续表 31-10

序号	项目编号	项目名称	承担单位	资助经费（万元）	项目类别
167	2016CX020746	—	南京友博网络科技有限公司	5	市科技创新券（第三批）
168	2016CX020796	—	南京知更鸟网络科技有限公司	5	市科技创新券（第三批）
169	2016CX021285	—	南京鹏讯信息技术有限公司	20	市科技创新券（第三批）
170	2016CX021268	—	南京易途网络科技有限公司	5	市科技创新券（第三批）
171	2016CX021222	—	南京美水生物工程有限公司	5	市科技创新券（第三批）
172	2016CX021223	—	南京安润朴新能源科技有限公司	5	市科技创新券（第三批）
173	2016CX021244	—	南京迈欧机械制造有限公司	5	市科技创新券（第三批）
174	2016CX021247	—	南京大树智能科技股份有限公司	3.7	市科技创新券（第三批）
175	2016CX021248	—	南京迈瑞生物医疗电子有限公司	5	市科技创新券（第三批）
176	2016CX021252	—	南京紫鑫汇苯环境科技有限公司	5	市科技创新券（第三批）
177	2016CX021254	—	南京城建环保水务股份有限公司	5	市科技创新券（第三批）
178	2016CX021258	—	江苏智通交通科技有限公司	5	市科技创新券（第三批）
179	2016CX021262	—	南京海曼网络科技有限公司	5	市科技创新券（第三批）
180	2016CX021264	—	南京斯玛唯得智能技术有限公司	5	市科技创新券（第三批）
181	2016CX021267	—	南京宁图信息技术有限责任公司	5	市科技创新券（第三批）
182	2016CX021269	—	南京未来网络产业创新有限公司	5	市科技创新券（第三批）
183	2016CX021272	—	南京极域信息科技有限公司	5	市科技创新券（第三批）
184	2016CX021278	—	南京云恩通讯科技有限公司	5	市科技创新券（第三批）
185	2016CX021280	—	新天林科技实业（南京）有限公司	2.5	市科技创新券（第三批）
186	2016CX021313	—	南京量凯智能科技有限公司	5	市科技创新券（第三批）

续表 31-11

序号	项目编号	项目名称	承担单位	资助经费（万元）	项目类别
187	2016CX021316	—	南京波思途电子科技有限公司	5	市科技创新券（第三批）
188	2016CX021321	—	南京精益安防系统科技有限公司	5	市科技创新券（第三批）
189	2016CX021324	—	南京水思环保科技有限公司	2	市科技创新券（第三批）
190	2017DY043	—	南京帝华光电有限公司	0.075	市科技发展计划（第三批）江苏省大型科学仪器设备共享服务平台 2016 年度中小企业用户补贴
191	2017DY044	—	江苏谷峰电力科技股份有限公司	2.3	市科技发展计划（第三批）江苏省大型科学仪器设备共享服务平台 2016 年度中小企业用户补贴
192	2017DY045	—	江苏南资环保股份有限公司	0.125	市科技发展计划（第三批）江苏省大型科学仪器设备共享服务平台 2016 年度中小企业用户补贴
193	2017DY046	—	南京百斯杰生物工程有限公司	1.0375	市科技发展计划（第三批）江苏省大型科学仪器设备共享服务平台 2016 年度中小企业用户补贴
194	2017DY047	—	南京丰顿科技股份有限公司	0.15	市科技发展计划（第三批）江苏省大型科学仪器设备共享服务平台 2016 年度中小企业用户补贴
195	2017DY048	—	南京海融医药科技股份有限公司	0.2925	市科技发展计划（第三批）江苏省大型科学仪器设备共享服务平台 2016 年度中小企业用户补贴
196	2017DY049	—	南京景曜智能科技有限公司	0.4225	市科技发展计划（第三批）江苏省大型科学仪器设备共享服务平台 2016 年度中小企业用户补贴
197	2017DY050	—	南京微传物联网科技有限公司	0.4	市科技发展计划（第三批）江苏省大型科学仪器设备共享服务平台 2016 年度中小企业用户补贴
198	2017DY051	—	南京远御网络科技有限公司	0.1	市科技发展计划（第三批）江苏省大型科学仪器设备共享服务平台 2016 年度中小企业用户补贴
199	2017DY084	—	南京安润朴新能源科技有限公司	1.7	市科技发展计划（第三批）江苏省大型科学仪器设备共享服务平台 2016 年度中小企业用户补贴
200	2017DY085	—	南京德豪斯医药科技有限公司	0.2286	市科技发展计划（第三批）江苏省大型科学仪器设备共享服务平台 2016 年度中小企业用户补贴

续表 31-12

序号	项目编号	项目名称	承担单位	资助经费（万元）	项目类别
201	—	市2017年度苏南国家自主创新示范区专项（新培育规上高企补助）	南京帝华光电有限公司	10	市科技发展计划（第七批）市2017年度苏南国家自主创新示范区专项（新培育规上高企补助）
202	—	市2017年度苏南国家自主创新示范区专项（新培育规上高企补助）	南京瑞康资讯有限公司	10	市科技发展计划（第七批）市2017年度苏南国家自主创新示范区专项（新培育规上高企补助）
203	—	市2017年度苏南国家自主创新示范区专项（新培育规上高企补助）	南京神舟航天智能科技有限公司	10	市科技发展计划（第七批）市2017年度苏南国家自主创新示范区专项（新培育规上高企补助）
204	—	市2017年度苏南国家自主创新示范区专项（新培育规上高企补助）	南京中广华夏影视科技有限公司	10	市科技发展计划（第七批）市2017年度苏南国家自主创新示范区专项（新培育规上高企补助）
205	—	市2017年度苏南国家自主创新示范区专项（新培育规上高企补助）	江苏苏源光一科技有限公司	10	市科技发展计划（第七批）市2017年度苏南国家自主创新示范区专项（新培育规上高企补助）
206	—	市2017年度苏南国家自主创新示范区专项（新培育规上高企补助）	南京物联传感技术有限公司	10	市科技发展计划（第七批）市2017年度苏南国家自主创新示范区专项（新培育规上高企补助）
207	—	市2017年度苏南国家自主创新示范区专项（新培育规上高企补助）	春龙马丁工业技术南京有限公司	10	市科技发展计划（第七批）市2017年度苏南国家自主创新示范区专项（新培育规上高企补助）
208	—	市2017年度苏南国家自主创新示范区专项（新培育规上高企补助）	富技腾机电科技南京有限公司	10	市科技发展计划（第七批）市2017年度苏南国家自主创新示范区专项（新培育规上高企补助）
209	—	市2017年度苏南国家自主创新示范区专项（新培育规上高企补助）	江苏金三力电力器材实业有限公司	10	市科技发展计划（第七批）市2017年度苏南国家自主创新示范区专项（新培育规上高企补助）
210	—	市2017年度苏南国家自主创新示范区专项（新培育规上高企补助）	南京爱丽斯包装有限公司	10	市科技发展计划（第七批）市2017年度苏南国家自主创新示范区专项（新培育规上高企补助）
211	—	市2017年度苏南国家自主创新示范区专项（新培育规上高企补助）	南京德丰机械有限公司	10	市科技发展计划（第七批）市2017年度苏南国家自主创新示范区专项（新培育规上高企补助）
212	—	市2017年度苏南国家自主创新示范区专项（新培育规上高企补助）	南京高立工程机械有限公司	10	市科技发展计划（第七批）市2017年度苏南国家自主创新示范区专项（新培育规上高企补助）

续表 31-13

序号	项目编号	项目名称	承担单位	资助经费（万元）	项目类别
213	—	市2017年度苏南国家自主创新示范区专项（新培育规上高企补助）	南京浩宁达电气有限公司	10	市科技发展计划（第七批）市2017年度苏南国家自主创新示范区专项（新培育规上高企补助）
214	—	市2017年度苏南国家自主创新示范区专项（新培育规上高企补助）	南京华创包装机械设备有限公司	10	市科技发展计划（第七批）市2017年度苏南国家自主创新示范区专项（新培育规上高企补助）
215	—	市2017年度苏南国家自主创新示范区专项（新培育规上高企补助）	南京金城轨道交通设备有限公司	10	市科技发展计划（第七批）市2017年度苏南国家自主创新示范区专项（新培育规上高企补助）
216	—	市2017年度苏南国家自主创新示范区专项（新培育规上高企补助）	南京开关厂有限公司	10	市科技发展计划（第七批）市2017年度苏南国家自主创新示范区专项（新培育规上高企补助）
217	—	市2017年度苏南国家自主创新示范区专项（新培育规上高企补助）	南京理工科技化工有限责任公司	10	市科技发展计划（第七批）市2017年度苏南国家自主创新示范区专项（新培育规上高企补助）
218	—	市2017年度苏南国家自主创新示范区专项（新培育规上高企补助）	南京南方联成汽车零部件有限公司	10	市科技发展计划（第七批）市2017年度苏南国家自主创新示范区专项（新培育规上高企补助）
219	—	市2017年度苏南国家自主创新示范区专项（新培育规上高企补助）	南京儒一航空机械装备有限公司	10	市科技发展计划（第七批）市2017年度苏南国家自主创新示范区专项（新培育规上高企补助）
220	—	市2017年度苏南国家自主创新示范区专项（新培育规上高企补助）	南京睿实消防安全设备有限公司	10	市科技发展计划（第七批）市2017年度苏南国家自主创新示范区专项（新培育规上高企补助）
221	—	市2017年度苏南国家自主创新示范区专项（新培育规上高企补助）	南京斯坦福机械有限公司	10	市科技发展计划（第七批）市2017年度苏南国家自主创新示范区专项（新培育规上高企补助）
222	—	市2017年度苏南国家自主创新示范区专项（新培育规上高企补助）	南京特种汽车制配厂有限公司	10	市科技发展计划（第七批）市2017年度苏南国家自主创新示范区专项（新培育规上高企补助）
223	—	市2017年度苏南国家自主创新示范区专项（新培育规上高企补助）	特变电工南京智能电气有限公司	10	市科技发展计划（第七批）市2017年度苏南国家自主创新示范区专项（新培育规上高企补助）
224	—	市2017年度苏南国家自主创新示范区专项（新培育规上高企补助）	徐工集团凯宫重工南京有限公司	10	市科技发展计划（第七批）市2017年度苏南国家自主创新示范区专项（新培育规上高企补助）

续表 31-14

序号	项目编号	项目名称	承担单位	资助经费（万元）	项目类别
225	—	市2017年度苏南国家自主创新示范区专项（新培育规上高企补助）	南京北客纺织品有限公司	10	市科技发展计划（第七批）市2017年度苏南国家自主创新示范区专项（新培育规上高企补助）
226	—	市2017年度苏南国家自主创新示范区专项（新培育规上高企补助）	江苏龙冠新型材料科技有限公司	10	市科技发展计划（第七批）市2017年度苏南国家自主创新示范区专项（新培育规上高企补助）
227	—	市2017年度苏南国家自主创新示范区专项（新培育规上高企补助）	罗保盛科技（南京）有限公司	10	市科技发展计划（第七批）市2017年度苏南国家自主创新示范区专项（新培育规上高企补助）
228	—	市2017年度苏南国家自主创新示范区专项（新培育规上高企补助）	南京迪纳科光电材料发展股份有限公司	10	市科技发展计划（第七批）市2017年度苏南国家自主创新示范区专项（新培育规上高企补助）
229	—	市2017年度苏南国家自主创新示范区专项（新培育规上高企补助）	南京兰埔成新材料有限公司	10	市科技发展计划（第七批）市2017年度苏南国家自主创新示范区专项（新培育规上高企补助）
230	—	市2017年度苏南国家自主创新示范区专项（新培育规上高企补助）	南京赛达机械制造有限公司	10	市科技发展计划（第七批）市2017年度苏南国家自主创新示范区专项（新培育规上高企补助）
231	—	市2017年度苏南国家自主创新示范区专项（新培育规上高企补助）	南京英斯瑞德高分子材料股份有限公司	10	市科技发展计划（第七批）市2017年度苏南国家自主创新示范区专项（新培育规上高企补助）
232	—	市2017年度苏南国家自主创新示范区专项（新培育规上高企补助）	南京龙超金属制造科技有限公司	10	市科技发展计划（第七批）市2017年度苏南国家自主创新示范区专项（新培育规上高企补助）
233	—	市2017年度苏南国家自主创新示范区专项（新培育规上高企补助）	江苏一夫科技股份有限公司	10	市科技发展计划（第七批）市2017年度苏南国家自主创新示范区专项（新培育规上高企补助）
234	—	市2017年度苏南国家自主创新示范区专项（新培育规上高企补助）	南京曼奈柯斯电器有限公司	10	市科技发展计划（第七批）市2017年度苏南国家自主创新示范区专项（新培育规上高企补助）
235	—	市2017年度苏南国家自主创新示范区专项（新培育规上高企补助）	北方信息控制集团有限公司	10	市科技发展计划（第七批）市2017年度苏南国家自主创新示范区专项（新培育规上高企补助）
236	—	市2017年度苏南国家自主创新示范区专项（新培育规上高企补助）	江苏正桥影像科技股份有限公司	10	市科技发展计划（第七批）市2017年度苏南国家自主创新示范区专项（新培育规上高企补助）

续表 31-15

序号	项目编号	项目名称	承担单位	资助经费（万元）	项目类别
237	—	市 2017 年度苏南国家自主创新示范区专项（新培育规上高企补助）	南京仓顿信息科技有限公司	10	市科技发展计划（第七批）市 2017 年度苏南国家自主创新示范区专项（新培育规上高企补助）
238	—	市 2017 年度苏南国家自主创新示范区专项（新培育规上高企补助）	南京恒拓精测科技有限公司	10	市科技发展计划（第七批）市 2017 年度苏南国家自主创新示范区专项（新培育规上高企补助）
239	—	市 2017 年度苏南国家自主创新示范区专项（新培育规上高企补助）	南京南瑞信息通信科技有限公司	10	市科技发展计划（第七批）市 2017 年度苏南国家自主创新示范区专项（新培育规上高企补助）
240	—	市 2017 年度苏南国家自主创新示范区专项（新培育规上高企补助）	南京未来网络产业创新有限公司	10	市科技发展计划（第七批）市 2017 年度苏南国家自主创新示范区专项（新培育规上高企补助）
241	—	市 2017 年度苏南国家自主创新示范区专项（新培育规上高企补助）	南京点触智能科技有限公司	10	市科技发展计划（第七批）市 2017 年度苏南国家自主创新示范区专项（新培育规上高企补助）
242	—	市 2017 年度苏南国家自主创新示范区专项（新培育规上高企补助）	江苏方建质量鉴定检测有限公司	10	市科技发展计划（第七批）市 2017 年度苏南国家自主创新示范区专项（新培育规上高企补助）
243	—	市 2017 年度苏南国家自主创新示范区专项（新培育规上高企补助）	江苏华章物流科技股份有限公司	10	市科技发展计划（第七批）市 2017 年度苏南国家自主创新示范区专项（新培育规上高企补助）
244	—	市 2017 年度苏南国家自主创新示范区专项（新培育规上高企补助）	南京朗劲风能设备制造有限公司	10	市科技发展计划（第七批）市 2017 年度苏南国家自主创新示范区专项（新培育规上高企补助）
245	—	市 2017 年度苏南国家自主创新示范区专项（新培育规上高企补助）	南京乐鹰商用厨房设备有限公司	10	市科技发展计划（第七批）市 2017 年度苏南国家自主创新示范区专项（新培育规上高企补助）
246	—	市 2017 年度苏南国家自主创新示范区专项（新培育规上高企补助）	南京天梯自动化设备股份有限公司	10	市科技发展计划（第七批）市 2017 年度苏南国家自主创新示范区专项（新培育规上高企补助）
247	—	市 2017 年度苏南国家自主创新示范区专项（新培育规上高企补助）	南京同尔电子科技有限公司	10	市科技发展计划（第七批）市 2017 年度苏南国家自主创新示范区专项（新培育规上高企补助）
248	—	市 2017 年度苏南国家自主创新示范区专项（新培育规上高企补助）	南京协辰电子科技有限公司	10	市科技发展计划（第七批）市 2017 年度苏南国家自主创新示范区专项（新培育规上高企补助）

续表 31-16

序号	项目编号	项目名称	承担单位	资助经费（万元）	项目类别
249	—	市2017年度苏南国家自主创新示范区专项（新培育规上高企补助）	南京新联能源技术有限责任公司	10	市科技发展计划（第七批）市2017年度苏南国家自主创新示范区专项（新培育规上高企补助）
250	—	市2017年度苏南国家自主创新示范区专项（新培育规上高企补助）	上美塑胶（南京）有限公司	10	市科技发展计划（第七批）市2017年度苏南国家自主创新示范区专项（新培育规上高企补助）
251	—	市2017年度苏南国家自主创新示范区专项（新培育规上高企补助）	中船重工鹏力（南京）超低温技术有限公司	10	市科技发展计划（第七批）市2017年度苏南国家自主创新示范区专项（新培育规上高企补助）
252	—	市2017年度苏南国家自主创新示范区专项（新培育规上高企补助）	南京埃斯顿机器人工程有限公司	10	市科技发展计划（第七批）市2017年度苏南国家自主创新示范区专项（新培育规上高企补助）
253	—	市2017年度苏南国家自主创新示范区专项（新培育规上高企补助）	江苏蓝天光伏科技有限公司	10	市科技发展计划（第七批）市2017年度苏南国家自主创新示范区专项（新培育规上高企补助）
254	—	市2017年度苏南国家自主创新示范区专项（新培育规上高企补助）	江苏中顺节能科技有限公司	10	市科技发展计划（第七批）市2017年度苏南国家自主创新示范区专项（新培育规上高企补助）
255	—	市2017年度苏南国家自主创新示范区专项（新培育规上高企补助）	南京大全新能源有限公司	10	市科技发展计划（第七批）市2017年度苏南国家自主创新示范区专项（新培育规上高企补助）
256	—	市2017年度苏南国家自主创新示范区专项（新培育规上高企补助）	南京祥源动力供应有限公司	10	市科技发展计划（第七批）市2017年度苏南国家自主创新示范区专项（新培育规上高企补助）
257	—	市2017年度苏南国家自主创新示范区专项（新培育规上高企补助）	南京北洋电力咨询有限公司	10	市科技发展计划（第七批）市2017年度苏南国家自主创新示范区专项（新培育规上高企补助）
258	—	市2017年度苏南国家自主创新示范区专项（新培育规上高企补助）	南京赛宝工业技术研究院	10	市科技发展计划（第七批）市2017年度苏南国家自主创新示范区专项（新培育规上高企补助）
259	—	未来网络众创空间	南京未来网络产业创新有限公司	25	市科技发展计划（第八批）市2017年度市以上备案众创空间（专业化类）绩效评价奖励
260	—	中科通达众创空间	中科院－南京宽带无线移动通信研发中心	25	市科技发展计划（第八批）市2017年度市以上备案众创空间（专业化类）绩效评价奖励

续表 31-17

序号	项目编号	项目名称	承担单位	资助经费（万元）	项目类别
261	—	材智汇	江苏博特新材科技有限公司	25	市科技发展计划（第八批）市2017年度市以上备案众创空间（专业化类）绩效评价奖励
262	—	南航创客空间	南京紫金立苹创业投资有限公司	20	市科技发展计划（第八批）市2017年度市以上备案众创空间（综合类）绩效评价奖励
263	—	良匠工坊	南京良匠企业管理有限公司	20	市科技发展计划（第八批）市2017年度市以上备案众创空间（综合类）绩效评价奖励
264	—	牛立方	南京网新科技文化产业有限公司	20	市科技发展计划（第八批）市2017年度市以上备案众创空间（综合类）绩效评价奖励
265	—	天印梦工场	南京工程学院技术服务有限责任公司	20	市科技发展计划（第八批）市2017年度市以上备案众创空间（综合类）绩效评价奖励
266	—	F空间	南京网新沣德科技文化产业有限公司	20	市科技发展计划（第八批）市2017年度市以上备案众创空间（综合类）绩效评价奖励
267	—	麒麟海归创新创业基地	南京津通科技发展有限公司	20	市科技发展计划（第八批）市2017年度市以上备案众创空间（综合类）绩效评价奖励
268	—	南京321创智咖啡	南京三二一创智咖啡有限公司	20	市科技发展计划（第八批）市2017年度市以上备案众创空间（综合类）绩效评价奖励
269	—	南京创客邦	南京博通投资管理有限公司	10	市科技发展计划（第八批）市2017年度市以上备案众创空间（综合类）绩效评价奖励
270	—	U谷创客	南京科瑞创业服务有限公司	10	市科技发展计划（第八批）市2017年度市以上备案众创空间（综合类）绩效评价奖励
271	—	森焱创客空间	南京森焱投资管理有限公司	10	市科技发展计划（第八批）市2017年度市以上备案众创空间（综合类）绩效评价奖励
272	—	蓝鲸创业空间	同方科技园有限公司南京分公司	10	市科技发展计划（第八批）市2017年度市以上备案众创空间（综合类）绩效评价奖励

续表 31–18

序号	项目编号	项目名称	承担单位	资助经费（万元）	项目类别
273	—	海科众创空间	江苏海事学院大学科技园有限公司	10	市科技发展计划（第八批）市 2017 年度市以上备案众创空间（综合类）绩效评价奖励
274	—	萌芽众创空间	南京领略信息科技服务有限公司	10	市科技发展计划（第八批）市 2017 年度市以上备案众创空间（综合类）绩效评价奖励
275	—	C 创空间	南京创孵企业管理有限公司	10	市科技发展计划（第八批）市 2017 年度市以上备案众创空间（综合类）绩效评价奖励
276	—	金科创客汇	南京金科院大学科技园管理有限公司	10	市科技发展计划（第八批）市 2017 年度市以上备案众创空间（综合类）绩效评价奖励
277	—	启迪之星南京众创空间	南京启迪科技园资产管理有限公司	10	市科技发展计划（第八批）市 2017 年度市以上备案众创空间（综合类）绩效评价奖励
278	—	麒麟 EV 创业谷	南京理工自动化研究院有限公司	10	市科技发展计划（第八批）市 2017 年度市以上备案众创空间（综合类）绩效评价奖励
279	—	九龙 5G 创业谷	南京东大江宁科技园管理有限公司	10	市科技发展计划（第八批）市 2017 年度市以上备案众创空间（综合类）绩效评价奖励
280	—	NLSP 创新驿站	南京江宁（大学）科教创新园有限公司	10	市科技发展计划（第八批）市 2017 年度市以上备案众创空间（综合类）绩效评价奖励
281	—	悠创汇	南京未来科技城科技创业服务中心	10	市科技发展计划（第八批）市 2017 年度市以上备案众创空间（综合类）绩效评价奖励
282	—	51 空间	南京无忧行企业管理咨询有限公司	10	市科技发展计划（第八批）市 2017 年度市以上备案众创空间（综合类）绩效评价奖励
283	—	米立方悠谷创客汇	南京加俭新材科技有限公司	10	市科技发展计划（第八批）市 2017 年度市以上备案众创空间（综合类）绩效评价奖励
284	—	180 众创空间	江苏经贸职业技术学院资产管理有限公司	10	市科技发展计划（第八批）市 2017 年度市以上备案众创空间（综合类）绩效评价奖励

续表 31-19

序号	项目编号	项目名称	承担单位	资助经费（万元）	项目类别
285	—	FIT 国际众创空间	南京动平衡投资管理有限公司	10	市科技发展计划（第八批）市 2017 年度市以上备案众创空间（综合类）绩效评价奖励
286	—	龙渊众创空间	南京龙渊众创空间股份有限公司	10	市科技发展计划（第八批）市 2017 年度市以上备案众创空间（综合类）绩效评价奖励
287	—	博济 J6·创客邦	江苏博济堂科技创业服务有限公司	10	市科技发展计划（第八批）市 2017 年度市以上备案众创空间（综合类）绩效评价奖励
288	—	良匠工坊	南京良匠企业管理有限公司	15	市科技发展计划（第八批）市 2017 年度市级众创空间升级奖励
289	—	森焱创客空间	南京森焱投资管理有限公司	15	市科技发展计划（第八批）市 2017 年度市级众创空间升级奖励
290	—	海科众创空间	江苏海事学院大学科技园有限公司	15	市科技发展计划（第八批）市 2017 年度市级众创空间升级奖励
291	—	中科通达众创空间	中科院－南京宽带无线移动通信研发中心	15	市科技发展计划（第八批）市 2017 年度市级众创空间升级奖励
292	—	南京江宁经济技术开发区无线谷科技园创业服务中心	南京江宁经济技术开发区无线谷科技园创业服务中心	50	市科技发展计划（第八批）市 2017 年度科技企业孵化器升级奖励
293	—	南京江宁高新园科技创业服务中心	南京江宁高新园科技创业服务管理有限公司	50	市科技发展计划（第八批）市 2017 年度科技企业孵化器升级奖励
294	—	南京未来科技城悠谷科技企业孵化器	南京未来科技城	50	市科技发展计划（第八批）市 2017 年度科技企业孵化器升级奖励
295	—	南京未来科技城悠谷科技企业孵化器	南京未来科技城	30	市科技发展计划（第八批）市 2017 年度科技企业孵化器升级奖励
296	—	江苏软件园吉山软件小镇科技创业服务中心	江苏软件园吉山软件小镇	30	市科技发展计划（第八批）市 2017 年度科技企业孵化器升级奖励

续表 31–20

序号	项目编号	项目名称	承担单位	资助经费（万元）	项目类别
297	—	江苏启迪科技企业孵化器	江苏启迪科技园发展有限公司	30	市科技发展计划（第八批）市 2017 年度科技企业孵化器升级奖励
298	—	南京市麒麟高新技术创业服务中心	南京市科技创新投资有限责任公司	30	市科技发展计划（第八批）市 2017 年度科技企业孵化器升级奖励
299	—	南京市江宁经济技术开发区无线谷科技园创业服务中心	南京无线谷科技园发展有限公司	40	市科技发展计划（第八批）市 2017 年度科技企业孵化器绩效评价奖励
300	—	江宁高新园科技创业服务中心	南京江宁高新园科技创业服务管理有限公司	40	市科技发展计划（第八批）市 2017 年度科技企业孵化器绩效评价奖励
301	—	南京生态智造创业园	南京科瑞创业服务有限公司	40	市科技发展计划（第八批）市 2017 年度科技企业孵化器绩效评价奖励
302	—	江苏软件园吉山软件小镇科技创业服务中心	江苏软件园吉山软件小镇	40	市科技发展计划（第八批）市 2017 年度科技企业孵化器绩效评价奖励
303	—	南京江宁高新技术创业服务中心	南京江宁高新技术创业服务中心	40	市科技发展计划（第八批）市 2017 年度科技企业孵化器绩效评价奖励
304	—	南京江宁智能电网专业孵化器	南京宁东智能电网科创有限公司	40	市科技发展计划（第八批）市 2017 年度科技企业孵化器绩效评价奖励
305	—	江宁开发区科技创业服务中心	江宁开发区科技创业服务中心	40	市科技发展计划（第八批）市 2017 年度科技企业孵化器绩效评价奖励
306	—	南京未来科技城悠谷科技企业孵化器	南京未来科技城	40	市科技发展计划（第八批）市 2017 年度科技企业孵化器绩效评价奖励
307	—	南京生命科技创新园生物医药孵化器	南京江宁（大学）科教创新园有限公司	40	市科技发展计划（第八批）市 2017 年度科技企业孵化器绩效评价奖励
308	—	南京 J6 软件创意园	江苏博济堂科技创业服务有限公司	40	市科技发展计划（第八批）市 2017 年度科技企业孵化器绩效评价奖励

续表 31-21

序号	项目编号	项目名称	承担单位	资助经费（万元）	项目类别
309	—	南京紫金研发创业中心创新广场	南京紫金资产管理有限公司	40	市科技发展计划（第八批）市 2017 年度科技企业孵化器绩效评价奖励
310	—	南京沣创会科技企业孵化中心	南京网新科技文化产业有限公司	40	市科技发展计划（第八批）市 2017 年度科技企业孵化器绩效评价奖励
311	—	禄口创智科技企业孵化器	南京市江宁区禄口经济技术开发公司	20	市科技发展计划（第八批）市 2017 年度科技企业孵化器绩效评价奖励
312	—	南京秣陵科技创业园	南京秣陵科技投资有限公司	20	市科技发展计划（第八批）市 2017 年度科技企业孵化器绩效评价奖励
313	—	南京秣陵科技创业园	南京秣陵科技投资有限公司	10	市科技发展计划（第八批）市 2017 年度孵化器培育高新技术企业奖励
314	—	南京 J6 软件创意园	江苏博济堂科技创业服务有限公司	10	市科技发展计划（第八批）市 2017 年度孵化器培育高新技术企业奖励
315	—	江苏软件园吉山软件小镇科技创业服务中心	江苏软件园吉山软件小镇	15	市科技发展计划（第八批）市 2017 年度孵化器培育高新技术企业奖励
316	—	江苏国创环保科技孵化器	江苏国创环保科技孵化器有限公司	5	市科技发展计划（第八批）市 2017 年度孵化器培育高新技术企业奖励
317	—	江宁开发区科技创业服务中心	江宁开发区科技创业服务中心	5	市科技发展计划（第八批）市 2017 年度孵化器培育高新技术企业奖励
318	—	南京生态智造创业园	南京科瑞创业服务有限公司	10	市科技发展计划（第八批）市 2017 年度孵化器培育高新技术企业奖励
319	—	南京江宁经济技术开发区无线谷科技园创业服务中心	南京无线谷科技园发展有限公司	30	市科技发展计划（第八批）市 2017 年度孵化器培育高新技术企业奖励
320	—	南京江宁智能电网专业孵化器	南京宁东智能电网科创有限公司	10	市科技发展计划（第八批）市 2017 年度孵化器培育高新技术企业奖励

续表 31-21

序号	项目编号	项目名称	承担单位	资助经费（万元）	项目类别
321	—	南京生命科技创新园生物医药专业孵化器	南京江宁（大学）科教创新园有限公司	20	市科技发展计划（第八批）市2017年度孵化器培育高新技术企业奖励
322	—	2017年度苏南国家自主创新示范区专项资金（高新区奖补资金）	南京江宁高新技术工业园管理委员会	300	市科技发展计划（第九批）市2017年度苏南国家自主创新示范区专项资金（高新区奖补资金）
323	—	2017年度苏南国家自主创新示范区专项资金（高新区奖补资金）	南京市麒麟高新技术产业开发区管理委员会	200	市科技发展计划（第九批）市2017年度苏南国家自主创新示范区专项资金（高新区奖补资金）
324	201701003	知识产权服务业集聚区建设补助	江宁区科技局	20	市科技发展计划知识产权专项（第十批）
325	—	专利大户补助	江宁区科技局	166	市科技发展计划知识产权专项（第十批）
326	—	KINGMO街区正版正货承诺创建	南京东方实华置业有限公司	10	市科技发展计划知识产权专项（第十一批）市2017年度正版正货工作奖励
327	—	—	南京金陵金箔股份有限公司	4	市科技发展计划知识产权专项（第十一批）市2017年度知识产权贯标合格企业奖励
328	—	—	南京埃斯顿自动化股份有限公司	4	市科技发展计划知识产权专项（第十一批）市2017年度知识产权贯标合格企业奖励
329	—	—	南京华脉科技股份有限公司	4	市科技发展计划知识产权专项（第十一批）市2017年度知识产权贯标合格企业奖励
330	—	—	南京中江新材料科技有限公司	4	市科技发展计划知识产权专项（第十一批）市2017年度知识产权贯标合格企业奖励
331	—	—	南京因泰莱电器股份有限公司	4	市科技发展计划知识产权专项（第十一批）市2017年度知识产权贯标合格企业奖励
332	—	—	南京金埔园林股份有限公司	4	市科技发展计划知识产权专项（第十一批）市2017年度知识产权贯标合格企业奖励

续表 31-22

序号	项目编号	项目名称	承担单位	资助经费（万元）	项目类别
333	—	—	三泰电力技术（南京）股份有限公司	4	市科技发展计划知识产权专项（第十一批）市2017年度知识产权贯标合格企业奖励
334	—	—	南京翠京元生物科技有限公司	4	市科技发展计划知识产权专项（第十一批）市2017年度知识产权贯标合格企业奖励
335	—	—	南京福碧源环境技术有限公司	4	市科技发展计划知识产权专项（第十一批）市2017年度知识产权贯标合格企业奖励
336	—	—	南京宇行环保科技有限公司	4	市科技发展计划知识产权专项（第十一批）市2017年度知识产权贯标合格企业奖励
337	—	—	南京国电南自电网自动化有限公司	4	市科技发展计划知识产权专项（第十一批）市2017年度知识产权贯标合格企业奖励
338	201701202	轻量化高性能热成型马氏体汽车安全组件的研发及产业化	南京星乔威泰克汽车零部件有限公司	120	市2017年度科技发展计划（科技成果转化专项）（第十二批）
339	201701207	集成型波分/功分器件研发与产业化	南京华脉科技股份有限公司	100	市2017年度科技发展计划（科技成果转化专项）（第十二批）
340	201701210	应用于数据中心自然冷源冷水机组研发及产业化	南京佳力图机房环境技术股份有限公司	100	市2017年度科技发展计划（科技成果转化专项）（第十二批）
341	201701220	基于DSP＋FPGA控制构架的地铁牵引变流系统研发与产业化	南京轨道交通系统工程有限公司	80	市2017年度科技发展计划（科技成果转化专项）（第十二批）
342	—	苏南国家自主创新示范区专项资金（第二批高新区奖补资金）	江宁经济技术开发区管委会（其中江苏省通信与网络产业技术创新中心500万）	600	市科技发展计划（第十四批）市2017年度苏南国家自主创新示范区专项资金（第二批高新区奖补资金）
343	—	苏南国家自主创新示范区专项资金（第二批高新区奖补资金）	南京未来科技城	300	市科技发展计划（第十四批）市2017年度苏南国家自主创新示范区专项资金（第二批高新区奖补资金）
344	—	市2017年度科技创新创业大赛优秀组织单位奖励	江宁区科技局	2	市2017年度科技发展计划（科技创新创业大赛）（第十三批）

续表 31–23

序号	项目编号	项目名称	承担单位	资助经费（万元）	项目类别
345	—	市 2017 年度科技创新创业大赛获奖企业奖励	前沿生物药业（南京）股份有限公司（一等奖）	10	市 2017 年度科技发展计划（科技创新创业大赛）（第十三批）
346	—		南京先卓生物工程有限公司(三等奖)	2	市 2017 年度科技发展计划（科技创新创业大赛）（第十三批）
347	—		南京生构垠创信息科技有限公司（三等奖）	2	市 2017 年度科技发展计划（科技创新创业大赛）（第十三批）
348	—		南京瑞洁特膜分离科技有限公司（三等奖）	2	市 2017 年度科技发展计划（科技创新创业大赛）（第十三批）
349	—		蓝舰信息科技南京有限公司(三等奖)	2	市 2017 年度科技发展计划（科技创新创业大赛）（第十三批）
350	—		南京绿索电子科技有限公司(三等奖)	2	市 2017 年度科技发展计划（科技创新创业大赛）（第十三批）
351	—		南京光瑞科信电子科技有限公司（优秀奖）	1	市 2017 年度科技发展计划（科技创新创业大赛）（第十三批）
352	—		南京智鹤电子科技有限公司(优秀奖)	1	市 2017 年度科技发展计划（科技创新创业大赛）（第十三批）
353	2016CX020632	—	南京博士朗电子技术有限公司	5	市科技创新券（第四批）
354	2016CX020671	—	南京永研电子有限责任公司	5	市科技创新券（第四批）
355	2016CX020725	—	南京福尔摩斯智能科技有限公司	5	市科技创新券（第四批）
356	2016CX020770	—	南京无忧聚乐部信息科技有限公司	5	市科技创新券（第四批）
357	2016CX020782	—	江苏依迪科技发展有限公司	5	市科技创新券（第四批）
358	2016CX020303	—	南京帝华光电有限公司	5	市科技创新券（第四批）

续表 31-24

序号	项目编号	项目名称	承担单位	资助经费（万元）	项目类别
359	2016CX020809	—	南京大生蔬菜产业有限公司	5	市科技创新券（第四批）
360	2016CX020622	—	南京能瑞电力科技有限公司	5	市科技创新券（第四批）
361	2016CX020630	—	江苏国宁电缆有限公司	5	市科技创新券（第四批）
362	2016CX020631	—	江苏中科智储科技有限公司	5	市科技创新券（第四批）
363	2016CX020645	—	南京迪纳科材料发展股份有限公司	5	市科技创新券（第四批）
364	2016CX020651	—	南京马斯德克金属制品有限公司	5	市科技创新券（第四批）
365	2016CX020654	—	南京锦琪昶新材料有限公司	5	市科技创新券（第四批）
366	2016CX020688	—	南京微米易数控科技股份有限公司	5	市科技创新券（第四批）
367	2016CX020699	—	南京普爱医疗设备股份有限公司	5	市科技创新券（第四批）
368	2016CX020715	—	南京麦澜德医疗科技有限公司	5	市科技创新券（第四批）
369	2016CX020722	—	南京厚百电子商务有限公司	5	市科技创新券（第四批）
370	2016CX020724	—	江苏力行电力电子科技有限公司	5	市科技创新券（第四批）
371	2016CX020737	—	南京联创数据科技有限公司	5	市科技创新券（第四批）
372	2016CX020739	—	南京物盟信息技术有限公司	5	市科技创新券（第四批）
373	2016CX020740	—	南京澳博阳射频技术有限公司	5	市科技创新券（第四批）
374	2016CX020745	—	南京聚擎测控技术有限公司	5	市科技创新券（第四批）
375	2016CX020751	—	南京大翼航空科技有限公司	5	市科技创新券（第四批）
376	2016CX020759	—	南京同尔电子科技有限公司	5	市科技创新券（第四批）
377	2016CX020762	—	南京硕基信息科技有限公司	5	市科技创新券（第四批）
378	2016CX020772	—	南京福鸽软件技术有限公司	5	市科技创新券（第四批）

续表 31-25

序号	项目编号	项目名称	承担单位	资助经费（万元）	项目类别
379	2016CX020791	—	南京大为智能科技有限公司	5	市科技创新券（第四批）
380	2016CX020793	—	南京钛志信息系统有限公司	5	市科技创新券（第四批）
381	2016CX020800	—	南京微战略信息科技有限公司	5	市科技创新券（第四批）
382	2016CX020811	—	江苏惠万家农业科技实业有限公司	5	市科技创新券（第四批）
383	2016CX020815	—	南京威布信息科技中心（有限合伙）	5	市科技创新券（第四批）
384	2016CX020816	—	南京申云知识产权服务有限公司	5	市科技创新券（第四批）
385	2016CX021236	—	南京简睿捷软件开发有限公司	5	市科技创新券（第四批）
386	2016CX021241	—	南京东部精密机械有限公司	5	市科技创新券（第四批）
387	2016CX021271	—	南京爱动信息技术有限公司	5	市科技创新券（第四批）
388	2016CX021276	—	南京安银斯智能科技有限公司	5	市科技创新券（第四批）
389	2016CX021220	—	江苏南大生态环境建设有限公司	5	市科技创新券（第四批）
390	2016CX021227	—	南京亚博联新材料科技股份有限公司	5	市科技创新券（第四批）
391	2016CX021243	—	南京诺派激光技术有限公司	5	市科技创新券（第四批）
392	2016CX021245	—	江苏若博机器人科技有限公司	5	市科技创新券（第四批）
393	2016CX021250	—	南京磁升超导技术有限公司	5	市科技创新券（第四批）
394	2016CX021266	—	江苏金智教育信息股份有限公司	5	市科技创新券（第四批）
395	2016CX021311	—	南京景曜智能科技有限公司	5	市科技创新券（第四批）
396	2016CX021319	—	南京漫云在线信息科技有限公司	5	市科技创新券（第四批）
397	2016CX021323	—	南京浩伟智能科技有限公司	5	市科技创新券（第四批）
398	201715071	芹菜素增敏替莫唑胺抑制胶质瘤干细胞侵袭和迁移及机制研究	南京市江宁医院	5	市2017年科技发展计划（第十五批医疗卫生科技）

续表 31–26

序号	项目编号	项目名称	承担单位	资助经费（万元）	项目类别
399	201715072	中风1号方对大鼠急性脑出血继发性脑损伤的保护机制研究	南京市江宁区中医院	10	市2017年科技发展计划（第十五批医疗卫生科技）
400	201715083	哮喘伴鼻炎儿童阻性呼吸睡眠暂停综合征的临床研究	南京同仁医院	5	市2017年科技发展计划（第十五批医疗卫生科技）
401	201716020	硬质化重污染河道水质改善综合控制关键技术研究与示范	南京环保产业创新中心有限公司	20	市2017年科技发展计划（第十六批医疗卫生科技）
402	201716021	建筑固废就地综合利用关键技术及其在南京南部新城建设中的示范应用	江苏苏博特新材料股份有限公司	20	市2017年科技发展计划（第十六批医疗卫生科技）
403	201716022	基于互联网的盆底疾病分级诊疗系统建立及示范应用	南京麦澜德医疗科技有限公司	20	市2017年科技发展计划（第十六批医疗卫生科技）
404	201716025	基于物联网的南京河道水质中痕量有机物的检测方法研究、预警及其应用	江苏国创环保科技有限公司	20	市2017年科技发展计划（第十六批医疗卫生科技）
405	201716026	面向屠宰废水深度处理和资源化利用的节能型膜生物反应器关键技术的开发与应用	南京瑞洁特膜分离科技有限公司	20	市2017年科技发展计划（第十六批医疗卫生科技）
406	201716040	优质小白菜新品种选育	江苏大生种业研究院有限公司	20	市2017年科技发展计划（第十六批医疗卫生科技）
407	201716041	农用大功率拖拉机液压机械无级变速箱的开发	南京创力传动机械有限公司	20	市2017年科技发展计划（第十六批医疗卫生科技）
408	201716042	畜禽粪便快速腐熟与复合微生物肥料生产技术研究及示范推广	南京宁粮生物工程有限公司	50	市2017年科技发展计划（第十六批医疗卫生科技）
409	201716043	江宁湖熟现代农业园区园艺科研推广与应用	南京湖熟农业综合开发有限公司	20	市2017年科技发展计划（第十六批医疗卫生科技）
410	201716044	农村科技服务超市建设	江苏惠万家农业科技实业有限公司	20	市2017年科技发展计划（第十六批医疗卫生科技）
411	201716045	江宁主要农作物产业分店建设及“南粳系列”水稻清洁高效技术推广	南京诚达米业有限公司	20	市2017年科技发展计划（第十六批医疗卫生科技）
412	201716046	江苏省农村科技超市江宁设施蔬菜产业分店提档升级项目	南京绿桥农副产品有限公司	20	市2017年科技发展计划（第十六批医疗卫生科技）

续表 31-27

序号	项目编号	项目名称	承担单位	资助经费（万元）	项目类别
413	201716068	“固城湖”螃蟹智能化生态养殖系统及应用	南京燚霆物联网科技有限公司	20	市2017年科技发展计划（第十六批医疗卫生科技）
414	201716069	畜禽工业化生态养殖（智能养猪）软硬件系统	南京骞翮物联网科技有限公司、南京农业大学淮安研究院	20	市2017年科技发展计划（第十六批医疗卫生科技）
415	201717008	市2017年度科技服务骨干机构能力提升	江苏龙腾工程设计股份有限公司	30	市2017年科技发展计划（第十七批医疗卫生科技）
416	201717010		延锋伟世通电子科技（南京）有限公司	30	市2018年科技发展计划（第十七批医疗卫生科技）
417	201717011		南京中电环保科技有限公司	30	市2019年科技发展计划（第十七批医疗卫生科技）
418	—	市2016年度授权发明专利及高价值专利资助	江宁区科技局	196	市2017年科技发展计划（第十九批知识产权）
419	—	市2017年度优秀专利代理机构补助	南京申云知识产权代理事务所（普通合伙）	20	市2017年科技发展计划（第十九批知识产权）
420	—		南京禾易知识产权代理有限公司	20	市2017年科技发展计划（第十九批知识产权）
421	201720008	中电环保科普基地升级改造建设项目	中电环保股份有限公司	10	市2017年科技发展计划（第二十批科普示范基地）
422	201720009	生命科学科普活动	南京金斯瑞生物科技有限公司	6	市2017年科技发展计划（第二十批科普示范基地）
423	201720010	创客教育与职业教育相融合的特色科普活动创建	南京机电职业技术学院	10	市2017年科技发展计划（第二十批科普示范基地）
424	201720011	卓越青少年创客实验室——让科学流行起来	南京市卓越青少年科技创新能力发展中心	5	市2017年科技发展计划（第二十批科普示范基地）
425	201720012	“目”浴阳光，预防近视——眼健康系列科普活动项目	金陵科技学院	3	市2017年科技发展计划（第二十批科普示范基地）
426	201720013	南京市科普讲解比赛及培训活动筹办	南京市江宁区科学技术局	6	市2017年科技发展计划（第二十批科普示范基地）

续表 31-28

序号	项目编号	项目名称	承担单位	资助经费（万元）	项目类别
427	201720014	科普基地对外开放与科普活动专题	江苏海事职业技术学院	4	市2017年科技发展计划（第二十批科普示范基地）
428	201721005	江苏省未来网络工程技术研究中心	江苏省未来网络创新研究院	30	市2017年科技发展计划（第二十一批苏南自主创新示范区增补省级工程技术研究中心）
429	13C26213201865	建筑仿真云计算系统开发	南京天泶软件有限公司	21	市2017年科技型中小企业创新基金
430	13C26213201990	高纯度（99.94%）结晶铪	南京佑天金属科技有限公司	24	市2017年科技型中小企业创新基金
431	13C26213202002	聚合物基复合材料及制品	南京肯特复合材料有限公司	21	市2017年科技型中小企业创新基金
432	13C26213202036	大流量低温等离子体工业废气处理系统	南京苏曼等离子科技有限公司	21	市2017年科技型中小企业创新基金
433	13C26213202062	高精度智能称重设备及基于物联网的远程维护技术开发	南京三埃工控股份有限公司	36	市2017年科技型中小企业创新基金
434	201718010	VCMS视频内容共享平台关键技术研究及产业化	南京中兴力维软件有限公司	50	市2017年科技发展计划第十八批（2017苏南自创区重点研发计划）
435	201718017	大数据流程建模分析引擎关键技术研发及产业化	江苏曙光信息技术有限公司	50	市2017年科技发展计划第十八批（2017苏南自创区重点研发计划）
436	201718018	智能高效水软化设备关键技术研究及产业化	南京福碧源环境技术有限公司	30	市2017年科技发展计划第十八批（2017苏南自创区重点研发计划）
437	201725009	江苏省垃圾填埋场环境污染防控与生态修复工程技术研究中心	南京万德斯环保科技股份有限公司	30	市2017年科技发展计划第二十五批（2017年度新认定省级工程技术研究中心补助）
438	201725010	江苏省高分子新材料工程技术研究中心	南京贝迪电子有限公司	30	市2017年科技发展计划第二十五批（2017年度新认定省级工程技术研究中心补助）

续表 31–29

序号	项目编号	项目名称	承担单位	资助经费（万元）	项目类别
439	201725014	江苏省我乐家居工程技术研究中心	南京我乐家居股份有限公司	30	市 2017 年科技发展计划第二十五批（2017 年度新认定省级工程技术研究中心补助）
440	201725015	江苏省智能手术室设备工程技术研究中心	南京迈瑞生物医疗电子有限公司	30	市 2017 年科技发展计划第二十五批（2017 年度新认定省级工程技术研究中心补助）
441	201724002	南京理工自动化研究院建设与发展后补助	南京理工自动化研究院有限公司	160	市 2017 年科技发展计划第二十四批（新型研发机构建设与发展补助）
442	201724010	南京有色金属材料与装备研究创新中心建设与发展后补助	南京金创有色金属科技发展有限公司	20	市 2017 年科技发展计划第二十四批（新型研发机构建设与发展补助）
443	2016CX020627	—	南京光谱照明技术有限公司	5	市 2016 年科技创新券（第五批）
444	2016CX020629	—	富技腾机电科技（南京）有限公司	5	市 2016 年科技创新券（第五批）
445	2016CX020637	—	南京玖壹环境科技有限公司	5	市 2016 年科技创新券（第五批）
446	2016CX020656	—	西尼尔（南京）过程控制有限公司	5	市 2016 年科技创新券（第五批）
447	2016CX020659	—	南京紫薇精密机械有限公司	5	市 2016 年科技创新券（第五批）
448	2016CX020669	—	南京和涛塑胶有限公司	5	市 2016 年科技创新券（第五批）
449	2016CX020670	—	南京力奥毛毡科技有限公司	5	市 2016 年科技创新券（第五批）
450	2016CX020672	—	南京三辉机电有限公司	5	市 2016 年科技创新券（第五批）
451	2016CX020673	—	南京明月机电有限公司	5	市 2016 年科技创新券（第五批）
452	2016CX020674	—	江苏苏美达机电产业有限公司	5	市 2016 年科技创新券（第五批）
453	2016CX020680	—	南京上元分析仪器有限公司	5	市 2016 年科技创新券（第五批）
454	2016CX020682	—	南京金格尔齿轮箱有限公司	5	市 2016 年科技创新券（第五批）

续表 31-30

序号	项目编号	项目名称	承担单位	资助经费（万元）	项目类别
455	2016CX020683	—	南京数控机床有限公司	5	市 2016 年科技创新券（第五批）
456	2016CX020692	—	南京埃克斯密封技术有限公司	5	市 2016 年科技创新券（第五批）
457	2016CX020693	—	南京建勋塑胶模具有限公司	5	市 2016 年科技创新券（第五批）
458	2016CX020710	—	江苏晶立信医药科技有限公司	5	市 2016 年科技创新券（第五批）
459	2016CX020714	—	南京中硼联康医疗科技有限公司	5	市 2016 年科技创新券（第五批）
460	2016CX020717	—	南京普瑞特生物科技有限公司	5	市 2016 年科技创新券（第五批）
461	2016CX020718	—	南京豪创药物科技有限责任公司	5	市 2016 年科技创新券（第五批）
462	2016CX020721	—	南京艾德凯腾生物医药有限责任公司	5	市 2016 年科技创新券（第五批）
463	2016CX020727	—	美埃（中国）环境净化有限公司	5	市 2016 年科技创新券（第五批）
464	2016CX020738	—	南京新兴空间电子系统有限公司	5	市 2016 年科技创新券（第五批）
465	2016CX020764	—	南京安驾信息科技有限公司	5	市 2016 年科技创新券（第五批）
466	2016CX020773	—	南京宝华智能科技有限公司	5	市 2016 年科技创新券（第五批）
467	2016CX020776	—	江苏慧视软件科技有限公司	5	市 2016 年科技创新券（第五批）
468	2016CX020777	—	南京蓝缕信息科技有限公司	5	市 2016 年科技创新券（第五批）
469	2016CX020778	—	南京清科信息科技有限公司	5	市 2016 年科技创新券（第五批）
470	2016CX020780	—	南京睿盛智能科技有限公司	5	市 2016 年科技创新券（第五批）
471	2016CX020783	—	南京艾科美热能科技有限公司	5	市 2016 年科技创新券（第五批）
472	2016CX020794	—	南京波长光电科技股份有限公司	5	市 2016 年科技创新券（第五批）

续表 31-31

序号	项目编号	项目名称	承担单位	资助经费（万元）	项目类别
473	2016CX020806	—	南京衡创天伟无人机技术有限公司	5	市 2016 年科技创新券（第五批）
474	2016CX020807	—	南京甘汁园糖业有限公司	5	市 2016 年科技创新券（第五批）
475	2016CX020810	—	南京精谷种子机械有限公司	5	市 2016 年科技创新券（第五批）
476	2016CX020812	—	标优美生态工程股份有限公司	5	市 2016 年科技创新券（第五批）
477	2016CX020755	—	南京微传物联网科技有限公司	5	市 2016 年科技创新券（第五批）
478	2016CX020754	—	南京海之感信息技术有限公司	5	市 2016 年科技创新券（第五批）
479	2016CX020628	—	南京普新机电设备有限公司	5	市 2016 年科技创新券（第五批）
480	2016CX021221	—	南京福碧源环境技术有限公司	5	市 2016 年科技创新券（第五批）
481	2016CX021251	—	南京首帆环保科技有限公司	5	市 2016 年科技创新券（第五批）
482	2016CX021256	—	南京美乐威电子科技有限公司	5	市 2016 年科技创新券（第五批）
483	2016CX021263	—	南京禾浩通信科技有限公司	5	市 2016 年科技创新券（第五批）
484	2016CX021282	—	南京昊控软件技术有限公司	20	市 2016 年科技创新券（第五批）
485	2016CX021279	—	南京超鼎电力科技有限公司	5	市 2016 年科技创新券（第五批）
486	2016CX021312	—	南京奇蛙智能科技有限公司	5	市 2016 年科技创新券（第五批）
487	2016CX021314	—	南京恒磊光学技术研究有限公司	5	市 2016 年科技创新券（第五批）
488	201727007	南京环保产业创新科技公共技术服务平台	南京中创科技投资有限公司、南京环保产业创新中心有限公司、中电环保股份有限公司	100	市 2017 年科技发展计划第二十七批（重大公共技术服务平台）

续表 31-32

序号	项目编号	项目名称	承担单位	资助经费（万元）	项目类别
489	—	市 2017 年度知识产权专项资助（集成电路资助）	开发区 13 件	2.6	市 2017 年科技发展计划第二十八批（知识产权贯标企业奖励）
490	—	市 2017 年度知识产权贯标企业奖励	南京友西科技股份有限公司	4	市 2017 年科技发展计划第二十八批（知识产权贯标企业奖励）
491	—		江苏龙冠新型材料科技有限公司	4	市 2017 年科技发展计划第二十八批（知识产权贯标企业奖励）
492	—		南京肯特复合材料股份有限公司	4	市 2017 年科技发展计划第二十八批（知识产权贯标企业奖励）
493	—		南京郁氏生物科技有限公司	4	市 2017 年科技发展计划第二十八批（知识产权贯标企业奖励）
494	—		江苏印加新能源科技股份有限公司	4	市 2017 年科技发展计划第二十八批（知识产权贯标企业奖励）
495	—		金埔园林股份有限公司	4	市 2017 年科技发展计划第二十八批（知识产权贯标企业奖励）
496	—		南京擎能自动化设备有限公司	4	市 2017 年科技发展计划第二十八批（知识产权贯标企业奖励）
497	—	市 2017 年度知识产权贯标企业奖励	南京高传机电自动控制设备有限公司	4	市 2017 年科技发展计划第二十八批（知识产权贯标企业奖励）
498	—		大唐南京环保科技有限责任公司	4	市 2017 年科技发展计划第二十八批（知识产权贯标企业奖励）
499	—		南京高传四开数控装备制造有限公司	4	市 2017 年科技发展计划第二十八批（知识产权贯标企业奖励）
500	—		南京极域信息科技有限公司	4	市 2017 年科技发展计划第二十八批（知识产权贯标企业奖励）

（科技局）

·科技成果·

概　况　2017年，江宁区科技部门组织开展省、市科技进步奖申报和区级评审工作会，区内4家企业申报省科技进步奖，获奖3项；25家企业（含江宁开发区）申报市科技进步奖，2人获市科技功臣奖，有16个项目（含江宁开发区6个）获奖。根据新修订出台的《南京市江宁区科学技术进步奖奖励办法》（江宁政办发〔2016〕14号），组织区内科学技术进步奖评审工作，有26项科技成果获2017年度江宁区科学技术进步奖。　（吴宁扬）

2人获市"科技功臣"奖　2月，南京市公布2016年度科学技术奖获奖单位和个人名单，江宁区苏博特新材料股份有限公司总工程师冉千平、江苏奥赛康药业股份有限公司董事长陈庆财获"南京市科技功臣"奖，全市有5人入选；江苏中圣高科技产业有限公司、江苏中圣压力容器装备制造有限公司的"大型偶联反应器研制"获"南京市科学技术进步奖"一等奖，另有14项科技成果分获二、三等奖。此次"南京市科技功臣"获得者、"南京市科学技术进步奖"获奖单位均出自全区重点扶持产业企业，涉及通信与网络、生物医药、智能电网、节能环保、新材料等领域。

（宁　鉴）

现代农业"星创天地"入选国家级名单　12月，科技部公布全国第二批"星创天地"名单，江宁台湾农民创业园发展有限公司承建的南京江宁现代农业"星创天地"入选。江宁现代农业"星创天地"以两岸科研院所为依托，建设面积86.31平方公里，入驻创客11个、创业服务团队18个、家庭农场16家、专业合作社8家、农业龙头企业及合作企业20家。该"星创天地"致力于服务两岸农民、青年大学生、职业农民、高校和科研机构人员、科技特派员，以及从事农业的企业家及返乡农民工等创客主体，为创客大众提供生物农业、设施农业和智慧农业研发服务，是集咨询策划、教育培训、投融资对接、休闲创意观光农业等于一体的综合性创业服务平台。　（吴宁扬）

5家众创空间获国家级认定　12月，科技部火炬中心公布2017年度国家级众创空间认定名单，江宁区材智汇、良匠工坊等5家众创空间榜上有名。至此，全区经认定的国家级众创空间增至14家。同时认定省级众创空间6家、市级众创空间9家，市级以上众创空间累计53家。全区众创空间总面积23万余平方米，集聚众创团队和在孵企业累计900多个，其中注册创业企业589个，近1/4注册企业已获创业投资，投资总额1.2亿元。

（陈　涛）

2月，位于秣陵街道的南京奥特佳新能源科技有限公司在第12届全国百家优秀汽车零部件供应商颁奖典礼上，第九次获"全国百家优秀汽车零部件供应商"荣誉称号。该公司是一家集研发、生产、销售为一体的汽车空调压缩机厂商，拥有专利150项，已发展成为新能源车空调压缩机市场翘楚　　区新闻中心　供稿

2017 年度江宁区获科技进步奖情况一览表

表 32

序号	项目名称	承担单位	奖次			
			国家级	省级	市级	区级
1	智能变电站高可靠保护控制装置研制及应用	南京南瑞继保电气有限公司、南京南瑞继保工程技术有限公司	—	—	—	一等奖
2	特种玻璃纤维生产工艺与装备技术开发	中材科技股份有限公司	—	—	—	一等奖
3	DC&OBC 集成控制器的研发及产业化	南京中港电力股份有限公司	—	—	—	一等奖
4	江宁区阻断血吸虫病传播技术创新与示范应用	南京市江宁区疾病预防控制中心、江苏省血吸虫病防治研究所	—	—	—	一等奖
5	NRP550 可调螺距全回转推进器的研发及产业化	南京高精船用设备有限公司	—	—	—	二等奖
6	大型 LNG 接收站开架式汽化器开发及应用	江苏中圣高科技产业有限公司、江苏省（中圣）工业节能技术研究院、江苏中圣压力容器装备制造有限公司	—	—	—	二等奖
7	包装袋用单向排气阀的研发及其产业化	南京沪江复合材料股份有限公司	—	—	—	二等奖
8	艾司奥美拉唑钠及注射剂的研发及产业化	江苏奥赛康药业股份有限公司	—	—	—	二等奖
9	节能型超净水刺滤料关键技术研发及产业化	南京际华三五二一环保科技有限公司	—	—	—	二等奖
10	盐石膏制备 α 型高强石膏的产业化	江苏一夫科技股份有限公司	—	—	—	二等奖
11	窄带成像技术对诊治早期大肠癌的临床研究	南京市江宁医院	—	—	—	三等奖
12	CKTS1225 双机并车齿轮箱	南京高精船用设备有限公司	—	—	—	三等奖
13	烟草异物智能剔除系统	南京大树智能科技股份有限公司	—	—	—	三等奖
14	五轴联动定梁龙门加工中心	南京高传四开数控装备制造有限公司	—	—	—	三等奖
15	高硬度高耐磨汽车发动机正时链条	南京利民机械有限责任公司	—	—	—	三等奖
16	基于运行人员行为分析的节能环保指标预测	江苏方天电力技术有限公司	—	—	—	三等奖

续表 32-1

序号	项目名称	承担单位	奖次			
			国家级	省级	市级	区级
17	列车测速测距系统开发	南京恩瑞特实业有限公司	—	—	—	三等奖
18	MEMS 压力传感器研发及产业化	南京沃天科技有限公司	—	—	—	三等奖
19	全分支信息发电机保护系统关键技术及应用	南京南瑞继保电气有限公司、南京南瑞继保工程技术有限公司	—	—	—	三等奖
20	适用于微电网的快速稳定控制关键技术研究	南京四方亿能电力自动化有限公司	—	—	—	三等奖
21	高性能普鲁兰酶的开发及其应用	南京百斯杰生物工程有限公司	—	—	—	三等奖
22	蛋白及抗体药快速纯化检测技术研发和产业化	南京金斯瑞生物科技有限公司	—	—	—	三等奖
23	面向废水深度处理 MBR 关键技术开发与应用	南京瑞洁特膜分离科技有限公司	—	—	—	三等奖
24	万吨级工业废水三相催化氧化深度处理技术	南京神克隆科技有限公司	—	—	—	三等奖
25	高性能节能银不锈钢复合板研发与应用	南京三邦新材料科技有限公司	—	—	—	三等奖
26	彩叶植物金叶连翘的引种繁育及园林应用技术	江苏景古环境建设股份有限公司	—	—	—	三等奖
27	多场景微电网优化控制与系统集成研发及应用	中国电力科学研究院南京分院、国网江苏省电力公司电力科学研究院、国电南瑞科技股份有限公司、东南大学、河海大学	—	—	一等奖	—
28	电动汽车与电网互动技术与应用	国电南瑞科技股份有限公司、中国电力科学研究院、南京南瑞集团公司	—	—	二等奖	—
29	超高强度钢汽车防撞构件的关键技术研发及产业化	南京星乔威泰克汽车零部件有限公司、南京工程学院	—	—	二等奖	—
30	基于综合环境感知的驾驶行为评估系统	南京多伦科技股份有限公司	—	—	二等奖	—
31	高强玻璃纤维及其高效低成本制造技术	中材科技股份有限公司	—	—	二等奖	—
32	设施瓜果蔬菜新品种及高效栽培技术集成与应用	南京市蔬菜科学研究所、江苏省农业科学院蔬菜研究所	—	—	二等奖	—

续表 32-2

序号	项目名称	承担单位	奖次			
			国家级	省级	市级	区级
33	基于视觉、力觉、远程等控制的智能化工业机器人及系统	南京埃斯顿机器人工程有限公司、南京航空航天大学	—	—	二等奖	—
34	大功率智能快速非车载整车直流充电机	南京能瑞电力科技有限公司、电子科技大学	—	—	三等奖	—
35	蛋白及抗体药物快速纯化、检测技术研发和产业化	南京金斯瑞生物科技有限公司	—	—	三等奖	—
36	NRP550 大功率可调螺距全回转推进器的研发及产业化	南京高精船用设备有限公司	—	—	三等奖	—
37	核用反应堆燃料控制棒材料的研发及产业化	南京佑天金属科技有限公司	—	—	三等奖	—
38	烟尘超净过滤技术及其在电力行业应用	中材科技股份有限公司	—	—	三等奖	—
39	基于云技术的省地一体化智能电网调度控制系统	国电南瑞科技股份有限公司、国网江苏省电力公司、国网江苏省电力公司南京供电公司	—	—	三等奖	—
40	大型开架式汽化器（ORV）研制	江苏中圣高科技产业有限公司、江苏中圣压力容器装备制造有限公司、江苏省（中圣）工业节能技术研究院	—	—	三等奖	—
41	优质、多抗设施专用西瓜新品种选育与应用	江苏省农业科学院、南京市蔬菜科学研究所、江苏省江蔬种苗科技有限公司	—	—	三等奖	—
42	数据自毁安全存储及应用系统	南京龙渊微电子科技有限公司、江苏龙睿物联网科技有限公司、南京龙渊众创空间股份有限公司	—	—	三等奖	—
43	超大规模省级电网运行控制关键技术及应用	国电南瑞科技股份有限公司、国网江苏省电力公司、国网江苏省电力公司江苏供电公司、国网江苏省电力公司南京供电公司、河海大学、中国电力科学研究院、南京南瑞集团公司	—	一等奖	—	—
44	大型电站锅炉高效低污染燃烧的先进调控技术及应用	东南大学、南京科远自动化集团股份有限公司、大唐江苏发电有限公司、中国大唐集团科学技术研究院有限公司、中电环保股份有限公司	—	一等奖	—	—

续表 32-3

序号	项目名称	承担单位	奖次			
			国家级	省级	市级	区级
45	特高压受端城市电网多时空主动调控关键技术及示范应用	国网江苏电力公司苏州供电公司、东南大学、国电南瑞科技股份有限公司、中国电力科学研究院、国网江苏电力公司、南京南瑞集团公司	—	一等奖	—	—
46	大规模电力互感器集约化检测关键技术、成套装备及应用	国网江苏省电力公司电力科学研究院、国网电力科学研究院武汉南瑞有限责任公司、浙江天际互感器有限公司	—	二等奖	—	—
47	复杂工艺管道高质、高效、深度预制技术及成套装备	南京奥特电气股份有限公司、南京航空航天大学	—	二等奖	—	—
48	半导体照明用稀土荧光粉关键共性技术研究及产业化	江苏博睿光电有限公司、东南大学	—	二等奖	—	—
49	面向复杂环境的大电流测量新装置研制与应用	国网江苏省电力公司、中国电力科学研究院、华中科技大学、许继集团有限公司、南京新联电子股份有限公司、国网江苏省电力公司扬州供电公司	—	二等奖	—	—
50	大功率可调桨推进系统的关键技术研发	南京高精船用设备有限公司、江苏科技大学	—	三等奖	—	—
51	电力通信管理系统建设与应用	南京南瑞集团公司	—	三等奖	—	—
52	模块化大功率电能变换系统协调优化控制关键技术与应用	东南大学、南京南瑞继保电气有限公司、江苏安科瑞电器制造有限公司	—	三等奖	—	—
53	面向复杂大电网的变电站智能化关键技术及应用	国电南瑞科技股份有限公司、国网江苏省电力公司、南京南瑞集团有限公司	—	三等奖	—	—
54	大规模水电站群水电协同与风险预控关键技术及应用	南京南瑞集团公司、河海大学、贵州乌江水电开发有限责任公司、中国长江电力股份有限公司	—	三等奖	—	—
55	2017 年度省企业技术创新奖	中材科技股份有限公司	—	—	—	—

（科技局）

·科技资源·

概　况　2017年，江宁区落实全市创新发展“121”战略，加强企业研发机构建设，促进高新技术企业发展。全年新增企业研发机构58家，新认定高新技术企业172家。未来网络试验设施国家重大科技基础设施项目落户江宁，13家单位入选全省苏南国家自主创新示范区优秀载体。　　（苏旭东）

企业研发机构建设　2017年，全区新增各级企业研发机构71家，其中省工程技术研究中心5家，省企业研究生工作站13家，市工程技术研究中心40家，区级企业研发中心13家；规模以上工业企业研发机构累计294家，大中型工业企业及规模以上工业高新技术企业研发机构累计238家。鼓励各类研发机构加大研发经费投入，全社会研发投入占地区生产总值比重为3.1%以上，一批具有自主知识产权的核心技术和新产品取得突破。

通信与信息领域首个国家重大科技基础设施落户　2月，国家发改委发布“关于未来网络试验设施重大科技基础设施项目建议书的批复”，由江苏省未来网络创新研究院牵头建设的未来网络试验设施项目（CENI项目）正式立项并落户江宁区，成为全国在通信与信息领域建设的首个国家重大科技基础设施项目，也是国家在江苏建设的第一个国家重大科技基础设施项目。2015年8月，国家发改委宣布由江苏省政府作为主管部门，江苏省未来网络创新研究院作为法人单位，清华大学、中国科技大学、深圳电信研究院作为共建单位，筹建未来网络试验设施项目。该项目以解决互联网面临的主要问题为出发点，重点满足未来网络科学研究、产业发展与网络空间安全的试验需求，覆盖全国40个城市，建设开放灵活、国际化、可持续发展的大规模通用未来网络试验设施，为研究网络创新体系结构提供简单、高效和低成本的试验环境，支撑国家网络科学与网络空间技术研究在核心芯片与关键设备、网络操作系统、路由控制技术、网络虚拟化技术、安全可信机制、大规模组网试验、创新业务系统等方面取得重大突破。未来网络试验设施项目获批国家重大科技基础设施后，计划投入16.7亿元用于建设，建设周期约5年。该项目支撑“互联网+”国家战略需求，获得超前于产业5—10年的创新成果，为中国全面提升网络创新能力，增强网络产业核心竞争力，构建自主、可控、安全的网络环境，实现“网络强国”“中国制造2025”目标提供重要支撑。

13家单位入选全省苏南国家自创区优秀载体　11月，省科技厅召开苏南国家自主创新示范区创新载体评估结果发布会，发布全省苏南国家自创区优秀载体名单。江宁苏南自创片区有13家单位入选。此次获奖单位中，通讯与网络产业创新基地、江宁智能电网产业园、南京生命科技创新园3家获批优秀科技园区，天印梦工场、南航创客空间2家获批优秀众创空间，博睿光电、科能电力等8家企业获得“瞪羚企业”称号。所谓“瞪羚企业”是银行对成长性好、具有跳跃式发展态势的高新技术企业的一种通称。“瞪羚”是一种善于跳跃和奔跑的羚羊，业界通常将高成长中小企业形象地称为“瞪羚企业”，一个地区的“瞪羚企业”数量越多，表明这一地区的创新活力越强、发展速度越快。入选“瞪羚企业”的8家企业，其营业收入、净利润率和出口总额均值分别达到4.83亿元、15.63%和7447万元，高于全市均值的3.63亿元、6.97%和2734.06万元，反映出江宁苏南自创片区企业良好的发展态势。　　（陈　涛）

2017年，秣陵街道百家湖科技产业园的苏世博（南京）减振系统有限公司，自主研发和生产汽车行业、洗衣机产业、通用工业行业需要的减振器、气弹簧及保险杠　　区新闻中心　供稿

2017年度江宁区新增企业研发机构一览表

表33

序号	研发机构名称	依托单位	级别	类别	区域
1	江苏省我乐家居工程技术研究中心	南京我乐家居股份有限公司	省级	工程技术研究中心	开发区
2	江苏省智能手术室设备工程技术研究中心	南京迈瑞生物医疗电子有限公司	省级	工程技术研究中心	开发区
3	江苏省垃圾填埋场环境污染防控与生态修复工程技术研究中心	南京万德斯环保科技股份有限公司	省级	工程技术研究中心	高新区
4	江苏省（贝迪）高分子新材料工程技术研究中心	南京贝迪电子有限公司	省级	工程技术研究中心	高新区
5	江苏省未来网络工程技术研究中心	江苏省未来网络创新研究院	省级	工程技术研究中心	开发区
6	南京市智能配用电工程技术研究中心	南京四方亿能电力自动化有限公司	市级	工程技术研究中心	秣陵
7	南京市智能家居系统工程技术研究中心	南京物联传感技术有限公司	市级	工程技术研究中心	未来科技城
8	南京市智能变配电保护测控技术研究中心	南京深科博业电气股份有限公司	市级	工程技术研究中心	秣陵
9	南京市MEMS传感器工程技术研究中心	南京沃天科技有限公司	市级	工程技术研究中心	滨江开发区
10	南京市华鼎电子照明工程技术研究中心	南京华鼎电子有限公司	市级	工程技术研究中心	汤山
11	南京市基于燃料系统动力驱动装置工程技术研究中心	南京腾亚精工科技有限公司	市级	工程技术研究中心	东山
12	南京市汽车高效低耗冷却风扇工程技术研究中心	江苏意航汽车部件技术有限公司	市级	工程技术研究中心	滨江开发区
13	南京市高精密冲压焊接工程技术研究中心	南京南方联成汽车零部件有限公司	市级	工程技术研究中心	麒麟
14	南京市精密制造工程技术研究中心	南京金城三国机械电子有限公司	市级	工程技术研究中心	高新区
15	南京市内燃机关重件工程技术研究中心	南京国际船舶设备配件有限公司	市级	工程技术研究中心	湖熟
16	南京市动力储能电池工程技术研究中心	天臣新能源研究南京有限公司	市级	工程技术研究中心	高新区
17	南京市新能源汽车充电技术工程技术研究中心	南京能瑞电力科技有限公司	市级	工程技术研究中心	高新区
18	南京市酶及生物反应工程技术研究中心	南京百斯杰生物工程有限公司	市级	工程技术研究中心	高新区

表 33–1

序号	研发机构名称	依托单位	级别	类别	区域
19	南京市管道节能工程技术研究中心	江苏中圣管道工程技术有限公司	市级	工程技术研究中心	滨江开发区
20	南京市新能源工程技术研究中心	江苏蓝天光伏科技有限公司	市级	工程技术研究中心	未来科技城
21	南京市新能源汽车车载电源工程技术研究中心	南京中港电力股份有限公司	市级	工程技术研究中心	东山
22	南京市智能型恒温恒湿系统应用工程技术研究中心	南京博森科技有限公司	市级	工程技术研究中心	湖熟
23	南京市盆底康复工程技术研究中心	南京麦澜德医疗科技有限公司	市级	工程技术研究中心	高新区
24	南京市工业废水深度处理工程技术研究中心	南京神克隆科技有限公司	市级	工程技术研究中心	淳化
25	南京市太阳能系统集成工程技术研究中心	江苏印加新能源科技股份有限公司	市级	工程技术研究中心	东山
26	南京市生态河道工程技术研究中心	江苏龙腾工程设计股份有限公司	市级	工程技术研究中心	禄口
27	南京市新型环保包装材料工程技术研究中心	南京金陵金箔股份有限公司	市级	工程技术研究中心	高新区
28	南京市智能红外光学镜头系统工程技术研究中心	南京波长光电科技股份有限公司	市级	工程技术研究中心	湖熟
29	南京市轨道交通接触网系统应用工程技术研究中心	南京金城轨道交通设备有限公司	市级	工程技术研究中心	湖熟
30	南京市农业节水灌溉工程技术研究中心	中苏科技股份有限公司	市级	工程技术研究中心	高新区
31	南京市稀有金属新材料工程技术研究中心	南京佑天金属科技有限公司	市级	工程技术研究中心	谷里
32	金科院（动画）工程技术研究中心	金陵科技学院	市级	工程技术研究中心	高新区
33	南京市高分子聚合物工程技术研究中心	江苏金三力电力器材实业有限公司	市级	工程技术研究中心	谷里
34	南京市蛋鸡智能化生产工程技术研究中心	南京禄口禽业发展有限公司	市级	工程技术研究中心	禄口
35	南京市智能制造工程技术研究中心	南京高传四开数控装备制造有限公司	市级	工程技术研究中心	开发区
36	南京市智能低压配电系统工程技术研究中心	南京大全电气有限公司	市级	工程技术研究中心	开发区

表 33-2

序号	研发机构名称	依托单位	级别	类别	区域
37	南京市 PCB 喷印检测工程技术研究中心	南京协辰电子科技有限公司	市级	工程技术研究中心	开发区
38	南京市大数据研发工程技术研究中心	江苏曙光信息技术有限公司	市级	工程技术研究中心	开发区
39	南京市汽车空调出风口智能集成工程技术研究中心	上美塑胶（南京）有限公司	市级	工程技术研究中心	开发区
40	南京市汽车精密零部件工程技术研究中心	南京泉峰汽车精密技术股份有限公司	市级	工程技术研究中心	开发区
41	南京市磁悬浮流体机械工程技术研究中心	南京磁谷科技有限公司	市级	工程技术研究中心	开发区
42	南京市烟气脱硝催化剂工程技术研究中心	大唐南京环保科技有限责任公司	市级	工程技术研究中心	开发区
43	南京市固废处置及综合利用工程技术研究中心	中电环保股份有限公司	市级	工程技术研究中心	开发区
44	南京市灵芝现代化应用工程技术研究中心	南京中科药业有限公司	市级	工程技术研究中心	开发区
45	南京市稀有金属合金材料工程技术研究中心	江苏美特林科特殊合金股份有限公司	市级	工程技术研究中心	开发区
46	南京有多利物流设备制造有限公司工程技术研发中心	南京有多利物流设备制造有限公司	区级	工程技术研究中心	滨江开发区
47	南京东富智能科技股份有限公司工程技术研发中心	南京东富智能科技股份有限公司	区级	工程技术研究中心	开发区
48	江苏常宁电子有限公司工程技术研发中心	江苏常宁电子有限公司	区级	工程技术研究中心	汤山
49	南京尚爱机械制造有限公司工程技术研发中心	南京尚爱机械制造有限公司	区级	工程技术研究中心	滨江开发区
50	江苏和泽干细胞基因工程有限公司工程技术研发中心	江苏和泽干细胞基因工程有限公司	区级	工程技术研究中心	高新区
51	南京新虹佳电器设备有限公司工程技术研发中心	南京新虹佳电器设备有限公司	区级	工程技术研究中心	汤山
52	南京新联能源技术有限责任公司	南京新联能源技术有限责任公司	区级	工程技术研究中心	开发区
53	江苏景古环境建设股份有限公司工程技术研发中心	江苏景古环境建设股份有限公司	区级	工程技术研究中心	东山
54	南京昊控软件技术有限公司工程技术研发中心	南京昊控软件技术有限公司	区级	工程技术研究中心	开发区

表 33–3

序号	研发机构名称	依托单位	级别	类别	区域
55	南京丰顿科技股份有限公司工程技术研发中心	南京丰顿科技股份有限公司	区级	工程技术研究中心	麒麟
56	中科信保江苏网络系统工程有限公司工程技术研发中心	中科信保江苏网络系统工程有限公司	区级	工程技术研究中心	高新区
57	南京睿实消防安全设备有限公司工程技术研发中心	南京睿实消防安全设备有限公司	区级	工程技术研究中心	湖熟
58	南京甄视智能科技有限公司工程技术研发中心	南京甄视智能科技有限公司	区级	工程技术研究中心	高新区
59	—	徐工集团凯宫重工南京有限公司	省级	研究生工作站	滨江开发区
60	—	南京友西科技股份有限公司	省级	研究生工作站	淳化
61	—	南京海威机械有限公司	省级	研究生工作站	开发区
62	—	北方夜视技术股份有限公司南京分公司	省级	研究生工作站	开发区
63	—	南京曼奈柯斯电器有限公司	省级	研究生工作站	开发区
64	—	南京海之感信息技术有限公司	省级	研究生工作站	未来科技城
65	—	南京星乔威泰克汽车零部件有限公司	省级	研究生工作站	高新区
66	—	南京金陵金箔股份有限公司	省级	研究生工作站	高新区
60	—	延锋伟世通电子科技（南京）有限公司	省级	研究生工作站	开发区
61	—	江苏一夫科技股份有限公司	省级	研究生工作站	滨江开发区
62	—	南京磁谷科技有限公司	省级	研究生工作站	开发区
63	—	江苏烁石焊接科技有限公司	省级	研究生工作站	麒麟
64	—	南京英尼格玛工业自动化技术有限公司	省级	研究生工作站	开发区

（科技局）

2017年度江宁区获认定高新技术企业一览表

表 34

序号	企业名称	区域
1	江苏力行电力电子科技有限公司	滨江开发区
2	江苏顺力冷弯型钢实业有限公司	滨江开发区
3	南京北路自动化系统有限责任公司	滨江开发区
4	南京甘汁园糖业有限公司	滨江开发区
5	南京工艺装备制造有限公司	滨江开发区
6	南京纳鑫新材料有限公司	滨江开发区
7	南京尚爱机械制造有限公司	滨江开发区
8	南京沃天科技有限公司	滨江开发区
9	南京盈润建筑工程配套有限公司	滨江开发区
10	江苏恒达动力科技发展股份有限公司	淳化街道
11	南京创力传动机械有限公司	淳化街道
12	南京神克隆科技有限公司	淳化街道
13	南京友西科技股份有限公司	淳化街道
14	大峘集团有限公司	东山街道
15	江苏齐丰科技股份有限公司	东山街道
16	南京大德减震科技有限公司	东山街道
17	南京华顺精密模具有限公司	东山街道
18	南京马斯德克金属制品有限公司	东山街道
19	南京迈迪欣医疗器械有限公司	东山街道
20	南京叁迪焊接设备有限公司	东山街道
21	南京旭上数控技术有限公司	东山街道
22	江苏金陵特种电缆有限公司	谷里街道
23	南京精谷种子机械有限公司	谷里街道
24	南京韩威南冷制冷集团有限公司	横溪街道
25	南京国际船舶设备配件有限公司	湖熟街道
26	江苏奥赛康药业股份有限公司	江宁高新区

续表 34-1

序号	企业名称	区域
27	江苏方天电力技术有限公司	江宁高新区
28	江苏晶立信医药科技有限公司	江宁高新区
29	江苏凯基生物技术股份有限公司	江宁高新区
30	江苏三联安全评价咨询有限公司	江宁高新区
31	江苏省电力试验研究院有限公司	江宁高新区
32	江苏威宝仕科技有限公司	江宁高新区
33	江苏燕宁新材料科技发展有限公司	江宁高新区
34	江苏中圣高科技产业有限公司	江宁高新区
35	南京艾迪康医学检验所有限公司	江宁高新区
36	南京百斯杰生物工程有限公司	江宁高新区
37	南京贝迪电子有限公司	江宁高新区
38	南京晨锐腾晶激光科技有限公司	江宁高新区
39	南京大桥机器有限公司	江宁高新区
40	南京多伦科技股份有限公司	江宁高新区
41	南京高精船用设备有限公司	江宁高新区
42	南京高速齿轮制造有限公司	江宁高新区
43	南京汉德森科技股份有限公司	江宁高新区
44	南京江原安迪科正电子研究发展有限公司	江宁高新区
45	南京科利泰医药科技有限公司	江宁高新区
46	南京汽轮电机长风新能源股份有限公司	江宁高新区
47	南京软通动力信息技术服务有限公司	江宁高新区
48	南京星乔威泰克汽车零部件有限公司	江宁高新区
49	南京因泰莱电器股份有限公司	江宁高新区
50	南京永研环保科技有限责任公司	江宁高新区
51	南京甄视智能科技有限公司	江宁高新区
52	南京智中信息技术有限公司	江宁高新区
53	中材科技股份有限公司	江宁高新区
54	法雷奥汽车自动传动系统（南京）有限公司	江宁开发区

续表 34-2

序号	企业名称	区域
55	国电南京自动化股份有限公司	江宁开发区
56	国电南瑞科技股份有限公司	江宁开发区
57	国电南瑞南京控制系统有限公司	江宁开发区
58	航天晨光股份有限公司	江宁开发区
59	江苏大全高压开关有限公司	江宁开发区
60	江苏大烨智能电气股份有限公司	江宁开发区
61	江苏迪泰柯智能科技实业有限公司	江宁开发区
62	江苏东大金智信息系统有限公司	江宁开发区
63	江苏航天信息有限公司	江宁开发区
64	江苏金智科技股份有限公司	江宁开发区
65	江苏美特林科特殊合金股份有限公司	江宁开发区
66	江苏南大生态环境建设有限公司	江宁开发区
67	江苏曙光信息技术有限公司	江宁开发区
68	江苏新世纪江南环保股份有限公司	江宁开发区
69	江苏引跑网络科技有限公司	江宁开发区
70	江苏鱼跃信息系统有限公司	江宁开发区
71	江苏中路信息科技有限公司	江宁开发区
72	茂莱（南京）仪器有限公司	江宁开发区
73	南京埃斯顿自动化股份有限公司	江宁开发区
74	南京奥特净化工程有限公司	江宁开发区
75	南京宝泰特种材料股份有限公司	江宁开发区
76	南京波瑞自动化科技有限公司	江宁开发区
77	南京晨光东螺波纹管有限公司	江宁开发区
78	南京晨光森田环保科技有限公司	江宁开发区
79	南京大树智能科技股份有限公司	江宁开发区
80	南京鼎智清信息科技有限公司	江宁开发区
81	南京东送电力科技有限公司	江宁开发区
82	南京恩瑞特实业有限公司	江宁开发区

续表 34-3

序号	企业名称	区域
83	南京泛和电力自动化有限公司	江宁开发区
84	南京泛盈信息科技有限公司	江宁开发区
85	南京高传电气有限公司	江宁开发区
86	南京高精轨道交通设备有限公司	江宁开发区
87	南京谷贝电气科技有限公司	江宁开发区
88	南京国电南自软件工程有限公司	江宁开发区
89	南京国能环保工程有限公司	江宁开发区
90	南京国盛电子有限公司	江宁开发区
91	南京海亿自动化技术有限公司	江宁开发区
92	南京航健航空装备技术服务有限公司	江宁开发区
93	南京昊控软件技术有限公司	江宁开发区
94	南京环印防伪科技有限公司	江宁开发区
95	南京慧尔视智能科技有限公司	江宁开发区
96	南京极域信息科技有限公司	江宁开发区
97	南京嘉益仕信息技术有限公司	江宁开发区
98	南京金百合医疗器械有限公司	江宁开发区
99	南京金中建幕墙装饰有限公司	江宁开发区
100	南京科远自动化集团股份有限公司	江宁开发区
101	南京朗坤自动化有限公司	江宁开发区
102	南京老人佳智能科技有限公司	江宁开发区
103	南京六和普什机械有限公司	江宁开发区
104	南京茂莱光学科技股份有限公司	江宁开发区
105	南京米乐为微电子科技有限公司	江宁开发区
106	南京南大波平电子信息有限公司	江宁开发区
107	南京南瑞集团公司	江宁开发区
108	南京南瑞继保电气有限公司	江宁开发区
109	南京南瑞继保工程技术有限公司	江宁开发区
110	南京诺派激光技术有限公司	江宁开发区

续表 34-4

序号	企业名称	区域
111	南京普天天纪楼宇智能有限公司	江宁开发区
112	南京日新科技有限公司	江宁开发区
113	南京瑞洁特膜分离科技有限公司	江宁开发区
114	南京瑞亚挤出机械制造有限公司	江宁开发区
115	南京三博建筑科技有限公司	江宁开发区
116	南京神易网络科技有限公司	江宁开发区
117	南京塔塔汽车零部件系统有限公司	江宁开发区
118	南京新联电子股份有限公司	江宁开发区
119	南京依柯卡特排放技术股份有限公司	江宁开发区
120	南京音飞储存设备（集团）股份有限公司	江宁开发区
121	南京英尼格玛工业自动化技术有限公司	江宁开发区
122	南京悠阔电气科技有限公司	江宁开发区
123	南京置格环保科技有限公司	江宁开发区
124	南京中电环保工程有限公司	江宁开发区
125	南京中电环保科技有限公司	江宁开发区
126	南京中电自动化有限公司	江宁开发区
127	南京中科药业有限公司	江宁开发区
128	南京中兴软创软件技术有限公司	江宁开发区
129	西门子数控（南京）有限公司	江宁开发区
130	延锋伟世通电子科技（南京）有限公司	江宁开发区
131	中船重工鹏力（南京）智能装备系统有限公司	江宁开发区
132	中电电气（南京）光伏有限公司	江宁开发区
133	中电环保股份有限公司	江宁开发区
134	中国中材国际工程股份有限公司	江宁开发区
135	中铁三局集团华东建设有限公司	江宁开发区
136	南京俊禄科技有限公司	禄口街道
137	南京禄口国际机场空港科技有限公司	禄口街道
138	江苏博纬新能源科技有限公司	秣陵街道

续表 34-5

序号	企业名称	区域
139	江苏新蓝天钢结构有限公司	秣陵街道
140	美埃（中国）环境净化有限公司	秣陵街道
141	南京大盛汽车部件有限公司	秣陵街道
142	南京德邦金属装备工程股份有限公司	秣陵街道
143	南京格林木业有限公司	秣陵街道
144	南京海胜塑胶科技有限公司	秣陵街道
145	南京浩昇鼎晔软件有限公司	秣陵街道
146	南京合荣欣业信息技术有限公司	秣陵街道
147	南京沪江复合材料股份有限公司	秣陵街道
148	南京佳力图机房环境技术股份有限公司	秣陵街道
149	南京绿索电子科技有限公司	秣陵街道
150	南京讯捷汽车饰件有限公司	秣陵街道
151	南京智杰物联科技股份有限公司	秣陵街道
152	南京诺齐生物科技有限公司	麒麟街道
153	江苏华博在线传媒有限责任公司	麒麟高新区
154	江苏烁石焊接科技有限公司	麒麟高新区
155	南京米福新材料科技有限公司	麒麟高新区
156	南京奇蛙智能科技有限公司	麒麟高新区
157	南京易周文化发展有限公司	麒麟高新区
158	江苏常宁电子有限公司	汤山街道
159	江苏南资环保股份有限公司	汤山街道
160	江苏同盟汽车零部件实业有限公司	汤山街道
161	南京东利来光电实业有限责任公司	汤山街道
162	南京郁氏生物科技有限公司	汤山街道
163	江苏同芯电气科技有限公司	未来科技城
164	江苏卧牛山保温防水技术有限公司	未来科技城
165	南京百米需供应链管理有限公司	未来科技城
166	南京弘谷信息科技有限公司	未来科技城

续表 34-6

序号	企业名称	区域
167	南京普杰物联网技术有限公司	未来科技城
168	南京前知智能科技有限公司	未来科技城
169	南京视通天下数字科技有限公司	未来科技城
170	南京苏立机器人科技有限公司	未来科技城
171	南京特艺科技有限公司	未来科技城
172	南京物盟信息技术有限公司	未来科技城

（陈　涛）

·科技服务·

概　况　2017年，江宁区科技部门组织参加全区文化科技卫生“三下乡”活动，组织区科普联席会议成员单位开展2017年全国科技活动周暨江宁区第29届科普宣传周活动，举办各类科普宣传、讲座和培训等活动38场次，内容涉及中小学校科普、市民广场科普以及社区科普，发放各类科普宣传书籍、资料5000余份（册），受众5000多人。持续推进科普教育示范基地创建工作，全年创建各级科普教育示范基地10个，其中省级1个、市级4个、区级5个。成立区双创服务协会，推进农村科技和服务超市建设，全区科技服务机构自身实力和服务能力不断提升。

（吴宁扬）

东南创业孵化群入选首批省级科技服务业特色基地　2月，省科技厅联合省质监局、省出入境检验检疫局、省知识产权局批准全省首批7家科技服务特色基地筹建单位，江宁区申报的南京江宁东南创业孵化群入选。省科技厅联合相关部门启动科技服务特色基地申报认定工作，历经申报、答辩、考察和会商，依托创业孵化服务业态申报的南京江宁东南创业孵化群脱颖而出，最终入选。全区现有经备案认定市级以上科技企业孵化器、众创空间72家，其中国家级17家、省级24家，在孵众创团队和在孵企业2100多家，集众创空间、众创集聚区、科技企业孵化器、科技创新平台、加速器和重点产业园于一体的科技创业孵化链条和科技成果转化体系基本形成。

区科技双创服务协会成立　8月30日，江宁区科技双创服务协会成立，并召开第一届会员代表大会，全区64家载体、机构和平台成为协会首批会员。区科技双创服务协会是由区内科技双创载体运营机构、科技创新服务平台、科技中介服务机构、科技金融投资机构等科技双创服务行业单位自愿联合发起，致力于推动各创业载体间的信息互享和各类创新资源的集聚对接，以实现全区各类科技创新创业服务资源的融合发展。区科技双创服务协会打破原有单一功能机构同质联合的模式，实现企业从孵化到加速发展各类服务资源的全过程服务。该协会计划把会员类型逐步拓展到大学科技园、街道和开发园区重点产业园等机构和单位，逐步延长双创服务链，优化科技双创软环境，打造科技双创服务品牌。

（宁　鉴）

农村科技和服务超市建设　2017年，区科技部门组织申报南京市科技计划项目41项，其中社会事业12项、农业21项；争取市科技项目经费250万元，其中农业项目190万元。受理区级农业科技发展计划项目47项、社会事业科技发展计划项目28项，经过专家评审和实地考察，立项15项，补助经费165万元。组织5家企业参加省农村科技服务超市总店在紫金生态园设立的草莓、西瓜等科技成果对接暨品鉴活动，市科委对科技超市各分店分别给予科技项目经费20万元。

（吴宁扬）

·知识产权·

概　况　2017年，江宁区知识产权部门以建设国家知识产权强县工程示范区为中心，深入实施知识产权强区战略，推动全区知识产权创造、运用、保护、管理和服务创新发展，江宁创建为国家知识产权服务业集聚发展试验区，区科技局囊括省知识产权、宣传培训、行政执法工作成绩突出单位3项荣誉。全年专利申请总量19300件、其中发明专利7957件，授权专利9189件、其中发明专利2646件，4项指标均居全市之首，万人发明专利拥有量69.3件，PCT申请152件。

专利创造运用 2017年，区知识产权部门加大知识产权创造运用力度，组织区内企业申报省、市知识产权计划47项，获批省知识产权计划4项。其中，江苏奥赛康药业有限公司获批企业高价值专利培育计划，扶持资金400万元；南京高精船用设备有限公司等3家企业获批省知识产权战略推进计划项目。南京腾亚精工科技有限公司等12家企业获市科委知识产权专项，累计扶持资金480万元；15家企业获批区自主产权企业专利产业化项目。获第18届中国专利奖4项，市优秀专利奖14项；组织35家企业申报南京市示范企业培育单位，认定区知识产权示范企业8家，专利二次开发和产业化水平不断提升。

（朱有成）

知识产权行政执法 2017年，江宁区设立知识产权维权、服务专家库，制定出台《江宁区知识产权保护资金补助和奖励办法》，对辖区内30家商户进行专利行政执法检查，查处专利案件171件，并首次对出售假冒专利产品厂家进行行政处罚。联合区检察院、文广局、市场监管局，结合知识产权宣传周，在江宁金鹰广场开展知识产权宣传咨询活动，完成南京景枫市级“正版正货”示范街区创建工作。协助区内100余家企业进行贯标备案，通过贯标备案96家，省级绩效验收合格3家，23家企业通过国标第三方认证，2家企业被评为省贯标先进单位。

（周建华）

知识产权宣传培训 2017年，区知识产权部门利用“4·26”世界知识产权日、“中国专利周”等活动，发布《江宁区2016年知识产权工作年报》，继续开展知识产权“百企千人”特色培训活动，征集培训课件100个，选拔授课教师30人，授课72次，46家企业的2400余人次参加培训。选送南京市大学生专利展示成果40件，组织参观人员120多人。组织南京物联传感技术有限公司等13家企业参加企业高层研修班、20家企业参加省高端装备企业总裁和知识产权总监培训班、市第三期知识产权总监培训班、省生物医药企业总裁和知识产权总监培训班；组织200多人参加知识产权工程培训、初级实战培训、市第四期专利挖掘与布局培训以及企业法务能力培训和企业走出去知识产权战略研修班。

（朱有成）

省知识产权高价值专利项目启动 1月，区内企业江苏苏博特新材料股份有限公司实施的省知识产权高价值专利“严酷环境下重大工程长寿命混凝土高价值专利培育”项目启动。该项目由苏博特公司联合东南大学、广州奥凯信息咨询有限公司和北京三高永信知识产权代理有限公司共同申报，是全市唯一获批的省知识产权高价值专利项目，获省资助金额400万元，项目负责人为中国工程院院士缪昌文，项目周期为2016年5月至2019年4月。此次苏博特入选的该项目，对企业加快专利信息传播利用、强化研发过程专利管理、加强专利申请后期跟踪等方面将得到改善，更好地推动企业突破关键核心技术，形成高价值专利，不断向价值链高端攀升。

国内首个高校知识产权运营交易平台上线 2017年4月26日是第17个“世界知识产权日”，国内首个面向高校的知识产权运营交易平台——中高知识产权运营交易平台签约落户江宁开发区，并启动上线。此次由南京理工大学联合国家知识产权局、南大苏富特等5家单位共同打造的中高知识产权运营交易平台，依托中国高校丰富的科教资源和科技成果，以“物联网+”思维，通过解决处置权、专业标定、价值评估、成果可视化展示、定向推送等手段，与基金、市场、运营、拍卖等有效融合，解决制约行业发展的核心关键技术，提高企业创新能力，架起高校、企业、市场融合创新的桥梁，从根本上打通高校科技成果转化路径，实现技术与资本、研发与需求、科技与产业的无缝对接。中高知识产权运营交易平台现已集聚高校专利超过50万件，有意加入该平台的企业2万多家。

国家知识产权服务业集聚发展试验区启动建设 11月，国家知识产权局同意在江宁设立国家知识产权服务业集聚发展试验区，试验区建设为期3年。2014年年底，全区围绕区域创新创业和战略性新兴产业的发展实际，启动建设科技服务示范区和知识产权服务业集聚发展试验区，两年后被省科技厅认定为省级科技服务特色基地。2017年，江宁区着手创建国家知识产权服务业集聚发展试验区。该试验区引进各类科技服务机构42家，基本形成知识产权服务产业链，知识产权服务人员800多人。

（宁 鉴）

·地震监测·

概 况 2017年，江宁区地震监测部门加强地震监测、震害防御、应急管理、建设工程抗震设防核准、防震减灾宣传和演练、地震观测环境保护等工作，禄口地震前兆观测台站数字测震、钻孔测斜、钻孔应变、地电数据观测、专用传输网络运行良好，观测数据连续率98%。全年创建省级地震安全社区1个、省级防震减灾示范学校1个、国家级地震安全社区1个。钻孔应变观测项目资料评比名列全省市县第二名，获评南京市防震减灾工作综合考核先进区、全省地震监测预报工作效能考核先进区、全省防震减灾工作综合考核优秀。

（赵庆福 苏旭东）

震害防御 2017年，区地震监测部门按照区政府要求，落实地震应急预案修订工作，于9月底完成《江宁区地震应急预案》修订，11月26日区政府发布修改后的《江宁区地震应急预案》。组织地震宏观观测员进行业务培训。年内，市、区两级地震部门联合对区内宏观观测点进行复核和检查，符合规范要求。

5月，区地震办结合全国“5·12”防震减灾宣传日，与区民政、消防、人防等单位联合到各街道和居民小区开展防震减灾知识宣传，增强广大市民对地震危害的认识，提高抗灾自救的能力　　区新闻中心 供稿

地震观测环境保护及新项目试验 2017年，区地震监测部门落实《江宁地电阻率抗干扰建设保护工程》专家验收意见，开展“地电阻率垂直观测”试验，编制《江宁地电阻率井下垂向观测、地表交流观测和井下交流观测试验项目实施方案》。主要是在江宁地电台开展井下垂向观测、地表交流观测和井下交流观测试验，验证各种观测方法对地铁和轻轨运行引起的电磁干扰问题，为地电阻率观测中抗干扰方法和技术应用提供基础。该项目投入80万元，建成直径0.2米井深400米、280米钻井各1口，电极已埋设到钻井指定位置，外部施工全部结束。

防震减灾宣传 2017年，区地震监测部门与民政、教育、消防、气象、人防、保险部门合作，开展第九个“防灾减灾日”防震减灾宣传活动，提升全社会的综合防灾减灾能力。在禄口街道溧塘社区、尚洪社区、茅亭社区，秣陵街道东旺社区，横溪街道勇跃社区、陶吴社区，汤山街道龙尚社区，东山街道东山社区、府后村、泥塘社区和金宝宝幼儿园，巡回展出展板60块，发放市民防震手册3000册、宣传折扇1500只和手袋200个。还在茅亭、尚洪、勇跃、陶吴等社区举办防震减灾知识讲座，在金宝宝幼儿园举办地震知识普及和避震疏散演练讲座，指导观摩幼儿园避震疏散演练。组织地震科普宣传员参加市地震局开展的科普宣讲员演讲比赛；组织中小学校学生参加地震手抄报比赛、地震知识科普一日游等活动。

（赵庆福）

人才工作

概 况 2017年，江宁区贯彻落实中央和省、市关于人才优先发展的战略部署，持续深化人才发展体制机制改革，有序推进人才工作向纵深发展。在高端人才集聚上，全年入选国家“千人计划”“万人计划”10人、省“双创计划”15人，新引进诺贝尔奖得主6人、菲尔兹奖得主1人，同步实现零的突破和量的领先。在人才企业培育上，新增年销售超亿元人才企业3家、超5000万元企业9家，上市企业2家，高新技术企业16家，有7家企业获评江苏省100家“最具成长性高科技企业”，6家企业获得省级以上重大科技成果转化专项资金，人才创业经济正日益构成全区重要的经济板块。在人才工作品牌建设上，承办全球未来网络峰会、国际医药创新大会、中国创新创业大赛等国际国内重大人才活动，赴美国新设人才交流合作中心和3个引才工作站，江宁人才工作在海内外的影响力增强。

区“人才强企10条”出台 3月，江宁区围绕中央和省、市深化人才发展体制机制改革的部署要求，聚焦人才开发市场导向，以有效激发企业引才用才活力为核心，制定出台《关于鼓励支持企业自主引才用才的若干政策（试行）》，又称“人才强企10条”，是全市首个面向企业引才用才的专项政策。重点通过建立与企业引才用才投入相挂钩的财政资金奖补体系，真正将人才评价权交给企业，支持企业“高薪引高人”、柔性引才、中介引才和“批量引才”，鼓励企业投资人才初创项目，推动企业自主培养技能人才。此外，通过发放生活补贴、健全服务保障，吸引名校优生和其他各类人才到区内企业就业，进一步提升企业聚才能级。

市级以上人才计划“大满贯” 2017年，全区人才工作聚焦高端，持续推进人才引育质效提升，在市级以上人才计划申报上实现“大满贯”。全年入选国家“千人计划”2人、“万人计划”8人，入选省“双创计划”15人、乡土人才“三带”行动培养对象50人，均位居全省区县第一，其中省“双创计划”蝉联全省区县“五连冠”。入选市“创业南京”54人，入选总数及各分计划入选数全部名列全市各区第一。至年末，全区累计入选国家“千人计划”“万人计划”36人，省“双创人才”等省级重点人才计划293人，市“创业南京”等市级重点人才计划718人，区“创聚江宁”等区级重点人才计划737人；在区创业创新国内外院士38人。

区人才队伍建设和科技创新领导小组会议 3月1日，市委常委、区委书记李世贵主持召开区人才队伍建设和科技创新领导小组会议。会议要求，坚持战略地位、发挥禀赋优势，凝心聚力把科技人才工作摆在江宁发展的核心位置，奋力为全市乃至全省创新发展发挥支撑引领示范作用。省委组织部人才处处长洪浩到会解读省党代会报告中“聚力创新”有关精神，省委关于深化改革打造具有国际竞争力人才发展环境的意见部署与要求。区委组织部（人才办）和区科技局分别汇报2016年全区人才科技工作及2017年主要目标、重点任务等有关情况。会议还研究了《全区人才科技创新大会建设方案》《第二届“江宁科技人才创业创新奖”建议名单》《关于鼓励支持企业自主引才用才的若干政策（讨论稿）》《江宁人才创新创业创投服务综合体规划建设方案（讨论稿）》《全区教育系统引进培养人才实施办法（讨论稿）》《全区卫生系统人才引进暂行办法（讨论稿）》。

全区人才科技创新大会 4月6日，市委常委、区委书记李世贵主持召开全区人才科技创新大会，区领导祁豫玮、刘玲、严应骏、梁爱国、刘维新、周育刚、米永强、董涵参加。会议对全区人才和科技工作进行总结部署，强调，全区人才科技创新工作要立足创新资源，加强创新探索，推动创新跨越，创建国家级大众创业、万众创新示范基地区，打造能体现江苏高度、代表南京品牌、具有江宁特质的长三角自主创新引领区。会议表彰了一批创新创业人才典型、科技创新工作先进单位及个人，并发布“人才强企10条”等一系列人才新政。

“清华行”专项引才暨宣传推介活动 4月24日，江宁区首次走进清华大学，举办“锦绣金陵·大美江宁”专项引才暨宣传推介活动。活动由区委常委、组织部部长梁爱国主持，区长祁豫玮和中国科学院院士、清华大学副校长施一公分别致辞，副区长周育刚介绍全区经济社会发展情况和创业创新环境。活动现场设置引才洽谈区、“大美江宁”影画展和“江宁礼道”专区，集中发布南瑞继保、埃斯顿自动化、金斯瑞生物等行业知名企业60余个高端招聘岗位，以及市、区最新出炉的人才政策，吸引近百名清华师生咨询洽谈。经过对接，江宁有关企业、园区（平台）与10多名清华大学教授、优秀毕业生达成就业和项目合作意向。

全区人才工作专修班 5月8日，为期5天的全区人才工作改革创新专题研修班开班。此次培训主要面向区人才队伍建设和科技创新工作领导小组成员单位的相关负责人，培训内容为中央、省、市对人才工作的新要求新部署，以及区“人才强企10条”等新政，培训方式包括专题讲座、参观考察、案例教学、交流研讨等。区委常委、组织部部长梁爱国在开班仪式上讲话，要求主动适应新形势，推动全区人才工作改革创新发展；找准工作关键点和切入点，确保人才工作持续走在省市最前列；将所学所思运用到实际工作中，真正成为谋划人才工作的高手、熟悉人才业务的里手和指导人才发展的能手。开班动员结束后，培训学员还赴国内改革前沿城市深圳专题考察。

“人才政策进企业”集中宣讲活动 7月6日，区委组织部（人才办）会同区科技局、人社局开展“人才政策进企业”集中宣讲活动，全区近400家规模以上工业企业、高新技术企业参加活动。此次宣讲是区委组织部（人才办）落实全区“大走访”活动要求，服务企业引才用才的具体举措之一。重点解读“人才强企10条”新政，对“创聚江宁”相关计划，以及职称改革等情况作介绍，开展交流互动。相关职能部门针对企业提问一一释疑解惑。

全国“双创周”江苏分会场在江宁启动 9月15日，全国大众创业万众创新活动周江苏分会场暨“创响江苏”活动月启动仪式在江宁区举行。省委副书记、常务副省长黄莉新，省委常委、市委书记及市委常委、区委书记李世贵，市委常委、秘书长杨学鹏及中国工程院院士沈国荣、程泰宁、张全兴等参加。此次“双创周”江苏分会场在江宁设置全省创新创业成果展，专门布置“江宁专区”，运用图文展现江宁大众创业万众创新成果。会场外布置埃斯顿、亿嘉和科技等江宁本土创新型企业展台，展示前沿科技和机器人书法、VR拍摄等新科技产品。

“人才科技新政”新闻发布会 9月16日，江宁区“人才科技新政”新闻发布会在江宁会展中心召开，央视、新华社、江苏卫视、新华日报、南京电视台、南京日报和凤凰周刊、香港商报、新浪（江苏）、凤凰网（江苏）、龙虎网、澎湃新闻客户端、江宁公安在线等境内外各级各类媒体30余家，以及中国创业创新大赛部分参赛企业代表80人应邀参加。会上公布区“人才强企10条”“科技创新28条”等系列新举措，通过媒体提问、互动交流，宣传江宁人才科技新政，提升“江宁人才”的知名度和影响力。

4月24日，江宁区首次走进清华大学，举办“锦绣金陵·大美江宁”专项引才暨宣传推介活动。图为活动现场 杨 洋 摄

第二届区青年大学生创业大赛总决赛 11月17日，第二届江宁区青年大学生创业大赛总决赛在梧桐林创聚广场举行。该届青年大学生创业大赛由区委组织部（人才办）、区人社局联合主办，共征集参赛项目342个，涵盖新能源、新材料、信息技术等领域。经过层层角逐，有10支参赛团队进入决赛。通过评审专家现场打分，结合赛前网络投票和现场观众投票情况，最终决出2个一等奖、4个二等奖和4个三等奖，分别给予5万元、4万元和3万元的奖励，获奖团队将获得投融资、导师指导、券商辅导、法律宣传、技术支持等服务。

组团参加2017年“海交会” 12月20—21日，区委组织部（人才办）联合区人社局，组织相关职能部门、开发园区、平台载体等30余名人才工作者到广州，参加2017年中国海外人才交流大会暨第19届中国留学人员广州科技交流会。“海交会”是国内规模最大、最具影响力的海外人才交流平台，此届大会吸引10名海内外知名院士、3000多名海外人才参会。江宁区通过设置特装展位、举办政策推介会、现场交流等形式，全方位展示城市形象及优越的创新创业环境，现场对接海外人才120余人、海外新型研发机构负责人3人，其中意向落户人才62人，意向落户新型研发机构2个。 （陶 程）

教育

综 述

概　况　2017年，江宁区教育部门以“教育体系再完善、教育布局再优化、教育质量再突破、教育活力再激发、教育惠民再突显”为目标，优化资源配置，夯实教育发展基础。继续推进总投资60亿元的“教育资源布局优化提升三年行动计划”，根据《2017年城乡建设行动计划》，实施新建改扩建项目50个，其中在建项目17个，即将开建或正在办理前期手续33个。按照省、市“智慧校园”建设要求，制定《江宁区2017—2020年“智慧校园”创建工作意见》，全面部署“智慧校园”创建工作，江宁高级中学、东山小学进入省、市首批“智慧校园”示范校创建行列。是年，江宁区先后创建成为第一批国家农村职业教育和成人教育示范区、江苏省平安校园建设示范区，天景山小学被教育部评为国防教育特色学校。

教育资源优化　2017年，全区通过集团化办学、名校办分校、名校合作办学等形式，实现优质教育资源“全覆盖”。注重引入外部优质资源开展合作办学，不断扩大优质教育资源辐射面，与琅琊路小学、力学小学、北京东路小学、游府西街小学等市内名校签约开展合作办学学校累计11所，覆盖东山城区和部分街道。立足区内，推行集团化办学、组团结对发展，在已建立实小、东小、百小、竹山中学4个教育集团的基础上，清水亭学校与南师附中江宁分校、天景山小学与南京晓庄学院实验小学、天景山中学与江宁高级中学、觅秀街小学与东山小学、将军山初中与东山外国语学校分别签订合作办学协议，区内优质教育资源进一步扩大。　　（姜书勤）

江宁获评国家农村职业和成人教育示范区　1月，教育部、科技部等6部门联合发文，公布第一批国家级农村职业教育和成人教育示范县名单，江宁区榜上有名。“十二五”期间，全区职业教育和社区教育取得长足发展。职业教育方面，2014年，在江宁中专、江宁技师学院、江宁电大整合的基础上，组建江宁高等职业学校（筹），并于2015年创建成江苏联合职业技术学院江宁分院。社区教育方面，2013年，江宁区创建成全国社区教育实验区；2016年，创建成江苏省首批社区教育示范区。全区50%的街道创建成全国社区教育示范街道，100%的街道创建成省级标准化社区教育中心，70%的街道创建成南京市“高标准、现代化”社区教育中心，99%的社区创建成省级标准化居民学校。江宁区连续3年获得全国全民学习活动周优秀组织奖，先后承办全市居民学校建设和全省全民学习活动周现场会。

谷里社区教育中心入选“省百强”　4月，首批“江苏省社会教育百强单位”评选结果公布，全省有40家单位入选，谷里街道社区教育中心名列榜首。谷里街道社区教育中心是南京市第一家高标准、现代化的社区教育中心和联合国教科文组织CLC实验基地，先后获得首批“江苏省示范老年学校”“全国优秀成人教育培训机构”“全国社区教育示范街道”等荣誉称号。该中心以“学习宣传、教育养成”为主体功能，贴近中心工作，以居民需求为导向，开展电工、焊工、叉车、家政服务等技能培

2017年，天景山小学与南京晓庄学院实验小学合作办学，成立南京晓庄实验小学分校　　区新闻中心　供稿

训，年培训2300多人次，《人民日报》对此以《培训跟上去，就业有底气》为题作专题报道。社区教育中心还创办老年大学，让老年人老有所学。《南京日报》以《谷里社区教育助推居民创造幸福生活》为题进行宣传。2015年，联合国教科文资深专家、世界非正规学习理论的创始人曼苏一行实地考察谷里社区教育后评价："谷里的社区教育可以作为中国农村地区终身学习的示范，也可以作为其他发展中国家终身学习的样板。"

南京爱可福特国际学校入驻　7月，已在南京办学多年的南京爱可福特国际学校整体迁入江宁区，主要招收外籍人员子女，及外国归来人员子女，为扩大对外合作、吸引外商投资提供优质教育配套，进一步优化和提升全区招商引资环境。南京爱可福特国际学校位于湖熟街道前元路12号，是江宁区唯一使用美国教材、按照美国国家教育大纲要求组织教育教学的国际学校，办学层次包括幼儿园、小学、初中和高中。现有教师50多人，其中外籍教师30多人，在校学生200人，来自全球20多个国家和地区。学校实行小班化教学，每个班级学生约15人，学生可住宿、可走读。

江宁获评省平安校园建设示范区　7月，江宁区被表彰为江苏省平安校园建设示范区。2016年全区实施专用校车工程，成立校车服务公司，实现专用校车全覆盖；公开招标有资质的保安服务公司为中小学、幼儿园提供专业保安服务；持续推进校园视频监控达标建设，近70%的学校、幼儿园建成数字化高清视频监控系统；公开招标有资质的消防服务公司为校园消防设施设备进行专业检查检测，为消除校园消防隐患、建立专业维保机制奠定基础。

优秀教师先进事迹报告会　9月7日，在第33个教师节前夕，江宁区召开优秀教师先进事迹报告会，表彰优秀教师和教育工作者，学习先进典型事迹，弘扬尊师重教风尚，进一步动员和激励广大教师和教育工作者投身教育教学改革发展工作，推动全区教育事业更好更快发展。市委常委、区委书记李世贵，区领导刘玲、严应骏、杨彬、张会祺、刘维新参加活动。区委副书记严应骏在讲话中向全区广大教师和教育工作者致以节日的问候和崇高的敬意，并对全区教育工作取得的成绩给予肯定。报告会在合唱《踏雪寻梅》中拉开序幕。会上，演讲人用饱满的情感、质朴的语言，讲述江宁实验小学陈海宁、竹山中学孙振坤、江宁高级中学张格波等一批师德先进典型在平凡的岗位上弘扬高尚师德、力行师德规范，让学生在关爱与呵护下健康成长的先进事迹。一批优秀教育工作者和优秀班主任受到表彰，20名新教师代表还进行入职宣誓。　（宁　鉴）

2016年与2017年江宁区教育经费投入情况比较表

表35　　单位：万元

年度	国家财政性教育经费			社会捐集资办学	事业费收入	其他收入	合计
	预算内经费	各级政府征收用于教育的税费 教育费附加	地方基金				
2016	251772	85813	337585	1194	36218	897	375894
2017	308890	54710	363600	354	47802	752	412508

（姜书勤）

学前教育

概　况　2017年年末，江宁区有各类幼儿园126所、村办点46个，其中公办园48所，民办惠民园22所，民办园56所；省优质幼儿园76所，市优质幼儿园18所。新增九龙湖幼儿园、芳园西路幼儿园、佛城西路幼儿园等公办幼儿园3所，新增民办幼儿园5所。幼儿园有班级1458个，在园幼儿47455人，其中非江宁户籍幼儿12458人。教职工6446人，其中专任教师3559人。新增天元城等3所民办惠民园，民办惠民园累计22所，惠及幼儿7569人，全年奖补资金2188.58万元。淳化二幼、禄口空港等5所幼儿园创建为省优质园，山水方舟等9所幼儿园创建为市优质园，44所省优质园接受省优质园复审。（姜书勤）

上元幼儿园获全国啦啦操比赛季军　8月，由国家体育总局体操运动管理中心主办的2017年第五届中国（南京）啦啦操公开赛在南京市五台山体育馆举行，江宁区上元幼儿园“小松树啦啦操队”夺得季军奖杯。上元幼儿园“小松树啦啦操队”曾获2017中国超级杯幼儿啦啦操比赛冠军。此次比赛有13个国家及地区的240名选手们同台竞技，其中不乏世界啦啦操锦标赛的冠军队伍。（宁　鉴）

初等教育

概　况　2017年年末，江宁区有小学38所，新增空港小学、觅秀街小学、谷里庆兴路小学等公办小学3所。有小学班级1522个，在校生68975人，毕业班9589人；小学专任教师3855人。有初级中学23所，九年一贯制学校6所。新增1所九年一贯制学校（开发区学校）。有初中班级485个，在校生20744人，毕业班6086人；初中专任教师2662人。全区6～14岁学龄儿童入学率100%。天景山小学、东山小学、科学园小学等3所小学成为国家、省、市级小学特色文化建设项目学校。全年创建江苏省健康促进学校21所，其中金奖8所、银奖6所、铜奖7所。有6所学校被评为南京市学校卫生工作先进集体。在市“新优质初中”考核评估中，周岗中学、清水亭学校、桃红初中、丹阳学校获综合发展一等奖、学科质量推进奖，竹山中学被确定为市首批教育现代化初中考察学校，淳化中学被确定为市素质教育示范初中考察学校，东善桥中学、丹阳学校创建成为省市课程基地建设项目学校。组织中小学参加市级以上体育竞赛活动45项，获市级奖项939人次、省级奖项876人次、国家级奖项384人次。组织区科技项目特色学校参加市级以上50个科技项目的竞赛活动，获市级奖项1632人次、省级奖项1459人次、国家级奖项102人次、国际级奖项4人次。铜山小学获示范“星光基地”学校称号，东山小学获评省创客特色学校，区教育局获多项先进集体称号和最佳组织奖、优秀组织奖。

德育工作　2017年，区教育部门把立德树人作为根本任务，遵循未成年人身心特点和成长规律，依托学校、家庭、社会三大成长空间，将社会主义核心价值观贯穿教育教学全过程，不断提升学生的核心素养。组织开展首届区“美德少年”“美德少年标兵”评选表彰活动，召开以“感恩成长、爱国励志”为主题的“开年第一课”现场观摩会，举办“弘扬核心价值观，演好成长小故事”情景剧展演。开展形式多样的传统文化教育，不断推进文明礼仪的养成教育。发挥仪式教育的育人功能，分别在谷里小学、淳化中学、东山外国语学校举办成长仪式、青春仪式和成人仪式现场观摩研讨活动。

4月，横溪街道陶吴中心小学第四届校园诗歌节拉开帷幕。开幕式上，《诗经》《三字经》《君子歌》等国学经典被融入歌曲、舞蹈、快板等表演形式　　区新闻中心　供稿

校园足球计划实施　2017年，根据《江宁区中小学校园足球行动计划（2015—2020）》，成立江宁区校园足球工作领导小组，安排校园足球专项经费200多万元，保障校园足球发展。先后组织100名教师参加市裁判员培训班和通讯员培训班。举办区级校园足球联赛，有70所中小学参加，经过200多场角逐，选拔出前两名队伍参加2017年南京市校园足球联赛，在比赛中交流球技，践行江宁校园足球“阳光、快乐、健康”理念。

一批科技创新成果获省大赛奖项　2017年，区教育部门组织青少年参加第28届江苏省青少年科技创新大赛，有9项师生科创成果在比赛中获奖，天景山小学学生何冉冉的科幻画《植物空气净化器》获一等奖；铜山小学学生胡瑶、王康锐等的小研究《寻求紫山药质优高产栽培方法的研究》、魏和的小发明《移动式鱼塘水质生物净化装置》、徐瑞临的小发明《自助看牙镜》、王汝晗的小发明《可拆卸防积水镜面香皂盒》以及陶吴小学学生季如雪、詹子晨、刘嫣然等开展的《关于农药瓶（袋）处理的调查与思考》分别获二等奖；铜山小学学生缪雨彤的小发明《地下阀门方便开启器》获三等奖。

（姜书勤）

竹中成为全市首批教育现代化初中考察学校　4月，市教育局公布10所初中为南京市教育现代化初中考察学校，竹山中学成为全区唯一入选初中。此次公布的学校是全市首批教育现代化初中考察学校，旨在进一步推进南京市普通初中教育优质均衡发展，通过建设教育现代化初中，发挥其典型示范引领作用，加快普通初中教育又好又快发展。教育现代化初中要求在办学体制、育人模式、课程改革、学校管理上有创新、有特色，形成与现代学校办学理念相适应的制度文化、课程文化、管理文化；借鉴国内外先进的教学理念，提升学生核心素养；充分利用互联网技术和教育大数据，全面探索“互联网+教育”的实践。竹山中学始终坚持正确的办学方向，注重内涵发展，在互联网时代的大背景下，该校教育教学改革成果显著，成为“江苏省首批教育现代化工程示范初中”和“南京市首批推进素质教育示范初中”。

两所初中成为省市课程基地建设项目学校　6月，省教育厅下发《关于公布2017年江苏省中小学课程基地建设项目通知》，江宁区东善桥中学申报的《“善育文化”背景下的语文学科课程建设》脱颖而出，成为省级课程基地建设项目学校。至此，全区已有3所新优质初中学校的课程建设项目创建成为省级课程基地建设项目。同时，在2017年南京市初中课程基地建设项目中，丹阳学校申报的《数学学科课程建设实施方案》项目通过评审，成为市级课程基地建设项目。

东山小学全国创客活动中获奖　8月，在深圳举行的2017年第二届全国中小学生创客活动无人机先锋项目中，东山小学2个队分别获得冠军和季军，在Scratch实验箱编程项目中，分别获得一等奖和三等奖。此次活动吸引全国各地500多名师生参加，分为中国好创客大奖赛、投篮创客马拉松大赛、3D打印创新设计与制造挑战赛、“水陆协同”水中机器人大赛等9个项目，每个项目的优胜队获得参加2018年世界创客大会的资格。这次比赛东山小学共派出4个队12名学生参加。

江宁开发区学校建成开学　9月1日，江宁开发区学校建成开学。该校为九年一贯制学校，当年新招小学一、二、三年级及初中一年级学生约600人。开发区学校小学部和北京东路小学合作办学、中学部和江宁高级中学合作办学，学校有教职工55人，其中一半以上是骨干教师。该校9个年级全部成立后，能接纳3600余名学生接受九年制义务教育，其中小学部为8轨48个班级，中学部为10轨30个班级。学校不仅师资力量雄厚，硬件设施也完备，书法室、美术（数字化）教室、物理实验室、生物实验室等一应俱全。

铜小《小小科学家3》出版　8月，铜山小学《小小科学家3》正式出版。该书收集编著了铜山中心小学2011—2016年间，学生在发明创造和小课题研究方面取得的科教成果。《小小科学家3》收集市级以上获奖小发明作品56件，其中《防晃桶》《自动锁定折叠防滑长梯》《发泡内胆节能电热水壶》获国际发明展金奖；《双控开关电蚊香器》《能站立的卫生拖把》《多功能卫生保健茶叶桶》获国际发明展银奖。该书还收集学生新开展的小课题研究17篇，其中《校园无污染防治蚧壳虫的研究》《提高鸡兔同笼饲养成活率的研究》等9篇在中国少年科学院论文答辩中获一等奖。　　（宁　鉴）

2017年江宁区中考录取分数线情况表

表 36　　　　单位：分

学校名称	第一志愿	第二志愿
江宁高级中学	592	—
秦淮中学	541	541
秦淮中学美术班	632（含专业成绩）	—
天印高级中学	563	563
临江高级中学	497	497
秣陵中学	480	480
东山外校	613	—
南师附中江宁分校	615	—
宇通实验学校	541	531
江宁高职（综合高中）	440	440
普通高中指标生	561	
南通幼儿师范	510	
3+4 分段培养	560	
3+3 分段培养	420	
五年高职	455	

（姜书勤）

中等教育

概　况　2017年年末，江宁区有普通高级中学5所，班级210个，在校生8953人，毕业班2741人，专任教师922人。有高等职业学校1所，班级114个，在校生4204人，招生1551人；教职工369人，其中专任教师344人，学历达标率100%。临江高级中学创建成省四星级高中。是年，围绕质量提升，全区设立高考成果奖，发放超课时补助经费，实施薄弱学校、薄弱学科提升工程，形成激励导向，提升高中办学质量。天印高级中学创建成国家级学生体质健康点校。全区文理类本科有效达线2313人（其中本一达线751人、本二达线1562人），体育类本科达线48人（含兼报）、艺术类本科达线227人（含兼报），本科达线率86.1%；本科录取2365人，其中被C9联盟、原985、211院校录取218人。江宁高等职业学校普通高校对口单招本、专科有413名学生参考，本科达线165人，本科达线率40%，名列南京市第一，再创江宁高等职业学校对口单招历史新高。

高校招生　2017年，全区有3005人参加高考。其中报考文科类826人、理科类1771人、艺术类20人、体育兼文理类86人、艺术兼文理类302人。应届生2977人，占总数的99.1%；往届考生及社会青年28人，占总数的0.9%。文科考生1059人，理科考生1926人，文理比为35.5:64.5。参加录取人数3473人，本、专科录取考生3322人，占全区报考人数的95.65%。其中录取本科生2365人（文理本科2103人，体育类本科38人，艺术类本科224人），占考生数的68.1%；录取专科957人（文理类专科424人，体育专科12人，艺术类专科23人，自主招生469人，注册录取28人，直招士官1人），占考生数的27.6%。

2017年，天印高级中学“天创梦想”机器人社团成立。该社团以乐高机器人教育为基础，引入机器人超市购物项目、创智3D虚拟机器人项目及Arduino开源硬件创客项目，吸引学生参与。图为指导老师与学生一起探讨机器人知识　区新闻中心　供稿

中等学校招生　2017年，全区共录取高一新生7168人，中考报名7525人，升学率95.3%。其中普通高中4076人，综合高中178人，师范81人，普通中专高职（含“3+2”“3+3”“3+4”）1015人，职业中专、技工学校1818人,职教类总计录取3092人，普职比例为56.9∶43.1。充分利用政策规定，自主划定指标生控制线，分别划定各批次录取学校最低控制线，根据考生志愿从高分到低分录取，基本实现凡有求学愿望的考生都可进入各类职技校学习。

高等教育自学考试　2017年，全区高等教育自学考试有14335人报名参加考试，报考34363课次，设江宁高职校、上元中学、竹山中学和百家湖中学4个考点。其中上半年报名4857人，报考12216课次；下半年报名6130人，报考16155课次；1月增考报名1723人，报考3162课次；7月增考报名1625人，报考2830课次。上半年毕业登记325人（本科300人，专科25人）。自学考试报名人数比2016年增加1837人，报考课次增加4494课次。

成人高校招生考试　2017年，全区成人高校招生考试安排百家湖中学、竹山中学、上元中学、江宁高职校、晓庄学院5个考点，其中高职校考场92个，首次设立晓庄学院考点（110个考场）。参加统一考试9654人，实考9262人，替考1人，违纪1人，缺考392人，缺考率4%。

（姜书勤）

江宁高中创成国家棒球青少年后备人才培养基地　12月，江宁高级中学继被授予“国家垒球后备人才训练基地”后，又被国家体育总局授予“国家棒球青少年后备人才培养基地”。江宁高级中学垒球队成立于2001年7月，棒球队成立于2010年9月。该校制定一整套科学训练方案，学习期间分段训练，休假期间集中训练，大赛前夕重点训练，考试前夕减轻训练。教练员和任课教师间经常保持沟通，保证队员学习训练两不误。经过师生的共同努力，学校棒垒球队相继获得全国青少年垒球锦标赛第三名、全国青少年AAA组棒球锦标赛第三名的好成绩。学校女子垒球队自2007年以后，先后9次获得全国冠军、7次获江苏省冠军，为江苏省垒球队和相关高校输送一大批优秀运动员，吸引韩国顺天高中女子垒球队、韩国国家女子垒球队、中国台湾苗栗县女子垒球队、日本福岗高中女子垒球队慕名到校进行技术交流。

（宁　鉴）

2017年江宁区高考录取情况表

表 37

学校	统计人数（人）	文理类本科（人）			体育本科（人）	艺术本科（人）	本科合计（人）	本科录取率（%）	高职专科（人）					专科合计（人）	录取总数（人）	录取率（%）
		提前本科	一本	二本					自主招生	直招士官	专科	注册	体艺专科			
江宁高中	818	5	228	480	—	16	729	89.12	6	—	49	1	—	56	785	95.97
秦淮中学	687	1	14	225	26	115	381	55.46	129	—	130	3	13	275	656	95.49
临江中学	455	1	—	62	2	21	86	18.90	219	1	109	7	14	350	436	95.82
天印中学	617	—	34	376	9	36	455	73.74	38	—	91	5	7	141	596	96.60
秣陵中学	82	—	—	1	—	8	9	10.98	66	—	3	2	—	71	80	97.56
附中分校	484	11	243	171	1	21	447	92.36	2	—	8	1	1	12	459	94.83
东山外校	227	16	136	70	—	2	224	98.68	—	—	2	—	—	2	226	99.56
宁通学校	68	—	1	20	—	2	23	33.82	9	—	30	—	—	39	62	91.18
区报生	35	—	1	7	—	3	11	31.43	—	—	2	9	—	11	22	62.86
总计	3473	34	657	1412	38	224	2365	68.10	469	1	424	28	35	957	3322	95.65
2016 年	3467	35	390	1461	45	236	2167	62.50	588	1	468	45	41	1143	3310	95.47

（姜书勤）

其他教育

特殊教育　2017年年末，江宁区有特殊教育学校1所，班级14个，办有学前班、启音部听障班、启智部智障班，在校生128人。教职工51人，其中专任教师46人。是年，江宁特殊教育学校不断拓展职业教育，与江宁高等职业学校合作办学，开设适合智障儿童学习的职业技能课。新建校内汽车美容车间和苗圃花卉种植园，为汽车修理、美容和花卉栽培专业学生提供校内学习、培训和实践基地，毕业生中有3人成功就业。坚持“科研兴教”，开展“十三五”市规划课题《促进学前特殊儿童健康成长的游戏化活动实践研究》的研究，教师发表论文22篇。作为南京市随班就读先行先试实验区，成立区随班就读指导中心，开展融合教育。江宁特殊教育学校成立3个教师巡回指导组，对全区50所学校的165名持有残疾证或医学证明学生逐一进行教育评估，为下一步开展特殊教育提供依据。全年新增3所随班就读实验学校，翠屏山小学、秣陵小学创建为南京市融合教育示范化学校。

民办教育　2017年年末，全区有民办中小学3所（东山外国语学校、南师附中江宁分校、南京宇通实验学校），小学班级100个，在校生3646人；初中班级150个，在校生6702人；高中班级72个，在校生2625人。教职工1209人，其中专任教师1015人。全区非教育部门办幼儿园119所，批准设立民办幼儿园5所、教育培训机构4所。是年，区民办非学历教育协会理事会进行换届选举，并修改协会章程，调整充实组织机构。

社区教育　2017年年末，全区有社区培训学院1所，社区教育中心10个，成人教育学校23所，村（社区）市民学校201所；有省级社区教育中心10个，省重点成人学校4所。是年，秣陵街道创建成为全国社区教育示范街道，至此，全区60%的街道已创建成全国社区教育示范街道。谷里街道社区教育中心被评为首批“江苏省社会教育百强单位”，横溪、淳化街道社区教育中心创建成南京市教育服务“三农”高水平示范基地；“湖熟耕学堂”被评为江苏省社区教育品牌；“茶润农家”被评为南京市终身学习活动品牌。社区教育全年完成农村劳动力转移、从业农民实用技术等各类职业技能培训17万人次，其中农科教讲师团涉农培训近3000人次；组织居民参加各类社区教育活动60万人次，其中老年教育活动4万多人次。

（姜书勤）

4月，区残联、东山街道残联、东山街道中前社区公园路网格志愿者走进区特殊学校，开展“筝舞蓝天　放飞梦想”活动。图为志愿者与孩子们一起绘制风筝，在风筝上写下名字与心愿

区新闻中心　供稿

教师队伍

概　况　2017年年末，全区教育系统有在职教职工15641人。其中，幼儿园6446人，小学4058人，初中（含九年一贯制学校）2837人，高中（含完全中学、十二年一贯制学校）2249人，特殊教育学校51人，中等职业学校369人。学历达标率均为100%。是年，30名中小学学科教师获“南京市学科优秀青年教师”称号，34名中小学班主任和德育干部获首届“南京市德育优秀青年教师”称号。在南京市举行的2017年中小学班主任基本功大赛中，3名班主任获南京市班主任基本功大赛一等奖，麒麟中学曹会敏获南京市五一劳动奖章，江宁高级中学李牡丹、宇通实验学校冯锟获南京市五一劳动创新奖。

中小学师德师风建设年活动 2017年，区教育部门组织开展“中小学师德师风建设年”活动，健全和完善师德考核、评价和监督长效机制，进一步规范教师执教行为，实行师德考核“一票否决制”。将考核结果纳入学校的绩效考核、教育教学综合评估、各类评优评先，并加大权重。评选表彰“师德先进群体”“师德标兵”“师德先进个人”和“师德先进工作者”，宣传道德模范、优秀教师的典型事迹，树立教师表率，弘扬新时代教师高尚精神。通过“师德巡回演讲”“为身边教师点赞”等形式，激励教师努力成为“心中有爱、眼中含情”的好教师。

教育人才激励制度建立 2017年，区教育局出台《江宁区教育系统引进培养优秀人才实施办法》，对引进的省特级教师一次性给予70万元资助，对获评省特级教师、市学科教学（德育工作）带头人、市（德育）优秀青年教师给予一次性1万～20万元资助。下发《关于对在职教师攻读硕博士学位发放学费补贴的通知》和《关于全区教育系统所属事业单位在职教师学历（学位）提升工程的实施意见》，实施在职教师学历（学位）提升工程。制定《关于江宁区教育系统优秀人才培养津贴的发放管理办法》，提高省特级教师、市学科带头人等优秀教育人才的培养津贴标准。

菜单讲座与论文发表 2017年，区教育部门新增区级教科研菜单讲座100多个，进校举办讲座500多场次。参加“黄浦杯”长三角城市群论文评选，3人分别获二、三等奖；省“师陶杯”竞赛中，1人获特等奖，7人获一等奖；参加省优秀教育管理论文评选，区教育局获“优秀组织奖”。是年，教师在核心期刊发表论文101篇，国家级期刊发表论文149篇，省级期刊发表论文1175篇。（姜书勤）

新添3个市级名师工作室 3月，市教育局公布第二批“南京市名师工作室”并授牌，江宁区3个名师工作室入选，分别是初中劳技“王洪贵名师工作室”、初中道德与法治“周智宁名师工作室”和小学语文“王红梅名师工作室”。名师工作室是优秀教师展示才能、开拓创新的舞台，同时也是促进教师队伍建设的示范窗口，通过开展学科课程改革、教育改革项目研究等，带动、培养更多年轻教师迅速成长。新添的3个市级名师工作室定期开展活动，特别是面向乡村学校和薄弱学校，开展支教助学、送教研活动，服务学科教学，努力使工作室成为本学科研究教育教学实验的高地，成为骨干教师成长的基地，共同为江宁教育的提升做出贡献。

东山小学教师出版S4A专著 5月，东山小学教师赵凯的《S4A互动程序设计》一书由清华大学出版社出版发行，该书是国内第三本S4A专著。在负责学校的创客教育和STEM教育工作中，赵凯带领团队教师开发校本课程，多篇创客教育论文在《江苏教育》《中国信息技术教育》《江苏教育技术研究》等期刊发表，并多次应邀赴全国各地开设创客教育讲座。

百小网络教研团队获全国比赛一等奖 7月，第15届“全国中小学信息技术创新与实践活动”（NOC）教师赛项决赛在青岛大学举行，全国各地近3000名教师参加。江宁区百家湖小学的张顺凤、薛梦鋆、叶慧3名教师组成小学英语网络教研团队获南京市一等奖，并代表南京市参加全国NOC大赛，获得全国一等奖。此次比赛展现了一线教师将信息技术运用于教育教学各个方面的前沿理念和高超水平，百家湖小学的3名教师，经过1个多月的精心准备，比赛中各展所长，充分发挥团队力量，在各省市众多参赛队伍中脱颖而出，最终取得全国一等奖的好成绩，也是小学英语组的南京参赛队伍中唯一获得国家级一等奖的优秀团队。

洛南县校长教师代表到江宁跟岗实践 8月，陕西省洛南县教育系统的校长、教师代表一行，到江宁区参加由江宁教师进修学校组织的为期10天的专题培训。此次培训分为校长班和教师班组织实施，邀请江苏省师资培训中心主任严华银以及区内中小学优秀校长及骨干教师17人，分别就课程建设、教学改革、学校特色打造等开设专题讲座，同时组织洛南校长教师参观区内部分学校以及中小学生阳光训练基地。根据《江宁区与洛南县教育对口支援工作实施方案》，9月，又有20名洛南骨干教师到江宁区中小学跟岗实践。

（宁　鉴）

高等教育

·江宁大学城·

概　况 2017年，江宁大学城管理办公室贯彻市委、市政府“两落地、一融合”工作部署，充分发挥科教创新优势，深度挖掘和整合资源，全力推动地方政府与院校平台有效对接，促进一批成果转化项目，打造政校企创新平台，校地合作共建取得阶段性成果，逐步形成开放互惠、合作共赢新局面。

校地共建合作。重点推动南京工程学院、金陵科技学院、江苏经贸职业技术学院3所高校的大学科技园建设。江宁高新区与南工程大学科技园、科教创新园签署全面战略合作协议，对接多家大数据企业入驻金陵科技学院大学科技园进行共同孵化。江宁高新区专门成立南京江宁大学科技园发展有限公司，参与大学科技园的建设、运营、管理和服务。其中，南京工程学院大学科技园依托优势学科重点推进智能电网、装备制造、信息技术领域的创业创新；金陵科技学院大学科技园主要围绕软件技术、大数据、网络空间安全领域打造研究院所和工程技术中心；江苏经贸职业技术学院大学科技园在文化创意、云商、软件互联领域集聚一批优质项目。

政产学研合作。全年新增产学研合作项目30个，合作领域涉及电子信息、精密仪器、生物制药、物流、能源电力等新兴产业，组建一批校企合作实验室和研究生培养基地。南京工程学院先后与区内企业联合共建省级工程技术研究中心7家，金陵科技学院与江宁高新区共同出资建立知识产权服务平台。江宁高新区与中国银行股份有限公司江苏省分行签署全面战略合作协议，协同南京工程学校、金陵科技学院、江苏经贸学院共建大学生双创实习基地，为优秀大学生提供实习机会和双创场所，开拓联合办学和产学研合作新路径。江宁高新区与南京交通职业技术学院、南京万宇投资置业有限公司合作成立南京交院万宇学院，建立万宇学徒制班、万宇创新创业实验班、万宇培训基地，打造研发与数据分析中心、教育资源开发中心、科研成果孵化和转化中心等产学研平台，共同开展人才培养和产学研合作。

大院大所合作。依托“江苏·大院大所合作对接会大会”，对接中科系科研院所，促成金陵科技学院与中科院电子所就创建大数据研究院达成合作。该合作项目由金陵科技学院提供相应载体，电子所提供师资力量和相关教材，以大数据技术开发和专业教学为主要合作方向。与此同时，抢抓中科院电子所成果转化落地的契机，引进中科星图科技（南京）有限公司、中科万城（南京）大数据科技有限公司，在军用卫星遥感大数据技术民用化、智能楼宇大数据领域共建产学研合作平台，促进成果产业化。

高校创新创业。发挥院校人才资源和地方政府之间的桥梁纽带作用，利用人才政策为项目发展提供辅助和加成，帮助60余名教师获得国家、省、市、区各级资助并启动创业。江宁高新区全面支持大学生创业创新，全年办理青年大学生创业证350本，其中注册公司近100家。江宁合伙人、天印梦工厂、金科创客汇等众创空间规范运作，在孵项目和注册企业均超过100家。

综合协调服务。配合区纪委举行“江宁清风·廉动校园”活动，推动廉政宣传教育工作进高校，举办“廉洁伴我启航”活动月，建设“廉系未来”主题广场，在高校师生中营造风清气正的氛围，构建清正廉洁的价值导向，建立校地反腐倡廉建设共建共赢长效机制。江宁高新区与牛首山文化旅游区合作开展“智慧牛首·情系校园”服务活动，江宁大学城19所高校参加活动，开通江宁大学城至牛首山周末高校免费直通车，设立19所高校智慧助学金，举办“定向越野高校争霸赛”活动，打造“旅游+教育+体育”的运营模式，推动区域内全方位产业融合发展。

工程学院科教创新园开工 3月16日，南京工程学院科教创新园开工建设。该项目占地面积13.3公顷，其中一期工程占地3.3公顷，建筑面积3.15万平方米，由科教创新楼、学术报告厅、青年教师公共租赁住房综合楼组成，主要用于开展研究生教学、科学研究和创新创业工作，同时布局科技成果展览中心、智能电网研发中心、创业工作坊、教职工生活配套等。项目预算总投资3.5亿元。

经贸学院大学城社区服务中心成立 5月，淳化街道大学城社区与江苏经贸职业技术学院签订教育资源合作共享协议，挂牌成立江苏经贸职业技术学院大学城社区服务中心和大学生社会实践活动基地。社会实践活动基地定期安排社会服务相关专业大学生进社区进行专题实践，而社区服务中心引入大学师生等专业资源，将社会服务力量触角延伸到基层社区。江宁大学城社区已与2所高校达成双向合作协议，计划引入数千名在校大学生开展各类社区公益服务项目。

交通职业技术学院万宇学院揭牌 9月20日，江宁高新区、南京交通职业技术学院、南京万宇投资置业有限公司政校企三方代表共同签署合作协议，南京交通职业技术学院万宇学院揭牌成立。南京交院万宇学院探索混合所有制办学，实行理事会领导下的院长负责制，制定混合所有制办学发

9月20日，南京交通职业技术学院万宇学院揭牌。图为揭牌仪式现场
江宁高新区　供稿

展规划。另外，计划共建产学研平台——汽车服务研究院，打造研发与数据分析中心、教育资源开发中心和科研成果孵化转化中心等产学研平台。

牛首山—大学城校企合作启动　10月17日，“智慧牛首 筑梦校园”牛首山—大学城校企合作启动仪式在牛首山佛顶宫举行。此次活动由牛首山文化旅游区管委会、江宁高新区管委会主办，19所高等院校作为支持单位共同承办。自2017年10月21日起，大学城师生凭牛首山门票即可免费乘坐直通车，同时学生群体可享受40元/张的景区门票专属特惠。双方还计划在大学生志愿者服务、校外实践、工作实习等方面开展合作。

两所高校获批筹建省级大学科技园　11月，省科技厅、省教育厅批准南京工程学院、江苏经贸职业技术学院筹建省级大学科技园。南京工程学院大学科技园占地面积12.3公顷，总建筑面积22.2万平方米，重点开展高端装备制造业、智能电网、信息技术等领域的科研创新和高层次人才培训。江苏经贸职业技术学院在原180创业园基础上新建5万平方米大学生实训基地，打造在校生创业、创新、创意活动的实践操作平台，为跨境电商、智慧物流、动漫设计等专业方向的学生提供创业和实训机会。

（王志鑫　王世杰）

·江宁高等职业技术学校·

概　况　2017年，江宁高等职业技术学校按照区委、区政府《关于理顺体制、改革创新、加快发展现代职业教育工作的实施方案》，加速推进职培中心、技师学院和中专校三校整合，扎实开展高职校各项筹建工作。学校在构建和谐校园的同时，抓住省联院分院和省高水平现代职业学校创建契机，坚持把规范管理摆在学校发展的重要位置，深化内涵建设，努力提高人才培养质量和办学水平，各项工作取得显著成效。学校基础能力建设、内涵建设、办学质量等全面提升，服务经济、社会发展能力进一步提高。4月，成功创建电子与信息技术省现代化专业群，并获免检通过。至此，该校已有机电技术应用、电子与信息技术2个省现代化专业群。

校企合作　2017年，江宁高等职业技术学校深入推进校企合作，不断延伸合作的深度、广度。新建成与联想公司共建共享的企业级IT运维人才培养基地、与中兴公司共建共享的IT实训基地，组建联想专业班；与菲特集团开展“学徒计划”合作项目，与中邦技术集团合作开展汽车专业实训基地共建共享项目。学校成为教育部与北京华航唯实等公司工业机器人应用人才培养中心，合作企业菲尼克斯电气、航天晨光获第三批南京市职业教育战略合作企业称号。

专业调整　2017年，江宁高等职业技术学校继续优化专业结构，服务企业和社会人才需求，新增汽车检测技术与维修、数字媒体应用技术2个五年高职专业，城市轨道交通运营管理、皮革工艺、休闲体育3个中职专业，以及与江苏农牧科技职业学院合作的“3+3”分段培养项目园林技术专业，全校“3+3”分段培养项目6个。还新增工业机器人五年高技工专业。是年，学校五年高职、“3+3”分段培养、部分职业中专专业超额完成招生计划。

教育管理　2017年，江宁高等职业技术学校加强系部二级管理，制定对系部工作的考核细则。建立教学质量监控制度，制定关于人才培养质量监控第三方评价实施意见，组织开展教学常规工作巡查督导，及时反馈督导评价意见，每周形成督导报告，推动良好教风和学风的形成。对实习工厂、图文中心屋面进行维修改造，保障师生学习、工作、实训和人身安全。

教育教学 2017年，江宁高等职业技术学校规范组织校、区、市级公开课，使用教务管理平台，并完成教学计划、课程设置分工、课表、考试成绩、质量分析表等数据录入工作，推广使用网络学习空间。学校师生在省、市举办的技能大赛、教学大赛、对口单招中取得好成绩。其中，省技能大赛师生获得2金、5银、9铜，省教学大赛获省3个二等奖。省普通高校对口招生413名学生参考，本科达线165人，本科达线率40%，名列全市第一，专科达线率100%，再创对口单招历史新高。年内，有64名学生参加五年高职专转本，42名学生被本科院校录取。举办第三届校园文化艺术节。组团参加第13届全国文明风采比赛，获得一等奖1项、二等奖2项、三等奖1项，学校获第13届全国文明风采比赛“优秀组织奖”。参加2017南京阳光体育节第二届校园篮球联赛，学校男女篮球队均获一等奖，女队获高中组冠军，男队获第三名。有2个班级获评省“三创”先进班集体、6个班级获评市“三创”先进班集体；有2名学生被评为省“三创”优秀学生干部、5名学生被评为市“三创”优秀学生干部；有4名学生被评为省“三创”优秀学生、6名学生被评为市“三创”优秀学生；有2名学生被评为省联合职业技术学院三好学生、1名学生被评为省联合职业技术学院优秀学生干部；有12名学生被评为区优秀学生。竹山路校区3名学生被评为市三好学生。

教科研工作 截至2017年，江宁高等职业技术学校已立项省教育科学“十三五”规划2016年度课题（重点资助）1项、市教育科学“十三五”规划2016年度课题1项、省职教学会2017—2018年职业教育研究课题2项，中央电教馆课题结题待审批1项。上报市第十期个人课题20项，教育案例、教育叙事18篇。宋建飞、郎霞娟等7名教师分别获得区教育案例、教育叙事奖。有90多篇教师论文在省以上刊物发表，《现代学徒制本地化探索与成效——以德国“双元制”人才培养模式为例》获省教育教学成果一等奖，另有5篇论文获市二等奖。

教师队伍建设 2017年，江宁高等职业技术学校经个人申报，系部推荐，学校评审，遴选白秉旭电子信息、王光勇智能制造、孙永园艺、袁林青商贸、聂小凤德育名师工作室5个。其中，王光勇智能制造名师工作室被认定为市级名师工作室，白秉旭名师工作室被认定为省级名师工作室。还遴选王辉、贡海旭、奚小平、陈智荣、夏开云、姚友军、程盼盼、崔律创新工作室8个，发挥教师在专业建设、教学改革、学生培养、技能提升、创业创新等方面的引领作用。年内，宋建飞被评为“第九届南京市优秀青年教师”，聂楠、周子楠、杨吟梅获“南京市首届德育优秀青年教师老师”称号，胡锋、周子楠、王勇、徐海洋、曹红被评为第13届全国文明风采比赛优秀指导教师，姚雪莲被评为2016年度江苏省共青团工作先进个人，徐少华被评为2017年度南京市技工院校“先进教育工作者”，魏静被评为2017年度南京市技工院校先进教师，孙志娴、吴达胜、王玉兰、崔律、叶金鑫等5人被评为“江宁区优秀教育工作者”，罗洁等4人被评为“江宁区优秀班主任”。技师学院校区实训处教师团队区“工人先锋号”创建通过区总工会检查验收。

社区教育和开放教育 2017年，江宁高等职业技术学校加大“南京学习在线”推广力度，在籍成人本专科人数增至4362人。完成省公务员考试、对口单招考试、省自学考试等750多个考场组考工作，无考务事故发生。开放教育2017年春季各类学历教育招生347人，在校中专学生参加成人专科学习328人。办理本专科毕业证382人，其中本科190人，申请学士学位19人。组织现代远程试点高校网络教育部分公共基础课全国统一考试1907人次，7名开放教育学员获国家开放大学奖学金，6名教师参加国家开放大学与南京电大培训，取得合格证书。

2017年江宁高等职业技术学校学历教育招生情况一览表

表 38

招生类别	招生数（人）	招生类别	招生数（人）
综合高中	171	成人本专科	1007
五年高职	470	非学历培训	6062
职业中专	438	合计	8368
3+3	220	—	—

（江宁高职校）

·驻区高等院校简介·

东南大学九龙湖校区 2017年，该校有30个院（系）、76个本科专业，全日制在校生3147人。专任教师2832人，具有博士学位的2314余人，高级职称1935人，博士生指导教师925人，硕士生指导教师2151人，“两院”院士12人，欧洲科学院院士1人，国务院学位委员第七届学科评议组成员13人，入选国家“万人计划”专家16人，入选国家“千人计划”专家23人，青年“千人计划”26人，“长江学者奖励计划”特聘教授、讲座教授45人，长江学者青年学者项目10人，国家级教学名师奖获得者5人，“万人计划”教学名师3人，国家杰出青年科学基金获得者43人，国家“十二五”863计划主题专家3人、国家科技计划专项专家1人、国家重大专项专家2人，人事部“百千万人才工程”国家级人选24人，全国十大青年法学家2人。有博士学位一级学科授权点30个，硕士学位一级学科授权点49个，国家一级重点学科（涵盖15个二级学科）5个，国家二级重点学科5个，国家重点（培育）学科1个，江苏高校优势学科建设工程二期项目立项学科（群）13个，江苏省重点序列学科1个，“十三五”江苏省重点学科17个，博士后科研流动站30个。有国家重点实验室3个，国家工程研究中心3个，国家工程技术研究中心2个，教育部重点实验室11个，教育部工程研究中心5个。9月，学校进入一流大学建设高校A类名单，11个学科入选一流学科名单。在教育部学位与研究生教育发展中心组织的第四轮学科评估中，获得A+学科5个。11个学科进入ESI世界前1%，其中工程学位列32位、计算机科学位列35位，2个学科已进入ESI世界前1‰。5个专业入选国家级综合改革试点项目，23个专业入选国家特色专业建设点，36门课程获首批“国家级精品资源共享课”称号；8个实验中心入选国家级实验教学示范中心及建设点，3个中心入选国家级虚拟仿真实验教学中心。52名教授当选新一届全国教学指导委员会委员，其中5名教授当选高等学校相应专业教学指导委员会主任委员。11个团队入选国家级教学创新团队。获国家级教学成果一等奖。建有国家级人才培养模式创新实验区12个和国家级工程实践教育中心12个。学校获全国百篇优秀博士学位论文20篇，全国百篇优秀博士学位论文提名奖31篇。与澳大利亚蒙纳士大学合作的东南大学—蒙纳士大学苏州联合研究生院是教育部批准的第一个中外联合研究生院，已招生1006人，毕业458人。科研经费到款23.1亿元。发明专利申请2556件，发明专利授权1545件，PCT专利申请34件。SCI论文收录2689篇，位列全国高校第19位；EI收录论文2644篇，排名第12位。创新创业载体20余万平方米，在园企业300余家，毕业企业1000余家。与150多所大学和研究机构签订合作交流协议。在校留学生1947人，其中学历留学生1492人，留学研究生713人。学校在美国和白俄罗斯设3个孔子学院。是年，第三届互联网+全国大学生创新创业大赛获1金1银2铜；第15届“挑战杯”全国大学生课外学术科技作品竞赛获2个特等奖、2个一等奖和2个二等奖；2017年全国大学生电子设计竞赛获一等奖9个、二等奖10个；2017年美国土木工程大学生钢桥竞赛获国际级一等奖；2017年美国大学生数学建模竞赛获国际级一等奖，2017年全国大学生数学建模竞赛获一等奖5项；2017年中国教育机器人大赛获特等奖；第12届全国大学生交通科技大赛获一等奖。2017年被教育部认定为“全国首批深化创新创业教育改革示范高校”99所高校之一。

河海大学江宁校区 2017年，该校有23个学院、56个本科专业，在校生51419人，其中研究生16493人，本科生19870人，成教生13874人，留学生1182人。教职工3441人，其中高级职称的教师1354人，博士生导师483人；中国工程院院士2人，双聘院士15人。国家“千人计划”14人，“长江学者”7人，国家杰出青年科学基金获得者7人，国家优秀青年科学基金获得者4人，国家级教学名师奖获得者3人，国家级有突出贡献的中青年专家9人，“百千万人才工程”国家级人选11人，“新世纪优秀人才支持计划”23人，教育部科技委学部委员2人，江苏省有突出贡献中青年专家11人，入选江苏省“333高层次人才培养工程”、江苏省高校“青蓝工程”等省级人才计划培养对象300多人次。国家自然科学基金委创新群体1个，“长江学者和创新团队发展计划”创新团队5个、国家级教学团队2个，“江苏高等学校优秀科技创新团队”6个、江苏省哲学社会科学优秀创新团队2个，“青蓝工程”科技创新团队9个。ESI世界排名前1%学科4个，拥有一级学科国家重点学科1个，二级学科国家重点学科7个，二级学科国家重点学科培育点2个，一级学科省级重点学科15个；博士后流动站15个；一级学科博士点16个，二级学科博士点77个；一级学科硕士点38个，二级学科硕士点205个；硕士专业学位类别12种，其中工程硕士专业学位涉及19个工程领域。获国家级教学成果奖10项、省级教学成果奖73项，建有国家级实验教学示范中心3个，国家虚拟仿真实验教学中心1个，拥有国家级专业综合改革试点项目3个，国家级卓越工程师教育培养计划学科专业5个，国家级工程实践教育中心4个，国家特色专业建设点13个，国家精品视频公开课9门，国家精品资源共享课12门。毕业生就业率96%以上。国家重点实验室2个，国家工程研究中心1个，国家级以及省部级重点实验室9个，国家级以及省部级工程研究中心17个，高等学校学科创新引智基地5个。学校是国家首批授权可授予外国留学生博士、硕士、学士学位的高校，已为100多个国家和地区培养1000余名博士、硕士与学士，与近30个国家（地区）的80余所大学和科研机构建立校（所）际协作关系。

11月23日，成飞—南航“智汇蓝天”科创孵化中心颁奖典礼暨二期项目启动仪式在南京航空航天大学将军路校区举行。校长助理黄炳辉为本科生学术论坛优秀指导教师颁发证书　　宁　鉴　供稿

南京航空航天大学将军路校区 2017年，该校有16个学院、55个本科专业，全日制在校生2.9万余人，其中本科生1.8万余人，研究生1万余人，学位留学生1000余人，成人教育学生近5000人。教职工3072人，其中专任教师1821人（高级职称1260人），博士生导师516人，院士及双聘院士10人，“千人计划”专家21人，“长江学者”20人，杰出青年基金获得者6人，全国教学名师3人，国家级、省部级有突出贡献的中青年专家26人，入选国家和省部级各类人才计划600余人次，享受国务院政府特殊津贴专家147人。有硕士一级学科授权点33个，博士一级学科授权点17个，博士后流动站16个。国家重点学科2个，二级学科国家重点学科9个，国家重点（培育）学科2个，国防特色学科10个。有160个科研机构，建有国家重点实验室1个、国防科技重点实验室2个、国家地方联合工程实验室1个、国防科技工业技术研究应用中心1个、国家文化产业研究中心1个、国家工科基础课程教学基地2个、国家级实验教学示范中心4个。是年，获国家级教学成果奖18项；全国优秀博士学位论文6篇，全国优秀博士学位论文提名15篇；国家级精品课程11门，国家精品视频公开课建设项目6个。国家级优秀教学团队5个，国家级特色专业（建设点）6个，工信部重点专业8个，国防重点专业和紧缺专业（方向）7个。获2017年空客全球大学生航空创意竞赛总冠军；在全国“挑战杯”大学生课外学术科技作品竞赛中，连续8次蝉联“优胜杯”，获特等奖9项、一等奖17项。在“创青春”全国大学生创业大赛获“优胜杯”。

中国药科大学江宁校区 2017年，该校有13个院（部、系）、25个本科专业，5个专科（高职）专业。全日制在校生16144人，其中本、专科生11833人（本科生11109人，专科生724人），研究生3976人（硕士3199人，博士777人），留学生383人。教职工1653人，其中专任教师978人（学科教师901人，辅导员77人）。专任教师中具有博士、硕士学位人员占91%；具有正高级专业技术职务170人，副高级专业技术职务318人；博士生导师185人，硕士生导师210人。有中国工程院院士2人、德国科学院院士1人，“长江学者”6人、“国家杰出青年科学基金”获得者5人、“千人计划”入选者2人、“青年千人计划”入选者7人、“百千万人才工程”国家级培养人选5人、教育部新世纪优秀人才计划入选者34人、江苏省有突出贡献中青年专家6人、享受国务院政府特殊津贴50人、“国家级教学名师”2人、“全国优秀教师”2人、江苏省教学名师7人；国家自然科学基金创新研究群体1个、教育部创新团队2个，国家级教学团队3个、省级教学团队3个。有一级学科博士点2个，二级学科博士点24个；一级学科硕士点6个，二级学科硕士点37个。博士后流动站2个，可在23个专业接收博士后。专业学位硕士点5个。国家一级重点学科1个，国家重点学科6个。江苏省国家一级重点学科培育建设点1个，国家中医药管理局重点学科1个，省一级重点学科1个。“江苏高校优势学科建设工程”立项建设学科3个，省“十三五”重点（培育）学科2个，省“十三五”重点建设学科1个。ESI排名进入全球前1%学科3个。排名进入全球前1‰学科2个。在最新公布的自然指数排名中，排名位居内地高校第44位。根据2016中国科学评价研究中心（RCCSE）发布的指标，2016—2017年7个学科位列全国第一。有国家重点实验室1个，临床前创新药物研发各节点相关的国家和省部级重点实验室、技术平台及工程技术中心18个。有“国家药物政策与医药产业经济研究中心”，为国家医药政策和行业发展提供政策咨询，打造医药领域高端智库。与国家食品药品监督管理总局、中国医药物资协会共建“国家执业药师发展研究中心”，与国家禁毒委员会办公室共建“禁毒关键技术联合实验室”，有2个省级协同创新中心。并建立“协同创新联合研发基地”，江苏恒瑞药业和南京圣和药业先后进驻基地，实现“企业进高校”和“服务入企业”的“零距离”对接转化。学校与国家食品药品监督管理总局药品审评中心签订战略合作协议。国家精品开放课程10门、上线中国大学MOOC课程3门、国家级双语教学示范课程建设项目3门、省精品课程/在线开放课程38门次；编著全国普通高等教育精品教材2种，入选全国普通高等教育“十五”“十一五”“十二五”国家级规划教材41种。有国家理科基础科学研究和教学人才培养基地（基础药学点）和国家生命科学与技术人才培养基地（生物医药点），获批建设国家级人才培养模式创新实验区2个。有国家级工程实践教育中心5个。建有国家级实验教学示范中心2个、国家级虚拟仿真实验教学示范中心1个，校外实习基地92个。与多个国家和地区的27所学校和科研院所签订校际学术交流协议，同40多个国家和地区的院校及科研机构建立学术联系，与中国港澳台地区高水平院校有着紧密合作。为世界67个国家和地区培养博士、硕士、本科生和进修生。该校是教育部药学类专业教学指导委员会主任委员单位、中国药学会药学教育专委会主任委员单位、全国药学专业学位研究生教育指导委员会秘书处单位、全国药学继续教育联盟组长单位、国家药学类实验教学示范中心联席会议组长单位。

南京医科大学江宁校区 2017年，该校有19个学院（部）、1个独立学院，26个本科专业和3个本硕一体化专业。在校生1.5万多人；教职工1700多人，其中学校编制专任教师853人。教授188人、副教授252人，博士生导师587人、硕士生导师2014人（含附属医院）。中国工程院院士1人，美国国家医学院外籍院士1人，“长江学者”3人，“长江学者奖励计划”青年学者2人，国家“万人计划”百千万工程领军人才1人，国家“千人计划”9人，国家杰出青年科学基金获得者8人，优秀青年基金获得者11人，国家级教学名师1人，“教育部新世纪优秀人才支持计划”7人，“国家级教学团队”3个，教育部“创新团队”1个。有一级学科博士学位授权点8个、二级学科博士学位授权点50个、交叉学科博士学位授权点3个；一级学科硕士学位授权点12个、二级学科硕士学位授权点73个；博士后科研流动站7个，学位授权点覆盖7个学科门类；有国家重点学科3个、国家重点培育学科1个、国家临床重点专科28个、省一级学科重点学科2个、省一级学科重点培育学科3个。在江苏、上海、山东等地拥有附属医院23所、教学医院50多所。学校是省高层次人才培养计划——“333工程”培训基地。在全国第四轮学科评估中，公共卫生与预防医学在全国54所参评高校中获评A+等级。进入ESI全球排名前1%学科7个。省高校优势学科4个。有国家重点实验室1个、国家级国际联合研究中心1个、部级重点实验室4个、省级重点实验室（工程中心）20个。获国家自然科学基金项目299项，项目数位居独立设置医科大学第1位。有国家级精品课程5门，国家级精品资源共享课4门，国家级特色专业5个、省级特色专业5个、省级品牌专业4个、国家级双语教学示范课程2个；国家级实验教学示范中心2个、国家级虚拟仿真实验教学中心1个、省级实验教学示范中心12个、中央和地方财政共建高校教学实验室19个、国家级人才培养模式创新试验区1个。

南京工程学院 2017年，该学院有18个院、1个继续教育学院和1

个民办二级学院，80个本科专业及方向（含2个中外合作办学专业）。全日制在校生2.5万多人，其中工程硕士专业研究生300多人。教职员工1800多人，其中专任教师1300多人，具有高级职称的占48.9%。享受国务院政府特殊津贴专家5人，省特聘教授1人，省有突出贡献的中青年专家6人，市有突出贡献的中青年专家1人、省教学名师4人，省“333工程”“青蓝工程”“六大人才高峰”等116人次；获批省高校科技创新团队2个、“青蓝工程”科技创新团队2个、省高校优秀教学团队1个、“青蓝工程”优秀教学团队1个、省高校哲学社会科学优秀创新团队1个。有国家级特色专业3个，省级特色专业9个，省级重点专业建设点16个，入选教育部首批“卓越计划”专业6个，入选教育部CDIO教育模式改革试点专业2个，是国家机电控制类人才培养模式创新试验区，江苏省机械类人才培养模式创新实验基地。建成国家级和省级精品课程12门，国家精品教材4部，省精品或重点教材15部，校企合作出版教材82部，在全国同类高校名列前茅。有实验中心40个，各类实验室197个。有国家级大学生实践教学基地1个，国家级工程教育实践中心8个；有省级实验教学示范中心12个；与10家世界500强企业、30多家国内龙头企业、100多家行业骨干企业合作共建实验室、实践教学基地，合作资金3亿元；建设大型工业中心和创新学院6万多平方米，高水平实验室和实习实践基地197个。建有专业硕士学位培养领域2个，省级重点学科7个；建设校级研究院3个；与企业共建国家和省级学科科研平台4个。有国家级技术转移示范机构1个，国家级众创空间“天印梦工场”1个，省首批协同创新中心建设点1个，省级工程实验室1个，省高校重点（建设）实验室3个，省级工程技术研究中心10个。学校是教育部“卓越工程师教育培养计划”和“CDIO工程教育改革”首批试点高校，国家机电控制类人才培养模式创新试验区，全国产学研合作典型高校，全国毕业生就业工作典型经验高校和江苏省首批教学工作先进高校。毕业生就业率98%以上。

南京晓庄学院方山校区 2017年，该学院有16个院、56个本科专业，全日制本科在校生1.82万余人。教职员工1200余人，其中正高职称者近110人，副高职称350多人，有博士学位者250多人。校外兼职教师213人、境外教师16人。有享受国务院政府津贴专家、教育部教学指导委员会委员、省有突出贡献的中青年专家、省“六大人才高峰”高层次人才、省“333工程”培养对象、省高校“青蓝工程”培养对象、全国模范教师、全国高校优秀思想政治工作者和省高校“教学名师”等各类称号者60余人。有国家特色专业1个、国家专业综合改革试点专业2个、省品牌专业1个、省重点专业8个；省卓越工程师教育培养计划试点专业3个，省卓越教师人才培养试点专业2个。省重点建设学科4个、市重点建设学科9个；省基础教育资源网络化工程技术研究中心1个、省高校重点建设实验室1个、省高等教育人才培养创新基地1个、省基础课实验教学示范中心5个、省实验教学与实践教育中心3个；获省级以上高等教育教学成果特等奖2项、一等奖3项、二等奖4项。学校“陶老师工作站”（南京市中小学生心理援助中心）是全国精神文明建设的先进典型、江苏省未成年人思想道德建设工作“创新品牌”、“全国未成年人思想道德建设先进单位”与“全国优秀志愿服务组织”。学校为国家“华文教育基地”，与澳大利亚新南威尔士州教育与社区部合作举办新州孔子学院，设立境外办学项目——印尼印多奴沙大学中文系。先后获江苏省文明单位、江苏省五一劳动奖状、江苏省高等学校和谐校园、江苏高校思想政治教育工作先进集体、江苏省普通高校毕业生就业工作先进集体等称号。麦可思数据有限公司关于江苏省普通高校社会需求和培养质量研究报告表明，学校毕业生就业竞争力指数排名位列全省非211高校第4位，校友满意度93%。

金陵协和神学院 2017年，该学院有全日制本科生和研究生374人，博士生3人，圣经函授班在读学员2700多人。专职教师18人，其中博士学位4人。学院课程以神学专业课为主，文化课为辅，课程比重分别占70%和30%。专业课主要包括圣经研究、神学研究、教会历史及实践神学。在教学过程中，强调学修并重、理论结合实际。学院除组织各种形式的研讨会、邀请国内外知名学者到院演讲外，还鼓励、支持教师参加学术研讨会。是年，先后举行金陵协和神学院建院65周年暨教堂落成感恩庆典、神学教育与基督教中国化研讨会等学术活动。出版学术期刊《金陵神学志》以及面向基层教会义工的《教材》杂志。

金陵科技学院江宁校区 2017年，该学院有17个二级学院、7个教学科研单位，58个本科专业。全日制在校本科生2万人，联合培养硕士研究生50人。在职教职工1300多人，其中专任教师1000多人，具有高级职称的占42%。其中，正高级职称近120人，双聘院士1人，聘请国内外4名院士为学校荣誉（名誉）教授，另有一批国务院特殊津贴获得者、全国优秀教师、省教学名师、省有突出贡献中青年专家、省“333高层次人才培养工程”培养对象、省“青蓝工程”培养对象、省“六大人才高峰”高层次人才培养对象、省“双创计划”人才、市中青年拔尖人才、市“紫金人才计划”、市劳模等。省重点建设学科5个，市重点学科10个。国家级特色专业建设点1个，省级品牌专业4个，省级特色专业4个，省级重点专业类4个，教育部卓越工程师教育培训计划试点专业1个，省级卓越工程师（软件类）教育培养计划试点专业2个。教育部“十二五”专业综合改革试点项目2个，省级优秀教学团队1个，省级高校重点建设实验室2个，省级高等教育人才培养模式创新实验基地1个，省级实验教学示范中心5个，省级实践教育中心3个（含建设点）。有教育部批准中外合作办学项目4个。是年，学校获国家级教学成果奖二等奖1项，省级教学成果奖一等奖、二等奖11项。在教育部爱课程网上线4门慕课，成为在教育部爱课程网上线慕课的首个非211高校。“金科创客汇”被科技部认定为国家级众创空间。毕业生就业率95%以上。建有江苏省信息分析工程实验室等市级以上产学研合作科技平台49个，一批科技成果实现产业化，取得较好的经济效益和社会效益。

南京航空航天大学金城学院 2017年，该学院有6个院、1个部，30个本科专业及专业方向。在校生1.3万余人，师资力量雄厚，聘请南京航空航天大学及国内外著名高校的教授作为学科专业带头人，引进培养专职教师，建立一支以南京航空航天大学教师为骨干，专兼职相结合、教学水平高的优秀师资队伍。2017届毕业生就业率98.65%，协议就业率98.56%。是年11月，学院在2017新华教育论坛暨新华网第八届“大国教育之声”颁奖典礼上被评为“2017年度社会影响力独立学院”。

中国传媒大学南广学院 2017年，该学院有11个二级学院、4个教学机构，48个应用型本科专业，其中国内传媒高校六星级专业和省级重点建设专业1个。全日制本科生1.3万人。专、兼职教师800余人，有美国迪士尼动画总监黄珉、《狮子王》导演RobMinkoff、“百老汇华裔第一人”“千人计划”王洛勇、香港英皇金牌经纪人霍汶希、台湾华视董事长赵雅丽、北京奥运开闭幕式总摄影师林毅、央视著名主持人白岩松等国内外传媒与艺术领域知名专家、学者担任兼职和客座教授。还有多名教师入选省“青蓝工程”中青年学科带头人、中青年教学骨干。是年，艺术类专业校考报名人数5.8万人、8.6万人次，艺术类专业录取率4%。与香港卫视、星光集团、爱奇艺等数十家国内知名传媒与文化艺术机构建立战略合作关系；以长三角地区为核心，在华东地区地市级以上广播电视台布局产教学研合作平台和教学实践基地。设立爱奇艺内容研创中心、戏剧影视研究所、航空摄影研究所、融合媒体研究中心等教学改革及科研机构。与美国、加拿大、英国等11个国家39所境外知名大学建立校际合作关系，开展“2+2”和“3+1”本科双学位等多类型项目合作，累计输送2000余名学生到境外学习深造或实践交流。教育部所属中国高等教育学生信息网实名调查结果显示，南广学院获评“全国本科生综合满意度50强高校”“全国校园环境满意度50强高校”。连续2年蝉联新浪网中国教育盛典“全国十大品牌独立学院”榜首；获评中国校友网《中国大学综合评价报告》全国艺术类独立学院综合实力之首。学校毕业生年均就业率99%以上，根据麦可思公司高校毕业生就业情况跟踪调查显示，学院毕业生就业竞争力等多项指标连续6年位居江苏同类院校首位。

江苏海事职业技术学院 2017年，该学院有9个院、3个部，44个专业，全日制在校生1.2万人。教职员工700余人，其中正高职称28人、副高职称170人，各类省部级教学名师等高层次人才70余人，“双师”素质教师占专任教师的90%，航海类教师持高级船员适任证书101人，其中远洋船长、轮机长29人。有中央财政支持的重点建设专业3个、全国职业院校交通运输类示范专业点3个、省级示范院校重点建设专业4个、省品牌专业1个、省特色专业3个、省重点建设专业群4个和省级骨干专业5个。中央财政支持建设的实训基地3个、省级实训基地2个、国家海事局海事联合调查实验室（全国唯一被授权的高职院校）1个、省级大学科技园1个、省级工程技术中心1个、国家级教学资源库1个，以轮机智能化机舱和航海大型操纵模拟器为代表的教学实验实训设备在全国航海高职院校中处于领先水平。是全国唯一

10月22日，淳化街道大学城社区组织党员走进江苏海事职业技术学院，参观学院内航模试验项目、各类舰船模型等

区新闻中心　供稿

拥有长江岸线、码头、停泊教学实习船的高职院校；拥有全球最先进的Kongsberg航海模拟器和全国领先的W·rtsil·共轨电喷轮机智能化机舱（投资8000万元）；“长三角现代航运技术公共实训基地”获批国家发改委“十三五”产教融合工程；固定资产11.13亿元，教学仪器设备总值1.65亿元。学校成立“政行企校”四方合作发展理事会，形成4种具有海事特色的校企合作模式。是省教育厅和江苏海事局共建单位，先后与南京林业大学、南京工程学院、江苏科技大学合作开办“3+2”高职本专科分段培养人才项目，与南京晓庄学院开展“4+0”高职本科联合培养人才项目，与加拿大亚岗昆学院合作开办“2.5+0.5”模式中外合作办学项目，与国外近20所知名大学开办“海外本科直通车”项目，受中国人民解放军总参谋部委托开展4个专业定向培养直招士官项目，与地方政府、企业合作共建省级大学科技园。创办几内亚江苏海院韦立船员学院；培养定向留学生，开展外籍船员培训；与加拿大亚岗昆学院开展国际合作办学；与英国、美国等20多个国家和地区开展国际交流合作；在全国率先发起成立“一带一路”应用型海事人才研究院；与国际最大集装箱航运企业马士基（Maersk）长期合作开展订单培养。2017年学校进入全国首批高职院校国际影响力50强。毕业生“双证”持有率98%。据麦可思公司调查，学校毕业生就业竞争力、半年后的就业薪酬居省高职高专院校首位。是年，学校入选江苏省高水平高职院校建设单位。获各级各类协会及省级以上大学生技能大赛一等奖83项、教师教学竞赛一等奖32项；江苏教学成果奖一等奖以上7项。

南京交通职业技术学院江宁校区

2017年，该学院有全日制在校生1万人、继续教育4000多人。高级职称占专任教师的53%、硕士及以上学位占专任教师的88.5%、“双师”素质教师占88%，有国家“百千万名师工程”1人、市厅级以上教学名师15人，入选省“333工程”等人才工程38人，省优秀教学团队2个、“双师结构”教学团队13个，80%专业教师具有交通重点工程建设或企业一线顶岗实践经历，建有441名企业技术骨干组成的兼职教师库。有全国交通运输职业教育示范性专业2个、国家提升专业服务能力建设专业2个、省级品牌（特色）专业6个、省级品牌专业建设一期工程项目2个、省级高水平骨干专业建设项目5个、省级示范重点建设专业5个，省级重点专业群4个。课程教材资源丰富，建有国家精品课程、国家精品资源共享课程2门，省部级精品课程19门，“十二五”国家规划教材及省重点教材49部。校园信息化建设成效明显，初步建成“数字化校园”，被列为全国职业院校数字校园建设实验校，60%以上教师采用“云班课”等信息化教学手段，获得国家信息化大赛一等奖2项、省一等奖11项。建成国内首个服务全国公路水运工程的基桩检测培训基地，交通运输部支持的国家级现代物流实训基地，华东地区东风标致、东风雪铁、长安福特培训中心，全省公路、汽车行业从业人员职业培训、资格鉴定中心等。牵头组建江苏交通运输职业教育集团、江苏汽车职业教育联盟、南京交通高职教育联合体，是江苏交通运输职业教育教科研中心组组长单位，形成“政校行企”集团化办学模式。成立“江苏交工学院”等10余个校企联合学院，组建“舍弗勒班”“宏信班”等20多个有现代学徒制特色的企业订单班。实施“4+0”等现代职教体系试点项目9个，建立横向联通、纵向贯通的江苏交通人才培养立交桥。获国家级教学成果奖1项，省教学成果奖10项，其中一等奖5项。建有省道路交通节能减排工程技术研究开发中心等省部级和地方科技研发中心5个、省中小企业交通运输产业公共技术服务平台等校企协同创新平台3个、南京育通监理工程有限公司等校办技术服务机构3个、校企混编科技服务团队6个。有博士后科研工作站、研究生培养工作站、研究生联合培养基地，江苏省退役士兵教育培训基地等3个省级培训中心，建有苏宁培训中心等10个区域性行业培训中心。有中央财政支持的实训基地3个、省财政支持的实训基地3个，交通运输部重点支持的实训基地1个、省交通运输厅实训基地7个；校企共建实训基地188个、实习基地105个。学校是教育部“中德职业教育汽车机电合作项目（SGAVE）”试点院校，与美国、英国等10余个国家和境外的院校与教育机构开展交流合作。是全国唯一一所与英国考文垂大学开展“学分互认”的高职院校，联合开展“3+1+1”专本硕项目。联合江苏交通工程集团等大型交通建设企业，成立“江苏交工·南京交院越南分院”，开办“路桥国际工程师班”“港航建造师班”等交通工程国际化人才培养项目。成立江苏首家丰田“T—TEP”学校，建成符合国际标准要求的专业教学体系，500余名师生取得国际证照。12月14日，中国高等教育学会发布的《中国高校创新人才培养暨学科竞赛评估结果》中，学院位居高职院校全国第23名，江苏省第2名。是年，学校入选江苏省高水平高等职业院校建设单位。

江苏经贸职业技术学院江宁校区 2017年，该学院有13个院、13个专业群。全日制在校生1.2万余人。教职工700余人，其中高级职称人员229人，专任教师中高级职称占37%以上，“双师”素质教师占92%以上。有国家级优秀教学团队1个，省级优秀教学团队3个。省“333”高层次人才工程培养对象14人，省“青蓝工程”中青年学术带头人培养对象11人，省“青蓝工程”优秀骨干教师培养对象26人，省“青蓝工程”优秀教学团队1个。国家级教学名师1人，省级教学名师2人，获国务院政府特殊津贴2人，省有突出贡献中青年专家1人。国家示范（骨干）高职院校重点建设专业4个，中央财政支持重点建设专业2个，省品牌专业一期工程立项建设专业2个，省财政支持重点建设专业群4个，省高等职业教育高水平骨干专业5个。学院获国家级教学成果二等奖2项，省级高等教育教学成果特等奖2项、一等奖4项，办学案例3次入选《中国高等职业教育质量年度报告》。牵头建设国家职业教育“连锁经营管理专业”“移动商务专业”教学资源库项目，参与完成国家专业教学资源库建设课程10门。主持建设国家级资源共享及精品课程4门，省级在线开放课程5门，教育部“十二五”规划教材26部，省精品及重点教材22部。建有中央财政支持建设实训基地2个，省级实训基地3个，大型校内生产性实训基地3个，企业投入设备共建实训基地2个，省级工程技术研发中心2个和省高等职业教育产教深度融合实训平台2个。2017年，学院入选首批“留学江苏”目标学校、省高水平高职院校建设单位。毕业生就业率98%以上。

江苏省南京工程高等职业学校百家湖校区 2017年，该校有五大专业群，其中五年制高职专业15个，中职专业13个。专任教师300余人，高级职称教师占31.16%，“双师型”教师占96%，硕士及以上教师占40.6%，行业企业聘任教师占36.4%。有省级专业带头人11人、省级“青蓝工程”骨干教师1人、江苏省职业教育领军人才培养对象2人，江苏省“333”人才1人，省级“教学能手”能手5人，省级金牌教练17人，国家级金牌教练4人，全国及江苏省德育先进个人2人，全国及江苏省职业教育先进个人2人，全国技术能手1人，省级优秀教学团队2个，省级名师工作室1个。建成省级品牌专业7个，省级特色专业2个，江苏省课程改革专业试验点2个，国家改革发展示范学校重点建设专业4个。拥有国家级建设行业技能型紧缺人才培养培训基地1个，央财支持的实训基地1个，省级实训基地3个，校外专业实训基地142个。学校内设省国土资源职业技能鉴定所、中国地质大学远程教育南京学习中心、南京工业大学江苏省南京工程高等职业学校成人教育教学点，东南大学职教师资教育实习基地，江苏省二级建造师继续教育基地、南京师范大学教学与科研实践基地、省地质职业教育集团理事长单位、省职业教育学生发展研究中心组成员单位、中国教育国际交流协会职教分会常务理事单位。与江苏省地质矿产勘查局、南京建工集团、新纪元大酒店、索尼电子（无锡）有限公司、中山陵园管理局导游服务中心等中外知名企事业单位合作。毕业生就业对口率95%以上。先后与英国、新西兰、澳大利亚、瑞士等国家和地区开展合作交流。

正德职业技术学院 2017年，该学院有7个系、1个职业技能培训中心，33个专业。教职工496人，其中专任教师312人，教授、副教授比例超过35%。学院建设实验实训中心9个、实验实训室90多个。省高等学校特色专业2个，省高等职业教育高水平骨干专业1个，省高等学校实验教学示范中心1个。省重点建设专业群2个，省高等职业教育实训基地建设点1个。获教育部“十二五”职业教育国家规划教材选题立项1项，省教学成果奖3项，省高等学校精品课程立项2门，省立项建设精品教材2部，省级大学生职业规划大赛“职业规划之星”称号7人次，省教改立项课题13项，省高等职业院校技能大赛奖30余项，省优秀毕设（论文）奖40项。学院毕业生就业率98%以上，就业于中国电子科技集团第十四所、五十五所、扬子江药业集团、奔驰汽车4S店、宝洁公司等知名企业。学院先后获“全国教育系统先进集体”“全国先进民间组织”“江苏省文明单位”“江苏省普通高校招生工作先进单位”“江苏省普通高校就业工作先进单位”“江苏省平安校园”等荣誉。

金肯职业技术学院　2017年，该学院有32个专业。专、兼职教师350余人，其中高级职称教师占33%，具有研究生学历或硕士以上学位教师占59%，“双师”型教师占78%。建有省级建筑工程技术重点专业群1个，省级机械制造与自动化特色专业1个，省级数控高职实训基地1个，省级汽车专业群人才培养模式创新实验基地1个，省高校品牌专业建设工程一期项目立项专业1个；院级重点专业群6个，院级品牌专业6个；建有8个校级实训中心，30多个技能教学模块实训室，校外实训就业基地70多个；拥有省级精品教材2部，校级精品课程12门；建有金肯国家职业技能鉴定所、市高技能人才培训基地，拥有数控、机械、汽车、电子、信息、服务等六大类17个职业的100多项职业技能培训与认证资质。学院坚持“专业技能教育与人文素质培养相融合”的育人方针，实施以“校企双主体，培育双主线”为基础的校企合作、人才培养模式改革，毕业生就业率98%以上。

南京旅游职业学院江宁校区
2017年，该学院有4个院2个系3个部、5个科技服务机构。在校生6300余人。专任教师中，硕士、博士学历的占67%、“双师型”教师超过80%。有国家级、省级饭店星评员及A级旅游景点评审专家等36人、国家旅游局“旅游业青年专家培养计划”2人、国家旅游局“万名旅游英才计划‘双师型’教师培养项目”10人、省有突出贡献中青年专家1人、江苏省“333工程”培养对象2人、省“青蓝工程”学术带头人和骨干教师7人。开设专业25个，其中省级重点建设专业群2个、省A类品牌专业1个、省级特色专业计2个。建有教学实习酒店1座，国家级实训基地1个，省级实训基地2个，现代化实验、实训室38个。获国家教学成果二等奖1项，省高等教育教学成果一等奖2项、二等奖1项，有省级精品课程3门、省级精品教材3部、省级重点教材2部、国家“十一五”规划教材和“十二五”职业教育国家规划教材20余部。有中央财政支持的职业教育实训基地1个、省级高职示范实训基地2个。学校创新人才培养模式，已形成“3+3”中高职衔接项目、“3+2”本科分段培养项目、“专接本”对接项目的人才培养模式。通过校企合作办学，与洲际酒店集团、希尔顿酒店集团、常州中华恐龙园等60多家国内外知名旅游企业签署战略性合作协议，建立长期稳定的合作关系，开展校企共管共培的“订单式”人才培养。学院是中国旅游协会旅游教育分会副会长单位、中国旅游院校“五星联盟”发起单位、省旅游职教集团理事长单位、省职业教育旅游类教科研中心组组长单位。

（宁　鉴）

2017年，南京旅游职业学院烹饪与营养学院与蓝蛙餐饮管理有限公司开启合作办学。图为校企合作实践基地（蓝蛙教室）剪彩仪式现场

宁　鉴　供稿

文化

公共文化

概　况　2017年，江宁区文化部门围绕区委、区政府中心工作，推进国家公共文化服务体系示范区创建工作，以改革创新精神推动文化事业发展。江宁高新区、东山大里2个图书借阅分中心建成并开馆运营，江宁开发区图书借阅中心加快建设。开展《特色田园乡村文化建设》和《江宁地区博物馆体系建设》课题研究，制定下发《社会力量参与公共文化建设促进办法》等文件。推进"欢聚艺堂""江图讲座""博雅学堂"等品牌社教活动场馆建设，区图书馆年接待读者比2016年增长34%、借还图书增长32.1%。区博物馆年到馆人数、社教活动、巡展次数均增长15%以上。区文化馆"欢聚艺堂"举办器乐、书法、美术、舞蹈、跆拳道等20多个艺术门类免费培训，培训人数增长30%。创建江苏省基层综合性文化服务中心50家，创建市级示范农家书屋12家，其中谷里柏树、秣陵建东2家五星，谷里亲见、横溪横山2家四星，汤山建设、麒麟袁家边、淳化西城、江宁大庙、湖熟绿杨、禄口陈巷、横溪勇跃和云台8家三星示范农家书屋。启动建设开发区（百家湖）文化分中心，推进4个街道文体服务中心建设。配合完成南京历史名人文化展示工作，陈霸先雕塑完成制作安装。

群众文化活动　2017年，全区深入实施"文化惠民百千万"工程，开展"江宁之春"群众文化节等群众文化活动1125场，受惠群众90多万人次。推进文化惠民工程，组织送书下乡价值20万元、送戏下乡200场、送电影下乡2500场。实施精准扶贫，投入120万元，为特殊人群购买56场演出。首次组团赴德国参加"巴伐利亚一中国之夏"艺术节，举办"津巴布韦梦想秀"中国巡演南京站江宁展演和"拥抱新时代，颂歌献给党"歌咏大赛。涌现一批接地气、群众喜闻乐见、江宁特色的文艺作品，"谷韵""铜山小狮舞"等群众自编自演节目日趋成熟，新创作的《乡村普法课》等50多个本土节目上台演出，100多件书法、美术作品和舞台节目，获省"迎春花奖""五星工程奖"和市文艺创作调演奖。推进数字文化服务，开发手机APP，与龙虎网合作建设"文化江宁"微信、微博，第17届"江宁之春"群众文化节开幕式首次采取网络直播，线上观看交流人数10万多人。全年放映公益和爱国主义教育电影2500场，其中科教片50部、故事片60多部，惠及群众10万余人次。

文化市场管理　2017年，区文化部门继续推进"扫黄打非"进基层工作，制定下发《江宁区"扫黄打非"进基层工作指南》和《江宁区"扫黄打非"进基层考核评分表》，要求各街道组建"扫黄打非"工作领导小组，建立信息员和巡查队伍，设立"扫黄打非"场所分布示意图和工作网络图，10个街道均建立"扫黄打非"暨文化市场管理领导小组并且挂牌，201个村（社区）均建有"扫黄打非"工作站，有专（兼）职人员负责"扫黄打非"工作，形成覆盖村（社区）的"扫黄打非"网格化服务管理体系。4月，组织开展"护苗·2017"行动，集中整治中小学校周边出版物市场，查缴有淫秽色情、暴力、恐怖、迷信等内容以及非法出版、侵权盗版的少儿出版物，清查有妨害少年身心健康内容的互联网音视频、游戏、小说、动漫等。5月18日，在天景山小学举行“绿书签进校园”宣传活动，倡导青少年多读书、读好书，自觉远离和抵制有害出版物，并向学生发放绿书签和优秀书籍。中共十九大期间，开展出版物市场专项检查，出动执法人员214人次，检查印刷复制企业107家、书店122家，对违规经营的8家印刷企业、1家书店进行立案查处，处罚款9.5万元。推进印刷企业挥发性有机物治理，85家列入治理计划的企业全部完成治理。

区图书馆　2017年，区图书馆为农家书屋采购、分编、配送图书16384册，组织下乡辅导63次，辅导农家书屋管理员500余人次，被国家新闻出版广电总局评为“农家书屋全面建设十周年先进集体”。在实行全年无休息日免费开放的同时，将开放时间延长到晚间，每周开放时间69小时，最大限度满足群众阅读需求，丰富群众业余文化生活。区图书馆全年接待读者100.75万人次，借还图书148.96万册次，办理借阅证11547本，完成31.07万册图书的采购、分编和著录，数字资源容量已达10TB，接待读者各类查询8000余条。与农业银行、苏家小镇、网络小镇、高新园321人才中心、G6文化产业园等8家单位共建阅读新空间，新建淳化街道、禄口街道、谷里街道柏树社区等3个24小时自助图书馆。举办公益性讲座47场，市民参加讲座5000余人次；开展周末亲子活动36场，参加人数1800余人次；举办专题图片展览12场，参观市民10万余人次。

（区文广局）

百家湖文化分中心（美术馆）规划方案通过评审　4月，《百家湖文化分中心（美术馆）规划设计方案》通过专家评审。东山副城作为南京主城副中心，是主城人口、城市功能疏散的主要承载区，融合百家湖凤凰港—杨家圩的文化景观区、河定桥城市商贸区、府前城市商务区等区域。其中，百家湖凤凰港—杨家圩地区则是中心区的核心区，百家湖文化分中心（美术馆）项目位于中心区轴线西入口节点，紧邻百家湖凤凰港，在双龙大道以东、西门子路以南。项目方案由台湾大元联合建筑师事务所主持人、加州伯克莱大学建筑系硕士、美国建筑师协会荣誉院士姚仁喜及其团队设计。项目充分考虑建筑场域的开放性、市民活动的参与性、架构空间的展示性，以“城市客厅”广场节点营造为主，结合中央绿带共同构成中心轴线的门户区域，在一虚一实方盒相互紧扣的建筑形态上，形成一个简洁规整而不失趣味的空间。该项目地上建筑面积1.3万平方米，地下建筑面积1.7万平方米，计划建设美术馆、图书阅览及公共服务等文化功能场所。

第17届“江宁之春”群众文化艺术节开幕　5月7日，“市民的节日，文化的春天，艺术的盛会”——第17届“江宁之春”群众文化艺术节暨东山街道专场文艺演出在南京南站南广场开幕。市委常委、区委书记李世贵，区领导祁豫玮、刘玲、张思明、刘维新、董涵、蔡正英和数千名观众一起观看演出。演出在锣鼓声中拉开帷幕，歌伴舞《新农村》，舞蹈《呼唤绿荫》《墨舞》，情景剧《石塘春早》《茶山放歌》，小品《乡村普法课》等各街道选送的节目登台亮相。第17届“江宁之春”群众文化活动突出标准化和均等化，搭建全民参与、全民共享的文化大舞台，全年以“歌颂美丽江宁，唱响幸福生活”为主题，分“家园春曲、百姓放歌、诗情画意、草

5月27日，区第17届“江宁之春”群众文化节秣陵街道专场文艺演出在殷巷社区开演，为周边群众送上歌舞、小品、相声等14个节目，将杏花村、乡伴苏家、观音殿、白鹭田园等特色元素融入表演，受到群众好评

区新闻中心　供稿

根乐园”四大篇章。在保留街道专场文艺演出、社区特色文艺展演、广场舞大赛、“书香江宁”讲座等传统优势项目、满足大众文化需求的同时，“江宁之春”不断推陈出新，注重发挥多部门协同机制作用，策划“美丽乡村文化大舞台”“诗美江宁诗歌散文朗诵比赛”“文化拥军进军营”“家庭才艺大赛”等活动，实现文化主管部门从“办文化”向“管文化”全面转变；注重满足群众个性化、差异化文化需求，策划“部门文化结对扶贫”等活动，联合司法、环保、科技、农业、建工、卫生、妇联等部门发挥行业特色，有针对性地开展文化精准扶贫，加大对未成年人、老年人、农民工为主体的文化倾斜力度；注重培育地方特色文化品牌，通过“特色团队大赛”“文艺新作品大赛”等活动，挖掘整理地方民俗、民歌、民风等特色文化资源，发挥乡村文化能人、民间艺人、业余文艺团队的主观能动性，创作具有鲜明江宁文化基因的文艺作品，繁荣乡村民间文化，努力形成“一街一品牌，一村一特色”的文化格局；注重社会力量引进和参与，送戏下乡50场演出向社会公开招标，引进民营演出团队参与竞争，繁荣文化演出市场。全年购买5场高雅文艺演出，江宁市民可通过手机APP等多种途径购票，轻轻松松地在江宁市民中心剧场欣赏视听文化盛宴。

区文化场馆理事会成立 7月12日，江宁区图书馆、博物馆、文化馆理事会成立仪式在江宁区博物馆举行。作为创建国家公共文化服务体系示范区、创新文化管理运行机制的重要举措，此次成立的三馆理事会，为江宁文化场馆提高服务效能、创新服务方式注入新的活力。是年4月开始，区文广局组织开展公益文化事业单位建立法人治理结构筹备工作，通过社会招募和组织推荐相结合的方式，确定35名理事人选，成员涵盖政府职能部门、业界专家、知名学者、志愿者代表、各馆管理层和职工代表。三馆理事会成立后，将以创建国家公共文化服务体系示范区为契机，建立公共文化需求反馈机制和供需对接平台，以群众文化需求为导向，提供公众参与文化馆管理运行的通道，为群众提供更丰富、更全面、更精准的公共文化服务。

创建国家公共文化服务体系示范区接受中期督查 7月17—19日，受文化部委托，由省文化厅副厅长裴旭率领的督查组到江宁区，对江宁创建国家公共文化服务体系示范区工作开展中期督查。市委常委、区委书记李世贵，区领导李滨、张思明、董涵参加。在听取全区创建工作开展情况汇报后，督查组走访了区图书馆、博物馆、文化馆、各街道文体服务中心等公共文化设施，全面了解公共文化设施建设、管理和服务情况，以及群众文化活动开展、基层文化队伍建设、公共数字文化建设等情况。反馈会上，督查组对江宁示范区创建工作给予肯定，认为区委、区政府高度重视创建工作，公共文化服务水平全国领先，群众文化品牌活动开展深入，社会力量参与成效显著。同时，督查组指出江宁在基层公共文化设施的管理与服务、基层公共文化服务机构数字服务能力等方面的不足，希望进一步加强对创新实践的总结提炼，打造有全国影响力的标志性文化亮点。

（宁　鉴）

文化产业

概　况 2017年，江宁区着力推动文化产业融合发展、创新发展、开放发展、特色发展，深入开展全区文化产业三年规划、文化发展战略性课题研究，对文化改革发展进行前瞻性思考、系统性谋划，注重以项目化引领产业发展，集中整合重大项目资源库。出台文化企业扶持办法，启动文化产业规划编制，组建文化产业联合会，建成重大文化项目资源库，促成音乐小镇、新华金鹰传媒、恒孚传媒等一批重点文化产业项目落户。获批全省首批文化金融合作试验区，举办第三届艺博会、第四届“紫金奖·建筑及环境设计大赛”等省级文创活动，全区文化产业呈现文化企业梯队发展、特色园区集聚发展、传统业态不断升级、骨干企业示范引领、特色品牌日益显现、项目招引成倍增长、服务环境逐步优化的发展趋势。根据《文化及相关产业分类（2017年）》新标准宽口径统计，全区有文化企业4900家，其中规模以上企业219家；全年文化企业营业收入275亿元，文化产业增加值79.4亿元，比2016年增长44.4%。招引3W文化创新创业、汤山旅游风情小镇、汤山石头季度假村等重大项目，总投资23亿元。

9车间文化创意园 秣陵街道9车间文化创意园（9 WORKSHOPS）位于江宁区利源南路55号，地处江宁开发区新兴产业聚集区，由南京网新科技文化产业有限公司运营服务，占地面积4公顷，载体面积1万多平方米，入驻企业40家，总投资8000万元。园区以智能互联产业为主导发展方向，包含1个1万多平方米的实际孵化中心——南京市沣创会科技企业孵化中心，以及1个3000平方米的省级众创空间——牛立方，聚集创意研发、工业设计、新媒体、智慧科技、互联网服务于一体。园区致力于打造花园式办公部落，同时也是南京极具代表性的LOFT创意园区。

南岸瑞智文创园　南岸瑞智文创园位于江宁区胜太路99号，是以空间灵活、配套完善、产业鲜明、绿色生态为特色的江宁首个“甲级服务”精品办公园区。园区占地面积4.4公顷，载体面积6万多平方米。于2017年11月改造完毕开始招商，入驻企业40多家，涵盖文化创意产业、网络信息、研发设计、文化娱乐、金融服务等，形成新兴文创产业孵化园区。

J6软件创意园　南京J6软件创意园由位于江宁区将军大道6号的原石马工业厂区改造形成，总面积4万平方米，由江苏博济堂科技创业服务有限公司全权负责园区运营。园区配备企业服务中心、多功能会议厅、人才公寓、员工餐厅等基础设施，形成以绿色生态氛围为基础，集企业研发、办公、休闲、生活为一体的文化产业园区。2017年，园区引进软件信息、新兴文化传媒、现代创意设计、建筑设计等文化创意型企业近70家，占园区企业70%以上，拥有知识产权40件，文化企业为社会提供近1000个就业岗位，年产值2亿元，税收1000多万元。

江广创艺工场　江广创艺工场位于江宁区湖东路29号，占地面积3.3公顷，改造后总面积3.3万平方米。由江宁电视台牵头，联合清华大学经营emba江苏校友会等社会资本共同投资开发，总投资3000万元。以艺术文化创新与培训产业为主要发展方向，打造集青少年艺术培训、loft创艺办公空间、艺术产业孵化、商业服务等功能为一体，将培训机构、家长、学生紧密相连的一站式特色培训产业园以首创“艺术mall”为核心定位的创新型生态办公项目。　　（翟果丰）

区文化产业联合会成立　6月8日，江宁区文化产业联合会暨“创意南京”融合平台江宁分中心揭牌仪式在J6软件创意园举行，区文创微信公众号“创意江宁”同时上线。区文化产业联合会是由江宁旅游集团发起，政府主导、企业运营、资源众筹、服务众包，集企业、园区和服务机构于一体的联合组织。联合会有会员单位106家，作为文化产业创新发展的服务平台，联合会计划每月组织开展如江宁印象——创新创意设计征集大赛、文化企业项目交流对接会、“大手拉小手”等特色主题活动，采取一对一“相亲”模式，增进会员间的交流，促进企业优势互补，形成行业整体发展的凝聚力。同时，组织讲座和文交会等调研、培训、交流、推广活动，推荐会员企业及其项目进入各级文化产业重点项目库，推荐申报各类扶持资金，助推发展文化创意、影视游戏、文化旅游、文化科技、传统文化等一批优势产业，培育一批知名企业和创意品牌，形成系统的产业体系，扩大文化产业影响力，推进文化产业融合发展。当天上线的“创意江宁”微信公众号包含企业管家、文化分享和“店小二”3个服务板块，通过整合各类资源，为会员企业提供一站式保姆服务。活动现场，南京苏弘科技有限公司等13家企业获得区2016年度规模以上文化企业贡献奖。南京文化金融服务中心联合南京银行南京分行科技文化金融服务中心，为区内4家企业授信。

J6软件创意园　　秣陵街道　供稿

华谊兄弟（南京）电影小镇开工　6月28日，华谊兄弟（南京）电影小镇在江宁区上秦淮湿地公园开工建设。华谊兄弟（南京）电影小镇项目规划占地2平方公里，建设用地34.5公顷。其中，电影小镇板块建设用地17.9公顷，建筑面积8.95万平方米。该项目结合项目湿地自然地貌、南京及江宁历史人文、华谊影视IP资源，打造重现清朝风格、康熙微服私访的“君临江南区”、画皮前传等奇幻电影风格的“东方魔幻区”，融入国际元素的“意大利欧洲街区”，以及华谊演艺秀场等。另外，计划建设影视配套项目，包括华谊明星艺术酒店、艺术家村及特色民宿等，分别以江南民国水乡、六朝方山古渡、江宁府街等文化元素为主题。项目建成后，由华谊兄弟实景娱乐负责主导运营，目标定位是长三角区域顶级配置的影视特色小镇，预计每年可吸引游客300万人次。

12月，由区政府主办，苏家文创小镇观音殿承办的“艺术创享·绘梦田园”国际沙画创意大赛，在秣陵街道元山社区观音殿村举行。图为参赛小朋友正在创作沙画 钱 然 摄

市文交会上5个文创项目落户 9月22—24日，第九届中国南京文化创意产业交易会在南京国际博览中心举行。此次文交会以“文化科技融合，数字创意引领”为定位，以“文化+：新创意新业态新经济”为主题，集合国内外600多家知名文化集团、文化科技企业参展。江宁区16家单位应邀参展，全面展示了江宁文化与科技融合催生的新技术、新创意、新模式和新产品。江宁区216平方米的展示区域内，分别设置接待区、展示区、互动区，不仅有静态展示、视频宣传、画册宣传，还有体验互动和现场交易。金陵金箔股份有限公司、南京苏弘科技有限公司、南京甄视智能科技有限公司等16家参展单位，展示了100多件文创产品，涉及文化旅游、文化科技、文化创意等种类。此外，无线谷、J6软件创意园、南京方山文化艺术创意产业园等区内3个市级以上重点文化产业园也分别设置展区，展示园区文化企业及文化产业。在9月22日举行的市文化产业专场推介会上，全区有5个项目现场签约，包括牛首山T.I.T文化科技产业园项目、牛首山文创空间、紫叶仙踪艺术乐园、九龙湖国际当代艺术公园等。总投资10亿元的南京牛首山文化科技产业园重点打造文化、科技、创意产业；紫叶仙踪艺术乐园位于谷里大塘金香草谷景区，建设全国首家以艺术为核心的艺术主题乐园。会上，江宁区江苏曙光信息技术有限公司获得第二批南京市重点文化科技企业授牌。

印制企业专项整治 10月，区文广局组织开展印刷企业专项整治行动，并对全区实体书店及42家网络书店进行接网式检查，确保文化市场管理安全有序。在印刷企业专项整治行动中，执法人员围绕印刷企业5项制度的执行情况、委托印刷手续办理，以及是否存在转让印刷经营许可证、无证经营行为和超范围经营等5个方面进行检查。两次集中行动出动执法人员275人次，检查印刷复制企业138家，对存在违规经营的8家企业进行查处，结案7件。在对全区实体书店及网络书店进行拉网式检查中，收缴盗版图书300本，立案查处销售盗版图书的实体书店1家。

江宁获批首批省级文化金融合作试验区 12月，江宁区获批成为首批省级文化金融合作试验区。围绕解决小微文化企业融资难、贵、慢问题，全区以创建工作为契机，推动区域内金融机构建立文化金融专营机构、特色机构，形成南京市宁港融通科技小额贷有限公司、南京市天元科技小额贷款有限责任公司等文化金融机构，面向中小企业开展发放贷款、创业投资、提供融资性担保、开展金融机构业务代理等业务；鼓励成立文化基金，已有19家创业投资、股权投资基金注册成立，基金总规模90多亿元。同时，注重引导8家国资企业和一批国资平台支持小微文化企业发展和文化创意人才创业。全市10家文化银行累计向区内文化企业发放贷款近15亿元，数十家企业获得文化银行上亿元授信。

华新生态文创基地项目启动　12月19日，南京华新生态文创基地项目在江宁开发区启动。华新生态文创基地项目位于秣陵街道草塘片区，基地引入中国台湾、东南亚成熟的文创理念，以“田园生产、田园生活、田园生态”为核心组织要素，精耕细作，通过农业生产加工基地、观光工厂、文创孵化园、工匠村、精品酒店、特色民宿等项目建设，打造农业种植平台、农艺示范平台、生活文创平台、运动休闲平台，力求把草塘地区建设为农业休闲和教育观光地、特色产业市集、美学生活产品定制设计特色园区、工匠大师培养基地、品牌创业孵化器、人文和生活质量提升示范区，充分展示江宁的田园风光、人文情怀和文化资源。

（宁　鉴）

文学艺术

概　况　2017年，江宁区文学艺术界联合会聚焦发展大局，坚持为民导向，放大禀赋优势，深化精品意识，高扬文化自信，切实做好为基层服务、为文艺家服务各项工作，持续推动社会主义文艺事业实现创新性转化、创造性发展。

坚持文艺服务人民宗旨。培育、弘扬社会文明风尚，用文艺传递江宁发展的信心和力量，为中共十九大召开营造良好社会环境。在全区组织开展“迎庆十九大·情绘家乡景”第三届美丽江宁胜景写生作品展、红色记忆唱响牛首、丹青绘军营等16项“喜迎十九大·不忘初心跟党走”主题文艺系列活动。组织开展话剧《安居》走进江宁公益演出活动。完成《强富美高·精彩南京》大型图片展江宁区展板组稿。做好江宁区第七批签约作家（作品）评审、签约工作。

落实文化惠民举措。传承和弘扬中华优秀传统文化，发掘江宁深厚人文底蕴，践行文化惠民举措，举办“我们一起过端午”暨2017年第三届杨柳湖粽王争霸赛、端午诗歌诵读会，“温泉古镇 魅力汤山”摄影大赛（展）、江宁区“最美百家湖”第一届少儿绘画大赛、第三届江宁区淳化街道“翠洲芳谷杯”醉美乡村等“最美江宁”系列书画摄影大赛和艺术联展。通过区街联动，推动“金陵五月风”江宁系列文艺活动在江宁大地蓬勃开展。举办“金陵五月风”江宁·新丝路国际公共雕塑展、金陵五月风·书画同源—2017当代中国书画名家新作展等惠民文化活动。

探索文化发展路径。加强与省市文联、兄弟区县文联（文艺家协会）及在宁文艺名家之间的文化交流，不断创新文化“走出去”和“引进来”途径和方法。举办笔情墨韵——新疆特克斯·南京江宁书法作品交流展、西宁湟中·南京江宁书法作品交流展、首届中国当代诗歌创新与发展论坛等文艺交流活动。践行“深入生活、扎根人民”的文艺理念，展示文艺工作者文化传承成果，为“幸福照相馆”所拍的幸福家庭、身边好人好事创作幸福诗歌并吟诵，以文化人延伸幸福照相馆服务内涵，促进和谐社区建设。

营造文艺繁荣环境。提升文艺人才创作水平，组织文艺骨干和文艺管理培训，为广大文艺人才举办个人展演、作品研讨会，组织“文化惠民再出发”——南京市导师制艺术辅导走进江宁活动，让文艺名家与基层文艺骨干座谈交流并进行创作辅导，让文艺工作者有更多锻炼、展示、提高的机会。举办江宁东山历代诗词书法展，让广大市民领略诗词歌赋里江宁深厚文化底蕴。何其保、潘飞、张光仙等12名文艺界人士入选首批省乡土人才“三带行动”培养对象。充实完善江宁文艺场馆、文艺名人资源库。制定《江宁区各文艺家协会换届工作实施意见》，完成区文联各文艺家协会换届工作，做好区第五次文代会召开相关筹备工作，为全区文艺可持续发展提供组织保障。

激发文艺创作热情。修订《南京市江宁区文艺创作表演奖励实施办法》，建立更加完善、科学、合理、公正的激励机制，提高文艺创作的组织程度，加大优秀文艺作品奖励和重点文艺题材创作的扶持力度，推出一批思想精深、艺术精湛、制作精良的精品力作。完善扶持协会优质文创项目，推动区文联文艺家协会建设和文艺精品创作。牵头创作“来江宁织造幸福”主题歌曲，熊初保创作的歌曲《你是为了谁》获省“五个一”工程奖。歌舞《鼓娃闹春》《手龙跃横溪》获江苏民间文艺“迎春花奖”。是年，江宁区创成区级“江苏省诗词之乡”，东山街道等4家单位创成镇街级“江苏省诗词之乡”，区城管局等一批单位获评“江苏省诗教先进单位”。

（叶乃俊）

“文化与你同行”汇报演出　1月18日，江宁区举办“文化与你同行”汇报演出暨第16届江宁之春群众文化活动颁奖仪式。演出分为“春天的芬芳”“流动的音符”“绽放的色彩”等3个主题，包含歌曲、舞蹈等各类节目12个，受到观众欢迎。活动还组织第16届“江宁之春”群众文化活动颁奖仪式，有46

个街道、部门、村（社区）分获“突出贡献奖”“优秀组织奖”“先进部门奖”和“先进社区奖”，一批新江宁人作品获得新市民才艺大赛奖。该届江宁之春群众文化活动组织程度高、参与范围广、创作节目多，一系列文化艺术活动满足了全区群众“求知、求乐、求美”的文化需求，为建设“强富美高”新江宁提供了价值引导力、文化凝聚力、精神推动力。

安塞姆·基弗作品展 3月11日，“凝固——基弗在中国”南京站开幕式在江宁区百家湖美术馆举办，展览持续两个月。此次展览是“基弗作品展”中国巡展继中央美院美术馆展览后的第二站，展览的基弗作品是德国MAP收藏和路德维希科布伦茨博物馆藏品，包括自20世纪80年代至今基弗创作的绘画、雕塑、装置、摄影作品等78件，作品涉及德国历史、记忆的苏醒、破坏和创造的辩证、犹太文化的悲鸣等命题。安塞姆·基弗是德国新表现主义代表人物之一，被公认为德国当代最重要的艺术家，他的作品常以北欧神话、瓦格纳的音乐和对纳粹的讽刺为主题，并大量使用稻草、灰土、虫胶、石头、模型、照片、版画、沙子以及铅铁等金属元素。

（魏　琦）

第三届美丽江宁胜景写生作品展 10月16日，“迎庆十九大·情绘家乡景”第三届美丽江宁胜景写生作品展在江宁万达广场开幕。此次画展由区委宣传部、江宁国资集团、区文联、市美术家协会共同主办，一直持续到10月22日，展出油画、国画作品121幅。9月初，南京艺术学院教授李国荣、南京师范大学教授李建民与在宁的伍盛、许晓鹏、李晓林等50余名知名画家，分赴东山、谷里、秣陵、淳化等街道及上秦淮湿地进行为期一周的写生，创作油画、国画、水彩画、钢笔画及速写300余幅，集结出版《第三届美丽江宁胜景写生作品集》，并在开幕仪式上进行首发，著名画家张华清、徐培晨、李荣洲、李华英、庄利等现场为基层美术爱好者签赠写生作品画集。

10月16日，由区委宣传部、江宁国资集团、区文联、市美术家协会主办的“迎庆十九大·情绘家乡景”第三届美丽江宁胜景写生作品展在江宁万达广场开幕　　倪洪波　摄

“最美河道”摄影大赛 2月15日，区委宣传部、区文联面向全国启动“最美河道”摄影大赛，在为期8个月的时间内，集中征集展现江宁黑臭河道治理成效、展示江宁生态之美、反映河流治理生动场景的各类优秀摄影作品。至10月31日，大赛征集作品900余幅，作品紧扣江宁生态主题，聚焦水环境整治，彰显“最美河道”正能量，全面记录江宁水环境整治工作成果。活动评选表彰一等奖、二等奖、三等奖、优秀奖共85名。

第二届菊花国画作品展 11月3—13日，区委宣传部、区文联联合江苏省花鸟画研究会、南京市美术家协会、湖熟街道办事处在湖熟街道菊花园共同举办“菊灿湖熟”——第二届菊花国画作品展。展览展出省内外20余名画家创作的70余幅菊画作品，参展艺术家有江苏省花鸟画研究会会长徐培晨、南京艺术学院教授莫雄、荣宝斋画院洪大亮、北京大学教授冯健、海军指挥学院教授赵年悦等，他们创作的菊花作品风格各异，韵味十足。

江宁成为“江苏省诗词之乡” 12月12日，江苏省诗词协会会长凌启鸿带领省诗词考核验收组成员到江宁区，就创建“江苏省诗词之乡”进行检查验收。市委常委、江宁区委书记李世贵，南京诗词学会会长周福龙、常务副会长朱小石参加验收汇报会。江宁区诗教创建工作得到区委、区政府的重视与支持，区委宣传部成立创建“诗词之乡”领导小组，在全区兴起“学诗、用诗、写诗、读诗”热潮，广泛开展中华优秀诗词进机关、进学校、进社区、进企业、进景点活动。是年，江宁区获“江苏省诗词之乡”称号，东山街道等4家街道获“江苏省诗词之乡”称号，江宁区城管局等一批单位获评“江苏省诗教先进单位”。

区第七批签约作品 2017年，江宁区第七批签约作品有2件，分别为赵洪军的艺术评论《髡残书画编年图录》和毛文轩的诗集《一个农民的祖国》。《髡残书画编年图录》收录所能见并传承有序，且在海内外公私博物馆、有关单位和个人所收藏的髡残书画作品253件（含少量著录作品），按髡残生活、创作年代的时间顺序依次排列，每幅作品按画名、材质、尺寸、藏地、影印、著录、题跋、钤印、按语等栏目，详细记述作品的相关资讯，书后附有髡残的常用印、引用书籍论著目录以及髡残研究文章与相关论文目录，是第一部关于髡残书画作品的资料汇总及编著。《一个农民的祖国》由辽宁大学出版社出版，是首部本土作家学术研究中英文作品，出版该书筹备近两年，通过汉英对照形式，展现一个农民扎根土地感恩祖国的家国情怀。该诗集获辽宁省翻译学会优秀翻译学术成果（著作类）二等奖。

（叶乃俊）

《百首诗歌吟咏江宁》出版 2月，“中国诗歌万里行”《百首诗歌吟咏江宁》一书由团结出版社出版，收录全国各地50多名诗人及诗歌爱好者以江宁为主题、创作风格各异的诗歌作品。2016年上半年，当代新诗坛的文化品牌活动“中国诗歌万里行”走进江宁，举行“同一首诗吟咏江宁”创作采风活动。随后，诗人们和广大诗歌爱好者以特有的视觉和眼光，凭借想象的翅膀和语言的魅力，以江宁的山川河流、风土人情等为题材，创作诗歌，以诗的浪漫和激情，展现江宁建设发展成果和江宁人民的美好生活。《百首诗歌吟咏江宁》一书由著名诗人冯亦同作序，既收录延滨、洪烛、祁人、李犁、占林、陆健、宫池等诗坛名家作品，也有本土诗人、外地诗人及诗坛新秀作品。

艺术南京2017国际艺术品博览会 5月19日，由南京百家湖国际文化投资集团主办的“艺术南京2017国际艺术品博览会”在百家湖爱丁堡饭店举行，展览邀请40个国家和地区的120家顶级画廊，为大众呈现5000多件精美的艺术家作品，其中不乏毕加索、安迪沃霍、赵无极等世界大师作品。此届艺术展延续至5月23日，通过整合海内外艺术品市场主体的各方资源，联合海内外著名画廊、艺术机构、艺术基金等行业力量，以爱丁堡酒店4万平方米的空间为展示载体，在促进艺术消费市场发展的同时为大众提供艺术欣赏与消费。该届艺博会采用“酒店式”的布局模式，作品陈列在18层高档酒店的292间套房中，将艺术品与生活情境完美融合，进一步拉近艺术感官体验与生活经验的距离。

墨韵育心书画展开展 6月24日，由江苏省花鸟画研究会、区委宣传部、区文联主办，金猴献瑞书画馆、明玉棠文化贸易投资服务有限公司承办的“墨韵育心——中国当代书画名家作品展”在位于江宁区天印大道天印慧谷的金猴献瑞书画馆举办，展览一直持续到8月31日。此次展览以“挥洒翰墨喜迎十九大、不忘初心永远跟党走”为主题，展出左庄伟、张继馨、徐培晨、贾理新、吴维佳、李志勤、李天池、赵永利、宋骞、李彦、常畅、高则宏等10多名中国当代书画名家的60多幅书画作品，这些作品风格多样、各展其长，表达对中国共产党的无限热爱、对改革开放成就的歌颂和对如今幸福生活的赞美，引导广大市民和青年学生继承传统、砥砺奋斗，不忘初心跟党走，以奋发向上的精神状态迎接中共十九大召开。

全区文艺干部集中培训 7月10日，全区文艺干部培训班开班。此次培训采取集中授课与参观考察相结合方式，邀请省文联主席、党组书记章剑华，以及省作协副主席鲁敏、南京大学城市规划设计院城市设计所副所长张海军授课。专题讲座分别以“文学、艺术、写作的内在规律”“地域文化在乡村建设中的复兴”“使命与担当——学习领会习近平文艺思想”为主题，就写作风格的转变、对知识分子的理解等进行深入阐述，并系统梳理习近平文艺思想的内容，引导广大文艺工作者牢记使命，勇于担当，不忘初心，继续前进，创作出无愧于时代、无愧于人民的文艺作品。培训结束后，学员们还实地考察了南京国创园、江苏大剧院、高淳非遗文化展示馆和中国民间文化传承示范基地。

江宁籍作家庞瑞垠回乡捐书 7月，江宁籍作家庞瑞垠文集捐赠暨作品座谈会在东山街道举行。省作协主席范小青，省文联副主席、党组成员、书记处书记刘旭东以及文学界知名人士出席活动，区委常委、宣传部部长张思明参加。庞瑞垠是江宁汤山人，国家一级作家，江苏省中青年有突出贡献专家，享受国务院颁发的政府特殊津贴，1957年发表处女作，创作长短篇小说、报告文学逾千万字。著有长篇小说《故都》三部曲、《秦淮世家》三部曲，中短篇小说集《鸳梦难言》，散文集《梅园的黎明》，传记文学《早年周恩来》和《一个人和一座城市》，报告文学《沉沦女》《光明行》，短篇小说《东平之死》等26部。其中，《早年周恩来》获中宣部第五届全国“五个一工程奖”图书类第一名，《逐鹿金陵》入围第四届茅盾文学奖，并获“八五”期间全国优秀长篇小说奖榜首。此次庞瑞垠共捐赠《庞瑞垠文集》32套，回忆录《秦淮忆梦》64册，《一个人与一座城市》20本，分别赠送给区委、区政府、区政协、东山街道、汤山街道、区图书馆、江宁高级中学等17家单位和部门。

韦昌富书法作品展　9月6日，由区委宣传部、区委老干部局、区文联、区人社局共同主办的“富逸古稀笔墨真”韦昌富书法作品展在区博物馆开展。韦昌富一直醉心于书法创作，精通楷、行、草、隶、篆各种字体，风格明快，曾多次在全国书画大赛中获一等奖。此次书法作品展，共展出韦昌富创作的书法作品90多幅。除作品的展出，韦昌富还与区内部分书法家进行座谈交流。

省第三届艺术品博览会　9月28日，江苏省第三届艺术品博览会在江宁会展中心开幕。此次艺博会由省文化厅指导，省艺术品行业协会、省美术馆主办，江苏嘉恒文化投资有限公司和江苏省民间艺术家协会承办。该届艺博会将“高峰艺术品”与“大众艺术品”相结合，以“大地艺博会”的亲民表现形式，让展会走进旅游胜地、乡村小镇、千家万户。第三届艺博会规模大、品类全、贴地气，开放度高，涵盖国内优秀的当代艺术、传统书画、工艺美术以及珠宝古玩等类别，并以展览展示、主题活动、高端对话、交易拍卖、鉴定评估、评优颁奖等多种形式，引领观众在参观中体验艺术，在欣赏中感受文化，在消费中获得乐趣，全方位展现艺术品与时代背景、艺术品与高新技术、艺术品与新兴产业融合的最新成果。

江宁湟中两地书法作品交流展　10月10日，由西宁市文联、湟中县文联与江宁区委宣传部、区文联联合举办的“西宁湟中·南京江宁两地书法作品交流展”在江宁区开幕。区委常委、宣传部部长张思明参加。此次书法作品交流展在微园美术馆展出，为期11天，以歌颂祖国人民、描写江宁和湟中的古今诗文为主，展出两地书法家创作的精品力作80幅，其中江宁有40幅。

（宁　鉴）

2017年江宁区受表彰优秀文艺项目（集体）和先进个人情况表

表39

序号	获奖名称	获奖单位（个人）	序号	获奖名称	获奖单位（个人）
1	优秀基层文联	东山街道文联	3	优秀文艺家协会	区摄影家协会（一等奖）
2		秣陵街道文联	4		区美术家协会（一等奖）
3		谷里街道文联	5		区作家协会（一等奖）
4		横溪街道文联	6		区朗诵艺术协会（二等奖）
1	优秀文艺家协会	江宁诗词楹联学会（东山诗社）（一等奖）	7		区民间艺术家协会（二等奖）
2		区书法家协会（一等奖）	8		区舞蹈家协会（二等奖）

续表

序号	获奖名称	获奖单位（个人）	序号	获奖名称	获奖单位（个人）
9	优秀文艺家协会	区戏剧家协会（二等奖）	4	优秀个人展览	杨卫东
10		区音乐家协会（二等奖）	1		微园美术馆
1	文艺创新项目	东山诗社创成“江苏省诗词之乡”	2		中琅艺术馆
2		区书法家协会开展文化援疆书法联展等系列文化交流惠民活动	3		区文化馆
3		区戏剧家协会成立南京江宁法韵艺术团	4		百家湖美术艺术馆
4		区舞蹈家协会编排原创广场舞“美丽江宁之歌”	1	特色文艺团队	谷里街道特色团队（一等奖）
5		横溪街道开展多项文化惠民活动	2		湖熟街道特色团队（二等奖）
1	优秀文艺人才	葛志文	3		秣陵街道特色团队（二等奖）
2		曹敬辉	4		江宁街道特色团队（二等奖）
3		郭爱军	5		横溪街道特色团队（三等奖）
4		熊初保	6		麒麟街道特色团队（三等奖）
5		张清雷	7		禄口街道特色团队（三等奖）
6		邵天武	8		汤山街道特色团队（三等奖）
7		张　琦	9		淳化街道特色团队（三等奖）
1	优秀个人展览	丁　楠	10		东山街道特色团队（三等奖）
2		韦昌富	1	国家级文艺家协会会员	赵洪军
3		张光仙	2		诸太宝

2017 年江宁区受表彰优秀文艺作品（作者）情况表

表 40

序号	作品名称（类别）	作 者	发表刊物名称（期数）、获得奖项（表彰）、入展名称
文 学			
1	信仰（话剧剧本）	曹敬辉	第 31 届田汉戏剧奖文学奖一等奖
2	外面的世界（长篇小说）	孙拥军	第 3 届中国金融文学长篇小说提名奖
3	寒夜，暖冬	陆文婷	江宁区“我的微幸福”主题征文比赛二等奖
4	清廉，一生不变的感召和信念	吴晓波	第 8 届“江苏廉洁文化周”廉洁主题征文比赛二等奖
5	七 夕	吴晓波	《江海诗词》第 3 期
6	秋 水	吴晓波	《繁荣》9 月 25 日
7	劳动，一个光荣的词	李安宁	《繁荣》5 月 1 日
8	秋 暮	李安宁	《繁荣》11 月 6 日
9	芦 花	李安宁	《繁荣》11 月 27 日
10	诗歌 9 首	毛 新（南音）	《扬子江诗刊》第 2 期
11	诗歌 10 首	毛 新	《青春》第 9 期
12	诗歌 10 首	毛 新	《雨花》第 12 期
13	朱亚泉：从筧桥到南京	李传华	《青春》第 7 期
14	温暖的冬天（散文）	李传华	《雨花》第 3 期
15	彩云追月（教学设计）	吴洪彬	《儿童音乐》第 6 期
16	再一次写到故乡	季 川	《江海诗词》第 1 期
17	那朵梅悄悄绽放	季 川	《江海诗词》第 3 期
18	春风何止十里	季 川	《中国诗人》第 2 期
19	春风惹人醉	季 川	《人民文艺家》
20	小草绿给谁看	季 川	《繁荣》3 月 6 日
21	石头上的菊花已经腐朽（诗歌）	赵建军（愚木）	《江苏百年新诗选》下卷
22	铁锤的咏叹（诗歌）	赵建军	《雨花》第 10 期
23	愚木的诗（诗歌）	赵建军	《青春》第 6 期
24	仿佛一列机车从体内穿过(诗歌)	赵建军	《扬子江》第 6 期
25	夕时晴（外二首）（诗歌）	唐厚双	《中国诗人》第 4 期

续表 40-1

序号	作品名称（类别）	作 者	发表刊物名称（期数）、获得奖项（表彰）、入展名称
26	霜剑的诗（诗歌）	唐厚双	《中国诗人》第 1 期
27	霜剑的诗（诗歌）	唐厚双	《中国诗人》第 3 期
28	像嫦娥一样住到月亮上去(诗歌)	李　萍（屏子）	《江海诗词》第 1 期
29	十月颂歌（诗歌）	李　萍	《江海诗词》第 4 期
30	抱一抱你，我的兄弟（诗歌）	李　萍	《扬子江诗刊》第 5 期
31	一粒萤火虫遇见一颗星星(诗歌)	李　萍	《百人百首》（2017 年度中国诗歌学会选编）
32	屏子情诗（组诗六首）	李　萍	《关雎爱情诗》6 月春夏版
33	父亲，我们坐在餐桌前等候你	李　萍	《江苏百年新诗选》
34	农舍冬趣（散文）	马　浩	江宁区“我的微幸福”主题征文比赛一等奖
35	气息（散文）	马　浩	《青春》第 5 期
36	灯会杨柳村（散文）	马　浩	《繁荣》3 月 6 日
37	枝有约（散文）	马　浩	《繁荣》4 月 10 日
38	闪耀的党徽	陈家邦	江宁区“我的微幸福”主题征文比赛一等奖
39	夕时晴（外二首）（诗歌）	唐厚双	中国太湖风“鼋渚春涛”诗歌征文大赛新锐奖
40	忆江南·大美横溪赞（诗歌）	俞可淼	《扬子江诗刊》第 2 期
41	贺陶冬勇先生（楹联）	俞可淼	《江苏楹联》第 2 期
42	强富美高新南京颂（诗歌）	俞可淼	《江海诗词》第 1 期
43	临江仙·橘子洲漫步（诗歌）	俞可淼	《江海诗词》第 2 期
44	访大明寺读寺庙内楹联感作(诗歌)	俞可淼	《江海诗词》第 3 期
45	诗二首	张泰霖	《扬子江诗刊》第 1 期
46	粽叶（诗歌）	张泰霖	《江海诗词》第 2 期
47	春暖花开满校园	张泰霖	《南京日报》“雨花石”副刊
48	现代诗三首	张泰霖	《中国金融文化》
49	代人寄粤（诗歌）	尹国庆	《诗刊》上半月刊
50	胜境初开风雅张	尹国庆	《江海诗词》第 1 期
51	初夏即景（诗歌）	尹国庆	《江海诗词》第 3 期
52	沉香赋（诗歌）	尹国庆	《江海诗词》第 4 期
53	楹　联	尹国庆	《南京晨报》

续表 40-2

序号	作品名称（类别）	作 者	发表刊物名称（期数）、获得奖项（表彰）、入展名称
54	游安庆太湖五千年文博园偶感	陶君华	《江海诗词》第 4 期
55	游佘村（诗歌）	黄顺道	《江海诗词》第 4 期
56	山海关（诗歌）	刘　迪	《江海诗词》第 1 期
57	游凤凰古镇（诗歌）	费爱红	《江海诗词》第 1 期
58	醒（诗歌）	元传青	《江海诗词》第 1 期
59	屈从或反抗孤独	易　扬	《江苏作家》第 1 期
60	那些头顶灰雾的命运定局	易　扬	《江苏作家》第 2 期
61	从英雄叙事走向反观家庭	易　扬	《青春》第 5 期
62	徐泽的诗	徐　泽	《中华文学选刊》第 1 期
63	心尖上的乡愁	徐　泽	《星河》夏季卷
64	家　谱	徐　泽	《扬子江诗刊》第 2 期
65	我踮起脚尖为你打伞	徐　泽	《江海诗词》第 3 期
			朗　诵
1	有这样一群人	肖　敏	南京社工诗歌朗诵比赛二等奖
2	等你，在雨中	朱向青	首届南京经典名篇网络诵读大赛二等奖
			书　法
1	徐渭诗作	丁家福（丁楠）	南京市群众文化美术书法摄影大赛书法一等奖
2	书法作品	丁家福	江苏省·爱知县友好书法展
3	书法作品	丁家福	南京市“党的光辉·喜迎党的十九大”书法作品巡展
4	书法作品	吴　刚	南京市“党的光辉·喜迎党的十九大”书法作品巡展
5	书法作品	吴　刚	南京印社成立 30 周年篆刻展
6	书法作品	吴　刚	镇江中泠全省印社联展
7	书法作品	王兆隆	南京市“党的光辉·喜迎党的十九大”书法作品巡展
8	书法作品	王兆隆	江苏省“法治文化周”文艺作品展优秀奖
9	书法作品	徐　进	南京市“信仰之光·红色家书”主题书法作品展
10	书法作品	徐　进	“和合承德，与法同行”全国法院系书画摄影展
11	书法作品	慎志杰	南京市“党的光辉·喜迎党的十九大”书法作品巡展
12	岳阳楼记	慎志杰	南京市群众文化美术书法摄影大赛

续表 40–3

序号	作品名称（类别）	作 者	发表刊物名称（期数）、获得奖项（表彰）、入展名称
13	书法作品	慎志杰	南京市“信仰之光·红色家书”书法作品展
14	书法作品	严春华	“喜迎十九大”江宁区美术、书法、摄影大赛三等奖
15	书法作品	诸兴生	“喜迎十九大”江宁区美术、书法、摄影大赛三等奖
16	书法作品	范月金	“喜迎十九大”江宁区美术、书法、摄影大赛三等奖
17	书法作品	马明强	“迎接十九大·共筑中国梦”江宁区美术书法摄影展三等奖
18	书法作品	赵洪军	南京市“信仰之光·红色家书”主题书法作品展
19	书法作品	赵洪军	“喜迎十九大”南京市书法作品展巡展
20	隶书作品	薛马宁	南京市群众文化美术摄影大赛三等奖
21	书法作品	薛马宁	晓庄甲骨情缘—国际甲骨文书法展三等奖
22	书法作品	薛马宁	“迎接十九大·共筑中国梦”江宁区美术书法摄影展二等奖
23	书法作品	张　艳	“迎接十九大·共筑中国梦”江宁区美术书法摄影展二等奖
24	书法作品	吴邦杰	“迎接十九大·共筑中国梦”江宁区美术书法摄影展二等奖
25	书法作品	徐君冬	“迎接十九大·共筑中国梦”江宁区美术书法摄影展一等奖
26	书法作品	虞长来	“颜真卿杯”魅力句容全国书画展
27	行草作品	陈建鹏	南京市群众文化美术书法摄影大赛书法二等奖
28	书法作品	陈建鹏	南京市建党 96 周年书法展
29	书法作品	徐　明	全市机关迎接十九大书画摄影大赛三等奖
30	书法作品	陈拥军	南京市“党的光辉·喜迎十九”大书法作品巡展
31	书法作品	陈拥军	南京市“信仰之光·红色家书”主题书法作品展
32	书法作品	刘跃进	南京市“党的光辉·喜迎十九大”书法作品巡展
		美　术	
1	邑沙欢歌	诸太宝	翰墨青州·2017 全国中国画作品展优秀奖
2	蒙古汉子	诸太宝	中国梦·2017 艺术草原全国中国画、油画作品展优秀奖
3	担大海的女人	诸太宝	第三届“八荒通神—哈尔滨美术双联展”优秀奖
4	青州大地	刘富军	翰墨青州·2017 艺术草原全国中国画作品展优秀奖
5	港澳老街记忆	刘富军	庆祝港澳回归祖国 20 周年－全国中国画作品展优秀奖
6	紫藤图	张光仙	第三届艺术品博览会铜奖
7	国画作品	张光仙	纪念全民族抗战暨南京保卫战 80 周年书画展

续表 40-4

序号	作品名称（类别）	作 者	发表刊物名称（期数）、获得奖项（表彰）、入展名称
8	美术作品	张光仙	南京市文联再走基层书画展
9	美术作品	张光仙	南京市花鸟画作品展
10	荷花图	张光仙	南京市群众文化美术书法摄影大赛书法三等奖
11	太行高秋	胡　杨	南京市群众文化美术书法摄影大赛书法三等奖
12	梦寻桃花源	周为忠	南京市群众文化美术书法摄影大赛书法三等奖
13	工笔花鸟	杨　萍	南京市群众文化美术书法摄影大赛书法三等奖
14	美术作品	杨　萍	南京市文联再走基层书画展
15	美术作品	陶定亮	南京市文联再走基层书画展
16	太行雪韵	刘永顺	“江苏省第六届信任美术作品展”优秀奖
17	美术作品	胡恒军	南京市文联再走基层书画展
18	美术作品	胡恒军	南京市群众文化美术书法摄影大赛书法三等奖
19	美术作品	陈来如	南京市文联再走基层书画展
20	美术作品	周奇峰	“迎接十九大·共筑中国梦”江宁区美术书法摄影展二等奖
21	美术作品	王亚军	“迎接十九大·共筑中国梦”江宁区美术书法摄影展一等奖
22	美术作品	陈泽辉	“迎接十九大·共筑中国梦”江宁区美术书法摄影展二等奖
23	屏山秋韵	袁　瑜	南京市群众文化美术书法摄影大赛书法二等奖
24	黄河之夏	李晓林	南京市群众文化美术书法摄影大赛书法二等奖
25	原　野	李晓林	第二届江苏美术奖作品展
26	油画作品	李晓林	“江南意蕴·2017 江苏油画展”一等奖
27	时代的脉搏	李晓林	第六届全国（大芬）中青年油画展优秀奖
28	水　乡	李晓林	第三届江苏农民美术作品展
29	胡乔木铜像（革命文化主题）	郭爱军	江苏省儿童少年福利基金会杰出贡献奖（最高奖项）
30	美术作品	郭爱军	“迎接十九大·共筑中国梦”江宁区美术书法摄影展二等奖
		民间工艺	
1	老竹砚系列（砚雕作品）	葛志文	第 13 届中国民间文艺山花奖·优秀民间工艺美术作品奖
2	春江游（竹刻作品）	葛志文	江苏省第三届艺术品博览会铜奖
3	木亦有情砚（砚雕作品）	葛志文	“艺博杯”江苏省艺术精品大展赛金奖
4	瓜意茶器（紫砂作品）	葛志文	江苏省第三届艺术品博览会金奖

续表 40-5

序号	作品名称（类别）	作 者	发表刊物名称（期数）、获得奖项（表彰）、入展名称
5	风韵（青瓷作品）	陈墨缘	“艺博杯”江苏省工艺美术精品大奖赛金奖
6	隙（青瓷作品）	陈墨缘	江苏省第三届艺术品博览会银奖
7	白菜（紫檀雕刻）	潘　飞	“艺博杯”江苏省艺术精品大展赛铜奖
8	观音（木雕）	陶礼刚	“艺博杯”江苏省工艺美术大奖赛铜奖
9	秋（黄杨木雕）	王中帮	江苏省第三届艺术品博览会银奖
10	唯我独尊（木雕）	王中帮	“艺博杯”江苏省工艺美术大奖赛金奖
11	希望（猛犸牙雕）	王中帮	“艺博杯”江苏省工艺美术大奖赛金奖
12	金玉满堂（漆画）	陈雅淇	江苏省第三届艺术品博览会银奖
13	玉生烟（古琴）	陈雅淇	江苏省第三届艺术品博览会银奖
14	青花·莲梦（漆画）	陈雅淇	第六届新人美术作品展览佳作奖
15	鼎盛（金箔作品）	葛才金	中国（苏州）“苏艺杯”国际工艺美术精品博览会铜奖
16	一揽富贵（金箔作品）	何其保	江苏省第三届艺术品博览会银奖
17	喜鹊登梅（金箔作品）	何其保	“艺博杯”江苏省工艺美术大奖赛银奖
18	生肖狗（金箔作品）	蒋　炯	中国（苏州）“苏艺杯”国际工艺美术精品博览会金奖
19	开国大典（手工烙画）	俞祚福	江苏省第三届艺术品博览会银奖
20	抱朴守一（玉雕）	张清雷 喻　梅	“艺博杯”江苏省工艺美术精品大奖赛金奖
21	玉芝蛙趣（玉雕）	喻　梅	“艺博杯”江苏省工艺美术精品大奖赛金奖
22	舞韵琴音（玉雕）	张俭宇	中国（苏州）“苏艺杯”国际工艺美术精品博览会作品展金奖金奖
23	秋韵（玉雕）	张俭宇	工美新力量暨长三角工艺美术新人新作大赛金奖
		摄 影	
1	水上飞狮	许国生	南京汤山首届“温泉古镇·魅力汤山”摄影大赛优秀奖
2	远古的呼唤	陆建达	南京汤山首届“温泉古镇·魅力汤山”摄影大赛优秀奖
3	宁静的固城湖	王宁华	《中国摄影报》
4	汤山藏龙寺千佛塔	彭　清	南京汤山首届“温泉古镇·魅力汤山”摄影大赛优秀奖
5	时　尚	张　锐	南京汤山首届“温泉古镇·魅力汤山”摄影大赛优秀奖
6	秋染青林	杨厚亮	南京汤山首届“温泉古镇·魅力汤山”摄影大赛优秀奖
7	伊甸园风光	曹碧波	南京汤山首届“温泉古镇·魅力汤山”摄影大赛优秀奖
8	村村肉挂扦肠	蒋蓉宁	南京汤山首届“温泉古镇·魅力汤山”摄影大赛优秀奖

续表 40-6

序号	作品名称（类别）	作 者	发表刊物名称（期数）、获得奖项（表彰）、入展名称
9	露天泡汤	王建东	南京汤山首届“温泉古镇·魅力汤山”摄影大赛优秀奖
10	阳山碑材	姚应盛	南京汤山首届“温泉古镇·魅力汤山”摄影大赛优秀奖
11	摄影作品	程　强	“喜迎十九大”江宁区美术书法摄影大赛三等奖
12	丰　收	杨　欢	南京汤山首届“温泉古镇·魅力汤山”摄影大赛优秀奖
13	奥特拉斯广场一角	陈　欣	南京汤山首届“温泉古镇·魅力汤山”摄影大赛优秀奖
14	河畔秋颖农家秀	胡德文	南京汤山首届“温泉古镇·魅力汤山”摄影大赛优秀奖
15	伊甸园瀑布	成亚东	南京汤山首届“温泉古镇·魅力汤山”摄影大赛优秀奖
16	晒粉皮	陶光煦	南京汤山首届“温泉古镇·魅力汤山”摄影大赛优秀奖
17	享受温泉	胡文化	南京汤山首届“温泉古镇·魅力汤山”摄影大赛二等奖
18	信心满满	范宁霞	南京汤山首届“温泉古镇·魅力汤山”摄影大赛优秀奖
19	铁打的队伍	张洁华	江宁区“影动城管·最美瞬间”摄影大赛二等奖
20	杨家圩湿地公园	张洁华	“喜迎十九大”江宁区美术书法摄影大赛三等奖
21	马趴井的故事	钱　然	南京汤山首届“温泉古镇·魅力汤山”摄影大赛优秀奖
22	了解中前	钱　然	江宁区“喜迎十九大精彩看东山”摄影大赛三等奖
23	湖山的秋	张　桦	南京汤山首届“温泉古镇·魅力汤山”摄影大赛优秀奖
24	秦淮河	王礼华	江宁区“最美河道”摄影大赛三等奖
25	共饮一池水	王礼华	南京汤山首届“温泉古镇·魅力汤山”摄影大赛优秀奖
26	童年的记忆	蔡国宏	南京汤山首届“温泉古镇·魅力汤山”摄影大赛优秀奖
27	秦淮河新景观	陈　庆	江宁区“最美河道”摄影大赛一等奖
28	秋到安基湖	陈　庆	南京汤山首届“温泉古镇·魅力汤山”摄影大赛三等奖
29	秦淮风光带	陈　庆	江宁区“喜迎十九大精彩看东山”摄影大赛二等奖
30	彩虹桥	陈　庆	江宁区“最美河道”摄影大赛三等奖
31	市民中心	陈雁峰	江宁区喜迎十九大精彩看东山摄影大赛三等奖
32	期　盼	陈雁峰	江宁区“最美河道”摄影大赛二等奖
33	景观大堤	杨显林	江宁区“最美河道”摄影大赛三等奖
34	原以自然	杨显林	南京汤山首届“温泉古镇·魅力汤山”摄影大赛优秀奖
35	亲子湖畔	陶光霞	江宁区喜迎十九大精彩看东山摄影大赛三等奖
36	夕阳唱晚	陶光霞	江宁区“最美河道”摄影大赛三等奖

续表 40–7

序号	作品名称（类别）	作 者	发表刊物名称（期数）、获得奖项（表彰）、入展名称
37	童 趣	陶光霞	南京汤山首届“温泉古镇·魅力汤山”摄影大赛优秀奖
38	喜 悦	周志芳	南京汤山首届“温泉古镇·魅力汤山”摄影大赛优秀奖
39	摩肩接踵	金泰格	南京汤山首届“温泉古镇·魅力汤山”摄影大赛一等奖
40	七坊恋歌	王春凤	南京汤山首届“温泉古镇·魅力汤山”摄影大赛三等奖
41	你拍我拍	王春凤	江苏省“千华古树”杯摄影大赛二等奖
42	水美乡村江宁马场山	李顺华	《新华日报》影像专版
43	乡村来了洋画家	李顺华	南京汤山首届“温泉古镇·魅力汤山”摄影大赛优秀奖
44	夕阳下的和谐	李顺华	江宁区“喜迎十九大精彩看东山”摄影大赛二等奖
45	大地披绿装	李顺华	江宁区“最美河道”摄影大赛三等奖
46	汤水湿地	许再舜	南京汤山首届“温泉古镇·魅力汤山”摄影大赛优秀奖
47	秦淮韵味	许再舜	江宁区“最美河道”摄影大赛三等奖
48	摄影作品两幅	邵雅琦	江苏省“千华古树”杯摄影大赛作品展
49	我们一起来冲浪	邵雅琦	南京汤山首届“温泉古镇·魅力汤山”摄影大赛优秀奖
50	拜 师	邵天武	江苏省“千华古树”杯摄影大赛三等奖
51	生态乡村	邵天武	“吴韵汉风·江苏文化艺术节”暨“精彩江苏”百名摄影家作品展
52	格桑花开幸福来	邵天武	“迎接十九大·共筑中国梦”江宁区书法摄影美术比赛二等奖
53	今年又加老人金	邵天武	南京市“喜迎十九大全民拍南京”系列视觉大赛二等奖
54	今年又加养老金	邵天武	“喜迎十九大·全景看江苏”系列视觉作品大赛三等奖
55	醉美河堤	邵天武	江宁区“最美河道”摄影大赛二等奖
56	乐游汤山泡泡温泉	邵天武	南京汤山首届“温泉古镇·魅力汤山”摄影大赛优秀奖
57	明文化街	许 宁	南京汤山首届“温泉古镇·魅力汤山”摄影大赛优秀奖
58	丰富的老年生活	王 睿	南京汤山首届“温泉古镇·魅力汤山”摄影大赛优秀奖
59	汤泉河畔	张建龙	南京汤山首届“温泉古镇·魅力汤山”摄影大赛优秀奖
60	幸福的味道	张 俊	南京汤山首届“温泉古镇·魅力汤山”摄影大赛优秀奖
61	沙场拼搏	张 俊	南京市群众文艺创作调演
62	起 跑	张 俊	南京市“强富美高·精彩南京”摄影大赛二等奖
63	洋娃娃体验七坊传统技艺	王 俊	南京汤山首届“温泉古镇·魅力汤山”摄影大赛优秀奖
64	百家湖晚霞	王 俊	江宁区“最美河道”摄影大赛二等奖

续表 40-8

序号	作品名称（类别）	作 者	发表刊物名称（期数）、获得奖项（表彰）、入展名称
65	小小创客能力强	王 俊	江宁区“喜迎十九大精彩看东山”摄影大赛二等奖
66	拉 糖	马玉萍	江苏省“千华古树”杯摄影大赛作品展
67	今日百家湖	金洪源	江宁区“最美河道”摄影大赛二等奖
68	山花烂漫	金洪源	南京汤山首届“温泉古镇·魅力汤山”摄影大赛二等奖
69	烧砂器	王官文	南京市群众文艺创作调演二等奖
70	碧水蓝天新江宁	王官文	江宁区“最美河道”摄影大赛一等奖
71	水榭霞光	王官文	南京汤山首届“温泉古镇·魅力汤山”摄影大赛优秀奖
72	石锁表演	王官文	南京市“强富美高·精彩南京”摄影大赛作品展
73	直立人博物馆	曹明和	南京汤山首届“温泉古镇·魅力汤山”摄影大赛三等奖
74	古村龙腾	曹明和	江苏省“千华古树”杯摄影大赛入围奖
75	竹山公园悼忠魂	曹明和	江宁区“喜迎十九大精彩看东山”摄影大赛三等奖
76	竹山夕照	曹明和	江宁区“最美河道”摄影大赛三等奖
77	时令菜	黄德海	南京汤山首届“温泉古镇·魅力汤山”摄影大赛优秀奖
78	建设者	黄德海	江宁区“喜迎十九大精彩看东山”摄影大赛二等奖
79	秋天的葡萄园	陈丽萍	南京汤山首届“温泉古镇·魅力汤山”摄影大赛优秀奖
80	翠谷春风	杜 鹏	南京汤山首届“温泉古镇·魅力汤山”摄影大赛优秀奖
81	秦淮河一日	杜 鹏	江宁区“最美河道”摄影大赛三等奖
82	田 边	张 全	南京汤山首届“温泉古镇·魅力汤山”摄影大赛三等奖
83	禄口的时代列车	张为农	江宁区“迎接十九大·共筑中国梦”书法摄影美术比赛三等奖
84	皇上驾临	张为农	江苏省“千华古树”杯摄影大赛入围奖
85	老小乐图	张为农	江宁区“喜迎十九大精彩看东山”摄影大赛三等奖
86	奔	张为农	南京汤山首届“温泉古镇·魅力汤山”摄影大赛二等奖
87	多彩秦淮河	徐元平	江宁区“最美河道”摄影大赛三等奖
88	快乐阅读	徐元平	江宁区“迎接十九大·共筑中国梦”书法摄影美术比赛二等奖
89	金风玉露	徐元平	南京汤山首届“温泉古镇·魅力汤山”摄影大赛优秀奖
90	天增岁月人增寿	韩乃义	南京市群众文艺创作调演
91	扎尕那的黎明	韩乃义	“天华杯”精品丝路·绚丽甘肃全国旅游摄影大展
92	舞健康	陶春霞	“健康江苏”摄影展

续表 40–9

序号	作品名称（类别）	作 者	发表刊物名称（期数）、获得奖项（表彰）、入展名称
93	阳山碑材	陶春霞	南京汤山首届“温泉古镇·魅力汤山”摄影大赛优秀奖
94	老党员喜迎十九大	戴典金	江宁区“喜迎十九大精彩看东山”摄影大赛三等奖
95	春　耕	戴典金	南京汤山首届“温泉古镇·魅力汤山”摄影大赛优秀奖
96	石塘风光美	戴典金	江宁区“最美河道”摄影大赛二等奖
97	铸铁匠的日常	马玉萍	安徽·石台全国摄影大展
98	中医中药保健康	程　征	“健康江苏”摄影展优秀奖
99	舟行山水间	沈　勇	“龙虎天下绝”杯寻梦龙虎山全国摄影大展
100	繁花似锦秦淮河	沈　勇	江宁区“最美河道”摄影大赛一等奖
101	春满傅家边	陆春南	“砥砺奋进的江苏”大型主题图片展
102	春满傅家边	陆春南	“喜迎十九大 全景看江苏”系列视觉作品大赛优秀奖
103	多彩桠溪	陆春南	“喜迎十九大 新江苏新辉煌”摄影作品大展
104	花海中	陆春南	“衲田花海·花香中国”全国摄影作品展
105	五彩缤纷库山村	陆春南	安徽·石台全国摄影大展
106	昆舞忆江南	陆春南	“聚江苏 最工行”主题摄影大赛优秀奖
107	璀璨秦淮	陆春南	第 31 届中国秦淮灯会摄影大赛
108	摄影作品	王朝靖	“钟灵毓秀”南京女摄影家作品联展
		音 乐	
1	擦星星	邵素芳	南京市第 11 届少儿艺术团队文艺大赛一等奖
2	和谐汤山美丽的家	徐龙娣	南京市原创歌曲征集活动三等奖
3	芦花湾	邵素芳 陈宜娟 何　瑶	南京市群众文艺创作调演创作表演一等奖
4	过　年	邵素芳 张　俊	南京市群众文艺创作调演创作表演一等奖
5	多情凤城河（作曲）	陈晓光	《歌曲》第 2 期
6	青蛙都去哪儿啦	熊初保	《儿童音乐》第 3 期
7	多情凤城河（作词）	熊初保	《歌曲》第 2 期
8	青蛙是个歌唱家	熊初保	南京市第 11 届少儿艺术团队大赛优秀创作奖
9	你是春风你是旗帜	熊初保	“做一个好人”首届中国（沧州）原创公益歌曲优秀展播（演）作品优秀奖

续表 40-10

序号	作品名称（类别）	作者	发表刊物名称（期数）、获得奖项（表彰）、入展名称
10	你是为了谁	熊初保	“信仰之歌—雨花颂系列歌曲”入选奖
11	小竹笋	熊初保	童心向党幸福成长第八届“童声里的中国”少儿歌谣大赛成人组童谣三等奖
12	南京，美好的家园	熊初保	南京市“2017 年理论宣讲作品征集”入选奖
13	红色的记忆	熊初保	“心中的旗帜”南京市庆祝中国共产党成立 95 周年原创歌曲征集作品奖
14	金光闪耀	熊初保	《歌曲》第 2 期
		戏　剧	
1	不速之客（小品）	张义平	南京市群众文艺创作调演创作表演二等奖
2	装蒜（小品）	张义平	南京市群众文艺创作调演创作表演二等奖
3	家家有本难念的经（锡剧）	张为农	南京市群众文艺创作调演创作表演一等奖
		曲　艺	
1	家有喜事（双簧）	张义平	南京市群众文艺创作调演创作表演三等奖
2	新“除四害”（双簧）	张义平	南京市群众文艺创作调演创作表演三等奖
3	幸福的歌声满天飞（快板）	张义平	南京市群众文艺创作调演创作表演二等奖
4	幸福的歌声满天飞（快板）	张义平	南京市第 11 届少儿艺术团队文艺大赛优秀创作奖
5	我就这毛病（相声）	张义平	南京市文明规范“八个不”文艺作品大赛三等奖
6	争做文明好市民（快板）	许国生	南京市文明规范“八个不”文艺作品大赛一等奖
		文艺论文	
1	拥抱大数据打造智慧型文化馆	张　俊	中国文化馆年会征文活动二等奖
2	王实甫《西厢记》的艺术成就	曹敬辉	《剧影月报》第 4 期
3	寻找现代与传统有机融合的表达方式	李　璇	《艺术评论》第 12 期
4	打破牢笼 迎接真实	李　璇	《剧影月报》第 2 期
5	从《人民的名义》陈岩石人物形象谈起	李　璇	《剧影月报》第 4 期
6	科举博物馆里的文化之旅	李　璇	《中国文化报》5 月 9 日（第 7712 期）
7	追问与观看	王朝靖	《中国摄影报》
8	车拍，不必想的太多	王朝靖	《中国摄影报》
9	特色小镇与周岗红木工艺的发展	潘　飞	《名镇世界》第 1 期

续表 40-11

序号	作品名称（类别）	作者	发表刊物名称（期数）、获得奖项（表彰）、入展名称
舞　蹈			
1	鼓娃闹新春	邵素芳 陈宜娟 宣广莲	民间艺术展演暨江苏民间文艺“迎春花奖”·民间艺术表演迎春花奖
2	小小飞行员	田　迪	南京市第 11 届少儿艺术团队文艺大赛表演一等奖
3	幸福舞起来	田　迪	“喜迎十九大·幸福舞起来”省广场舞大赛南京赛区决赛二等奖
4	七月火把节	田　迪	“喜迎十九大·幸福舞起来”省广场舞大赛南京赛区决赛二等奖
5	板凳龙	田　迪	“江宁之春”群众文化活动特色文艺团队大赛一等奖
6	手龙跃横溪	赵　燕 田　迪	民间艺术展演暨江苏民间文艺“迎春花奖”·民间艺术表演迎春花奖
7	茉莉花开	徐　芯	“江宁之春”群众文化活动特色文艺团队大赛三等奖
8	茶之韵队	陈宜娟 朱海琼 田　迪	“喜迎十九大·幸福舞起来”江苏省广场舞大赛南京赛区总决赛一等奖

（区文联）

文物博物

概　况　2017年，江宁区文化部门组织编制文化遗产保护修缮项目方案，组织实施余村清代建筑群（潘氏宗祠及潘氏住宅）、新四军第一支队指挥部旧址、仙洞桥等修缮工程，已完成杨柳村民居群屋面维护、门楼加固及河庄村王公祠修缮工程。开展江宁文化遗产保护与利用课题研究，完成《江宁区境内秦淮河流域文化遗产研究》《南京江宁东山地区历史文化及遗产》课题。实施文化遗产解读工程和安装田野文物监控系统，文物解读已完成二维码解读、文化地图解读；监控系统进入安装阶段，建成后可通过电脑和手机对田野文物实施24小时录像监控。

区民俗博物馆　2017年，区民俗博物馆编制杨柳村民居群保护规划，完成展馆修缮、白蚁防治、西路展新调整和非遗传承人、项目摸底工作。完善方山大鼓、禄口皮草、周岗红木、金陵金箔项目保护基地建设，加快殷巷石锁项目保护基地建设。结合春节、清明、端午、七夕等民族传统节日，开展丰富多彩的民俗文化活动12场。（区文广局）

区博物馆　2017年，区博物馆完成基本建设项目考古勘探48处，勘探地块总面积300多公顷，并对勘探项目地块出具客观、翔实的考古勘探报告。发掘古墓葬18座、窑3座、水井2座，出土文物50余件。还配合南京市考古院对牛首山东入口旁发现的明代怀庆公主墓进行抢救性发掘。与南京大学历史学系合作，对船墩遗址进行考古发掘，出土可修复器物400余件、陶片1万余片。4月，在国务院召开的第一次全国可移动文物普查总结电视电话会上，江宁区博物馆获“第一次全国可移动文物普查先进集体”荣誉称号，是江苏省唯一获此殊荣的县

（区）级单位。第一次全国可移动文物普查工作，由国务院统一部署组织开展，从2012—2016年共5年时间。江宁区作为全省普查试点单位，科学制订普查方案计划，统筹经费预算，开展精干型、多样化普查专业培训，多措并举，推进全区文物系统藏品和系统外国有单位藏品认定普查工作，做好辖区内642家单位的普查调查、认定、整理、信息采集及上报等工作。按照规定时间完成9001件（套）文物的信息录入、上传和审核工作，使每一件文物都有了唯一身份证号，首次摸清全区文物家底。

直立人化石遗址博物馆2个新展厅开放　7月，南京直立人化石遗址博物馆在“地层天书——南京6亿年生物演化”和“人类密码——南京直立人身世之谜”2个展厅的基础上，增加“洞天福地”和“文明之基”2个新展厅，并已全面开放。“洞天福地——汤山百万年环境变迁”展厅位于博物馆二层，展厅以丰富多样的古生物化石、矿石标本和极富趣味性的多媒体互动设备向公众展示汤山溶洞的神奇奥秘，诉说汤山地区百万年环境变迁的故事。而“文明之基——汤山温泉与文明演进”展厅位于博物馆三层，里面遍布先进的模型、充满科技感的多媒体设备，以图文影像资料、实物、标本介绍汤山温泉的形成原理、卓越品质和开发利用，老汤池、老物件和一张张褪色的老照片更是让人想起汤山温泉的悠久历史与文化传承。

（宁　鉴）

广播电视

概　况　2017年，江宁广播电视台坚持正确的舆论导向，发挥广播电视主流媒体作用，组织策划报道全区各项重点工作。开设“直通‘两会’”“喜迎十九大”“砥砺奋进的五年”等专题栏目，做好江苏发展大会、全球未来网络发展峰会、江宁春牛首国际马拉松赛事等主题宣传报道。其中《防汛现场——直面史上最大暴雨》报道获市文广局广播电视节目评议肯定。联合社会力量开展“这个冬天不会冷”“暖冬行动”等新闻公益慈善行动，彰显媒体责任感和影响力。

对外宣传　2017年，由江宁广播电视台制作的新闻《中华春节符号南京庙会热闹非凡》被人民日报海外网收录推送，配合制作的《江宁区行政审批制度改革》宣传片面向全国推广。主动融入区内重大活动，在春牛首马拉松赛、全球未来网络发展峰会等大型活动中，做好媒体接待工作，扩大对外宣传。同时，组织开展区、市及省广播电视好稿及优秀播音主持作品参评工作，全年有25篇稿件获市级以上奖项。

广电节目改版创优　2017年，江宁电视台在原有日播栏目“家住江宁”基础上，开设“多大事啊”“杨警官说交通”“走进直播间”“江宁清风”等11档专题栏目，形成“1+11”的格局。拍摄的微电影《回家》系列，“多大事啊”栏目走进社区活动等，产生较好社会影响力。广播电台于8月改版，全天新闻资讯量增加到40条以上，并对接电视渠道，同步播出“走进直播间”等栏目。《凤凰台》杂志由双月刊改为单月刊，增加“江宁元素”，运用数据、图表等形式展现区委、区政府中心工作，增强刊物可读性。

融媒宣传　2017年，江宁广播电视台注重电视、广播、网络、微信等联动，推进全媒体新闻报道，扩大新闻影响力。4月，新媒体上线“爱江宁”APP，全方

12月，首届“温泉古镇魅力汤山”摄影大赛颁奖仪式及摄影展在南京直立人化石遗址博物馆举行。图为市民正在欣赏摄影展

区新闻中心　供稿

位整合交通旅游、生活娱乐、医疗教育等核心资源，为市民提供便利；“微江宁”推出微刊365期，图文2920篇，累计阅读量600多万人次，关注人数增加到20万人次。开通微信直播，承接春牛首马拉松赛事、未来网络峰会等各类活动的现场直播，累计观看人数150多万人次。

广电网络公司　2017年，江宁广电网络公司以加速高清“云媒体”互动终端和宽带用户发展为主线，完成全年目标任务，实现有线电视数字化。年末，全区有高清互动用户12.2万户，比2016年增长3.26%；有线电视用户29.7万户，下降5.4%；宽带用户2.7万户，增长80%。加快发展多功能业务和增值业务，实现经营收入比2016年增长6.5%。新媒体公司进一步拓展视频监控业务，扩大城市智能监控和户外广告大屏业务，完成7个社区的视频监控系统建设，建成视频监控点531个。江广传媒公司实现政府型、公益性各类活动和品牌系列商业活动同步推进，举办大型活动30多场，制作各类片花、宣传片、专题片32个。江广创艺工场项目于6月启动，12月底完成一期项目建设，招商率超过70%，计划2018年5月初开园试营业。红萍果公司开展婚庆、会展等多元化业务，主办区总工会集体婚礼、第二届红萍果婚博会等各类活动40多场。江广之星艺术团举办江宁星达人第一季才艺选拔赛等活动，宣传推介全区优秀艺术人才及团队。江广视界旅游服务公司运营“广电+旅游”新模式，通过媒体矩阵，打破区域限制，开展特色旅游和文化旅游，在江宁乃至南京旅游市场树立品牌并具有一定的影响力。知已行公司开设鼓楼、江宁等5家知行书屋连锁店，市总工会在全市推广江宁广电知行书屋模式，实现书屋品牌和管理的输出。　（沈奘恩）

区新闻信息（融媒体）中心

概　况　江宁区新闻信息（融媒体）中心是区委宣传部下属的全额拨款事业单位，主要负责区内工作简报《江宁新闻》的编辑、出版、发行，“江宁新闻网”和“江宁发布”政务微博微信、“江宁新闻”官方微博、“看江宁”微信公众号、“无线江宁”APP客户端运行维护，《爱尚江宁》杂志、《南京日报·江宁旅游》专版策划和相关采编工作。2017年，区新闻信息（融媒体）中心围绕区委、区政府中心工作，以新理念、新思路、新举措推动新发展，通过构建媒体传播新矩阵，优化新闻采编流程，完善考核管理机制，提升从业人员素质等一系列举措，不断壮大区级主流媒体平台的“主阵地”，坚持打好新闻宣传工作的“主动仗”，不断提升《江宁新闻》（工作简报）党报影响力，为建设“强富美高”新江宁营造良好舆论氛围。

服务中心工作　2017年，区新闻信息（融媒体）中心围绕“喜迎十九大”、“两聚一高”、党员干部大走访等重点工作及培育和践行社会主义核心价值观，加大主题宣传策划力度。紧扣“喜迎十九大”“砥砺奋进的五年”主题，结合党的建设和从严治党，回顾过去5年江宁发展的辉煌成就，先后开设“全媒体记者百村行”“基层在行动”“一把手访谈”等系列报道和专题专栏。围绕全区机关作风建设、党员干部大走访等重点工作安排，开设“暖心大走访倾听基层心声”“走千企进万户 助发展促民富”“到基层中去 到青年中去”等专题栏目。

主题活动报道　2017年，区新闻信息（融媒体）中心先后围绕黑臭河治理、“10+1”城乡精细化建设管理、“263”专项行动及科技人才创新创业、特色田园乡村建设、社会治理创新等专项工作，开展新闻策划和全媒体宣传报道。关注和服务民生，聚焦百姓关注的热点难点问题，专门开设“民声在线”栏目，发挥媒体作用帮助困难群众解决急事、难事，受到普遍关注。

媒体融合发展　2017年，区新闻信息（融媒体）中心完善融媒体平台建设，推动报网融合新格局。1月1日开通“无线江宁”APP，3月推出首期《南京日报》江宁旅游专版，4月发行首期《爱尚江宁》杂志，已形成“一报、两微、一端+专版、杂志”的全媒体新矩阵，实现针对不同受众群体推出多种新闻产品的差异化和精准化传播。同时，依托现有融媒体新闻采编平台，优化软件平台功能，打通与各街道（园区）、部门之间的新闻信息采集和传输通道，实现新闻信息一次采集、即时加工、多种生成、多元传播的模式，基本形成“媒资库”平台雏形。

一批作品获省级好新闻奖　5月，在全省县市新闻中心2016年度好新闻评选中，区新闻信息中心有15件作品获奖。其中，《总理为江宁青年创业者“点赞”》（作者：林奇）获消息类一等奖，《农地交易“私婚”变“正娶”》（作者：俞金金）、《本土民企跨国并购博世旗下百年品牌》（作者：詹艳娜）获消息类二等奖，《江宁企业研发全球首个抗艾滋病长效药申报上市》（作者：林奇）、《汤山古泉设立“乡贤志愿工作站”》（作者：詹艳娜）、《江宁街道两百多家企业“众筹”治污》（作者：陈敏）获消息类三等奖；《扶贫“互联网”走出“精准”路》（作者：俞金金）获通讯类一等奖，《烽火已熄记忆犹存》（作者：林奇）获通讯类二等奖，《“江宁婆婆”：一位“超长待机”的最红网警》（作者：张竹青）、《老人自学摄影记录邻里笑容》（作者：宋应娟）获通讯类三等奖；系列报道《开局“十三五”》（作者：林奇、詹艳娜、陈翔、俞金金、吴丹、张娟）获三等奖；《民俗文化生光辉》（作者：戴典金）获新闻图片二等奖；《今晚江宁又要上央视了！这一回竟然是因为……》（作者：黄芮）获网微类三等奖；《江宁万亩良田“带薪休假”——种植绿肥、冬耕晒垡可享财政补贴》（作者：俞金金）获好标题奖；聚焦“春牛首”国际马拉松赛专版（作者：尹丽）获好版面奖。（周　剑）

南京新媒体传播峰会　1月17日，2016年南京新媒体传播峰会在江宁区举行，一批新媒体平台受到表彰。由江宁新闻信息中心打造的“无线江宁”新闻客户端开通上线。“无线江宁”新闻客户端作为全区首个新闻APP平台，定位于本土化、可视化、工具化，设有“新闻汇”“微直播”“数字报”“微政务”等栏目，集新闻资讯、公众信息、政务大厅等内容于一体，可随时随地进行新闻阅读、新闻互动、信息查询。手机扫描二维码或在应用市场搜索“无线江宁”即可进行下载安装。此次峰会上，“江宁发布”获得“2016南京优秀政务微信”“2016南京最具影响力政务微博”“经典政务微博传播范例”3项大奖；“南京江宁旅游”“微横溪”获“2016南京区街镇最佳新媒体传播”奖；“@江宁公安在线”获南京政务新媒体特别贡献奖。同时，此次峰会还发布《南京新媒体网络直播自律公约》，公布《2016南京政务新媒体白皮书》。

区融媒体中心成立　11月9日，江宁区融媒体中心成立暨新闻信息中心媒体矩阵推介活动举办。活动集中展示江宁新闻信息中心的“全媒体采编平台”“中央厨房”系统操作流程，启动“学习宣传贯彻中共十九大精神江宁全媒体在行动”。一批2017年度优秀新闻工作者受到表彰，并发布“新鲜人招募令”，诚邀更多自媒体团队和个人加入江宁融媒体大家庭。当天，江宁融媒体中心与紫金山客户端、龙虎网举行战略合作签约，江宁新闻信息中心与江宁区广电台新闻中心举行“共享·合作”签约，拉开区内媒体深度融合发展的序幕。是年1月起，逐步构建全媒体采编平台、数据采集存储平台、中央信息厨房全媒体指挥系统三大核心平台，形成较完善的全媒体产品采集、制作和发布“生产链”。（宁　鉴）

档　案

概　况　2017年，江宁区档案局接收江宁援疆建设文书档案409件、工程档案45卷、会计档案107卷、照片档案292张、实物档案18件。接收汤山、横溪、江宁、谷里、麒麟5个街道2005—2012年度到期文书档案23956件，照片档案350张。从10月起先后接收土地承包经营权确权登记颁证档案、农村集体清产核资档案12万多卷，并同步接收照片、声像和实物档案。对湖熟街道老城镇拆迁改造前影像进行整体拍摄，并制作形成声像档案保存。此外，不断完善馆藏土地、房产、婚姻、再生育二孩等民生领域档案专题数据库建设。围绕区档案馆创建江苏省AAAAA级数字档案馆目标，完成系统功能开发、软硬件设备升级、数字化加工、数据库扩充等工作，2017年12月26日通过省、市联合验收组评估验收。推进数字档案室创建工作，全区已建成AAAA级数字档案室11家，指导汤山、江宁、谷里街道创建省AAAA级，审计局创建省AAAAA级数字档案室，通过省、市现场验收。对区政务网虚拟档案管理系统共享平台进行改造与升级，借助区电子政务平台，实现电子文件、电子档案在线移交，打造档案信息共享网络平台。继续开展馆藏档案数字化加工工作，全年完成17个全宗、9816卷、111579件，共200多万页馆藏档案数字化。累计完成约1017万页，占馆藏总数的96%，目录数据库的数据准确无误率99%。同时，完成3558卷、105444条目录以及9683件、9683条目录的核对修正工作。

档案利用体系建设　2017年，区档案局远程指导援疆档案的规范化整理，确保档案齐全完整。指导全区10个街道、143个村开展土地承包经营权确权登记颁证档案工作，跟踪土地确权档案规范化整理。9月，土地承包经营权确权登记颁证档案工作通过省、市农委和档案部门联合验收。完成对10个街道、200个村（社区）的清产核资档案分类指导工作。开展对横溪街道绿桥等5家国家级和省级农民专业合作社档案试点工作，进行规范建档业务指导并通过省、市相关部门验收。服务基层档案规范化，江宁国土分局、规划分局和水务集团3家单位通过档案工作省五星级复查；江宁城建集团、江宁区中医院、江宁二院、南京觅秀街中学、南京东郊小镇小学5家单位综合档案室创成省三星级。推进家庭档案规范建档和儿童家庭建档活动，在“百户家庭建档”的基础上，选送11户建档规范、种类齐全的家庭档案参加南京市第一批家庭建档示范户评选活动并获奖。同时，配合区妇联在东山街道泥塘社区开展儿童家庭建档服务指导，整理5个家庭的儿童档案46盒。全年接待查档4388人次，涉及婚姻、干部任职、下放和招工、复员军人档案等4543卷、3520件，工程档案查档128人次，复印图纸1140张，出具证明3072份。开展第十次档案划控开放工作，划控涉及84个全宗1986—1987年文书档案3542卷，确定对外开放1604卷，馆藏档案累计开放23771卷。加大馆藏档案资料开发编研力度，围绕抗战全面爆发80周年纪念活动，与市档案局、高淳区档案局等5家单位联合出版新四军在南京地区的抗战史料，并将9卷相关抗日战争档案进行数字化扫描。编印《档案工作纪事》《江宁大事记》等。与区委党史办联合举办《纪念中国人民全面抗战80周年》专题展览，免费向社会公众开放。发挥爱国主义教育基地社会教育功能，全年接待秦淮中学、晓庄师范学院等院校以及社会团体参观400多人次。结合特色田园乡村建设，做好谷里街道、淳化街道茶岗社区、湖熟街道杨柳湖社区作为“乡村记忆档案”项目第一批试点单位的试点工作。9月27日，全市“乡村记忆档案”项目建设试点工作推进会在淳化街道茶岗社区召开。

档案监督指导　2017年，区档案局开展“6·9”国际档案日系列宣传活动，联合秣陵街道凤凰社区走进欣旺花苑，向群众发放档案宣传册，赠送印有活动标志及标语的宣传品，面对面地普及档案知识。同时，在江宁电视台连续3天播放档案日活动宣传标语，在全区机关、企事业单位开展“档案——我们共同的记忆”征文活动。全年在省、市档案局网站和刊物等媒体发表工作动态、信息等20多条。采取“双随机、一公开”监管方式，随机抽取江宁开发区、区司法局等30家单位进行档案行政执法检查，采取听取汇报、查看现场、综合评议、反馈意见等方式，检查档案法律法规贯彻、国家档案局8号令执行、档案业务开展以及档案安全管理情况，针对薄弱环节下发整改意见书，并责令进行整改，进一步推动基层档案规范化管理。

档案队伍建设　2017年，区档案局继续加大对全区档案专、兼职工作人员业务知识的培训力度，举办一期档案干部业务培训班，对全区100多家单位的250名专兼职档案员进行培训，邀请市档案局5名专家进行现场授课。同时，以业务指导、以会代训等方式，对档案工作人员进行业务培训，受训人员300余人次。

（范　帆）

5月31日，区档案馆按照馆藏到期档案划控要求和工作安排，对涉及84个全宗的1986—1987年3542卷档案开展划控工作

范　帆　供稿

卫生 体育

医疗卫生

概　况　2017年，江宁区围绕全国、省、市卫生与健康大会精神，以“健康江宁”建设为重点，持续深化医药卫生体制综合改革，较好完成各项既定目标任务，被国家卫生计生委表彰为“全国妇幼健康优质服务示范区”，并通过“全国基层中医药工作先进单位”现场评审验收。至年末，全区有各级各类医疗卫生机构412家，开放床位7062张；有执业（助理）医师3335人，注册护士3734人。全年医疗单位门诊693.04万人次（基层469.38万人次），比2016年增长7.88%（基层7.01%）；住院8.94万人次（基层2.15万人次），增长8.62%（基层17.79%）；医疗业务总收入20.80亿元（基层5.46亿元）。政府对卫生事业投入10.98亿元，占公共财政预算支出的5.15%，比2016年下降17.69%。

医药卫生体制改革　2月，区卫生计生局机关职能科室按新“三定”方案整合到位，实现卫生计生机构资源、工作职责、人员队伍的优化整合。6月1日，新型合作医疗职能移交区人社局管理。加强医联体建设，江苏省人民医院与区中医院、区中医院与23家社区卫生服务中心、南京医科大学附属逸夫医院与周边6家社区卫生服务中心、南京市第一医院和南京市儿童医院与东山社区卫生服务中心组建医联体。全年省、市、区三级公立医疗机构及民营医院下派医师3273人次，下沉各社区卫生服务中心开展联合病房、专家门诊、查房带教等服务。东山、上坊等社区卫生服务中心分别与南京市第一医院、江宁区中医院开展不同专科联合病房，收治病人700余例。全区31家养老机构中有13家设置对内部服务的医疗机构，其余18家均与周边社区卫生服务中心签订合作协议。1月1日，选择15家其他类公立医疗机构，与全市同步推行新一轮医药价格综合改革。基层医疗机构智慧药房试点建设初步完成，药房信息化管理优势初步显现。各医疗机构全年在省基本药物采购监管平台采购药品8.11亿元，验收率99.84%。其中，江宁医院采购4.41亿元，区中医院采购1.16亿元，基层医疗机构采购2.39亿元。

医疗机构建设与管理　2017年，江宁医院创成“三级甲等医院”，区医疗服务中心新建工程接近尾声，江苏省中医院牛首山分院和苏豪健康养老产业园项目落户江宁，禄口、麒麟、汤山社区卫生服务中心启动新建工程，完成区中医院新建门诊医教研中医康复综合大楼立项。放宽社会资本举办医疗机构的准入范围，新增24家民办机构，重点布局东山主城以外的相对薄弱地区。

医学教育与科研　2017年，区政府印发《全区卫生人才引进暂行办法》，新引进领军人才15人、基层紧缺型人才6人，公开招聘322人。全区各医疗单位初级考试报名通过1635人，居全市各区第一；208人通过高级专业技术实践能力考试，180人通过高级评审。聘用符合条件的乡村医生422人，返聘71人。完善继续教育机制，创新教育培训模式，举办3个国家级、16个省级共19个Ⅰ类学分项目，培训3941人次。举办各类培训教育41期（班），培训5721人次，举办国家级“第二届国际金陵泌尿系结石高峰论坛”暨国家级继续教育项目“社区医院尿路结石诊治的规范化培训”学习班和“第三届康复医学诊疗技术研讨会”暨国家级继续教育项目“慢性病社区管理和康复治疗适宜技术培训班”学习班，获东南大学远程教育教学管理一等奖。

疾病预防与控制 2017年，区卫生计生部门有序推进省级慢性病综合防控示范区建设，全区慢性病管理水平全面提升。累计建立高血压患者档案7.76万份、健康管理率37.6%；建立糖尿病患者档案2.6万份、健康管理率32.7%；完成脑卒中筛查、儿童窝沟封闭、骨密度监测、慢阻肺监测等工作。落实严重精神障碍患者免费治疗、监护人以奖代补等惠民政策，登记在册的严重精神障碍患者4911例，规范管理率92.69%。血吸虫病传播阻断新技术及示范应用项目获区政府科学技术进步奖一等奖，全自动钉螺捣碎装置获国家实用新型专利，完成查螺4900万平方米，未发现阳性钉螺，药物灭螺1056万平方米，查病8269人次。开展艾滋病病毒感染者和艾滋病病人流调及随访管理，参加CD4检测感染者530人次，艾滋病病毒抗体筛查162591人次，江宁医院定点门诊开诊。探索结核病分解诊疗综合防治服务新模式，报告、转诊疑似肺结核病444例，报告率和转诊率100%；管理活动性肺结核病人392例，其中涂阳138例，肺结核患者治疗成功率90.05%。保持传染病防控的平稳态势，报告乙类传染病1672例，法定报告传染病总发病率141.3/10万，无甲类传染病报告；报告率100%，报告及时率99.94%，医院传染病漏报率低于3%。按照省、市统一要求，重新指定预防接种单位，新增4家接种单位，区二级狂犬病暴露门诊从区疾控中心调整到江宁医院；新建24825名0～6岁适龄儿童预防接种档案，一、二类疫苗接种57万余剂次，无差错事故，以街道为单位疫苗接种率继续保持在95%以上。

卫生监督 2017年，区卫生计生部门按照“双随机、一公开”的监管方式，简化审批手续，压缩办事流程，一站式审批终结，超额完成国家、省、市下达的目标任务。区卫生监督所作为全省唯一基层单位参与省《民宿业卫生规范》标准的起草拟定，并在全区执法案卷规范检查中位列第一。开展集中整治医疗美容机构联合行动，查处涉嫌违法违规医疗机构6家，开具处罚决定书52份，破获全国最大非法代孕案件。全年审批医疗机构设置及执业许可72家，卫生行政许可844件，完成1827名医师、1419名护士、457家医疗机构电子化注册和133名执法人员资格审查，组织158名医师和63名助产技术及计划生育技术人员资格考试。

妇幼保健 2017年，区卫生计生部门推进母婴健康、免费婚前医学检查、孕前优生健康检查、重大妇幼卫生项目、孕产妇和0～6岁儿童残疾筛查等政府民心工程，全区孕产妇健康管理率99.96%，0～6岁儿童保健管理率99.71%，孕产妇死亡率15.25/10万，婴儿死亡率1.68‰，5岁以下儿童死亡率2.19‰。全区农村孕产妇住院分娩补助任务完成率153.74%，孕产妇艾滋病、梅毒和乙肝检测率99.99%。开展托幼机构卫生保健指导134次，全区托幼机构卫生保健合格率100%，公共场所建成13个标准化母婴室和6个示范母婴室。区妇幼计生中心在全市率先建立“12320”妇幼移动手机APP，先后获国家百姓生殖健康促进工程试点工作先进单位、首届中国妇幼膳食及月子餐设计营养大赛地方特色奖及南京市妇女儿童工作先进集体等荣誉称号。东山社区卫生服务中心被省卫生计生委表彰为“2017年江苏省示范基层医疗卫生机构妇幼健康规范化门诊”。

医政管理 2017年，区卫生计生部门依据《医疗机构管理条例》，对基层医疗质量管理18项核心制度的落实情况开展2轮专项督导，组织专家对230份住院病历进行检查评估，安排48人次外出进修，完成57人次规范化培训。开展医疗安全防范及医疗纠纷处理策略专题培训，落实医疗责任保险签约，提升医疗纠纷应急处置能力，206件医疗投诉、16例医疗鉴定和4例委托尸检，处理及时率均为100%。

中医药管理 2017年，区卫生计生部门注重中医药推广应用，完成23家社区卫生服务中心中医馆建设，并全部添置煎药机、理疗设备等器械。开展2期中医适宜技术培训班、2次创建资料解读培训和3次全方位督导，做到硬件到位，资料完整。11月28日，江宁区通过“全国基层中医药服务先进单位”国家级评审验收。区中医院妇科、脑病科、肾病科成为市“十三五”时期重点专科建设单位，“腰痛病多专业一体化诊疗平台”成为市多专业一体化诊疗平台建设单位。

社区卫生服务 2017年，区卫生计生部门加强基层医疗机构标准化建设，全区社区卫生服务中心省级标准化验收达标率

100 %，服务站达标率90.2%。人均基本公共卫生服务项目经费85.16元，居民健康档案建档率75.88%，65岁以上老年人健康管理率68.6%，各项指标均达省、市要求。创新“5+1”家庭医生签约服务模式，推广个性化签约服务，全区重点人群签约29.5万人，签约率71.9%，全人群签约37.67万人，签约率30.99%。东山社区卫生服务中心被表彰为“全国优质服务示范社区卫生中心”；东山、江宁、铜井、陶吴、横溪等5家社区卫生服务中心创建成市级妇幼健康规范化门诊，东山康复科创建成省级特色科室；东山儿科和中医内科、江宁妇产科、湖熟骨科、汤山眼科等5个科室创建成市级特色科室。

卫生信息化建设　2017年，区卫生计生部门建立病毒服务器，对局域网中所有终端机提供统一防护，平台系统实现三级安全等级保护。横溪社区卫生服务中心试点运用基层卫生信息系统，东山社区卫生服务中心试点移动护理系统，铜井、湖熟、横溪3家社区卫生服务中心试点家庭医生签约服务平台。根据省卫计委最新标准，实施数据中心升级，对基层数据码表设置定时传输功能，搭建新版数据采集平台和数据交换平台，实现传染病直报和症状监测功能，全民健康信息平台通过省四级测评。

爱国卫生运动　2017年，全区坚持城乡联动，推动卫生城镇向健康城镇、卫生村向健康村发展。新增2个省级卫生村和103家区级健康支持性环境建设示范单位，16家单位被确认为市级“健康细胞”工程。完成农村生态户厕改造200座，新改建村级公厕86座，全区农村无害化卫生户厕普及率98.14%，农村生活饮用水水质合格率和健康支持性环境建设覆盖率均为100%。开展除“四害”工作，“四害”密度进一步降低。（区卫计局）

皮防所新址投入使用　1月，位于东山街道戴家塘6号的区皮肤病防治所新址投入使用。新投入使用的皮防所建筑面积1500多平方米，设有药剂科、皮肤科、皮肤外科、医学美容专科、化验室、护理组。新添部分检验设备和治疗设备，业务范围比以前有所扩大，增加红蓝光治疗痤疮、黄褐斑、炎症后色素沉着、雀斑及光子脱毛等项目。

江宁医院跻身三级甲等医院　1月12日，南京市江宁医院通过江苏省卫计委的现场评审，成为“三级甲等综合医院”。该医院创建于1935年。2012年3月，江宁医院正式启动三级医院创建工作，并于当年底创建为三级综合医院。第二年，江宁医院又将目标瞄准三级甲等医院，将2013年确定为学科建设年，以此作为三甲创建的起点，并以省、市级重点专科建设为引擎推动学科建设。2012—2016年，江宁医院新增市级医学重点专科15个，累计20个；新增南京医科大学重点学科1个，为心血管内科；省级临床重点专科实现零的突破，呼吸科创建成为省级临床重点专科，神经内科成为省级临床重点专科建设单位。逐步增设肿瘤分院及放疗科、康复医学科、中西医结合科、临床营养科和多学科门诊，以及新生儿科病区、中医科病区，进一步提升医院综合救治能力。建立规范的临床能力培训中心，南京医科大学附属医院通过认证，并先后挂牌盐城卫生职业技术学院江宁临床学院、南京医科大学康达学院江宁临床医学院，有南医大及南医大康达学院教授20人，副教授44人，硕导8人，讲师60人。医院中心实验室挂牌南医大重点实验室，江苏省人民医院王学浩院士工作站设在江宁医院。医院拥有卫技人员1594人，拥有一支由270名博士、硕士等高学历人才领衔的专业人才队伍，其中高级职称271人，中级职称480人；有首批江苏“卫生拔尖人才”1人，江苏省“333工程”培养对象3人，南京市中青年行业学科带头人3人，南京市卫生青年人才3人。围绕“以病人为中心”优化护理工作流程，持续推进优质护理服务，开展护理品管圈工作，开设护理专科门诊，专科护理内涵质量得到提升。设在江宁医院的南京市急救中心江宁分站院前急救、院内急救能力持续增强，建立多个急危重症急救“绿色通道”，有效提高抢救成功率，降低死亡率。

全区首个胸痛中心挂牌成立　3月，江宁区首个“胸痛中心”成立仪式在南京同仁医院举行。胸痛中心的成立为胸痛胸闷患者提供快速诊疗的绿色通道，依托车载设备的先进性能、与胸痛专家实时互动诊疗、进行术前准备，在到达医院后，患者可以绕行急诊科直接进入导管室进行手术。启动仪式上，同仁医院还与禄口、谷里、汤山、横溪、百家湖、湖熟社区卫生服务中心等6家网络医院，分别签订胸痛中心联合救治合作协议书，组建包括“120”急救指挥中心和各社区卫生服务中心在内的急救网络，以确保急性胸痛病人实现安全快速转运、规范化救治，最大程度挽救患者生命、减轻患者痛苦，促进院前、院内急救的密切合作和无缝对接，为全区尤其是南片区急性胸痛患者的有效救治提供保障。

“院士工作站”加盟逸夫医院 6月，位于江宁高新区的南京医科大学附属逸夫医院在启用一周年之际，举办主题为“整合创新、健康惠民”的新体制公立医院建设发展高峰论坛暨院士工作站揭牌仪式，“王学浩院士工作站”签约入驻该院。王学浩院士是著名的肝胆外科、肝脏移植专家，南京医科大学第一附属医院肝脏移植中心主任。引进“王学浩院士工作站”，目的是在王学浩院士专家团队帮助下，使医院肝胆外科能开展重大医疗技术项目，培养出一批具有较高临床和科研水平的复合型医学人才，造福江宁及南京周边居民。王学浩院士每月定期到逸夫医院坐诊，同时根据逸夫医院接诊患者病情，不定期进行诊断和治疗。

卫生与健康大会暨家庭医生签约推进月启动 7月29日，江宁区举行卫生与健康大会暨家庭医生签约推动月启动仪式。省卫计委主任王咏红作主题为“大健康、大变革”的辅导报告。会议对《“健康江宁2030”规划纲要》和《健康江宁建设行动计划（2017—2020年）》进行解读，并部署全区家庭医生签约推进月工作。与会领导为家庭医生签约团队代表颁发服务证，区卫生计生局、体育局、禄口街道和全科医生代表作表态发言。

省中医院牛首山分院项目签约落户 8月19日，区长祁豫玮代表区政府与省中医院院长方祝元签署省中医院牛首山分院合作框架协议书。省卫计委主任、党组书记王咏红，市委常委、区委书记李世贵等参加。省中医院牛首山分院项目位于谷里街道牛首大道以东、大泉路以西、纬三路以北、庆兴路以南，占地21.3公顷，建筑面积13.3万平方米。该项目建设严格按照国家《中医医院建设标准》执行，逐步建成三级甲等中医院。整个项目分3期建成，2017年12月前完成立项及规划设计。项目建成后，牛首山分院将成为拥有医疗病床200张、康复病床350张、总床位550张的中医医疗、中医康复、中医养生保健中心。省中医院实行本部和分院一体化管理，分院将与牛首山周边社区卫生服务机构建设分级诊疗、双向转诊机制，指导其开展业务工作，提高基层医疗服务能力。

中大医院泌尿外科同仁分中心揭牌 8月，东南大学附属中大医院泌尿外科同仁分中心挂牌成立。同仁分中心已于6月开始试运行，著名泌尿外科专家陈明教授专家团队的4名专家每周定期在同仁医院出诊、手术，开展查房、教学活动，分中心运行2个月，已为近百名患者成功实施各类泌尿微创手术。中大医院泌尿外科同仁分中心的成立，对医院学科发展产生带动和示范效应，双方采用紧密型合作方式，即“技术输出”和“人才输出”，以培养泌尿外科人才为主，有效提升科室整体管理水平、科研水平。

同仁医院健康管理中心新址启用 10月，南京同仁医院健康管理中心举行新址启用典礼。新建的健康管理中心将男女体检区分开，并设置特需诊区。除拥有CT、磁共振、彩色多普勒超声仪、胃肠镜等传统诊断仪器，还增添多导睡眠检测、基因检测、人体成分分析仪、动脉硬化检测、胶囊内镜等医疗设备。新健康管理中心针对糖尿病、高血压、冠心病等慢性疾病提供“慢病管理”，中心与临床科室之间建立联系，利用专家“后援团”，为每名受检人员提供准确的健康检查评估报告，让其全面了解自身的健康状态。

7月29日，江宁区举行卫生与健康大会暨家庭医生签约推动月启动仪式。省卫计委主任王咏红及相关市、区领导出席仪式。图为大会现场
佘尚青　摄

全国基层中医药工作先进单位创建评审 11月28日，江宁区创建“全国基层中医药工作先进单位”国家级评审汇报会在江宁会展中心召开。会议听取全区创建全国基层中医药工作先进单位的情况汇报和省级评审情况。专家组分别对区相关部门负责人进行现场访谈，并系统查阅全区中医药工作相关资料，走访区中医院、东山社区卫生服务中心等，认为江宁区在政府保障、人才培养和引进，以及中医技术推广和能力提升等方面措施有力、成果明显。全区通过加大对中医药事业发展的政策倾斜，逐年加大财政投入，已建成各级各类中医门诊部8个、中医诊所12所，通过医联体建设，基本形成“区中医院—社区卫生服务中心—基层服务站”相互衔接的中医药服务网络和全面、高效的“15分钟医疗服务圈”。（宁 鉴）

体 育

概 况 2017年，江宁区体育工作以推动科学发展、建设体育强区为主题，以转变、创新体育发展方式为主线，协调推进群众体育、竞技体育、体育产业快速发展，各项工作取得新成绩。是年，区体育局获“全国群众体育先进单位”称号。

全民健身活动 2017年，全区区级层面举办江宁区职工乒乓球比赛、老年人体育节、老年人门球赛、羽毛球赛、“老少同乐”体育舞蹈大赛、蟠龙湖山地越野赛、篮球俱乐部比赛、“致远杯”围棋赛等活动；街道及村（社区）开展的各类群体体育活动200余次；各单项协会组织赛事活动35次，包括汤山马术公开赛、汤山12小时百公里单车认证赛等10多项比赛，有近万名各类运动员参加。

社会体育指导员培训和国民体质监测 2017年，区体育部门继续推行《社会体育指导员管理办法》，发挥社会体育指导员协会作用，全面做好社会体育指导员培训、管理和服务工作，承办社会体育指导员培训班。在完成江苏省200余名一级社会体育指导员培训的同时，还组织200人的三级社会体育指导员培训。落实《国民体质监测制度》，通过为老百姓开展体质测定，推广普及科学健身相关知识，不断提升全民健身意识和科学化水平，全年国民体质测定1.2万人次。

全民健身工程建设管理 2017年，全区更新健身路径100套，新建健身路径100套，并为配发的健身器材购买保险。在各街道专人负责管理健身器材的基础上，加强对健身器材的安全巡查，确保人民群众的健身安全。协助城建集团在杨家圩片区规划建设含笼式足球、篮球、门球、室外器械、乒乓球场等5个项目在内的多功能运动场，同步推进美丽乡村区域健身步道建设。

体育社团管理 2017年年末，全区有各类体育协会25家，其中AAA级社会团体5家，AA级3家，A级2家。区体育局出台《江宁区体育类社会团体申报扶持资金办法》，对AA级以上体育类社团给予一定奖励。

竞技体育 2017年，全区组队参加全国少儿垒球锦标赛、全国少儿棒球锦标赛、江苏省青少年棒垒球锦标赛等全国及省市各类体育比赛23项，获奖牌185枚，其中金牌68枚、银牌43枚、铜牌74枚。区棒球队、垒球队被省体育局命名为2016—2017年省单项训练基地。区青少年业余体校为省垒球队输送运动员7人，代表江苏队参加在天津举行的第13届全国运动会垒球比赛并蝉联冠军。先后承办2017年亚足联U19女足锦标赛、2017年全国女足甲级联赛解放军队2场比赛、江苏省青少年垒球锦标赛等大型赛事；协助省市体育局在汤山体育公园举办2017年全国沙排大满贯南京站、2017年“一带一路”世界沙滩排球巡回赛、2017年国际排联U21世界锦标赛等沙滩排球系列赛；协助团区委在金陵科技学院举办姚基金希望小学篮球训练营活动；协助区民宗局在南京工程学院举办江苏省“红石榴杯”少数民族项目运动会等。

体育产业 2017年年末，全区拥有各类与体育有关联的体育产业单位905家，其中体育用品制造29家，体育用品销售28家，体育休闲健身服务47家，其他801家；年营业额5000万元以上单位8家，1000万～2000万元4家，500万～1000万元6家，200万～500万元12家，200万元以下875家。汤山温泉、房车营地等4家企业全年获省级体育引导资金400万元。全区有体育彩票站点209个，竞彩点40个，全年完成体彩销售总额3.47亿元。

2017年江宁区草根业余足球联赛 3月5日，由区体育总会、区总工会联合主办，区足球协会承办的“中国体育彩票”2017年江宁区草根业余足球联赛开幕式在秦淮中学举行。该届联赛自3月5日开始至6月25日结束，参赛队伍50支，919名运动员参加。经过激烈争夺，缔凡体育、星翼、江宁高新园获甲级组前三名，江峰、江宁水立方、砳都零点获乙级组前三名。

国际排联沙滩排球巡回赛“一带一路”系列赛 6月16—18日，2017年国际排联沙滩排球巡回赛“一带一路”系列赛在汤山旅游度假区沙滩排球公园举行。“一带一路”系列赛，隶属于国际排联沙滩排球世界巡回赛体系，是国际排联的二星级赛事。赛事以中国为起点，拓展亚太周边地区，最终延伸至欧美国家。该项赛事是自青奥会以后南京市举办的最高级别国际沙滩排球赛事，有美国、俄罗斯、加拿大、澳大利亚、中国等17个国家的24支世界顶级的女子沙滩排球队伍参赛，中国队获得亚军，美国队获得冠军。

省青少年垒球锦标赛 7月11—16日，由省文明办、体育局、教育厅、团省委、省妇联、省发展体育基金会主办，市体育局、江宁区人民政府共同承办的2017年江苏省青少年垒球锦标赛在江宁高级中学举行。此次比赛有6支代表队参赛，分别为南京市江宁区、常州市、无锡市、扬州市、徐州市、泰州市代表队。比赛分为15～16岁组和13～14岁组两个组别。经过5天的激烈角逐，无锡、南京、扬州3支代表队分别获得13～14岁组别的冠、亚、季军，无锡、南京江宁、常州3支代表队分别获得15～16岁组别的冠、亚、季军。

区第二届“足协杯”业余足球赛 10月15日，由区体育总会主办，区足球协会承办的2017年江宁区第二届“足协杯”业余足球赛在秦淮中学开幕。全区机关、街道、园区、院校、企事业单位及民间业余足球队或俱乐部足球队共49支队伍参加比赛，报名人数近800人。比赛按照中国足协杯的赛事规则，采用单场淘汰制，于11月19日结束。最终宁锋波长光电代表队获第一名，浩瀚江宁代表队获第二名，砳都零点代表队获第三名。

4月18日，2017年南京市老年人体育节开幕式暨老年人健身球操和健身秧歌交流展示活动在江宁区举行。图为开幕式上各区代表队的老人们交流展示优秀健身体育作品　　区新闻中心　供稿

区体育总会第五届会员代表大会 10月27日，江宁区体育总会第五届会员代表大会举行，各有关单位、街道、体育社团（协会）负责人、会员代表64人参加会议。会议选举产生第五届总会领导成员和工作机构，并对《江宁区体育总会章程》部分条款进行修改补充。市体育局副局长朱华林、副区长缪秀梅出席大会。区体育总会第四届会员代表大会后的4年中，区体育总会以推动全民健身活动、丰富群众体育文化生活、增强人民体质为目标，推进体育社会化、产业化、规范化和实体化建设，发挥桥梁、纽带作用，不断完善层级有序的体育社会组织网络体系。截至2017年9月，成立区级体育协会25家、俱乐部10家、街道体育协会66家，会员总数3万多人，举办赛事活动130项。创建省级非物质文化遗产项目1个，省级门球之乡1个，省级最美跑步线路1条，AAA级体育社团5个，AA级体育社团4个。探索政府与体育社团共同提供体育产品和服务的新路经，形成政府主导、媒体宣传、社会参与、协会承办、市场运作的办赛新模式，先后举办汤山12小时单自行车赛、蟠龙湖山地马拉松赛、长三角石锁邀请赛、区足球联赛、足协杯赛、篮球俱乐部赛、老年人体育节系列活动、千人徒步大会、南京马术公开赛等一系列影响大、群众参与度高、社会反响好的赛事活动。

（许国生）

第二届“春牛首”国际马拉松赛 4月16日上午8点，第二届南京江宁“春牛首”国际马拉松赛在江宁西部美丽乡村开跑。赛事设全程马拉松、半程马拉松、乐跑3个项目，12629人参赛，其中5031人参加过首届“春马”，二次参赛率62.7%。此次“春马”赛道延续“人在画中跑”的乐趣，依然设置在美丽乡村核心区域，途经香草谷、黄龙岘、大塘金、花卉谷、银杏湖等美丽乡村特色景点。沿途设有淳化方山大鼓、龙都娃娃鼓等富有“江宁味道”的特色节目。赛事期间，主办方共安排志愿者1760人，设置医疗服务点76个，自起点开始每隔2.5公里设置1个饮水站，从5公里开始每隔5公里设置1个饮料站等，给跑友全面保障。当天比赛中，年仅12岁的南京跑友蔡应杰率先跑过乐跑终点，成为该项目最大一匹“黑马”。在半程马拉松比赛中，肯尼亚选手莫约·埃萨克·凯比瓦特夺得男子组冠军，中国选手王晓姝获得女子组冠军。在全马项目中，肯尼亚参赛选手维克多·瓦吉拉·米亚罗以2小时27分27秒的成绩摘得男子组冠军，该国另一名选手吉普切巴·波琳以2小时54分07秒的成绩获得女子组冠军。

“中国杯”国际定向越野巡回赛

5月21日，“中国杯”国际定向越野巡回赛南京牛首山站开幕式举行。巡回赛共设5站，牛首山站是此次巡回赛的首站。牛首山站赛事分为专业组和业余组，8000余名选手参赛。与其他户外运动相比，定向运动是可调节型运动，对于业余运动爱好者可以在运动的同时放松身心、游览沿途景色。对于专业选手，又是需要学习技巧具备一定体能才能完成的运动。

全国沙滩排球大满贯赛 6月13日，2017全国沙滩排球大满贯赛（汤山站）开赛。在为期4天的比赛中，32支国内高水平队伍在汤山沙滩体育公园捉对厮杀。此次赛事是国内积分最高、奖金最高的沙滩排球赛事，吸引国内最高水平组合参赛。女子沙排新搭档薛晨、王鑫鑫，既是新老组合，也是双高组合，随着默契度的逐渐提高，比赛表现让人期待；国家一队岳园、王凡实力不凡。男子沙排方面，八一浙江联队哈力克江、包健目标夺金，全运会卫冕冠军辽宁队李焯新、张立增实力强劲。

姚基金希望小学篮球季在江宁开幕

8月15日，2017姚基金希望小学篮球季全国集训及联赛在江宁区拉开帷幕。开幕式上，市委副书记龙翔与中国篮协主席、姚基金创始人姚明互赠礼物；市委常委、区委书记李世贵致辞，副市长胡万进与姚明共同为本季获奖单位颁奖，区长祁豫玮代表江宁区上台领奖。姚基金希望小学篮球季自2012年启动后已举办5年，此次活动由姚明爱心基金、中国青少年发展基金会、中国篮球协会主办，共青团南京市委员会、江宁区人民政府、南京市体育局、南京交通职业技术学院、南京青年公益事业发展促进会承办，活动时间为8月14—20日，县市省各级联赛选拔出的50支队伍、南京承办地的16支队伍和美国休斯敦的1支青少年篮球队的1000多人参与，其中团区委和区体育局联合组织全区31名少年参加此次篮球季集训及联赛。

江宁体育中心获评亚足联优秀场地

10月，在2017年亚足联U19女足锦标赛荣誉授予仪式上，江宁体育中心获评“亚足联优秀场地”。2017年亚足联U19女足锦标赛决赛于10月15—28日在南京举行，江宁体育中心承办其中12场比赛，除提供比赛场地、器材和功能房外，还全力做好草坪、电子大屏、空调、音响、灯光、网络通信等保障工作，获得亚足联女子委员会和参赛运动员的一致认可。（宁　鉴）

7月，在汤山沙滩体育公园举行的2017国际排联沙滩排球U21世锦赛落下帷幕。此次U21世锦赛是全市首次承办的世界锦标赛级别的国际沙滩排球赛事，40多个国家和地区的200多名沙排运动员在此参与角逐。图为比赛现场　　区新闻中心　供稿

人民生活

概　况　据农村住户抽样调查，2017年江宁区农村常住居民人均可支配收入23760元，比2016年增长9.5%；人均生活消费支出19426元，增长8.9%。工资性收入17126元，增长8%；财产性收入1327元，增长41.1%。农村居民恩格尔系数为29.1%。年末，平均每百户农村居民耐用消费品拥有量：彩电204台，移动电话290部，家用空调203台，家用电脑103台，家用汽车69辆。农民人均住房使用面积56平方米。据城镇住户抽样调查，2017年城镇常住居民人均可支配收入52923元，增长9.1%，人均生活消费支出32671元，增长4.8%。工资性收入38903元，增长9.4%；财产净收入2900元，增长15%。城镇居民恩格尔系数为25.1%。年末，平均每百户城镇居民耐用消费品拥有量：彩电188台，移动电话251部，家用空调256台，家用电脑122台，家用汽车82辆。城镇居民人均住房建筑面积44平方米。　（戴　毅）

2016—2017年江宁区人民生活情况统计表

表41　　单位：元

项　目	2016年	2017年
一、农村居民人均可支配收入	21699	23760
其中：工资性收入	15858	17126
经营性收入	3182	3441
农村居民生活消费支出	17847	19426
1. 食品烟酒	5610	5661
2. 衣着	1842	2002
3. 居住	4042	4411
4. 生活用品及服务	895	962
5. 交通和通信	1345	1446
6. 教育文化娱乐	2550	2885
7. 医疗保健	997	1077
8. 其他商品和服务	566	982
二、城镇居民人均可支配收入	48526	52923
城镇居民生活消费支出	31160	32671

续表

项　目	2016 年	2017 年
1. 食品烟酒	7616	8186
2. 衣着	5098	5270
3. 居住	1956	2039
4. 生活用品及服务	2162	2237
5. 交通和通信	1250	1298
6. 教育文化娱乐	5150	5963
7. 医疗保健	6350	6608
8. 其他商品和服务	1580	1068

（区统计局）

劳动和社会保障

概　况　2017年，江宁区劳动和社会保障工作牢牢把握“民生服务优质、劳动关系和谐、保障体系完善”这一主线，努力探索就业创业新方法、新模式。不断创新思路举措，主动作为，推进人才、创业、就业、保障城乡一体，促进劳动关系和谐，开创人力资源和社会保障事业城乡统筹发展新局面。

创业就业　2017年，区人社部门组织创聚江宁综合评审、创业南京模拟评审和青年大学生创业大赛各1次，评审项目751个；项目路演及基金直投9场，对接项目127个，其中31个项目与创投达成合作意向；创业公开课11期、模拟实训1期，培训人才521人次；创业沙龙活动9场，对接人才229人、服务机构13家。引入优质项目孵化展示区运营公司26家。自主创业3718人，增长1.96倍；大学生创业1447人，增长2.57倍。实施金梧桐创投计划6期，累计路演项目51个，青梧桐大学生创业实训计划2期，梧桐语培训计划8期，各类文化沙龙7场。举办各类招聘会208场，进场招聘企业5250家，提供就业岗位30037个，达成就业意向12080人次。其中，“春风行动”专场招聘51场，组织近3000家用工企业，提供就业岗位1.6万个，进场求职3.5万人次，达成就业意向近8000人。城镇登记失业率控制在2.7%。新增城镇就业31144人，实现再就业15847人；援助困难人员就业1632人。办理职工录用备案146593人，新办“就业失业登记证”134238人；受理稳岗补贴申报企业2335家，申报拨付资金9672.17万元，惠及参保职工25万人。发放灵活就业人员社保补贴9300余万元，惠及就业困难人员61006人次。组织124家企业参加南京工程学院、南京工业大学、南京交通职业技术学院举办的4场校园招聘活动。区内企业与宝鸡郡智技工学校签订校企合作协议，面试60名学生并有30名学生到江宁实习工作。

就业困难援助行动　2017年，区人社部门不断创新就业援助方法，拓展就业服务思路，探索就业管理新模式。开展“百户家庭就业困难人员稳定就业”援助活动，举办10场就业困难人员专场招聘会，为142名就业困难人员提供就业岗位1069个，当场签订就业意向116人，有58人上岗就业，其中包括5名残疾人。与区妇联、残联、司法局联合开展3场面向贫困妇女、残疾人和刑满释放、社区矫正人员的专场招聘会，组织家政、餐饮、纺织、物业保洁等岗位的92家企业，达成就业意向185人次。创新对口扶贫新机制，建立江宁洛南两地人社协作机制，组织63家企业、320多个工种、3000多个用工岗位赴洛南招工，有4100名建档立卡贫困户参加，初步达成就业意向1898人，先后输送136人到江宁企业务工。

职业技能培训　2017年，区人社局出台《关于进一步加强江宁区城乡劳动者职业培训的管理规定》，在全区10个街道85个村（社区）开展政府补贴性职业培训12628人、各类职业培训43499人。其中，城镇失业人员培训3590人，农村劳动力培训8003人，新生劳动力培训1178人，企业在职职工培训25974人，创业培训4754人。职业技能鉴定取证9220人，新增高技能人才732人。与区总工会联合举办8个工种的职工技能大赛，涉及焊工、维修电工、中式烹调师、数控车工等，有312名职工参加比赛。

农民工创业就业 2017年，区人社局新建新南京人服务中心、省示范农民工综合服务中心各1家，开展横溪街道新南京人服务中心和湖熟街道省级示范农民工综合服务中心创建工作，进一步完善充分就业动态服务工作体系。组织5家企业及市优秀农民工创业代表赴宝鸡参加东西部协作苏陕就业扶贫招聘洽谈会暨2017“一带一路”中国·宝鸡人才招聘洽谈会，提供生产装配工等20个工种151个岗位，企业现场签订就业协议30份。为农民工就业提供服务，完成农村劳动力转移就业8112人次。

社会保险扩面征缴 2017年，全区新增社会保险参保单位4395家，累计18451家。企业职工养老保险参保88.45万人，机关事业养老保险参保1.86万人，工伤保险参保30.85万人，生育保险参保30.76万人，失业保险参保30.94万人，医疗保险参保46.27万人。新增灵活就业人员续保16424人，单位养老保险净增缴费16684人。实现各项社会保险费收入65.6亿元。全年办理社保缴费申报年检单位12417家、26.45万人，申报平均缴费基数为3575元，查补养老保险费848万元；累计办理参保、续保28.11万人次；征收28408名机关事业单位职工和退休人员医保账户增记费用4209万元；为7345名职工办理转移接续手续，转出基金2706万元，转入基金5177万元。待遇支付额度稳步增长，累计支出企业养老保险待遇13.04亿元，企业养老保险结余继续保持高速增长态势，企业职工养老保险当期节余28.48亿元，累计节余204.28亿元。被征地、失地人员纳入社会保障范围207160人，保障待遇在领42129人；发放补助费、保障金4.5亿元，累计发放26.49亿元。城乡居民保险续保缴费81907人，续保率96.7%；当年收入6.45亿元，养老补贴及养老金领取94408人，发放5.43亿元，基金累计结余10.7亿元；老农保领取2984人，领取金额360万元，基金结余7660万元。

社会保障待遇提高 2017年，区人社部门为52337名企业退休人员和9317名机关事业单位退休人员调整养老金，企业退休人员月均增资128.36元，机关事业单位退休人员月均增资257.03元。失业保险金最低标准由975元调整为1053元，有效保证失业人员基本生活。1月起，江宁区城乡居民基础养老金每人每月增加20元，为390元/月；征地人员保障每人每月增加100元，达到800～1140元。新型合作医疗（居民医疗保险）标准提升，年基金标准人均增加100元，达到980元。其中，个人缴纳260元，增加30元；财政补助720元，增加70元。区级大病救助年人最高救助限额从30万元提高到32万元，大病保险年人累计最高赔付上不封顶，增补部分门诊慢性病病人报销药品和诊疗目录，提高三级定点医疗实际报销水平。拓宽全额资助对象，将区内所有残疾人、孤儿纳入区、街两级财政补助，进一步减轻群众负担。

养老保险待遇核发 2017年，全区机关事业单位退休人员平均养老金5962元，其中机关单位平均养老金6057元，事业单位平均养老金5925元。为8513名新增企业退休人员和476名新增机关事业退休人员以及66名新增定期供养人员进行养老待遇核定，为5.86万名企业离退休、供养人员和9846名机关事业单位离退休人员分别发放养老金12.17亿元和6.63亿元。为441名企业退休人员和305名参保职工以及109名机关事业单位退休人员和6名在职参保职工办理死亡待遇核发手续，为22名企业退休抗美援朝老战士发放生活补贴17.15万元，为42名企业离休干部增发提租补贴和生活补贴280.63万元（含补发往年提租补贴49.57万元）；为2314名企业退休人员代发计生奖励补贴833.04万元。

工伤认定和劳动能力鉴定 2017年，区人社部门完善工伤认定鉴定快速处理机制，确保受伤职工及时得到救治和资金保障。全年受理工伤案件3051件，其中工伤伤残3000件，因工死亡51件。受理工伤事故中交通事故500件，其中交通致残487件，交通死亡13件。受理劳动能力鉴定1817人次，其中因病鉴定112人，伤残1～4级6人，停工留薪确认31人，安装辅助器具7人。

退休人员社会化服务 2017年，区人社部门制定《关于开展2017年度江宁区企业退休人员社会化管理服务工作的通知》，完成第五轮健康体检21382人，期末57862名退休人员全部纳入社区管理。开展“两节”慰问和日常慰问，为2766名高龄、困难企业退休人员发放慰问金139.8万元，为942名高龄退休人员发放生日慰问金12.19万元，为440名死亡退休人员遗属发放慰问金13.2万元，为55448名企业退休人员发放“夏送清凉”慰问费110.9万元。完成全区478家机关事业单位、18069名在职人员和8411名退休人员上线工作。

社保稽核 2017年，区人社部门建立健全社保中心财务管理制度和基础台账，严格执行社保基金专款专用和收支两条线制度，完成卫生计生局新农合划转财务衔接工作。全年现场稽核定点医疗机构91家、定点零售药店147家，查处违规定点医疗机构11家、违规定点药店15家、违规个人14人，追回违规资金866560.73元，暂停医保服务1家。企业社会保险征缴费用实地稽查10家，追回社会保险基数1218774.24元。对145家稽核对象进行实地稽核，巡查定点医药机构106家，基本医疗保险定点医药机构巡查工作逐步形成制度化。

劳动监察维权 2017年，区人社部门受理各类投诉举报案件3154件，立案调查1042件，结案882件。联动平台举报投诉录入率100%，举报投诉案件按期运行率99.7%，受理“12345”工单1418件。处理群体性劳资纠纷事件54件，涉及员工3102人；为4404名劳动者追回工资、社会保险等待遇3202.8万元。向区人民法院申请强制执行案件2件，因涉嫌拒不支付劳动报酬移送公安机关案件2件；行政处罚案件9件，罚没款金额233.75万元。

劳动人事争议仲裁 2017年，区人社部门依法维护广大用人单位及劳动者合法权益和社会公平正义，预防和妥善化解劳动人事争议，服务和保障民生，构建和谐劳动关系。全年受理各类劳动人事争议2607件，仲裁立案案件调解成功率87%，涉及劳动者3359人，结案率100%。其中，调解1513件、裁决668件、撤诉126件、终结300件，涉案标的3755万元。处理省人社厅劳动人事争议调解服务平台流转的网上在线调解案件145件，调解成功率79.02%。

调解仲裁机构建设 2017年，由区人社局牵头筹划设立的全省首家劳动争议调处平台，已形成集法律咨询与援助、人民调解、行政调解、仲裁、诉讼“五位一体”高效便捷的工作模式，为宣传劳动保障法律法规、预防和减少劳资双方矛盾、促进劳动关系和谐稳定发挥作用。同时，在江宁开发区、高新区和滨江开发区增设3家调解中心和巡回仲裁庭。13个街道、园区劳动争议调解中心和巡回仲裁庭全年仲裁庭审结案件492件，占审结案件总量的18.9%。

企业工资集体协商 2017年，区人社部门完成工资集体协商、集体合同审查3759家，涉及职工391222人，建会企业集体合同签订率95%。在全区161家企业开展薪酬调查，抽取五大行业中的27家企业进行人工成本监测，向企业、行业发放《工资集体协商要约提示函》6000份，发放企业工资总额使用手册389家，审批工资总额计划58亿元。

行政权力完善 2017年，区人社局按照区委、区政府的要求，先后完成45项已运行和拟在区政务中心运行的权力事项基本信息补充完善工作。与区政务办、区编办协调，将8项行政服务事项纳入区市民中心办理，将23项行政检查事项下放街道综合执法机构，将6项区级经济社会管理权限赋予街道办理。当年新设立的92项行政许可项目、3件劳动保障监察行政处罚对象基础信息资料全部录入市场监管系统和诚信体系信用云平台。

（谷　昊　彭　冬）

新农合和居民医保率先“并轨” 6月1日，根据2016年国务院《关于整合城乡居民基本医疗保险制度的意见》以及省、市政府关于整合城乡居民基本医疗保险制度的实施意见和实施方案，江宁区完成区城乡居民基本医疗保险制度整合工作交接，在全市率先实施新农合和居民医保“并轨”。新农合和居民医保整合后，在全市范围内实现城乡居民医保覆盖范围、筹资政策、保险待遇、医保目录、定点管理、基金管理的“六统一”，全区42万名城乡居民从中受益。

“12333+12345”联合办公平台启用 10月31日，江宁人社“12333+12345”联合办公平台上线。当天，江宁区人力资源和社会保障信息化管理服务中心和江宁区人力资源和社会保障电话咨询服务中心揭牌。“12333”是全国统一的人力资源和社会保障公益服务咨询热线，市民拨打“12333”服务咨询热线拨“0”再拨“6”，就可以进入江宁的专属线路。不仅可以提供人社业务咨询、缴费记录查询、市民卡挂失等服务，还设有劳动监察举报投诉和劳动人事争议调解专线。市民可以通过热线及时咨询各项政策和信息，反馈各种诉求，享受全方位、一体化、多层次、高效率的人力资源社会保障信息服务。（宁　鉴）

2017 年江宁区人力资源服务机构一览表

表 42

序号	机构名称	地址	法定代表人（负责人）	机构性质	许可证编号	服务范围	联系电话
1	南京新航线船务有限公司	江宁区莱茵铂郡 1124 号	李世平	民营企业	320100100230	境内职业介绍	13776542259
2	南京联安人力资源有限公司	江宁开发区平泰街 78 号	陈　明	民营企业	320100100281	境内职业介绍	13390772225
3	南京锦尚劳务咨询服务有限公司	江宁区莱茵达路 139 号	李建明	民营企业	320100100101	境内职业介绍	13705191289
4	南京自立劳务服务有限公司	江宁区上元大街 89 号	李银根	民营企业	320100100102	境内职业介绍	13739192639
5	南京百业劳务经纪有限公司	东山街道商城一招北	杨翠保	民营企业	320100100107	境内职业介绍	52180589
6	南京广源人力资源有限公司	江宁区东山二街商住楼	吕晓嫣	民营企业	320100100103	境内职业介绍	18951085590
7	南京仁和人力资源有限公司	东山街道竹山路	郜世泽	民营企业	320100100115	境内职业介绍	51190886
8	南京市江宁区丹桂劳务输出有限公司	江宁区湖熟街道丹桂村	李帮生	民营企业	320100100100	境内职业介绍	13776408071
9	南京盛昌劳务服务有限公司	江宁区天印大道 880 号	曾冬生	民营企业	320100100105	境内职业介绍	13236531056
10	南京功成人力资源有限公司	江宁区殷巷振兴路 108 号	于小明	民营企业	320100100106	境内职业介绍	13851807551
11	南京鹏达劳务咨询服务有限公司	江宁开发区胜太东路 36-2 号	熊开贵	民营企业	320100100112	境内职业介绍	52782372
12	南京盛江劳务有限公司	江宁街道盛江社区	孙家银	民营企业	320100100116	境内职业介绍	13851508054
13	南京中欣人力资源有限公司	东山街道小龙湾路 18 号	曹友为	民营企业	320100100119	境内职业介绍	52191478
14	南京舜坤人力资源咨询服务有限公司	江宁开发区胜太路 68 号	韩晓勤	民营企业	320100100266	境内职业介绍	83557186
15	南京龙瑞人力资源有限公司	秣陵街道诚信大道 699 号	陈莉莉	民营企业	320115000007	境内人才中介	13301587808
16	南京盛力建筑劳务有限公司	江宁开发区九竹路 88 号	孙远军	民营企业	320100100109	境内职业介绍	52728078
17	南京市江宁区丽元劳务服务有限公司	东山街道河滨路 29-4 号	王　丽	民营企业	320100100268	境内职业介绍	52193789
18	南京旭堃辰人力资源有限公司	江宁区金箔路 997 号	朱莎莎	民营企业	320100200126	境内人才介绍	13770977070

续表 42-1

序号	机构名称	地址	法定代表人（负责人）	机构性质	许可证编号	服务范围	联系电话
19	南京顺众人力资源开发服务有限公司	秣陵街道殷巷街	刘红兵	民营企业	320115000001	境内职业介绍	13245293299
20	南京智航企业管理服务有限公司	江宁开发区胜太路 50 号	孙树成	民营企业	320115000002	境内职业介绍	13912902638
21	南京众思人力资源服务有限公司	江宁开发区马浦街 6 号	丁后军	民营企业	320115000003	境内职业介绍	18013802300
22	南京远协人力资源管理有限公司	江宁区同曦鸣城胜太东路 8 号	时立明	民营企业	320115000004	境内职业介绍	18851657788
23	南京业智欣人力资源有限公司	江宁区上元大街 395 号	王　燕	民营企业	320115000005	境内职业介绍	13776556936
24	南京益群人力资源开发服务有限公司江宁分公司	江宁区汤山街道麒麟门下街	高　琍	民营企业	320115000028	境内职业介绍	83313117
25	南京紫旭人力资源开发服务有限公司	秣陵街道诚信大道 699 号	胡　军	民营企业	320115000009	境内职业介绍	15189800451
26	南京飞科人力资源有限公司	秣陵街道秣周东路 12 号	马生科	民营企业	320115000010	境内职业介绍	18061606088
27	南京耀杰人力资源有限公司	汤山街道汤山社区	袁卫生	民营企业	320115000006	境内职业介绍	13851502747
28	南京顺通人力资源开发服务有限公司	秣陵街道汇金九龙商业街	甘正阳	民营企业	320115000013	境内职业介绍	13814118561
29	南京大洋劳务有限公司	江宁区上元大街 88 号	赵德建	民营企业	320115000014	境内职业介绍	18952082345
30	南京莱宝人力资源有限公司	江宁开发区胜利路 28 路	朱　广	民营企业	320115000015	境内人才服务	13337815618
31	南京智投人力资源服务有限公司	江宁开发区胜太东路 8 号	汪道传	民营企业	320115000020	境内职业介绍	13057662333
32	南京润众人力资源有限公司	东山街道金箔路 999 号	冯珺声	民营企业	320115000022	境内职业介绍	18994131313
33	南京顺华人力资源有限公司	东山街道东新南路东新城 8 号	蔡六顺	民营企业	320115000023	境内职业介绍	13621585371
34	南京麟麒人力资源有限公司	麒麟街道开城路 60 号	吴德宝	民营企业	320115000024	境内职业介绍	84911265
35	南京汇吉人力资源有限公司	禄口街道茅亭社区	史维军	民营企业	320115000008	境内职业介绍	13951079735
36	南京宇轩劳务有限公司	秣陵街道 3–103 号	赵德军	民营企业	320115000021	境内职业介绍	15380779927
37	南京中企动力人力资源服务有限公司	江宁区秣周东路 12 号	孙友俊	民营企业	320115000011	境内职业介绍	52182133
38	南京兴昌企业管理咨询有限公司	江宁区将军大道 50 号	李广科	民营企业	320115000025	境内职业介绍	15335196677

续表 42-2

序号	机构名称	地址	法定代表人（负责人）	机构性质	许可证编号	服务范围	联系电话
39	宁波天坤人力资源服务有限公司南京分公司	秣陵街道双龙大道 1118 号	彭　鹏	民营企业	320115000027	境内人才中介	18221625315
40	苏州智汇人力资源有限公司南京分公司	秣陵街道诚信大道 885 号	高长安	民营企业	320115000032	境内职业介绍	1891266602
41	南京恒立信人力资源有限公司	江宁区龙眠大道 180 号	王　磊	民营企业	320115000033	境内职业介绍	17715258889
42	南京明仕达企业管理咨询有限公司	秣陵街道天印大道 1369 号	冯　燕	民营企业	320115000029	境内职业介绍	15195879231
43	南京亿蓝集人力资源有限公司	江宁区双龙大道 1118 号	姚家将	民营企业	320115000035	境内职业介绍	13951834334
44	南京君合汇人力资源有限公司	秣陵街道清水亭西路 2 号	薛盘英	民营企业	320115000036	境内职业介绍	18952025442
45	南京友博人力资源服务有限公司	江宁区将军大道 20 号	唐子久	民营企业	320115000039	境内职业介绍	15335196677
46	南京中沃人力资源服务有限公司	秣陵街道汇金九龙商业街	成维森	民营企业	320115000040	境内职业介绍	18502530352
47	南京东旭劳务服务有限公司	麒麟街道悦民路悦民大酒店	周海燕	民营企业	320115000042	境内职业介绍	13376054573
48	南京兰普经济信息咨询有限公司	秣陵街道秣周东路 12 号	胡远星	民营企业	320115000043	境内人才中介	15951879105
49	南京川苏人力资源有限公司江宁开发区分公司	江宁区胜太路 8 号	陈　晨	民营企业	320115000044	境内职业介绍	13913000802
50	江苏省川苏人才开发有限公司江宁开发区分公司	江宁区胜太路 8 号	陈　晨	民营企业	320115000047	境内人才中介	13770671020
51	苏州市合舰人力资源职介服务有限公司南京分公司	江宁区将军大道 55 号	杨　艳	民营企业	320115000048	境内职业介绍	15850003693
52	南京兵伟劳务服务有限公司	江宁区天印大道 1369 号	马小伟	民营企业	320115000053	境内人才中介	13851961380
53	南京榜鼎人力资源服务外包有限公司	江宁区菲利克斯 70 号	王　冲	民营企业	320115000054	境内职业介绍	13515199555
54	南京长德人力资源有限公司	江宁区东吉大道 1 号	张森明	民营企业	320115000055	境内职业介绍	18115187545
55	南京德航企业管理有限公司	江宁区上元大街 88 号	张德林	民营企业	320115000056	境内人才中介	15195911915
56	南京潇辉人力资源有限公司	秣陵街道诚信大道 699 号	杨　静	民营企业	320115000057	境内职业介绍	13770309280
57	南京宏嘉人力资源有限公司	江宁区上元大街 395 号	李德骏	民营企业	320115000058	境内职业介绍	18251952214
58	南京银河人力资源有限公司	江宁区将军大道 20 号	翁志洪	民营企业	320115000060	境内职业介绍	18018021266

续表 42-3

序号	机构名称	地址	法定代表人（负责人）	机构性质	许可证编号	服务范围	联系电话
59	南京通汇人力资源有限公司	江宁区吉印大道 3191 号	陈海峰	民营企业	320115000061	境内人才中介	18151928288
60	南京鸿峰人力资源有限公司	横溪街道石塘社区后塘村	熊开贵	民营企业	320115000062	境内职业介绍	13705174024
61	南京华聚服务外包有限公司	江宁区高新园天元东路 22 号	葛元琴	民营企业	320115000063	境内职业介绍	13705189852
62	南京龙昊人力资源有限公司	秣陵街道天元中路总部基地	王　进	民营企业	320115000064	境内职业介绍	18018022528
63	南京远航人力资源服务外包有限公司	江宁区科宁路 508–5 号	沈　通	民营企业	320115000065	境内职业介绍	15996368535
64	南京正扬企业管理有限公司	江宁区科宁路 508–5 号	沈　通	民营企业	320115000066	境内职业介绍	15996368535
65	南京云红人力资源有限公司	秣陵街道诚信大道 998 号	方华焰	民营企业	320115000067	境内职业介绍	18651811810
66	江苏银河人力资源集团有限公司	江宁区将军大道 20 号	曾清芳	民营企业	320115000068	境内职业介绍	13913990922
67	南京艾森人力资源有限公司	江宁区天元东路 391 号	陈　云	民营企业	320115000069	境内职业介绍	13813831172
68	南京龙尚人力资源服务股份有限公司	秣陵街道诚信大道 998 号	卓成龙	民营企业	320115000070	境内职业介绍	13222006688
69	南京沃尔得企业管理咨询有限公司	江宁区诚信大道 998 号	陈　阳	民营企业	320115000071	境内职业介绍	13222006688
70	南京苏程人力资源服务有限公司	东山街道东新南路 210 号	丁　冉	民营企业	320115000072	境内职业介绍	15051870325
71	南京九业企业管理服务有限公司	江宁开发区胜利新村	周养贵	民营企业	320115000073	境内职业介绍	13851448796
72	南京成全人力资源有限公司	秣陵街道诚信大道 990 号	汤文娟	民营企业	320115000074	境内职业介绍	13913861553
73	南京源祥企业管理服务有限公司	江宁区殷巷鑫海洋百货 31 号	刘新洲	民营企业	320115000075	境内职业介绍	13621590821
74	南京俊豪人力资源有限公司	江宁区汇金九龙商业街	昝　林	民营企业	320115000076	境内职业介绍	15850604363
75	南京嘉峰人力资源有限公司	秣陵街道诚信大道 699 号	赵海峰	民营企业	320115000077	境内职业介绍	15951944159
76	南京毅豪企业管理有限公司	江宁区诚信大道 1788 号	武　莹	民营企业	320115000078	境内职业介绍	13776575257

（谷　昊　彭　冬）

人口和计划生育

概　况　2017年，江宁区出台《0～3岁婴幼儿早期发展工作提升行动实施方案（2017—2020年）》《关于“十三五”期间落实计划生育目标管理责任制的实施意见》《关于开展创建“十三五”省人口协调发展先进区的工作方案》等一系列文件，深化计划生育服务管理改革，着力构建家庭发展支持体系，计划生育优质服务经验在全国作交流。推动全面两孩政策稳妥实施，与河海大学联合开展“全面两孩政策背景下江宁区出生人口预测及监测预警机制建设”课题研究。通过人口计生干部培训班等形式，宣传引导群众依法生育，落实生育服务登记制度。全年办理生育登记11081对、再生育审批254例，出生人口男女性别比为97.75∶100。

计划生育家庭服务　2017年，全区建成婴幼儿早期发展指导服务中心（站）11个、社区亲子活动室90个、社会婴幼儿保育机构123家，开展公益性亲子健康宣讲活动1240场，对常住人口13～36个月幼儿及家长就近提供4次、3万多人次的免费亲子体检服务。推进幸福家庭建设，省、市卫生计生委和区政府联合举办纪念“5·15”国际家庭日宣传活动。全区有1个街道、10个家庭被表彰为南京市幸福家庭建设示范街道和幸福家庭，东山街道佘村社区人口健康文化园等3个阵地被表彰为南京市人口文化示范基地，汤山街道汤山社区被命名为“江苏省流动人口计生协建设示范社区”。落实各项奖励优惠政策，做到条件严格审核、资料准确建档、信息全部入库、资金及时发放。全年为1.9万名符合条件的对象发放各类计生奖励救助资金2990万元，其中农村部分计划生育家庭奖励扶助金1415万元，计划生育特别扶助金685万元，计划生育一次性奖励金757万元，计划生育公益金133万元，政策兑现率100%。

流动人口基本公共服务均等化　2017年，全区累计录入流动人口信息38万条，办理流动人口生育登记615例，流动人口出生政策符合率95%以上。为4.8万人次流动儿童提供预防接种，接种率95%，全区流动人口基本公共卫生计生均等化服务工作通过省级评估验收。开展流动人口健康促进示范企业、示范学校和健康家庭创建活动，举办南京市暨江宁区流动人口健康教育进企业活动。开展流动人口关怀关爱专项行动，为227名留守儿童办理困难家庭保险。是年，区卫生计生局被市表彰为“2014—2016年流动人口服务管理工作先进集体”。

（区卫计局）

人口计生干部专题培训　3月6日，全区人口计生干部培训班暨创建“十三五”省人口协调发展先进区专题辅导在区委党校开班，各街道计生办行政管理人员、各村（社区）计生专干等300余人参加培训。省卫计委相关负责人就全面两孩政策背景下人口计生工作如何转型发展、创建“十三五”省人口协调发展先进区作辅导；国家卫计委南京培训中心教授孙晓明围绕人口发展、生育政策调整背景下计划生育生殖健康服务拓展转型作报告。

（宁　鉴）

民　政

概　况　2017年，江宁区民政工作牢固树立“民政爱民、民政为民”工作理念，强化民生保障基础，优化基层公共服务，细化专项事务管理，取得新成效。是年，江宁区创建成全国首批街道服务管理创新实验区、全国首批农村幸福社区建设示范区。

最低生活保障与救助　2017年，全区城乡低保应保尽保，最低生活保障标准提高至810元/月，累计发放低保金1.18亿元，有效保障8800余户、1.3万余名困难群众基本生活。贯彻《南京市医疗救助办法》，在个人自付救助比例提高到85%、取消年度救助封顶线的基础上，全面实施门诊救助，发放救助金3100多万元。发挥“救急难”作用，探索因病“支出型”贫困家庭的救助办法和路径，临时救助670人次、近120万元。按照普惠原则，组织“两节”慰问，发放慰问金1600余万元。严格落实残疾人“两项补贴”，先后发放护理补贴和生活补贴7700多万元。全面启动特困人员认定工作。开展防灾减灾活动，继续为全区户籍居民免费办理“民生两险”，举行市级减灾演练10场次，创成“全国综合减灾示范社区”1个。

优抚安置　2017年，区民政部门按照优抚对象抚恤标准和义务兵家庭优待金标准自然增长机制，累计发放各类抚恤金、优待金、慰问金、奖励金5600多万元。根据《南京市优抚对象医疗保障办法》，继续为重点优抚对象购买商业保险。坚持阳光办理，通过量化评分、积分公示、岗位公示、选岗等程序，完成17名符合政府安排工作条件转业士官的退伍安置工作。开展退役士兵职业技能教育，扶助退役士兵再就业，组织20余家用人单位上门招聘，为200余名退役士兵提供就业帮助。贯彻《市政府办公厅关于切实做好优抚安置有关工作的实施意见》，执行有关补助和优待政策，发放“光荣人家”牌1.65万个。继续推进“慰烈工程”，实施土桥烈士陵园绿化环境提升工程。

福利彩票销售 2017年，全区福利彩票销售总额4.04亿元，比2016年增长13.2%。其中，电脑票8693万元，即开票1532万元，中福在线10233万元，“快三”19957万元。

婚姻与收养登记 2017年，区民政部门办理婚姻与收养登记业务24413件。其中，结婚登记12132对，比2016年增长8.42%；离婚登记8030对，增长17.31%；补领结婚证件3934对，增长28.74%；补办离婚证316件，增长32.2%。办理收养登记1件，与2016年持平。 （李　佳）

江宁获评省“现代民政示范区” 2月，省民政厅发布通报，江宁区创建为省“现代民政示范区”。此次创建经过县（市、区）自评申报，综合省现代民政研究院专家现场评估、机关业务评估、群众满意度测评和年度考评情况，有24个县（市、区）被评为2016年度现代民政示范单位。2016年，区民政局以现代民政指标体系为引领，全力筑牢民生保障基础，着力优化基层公共服务，致力规范专项事务管理，取得明显成效。全面启动残疾人“两项补贴”工作，城镇“三无”人员保障实现全覆盖；举办首届“全科社工”职业技能大赛，全面推行“一门受理、全科服务”；创新开展“美丽乡村+民政”，将民政工作融入美丽乡村建设；建立“双拥共建人才培训基地”，军地深度融合发展；福利彩票销量位居全市第一，未成年保护实现三级联动，编制全区第一批历史地名保护名录；在全市率先实现非义务教育阶段慈善助学全覆盖。江宁区还获得“全国社会工作服务示范区”“全省现代社区治理创新实验区”“全市双拥模范城创建有功单位”等一批国家和省、市级荣誉。

2017年民政公益创投项目启动 4月，江宁区2017年公益创投及小额资助工作启动。区民政局安排资金512万元，其中公益创投资金450万元，小额资助资金62万元。公益创投项目申报类型分为自主申报项目和定点申报项目两大类，范围分为养老、未成年人保护、助困治理和专业综合4类51个项目，每类单个项目扶持5万～20万元。小额资助项目21个，每个项目扶持2万～4万元。与2016年相比，公益创投项目资金和项目数量均有所增加，单个项目最高资助额度由10万元增至20万元，同时增加小额资助项目评选。此外，还对10万元以上的项目配备督导，对公益创投资金使用情况采取会计师事务所审计与财务抽查形式，确保公益创投资金使用合理。

新版江宁地图面世 6月，历时4个月绘制，经过多次审校，由区地名委员会和区民政局监制的新版《江宁区地图》和《江宁地图》出版发行。《江宁区地图》为超大全开，四色彩色印刷，《江宁地图》为大4开，双面印刷，正面为《江宁区地图》，反面为《江宁城区图》，可折叠，方便携带，该图配有“江宁区概况”文字介绍，“城市新貌”“名胜古迹”“美丽乡村”等照片30幅，印有“江宁公交首末站与运营时间一览表”。新版《江宁区地图》和《江宁地图》内容翔实丰富，地名准确规范，完整反映全区最新的行政区划、自然地理、交通、社区、村落和单位等各种信息。《江宁区地图》和《江宁地图》的面世，弥补江宁区自2010年以后没有标准地图的空白，为政府办公、城市规划、市民出行，也为外界了解江宁、认识江宁，提供了行政区划和地名信息方面的服务。

全市首家“互联网+养老院”启动运营 11月3日，江宁区“互联网+养老院”启动运营。区“互联网+养老院”是全市首家线上线下一体化互联网+养老院，实行“触”手可及的24小时在线养老新模式。该院位于区社区服务中心3楼，建筑面积800平方米，设置展示中心、培训中心、呼叫中心、数据中心等4个功能区域，重点围绕老年人健康、生活、文化、娱乐、安全等方面需求，通过物联网、互联网、大数据分析、地理信息系统、全球定位系统、现代通信技术，整合社会、社区、机构养老资源，向居家老年人提供便捷化、物联化、智能化、专业化的养老服务。“互联网+养老院”与35个专业养老服务社会组织、31家第三方服务机构建立合作关系，组建一支由210名具有专业资质的线下护理员队伍，服务网络城乡、街道、社区全覆盖，初步实现“线上线下实时联动、需求供给无缝对接”的居家

11月3日，江宁区“互联网＋养老院”启动运营。图为省民政厅厅长侯学元，市委常委、区委书记李世贵等参观养老院智能设备

区民政局　供稿

养老服务目标。依托江宁民政数据系统和“52191999”呼叫调度中心，“互联网+养老院”为全区1.2万多名城镇“三无”人员、农村“五保”老人、低保及低保边缘老人、经济困难老人、75周岁及以上计生特扶老人、百岁老人等“五类老人”提供全天候一键通紧急呼叫服务，当老人发生紧急状况时，通过对话或数据记录及时作出判断，就近通知护理员立即上门或转接“120”“110”“119”，保障老年人安全。

第二批历史地名保护名录出炉　11月，经过专家评审、社会公示、修改完善等环节，江宁区第二批历史地名保护名录正式出炉。第二批历史地名保护名录共77条，包括14条政区名、46条聚落名、6条山水名、4条胜迹名及7条建筑名。与第一批名录收录的地名有所区别的是，第二批历史地名侧重挖掘实体已消亡的老地名，以唤醒历史记忆，保护文化遗存。例如“同夏”，古县名，因梁武帝生于同夏里三桥宅，故置同夏县。虽然这个县已经不存在，但至今已有2000多年历史，文化底蕴深厚，具有一定的传承价值。这批历史地名列入保护名录后，将优先延续、保留及使用。

（宁　鉴）

基层民主自治与社区建设

概　况　2017年，江宁区建成12个示范社区公共服务中心、26个规范社区公共服务中心和100个自然村组、住宅小区“微服务”示范场所，推动服务资源和服务触角向群众身边延伸。打造20个社区协商创新实践典型、20个“三社联动”示范基地，提升社区公共服务民主化、社会化、专业化水平。城乡和谐社区建设合格率分别为96%、91%，江宁区创建成全国首批农村幸福社区建设示范区。继续推进全科服务模式，开展第二届“全科社工”培训考核，被确定为全国首批“街道服务管理创新实验区”。启动区社会组织发展服务中心建设，成立区社会组织发展促进会。

社区治理与服务　2017年，区民政部门实施12个社区治理创新项目，着力破解社区治理中的痛点、难点、热点问题，有序推进服务外包、三社联动、社区协商等创新实践。古泉、牌坊、上穆等3个社区的村规民约被评为全市“十佳村规民约”；“构建共建共享的街道社会治理新机制”等5个创新项目入选全市社区治理和服务创新成果前20名。与区大走访活动领导小组办公室联合，搭建“江宁社区公共服务”微信公众平台，方便群众“一站式”查询八大类、近100项公共服务事项。4月，承办全省村（居）委会换届选举工作总结暨城乡社区治理创新工作推进会。8月，江宁区作为全省唯一代表在全国基层社会治理示范培训班开班式上作经验交流。

社工人才队伍建设　2017年，区民政部门制定出台《江宁区加强社会工作专业人才队伍建设的实施意见》，明确全区社会工作人才队伍建设发展的目标任务和具体举措。全年新增持证社工179人，持证社工累计700余人。评选出首批社会工作督导人才12人、社会工作领军人才6人；优秀社会工作案例10个、优秀社会工作服务项目8个；示范性社会工作服务机构5家和示范性社会组织5家。3月，承办江苏省暨南京市国际社工日宣传周启动仪式。

社会组织管理　2017年，区民政部门继续探索“互联网+政务服务”模式，运用江苏省民政业务综合信息平台，社会组织登记实

2017年，东山街道东山社区芙阁新村片区网格服务工作站推进社区治理创新，打造“三公一建”示范模式，把社区干部党员、网格员、小区楼栋长和志愿者安排到每一个网格，实现管理无盲区、服务零距离

区新闻中心　供稿

现网上申请和线下办理相结合，减少社会组织登记流程，进一步方便居民办事。全年新增社会组织87家，其中社会团体14家，民办非企业单位73家；办理变更登记62件，注销登记4件；认定慈善组织2家。年末，全区有社会组织1759家，每万人拥有社会组织15家。

社会组织建设　2017年，区民政部门以三社联动构建社会组织服务体系，投入800万元，实施区级社会组织孵化中心提档升级，筹建2700平方米的区级社会组织发展服务中心。有序推进湖熟、横溪、麒麟等3个街道社会组织培育发展中心建设，街道级社会组织服务平台实现全覆盖。入驻各类社会组织超过300家，基本形成培育扶持社会组织发展的区、街道、村（社区）三级网络。全年投入资金1700余万元，扶持社会组织97家，开展公益项目213个，小额资助项目25个。其中，区级公益创投和小额资助512万元，扶持社会组织67家，实施公益创投项目55个和小额资助项目25个，东山、秣陵、淳化、谷里、横溪、禄口等街道分别筹集资金200万元，扶持社会组织83家，开展公益创投项目158个。搭建交流平台，承办全市第四届社洽会，开展民主协商论坛、入驻区级社会组织发展服务中心公益服务换取公益空间交流、东山街道青少年服务项目竞标以及2017年区级公益创投暨淳化街道公益创投签约活动。成立江宁区社会组织发展促进会，为政府与社会组织合作互动提供平台，引导社会组织在社会治理中发挥作用。

（李　佳）

全国基层社会治理培训班交流“江宁经验”　8月30日，全国基层社会治理示范培训班在山东潍坊举办。江宁区作为全省唯一（全国6家）代表在开班仪式上作题为《创新实施“三聚”工程，促进街道协同共治》的经验交流发言，介绍江宁在基层社会治理和街道服务管理创新方面的经验做法。是年7月，江宁区被民政部确定为“全国街道服务管理创新实验区”。围绕打造政社互动“一盘棋”，全区实施“资源聚合”工程，坚持“社会的事情由社会办”，推动街道职能转型，优化治理结构，创新服务供给，强化政策配套，全面提高街道管理服务效能。实施“多方聚力”工程，拧成基层治理“一股绳”。始终坚持“专业的人做专业的事”，培育社会组织，打造专业队伍，引进智力支持，开展志愿服务，发展街道服务管理的多方主体和专业力量，加快街道治理由“小众”转为“大众”，由“独奏”变为“交响”。在实施“服务聚变”工程中，织密协同共治“一张网”。坚持“让基层、让社会力量唱主角”，通过完善便民服务长效机制、打造公益创投项目品牌、构筑外包服务特色载体、建立“四区联动”服务体系，推动政府从“不该管也管不好”的领域退出，用高效、一流、专业、精准的服务，推动街道社会服务管理共治共享。

全国农村社区建设示范区创建接受验收　9月12日，民政部全国农村社区建设示范区验收专家组到江宁区，对争创全国农村示范社区工作进行考核验收。区领导祁豫玮、谢从军参加活动。江宁区高度重视社区建设，把社区建设作为深入推进社会治理创新的基础平台，纳入全区“五位一体”总体布局谋划推进，整合农村社区资源，打造管理有序、服务完善、文明祥和的农村居民生活共同体。全区农村社区服务体系建设和基层社会治理创新的实践和经验得到民政部的高度评价，尤其对领导重视、财政支持、真抓实干的做法给予肯定，同时提出继续细化创新内容、突出特色亮点的创建要求。会前，验收组还前往横溪街道石塘社区、江宁街道牌坊社区查阅有关创建档案资料，并实地察看社区公共服务、电商服务、党群服务、居家养老服务等中心，完善的农村社区服务体系、健全的农村社区制度以及丰富多彩的社区活动给验收组留下深刻印象。

区社会组织发展促进会成立 10月，江宁区社会组织发展促进会成立。区社会组织发展促进会由区民政局发起，是由在区内登记或活动的各类社会组织、驻宁高校的相关专家学者以及致力于社会组织理论研究与服务实践的社会各界人士自愿组成的全区性、专业性、非营利性社会团体，旨在对社会组织加大扶持、规范标准、提升能力等方面加强治理、深化服务，合力推动全区社会组织步入健康发展轨道。

（宁　鉴）

红十字事业

概　况 2017年，江宁区红十字会秉承“人道、博爱、奉献”的精神，着眼服务民生、保障民生，结合“走千企入万户、助发展促富民”大走访活动，全力推进人道救助、应急救护、组织建设、志愿服务等工作，取得新成效。是年，区红十字会获《中华人民共和国红十字会法》暨全国红十字应急救护知识竞赛三等奖、中国红十字会总会报刊宣传先进集体、江苏省无偿献血工作先进单位、南京红十字工作优秀单位、南京红十字组织建设和备灾救助工作先进单位等荣誉称号。

组织建设 8月6日，区红十字会召开第六次会员代表大会，与会代表142人。会议审议通过《弘扬博爱精神，凝聚人道力量，努力开创江宁红十字事业新局面》的工作报告和《江宁区红十字事业2016—2020年发展规划》，选举产生新一届区红十字会理事会和领导班子，聘请市委常委、区委书记李世贵和区长祁豫玮担任区红十字会名誉会长。年内，区红十字会先后组织全区基层红十字工作分管领导和秘书长到秦淮区101社区、南京红十字医院、省血液中心等地参观学习，并举办2期基层红十字业务培训及研讨交流活动。新成立企业红十字会8家，新增团体会员单位10家、红十字会员593人；新成立红十字志愿服务队2支，新发展红十字志愿者160人。

筹资救助 2017年，区红十字会围绕区委、区政府中心工作，组织开展“依法募捐、帮困救助”活动。与爱心企业合作，搭建爱心平台，牵手弱势群众，实现筹资与救助工作双提升。全年筹资1112.45万元，用于助学、助困、助老、助残等1105.23万元。春节期间，结合大走访活动，开展“迎新春博爱送万家”活动，对志友癌友、麻风病人、孤寡老人等人群进行走访慰问。举办红十字博爱助学金发放仪式，除向20名贫困学生每人发放1000元助学金外，还联系爱心企业融侨集团，为每名新录取学生捐赠行李箱1个。

无偿捐献 2017年，区红十字会加强与省血液中心的联系协调，推动无偿献血车进社区、企业、高校等地上门服务，无偿献血人数及献血量稳定上升。5月8日，联合区文明办、东山街道和省血液中心，在大市口广场举办“弘扬红十字精神，建设好博爱家园”公益活动，副区长、区红十字会会长缪秀梅带头挽起衣袖，参与无偿献血，当天参加献血213人，献血量493万毫升。全年

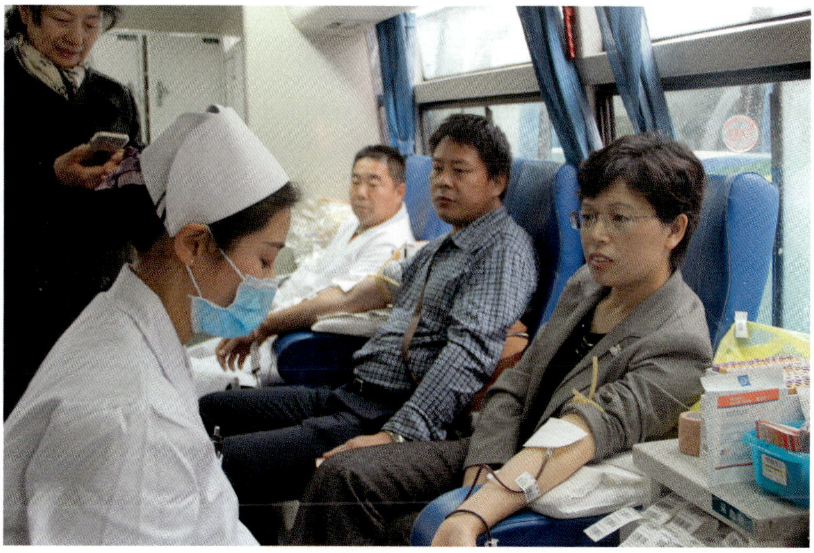

5月8日，区红十字会联合区文明办、东山街道和省血液中心，在大市口广场举办“弘扬红十字精神，建设好博爱家园”公益活动。图为副区长、区红十字会会长缪秀梅带头挽起衣袖，参与无偿献血

钟小三　摄

组织无偿献血车上门服务28次，无偿献血12121人次，献血量396万毫升；130名志愿者参加造血干细胞采样，并加入中华骨髓库；68人报名参加身后捐献遗体器官，6人成功捐献遗体。

红十字宣传 2017年，区红十字会通过报纸、政务信息、电视、网络等媒体，采取多种方式，开展红十字宣传活动。全年被各种媒体刊载信息报道512篇，其中《中国红十字报》6篇，红十字会系统外的市级以上报刊18篇。利用救护培训进企业、进校园、进社区时机，播放造血干细胞知识宣传片65场。文化科技卫生“三下乡”活动中，向群众发放《市民安全手册》、无偿献血报销细则、家庭急救知识图解等宣传品1万余册。结合“5·8”世界红十字日、“世界急救日”等，组织开展应急救护演练、义诊、送医送药、免费理发等活动。

红十字社会服务 2017年，区红十字会承担江苏省红十字会博爱家园试点工作，在东山街道骆村社区启动“3+X”博爱家园建设，实现救护培训、无偿捐献和博爱超市进家园，联系南京交通职业技术学校、河海大学，推动大学生志愿服务进家园。为应对人口老龄化趋势，在省、市红十字会的指导下，开展养老照护志愿服务，引导社会关注关爱老年人群，弘扬中华民族尊老敬老传统美德。新组建2支养老照护志愿服务队，举办5次居家养老知识讲座，组织11次走村入户上门养老照护志愿服务，受益群众1000余人。启动“博爱光明行”项目，帮助贫困白内障患者实施复明手术，首批在东山街道、麒麟街道进行。10月14日，“香港红十字会耆英团”专程到江宁区开展敬老助老志愿服务交流活动。

红十字青少年工作 2017年，区红十字会发挥区红十字青少年工作委员会作用，加强与区教育局的协同，将“人道、博爱、奉献”红十字精神融入未成年人思想道德建设，促进校园红十字活动开展。结合红十字纪念日，组织开展急救知识讲座、紧急逃生演练、“我与红十字”征文、红十字手抄报评比等活动，让更多学生了解红十字运动、掌握应急救护常识；结合学校思想道德教育，开展“让爱心永远传递”“小小书包大大爱心”“帮助贫困生、资助特困生”等活动100多场次，传播互助互爱的人道理念，增强青少年红十字精神认同感。新创建2所省级红十字示范学校、5所市级红十字示范学校。（任忠喜）

老龄工作

概　况 2017年年末，江宁区有60周岁以上老年人口18.1万人，占户籍人口总数的18%。其中，独居老人2467人，空巢老人3465人；80周岁以上高龄老年人2.14万人，百岁老人13人，老龄化程度高于全国平均水平。2017年，全区老龄工作加快养老服务体系建设，立足为老年人办好事、办实事，不断提升老年人幸福指数。

机构养老 2017年，全区有各类养老机构31家，总床位5948张。其中公办8家，公办民营2家，民办民营19家，民营养老机构床位3898张。全区签订协议和自设医疗机构医护型床位5468张，护理型床位占比92%。全年新增养老机构4家，新增床位517张。发放运营补贴147.01万元，省补资金99.1万元，市补资金29.41万元。初步形成公办民办互补、高中低档齐全、满足不同层次需求的机构养老服务供给体系。按照“三有三能六达标”的要求，重点支持敬老院改造电路、安装空调、建设浴室、实施消防改造，提高安全度和生活便捷性。推进公建民营改革，引入社会资本和专业组织，拓展社会寄养、日托照料等功能，推动敬老院向区域性养老服务中心转型，实现“开门办院”。年内，淳化街道敬老院完成公建民营招标工作。

社区养老 2017年，全区重点打造189个社区居家养老服务中心、7个日间照料中心（托老室）、5个老年人关爱之家以及10个中心厨房、60个助餐点，基本实现社区养老设施全覆盖。分别建成市AAA级、AAAA级、AAAAA级居家养老服务中心33个、3个和2个。联合省级机关医院在湖熟街道徐慕社区、谷里街道张溪社区开展“寄家养老”试点，收住城市老年人17人。

居家养老 2017年，区民政部门委托第三方组织，重点对全区8700多名“五类老人”和3.5万名社会老年人的自理能力进行评估，基本掌握全区居家养老服务重点对象的数量、身体状况、大致分布等参数，为精准服务奠定基础。建成线上智能平台，自主开发建设全省唯一、全国领先的“互联网+养老院”，做到“线上线下实时联动、需求供给无缝对接”。组建专业服务团队，设立11个线下服务派单点，与35个专业养老服务社会组织和31家第三方服务机构建立合作关

12月，东山街道泥塘社区联合养老服务企业安康通走进泥塘新苑小区开展“为老服务就在您身边”互联网＋养老服务活动，为社区居民测量血压、血氧、体温等，并将数据通过互联网记入居民个人电子健康档案　　区新闻中心　供稿

系，组建一支210名具有专业资质的线下护理员队伍。

医养融合　2017年，区社会福利中心一期工程引入省级机关医院团队运营管理，实现“医养康护”深度融合，被市民政局评为AAAAA级养老机构，获评“南京百姓最喜爱的十佳养老机构”。全区20家民办养老机构和9家敬老院，有11家自设医疗机构，其余18家不具备设置医疗机构条件的养老机构，均就近与周边医疗机构签订服务协议或者委托医疗机构托管其内设医务室。全区24个社区医养综合体常年为老年人提供健康体检、保健指导、康复理疗、常见病干预等服务。

（李　佳）

残疾人扶助

概　况　2017年，江宁区残疾人联合会围绕区委、区政府确定的年度目标任务和实现残疾人全面小康、扶贫攻坚、普及服务等重点工作，推进就业增收、兜底保障，努力扩大保障覆盖面，维护残疾人合法权益，残疾人的获得感、幸福感和满意度进一步提升。10个街道残联分别召开残疾人代表大会，选举产生新一届主席团和执行理事会。全年为10514名残疾人发放生活补贴，为3308名残疾人发放护理补贴，“两项补贴”共7696.8万元。为2.4万名残疾人交纳基本医疗保险，对2699名自主缴费参加基本养老保险和灵活就业社会保险残疾人给予补贴，为2.4万名持证残疾人购买乘车意外伤害险，为1580名残疾人市民卡开通免费乘车功能。为3483名贫困残疾人建档立卡，走访慰问残疾人1270人，发放慰问金119.6万元；为贫困残疾人家庭捐赠彩电、洗衣机、微波炉等家电413件。是年，江宁区被南京市残联表彰为“全市残联工作有功区”。

残疾人就业培训　2017年，区残联对1000余家职工30人以上企业开展问卷调查，对339家企业开展残疾人保障金年审工作，对132家安排残疾人就业达标或超比例企业给予补贴和奖励。全年举办残疾人专场招聘会2场，新增实名制就业231人。新建2个残疾人扶贫基地和1个残疾人创业基地，安置8名残疾人就业，辐射带动41名残疾人就业。建立残疾人职业培训基地，开展电子商务、手工蜡烛、香皂制作、农家菜培训等11期，培训残疾人286人。

残疾人康复服务　2017年，区残联开展残疾人精准康复服务行动，新建1个精神心理康复站，康复服务残疾人1670人次，其中0～14周岁抢救性康复残疾儿童370人。免费提供轮椅280人，装配假肢25人，白内障复明手术10人，验配助视器66人，康复服务进家庭483户，对355名精神病患者实施精准跟踪服务。在区市民中心剧场打造残疾人无障碍电影院，影院电梯、坡道、洗手间按无障碍标准设置，针对肢体残疾人还专门设置轮椅座位。残疾人无障碍电影院定期免费为残疾人放映电影，满足残疾人精神文化需求。

省市“残疾预防日”宣传活动　8月25日，省残联、市残工委主办的首个全国“残疾预防日”大型宣传教育活动由江宁区政府承办，主题为“推进残疾预防，建设健康中国”。活动设1个主会场、4个分会场和3个展馆，充分展示江宁区“四位一体”残疾预防体系，增强社会残疾预防意识，重视残疾人健康，努力实现“人人享有康复服务”的目标。省残联党组书记、理事

2017年，区残联积极开展残疾人精准康复服务行动，全年服务残疾人1670人次。图为医务人员为残疾人开展康复服务　　刘春峰　摄

长高晓平，市委常委、区委书记李世贵，副市长华静及市残工委成员单位分管领导等出席活动，全市各区残联负责人、残疾预防康复专家、部分企事业单位、社会组织、残疾人及家属、市民代表等近500人参加活动。

全国社区康复骨干培训班　10月23—27日，中国残联主办的全国社区康复骨干培训班在江宁区举办，全国19个省市残联的109名康复工作负责人参加培训。培训期间，参训人员现场观摩了东山街道东山社区卫生康复站、外港社区精神心理康复站、残疾人康复技术指导中心和秣陵街道康复站。　（刘春峰）

江宁成为全国残疾预防综合试验区试点单位　2月21日，江宁区召开创建“全国残疾预防综合试验区”工作动员部署会，启动全国残疾预防综合试验区创建工作。全区创建“全国残疾人预防综合试验区”工作到2020年12月结束，共4年时间。从2017年6月起，全区开展婚前医学检查和孕前优生健康检查，以及出生缺陷和儿童发育障碍综合防治；做好传染病、地方病、慢性病、精神疾病防治，开展防盲治盲和防聋治聋工作；加强隐患排查治理，建立和营造非致残环境，减少工伤和职业病致残发生，重点防范儿童和老年人意外伤害；为有康复需求的残疾人提供康复医疗、功能训练、辅具适配等精准康复服务。计划到2020年，实现婚前医学检查率90%以上；免费孕前优生健康检查率80%以上，产前筛查率70%以上；新生儿及儿童残疾筛查率85%以上，干预率75%以上；适龄儿童国家免疫规划疫苗接种率90%以上等。同时，实施残疾人预防重点干预项目，每年为不少于400名残疾人和高危孕产妇进行产前筛查诊断、为不少于110名儿童进行残疾筛查诊断、为1100名以上疑似残疾人进行残疾评定，全面普及全民残疾预防知识，提升残疾预防理念和责任意识，有效减少和控制残疾的发生、发展。

残疾评定费用由区残联统一“埋单”　4月1日起，根据《江宁区创建全国残疾预防综合试验区试点工作实施方案》，为减轻残疾人经济负担，提高残疾证办证率，全区疑似残疾人的首次残疾评定费用由区残联统一“埋单”，老百姓不用自掏腰包。该实施方案规定残疾评定对象为自愿接受残疾评定的疑似残疾人，区第二人民医院是承担全区残疾评定项目的定点机构，按照相关管理办法开展残疾评定工作，区残联按程序规定为符合残疾标准的残疾人办理“残疾人证”。区残联为每名首次接受残疾评定的疑似残疾人按每人80元标准给予补助。

（宁　鉴）

慈善事业

概　况　2017年，江宁区慈善总会坚持以《中华人民共和国慈善法》为引领，以“慈善为民，服务为本，扶贫济困，乐善好施”为宗旨，筹募善款物资，打造品牌项目，营造慈善氛围，为完善社会救助体系、建设“强富美高”新江宁做出新贡献。同曦集团、明月集团、金箔集团、景枫集团、汪海集团、江宇集团、翠屏集团、21世纪房产等企业和严陆根、杨念明、肇恒君等个人分别被评为南京市第二届“慈善之星”突出贡献单位和突出贡献个人。

善款募集　2017年，区慈善总会采取多种慈善募捐形式，多方拓展慈善资源，取得成效。全年累计募集善款4954.96万元，比2016年增长16.3%。开展“一日捐”活动，接收机关部门、开发园区“一日捐”善款130万元。做好“定向募捐”，接收“大手拉小手”爱心群、南京爱特医疗公司、南京凯迪智能工程有限公司以及肚胞鸡、大朱小厨等餐饮企业用于救助孤残儿童、贫困学生、大病救助善款140.4万元。提请区政府、协调江宁开发区分别召开慈善工作座谈会，听取企业家对慈善工作的意见和建议，动员企业家参与慈善事业；组织企业家开展困难户走访慰问活动，将爱心温暖送到捐助对象手中。景枫集团、明月集团、利源集团、金箔集团、汪海集团、上元堂、21世纪房产、江宇集团、协众集团以及区属国资集团、国资平台等踊跃捐款，共募得慈善基金4284.56万元。同时，募集一批衣服、蚕丝被、电饭煲以及空调、消毒柜等爱心物资，还募集价值400万元的创维家电惠民补贴卡，满足困难群体实物救助需求。

项目救助 2017年，区慈善总会围绕“慈善救助项目化、项目救助品牌化”的思路，将改善“生活最困难、遭遇最不幸、社会最同情”群体的基本生活作为救助重点，努力发挥慈善救助拾遗补阙作用。实施“情暖江宁”扶贫济困工程，及时将区政府定向捐款、企业捐款和“慈善一日捐”善款1670万元拨付到各街道慈善分会，用于走访慰问困难群众。同时，还向各街道慈善分会和慈善超市拨付1375万元，支持基层开展扶贫济困、大病救助和慈善公益活动。组织“阳光励志”爱心助学工程，8月，向全区低保家庭在读高中生、中专生以及大专生每人发放2000元和3000元助学金，有478名贫困学生得到资助，助学金额127.3万元。联合江苏天茂建设股份有限公司，在陆郎中心小学开展“四个一”助学慰问活动，资助33名贫困学生每人1000元、1个书包和100元学习用品，并向该校捐赠价值1万元的体育器材。持续推进“呵护成长”儿童关爱工程，1月，举办慈善助孤慰问金发放仪式，通过点对点方式，将小厨娘餐饮、上元堂医药等8家爱心企业的关心和温暖直接送到55名受助孤儿手中，向他们每人发放2000元慰问金。6月，联合利安人寿保险股份有限公司江宁支公司，举办助孤慰问金发放暨“一元公益基金”资助百名困难学生行动计划启动仪式，向全区55名孤儿和17名贫困学生每人发放1000元慰问金或助学金。开展“救急解难”援助工程，重点救助200名低保、低保边缘家庭大病患者，在医疗报销、医疗救助后再给予每人3000元救助，进一步减轻困难群众医疗负担。同时，安排145万元，重点救助慈善捐赠企业患大病、遇急难的困难职工，减轻爱心企业负担，激发企业慈善热情。

慈善组织建设 2017年，区慈善总会按照“实施慈善救助、促进居民互助、开展结对帮扶、组织志愿服务、推进慈善宣传、对接慈善供需、培育慈善组织、鼓励慈善行为”等功能定位，在全区打造22个社区“慈善之家”，推动慈善组织网络向居民小区、自然村组延伸。主动接受审计、财政、民政等部门监督，定期通过媒体向社会“晒账本”，自觉接受社会监督，被民政部门认定为全区唯一具备公开募捐资格的慈善组织，并再次被省民政厅批准获得公益性捐赠税前扣除资格。

（李　佳）

老区建设与扶贫开发

概　况 2017年，江宁区革命老区开发促进会、扶贫开发协会、扶贫基金会（简称区“三会”）新增扶贫资金130万元，各街道分会新增扶贫资金74.5万元，村（社区）扶贫小组新增扶贫资金383万元，总量比2016年增长22%；扶贫基金贴息贷款1250万元，增长2.5倍。

区革命老区开发促进会和扶贫开发协会换届 5月5日，江宁区革命老区开发促进会、扶贫开发协会换届选举暨扶贫开发工作会议召开。会议选举产生新一届区革命老区开发促进会、扶贫开发协会会长及理事会组成人员，表彰了相关先进集体和先进个人，区扶贫开发协会、横溪街道、湖熟街道和平社区就扶贫开发工作作交流发言。

市“三会”脱贫攻坚经验交流会 7月28日，市“三会”在江宁街道荷花社区召开脱贫攻坚经验交流会，市区“三会”及高淳、溧水、浦口、六合区“三会”领导及联系村负责人40余人参加会议。与会代表参观了荷花社区丁家桥村村容村貌、村级道路亮化工程、农田水利建设示范项目。荷花社区介绍了脱贫攻坚工作经验。市“三会”会长张宁生对全市“三会”脱贫攻坚工作给予肯定，并表示初心不改、计划不变、定点不换、力度不减，帮助推进联系村提前完成村级脱帽、村民脱贫的攻坚力度。

市区“三会”在荷花社区捐资助学 8月25日，市、区“三会”在江宁街道荷花社区开展扶贫助学活动。市“三会”捐助10名贫困生每人2000元，区“三会”捐助5名贫困生每人1000元，江宁街道分会捐助10人每人2000元，扶贫志愿者捐助11人每人1000元。

（刘广亮）

未成年人保护

概　况　2017年，江宁区各级关心下一代工作委员会按照“急党政所急、想青少年所需、尽关工委所能”的工作方针，充分发挥“五老”人员的优势和作用，围绕中心、服务大局，积极配合、主动作为，立足实际、真抓实干，向广大青少年讲历史讲传统、传思想传精神，教育引导青少年听党话、跟党走，促进青少年健康成长。

青少年思想道德教育　2017年，全区各级关工委联合、配合有关部门，结合江宁实际和青少年特点，组织开展青少年喜闻乐见、生动活泼的思想道德教育实践活动。根据省、市关工委统一部署，组织开展“学史立志，崇德向善”主题教育活动；暑假期间，联合区文明办、区教育局开展“家国情，中国梦”主题征文、“喜迎十九大，童心永向党”老少同台演讲、“军营一日”、“网上认养和平鸽”等系列主题教育实践活动，使广大青少年进一步了解党史国史，明确使命责任，坚定理想信念，激发立志报国的爱国情怀。组织区级讲师团集中备课，先后征集16篇宣讲稿，编印250多册下发到各街道和村（社区）关工委。湖熟街道关工委组织街道讲师团与辖区内中小学结对，采取讲座报告、主题班会等形式，组织“五老”思想道德宣讲员深入学校和班级，将主题教育送到中小学生的课桌前。全区102个思想道德宣讲团、520名“五老”宣讲员，参与各类主题教育宣讲活动，编写主题教育讲稿216篇，作报告583场次，参加听讲37424人次。在市关工委组织的“家国情，中国梦”主题征文活动中，全区征集作品2700多篇，区关工委获最佳组织奖。在市“金金网”组织的“强富美高新南京、2017年新春网络寄语”大赛中征稿44766件，获奖1349件，征稿数和获奖数均居全市首位，区关工委获最佳组织奖。

校外教育辅导站建设　2017年，区关工委以创建市社区电子阅览室示范点为重点，完善“校站结合”工作机制，开展校外教育辅导站“双优”评选等活动，加强校外教育辅导站内涵建设，全面提升校外教育辅导站育人水平。3月初，区关工委根据全区社区电子阅览室工作实际，下发指导意见，明确示范点创建工作步骤。遴选出18个社区电子阅览室作为第一批创建对象。6月，联合区文明办、区教育局在汤山街道阜庄社区召开现场推进会。10月底，对各创建单位进行考核验收，有12家单位创建成社区电子阅览室示范点。全区有387名在职教师参与社区辅导站工作，提供义务教育辅导2984场次。组织开展特色辅导项目征集和评选活动，江宁街道牧龙社区的传承好家风活动视频获全市辅导站活动项目视频一等奖。区关工委投入10万元，为9个街道的11个社区电子阅览室更新补充电脑32台。年末，全区社区电子阅览室有电脑1963台，校外教育辅导站全年接纳青少年教育辅导活动78954人次。

“未成年人零犯罪社区”创建　2017年，区关工委配合相关部门开展“未成年人零犯罪社区”创建工作，广泛开展青少年法制教育实践活动。按照“七五”普法规划要求，组织广大“五老”法制宣讲员开展“关爱明天，普法先行”青少年普法教育活动，突出对《中华人民共和国宪法》《中华人民共和国未成年人保护法》《中华人民共和国预防青少年犯罪法》等法律法规的宣传教育。加大对未成年人社区矫正对象、“五失”青少年和服刑在教

8月，区检察院、东山街道关工委联合中前社区中前、武夷、建设网格开展暑期青少年法制讲座，针对暑期游泳安全、夏季用电安全等进行图文并茂的讲解，增强青少年道德观念和安全意识

区新闻中心　供稿

人员未成年人子女的帮扶力度，组织“五老”人员与社区矫正对象结成帮教对子，为重点群体的青少年提供帮教服务。发挥区社区矫正工作者协会作用，全区210个帮教小组的750名“五老”人员参加街道、村（社区）各类帮教、社区矫正工作，帮教对象89人，有效转化76人。各法制宣讲团、关爱工作团等组织，对青少年进行法制宣传和警示教育，全年作法制报告200多场次，听讲座5.73万人次。全区有199个村（社区）实现未成年零犯罪，占总数的99.5%，比2016年提高3个百分点。组织全区227名网吧义务监督员，对182家经营性网吧开展义务监督，并与各经营性网吧签订共建文明网吧协议，为青少年健康成长营造良好的社会文化环境。

青少年科技教育　2017年，区关工委继续加强社区科技小阵地建设，搭建社区关工委科技活动平台。12月，位于横溪石塘的江宁区青少年社会实践基地挂牌。先后投入25万元，重点打造淳化街道淳化社区“三模”青少年活动中心和东山街道外港社区“3D”打印社区科技驿站2个特色社区科技小阵地。依托农村青年政治科技学校等载体，对农村青年进行农村实用技术和专业技能培训，培训青年6820人次，全年被市评为优秀政治科技学校4个、青年农民创业示范基地7个。组织中小学生参加南京市革命老区中小学生科技夏令营江宁分营活动、“中国梦·我的科技梦”电子小报比赛、“智慧南京·我的科技梦”——南京市第九届社区科技“四个一”作品竞赛等活动，征集各类科技作品5017件，其中获奖作品911件。

帮困助学　2017年，区关工委把帮困助学作为贯彻落实中央精准扶贫有关要求的切入点和着力点，深入开展帮困助学工作。市、区两级关工委进一步扩大对贫困学生的资助范围和资助力度，对127名品学兼优的困难学生给予帮扶，其中大学新生8人，资助金额18.9万元。联合区教育局下发《关于表彰江宁区2016年度中小学优秀学生的决定》，对全区324名优秀中小学生进行表彰。各级关工委牵头民企以及社会各界资助特困学生1030人，资助金额160多万元。南京金箔集团改变以往通过座谈颁发助学金的形式，采取上门走访、上门慰问等方式对10名困难高中学生实施资助。区关工委联合横溪街道与妇联、民政、工会、共青团等部门开展“大手牵小手，携手助圆梦”助学活动，对16名失亲儿童和14名困难学生进行帮扶和救助，并建立长期结对帮扶关系。（关工委）

民族宗教

概　况　2017年年末，江宁区有46个少数民族族别，少数民族常住人口1.2万人。有3个相对集中聚居地，其中2个民族社区（湖熟街道湖熟社区、禄口街道石埝社区），1个回民聚集自然村（汤山阜庄自然村）。年内，禄口街道石埝民族社区水荆墅自然村被评为“中国少数民族特色村寨”。全区有佛教、道教、伊斯兰教、天主教、基督教五大宗教，依法登记的宗教活动场所49处，其中佛教7处，道教1处，基督教40处，伊斯兰教1处。是年，区民族宗教事务局贯彻落实党和国家民族宗教方针政策及条例法规，推动少数民族经济发展，维护少数民族合法权益，依法加强宗教事务管理，有效化解民族宗教领域矛盾纠纷，确保民族宗教领域的和谐团结与安全稳定。

贯彻民族宗教工作会议精神　2017年，全区学习贯彻习近平总书记在中央民族工作会议和全国宗教工作会议上重要讲话精神，在区委常委扩大会议上传达学习全国、全省、全市宗教工作会议精神，在全区宗教工作会议上研究部署宗教工作任务，及时调整区委民族宗教工作领导小组成员。举办宗教场所负责人、教职人员政策法规培训班，开展“民族宗教政策法规学习月”活动，征订民族宗教杂志，制作民族宗教政策法规宣传册，发放到街道、村（社区），为民族宗教工作营造良好法治环境。梳理民族宗教工作行政权力清单，编制“不见面”审批和服务事项清单17条，进一步完善民族宗教工作行政程序，规范民族宗教工作行政行为，优化区、街道、村（社区）三级民族宗教工作网络，突出责任落实，确保权责一致。

宗教场所规范化建设　2017年，区民族宗教部门对宗教教职人员进行任职登记，做到宗教活动场所“一所一档”和宗教教职人员“一人一档”，做好社会信用代码审核、上报和49家宗教活动场所登记证换发等工作。多批次组织人员参加全省民宗系统组织的新进干部培训班、市民宗局组织的依法行政业务培训班及信息员培训班、区民宗部门组织的宗教政策法规培训班，进一步提高民宗干部的依法行政能力和场所负责人及教职人员的政治意识、公民意识和法治意识。

少数民族权益保障 2017年，区民宗局联合区财政局、农业局帮助民族社区制定2017年民族发展项目，争取发展资金200万元，并为企业优化产业结构，扩大民贸产品生产提供服务。全年完成108名少数民族中考考生民族成分审核，协调区教育局解决23名少数民族流动人员子女入学（转学）问题，协助江宁公安分局办理4名少数民族子女民族成分恢复。完善与江宁公安分局、区城管局工作协调联动机制，加强流动少数民族人口服务管理。密切与新疆、青海、甘肃少数民族联络组联系，协助解决在江宁经商、务工少数民族人员矛盾纠纷，促进民族团结和谐。

10月26日，佛顶·艺海海峡两岸佛教书画艺术交流展开幕。图为开幕现场　　区民宗局　供稿

首届“佛佑天印”两岸花道艺术交流会 5月1日，首届“佛佑天印”两岸花道艺术交流会在方山定林寺举行，中国插花花艺协会、南京市佛教界、中华花艺文教基金会及文化界近千人出席开幕式。会上展示了40多名两岸花艺大师的花道艺术作品，吸引众多花艺爱好者到场欣赏。

第七届金陵礼佛文化月活动 6月10日，由南京市佛教协会和南京市牛首山文化旅游集团有限公司联合举办的第七届金陵礼佛文化月活动分别在方山定林寺和牛首山佛顶寺举行。在为期1个月的第七届金陵礼佛文化月活动期间，通过开展供佛书画展、佛教收藏品展、佛学讲座、佛教禅修等活动，再现南京深厚的佛教历史文化底蕴，扩大南京佛教文化影响力。

省少数民族传统体育项目运动会 10月28—29日，2017年江苏省“红石榴杯”少数民族传统体育项目运动会在江宁大学城南京工程学院举行。国家、省、市、区民宗部门及体育部门领导和南京工程学院领导出席开幕式。运动会期间，全国各地的少数民族体育健儿分别进行了珍珠球、民族健身操、毽球、蹴球、高脚竞速、板鞋竞速、射弩、陀螺、押加等9项民族传统体育项目表演和竞赛。　　（马立松）

全区宗教工作会议 8月11日，全区宗教工作会议召开，市委常委、区委书记李世贵讲话，区领导严应骏、陆蓉、张思明、张荣、汪洁、史兆祥及区检察院检察长金波出席会议。会议指出，要深刻认识做好新形势下宗教工作的特殊重要性，坚持党的宗教工作基本方针，善于运用党的群众工作方法和思路做好信教群众工作，把宗教界和广大信教群众紧密团结在党和政府周围。会议强调，要准确把握中央关于宗教工作的新思想、新观点、新要求，自觉运用中国特色社会主义宗教理论指导全区宗教工作实践。要始终坚持宗教中国化方向，引导宗教界人士和信教群众增强对伟大祖国、中华文化、中国共产党、中国特色社会主义的认同。要着力构建积极健康的宗教关系，引导宗教界人士和广大信教群众投身高水平全面小康社会和“强富美高”新江宁建设。要切实提高宗教工作法治化水平，引导宗教界人士和信教群众正确认识和处理国法与教规的关系，增强法治观念，维护宗教界的合法权益。要大力支持宗教界加强自身建设和人才培养，扎实做好全区宗教工作。会上，区委常委、统战部部长陆蓉总结了近几年全区宗教工作情况，并对今后一段时间宗教工作进行部署。江宁公安分局、秣陵街道、江宁街道等作交流发言。

（宁　鉴）

东山街道

概　况　东山街道是江宁区委、区政府所在地，东邻淳化，南毗秣陵，西交雨花台区、秦淮区，北接麒麟。禄口国际机场、南京南站两大交通枢纽南北对峙，地铁1号线、3号线、5号线（在建）蜿蜒穿境，宁杭高速、绕越公路、东麒路、纬七路等大道通衢纵横如网，区位优势得天独厚。街道辖区面积73平方公里，下辖16个社区，户籍人口18.08万人，流动人口16万人。2017年，东山街道紧紧围绕“两聚一高”主题和“一个高水平建成、六个显著”目标，深入践行“五大发展理念”，推动年度各项目标任务如期完成。全年实现地区生产总值223.24亿元、公共财政预算收入21.28亿元，分别比2016年增长11.4%、2.6%，综合实力位列全市第一、全省第五，经济社会发展再上新台阶。是年，东山街道被表彰为南京市镇街现代服务业综合类三等奖、江苏省创业型街道。

项目引进与建设　2017年，东山街道列入区考核的6个重大项目（其中市重大项目2个）全部开工建设，总投资91.88亿元，当年投资30.5亿元。其中，高铁枢纽南广场和真建商贸实业2个项目竣工投产，南站绿地之窗项目超序时进度推进。全年引进千万美元以上外资及港澳台资项目1个，实际利用外资及港澳台资1200万美元；引进亿元以上内资项目5个，总投资17亿元。同时，社区载体招商洽谈项目39个，当年落地签约项目6个。

南站枢纽经济发展　2017年，东山街道抢抓枢纽经济发展机遇，加快南站江宁片区建设发展，力争“再造一个东山”。高起点谋划南站片区项目招引，优化“代办制”等项目跟踪服务，已汇聚绿地之窗南广场、高铁大厦、绿城·深蓝等9个项目，总投资350亿元，并与南京六建等40多家企业签订入驻协议。高标准打造南站窗口形象，结合城市精细化建设管理“10+1”专项任务，先后投资8080万元，实施形象品质提升工程，现代化国际性南京主城南部中心建设成效日臻凸显。

富民增收　2017年，东山街道继续深化社区股份制改革，不断释放改革红利，股份制覆盖率100%，股金分红总额1733万元，人均分红445元，累计分红1.5亿元，连续14年位列全市街镇第一。推进精准扶贫、精准脱贫工作，实施低收入农户脱贫和佘村、外港、天云、晓里、大里5个欠发达社区的帮扶工作（大里社区2016年已脱贫）。至年末，实现全街道低收入农户全部脱贫，天云社区完成脱贫。

安居保障　2017年，东山街道组织实施宋艾地块、邵圣大小焦、陈家桥照顾安置、府前三期、实小南村原地安置、宁杭高铁项目、圩村安置房、上高线、秦淮风情街项目、佘社、谢家边地块、大里魏村地块、工业集中区（高桥片区）、龙西安置房、城东大三角和上坊安置房共13次分房工作，分房总户数2981户、房屋5603套、面积50万平方米。办理并发放宋艾新村、安和家园、枫叶苑、东秦新苑、东麒佳苑、祈泽佳苑、天宁家园、天宁雅居、南祥星际、宋艾东苑和泥塘新苑等11个小区、5525套安置房“两证”。

民生工作 2017年，东山街道着力提高“四个专项救助”标准和覆盖面，提升政策托底水平，救助216人，发放救助资金76万元。推动政府购买服务，中标市级公益创投项目5个、区级公益创投项目18个，争取资金161万元。开发多元化救助平台，构建慈善救助体系，筹集爱心捐款4万元，帮扶660多人次，实现政府救助、社会帮助、群众互助有效整合。加强公共服务阵地建设，新增外港、泥塘、高桥、中前、佘村5个综合型居家养老服务阵地，建成聚福医养中心、文体服务分中心、图书分中心、妇女维权中心、南站项目服务中心、残疾人生活体验中心、社会主义核心价值观教育基地等“六中心一基地”，其中聚福医养中心为南京市规模最大的综合型医养融合中心。

城市管理 2017年，东山街道开展背街小巷综合整治，推进“门前三包”、户外广告、铁路沿线专项整治，对金盛路、源聚街、怡景街、芙阁路、长塘巷等辖区范围内沿街门面开展“门前三包”专项执法。完成共建路、香樟园路两侧绿化提档升级和戴家塘墙体出新工程。严控渣土运输，对窑头村、神风路、赵家山、三下村、长山水泥厂、高桥铁路沿线等偷倒乱倒点加强管控，对路面车辆进行逐一排查，严查无手续拖运、乱倒、抛洒滴漏、私设非法土场、超速等违规行为。强化停车秩序管理，对金盛路、鞭鞍街、芙阁路、中水路、苗圃路、中宁巷车辆停车秩序进行整顿；打造杨家圩机动车停放示范点和金盛路、鞭鞍街非机动车停放管理示范点。新辟城市公共停车位346个，在大里聚福城设置环保自助洗车示范点。实施鞭鞍街、金盛路、石羊路、长塘巷等道路出新改造，石羊路已完成改造。加快城市综合治理标准化建设，5个示范单元、13个重点单元标准化创建全部一次性通过考核验收。推进环卫设施升级改造和环卫管理精细化，金盛路等10条道路、19余万平方米环卫清扫保洁实现市场化，完成13个公厕改造及2个公厕新建工程，新增4个垃圾分类示范小区社会化服务，佘村社区新建1座餐厨垃圾处置项目。探索综合行政执法体制改革，8月23日街道综合行政检查执法大队挂牌。稳步推进“数字城管”信息化管理二级平台建设，与区城管局等部门进行工作交接，梳理承接事项清单。深化网格综合行政执法试点改革，将河道、主次干道、小微企业、个体工商户、中小学校、卫生站点、住宅小区等纳入网格，建立健全四级网格责任体系，形成人到格中去、事在网中办的工作机制。

城乡环境保护 2017年，东山街道全力做好中央环保督察“回头看”及江苏省环保督察整改工作，统筹推进“263”专项行动，推动生态文明建设。完成中央环保督察15件主办件重查重审、长效管理，确保问题整改彻底不反弹。受理省环保督察交办件18件，其中有效投诉件15件，完成整改销号14件，剩余1件计划于2018年2月底完成。实施“263”五大类20小类共121项环境整治项目，做好75家工地扬尘污染防控及“国家公祭日”特别管控工作，金盛路鞭鞍街为创建餐饮示范街区，整治汽车修理企业124家、印刷企业61家。

城市品质提升 2017年，东山街道确定城乡建设计划三大类27个项目，其中新建项目18个、续建项目9个，总投资77.62亿元，当年计划投资24.58亿元。街道实际投资项目13个，投资额6.38亿元。至年末，20个住宅小区中有16个小区全部完成雨污分流建设，并接入市政管网。老旧小区环境综合整治区域为岔路片区、中心河沿线、外港河沿线扫尾，共27万平方米，整治内容为雨污分流、楼顶平改坡、外墙出新、绿化提升、楼道亮化、停车位扩建等。岔路片区5个老旧小区、景祥佳园二期以及外港河沿线遗留的工程学院家属楼、新亭路182号、发华住宅区小区基本完成。

教育事业发展 2017年，东山街道加大教育基础设施建设力度，完成高桥幼儿园改建工程，基本完成圩村、龙西幼儿园内部装修，东麒雅苑、中粮鸿云幼儿园内部装修和佘村幼儿园新建工程有序推进。有效化解“民代幼”群体矛盾，协调解决东山中心幼儿园产权问题。启动东山社区教育中心标准化建设。是年，上坊中学中考成绩再创佳绩，位列全区第一方阵。上坊小学获评江苏省健康单位、南京市诗教基地，获全国红十字应急救护知识竞赛三等奖、南京市校园足球联赛亚军；石羊路幼儿园获南京市童话剧一等奖；湖山北路幼儿园被评为江苏省“学前教育专业小葵花爱心团队实验”研究基地，并创建为南京市平安校园、南京市节水型示范学校。

泥塘试点全市首个儿童权利倡导和保护项目　3月，东山街道泥塘社区成为全市唯一一家由国务院妇儿工委办公室开展“儿童权利倡导和儿童保护”项目的试点社区。9月，全省“儿童权利倡导和儿童保护”项目培训会在江宁举行，泥塘社区试点项目获得与会代表一致好评。该社区通过摸底调查，将辖区3650名儿童的监护评估等信息登记造册，同步建立困境儿童档案。街道、社区先后投入50余万元，对妇女儿童活动阵地实施提档升级，完善母婴室、儿童图书阅读室等硬件设施。至年底，累计开展儿童保护类宣传服务活动90次，服务5000人次。

集体经济壮大　2017年5月，南京市发布2016年全市农村集体经济年报，集体净资产超1亿元的8个亿元村，东山独占5席。东山街道抢抓城市征迁改造、产业转型升级等机遇，引导社区大力发展楼宇经济、总部经济，加快从争资金到争资产、重租金到重税收转变，不断壮大集体经济实力。同时，通过联合开发、置换购买、转让捐赠等方式，促进社区增强自身造血能力和居民增收后劲。是年，16个社区集体稳定性收入13171万元，比2016年增长10.3%。

“啄木鸟”工作　2017年5月，东山街道公开招聘9人成立专职“啄木鸟”队伍，专门捕捉环境卫生、社区建设、文明创建、平安法治、矛盾调解、城市治理等社会治理源头问题。融入街道中心工作，参与防汛、文明测评、“双百”工程、“263”综合整治、“大走访”、全要素试点、“国家公祭日”重点人员督查等重点工作，流转工单10949件。其中，文明城市测评巡查核查工单1898件，“双百”工程巡查核查安全隐患工单449件，“263”专项整治巡查核查工单1043件。专职网格员在试点社区网格内开展信息采集、为民服务等事项走访家庭246户，采集上报相关信息865条。是年，东山街道“啄木鸟”创新举措获“南京市社会建设创新优秀案例”。

华脉科技上市　6月2日，南京华脉科技股份有限公司在上海证券交易所上市，东山街道辖区内上市企业累计7家。位于东山研发园的华脉科技创建于1998年，注册资金10200万元，是一家专业从事通信网络物理连接设备研发、生产和销售的民营企业，参与制定光纤配线架、光缆交接箱等多项通信产品行业标准，先后获得“江苏省高新技术企业”“江苏省高成长型中小企业”等称号。

综合行政执法体制改革　8月23日，东山街道综合行政检查执法大队挂牌，在全区率先开展综合行政执法体制改革工作，探索“一支队伍管到底”的高效城市管理机制。划分南站片区、岔路片区、城区一片区、城区二片区、上坊一片区、上坊二片区等六大责任网格，初步构建起“三科十中队”的组织架构。梳理街道承接事项清单，明确第一批接收事项837项。选优配强一线巡查执法力量，通过自主招聘，选拔辅助人员100人。

特色田园乡村建设　8月，东山街道佘村社区王家村被列入全省特色田园乡村建设首批试点村庄。按照“产业兴旺、生态宜居、乡风文明、治理有效、生活富裕”总目标，高标准开展特色田园乡村建设，取得成效。该村庄已打造梨园40公顷、茶园13.3公顷、养殖水面33.3公顷、樱花林6.7公顷，基本建成江苏省山地自行车基地，完成村口公园、九龙广场等景点建设，明清建筑潘氏宗祠和潘氏老宅加快回购、修缮。

全要素网格试点　9月，东山街道作为全省全要素网格试点单位，在东山、泥塘社区率先开展全要素网格化建设，取得进展。创新打造“支部进网格、阵地进小区、服务进家门”的“三进”模式，科学划分网格85个，纳入服务内容150项，配备网格员65人。开展“全要素网格通”平台信息采集培训，累计采集核对信息19675户，导入户籍人数55767人。全要素网格试点工作的做法得到省市区领导肯定，并被中央电视台、《新华日报》、《法制日报》等媒体报道。

省级科技产业园建设　10月，东山总部园打造的东山智能电气装备科技产业园获批第五批江苏省科技产业园。园区总面积2.42平方公里，聚焦智能电网产业“世界一流、国内第一”的发展定位，构建创新服务平台，智能电气装备产业集聚效应明显，被工信部授予国家新型工业化产业示范基地称号。至年末，总部园已自主培育华脉科技等4家上市企业，集聚中港电力等24家高新技术企业以及33家工程技术研究中心、54家民营科技企业。

东山成为江苏省诗词之乡　12月，东山街道通过省诗词协会验收，创建为江苏省诗词之乡。2016年9月，东山街道成立“东山风”诗社，收集社员创作的诗作200余篇，出版诗集2册。在此基础上，“东山风”诗社还指导社区、学校、企业开展诗词创作研讨活动，在全街道兴起“学诗、用诗、写诗、读诗”的热潮。同时，深入挖掘优秀诗词人才，打造基层文化阵地，推动“诗词之乡”创建工作。

（窦竞超　魏加贝）

5个项目参展全国“创交会

3月，中国科协企业创新服务中心公布，全国587个项目（不含定向征集项目）进入2017中国创新创业成果交易会（简称“创交会”）参展，东山街道5个创新创业成果项目入选。此次入选项目的主体均为该街道引进的高层次领军型人才企业，涉及节能环保、工业机器人、智能制造等领域。其中由南京海纳机器人有限公司自主研发的吊卡式切割焊接一体机器人，是运用在压力容器行业、石化、锅炉、管道工程等制造过程中的一种集加工、切割和焊接三大功能为一体的自动化专机，切割或焊接时只需更换枪头即可轻松解决，极大提高设备生产的切割焊接质量和生产效率。

生态文明建设示范街道创建

12月，东山街道生态文明建设示范街道创建工作全面启动。该街道计划在创建中以产业转型升级为根本，在“稳”的前提下调结构、促转型，在“快”的基础上抓创新、促升级，全力构建低碳节约、结构优化的现代产业体系，推动经济绿色发展。同时，以生态品质提升为目标，以“263”专项行动为统领，全面打响治水、治气、治土三大攻坚战役。推广清洁能源，继续做好燃煤锅炉整治“回头看”，最大限度减少区域燃煤总量，并加快实施汽修、印刷、表面涂装等行业挥发性有机物专项整治行动，规范建筑工地扬尘污染防治，严格落实秸秆禁烧及综合利用，推进餐饮示范街区创建，规范餐饮业油烟、污水排放行为，着力解决群众身边的突出环境问题。实施水污染防治行动，加快各项整治工程扫尾验收，确保全面消除黑臭水体。推进排水达标区建设和老旧小区及企事业单位雨污分流改造，为区域水环境根本改善奠定基础。实施土壤污染防治行动，开展工农业用地普查，推进土壤污染修复试点，守住不发生土壤污染事故的底线。加强生态红线区域保护，重点强化青龙山—大连山水源涵养区和秦淮河洪水调蓄区保护工作，禁止除生态修复以外任何形式的开发，清除红线范围内违法违规建设项目，让生态红线成为开发建设的“高压线”。（宁　鉴）

2017年，省级特色田园乡村试点村——东山街道佘村经过修缮后，村庄面貌焕然一新。该村有600多年的历史，在修缮建设中保留了佘村悠久的历史文化底蕴及自然山水风光　区新闻中心　供稿

东山街道负责人名录

党工委书记　倪忠生
副 书 记　庞志贵（3月免）
　　陈炳晖（3月任）
　　纪华兵（3月免）
　　吕金明（3月任）
　　梁越民（11月任）
　　吴仁飞
　　陶君贤
　　郭开明
人大工委主任
　　周开定
副 主 任　周桂林（女，11月免）
办事处主任　庞志贵（3月免）
　　陈炳晖（3月任）
副 主 任　江良圣
　　潘家林
　　蒋万龙
　　丁　玲（女）
　　张远斌
　　周跃平
　　王纪荣
　　王孝来（12月任）
政协工委主任
　　纪华兵（3月免）
　　吕金明（3月任）

2017年东山街道社区基本情况表

表 43

社区	户数（户）	人口（人）	耕地面积（公顷）	人均纯收入（元）	党（总）支部书记	社区委员会主任
章村	10600	37500	27	39950	张文才	杨金成
中前	6510	30980	5	39902	戴玉梅	易　伟
东山	10735	16763	2	39880	芮义伟	陈建俊
骆村	11398	28497	—	39753	刘　宁	梅明霞
岔路	6880	18121	—	37833	王红旗	倪立浩
邵圣	7118	18297	—	37586	刘　云	李启东
龙西	890	2479	—	37825	吴仁飞	周　斌
晓里	11782	35215	—	30476	孙健梅	魏　韦
外港	4348	14000	—	39000	王东有	高兢兢
佘村	589	2170	126	32355	程　静	王长贵
上坊	1892	6870	16	37070	王　铸	陈明国
泥塘	3110	8025	—	37060	陈　燕	—
永安	680	2672	5	33315	朱隆友	许　鹏
大里	922	3335	—	32665	吴星国	周　勇
高桥	1018	4086	68	33290	谢　成	朱存良
天云	1047	2445	—	30000	熊康生	吴乐乐

2017年东山街道主要经济社会指标表

表 44

指　标	单　位	数　值	比 2016 年（±%）
年末总户数	户	64994	2.50
年末总人口（户籍人口）	人	180838	3.53
人口出生率	‰	16.92	11.33
人口自然增长率	‰	13.16	6.82

续表

指 标	单 位	数 值	比 2016 年（±%）
耕地面积	公顷	249	-80.72
地区生产总值	万元	2232441	11.39
规模企业工业总产值	万元	1078596	7.25
公共财政预算收入	万元	212780	2.60
固定资产投资	万元	847160	5.81
其中：工业投资	万元	290035	-0.08
实际利用外资及港澳台资	万美元	1200	-17.42
年末企业数	家	14172	194.57
企业从业人员	人	155471	53.78
农民人均纯收入	元	36710	13.00
各类科技人员	人	3720	3.33
中小学校	所	17	—
公共体育设施面积	平方米	515170	0.42
公共文化设施面积	平方米	30800	14.07
互联网上网用户	户	71174	5.00
参加农村养老保险	人	2100	1.11
参加农村新型合作医疗	人	40703	5.26
城镇建成区面积	公顷	476	—
城镇建成区绿化面积	公顷	90	4.65
城镇建成区总人口	人	26516	4.34
集贸市场成交额	万元	8900000	95.03

（窦竞超　魏加贝）

秣陵街道

概　况　秣陵街道地处江宁区中部，南靠禄口机场，北临南京南站，多条主干道和高速公路纵横交错，3条地铁线穿境而过。该街道由秣陵、百家湖、东善桥三大片区构成，区域面积182平方公里，辖21个社区、4个村，户籍人口20.2万人。2017年，秣陵街道紧扣区委、区政府提出的“五个工作主抓手”和“十项行动计划”，攻坚克难，奋发有为，各项工作取得新成绩。全年完成地区生产总值106.1亿元，一般财政预算收入10.9亿元，规模以上工业总产值118.5亿元，分别比2016年增长9.24%、0.84%和12.8%。是年，秣陵街道获南京市江宁区机关作风建设“人民满意街道”称号。

重大产业项目建设　2017年，秣陵街道确定重大产业项目17个，其中实施类项目10个，完成投入12亿元。东南鼎智、海晟建设、健飞汽车、国网电瑞4个项目主体竣工，秦淮之源项目主体封顶，流美电器项目加快主体建设，华东钢管、浩瀚建设2个项目推进基础建设，苏世博、音飞储存2个技术改造项目设备到位并投产。

产业园区转型　2017年，秣陵街道将产业园区转型作为增强发展后劲的重要抓手，推动产业升级，创新发展。秣陵九车间累计签约入驻企业41家，签约面积2万平方米。利用园区载体，打造企业家沙龙，为辖区企业搭建交流合作平台，拓展企业外部资源和内部交流圈，促进企业稳健发展。持续加大J6软件创意园再转型力度，新引进置换企业10家，累计引进各类科技文化类企业200余家，全年实现税收1500万元，增长25%。同时，依托园区新设立的江宁文化产业联合会，着重引进文创类企业，在园区内打造文化产业企业集聚区域。

科技创新　2017年，秣陵街道实现全社会研发经费支出2.2亿元，是计划的110%。全年新增高新技术企业10家，新认定省民营科技企业15家，完成高新技术产业产值75.8亿元。专利申请量895件，专利授权量373件；发明专利申请量368件，发明专利授权量51件。新增知识产权贯标备案企业4家，完成创新型街道建设。瞄准产业“高精尖”人才、行业领军人才，结合主导产业定位择才而引、选才而用。引进获得美国宾夕法尼亚大学博士学位的海归精英在内的各类高层次人才8人，其中，中科院院士1人，“创业南京”人才计划2人，“创聚江宁”人才计划5人。一批人才企业渡过研发孵化期，迈入高速成长期，人才企业南京绿索电子科技有限公司入围第六届中国创新创业大赛全国总决赛，并获评优秀企业。

城乡建设　2017年，秣陵街道结合“10+1”专项行动，对故治路等4条背街小巷进行整治，并实施长效管理，凤仪街亮化工程改造完成。完成吉山1.5公里农路提档升级以及建东、凤凰危桥改造。10家农贸市场进行升级改造，太平农贸市场、金宝河定桥农贸市场、托乐嘉农贸市场等8家农贸市场成为示范型农贸市场。全面实施老旧小区出新，整治出新面积7.56万平方米。实施公厕改革，16座公厕全部升至二类标准，11座公厕实行市场化保洁管理。加强停车秩序管理，建成1处机动车停车示范点和6处非机动车停车示范点。加大违建拆除力度，累计拆除违建384处、8458平方米。新增5家垃圾分类示范小区，垃圾分类率80%。

生态环境保护　2017年，秣陵街道高标准实施“263”专项行动，削减落后产能，关停整治铸造企业3家、化工企业1家。规模企业综合能源消耗25455吨标准煤，单位能耗下降8.48%。加强水污染防治，完成6个居住片区和5家企事业单位排水达标区建设，新建污水主次干管12.19公里。实施8条黑臭河道整治工程，累计清淤11万立方米。推进农业面源污染整治，清理捕捞养殖户47户，关停养殖场46家。严格大气质量管控，整治挥发性有机废气企业46家，整改率100%。“关停一批”的39个项目已搬迁或长期停产，“整改一批”的167个项目完成整改。

综合行政执法改革　2017年，秣陵街道成立综合行政执法检查大队，下辖3个职能科室、4个检查执法中队、2个专项中队，第一批承接行政检查事项1415项。综合行政执法检查大队成立后，组织巡察1700余次，开展城管、市场监管、交通运输等各项执法700余次，有效提升了城市管理能力。

乡伴苏家二期工程建成　2017年，秣陵街道完成苏家文创小镇乡伴苏家项目二期建设，建成虎创三间、绿乐园、原舍平湖、皮划艇俱乐部、垂钓中心、手工工作室（大予）等项目。新引进21个项目，其中民宿项目10个，餐饮项目1个，文创旗舰商店、圃舍、原舍等12个项目投入经营，其中民宿项目2个。至年末，小镇接待观光、住宿、休闲旅游等各类游客10万人次。

观音殿村成为省特色田园乡村试点 8月，秣陵街道元山社区观音殿村在69个候选名单中脱颖而出，被确定为江苏省首批特色田园乡村试点村。观音殿特色田园乡村已基本完成一期基础建设。同时通过文创大赛、两岸大咖思享会、非遗民俗市集等大型活动，进一步提升知名度，发掘一批可根植于乡村的文创项目。采取村民自主创业、合作创业等形式，建成台湾薰衣草森林香草铺子、三吉沙画、窝泊旅泡泡窝等15家民俗文创业态，累计接待游客5万人次，带动当地村民就业50人。12月2—3日，由江宁区人民政府主办、苏家文创小镇观音殿承办的“艺术创享·绘梦田园”国际沙画创意大赛在观音殿村举行。此次大赛分为少儿组、成人组，创作素材以江宁特色田园乡村为主题，以秣陵观音殿为主体，串联江宁特色田园乡村西部片区的乡伴苏家、黄龙岘金陵茶文化村、云水涧文化展示中心、公塘头，旨在通过沙画这一艺术形式展现不一样的田园风情。是年，观音殿特色田园乡村获2017中国最美村镇宜居奖。

民生实事工程 2017年，秣陵街道社会民生支出占财政支出的近70%，城乡低保、五保政策得到有效落实，保障水平提高。临时救助覆盖面逐步扩大，合作医疗参保基本实现全覆盖。3万余套安置房不动产权证（含开发区项目）发放，牛首山遗址公园东善桥拆迁安置房基本建成。提供就业岗位8000余个，新增城镇就业7900余人次，实现再就业3900余人次，完成年度脱贫任务。秣陵小学综合楼等一批民生工程开始实施，举办2017年南京市长三角石锁表演赛等一系列大型文化体育活动。

“双百”行动 2017年，秣陵街道将“双百”行动作为维护社会稳定的重要抓手，在信访稳定方面，建立联合排查调处机制，累计调解社会矛盾1500余件。做好群众信访工作，回复群众来信225件，办结群众来访270批次，化解交办积案15件。在安全生产方面，建立安全生产监管对象底数清单，明确各类监管对象6500余个，累计整改安全隐患1300余处。同时，创新工作方式，实施检查外包全托底，由第三方专业服务机构每季度定期检查一次、复查一次，并根据检查情况，将企业划分为A、B、C、D4个等级，对风险等级高的企业实施重点监管。

2017年，秣陵街道以创建文明城市为契机，为老旧小区增设门禁系统和改造停车位，为居民生活提供便利　　钱　然　摄

社会建设 2017年，秣陵街道立足三大类型社区板块共存、居民住宅小区层次分明、城市化进程加快、商业综合体增多以及多元人口结构等实际，梳理社会、人口及组织结构变动引发的社会治理压力，坚持问题导向，以群众需求为突破口，突出党建在治理理念、运行机制、服务模式、资源协调等社会建设中的引领作用，创新实施党建引领社建工程，建成睦邻·东善桥党群服务中心，引入3家社会组织，设置数十个不同功能的服务板块，辐射周边7个村（社区）、2万多名居民；建成秦淮托乐嘉、胜太金王府、太平睦邻湖滨世纪等24个小区党群服务站，服务管理居民10余万人。

红色物业 2017年，秣陵街道以党建引领物业管理，发挥基层党组织的模范引领作用，成立红色物业——南京睦邻物业管理有限公司，并设立睦邻物业党支部。南京睦邻物业管理有限公司依靠基层党组织、党员力量，强化红色引领、红色阵地、红色文化、红色细胞、红色基因、红色头雁、红色旋风，推动基层党建+社建的双向联动，坚持党建引领的核心地位，不断完善物业管理的层次与水平。南京睦邻物业管理有限公司还建立法律专家顾问团制度，聘请物业管理专家、法律顾问参与物业管理。

（徐　周）

秣陵街道负责人名录

党工委书记　焦珍山
副　书　记　许世新（3 月免）
　　　　　　鲁志全（3 月任）
　　　　　　王国庆（12 月免）
　　　　　　丁　雪（3 月免）
　　　　　　王胜华（女，11 月任）
　　　　　　王　敏
　　　　　　陶杰东（12 月任）
　　　　　　史成辉（挂职）
人大工委主任
　　　　　　伍克平
副　主　任　俞夕忠
办事处主任　许世新（3 月免）
　　　　　　鲁志全（3 月任）
副　主　任　皮立保（12 月免）
　　　　　　曹显东
　　　　　　周丽霞（女）
　　　　　　陈　海（12 月免）
　　　　　　王建军（12 月任）
　　　　　　王　强
　　　　　　陈娟娟（女，6 月任）
　　　　　　孙　兵（6 月任）
　　　　　　常　楠（女，12 月免）
政协工委主任
　　　　　　王国庆（11 月免）
　　　　　　王胜华（女，11 月任）

2017年秣陵街道村（社区）基本情况表

表 45

村（社区）	户数（户）	人口（人）	耕地面积（公顷）	人均纯收入（元）	党（总）支部书记	村（社区）委会主任
胜太	2536	6848	1	32060	唐良军	许松贵
湖滨	1856	5104	—	37282	王祥富	邵家斌
太平	1380	3384	34	36678	李金平	岳红伟
秦淮	741	2016	—	38958	张　惠	张　惠
牛首	603	1145	40	36862	马万发	—
长山	321	523	67	36438	罗忠星	孟金强
殷巷	2665	6130	59	33353	殷德江	蔡道永
下墟	426	1034	92	35487	樊　志	刘业军
东南	712	1398	119	31399	高　尚	牛周保
青源	1454	4217	20	32306	石元荣	张家志
西旺	1711	4350	206	39949	贡春广	俞祖建
东旺	1608	4229	164	33803	崔吉安	—
双金	2342	5548	313	34690	袁恭荣	王纪峰
建东	1356	3028	262	30530	陶　飞	张　燕

续表

村（社区）	户数（户）	人口（人）	耕地面积（公顷）	人均纯收入（元）	党（总）支部书记	村（社区）委会主任
家园	1471	4777	261	31165	周书生	赵　云
凤凰	2352	5314	439	29848	陶宏亮	张桂兵
火炬	1100	3105	250	30656	高吉晓	王德俊
周里	1250	3840	256	32893	马　钢	杨赠赠
胜家桥	700	1704	198	32649	林长青	林长青
祖堂	600	1900	247	32155	江　雷	端木和健
霞辉庙	1411	3708	363	35558	王兴龙	王兴龙
童前	1253	3189	172	32071	刘　明	胡良俊
元山	1352	3487	313	31659	姚应保	—
吉山	1349	3395	316	31388	余志兵	胡宗立
东善桥	1656	3656	66	30716	金永兵	周志兵

2017年秣陵街道主要经济社会指标表

表 46

指　标	单　位	数　值	比 2016 年（±%）
年末总户数	户	77409	18.50
年末总人口（户籍人口）	人	202482	10.70
人口出生率	‰	24.73	19.00
人口自然增长率	‰	20.63	22.00
耕地面积	公顷	1453	—
地区生产总值	万元	1061227	9.24

续表

指 标	单 位	数 值	比 2016 年（±%）
规模企业工业总产值	万元	1184982	12.80
公共财政预算收入	万元	108515	0.84
固定资产投资	万元	411746	7.40
其中：工业投资	万元	321059	0.30
实际利用外资及港澳台资	万美元	409	—
年末企业数	家	7571	20.00
企业从业人员	人	136620	19.00
农民人均纯收入	元	32060	13.00
各类科技人员	人	3980	5.00
中小学校	所	20	10.00
公共体育设施面积	平方米	28000	—
公共文化设施面积	平方米	660000	—
互联网上网用户	户	77409	5.00
参加农村养老保险	人	2385	−16.90
参加农村新型合作医疗	人	51563	4.90
城镇建成区面积	公顷	626	—
城镇建成区绿化面积	公顷	83	3.00
城镇建成区总人口	人	29285	1.00
集贸市场成交额	万元	106200	2.10

（徐 周）

汤山街道

概　况　汤山是江南古镇、中国历史文化名城（镇）、著名的温泉之乡，是南京的东大门，与镇江句容市交接。辖区面积170平方公里，辖8个社区、8个村，户籍人口6.54万人。汤山因“帝王温泉”“史前溶洞”和“绝世碑材”而闻名，区域内山、水、泉、林、洞、碑、寺、塔相依相融，远古文化、六朝文化、明文化以及民国文化传承有序。拥有安基湖、汤泉湖和6670公顷大山等丰富的山水资源，森林覆盖率41.5%，被誉为南京东郊的避暑胜地。2017年，汤山街道坚持稳中求进工作总基调，立足实际、整合资源、强化特色，围绕“四个全面”战略部署，践行“五大发展理念”，敢立敢为、攻坚克难，完成各项目标任务。全年完成地区生产总值54.21亿元，比2016年增长11.8%；全社会固定资产投资66.42亿元，增长13.44%；一般公共预算收入3.3亿元，增长65%。是年，汤山街道获2017年度南京市郊区街镇分类考核现代服务业主导型综合一等奖。

文化产业发展　2017年，汤山街道联合汤山旅游度假区重点推进苏豪健康养老产业园、紫清湖旅游综合体二期等旗舰型项目，建成汤山沙滩体育公园、金乌温泉公园，举办第九届汤山温泉文化旅游季、顶级沙滩排球赛、马术公开赛等，汤山文化休旅产业特色内涵不断丰富。签约圆核文化旅游项目、中青旅小镇客厅项目等9个特色项目，总投资162亿元。

生态环境建设　2017年，汤山街道加大资源开采、环境污染项目整治力度，关停整治水泥砖瓦生产企业11家、化工企业7家、畜禽养殖场所35家，从源头上遏制现有产业造成的环境污染和生态破坏。组织开展水、大气、土壤三大环境治理行动，实施3条黑臭河流整治、98座农村河塘疏浚清理等工程，整治规范13个废品回收点、22个农业设施。坚持严守生态红线，重点落实安基山水源涵养区保护，完成2个地质环境综合治理项目。

社会建设　2017年，汤山街道全面推进“全国农村社区建设示范区”创建工作，在全区率先试点综合行政执法体制改革和全要素网格治理。成立汤山综合行政检查执法大队，高标准建成全要素网格服务管理中心，“天眼”社会面监控实现全覆盖。深入开展社会矛盾和安全隐患大排查大整治，“扫雷”行动、“双百”行动成效显著，出租房屋安全隐患集中整治扎实推进，社会稳定形势持续向好。

民生福祉改善　2017年，汤山街道同步实施汤山、上峰老集镇改造提升工程，推进11.4万平方米路西万安村棚户区改造、S002改扩建汤山段拆迁工程。建成交付上峰中学，启动汤山中学校安工程、汤山第二幼儿园、汤山第二小学建设。推进精准扶贫脱贫工作，完成325户低收入农户、4个欠发达村脱贫任务，率先完成土地确权登记、安置房不动产权证办理发放工作。

党的建设　2017年，汤山街道坚持发挥党建引领作用，学习宣传贯彻中共十九大精神，扎实推进“两学一做”学习教育常态化制度化，全覆盖开展党员干部“大走访”活动，打造党群服务中心、党群微家等特色品牌，古泉社区获评“全国文明村”。探索实践园街一体化发展，持续深化干部作风效能建设，党组织凝聚力增强。是年，汤山街道获“南京市作风建设标兵街道”称号。

（吴泉修　刘冠雅）

省中医院分院落户汤山　1月，江苏省卫生和计划生育委员会与苏豪控股集团签订战略合作框架协议，江苏省中医院分院落户汤山。江苏省中医院汤山分院位于汤山旅游度假区核心地段，项目占地3公顷，建成后的医院拥有400个床位，包含门急诊、医技、住院、保健、康复、理疗，以及办公、教学、科研等功能，重点打造老年康复、慢性病康复等特色，以满足苏豪健康养老产业园入住老年人及汤山居民的医疗、康复需要。

孟墓乡贤会成立　8月28日，汤山街道孟墓社区乡贤会成立。在第一次大会上，该社区24名乡贤会会员自筹40万元设立乡贤基金，用于对各类困难家庭及弱势群体的帮扶救助和对在校学生的奖助学金。孟墓乡贤会通过组织推荐、群众推荐、自荐方式选举产生24名成员，由该村党员、居民代表、离退休干部、退休老教师、德高望重的老人或热心公益事业的企业家组成。会上，社区用乡贤基金分别向优秀学生和困难学生发放奖学金、助学金，社区所有在校中小学生还领到购书卡，受益学生近300人。

全省首个乡村化石科普体验馆亮相湖山　10月，占地200平方米的湖山化石科普体验馆在汤山街道湖山社区开馆。该馆系全省首个乡村化石科普体验馆。湖山地区地层出露较全而清楚，从古生代到中生代漫长的地质演化历史中，形成并保留较为完整的地质记录，构造样式典型，化石丰富，沉积岩类型多，历史上是中国著名的基础地质教学基地之一。湖山社区依托自然资源，将圣村一处老屋进行改造，并对周围环境加以整治，新建停车场、公共厕所等设施，广泛搜集相关化石资源，成立湖山化石馆。湖山化石馆结合当地丰富的人文和自然资源，向市民展出雨花石、琥珀、菊石、鹿角、苏铁杉等100余种化石品种，现场许多石块均形成于3.6亿年前的泥盆纪。

12月，汤山圆核文化主题乐园上演的《CAVALIA·舞马》，为群众献上丰盛的文化大餐　　李　宁　摄

汤山民宿行业商会成立　12月，全省首家基层民宿行业商会在汤山街道成立，该街道33家会员企业代表出席会议，选举产生首届商会领导班子。汤山现有民宿酒店31家，另有多家在建，民宿规模不断扩大，已逐渐形成民宿集群效应。商会成立后，将引导汤山民宿企业在有序的轨道上健康发展，发挥民宿集群效应，打造一张汤山世界温泉小镇的精品民宿名片。

孟墓获评“全国特色民俗村”　12月，农业部公布中国美丽休闲乡村名单，汤山街道孟墓社区成为全市唯一上榜的美丽乡村，获评“全国特色民俗村”。位于汤山西南面的孟墓社区依托当地民俗和历史文化内涵，打造豆腐坊、酱坊、油坊、粉丝坊等8个传统手工作坊，应时应节举办油菜花节、向日葵文化节、磨豆腐等各类民俗文化体验活动，开拓6.67公顷的连片特色农业景观项目“四季花海挂果香”，华东地区最大的婚庆产业园东郊牧歌东方伊甸园落户并对外营业。2016年，孟墓社区接待游客量40万人次，旅游及相关收入3500多万元，村民人均收入提高到4.69万元。社区先后获国家级生态村、江苏省社会主义新农村建设示范村、南京市水美乡村等称号。

全国耕地保护工作会议视察汤山　11月13日，国土资源部副部长曹卫星率参加全国耕地保护工作会议的与会人员到汤山街道阜庄社区，参观考察生态型高标准农田示范点建设项目。副市长华静，区委常委、副区长张会祺参加活动。曹卫星一行详细了解全区土地综合整治的基本情况及耕地保护长效管理机制和生态型高标准农田项目等有关情况。汤山街道阜庄社区运用“土地整治＋生态”的理念，通过开展土地综合整治，对项目区内田、水、路、林等进行综合整治改造，耕地质量等级平均提升至四等，同时按高标准农田建设标准形成格条成方的稻田，亩均收益比一般稻田增加4倍，实现推动高效农业、改善生态环境、富民增收的“1+N”综合效应。《人民日报》、新华社、《光明日报》、《经济日报》等中央媒体到汤山，对当地生态型高标准农田示范点建设项目区进行专题采访。　（宁　鉴）

汤山街道负责人名录

党工委书记	缪秀梅（女，3月免）
	俞旭东（3月任）
副书记	刘广富
	江　峰（11月免）
	戎云宝
	朱长云（女，5月免）
	汪　强（5月任）
	陈善超（12月任）
人大工委主任	吴学松
副主任	兰慧荣（5月免）
	皇甫润生（11月免）
	谌翠红（女，5月任）
办事处主任	刘广富
副主任	江　峰（12月免）
	李　宁
	侯兴满
	叶　强（6月免）
	王　静（6月免）
	陈治明
	郝明亮
	曾　蓉（女，6月任）
	兰慧荣（6月任）
政协工委主任	戎云宝（11月任）

2017年汤山街道村（社区）基本情况表

表 47

村（社区）	户数（户）	人口（人）	耕地面积（公顷）	人均纯收入（元）	党（总）支部书记	村（社区）委会主任
汤山	3305	11557	—	31049	庄明祥	侯锦伟
湖山	584	2037	130	27810	艾钱云	戴国胜
孟塘	838	2554	138	42996	周传庆	周传庆
青林	1283	3407	137	55524	庄　伟	闻相跃
古泉	1236	3552	121	46891	桑海林	—
作厂	2120	5300	111	40195	潘建华	陈　军
龙尚	1180	3120	212	34090	孔石峰	—
建设	921	2785	80	31034	梁功伟	张　松
路西	880	2654	57	34292	王金广	芮一非
高庄	2157	5499	281	28847	庞志平	徐毛毛
上峰	1858	4816	340	39619	时文通	雷广胜
鹤龄	1270	3358	242	30513	周大海	孙发强
孟墓	1439	4144	227	46859	陆　瑶	—
阜庄	1403	3708	248	30058	沈　荣	陈　义
宁西	905	2290	182	28541	胡　腾	张文相
阜东	1134	3565	299	31234	黄福生	冯　敏

2017年汤山街道主要经济社会指标表

表 48

指　标	单　位	数　值	比 2016 年（±%）
年末总户数	户	25606	0.18
年末总人口（户籍人口）	人	65408	0.08

续表

指　标	单　位	数　值	比 2016 年（±%）
人口出生率	‰	12.48	-0.20
人口自然增长率	‰	5.61	0.70
耕地面积	公顷	2805	2.00
地区生产总值	万元	542143	11.80
规模企业工业总产值	万元	282411	10.09
公共财政预算收入	万元	32951	65.00
固定资产投资	万元	664188	13.44
其中：工业投资	万元	251985	-4.5
实际利用外资及港澳台资	万美元	1200	22.00
年末企业数	家	2259	—
企业从业人员	人	38240	17.00
农民人均纯收入	元	36944	17.00
各类科技人员	人	342	—
中小学校	所	4	—
公共体育设施面积	平方米	39200	3.20
公共文化设施面积	平方米	12343	3.90
互联网上网用户	户	16736	4.60
参加农村养老保险	人	8720	—
参加农村新型合作医疗	人	34261	-0.76
城镇建成区面积	公顷	940	—
城镇建成区绿化面积	公顷	250	8.60
城镇建成区总人口	人	54176	1.03
集贸市场成交额	万元	9880	—

（吴泉修　刘冠雅）

淳化街道

概　况　淳化街道位于江宁区东部，东接镇江句容市，南连湖熟街道，西临东山副城，北与汤山街道接壤。辖区面积198平方公里，下辖30个村（社区），户籍人口18.19万人，常住人口28.1万人。2017年，淳化街道围绕全年目标任务，坚持开拓思路促转型、攻难点、抓落实，各项工作取得新进展。全年完成地区生产总值59.83亿元，比2016年增长6.1%。其中，第一产业7.6亿元，增长3.7%；第二产业29.9亿元，增长7.5%；第三产业22.3亿元，增长12.6%。全社会固定资产投入29.2亿元，增长82.4%。规模以上企业工业总产值27.6亿元，增长21%；规模以上工业销售收入25.9亿元，增长18.3%。一般公共财政预算收入2.96亿元，增长3%。农民人均纯收入34750元，增长15.1%。实际利用外资及港澳台资300万美元，外贸出口2亿元。

党风廉政建设　2017年，淳化街道制定党建工作重点和村（社区）党建工作任务，明确各单位一把手为党风廉政建设第一责任人，推动党风廉政建设责任制传导至基层“神经末梢”。制定责任清单，明确各党政领导具体责任，并与30个村（社区）签订党风廉政建设责任书。围绕中心工作、攻坚难点和重要工作部署加强督查，尤其在防汛期间，安排专人夜间督查，确保防汛人员到岗到位。围绕机关作风建设，紧盯“四风”问题，开展办公用房、公车改革、食堂宾馆化、违规吃请和公款吃喝等专项整治。通过四大专项行动，下发督查简报18期，对12人进行问责处理；组织开展自查和扶贫领域专项监督检查“回头看”，提醒谈话12人。全年受理群众信访举报34件，做到件件有落实，事事有回音。

重点产业项目建设　2017年，淳化街道有序推进神克隆、康特、中联、中钞、兴达乐5个重大产业项目建设，并取得进展。南京三超新材料股份有限公司于4月21日成功上市创业板，茶岗和大学城社区创成“电子商务示范服务中心”。办理8个遗留项目的土地证手续，其中好龙电子、翰易机械、恒业包装、科正液压、平洁环保、三辉机电等6家企业取得土地证，宁供紫金和恒达动力已缴纳土地出让金，待挂牌出让。借助区行政服务中心模拟审批平台，将8个项目纳入模拟审批平台办理。

现代农业发展　2017年，淳化街道继续推进农业供给侧结构性改革，新建集育秧、烘干、仓储、机库及农业综合服务五大功能于一体的现代农业公共服务中心，实现农业全程机械化。加快733.3公顷高标准良田建设，推广水稻生产新技术（机插秧技术、旱育稀植技术和秸秆还田技术）。特色农产品电子商务销量稳步增长，建成全市江南片区唯一的电子商务园区。省重点水利项目句容河除险加固工程通过验收，秦淮河洋桥段、汤水河龙王庙段、汤水河西城圩等消险加固工程全部在汛期前完成，确保安全度汛。

乡村旅游　2017年，淳化街道新增舟渔寨农业文化观光园和陌上花房多肉园艺馆2个旅游景点，马场山民宿村通过南京市验收，成为全市首批民宿村。鑫淼龙锦园、舟渔寨获全国休闲渔业基地称号；景业百果园被评为江苏省四星级乡村旅游区；马场山景区获评江苏省诚信旅游示范单位、南京市十大特色乡村，获2017网友喜欢的民宿村银奖，并入选江苏省特色景观旅游名村名录；田园客栈、柜族部落2家民宿获“南京十佳民宿”称号；滨淮社区成为江宁区首批全域旅游示范社区。是年，淳化街道乡村旅游产业吸引游客162.5万人次，实现旅游综合收入12.8亿元，比2016年分别增长17.66%和12.28%。

美丽乡村建设　2017年，淳化街道按照美丽乡村建设总体要求和江宁“一区四片”框架，紧扣淳化中部美丽乡村建设定位，重点打造以青龙组团和马场山组团为代表、以现代农业为特色的水乡田园乡村，逐渐形成功能完善、集聚效应明显的核心模块。通过拆除披棚危房，新建文化活动室，改建农户房屋、门头、庭院，新建停车场，更换老旧管道，拓宽进村道路，新建公厕，河塘清淤，架设景观路灯等措施，建设青龙东龙、青龙西龙、柏墅陈家庄、田园苏庄、茶岗花一、周郎吴家墩6个示范村，完成5个重点村和16个一般村建设，改善村容村貌和村民生活环境。

环境综合整治　2017年，淳化街道年初确定的11项29个整治任务全部完成，并通过验收。其中，关停整治砖瓦、化工及铸造企业24家，取缔畜禽养殖场89户，清理围网养殖渔船58艘。加强汤水河等重要水体保护，整治沿线养殖场、氮磷排放企业10家，清淤河道2公里。完成10个自然村连片整治，综合整治2条黑臭河，建成6个小区、16家企事业单位排水达标区。铺设雨污管网6公里，升级农路5条、13.8公里，改造二类标准公厕5座，拆除各类违建200处、1万平方米，农村垃圾分类处理获市级认可。

城乡建设与管理　2017年，淳化街道实施城乡建设项目14个、市容管理项目15个。投入5000万元，改造4个老旧小区共29.41万平方米，包括雨污分流、停车位改造、外墙面出新、绿化提升等，其中时代雅居小区出新工程被评为区“示范工程”。新建市民公园3个，完成农贸市场改造，5座集镇公厕改造升级。投入200万元，建成数字城管二级平台并试运行；东月桥路创成市级城市管理示范路，桂园南路打造成“特色街”。投入1000万元，推行垃圾密闭收集运输，引进科技除癣设备，升级2座垃圾中转站，新建马场山厨余垃圾生化发酵处理设施，新增东渡青年城等垃圾分类小区5个。开展“积分换物”示范活动，市容市貌精细化管理水平进一步提升。

淳化新市镇建设　2017年，淳化街道推进淳化“PPP模式”新市镇工程建设取得进展。至年底，项目PPP合同已签订，南京中交城市开发有限公司成立，取得立项批复，项目资本金到位，并完成项目的调查摸底、意见征询，《淳化新市镇房屋协议搬迁补偿实施方案（征求意见稿）》报区政府修改、审批完毕，计划2018年春启动。

弱势群体帮扶　2017年，淳化街道根据市、区统一要求，为243名残疾人发放居民养老保险补贴24.1万元，为147名残疾人发放灵活就业保险补贴18.5万元，为4名残疾学生申请江苏省高中和高等教育阶段教育专项补贴5000元，

10月25日，淳化街道青龙社区为庆祝第31个“老人节”，开展了丰富多彩的文艺表演。图为荡湖船表演　　淳化街道　供稿

为41名贫困残疾人家庭捐赠小家电，为200名残疾人办理免费乘车卡，向47名困难残疾人发放轮椅，为6名低视力者配用助视器。实施0～6岁残疾儿童康复工程救助21人，装配普及型假肢2例，“四进家庭”康复服务60人，实施无障碍改造16户。依托街道卫生服务中心，开展残疾人康复服务，为辖区内453名残疾人进行免费体检，完成700名残疾人精准康复调查摸底及系统录入。

就业保障　2017年，淳化街道科苑和大学城2个社区创建成为省级创业型社区。年内有195人成功创业，并带动827人就业，转移农村劳动力1783人次。为1655名城镇就业困难人员进行认定，办理就业困难人员社保补贴12188人次。办理城乡居民养老保险到龄领取563人，死亡退保431人，新增参保130人。开展失业人员和农村劳动力职业技能培训，其中育婴师（初级）培训360人、就业指导培训680人、SYB创业培训60人。受理劳动监察简易案件63件，涉及各类劳资纠纷89人次，涉及金额50万元。办理仲裁案件32件，其中7件撤诉，6件调解，15件裁决，涉案金额89万元。5—6月，开展社保登记证年检，涉及2205家企业（含高新园企业），审核通过1915家。

教育设施建设　2017年，淳化街道投入250万元，对8000米长临水及落差较大的校车行驶路段安装护栏，出新警示墩，部分路口增设提示社会车辆避让校车标识牌。投入1070万元，新扩建青山、青龙、民主等3所社区幼儿园。其中青龙、青山幼儿园建设工程已完成工程量的50%以上，民主幼儿园完成改造。启动淳化梅龙湖学校建设工程，完成设计、勘探的招投标等。年内，淳化第二幼儿园创建为“江苏省优质幼儿园”，淳化中学、土桥中心小学、淳化第二幼儿园被区教育局评为2017年度江宁区先进学校。

科技创新　2017年，淳化街道全社会研发经费支出3300万元，专利申请531件，其中发明专利162件，专利授权量250件，发明专利授权量23件。全年新增知识产权贯标备案企业1家，实施产学

研合作项目4项、重点科研项目12项，创业投资额250万元，实施“苏科贷”项目2项，科技服务业收入6000万元。新增高新技术企业1家，新认定省民营科技企业3家，企业建有研发机构7家，全年实现高新技术产业产值21.5亿元。（陶　静　王倩瑜）

便民服务中心投运　1月，淳化街道便民服务中心投入运行。该便民服务中心位于淳化街道梨树园路197号，对群众申请办理的各项事务实行“一站式管理，上下联动，全程服务”。宽敞明亮的办事大厅设置引导员以及自助饮水设备、自助终端叫号机等设备，LED屏上显示办事指南并滚动播放服务信息。中心将劳动保障、民政救助、合作医疗、残联服务、计划生育、司法咨询等部门业务纳入便民服务大厅集中管理，为市民提供98个服务事项。卫生服务站、文体中心、党群服务中心、社区和老年教育学校、社会公益组织等部门也陆续入驻。中心设置4个全科窗口、3个合作医疗窗口、1个司法窗口和1个志愿服务窗口，全科窗口推行“一人多岗、一岗多能”的全科服务模式，群众办事即来即办，不再需要挨个窗口轮流转，认准一个窗口即可。

全区首家农业电商产业园开园　5月23日，位于淳化街道青龙社区的南京（江宁）农业电商产业园开园。当天的推介会上，35家农业企业现场签订入驻协议。该产业园是全区首家农业电商产业园，按照“企业主体、政府推动、市场运作、合作共赢”的原则，一方面通过引进知名电商运营团队，打造具有影响力的商务平台；另一方面通过建设电商孵化基地体系，提供一系列专业综合电商服务，开发新的电商平台、孵化电商企业，构建政策扶持、人才培训、平台服务、孵化培育、公共物流等一体化的服务模块，有效补充电子商务生态链，打造江宁农副产品品牌。园区建设面积6000平方米，可容纳40余家电商企业，涵盖商务办公、人才服务、培训、会议服务、金融服务等中心，配有多媒体商务会议室、创业孵化基地、农业产品展示大厅等，是一个集办公、仓储、物流、线下展示及其他配套服务于一体的综合性园区。

第13届南京农业嘉年华江宁分会场　9月29日，第13届中国·南京农业嘉年华江宁分会场暨首届南京“醉”美龙鱼水乡和特色农业电商游乐节活动，在位于淳化街道的南京（江宁）农业电商产业园开幕。在农产品展销厅，不仅有江宁当地农产品，还有新疆特克斯、陕西洛南等地的特色农产品。该届农业嘉年华江宁分会场活动持续至11月12日，历时45天。同时开启的首届南京“醉”美龙鱼水乡和特色农业电商游乐节活动，每周策划不同主题和内容的活动，包括特色风情嘉年华，鱼趣、蟹香、金秋农产品品鉴会，有机生活，绿色品鉴——生态农产品嘉年华以及“双十一”电商产品满减等，每个主题活动各具特色，给游客以不同体验。活动期间，园区内风情美食节、欢乐儿童世界、小小农科院等常态活动也持续开展。

（宁　鉴）

淳化街道负责人名录

党工委书记　俞有兵（3月任）
副　书　记　王伟军
　　　　　　李善岭
　　　　　　王学军
　　　　　　曹明圣
　　　　　　张春雨（5月任）
人大工委主任
　　　　　　高运富
副　主　任　史昌才
办事处主任　王伟军
副　主　任　张春雨（5月任）
　　　　　　谢　清
　　　　　　秦　挺（5月免）
　　　　　　何　勇（5月免）
　　　　　　马明兰（女）
　　　　　　高吉友（2月任）
　　　　　　陈善超（12月免）
　　　　　　张兴成
　　　　　　陈　海（2月任）
政协工委主任
　　　　　　李善岭

2017年淳化街道村（社区）基本情况表

表49

村（社区）	户数（户）	人口（人）	耕地面积（公顷）	人均纯收入（元）	党（总）支部书记	村（社区）委会主任
淳化	3526	8634	80	34503	陈荣胜	宫克勇
青龙	1123	3518	291	34714	张映怀	王春林

续表

村（社区）	户数（户）	人口（人）	耕地面积（公顷）	人均纯收入（元）	党（总）支部书记	村（社区）委会主任
青山	1342	4006	305	34445	刘金萍	刘金萍
索墅	1167	3324	281	34350	张德祥	李　龙
吴墅	963	3005	296	34641	周如海	梁民强
田园	779	2641	228	33366	陈　亮	李　勃
双岗	993	3315	224	33042	李顺平	李　杰
土桥	1167	4008	84	34046	周建国	张　军
新兴	1325	4232	334	33329	蔡正明	王巧生
周郎	779	2517	225	33467	许杭杭	许杭杭
滨淮	893	2869	260	33211	许信圣	许信圣
民主	1199	3817	516	30438	吴春月	王本辉
周子	902	3029	292	32214	孙孝渊	陶敬富
西埠	976	2505	234	32014	李晓康	—
西城	1197	4132	449	33395	王　伟	许定贵
柏墅	921	2533	190	33337	翁冬祥	翁冬祥
茶岗	862	3124	244	34440	赵　冬	笪　进
横岭	2867	8742	—	40801	姚　为	张昌龙
杨村	2441	7120	—	34996	严广忠	齐　平
方山	2576	7568	—	35349	徐颂波	李正勇
成山	3407	11047	—	—	易兴华	王有军
桥头	3954	10349	—	—	王　澄	王　军
陵里	5713	17322	—	35620	朱晓晨	侯本俊
王墅	2791	9468	—	41525	孔祥宝	王以前
永宁	910	11324	—	35697	周彩培	王维生
解溪	1437	3729	—	34991	赵业宝	吕荣宏

续表

村（社区）	户数（户）	人口（人）	耕地面积（公顷）	人均纯收入（元）	党（总）支部书记	村（社区）委会主任
新华	568	1803	—	34641	李存祥	宫　明
科苑	7938	26367	—	—	祁　杰	张　俊
新林	541	1912	209	34440	齐　林	李顺兵
大学城	—	—	—	—	杨　胜	—

2017年淳化街道主要经济社会指标表

表 50

指　标	单　位	数　值	比 2016 年（±%）
年末总户数	户	60460	0.40
年末总人口（户籍人口）	人	181857	7.24
人口出生率	‰	20.13	17.49
人口自然增长率	‰	15.13	14.08
耕地面积	公顷	4743	—
地区生产总值	万元	598312	6.08
规模企业工业总产值	万元	275555	21.02
一般财政预算收入	万元	29607	3.02
固定资产投资	万元	291927	82.37
其中：工业投资	万元	60000	−0.56
实际利用外资及港澳台资	万美元	300	7.14
年末企业数	家	2074	12.35
企业从业人员	人	92658	2.39
农民人均纯收入	元	34750	15.06

续表

指　标	单　位	数　值	比 2016 年（±%）
各类科技人员	人	4621	5.57
中小学校	所	4	—
公共体育设施面积	平方米	4750	3.26
公共文化设施面积	平方米	3560	11.25
互联网上网用户	户	68320	9.71
参加农村养老保险	人	48257	−3.53
参加农村新型合作医疗	人	38671	−9.53
城镇建成区面积	公顷	650	—
城镇建成区绿化面积	公顷	294	5.24
城镇建成区总人口	人	42234	10.11
集贸市场成交额	万元	686180	14.63

（陶　静　王倩瑜）

禄口街道

概　况　禄口街道位于江宁区南部，南与溧水区接壤，东与湖熟、北与秣陵、西与横溪街道相邻，为南京禄口国际机场所在地、南京空港经济枢纽区核心区域。区域总面积165平方公里，下辖30个村（社区），户籍人口9.04万人。禄口街道环境优美，自然资源丰富，历史人文底蕴深厚。交通便捷，路网发达，S1轻轨、S9轻轨、机场高速、宁马高速、汤铜公路、宁高公路、宁溧公路、243省道、340省道（在建）穿境而过。2017年，禄口街道紧扣区委、区政府决策部署，学习贯彻习近平新时代中国特色社会主义思想和中共十九大会议精神，全面落实“五个工作主抓手”和“十项行动计划”，统筹协调推进“强富美高”新禄口建设。全年完成地区生产总值78.3亿元，一般公共预算收入4.1亿元，规模以上工业总产值24.8亿元，全社会固定资产投资20.03亿元，地方外贸出口7亿元。

科技产业发展　2017年，禄口街道实现高新技术产业产值23.3亿元，科技服务业收入0.9亿元。全年新认定高新技术企业2家、江苏省民营科技企业2家，市级众创空间认定1家（南航金城众创空间）。实施“苏科贷”2项，在2017年度市级孵化器绩效考核评价中，禄口创智科技企业孵化器获补助资金20万元。在2017年度“苏南自主示范区”建设中，禄口街道获补助50万元。

招商引资　2017年，禄口街道实际利用外资305万美元，引进亿元以上产业项目2个。其中，维凡合江苏新材料科技有限公司项目总投资3亿元，一期注册资本5000万元（中方占比50%），主要从事新型建材研发和运用；南京宇奇电力技术有限公司项目总投资1.5亿元，注册资本2001万元，主要从事电力智能计划研发和运用。

重点产业项目建设 2017年，禄口街道有区级重点产业项目（实施类）8个，计划投入7.15亿元。开工项目8个，开工率100%；完成投入7.2亿元，占年计划的104.9%。福彬汽车、赛达机械、俊禄科技、皮草家居设计中心等4个项目实现当年建设、当年竣工投产，其他4个项目完成年度建设进度。

水利工程建设 2017年，禄口街道实施并完成老徒墙河、团结河2条非骨干河道消险工程，概算投资1023.18万元。实施并完成2017年一般水利工程建设，概算投资1051.02万元，主要包括1座重点塘坝、3座重点涵洞、8座重点泵站和2座一般水闸维修改造及6条一般河道整治。启动横溪河堤防达标综合整治工程，概算投资8172万元，主要为堤防整治13.52公里，堤身防渗处理7.3公里，新建堤顶沥青道路7.84公里，拆建排涝站2座，新建排涝站2座，拆建交通桥1座，加固沿河管涵59座。完成堤防、水库监控系统建设，概算投资254万元。开展河道堤防、水库大坝清杂及附属工程管养工作，清淤土方73.32万立方米，做到"三清一建"，即清理垃圾、清除淤泥、清理漂浮物，建立长效管理机制。累计完成4座小型水库大坝清杂39万多平方米，投放白蚁药260包，23座外河穿堤涵闸维修保养和骨干河道堤防清杂30多公里、约60万平方米。制定《禄口街道全面推行"河长制"实施意见》，对4条骨干河道、17条其他河道、4座小型水库及4座重点塘坝进行全面调查，划分区域，明确街道、村（社区）"河长制"分级管理负责制和相关部门工作职责，设置"河长制"标牌57块。

基础设施建设 2017年，禄口街道加大投入，加快城乡基础设施建设。列入区年度城乡建设暨动迁拆违行动计划项目41项，完成湖泰路等37个项目建设，累计完成投资9.06亿元，包括湖泰路800米道路建设，正阳路、纬八路3300米道路改造，340省道禄口段二期、肖家山片区6.6万平方米拆迁，8户特困危房改造，禄口新城排水达标区建设，西庄泵站及灌溉涵翻建，禄口皮草小镇入口及客厅1000平方米改造。启动禄口中学易地新建工程建设，禄口街道社区卫生服务中心门诊综合楼及禄口敬老院三期改扩建完成主体封顶，完成老旧小区1.3万平方米整治出新。实施"千百工程"计划，重点打造示范村6个、重点整治村5个、一般整治村11个。

房屋征迁 2017年，禄口街道新启动5个房屋征收项目，分别为肖家山棚户区改造项目、秦淮河航道整治工程、340省道禄口段二期工程、航空产业片区棚改项目、陆岗社区棚改项目，同时完成340省道禄口段一期等项目的扫尾工作。全年累计拆迁房屋面积11.56万平方米。

民政救助 2017年，禄口街道对城乡最低生活保障人员入册、复核、退保等进行审核，对低保家庭进行全员比对，不符合低保条件的及时予以下册，并每月进行公示，不断完善动态管理机制。现有城乡居民最低保障对象628户、931人，全年发放保障金697万元；对低保户和低保边缘户特困群体实行医疗救助，发放救助金194.58万元。在册的1792人次低保救助对象（包括11名"三无"人员）和54名低保边缘认定对象均享受医疗二次救助。对因病、因灾、因学造成生活临时困难的群体实行临时救助，全年临时救助1668人次，发放临时社会救助资金106万元。将原五保户、"三无"人员进行重新鉴定，并以特困人员实行救助，在册特困人员433人，月发放保障金29.78万元。推进残疾人两项补贴制度与相关社会福利、社会救助、社会保险制度有机衔接，

2017年，禄口街道社区综合服务中心——禄乐家园建成。该中心为禄口群众提供便捷的政务服务　　区民政局　供稿

低保内重残人员58人，低保内非重残130人，低保外重残571人，一户多残88人，三、四级精神、智力残疾人126人，残疾人护理补贴发放对象359人，月发放两项补贴64万元。春节期间，对各类民政对象进行慰问，发放慰问金272万元。

环境整治　2017年，禄口街道推进“263”专项整治行动，关停整治铸造企业10家、化工企业2家、砖瓦企业26家，治理黑臭河道6条，建成污水主管网道6条，21个小区完成排水达标区建设，18家机动车修理厂、11家包装印刷企业实施VOCS整治，4家加油站开展油气回收试点，建成餐饮油烟整治示范一条街，关闭非禁养区养殖场31家，整改养殖场6家，清理围网养殖12户，累计清理拦河网7057.5米、渔船149艘、网箱648个。投资5673万元，建设农村污水收集系统工程项目，涉及11个村（社区）、30个自然村、2658户，并已全部竣工。是年，禄口街道创建成江苏省生态文明建设示范街道，创建绿色社区1家。

文体中心大楼易址新建　2017年，禄口街道易址新建文体中心大楼。该项目位于金宁路与湖泰路交叉路口，坐落于禄口新中学校园内，新文体大楼共5层，建筑面积4582平方米，总投资1800万元，计划2018年6月交付使用。文体中心大楼根据标准综合文化服务中心设置，布局合理、功能完备。一层设有面积约400平方米阅览室1个，藏书量可达5万册左右，包括少儿阅读空间、成人阅读区、电子阅览区、休闲区等；五层设有200座会议报告厅1个，可承办小型演出、公益讲座、文艺沙龙等活动；二至四层设有多功能室1个、文体活动室5个、健身室3个、体质测试室1个、小型会议室2个、各类教室10个等，可提供国民体质测试、场馆预定、免费办展、免费看展、公益培训、亲子活动等一系列服务。

教育事业发展　9月，禄口街道空港小学建成并投入使用，当年招收一年级新生113人。禄口初级中学和成教中心开工建设。10月，禄口街道与南京招商兴盛房地产有限公司完成依云郡幼儿园移交工作。禄口第三幼儿园完成绿化及户外活动场地设计，禄口中心幼儿园完成室内装修及户外活动场地设计。全年教育经费投入11355万元，配备校车26辆，开通校车线路20条。组织师生参加区级以上各级竞赛获奖1462人次，其中省级166人次、市级447人次。中考达江宁高级中学分数线以上46人、四星级高中分数线104人、三星级高中分数线194人。中小学获教育部研究课题1项、省级研究课题3项、市级研究课题19项、区级研究课题94项，获奖及发表论文90多篇，其中铜山小学被评为江苏省精品课题培育对象，《少年硅谷——乡村小学科技教育课程化20年的实践探索》获2017年江苏省基础教育成果一等奖。

治安巡防全覆盖　7月11日，禄口街道召开社区治安巡防工作部署会。会后，30个村（社区）按照会议要求，组建70支社区治安巡防队，有288名巡防队员；组织物业公司设立5支保安巡防队，由56名巡防队员组成。治安巡防队按照各自的巡防责任区，每天晚上8点到第二天凌晨0点实行不间断巡逻防控，确保巡逻到位、防控到位。巡防队员主要是由村（社区）干部、老党员、村组长、平安志愿者组成。同时，社区民警不定期对巡防队员进行指导，街道综治办联合派出所每周到村（社区）进行督查、考核，初步形成巡防工作机制。

党建工作　2017年，禄口街道以彭福社区为中心，突出“党建+乡村振兴”，开展区级党建联合体试点工作。努力搭建学习联合、组织联建、治理联抓、发展联促、实事联办的“五联”载体，促进党建整体进步、整体过硬。以石埝为中心,突出“党建+民宿经济”,引导乡村民宿向中高端发展。依托石埝水荆墅村“全国特色村寨”，创新“党支部+协会”“党支部+合作社”运行模式，推动民宿产业规模化、品牌化、效益化发展。以上穆为中心，突出“党建+乡贤文化”，谱写社会治理新篇章。以乡贤理事会和乡村振兴学习堂为载体，以“共商、共建、共治、共享”为目标，通过颂传“先贤”传承精神、引进“今贤”参与建设、培育“新贤”扎根乡土，凝聚乡贤力量，推进基层民主协商，提高基层治理能力，实现村事民议、村事民治，让“党建+乡贤”成为新时代乡愁。以陆纲为中心，突出“党建+红色阵地”，唱响红色主旋律。深度挖掘陆纲社区来历、新四军在禄口地区抗日等历史资源，以陆纲社区为龙头，整合桑园等铜山片区红色遗迹，建设红色教育阵地。　（丁　海）

皮草小镇入选首批市级特色小镇　1月，南京第一批市级特色小镇建设名单和培育名单公布，禄口皮草小镇榜上有名。自2016年6月起，该街道对小镇部分建筑进行外墙出新；9月，禄口皮草参加首届丝绸之路（敦煌）国际文化博览会展示交流；10月，禄口皮草文创作品亮相第八届南京文化创意产业交易会；11月，禄口街道联合中国食品土畜进出口商会和哥本哈根皮草协会共同举办2016年中国国际裘皮年会，皮草小镇的发展建设得到皮草行业的认可，禄口皮草已与国际接轨。

社区卫生服务中心门诊综合楼开建 3月，禄口街道社区卫生服务中心门诊综合楼项目开工建设。该中心门诊综合楼总投资8000万元，建筑面积1.8万平方米。项目包括门诊综合楼、污水处理系统及供电设施等，新增病床100张，业务用房面积8000平方米。

禄口国际皮草嘉年华 7月17日，2017年南京禄口国际皮草嘉年华暨第五届禄口皮草小镇交易会开幕，俄罗斯、美国、丹麦、加拿大、日本、韩国等国以及中国香港、台湾地区皮草行业代表齐聚禄口皮草小镇，共议皮草产业未来。作为禄口皮草文化品牌重要活动之一的皮草嘉年华活动于2013年开办，已连续举办5届。此次嘉年华活动以“特色·融创·新起点”为主题，将“工艺+”核心概念融入活动，规模、覆盖面及影响力均创历年新高。活动期间，黑龙江、吉林、辽宁、内蒙古、河北、山东、新疆、重庆、成都、湖北等地的1000余名皮草批发商，现场观摩并下单。嘉年华期间，禄口当地皮草交易量18万件，交易额9亿多元。开幕当天，还对皮草工艺、服装设计、皮草文化创意产品设计三大赛事获奖者颁奖，同时正式对外发布禄口皮草特色小镇LOGO。

中国国际裘皮年会 11月2日，2017年中国国际裘皮年会在禄口街道举行，国内外200余名皮草行业专家学者齐聚一堂，共谋皮草产业发展。此次年会为期3天，邀请工信部中欧工业4.0研究院中方院长郭昕作主题为“中国未来5年加工制造业发展方向”的演讲，禄口街道作禄口皮草小镇产业推介。同时，国际毛皮拍卖行分析2017年全球毛皮供应量，预测2018年毛皮原料市场趋势，发布皮草先锋趋势暨流行趋势。

（宁　鉴）

禄口街道负责人名录

党工委书记　万振华
副　书　记　杨大鸿（3月免）
　　　　　　江诗新（3月任）
　　　　　　张晓华
　　　　　　焦克双
　　　　　　易忠国
　　　　　　姚小荣（女，12月免）
　　　　　　朱宁凡（12月任）
人大工委主任
　　　　　　蔡中生
副　主　任　谢能喜（5月免）
　　　　　　陈　然（5月任）
办事处主任　杨大鸿（3月免）
　　　　　　江诗新（3月任）
副　主　任　易忠国（6月任）
　　　　　　张　兵
　　　　　　张晓冬（女）
　　　　　　孙　兵（6月免）
　　　　　　汪　强（6月任）
　　　　　　高　敏（女）
　　　　　　陈凌锋（6月任）
　　　　　　焦义贤（6月任）
　　　　　　刘　利（6月任）
政协工委主任
　　　　　　张晓华

2017年禄口街道村（社区）基本情况表

表51

村（社区）	户数（户）	人口（人）	耕地面积（公顷）	人均纯收入（元）	党（总）支部书记	村（社区）委会主任
杨树湾	498	1265	113	29012	朱东海	周　杰
成功	961	2590	209	29075	徐建华	李海云
张桥	1160	3171	250	29015	张　洋	刘　钧
马铺	605	1762	133	29028	袁　璟	朱大军
陆纲	1592	4087	—	29034	程传明	陶孝金
永兴	772	2171	—	29011	刘其斌	经小平

续表

村（社区）	户数（户）	人口（人）	耕地面积（公顷）	人均纯收入（元）	党（总）支部书记	村（社区）委会主任
山塘	628	1947	—	29010	周正权	陶象成
群力	792	2365	—	29040	陶文龙	张有云
陶东	1290	3750	—	29095	邢时富	王卫才
钟村	907	2757	—	29034	邓迎宝	邓迎宝
上穆	849	2597	150	29014	董明财	朱　祥
新生	665	2336	—	29039	张禄康	陶象东
高伏	711	2083	—	29043	李良国	王胜军
秦村	1167	3320	—	29035	王益强	陶崇山
黄桥	1484	4153	239	29027	俞有浩	张祥海
谢村	982	3251	194	29030	周敦勇	周心刚
桑园	736	2525	152	29133	陈　文	尹小海
陈巷	832	2626	221	28834	熊福胜	方　雯
徒塩	749	2640	117	29022	甘圣健	程本里
尚洪	1012	3309	144	29085	张大庆	迟家才
石埝	1130	3887	279	29120	张小宝	翟存宝
小彭	1302	4297	398	29124	周龙宝	王化荣
彭福	450	1470	106	29146	沈庆喜	戈　彬
曹村	681	2268	195	29065	周向阳	王洽青
埂方	556	1861	136	29007	徐传亮	周峰（代）
溧塘	704	2113	164	29020	阮灿树	潘浏昀
茅亭	3249	2783	—	29005	邵金荣	张金熬
白云路	774	2146	—	—	周文静	马　俊

续表

村（社区）	户数（户）	人口（人）	耕地面积（公顷）	人均纯收入（元）	党（总）支部书记	村（社区）委会主任
机场	849	2576	—	—	邓小国	邓小国
铜山	1032	2300	—	—	方在林	曹小龙

2017年禄口街道主要经济社会指标表

表 52

指　标	单　位	数　值	比 2016 年（±%）
年末总户数	户	33291	7.70
年末总人口（户籍人口）	人	90423	6.10
人口出生率	‰	17.78	23.70
人口自然增长率	‰	11.17	34.30
耕地面积	公顷	2667	—
地区生产总值	万元	782814	10.90
规模企业工业总产值	万元	247589	−27.90
公共财政预算收入	万元	40889	2.40
固定资产投资	万元	200295	20.60
其中：工业投资	万元	80348	0.40
实际利用外资及港澳台资	万美元	305	−4.80
年末企业数	家	1076	4.50
企业从业人员	人	26300	−20.80
农民人均纯收入	元	29028	8.06
各类科技人员	人	1781	0.80
中小学校	所	5	—

续表

指　标	单　位	数　值	比2016年（±%）
公共体育设施面积	平方米	22668	1.80
公共文化设施面积	平方米	20971	1.00
互联网上网用户	户	30870	24.50
参加农村养老保险	人	7465	-83.80
参加农村新型合作医疗	人	44562	1.60
城镇建成区面积	公顷	1353	—
城镇建成区绿化面积	公顷	500	0.20
城镇建成区人口	人	68017	0.80
集贸市场成交额	万元	216800	-7.40

（丁　海）

江宁街道

概　况　江宁街道位于南京西南部，地处皖江城市带交接处，北靠南京主城、西濒长江，南与马鞍山接壤，东临东山副城，是长江流经江苏境内的第一站。区域总面积262平方公里，下辖22个村（社区），户籍人口9.38万人。境内有省级滨江开发区和江南环保产业园，宝钢与马钢位依南北两侧，距禄口国际机场20公里，宁马高速、宁安城际、宁芜铁路、205国道、汤铜公路、旅游大道、牛首大道穿境而过，境内长江岸线20公里，其中深水岸线6公里，资源丰富。江宁街道生态腹地广阔，是南京市美丽乡村建设示范区，蒋门山、白头山、洪幕山郁郁葱葱，牛首云台生态廊道、皖南山脉两翼拥抱，江宁河穿境而过，黄龙岘茶文化村、朱门人家、南山湖旅游度假区、雁南飞生态观光园、六顺农业园、花塘红楼旅游特色村、神山头遗址公园，朵朵“金花”竞相开放。2017年，江宁街道围绕“四个全面”战略布局，加压奋进，克难求进，经济和社会事业呈现稳中有进的发展态势。全年完成地区生产总值37.12亿元，比2016年增长9.36%；公共财政预算收入2.6亿元，下降7.18%；全社会固定资产投资17.4亿元，下降24.54%；规模以上企业工业总产值25.4亿元，下降7.72%；外贸出口额3021万美元，增长19.4%。城乡居民可支配收入继续保持增长。

重点产业项目建设　2017年，江宁街道加快推进3个实施类重大产业项目建设，当年完成投资3.5亿元。其中，肯特新材料、十九冶工程年底全部竣工并试投产；集文创基地、影视制作为一体的极地梦幻谷项目具备接待营业能力。编制投资25亿元的声音小镇规划方案，并就具体方案细节进行修改。集生态养生、医疗养老、度假娱乐、商贸购物为一体的陆郎健康小镇已签订框架协议和完成公司注册，部分外资已到账。六维物流新厂区完成地勘，同时办理相关手续。黑臭河整治、美丽乡村建设等21个项目立项。

现代农业发展　2017年，江宁街道组织农产品质量安全专题培训4次，完成农产品样品速测7296件，协助上级部门取样11次、60个样，开展农资销售市场检查12次、豆芽加工点检查7次。认证无公害小麦1980公顷、荸荠34.7

公顷、稻谷80公顷、蛋鸡20万只，认证绿色食品1个，产量300吨。“三品”认证总面积9958.3公顷。组织开展和参加省、市职业农民、专业技能等培训26次，培训567人次。在全街道筛选180户作为农业科技示范户，其中瓜菜60户、水产120户。新增家庭农场13家，累计54家。成立专业防火突击队，组织森林防火突击队培训，修建防火通道9.6公里，维护112公里。新建绿色通道18.4公顷，森林抚育166.7公顷，建成省级村庄绿化示范村3个、区级绿化新村5个。

2017年，江宁街道牌坊社区的千百园环境基地建成，该基地对两栋民宿及周边院落进行改造，增加露天电影院、创意茶吧等活动设施，具备20～30人的室内培训接待能力　　区新闻中心　供稿

富民惠民工程　2017年，江宁街道新增城镇就业2460人，农村劳动力转移就业1110人次，实现再就业800人，援助困难人员就业160人。引进大学生落户创业20人，培育自主创业80人，牌坊社区创建成创业型社区。开展再就业培训462人次，农村劳动力培训806人次，享受培训补贴1320人，新增高技能人才20人。居民养老保险续保率99.6%，新增参保单位42家，净增参保人员210人。发放市民卡2510张，失业金领取1189人，办理社保补贴1950人，发放补贴420万元。

基层党建　2017年，江宁街道创新和拓展“党建+”工作，成立街道乡贤理事会，培育乡贤文化和基层善治因子，选树“牧龙好家风”“牌坊村民自治”“新铜多维善治”“清修民主法治”等一批优秀乡村党建创新品牌。把基层党员教育与街村微信公众号、青年党员“微宣讲”、党员“大走访”等载体有机整合，利用微信直播平台，定期推送党员教育信息，进行线上直播授课，开展党员线上研讨，宣传政策信息和街村工作动态，实现党员教育“线上线下同交流、24小时同在线”。组织1120多名党员干部累计走访群众27918户，撰写民情日记2970篇，梳理各类意见、建议566条，完成整改541条。对现有党组织换届情况进行全面梳理，规范党群口等36个党支部换届工作。按照双推双测流程，全年发展党员23人。其中，35岁及以下的13人，占57%；本科及以上学历12人，占52%。女性8人，占35%；机关事业单位7人，占30%；村（社区）11人，占47%。

生态文明建设　2017年，江宁街道以“263”专项行动为抓手，完成29台燃煤锅炉、12家铸造企业和16家砖瓦企业的关停、升级改造，关停1家化工企业。实施江宁、铜井、陆郎3个集镇排水达标区建设，启动陆郎新污水处理厂前期手续办理，完成江宁北河、铜井土桥河2条黑臭河道整治及景观提升工程和江宁集镇山水河整治工程。对11家印刷企业和19家汽修企业VOCS实施专项整治，南京普莱克斯工业气体等2家企业实行清洁化生产。开展400公顷测土配方施肥、800公顷水稻病虫害统防统治和绿色、有机、无公害“三品”基地建设。辖区内空气质量优良天数比例稳定在75%左右，水环境质量持续改善，饮用水源水质达标率100%。在马头山涵养区等地设立标牌、界桩，对东坑生态林等4个生态红线区域环境进行清理整治，建成大庙社区厨余垃圾（沤肥）发酵处理项目和庙庄、陆郎、牌坊、大庙4座垃圾（沤肥）发酵池。

环境综合整治　2017年，江宁街道投入74万元专项资金，严格按照二类公厕标准对辖内江宁农贸市场公厕、铜井停车场公厕进行拆除新建。推动城市管理模式向美丽乡村延伸，成立由5人组成的执法中队，对旅游大道沿线开展日常巡查管理，加强集镇绿化养护，实施提档升级，对各集镇绿化带进行修剪补栽。持续开展城市治理“263”专项行动，巩固牡丹园垃圾分类示范小区建设成效，新增玫瑰园小区作为垃圾分类示范小区并完成建设；建立再生资源回收体系，并在2个垃圾分类示范小区设置智能回收箱，主要品种回收率80%以上。在铜井停车场附近设立便民环保自助洗车示范点，设置2台“易自助”洗车设备。落实“门前三包”责任制，指导经营户组建自治联盟，通过微信群共享信息，及时发现问题并规范整改到位，集镇范围内签订“门前三包”责任书1697户，签订率100%。加强城市治理和市容管理，拆除不规范店招店牌17处，整修破损店招27处，沿街建筑立面出新3300余平方米，维修破损路面、窨井盖等市政设施38处，清除乱堆乱放189处，规范倚门出摊257处，整治占道经营37处，取缔流动摊点68处，清除橱窗张贴239处，清理广告张贴、喷涂等970余处，规范非机动车停放1500余次。统一规划设置机动车及非机动车停放泊位，完成宁桥南路2个非机动车标准化停放管理示范点建设，并投资50万元在宁桥北路新建大型停车场。继续完善“组保洁、村收集、街转运、区处理”的生活垃圾处置体系，扩大密闭式垃圾清运车收运范围，确保生活垃圾直收直运、日产日清。全年清运生活垃圾3.5万吨，处理厨余垃圾1200吨，取缔暴露垃圾堆放点20余处，增添垃圾桶2500多个，覆盖全街道所有道路及383个村庄，垃圾桶投放率85%以上，生活垃圾密闭化收集运输率100%。落实道路保洁作业规定，加大机扫冲洗频次，境内正方大道、新205国道、汤铜路、江横路、陆卜路、龙坊路、陆谷路、西宁路等主干道实现全天候保洁，保洁面积84.3万平方米，其中机扫面积71.66万平方米。实施农村河道疏浚工程，清淤河塘63面、河道10条，清淤土方量49.54万立方米。

城市治理　2017年，江宁街道自筹资金1300多万元，对江宁农贸市场进行原址拆除新建，建成后面积3550平方米。同时，投入150万元，对金宝滨江农贸市场进行达标改造；投入790万元，对伟翔鑫农贸市场进行提档升级。依托政府内网，建成街道“数字城管”信息化管理二级平台。二级平台信息采集总面积20平方公里，基本覆盖辖区内3个集镇区域，并专门设置3个处置部门。加强日常巡查和督查，依法查处违法建设229户，拆除面积12664平方米，确保违建零新增、老违建逐步拆除。开展夜间巡查和定点检查，查扣违规渣土运输车39辆，罚款6.3万元。推进重点项目建设征地拆迁工作，338省道项目涉及新洲社区一队、二队、八队、新村及司家社区官山、后凹等自然村，司家变电站项目涉及司家社区司家、高村、小碾、窑凹、柏中等自然村。房屋丈量调查工作基本结束，涉及住宅房屋579户，其中无产权证明、无实际居住、无户口房屋85户，26万平方米；非住宅28户，5.2万平方米。住宅房屋已完成协议签订554户，总面积23万平方米。江宁河整治（一期）项目涉及协议搬迁房屋23户，其中江宁社区13户，清修社区6户，上湖社区3户，盛江社区1户；房屋面积1772平方米，包括砖混、砖木结构房屋8户，面积1161平方米，其他简易结构房屋15户，面积611平方米。至年末，已出具房屋评估结果，并开始与被搬迁户进行沟通接触。

（戴星晨　樊六凯）

黄龙岘“龟山十二景”开放　1月，位于江宁街道黄龙岘景区的“龟山十二景”对外开放。在黄龙岘景区入口处的晏湖中有一处小山，它因形似乌龟得名龟山。过去交通不便，仅有一条供茶农通行的羊肠小径，使得游客只能遗憾地远观这处美景。2016年，景区启动美丽乡村提档升级工程，在提升内部软硬件环境的同时，对外围部分节点进行打造、提档，新打造的龟山十二景便是其中之一。沿生态环线从景区入口继续行驶不过百米，道路左侧已经开辟出一条宽敞的村间道路，直通“龟山十二景”。到达山脚，茅草、木梁搭建的晏公祠遗址映入眼帘，踩着枕木铺设的台阶登上山顶便能一览清澈的晏湖美景。沿着白色茶花点缀的石梯继续前行，还能看见半岛渔埠、石台观岛、松林珍翠等景观节点。景区采用最小的干预、最原生态的设计手法，在龟山岛原生态风貌基础上修绿复绿，新增绿化面积1.5万多平方米，尽可能地保留龟山的自然风貌。结合提档工程，新建环晏湖的步行和2.6公里观光车游览道，既串联起先行改造完成的晏湖雅园，打造完整的晏湖景区环水观光体系，还与景区内茶园相连接，打通景区内各交通节点。

黄龙岘入选省休闲观光农业示范村　1月，江宁街道黄龙岘茶文化旅游村入选省农委认定的首批2016年江苏省休闲观光农业示范村，同时“黄龙岘茶文化节”被市农委评为“2016年度南京市休闲农业优秀节庆”二等奖。作为江宁西部美丽乡村片区核心景区之一，黄龙岘茶文化旅游村紧邻西部生态旅游环线，占地面积0.91平方公里，茶园面积133.3公顷，在开发建设过程中充分利用村庄优越的地理区位、优异的自然景观和历史文化资源，已形成一个集休闲、旅游、观光于一体，具有浓郁茶乡特色的生态农业休闲旅游观光区。同时，该村还以生态旅游为主线，规划了生态农业、生态旅游、生态民宿、酒店、驿站等多元化产业，带动当地村民创收增收。

汪龙干家庭获省文明家庭称号 1月18日，在首届江苏省文明家庭表彰大会上，江宁街道陆郎社区汪龙干家庭获首届“江苏省文明家庭”称号，是全区唯一获此殊荣的家庭。汪龙干被截指、截肢7次，膝盖以下肢体已全部截去。尽管病魔在慢慢蚕食着他的身体，但是在患病的日子里，只要不住院，他都会去做义工，用实际行动“走”出了自强人生路。虽然汪龙干身患重症，但他的妻子不离不弃，悉心照顾家庭。女儿更是从小跟着父亲去做义工，很有爱心。一家人身体力行践行公益，传播大爱，将家庭的温度传递给身边每一个有需要的人，也带领更多人参与志愿事业温暖他人。

牌坊入选全国改善农村人居环境示范村 9月，江宁街道牌坊社区入选2017年全国改善农村人居环境示范村名单，被评为“美丽乡村示范村”。创建过程中，牌坊社区充分挖掘当地特色，探索了一批具有地方特色、符合农村实际、代表性强、经验可复制可推广的乡村建设模式。其中，牌坊社区黄龙岘村通过挖掘独具魅力的“茶文化”资源禀赋，大力发展生态农业和乡村休旅经济，整合提升现有农村建设发展资源，走出一条展示地域特色、承载乡愁田园、生态秀美宜居的乡村发展与复兴新路。全国改善农村人居环境示范村每两年评选一次，示范村创建主要涉及保障基本示范村、环境整治示范村、美丽乡村示范村。经申请、专家现场审查等环节，最终由住建部等5部门复核并公布。

（宁　鉴）

江宁街道负责人名录

党工委书记　李国忠（3月免）
王　诚（3月任）
副　书　记　张朋芳（女）
俞广保
祁明春
魏　明（5月免）
王　静（5月任）
史道琪（5月任）
人大工委主任
张庆宝
副　主　任　陶德喜
办事处主任　张朋芳（女）
副　主　任　王　静（5月任）
李学兰（女，5月免）
陶著兵
吕昌喜
吴骏昌（6月免）
施德健
徐安宝（6月任）
谢桂文（6月任）
许益礼（女，12月免）
政协工委主任
俞广保

2017年江宁街道村（社区）基本情况表

表 53

村（社区）	户数（户）	人口（人）	耕地面积（公顷）	人均纯收入（元）	党（总）支部书记	村（社区）委会主任
清修	1157	4039	392	30128	张兴明	陈小明
上湖	1089	4153	400	25847	钱家成	陈宗生
盛江	1883	6904	32	24819	孙家银	王宝强
司家	1083	4385	215	24639	王远成	王远成
新洲	553	2050	135	23209	高慎富	高慎富
江宁	3045	8021	221	23869	沈厚美	沈厚美
陆郎	2035	6010	201	23103	谢桂文	—
河西	758	2512	186	23740	秦礼军	秦礼军
西宁	1047	2897	341	24599	吴家平	杨师欣
荷花	1486	4468	475	22880	吴书全	吴书全

续表

村（社区）	户数（户）	人口（人）	耕地面积（公顷）	人均纯收入（元）	党（总）支部书记	村（社区）委会主任
朱门	1086	3560	275	28096	—	王寿荣
大庙	913	2618	233	22511	许 杰	王 勇
牌坊	768	2155	219	23780	王小玲	王国宝
花塘	1100	3488	400	22533	朱泉贵	朱泉贵
庙庄	731	2667	243	22013	陶 勇	张永根
新铜	2165	7132	—	28805	曹兆龙	曹兆龙
星辉	2228	6358	615	22368	李兴明	叶传华
天然	650	2065	127	23465	黄益红	黄益红
洪幕	675	2150	242	23554	徐文宝	王德荣
南山湖	1501	5210	346	32119	侯玉华	侯玉华
牧龙	2119	6658	242	24116	褚 飞	褚 飞
叶村	1265	4068	32	23645	赵林卫	—

2017年江宁街道主要经济社会指标表

表 54

指 标	单 位	数 值	比 2016 年（±%）
年末总户数	户	31213	4.50
年末总人口（户籍人口）	人	93838	1.92
人口出生率	‰	13.10	−12.50
人口自然增长率	‰	6.27	4.00
耕地面积	公顷	5572	5.93
地区生产总值	万元	371216	9.36
规模企业工业总产值	万元	253770	−7.72
公共财政预算收入	万元	25990	−7.18

续表

指 标	单 位	数 值	比 2016 年（±%）
固定资产投资	万元	174100	-24.54
其中：工业投资	万元	112732	-7.22
实际利用外资及港澳台资	万美元	300	—
年末企业数	家	1795	-1.81
企业从业人员	人	28205	-9.60
农民人均纯收入	元	23796	9.50
各类科技人员	人	2900	13.00
中小学校	家	6	—
公共体育设施面积	平方米	81370	1.62
公共文化设施面积	平方米	17595	-49.31
互联网上网用户	户	35000	16.00
参加农村养老保险	人	29425	9.50
参加农村新型合作医疗	人	46861	-39.00
城镇建成区面积	公顷	750	—
城镇建成区绿化面积	公顷	30	—
城镇建成区总人口	人	8021	-13.95
集贸市场成交额	万元	49500	4.50

（戴星晨　樊六凯）

谷里街道

概　况　谷里街道地处江宁区西部，东接秣陵街道，西连江宁街道，南至横溪街道，北与雨花台区板桥新城、西善桥、铁心桥接壤。境内有牛首山文化旅游区、宏觉寺、南唐二陵、郑和墓、世凹桃源、大塘金、银杏湖游乐场等著名旅游景区。区域总面积91平方公里，下辖11个村（社区），户籍人口3.94万人。2017年，谷里街道围绕省委“两聚一高”主题，紧扣市委“六个显著”奋斗目标，以区委深化供给侧改革、主攻重大项目、优化作风建设、创新社会治理、强化从严治党“五个工作主抓手”为切入点，改革创新，克难攻坚，经济和各项社会事业加快发展。是年，谷里街道“12345”考核连续5年位列全区第一；张溪徐家院特色田园乡村获 2017 年中国最美村镇宜居奖；世凹桃源获“魅力南京·最美乡村”称号，大塘金获“南京十大特色乡村”和首批全省五星级乡村旅游区称号。3 月，谷里街道建成全市首批全域旅游示范街道。全年实现地区生产总值 28.2 亿元，比 2016 年增长 13.1%，其中第三产业 15 亿元，增长 17.5%；公共财政预算收入 3.48 亿元，下降 22.2%；全社会固定资产投资 29.2 亿元，增长 28.2%，其中工业投入 10.3 亿元；社会消费品零售额 1.79 亿元，增长 16.1%；实际利用外资及港澳台资 402 万美元，地方外贸出口 1.25 亿美元，增长 25%；规模以上工业产值 18.59 亿元，增长 6.5%；实现规模以上工业销售收入 18.5 亿元，增长 20.9%，工业销售利税 1.02 亿元，工业销售利润 4501 万元。产业升级实现突破，5 个重大产业项目总投资 39.3 亿元，当年完成投入 15.8 亿元。实施产学研合作项目 3 个，重点科研项目 9 项，新增高新技术企业 2 家，实现高新技术产业产值 6.52 亿元。

现代农业发展　2017 年，谷里街道加快世界农业科技文化园建设，推进总面积 320 公顷的加拿大园、日本园、荷兰园、以色列园等国际农业合作展示园建设，打造南京乃至全省有影响的现代农业品牌。建成农业物联网 10 万平方米、连栋薄膜温室 10 万平方米、玻璃温室 5 万平方米，新建智能肥水一体化控制中心 2 座。实施谷里农业园提档升级，争创国家级现代农业园步伐加快。推进谷里农业园智慧农业平台和农机现代化示范区项目建设，新增设施农业 100 公顷、高效农业 190 公顷、“三品一标”农产品 18 个。建成省级示范家庭农场 4 家、市级示范家庭农场 2 家，完成水产技术培训及休闲农业培训 110 人次，实施农业科技入户和基层农业技术推广 190 人次，形成一支现代农业建设新生力量。

特色田园乡村建设　2017 年，谷里街道围绕产业兴旺、生态宜居、乡风文明、治理有效、生活富裕的总要求，以徐家院特色田园乡村为试点，统筹推进金谷田园综合体建设。以“互联网 + 有机蔬菜瓜果”为主要业态，在徐家院建设绿色食品生产基地，发展休闲观光、采摘体验等高附加值产业。种植蔬菜 20 余公顷，收获并销售蔬菜 1.5 万公斤。同时，与大生农业科技园、谷里花木园等农业产业联动发展，生产绿色、安全、优质农产品。保护好村庄生态本底和原有肌理，完善基础设施，实施农路提档升级 4 公里，新建排灌沟渠 2.9 公里、污水管网 1.8 公里。4 处民房分别改造为渔家院落、樵家院落、农耕院落和书香院落，作为传承发扬谷里鱼圆制作技艺、张溪锣鼓等非物质文化遗产的场所。在徐家院成立蔬菜种植专业合作社和土地股份合作社，入股农田 35.8 公顷，通过保底分红（年 700 元 / 亩），形成合作社 + 村民的利益联结机制。同时，盘活集体资产发展民宿、农家乐等，提升村集体“造血”功能，逐步实现集体强、百姓富。

全域旅游发展　2017 年，谷里街道继续推进乡村旅游大景区建设并初具规模，已建成的世凹桃源、大塘金、公塘头、新塘、徐家院等示范村串联起北部牛首山佛教文化、西部现代农业、东部特色小镇香草文化、南部银杏湖生态休旅等 4 条各具特色的乡村旅游精品带，全年接待游客 390 万人次。特色小镇功能日益完善，大塘金香草小镇被省农委评为省级农业特色小镇。该小镇二期婚礼庆典、婚宴酒席、婚宿度假等功能区加快建设，小镇内全市最大

5 月 15 日，金陵五月风 2017 新丝路南京国际雕塑公园开园暨南京金牛河雕塑公园揭幕仪式在谷里街道金牛河湿地公园举行。图为揭幕仪式现场

谷里街道　供稿

的艺术主题亲子乐园立项。逐步丰富产业业态，引导经营户发展独具特色的民宿经济。在世凹桃源结合牛首山佛教文化，建成禅意主题精品民宿“一宿·山麓之庭”；大塘金融合薰衣草香草文化，打造“拾穗 home”民宿；荆刘社区突出田园山水自然风貌，新建“玫瑰山庄”露营民宿基地，实现民宿与乡村旅游的相互融合。

城乡环境治理 2017年，谷里街道着力构筑生态谷里新框架，实现“千百工程”在104个村庄的全覆盖，完成绿化造林50公顷、森林抚育200公顷，建成绿化新村4个。推进“10+1”城乡精细化建设，完成孙家坝河和小坝河2条黑臭河道整治，整治黑臭河塘20面，完成省电台复建房小区景观亮化和谷里农贸市场内部提档升级工程，实施总面积1.7万平方米的老旧小区整治出新工程。“263”专项行动取得成效，整治燃煤锅炉企业15家，关停化工企业2家、迁出3家，关停锻造企业5家，秸秆集中收储率100%，秸秆禁烧零火点。农村垃圾分类全域覆盖，构建“户分类、组保洁、村收集、街转运、区处理”的五级农村垃圾分类处理运转体系，新建垃圾分拣中心1座。

社会民生事业发展 2017年，谷里街道累计完成房屋动迁面积7.36万平方米，涉及农户351户。绕越高速牛首山谷里互通建成通车，8条总长度5.2公里的市政道路提档升级。谷里庆兴路小学建成招生，第二小学、第三幼儿园和省中医院牛首山分院均已完成项目选址。省电台复建房二期7栋627套进行分房安置，惠及农户近400户。建成金牛河雕塑公园和4个社区文体活动室，组织开展文化惠民活动12场。扶贫攻坚取得实效，石坝、亲见2个社区的276户低收入农户481人脱贫。组建“全要素”网格化社会治理队伍，整合综治、民政、公安、司法、建设、文化等29个基层社会治理部门，纳入全要素网格，建立“多员合一、一员多用”的网格员队伍，形成各方联动、齐抓共管的工作格局。

（蒋梦炎）

公塘头获评省四星级乡村旅游区 2月，谷里街道公塘头获评2016年度江苏省四星级乡村旅游区。公塘头民宿一期占地面积3.5万平方米，拥有10间主题客房及独立院落，设有休憩、餐饮、书吧、土特产超市等配套设施，成为居民体验个性化乡村休闲生活的一处高品质场所。公塘头村以“幸福公社”为主题，对原有农舍、街道、河塘、园圃等进行修整和外观塑造，将原生态自然景观、乡村旅游和地域乡土文化进行有机融合，形成既具有怀旧风格又清新自然的田园风貌。

金牛河雕塑公园开园 5月15日，2017年金陵五月风·新丝路国际公共雕塑征展活动暨南京金牛河雕塑公园开园揭幕仪式在谷里街道金牛河湿地公园举行。区委常委、宣传部部长张思明参加。谷里街道立足优美的自然生态环境，推进美丽乡村建设，发展文化旅游产业，为文化创业提供广阔平台，已吸引20多家雕塑艺术机构到此创作、创业。此次开园的金牛河雕塑公园一期整合谷里境内的艺术资源，采取街道、企业、协会合作共建方式，围绕历史人文、农耕田园、社会主义核心价值观三大主题，现场展出国内外雕塑大师的50余座雕塑作品，供市民、游客免费观赏。契合“文化新丝路”的主题，活动现场，南京雕塑协会向郑和墓园文保所捐赠了专门创作的郑和塑像。

首届谷里特色田园骑游嘉年华 2017年10月29日，首届谷里特色田园骑游嘉年华举行，南京、扬州、合肥等地的200多名骑友沿着乡村道路，尽览谷里特色田园乡村的美丽风光。从空气芬芳的大塘金出发，骑友们途经亲见社区云水涧，张溪社区花卉谷、王家、西湖村、徐家院、马府院，再经公塘社区公塘头至双塘社区寻蜜新塘，最终返回大塘金，全长26公里。沿途掩映在青山绿水间的农家院落，满含丰收喜悦的农田，点缀路边的五彩花卉获得骑友们称赞。

（宁 鉴）

谷里街道负责人名录

党工委书记 丁邦清
副 书 记 汤小南
董红霞（女）
宋清信
吴骏昌（5月任）
人大工委主任
贾安源
办事处主任 汤小南
副 主 任 陶杰东（12月免）
朱同顺
严华践
嵇世慧
章 毅
鲁礼军
陶家香（女，5月任）
政协工委主任
董红霞（女）

2017年谷里街道村（社区）基本情况表

表 55

村（社区）	户数（户）	人口（人）	耕地面积（公顷）	人均纯收入（元）	党（总）支部书记	村（社区）委会主任
周村	900	3050	142	30301	幸义龙	蒲卫繁
荆刘	575	1998	207	29230	郑良军	王守海
柏树	1111	3251	303	29081	陈家龙	陈付俊
向阳	1490	3200	226	29613	张德荣	鲁茂荣
双塘	1128	3176	285	29287	翟　昊	金远明
公塘	1243	3123	133	29239	李万平	—
箭塘	842	3249	210	29452	张　虎	王道福
亲见	889	2296	210	28774	朱家斌	汤　军
张溪	1190	3004	283	28738	张青青	—
谷里	2105	6045	188	31789	周传林	杨　勇
石坝	1052	3005	216	29504	梅　凯	梅　凯

2017年谷里街道主要经济社会指标表

表 56

指　标	单　位	数　值	比 2016 年（±%）
年末总户数	户	14541	2.05
年末总人口（户籍人口）	人	39367	1.84
人口出生率	‰	13.69	1.36
人口自然增长率	‰	6.75	1.54
耕地面积	公顷	2473	—
地区生产总值	万元	282321	13.10
规模企业工业总产值	万元	185868	6.47
一般财政预算收入	万元	34794	−22.20
固定资产投资	万元	292354	28.20
其中：工业投资	万元	102520	0.20
实际利用外资及港澳台资	万美元	402	−1.00
年末企业数	家	427	50.88
企业从业人员	人	42110	38.54
农民人均纯收入	元	24611	13.00

续表

指　标	单　位	数　值	比 2016 年（±%）
各类科技人员	人	802	—
中小学校	所	3	50.00
公共体育设施面积	平方米	120000	3.00
公共文化设施面积	平方米	63000	—
互联网上网用户	户	9600	—
参加农村养老保险	人	9870	—
参加农村新型合作医疗	人	30520	—
城镇建成区面积	公顷	1150	—
城镇建成区绿化面积	公顷	240	14.29
城镇建成区总人口	人	10952	−2.21
集贸市场成交额	万元	9800	—

（蒋梦炎）

湖熟街道

概　况　湖熟街道地处江宁区东南部，位于江宁、句容、溧水三地交界，跨句容河两岸，宁杭高速铁路、宁杭高速公路、337 省道穿境而过，距南京中华门 20 公里，是长江中下游“湖熟文化”发源地，也是江苏省百家历史名镇之一。境内有杨柳村古建筑群、回民一条街、台形遗址、青龙山人居森林公园等旅游景区和名胜古迹。湖熟历史文化底蕴深厚，人才辈出，报业巨子史量才、国医泰斗张栋梁等都是湖熟人。湖熟街道区域面积 146 平方公里，下辖 22 个村（社区），户籍人口 8.67 万人。2017 年，湖熟街道紧扣历史文化名镇和现代农业主导型街道两大定位，科学发展谋跨越，克难攻坚促增长，经济和社会各项事业保持平稳较快发展。全年实现地区生产总值 36.17 亿元，比 2016 年增长 11.2%；公共财政预算收入 2.34 亿元，下降 91.3%；全社会固定资产投资 22.02 亿元，增长 63.8%；规模以上工业总产值 17.41 亿元，增长 30.7%。农民人均纯收入 29870 元，增长 13%；城镇居民可支配收入 50590 元，增长 8.1%。

重点产业项目建设　2017 年，湖熟街道有农开公司的湖熟现代农业物联网控制中心项目、汤普机械的创意设计数码印刷项目、泰奇手套的滑雪运动器材和防护套件生产项目，以及东骏机械的特种材料生产项目 4 个区级重大产业项目。至年末，4 个项目已全部建成投产，累计完成投入 3.15 亿元。

产业转型升级　2017 年，湖熟街道确定 8 家重点转型升级企业，主要为低效制造业项目和闲置资产，实现“腾笼换凤”用地 13.3 公顷，已全部完成转型升级。此外，有 2 家企业通过 2017 年度南京市工业设计中心认定，4 家企业通过南京市工程技术研究中心认定，培育市级名牌企业 3 家，新增专利 208 项。

工业集中区　湖熟工业集中区于 1992 年开发建设，属南京市重点工业集中区。集中区总规划面积 6.3 平方公里，已落户企业 203 家。其中，一期占地 129 公顷，落户企业 123 家；二期开发面积 52 公顷，落户企业 76 家；三期规划面积310公顷，落户企业4家。园区有规模以上企业15家，全年完成工业总产值11.89亿元，实现税收0.58亿元，形成以机械制造、电子信息、新材料制造、现代物流为主导的产业集群。

精准扶贫　2017年，湖熟街道坚持“输血”和“造血”并举，注重开发式、引导式扶贫，聚焦低收入人口、聚力改善欠发达村和欠发达片区，不断拓展扶贫开发思路，创新扶贫开发模式，通过湖熟新市镇建设、特色田园乡村建设、现代农业发展途径等，致力于改善群众生活条件，增强经济薄弱村（社区）持续增收能力。按照“分类施策、标本兼治”的原则，大力发展乡村旅游、寄家养老等特色产业，全面优化认定进出、协调帮扶机制，牢牢把握社会治理、乡村环境、乡风文明等关键环节，精准扶贫取得长足成效。全年完成7个村（社区）的1143户、2081人低收入农户脱贫。在两年扶贫攻坚期内，有1403户、2573人低收入农户脱贫，脱贫人数占贫困人口总数的98.27%。

新市镇建设　湖熟新市镇开发范围为湖熟街道东片区，总面积7.61平方公里。2017年，湖熟街道正式启动新市镇一期项目建设，完成20.6万平方米新市镇一期拆迁任务，并建立湖熟智能制造创新产业园。完成汤铜路以南、宝塔北路以西总面积14.4公顷的征地报批手续，进行安置房一期规划意见函办理和方案设计，并通过江宁规划分局评审，进入模拟审批系统。瑞鑫路、波光路白改黑工程、汤铜路（含门户广场）景观改造工程、湖熟市民广场修缮工程均完成总工程量的60%。编制完成垃圾中转站、湖熟小学、汤铜路景观等重点市政项目规划设计。

现代农业产业园区建设　2017年，湖熟现代农业产业园区坚持“四片一带”总体功能定位，突出“产学研+社会效应”并重的招商导向，新引进多肉植物种植培育基地项目1个，基本形成优质稻米、绿色蔬菜、高效水产、经济林果、特色花卉、生态休闲六大特色产业格局。已建成高标准永久性良田466.7公顷、高效设施水产建成区面积366.7公顷，农产品加工初具规模，形成粮食加工产业链，核心区农产品全年实现产值5.8亿元。

2017年，湖熟街道启动新市镇一期项目建设，完成20.6万平方米拆迁任务，并建立湖熟智能制造创新产业园　　区新闻中心　供稿

特色田园乡村建设　2017年，湖熟街道重点推进5个村（社区）特色田园乡村建设，打造和平、周岗、河北3个组团，其中钱家渡作为和平组团的核心，被确定为首批省级特色田园乡村。紧扣“田园、水乡”元素，对特色田园乡村整体风貌进行整理改造，完成水塘清淤、污水管网铺设、民房出新、围墙美化、主要干道沥青、青砖铺设、道路绿化、村庄亮化等基础设施建设。新建休闲广场4个，停车场13处，公厕12座，改造农路8条，新增路灯200余盏，植绿2万平方米等。以特色产业提振乡村生命力，大力扩展“菊花展”“寄家养老”的品牌影响力。菊花展期间接待游客50万人次，周边群众户均增收2万元；“寄家养老”已吸引17名城市老人入住。

基层党建　2017年，湖熟街道组织937名党员干部开展“大走访”活动，走访基层群众32637户，走访企业675家，梳理解决有代表性问题278个，走访率、解决率均为100%。区级层面问题35个，全部集中会办完结。加强基层组织建设，新成立5个“两新”组织党组织，选派5名有党务工作经验的党员担任非公企业党建指导员。结合特色田园乡村建设，创建钱家渡“党建+水乡休闲”党建示范站点，在9个村（社区）推出党建工作全新示范点。建立基层党建工作联系点制度，每名党政领导联系1个村（社区），每月召开1次党建工作例会、半年召开1次党建工作联席会。

社会民生事业 2017年，湖熟街道行政服务大厅获评江宁区机关作风建设优质服务窗口。新增全科社工44人，持证社工10人，组织80多名社区工作人员，开展2期全科社工业务知识培训。通过公益创投项目激活社区社会组织15家，引入5家辖区外社会组织举办各类为民服务项目。全年确认城乡低保对象1413户、1754人，各类优抚军人782人，特困供养对象308人，残疾人生活救助1630人，高龄长寿老人2632人，发放各类救助补助资金3440万元，并及时解决老复员军人、伤残军人、“三属”、现役军人家属等优抚人员生活困难。举办农村劳动力培训班10期，培训759人次；职业培训班12期，再就业培训441人次。举办3次就业专场招聘会，新增城镇就业1812人，农村劳动力转移就业1212人次，援助困难人员就业165人，并创建为省级创业型街道。落实残疾人实名制就业22人，组织开展残疾人专场招聘会2次，发放残疾人养老保险补贴37.72万元，惠及387名残疾人，在册持证残疾人合作医疗费用全免。

环境综合整治 2017年，湖熟街道投资近1亿元，实施龙都集镇雨污分流、立面出新、老旧小区整治等工程，集镇面貌得到改观；投资4425万元，实施8条、17.7公里农路提档升级，进一步完善乡村路网。常态化开展倚门出摊、占道经营等市容整治，市镇秩序有效改善。全年出动执法人员近千人次，拆除违建123处、近1.2万平方米。关停畜禽养殖户63家。投入1620万元，完成灵顺小区排水沟、周岗盖沟等黑臭河道整治。

改革试点 2017年，湖熟街道根据区赋予的改革试点任务，选择河北、杨柳湖2个社区作为全要素网格化工作试点，划分网格、采集信息，完成试点任务。接着，在22个村（社区）全面推开，共划分网格127个，其中自然网格110个、专属网格17个，并全部采用电子落图和信息采集。7月，湖熟街道作为全区先行先试单位，率先成立综合行政检查执法大队，有效整合上级下放的288项检查事项，实现一体化执法。 （朱金涛 彭丹梅）

首届上元灯彩嘉年华 2月27日傍晚，湖熟街道杨柳村灯光璀璨，首届杨柳湖上元灯彩嘉年华落幕。此次活动的最大亮点，就是曹真荣作为省级非物质文化传承人接受灯展活动主办方的聘书。曹真荣是曹家第三代做灯手艺人，民国时期他的祖辈就已经是很有名的制灯艺人。受家庭影响，曹真荣从小就迷上扎灯，一做就是60多年。而主办方聘用曹真荣，就是想让更多人学习到手艺，传承中华传统文化。首届上元灯展接待游客12万人次，其中元宵节当天接待游客1.2万人次。“金陵情怀”“金鸡报晓”“镜子迷宫”“七彩花田”“鲤鱼跃龙门”“梦想灯廊”等最具代表性灯组颇受游客好评。

第三届杨柳湖粽王争霸赛 5月28日，“我们一起过端午”暨2017年第三届杨柳湖粽王争霸赛活动拉开帷幕，“中国民间文化传承示范基地——杨柳村体验点”也同时揭牌，区委常委、宣传部部长张思明参加活动。在精彩的歌舞表演后，“粽王争霸赛”开始，26名江宁各地的包粽子高手现场比拼。经过初赛、决赛，最后谷里街道的俞正红获得此届“江宁粽王”称号。活动现场，两排整齐的展位上陈列着南京剪纸、雕版印刷、金文云锦、南京烙画、秦淮灯彩等非物质文化遗产，欣赏之余，不少市民还亲自体验制作非遗手工艺品的乐趣。

第五届湖熟菊花展 10月28日，“水秀田园·菊舞金秋”第五届湖熟菊花展开幕，第七届全国精品菊花展同时展出。此届菊花展展区面积26.7公顷，展出菊花品种3000多种，有双色菊、风车菊、五彩菊等，还增加许多轻盈飘逸、形态各异的菊花盆栽。全国30多个城市的精品菊花则在菊艺生活馆展出。游客们还可选购菊花盆栽等菊产品及湖熟板鸭、湖熟大米、红木梳子等湖熟礼道产品和文创产品。菊花展期间，共接待游客50万人次，实现营业收入4000万元。 （宁 鉴）

湖熟街道负责人名录

党工委书记 董 涵（3月免）
　　丁长俊（3月任）
副 书 记 张道平（3月任）
　　李晓利
　　赵跃进
　　周宗贵
　　秦 挺（5月任）
人大工委主任
　　焦业生
副 主 任 戴大庆（女，3月免）
　　庞春和（3月免）
办事处主任 丁长俊（3月免）
　　张道平（3月任）
副 主 任 管荣贵（6月免）
　　秦 挺（5月任）
　　张昌鸿
　　史道琪（5月免）
　　尹家平
　　任忆洁（女）
　　宋国华
　　孙 治（5月任）
政协工委主任
　　李晓利

2017年湖熟街道村（社区）基本情况表

表 57

村（社区）	户数（户）	人口（人）	耕地面积（公顷）	人均纯收入（元）	党（总）支部书记	村（社区）委会主任
湖熟	1764	6864	81	22340	徐国才	徐国才
河南	1875	6548	213	15782	李春海	徐德才
和进	1527	4345	261	27820	张绪军	李伟伟
金桥	782	2445	159	22000	杨大顺	杨大顺
新跃	1011	3245	308	27982	王生连	薛祥娣
耀华	886	2874	690	29018	李成根	孔令平
河北	1216	3542	350	27806	赵孔平	滕红巧
三界	735	2196	225	27300	张　勇	董　静
丹桂	1204	3414	363	21600	李修军	茅昌顺
龙都	2030	4863	282	29885	宾志免	印小勇
双新	2336	5386	512	21000	陈林芳	刘春香
新农	1343	3303	247	27500	李　韦	郭孝峰
杨柳湖	1783	4600	355	25680	王建锋	刘　晋
东阳	1420	3620	347	23500	章文姝	王　勇
晶明	1350	4452	380	23000	黄顺林	蒋崇灯
万安	2006	6012	374	23000	樊　竹	王叶刚
周岗	1352	3568	220	25820	张良根	王敦朝
尚桥	1113	3326	364	26100	马更军	庞明祥
绿杨	1475	4225	441	30318	郑书德	庞自卫
徐慕	1432	4256	440	25600	朱为国	王登宝
钱家	1144	3053	296	23000	朱宜友	束庆丰
和平	1198	3942	393	25300	丁桂平	陈　武

2017年湖熟街道主要经济社会指标表

表 58

指　标	单　位	数　值	比 2016 年（±%）
年末总户数	户	33121	1.24
年末总人口（户籍人口）	人	86661	1.88
人口出生率	‰	11.73	−0.15
人口自然增长率	‰	3.55	—
耕地面积	公顷	5915	—
地区生产总值	万元	361701	11.24
规模企业工业总产值	万元	174133	30.70
公共财政预算收入	万元	23391	−91.25
固定资产投资	万元	220150	63.80
其中：工业投资	万元	80140	−0.80
实际利用外资及港澳台资	万美元	300	—
年末企业数	家	516	3.40
企业从业人员	人	19203	3.41
农民人均纯收入	元	29870	13.00
各类科技人员	人	1847	9.00
中小学校	所	5	—
公共体育设施面积	平方米	124450	2.72
公共文化设施面积	平方米	10860	7.73
互联网上网用户	户	27830	38.00
参加农村养老保险	人	15528	1.22
参加农村新型合作医疗	人	52514	−0.62
城镇建成区面积	公顷	700	—

续表

指　标	单　位	数　值	比 2016 年（±%）
城镇建成区绿化面积	公顷	205	—
城镇建成区总人口	人	19532	0.13
集贸市场成交额	万元	43615	3.57

（朱全涛　彭丹梅）

横溪街道

概　况　横溪街道地处江宁区西南部，距南京市中心30公里，南接安徽省马鞍山市区和当涂区，东临禄口街道，西连谷里、江宁街道，北交江宁开发区。区域总面积215平方公里，其中耕地4740公顷，林地1265公顷，水面1772公顷，辖21个村（社区），户籍人口7.88万人。区域内交通便捷，将军南路、宁丹路等直达南京，横禄、横铜、汤铜、陶禄等公路贯穿集镇，现代快速交通网络初步形成。2017年，横溪街道贯彻中央和省、市、区决策部署，紧扣现代农业主导型街道定位，着力谋划新战略、展开新布局、构筑新优势，树立并贯彻“五大发展理念”，各方面工作取得新进展。全年实现地区生产总值38亿元，比2016年增长9.2%；一般公共预算收入1.93亿元，下降44.9%；全社会固定资产投资21.9亿元，增长89.8%；农民人均纯收入29956元，增长13.1%。

现代农业建设　2017年，横溪街道围绕打造甜美横溪、西瓜小镇、横溪味道等，坚持人与自然和谐发展，以农业产业园区为依托，全力促进经济社会可持续发展。1333.3公顷横溪现代农业产业园区建设，已获市政府第三批农业园区审批，已建成1193.3公顷，分别建成高产粮食区333.3公顷、西瓜标准园300公顷、雨花茶标准园133.3公顷、标准化蔬菜种植区126.7公顷、特色林果种植区300公顷。打造区域公共品牌，实施子母商标战略，以“横溪西瓜”地理标志证明商标为母品牌，在农业龙头企业、合作社、家庭农场中培育西瓜子商标20多个。是年，横溪街道农业服务中心获第八届江苏省农业技术推广三等奖。

水利工程建设　2017年，横溪街道水利建设分为重点工程和一般工程，重点工程子项目20项，涉及11个村（社区），总投资3406.02万元；一般工程子项目7项，涉及6个村（社区），总投资3476.93万元。实施市级消险工程（丹阳河建设圩堤防渗），总投资108.91万元；大官塘除险加固工程，总投资442.15万元，所有消险工程年内全部完工。实施响水坝、横溪老河2条黑臭河整治工程，2座旧滚水坝拆除和3座滚水坝新建工程，完成2处生态滤床铺设，面积2000平方米，草皮护坡3.5万平方米。对全线河堤涵洞进行修建，2公里岸坡整治及草皮护坡1.2万平方米，完成32个截污纳管工程。

横溪新市镇搬迁　11月6日，横溪街道对横溪新市镇规划红线范围内涉及的村庄房屋实施搬迁工作，搬迁总面积75.3万平方米。年内搬迁新市镇A组团自建房部分，搬迁范围包括长一、长二、长三、高尤山、西塘角、桥东、青年队、章后街、葡萄滩、东岗、王家山、官武村和集镇零散自建房。街道组织全体区管干部、征收办和横溪、新杨、甘西、许高、安民、许呈等村（社区）以及21个搬迁工作组工作人员，深入农户家沟通，取得进展。全年完成搬迁27万平方米，签约721户，签约率99%。横溪新市镇、台创农业小镇、大岘风景区、机场噪音项目等搬迁工作达到预期目标。

“横溪味道”品牌打造　2017年，横溪街道全力打造全区首个农产品公用品牌“横溪味道”，通过搭建平台、做强做大农产品经济，形成区域特色品牌，促进百姓增收致富。将横溪西瓜、横山粉丝、勇跃小年糕、石塘米酒、许呈挂面、西岗七仙葡萄等地方名特优农产品，由农民专业合作社统一整合，形成“几村合一社，一社带几品”，对外集中销售，增加农民收入。同时，对贫困户实行订单种植、包产包销，实现从农户—合作社—农旅公司、产供销三级联动、一体化闭环运作。相继在江宁金鹰超市举办西瓜、葡萄、横溪年味专销活动，年糕、粉丝等一度供不应求。

陶吴工业园建设 2017年，横溪街道借位空港、借势新城、借力改革，推进陶吴工业园“腾笼换鸟”，为优质项目入园提供空间。进一步完善园区基础设施，4个区重大产业项目完成投入3.5亿元。新引进亿元内资项目2个，分别为南京惠德汽车零部件有限公司和南京鸿峰人力资源有限公司；新增规模以上企业2家，培育省级民营科技企业7家。入园企业涉及国际运输代理、无线电监测设备制造、智能电网产品加工制造、航空机械装备制造、汽车零部件制造等产业。陶吴工业集中区全年完成销售收入10.08亿元，比2016年增长30.5%，其中主导产业销售收入5.55亿元，占总销售收入的55%；规模企业产值6.03亿元，其中高新技术企业产值2.09亿元，高新技术企业产值占园区内规模企业产值的34.6%。

“263”与“10+1”专项行动 2017年，横溪街道组织开展“263”“10+1”专项行动，关停砖瓦、热镀、铸造、小化工等高能耗、高污染企业25家。用5个月时间完成横溪污水处理厂、5.5公里配套管网建设和陶茂小区、狮子山AB区、丹杨家园等13个小区排水达标区建设。实施横溪老河、响水坝2条黑臭河整治，全力打造“水清、岸绿、景美、路畅、群众满意”的河道。全街道69家规模养殖场（户）彻底关闭，实现全域“清零”。取缔陶吴王家园周边占地近1公顷的泡沫堆场、拆除3000多平方米违章建筑，集中清除宁丹路、汤铜路等主干道沿线的37家砂石堆场、41家废品收购站和7家石料加工厂，并制定长效管理措施，彻底祛除“环境伤疤”。重点围绕3个集镇和宁丹路沿线，以“三点一线”布局，完成桃盛大街、吴楚路、七仙广场周边道路、绿化、亮化提升整治，用精细化建设管理打造“精致化横溪”。

民生工程建设 2017年，横溪街道以就业为导向，举办各类培训班，培训西式面点、育婴师、中式烹调师、茶艺师479人，组织GYB培训360人、职业指导培训352人，实现农村劳动力转移就业1379人次、再就业976人，援助困难人员就业197人。设立420万元帮困基金，对特困群体教育、重病、危房改造等提供帮扶救助。用好、用活专项无息借款创业基金，扶持有创业意向的困难户通过开小店、从事种植养殖等，摘掉贫困“帽子”。建成丹阳学校1.6万平方米校舍并投入使用，完成陶吴中心小学、陶吴中心幼儿园、丹阳中心幼儿园、横溪集镇安置房、土地综合整治（丹阳、吴峰地块）安置房建设等前期手续办理。先后实施丹云路等9条、48公里农村道路灰色化扩宽改造，横山孙杨桥、官长薛家桥2座危桥提升改造，老丹向路、幸福大道整修等工程。加大精准扶贫工作力度，采取扎实有效的帮扶措施，促进低收入农户脱贫致富。全街道建档立卡低收入农户2239户、4426人，其中低保户1522户，按照市认定脱贫标准，年末，脱贫1656户。

第四届南京山地马拉松赛 3月26日，第四届南京山地马拉松赛在横溪蟠龙湖开跑。该项赛事曾被《外滩画报》评选为中国六大精品马拉松赛事之一，比赛吸引18个国家的850名选手参加。比赛设42公里、25公里个人组和12公里团队公益组3个组别，融合山地、小径和林道，选手们在激烈角逐的同时领略横溪的秀美风光。

第二届横山徒步越野大会 4月22日，第二届南京横溪·横山徒步越野大会在革命老区横山举行，比赛设达人组30公里、挑战组20公里、体验组10公里，吸引江苏、安徽、浙江等地2000余名选手参赛。此次徒步越野大赛场地横山林场位于江宁区横溪境内，处于江苏省和安徽省的分界线上，这里山地资源丰富，森林覆盖率高，赛道设计包含游步道、山地小径、机耕路、林场防火道等，是户外运动的绝佳场所。

第16届横溪西瓜节 5月1日至6月30日，江宁乡村休闲文化旅游节暨第16届中国·江宁横溪西瓜节系列活动在横溪街道举行。该届横溪西瓜节以节庆为载体，以西瓜为媒介，节俭为先、富民为本、务实为重，进一步提升中国小兰西瓜之乡横溪的知名度和美誉度。与往年不同的是，除一系列丰富多彩的群众文艺活动外，着重让区域美食文化融入瓜乡独特的自然人文历史文化，向市民呈现一个魅力无穷舌尖上的横溪。是年，横溪西瓜种植面积3666.7公顷，其中设施栽培3000公顷，种植新优名特品种

2017年，横溪西瓜节期间，横溪西瓜入驻江宁金鹰超市。图为横溪西瓜节主题摊位

横溪街道　供稿

30余个，发展优质礼品瓜2666.7公顷，其中小兰西瓜2000公顷、苏蜜8号333.3公顷，繁育嫁接苗7000万株，总产量16万吨，总产值5亿多元。全街道农民人均西瓜纯收入7700元，占人均纯收入的30.3%。

“七仙银芽茶”获评省著名商标　2017年，横溪街道生产的“七仙银芽茶”被认定为省著名商标。横溪属丘陵地区，气候条件与土壤适宜茶叶生长。该街道生产的“七仙银芽茶”条索细紧，外形直中带扁似织梭，匀整秀丽，色翠披毫如银，汤色绿而清澈，滋味鲜爽醇甘，叶底嫩匀明亮，生产制作历史悠久。全街道现有1200多户从事茶叶生产，制茶企业40余家，种植面积1400公顷，总产量20万公斤，年产值5000多万元。通过标准化生产和品牌化运作，横溪“七仙银芽茶”2015年获评南京市名牌农产品。

横溪年糕助农民增收　2017年，横溪街道勇跃社区有近400户农户从事年糕制作，其中制作大户30多户，平均年收入10万元。全街道年糕制作个体户发展到800多户，成为群众增收致富的渠道。横溪年糕在明清时期就远近闻名，它采用横溪地产晚糯米粉，用水浸泡、上锅蒸煮，再经过人工打压加工而成，成品外观洁白如玉，块形完整无粉粒，口感柔滑，糯而不粘，浸而不糊，深受城乡消费者欢迎。

（虞长来　王兆平　毛文轩　罗玉龙）

龙乡、双范村入选市“五美乡村”　2月，市委、市政府公布100个第四批美丽乡村示范村（特色村）名单，包括示范村51个、特色村49个。横溪街道西阳社区龙乡、双范村榜上有名。其中，上范村获“南京美丽乡村示范村”，兴范村获“南京美丽乡村特色村”。上范、兴范村秉承原有的生态样貌，依托村庄幽静气质，大力整治村容村貌，新建4000平方米的生态停车场和3500平方米的村民活动广场，架设路灯72盏，还完成强弱电下地、自来水增容改造。从打造村口、生态、门户、道路、庭院等10个方面入手，提升村庄的基础设施和公共服务水平，改善上范、兴范村的人居环境。

溪田雨花茶获颁首批中国森林认证茗茶品牌　3月，中国首届茶叶森林认证高峰论坛上，溪田雨花茶品牌获颁首批中国森林认证茗茶品牌，这标志着溪田雨花茶不仅可以受权使用中国森林认证标识（CFCC）和国际森林认证标识（PEFC），还可直接进入与PEFC互认的50多个国家和地区市场。溪田茶园位于横溪街道西岗社区，面积33.3公顷，周围自然环境优越，茶园管养不使用化肥、农药及除草剂，茶叶品质纯天然、无污染、健康营养，质量达到国际标准和国内先进标准的质量安全要求。此前，溪田雨花茶品牌已通过非木质林产品经营认证。

溪田田园综合体项目冲刺“国字号”　7月，由江宁旅游集团、江宁交建集团负责建设的南京溪田田园综合体经过层层评比，最终从全省7家申报单位中脱颖而出，综合评分获第一，与兴化千垛田园综合体一同代表江苏出征，参与全国首批田园综合体试点评选，冲刺“国字号”。田园综合体建设试点工作由财政部牵头，在内蒙古、江苏、浙江等8个省（区）率先开展，支持、鼓励有条件的乡村，建设以农民合作社为主要载体，让农民充分参与和受益，集循环农业、创意农业、农事体验于一体。溪田田园综合体位于横溪街道西岗社区，总规划面积718.4公顷，现有1家龙头企业、8家合作社等新型农业经营主体。根据项目发展规划，该综合体分为田园新社区、农业发展区、景观核心区、休闲体验区和商业配套区五大功能区，计划3年内建成。围绕共建共享，溪田综合体已成立农业机构、葡萄种植、茶叶种植、观光农业等8家合作社，吸引当地农民参加合作社，成为职业农民，提高农民收入。该综合体建成后，可容纳近2000名劳动力临时就业，周边400多名村民可实现长期就业。同月，溪田农业园项目申报省级“田园综合体”建设试点，并以全省第一名成绩获批。

“i创杯”互联网创新创业大赛决赛

9月23日，第三届“i创杯”互联网创新创业大赛决赛在横溪街道石塘互联网小镇开幕，108支队伍获得决赛资格，通过开放式路演形式，展示创新创业成果，对路演内容进行答辩，促进项目投融资对接。“i创杯”是由省经济和信息化委员会主办，省委组织部等部门共同支持，专注于互联网领域的江苏省最高规格赛事。大赛为期3天，报名项目1164项，符合报名条件1109项，参赛内容涵盖电子商务、文化娱乐、云计算与大数据、企业服务、智能硬件、金融、教育等领域。经过各比赛环节的比拼，9个项目进入最终决赛，其中上海宠零宠网络科技有限公司的“爱宠医生”项目获得特等奖。

紫金奖·建筑及环境设计大赛决赛

10月12日，以“田园乡村”为主题的2017年紫金奖·建筑及环境设计大赛决赛在横溪街道石塘人家举行，20组选手展开角逐。紫金奖·建筑及环境设计大赛是“紫金奖·文化创意设计大赛”的专题赛事，与前三届相比，此次大赛第一次将主题聚焦乡村，通过导入新文化、新观念、新生活方式等元素和推广新技术、新材料、新建筑方式等，在传承延续乡村文脉的同时，探讨未来乡村建设的新模式、新思路。经过层层筛选、复评后，职业组和学生组各有10项作品入围决赛。决赛现场，各参赛作品创作人员讲解创作理念和想法，接受院士、设计大师、专家学者，以及文化界人士、媒体工作者等评委点评和考验。参赛作品中，南京工业大学的学生选手还以石塘社区朱塘村为模型进行设计，以渐进式规划方式引入三代旅游产品，打造特色“竹文化”乡村。

（宁　鉴）

横溪街道负责人名录

党工委书记　俞旭东（3月免）
　　　　　　王才权（3月任）
副　书　记　王才权（3月免）
　　　　　　高正峰（3月任）
　　　　　　陈正平（9月免）
　　　　　　王　垚（5月任）
　　　　　　赵　虎
　　　　　　马兴余
人大工委主任
　　　　　　江忠玲（女，11月免）
　　　　　　王光荣（11月任）
副　主　任　端木家宝
办事处主任　王才权（3月免）
　　　　　　高正峰（5月任）
副　主　任　王　垚（5月任）
　　　　　　李万勇
　　　　　　陶象林
　　　　　　业红涛
　　　　　　戴文璟（女，5月任）
　　　　　　陈玉保
　　　　　　杨川平
政协工委主任
　　　　　　陈正平（11月免）
　　　　　　赵　虎（11月任）

2017年横溪街道村（社区）基本情况表

表 59

村（社区）	户数（户）	人口（人）	耕地面积（公顷）	人均纯收入（元）	党（总）支部书记	村（社区）委会主任
横溪	2950	6643	228	32235	潘顺国	徐大顺
新杨	1347	3423	237	27667	孙成平	唐　浩
丹阳	2835	7651	298	30172	刘学林	刘学林
西岗	1798	5076	351	32262	邹纪金	耿其海
陶吴	2119	5046	70	32347	刘春海	刘春海
新杭	1011	2580	147	30913	耿志兵	耿志兵

续表

村（社区）	户数（户）	人口（人）	耕地面积（公顷）	人均纯收入（元）	党（总）支部书记	村（社区）委会主任
甘西	1157	2875	180	28814	魏世进	魏世进
西泉	1059	2690	200	29137	洪　俊	尚崇刚
西阳	1705	4113	280	30827	刘德安	王　超
甘泉湖	1819	4545	363	33759	高正敢	高正敢
官长	812	2440	177	27404	任　莉	任　莉
红旗	1248	3058	166	30370	昝　成	曹露璐
云台	1332	3470	283	29491	龚　健	陈福军
安民	1587	4001	280	27021	韩　健	韩　健
许呈	1599	4121	305	29015	刘春阳	张小祥
横山	1006	2815	159	26640	陈　兵	闵根盛
勇跃	973	2852	204	28779	夏有明	罗玉海
宁光	1124	3276	230	29803	于丹凤	王学龙
山景	982	2943	227	28165	程　龙	左光银
许高	1334	3860	253	27019	刘　军	俞立凯
石塘	452	1276	101	39929	郑　涛	潘福林

2017年横溪街道主要经济社会指标表

表 60

指　标	单　位	数　值	比 2016 年（±%）
年末总户数	户	30249	1.70
年末总人口（户籍人口）	人	78754	1.45
人口出生率	‰	13.76	1.97
人口自然增长率	‰	6.80	1.21
耕地面积	公顷	4740	—
地区生产总值	万元	379977	9.20
规模企业工业总产值	万元	93696	−6.80
公共财政预算收入	万元	19319	−44.94

续表

指　标	单　位	数　值	比 2016 年（±%）
固定资产投资	万元	218870	89.81
其中：工业投资	万元	60498	0.65
实际利用外资及港澳台资	万美元	400	−5.50
年末企业数	家	1782	−1.10
企业从业人员	人	29097	−0.10
农民人均纯收入	元	29956	13.10
各类科技人员	人	962	0.40
中小学校	所	7	—
公共体育设施面积	平方米	170505	3.80
公共文化设施面积	平方米	17500	21.00
互联网上网用户	户	21175	16.00
参加农村养老保险	人	46513	32.30
参加农村新型合作医疗	人	46712	−4.30
城镇建成区面积	公顷	900	—
城镇建成区绿化面积	公顷	102	—
城镇建成区总人口	人	32860	0.20
集贸市场成交额	万元	44200	10.50

（虞长来　王兆平　毛文轩　罗玉龙）

麒麟街道

概　况　麒麟街道地处南京东郊，距南京中山门9公里。区域总面积62平方公里，其中沪宁高速以南44平方公里纳入麒麟高新区规划范围。其行政区域西至江宁区、玄武区、栖霞区交界处，东至汤山街道，南至青龙山、十里长山山脊线和东山街道，北至江宁区与栖霞区交界处。辖8个村（社区）、64个自然村，户籍人口5.94万人，流动人口7.3万人。麒麟地区拥有丰富的历史文化资源、地形地貌景观和优越的自然环境，群山环绕，水系丰富。有全国重点文化保护单位——1500多年前南朝宋武帝刘裕的初宁陵石刻，窦村古戏台市级保护文物，明都城外廓遗址——土城头路，明代古河道——运粮河，青龙山、十里长山生态主廊道。2017年，麒麟街道继续实施园区带街、园街一体发展战略，围绕服务高新区开发建设中心，重点做好征地拆迁，安置房建设分配、城市管理、社会建设等工作，完成年度目标任务。全年完成地区生产总值38.6亿元，公共财政预算收入7.93亿元，全社会固定资产投资64.64亿元，规模以上工业总产值16.28亿元，外贸出口1.8亿美元，实际利用外资及港澳台资4000万美元。

征地拆迁　2017年，麒麟街道完成房屋征收29.54万平方米。其中，遗留项目扫尾住宅24户、工企单位2家，面积1.98万平方米；青龙地铁小镇二、三期项目住宅81户、工企单位8家，面积2.2万平方米；麒龙路拓宽改造项目住宅20户，面积2600平方米；高新区中科院项目住宅243户，面积9.2万平方米；高新区东片区青西区域住宅332户，面积15.9万平方米。

安置房交付分配　2017年，麒麟街道分两期交付分配安置房595套，累计分配安置房11期、13599套、118.2万平方米，安置征迁居民4490户。年底，开展麒麟老集镇被征迁户商业用房申购工作，有296户购得商业用房近3万平方米。

环境综合整治　2017年，麒麟街道深入开展“263”专项行动，制定实施意见，设立“两减”、“六治”、“三提升”、综合、宣传舆论等5个工作小组，通过梳理九大类、28项、115条问题清单，量化保障目标任务。完成10家锅炉企业整改，关停3家、升级改造1家化工企业，取缔5家砖瓦企业，关闭19家规模畜禽养殖户，对九乡河沿线20个村庄生活污水和泉水东泉河黑臭河道进行整治。上半年，启动环境综合整治“百日行动”大会战，以东麒路、麒龙路、土城头路、S122（晨光、锁石段）等4条道路沿线为重点，确定29项目标、124个整治菜单，明确牵头部门和责任单位，村（社区）、部门联动，全员参与，统筹推进。清除垃圾5.88万吨，整治违规经营户155家，清理道路沟渠2.09万米，清理整治黑臭河沟塘坝12处，拆除露天厕所及旱厕27座，关闭扬尘污染企业17家，清理整治污水处理池10座；新建市民休闲广场4处、停车场15处、绿化公园3处、二级公厕7座，修整主要道路28公里，新设渣土管控点3处，荒地复绿3.5万多平方米，种植树苗灌木9000多株，新增花坛16座，墙体立面出新8.58万平方米，新建疏导摊群3000多平方米。

城市治理　2017年，麒麟街道完成区级数字城管案卷4745件，视频上报42件，城市事件4572件，城市部件173件，办结案卷4744件；市级数字城管总工单1626条，结案1578条。新发、换发、补发“门前三包”责任状600余份，签订率100%。加大店牌店招治理力度，统一制作门头26块，耗资15万元。新建麒麟铺东山下、马家桥2座二类公厕，对文荟路和步行街2座公厕进行翻新改造后达到二类标准。全面清除农村暴露垃圾堆放点，生活垃圾密闭化收集运输率100%。强化道路保洁，城区、集镇主次干道清扫保洁全部机械化，机扫率100%。生活垃圾日产日清，农村生活垃圾集中收运率100%，无害化处理率100%。不断优化非机动车停车管理，打造天赋广场非机动车标准化停放管理示范点，划出13块非机动车停车区域。在开城路、东麒路、悦民路、文荟路、东郊小镇等人口密集区域划定非机动车停车位23处，面积2600平方米。开展联合整治行动4次，组织交管、公安、交警联合执法，盘查9172起，查扣车辆101辆，罚款15万元。

违建管控和违法用地整改　2017年，麒麟街道涉及违法用地10宗、面积0.9公顷，其中耕地0.85公顷，占用基本农田0.17公顷；已整改2宗、0.19公顷，尚有8宗、0.71公顷正进行整改。进一步加大违建管控力度，对后村、高盖、华汇康城、中海御山府、东郊小镇等村和小区开展集中行动，保持违建管控高压态势，拆除违建175处，面积4640平方米。对辖区范围内各类违法建设，坚持发现一起、查处一起、拆除一起，确保新增违建零增长，存量违建逐步消除。

2017年，麒麟街道加快民生工程建设，办好办实民生实事。图为街道新修建的休闲广场　　区新闻中心　供稿

民生工程建设 2017年，麒麟街道在开展征地拆迁、环境综合整治、维稳等重点工作的同时，统筹做好就业、医保、民政、教育、计生等工作。举办就业岗位招聘和职业技能培训活动，新增就业岗位2000多个。安排专项资金对困难户等弱势群体实施救助，对低保户、低保边缘户等贫困家庭就学就医进行补助。麒麟实验小学2017年秋季投入使用，麒麟中学校舍改造工程启动建设。协调高新区管委会，建成并推进麒麟新市镇中心基础工程建设；加快街道文体服务中心二次装修及行政执法综合大楼装修工程，确保2018年上半年建成。

（王　斌）

麒麟有轨电车1号线开通 10月31日，麒麟现代有轨电车1号线正式开通。有轨电车车厢颜色以果绿色和白色为主，空间较公交车更加宽敞明亮，整车有5节车厢，可搭乘300名乘客。麒麟有轨电车是全球第二条蓄电池储能商业化运营有轨电车，采用超容量蓄电池作为牵引主动力源储能供电，可利用停站上下客20～30秒的间隙快速充电。同时，车辆刹车时产生的能量会回收转化为电能被蓄电池吸收，回收效率80%以上，实现能量的高效、循环利用。麒麟有轨电车线路全长8.95公里，设13座车站，南北纵贯麒麟高新区核心区域，连接地铁2号线马群枢纽以及10号线、12号线换乘的王武庄枢纽。线路由北向南途经富力城、启迪方洲、中海国际社区等10多个小区以及启迪科技园、中海高科技创业园等企业集聚区。石杨路站首班车发车时间为6点半，马群站首班车发车时间为7点，发车间隔20分钟左右，票价2元。

（宁　鉴）

麒麟街道负责人名录

党工委书记　蒋时汉（3月免）
　　　　　　易　强（3月任）
副　书　记　易　强（3月免）
　　　　　　夏　旸（女，3月任）
　　　　　　吕金明（3月免）
　　　　　　谢　明
　　　　　　颜贵青
　　　　　　王克明（11月免）
人大工委主任
　　　　　　叶永胜（3月免）
　　　　　　王克明（11月任）
副　主　任　张家友（3月免）
　　　　　　时真钰（5月任）
办事处主任　易　强（3月免）
　　　　　　祁　林（3月任）
副　主　任　高吉友
　　　　　　汪春华（女）
　　　　　　贾吉勇
　　　　　　刘　群
　　　　　　张国顺（6月任）
　　　　　　李小静（5月免）
　　　　　　吕　林（5月任）
政协工委主任
　　　　　　吕金明（3月免）
　　　　　　谢　明（11月任）

2017年麒麟街道村（社区）基本情况表

表61

村（社区）	户数（户）	人口（人）	耕地面积（公顷）	人均纯收入（元）	党（总）支部书记	村（社区）委会主任
麒麟门	6361	18345	69	43917	王熙根	周正好
麒麟铺	1745	5248	104	38965	朱如泉	汪永彬
晨　光	3185	10129	151	43232	王　敏	杨善勇
锁　石	502	1503	78	58841	张双喜	张双喜
袁家边	704	2296	119	33548	张双兵	张双兵
东　流	1721	5210	307	33314	邹五星	孙劲松
泉　水	2014	5899	74	39881	陈金保	王　坤
建　南	2114	6758	167	38847	王　杰	潘全武

2017年麒麟街道主要经济社会指标表

表 62

指　标	单　位	数　值	比 2016 年（±%）
年末总户数	户	21954	5.80
年末总人口（户籍人口）	人	59360	11.30
人口出生率	‰	27.94	1.70
人口自然增长率	‰	23.53	2.08
耕地面积	公顷	1069	−33.90
地区生产总值	万元	386217	13.70
规模企业工业总产值	万元	162823	−4.30
公共财政预算收入	万元	79295	−16.60
固定资产投资	万元	646428	−3.40
其中：工业投资	万元	42880	6.70
实际利用外资及港澳台资	万美元	4000	31.32
年末企业数	家	593	12.00
企业从业人员	人	23542	4.20
农民人均纯收入	元	39899	13.00
各类科技人员	人	820	4.00
中小学校	所	4	—
公共体育设施面积	平方米	4944	—
公共文化设施面积	平方米	3306	—
互联网上网用户	户	16850	1.40
参加农村养老保险	人	22278	2.90
参加农村新型合作医疗	人	20092	−8.94
城镇建成区面积	公顷	800	—
城镇建成区绿地面积	公顷	98	—
城镇建成区总人口	人	38150	—
集贸市场成交额	万元	23510	5.90

（王　斌）

新任区领导简介

汪　洁

汪洁，女，1966年4月生，江苏南京人，金陵职业大学财会专业大专毕业，南京大学函授企业管理专业在职本科毕业，1986年8月参加工作，2006年6月加入中国民主建国会。现任江宁区人大常委会副主任。

1986年8月，在江宁县财政局企财股工作；1992年7月，任江宁县财政局预算科科员、科长；2002年7月，任江宁区财政局农业科科长；2003年10月，任江宁滨江经济开发区财政分局局长；2004年2月，任江宁区财政局副局长；2010年6月，任江宁区统计局局长；2017年1月，任现职。

缪秀梅

缪秀梅，女，1973年12月生，江苏东台人，南京师范大学地理教育专业本科毕业，南京航空航天大学经济管理学院工程硕士毕业，1995年8月参加工作，1995年3月加入中国共产党。现任江宁区政府副区长、党组成员，江宁高新技术产业开发区工委书记。

1995年8月，任江宁县秦淮中学教师、团委副书记；1996年10月，任共青团江宁县委副书记；2000年12月，任共青团江宁区委副书记；2002年12月，任共青团江宁区委书记；2004年9月，任江宁区横溪镇党委副书记（正处级）；2005年2月，任江宁区横溪镇党委副书记、镇长（正处级）；2006年3月，任江宁区政府办公室副主任（正处级）；2008年12月，任江宁区旅游局局长；2011年7月，任江宁区江宁街道工委书记、滨江开发区工委副书记；2013年3月，任江宁区汤山街道工委书记，汤山温泉旅游度假区工委副书记、管委会主任、董事长；2014年3月，任江宁区汤山街道工委书记，汤山温泉旅游度假区工委副书记、管委会主任；2016年3月，任江宁区汤山街道工委书记、汤山温泉旅游度假区工委书记；2017年1月，任江宁区政府副区长，汤山街道工委书记、汤山温泉旅游度假区工委书记；2017年3月，任江宁区政府副区长、党组成员；2017年11月，任江宁区政府副区长、党组成员，江宁高新园工委书记；2017年12月，任现职。

董　涵

董涵，男，1974年6月生，福建建宁人，南京大学行政管理专业本科毕业，南京大学公共管理

MPA 专业硕士毕业，1997 年 8 月参加工作，1996 年 1 月加入中国共产党。现任江宁区政府副区长、党组成员。

1997 年 8 月，任南京市规划局办公室科员；2001 年 12 月，任南京市规划局人事教育处副主任科员；2005 年 6 月，任南京市规划局人事教育处处长助理；2006 年 7 月，任南京市规划局人事教育处副处长；2010 年 7 月，任南京市规划局人事教育处处长；2014 年 1 月，任江宁区湖熟街道工委书记；2017 年 1 月，任江宁区政府副区长；2017 年 3 月，任现职。

严忠琴

严忠琴，女，1962 年 5 月生，安徽桐城人，南京市中等专业学校法律专业中专毕业，江苏省委党校政治经济学专业在职研究生毕业，1984 年 8 月参加工作，1994 年 12 月加入中国共产党。现任江宁区法院院长、党组书记。

1984 年 8 月，任鼓楼区司法局律师；1984 年 11 月，任鼓楼区公证处公证员；1993 年 2 月，任鼓楼区公证处副主任；1995 年 2 月，任鼓楼区公证处主任；1997 年 11 月，任鼓楼区司法局律师管理科科长；1998 年 3 月，任鼓楼区司法局副局长；2000 年 1 月，任鼓楼区司法局局长，兼任法制局局长；2001 年 11 月，任鼓楼区司法局局长；2007 年 4 月，任鼓楼区检察院副检察长、党组副书记；2008 年 4 月，任鼓楼区中央门街道工委书记；2012 年 3 月，任溧水县法院院长；2013 年 4 月，任溧水区法院院长；2016 年 12 月，任江宁区法院党组书记；2017 年 1 月，任现职。

姜立波

姜立波，男，1970 年 2 月生，江苏海门人，洛阳工业专科学校计划统计专业中专毕业，江苏省自学考试经济管理专业在职本科毕业，1988 年 7 月参加工作，无党派人士。现任江宁区政协副主席（非驻会）、区物价局局长。

1988 年 7 月，在中国水泥厂修理车间实习；1989 年 7 月，任中国水泥厂计划科统计员、计划处处长助理；2000 年 5 月，任中国水泥厂生产管理部副部长；2001 年 5 月，任江宁区计经委副主任；2002 年 5 月，任江宁区计经局副局长；2005 年 2 月，任江宁区发改局副局长；2011 年 9 月，任江宁区发改局局长；2017 年 1 月，任江宁区政协副主席（非驻会）、区发改局局长；2017 年 3 月，任现职。

（组织部）

高端人才选介

乔治·斯穆特

乔治·斯穆特，男，美国籍，1945 年 2 月出生，美国伯克利加州大学物理学教授。长期从事天体物理学、宇宙学研究，2003 年获颁爱因斯坦奖章。曾参与美国宇宙背景探测（简称 COBE 卫星）相关研究，带领团队首次完成对宇宙微波背景辐射的太空观测，因发现“宇宙微波背景辐射的黑体形式和各向差异”而获得 2006 年诺贝尔物理学奖，被誉为“宇宙胚胎学之父”。2017 年入选南京市“科技顶尖专家集聚计划”。2017 年 7 月，乔治·斯穆特教授签约落户江宁诺奖小镇，注册成立南京凌深智能科技研究院有限公司，注册资本 500 万美元。斯穆特教授带来的量子密码通信项目，将基于量子通信技术，打造量子密码通信系统各种模块的国产化，打破中国在量子密码通讯技术领域的瓶颈，实现量子密码通信系统的商用化，实

现与欧美国家的同步发展以至超越。现已组建 10 人研发团队，提交 2 项专利申请。

丘成桐

丘成桐，男，美籍华人，1949 年 4 月出生，美国科学院院士，中国科学院外籍院士，哈佛大学终身教授，清华大学丘成桐数学科学中心主任，香港中文大学数学科学研究所所长。是国际公认的当今最具影响力的数学家之一，证明了卡拉比猜想，以他的名字命名的卡拉比—丘流形，是物理学中弦理论的基本概念，对微分几何和数学物理的发展做出重要贡献。先后获得克拉福德奖、沃尔夫奖等奖项，也是第一位获得被称为“数学界的诺贝尔奖”——菲尔兹奖的华人，被美国《纽约时报》称为“数学界的国王”。2017 年 7 月，丘成桐教授签约落户江宁开发区，注册成立江苏宏威信息科技有限公司，注册资本 1000 万元。研发项目为“人工智能 STEM（科学、技术、工程、数学 4 门学科英文首字母）创新教育产业化”，为中国智能制造培养未来科技人才，培训创新教育师资。

赵淳生

赵淳生，男，1938 年 11 月出生，中国科学院院士，南京航空航天大学教授。长期从事振动工程技术和应用研究，是中国第一个研究激振器与超声电机的科学家。他提出超声电机结构参数优化设计理论和方法，解决超声电机领域的世界难题。研发 16 种具有自主知识产权的超声电机及其驱动器，开发出多种激振器并得到广泛应用。先后获授权发明专利 165 项，国家级和省部级科技奖 17 项，其中国家技术发明二等奖 1 项、国家科技进步三等奖 1 项、国防科技一等奖 1 项。2017 年入选南京市“科技顶尖专家集聚计划”。2017 年 1 月，赵淳生院士与南京航空航天大学共同出资成立南京航大超控科技有限公司，注册资本 1000 万元。公司面向国家和产业的重大需求，持续推进超声电机产品与材料的研发、生产，同时具有制造卫星导航定位系统及配套设备的研发能力。

赵立峰

赵立峰，男，1974 年 11 月出生，美国南加州大学博士，现任南京乐韵瑞信息技术有限公司总经理。具有 10 多年多媒体芯片、算法和嵌入式软硬件系统开发及产业化的经验，多次参与国际视频编码标准的制定，发表论文 10 篇，拥有 8 项美国专利。2013 年入选江苏省“双创计划”，2017 年入选国家“千人计划”。南京乐韵瑞信息技术有限公司成立于 2012 年 11 月，注册资本 535.53 万元，专注于无线智能音箱、智能家居和智能软硬件平台的设计和销售，主要产品包括 WiFi 智能云音箱、智能玩具、智能家居、智能软硬件开发平台及无线智能高清音视产品，已申报 3 项软件著作权、9 项专利。公司产品已进入包括 RadioShack 在内的美国前三大电子产品通路商，并与中国联通、TCL、罗技、漫步者等国内外知名公司合作，吸引社会风险投资 11180 万元，2017 年实现销售收入 11492 万元。

张　昊

张昊，女，1963 年 5 月出生，英国兰卡斯特大学教授、环境中心副主任，生物地球化学中心主任，现任南京维申环保科技有限公司董事长。发明具有国际专利的环境监测技术—梯度扩散薄膜技术（DGT），并发表于《Nature》，为污染物生物有效态的定量分析提供革命性的新思路、新手段。累计发

表论文 180 余篇，获得 1 项国际专利。2015 年入选江苏省“双创计划”，2017 年入选国家“千人计划”。南京维申环保科技有限公司成立于 2014 年 4 月，注册资本 211 万元，专注于梯度扩散薄膜技术（DGT）在中国的研发、生产及应用，为环境生态保护、环境质量改善及可持续发展提供科技支撑，建立更准确、高效的环境监测与风险评估体系。公司是国内唯一合法授权的 DGT・技术与商标使用企业。

陈庆财

陈庆财，男，1959 年 6 月出生，南京医科大学博士，现任江苏奥赛康药业股份有限公司董事长。长期从事医药研发工作，领衔研发 10 余个国内首家或独家产品，填补国内空白。突破质子泵抑制剂注射剂的关键技术瓶颈，成功研发并上市中国第一支质子泵抑制剂注射剂产品。先后承担 3 项国家火炬计划，1 项“重大新药创制”国家重大专项课题以及多个省、市科技计划。2017 年入选国家“万人计划”。江苏奥赛康药业股份有限公司成立于 2003 年 1 月，注册资本 7.68 亿元。公司致力于抗消化道溃疡和抗肿瘤化学药物无菌制剂及原料药研发与生产，是全国拥有质子泵抑制剂（PPI）注射剂品种最多和最大的生产企业、领军企业。连续 4 年在国内注射用 PPI 市场份额占比为 25%，排名第一。2017 年实现销售收入 34 亿元。

刘 勇

刘勇，男，1978 年 11 月出生，北京大学管理学硕士，淮海工学院名誉教授，现任南京贝迪电子有限公司董事长兼总经理。专注于光电行业的市场运作和技术改进研究，围绕光学膜的研发和生产进行深入的开发与研究，在光电显示领域具有较高的造诣。2017 年入选国家“万人计划”。南京贝迪电子有限公司成立于 2008 年 11 月，注册资本 1355 万元，致力于生产高品质的显示用光学膜材，经过近 10 年发展，贝迪电子已经成长为国内规模前三的光电显示薄膜器件生产和整体解决方案提供厂商，研发的超薄导光膜产品，相比传统背光模组导光板具有能耗低、可弯折、更轻薄的特点，生产大尺寸 TV 液晶显示用量子点膜，打破国外垄断，成为 LG、海信、小米、苹果、京东方、三星、微软、夏普等公司的优质供应商。公司已取得 21 项授权发明专利，2017 年实现销售收入 4000 万元。

孙金良

孙金良，男，1965 年 5 月出生，南京大学管理学硕士，高级工程师，现任南京能瑞电力科技有限公司董事长兼总经理。致力于智能用电领域创新研究工作，主持用电领域国家级科技项目 2 项，主持完成 SZ-4H 无线电力负荷双向管理项目，在国内率先实现智能电网用电需求侧管理创新，首次提出五合一概念，构建统一的电能信息采集系统方案，拥有 6 项授权发明专利。2016 年入选南京市“创新型企业家培育计划”，2017 年入选国家“万人计划”。南京能瑞电力科技有限公司成立于 2012 年 3 月，注册资本 1.44 亿元，专业从事电动汽车充电设备研发制造、充电站整体解决方案、充电设施承建运营服务，主导产品直流充电桩、交流充电桩、便携式交流充电机，主要技术指标高于国际水平，在行业中处于领先地位，国内市场占有率达 5%。公司已经成为江苏省充电桩市场占有率最大的机构，是国家电网、南方电网、铁塔集团等大型集团的长期合作伙伴，2017 年实现销售收入 1.37 亿元。

谢高岗

谢高岗，男，1974 年 5 月出生，中国科学院计算技术研究所网络技术研究中心主任、研究员、博士生导师，现任江苏省未来网络创新研究院副院长。主要研究方向是网络测量分析与模型化、未来网络

体系结构、支持虚拟化可编程的网络设备等，承担国家973等多项研究课题，主持研发可编程虚拟路由器平台，先后获得国家技术进步二等奖、CCF技术发明二等奖等。2017年入选国家“万人计划”。2012年起担任江苏省未来网络创新研究院副院长，作为核心人员参与构建国内首个未来网络试验环境，承担国家重大科技技术设施（CENI）项目的总体设计。该项目成为中国在通信与信息领域建设的唯一一项国家重大科技基础设施，也是国家在江苏省投资建设的第一个国家重大科技基础设施项。

（郑　杰）

先进人物

刘虹飞

江宁区中医院针灸康复科副主任，2017年8月被国家卫计委、国家中医药管理局表彰为“全国卫生计生系统先进工作者”。

刘虹飞，男，1958年9月出生，中共党员，大专学历。1975年工作至今，他时刻牢记医生职业赋予的使命“健康所系，生命相托”，以精湛的业务，高尚的医德，视患者如亲朋，赢得广大患者的依赖与赞誉。2012年8月，刘虹飞响应江宁区委号召，到新疆特克斯县中医院开展为期一年半的医疗援疆工作。援疆期间，他全身心投入援疆工作，用自已精湛的医疗技术谱写了一首恢弘的援疆之歌，被当地老百姓称为“神针刘”。2015年6月他再次踏上援疆路，继续帮助维吾尔族同胞消除病痛。2017年9月，他第三次踏上特克斯柔性援疆路程，把真情和爱无私地奉献给当地群众。由于工作成绩突出，刘虹飞多次被评为江宁区先进工作者、江宁区卫生系统优秀共产党员；2015年被授予“南京市十佳文明职工”荣誉称号，2016被南京市总工会授予“第三届南京地区人民满意的卫生工作者”称号；被伊犁哈萨克自治州卫计委授予“伊犁卫生援疆优秀专家”称号；在第八批援疆工作中，记功1次。

（区卫计局）

王海丁

江宁公安分局网安大队副大队长、二级警员，2017年5月被公安部表彰为“全国公安系统优秀人民警察”。

王海丁，男，32岁，2007年参加公安工作。王海丁参加工作以后表现突出，先后被评为南京市公安局“石城警星”“南京市群众最喜爱人民警察”“江苏最美警察”等，荣立个人一等功1次、个人二等功1次、个人三等功4次。他负责运营的江宁公安分局官方微博“江宁公安在线”，始终坚持党的新闻舆论导向，持续不断地传播网络正能量，已连续4年保持全国政务微博影响力、全国警务微博影响力排行榜前五名，多次获“全国十大政务机构微博”“全国十大公安机关微博”“十大基层机构微博”等称号，受到新浪微博、人民日报等主流媒体以及广大网民的喜爱和认可。2011年2月25日，“江宁公安在线”微博上线试运行，王海丁便全身心投入到官微的使用和推广工作中，在他的日常生活中，没有下班时间，也没有固定的办公地点，微博就是他的办公室，手机、电脑都可以是他的办公用具，在有网络的时间里都是上班时间。他用敏锐的网络嗅觉、坚定的政治立场、热情的服务精神、严谨的工作态度始终坚守在“江宁公安在线”微博第一线。在“江宁公安在线”建设的初始，王海丁独具网络慧眼，瞄准区县级公安机关直接面对群众的需求方面，以宣传公安工作，发布治安、交通、协查等公安信息为主，围绕建设平安南京、和谐南京目标，创新社会管理，深化平安城市建设，更好地服务发展、服务民生、服务警务。“江宁公安在线”已累计发布微博2.6万多条，粉丝200万人，微博开通至今收到@（艾特）、评论1000多万条，数百篇贴文转发过千，数十篇贴文转发过万。微博运行成效和部分有影响的博文先后被《人民日报》、《人民公安报》、中央电视台、新华社等国家级媒体多次报道。“原创”“卖萌”“辟谣”“服务”“协作”，是王海丁独创的“江宁公安在线”五大核心特色。以原创微博打造传播力，以警事萌语提升亲和力，以微博辟谣稳固公信力，以扎实服务构建影响力，以跨平台协作深挖互动力。王海丁在工作中还摸索出警务微博网络问政的“三限工作法”，即各职能单位限定专门的涉警网络舆情联系人，限定微博问政答复时限，限定微博问政解决时限，极大提升了警务微博服务实效的能力。“江宁公安在线”也从一个单一的宣传平台跃升为集宣传、发布、服务、问政、答疑等多功能合一的综合网络平台。“三限工作法”也成为全国政务微博、警务微博的一个学习典型。

（公安分局）

新闻人物

·第16届南京好市民·

殷爱华

殷爱华，女，江宁区小秦淮酒楼负责人。20多年来，殷爱华凭着一股永不服输的闯劲和敏锐的市场触觉，艰苦创业、诚信经营、果敢决策、善待员工，演绎了精彩的创业人生。如今的她依旧保持当初创业时的初心，致富不忘本，受区妇联邀请，殷爱华加入江宁区女企业家协会。协会组织多次公益活动，她都积极参加并贡献力量。2016年12月5日，殷爱华生平第一次来到北京人民大会堂金色大厅，接受“全国先进个体工商户”的表彰，并受到李克强总理的亲切会见。

徐耀文

徐耀文，男，江宁高新园派出所民警。从冲锋在一线侦查刑事案件的标兵，到负责内勤管理成为全所“大管家”，徐耀文用实际行动践行自己的誓言。他是群众口中的“贴心人”，同事眼里的“大管家”，爱人和孩子笑言他是“不回家的人”。徐耀文接手的案件有500多起，但他对每一件都全身心投入，调整至内勤岗位后，他更加兢兢业业，并在2015年分局同类标兵能手评比中获得第一的好成绩。

刘　潘

刘潘，男，江宁区汤山街道作厂社区居民。为帮助陌生老人抓小偷，他在大街上狂奔20分钟；为帮助困难学生完成学业，他多年来捐款、捐物……这些善行义举故事的“主人公”就是作厂社区西岗头村的刘潘。“看见别人有困难，谁都会搭把手。”抱着这样的观念，现为旅行社经理的他将“随手行善”、帮助他人融入工作中，在带团期间，他曾不假思索跳入水塘，救助落水游客，获得团员的好评。

杨本立

杨本立，男，江宁区麒麟街道袁家边社区居民。杨本立60年如一日无微不至地照顾瘫痪妻子被传为佳话，坚持每天为妻子喂饭、洗脸、擦背、翻身……从青年到壮年再到老年，夫妻俩白首不相离，这位80岁的农村汉子用最朴素的方式，诠释了对爱情的忠贞和责任，他的行动感染了乡邻，在麒麟街道传为美谈。当被问及此生最大的心愿时，他说：“我只希望我能走在她后面，一直把她照顾好。”

冯良辰

冯良辰，男，江宁公安分局禄口派出所副所长。从警11年来，冯良辰屡立战功，是公安系统的模范民警；近两年里，他累计加班达600多个小时，是同事眼里爱岗敬业的典型。2016年体检查出异常，他不顾医生嘱咐坚守工作一线。手术治疗出院后，他放弃休息，投入基础信息采集工作。期间，他带头走街串巷，清理门牌地址、临时房主信息，登记流动人口、出租房屋等信息，并成功抓捕3名外省逃犯。

马孝信

马孝信，男，江宁区汤山街道老党员。马孝信常说：“既然入了党，就要牢记党的宗旨，永远听党话、跟党走。”虽已退休18年，但他仍坚持发挥余热，为群众奔走、热心公益、奉献社区，以实际行动诠释了一名共产党员的情怀。为方便附近党员参加“两学一做”学习教育，马孝信在坚持自学的同时，主动将自家客厅作为社区党支部的教学点，并担任所在支部的教学任务。

郭孝爱

郭孝爱，女，江宁区东山街道中前社区居民。48岁的郭孝爱，20多年来无微不至地照料生活无法自理的婆婆，每天带着婆婆去上班，谱写出感动邻里的“孝爱”之歌。1989年郭孝爱的婆婆不慎跌倒，导致上肢残疾，生活完全不能自理，郭孝爱主动提出由她一人长期照料婆婆的生活。郭孝爱为减轻家中经济负担出去工作，为照料婆婆，她每天背着老人一起上班。多年来，郭孝爱工作换了一份又一份，不变的是每天背着婆婆去上班的身影。郭孝爱获得2017年度中国好人、江苏好人等荣誉。

徐生树

徐生树，男，江宁公安分局经侦大队民警，一级警督。徐生树1980年11月参军入伍，1999年9月转业至江宁公安分局。从警18年来，徐生树始终坚守在经侦一线，从不对组织提出要求，用自己的实际行动诠释了人民警察全心全意为人民服务的政治本色，真正体现了一名共产党员的党性修养，用实践书写着“人民公安为人民”的铮铮誓言。他先后两次荣立个人三等功，多次被评为“优秀共产党员”“优秀军转干部”“优秀公务员”和“先进个人”，被南京市委、市政府评为“惩治腐败、查处大要案”先进个人。

牟俊华

牟俊华，女，江宁区中医院妇产科副主任、副主任医师。牟俊华是援藏医生，十月援藏路，她用双手托起可爱的小生命，用手术刀在雪域高原画出无私奉献的轨迹，用缝合线编织链接民族团结的生命线。在临床工作中，牟俊华积极发挥援藏专家“传、帮、带”作用，手把手地为当地妇产科医务人员传授新理念、新技术，使他们开阔了眼界，增长了业务知识。

刘虹飞

（见本栏目“先进人物”简介）

·美丽江宁人·

童有胜

童有胜，男，江宁区综合行政执法大队副大队长，“美丽江宁人”2017年度人物。童有胜是城管同事们口中的“拼命三郎”。为做好工作，童有胜充分发挥“五加二、白加黑”的精神，跑遍小城的每个社区摸点巡查，研究环境问题，酝酿整治改造思路。童有胜觉得，城管工作是每天解决各种矛盾的工作，需要不停与老百姓沟通，想要在日常执法管理过程中没有争执、没有暴力，只能靠劝导、教育、沟通和帮助。童有胜说，“我喜欢这份工作，每天下班回家看到干净的街道，沿街没有占道经营，秩序井然的市场环境，看到城市每天都有新变化，感受到城市变美变好中有自己的参与，再累也值得。”

杨本立

（见本栏目“南京好市民”）

房梅芳

房梅芳，女，江宁区妇幼保健所医生，“美丽江宁人”2017年度人物。在区妇幼保健所，房梅芳是众人口中相传热心肠的“房大姐”“房教授”。房梅芳从事妇幼保健工作整整27年，用自己的知识、技术和爱心为无数个家庭送去健康和幸福。为方便患者联系，帮他们解决问题，房梅芳把个人的手机号码留给她的每个病人。也因为这样，她经常会在半夜接到病人的咨询电话，她都耐心对患者进行指导，毫无怨言。在担任区妇幼保健所业务副所长期间，房梅芳除坚持门诊，还做好传帮带，向小辈们推广妇产科技术。在房医生的带领下，单位形成了良好的学习氛围，资料的收集整理进一步规范，得到业内人士和上级医院专家教授的高度评价。

陈张明

陈张明，男，江宁区法院淳化法庭法官，“美丽江宁人”2017年度人物。陈张明参加工作25年里，先后在禄口法庭、汤山法庭和淳化法庭等基层一线工作，耐心、细心地为当事人调解，用公平正义、司法服务、人文关怀诠释法律的真谛，为维护当事人权益和社会稳定做出了积极贡献。陈张明所在的淳化法庭承担着全区2/3以上道路交通事故案件的审理工作，全年案件数量超过1500件，他的每月结案量要确保在50件以上才能处理完案件，加班加点调查、阅卷、撰写法律文书成了家常便饭。基层法庭案件与老百姓的利益息息相关，陈张明在工作中严谨细致耐心，连续3年被评为优秀公务员、优秀共产党员，2014年被市中院评为优秀法官，2013年2月被市中院授予三等功。陈张明认为，既然选择了法官这一职业，就要适应法官的工作常态，只要能为当事人解决问题，一切付出都值得。

郭孝爱

（见本栏目“南京好市民”）

童道云

童道云，女，江宁区湖熟街道徐慕社区居民，“美丽江宁人”2017年度人物。在湖熟街道徐慕社区杨家村的一幢农家小楼前，“养老示范户”的标牌特别醒目。这户人家的主人名叫童道云，本是一名不起眼的城市保姆，却能让相识仅半年的中风老人主动提出跟她回农村养老。童道云家还有两位城里来的寄养老人，原本也是抱着试试看的心态，没想到一住就都不想走了。她不仅是村里第一个开展寄家养老的人，还积极组织邻居，将杨家村打造成远近闻名的“养老村”。在她的带动下，村里100多人拿到了寄家养老员资格证书，她还创办了“湖熟乡里乡亲助老服务中心”，引进更加专业的团队来运营，让杨家村成了具有专业医疗资源和优质生活环境的“养老村”。

陈建国

陈建国，男，江宁区群众艺术馆副馆长，“美丽江宁人”2017年度人物。陈建国从事艺术表演40年，最关心怎样把每一个角色吃准吃透演好，努力为广大群众提供良好的精神食粮。1978年，陈建国带着对锡剧表演的一腔热情进入原江宁县锡剧团，刚一登台亮相就赢得观众的喜爱。2002年他通过细致观察成功塑造锡剧《八品县令》盲人王半仙一角，赢得省会演优秀表演奖；2010年他在小品《数钱》中巧妙利用方言，精心刻画朴实农民赵老栓，获得华东六省一市小品大赛金奖。陈建国和同事们每年都要参加文化下乡活动，在农村进行100多场演出。他希望把好的传统文化艺术传播到田间地头，将戏曲艺术传承下去。

徐元韬

徐元韬，男，江宁公安分局横溪派出所社区民警，“美丽江宁人”2017年度人物。“85后”的徐元韬当社区民警还不满3年，但面对复杂烦琐的社区工作，却得心应手。2012年到横溪派出所以来，徐元韬用自己的双脚丈量了社区的每一寸土地，走遍了社区的每一个角落，帮助辖区居民周大爷恢复户口簿上错误登记的真实年龄，主动承担父母病残的居民小张的学费和生活费等，用自己的真情和奉献拉近了与社区群众的距离。出色的业绩为他赢得市公安局“石城卫士”、全市优秀社区民警、个人三等功等荣誉的同时，更让这位黑龙江的小伙与横溪百姓结下深厚情谊。

蒋启军

蒋启军，男，江宁区秣陵中学英语老师，“美丽江宁人”2017年度人物。蒋启军从教34年，深受学生爱戴。无论是日常教学还是援疆支教，他都心怀远方、深耕脚下，将一颗真心献给教育事业。2010年9月，秣陵中学接到派遣英语教师支教新疆的任务，蒋启军毅然远赴新疆伊犁特克斯高级中学，接手两个班的英语教学任务，并主动申请自愿再留任支教一年半。其任教的班级高考成绩优异，英语均分是近年学校最好成绩。援疆期间，他还定期到300多公里外的乡镇高中去授课评课、开设讲座，把江苏教育的先进理念和教法带给当地教师，在祖国边疆树立起江宁教师的美好形象。

张郁青

张郁青，男，江宁医院心内科主任，“美丽江宁人”2017年度人物。张郁青在江宁医院工作11年，一直冲在心血管疾病诊治第一线，即使身患重病也依旧坚守在岗位上，用精湛的技术守护百姓健康。2015年，张郁青被诊断出患有甲状腺癌，在进行甲状腺全切手术后一周，他就回到了工作岗位上。术后应当尽量避免接触X射线，张郁青说：“做了医生，就像士兵一定要上战场、一定要拿枪一样，我是一名心内科大夫，就不能避免接触X光。”这年，张郁青牵头启动了江宁医院急性心肌梗死急诊绿色通道，挽救了不少患者的生命。张郁青说，救死扶伤是一名医生义不容辞的责任，当患者生命危急之时，他能想到的只是如何挽救患者的生命。　（区文明办）

·百姓之星·

杨立奇

杨立奇，男，江宁公交集团公交司机。2017年1月13日下午3点左右，816路公交车司机杨立奇在行车过程中，发现后门旁的座位上有一个红黑相间的购物纸袋，心想应该是乘客匆忙下车给落下的，到站后便立即上交车队办公室，车队队长打开后发现这个普通购物袋里竟有1.8万元现金、一张13万元的存折和一些金银首饰。

当天下午，在胜太桥816路底站，程老汉拿到了自己丢失的财物。程老汉回忆说，他和妻子一起从小丹阳到城区的女儿家去。下车时发现忘拿包了，就赶紧打车去816路总站，希望公交公司的人能帮忙找找看，没想到杨立奇司机已经拿着纸袋在那儿等着了。

“我们几乎每天都能捡到乘客丢的东西，但不管是什么我们都会送还。”杨立奇说，这是他头一次捡到这么贵重的物品。自己刚将遗失纸袋送到办公室没几分钟，失主程先生就匆忙赶了过来，并且描述了遗失物品，进行了登记认领。找回财物后程老汉感到庆幸，并特意致电“12345”，对杨立奇拾金不昧的行为表示感谢。（谈晶文　杨闵怡）

蒋巧娣

蒋巧娣，女，禄口街道白云新村居民。蒋巧娣的婆婆原先由3个子女轮流赡养，后因年老行动不便，便定居在大儿子家，生活起居也由大儿媳蒋巧娣照料。蒋巧娣将老婆婆当成亲妈一样，事事为老人着想，照顾得妥妥帖帖。天冷了，老婆婆要在门口晒太阳，蒋巧娣就在避风向阳的地方放好椅子，搀扶她坐好。怕老人不小心滑跌出来，还细心地在椅子俩把手上系上带子当“围栏”。老婆婆有时会大小便失禁，蒋巧娣就及时换洗，“白天还算好，晚上得分外留意，觉不能睡得太沉。”蒋巧娣说。她最怕的就是冬天的晚上老婆婆大小便失禁，每次把老人安顿好，天还没亮自己又要忙着洗晒被褥衣裤。“她家衣服被子常常一晒就是一阳台，但从没听到巧娣抱怨过什么。”隔壁邻居说。

2016年，蒋巧娣自己做了心脏支架手术，老婆婆暂住在东山女儿家。不久，蒋巧娣身体稍稍恢复，又把老婆婆接了回来。老婆婆也乐得逢人便夸：“我哪儿也不去了，就和巧娣过，跟她过日子称心！”当问蒋巧娣为什么对老婆婆这么好，她沉默了会儿说：“我4岁时就没了妈妈，没真正享受过母爱。与婆婆在一起几十年处下来，她就像我亲妈一样，我们谁也离不开谁。”

（张庆祥　熊金陵　陈　敏）

胡从富

胡从富，男，江宁街道牌坊社区治安调解主任。1988年，退伍回到当时陆郎镇黄龙岘村的胡从富当上了治调主任，黄龙岘村与牌坊村合并成牌坊社区后他还是干着老本行，一坚持就是30年。30年来，他的手机从没关过机，哪怕是大年三十，只要接到电话，他就立即赶过去调解。以前胡从富走街串巷全靠一辆自行车，前后换了四五辆。后来生活条件好了，为了更快赶到现场，胡从富换上了摩托车，几年间竟跑坏了5辆摩托车，期间换过的车胎更是不计其数，同时换来的是黄龙岘村民“有矛盾找老胡”的习惯。

2006年，当地茶厂一名安徽籍采茶工人在采茶时心脏病突发猝死，死者老家的亲戚朋友10多人来讨说法。茶厂老板和村干部多方协调，但是“火药味”依然很浓，于是打电话叫来了胡从富。胡从富先从办案民警处了解到案发现场的第一手资料，然后在其他采茶工人处了解到死者平时的身体情况。来到现场后，他把其他人都“赶走”，独自面对死者的亲戚朋友，谈到了凌晨3点，最终达成调解协议。回老家前，死者的双胞胎儿子还给胡从富郑重地磕了个头。人命关天的矛盾一夜解决，当地村民对老胡无不佩服之极。

2013年初，黄龙岘村打造美丽乡村，修路、建停车场、征房征地等，村里的矛盾一下子多了起来。但是在胡从富的努力下，该村保持了“零上访”的记录，当黄龙岘茶文化村开村的当天，胡从富却晕倒在了走访的路上……

胡从富扎根基层，心系百姓，用巧解千家难、善调万户纷的“金钥匙”，打开一个个心结“锈锁”，使得一个个矛盾纠纷化干戈为玉帛，为当地播撒了和谐稳定的种子，赢得了村民的信任与口碑。

（梁冰青）

陈永宝

陈永宝，男，谷里街道石坝社区李家庄村民。20年来，他对卧病在床的妻子悉心照料、不离不弃，演绎着相濡以沫的爱情故事。1998年，陈永宝的妻子徐志红因风湿性关节炎导致全身瘫痪，生活不能自理，看着曾经与自己一起打拼的妻子，陈永宝下定决心：再苦再累也要让妻子好起来。喂饭、喂药、擦洗身子……陈永宝像对待孩子一样照顾瘫痪在床的妻子，用无私的爱唤起妻子生活的信心，谱写出感天动地的人间真情。

“孩子们需要妈妈，一定要把妻子照顾好。”这个信念支撑着陈永宝挑起了生活的重担。照顾瘫痪在床的病人是件很累人且烦琐的事，但陈永宝从未抱怨过。病痛的折磨让妻子的脾气变得有些古怪，妻子发脾气时，陈永宝会选择暂时离开，找个没人的地方自我调节一下，然后再回去温言劝慰。

除了照顾妻子日常起居带来的劳累，妻子治病、孩子上学的费用像一块巨石一样整日压在陈永宝的心头，为了筹钱，他连家里的鸡蛋都舍不得吃，全部卖了换钱。“做人做事要讲良心，夫妻之间更不能遇到困难就分开。”陈永宝说。

“不晓得是哪辈子修来的福分，让我有这样一位好丈夫，如果没有他的精心照顾，我早就不在人世了。”提起丈夫对自己的付出，妻子徐志红眼眶红了。“爱”的信念让陈永宝走到了现在，问及今后的打算，他说，照顾好妻子和孩子是他一生最大的事业，只要家人都在身边就好。　　（吴文菊）

2017年度江宁区获市级以上表彰先进个人一览表

表63

姓名	工作单位	荣誉称号	命名单位	命名时间
陈　晓	江宁开发区	2016年度全省开发区信息工作先进个人二等奖	省开发区协会	2017年12月
李　珏	江宁开发区	2017年度江苏省知识产权试点示范园区工作成绩突出个人	省知识产权局	2018年1月
周　韬	江宁开发区	2017年南京海智基地优秀联络员	市商务局	2018年1月
陈中亚	江宁开发区	2016年度南京市防范和处置非法集资工作先进个人	市政府	2017年1月
周良才	江宁开发区	2016年度全市安全生产工作先进个人	市安委会	2017年3月
石建平	江宁开发区	2016年度全市安全生产工作先进个人	市安委会	2017年3月
吴玉保	江宁开发区	2016年度全市安全生产工作先进个人	市安委会	2017年3月
阮宝洲	江宁开发区	2016年度全市安全生产工作先进个人	市安委会	2017年3月
任　骏	江宁开发区	2015—2016年度“南京市五一巾帼标兵”	市总工会	2017年3月
余正飞	江宁开发区	2017年度全市外资统计及外商投资企业年报工作先进个人	市商务局	2017年11月
魏　婷	江宁开发区	2017年度全市外资统计及外商投资企业年报工作先进个人	市商务局	2017年11月
戴玉梅	东山中前社区	2016—2017年度江苏省农村基层党建工作突出贡献者	省委组织部	2017年7月
付　林	东山泥塘社区	先进个人	省统计局	2017年12月
徐修芳	秣陵街道	全省校外教育辅导站工作先进个人	省文明办、省关工委	2017年9月
高吉晓	秣陵街道	省农村基层党建工作突出贡献奖	省委组织部	2017年7月
朱元才	汤山街道	江苏省第三次全国农业普查工作省级先进个人	省农业普查领导小组	2017年12月

续表 63-1

姓名	工作单位	荣誉称号	命名单位	命名时间
沈　荣	汤山阜庄社区	南京市扶贫工作先进个人	市“三”会	2017 年 12 月
谭孟云	汤山街道	嘉奖	市委、市政府	2018 年 2 月
赵　冬	淳化街道	江苏省优秀大学生村官	省委组织部、省委宣传部、省人社厅	2017 年 12 月
陈　帅	淳化街道	基层武装工作先进个人	南京警备区	2018 年 1 月
张　斌	禄口街道农经站	江苏省农村产权交易市场建设先进工作者	省委农村工作领导小组办、省农村综合改革领导小组办	2017 年 11 月
戈　彬	禄口彭福社区	南京市最美社工	市民政局	2017 年 12 月
李保成	禄口街道综治办	2017 年度全市防范处理邪教工作先进个人	市委防范和处理邪教问题领导小组	2018 年 3 月
周治民	谷里街道	全市农业综合开发工作先进个人	市农开局	2017 年 3 月
李俊运	谷里街道	2016 年度政务热线群众诉求办理工作先进个人	市委、市政府	2017 年 4 月
马更军	湖熟尚桥社区	农村基层党建工作突出贡献	省委组织部	2017 年 8 月
童道云	湖熟街道市民	南京好人	市委宣传部	2017 年
王兆平	横溪街道统计科	基层统计岗位标兵	省统计局	2018 年 2 月
陈玉保	横溪街道	十佳基层专武干部	南京警备区	2016 年 8 月
杜贯军	区法院	全省法院档案工作先进个人	省高院	2017 年 1 月
陈　敏	区法院	全省优秀人民法庭庭长	省高院	2017 年 1 月
闫立海	区法院	全省优秀法官	省高院	2017 年 1 月
徐连起	区法院	个人三等功	市中院	2017 年 2 月
张　赜	区法院	个人三等功	市中院	2017 年 2 月
张才冰	区法院	个人三等功	市中院	2017 年 2 月
李　青	区法院	个人三等功	市中院	2017 年 2 月
逯雅娟	区法院	优秀法官	市中院	2017 年 2 月
刘　敏	区法院	优秀工作者	市中院	2017 年 2 月
张　娟	区法院	优秀法官	市中院	2017 年 2 月
王　波	区法院	优秀法官	市中院	2017 年 2 月
张雨青	区法院	优秀法官	市中院	2017 年 2 月
叶　斐	区法院	优秀法官	市中院	2017 年 2 月
张启荣	区法院	优秀院领导	市中院	2017 年 2 月
徐道海	区法院	优秀庭长	市中院	2017 年 2 月

续表 63-2

姓名	工作单位	荣誉称号	命名单位	命名时间
陈志坤	区法院	优秀庭长	市中院	2017 年 2 月
洪超兰	区法院	2016 年度全市防范和处理邪教工作先进个人	市委防范和处理邪教问题领导小组评	2017 年 2 月
秦俊华	区法院	全省法院执行系统先进个人	省高院	2017 年 11 月
陈　敏	区法院	个人一等功	省高院	2017 年 11 月
杨双富	区法院	荣誉天平奖章	最高院	2017 年 11 月
陶建荣	区法院	荣誉天平奖章	最高院	2017 年 11 月
魏东娟	区法院	全市法院党的十九大信访维稳工作个人三等功	省高院	2017 年 12 月
成　林	区法院	全市法院党的十九大信访维稳工作先进个人	省高院	2017 年 12 月
杨先保	区级机关工委	全市机关党建工作先进工作者	市级机关工委	2018 年 1 月
李志晖	区级机关工委	全省机关党建工作先进工作者	省级机关工委、省人社厅	2017 年 12 月
丁　健	区级机关工委	南京市优秀工会工作者	市总工会	2017 年 12 月
舒敏平	区级机关工委	南京市“五一”劳动奖章	市总工会	2017 年 4 月
王元宝	区委宣传部	2016 年度全市宣传信息先进个人	市委宣传部	2017 年 2 月
谢　秋	区委宣传部	2016 年度全市社会舆情先进个人	市委宣传部	2017 年 2 月
阴祉豪	区委宣传部	2016 年度全市互联网舆情先进个人	市委宣传部	2017 年 2 月
翟果丰	区委宣传部	2016 年全市精神文明建设信息工作先进个人	市文明办	2017 年 2 月
薛　琼	区委统战部	全省侨联系统先进工作者	省人社厅、省侨联	2017 年 8 月
汤其友	区委统战部	全市统战信息工作优秀信息员	市委统战部	2017 年 2 月
任忠喜	区红十字会	2017 年度中国红十字总会报刊宣传先进个人	中国红十字会总会	2017 年 9 月
徐刘海	区红十字会	公益性应急救护百万培训项目成绩突出个人	省红十字会	2018 年 1 月
刘　帅	区经信局	2016 年度南京市节能工作先进个人	市节能办	2017 年 8 月
吴以华	区经信局	2016 年度南京市节能工作先进个人	市节能办	2017 年 8 月
汤　勇	区建工局	2017 年度江苏省建筑施工机械安装检验先进个人	省建筑安全设备管理协会	2017 年 12 月
宋福堂	区建工局	2017 年度江苏省建筑施工机械安装检验先进个人	省建筑安全设备管理协会	2017 年 12 月

续表 63-3

姓名	工作单位	荣誉称号	命名单位	命名时间
王世银	区建工局	2017 年度江苏省建筑施工机械安装检验先进个人	省建筑安全设备管理协会	2017 年 12 月
徐文苏	区建工局	2016 年度国家卫生城市“先进个人”	市卫生城市工作领导小组	2017 年 9 月
宫文胜	江宁实验小学	南京市教育系统第 10 届“师德先进个人”	市教育局	2017 年 9 月
刘春明	区司法局	全省司法行政系统党的十九大安保维稳先进个人	省司法厅	2017 年 12 月
苏克刚	区司法局	南京市司法局嘉奖	市司法局	2017 年 12 月
刘玉财	区司法局	南京市司法局嘉奖	市司法局	2017 年 10 月
刘玉财	区司法局	个人三等功	市司法局	2017 年 4 月
杜礼根	区司法局	南京市优秀基层法律服务工作者	市司法局	2017 年 1 月
李金山	区司法局	南京市优秀基层法律服务工作者	市司法局	2017 年 1 月
王双喜	区司法局	南京市优秀基层法律服务工作者	市司法局	2017 年 1 月
贾定保	区司法局	南京市优秀基层法律服务工作者	市司法局	2017 年 1 月
成建峰	区司法局	全省“四个全覆盖”体系建设先进个人	省司法厅	2017 年 2 月
杨梦莹	区司法局	2016 年全省司法行政系统信息工作先进个人	省司法厅	2017 年 3 月
高长清	区司法局	2014–2016 年度全市先进人民调解员	市司法局	2017 年 3 月
陈海燕	区司法局	2014–2016 年度全市先进人民调解员	市司法局	2017 年 3 月
穆琳宁	区司法局	南京市妇女儿童工作先进个人	市妇儿工委	2017 年 4 月
芮勤珠	区司法局	个人三等功	市司法局	2017 年 10 月
孙海燕	区司法局	南京市最美人民调解员	市司法局	2017 年 12 月
王菊英	区统计局	南京最美统计人	市统计局	2017 年 9 月
蒋家平	区统计局	南京市妇儿工作先进个人	市妇儿工委	2017 年 4 月
韩宏伟	区安监局	全省安全生产执法工作先进个人	省安监局	2018 年 1 月
汪海兵	区安监局	全省非煤矿山安全生产工作先进个人	省安监局	2018 年 2 月
汪海兵	区安监局	市安全生产先进个人	市安委会	2018 年 3 月
汪乃兵	区安监局	市安全生产先进个人	市安委会	2018 年 3 月
谢能武	区安监局	市安全生产先进个人	市安委会	2018 年 3 月
祁莉娜	区安监局	市安全生产先进个人	市安委会	2018 年 3 月
戎　健	区安监局	市安全生产先进个人	市安委会	2018 年 3 月
石长青	区环保局	2017 年度南京市城市环境问题巡查督查暨扬尘防控工作先进个人	市环保联合执法指挥中心、市扬尘管理办	2018 年 1 月

续表 63-4

姓名	工作单位	荣誉称号	命名单位	命名时间
鲍晓磊	区环保局	2017 年度全市污染防治工作先进个人	市环保局	2018 年 3 月
洪文跃	区环保局	2017 年度全市污染防治工作先进个人	市环保局	2018 年 3 月
王志国	区环保局	2017 年度全市“环境执法大练兵”先进个人	市环保局	2018 年 2 月
郎　燕	区环保局	2017 年度全市“环境执法大练兵”先进个人	市环保局	2018 年 2 月
成　杰	区环保局	2017 年度全市“环境执法大练兵”先进个人	市环保局	2018 年 2 月
端木传渊	区城管局	2017 年度城市治理“先进志愿者”	市城市治理志愿者协会	2017 年 10 月
范有邦	区城管局	2017 年城管“两徽”管理先进个人	市城管局	2018 年 2 月
吕亦凡	区城管局	2017 年度停车管理工作先进个人	市城管局	2018 年 1 月
陈　亚	区城管局	2017 年南京市平安志愿者协会优秀工作者	市平安志愿者协会	2018 年 2 月
穆蕴萍	区城管局	2017 年南京市“12319”热线办理工作先进个人	市城管局	2018 年 3 月
吕　阳	区城管局	2017 年度南京市城市清洗管理工作先进个人	市城管局	2017 年 12 月
潘　晶	区城管局	南京市城市治理标准化先进个人	市城治委	2018 年 3 月
潘云峰	区城管局	2017 年度环卫管理先进个人	市城管局	2018 年 3 月
邱　俊	区城管局	南京市城市治理标准化先进个人	市城治委	2018 年 3 月
周德龙	区农业局	“送科技、比服务、促增收”活动先进个人	省农委	2017 年 3 月
李　照	区农业局	省农机安全监理示范岗位标兵	省农机局、省安监局	2017 年 9 月
李　照	区农业局	全市农机安全生产工作先进个人	市农委	2017 年 3 月
夏丽华	区农业局	市农产品质量安全优秀监管人员	市农委	2017 年 1 月
杨金雯	区农业局	南京市农产品质量安全工作先进个人	市农委	2017 年 3 月
程秀荣	区农业局	全市农业执法先进个人	市农业综合行政执法总队	2017 年 3 月
李见花	区农业局	全市农业执法先进个人	市农业综合行政执法总队	2017 年 3 月
刘若瑜	区农业局	南京市农产品质量安全工作先进个人	市农委	2017 年 3 月
王玉珏	区商务局	2017 年度全省外资统计及外商投资企业联合年报工作先进个人	省商务厅	2018 年 1 月
蔡佩聪	区商务局	2017 年度全市外资统计及外商投资企业联合年报工作先进个人	市商务局	2018 年 1 月

续表 63-5

姓名	工作单位	荣誉称号	命名单位	命名时间
吕长贵	区商务局	南京市外贸工作先进个人	市商务局	2018 年 1 月
余小海	区粮食局	全省粮食安全工作先进个人	省粮食局	2018 年 1 月
王志刚	区广电台	2017 年度南京市安保工作先进个人	市公安局	2018 年 1 月
肖　娟	区广电台	2017 年度文化统计工作先进个人	市文广局	2018 年 2 月
杨李兵	区博物馆	江苏省可移动文物普查先进个人	省文物局普查办	2017 年 3 月
刘虹飞	区中医院	全国卫生计生系统先进工作者	人社部、国家卫计委、国家中医药管理局	2017 年 8 月
易海华	区中医院	护士长技术标兵	市计委	2017 年 5 月
胡　炜	区中医院	南京市内部安全保卫先进个人	市公安局	2018 年 1 月
夏　明	区中医院	南京市内部安全保卫先进个人	市公安局	2018 年 1 月
张建星	区中医院	南京市卫生系统后勤管理协会先进个人	市公安局	2018 年 1 月
叶　梅	区妇保中心	江苏省五一劳动奖章	省总工会	2017 年 4 月
吴　祥	区医学会（区卫生继续教育中心）	优秀教学管理员	东南大学	2017 年 11 月
汤　群	区疾控中心	江苏省对口支援伊犁州第八批优秀干部	伊犁州人民政府	2016 年 12 月
王　俊	区疾控中心	南京市迎接卫生城复审工作先进个人	市迎接国家卫生城市复审工作领导小组	2017 年 9 月
程尚林	区疾控中心	2016 年度省职业病防控工作先进个人	省疾控中心	2017 年 6 月
经正敏	区疾控中心	南京市五一创新能手	市总工会	2017 年 3 月
王海丁	江宁公安分局	全国公安系统优秀人民警察	公安部	2017 年 5 月
赵立宏	江宁公安分局	二等功	省公安厅	2017 年 11 月
陈先文	江宁公安分局	二等功	省公安厅	2017 年 1 月
张远斌	江宁公安分局	二等功	省公安厅	2017 年 1 月
王　彬	江宁公安分局	二等功	省公安厅	2018 年 1 月
王爱成	江宁公安分局	“全省公安机关警务督察工作成绩突出个人”记嘉奖	省公安厅	2017 年 9 月
郭　宇	江宁公安分局	全省技防城建设先进个人	省公安厅	2018 年 1 月
杨　军	江宁公安分局	全省优秀人民警察	省人社厅、省公安厅	2017 年 5 月
李　琳	江宁公安分局	全省优秀人民警察	省人社厅、省公安厅	2017 年 5 月
王　彬	江宁公安分局	群众最喜爱的人民警察	市公安局	2018 年 1 月
李　军	江宁公安分局	三等功	市公安局	2017 年 2 月
王康坤	江宁公安分局	三等功	市公安局	2017 年 2 月

续表 63-6

姓名	工作单位	荣誉称号	命名单位	命名时间
汪　骏	江宁公安分局	三等功	市公安局	2017 年 2 月
明　星	江宁公安分局	三等功	市公安局	2017 年 2 月
王　燕	江宁公安分局	三等功	市公安局	2017 年 2 月
刘　方	江宁公安分局	三等功	市公安局	2017 年 2 月
马文珂	江宁公安分局	三等功	市公安局	2017 年 2 月
王志海	江宁公安分局	三等功	市公安局	2017 年 2 月
张　毅	江宁公安分局	三等功	市公安局	2017 年 2 月
齐汉卿	江宁公安分局	三等功	市公安局	2017 年 2 月
叶兴忠	江宁公安分局	三等功	市公安局	2017 年 2 月
马小虎	江宁公安分局	三等功	市公安局	2017 年 2 月
杨　军	江宁公安分局	“勤政廉政先进个人”称号、记个人三等功	市公安局	2017 年 1 月
陈　曦	江宁公安分局	三等功	市公安局	2017 年 2 月
朱建军	江宁公安分局	嘉奖	市公安局	2017 年 3 月
王新和	江宁公安分局	嘉奖	市公安局	2017 年 3 月
刘　虎	江宁公安分局	嘉奖	市公安局	2017 年 3 月
严巧兵	江宁公安分局	嘉奖	市公安局	2017 年 3 月
赵俊建	江宁公安分局	嘉奖	市公安局	2017 年 3 月
吕　圆	江宁公安分局	嘉奖	市公安局	2017 年 3 月
黄　勇	江宁公安分局	嘉奖	市公安局	2017 年 3 月
李永洪	江宁公安分局	嘉奖	市公安局	2017 年 3 月
李晓霞	江宁公安分局	季度窗口服务先进个人	市公安局	2017 年 2 月
张黎明	江宁公安分局	“石城警星”三等功	市公安局	2017 年 4 月
夏　平	江宁公安分局	嘉奖	市公安局	2017 年 4 月
王　平	江宁公安分局	嘉奖	市公安局	2017 年 4 月
杨　剑	江宁公安分局	嘉奖	市公安局	2017 年 4 月
严小远	江宁公安分局	嘉奖	市公安局	2017 年 4 月
魏婉璇	江宁公安分局	嘉奖	市公安局	2017 年 4 月
徐元韬	江宁公安分局	“石城青年卫士”嘉奖	市公安局	2017 年 4 月
柏　灵	江宁公安分局	“青年岗位能手”嘉奖	市公安局	2017 年 4 月
何志锋	江宁公安分局	嘉奖	市公安局	2017 年 5 月

续表 63–7

姓名	工作单位	荣誉称号	命名单位	命名时间
孙振勇	江宁公安分局	三等功	市公安局	2017 年 6 月
郭　宇	江宁公安分局	嘉奖	市公安局	2017 年 6 月
梁治国	江宁公安分局	嘉奖	市公安局	2017 年 6 月
王平元	江宁公安分局	嘉奖	市公安局	2017 年 6 月
胡伟长	江宁公安分局	嘉奖	市公安局	2017 年 6 月
王　彬	江宁公安分局	“全市优秀社区民警”三等功	市公安局	2017 年 6 月
张正宝	江宁公安分局	“全市优秀社区民警”三等功	市公安局	2017 年 6 月
李　琳	江宁公安分局	“全市优秀社区民警”	市公安局	2017 年 6 月
龙晓剑	江宁公安分局	优秀共产党员、石城警星、记三等功	市公安局	2017 年 6 月
徐生树	江宁公安分局	全市公安机关“优秀复员转业军人”、嘉奖	市公安局	2017 年 7 月
孙正文	江宁公安分局	全市公安机关“优秀复员转业军人”、嘉奖	市公安局	2017 年 7 月
汪学平	江宁公安分局	全市公安机关“优秀复员转业军人”、嘉奖	市公安局	2017 年 7 月
杭其平	江宁公安分局	全市公安机关“优秀复员转业军人”、嘉奖	市公安局	2017 年 7 月
闫　冰	江宁公安分局	全市公安机关“优秀复员转业军人”、嘉奖	市公安局	2017 年 7 月
万　伟	江宁公安分局	“石城警星”、记三等功	市公安局	2017 年 9 月
杨成湘	江宁公安分局	三等功	市公安局	2017 年 9 月
魏婉璇	江宁公安分局	嘉奖	市公安局	2017 年 9 月
袁　宁	江宁公安分局	石城警星、三等功	市公安局	2017 年 10 月
常　彬	江宁公安分局	三等功	市公安局	2017 年 10 月
罗祥志	江宁公安分局	嘉奖	市公安局	2017 年 10 月
孙心心	江宁公安分局	三等功	市公安局	2017 年 10 月
徐耀文	江宁公安分局	嘉奖	市公安局	2017 年 10 月
朱玉华	江宁公安分局	嘉奖	市公安局	2017 年 10 月
方　明	江宁公安分局	嘉奖	市公安局	2017 年 10 月
韩云朝	江宁公安分局	嘉奖	市公安局	2017 年 10 月
聂　臻	江宁公安分局	嘉奖	市公安局	2017 年 10 月
李　航	江宁公安分局	嘉奖	市公安局	2017 年 10 月
俞义云	江宁公安分局	嘉奖	市公安局	2017 年 10 月

续表 63-8

姓名	工作单位	荣誉称号	命名单位	命名时间
闫　冰	江宁公安分局	三等功	市公安局	2017 年 10 月
杨常泉	江宁公安分局	三等功	市公安局	2017 年 10 月
杭长海	江宁公安分局	三等功	市公安局	2017 年 10 月
江　浩	江宁公安分局	嘉奖	市公安局	2017 年 10 月
吉成超	江宁公安分局	嘉奖	市公安局	2017 年 10 月
年　鹏	江宁公安分局	嘉奖	市公安局	2017 年 10 月
王　平	江宁公安分局	三等功	市公安局	2017 年 10 月
皋　尧	江宁公安分局	嘉奖	市公安局	2017 年 11 月
丁其林	江宁公安分局	三等功	市公安局	2017 年 11 月
汪裕川	江宁公安分局	三等功	市公安局	2017 年 11 月
纪　伟	江宁公安分局	三等功	市公安局	2017 年 11 月
万富强	江宁公安分局	三等功	市公安局	2017 年 11 月
蔡文强	江宁公安分局	三等功	市公安局	2017 年 11 月
汤世杰	江宁公安分局	三等功	市公安局	2017 年 11 月
张　鲲	江宁公安分局	三等功	市公安局	2017 年 11 月
魏　伟	江宁公安分局	三等功	市公安局	2017 年 11 月
俞　亮	江宁公安分局	三等功	市公安局	2017 年 11 月
朱帮平	江宁公安分局	三等功	市公安局	2017 年 11 月
李　涛	江宁公安分局	三等功	市公安局	2017 年 11 月
刘　凡	江宁公安分局	三等功	市公安局	2017 年 11 月
达伟强	江宁公安分局	三等功	市公安局	2017 年 11 月
杨　康	江宁公安分局	三等功	市公安局	2017 年 11 月
沙学祥	江宁公安分局	三等功	市公安局	2017 年 11 月
黄天昆	江宁公安分局	三等功	市公安局	2017 年 11 月
白少舫	江宁公安分局	三等功	市公安局	2017 年 11 月
佘　歆	江宁公安分局	嘉奖	市公安局	2017 年 11 月
吴勤富	江宁公安分局	嘉奖	市公安局	2017 年 11 月
周敦民	江宁公安分局	嘉奖	市公安局	2017 年 11 月
王经年	江宁公安分局	嘉奖	市公安局	2017 年 11 月
杨　阳	江宁公安分局	嘉奖	市公安局	2017 年 11 月

续表 63-9

姓名	工作单位	荣誉称号	命名单位	命名时间
赵秋荣	江宁公安分局	嘉奖	市公安局	2017 年 11 月
邵　建	江宁公安分局	嘉奖	市公安局	2017 年 11 月
李　凯	江宁公安分局	嘉奖	市公安局	2017 年 11 月
张　磊	江宁公安分局	嘉奖	市公安局	2017 年 11 月
罗江洪	江宁公安分局	嘉奖	市公安局	2017 年 11 月
王　巍	江宁公安分局	嘉奖	市公安局	2017 年 11 月
刘　辉	江宁公安分局	嘉奖	市公安局	2017 年 11 月
白　波	江宁公安分局	嘉奖	市公安局	2017 年 11 月
史　平	江宁公安分局	嘉奖	市公安局	2017 年 11 月
王　祥	江宁公安分局	嘉奖	市公安局	2017 年 11 月
王重忠	江宁公安分局	嘉奖	市公安局	2017 年 11 月
贾志伟	江宁公安分局	嘉奖	市公安局	2017 年 11 月
张凤凤	江宁公安分局	嘉奖	市公安局	2017 年 11 月
鲁召阳	江宁公安分局	嘉奖	市公安局	2017 年 11 月
朱吉林	江宁公安分局	嘉奖	市公安局	2017 年 11 月
陈兴平	江宁公安分局	嘉奖	市公安局	2017 年 11 月
尤德根	江宁公安分局	嘉奖	市公安局	2017 年 11 月
夏　平	江宁公安分局	嘉奖	市公安局	2017 年 11 月
江　瑜	江宁公安分局	嘉奖	市公安局	2017 年 11 月
童　越	江宁公安分局	嘉奖	市公安局	2017 年 11 月
高志宏	江宁公安分局	嘉奖	市公安局	2017 年 11 月
东丽丽	江宁公安分局	嘉奖	市公安局	2017 年 11 月
张　锐	江宁公安分局	嘉奖	市公安局	2017 年 11 月
齐汉卿	江宁公安分局	嘉奖	市公安局	2017 年 11 月
吕　圆	江宁公安分局	嘉奖	市公安局	2017 年 11 月
孙正文	江宁公安分局	嘉奖	市公安局	2017 年 11 月
李永洪	江宁公安分局	嘉奖	市公安局	2017 年 11 月
明振涛	江宁公安分局	嘉奖	市公安局	2017 年 11 月
闫　总	江宁公安分局	嘉奖	市公安局	2017 年 11 月
严小远	江宁公安分局	嘉奖	市公安局	2017 年 11 月

续表 63-10

姓名	工作单位	荣誉称号	命名单位	命名时间
赵晓阳	江宁公安分局	嘉奖	市公安局	2017 年 11 月
高　磊	江宁公安分局	嘉奖	市公安局	2017 年 11 月
郑宏祥	江宁公安分局	嘉奖	市公安局	2017 年 11 月
杜仁东	江宁公安分局	嘉奖	市公安局	2017 年 11 月
韩　霆	江宁公安分局	嘉奖	市公安局	2017 年 11 月
杨永林	江宁公安分局	嘉奖	市公安局	2017 年 11 月
韦　斌	江宁公安分局	嘉奖	市公安局	2017 年 11 月
李玉兵	江宁公安分局	嘉奖	市公安局	2017 年 11 月
刘德全	江宁公安分局	嘉奖	市公安局	2017 年 11 月
于连克	江宁公安分局	嘉奖	市公安局	2017 年 11 月
刘　高	江宁公安分局	嘉奖	市公安局	2017 年 11 月
夏立金	江宁公安分局	嘉奖	市公安局	2017 年 11 月
方光连	江宁公安分局	嘉奖	市公安局	2017 年 11 月
贾爱子	江宁公安分局	嘉奖	市公安局	2017 年 11 月
韩金明	江宁公安分局	嘉奖	市公安局	2017 年 11 月
马　钧	江宁公安分局	嘉奖	市公安局	2017 年 11 月
英家海	江宁公安分局	嘉奖	市公安局	2017 年 11 月
朱健鑫	江宁公安分局	嘉奖	市公安局	2017 年 11 月
廖文德	江宁公安分局	嘉奖	市公安局	2017 年 11 月
方自强	江宁公安分局	嘉奖	市公安局	2017 年 11 月
杨　帆	江宁公安分局	嘉奖	市公安局	2017 年 11 月
黄　勇	江宁公安分局	“石城警星”记三等功	市公安局	2017 年 12 月
陈　刚	江宁公安分局	三等功	市公安局	2017 年 10 月
朱玉华	江宁公安分局	“石城警星”记三等功	市公安局	2018 年 1 月
年　鹏	江宁公安分局	三等功	市公安局	2018 年 1 月
单维浩	江宁公安分局	三等功	市公安局	2018 年 2 月
赵诗国	江宁公安分局	三等功	市公安局	2018 年 2 月
胡　进	江宁公安分局	三等功	市公安局	2018 年 2 月
左　峰	江宁公安分局	三等功	市公安局	2018 年 2 月
袁慧玲	江宁公安分局	三等功	市公安局	2018 年 2 月

续表 63-11

姓名	工作单位	荣誉称号	命名单位	命名时间
吴莉莉	江宁公安分局	三等功	市公安局	2018 年 2 月
毛丽君	江宁公安分局	三等功	市公安局	2018 年 2 月
徐成军	江宁公安分局	三等功	市公安局	2018 年 2 月
潘冉东	江宁公安分局	三等功	市公安局	2018 年 2 月
陆　龙	江宁公安分局	三等功	市公安局	2018 年 2 月
贺子亮	江宁公安分局	三等功	市公安局	2018 年 2 月
王　磊	江宁公安分局	三等功	市公安局	2018 年 2 月
汤祖庭	江宁公安分局	三等功	市公安局	2018 年 2 月
张杰亚	江宁公安分局	三等功	市公安局	2018 年 2 月
张　浩	江宁公安分局	三等功	市公安局	2018 年 2 月
闫　总	江宁公安分局	三等功	市公安局	2018 年 2 月
李植青	江宁公安分局	三等功	市公安局	2018 年 2 月
丁培佳	江宁商贸集团	2017 年度全市内保系统保卫组织先进个人	市公安局	2018 年 1 月
梁民君	湖熟商店	2017 年度全市内保系统保卫组织先进个人	市公安局	2018 年 1 月
张利民	汤山商店	2017 年度全市内保系统保卫组织先进个人	市公安局	2018 年 1 月
陈　锦	江宁商贸有限公司	2017 年度全市内保系统保卫组织先进个人	市公安局	2018 年 1 月
潘志刚	新世界广场有限公司	2017 年度全市内保系统保卫组织先进个人	市公安局	2018 年 1 月
成格萍	区粮食幼儿园	2017 年度全市内保系统保卫组织先进个人	市公安局	2018 年 1 月
魏彬彬	江宁粮食投资发展集团有限公司	2017 年度全市内保系统保卫组织先进个人	市公安局	2018 年 1 月
刘　云	江宁商贸投资发展有限公司	2017 年度全市内保系统保卫组织先进个人	市公安局	2018 年 1 月
岳宏涛	南京元润食品有限公司	2017 年度全市内保系统保卫组织先进个人	市公安局	2018 年 1 月
龚星帜	南京民信药房连锁有限责任公司	2017 年度全市内保系统保卫组织先进个人	市公安局	2018 年 1 月
巴玉喜	江宁建材市场管理服务有限公司	2017 年度全市内保系统保卫组织先进个人	市公安局	2018 年 1 月
陈　军	南京元润食品有限公司	2017 年南京市五一劳动奖章	总工会	2017 年 4 月
倪桂芳	江宁国土分局	全省国土资源系统先进工作者	省国资厅、省人社厅	2017 年 6 月

（综　合）

逝世人物

陈康昕

陈康昕（1927—2017），男，1927年7月生，汉族，浙江平阳人，国立上海交通大学毕业，高级工程师，1949年5月参加革命工作，1985年9月加入中国共产党。历任上海交通大学新民主义青年联合社社员，江苏省水利厅设计院组长、水文总站组长，五七干校学员，江宁县江宁公社上湖大队工程员、江宁县水利局股长，江宁县政府副县长。1987年12月经中共南京市委组织部批准退休，1989年12月退休改离休，1990年4月被批准享受副地（局）级政治生活待遇。2017年5月22日8时因病逝世。

牛霞古

牛霞古(1917—2017)，男，1917年12月生，汉族，河南固始人，大学学历，1949年8月参加革命工作。历任苏北行署农水处技工，江苏省农林厅林业科工程师，江宁县林业局植物园工程师、东善桥林场工程师、汤山林场工程师、林副业局工程师。曾先后下放到江宁县陶吴公社、长江公社劳动锻炼，1980年至1987期间，兼任江宁县政协副主席（不驻会）。1987年7月经中共南京市委组织部批准离休，同年7月被批准享受副地（局）级政治生活待遇。2017年4月11日因病逝世。

罗志佐

罗志佐（1924—2017），男，1924年9月生，汉族，江苏阜宁人，1945年3月加入中国共产党，1945年5月参加革命工作。历任阜宁羊寨区委委员，盐城地委工作队队员，江苏省农村工作检查组组员，江宁县第一区委委员、副书记、书记，江宁县殷巷乡党委书记、铜山公社党委书记、东山公社党委书记、殷巷公社党委书记、陶吴公社党委书记，江宁县农村工作队队长，江宁县东善桥公社党委书记、龙都公社党委书记，江宁县计划委员会副主任兼社队工业局局长，江宁县计划委员会主任。1986年12月经中共江宁县委组织部批准离休，1987年12月被批准享受厅局级乘车医疗待遇。2017年6月18日6时05分因病逝世。

郦建海

郦建海（1924—2017），男，1924年8月生，汉族，江苏丹阳人，1944年6月参加革命工作，1945年2月加入中国共产党。历任新四军战士、班长、副排长、排长，江宁县公安局干事、股员、股长、副局长，江宁县铁矿团委书记，江宁县检察院副检察长，江宁县邮政局负责人，江宁县法院院长。1983年12月经中共江宁县委组织部批准离休，2006年3月被批准享受厅局级乘车医疗待遇。2017年1月4日因病逝世。

刘宝贵

刘宝贵（1925—2017），男，1925年12月生，汉族，江苏江宁人，1943年2月参加革命工作，1944年2月加入中国共产党。历任江宁区大队敌工科警卫员，整编主力四十七团三营八连班长、排长、副政治指导员，四十七团副官，华中二分区扬州市政府机关指导员，镇江铁路警卫部队指导员，江宁县和平乡支部书记、和平供销社负责人，江宁县秣陵供销社副主任、铜井区供销社主任，镇江干部文化学习班长，江宁县铜井乡供销社主任、土桥供销社支部书记、江宁县农副业产品公司办事员、干校学习班班长、龙都供销社支部书记，江宁县糖烟酒公司副经理、副书记，江宁县烟草公司二线干部。1986年8月经中共江宁县委组织部批准离休，2009年9月被批准享受副司局级医疗待遇。2017年12月4日因病逝世。

洪乐天

洪乐天（1929—2017），男，1929年12月生，汉族，湖北荆门人，1944年1月参加革命工作，1949年8月加入中国共产党。历任新四军正师指挥部三十三团公务员，北海兵站、华东与前指挥部记员，华东第五兵站、华东军区后勤军需部774仓库助理员，江宁县大礼堂、公矿等场所管理员，江宁县牛首管理区、茶场管理区管理员、主任。1980年8月经中共江宁县委组织部批准退休，1982年8月退休改离休，2009年9月被批准享受副司局级医疗待遇。2017年12月1日因病逝世。

唐佳宾

唐佳宾（1927—2017),男,1927年2月生,汉族,江苏丹阳人，1948年12月参加革命工作，1962年2月加入中国共产党。先后在上海、丹阳县固村参加地下革命工作，历任丹阳县委和县政府会计、干事，镇江工学团组长、地委工作队工作组长，江宁县土改工作队组长、副分队长，江宁县委秘书室生产检查组长，江宁县农民协会秘书、宣传部长，江宁县湖熟区委农会主任，江宁县农工部、县委生产办公室工作人员，江宁报社编辑，江宁县委党训班教员，江宁县委办公室秘书、农村工作部秘书组长；江宁县委农村工作队、县委文革办公室、县农林水办公室工作人员，江宁县路线教育和县委办公室秘书、秘书组长，江宁县政府办公室副主任、党总支书记。1983年12月经中共江宁县委组织部批准离休，1985年3月被批准享受副县（处）级政治生活待遇。2017年1月12日2时50分因病逝世。

柏 奇

柏奇（1930—2017),男,1930年11月生,汉族,江苏江宁人，1949年9月参加革命工作，1951年8月加入中国共产党。历任江宁县陶吴区委组织委员、副书记兼区长、副书记（主持工作)，江宁县委政法部指导员、县委巡视组小组长，江宁县东善公社党委副书记兼社长、书记，江宁县委农村政治部副主任，江宁县土桥公社书记、主任，江宁县直机关党委会副书记（主持工作)，江宁县委、县革委会办公室副主任，江宁县计划委员会副主任，江宁县计经委党委检查员、副书记。1992年8月经中共江宁县委组织部批准退休，1994年10月退休改离休，1995年4月被批准享受副县（处）级政治生活待遇。2017年9月25日3时18分因病逝世。

王恩溥

王恩溥（1929—2017)，男，1929年10月生，汉族，山东省海阳人，1946年9月参加革命工作，1947年1月加入中国共产党。历任山东省三旅十八团二营卫生员，华东九纵队二十七师八团二营卫生员、副班长，二十七军八一师卫生副班长、卫生班长、助理军医，中国人民志愿军二十七军八一师二四三团三营助理军医、军医，二十七军八一师二四三团三营卫生所长、军医，解放军八六医院休养员，解放军八五医院内科进修军医，二十七军八一师二四三团卫生连军医，江宁县秦淮中学校医、汤山中学校医，江宁县东山职业中学代理负责人，江宁县江宁公社卫生院指导员、院长。1982年8月经中共江宁县委组织部批准离休，1983年4月被批准享受副县（处）级政治生活待遇。2017年4月7日15时15分因病逝世。

刘砚田

刘砚田（1932—2017)，男，1932年1月生，汉族，河北清苑人，1948年3月参加革命工作，1950年7月加入中国共产党。历任中国人民解放军陆军第六十军一七九师五三七团战士、卫生科副科长，江宁县卫生防疫站副站长，江宁县城乡建设环境保护局副局长、检查员。1992年8月经中共江宁县委组织部批准离休，同年12月被批准享受副县（处）级政治生活待遇。2017年5月9日因病逝世。

程克义

程克义(1935—2017),男,1935年10月生,汉族,山东单县人，1949年9月参加革命工作，1951年1月加入中国共产党。历任济南军政大学通讯员，南京华东军政大学战士，第三高级步校、总高级步兵学校警卫员，南京军事学院保密员，江宁县江宁乡粮管所书记、谷里乡粮管所书记、主任，江宁县谷里供销社书记、方山供销社书记，江宁县农资公司副经理、日杂果品公司副经理、日杂建材公司副经理。1995年10月经中共江宁县委组织部批准离休，同年10月被批准享受副县（处）级政治生活待遇。2017年8月31日16时50分因病逝世。

金泽发

金泽发（1927—2017),男,1927年5月生,汉族,江苏江宁人，1947年5月参加革命工作。历任部队班长、副排长、排长，西南公安干部学校学员，成都公安队三师副连长，四川公安厅武警铁道支队中队长，四川军区独立师二团二营副营长、营长，江宁县陶吴粮管所保管员。1984年4月经中共江宁县委组织部批准离休,1985年4月被批准享受副县(处)级政治生活待遇。2017年8月24日14时30分因病逝世。

（邓 平）

文件选编

江宁区生态文明工程建设三年行动计划（2017—2019）

（2017 年 1 月 17 日）

为认真贯彻党的十八大关于加快生态文明建设的重大战略部署，全面落实《南京市江宁区生态文明示范区建设规划（2014—2020 年）》《江宁区水污染防治行动计划》（江宁政发〔2016〕199 号）《江宁区大气污染防治行动计划》（江宁政发〔2014〕189 号）《关于加快推进断面达标工程、提升河道水质的实施意见》（江宁委办发〔2016〕38 号）以及国家“三个十条”和省市关于生态文明建设的文件精神，加快推进国家生态文明示范区建设，营造优美生态环境，努力建设宜居江宁，实现全区经济、社会和环境的可持续发展，特制定本行动计划。

一、指导思想

以科学发展观为指导，认真贯彻落实党的十八大和十八届三中、四中、五中、六中全会精神和习近平总书记视察江苏时重要指示精神，牢固树立和贯彻落实“创新、协调、绿色、开放、共享”五大发展理念，按照“四个全面”战略布局和“五位一体”总体布局要求，全面落实江苏省十三次党代会、南京市十四次党代会和区委十三次党代会重要决策部署，把生态文明建设融入经济、政治、文化和社会建设的各方面，以生态文明工程项目的实施全面推进大气环境、水环境和土壤环境的治理工作，全面提升环境质量，破解亟待解决的环境难题，为建设“经济强、百姓富、环境美、社会文明程度高”新江宁奠定坚实基础。

二、基本原则

（一）以人为本，环保优先。以实现全面小康和现代化的环境要求为出发点，始终坚持以人为本、保护优先、人与自然和谐的原则，构筑自然健康的生态系统和适宜居住、创业的人居环境。以恢复生态功能为重点，开展生态修复，强化生态保护与建设。在保护优先的前提下，合理利用自然资源，提高利用效率。

（二）全面协调，持续发展。根据江宁实际情况，转变传统的生产方式，引入低碳经济理念，走新型工业化道路，大力推行清洁生产，最大限度地提高资源和能源的利用率，使经济社会发展与环境资源支撑能力相协调，实现资源的可持续利用和经济、社会、环境的协调发展。

（三）突出重点，分步实施。从解决当前最突出的环境问题入手，着眼于江宁转型跨越发展的重大机遇，分期制定切实可行的战略目标和建设任务，集中力量推进在重点领域、重点地区、重点项目的突破，努力构筑城乡生态网络体系，务求生态保护与建设工作取得实效。

（四）彰显特色，指标引导。根据环境保护部颁发的《关于推进生态文明建设的指导意见》（环发〔2008〕126号）中的相关要求，结合全区国民经济和社会发展"十三五"规划纲要以及各专项发展规划，突出重点，明确目标，狠抓项目工程，有步骤、有计划地实施生态文明示范区建设。

（五）保障安全，提升品质。以城乡协调发展为基本出发点，全方位开展城乡生态保护与建设，推进城乡环保一体化进程。严格实施生态空间管理，加快推进各类污染防治工作，有效保障全区生态安全，进一步提升生态环境品质，努力实现生态系统健康。

三、重要任务

（一）生态红线保护工程。包括3类共计35项，投资63618万元。

1. 生态红线区域项目清理及修复工程。计7项，投资4600万元。

主要开展水源地、水源涵养区、风景名胜区、生态公益林等生态红线区域保护，实施生态红线区域范围内农业耕种、畜禽养殖、工业企业及其他违规建设项目的清理退出。

3年内，重点开展生态红线区域项目及修复工程的区域有：长江水源地、牛首山风景名胜区、东坑生态公益林、大连山水源涵养区、安基山水源涵养区、赵村水库等。

2. 园林、湿地保护项目建设工程。计16项，投资4050万元。

主要开展城市口袋公园、街区、休闲公园等范围内道路绿化、草坪铺设及景观改造。

3年内，重点开展绿化及景观改造的区域有：湖山路以西城市口袋公园、高新园滨水景观带、横溪街道微景观、滨江开发区街区、开发区休闲游园、谷里小铜山绿地公园等。

3. 矿山采石宕口修复工程。计12项，投资54968万元。

主要开展矿山整治、宕口生态修复，平整场地，恢复植被。

3年内，重点开展矿山采石宕口的区域有：汤山地质公园、东坑生态公益林、云台山、凤凰山、大连山水源涵养区、溧塘、麒麟科创园等。

（二）环境综合整治工程。包括3类共计68项，投资22288万元。

1. 工业集中区管网及污水处理设施建设工程。计15项，投资11785万元。

主要开展乡镇工业园区污水处理厂及配套管网建设，工业企业污水截污纳管，集中收集处置，区别于生活污水收集处理。

3年内，重点开展淳化、横溪、禄口、湖熟、江宁、麒麟等6个街道工业园区污水处理设施及管网建设。

2. 餐饮一条街整治工程。计22项，投资1603万元。

主要开展10个街道餐饮业集中整治，安装油烟净化设备、建设隔油隔渣池，配套建设污水管网。3年内，计划整治餐饮单位共694家。

3. 行业专项整治工程。计31项，投资8900万元。

主要开展砂石堆场、医疗、农贸市场、工业企业、垃圾中转站、学校、其他等7类行业专项整治。3年内，控制砂石堆场扬尘、取缔非法砂石码头、建设医疗废水预处理设施，农贸市场、垃圾中转站、学校等主要场所污水集中收集处置。

（三）水环境整治工程。包括8类共计819项，投资363857万元。

1. 污水处理厂建设工程。计8项，投资36000万元。

主要开展污水处理厂新建、扩建及提标改造。扩大污水处理收集处理能力，至2018年，新增污水处理能力100000吨/日，同步开展全区排水规划的修编工作。

2. 污水管网探测与贯通工程。计16项，投资11150万元。

对全区所有污水管网进行CCTV检测，对堵塞、错接管网实施贯通，完善污水收集系统。

3. 污水管网建设工程。计102项，投资132075万元。

全面涵盖城建计划的管网工程，同时对部分节点予以补充。

4. 排水达标区（雨污分流改造）工程。计584项，投资132312万元。

主要开展小区雨污分流改造，全区居民小区雨污分流全覆盖。

5. 泵站应急处理工程。计30项，投资4860万元。

主要开展秦淮河沿线泵站应急改造，通过清淤、污水截污纳管、增设一体化污水处理设备等方式改善泵站前池水质。

6. 区域水循环工程。计5项，投资53315万元。

建立引水补流长效机制，主要开展长江引水、区域水系循环等工程，加强水系联通，实现河网互动，改善区域水质。

7. 清淤疏浚工程。计29项，投资4493万元。

主要涉及黑臭河流整治部分，重点对江宁开发区、高新园、麒麟街道等区域内黑臭河流开展清淤疏浚工程。

8. 黑臭河道专项整治工程。计 45 项，投资 19052 万元。

全面涵盖目前亟待解决的城乡黑臭水体，通过喷洒生物制剂、设置植物浮岛、增设一体化污水处理设备等方式提升河道水质，同时建立河道保洁等长效管理机制。

（四）大气环境治理工程。包括 5 类共计 455 项，投资 169643 万元。

1. 优化产业结构和布局工程。计 35 项，投资 2788 万元，主要为铸造、小家具等落后产能淘汰以及违法违规项目的关停。

2. 工业污染防治工程。计 361 项，投资 162735 万元。

主要开展表面涂装、包装印刷、汽修、家具等行业挥发性有机物整治及重点废气单位专项治理工程。

3. 高污染车辆淘汰工程。计 1 项，投资 1000 万元。

按公安交管部门名单淘汰老旧高污染车辆。

4. 大气自动站布点工程。计 1 项，投资 400 万元

区域内合理布置大气自动监测站，全面反映区域大气环境质量。

5. 加油站污染防治工程。计 56 项，投资 2720 万元。主要开展加油站地下油罐防渗改造，涉及全区 56 个加油站，计划改造油罐 136 个。

（五）土壤污染防治工程。包括 3 类共计 38 项，总投资 139997 万元。

1. 退役场地污染土壤修复工程。计 32 项，投资 8300 万元。

主要开展化工厂、畜禽养殖场、农药厂等企业关停搬迁后污染土壤的修复。

2. 危险废物处置工程。计 2 项，投资 130527 万元。

建设 2 家危险废物处置中心，新增危险废物日处理能力 6000 吨。

3. 餐厨垃圾综合处置工程。计 4 项，投资 1320 万元。

主要开展东山香樟园餐厨垃圾综合处置工程及立升再生资源开发有限公司餐厨垃圾项目，涉及餐厨垃圾综合处置、地沟油处理、屠宰下脚料回收加工、动物无害化处理等 4 个方面。

（六）农业生活污染防治工程。包括 3 类共计 282 项，投资 11843 万元。

1. 农村环境连片整治工程。计 60 项，投资 7500 万元。

主要开展横溪、湖熟、禄口、江宁、麒麟等 5 个街道 60 个村庄的环境整治，建设污水处理设施及配套管网。

2. 秸秆综合利用。计 1 项，投资 160 万元。

建设谷里街道大生公司物料循环车间 1000 平方米厂房，高温腐熟处理设备一套。

3. 农业面源污染专项整治。计 221 项，投资 4183 万元。

主要开展畜禽养殖专项整治，关闭或取缔畜禽养殖场，规范畜禽养殖场污染排放行为，建设干粪堆积场，建设污水处理设施。至 2017 年底，所有畜禽养殖场全部规范整治到位，涉及 6 个街道 200 余家养殖场。

四、工作保障

（一）加强组织保障。加强对生态文明建设工作的组织领导，分层次有步骤推进重点领域的主要工作，保质保量完成年度工作任务。区生态办要进一步发挥牵头抓总作用，做好统筹协调、任务分解和督促检查工作，制定生态文明建设目标责任书，调整优化任务指标。区级相关部门要根据职责分工制定工作计划并抓好年度工作的落实，共同推进生态文明工程建设工作。各街道、园区对本辖区内存在的问题制定工作计划，认真研究部署，强化责任落实，注重轻重缓急，把握时间节点，科学组织实施，确保按计划完成任务。

（二）明确职责分工。各街道、园区作为生态文明工程建设的主体，要成立由主要领导任组长的本区域生态文明工程建设工作领导小组，具体负责项目的实施工作，保质保量按时完成区下达的计划任务；区环保局加强统筹协调，制定年度计划并分解下达，做好工程进度监督促进工作；区财政局负责建设资金筹措、使用与管理；区发改局负责项目立项工作；区监察局负责行政监察；区督查办负责督促检查；区审计局负责工程审计；区住建局负责工程组织协调；区水务局负责加强水资源保护和合理利用；区林业局负责畜禽养殖整治的督促指导。各相关部门要加强沟通协调，共同推进生态文明建设工程的实施。

（三）强化督查考核。将生态文明工程建设工作纳入全区生态建设目标责任考核体系，并作为评价各级领导班子、领导干部政绩的重要内容，对因工作不力造成工程进度滞后、断面水质超标、生态红线破坏、生态环境污染等，要严肃追究有关部门和相关街道、园区负责人的行政责任，确保工作落到实处、抓出成效。

（四）健全投入机制。积极争取国家、省市项目资金，建立政府引导、企业为主和社会参与的环境保护投入机制。区政府采取“以奖促治”“以奖代补”的方式，积极支持生态文明工程建设工作；建立生

态文明工程建设效能与财政支付挂钩机制，确保环保支出与GDP、财政收入联动增长；推进投融资体制机制改革，探索多渠道筹资方式，吸引更多的社会资金投入到生态文明工程建设工作中来。

（五）强化综合监管。区政府负责组织、协调建立生态文明工程建设的综合监管机制，完善环保、住建、水务、国土、城管、林业等部门的协作网络和联动机制。各有关单位要加强工程建设的业务指导与技术支持，确保综合整治工作快捷高效。

（六）加强宣传教育。切实加强宣传教育，大力弘扬生态文明理念，引导各级领导干部自觉履行生态建设和环境保护的职责。加大环境信息公开力度，保持各类信息渠道通畅。充分发挥舆论引导和监督作用，创新和完善公众参与机制，培引导社会各界积极支持和参与生态文明工程建设工作，形成全社会重视生态环保，参与生态环保的良好氛围。

（摘自江宁委发〔2017〕7号文）

深入推进“十项行动计划”实施方案

（2017年2月23日）

为深入贯彻落实省市区党代会和全区经济工作会议精神，切实推动“两聚一高”和“一个高水平建成、六个显著”目标在江宁落地，着力补齐发展短板，增创新优势新动能，区委、区政府决定在全区实施重点产业项目建设等10个专项行动计划，以重点突破带动整体提升，以优异成绩迎接党的十九大胜利召开。现制定实施方案如下。

一、总体要求和目标

（一）指导思想

全面贯彻党的十八大和十八届三中四中五中六中全会，以及中央和省市经济工作会议精神，深入落实习近平总书记系列重要讲话特别是视察江苏重要讲话精神，按照省市区党代会部署要求，牢固树立、大力践行创新、协调、绿色、开放、共享的发展理念，围绕“两聚一高”主题，紧扣“六个显著”目标，瞄准“六块短板”，突出“五个工作主抓手”，大力实施重点产业项目建设、富裕百姓改善民生、生态建设暨“两减六治三提升”、科技创新创业、城乡建设暨动迁拆违、重点水利工程建设、文化及休旅重点项目建设、美丽乡村建设、信访积案化解、禄口空港新城建设“十项行动计划”，努力实现更高质量、更有效率、更加公平、更可持续的发展，为“强富美高”新江宁建设提供有力支撑。

（二）基本原则

——坚持统筹兼顾。认真贯彻落实中央和省市各项工作部署要求，加强系统谋划和总体设计，在各个专项行动计划推进中，注重工作的针对性、聚焦性和有效性，注重相互间的系统性、整体性、协同性，努力实现重点突破和整体推进相统一，确保各项工作稳妥有序推进。

——坚持问题导向。针对当前全区经济社会发展中存在的科技创新、基础设施、生态环境、公共服务、富民增收、改革落地等6个方面的突出短板和瓶颈制约，采取更加务实有力的举措，聚动能、补短板、增质效、促发展，努力推动全区经济社会发展稳健前行。

——坚持改革创新。注重用改革的思路、创新的办法推动工作落实，充分发挥市场在资源配置中的决定性作用，综合运用市场方式，形成项目建设推进的长效机制。同时更好地发挥政府的作用，优化完善制度供给，着力解决政府层面的政策问题、体制层面的要素配置问题，进一步激发市场活力和社会创造力。

——坚持求真务实。注重从实际出发，根据各个专项行动计划的不同特点，针对性地察实情、出实招、办实事、求实效，切实做到情况清楚、举措务实、工作扎实。对工作推进中存在的问题，及时梳理汇总，认真研究解决，着力构建工作高效落实的责任体系。

（三）主要目标

1. 重点项目建设实现更大突破。全力推进正大天晴、中船海洋装备等171个重大产业项目建设，确保全年完成有效投资不少于300亿元，高端特色产业集群进一步壮大，形成一批具有爆发力和引领力的创新型增长点，以实体经济为支撑，全省“工业强区”的基础更加雄厚。

2. 富民增收步伐不断加快。集中力量、资源、政策打好“聚焦富民”主攻仗，全体居民人均可支配收入增幅与经济增长同步，确保农村居民人均可支配收入增速高于城镇居民，城乡之间、区域之间、不同群体之间收入差距逐步缩小，按期完成经济薄弱村增收和贫困家庭脱贫任务，共建共享格局初步彰显。

3. 生态环境质量持续改善。以“两减”为突破口，以“六治”为主抓手，以“三提升”为着力点，从源头上减少污染物排放，解决群众反映强烈的突出问题，健全生态保护长效机制，2017年，空气质量二级标准天数比例达到70%，PM10、PM2.5年均浓度完成“国考”目标，集中式饮用水源地水质达标率100%，地表水水质达标率达75%，三类以上地表水比例达市定目标，国家省市目标考核断面水质基本达标。

4. 科技创新活力更加充沛。坚持以科技创新带动全面创新，以体制机制改革激发创新活力，以高效率的创新体系支撑高水平的科技强区建设，全年实施产学研合作、成果转化等重点研发项目200项，全社会研发投入增长10%以上，入选省“双创计划”10名，入选高层次创业人才引进计划28名，高新技术产业产值占工业经济比重提高0.5个百分点。

5. 城乡建设品质进一步提升。紧扣南京主城南部中心建设目标，围绕“畅行江宁、生态江宁、品质江宁、乐居江宁”建设，全年实施城建项目358个，当年完成投资不少于600亿元，切实补强城乡基础设施建设短板，促进城乡功能品质新提升。全力推进动迁拆违提速行动，全年完成动迁改造任务260万平方米，确保新增违建“零增长”、存量违建“负增长”。

6. 水利综合保障能力显著增强。坚持“江河库联通、洪涝旱联防、水安全水环境水生态联动”思路，按照问题导向、规划引领、分级管理的总体要求，加快河道堤防、水库、塘坝、涵闸、泵站、村庄河道清淤等建设，确保汛前60个项目完工，为全区经济社会发展提供有力水利保障。

7. 文化休旅产业发展水平进一步提高。统筹推进文化及休旅实体项目建设，着力提升文化休旅营销管理水平、文化内涵与体验品质，率先建成“国家全域旅游示范区”，力争创建成为国家公共文化服务体系示范区，推进江宁文化休旅向综合性现代产业转型、向战略性支柱产业升级。

8. 美丽乡村建设实现新的突破。认真贯彻落实中央和省市农村工作会议精神，以农业供给侧结构性改革为动力，以促进农民增收为中心任务，扎实推动美丽乡村“四变”工程，2017年创建省级美丽乡村2个，累计建成217个规划布点村，西部美丽乡村示范区430平方公里全面建成，中部美丽乡村示范区湖熟核心区基本建成，美丽乡村建设覆盖率达到70%，率先建成全域美丽乡村。

9. 信访积案化解成效明显。全区信访积案存量显著下降，越级访显著下降，进京非访显著下降，建立健全长效机制，促进信访形势明显好转，2017年11月底，所有交办事项（涉法涉诉除外）化解率达90%以上、结案率达100%。

10. 空港新城建设迈出新步伐。坚持以产兴城、以城聚产、产城融合的导向，统筹布局产业、交通、生态、文化、居住、公共服务等功能，做大临空产业集群，打造空港枢纽小镇，全年实施53个项目，完成投资不低于77.5亿元，为“两年形成核心区、五年基本建成新城区”打下坚实基础。

二、重点工作任务

1. 全力推进重点产业项目建设。紧密对接国家和省市重大战略和产业政策，坚持“扩总量、优存量、育增量、提质量”并举，推动汽车产业向智能化、混合动力及新能源方向发展，推进国家高端装备制造业标准化试点（智能电网装备）建设，办好2017年首届全球未来网络峰会，推进工业投资“双百”工程和重点技改项目，促进支柱产业转型升级。研究制定战略性新兴产业发展计划和扶持政策，深入实施“中国制造2025”江宁行动计划，推进中船海洋、南京传动高端装备产业园等项目建设，加快生命科技小镇建设，规划建设江宁开发区环保服务业集聚区，着力形成一批具有爆发力和引领力的创新型增长点。做强现代服务业规模效益，支持新技术、新产业、新模式、新业态“四新经济”发展，推动阿里巴巴菜鸟、东久互联技术创新园等重点物流和软件项目建设，实体运作旅游产业集团，加强文化休旅产业资源、要素、资本整合，全面提升环绕越文化休旅经济带，实现文化产业增加值占地区生产总值比重提高0.5个百分点。

2. 积极促进百姓富裕、民生改善。千方百计增加居民收入，实施更加积极的就业带动、创业扶持、政府兜底等富民惠民政策，新增城镇人员就业2万人以上。按照精准扶贫、精准脱贫要求，完成132个经济薄弱村增收和3048户家庭脱贫任务。统筹抓好民生政策落实、民生工程建设、民生实事落地，持续扩大社保制度覆盖面，全面完成已分配安置房小区不动产权证办理，完善老旧小区公共设施配备，办好一批群众关切的民生实事。启动教育资源优化提升三年行动计划，完善“33518”医疗体系，鼓励和支持社会力量举办养老机构，加快创建国家公共文化服务体系示范区，全面提升教育、医疗、养老、住房、文化保障水平。

3. 扎实推进生态建设暨“两减六治三提升”。大力削减煤炭消费总量，严控新建燃煤耗煤项目，全力推进“煤改气”工作，以排查“地条钢”企业和钢铁违规建设项目为契机，加快淘汰低端低效产能，提升产业层次，提升环境质量。以断面水质达标为目标，大力整治黑臭水体，治理太湖及长江流域水环境。以控尘降霾为核心，扎实推进工业废气治理、扬尘污染防控、秸秆焚烧管控等工作，大力推动大气污染治理。以畜禽养殖达标排放为重点，严格执行禁养区管理制度，有效治理农业面源污染。以城乡全覆盖为标准，全力构建垃圾分类、收集、处置一体化体系，加快实现生活垃圾处理减量化、资源化和无害化。以实施城乡环境、功能配套、交通秩序、文明素质、城市管理五大提升行动为抓手，统筹提升城市空间品质、治理城乡环境。以生态环境安全为根本，有效治理环境隐患。着力构建生态安全网架，严格保护生态红线区域，确保生态环境状况指数和绿色发展指数逐年提升。建立健全环境经济政策，注重运用经济杠杆提高排污成本，运用价格机制和市场机制倒逼企业转型。严格落实环境保护法及其配套办法，强化环境执法管理，完善环境执法与刑事司法联动机制，促进环境守法成为常态。

4. 积极推进科技创新创业。深入贯彻落实国家、省市科技创新大会精神，用好苏南自主创新示范区这块国家层面的试验田，创新管理机制及政策举措，积极构建有利于促进创新的制度框架和政策体系，全力打造更具竞争力的创业生态。积极开展“百企千人”“十院十校”科技政策服务行动，推进与南理工、南工程全面战略合作，启动建设南航、金科院等15万平方米大学科技园和东大智能制造创新中心、中科院南京分院麒麟科技园，推动大学城向科技城转型。以国际视野谋划科技创新，建设中关村高端人才创新创业基地、诺奖小镇等创新平台，主动跟进国家重大科技基础设施建设布局，重点推进国家未来网络试验装置CENI项目等重点实验室、重大专项、重点平台建设。高水平办好“全球未来网络峰会”等重大活动，推进中德技术合作转化中心落户运行，积极搭建国际产业创新与交流合作平台，打造具有世界影响的展会品牌。深入推进“创聚江宁”人才工程，聚焦“全球顶尖、行业拔尖”，大力吸引海内外各类科技人才和高水平研发机构落户江宁，促进人才集聚发展。依托国家火炬计划特色产业基地和省级科技服务业基地品牌效应，实施“科技创业企业成长路线图计划”，发布“江宁科创地图”，构建创新创业孵化服务链，推进科技金融创新，强化知识产权创造、运营、保护和管理，积极推进大众创业、万众创新。

5. 积极推进城乡建设暨动迁拆违行动。认真落实市城市精细化建设管理十项行动部署，抓实我区城乡精细化建设管理“10+1”专项行动。统筹协调东山副城、新城和新市镇发展，加快天元路、胜太路老工业地块“腾笼换凤”，推进秦淮河综合整治工程城市核心段建设，加快禄口空港新城核心区开发，高品质打造南站片区枢纽商圈，提升上坊—麒麟片区城市基础设施和功能形态，着力形成城乡一体化发展格局，加快城市功能品质提升。着力优化城市交通网络，完善主干道系统，加快农村公路提档升级，推进微循环道路建设，着力破解“断头路”、瓶颈路和局部堵点问题，提升城市运行能力和交通荷载能力；加快信息、能源、水利、交通、地下管廊等市政公用基础设施建设，做好省市相关项目的承接，加大基础设施建设力度，提升宜居宜业水平。聚焦影响产业项目建设、重要基础工程、城市品质形象的薄弱地段，科学依法地拆迁、拆违、拆旧、拆破，确保全年完成征迁260万平方米。

6. 加快推进重点水利工程建设。坚持骨干河道高于支岔河道，支岔河道高于撇洪沟，在册水库高于重点塘坝，重点塘坝高于一般塘坝，中型水闸高于小型水闸标准，优先建设防汛消险、骨干河道、在册水库、中型水闸、重点塘坝、重点泵站等，切实减少干流河道的防洪压力。因地制宜、因害设防提高上游、中游、下游防洪、蓄洪、滞洪、排涝及下泄能力，实现“水安全保障可靠、水资源配置合理、水生态健康优美、水法治保障有力”的水利发展目标，使江宁区成为人水和谐、生态优美的重要都市生态涵养区和农业示范区。

7. 大力推进文化及休旅重点项目建设。积极推进“文化+”“旅游+”，把文化与旅游产业融合起来、与项目建设统一起来，提高产业的关联度，提升区域经济、社会与文化的发展与品位。推动新型城镇化建设与现代旅游产业发展有机结合，建设一批集观光、休闲、度假、养生、购物等功能于一体的特色旅游综合体。切实完善旅游公共服务体系，加强城市与景区之间交通设施建设和交通组织，强化旅游集散和旅游咨询中心体系建设，加大信息网络等基础设施和相关公共服务设施建设力度，形成便捷、舒适、高效的集散中心体系和智慧旅游体系。积极推动文化基础设施提升，完善图书馆、博物馆、文化馆等公共文化设施建设，加大特色文化培植力度，提升文化公共服务水平。

8. 持续深化美丽乡村建设。以美丽乡村“四变工程”为统领，统筹推进示范区和美丽乡村“千百工程”建设任务，提升美丽乡村西部示范区建设内涵，重点打造大岘风景区核心组团和西部美丽乡村文化展示中心，全面启动以湖熟核心区 11.14 平方公里为重点的美丽乡村中部片区建设，东部片区依托汤山温泉核心资源，全面融入、主动对接全域旅游示范区建设，打好旅游牌、养生牌，形成点上有亮点、线上有特色、面上有风景的大格局，率先建成全域美丽乡村。

9. 积极推进信访积案化解。对全区信访积案进行排查梳理，全面摸清底数，做到信访人基本信息清楚、诉求清楚、信访情况清楚、处理情况清楚、责任归属清楚。信访事项按事发责任归属进行交办，信访事项同时涉及街道、园区和区级机关部门的进行双交办。各包案领导带领小组对所包案件进行协调会办，所有交办事项全部按照“一案一策”要求逐案推进化解，切实做到“诉求清”“责任清”“方案清”“过程清”“结果清”。对事发和稳控责任有交叉的事项推进需跨部门、跨区协调会办的，及时进行协商会办，确保各包办案件化解到位。

10. 大力推进禄口空港新城建设。统筹抓好基础设施、重点产业项目和城市功能型项目建设，突出抓好制约功能区发展的高空难题，实施信诚大道改造，飞天大道、安澜大道新建工程，构建起四通八达的内部路网，加快中航民机、维宜通、孩子王、安博物流、中国邮政速递南京邮件处理中心等项目的建设，快速形成良好的产业项目形象和集聚氛围。

三、加强组织保障

（一）强化组织领导。要把推进 10 个专项行动计划作为落实省市区党代会精神，推进全年工作的重要内容，认真抓好工作部署落实，定期听取计划推进情况，及时研究工作中的重点难点问题。牵头部门要对行动计划负总责，做好任务的全程跟踪；相关部门要各司其职，主动配合、强化联动、形成合力，全力落实各项工作任务；各园区、街道要做好各项行动计划任务的细化分解，确保责任落实到位。

（二）严格督查考评。牵头部门要认真研究专项行动计划推进督查方案，对工作落实情况实行全过程跟踪督查。区督查办要加强统筹协调，视情况采取实地督查、挂牌督办等方式推动工作落实。要坚持考核导向，把推进落实 10 个专项行动计划纳入全区千分绩效考核体系，适当增加分值比重，硬化考核措施，督促工作有效落实。对执行不力、落实不到位的要严肃问责。

（三）注重氛围营造。加大舆论宣传力度，充分利用报刊、电视、互联网等媒体，大力宣传 10 个专项行动计划的重要意义、目标任务和阶段性成果，大力宣传典型经验，及时回应社会关切，最大限度凝聚共识，充分调动全社会的积极性和参与度，着力营造齐心合力干事创业的浓厚氛围。

（摘自江宁委发〔2017〕20 号文）

2017 年，为完善东山城区周边道路的绿化、亮化和美化，打造出新的湖山路南端绿化工程已近尾声。该路段建成后，为建设中的上坊新城营造良好的外部环境

区新闻中心　供稿

关于推进农业供给侧结构性改革促进农民持续增收的实施意见

（2017 年 4 月 7 日）

2016 年，全区上下认真落实习近平总书记系列重要讲话精神，贯彻上级决策部署，加强组织领导，强化政策支持，狠抓工作落实，现代农业发展、美丽乡村升级版建设、农村综合改革、精准扶贫等各项工作都取得了新成效，农业农村发展继续保持稳中有进的良好态势。但农业结构性失衡矛盾突出、农民收入增速放缓、农业资源环境约束趋紧等问题仍然存在，要建设高水平全面小康必须采取切实有效的措施解决这些短板。2017 年，全区“三农”工作要深入贯彻落实中央、省市农村工作会议精神，坚持稳中求进工作总基调，围绕“两聚一高”主题和“一个高水平建成、六个显著”目标，切实发挥引领支撑示范作用，将“创新”、“富民”基因深度植入“三农”发展，以推进农业供给侧改革为主线，以促进农民增收为中心任务，以农村综合改革为动力，加快补齐农业农村短板，持续改善和保障农村民生，扎实推动农业增效、农民增收、农村增绿，努力在“强富美高”现代化新农村建设进程中取得新突破、新进展、新成效，为高水平全面建成小康社会夯实基础。

一、加快农业结构调整，促进农业提质增效

按照优质、高效、生态、安全的要求，坚定不移地推进农业结构优化调整，全面提升农业的质量和效益。

1. 构建都市型现代农业产业体系。持续优化现代农业产业结构和区域布局，加快构建以优质粮油、绿色蔬菜、精品园艺、经济林果、健康畜禽和特色水产为主导的六大产业体系，着力打造以生态休旅经济为主干、其他产业融合发展的特色产业集群。稳定粮食生产面积 4 万公顷、产量 30 万吨左右，蔬菜播种面积 3 万公顷以上。积极开展绿色高产高效创建，力争新增高标准农田 666.7 公顷、设施农业 533.3 公顷、高效农业 1333.3 公顷。推进茶叶、花卉、果品等精品园艺和经济林果标准园建设，改进产品质量，促进产业多元化发展。鼓励建设农牧结合生态循环型畜禽养殖场，打造 5 个健康养殖示范基地。推进百亩连片池塘改造和健康养殖基地建设，推广池塘工业化养殖系统，建设一批渔业标准园、精品园。深度拓展农业生态、生活功能，紧扣全域旅游示范区建设和“四变工程”，大力发展休闲农业和乡村旅游，做强生态休旅产业品牌。（责任单位：区农业局、区林业局、区旅游局，各街道）

2. 发展新型经营主体适度规模经营。培育新型经营主体，组织新型职业农民培训 4000 人，建成 20 家省市区级示范家庭农场，新增 10 家区级农业龙头企业。规范发展农村合作组织，进入省名录管理的农村合作组织超过 380 家。引导农户依法流转土地承包经营权，鼓励土地向新型经营主体集中，有序发展土地集中型规模经营。引导农民以土地经营权入股开展股份合作，促进新型经营主体之间开展集群、联合发展。采取订单生产、股份合作和提供劳务等方式，不断完善新型经营主体之间、新型经营主体与农户的利益联结机制。2017 年家庭农场经营比重达 43%，农民参加合作组织比重达到 80%。（责任单位：区农业局、区委农工委，各街道）

3. 抓好农产品品牌和质量安全建设。推进农业标准化生产，开展园艺标准园、畜禽生态健康养殖场等标准示范基地创建，培育一批名、特、优、新农产品品牌，新增无公害农产品、绿色食品、有机农产品和农产品地理标志“三品一标”农产品 23 个。累计认定“三品一标”产量占全区食用农产品产量的比重稳定在 55% 以上。强化农产品质量安全监管，落实属地管理责任，健全完善保障有力的质量安全三级监测机制，建立健全病死畜禽无害化处理长效机制。加强农业执法力度，落实生产主体责任，规范生产过程记录，完善农产品质量安全诚信档案，推进追溯管理试点，确保地产农产品抽检合格率 98% 以上，全区农产品质量安全零事故。（责任单位：区农业局、区林业局，各街道）

二、强化科技创新驱动，引领农业转型升级

着力调整农业科技创新方向和重点，积极创新农业技术体系和技术路线，抓好农业这个聚力创新的基础领域。

4. 加快农业科技创新运用。完善产学研合作的农业科技创业创新联盟运作机制，支持农业新技术研发，强化农业科技成果转化服务网络体系建设，

加大农业科技新成果引进试验示范推广应用，实现科技成果供需精准对接，培育一批现代农业科技综合示范基地。推进科技入户，加大“包村联户”的农技推广培育力度，聘请技术协作单位专家与区内科技示范基地开展对口帮扶工作，遴选区内90名中高级职称农技人员与1500名农业科技示范户提供“导师制”一对一指导服务，进行农业实用技术普及推广。完善互联网+农业科技服务体系，做好农业科技服务云平台“农技耕”的推广运用，提升农业科技推广的信息化水平。（责任单位：区农业局、区科技局，各街道）

5. 加快现代农业园区建设。扎实做好“现代农业示范园区产业提升年”活动，围绕产业链条构建、功能拓展、品牌打造、公共服务能力提升等重点工作，推动台创园等8个现代农业园区特色发展、错位发展，形成“一园区一特色”、“一园区一名片”。加强园区物质装备、科技推广、经营管理、可持续发展等方面的建设力度，创新现代农业园区发展机制，切实发挥出园区在供给侧改革、经营制度、技术创新、农业综合改革、服务创新、富民增收等方面示范引领作用。不断提升园区检测评价综合得分和带动现代农业发展、促进富民增收的能力。（责任单位：区农业局，相关街道）

6. 完善现代农业服务体系。加快构建覆盖全程、综合配套、便捷高效的立体式复合型农业社会化服务体系。持续加强区级农业信息化集成中心和智慧农业中心、镇街农技推广综合服务示范中心、村级规范化农业综合服务示范站建设，形成“区服务中心、镇街服务站、村服务点”三级服务网络全覆盖，畅通农业公共服务“最后一米”。鼓励引导社会力量和行业协会参与公益性服务，支持新型经营主体、专业化服务机构在农业生产各环节以及金融保险、市场信息等方面展开服务。整合优化农业科技服务资源，完善农村科技服务超市、星创天地等服务载体和平台，为农业发展和农民致富提供科技支撑。（责任单位：区农业局、区科技局，各街道）

三、推行绿色生产方式，增强农业生态功能

牢固树立绿色发展理念，加快转变农业发展方式，大力发展资源节约型、环境友好型农业，促进农业可持续发展。

7. 加强农业生态保护。加强土地利用规划管控，强化基本农田“五不准”永久保护约束。建立权责一致、利益联结的耕地保护长效激励机制，落实耕地保护补偿制度和补充耕地任务，积极探索推进建设占用耕地耕作层剥离再利用试点工作。健全耕地质量监测体系和土地执法监管长效机制，实施耕地质量提升与保护行动，大力开展高标准基本农田建设，构建耕地数量、质量、生态“三位一体”的保护机制。严格执行休渔禁渔制度，强化渔业资源和水生生态保护。加强和规范林地与林木采伐管理，严格执行采伐限额制度。（责任单位：区国土分局、区农业局、区林业局，各街道）

8. 大力发展节水农业。加快实施一批小型农田水利重点县、农田水利重点片区、重点泵站改造、中小型涵闸改造和水库移民及防汛消险等农田水利工程，完善农田水利灌排设施建设，建设一批现代化灌区。推广普及管灌、喷灌、滴灌等高效节水灌溉技术，集中建成一批高效节水灌溉工程。新建高效节水灌溉面积280公顷，新增和改善灌溉面积5413.3公顷，新增旱涝保收田1486.7公顷，新增和改善除涝面积5700公顷，新增节水灌溉面积540公顷，年新增节水能力871万立方米。深化农田水利设施产权制度改革和运行管护机制创新，建立与现代农业发展相适应，功能齐全、长效管护的现代农田水利体系。（责任单位：区水务局、区农业局，各街道）

9. 强化农业面源污染综合治理。严格执行畜禽禁养区管理制度，结合“两减六治三提升”专项行动，对全区221家畜禽规模养殖场进行全面整治，2017年“非禁养区”规模化养殖场（小区）治理率达80%。推进规模畜禽养殖场大中型沼气利用工程，畜禽粪便综合利用率达98%。加强农业绿色生态可持续发展，鼓励农作物秸秆“一还五化”，秸秆综合利用率达93%。实施农业废弃物资源化可再生利用工程，农业面源污染防治率达97%。实施农药减量工程，不断提高低毒高效农药使用占比。开展病虫害全程绿色防控新技术集成试验示范，打造绿色防控亮点工程，水稻病虫害防治面积1.73万公顷。加强耕地保护，提升耕地综合利用率，完成测土配方施肥面积3.33万公顷。（责任单位：区农业局、区林业局，各街道）

10. 推进绿色江宁建设。抓好南京绿地三年建设行动计划，以高等级公路绿色通道、河道沿水防护林体系、“美丽乡村”示范区生态景观林、丘陵山区高效产业林、“千百工程”村庄绿化为重点，2017年完成成片造林333.3公顷，其中新增成片造林200公顷；实施森林抚育3333.3公顷，其中示范抚育1000公顷；建设完善绿化新村50个；四旁植树50万株；新建或更新农田林网控制面积1333.3公顷；全区林木覆盖率保持在28.5%以上。加快推进“三化”示范创建工作，建设示范片2个、示范村10个，栽植珍贵用材树种40万株，新增湿地修复面积33.3公顷。

强化对生态公益林、自然湿地、野生动植物资源的监测及林业病虫害疫情、森林火灾的监控，有效保护各类重要的林业资源。（责任单位：区林业局，各街道）

四、培育新产业新业态，拓宽农民增收渠道

坚持多条腿走路，从新产业新业态、产业融合、农业内部等方面拓宽农民增收新渠道、挖掘新潜力、培育新动能。

11. 发展互联网＋现代农业。以农业生产智能化、农业经营网络化、农业管理数据化、信息服务在线化为重点，促进信息化与农业现代化融合发展。统筹用好区街村农业信息管理系统，加强数据采集、分析和挖掘，开展远程监管、监测和服务，及时发布农业各类技术信息，提升农业管理服务信息化水平。以现代农业园区、规模设施农业、新型经营主体为重点，加强物联网、云计算、移动互联网等现代信息技术和农业智能装备在农业生产领域应用，降低投入成本、提高农产品品质，新增智能化设施种植面积373.3公顷，全区市级以上农业园区智能检测、恒温控制等新农业物联网新技术应用水平得到大幅提升。（责任单位：区农业局，各街道）

12. 发展农产品精深加工业。实施农产品加工业“增品种、提品质、创品牌”战略，充分发挥“南京桂花鸭”等“国字号”农业龙头企业示范带动作用，紧扣粮油、蔬菜、瓜果、茶叶特色产业发展，积极开展农产品精深加工和精细化管理，培育引进一批精深加工型、市场型、服务型龙头企业。鼓励家庭农场、合作组织等加快发展农产品产地初加工，因地制宜地拓展储藏、保鲜、烘干、分类分级等产业。支持优势特色农产品出口，扩大农产品增值空间。力争到2020年，加工型农业龙头企业发展超过52家，建成2个农产品加工集中区，农产品加工业产值达到380亿元，农产品加工产值与农业总产值之比达到4:1以上。（责任单位：区农业局，各街道）

13. 发展农村电子商务。深入实施“农业电子商务促进工程”，加强电子商务基础人才实训，推进街村电子商务中心基础设施建设，加大农村流通网点信息化改造。整合供销社系统电商资源，加强不同类型电子商务平台的建设与融合，构建完善农村电子商务三级服务体系。新增街道电商服务中心2家，电子商务示范社区（村）20家，电商为农服务社16家，帮助农民专业合作社开网店10家。大力发展农产品电子商务，引导新型经营主体借助第三方电商平台积极开拓市场，利用网络平台、微信和APP等新媒体开展本地农产品营销促销，鼓励农产品生鲜“O2O”农产品配送销售，培育一批农产品电子商务平台、示范主体。力争2017年农产品电商年销售额实现2.3亿元。加快建设江宁农业电商产业园区，引导农村二三产业向电商产业园集中，推进农村电商集聚发展。（责任单位：区农业局、区商务局、区供销社，各街道）

14. 发展生态休旅经济。紧扣“一带三区”布局，注重将现代农业、绿水青山、乡土文化等资源与旅游、教育、文化和康养等产业深度融合，强化文创支撑，更多地嵌入休闲美学的鲜活元素。继续推进石塘互联网小镇、大塘金香草小镇、黄龙岘茶文化小镇、苏家文创小镇等乡村旅游集聚区和田园综合体建设，提升特色产业发展水平和承载能力。布局推进汤家家、公塘、上堰、双范等一批民宿示范村建设，创建市级民宿示范村7个。积极创建省高星级乡村旅游点，培育旅游精品村5个。大力发展休闲农业，新建休闲农业示范村3个、提档升级4个。利用南京智慧民宿服务平台、南京美丽乡村、江宁旅游等公众号以及长三角休闲农业与乡村旅游博览会、南京农业嘉年华等重大节庆活动，全力做好宣传推介活动。力争生态休旅经济规模超过1200万人次、60亿元。（责任单位：区发改局、区旅游局、区委农工委、区林业局，各街道，区交通建设集团、区旅游产业集团）

五、优化就业创业环境，促进农民增收致富

聚焦富民主题，坚持市场无形之手、政府有形之手、农民勤劳之手“三手发力”，促进农民收入持续较快增长。

15. 加强农民创业就业培训和服务。按照农业供给侧改革和农村新产业新业态发展需要，加大农村劳动力就业技能培训。推行“普惠性培训＋个性化培训＋后续指导服务”的培训方式，分类推进农民就业创业技能培训。对具备创业条件者开展“创业＋适用技能”培训，提高创业成功率。进一步完善区街村三级联网、全覆盖的就业服务体系。加强城乡统一的失业登记管理，加大低收入农户、农村低保家庭、“零转移劳动力”家庭、50～60岁老年农民等重点人群就业援助力度，按规定落实岗位补贴和社保补贴等政策，并通过政府购岗托底安置和鼓励企业吸纳相结合的方式帮助实现就业。对实现农民稳定就业的社会中介服务机构和企业，通过奖补、减免等手段给予一定补贴。（责任单位：区人社局、区民政局，各街道）

16. 拓展农民转移就业渠道。结合新型城镇化和户籍制度改革，不断完善城乡劳动者平等就业制度和统筹城乡的就业政策体系。利用我区现有的人力资源产业园、人力资源招聘市场，精准对接企业用工需求，开展各类招聘活动，特别是要注重发挥劳动密集型企业以及家政、物流等小微型企业吸纳就业的主渠道作用，引导农村劳动力就近就业。大力推进美丽乡村建设、现代农业和生态休旅经济发展，在农业内部、新产业新业态等领域，千方百计扩大农民就业机会，拓展农民就业空间。加强对农村转移就业劳动者的跟踪服务，提升基本公共服务水平。2017年，新增转移农村劳动力8000人。（责任单位：区人社局、区农业局、区旅游局，各街道）

17. 支持农民创业创新。建立以政府主导的多元化农民创业培植机制，将一次性创业、带动创业、创业基地运营经费、场地租金等扶持政策覆盖到农村。鼓励和扶持返乡大学生、城市精英在农村创业，培育一批田园创客，着力发挥创业示范带动作用，引领农民创业。引导农民借助美丽乡村建设成果，在民宿业、农家乐等领域创业。支持农民在家政服务、农产品加工、手工艺品制作、特色养殖、农村电商等领域创业致富。加大创业奖补力度，采取财政贴息、融资担保、扩大抵押物范围等措施，努力解决农民创业融资难问题。鼓励农村社区无偿提供一定比例的服务用房，支持本社区农民开展居家养老等服务。（责任单位：区人社局、区农业局、区委农工委、区财政局、区发改局、区民政局，各街道）

六、补齐农村发展短板，建设全域美丽乡村

把增进农民福祉作为“三农”工作的出发点和落脚点，常抓不懈，让农民群众有更强的获得感，生活一年比一年好。

18. 深化和拓展美丽乡村“四变”工程。进一步提升美丽乡村建设的理念内涵，继续推进西部片区提档升级，加快大岘风景区、溪田农业等重点项目以及黄龙岘、苏家、大塘金、石塘等特色小镇建设，更多地嵌入文创、运动、体验等鲜活元素，确保西部430平方公里更高标准全面建成。启动中部示范区建设，紧扣水乡田园特色，完成湖熟启动区内现代农业旅游区、江南水利文化休闲区、句容南河和北干沟水上游线等一批重点项目，初步展现圩区水乡风貌。统筹好点线面建设，加大“千百工程”推进力度，实施34个示范村、40个重点整治村和104个一般整治村，创建省级示范村2个、市级示范村10个、市级特色村10个、市级宜居村20个。全区美丽乡村覆盖率达70%。鼓励和支持大学生、本地农民在农村电商、农产品加工、生态休旅经济等领域内自主创业就业。（责任单位：区委农工委、区住建局、区规划分局，各街道，区交通建设集团、区旅游产业集团）

19. 加强农业农村基础设施建设。整合农业综合开发和农田水利设施建设，集中连片推进高标准农田建设，全年力争新增高标准农田666.7公顷。继续推进重大水利工程建设，抓紧修复水毁灾损农田水利设施，加强水利薄弱环节建设。加快河道堤防、水库、塘坝、涵闸、泵站、村庄河道清淤等建设，提高防洪排涝、抗旱引水、水资源及水生态保护等综合能力。继续推进农村公路提档升级，完成农路提档升级约150公里。推进农村光纤宽带网络、4G通信网络深度覆盖，逐步展开下一代广播电视网建设，推广三网融合。以AAAA景区和特色小镇为重点，加强无线宽带网络建设。实施农村新能源行动，推进光伏发电设施建设。（责任单位：区农业局、区水务局、区交通运输局、区经信局、区发改局，各街道）

20. 提升农村污水和垃圾处理能力。扎实推进2017年覆盖拉网式农村环境综合整治试点工作，在美丽乡村示范区、千百工程、乡村旅游集聚区等范围内统筹连片布局，完成60套分散污水处理设施建设，全面加强农村污水处理设施长效管理，确保建得起、用得上、管得好。按照“减量化、资源化、无害化”要求，进一步完善“组保洁、村收集、街道转运、区处理”的农村生活垃圾收运体系。引导推行垃圾分类处理和资源化利用，新增9座农村有机垃圾堆肥、生化处理设施，落实农村生活垃圾收运和处理设施的日常运行经费及其维护修缮经费，建立农村生活垃圾处理经费保障长效机制。（责任单位：区环保局、区城管局，各街道）

21. 实施新一轮土地综合整治。紧扣“深挖潜、优路径、形合力”的工作思路，大力开展新一轮土地综合整治，完成市级下达的年度土地综合整治目标任务。依托土地综合整治平台，推动土地利用总体规划、城市规划、生态规划和土地综合整治规划的有效衔接，优先在美丽乡村示范区、欠发达片区、薄弱村内实施整治项目，探索建立以土地要素为支撑的“多规融合”农村土地综合整治实施路径。有效整合农业综合开发、农田水利等相关项目，按照“渠道不变、管理不乱、集中投入、各计成效”的要求，形成整治合力。探索建立土地整治收益共享机制，在促进现代农业发展的同时，让村集体和农民得到更多的实惠。（责任单位：区国土分局，各街道）

22. 提高农村基本公共服务水平。不断加大义务教育资源供给，落实《江宁区教育资源布局优化提升三年行动计划》，实施汤山、淳化第二小学新建工程以及禄口中学、陶吴小学等校安工程一批重点项目。均衡配置城乡学前教育资源，新建幼儿园6所，创建省市优质园15所。继续推进“新优质初中建设工程”、“教育现代化初中创建”等工作，创建市“教育现代化初中”2所,“推进素质教育示范初中”4所;“市新优质初中”5所。实施乡村教师计划,努力提升师资队伍整体素质。放大社区教育服务功能,创建省市教育服务“三农”高水平示范基地1～2个。整合城乡居民基本医疗保险,实行覆盖范围、筹资政策、保障待遇、医保目录、定点管理、基金管理“六个统一”。实施农村居民健康档案动态管理,免费提供12类45项基本公共卫生服务项目,促进农村基本公共服务均等化。开展基层综合文化服务中心试点建设工作,按照省定“八个一”标准,建成基层综合文化服务中心50家。推动基层文化志愿服务品牌化、专业化发展。提升“10分钟体育健身圈”品质,加大公共体育资源向农村的倾斜力度。完善街道全民健身中心功能,推进村(社区)体育设施提档升级,确保全区80%较大自然村实现体育设施全覆盖。(责任单位:区教育局、区卫计局、区文广局、区体育局,各街道)

23. 推进“五片百村万户”扶贫工程。紧扣“五精准一显著”要求,扎实抓好精准扶贫、精准脱贫工程。结合脱贫标准和退出机制,及时调整扶贫对象、完善扶贫工作方案。聚焦2017年脱贫目标人群和村(社区),坚持因贫困原因、贫困类型施策,针对性地做好市区两级关于村级能力建设、低收入农户增收、改善欠发达片区面貌三类扶贫项目组织实施。落实好两个“全覆盖”挂钩帮扶和“百企帮百村”活动,引导挂钩帮扶部门和党员干部从“造血”入手,精准组织项目和落实帮扶举措,全力增强帮扶对象的内生动能。进一步编牢织细安全网,落实好低保、医疗、教育、急重病灾救助等政策性帮扶手段。加大帮扶工作督察,确保完成30%的年度脱贫目标任务。(责任单位:区委农工委、区各帮扶部门,各街道)

七、深化农村综合改革,增强农业农村发展动能

坚持用创新的思维应对新挑战,探索新路径,用改革的举措培育新动能、增添新活力。

24. 加快农村土地“三权分置”改革。全面完成农村土地承包经营权确权登记颁证,积极探索集体所有权、农户承包权、土地经营权“三权分置”具体实现形式。依托区街农村产权交易市场所(中心)建设,建立“政府主导、市场运作、规范长效”的土地流转网络,鼓励农民以承包地出租、入股、托管等形式流转承包土地的经营权,建立分级土地经营权流转审核备案制度。探索建立工商资本租赁农地风险保障金制度。在坚持农村土地集体所有和充分尊重农民意愿的基础上,按照省市统一部署,有序推进农村承包土地经营权和农民住房财产权抵押贷款试点和农村土地承包经营权有偿退出试点。(责任单位:区农业局、区委农工委,各街道)

25. 推进农村集体产权制度改革。全面完成农村集体资产清产核资,做到账证、账实相符。实行农村集体资产统一编码,以区为单位统一建立农村集体资产登记簿。加快农村集体资产监督管理平台建设。继续推进农村集体产权股份合作制改革试验工作,稳妥开展集体经济组织成员界定、股权设置、权益量化、收益分配,鼓励社区股份合作社实现收益福利分配和现金分红,增加农民财产性收入。分类实施固化股权、村社分设等试点,推进集体经济组织市场化运行。规范农村产权交易市场建设,完善交易品种、交易程序,推进市场建设标准化、市场运行规范化、交易服务市场化、配套功能多样化。(责任单位:区委农工委、区农业局、各街道)

26. 建立农业农村发展用地保障机制。支持设施农业发展用地,强化经营项目审核论证,对确实直接用于或服务于农业生产的生产设施、附属设施等用地,按农用地管理,不需办理农用地转用审批手续,按设施农用地办理备案。探索乡村旅游用地新模式,积极盘活农村闲置房屋、集体建设用地等资源,在符合土地利用总体规划的前提下,允许村集体、乡村创客、本地农民利用集体建设用地或自有住宅从事乡村旅游经营。年度用地计划为农业农村重大项目单列一定规模的用地。按市级统一部署,推进征地留用地安置。(责任单位:区国土分局,各街道)

27. 完善财政支农投入机制。坚持把农业农村作为财政支出的优先保障领域,确保农业农村投入适度增加,着力优化投入结构,创新使用方式,提升支农效能。发挥规划统筹引领作用,多层次多形式推进涉农资金整合。创新财政资金使用方式,推广政府和社会资本合作,实行以奖代补和贷款贴息,支持建立担保机制,撬动金融和社会资本更多投向农业农村。对各级财政支持的各类小型项目,优先安排农村集体经济组织、农民合作组织等作为建设管护主体,强化农民参与和全程监督。(责任单位:区财政局,各街道)

28. 统筹推进农业农村其他改革。总结苏家、双范等模式,探索农村空心化再造路径,以资源变资产、资产变资本为方向,引入专业团队、社会资本,培育新业态,盘活闲置资源,聚焦特色产业,实施空心村再造。健全区级农业保险机构,完善三级农险网络,积极做好政策性保险工作,建立确保档案、明确专人负责,确保政策性保险应保尽保,覆盖率实现100%。开展农业保险防灾减损基金项目建设,探索价格指数、气象指数保险等创新险种,加大农业生产抵御自然风险的能力，确保灾害性保险理赔更加规范化，维护农民利益。加快建立健全合理反映供水成本、有利于节水和农田水利体制机制创新、与投融资体制相适应的农业水价形成机制。建立农业现代化发展专项基金，打造农业投融资服务平台。（责任单位：区发改局、区农业局、区水务局，各街道）

八、切实加强组织领导，推动政策落实到位

今年“三农”工作任务十分艰巨，迫切需要加强组织领导，狠抓强农惠农政策的落地实施，全力推动农业供给侧结构性改革、农民增收、农村改革发展各项任务落地见效。

29. 加强党对农村工作的领导。各级各部门要积极适应农村经济社会发展的新常态，充分认识到高水平全面小康社会的难点在农业、短板在农村、重点在农民，要始终将“三农”工作放在重中之重的位置不动摇，重农强农调子不能变、力度不能减，在资源配置、项目安排等方面优先保障，健全抓落实的工作机制，将“三农”工作任务落实到具体项目、工程、实事和行动上。各级领导干部，特别是换届后的新任领导干部，要加强农村政策和相关业务学习，深入基层，扎实开展调查研究，特别是要深刻认识农业供给侧结构性改革的系统性、深刻认识农民增收的艰巨性、深刻认识农村发展的长期性，坚守为民初心，狠抓工作落实。各级要强化农村工作和扶贫工作队伍建设，理顺上下工作关系，配强工作人员，加强业务培训，形成农村工作和扶贫工作的中坚力量。各级各部门要健全抓落实的工作机制，加强督促检查，确保农村各项政策落地见效。（责任单位：区各相关部门，各街道）

30. 加强农村基层党组织建设。认真落实党要管党、从严治党的要求，以基层党建“强优”工程为统揽，以“党旗高扬美丽乡村”主题活动为载体，扎实推进农村基层党组织“四强双优”建设，用好“江宁党建e家”互联网+党建平台，推动基层党建“五全一提升”，着力提升农村党建工作水平。持续整顿软弱后进农村基层党组织，夯实党在农村基层执政的组织基础。深入推进“有困难找党员”为民服务体系建设，进一步完善区、街、村（社区）、组四级为民服务网络，严格落实村（社区）干部联系服务群众“三项制度”，努力实现党组织联系服务群众常态化。加大党建促脱贫攻坚力度，适应农村经济社会发展要求，进一步优化农村党组织设置，推动党组织向农村合作组织、拆迁安置小区、流动党员集中点等领域延伸，不断扩大农村基层党组织覆盖面和影响力。探索党组织引领，全社会广泛参与，推动社会治理从一元治理向多元治理转变。进一步完善以“四议一报告两公开”为主要内容的基层党组织议事决策机制，改进农村党组织的领导方式和工作方式，推动党务公开常态化、制度化，确保党员群众知情权、监督权，努力调动党员群众的工作积极性。认真开展基层党组织书记抓党建述职评议工作，严格落实党建工作责任制。进一步规范农村基层党的组织生活，严格落实党支部工作“8+X”制度体系要求，加强党员日常教育管理，严肃处理违反党规党纪行为，坚决查处发生在群众身边的不正之风和腐败问题。（责任单位：区委组织部，各街道）

31. 加强农村精神文明建设。加强社会主义核心价值观宣传教育，全面提升居民文明素质。广泛开展社会公德、职业道德、家庭美德和个人品德教育，挖掘和培育好家风好家训，及时选树推出群众身边的好人好事，以幸福社区行、道德讲堂、经典诵读、善行义举榜等活动和载体，组织学习宣传先进典型，引导农民从自身做起、从家庭做起，自觉向上向善。组织开展文明户、美丽家庭星级户等群众性创建评选活动，运用电子显示屏、橱窗展板等多种形式，广泛宣传展示社会主义核心价值观、“讲文明 树新风”、节俭养德、文明旅游、文明餐桌和村规民约等精神文明创建内容，有效开展文明引导，不断提升文明内涵。积极开展以“邻里守望”为主题，以关爱空巢老人、流动儿童、农民工、残疾人等为重点的志愿服务活动。认真落实《南京市民生幸福满意度建设评价指标体系的意见》，把农村地区群众满意作为评价全区民生幸福建设的重要指标，强化系列强农惠农政策的民意追踪，确保政策发挥最大效应。（责任单位：区文明办、区委研究室）

32. 创新农村社会治理。深入推进全国农村社区建设示范区创建，打造10个示范社区公共服务中心、20个达标社区公共服务中心和100个“微服务”示范场所。加快社区治理创新，打造12个社区治理创新项目。推行“全科服务”模式，培养“全科社工”队伍，新增“全科社工”500名、专业持证社工200名。以村（居）民小组、自然村为基本单元，开展社区协商和村民自治试点，打造20个社区协商创新实践典型。推广“三社联动”，引导社会组织和社工人才深入城乡社区开展服务、参与治理，着力打造20个“三社联动”示范基地和20个社区服务项目品牌。巩固农村基层治理创新成果，继续开展社会治理创新项目评选工作，切实发挥创新典型项目的示范引领作用，不断提升农村地区社会治理创新水平。（责任单位：区民政局、区人社局、区委研究室，各街道）

（摘自江宁委发〔2017〕43号文）

关于深化供给侧结构性改革的实施意见

（2017 年 5 月 17 日）

按照区委、区政府关于更加突出“五个工作主抓手”工作要求，深化和完善“供给侧结构性改革”成效，不断增强经济增长动力和活力，保持经济社会平稳健康发展。结合全区实际，制定本实施意见。

一、指导思想

深入贯彻习近平总书记系列重要讲话特别是视察江苏重要讲话精神，统筹推进“五位一体”总体布局，协调推进“四个全面”战略布局，坚持稳中求进工作总基调，深入践行新发展理念，以提高发展质量和效益为中心，紧扣“两聚一高”和“一个高水平建成、六个显著”奋斗目标，围绕“三区一中心”战略定位，改善供给侧结构，扩大有效供给，更好适应和引导需求，提升资源要素配置水平，振兴实体经济，争创区域发展新优势，为“强富美高”新江宁建设提供有力支撑。

二、基本原则

（一）突出市场导向。充分发挥市场在资源配置中的决定性作用，运用市场机制，发挥企业主动性和积极性，实现优胜劣汰和市场出清，提高生产端资源配置效率和公平性。同时更好发挥政府引导作用，强化政府组织引导和协调服务，营造规范透明、良性竞争的营商环境。

（二）突出双向发力。坚持供给侧结构性改革和需求侧管理双管齐下，在适度扩大总需求的同时，扩大有效供给，减少无效和低端供给。坚持培育发展新动能与改造提升传统动能相结合，在增强现有产业和企业发展动力的同时，深入开展“大众创业、万众创新”，加快技术、产品、业态、商业模式等创新。

（三）突出统筹兼顾。加大行政管理、科技创新、社会保障等重点领域和关键环节改革攻坚力度，补齐公共服务领域发展短板，防范社会风险，加快形成有利于效率提升、可持续发展的长效机制，促进市场准入更加开放公平，创新活力进一步迸发。

（四）突出因地制宜。根据中央及省市关于供给侧结构性改革工作总体部署，结合全区实际，坚持问题导向，找准影响要素资源配置效率的突出矛盾，以精准识别引导精准施策，量化任务，细化措施，落实责任，提高政策措施的针对性和有效性。

三、主要目标

（一）扩大有效供给。发挥市场化机制作用，促进支柱产业优化提升，培育发展战略性新兴产业，做大做强现代服务业。2017 年，战略性新兴产业产值占规上工业比重达 30% 以上。高新技术产业产值占规上工业比重达 66%。服务业增加值占 GDP 比重较上年提升 1 个百分点。

（二）减少无效供给。多管齐下、综合施策，鼓励企业主动进行市场出清，化解一批过剩产能，腾出资源要素、市场空间支持有前景企业发展。稳妥推进破僵尸企业、破围墙圈地、破低效工业、破既得利益“四破”专项行动。2017 年，完成省市下达的去产能年度任务，处置盘活低效闲置存量用地 200 公顷。

（三）引导合理需求。坚持住房的居住属性，支持合理住房需求，促进房地产业健康发展。以市场为主满足多层次需求，以政府为主提供基本保障，建立符合市场规律、购租并举的住房体系。2017 年，落实公共租赁住房房源 300 套。新增商品房上市面积 240 万平方米，销售面积 210 万平方米。

（四）减轻企业负担。通过深化改革、完善政策，降低企业制度性交易成本。清理交易环节各种不合理收费，降低企业用电、物流、财务、用工等经营性成本，破解一批低效率、制约社会活力和发展的体制障碍。2017 年，企业综合成本较上年下降约 10%。

（五）促进供需对接。积极支持利用互联网、大数据、云计算等新手段、新方法，畅通市场供需对接通道，促进供给侧和需求侧精准对接。强化风险管控，政府债务规模得到有效控制，初步建立社会信用体系。金融机构杠杆率控制在合理水平，提高企业直接融资比重。2017 年，新增企业境内外多层次资本市场挂牌 8 家，募集资金 20 亿元。

（六）补强补足短板。重点推进扶贫攻坚、民生服务、生态环境等领域补短板工作。2017 年，新增城镇人员就业 2 万人。推动 2.13 万名贫困人口脱贫，低收入农户人口累计脱贫率达 50% 以上。市下达扬尘污染控制、秸秆禁烧等相关工作年度目标完成率达 90% 以上。空气质量达到二级标准的天数比例达 70%（新国标）。实施生态建设暨“两减六治三提升”行动计划，抓实鞭鞍河、中心河等 68 条黑臭河道治理，实施断面达标工程。

（七）推进农业供给侧结构性改革。以促进农民增收为中心任务，全面落实国家及省市强农惠农富农政策，切实加快农业结构调整步伐，深入推进农村改革创新，持续改善农村民生，推动农业增效、农民增收、农村增绿。加快农村集体产权制度改革，完成全区农村土地承包经营权确权登记颁证工作。2017 年，新增高标准农田 666.7 公顷、设施农业 533.3 公顷、高效农业 1333.3 公顷。

四、重点任务

（一）做强现代产业集群，增创产业发展新优势。

1. 优化提升支柱产业。支持上汽大众、长安马自达等龙头企业前瞻布局前沿技术研发，加快高端转型，推动汽车产业与新能源技术、材料技术、信息技术高度融合。加紧建设中国网络创新环境重大科技基础设施项目，开展集成电路、5G（第五代通信技术）、未来网络核心技术等研发攻关，创造未来产业的先发优势。充分发挥南瑞继保、国网电科院等领军企业引领带动，加快集聚一批智能电网重大项目，在产业链延伸、核心技术研发应用、百亿级企业打造上实现更大突破。（责任单位：经信局、发改局、江宁开发区等）

2. 培育发展战略性新兴产业。大力发展高端装备、生命科学、节能环保、人工智能、新材料等新兴产业，引育一批拥有自主知识产权、处于行业龙头地位的高科技企业。继续从供给端发力，加快大数据、云计算、物联网应用，以新技术、新业态、新模式推动传统产业生产、管理和营销模式变革。大力实施品牌强区、质量强区、标准强区、智能化改造“三强一智造”工程，撑起制造业“高精尖”的新业态。深入推进生命科学产业技术创新，开展国家生物医药成果转化项目的挖掘工作。（责任单位：经信局、发改局、商务局、市场监管局等）

3. 做大做强现代服务业。以汤山温泉、方山景区、上秦淮湿地、西部美丽乡村、牛首山文化旅游区为核心节点，大力建设环绕越文化休旅经济带，构建全域旅游公共服务体系，促进“文体旅”有机融合，创成国家全域旅游示范区。加快集聚国内外金融机构和企业区域总部，强化金融创新对实体经济的支撑。壮大软件与信息服务业，完善航空、江港物流服务体系，提升区域物流中心地位。发展高品质的健康、文创、教育培训、养老等新兴业态，培育和挖掘新的消费增长点。（责任单位：商务局、发改局、农工委、经信局、文广局、体育局、旅游局等）

（二）努力化解过剩低效产能，提升经济发展质量效益。

1. 拓展发展空间。对接南京城市总体规划修编，深度统筹产业、功能、空间等结构布局调整，完成南京主城南部中心规划战略研究，明确推进机制和实施路径，全面提升城市文明程度和软实力。启动《江宁区 2030 年总体发展战略规划》研究。推动经济社会发展、城乡、土地利用、生态环境保护等规划“多规合一”，形成全区一本规划、一张蓝图。（责任单位：规划分局、国土分局、发改局、住建局、环保局等）

2. 淘汰落后产能。严格落实省市下达的落后产能淘汰任务，积极推进化工、铸造等行业减少落后产能专项行动。强化产业发展导向，严格执行市委、市政府《关于优化全市区域功能定位和产业布局的意见》（宁委发〔2016〕23 号），严把项目准入和源头管控。做好转岗就业、再就业培训等各项工作，发挥好社会保障和生活救助的托底作用，确保没有能力再就业人员基本生活。实施长源铸造、天龙水泥、宁峰水泥、银佳白水泥、昆元白水泥等企业产能去除工作。（责任单位：经信局、发改局、人社局等）

3. 实施低效用地再开发。研究制定江宁区年度低效产业认定暂行办法，构建有进有退、优胜劣汰的低效产业用地再开发动态管理机制。贯彻落实好国家及省市关于低效用地再开发相关政策。研究制定江宁区低效用地再开发工作奖励实施细则，提高低效用地再开发的政策扶持力度。优化低效用地再开发工作的行政审批流程，加快实施低效用地再开发工作。（责任单位：国土分局、经信局、发改局、规划分局、财政局等）

（三）有效降低房地产库存，保持房地产市场平稳健康。

1. 加强对房地产市场监管。加快建立和完善促进房地产市场平稳健康发展长效机制，紧紧把握“房子是用来住的、不是用来炒的”的定位，深入研究短期和长期相结合的长效机制和基础性制度安排。完善一揽子政策组合，引导投资行为，合理引导预期，保持房地产市场稳定。调整和优化中长期供给体系，实现房地产市场动态均衡。（责任单位：住建局、国土分局等）

2. 构建租购并举住房制度。加快租赁市场培育，发展规模化租赁机构，规范租赁市场秩序。不断深化廉租住房和公共租赁住房并轨运行制度改革，为城市中低收入住房困难家庭、新就业人员、外来务工人员、高层次创业创新人员等不同群体提供多层次的住房保障。鼓励和支持园区利用存量资源，加

强对人才住房的支持力度。(责任单位：住建局、组织部（人才办）、人社局、国土分局等)

3. 推进安置房和保障房建设。推进安置房建设从“未建先拆”逐步过渡到“边拆边建”“先建后拆”。将棚户区改造和去库存紧密联系，大力推进棚改安置房货币化，适当提高货币化安置房的奖励标准，通过优化征收补偿政策等多种措施，引导该类居民优先选择货币化安置。推进晓里安置房、岗山村经济适用房等38个安置房建设，当年计划完成保障房建筑面积260万平方米。完成“两证”办理工作。(责任单位：住建局、征收办、城建集团等)

（四）积极推进金融去杠杆，维护良好金融生态环境。

1. 控制金融机构杠杆率水平。落实国家及省市相关规定，支持金融机构加大不良贷款核销和处置力度。通过减少风险资产、补充资本金等措施，有效降低杠杆偏高金融机构的杠杆水平。加强对小额贷款公司、融资性担保租赁公司等新型金融组织的监管，严控变相高杠杆、高风险融资行为，依法严厉打击逃废债务、非法集资等行为，切实维护全区金融环境。(责任单位:发改局（金融办)、财政局等)

2. 推进贷款结构优化。大力发展信用贷款、抵押质押贷款，支持企业在银行间发行企业债、知识产权资产证券化等产品直接融资，积极优化企业贷款结构。支持各类种子基金、天使基金、创投基金加快发展，扩大股权投资基金供给。积极运作区中小企业转贷应急资金，促进全区中小企业健康发展。支持驻区企业在境内外多层次资本市场挂牌上市。(责任单位：发改局（金融办)、财政局、科技局、科创投集团等)

3. 强化政府债务管理。严格政府债务限额管理和规模控制，建立债务风险预警机制，有效防范政府性债务风险。完善全口径政府债务管理，积极做好政府存量债务置换为政府债券工作。优化政府投融资机制，探索股权投资模式，成立区产业发展基金和城市建设发展基金。积极争取省市PPP融资支持基金，争取更多项目纳入国家及省市PPP项目库。(责任单位：财政局、发改局（金融办)、国资办等)

（五）切实帮助企业降低成本，营造良好生产经营环境。全面落实国家结构性减税政策，进一步压缩整合清理涉企收费项目，减轻企业税费负担。继续执行《省政府关于进一步降低实体经济企业成本的意见》(苏政发〔2016〕156号)《省政府关于降低实体经济企业成本的意见》(苏政发〔2016〕26号)《市政府关于进一步降低企业成本促进企业持续健康发展的意见》(宁政发〔2016〕77号)等文件。

1. 降低企业税负。按规定全面落实企业研发费用税前加计扣除政策。科技型中小企业研发费用加计扣除比例由50%提高到75%。扩大小微企业享受减半征收所得税优惠的范围，年应纳税所得额上限由30万元提高到50万元。(责任单位：国税局、地税局、经信局、科技局等)

2. 清理规范政府性基金。落实省财政厅《关于取消调整部分政府性基金有关政策的通知》(苏财综〔2017〕17号)，取消城市公用事业附加和新型墙体材料专项基金，扩大残疾人就业保障金免征范围以及设置征收标准上限。《2014年度建设项目规费征收意见》(江宁政办发〔2014〕133号)执行至2018年3月31日。(责任单位:财政局、人社局、发改局等)

3. 规范涉企收费。减少政府定价的涉企经营性收费，清理取消行政审批中介服务违规收费，推动降低金融、铁路货运等领域涉企经营性收费，加强对市场调节类经营服务性收费的监管。完善《江宁区行政事业性收费目录》，实施收费正面清单制度，提高收费透明度。严格落实已出台各项清理规范具有强制垄断性经营服务收费和行业协会涉企收费的政策。(责任单位:物价局、国税局、地税局、财政局、发改局等)

4. 继续降低“五险一金”缴费比例。严格执行从2016年5月1日起至2018年4月30日止全省企业职工基本养老保险单位缴费比例19%、从2016年1月1日起至2018年12月31日止全省失业保险单位缴费比例1%的政策，对符合条件的困难企业缓缴除基本医疗保险费之外的社会保险费。按照国家及省市最新要求，继续适当降低“五险一金”有关缴费比例。(责任单位：经信局、人社局、区社保中心等)

（六）全面补齐发展短板，提高城市综合竞争力。

1. 补齐精准扶贫短板。深入实施精准扶贫精准脱贫，建立健全精准扶贫长效帮扶机制。对贫困人口建档立卡，坚持分类帮扶，开展发展产业带动一批、就业创业脱贫一批、医疗救助扶持一批、发展教育帮扶一批和社保保障兜底一批工作，探索资产收益扶贫，广泛开展结对帮扶行动，安排专项资金增发困难救济补助，2017年，全区农村建档立卡贫困户收入在全市农村居民最低生活保障标准基础上实现翻番。(责任单位：农工委、农业局、民政局、统计局等)

2. 补齐基础设施短板。加快完善我区境内国、省干线公路等一批交通设施建设，不断融入南京主城。完善宁杭高速淳化互通、溧马高速将军路互通至禄口机场连接线工程等高速公路建设。实施340

省道南京段改扩建、246省道南京至溧水公路江宁段、338省道南京滨江公路江宁段等干线路网工程建设。扎实推进农村道路建设、铁路道口平改立工程、综合管廊建设以及配合做好轨道交通建设等，切实提升宜居宜业水平。（责任单位：交通运输局、农工委、交通建设集团、江宁高新区、滨江开发区等）

3. 补齐民生服务短板。推进基本公共服务标准化均等化发展。优化教育资源布局，严格执行“弹性离校”制度，推进百家湖小学、月华路小学、南京外国语学校方山分校等教育设施建设。推进江宁区医疗服务中心、滨江二级综合医院等医疗设施建设。紧抓国家公共体系服务示范区创建工作，推进百家湖片区文化分中心、江宁体育中心应急避难场所等文化场馆建设。推进江宁区综合档案馆、区法院增建审判法庭用房等便民服务中心建设。（责任单位：教育局、卫计局、文广局、体育局、江宁开发区、江宁高新区、滨江开发区、城建集团等）

4. 补齐生态环境短板。划定并严守生态红线，开展水源地、水源涵养区、风景名胜区、生态公益林等生态红线区域保护，实施生态红线区域范围内农业耕种、畜禽养殖、工业企业及其他违规建设项目的清理退出。重点开展长江水源地、牛首山风景名胜区、东坑生态公益林等生态红线区域项目及修复工程。健全生态保护补偿办法，完善排污许可证、排污权有偿使用和交易制度。推动建立环境污染第三方治理新机制，提升污染治理水平。加快推进国家生态文明示范区建设，营造优美生态环境，努力建设宜居江宁。（责任单位：环保局、水务局、农业局、林业局等）

（七）推进农业供给侧结构性改革，促进农民持续增收。

1. 加快现代农业园区建设。扎实做好“现代农业示范园区产业提升年”活动，围绕产业链条构建、功能拓展、品牌打造、公共服务能力提升等重点工作，推动台创园等8个现代农业园区特色发展、错位发展。加强园区物质装备、科技推广、经营管理、可持续发展等方面的建设力度，创新现代农业园区发展机制，切实发挥出园区在供给侧改革、经营制度、技术创新、农业综合改革、服务创新、富民增收等方面示范引领作用。不断提升园区检测评价综合得分和带动现代农业发展、促进富民增收的能力。（责任单位：农业局、农工委、科技局等）

2. 构建都市型现代农业产业体系。持续优化现代农业产业结构和区域布局，加快构建以优质粮油、绿色蔬菜、精品园艺、经济林果、健康畜禽和特色水产为主导的六大产业体系，着力打造以生态休旅经济为主干、其他产业融合发展的特色产业集群。鼓励建设农牧结合生态循环型畜禽养殖场，打造5个健康养殖示范基地。深度拓展农业生态、生活功能，紧扣全域旅游示范区建设和“四变工程”，大力发展休闲农业和乡村旅游，做强生态休旅产业品牌。（责任单位：林业局、农工委、农业局、旅游局等）

3. 发展互联网+现代农业。以农业生产智能化、农业经营网络化、农业管理数据化、信息服务在线化为重点，促进信息化与农业现代化融合发展。以现代农业园区、规模设施农业、新型经营主体为重点，加强物联网、云计算、移动互联网等现代信息技术和农业智能装备在农业生产领域应用，降低投入成本、提高农产品品质，新增智能化设施种植面积373.3公顷，全区市级以上农业园区智能检测、恒温控制等新农业物联网新技术应用水平得到大幅提升。（责任单位：农业局、科技局等）

4. 发展农村电子商务。以“江苏省农村电子商务示范区”建设为契机，推进街村电子商务中心基础设施建设，加大农村流通网点信息化改造。整合供销社系统电商资源，加强不同类型电子商务平台的建设与融合，构建完善农村电子商务三级服务体系。大力发展农产品电子商务，培育一批农产品电子商务平台、示范主体。力争2017年农产品电商年销售额实现2.3亿元。加快建设江宁农业电商产业园区，推进农村电商集聚发展。（责任单位：农业局、商务局、科技局、供销社等）

5. 发展生态休旅经济。紧扣“一带三区”建设，注重将现代农业、绿水青山、乡土文化等资源与旅游、教育、文化和康养等产业深度融合，强化文创支撑，更多地嵌入休闲美学的鲜活元素。继续推进石塘互联网小镇、大塘金香草小镇、黄龙岘茶文化小镇、苏家文创小镇等乡村旅游集聚区和综合体建设，进一步提升特色产业发展水平和承载能力。布局推进汤家家、公塘、上堰、双范等一批民宿示范村建设，创建市级民宿示范村7个。力争生态休旅经济规模超过1200万人次、60亿元。（责任单位：农工委、林业局、旅游局、发改局、规划分局等）

五、保障举措

（一）加强组织领导。各相关单位切实把思想和行动统一到关于推进供给侧结构性改革的决策部署上来，把落实本实施意见和去产能、去库存、去杠杆、降成本、补短板、农业供给侧改革等作为重中之重，加强组织协调，完善工作机制，形成齐抓共管、整体推进的工作格局。各相关部门要及时研究工作落实中的突出问题，以问题为导向，制定产业、金融、财政、用地、用电等配套政策。

（二）明确责任分工。区经信局、住建局、发改局、农业局等作为去产能、去库存、去杠杆、降成本、补短板、农业供给侧改革牵头部门，相关单位要各司其职，主动配合牵头部门，全力落实各项工作安排。结合实际，进一步细化分解目标任务，确保责任到岗到人。建立重点工作任务台账，完善工作动态跟踪机制和政策措施，推动供给侧结构性改革各项工作取得实效。

（三）强化督查考核。将推进供给侧结构性改革工作纳入全区2017年度综合绩效千分考核体系，并作为评价各级领导班子、领导干部政绩的重要内容，对因工作不力造成未完成年度目标任务的，要严肃追究有关部门和相关街道、园区负责人的责任，确保工作落到实处、抓出成效。

（四）强化宣传引导。要充分利用报刊、电视、互联网等各种新闻媒体，广泛宣传供给侧结构性改革的重大意义、目标要求和政策措施，做好实施意见和行动计划的政策解读。要总结推广好经验好做法，及时回应社会关切，正确引导社会预期，最大限度凝聚共识，调动社会各界的主动性、积极性和创造性，共同营造形成推进供给侧结构性改革的工作合力和良好氛围。

（摘自江宁委发〔2017〕58号文）

2017年中共南京市江宁区委重要文件目录表

表64

文号	文件名	发文时间
江宁委发7号	关于印发《江宁区生态文明工程建设三年行动计划（2017—2019）》的通知	1月17日
江宁委发14号	关于印发《关于支持改革创新、鼓励干事创业建立容错纠错机制的办法（试行）》的通知	2月1日
江宁委发17号	关于开展党员干部“走千企入万户、助发展促富民”大走访暨“四走访四化解”活动的实施意见	2月17日
江宁委发20号	关于印发《深入推进“十项行动计划”实施方案》的通知	3月1日
江宁委发21号	关于印发《关于优化作风建设的实施意见》的通知	2月27日
江宁委发36号	关于印发《关于创新社会治理的实施意见》的通知	3月29日
江宁委发37号	关于印发《全区主攻重大项目实施方案》的通知	3月29日
江宁委发43号	关于推进农业供给侧结构性改革，促进农民持续增收的实施意见	4月7日
江宁委发51号	关于印发《关于优化行政审批制度改革，推进预审代办制的实施意见》的通知	5月10日
江宁委发58号	关于印发《关于深化供给侧结构性改革的实施意见》的通知	5月17日
江宁委发112号	关于印发《“健康江宁2030”规划纲要》的通知	10月11日
江宁委发122号	中共南京市江宁区委关于认真学习宣传贯彻党的十九大精神的通知	11月6日

（黄　川）

2017年南京市江宁区人民政府重要文件目录表

表65

文号	文件名	发文时间
江宁政发2号	关于印发《江宁区2017年富裕百姓改善民生行动计划》的通知	2月12日
江宁政发57号	关于下达2017年度“绿色江宁”绿化造林及“三化”示范任务的通知	3月1日
江宁政发73号	关于开展第17届“江宁之春”群众文化活动的通知	3月16日
江宁政发74号	关于下达2017年度“万村千乡市场工程”及为农服务社建设任务的通知	3月16日
江宁政发88号	关于印发《江宁区鼓励支持企业自主引才用才若干意见（试行）》的通知	3月24日
江宁政发94号	关于印发《全区教育系统引进培养优秀人才实施办法》的通知	3月28日
江宁政发146号	关于加快发展先进制造业，振兴实体经济若干政策措施的意见	5月24日
江宁政发165号	关于印发《江宁区“十三五”妇女发展规划》的通知	5月31日
江宁政发166号	关于印发《江宁区“十三五”儿童发展规划》的通知	5月31日
江宁政发179号	关于推进“先照后证”改革后加强事中事后监管的实施办法	6月7日
江宁政发242号	关于印发《江宁区“十三五”食品药品安全规划》的通知	6月27日
江宁政发244号	关于印发江宁区土壤污染防治行动计划的通知	7月17日
江宁政发361号	关于公布《江宁区第二批历史地名保护名录》的通知	11月3日
江宁政发397号	关于授予朱有海等18人“江宁区见义勇为先进分子”和韩超、贯化勇等9个群体“江宁区见义勇为先进群体”荣誉称号的决定	11月24日
江宁政发418号	关于印发江宁区油气长输管道突发事故应急预案等3个应急预案的通知	11月26日
江宁政发419号	关于印发江宁区火灾事故应急预案等5个应急预案的通知	11月26日
江宁政发420号	关于印发江宁区突发公共卫生事件应急预案等6个应急预案的通知	11月26日
江宁政发421号	关于印发江宁区地震应急预案等4个应急预案的通知	11月26日
江宁政发422号	关于印发江宁区非煤矿山生产安全事故应急预案等2个应急预案的通知	11月26日
江宁政发443号	关于印发江宁区建设工程事故应急预案等5个应急预案的通知	12月10日
江宁政发476号	关于印发《江宁区消防能力提升三年行动方案（2018—2020年）》的通知	12月16日
江宁政发477号	关于印发《江宁区土壤环境保护方案》的通知	12月26日
江宁政办发18号	转发区教育局等部门关于进一步推进小学“弹性离校”工作意见的通知	2月10日
江宁政办发23号	关于转发《2017年江宁区城镇燃气安全生产专项整治工作方案》的通知	2月22日

续表 65-1

文号	文件名	发文时间
江宁政办发 24 号	关于印发《关于农村公路安全生命防护工程实施意见》的通知	2 月 24 日
江宁政办发 25 号	关于开展全区化工企业“四个一批”专项行动的通知	2 月 28 日
江宁政办发 29 号	关于印发《江宁区创建全国残疾预防综合试验区重点干预项目工作实施办法》的通知	3 月 9 日
江宁政办发 35 号	关于印发《2017 年江宁区城乡绿化精细化建设管理专项行动方案》的通知	3 月 10 日
江宁政办发 36 号	关于印发《江宁区危险化学品安全综合治理实施方案》的通知	3 月 17 日
江宁政办发 44 号	关于转发《江宁区关于开展创建“十三五”省人口协调发展先进区的工作方案》的通知	3 月 14 日
江宁政办发 66 号	关于印发《全区成品油流动加车非法经营专项整治工作实施方案》的通知	4 月 14 日
江宁政办发 76 号	关于印发《江宁区 2017 年度质量强区工作要点》的通知	4 月 20 日
江宁政办发 88 号	关于确定第二批江宁区全域旅游示范创建单位的通知	5 月 4 日
江宁政办发 91 号	关于转发《南京市整合城乡居民基本医疗保险制度实施方案》的通知	5 月 5 日
江宁政办发 96 号	关于开展全区散装建材工程运输车辆专项整治工作的通知	5 月 12 日
江宁政办发 99 号	关于开展 2017 年涉嫌非法集资风险专项排查工作的通知	5 月 12 日
江宁政办发 110 号	关于印发江宁区“十三五”养老服务业发展规划的通知	5 月 16 日
江宁政办发 111 号	关于印发江宁区“十三五”民政事业发展规划的通知	5 月 16 日
江宁政办发 120 号	关于印发《江宁区企业投资项目“不再审批、有效监管”试点工作实施意见（试行）》的通知	5 月 27 日
江宁政办发 125 号	关于印发《江宁区“不见面”审批（服务）改革实施方案》的通知	5 月 31 日
江宁政办发 128 号	关于印发《江宁区 2017 年政务公开工作要点》的通知	6 月 8 日
江宁政办发 130 号	关于印发《江宁区 0 ～ 3 岁婴幼儿早期发展工作提升行动实施方案（2020 年）》的通知	6 月 7 日
江宁政办发 132 号	关于转发《江宁区 2018 年建成区雨污分流专项任务攻坚方案》的通知	6 月 8 日
江宁政办发 138 号	江宁区创建南京市金融生态区实施方案	6 月 16 日
江宁政办发 139 号	关于印发《江宁区创建金融生态区评价考核指标责任分工表》的通知	6 月 16 日
江宁政办发 144 号	关于印发《江宁区“十三五”节水型社会建设规划》的通知	6 月 14 日
江宁政办发 145 号	关于印发江宁区重点断面水质改善工作方案的通知	6 月 21 日
江宁政办发 147 号	关于转发《江宁区城区防汛工作方案》的通知	6 月 23 日

续表 65-2

文号	文件名	发文时间
江宁政办发 148 号	关于印发《江宁区地质灾害防治管理办法》的通知	6 月 23 日
江宁政办发 154 号	关于印发江宁区土壤污染防治行动计划 2017 年度实施方案的通知	6 月 28 日
江宁政办发 157 号	关于印发江宁区水污染防治行动计划 2017 年度实施方案的通知	6 月 21 日
江宁政办发 159 号	关于转发《江宁区交通干线沿线环境综合整治五项行动方案》的通知	6 月 23 日
江宁政办发 170 号	关于进一步加强全区畜禽养殖污染综合治理工作的通知	7 月 10 日
江宁政办发 173 号	关于转发《江宁区加快推进“施工许可”事项审批改革工作方案》的通知	7 月 17 日
江宁政办发 182 号	关于转发《关于进一步做好全区货车非法改装和超限超载治理工作的实施方案》的通知	7 月 25 日
江宁政办发 190 号	关于印发《江宁区鼓励开展博士后工作的实施办法（试行）》的通知	8 月 3 日
江宁政办发 204 号	关于印发《江宁区畜禽养殖污染综合治理实施方案》的通知	9 月 4 日
江宁政办发 211 号	关于印发《江宁区科技研发用地项目认定管理暂行办法》的通知	9 月 4 日
江宁政办发 227 号	关于印发《江宁区综合行政执法体制改革实施方案》的通知	7 月 8 日
江宁政办发 306 号	关于启动冬春季管控方案二级防控措施的紧急通知	11 月 24 日
江宁政办发 312 号	关于印发《江宁区冬春季节空气环境质量保障管控方案》的通知	11 月 10 日
江宁政办发 313 号	关于印发《江宁区残疾人精准康复服务行动实施方案》的通知	11 月 10 日
江宁政办发 322 号	关于印发《江宁区 2018 年城乡居民基本医疗保险工作实施意见》的通知	11 月 21 日
江宁政办发 335 号	关于印发《国家公祭日期间江宁区环境质量保障管控方案》的通知	12 月 1 日
江宁政办发 339 号	关于转发区城管局《江宁区农村生活垃圾分类实施方案（2017—2020 年）》的通知	12 月 6 日
江宁政办发 342 号	关于转发区城管局《江宁区单位生活垃圾强制分类实施方案（2017—2020 年）》的通知	12 月 8 日
江宁政办发 349 号	关于印发《江宁区 2017—2018 年度扫雪防冻工作应急预案》的通知	12 月 19 日
江宁政办发 350 号	关于印发《江宁区 2018 年度农业水价 综合改革实施计划》的通知	12 月 13 日
江宁政办发 351 号	关于印发《江宁区应急广播体系建设实施方案》的通知	12 月 13 日
江宁政办发 357 号	关于印发《江宁区投资建设项目竣工联合测绘实施意见》的通知	12 月 25 日

（刘　畅）

统计公报

南京市江宁区2017年国民经济和社会发展统计公报

南京市江宁区统计局　国家统计局江宁调查队

2017年，全区上下以习近平新时代中国特色社会主义思想为指导，紧紧围绕“两聚一高”主题和“一个高水平建成、六个显著”目标，深入践行新发展理念，适应把握引领新常态，坚持稳中求进工作总基调，大力推进供给侧结构性改革，全区经济保持平稳发展、稳中有进、稳中向好的良好态势，综合实力持续增强，城乡面貌显著提升，生态建设卓有成效，人民福祉有效增强。

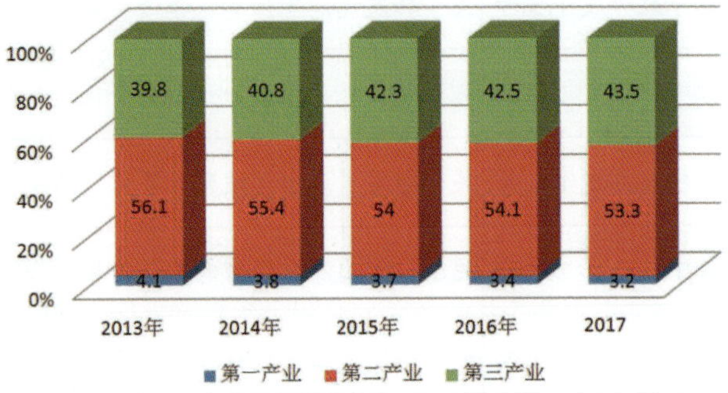

三次产业增加值占地区生产总值比重（%）

一、综 合

经济运行总体稳定。全年实现地区生产总值1935.92亿元，按可比价计算，比上年增长9.0%。其中，第一产业增加值63.15亿元，增长0.8%；第二产业增加值1031.52亿元，增长8.5%；第三产业增加值841.26亿元，增长10.3%。按常住人口计算，全年人均地区生产总值15.51万元，按年平均汇率折算为2.3万美元。产业结构进一步优化。三次产业增加值比例调整为3.2∶53.3∶43.5。第三产业增加值增长快于地区生产总值增幅1.3个百分点，其所占比重比上年提高1个百分点。

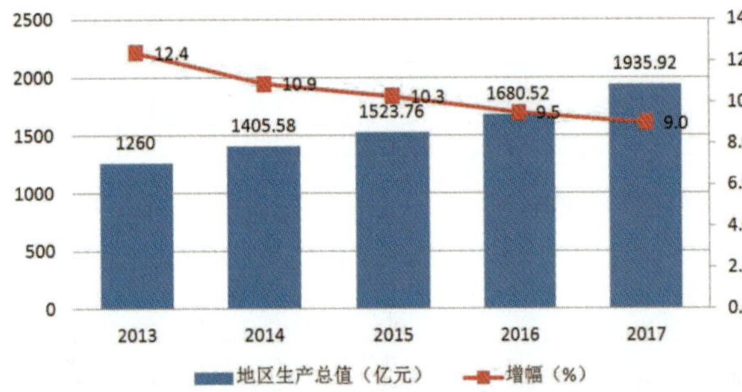

2013—2017年地区生产总值及增长速度

民营经济活力增强。年末全区工商部门登记的私营企业为6.15万户，其中当年新增1.5万户，分别比上年增长29.35%、26.88%；私营企业注册资本3164.69亿元，其中当年新增726.64亿元，分别增长39.65%、43.01%。年末个体工商户为11.55万户，其中当年新增3.66万户，分别增长39.35%、110.9%。全年完成民营经济增加值603.2亿元，可比价增长9.2%，增速快于地区生产总值增速0.2个百分点；占地区生产总值比重为31.16%，较上年提高0.76个百分点。

二、农林牧渔业

农业生产保持平稳。全年实现农林牧渔业总产值110.58亿元，比上年增长3.87%，其中农业产值65.36亿元，增长2.41%。全年粮食播种面积2.95万公顷，比上年减少920公顷；油料种植面积8040公顷，减少193.3公顷；蔬菜种植面积1.76万公顷，增加560公顷。全年粮食总产量22.56万吨，比上年下降2.12%，其中夏粮3.57万吨，下降2.62%；秋粮18.99万吨，下降2.02%；油料总产量1.84万吨，下降1.94%；蔬菜总产量62.87万吨，下降3.64%。

林牧渔业总体稳定。全年实现林业产值3.81亿元，比上年增长7.72%。全区完成造林359.1公顷，其中新增造林316.7公顷。全区共完成村庄绿化50个，其中“三化”示范村10个、省级村庄绿化示范村5个。全区林木覆盖面积为4.43万公顷，林木覆盖率28.76%，比上年增加0.26个百分点。受畜禽养殖污染整治影响，全年实现牧业产值10.49亿元，比上年下降5.99%。全年猪、牛、羊、禽肉类总产量1.15万吨，比上年下降17.1%；禽蛋产量1.47万吨，下降22.5%；牛奶产量2.25万吨，下降49.0%。全年实现渔业产值26.9亿元，增长11%。实现水产品总产量4.43万吨，下降14.4%。

2017年主要农产品产量情况表

产品名称	产量（万吨）	比上年增长（%）
粮食	22.56	−2.12
油料	1.84	−1.94
蔬菜（含菜用瓜）	62.86	3.64
瓜果类	13.56	−3.12
茶叶	0.05	1.01
水果（含瓜果类）	15.87	−2.6
猪牛羊禽肉	1.15	−17.06
禽蛋	1.47	−22.5
牛奶	2.25	−49.03
水产品	4.43	−14.4

现代农业发展强劲。全年新增农民专业合作社8家、农业龙头企业16家、家庭农场56家、高效农业1333.3公顷。全区“菜篮子”基地面积3333.3公顷；累计建成现代农业示范园区10个，其中国家级1个，省级2个，市级5个；市级以上示范农场11家。全区农业机械化水平达到91.56%，农机总动力51.41万千瓦，比上年增加0.32万千瓦。全区智能化设施种植、养殖面积964.5公顷，增长40.53%，农业物联网技术应用程度55.62%。

美丽乡村建设加快。观音殿、徐家院、王家、钱家渡成为全省首批试点村。横溪溪田农业成为首批国家级田园综合体示范点，元山、张溪社区获评“中国最美村镇”，孟墓社区获评“中国特色民俗村”。石塘等5个村创成市级民宿示范村，龙乡·双范、云水涧等精品民宿建成运营。全区美丽乡村覆盖率达70%。

三、工业和建筑业

工业生产平稳增长，效益有所下降。工业生产平稳运行。全年规模以上工业增加值比上年增长9.2%，实现规模以上工业总产值2749.26亿元，增长3.4%。分经济类型看，增幅排在前三位的依次是外商及港澳台商投资企业（7.1%）、股份制企业（4.5%）和股份合作企业（3.4%）；总量排在前三位的分别是外商及港澳台商投资企业（1611.91亿元）、股份制企业（1057.83亿元）和国有企业（56.73亿元）。分行业看，全区规模工业涉及的31个行业大类中有21个行业工业总产值较上年增长，10个行业下降；增速超过全区平均水平的有19个行业，增幅排在前三位的行业依次是有色金属矿采选业（41.9%）、木材加工和木、竹、藤、棕、草制品业（37.9%）、计算机、通信和其他电子设备制造业（29.6%）；增长绝对额排在前三位的行业分别为计算机、通信和其他电子设备制造业（净增133.37亿元）、非金属矿物制品业（净增13.48亿元）和通用设备制造业（净增13.39亿元）。全区规模以上工业企业实现主营业务收入2490.22亿元，下降1.6%；实现利税总额383.22亿元，下降12.2%；实现利润总额261.35亿元，下降11.7%。

2017年主要工业产品产量及其增长速度表

产品名称	单位	产量	比上年增长（%）
方便面	万吨	15.83	23.25
乳制品	万吨	28.12	0.12
饮料	万吨	42.78	−0.57
其中：碳酸饮料（汽水）	万吨	22.43	3.44
人造板表面装饰板	万平方米	588.54	55.32
硫酸（折100%）	万吨	14.38	7.34

产品名称	单位	产量	比上年增长（%）
塑料制品	万吨	11.32	27.24
硅酸盐水泥熟料	万吨	149.29	-1.73
水泥	万吨	213.13	-7.85
中空玻璃	万平方米	47.68	22.54
电动手提式工具	万台	403.11	-12.48
汽车	万辆	19.04	0.95
电动机	万千瓦	59.24	18.38
太阳能电池（光伏电池）	万千瓦	15.35	-68.44
移动通信手持机	万台	593.49	78.25
其中：智能手机	万台	593.49	78.25
电子元件	亿只	32.75	14.18

建筑业稳步发展。全年实现建筑业总产值481.2亿元，比上年增长19.8%；竣工产值325.9亿元，增长27.4%。建筑业劳动生产率为30.3万元/人，增长12.6%。建筑业企业房屋建筑施工面积261.6万平方米，增长25.2%；竣工面积68.0万平方米，下降5.7%，其中住宅竣工面积50.9万平方米，下降1.0%。建筑业发展实力稳步提升。牛首山佛顶宫荣获詹天佑奖和鲁班奖，建筑特级资质企业新增1家，实现零的突破。宏亚集团、海通集团荣获中国建筑业2016年度最具竞争力200强企业称号，润盛集团、明麓建筑公司、华致建设公司荣获中国建筑业2016年度最具成长性200强企业称号。

四、固定资产投资

固定资产投资较快增长。全年完成固定资产投资1101.2亿元，比上年增长20.3%。其中，民间投资629.6亿元，增长24.9%，占固定资产投资比重达57.2%。分类型看，完成项目投资806.7亿元，增长21.8%；房地产开发投资294.5亿元，增长16.3%。全年商品房销售面积195.1万平方米，下降23.3%。其中，住宅销售面积153万平方米，下降35.8%。

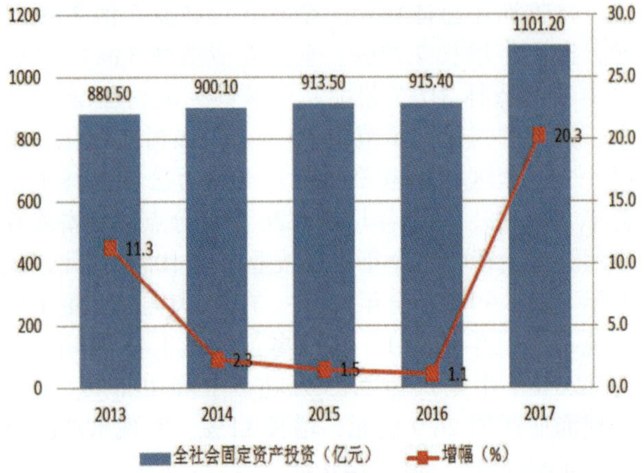

2013—2017年全社会固定资产投资及增长幅度

投资结构持续调优。第一产业投资3.5亿元，比上年下降67.9%；第二产业投资423.1亿元，增长9.3%；第三产业投资674.7亿元，增长30.4%。三次产业投资比例为0.3∶38.4∶61.3。第二产业投资中，工业投资418.2亿元，增长9.3%，其中制造业投资398.4亿元，增长10.1%。工业技术改造投资281.4亿元，增长24.1%，占工业投资比重达67.3%。第三产业投资中，科学研究和技术服务业增长80.2%，水利、环境和公共设施管理业增长134.9%，居民服务、修理和其他服务业增长41.1%，教育增长202.2%，卫生和社会工作增长25.2%。

重大项目推进有力。全区171个实施类项目实现开（复）工建设，完成投入361亿元，其中正大天晴创新药物生产基地、协鑫蓝天燃机热电联产工程等70个项目竣工投产。54个市级重大项目实现开（复）工，完成投资285.8亿元，其中，8个省重大项目完成投资77.56亿元。

基础设施加快建设。地铁5号线、S246、S002等大交通工程顺利推进，地铁1号线百家湖站等过街通道加快建设，麒麟有轨电车投入运营，新增一批公交车、公交线路和公共停车位，提档升级农路150公里，改造危桥10座。新改建供水管道5公里、燃气管道111公里，新建人防工程27.1万平方米。完成泵站整治51座、河道清淤586.4万立方米。

五、国内贸易、对外经济

市场消费繁荣稳定。全年实现社会消费品零售总额521.06亿元，比上年增长11%，增速比上年提高0.1个百分点。其中，限额以上单位消费品零售额359.6亿元，增长10.3%。分行业看，批发业实现零售额 209.9 亿元，增长 14.1%；零售业实现零售额 294.27 亿元，增长 8.9%；住宿业实现零售额 2.32 亿元，增长 1.3%；餐饮业实现零售额 14.58 亿元，增长 13%。

在限额以上企业（单位）批发零售业零售额中，中西药品类增长 41.8%，饮料类增长 23.6%，体育、娱乐用品类增长 20.5%，文化办公用品类增长 18.4%，金银珠宝类增长 18.1%，粮油、食品类增长 14.6%，烟酒类增长 14.1%，日用品类增长 13.0%，通讯器材类增长 11.6%，化妆品类增长 9.8%，服装、鞋帽、针纺织品类增长 7.2%，家具类增长 6.1%，汽车类增长 5.7%。

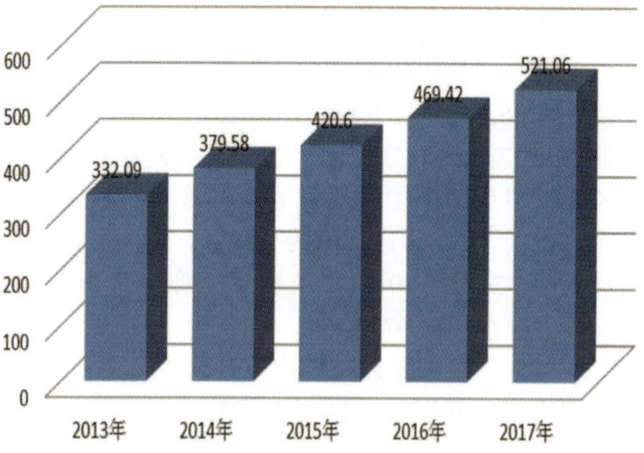

2013—2017年社会消费品零售总额（亿元）

对外经济快速增长。全年完成进出口总额 140.4 亿美元，按人民币计算完成 950.3 亿元，比上年增长 25.1%。其中进口 317.3 亿元，增长 20.6%，出口 633 亿元，增长 27.48%。全年新批注册外商投资企业 97 个，增长 32.9%。注册合同外资 26.02 亿美元，增长 30.2%。实际使用外资 8.6 亿美元，增长 9.1%。引进 1 亿美元以上外资项目 12 个。对外承包工程完成营业额 7.7 亿美元，增长 14.9%。服务外包离岸执行额 15.79 亿美元，增长 10.4%。

六、交通运输、旅游

交通运输、旅游业总体平稳。全年公路货物运输总量 1882 万吨，比上年增长 9.5%。货物运输周转量 27.67 亿吨公里，增长 9.9%。全年旅客运输总量 4273 万人次，增长 2%。旅客运输周转量 16.06 亿人公里，增长 0.6%。年末城市公共汽车运营线路网长度为 1388 公里；公共汽车运营车辆 1223 辆 1416.1 标台。出租车总数 1008 辆。

年末机动车保有量 45.76 万辆，比上年末增加 7.22 万辆，增长 18.75%。民用汽车 40.55 万辆，比上年末增加 9.58 万辆，增长 30.95%，其中本年新注册 5.09 万辆。年末机动车中，私人汽车 33.72 万辆，比上年末增加 3.97 万辆，增长 13.34%；私人汽车中轿车 24.56 万辆，比上年末增加 0.8 万辆，增长 3.38%，其中本年新注册 2.6 万辆。

全年实现旅游总收入 350.35 亿元，比上年增长 9.46%。接待游客量 3306 万人次，增长 10.1%。全区有 1 个国家级旅游度假区、1 个市级旅游度假区，国家等级景区 11 个；星级旅游饭店 6 个；省星级乡村旅游示范村 24 个，是全省拥有四星级乡村旅游示范点最多的区；省级工业旅游示范点 2 个，省级自驾游基地 2 个，省级房车露营地 1 个。拥有星级宾馆饭店 7 家，其中四星级以上酒店 4 家。拥有各类旅行社 30 家，其中具有组织出境游资质的旅行社 2 家。

七、财政、金融

财政收支结构优化。全年完成一般公共预算收入 226.5 亿元，比上年增长 9%。其中，税收收入 199.7 亿元，占一般公共预算收入的比重为 88.2%。主要税种中，增值税和营业税完成 88.1 亿元，增长 1%；企业所得税完成 37.6 亿元，增长 36.5%；个人所得税完成 12 亿元，增长 10.2%。全年一般公共预算支出 213.38 亿元，比上年增长 18.1%，其中住房保障支出增长 94.3%、社会保障和就业支出增长 37.2%、公共安全支出增长 14.6%、教育支出增长 7.8%。

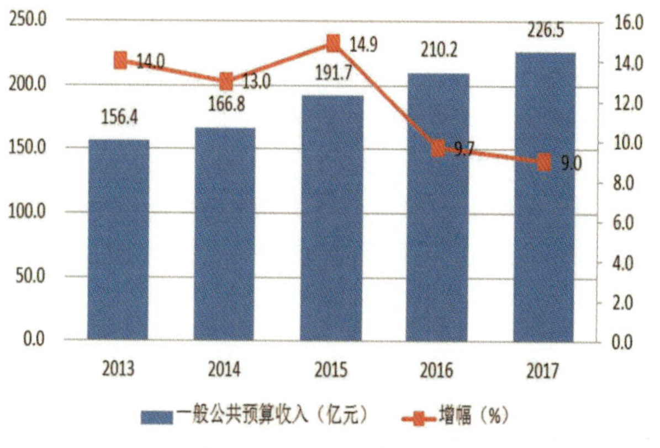

2013—2017年一般公共预算收入及增长幅度

金融市场发展稳定。全年实现金融业增加值 168.65 亿元，可比价增长 6.0%，占全区地区生产总值比重为 8.7%。全年新增上市企业 7 家，募集资金 22.88 亿元，年末拥有境内外上市企业 29 家。年末共有 41 家企业挂牌或获准挂牌“新三板”企业，共有证券营业部10家。年末金融机构本外币各项存款余额2540.2亿元，比年初增加249.6亿元，增长10.9%。其中住户存款768.1亿元，比年初增加49.33亿元，增长6.9%。年末金融机构本外币各项贷款余额1641.6亿元，比年初增加236.83亿元，增长16.9%。

八、科学技术和教育

科技创新能力增强。全年共组织实施区级科技计划项目221项，组织实施市级以上计划项目495项，比上年增加263项，其中：国家级1项，省级11项，市级483项。新增各类工程技术研究中心58家，拥有工程技术研究中心520家，比上年增加58家，其中省级以上76家。新增市级以上科创载体9家，在孵企业2200余家，创投基金规模达290亿元。

全年受理专利申请19300件，其中发明专利7957件，分别比上年增长3.9%、3.7%。专利授权9189件，其中发明专利2646件，分别增长10.7%、56.2%。全年PCT专利152件，比上年增长27.7%。获批苏南国家自主创新示范区核心区。全年新增省民营科技企业172家，新认定高新技术企业172家，高新企业总数463家，占全市总数24.6%。

培育国家“千人计划”专家2名，引进诺奖得主6名、“菲尔兹奖”得主1名、院士4名，入选科技部“创新人才推进计划”5人、省“双创人才”15人、省“三带”行动计划培育对象50名，建成全市首个人才服务综合体“梧桐林创聚广场”。

义务教育均衡发展。年末全区共有普通中学34所，在校学生3.71万人；共有小学38所，比上年增加3所，在校学生6.15万人，比上年增加0.39万人；幼儿园126所，比上年增加9所，在园儿童4.75万人，比上年增加0.44万人。全区小学入学率保持100%。全年高中毕业参考人数3473人，被各类高校录取3322人，录取率达95.65%，比上年提高0.18个百分点，其中本科录取2365人，比上年增加198人。

九、文化、卫生和体育

文化事业繁荣发展。年末全区共有文化馆1个，公共图书馆1个（不含教育系统、企事业组织的图书馆，下同），文化站10个，博物馆1个，文物保护单位233处。举办江宁之春文化活动1125场，100多部书法、美术作品和舞台节目在省、市赛事中获奖，受惠群众10多万人次。举办未成年人心理健康教育活动44场、市民学堂52场；放映公益电影2500场、送戏200场；为农村和基层送书1.93万册，更新200家书屋出版物，创建12家星级示范农家书屋。新增全民阅读空间10个，开展全民阅读活动76场、新建3台24小时自助图书馆、新增图书馆分馆4家和4处图书流通点，被江苏省全民阅读领导小组评为“书香城市建设示范区”。达到省级标准的社区综合性文化服务中心50个。拥有省级文化产业示范基地1个，市级文化产业示范基地2个。广电有线系统的有线数字电视用户30.1万户。

卫生事业持续发展。全区各类医疗卫生机构412个，其中：医院32个，卫生院及社区服务中心23个，其他卫生事业机构357个。年末各类卫生机构共有床位数7062张，其中医院床位6200张，卫生院及社区服务中心床位数862张，分别比上年增加371张、52张。各类卫生机构共有卫生技术人员8926人，比上年增加962人。其中：执业（助理）医师3335人，注册护士3734人，分别比上年增加438人、301人。全区社区卫生服务中心通过省级标准化验收达标率达到100%，服务站达标率为90.2%。全区孕产妇健康管理率97.78%，0~6岁儿童保健管理率99.71%，婚前医学检查率达97.52%。

体育事业健康发展。成功举办第二届“春牛首”马拉松比赛。开展江宁区职工乒乓球比赛、老年人体育节系列活动、老年门球赛、羽毛球赛、江宁区“老少同乐”体育舞蹈大赛、蟠龙湖山地越野赛、篮球俱乐部比赛、江宁区“致远杯”围棋赛等活动，广泛开展各类群体活动200余次。全区各单项协会组织的赛事活动35项次，参加赛事、活动43项次，包括汤山马术公开赛、汤山12小时百公里单车认证赛等比赛。

全区组队参加省、市级各类体育竞赛23项，共获得奖牌185枚，其中金牌68枚、银牌43枚、铜牌74枚。培养国家健将级运动员1名，国家一级运动员26名，国家二级运动员46名。

全区共有体育彩票站点209个，竞彩点近40个，全年体彩销售3.4亿元，比上年增长3.9%。

十、环境保护、安全生产

生态环境持续改善。“六治”工作成效显著，实施雨污分流攻坚计划，建成43.3平方公里雨污分流片区，完成593个排水达标区建设任务。全年关闭化工、燃煤、铸造、砖瓦小企业137家。关停滨江岸线码头2家，关闭畜禽养殖场470家。累计建成投运18家污水处理厂，全区主要断面水质实现稳定达标。加强扬尘、渣土、油烟等管控，治理挥发性有机物企业 343 家。全年 PM2.5 浓度比上年下降 21.8%，空气质量优良率达 75.9%。大力开展黑臭河道治理，80 条河道整体消除黑臭。被授予全国首批、全市唯一“生态文明建设示范区”。

安全生产形势稳定。事故起数和死亡人数实现“双下降”，全年生产安全事故起数和死亡人数较上年分别下降 15.4% 和 14.8%。亿元 GDP 生产安全事故死亡率为 0.041。

十一、人口、人民生活和社会保障

人口总量持续增长。年末全区常住人口 124.85 万人，比上年末增加 3.28 万人，增长 2.7%。其中，城镇常住人口 90.52 万人，占总人口比重（常住人口城镇化率）为 72.5%，比上年末提高 0.98 个百分点。常住人口出生率 10.36‰，死亡率 4.25‰，自然增长率 6.11‰。年末全区户籍总人口为 107.9 万人，比上年末增加 5.37 万人。

就业形势总体稳定。全年培育自主创业者 3718 人，其中大学生创业 1447 人。城镇新增就业 31144 人，实现再就业 15847 人，援助困难人员就业 1632 人，农村劳动力转移 8112 人次。年末城镇登记失业率为 2.7%。

居民收支稳步增长。根据城乡一体化住户抽样调查，全年全体居民人均可支配收入 50420 元，较上年增长 9.5%。按常住地分，城镇居民人均可支配收入 52923 元，增长 9.1%；农村居民人均可支配收入 23760 元，增长 9.5%。城镇居民人均可支配收入中位数为 49883 元，增长 12.3%；农村居民人均可支配收入中位数为 21967 元，增长 9.1%。全体居民人均生活消费支出 31502 元，增长 7.1%，其中食品烟酒支出占比为 23.2%。按常住地分，城镇居民人均生活消费支出 32671 元，增长 4.8%，其中食品烟酒支出占比为 25.1%；农村居民人均生活消费支出 19426 元，增长 8.9%，其中食品烟酒支出占比为 29.1%。

社会保障体系更加完善。年末全区社会保险覆盖率达 98.5%，参保单位 18104 家，基本养老保险参保人数 50.34 万人，医疗保险参保人数 46.27 万人，失业保险参保人数 30.94 万人，工伤保险参保人数 30.85 万人，生育保险参保人数 30.76 万人。新型合作医疗整合到城乡居民医疗保险体系，年人基金标准从 880 元提高到 980 元。城乡低保标准和基础养老金标准分别提高到每人每月 810 元和 390 元。全年累计新开工保障房 830 万平方米，竣工 260 万平方米，落实公共租赁住房 300 套，完成 10.6 万套安置房不动产权证办理发放。年末全区城镇居民享受最低生活保障 1.28 万人，享受国家抚恤、补助等各类优抚人员 0.5 万人。

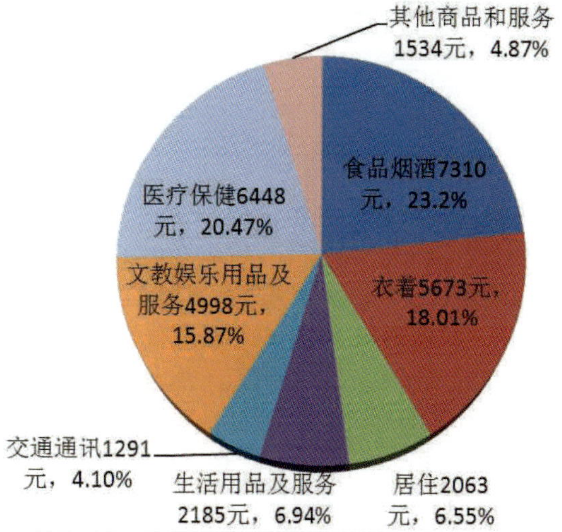

2017年全体居民人均消费支出及其构成

养老服务能力不断提高。建立城镇各类社区服务设施 3065 处，区、街道社区服务中心 231 个。建成社区居家养老服务中心 204 个，其中市 3A 以上居家养老服务中心 38 个。社区养老服务设施配建达标率 100%。现有养老机构 31 家，机构床位数 5948 张，其中当年新增养老床位 517 张，城乡居家养老服务中心覆盖率 100%。

注：

1. 本公报使用的数据为快报数。

2. 地区生产总值、规模以上工业增加值及其分类项目增长速度按可比价计算，为实际增长速度；其他指标除特殊说明外，按现价计算，为名义增长速度。

3. 部分数据因四舍五入问题，存在总计与分项合计不等的情况。

4. 部分指标数据因统计口径调整，较上年不具可比性。

5. 人均收入中位数是指将所有调查户按人均收入水平从低到高（或从高到低）顺序排列，处于最中间位置的调查户的人均收入。

南京市江宁区第三次全国农业普查主要数据公报

江宁区农业普查办　江宁区统计局　国家统计局江宁调查队

（2018 年 3 月 15 日）

为摸清“三农”基本情况，查清“三农”新发展新变化，江宁区人民政府组织开展了江宁区第三次全国农业普查。这次普查的标准时点为 2016 年 12 月 31 日，时期资料为 2016 年度。普查对象包括农业经营户，居住在农村有确权（承包）土地或拥有农业生产资料的户，农业经营单位，村民委员会（涉农居委会），镇人民政府（涉农街道办事处）。普查主要内容是农业生产能力及其产出、农村基础设施及其基本社会服务和农民生活条件等。农业普查采用全面调查的方法，由普查员对所有普查对象进行逐个查点和填报。全区共组织动员了普查员、普查指导员和各级普查机构的工作人员 3759 人，登记了 114241 农户、152 个村级单位、11 个镇街级单位（含青龙山林场）、953 个农业经营单位。组织 108 名工作人员对农作物播种面积进行卫星遥感测量，完成了 23 景卫星遥感数据处理，实地调查了 100 个样方和 20 个抽中普查区，掌握了全区主要农作物种植空间分布，取得了全区主要农作物种植面积数据。

按照省、市农普办有关规定，江宁区农普办组织了数据质量抽查，评估了普查数据质量。综合抽查结果显示，农业普查登记户的漏报率为 0%，普查指标数据差异率为 0.06%，数据质量达到设计标准。

根据《全国农业普查条例》有关规定，现向社会公布普查的主要结果。

一、农业经营主体、生产经营人员

江宁区第三次全国农业普查共调查了 11 个镇街级单位，其中涉农街道 10 个，具有镇街政府职能的农林牧渔场等管理机构 1 个；152 个村级单位，其中 72 个行政村、80 个涉农居委会；1781 个自然村；84 个 2006 年以后新建的农村居民定居点。

（一）农业经营主体

2016 年，全区共有 8.59 万农业经营户，其中规模农业经营户 1084 户；953 个农业经营单位；年末农业普查登记的以农业生产经营或服务为主的农民合作社 501 个。

（二）农业生产经营人员

2016 年，全区农业生产经营人员为 8.28 万人，其中男性 4.37 万人。在农业生产经营人员中，年龄 35 岁及以下的 0.37 万人，年龄在 36 至 54 岁之间的 3.71 万人，年龄 55 岁及以上的 4.19 万人。

农业生产经营人员数量和结构表

单位：人

指　标	全　区	普通农业经营户	规模农业经营户	农业经营单位
农业生产经营人员总数	82769	72434	4446	5889
农业生产经营人员性别构成				
男 性	43748	38173	2288	3287
女 性	39021	34261	2158	2602

指　标	全　区	普通农业经营户	规模农业经营户	农业经营单位
年龄 35 岁及以下	3745	2664	361	720
年龄 36 ～ 54 岁	37148	31609	2487	3052
年龄 55 岁及以上	41876	38161	1598	2117
农业生产经营人员受教育程度构成				
未上过学	6496	5801	321	374
小　学	33183	30097	1637	1449
初　中	33975	29587	2143	2245
高中或中专	7820	6380	291	1149
大专及以上	1295	569	54	672
农业生产经营人员主要从事农业行业构成				
种植业	79037	71454	3853	3730
林　业	680	66	30	584
畜牧业	1510	673	211	626
渔　业	1053	228	328	497
农林牧渔服务业	489	13	24	452

注：普通农业经营户中不包括在本户以外从事农业生产经营活动累计 30 天以上的人员数

二、农田水利、设施农业

（一）农田水利设施

2016 年末，全区普查对象中能够正常使用的机电井数量 46 眼，排灌站数量 678 个，能够使用的灌溉用水塘和水库数量 8613 个。

2016 年末，全区灌溉耕地面积 21575.32 公顷，其中有喷灌、滴灌、渗灌设施的耕地面积 2640.87 公顷；灌溉用水的主要来源中，使用地下水的户和农业生产单位占 0.52%，使用地表水的户和农业生产单位占 99.48%。

（二）设施农业

2016 年末，全区温室占地面积 144.15 公顷，大棚占地面积 1388.07 公顷，渔业养殖用房面积 34784 平方米。

三、土地利用

2016 年末，实际经营的耕地面积 22594.07 公顷，实际经营的林地面积（不含生态林防护林）5307.06 公顷，实际经营的牧草地（草场）面积 0.87 公顷。

四、农村基础设施建设、基本公共服务

全区 10 个街道和 152 个村（居）的基础设施建设和基本社会服务普查结果如下：

（一）交通

2016 年末，在街道地域范围内，有火车站的街道占 20%，有码头的占 20%，有高速公路出入口的占 100%。100% 的村通公路，99.3% 的村内主要道路有路灯。村委会到最远自然村、居民定居点距离以 5 公里以内为主，占 96.1%。

（二）能源、通信

2016年末，全区100%的村通电，11.8%的村通天然气，100%的村通电话，100%的村安装了有线电视，100%的村通宽带互联网，28.3%的村有电子商务配送站点。

（三）生活设施

2016年末，100%的街道实施集中或部分集中供水，100%的街道生活垃圾集中或部分集中处理。100%的村生活垃圾集中或部分集中处理，73%的村生活污水集中或部分集中处理，100%的村完成或部分完成改厕。

（四）教育、文体、卫生、福利

2016年末，100%的街道有幼儿园、托儿所，100%的街道有小学；44.1%的村有幼儿园、托儿所。

2016年末，100%的街道有图书馆、文化站，90%的街道有剧场、影剧院，70%的街道有体育场馆，100%的街道有公园及休闲健身广场；98.7%的村有体育健身场所。

2016年末，100%的街道有医疗卫生机构，100%的街道有执业（助理）医师，90%的街道有社会福利收养性单位；74.3%的村有卫生室。

（五）市场建设

2016年末，100%的街道有商品交易市场，80%的街道有以粮油、蔬菜、水果为主的专业市场，10%的街道有以畜禽为主的专业市场，10%的街道有以水产为主的专业市场。

71.1%的村有营业面积达50平方米以上的综合商店或超市，20.4%的村开展旅游接待服务，71.1%的村有营业执照的餐馆。

五、农民生活条件

全区11.42万农户的生活条件普查结果如下：

（一）住房

2016年末，99.9%的农户拥有自己的住房。其中，拥有1处住房的9.21万户，占80.6%；拥有2处住房的1.98万户，占17.3%；拥有3处及以上住房的0.23万户，占2%。拥有商品房的1.4万户，占12.2%。

农户住房主要为砖混和砖（石）木结构，住房为砖混结构的10.05万户，占88%；砖（石）木结构的0.68万户，占6%；钢筋混凝土结构的0.67万户，占5.8%；竹草土坯及其他结构的238户，占0.2%。

（二）饮用水

11.24万户的饮用水为经过净化处理的自来水，占98.4%；0.18万户的饮用水为受保护的井水和泉水，占1.6%；71户的饮用水为不受保护的井水和泉水、江河湖泊水、收集雨水、桶装水、其他水源，占0.1%。

（三）卫生设施

使用水冲式卫生厕所的有10.26万户，占89.8%；使用水冲式非卫生厕所的有0.23万户，占2%；使用旱厕的有0.54万户，占4.7%；使用普通旱厕的有0.36万户，占3.2%；无厕所的有315户，占0.3%。

（四）拥有耐用消费品

平均每百户拥有小汽车52辆，摩托车、电瓶车144辆，淋浴热水器110台，空调165台，电冰箱120台，彩色电视机172台（其中使用有线电视接收户占拥有彩电总户数的比重为98.3%，通过卫星接收的户占1.0%），电脑63台，手机255部（其中上网手机占拥有手机总数的比重为49.2%）。

（五）主要生活能源

农户做饭取暖使用的能源，主要使用电的为9.42万户，占82.5%；主要使用煤气、天然气、液化石油气的为11.08万户，占97%；主要使用柴草的为1.16万户，占10.1%；主要使用煤、沼气、太阳能、其他能源的共632户，占0.6%。（农民做饭取暖使用的主要能源指标，每户可选两项，分项之和大于100%）

注：

1. 镇街：指建制镇和涉农街道，不包括非涉农街道办事处和具有镇街政府职能的农林牧渔场等管理机构。

2. 村：指村民委员会和涉农居民委员会所辖地域。

3. 自然村：指在农村地域内由居民自然聚居而形成的村落，自然村一般都应该有自己的名称。

4. 农业经营户：指居住在江宁区境内，从事农、林、牧、渔业及农林牧渔服务业的农业经营户。

5. 规模农业经营户：规模农业经营户指具有较大农业经营规模，以商品化经营为主的农业经营户。规模标准为：

种植业：露地种植农作物的土地达到50亩及以上、设施农业的设施占地面积25亩及以上。

畜牧业：生猪年出栏200头及以上；肉牛年出栏20头及以上；奶牛存栏20头及以上；羊年出栏100只及以上；肉鸡、肉鸭年出栏10000只及以上；蛋鸡、蛋鸭存栏2000只及以上；鹅年出栏1000只及以上。

林业：经营林地面积达到500亩及以上。

渔业：淡水或海水养殖面积达到50亩及以上；长度24米的捕捞机动船1艘及以上；长度12米的捕捞机动船2艘及以上；其他方式的渔业经营收入30万元及以上。

农林牧渔服务业：对本户以外提供农林牧渔服

务的经营性收入达到10万元及以上。

其他：上述任一条件达不到，但全年农林牧渔业各类农产品销售总额达到10万元及以上的农业经营户，如各类特色种植业、养殖业大户等。

6. 农业经营单位：指江宁区境内从事农业生产经营活动为主的法人单位和未注册单位，以及不以农业生产经营活动为主的法人单位或未注册单位中的农业产业活动单位。既包括主营农业的农场、林场、养殖场、农林牧渔业公司、农林牧渔服务业单位、具有实际农业经营活动的农民合作社；也包括国家机关、社会团体、学校、科研单位、工矿企业、村民委员会、居民委员会、基金会等单位附属的农业产业活动单位。

7. 农民合作社：指有合作社的名称，符合《农民专业合作社法》中关于合作社性质、设立条件和程序、成员权利和义务、组织机构、财务管理等要求，有农业生产经营或农林牧渔服务，名称为农民合作社的农民互助性经济组织。包括已在工商部门登记，以及虽未登记但符合上述要求的农民合作社，不包括以公司名称登记注册的股份合作制企业、社区经济合作社、供销合作社、农村信用社等。也不包括从事农业生产资料购买、农产品加工、贮藏、运输、销售等非农行业的农民合作社。

8. 农业生产经营人员：指在农业经营户或农业经营单位中从事农业生产经营活动累计30天以上的人员数（包括兼业人员）。

9. 能正常使用的机电井数量：指2016年末已安装柴油机、电动机或其他动力机械，并配套有水泵，用于抽水灌溉农田的水井。不包括待机配套的水井。

10. 灌溉耕地面积：指实际耕种的耕地面积中，有灌溉设施、有水源，正常气候下能灌溉的耕地面积。

11. 温室、大棚占地面积：由三部分组成，一是实际使用面积，指沿墙内侧的围绕面积；二是墙体面积，指设施的墙体等其他支撑体自身的占地面积；三是采光占用面积，指设施距遮光物体（其他设施、房屋等）的必要距离所占的面积。

12. 实际经营的林地面积：指普查年度内，农业经营户和农业经营单位实际用于经营的林地面积。林地指生长乔木、竹类、灌木的土地，及沿海生长红树林的土地。包括迹地，不包括居民点内部的绿化林木用地，铁路、公路征地范围内的林木，以及河流、沟渠的护堤林。不包括未纳入生态公益林补偿面积的生态林防护林。

13. 实际经营的牧草地（草场）面积：指普查年度内，农业经营户和农业经营单位实际用于经营的牧草地（草场）面积。牧草地指以生长草本植物为主、用于畜牧业的土地。

14. 有医疗卫生机构的镇街：指在镇街辖区内有从卫生行政部门取得《医疗机构执业许可证》《计划生育技术服务许可证》，或从民政、工商行政、机构编制管理部门取得法人单位登记证书，为社会提供医疗保健、疾病控制、卫生监督服务或从事医学科研和医学在职培训等工作的单位。医疗卫生机构包括医院、基层医疗卫生机构、专业公共卫生机构、其他医疗卫生机构。

15. 有执业（助理）医师的镇街：指在镇街辖区内有1名或1名以上具有《医师执业证》及其“级别”为“执业医师”、“执业助理医师”且实际从事医疗、预防保健工作的人员，不包括有执业证但实际从事管理工作的医师。

16. 有社会福利收养性单位的镇街：指在镇街辖区内提供食宿、不以营利为目的的伤残革命军人休养院、复退军人慢性病疗养院、复退军人精神病院、光荣院、社会福利院、儿童福利院、精神病福利院、老年收养性机构（敬老院、养老院、老年公寓）等收养性的社会福利事业单位的镇街。

17. 有卫生室的村：指本村地域内，有经区及以上医疗主管部门许可，由各种经济组织和个人创办的卫生室（所、站）。卫生室（所、站）需要拥有固定经营场所，主要从事医疗卫生活动。不包括专业的牙医室，以及主要从事药品销售活动的单位。

18. 有商品交易市场的镇街：指在镇街辖区内经有关部门和组织批准设立，有固定场所、设施，有经营管理部门和监管人员，若干市场经营者入内，常年或实际开业三个月以上，集中、公开、独立地进行生活消费品、生产资料等现货商品交易以及提供相关服务的交易场所，包括各类消费品市场、生产资料市场等的镇街。

19. 开展旅游接待服务的村：指有营业执照，在本村地域内从事旅游接待、餐饮和住宿等服务的居民户。包括提供茶馆、酒馆、乡村旅店、农家乐等活动的居民户。

20. 部分数据因四舍五入的原因，存在着与分项合计不等的。

其他资料

2017 年中央及省、市级媒体报道江宁区重要新闻题目表

表 66

时间	媒体名称	报道标题	版面（栏目）
1 月 9 日	《新华每日电讯》	为故乡执着歌吟的“牛背诗人”	7 版
4 月 12 日	《光明日报》	南京江宁：“人才强企 10 条”助力区域创新	7 版
4 月 19 日	《光明日报》	2017 全球未来网络发展峰会开幕	11 版
4 月 18 日	新华社	“未来网络”将如何改变你我生活	—
4 月 17 日	《中国青年报》	2017 全球未来网络发展峰会在南京举办	中青在线
4 月 17 日	中央电视台 4 套	2017 全球未来网络发展峰会在南京举行	中国新闻
4 月 17 日	《人民日报》	杨柳村 金陵城外古韵长［寻找最美乡村·有生命的古民居（21）］	4 版
4 月 18 日	中央电视台 13 套	江苏南京：未来网络啥样 专家学者共同展望	朝闻天下
5 月 13 日	中央人民广播电台	三农信息	乡村之声
8 月 17 日	《人民日报》	未来网络，江宁发力	13 版
9 月 16 日	中央人民广播电台	顶级创新创业大赛首次走进“人才高地”江宁	—
9 月 17 日	《经济日报》	全国顶级创新创业大赛 首次走进“人才高地”南京江宁	—
9 月 18 日	中央电视台新闻频道	还看今朝	江苏篇
9 月 18 日	《科技日报》	检验双创成果的“奥运会”开幕	—
9 月 19 日	中央人民广播电台	2017 中国双创大赛生物医药业总决赛结果揭晓	—
9 月 19 日	中央电视台新闻频道	中国创新创业大赛 六个领域、1400 家企业入围决赛	新闻直播间
10 月 12 日	中央人民广播电台	“紫金奖·建筑及环境设计大赛”在南京举行	—
10 月 16 日	《经济日报》	融合，让南京温润如玉	12 版迎接党的十九大特刊

续表 66-1

时间	媒体名称	报道标题	版面（栏目）
10 月 22 日	《光明日报》	马克思主义同中国实际相结合的历史性飞跃——十九大代表热议习近平新时代中国特色社会主义思想	A1
1 月 1 日	《新华日报》	载歌载舞 喜迎新年	2 版图片新闻
1 月 1 日	《新华日报》	南京绕越高速谷里互通通车	3 版
1 月 4 日	《新华日报》	江宁将有 5 条地铁通主城	4 版
1 月 6 日	《新华日报》	江宁“模拟审批”让企业投资零等待 项目一“临盆”就办“出生证”	头版
1 月 22 日	《新华日报》	江宁“人才企业”上市 13 家	头版
2 月 10 日	《新华日报》	江宁开发区 68 亿建空港新城	9 版
2 月 12 日	《新华日报》	“这里，是我们台商的家！”	3 版
2 月 13 日	江苏电视台	20 项重量级创新载体项目在江苏落地实施	江苏新时空
2 月 27 日	《新华日报》	爱立信亚太物流中心 落户江宁开发区	5 版
3 月 21 日	《新华日报》	迈开脚板，把群众的“？”变成“！”（一段）	头版
4 月 10 日	《新华日报》	国资下乡，美了乡村富了农民——城市反哺乡村的“江宁探索”	头版
4 月 18 日	《新华日报》	万物互联，科技改变生活	头版
4 月 18 日	江苏电视台	2017 全球未来网络发展峰会南京开幕	江苏公共频道
4 月 23 日	《新华日报》	江宁打造汽车文化小镇	3 版
4 月 28 日	《新华日报》	扎实走访，催生江宁系列创新	头版导读转二版
4 月 29 日	江苏电视台	不负春光好 出游正当时 “升级版”乡村休闲游受热捧	江苏新时空
5 月 5 日	《新华日报》	温馨养老村	16 版
5 月 22 日	《新华日报》	良辰美景在家乡 赏心乐事筑梦想	头版
6 月 11 日	《新华日报》	预审 + 代办，企业投资省时又省心	头版头条

续表 66-2

时间	媒体名称	报道标题	版面（栏目）
6 月 16 日	《新华日报》	共建“环东大知识创新圈”	6 版
6 月 15 日	江苏电视台	东南大学与南京江宁携手共建“知识创新圈”	江苏新时空
6 月 15 日	《新华日报》	江宁开发区签 305 亿元大单	头版
6 月 18 日	《新华日报》	父亲，我想对您说	3 版
6 月 20 日	《新华日报》	江宁百亿元项目，提前半年开工	6 版
6 月 22 日	《新华日报》	三把金钥匙拓展富民路	头版
6 月 22 日	《新华日报》	全省不见面审批服务改革现场推进会召开	2 版
6 月 23 日	《新华日报》	商业“茂”餐饮，吸来人气难吸金	5 版
6 月 29 日	《新华日报》	江宁开建华谊兄弟电影小镇	7 版
6 月 29 日	《新华日报》	是“擂台赛”，也是“公开课”——南京市江宁区首期“村书记学堂”见闻	9 版
7 月 6 日	《新华日报》	江苏，镜头下的绿色脚步——“喜迎十九大 全景看江苏”系列摄影采风选登	15 版
7 月 9 日	《新华日报》	“大农业”打开富民新空间“一亩三分地”照样能创金	头版
7 月 12 日	《新华日报》	麒麟有轨电车	头版图片新闻
7 月 12 日	《新华日报》	沙滩排球 U21 世锦赛南京开赛	15 版
7 月 14 日	《新华日报》	京沪高铁南京段成“风景长廊”	9 版
7 月 18 日	《新华日报》	酷暑蹭凉火了商家	6 版
7 月 19 日	《新华日报》	开发区，江苏发展的绚丽风景	头版头条
7 月 22 日	江苏电视台	改革创新，加速迈向现代产业园区	江苏新时空
7 月 28 日	《新华日报》	南京江宁打造全域特色田园乡村	6 版
8 月 3 日	江苏电视台	集体大灶，烧旺红火日子	江苏新时空
8 月 28 日	《新华日报》	“红色物业”为弃管小区托底	6 版
8 月 30 日	《新华日报》	致力乡村复兴，建设美好家园	头版竖头条

续表 66-3

时间	媒体名称	报道标题	版面（栏目）
8 月 30 日	江苏电视台	时空短评：发挥乡村禀赋 坚持生态富民	江苏新时空
8 月 31 日	《新华日报》	守护田园，让乡村“回归”	头版
9 月 1 日	《新华日报》	筑梦乡村，走向更美远方	头版
9 月 3 日	江苏电视台	探索乡村复兴的江苏路径 南京江宁观音殿：“开满鲜花的村庄”	江苏新时空
9 月 3 日	江苏电视台	时空短评 特色田园乡村要彰显特色、各美其美	江苏新时空
9 月 12 日	《新华日报》	全国双创大赛花落江宁	6 版
9 月 15 日	江苏电视台	“创响江苏”活动月正式启动	江苏新时空
9 月 16 日	《新华日报》	全国大众创业万众创新活动周 江苏分会场暨“创响江苏”活动月启动	头版
9 月 21 日	《新华日报》	江宁人才服务综合体开放	9 版
9 月 27 日	《新华日报》	江宁新的社会阶层人士联合会成立	8 版
10 月 6 日	《新华日报》	乡村复兴，塑一个“有趣的灵魂”	—
10 月 7 日	《新华日报》	杏花村节日游报道	—
10 月 8 日	《新华日报》	美丽乡村图片新闻	头版
10 月 6 日	江苏电视台	溪田乡村游	江苏新时空
10 月 9 日	江苏电视台	2017 紫金奖·建筑及环境设计大赛决赛本周举行	江苏新时空
10 月 13 日	江苏电视台	2017 紫金奖·建筑及环境设计大赛决赛在宁举行	江苏新时空
10 月 13 日	《新华日报》	江宁建成生态文明建设示范区	3 版
10 月 13 日	《新华日报》	田园乡村大地上诞出的“紫金奖”——植入年轻基因 焕发乡村魅力	3 版
10 月 17 日	江苏电视台	谈变化晒幸福 江苏大地翘首盼盛会	江苏新时空
10 月 20 日	《新华日报》	出席十九大的江苏代表热议“四个伟大”肩负起新时代共产党人的历史使命	A6
10 月 22 日	江苏电视台	新时代新征程：汇聚起民族复兴的磅礴伟力	江苏新时空
10 月 25 日	《新华日报》	新时代我国社会主要矛盾发生历史性转变 紧扣新特点 破解新矛盾 加快“强起来”	头版

续表 66–4

时间	媒体名称	报道标题	版面（栏目）
11 月 2 日	《新华日报》	南京上元灯彩亮灯	头版图片新闻
11 月 13 日	江苏电视台	勾画乡村振兴新图景 惠民富民 让美丽乡村插上互联网的翅膀	江苏新时空
11 月 14 日	《新华日报》	格力在宁打造中央空调智能制造基地	头版
11 月 18 日	《新华日报》	江宁台湾青创学院 孵化首个项目	3 版
11 月 20 日	《新华日报》	省委宣讲团成员赴各地宣讲十九大精神 拥抱新时代 践行新思想 实现新作为	2 版
11 月 20 日	《新华日报》	对口帮扶青海大通发展乡村旅游 江宁“美丽经验” 输入藏乡高原	5 版
12 月 4 日	《新华日报》	江宁再获成色十足“国家级” 国家知识产权服务业集聚区花落区内	头版
12 月 4 日	《新华日报》	全要素网格化，不断满足群众需求	2 版
12 月 6 日	《新华日报》	南京未来科技城签 300 亿元项目	6 版
12 月 7 日	《新华日报》	今年主要经济指标两位数增长 变革让江宁开发区活力蒸腾	头版导读转三版
12 月 17 日	江苏电视台	落实新要求 展现新作为 聚焦富民增收 走好“乡村振兴”路	江苏新时空
1 月 1 日	《南京日报》	绕越高速谷里互通工程昨通车	头版
1 月 12 日	《南京日报》	江宁开发区人才竞争力居全市榜首	头版
1 月 26 日	《南京日报》	秣陵街道跻身财政收入“10 亿元俱乐部”	头版
2 月 3 日	《南京日报》	江宁 17 条重点黑臭河整治全面开工	头版
2 月 4 日	《南京日报》	节后上班首日，倾听基层意见和建议	头版
2 月 9 日	《南京日报》	江宁开发区外资指标跻身全省经开区前三	头版
2 月 12 日	《南京日报》	江宁高新园成顶尖人才创业乐土	头版
2 月 13 日	《南京日报》	我市筹建江宁东南创业孵化群	头版
2 月 15 日	《南京日报》	江宁区 4 个 PPP 项目启动	头版
2 月 17 日	《南京日报》	中国兵器信息化及北斗应用产业基地落户江宁	头版
2 月 20 日	《南京日报》	人才助力江宁经济跑出加速度	头版头条

续表 66-5

时间	媒体名称	报道标题	版面（栏目）
2 月 24 日	《南京日报》	麒麟科创园投资环境推介会在京举行	头版
2 月 27 日	《南京日报》	爱立信全球综合物流中心破土动工	头版
2 月 26 日	《南京日报》	江宁开发区老牌汽配企业加速增资	头版
3 月 21 日	《南京日报》	江宁开发区加速发展医药产业	头版
3 月 22 日	《南京日报》	让党旗在合资企业飘扬	头版
3 月 23 日	《南京日报》	顶尖大咖会聚国际医药创新大会	头版
3 月 26 日	《南京日报》	诺奖教授领衔研发“人工智能医疗”	头版
4 月 2 日	《南京日报》	发挥优势 统筹城乡 在“两聚一高”实践中当好排头兵	头版头条
4 月 4 日	《南京日报》	江宁开发区设项目代办中心	头版
4 月 6 日	《南京日报》	南京航空产业搭乘“打飞机”起飞	头版头条
4 月 10 日	《南京日报》	名校优生落户可领生活补贴	头版
4 月 10 日	《南京日报》	江宁春牛首国际马拉松 16 日开跑	头版
4 月 16 日	《南京日报》	上汽大通南京商用车项目开工	头版头条
4 月 17 日	《南京日报》	1.2 万跑者“邂逅”美丽江宁	头版
4 月 18 日	《南京日报》	全球未来网络发展峰会在宁开幕	头版
4 月 19 日	《南京日报》	江宁大走访创新模式促问题解决	头版
4 月 26 日	《南京日报》	推进军民融合 发展智能制造	头版
4 月 26 日	《南京日报》	江宁新天地公园开放	头版图片新闻
4 月 30 日	《南京日报》	未来网络“新星”走向产业化舞台	头版
5 月 2 日	《南京日报》	美丽乡村“和事佬”	头版
5 月 3 日	《南京日报》	江宁区挂牌上市企业达 60 家	头版头条
5 月 8 日	《南京日报》	我市人才新政成招才引智“强磁铁”	头版

续表 66-6

时间	媒体名称	报道标题	版面（栏目）
5月22日	《南京日报》	昨天，金陵游子回到家乡	头版
6月4日	《南京日报》	河道漾清波 两岸景如画	头版图片新闻
6月6日	《南京日报》	先建西瓜连心棚 再修居民致富路	头版
6月8日	《南京日报》	全国妇联领导来苏调研督导妇联改革	头版
6月12日	《南京日报》	我市污水处理将告别“城乡差异”	头版头条
6月13日	《南京日报》	汤山：让温泉美景“看得见、摸得着”	头版
6月15日	《南京日报》	江宁开发区签305亿元大单	头版
6月16日	《南京日报》	东南大学与江宁区签约共建环东大知识创新圈	头版
6月20日	《南京日报》	15.2公里环线串起“汤山十八景”	头版
6月20日	《南京日报》	追加亿元投资建商业配套	头版
6月22日	《南京日报》	全省不见面审批服务改革现场推进会召开	头版
6月23日	《南京日报》	审批“不见面” 群众真方便	头版头条
6月26日	《南京日报》	精准扶贫，我市打出组合拳	头版
6月29日	《南京日报》	华谊兄弟（南京）电影小镇正式开工	头版
7月3日	《南京日报》	从四处“化缘”要钱到要资本要资源—湖熟街道和平社区脱贫记	头版
7月4日	《南京日报》	提建议才半月，河道整治开工 江宁汤山孟墓社区走访民生难事即知即办	头版
7月5日	《南京日报》	对接大院大所 推动产业升级	头版
7月7日	《南京日报》	江宁预审代办探索获中央编办肯定	头版头条
7月10日	《南京日报》	江宁滨江开发区当好企业“店小二” 改造红绿灯，为大型设备运输让路	头版
7月11日	《南京日报》	黄龙岘改善环境的同时改变村民生活方式——从美丽乡村到美丽心灵	头版
7月12日	《南京日报》	在87公里沿线清垃圾拆违建建绿地 京沪高铁南京段成“风景长廊”	头版头条
7月15日	《南京日报》	禄口溧塘闲置村部变惠民场所	头版

续表 66-7

时间	媒体名称	报道标题	版面（栏目）
7 月 19 日	《南京日报》	江宁开发区超额实现“双过半”	头版
7 月 24 日	《南京日报》	坚持创新驱动 壮大实体经济 奋力走在新南京建设前列	头版头条
7 月 24 日	《南京日报》	在新乡村示范区感受乡土文化	头版
7 月 25 日	《南京日报》	谷里擦亮全域美丽乡村名片	头版
8 月 8 日	《南京日报》	江宁开发区：深入实施“四化工程”	头版
8 月 15 日	《南京日报》	姚基金希望小学篮球季在宁开幕	头版
8 月 21 日	《南京日报》	从无线谷出发 攀登产业制高点	头版
8 月 24 日	《南京日报》	九龙湖片区环境提升	头版
8 月 28 日	《南京日报》	江宁首家乡贤会落户孟墓社区	头版
8 月 29 日	《南京日报》	江宁力推“一支队伍管执法”	头版
8 月 30 日	《南京日报》	致力乡村复兴 建设美好家园	头版竖头条
8 月 31 日	《南京日报》	江宁开发区招商瞄准新能源汽车	头版
9 月 4 日	《南京日报》	南高齿成制造业单项冠军示范企业	头版
9 月 12 日	《南京日报》	中国创新创业大赛全国总决赛 15–19 日在江宁举行 又一项国家级“双创”赛事落户南京	头版
9 月 14 日	《南京日报》	江宁开发区引入 11 个新能源汽车项目 千亿级汽车产业再添新“引擎”	头版
9 月 26 日	《南京日报》	下好项目“先手棋”，转型创新不止步 江宁开发区实体经济发展动力澎湃	头版
10 月 7 日	《南京日报》	乡村更田园，百姓更富裕	头版
10 月 4 日	《南京日报》	关注我区牌坊社区典型党员故事	头版
10 月 21 日	《南京日报》	市委常委、江宁区委书记李世贵学报告谈体会时表示——习近平新时代中国特色社会主义思想是党心所向民心所向	A3
10 月 22 日	南京电视台	李世贵：历史性成就振奋人心 新时代新思想引领前行	南京新闻

续表 66-8

时间	媒体名称	报道标题	版面（栏目）
11 月 2 日	《南京日报》	汤山石地精心描绘美丽水乡	头版图片新闻
11 月 5 日	《南京日报》	一键满足洗衣烧饭、陪同就医等需求 “指尖上的养老院”江宁运营	头版
11 月 6 日	《南京日报》	市委常委、江宁区委书记李世贵：奋发新作为 开创新局面	头版
11 月 6 日	南京电视台	市委常委、江宁区委书记李世贵：奋发新作为 开创新局面	南京新闻
11 月 13 日	《南京日报》	宁杭高速东山互通绿化改造完工	头版图片新闻
11 月 14 日	《南京日报》	格力在宁打造中央空调智能制造基地	头版
11 月 15 日	《南京日报》	江宁区汤山街道古泉社区党总支书记谌翠红：用党建引领乡村振兴	头版
11 月 17 日	《南京日报》	以商引商“强磁场” 引得企业结伴来 江宁开发区前 10 月已有 5.4 亿美元外资落地	头版
11 月 20 日	《南京日报》	龙翔调研特色田园乡村及美丽乡村建设时要求强化细节管理，擦亮乡村振兴生态底色	头版
11 月 23 日	《南京日报》	龙翔主持召开江宁区集成改革试点专题汇报会	头版
11 月 27 日	《南京日报》	大项目引领大发展，实体经济再添新动能 江宁 81 个亿元项目领照启动	头版
11 月 28 日	《南京日报》	7 家新型研发机构月底前“扎堆”落户 江宁开发区高效推动项目落地	头版
11 月 28 日	《南京日报》	全球每 4 条人工基因就有 1 条在宁合成	头版
12 月 3 日	《南京日报》	道路整治一新乡村颜值提升	头版图片新闻
12 月 4 日	《南京日报》	创新高地加速建设，创新平台不断涌现，扶持政策相继出台——“智能制造名城”渐行渐近	头版
12 月 11 日	《南京日报》	知识产权服务业集聚发展试验区获批 江宁承接“国家级”试验区建设任务	头版
12 月 12 日	《南京日报》	科技园区整合催生“创新熟地”	头版

（宣传部）

2017 年度江宁区获市级以上表彰先进集体一览表

表 67

单位名称	荣誉称号	命名单位	命名时间
江宁区	全国街道服务管理创新实验区	民政部	2017 年 7 月
江宁区	全国农村幸福社区建设示范区	民政部	2017 年 12 月
江宁区	全国法治县（市区）创建活动先进单位	全国普法办	2017 年 10 月
江宁区	全省社会治安综合治理先进县（市区）	省综治委	2017 年 7 月
江宁区	江苏省妇幼健康优质服务示范区	省卫计委	2017 年 12 月
江宁区	部级耕地质量提升和化肥减量增效示范县	农业部	2017 年 11 月
江宁区	省首批书香城市建设示范区	省全民阅读活动领导小组	2017 年 3 月
江宁区	省级现代农业产业示范园	省农委、省财政厅、省海洋局	2017 年 10 月
江宁开发区	中国信息安全产业示范基地	工信部	2017 年 1 月
江宁开发区	中国智慧软件园区示范园区	工信部	2017 年 1 月
江宁开发区	无偿献血先进单位	省血液中心	2017 年 1 月
空港经济开发区	江苏省放心消费创建示范单位	省放心消费创建活动办公室	2017 年 3 月
江宁开发区	放心消费示范单位	省放心消费创建办公室	2017 年 3 月
江宁开发区	共建园区先进单位	省苏北发展协调小组办公室	2017 年 5 月
江宁开发区城管局	2017 年度渣土管理优秀单位	市渣土联合整治管理办公室	2017 年 12 月
江宁开发区	2017 年度城市治理工作优秀园区	市城市治理委员会办公室	2017 年 12 月
台创园	省级现代农业产业示范园（第一批）	省农委	2017 年 10 月
东山国土资源所	执法巡查模范所	市国土资源局	2017 年 9 月
东山街道泥塘社区	优秀人民调解委员会	市委、市政府	2017 年 12 月
秣陵街道	2016 年度迎接国家卫生城市复审先进单位	市迎接国家卫生城市复审工作领导小组	2017 年 9 月
秣陵街道胜太社区	南京市城市管理示范社区	市城管局	2017 年 12 月
秣陵街道农机管理服务站	2017 年度全市“平安农机”创建工作先进单位	市农业机械监理所	2018 年 1 月

续表 67-1

单位名称	荣誉称号	命名单位	命名时间
汤山街道古泉社区	全国文明村	中央文明办	2017 年 1 月
汤山街道阜庄社区	无邪教示范社区	国务院防范和处理邪教问题办公室	2017 年 3 月
汤山街道	2016 年度全省基层党员冬训工作示范街道	省委组织部、省委宣传部	2017 年 7 月
汤山街道孟墓社区	南京市农业电子商务示范基地	市农委	2017 年 2 月
汤山街道	2016 年南京市依法治街先进街道	市委、市政府	2017 年 3 月
汤山街道阜庄社区	2016 年度南京市书香乡村（社区）建设示范点	市全民阅读活动领导小组办公室	2017 年 4 月
汤山街道	南京计生协先进集体	市卫计委	2017 年 5 月
汤山街道	青春健康教育示范基地	市卫计委	2017 年 5 月
汤山街道	2014—2016 年流动人口服务管理工作先进集体	市流动人口服务管理工作组	2017 年 6 月
汤山街道古泉社区	南京市计生基层群众自治示范项目	市计生协	2017 年 8 月
汤山街道湖山社区	南京市残疾人创业示范基地	市残联	2017 年 9 月
汤山街道汤山社区	江苏省流动人口计生协示范项目	市计生协会	2017 年 10 月
汤山街道	2017 年度南京市机关作风建设标兵街道（镇）	市委、市政府	2018 年 2 月
江宁街道	江苏最美乡村	省文明办、省农工办、省农委、省住建厅等	2017 年 12 月
淳化街道便民服务中心	省级巾帼文明岗	省妇联、省妇女“双学双比”“巾帼建功”活动领导小组	2017 年 4 月
淳化街道	计划生育协会工作先进集体	市计生协会	2017 年 5 月
淳化街道	省级生态文明示范街道	省环保厅	2017 年 12 月
禄口街道茅亭社区	全国综合减灾示范社区	国家减灾委员会、民政部	2017 年 12 月
禄口街道石埝社区	南京市民宿示范村（下浣溪）	市农委	2017 年 5 月
禄口街道	2017 年度特种设备安全管理先进单位	市特种设备安全工作领导小组	2018 年 3 月
江宁街道	江苏省诗词之乡	省诗词协会	2018 年 1 月
江宁街道	江苏省诗教工作先进单位	省诗词协会	2018 年 1 月

续表 67-2

单位名称	荣誉称号	命名单位	命名时间
江宁街道	南京市民文明规范“八个不”示范社区	市文明办	2017 年 12 月
谷里街道	2014—2016 年流动人口服务管理工作先进集体	市流动人口服务管理工作组	2017 年 6 月
谷里街道	江苏省发展散装水泥示范乡（镇）	省散装水泥办公室	2017 年 12 月
谷里街道	2017 年度基层武装工作先进单位	南京警备区	2018 年 1 月
谷里街道	2017 年度无偿献血先进单位	省献血办公室	2017 年 12 月
谷里街道	江苏省农家书屋先进乡镇（街道）	省新闻出版广电局	2017 年 3 月
湖熟街道河北社区蔡赵村	市级特色村	市政府	2017 年 12 月
湖熟街道劳保所	南京市“工人先锋号”先进集体	市总工会	2017 年 4 月
湖熟街道新南京人服务中心	江苏省示范农民工综合服务中心	省人社厅	2017 年 12 月
湖熟街道杨柳湖社区	江苏省民主法治示范社区	省依法治省领导小组	2017 年 2 月
湖熟街道双新社区	计划生育协会工作先进集体	市计划生育协会	2017 年 5 月
湖熟街道河北社区	省级“三化”村	省农林厅	2017 年 12 月
湖熟街道河北社区	省级生态文明示范社区	省环保厅	2017 年 12 月
横溪街道人武部	基层武装工作先进单位	南京警备区	2018 年 1 月
区法院	2016 年度全市打黑除恶工作先进集体	市打黑除恶专项斗争领导小组办公室	2017 年 1 月
区法院	集体三等功	市中院	2017 年 2 月
区法院	全省法院系统先进集体	省高院、省人社厅	2017 年 10 月
区级机关工委	全市机关党建工作先进集体	市级机关工委	2018 年 1 月
区委宣传部	2016 年度全市宣传信息、147 社会舆情和互联网舆情先进单位	市委宣传部	2017 年 2 月
区委统战部	2017 年《中国统一战线》宣传先进单位	中国统一战线杂志社	2017 年
区委统战部	全市统战宣传工作先进单位	市委统战部	2017 年 2 月
区侨办	全省侨办系统先进集体	省侨办	2017 年 7 月

续表 67-3

单位名称	荣誉称号	命名单位	命名时间
区工商联	2016 年全国“五好”县级工商联	全国工商联	2017 年 3 月
区工商联	2017 年全国“五好”县级工商联	全国工商联	2017 年 12 月
区委 610 办	全省党的十九大反邪教安保维稳工作先进单位	省委 610 办	2017 年 12 月
区委政法委	2016 年度全市打黑除恶工作先进单位	市打黑办	2017 年 1 月
区委老干部局	2017 年度全省老干部工作部门信息工作先进集体	省人社厅	2017 年 12 月
区科协	2017 江苏省科协海智基地工作先进单位	省科协	2017 年 12 月
区红十字会	2017 年度中国红十字会总会报刊宣传先进集体	中国红十字会总会	2017 年 9 月
区红十字会	江苏省 2017 年度无偿献血先进单位	省献血办	2017 年 12 月
区红十字会	南京市红十字会系统先进集体	市红十字会	2017 年 5 月
区红十字会	2017 年度南京红十字工作优秀单位	市红十字会	2018 年 1 月
区红十字会	2017 年度南京红十字组织建设、备灾救助工作先进单位	市红十字会	2018 年 1 月
区发改局	全省发展改革系统先进集体	省发改局、省人社局	2017 年 12 月
区发改局金融办	2016 年度南京市防范和处置非法集资工作先进集体	市政府	2017 年 6 月
区经信局	2016 年度平安电力创建工作先进集体	市平安电力创建活动领导小组	2017 年 4 月
区经信局	2016 年度建设国际软件名城先进单位（一等奖）	市建设中国软件与新兴产业名城领导小组	2017 年 6 月
区经信局	2016 年度南京市节能工作先进单位（一等奖）	市节能工作领导小组	2017 年 8 月
江宁区	江苏省消费品工业“三品”战略示范区	省经信委	2017 年 11 月
江宁区	全国工业百强区第六名	工信部（中国信息通信研究院）	2017 年 12 月
区经信局	2017 年度江宁区无偿献血先进单位	省献血办	2017 年 12 月
区教育局	“金钥匙”科技竞赛先进单位	全国中小学生（江苏赛区）金钥匙科技竞赛组委会	2017 年 12 月
区司法局	全国司法行政系统先进集体	人社部、司法部	2017 年 4 月
江宁新纪元法律服务所	南京市优秀基层法律服务所	市司法局	2017 年 1 月

续表 67–4

单位名称	荣誉称号	命名单位	命名时间
区司法局	2016 年度全市司法行政信息工作先进单位	市司法局	2017 年 1 月
区司法局	全省“四个全覆盖”体系建设先进单位	省司法厅	2017 年 2 月
高新园派出所调解工作室	全市公调对接先进人民调解工作室	市公安局、市司法局	2017 年 7 月
岔路口派出所人民调解工作室	全市公调对接先进人民调解工作室	市公安局、市司法局	2017 年 7 月
开发区派出所人民调解工作室	全市公调对接先进人民调解工作室	市公安局、市司法局	2017 年 7 月
汤山派出所人民调解工作室	全市公调对接先进人民调解工作室	市公安局、市司法局	2017 年 7 月
区司法局	调解宣传先进集体	中华全国人民调解委员会	2017 年 11 月
区统计局	2017 年县级统计局规范化建设年度示范单位	省统计局	2018 年 2 月
区统计局	统计工作综合考核优秀	市统计局	2018 年 2 月
区物价局	2016 年全市稳定价格和治乱减负目标责任制考核优秀单位	市价格调控联席会议办公室	2017 年 2 月
区物价局	全市价格系统 2016 年工作考评先进单位	市物价局	2017 年 2 月
区安监局	全国安全生产监管监察先进单位	国家安监总局	2018 年 1 月
区安监局	全省冶金等工贸行业安全生产先进集体	省安监局	2018 年 2 月
区安监局	全省安全生产执法工作先进集体	省安监局	2018 年 1 月
区安监局	全省危险化学品安全监管先进集体	省安监局	2018 年 1 月
区安监局	全省职业健康监管工作先进集体	省安监局	2018 年 2 月
区安监局	全市“安康杯”竞赛优胜集体	市总工会、市安监局	2018 年 2 月
区环境监察大队	2017 年环境执法大练兵先进集体	省环保厅	2018 年 2 月
区环保联合执法指挥中心	2017 年度南京市城市环境问题巡查督查暨扬尘防控工作先进单位	市环保联合执法指挥中心、市扬尘管理办	2018 年 1 月
区环保局	2017 年度全市“环境执法大练兵”先进集体	市环保局	2018 年 2 月
区环保局	2017 年度南京市环境监测工作先进单位	市环保局	2018 年 3 月
区城管局	南京市城市治理标准化先进集体	市城治委	2018 年 3 月

续表 67-5

单位名称	荣誉称号	命名单位	命名时间
区城管局	南京市环卫管理先进单位	市城管局	2018 年 3 月
区商务局	南京市外贸工作先进单位	市商务局	2018 年 1 月
区耕保站	江苏省巾帼文明岗	省政府	2017 年 2 月
区农业局	全省农业农经系统工作效能建设成效显著单位	省农委	2017 年 1 月
区农业局	江苏省农产品质量安全绩效评价第一等次	省农委、省财政厅	2017 年 3 月
区农产品质量安全检验检测中心	全市农产品质量安全工作先进单位	市农委	2017 年 3 月
区农业局	全市农机安全生产工作先进单位	市农委	2017 年 3 月
区旅游局	江苏省旅游系统先进集体	市政府	2017 年
区旅游局	全市旅游产业发展综合贡献先进单位	市政府	2017 年
区旅游局	全市旅游产业发展专项先进单位（智慧旅游建设）	市政府	2017 年
区文广局	农家书屋全面建设十周年先进集体	国家广电总局	2017 年 12 月
区文广局	党的十九大广播电视安全保障工作先进集体	市文广局	2017 年 12 月
区文广局	2017 年度全市文广新系统信息工作先进集体	市文广局	2017 年 2 月
区广播电台	党的十九大广播电视安全保障工作先进集体	市文广局	2017 年 12 月
区广播电台	2017 年度文化统计工作先进集体	市文广局	2018 年 2 月
区图书馆	2016 年度南京市青年文明号	团市委	2017 年 3 月
区图书馆	2015-2016 年度南京市全民阅读工作先进集体	市全民阅读活动领导小组	2017 年 4 月
区博物馆	江苏省第一次全国可移动文物普查先进集体	省第一次全国可移动文物普查领导小组	2017 年 1 月
区博物馆	第一次全国可移动文物普查先进集体	全国可移动文物普查领导小组	2017 年 3 月
区卫计局	2014—2016 年流动人口服务管理工作先进集体	市流动人口服务管理工作组	2017 年 6 月
区中医医院	南京市三八红旗集体	市妇联	2017 年 11 月
区妇保中心	2017 年度国家百姓生殖健康促进工程试点工作先进单位	国家百姓生殖健康促进工程办	2017 年 11 月

续表 67-6

单位名称	荣誉称号	命名单位	命名时间
区妇保中心	南京市妇女儿童工作先进集体	市妇儿工委	2017 年 4 月
区妇保中心	南京市新生儿疾病筛查先进集体	市新生儿疾病筛查中心	2017 年 1 月
区妇保中心	南京市示范母婴室	市卫计委	2017 年 11 月
区疾控中心	江苏省血吸虫病监测工作先进集体	省血吸虫病防治研究所	2017 年 12 月
区供销社	入选 2016 年度全国百强县级社（排名第三）	全国供销总社	2017 年 9 月
区供销社	2017 年基层社建设先进单位	省供销总社	2018 年 3 月
区供销社	2017 年度农村综合服务社提升工程先进单位	省供销总社	2018 年 3 月
区供销社	2017 年度全省供销合作社建设标兵	省供销总社	2018 年 3 月
江宁公安分局	“全省优秀公安局”、记集体二等功	省公安厅	2017 年 5 月
江宁公安分局	三等功	市公安局	2017 年 2 月
江宁公安分局	全省技防城建设先进集体	省公安厅	2018 年 1 月
江宁公安分局政治处	“好娘家”记二等功	省公安厅	2017 年 2 月
江宁公安分局高新园派出所	二等功	省公安厅	2017 年 1 月
江宁公安分局横溪派出所	三等功	市公安局	2017 年 2 月
江宁公安分局人口管理大队	“十佳巾帼文明岗”称号、嘉奖一次	市公安局、总工会、妇联	2017 年 3 月
江宁公安分局	作风建设先进单位	市公安局	2017 年 2 月
江宁公安分局开发区派出所	人民满意窗口	市公安局	2017 年 2 月
江宁公安分局高新园派出所	嘉奖	市公安局	2017 年 4 月
江宁公安分局大市口警务工作服务站	“雷锋式”警务工作服务站	市公安局	2017 年 4 月
江宁公安分局上坊派出所	先进基层党组织	市公安局	2017 年 6 月
江宁公安分局治安大队	集体三等功	市公安局	2017 年 11 月
江宁公安分局岔路派出所	集体嘉奖	市公安局	2017 年 11 月

续表 67-7

单位名称	荣誉称号	命名单位	命名时间
江宁公安分局治安大队	警卫执勤规范化先进单位、记嘉奖	市公安局	2017 年 6 月
江宁公安分局汤山派出所	集体三等功	市公安局	2018 年 2 月
江宁公安分局	2017 年度无偿献血先进单位	省献血办公室	2017 年 12 月
江宁公安分局上坊派出所	南京市廉政文化建设示范点	市政府	2017 年 1 月
区档案局（馆）	全省档案宣传工作先进集体	省档案局	2017 年 9 月
西部路桥集团	省交通行业优秀质量管理小组	省交通企业协会	2017 年 4 月
西部路桥集团	省交通行业优秀质量管理小组	省质管协会、省总工会、省妇联、省科协	2017 年 4 月
江宁商贸集团经济发展部	2017 年度全市内保系统保卫组织先进集体	市公安局	2018 年 1 月
江宁商贸有限公司安全生产部	2017 年度全市内保系统保卫组织先进集体	市公安局	2018 年 1 月
巨诚百货超市有限公司安全科	2017 年度全市内保系统保卫组织先进集体	市公安局	2018 年 1 月
巨诚民宿文化旅游开发有限公司安全科	2017 年度全市内保系统保卫组织先进集体	市公安局	2018 年 1 月
区民爆化工有限公司安全科	2017 年度全市内保系统保卫组织先进集体	市公安局	2018 年 1 月
区商业幼儿园安全科	2017 年度全市内保系统保卫组织先进集体	市公安局	2018 年 1 月
区粮食幼儿园安保部	2017 年度全市内保系统保卫组织先进集体	市公安局	2018 年 1 月
江宁商贸投资发展有限公司办公室	2017 年度全市内保系统保卫组织先进集体	市公安局	2018 年 1 月
南京元润食品有限公司安保部	2017 年度全市内保系统保卫组织先进集体	市公安局	2018 年 1 月
南京民信药房连锁有限责任公司安全部	2017 年度全市内保系统保卫组织先进集体	市公安局	2018 年 1 月
江宁建材市场管理服务有限公司办公室	2017 年度全市内保系统保卫组织先进集体	市公安局	2018 年 1 月

续表 67-8

单位名称	荣誉称号	命名单位	命名时间
巨诚民宿文化旅游开发有限公司	省旅游开发行业先进文明单位	省广电总台	2017 年
巨诚百货超市有限公司滨江店	诚信单位	市消费者协会	2017 年 3 月
巨诚百货超市有限公司滨江店	江苏省诚信计量单位	省质监局	2017 年 3 月
江宁美丽乡村建设开发集团有限公司（黄龙岘）	2017 年全国改善农村人居环境示范村	住建部	2017 年 9 月
江宁美丽乡村建设开发集团有限公司（上范村、兴范村）	南京美丽乡村示范村	市委、市政府	2017 年 2 月
江宁街道牌坊村	第四届“江苏最美乡村”	省文明办、省委农工办、省农委等	2017 年 12 月
江宁美丽乡村建设开发集团有限公司（黄龙岘景区）	放心消费先进单位	市放心消费工作领导小组办公室	2017 年 3 月
江宁国土分局	永久基本农田划定先进单位	国土资源部、农业部	2017 年 11 月
江宁国土分局	“十二五”国土资源科技工作先进集体	省国土资源厅	2017 年 6 月
江宁国土分局	全省国土资源系统政府网站测评先进单位	省国土资源厅	2017 年 1 月
江宁国土分局	省优秀测绘地理信息工程	省测绘地理信息学会	2017 年 12 月
江宁国土分局	2017 年度南京模范职工之家	市总工会	2017 年 12 月
江宁国土分局	2016–2017 年全省国土资源信访工作成绩突出集体	省国土资源厅	2018 年 1 月
东山国土资源所	执法巡查模范所	市国土资源局	2017 年 9 月
汤山国土资源所	执法巡查模范所	市国土资源局	2017 年 9 月
淳化国土资源所	执法巡查模范所	市国土资源局	2017 年 9 月

（综　合）

2017 年江宁区新增地名一览表

表 68

序号	建设单位	标准地名	位　置	类别
1	禄口街道办事处	永欣新寓	位于禄口街道，东至禄口大街，南至规划道路，西至正阳路，北至信陵路。调整后，东至禄口大街，南至规划道路，西至规划道路，北至信陵路（调整命名）	住宅区
2	禄口街道办事处	永欣新寓海棠苑	位于禄口街道，永欣新寓内组团。东至禄口大街，南至规划道路，西至规划道路，北至永欣新寓紫荆苑、永欣新寓牡丹苑	住宅区
3	禄口街道办事处	永欣新寓牡丹苑	位于禄口街道，为永欣新寓内组团。东至禄口大街，南至永欣新寓海棠苑，西至永欣新寓紫荆苑，北至永欣大道	住宅区
4	禄口街道办事处	永欣新寓紫荆苑	位于禄口街道，永欣新寓内组团。东至永欣新寓牡丹苑，南至永欣新寓海棠苑，西至规划道路，北至永欣大道	住宅区
5	南京荣钰置业有限公司	隽峰雅苑	位于秣陵街道，东至科济东路，南至规划道路，西至发展路，北至研发东路	住宅区
6	南京未来科技城	紫金大街	位于秣陵街道，南起秣周东路，北止望远路，长 2388 米、宽 40 米	道路
7	南京未来科技城	悠谷路	位于秣陵街道，东起苏源大道，西止双龙大道，长 980 米、宽 29 米	道路
8	南京未来科技城	江云路	位于秣陵街道，东起苏源大道，西止双龙大道，长 995 米、宽 29 米	道路
9	南京未来科技城	融智路	位于秣陵街道，东起家园西路，西止双龙大道，长 1781 米、宽 18 ～ 29 米	道路
10	南京未来科技城	阳山河路	位于秣陵街道，东起苏源大道，西止秣周东路，长 1373 米、宽 18 米	道路
11	南京未来科技城	云台山河路	位于秣陵街道，东起苏源大道，西止天禧路，长 1870 米、宽 29 ～ 40 米	道路
12	南京未来科技城	悠湖街	位于秣陵街道，南起秣周东路，北止云台山河路，长 1271 米、宽 18 米	道路
13	南京未来科技城	科源街	位于秣陵街道，南起秣周东路，北止阳山河路，长 425 米、宽 18 米	道路
14	南京未来科技城	科怡街	位于秣陵街道，南起江云路，北止云台山河路，长 676 米、宽 18 米	道路
15	南京未来科技城	天禧路	位于秣陵街道，南起双龙大道，北止正方东路，长 3911 米、宽 20 ～ 28 米	道路
16	南京未来科技城	敏轩街	位于秣陵街道，南起秣周东路东延段，北止云台山河路，长 681 米、宽 20 米	道路
17	南京未来科技城	明远路	位于秣陵街道，东起双龙大道，西止敏轩街，长 322 米、宽 29 米	道路
18	南京未来科技城	秦县路	位于秣陵街道，东起爱陵路，西止天禧路，长 775 米、宽 18 米	道路

续表 68–1

序号	建设单位	标准地名	位 置	类别
19	南京未来科技城	汉侯路	位于秣陵街道，东起苏源大道，西止天禧路，长 2006 米、宽 18 米	道路
20	南京未来科技城	宋邑路	位于秣陵街道，东起汉侯路，西止天禧路，长 1686 米、宽 20 米	道路
21	南京未来科技城	明关路	位于秣陵街道，东起爱陵路，西止天禧路，长 1101 米、宽 30 米	道路
22	南京未来科技城	长汀路	位于秣陵街道，东起爱陵路，西止天禧路，长 1153 米、宽 28 米	道路
23	南京未来科技城	双溪路	位于秣陵街道，南起明关路，北止宣亭路，长 653 米、宽 20 米	道路
24	南京未来科技城	宣亭路	位于秣陵街道，东起爱陵路，西止凤仪街，长 586 米、宽 20 米	道路
25	南京未来科技城	芳淮街	位于秣陵街道，南起明关路，北止华浦路，长 727 米、宽 20 米	道路
26	南京未来科技城	华浦路	位于秣陵街道，东起兴旺路，西止天禧路，长 416 米、宽 20 米	道路
27	南京未来科技城	秣欣路	位于秣陵街道，南起正方东路，北止爱陵路，长 907 米、宽 28 米（调整命名）	道路
28	南京未来科技城	玉麟街	位于秣陵街道，南起正方东路，北止秦县路，长 2202 米、宽 28 米（调整命名）	道路
29	南京未来科技城	凤仪街	位于秣陵街道，南起正方东路，北止秦县路，长 2363 米、宽 30 米（调整命名）	道路
30	南京未来科技城	严公渡桥	位于秣陵街道秣周东路（东延段），横跨云台山河，长 134 米、宽 33 米，最大跨度 36 米	桥梁
31	南京未来科技城	紫金桥	位于秣陵街道紫金大街，横跨云台山河的规划桥梁	桥梁
32	南京未来科技城	悠湖	位于秣陵街道，双龙大道以西，秣周东路以北，面积 86000 平方米	湖泊
33	南京未来科技城	周家杆路	并入融智路（注销命名）	道路
34	谷里街道办事处	陈塘路	位于谷里街道，北起庆兴东路（规划未建），南止邻里南路，长 1600 米、宽 26 米（调整命名）	道路
35	谷里街道办事处	安康东路	位于谷里街道，西起牛首大道，东止陈塘路，长 1000 米、宽 26 米	道路
36	谷里街道办事处	兴谷东路	位于谷里街道，西起牛首大道，东止陈塘路，长 1000 米、宽 24 米	道路
37	谷里街道办事处	邻里北路	位于谷里街道，南起邻里大道，北止兴谷东路，长 600 米、宽 8 米	道路
38	南京中浙房地产开发有限公司	中驰大厦	位于东山街道，东至南京税务干部学校，南至南京税务干部学校，西至民权路，北至宏运大道	建筑物

续表 68-2

序号	建设单位	标准地名	位置	类别
39	南京江宁经济技术开发区管理委员会	园柳巷	位于秣陵街道，西起双龙大道，东止严柳街，长 100 米、宽 6 米	道路
40	南京江宁经济技术开发区管理委员会	严浦路	位于秣陵街道，西起严柳街，东止秦淮河堤，长 420 米、宽 12 米	道路
41	南京江宁经济技术开发区管理委员会	严南路	位于秣陵街道，南起胜太东路，北止严浦路，长 175 米、宽 12 米	道路
42	南京江宁经济技术开发区管理委员会	亲水湾巷	位于秣陵街道，南起上元大街，北止秦淮河堤顶路，长 190 米、宽 8 米	道路
43	南京江宁经济技术开发区管理委员会	文采路	位于秣陵街道，西起双龙大道，东止庄排路，长 410 米、宽 15 米	道路
44	南京江宁经济技术开发区管理委员会	风和路	位于秣陵街道，西起池南路，东止恒永路，长 140 米、宽 12 米	道路
45	南京江宁经济技术开发区管理委员会	驿浦路	位于秣陵街道，西起双龙大道，东止浦沿路，长 950 米、宽 18 米	道路
46	南京江宁经济技术开发区管理委员会	龙浦路	位于秣陵街道，西起双龙大道，东止浦沿路，长 1060 米、宽 18 米	道路
47	南京江宁经济技术开发区管理委员会	东祥路	位于秣陵街道，西起珠辉路，东止浦沿路，长 470 米、宽 12 米	道路
48	南京江宁经济技术开发区管理委员会	西瑞路	位于秣陵街道，西起池南路，东止庄排路，长 310 米、宽 12 米	道路
49	南京江宁经济技术开发区管理委员会	惠风路	位于秣陵街道，西起池南路，东止向荣路，长 670 米、宽 20 米	道路
50	南京江宁经济技术开发区管理委员会	池南路	位于秣陵街道，北起池田路，南止天元中路，长 1240 米、宽 12 米	道路
51	南京江宁经济技术开发区管理委员会	劲松路	位于秣陵街道，北起驿浦路，南止西门子路，长 100 米、宽 12 米	道路
52	南京江宁经济技术开发区管理委员会	翠竹路	位于秣陵街道，北起驿浦路，南止西门子路，长 120 米、宽 12 米	道路
53	南京江宁经济技术开发区管理委员会	洁梅路	位于秣陵街道，北起驿浦路，南止小龙湾路，长 150 米、宽 12 米	道路
54	南京江宁经济技术开发区管理委员会	雅兰路	位于秣陵街道，北起龙浦路，南止西瑞路，长 88 米、宽 12 米	道路
55	南京江宁经济技术开发区管理委员会	珠辉路	位于秣陵街道，北起龙浦路，南止菲尼克斯路，长 210 米、宽 12 米	道路
56	南京江宁经济技术开发区管理委员会	玉丽路	位于秣陵街道，北起龙浦路，南止菲尼克斯路，长 180 米、宽 12 米	道路
57	南京江宁经济技术开发区管理委员会	日新路	位于秣陵街道，北起龙浦路，南止天元中路，长 730 米、宽 12 米	道路
58	南京江宁经济技术开发区管理委员会	向荣路	位于秣陵街道，北起小龙湾路，南止天元中路，长 760 米、宽 16 米	道路
59	南京江宁经济技术开发区管理委员会	恒定路	位于秣陵街道，北起通用磨坊路，南止小龙湾路，长 330 米、宽 12 米	道路
60	南京江宁经济技术开发区管理委员会	浦沿路	位于秣陵街道，北起胜太东路，南止天元中路，长 1135 米、宽 14 米	道路

续表 68-3

序号	建设单位	标准地名	位　置	类别
61	南京江宁经济技术开发区管理委员会	兴湖街	位于秣陵街道，西起佳湖东路，东止双龙大道，长 120 米、宽 16 米	道路
62	南京江宁经济技术开发区管理委员会	旺湖街	位于秣陵街道，西起佳湖东路，东止双龙大道，长 190 米、宽 16 米	道路
63	南京江宁经济技术开发区管理委员会	逸翠巷	位于秣陵街道，东起通淮街，西止天心路，长 260 米、宽 8 米	道路
64	南京江宁经济技术开发区管理委员会	天仁路	位于秣陵街道，西起静淮街，东止天心路，长 160 米、宽 12 米	道路
65	南京江宁经济技术开发区管理委员会	天心路	位于秣陵街道，北起百家湖大街，南止顺泰街，长 350 米、宽 12 米	道路
66	南京江宁经济技术开发区管理委员会	天政路	位于秣陵街道，北起天元西路，南止高湖路，长 380 米、宽 12 米	道路
67	南京江宁经济技术开发区管理委员会	天德路	位于秣陵街道，北起顺泰街，南止天元西路，长 295 米、宽 12 米	道路
68	南京江宁经济技术开发区管理委员会	元福路	位于秣陵街道，北起天元西路，南止高龙路，长 175 米、宽 12 米	道路
69	南京江宁经济技术开发区管理委员会	元荣路	位于秣陵街道，北起天元西路，南止高湖路，长 470 米、宽 12 米	道路
70	南京江宁经济技术开发区管理委员会	元昌路	位于秣陵街道，西起利源南路，东止元茂路，长 290 米、宽 12 米	道路
71	南京江宁经济技术开发区管理委员会	元茂路	位于秣陵街道，北起天元西路，南止高湖路，长 460 米、宽 15 米	道路
72	南京江宁经济技术开发区管理委员会	马墩路	位于秣陵街道，北起高龙路，南止高湖路，长 280 米、宽 16 米	道路
73	南京江宁经济技术开发区管理委员会	安常街	位于秣陵街道，西起马墩路，东止双龙大道，长 120 米、宽 12 米	道路
74	南京江宁经济技术开发区管理委员会	处顺街	位于秣陵街道，西起马浦街，东止马墩路，长 140 米、宽 12 米	道路
75	南京江宁经济技术开发区管理委员会	河阳路	位于秣陵街道，东起淮浦路，西止望河路，长 500 米、宽 16 米	道路
76	南京江宁经济技术开发区管理委员会	望河路	位于秣陵街道，北起天元中路，南止河阳路，长 390 米、宽 16 米	道路
77	南京江宁经济技术开发区管理委员会	鑫汇街	位于秣陵街道，北起秦淮路，南止胜太路，长 910 米、宽 18 米	道路
78	南京江宁经济技术开发区管理委员会	石柱街	位于秣陵街道，北起逸翠巷，南止顺泰街，长 224 米、宽 12 米（调整命名）	道路
79	南京江宁经济技术开发区管理委员会	拓进路	位于秣陵街道，南起麻田路，向北折东止将军大道，长 520 米、宽 12 米	道路
80	南京江宁经济技术开发区管理委员会	翠庭巷	位于秣陵街道，南起佛城西路，向北折东止将军大道，长 360 米、宽 9 米	道路
81	南京江宁经济技术开发区管理委员会	朗香路	位于秣陵街道，南起佛城西路，北止规划道路，长 270 米、宽 12 米	道路
82	南京江宁经济技术开发区管理委员会	育智路	位于秣陵街道，南起诚信大道，北止规划道路，长 310 米、宽 11 米	道路

续表 68-4

序号	建设单位	标准地名	位　置	类别
83	南京江宁经济技术开发区管理委员会	迎翠路	位于秣陵街道，西起将军大道，向东折北止南佑路，长 660 米、宽 15 米（调整命名）	道路
84	南京江宁经济技术开发区管理委员会	翠湖路	位于秣陵街道，北起国检路，南止佛城东路，长 610 米、宽 18 米	道路
85	南京江宁经济技术开发区管理委员会	英华路	位于秣陵街道，西起将军大道，东止联华路，长 470 米、宽 18 米	道路
86	南京江宁经济技术开发区管理委员会	芳华路	位于秣陵街道，西起将军大道，东止联华路，长 520 米、宽 18 米	道路
87	南京江宁经济技术开发区管理委员会	韶华路	位于秣陵街道，西起将军大道，东止联华路，长 560 米、宽 18 米	道路
88	南京江宁经济技术开发区管理委员会	联华路	位于秣陵街道，北起英华路，南止吉印大道，长 1270 米、宽 18 米	道路
89	南京江宁经济技术开发区管理委员会	盛通路	位于秣陵街道，西起将军大道，东止盛运路，长 1170 米、宽 18 米	道路
90	南京江宁经济技术开发区管理委员会	盛运路	位于秣陵街道，西起将军大道，东止盛通路，长 950 米、宽 15 米	道路
91	南京江宁经济技术开发区管理委员会	通运路	位于秣陵街道，北起盛通路，南止盛运路，长 260 米、宽 15 米	道路
92	南京江宁经济技术开发区管理委员会	马牧西路	位于秣陵街道，东起双龙大道，向西折南止清水亭西路，长 1050 米、宽 24 米	道路
93	南京江宁经济技术开发区管理委员会	马牧东路	位于秣陵街道，西起双龙大道，东止淮浦路，长 1060 米、宽 24 米	道路
94	南京江宁经济技术开发区管理委员会	龙健路	位于秣陵街道，东起双龙大道，西止马牧西路，长 770 米、宽 16 米	道路
95	南京江宁经济技术开发区管理委员会	骏景街	位于秣陵街道，西起殷华街，东止铺岗街，长 320 米、宽 24 米	道路
96	南京江宁经济技术开发区管理委员会	中兴街	位于秣陵街道，东起双龙大道，西止长亭街，长 430 米、宽 24 米（调整命名）	道路
97	南京江宁经济技术开发区管理委员会	玉凤街	位于秣陵街道，东起金龙路，西止长亭街，长 210 米、宽 12 米	道路
98	南京江宁经济技术开发区管理委员会	龙亭街	位于秣陵街道，东起双龙大道，西止长亭街，长 205 米、宽 20 米	道路
99	南京江宁经济技术开发区管理委员会	真武路	位于秣陵街道，东起东南大学路，西止苏源大道，长 1050 米、宽 20 米	道路
100	南京江宁经济技术开发区管理委员会	芳河路	位于秣陵街道，北起佛城东路，南止清水亭西路，长 640 米、宽 25 米	道路
101	南京江宁经济技术开发区管理委员会	长亭北街	位于秣陵街道，南起清水亭西路，北止马牧西路，长 435 米、宽 24 米	道路
102	南京江宁经济技术开发区管理委员会	殷巷路	位于秣陵街道，北起清水亭西路，南止中兴街，长 510 米、宽 16 米	道路
103	南京江宁经济技术开发区管理委员会	康博街	位于秣陵街道，北起马村街，向南折西止文心街，长 620 米、宽 15 米	道路
104	南京江宁经济技术开发区管理委员会	安广街	位于秣陵街道，北起兰台街，南止马村街，长 265 米、宽 24 米	道路

续表 68-5

序号	建设单位	标准地名	位置	类别
105	南京江宁经济技术开发区管理委员会	培英路	位于秣陵街道，北起马牧东路，南止殷富街，长 1500 米、宽 16 米	道路
106	南京江宁经济技术开发区管理委员会	杜桥路	位于秣陵街道，北起浦岗街，南止清水亭东路，长 600 米、宽 12 米	道路
107	南京江宁经济技术开发区管理委员会	淮浦路	位于秣陵街道，北起天元中路，南止清水亭东路，长 1110 米、宽 24 米	道路
108	南京江宁经济技术开发区管理委员会	高塘路	位于秣陵街道，西起金鑫西路，东止规划道路，长 2250 米、宽 30 米	道路
109	南京江宁经济技术开发区管理委员会	中庄路	位于秣陵街道，西起金鑫西路，东止高翔路，长 1985 米、宽 32 米	道路
110	南京江宁经济技术开发区管理委员会	前村路	位于秣陵街道，北起正方中路，南止规划道路，长 940 米、宽 18 米	道路
111	南京江宁经济技术开发区管理委员会	高翔路	位于秣陵街道，北起高塘路，南止规划道路，长 830 米、宽 30 米	道路
112	南京江宁经济技术开发区管理委员会	吉翰路	位于秣陵街道，南起宁丹大道，北止规划道路，长 2350 米、宽 24 米	道路
113	南京滨江投资发展有限公司	盛江花苑红枫园	位于江宁街道，盛江花苑内组团，东至润寿北路，南至安居街，西至景明北大街，北至澄江路	住宅区
114	江宁街道办事处	新铜花苑旭日园	位于江宁街道，新铜花苑内组团，东至新铜花苑朗月园，南至昌顺路，西至景明大街，北至普惠路	住宅区
115	江宁街道办事处	铜井新寓	位于江宁街道，东至铜井河，南至规划用地，西至铜井商业街区，北至铜井河	住宅区
116	南京金远置业有限公司	风景名邸	位于秣陵街道，东至规划道路，南至吉山花园，西至江宁区残疾人综合服务基地，北至吉山铁矿家属区	住宅区
117	南京金远置业有限公司	吉山花园	位于秣陵街道，至规划小学，南至规划道路，西至原吉山铁矿自来水厂、田家山自然村，北至风景名邸	住宅区
118	南京牛首山文化旅游集团有限公司	泉塘公寓	位于谷里街道，东至陈塘路，南至邻里大道，西至规划道路，北至兴谷东路	住宅区
119	南京中驰置业有限公司	深蓝里	位于东山街道，东至民权路，南至姑塘街，西至中驰路，北至富塘街	住宅区
120	南京中驰置业有限公司	红叶苑	位于东山街道，东至三钢生活区，南至宋艾东苑，西至中驰路，北至姑塘街	住宅区
121	南京武宁房地产开发有限公司	武夷绿洲商业广场	位于淳化街道，东至南京民光高压油管厂，南至武夷绿洲观竹苑，西至兴宁路，北至天元中路	建筑物
122	南京中南锦城房地产开发有限公司	海棠嘉苑	位于东山街道，东至天云北街，南至石麟路，西至万安北路，北至龙昌路	住宅区

续表 68-6

序号	建设单位	标准地名	位置	类别
123	南京舜鸿房地产开发有限公司	燕澜新苑	位于江宁街道，东至润寿北路，南至栖凤路，西至景明北大街，北至兴城路	住宅区
124	南京金宏源房地产开发有限公司	玖溪桃花源墅	位于横溪街道，东、西、北三面环山，南至滨溪大道（汤铜公路）	住宅区
125	南京名寓置业有限公司	新壹商业广场	位于淳化街道，东至龙眠大道，南至文芳路，西至规划道路，北至格致路	建筑物
126	横溪街道办事处	桃溪路	位于横溪街道，南起滨溪大道（汤铜公路），北止玖溪桃花源墅A地块入口处，长约600米、宽9米	道路
127	南京融新房地产开发有限公司	观榕华府	位于东山街道，东至万安北路，南至龙昌路，西至诚正街，北至瑞宁路	住宅区
128	南京佳运城房地产开发有限公司	河滨花园	位于秣陵街道，东至科怡街，南至云台山河路，西至苏源大道，北至融智路	住宅区
129	南京中南御城房地产开发有限公司	越秀商业广场	位于禄口街道，东至乾清路，南至越秀路，西至空港公寓，北至空港公寓	建筑物
130	南京汇隆房地产有限公司	誉峰苑	位于麒麟街道，东至东流路，南至四望路，西至河清路，北至三阳路	住宅区
131	南京裕宁置业有限公司	金域澜庭	位于淳化街道，东至漆阁寺路，南至规划道路，西至梨树园路，北至雁冲路	住宅区
132	南京新保弘房地产有限公司	领东苑	位于麒麟街道，东至运粮河东路，南至启迪大街，西至运粮河东路，北至创新路	住宅区
133	南京禹阳东房地产有限公司	昕悦雅苑	位于淳化街道，东至梨树园路，南至规划道路，西至东月桥路，北至雁冲路	住宅区
134	南京空港经济开发区（江宁）管理委员会	领航路	位于禄口街道，西起将军大道，东止中国邮政速递物流南京集散中心，长约1100米、宽16米	道路
135	南京天辉房地产发展有限公司	雍翠园	位于横溪街道，东至横云北路，南至规划道路，西至高山路，北至吴楚西路（规划名）	住宅区
136	矿锦地产南京有限公司	澜悦方山居	位于淳化街道，东至解溪河，南至吉印大道，西至瑞文路、瑞艺路，北至方山里花园	住宅区
137	南京江宁高新技术产业园管理委员会	博观路	位于淳化街道，西北起修文路，东南止福英路，长819米、宽20米	道路
138	禄口街道办事处	令桥路	位于禄口街道，北起天禄大道，南止沿溪路，长1200米、宽20米	道路
139	禄口街道办事处	沿溪路	位于禄口街道，东起令桥路，西止来凤路，长3100米、宽20米	道路
140	禄口街道办事处	禄口大街	位于禄口街道，北起蓝天路，南止黄桥，长4400米、宽8～15米（调整命名）	道路
141	禄口街道办事处	永欣大道	位于禄口街道，东起令桥路，西止来凤路，长2680米、宽46米（调整命名）	道路
142	禄口街道办事处	正阳路	位于禄口街道，北起茅亭路，南止沿溪路，长1995米、宽20～40米（调整命名）	道路

续表 68-7

序号	建设单位	标准地名	位　置	类别
143	禄口街道办事处	湖秦路	位于禄口街道，北起金石路，南止沿溪路，长 1076 米、宽 8 ~ 15 米（调整命名）	道路
144	禄口街道办事处	金航路	位于禄口街道，南起铜岭路，北止天禄大道，长 10500 米、宽 33 米（调整命名）	道路
145	禄口街道办事处	来凤路	位于禄口街道，北起信诚大道，南止沿溪路，长 2900 米、宽 20 米（调整命名）	道路
146	禄口街道办事处	金宁路	位于禄口街道，西起禄口大街，东止令桥路，长 745 米、宽 10 米。原“腾飞路”地名注销	道路
147	南京栖霞建设股份有限公司	星叶枫庭	位于麒麟街道，东至泰盈花园，南至泰盈花园，西至泰盈路，北至麒麟门大道	住宅区
148	南京冠宇建材实业发展有限公司	禄港街区	位于禄口街道，东至玉振路，南至信诚大道，西至金德路，北至礼尚路	建筑物
149	南京峰晖置业有限公司	云璟商务中心	位于秣陵街道，东至城市绿地，南至高塘路，西至前村路，北至正方中路	建筑物
150	南京峰晖置业有限公司	理想名苑	位于秣陵街道，东至高翔路，南至中庄路，西至前村路，北至高塘路	住宅区
151	横溪街道办事处	丹向路	位于横溪街道，南起陶高村路口，北止苏皖省界，长约 7500 米，宽 12 米	道路
152	南京宏泰投资发展集团有限公司	金九汇大厦	位于淳化街道，东至湖山路，南至昌宁路，西至南京造币厂，北至南京造币厂。原“保康公寓”住宅区地名注销	建筑物
153	南京九城兴房地产开发有限公司	上淮铂悦府	位于秣陵街道，东至云台山河路，南至云台山河路，西至敏轩街，北至天禧路	住宅区
154	南京荟宏置业有限公司	都荟逸景苑	位于东山街道，东至中驰路，南至宏运大道（原），西至明城大道，北至宏运大道	住宅区
155	中国（南京）软件谷江苏软件园管理处	元山东路	位于秣陵街道，北起创意北路（规划名），南止创意南路（规划名），长 1250 米、宽 25 米	道路
156	中国（南京）软件谷江苏软件园管理处	元山西路	位于秣陵街道，北起潘安路，南止银杏湖大道，长 2225 米、宽 25 米	道路
157	中国（南京）软件谷江苏软件园管理处	曾家山路	位于秣陵街道，西起支一路（规划名），东折北止秀贤街，长 1350 米、宽 15 米	道路
158	中国（南京）软件谷江苏软件园管理处	元吉路	位于秣陵街道，北起安湖路，南止银杏湖大道，长 3000 米、宽 30 米	道路
159	中国（南京）软件谷江苏软件园管理处	龙吉山路	位于秣陵街道，北起正方中路，南止银杏湖大道，长 1900 米、宽 18 米	道路
160	中国（南京）软件谷江苏软件园管理处	吉讯路	位于秣陵街道，北起智慧东路，南止创新东路，长 1150 米、宽 15 米	道路
161	中国（南京）软件谷江苏软件园管理处	周安路	位于秣陵街道，西起元吉路，东折北止科技大道（规划名），长 1620 米、宽 15 米	道路
162	中国（南京）软件谷江苏软件园管理处	潘安路	位于秣陵街道，东起元吉路，西止吉山大道，长 2160 米、宽 15 米	道路

续表 68-8

序号	建设单位	标准地名	位 置	类别
163	中国（南京）软件谷江苏软件园管理处	邓家湖路	位于秣陵街道，西起潘安路，东折南止科技大道（规划名），长 3450 米、宽 15 米	道路
164	中国（南京）软件谷江苏软件园管理处	安湖路	位于秣陵街道，东起宁丹大道，西止吉山大道，长 1500 米、宽 25 米	道路
165	中国（南京）软件谷江苏软件园管理处	蔡塘街	位于秣陵街道，北起吉山大道，南止邓家湖路，长 190 米、宽 22 米	道路
166	中国（南京）软件谷江苏软件园管理处	秀贤街	位于秣陵街道，西起元吉路，东止滨湖西路，长 520 米、宽 15 米	道路
167	中国（南京）软件谷江苏软件园管理处	顺塘街	位于秣陵街道，西起发展路，东止科济东路，长 300 米、宽 15 米	道路
168	中国（南京）软件谷江苏软件园管理处	糕饼店街	位于秣陵街道，西起吉讯路，东止发展路，长 200 米、宽 15 米	道路
169	葛洲坝融创南京房地产开发有限公司	紫郡府	位于秣陵街道，东至敏轩街，南至云台山河路，西至双龙大道，北至明远路	住宅区
170	横溪街道办事处	吴楚西路	位于横溪街道，东起横云北路，西止宁丹大道，长 410 米、宽 14 米	道路
171	南京鲁能硅谷房地产开发有限公司	弘利名邸	位于江宁街道，东至中元北路，南至锦文大道，西至弘利北路，北至栖凤路	住宅区
172	南京达来房地产开发有限公司	九龙熙岸花苑	位于秣陵街道，东至芳河路，南至清水亭西路，西至碧堤湾畔花园，北至牛首山河	住宅区
173	南京锦安中垠房地产开发有限公司	熙悦花园	位于麒麟街道，东至智康路，南至南湾营街，西至运粮河东路，北至天和路	住宅区
174	南京华峥通信息科技服务有限公司	天域互联科技中心	位于淳化街道，东至天玑路、天枢路，南至宁龙路，西至宁龙路，北至天衡路	建筑物
175	中粮祥云置业南京有限公司	祥云悦广场	位于淳化街道，东至知行路，南至江宁体育中心，西至江宁体育中心，北至鹏山路	建筑物
176	南京红豆置业有限公司	香江华庭	位于禄口街道，东至禄口大街，南至永欣新寓百合苑，西至现状道路，北至永欣大道	住宅区
177	东山街道办事处	花冲路	位于东山街道，南起上余路，北止孙家，长约 1000 米、宽 5 米	道路
178	东山街道办事处	小社路	位于东山街道，东起七社路，西止龙埂路，长 300 米、宽 3 米	道路
179	东山街道办事处	王家桥路	位于东山街道，西起七社路，向东折南止神凤路，长约 1600 米、宽 5 米	道路
180	东山街道办事处	龙埂路	位于东山街道，东起七社路，西止花冲路，长 500 米、宽 5 米	道路
181	东山街道办事处	庄前路	位于东山街道，西起七社路，向东折北止七社路，长约 700 米、宽 4 米	道路
182	东山街道办事处	连塘路	位于东山街道，南起庄前路，北止七社路，长 300 米、宽 6 米	道路
183	东山街道办事处	七社路	位于东山街道，南起上余路，北止双湖路，长约 1500 米、宽 4 米	道路
184	东山街道办事处	孙家路	位于东山街道，东起马槽山路，西止石梁头，长约 800 米、宽 5 米	道路

续表 68-9

序号	建设单位	标准地名	位 置	类别
185	东山街道办事处	双湖路	位于东山街道，南起王家桥路，北止双龙湖路，长约 2600 米、宽 6 米	道路
186	东山街道办事处	西塘路	位于东山街道，东起七社路，西止花冲路，长约 2500 米、宽 4 米	道路
187	东山街道办事处	牛目岗路	位于东山街道，西起王家桥路，东止神凤路，长约 1300 米、宽 4.5 米	道路
188	东山街道办事处	林间路	位于东山街道，西起庄前路，东止神凤路，长约 1100 米、宽 4.5 米	道路
189	东山街道办事处	四郎坝路	位于东山街道，北起牛目岗路，南止东冲路，长 400 米、宽 4.5 米	道路
190	东山街道办事处	山口坝路	位于东山街道，北起牛目岗路，南止东冲路，长 400 米、宽 4.5 米	道路
191	东山街道办事处	棉花坝路	位于东山街道，北起牛目岗路，南止东冲路，长 500 米、宽 4.5 米	道路
192	东山街道办事处	东冲路	位于东山街道，西起王家桥路，东止神凤路，长约 1200 米、宽 4.5 米	道路
193	东山街道办事处	荷花塘路	位于东山街道，南起林间路，向北折西止双湖路，长 400 米、宽 4.5 米	道路
194	东山街道办事处	古窑路	位于东山街道，南起牛目岗路，北止古窑，长 400 米、宽 4.5 米	道路
195	东山街道办事处	马槽山路	位于东山街道，南起七社路，北止马槽山，长约 1000 米、宽 5 米	道路
196	东山街道办事处	上佘路	位于东山街道，南起赤乌路，北止王家桥路，长约 2200 米、宽 6 米（调整命名）	道路
197	东山街道办事处	九龙广场	位于东山街道，东至七社路，南至小社路，西、北至龙埂路，面积约 2100 平方米	广场
198	南京云科商业管理有限公司	铂岸中心	位于秣陵街道，东至殷华街，南至吉印大道，西至双龙大道，北至江苏九州通医药有限公司	建筑物
199	东山街道办事处	瑞祥佳苑	位于东山街道，东至湖山路，南至安和家园，西至湖西路，北至规划用地	住宅区
200	东山街道办事处	东麒雅苑	位于东山街道，东至上高路，南至天惠路，西至万安北路，北至万安北路	住宅区
201	南京禄口国际机场建设开发有限公司	蓝天慧融花园	位于禄口街道，东至令桥路，南至永欣大道，西至湖秦路，北至金宁路	住宅区
202	秣陵街道办事处	嘉胜巷	位于秣陵街道，南起胜太西路，北止托乐嘉花园南门，长 150 米、宽 8 米	道路
203	南京普耀房地产开发有限公司	瑞林嘉园	位于禄口街道，东至金德路，南至鸣鹤路，西至龙川路，北至信诚大道	住宅区
204	麒麟街道办事处	丹悦巷	位于麒麟街道，南起丹青路，北止悦民街，长 367 米、宽约 8 米	道路

续表 68-10

序号	建设单位	标准地名	位 置	类别
205	东山街道办事处	竹港巷	位于东山街道，北起金箔路，南止外港新村北大门，长 80 米、宽 7.5 米	道路
206	南京方硕信息科技有限公司	润腾信息广场	位于东山街道，东至南京华脉科技股份有限公司，南至天临路，西至临麒路，北至丰泽路	建筑物
207	矿美地产南京有限公司	澜悦栖原居	位于秣陵街道，东至敏轩街，南至明远路，西至双龙大道，北至天禧路	住宅区
208	南京沣麟房地产开发有限公司	东城财富中心	位于麒麟街道，东至文瑞路（暂定名），南至瑞雪路（暂定名），西至沧波门北街，北至智汇路	建筑物
209	南京江宁区保障房建设发展有限公司	小里新寓	位于东山街道，东至汇福佳苑，南至鼓山路，西至新医路，北至嘉顺时代广场	住宅区
210	南京江宁区保障房建设发展有限公司	府前佳苑	位于东山街道，东至小龙湾路，南至贵都花园，西至黄金海岸广场，北至规划用地	住宅区
211	南京江宁高新技术产业园管理委员会	玉衡路	位于淳化街道，东起知行路，西止宁龙路，长 163 米、宽 10 米	道路
212	南京江宁高新技术产业园管理委员会	天玑路	位于淳化街道，北起玉衡路，南止鹏山路，长 529 米、宽 10 米	道路
213	南京江宁高新技术产业园管理委员会	天璇路	位于淳化街道，东起天玑路，西止宁龙路，长 609 米、宽 7 米	道路
214	南京江宁高新技术产业园管理委员会	天枢路	位于淳化街道，东起知行路，西止弘景大道，长 810 米、宽 10 米	道路
215	南京江宁高新技术产业园管理委员会	联域路	位于淳化街道，北起宁龙路，南止鹏山路，长 322 米、宽 22 米	道路
216	南京江宁高新技术产业园管理委员会	开阳路	位于淳化街道，北起鹏山路，南止文鼎广场，长 150 米、宽 7 米	道路
217	南京江宁高新技术产业园管理委员会	文芳路	位于淳化街道，北起龙眠大道，南止芝兰路，长 2242 米、宽 9 米（调整命名）	道路
218	南京江宁高新技术产业园管理委员会	端拱路	位于淳化街道，北起 104 国道，南止福英路，长约 2700 米、宽 36 米（调整命名）	道路
219	江苏保利宁怡房地产开发有限公司	伴湖院	位于淳化街道，东至正德路，南至梅珑雅苑，西至龙济路，北至 104 国道	住宅区
220	淳化街道办事处	岗塘路	位于淳化街道，北起泽诚路，向南折东止抗排路，长约 1880 米、宽 6 米	道路
221	绿地集团南京益江置业有限公司	花茂商业广场	位于江宁街道，东至地秀路，南至栖凤路，西至安居街，北至富逸路	建筑物
222	南京江宁经济技术开发总公司	高塘新寓	位于秣陵街道，东至东旺社区集镇居民小组，南至规划道路，西至爱陵路，北至骆家巷	住宅区
223	南京江宁经济技术开发总公司	殷巷东苑	位于秣陵街道，东至铺岗街，南至殷富街，西至殷华街，北至骏景华庭	住宅区
224	南京江宁经济技术开发总公司	胜利家园	位于秣陵街道，东至秦淮河堤，南至胜太东路，西至严南路，北至严浦路	住宅区

续表 68-11

序号	建设单位	标准地名	位 置	类别
225	南京兴昌置业发展有限公司	新悦嘉园	位于禄口街道，东至现状，南至永欣大道，西至现状道路，北至永欣新寓玫瑰苑	住宅区
226	南京长城机电集团有限公司	金长城国际大厦	位于秣陵街道，东至双龙大道，南至南京市国土资源局江宁分局，西至南岸瑞智文创园，北至中国农业银行江宁分行	建筑物
227	南京二十一世纪房地产开发有限公司	现代城世纪国际公寓	位于秣陵街道，现代城内组团，东至水渠，南至现代城多层住宅区、停车楼，西至双龙大道，北至天元中路（调整命名）	住宅区
228	南京江宁科学园发展有限公司	天瑞家园	位于淳化街道，东至天印大道，南至东霞路，西至兴民南路，北至南京绕城高速公路	住宅区
229	南京江宁科学园发展有限公司	新华公寓	位于淳化街道，东至规划道路，南至龙眠大道，西至福英路，北至规划道路	住宅区
230	南京江宁科学园发展有限公司	新华公寓祥和苑	位于淳化街道，新华公寓内组团，东至规划道路，南至新华公寓二期住宅区、幼儿园，西至福英路，北至规划道路	住宅区
231	南京江宁城市建设集团有限公司	湖山路	位于东山街道、淳化街道，调整后，北起站前二路（规划暂定名），南止科宁路，长6700米、宽15～45米（调整命名）	道路
232	南京江宁城市建设集团有限公司	潭园西路	位于东山街道，调整后，西起小龙湾路，东止天元城西便门，长1240米、宽12～37米（调整命名）	道路
233	南京江宁城市建设集团有限公司	长塘巷	位于东山街道，调整后，南起上元大街，北止通湖路，长约660米、宽8～15米（调整命名）	道路
234	南京江宁城市建设集团有限公司	东平巷	位于东山街道，调整后，北起鼓山西路，南止金箔路，长100米、宽8米（调整命名）	道路
235	南京二十一世纪房地产开发有限公司	现代城世纪国际公寓	位于秣陵街道，东至水渠，南至现代城多层住宅区、现代城世纪雅居，西至双龙大道，北至天元中路（调整命名）	住宅区
236	南京二十一世纪房地产开发有限公司	现代城世纪雅居	位于秣陵街道，现代城内组团，东至现代城多层住宅区、会所，南至幼儿园，西至双龙大道，北至21世纪太阳城国际购物中心	住宅区
237	南京红福置业有限公司	香江华府	位于禄口街道，东至令桥路，南至规划道路，西至湖泰路，北至永欣大道	住宅区
238	南京骏益房地产开发有限公司	承露园	位于禄口街道，东至来凤路，南至鸣鹤路，西至玉振路，北至信诚大道	住宅区

（吕　凡）

索引

说明

①本索引主体采用内容分析法提取，也有选用关键词；②本索引按首字汉语拼音字母顺序排列；③所有类目用小标宋体字标明，分目、副分目用黑体字标明，其余用宋体字标明；④索引名称后的数字表示内容所在的页码，数字后的 a、b、c、分别表示左、中、右栏。

条目索引

A

B

C

D

E

F

G

H

J

K

L

M

N

P

Q

R

S

T

W

X

Z

表格索引

B

C

D

G

H

J

L

M

N

Q

R

S

T

W

X

Z

文中图片索引

A

B

C

D

F

G

H

J

K

L

M

N

P

Q

R

S

T

W

X

Y

Z

彩页索引

B

C

D

F

G

H

J

K

图书在版编目（CIP）数据

江宁年鉴.2018/ 中共南京市江宁区委党史工作办公室，南京市江宁区地方志编纂委员会办公室编.--北京：方志出版社，2018.11

ISBN 978-7-5144-3402-6

Ⅰ.①江… Ⅱ.①中… ②南… Ⅲ.①江宁区—2018—年鉴 Ⅳ.①Z525.34

中国版本图书馆 CIP 数据核字（2018）第 261225 号

江宁年鉴（2018）

编　　者：中共南京市江宁区委党史工作办公室
南京市江宁区地方志编纂委员会办公室

责任编辑：刘方圆

出 版 人：冀祥德

出 版 者：方志出版社
地址　北京市朝阳区潘家园东里9号（国家方志馆4层）
邮编　100021
网址　http://www.fzph.org

发　　行：方志出版社图书经销中心
电话（010）67110500

经　　销：各地新华书店

印　　刷：南京鸿图印务有限公司

开　　本：889×1194　1/16

印　　张：39

字　　数：1128千字

版　　次：2018年11月第1版　2018年11月第1次印刷

印　　数：0001~1600册

ISBN 978-7-5144-3402-6　**定价：**210.00元